Friedrich-Wilhelm Krahe

BURGEN
DES DEUTSCHEN MITTELALTERS

GRUNDRISS-LEXIKON

Burg Rauchenkatsch

Friedrich-Wilhelm Krahe

BURGEN
DES DEUTSCHEN MITTELALTERS

GRUNDRISS-LEXIKON

*Mit mehr als 4000
Grundrißzeichnungen des Autors
und 89 Farbfotographien*

BECHTERMÜNZ VERLAG

Genehmigte Lizenzausgabe für
Bechtermünz Verlag im
Weltbild Verlag GmbH, Augsburg 1996
© by Stürtz-Weidlich-Kraft Verlag GmbH, Würzburg
Umschlagmotiv: Agentur Silvestris, Kastl
Umschlaggestaltung: Adolf Bachmann, Reischach
Gesamtherstellung: Istituto Grafico Bertello
Printed in Italy
ISBN 3-86047-219-4

INHALTSVERZEICHNIS

Vorwort 6

Burgen in Zahlen und Fakten 11

1. Burgendichte 12
2. Ursprung und Entwicklung 14
3. Geographische Lage der Burgen 16
4. Ringmauer 19
5. Grundrißformen 20
6. Grundrißgrößen 22
7. Graben, Tor und Brücke 23
8. Bergfried 28
9. Wohnturm 31
10. Schildmauer 34
11. Wohngebäude und Brunnen 36
12. Kapelle 37
13. Türme, Zwinger, Vorburg 38
14. Burgengruppen 41
15. Leben auf der Burg 42
16. Ordensburgen 44
17. Burgnamen 46
18. Das Ende 47

Burgen-Grundrißlexikon 51

Anhang: Ordensburgen A – Z 691

Literaturverzeichnis 716

Geographisches Verzeichnis 723

Bildnachweis 760

Grundrisse mit abweichenden Maßstäben 760

VORWORT

Der Ursprung des Grundriß-Lexikons liegt in meinem lebenslangen Interesse an Burgen, die mich schon als Kind fasziniert haben. Als Architekturstudent habe ich mich an der Aufnahme einiger Burgengrundrisse versucht. In vielen Büchern über Burgen habe ich die Wiedergabe von Grundrissen sehr vermißt. Verbale Beschreibungen wie im Dehio oder in vielen Inventaren können Grundrisse nicht ersetzen. Mit der systematischen Sammlung von Burgengrundrissen habe ich 1980 begonnen, indem ich mein Lehrfach, die Gebäudekunde, mit meinem baugeschichtlichen Interesse verknüpfte. Das Ziel war, auf der Basis möglichst vieler Objekte eine gebäudekundliche Untersuchung der Burgen des Deutschen Mittelalters vorzunehmen.

Basis Burgenkartei

Hierzu habe ich für jede Burg, deren Grundriß ich ermitteln konnte, eine Karteikarte angelegt, die den verkleinerten Grundriß und historische Stichworte sowie Daten des Standortes enthält. Die daraus entstandene Kartei im Format DIN A 6, die zunächst nur als Basis einer gebäudekundlichen Untersuchung dienen sollte, entwickelte sich fast von selbst zu einem Grundriß-Lexikon. Der Wunsch, diese vermutlich einmalige Sammlung von nun mehr als 4000 Objekten zu publizieren, entwickelte sich parallel mit dem Sammeln, konnte aber erst durch das Interesse des in der Burgenliteratur renommierten Weidlich-Flechsig-Verlages Realität werden.

Verkleinerung bedeutet Vereinfachung

Für eine vergleichende Untersuchung war ein einheitlicher Maßstab unverzichtbar. Ich habe alle Grundrisse auf 1:2000 und alle Türme auf 1:600 umgezeichnet. Ein größerer Maßstab, zum Beispiel 1:1000, wäre wünschenswert gewesen, weil er die Objekte genauer darstellt, er hätte jedoch den Umfang meiner Kartei verdoppelt und damit eine Publikation nahezu unmöglich gemacht.

Einheitlicher Maßstab zwingend

Für das Grundriß-Lexikon wurde, soweit möglich, ein einheitlicher Maßstab beibehalten, der bei den Grundrissen 1:2500, bei den Türmen 1:500 beträgt. Dies erscheint notwendig, um dem Benutzer einen Eindruck nicht nur der Vielfalt, sondern auch der extremen Dimensionsunterschiede zu vermitteln. Lexika stehen unter dem Zwang der Verkürzung und Verkleinerung. Wer sich für eine Burg näher interessiert, muß sich um die für jedes Objekt angegebene Original-Publikation bemühen.

Burg Liebenfels in Kärnten
Zeichnung von F. W. Krahe, 1951

Burgenkundlicher Abriß als Verständnishilfe

Meine Erkenntnisse aus der Untersuchung der Grundrißsammlung sind dem Grundriß-Lexikon in einem aus Platzgründen relativ kurz gefaßten burgenkundlichen Abriß vorangestellt. Er soll Interessenten mit wenig Kenntnissen über Burgen das Verständnis des Lexikons erleichtern helfen, die Lektüre der burgenkundlichen Standardwerke zunächst verzichtbar machen. Wer sich freilich eingehender informieren möchte, muß einige dieser Werke lesen. Ich denke insbesondere an: Otto Piper »Burgenkunde«, Bodo Ebhardt »Der Wehrbau Europas im Mittelalter, Band 1« und Walter Hotz »Kleine Kunstgeschichte der Deutschen Burg«, aber auch an die Bücher der Autoren Werner Meyer/Erich Lessing, Werner Meyer/Eduard Widmer und Walter Schmidt (siehe Literatur-Verzeichnis). In diesem Zusammenhang muß darauf hingewiesen werden, daß im deutschsprachigen Raum in der 2. Hälfte des 20. Jahrhunderts zwei Burgenkundler mit dem gleichen Namen, nämlich Werner Meyer, eine ähnliche Bedeutung erlangt haben wie Piper und Ebhardt vor dem 1. Weltkrieg.

Zeichnungen auch für Laien lesbar

Die in den Grundriß-Zeichnungen verwendeten Erklärungen ließen sich wegen des kleinen Maßstabes nur als Abkürzungen unterbringen. Sie sind in einer Legende, die dem Lexikon-Teil vorangestellt ist, erläutert. Ich glaube jedoch, daß man auch ohne Benutzung dieser Legende die Grundrisse verstehen kann.

An dieser Stelle muß ich darauf hinweisen, daß in vielen Publikationen über Burgen, wie in diesem Lexikon, Burgengrundrisse oft als Zusammenzeichnung mehrerer horizontaler Schnitte dargestellt werden. Dies läßt sich relativ leicht an der Burg Aggstein erklären: Die Kernburg liegt rund 10 m über der unteren Burg, müßte also eigentlich als Fels dargestellt werden, wenn man die untere Burg horizontal schneidet. So auch bei der Marksburg, Reichenstein und vielen anderen Grundrissen.

Benutzte Quellen

Meine Grundriß-Sammlung basiert zu 45 % auf meiner privaten Bibliothek. Weitere 45 % stammen aus Berliner Bibliotheken und der Fernleihe, ca. 8 % habe ich als Rücklauf einer sehr umfangreichen Abfrage von Gemeinden und Eigentümern erhalten, und ca. 2 % beruhen auf eigenen Aufnahmen von Burgen am Ort.

An erster Stelle der benutzten Bibliotheken ist die Fachbibliothek Architektur der Technischen Universität zu nennen, die mir mit dem gut ausgestatteten Schwerpunkt Burgen und Schlösser und ihrer fleißigen Fernleihe sehr geholfen hat. Ferner habe ich benutzt: die Staatsbibliothek Berlin (West), die Kunstbibliothek Berlin, die Bibliothek des Geheimen Preußischen Staatsarchives in Berlin-Dahlem, die Bibliothek und das Archiv der Deutschen Burgenvereinigung auf der Marksburg bei Braubach sowie die Württembergische Landesbibliothek in Stuttgart. Sehr hilfsbereit war das Landesarchiv von Niederösterreich bei der Beschaffung von Grundrissen aus der Sammlung Kreutzbruck.

Curt Tillmann als Suchhilfe

Bei der Suche nach Burgengrundrissen in der Literatur, aber auch für die Suche nach lohnenden Objekten für die Aufnahme von Grundrissen war Curt Tillmanns »Lexikon der Deutschen Burgen und Schlösser« von großem Wert. Hier gilt allerdings die Einschränkung, daß Tillmann, so wie zu 98 % auch ich, ein »Schreibtischtäter« war und angesichts der ungeheuren Fülle von Objekten auch sein mußte. Das bedeutete für ihn wie für mich: Eine Überprüfung der aus der Literatur entnommenen Angaben vor Ort war faktisch nicht möglich.

Enttäuschungen blieben nicht aus

So mußte ich bei Bereisungen in sehr vielen Fällen feststellen, daß Tillmanns Angaben nicht mehr zutrafen, daß von ihm noch als erhalten gekennzeichnete Objekte längst nicht mehr existieren. Selbst auf Karten 1:100 000 der staatlichen Landesanstalten waren Ruinen verzeichnet, die sich am Ort nicht mehr finden ließen, weil sie längst total verschwunden sind. Die Erklärung hierfür ist, daß die Grundlagen, auf denen Tillmanns Angaben basieren, bis zu hundert Jahre alt sind, und daß die Karten lange nicht überprüft wurden.

Unerklärlich sind falsche Maßstäbe

Daß die in Beschreibungen zu Burgen angegebenen Maße oft mit denen der beigefügten Zeichnungen nicht übereinstimmen, habe ich immer wieder registrieren müssen. Ferner fand ich auch Maßstäbe, die ganz offensichtlich verkehrt waren. Ich kann daher nicht ausschließen, daß ich in einigen

Burg Gmünd in Kärnten
Zeichnung von
F. W. Krahe, 1951

Fällen derartigen Fehlern aufgesessen bin. Ich habe mich in allen von mir als unklar erkannten Fällen bemüht, die Fehler auszumerzen, so daß ich sagen darf: Die von mir dargestellten Grundrisse sind plausibel.

Unterschiedliche Grundrisse für ein Objekt

In einigen Fällen weichen Darstellungen von Burgengrundrissen in verschiedenen Publikationen nicht unerheblich voneinander ab. So sind z. B. Burgen, die Piper vor dem 1. Weltkrieg aufgenommen hat, in jüngeren Publikationen deutlich abweichend von Pipers Befund dargestellt, so zum Beispiel in der Burgen- und Schlösser-Reihe des Birken-Verlages oder bei Menclová. Eine Erklärung hierfür könnte sein, daß Dr. jur. Piper eine entsprechende Grundausbildung fehlte, die sein Kontrahent Ebhardt als Architekt besaß. Das ändert nach meiner Ansicht allerdings nichts am Verdienst Pipers für die Burgenkunde.
Ich habe mich bei Auftreten derartiger Diskrepanzen in der Regel an der jüngeren Darstellung orientiert.

Piper contra Ebhardt

Vielleicht ist die so unterschiedliche Ausgangslage der beiden Kontrahenten Piper und Ebhardt, Jurist der eine, Architekt der andere, die Erklärung für die Aversion zwischen diesen beiden bedeutenden Burgenforschern. Die Rekonstruktion der Ruine Hohkönigsburg durch Ebhardt in seiner handwerklich gekonnten, aber historisch keineswegs immer gesicherten Art, die man auch andernorts wie bei der Feste Coburg oder der Marksburg bewundern kann, stieß nicht nur bei Piper auf eisige Ablehnung.

Heute hätte vermutlich Piper obsiegt

Die Denkmalpfleger zum Ende des 20. Jh. würden eine Ruine vermutlich freilegen und sichern, notfalls vorsichtig ergänzend reparieren, wenn deren Erhaltung es erfordert, aber sicher nicht romantisierend wieder aufbauen. Mit anderen Worten: heute wäre man vermutlich Ebhardts Vorstellungen nicht gefolgt. Aber auch Ebhardts große Leistungen in der Burgenforschung werden dadurch nicht geschmälert. Er war unter anderem Gründer der Deutschen Burgenvereinigung, die noch heute mit Sitz auf der Marksburg zum Erhalt und Schutz unserer Burgen tätig ist.

Der Bestand von Burgruinen ist gefährdet

Der bedauerliche, ständige Abgang von Burgen wird nicht nur deutlich, wenn man Tillmanns Angaben am Ort nachprüft, sondern auch, wenn man zeitlich auseinanderliegende Publikationen über das gleiche Gebiet vergleicht. Als Beispiele seien genannt die Bücher von Poeschel und Clavadetscher/Meyer über die Burgen Graubündens sowie die Publikationen von Karl Albrecht Koch in den Blättern des Schwäbischen Albvereins und die Bücher von Günter Schmitt über die Burgen der schwäbischen Alb. In beiden

Burg Liebenfels in Kärnten
Zeichnung von F. W. Krahe, 1951

Fällen gibt es leider einige Beispiele von Ruinen, von denen nach Ablauf von vielen Jahrzehnten nichts mehr übrig geblieben ist, wie etwa bei der Brielburg und der Leinburg.

Neue Grabungen legen Burgen frei

Es gibt allerdings auch eine Gegenentwicklung: Durch Ausgrabungen werden Burgengrundrisse wieder sichtbar gemacht und bei entsprechender Sicherung und Pflege auch erhalten. Ungezählte Heimatvereine und private Initiativen haben für die Sicherung von Ruinen viel getan. Ausgegrabene Grundrisse enthält das Grundriß-Lexikon rund 80 = 2 % der Beispiele, verschwundene Burgen rund 40 = 1% aller Objekte. Nach meinem subjektiven Eindruck von Reisen zu Burgen übersteigt die Zahl der neu verlorengegangenen Burgen die der neu ergrabenen leider erheblich.

Mehrfache Publikationen sind selten

Von den im Grundriß-Lexikon abgebildeten Grundrissen sind nahezu ²/₃ mit der Angabe nur einer Quelle versehen, für 17 % sind zwei Quellen genannt und nur für 9 % der Grundrisse sind drei oder mehr Publikationen vermerkt. Es sind dies die Grundrisse, die man immer wieder findet und, wenn ihre so häufige Wiedergabe eine Auswahl darstellt, die der wichtigsten Burgen.
Rund 37 % der publizierten Burgen entstammen Monographien, rund 32 % kommen aus Inventaren (Kunstdenkmäler von ...) und rund 13 % wurden lexikalischen Werken entnommen, wie Werner Meyer »Burgen der Schweiz« (9 Bde), Oswald Graf von Trapp »Tiroler Burgenbuch«

(8 Bde), Günter Schmitt »Burgenführer Schwäbische Alb« (bis 1993 5 Bde), um einige der wichtigsten zu nennen.

80 % leicht zugänglich

Dieser hier ausführlich geschilderte Ursprung soll deutlich machen, daß weit über 80 % der Original-Publikationen für Interessenten in den entsprechend ausgestatteten Bibliotheken relativ leicht auffindbar sind. Die restlichen ca. 20 % dürften für Interessenten gar nicht oder nur mit großem, vermutlich unangemessenem Aufwand beschafft werden können. Bei diesen Grundrissen muß der interessierte Leser sich auf meine Angaben verlassen.

Geographische Grenzen des Lexikons

Das Grundriß-Lexikon orientiert sich an den von Curt Tillmann gewählten geographischen Abgrenzungen. Außer der Bundesrepublik Deutschland und der Republik Österreich sind folgende Gebiete erfaßt: die deutschsprachige Schweiz, die ehemaligen österreichischen Gebiete in Slowenien, Liechtenstein, Luxemburg, die früheren Provinzen Elsaß und Lothringen, alle ehemals deutschen Gebiete in Polen, die ehemals deutschsprachigen Gebiete Böhmens und Mährens sowie die Gebiete des Deutschen Ordens. Ausgenommen sind die Niederlande und Norditalien, die ja auch im deutschen Mittelalter wenigstens zeitweise eine Sonderrolle gespielt haben.

Grenzen mehrfach verändert

Daß die Burgen des Deutschen Mittelalters heute in vielen verschiedenen Staaten liegen, daß sich Sprachgrenzen über große Distanzen verschoben haben, ist das Ergebnis langfristiger Entwicklungen und insbesondere der Hybris Deutschlands im 20. Jahrhundert. Die politischen Tatsachen zu Beginn des 21. Jh. dürfen jedoch kein Anlaß sein, aus welchen Gründen auch immer, die weiträumige und langfristige Existenz des Deutschen Reiches im Mittelalter zu leugnen. Die Darstellung in dem von Tillmann und mir gewählten Rahmen hat keine anderen als historische Gründe. Ich hoffe, nicht mißverstanden zu werden.

Einzelne Objekte vielleicht strittig

Ich will keineswegs verschweigen, daß man sich in Einzelfällen über die Zugehörigkeit einer Burg zum Deutschen Mittelalter streiten kann, und ich will Fehlgriffe in ganz wenigen Fällen nicht ausschließen. Die Burg Karlstein, in der Nähe Prags, zeigt die Problematik besonders deutlich: Kaiser Karl IV. aus dem Hause Luxemburg, als Sohn König Johann von Böhmens und Elisabeths, der Tochter des letzten Přemyslidenkönigs Wenzel II., Erbe der böhmischen Krone, hat diese Burg für sich erbauen lassen, sie ist sowohl eine deutsche wie eine tschechische Burg. Die jahrhundertelange Zugehörigkeit Böhmens zum Reich macht die Abgrenzung besonders schwierig, weil die Verquickung und Verzahnung deutscher und tschechischer Siedlungsgebiete Grenzen verschwimmen läßt.

500 Jahre Burgenbau

Der Zeitraum, in dem Ritterburgen entstanden und benutzt wurden, läßt sich relativ einfach eingrenzen: Vor der Jahrtausendwende wurden Burgen im Sinne von Ritterburgen aus Stein – nicht Fliehburgen oder Burgstädte! – faktisch nicht errichtet, und nach etwa 1500 wurden neue Burgen nicht mehr gebaut. Personalisiert kann man sagen, der Burgenbau begann unter dem letzten sächsischen Kaiser Heinrich II. (1002 – 1024) und endete mit der Regierungszeit von Kaiser Maximilian I. (1485 – 1519). Auch hier sind die Grenzen nicht exakt zu ziehen, aber die zeitliche Dimension ist mit Sicherheit richtig.

Verzeichnis nach politischen Grenzen nützlich

Das Grundriß-Lexikon ist selbstverständlich alphabetisch geordnet, Hinweise auf Namen (z. B. bei Doppelnamen wie Hambacher Schloß = Maxburg = Kästenburg) sind ins Alphabet eingeordnet, ein gesondertes alphabetisches Verzeichnis erübrigt sich daher. Hingegen schien mir ein Verzeichnis nach der politischen Lage der Objekte sinnvoll, es ist daher nach Ländern und Provinzen geordnet im Anhang vorhanden.

Ständige Grenzänderungen

Bei der politischen Einordnung jedes einzelnen Objektes waren die inzwischen erfolgten Änderungen von Grenzen bis in die jüngsten Tage hinein äußerst irritierend. Da die Quellen der Burgengrundrisse bis ins 19. Jh. zurückreichen, kann man sich leicht vergegenwärtigen, wie sehr sich die inneren und äußeren Grenzen Deutschlands in der seit damals vergangenen Zeit geändert haben. Der Kahlschlag durch die Gemeinde- und Kreisreform hat die Einordnung im Inland nicht gerade erleichtert. Da sind Fehler trotz aller Sorgfalt beinahe unvermeidlich, ich will sie jedenfalls nicht ausschließen.

Tab. 1: Basis der burgenkundlichen Untersuchung

Abk.	Staat	Grundrisse von: Burgen	Wohntürmen	Bergfrieden	Palasbauten	Summe
A	Österreich	549	43	2	1	595
B	Belgien	3	—	—	—	3
CH	Schweiz	359	120	8	3	526
CR	Tschech. Rep.	119	3	—	—	122
D	Deutschland	1957	196	77	11	2241
F	Frankreich	98	7	2	—	107
FL	Liechtenstn.	4	—	—	—	4
I	Italien	117	15	2	—	134
LX	Luxemburg	15	1	—	—	16
PL	Polen	69	8	1	1	79
SL	Slowenien	18	—	—	—	18
	Summe	3344	393	92	16	3845
	Ordensbgn.	137	5		1	143
	Burgen insges.	3481	398	92	17	3988

Stichtag für die burgenkundliche Untersuchung: 1. 10. 1992

Mit der burgenkundlichen Untersuchung meiner Sammlung konnte ich – wie man leicht einsehen wird – nicht bis fast zur Drucklegung warten. Ich habe einen Stichtag gewählt, den 1. 10. 1992. Zu diesem Stichtag lagen die in Tabelle 1 aufgeführten knapp viertausend Objekte vor. Das Grundriß-Lexikon umfaßt mehr als diese Objekte, weil in der Zeit bis zur Drucklegung noch 68 Objekte hinzugekommen sind, die eine Gesamtzahl von 4056 Burgen ergeben.

Lexikon kann nicht vollständig sein

Mein Grundriß-Lexikon kann aus verschiedenen Gründen nicht vollständig sein: 1. Grundrisse ansehnlicher Burgen wurden nie publiziert, zum Beispiel Burg Egg, 2. angeschriebene Eigentümer und Gemeinden haben nicht reagiert, 3. kleinere Publikationen sind der Aufmerksamkeit des Autors entgangen. Ich schätze jedoch, daß ich 90 % der in Frage kommenden Objekte erfaßt habe. Für die Beschaffung weiterer weniger Prozente wäre ein völlig unangemessener Zeitraum von Jahren notwendig gewesen, das heißt ein Grundriß-Lexikon würde immer erst in der Zukunft, also nie erscheinen.

Ergänzungsband möglich

Sollten sich, wider Erwarten, in einem absehbaren Zeitraum weitere Grundrisse in nennenswerter Zahl anfinden, wäre ein Ergänzungsband zum Grundriß-Lexikon denkbar. Es wäre ja vorstellbar, daß bisher reservierte Gemeinden oder Eigentümer von Burgen, die hier nicht dargestellt sind, die Grundrisse nun zur Verfügung stellen. Über derartige Möglichkeiten und einen möglichen Zeithorizont habe ich heute freilich keine konkreten Vorstellungen.

Grundriß-Lexikon bewahrt vor dem Vergessen

Die Reste mancher, im Grundriß-Lexikon noch erwähnten Burgen sind mittlerweile restlos verschwunden – wie zum Beispiel die für den Bau einer Autobahn beseitigte Ruine Rauchenkatsch – oder zu Burgstellen ohne erkennbare Reste geworden. Der Verfall vieler Anlagen schreitet fort, regionale und überregionale private und staatliche Anstrengungen vermögen keineswegs den Verlust von Ruinen insgesamt aufzuhalten. Wir müssen mit weiteren Abgängen rechnen. So ist das Grundriß-Lexikon auch ein Versuch, die Gestalt vieler Burgen für einige Zeit vor dem Vergessen zu bewahren.

Dank an alle Helfer

Allen Bibliotheken – insbesondere der vorzüglichen Fachbibliothek Architektur der Technischen Universität und ihrer Fernleihe – allen Verbänden, Gemeinden und vor allem einzelnen Personen, die mir bei der Suche nach Burgen-Grundrissen geholfen haben, danke ich sehr herzlich. Ihre Hilfe ließ mich einige herbe Absagen beziehungsweise Verweigerungen verschmerzen. Ich wäre ohne Hilfe von außen mit der umfangreichen Sammlung nie auf den vorliegenden Umfang gekommen.

BURGEN
IN ZAHLEN
UND FAKTEN
—

1. Burgendichte

Es ist auffallend, daß über Burgen bestimmter Gebiete sehr ausführliche und zahlreiche Publikationen vorliegen, über die anderer Gegenden hingegen wenig. Die Fülle von Informationen ist typisch für Landschaften oder Regionen, in denen es viele Burgen und zahlreiche Burgruinen gibt, z. B. im Elsaß, in Kärnten, in der sog. Regio, in Südtirol, auf der Schwäbischen Alb und im Pfälzer Wald.

Einzelne Gebiete stärker bearbeitet

Insbesondere dort, wo einzelne Burgenforscher tätig waren, entsteht auch zwangsläufig der Eindruck großer Burgenhäufigkeit, aber gewiß ist es auch so, daß viele Burgen wiederum Forscher zur Tätigkeit herausfordern. Mit anderen Worten: Gebiete mit intensiver Bearbeitung sind auch meist mit großer Burgendichte identisch. Zu erwähnen sind insbesondere: für Graubünden: Clavadetscher, Werner Meyer und Poeschel, für Kärnten: Kohla, für das Allgäu: Merkt und Nessler, für die Schwäbische Alb: Karl Albrecht Koch und Günter Schmitt, für den Harz: Stolberg, für Sachsen-Anhalt: Wäscher, für Tirol und Südtirol: Weingartner und Graf v. Trapp, für das Elsaß: Wolff, für das Regio: W. Meyer, um die vielleicht wichtigsten erwähnt zu haben.

Gründe für die unterschiedliche Burgendichte

Auf der Fig. 1 »Burgendichte« (S. 13) habe ich auf der Basis von rd. 4 500 Burgen und Burgstellen meiner Grundriß-Sammlung die Häufigkeit von Burgen in den verschiedenen Reichsgebieten dargestellt. Benutzt habe ich dafür in Deutschland und Österreich die Landkreise bzw. politischen Bezirke, in der Schweiz die Kantone und in Frankreich die Départements. Man kann deutlich unterschiedliche Dichten sowie ein generelles Gefälle der Dichten von SW nach NO erkennen. Für die Differenzen gibt es viele verschiedene Gründe.

Flachlandburgen am anfälligsten

Für Gebiete mit überwiegend ebenen Flächen kamen in der Regel nur Burgen in wenig geschützter Lage in Frage. Diese Flachlandburgen waren 1. relativ leicht zu erobern und dann zu zerstören, 2. ließen sich, wie man in Westfalen sehen kann, mit wenig Aufwand in Schlösser umwandeln, die in sehr vielen Fällen von der ursprünglichen Burg nichts mehr erkennen lassen und 3. ließen sich viel leichter ausschlachten als abgelegene Burgen. So sind vermutlich mehr Flachlandburgen verschwunden als andere. Westfalen gehörte ursprünglich zu den burgenreichen Gebieten, denn sehr viele Schlösser waren einstmals Wasserburgen.

Es gab burgenarme Gebiete

Die Karte der Burgendichte weist außer Westfalen weitere Gebiete geringer Burgendichte auf, nämlich das Land zwischen Ems und Elbe sowie einen breiten Streifen südlich der Donau. Diese geringen Dichten sind kein Zufall, sondern historisch erklärbar mit traditionellen Gebieten freier Bauern – man denke an die Stedinger – und verbreitetem Klosterbesitz.

Zwar besaßen auch Klöster Burgen, etwa durch Mitgift eines Novizen, Vermächtnis oder Schenkung, aber sie bauten selbst im Prinzip keine, von Ausnahmen abgesehen. Hingegen haben Bischöfe als Landesfürsten Kriege geführt und Burgen erbaut wie z. B. Erzbischof Balduin von Trier (1. Hälfte 14. Jh.) aus dem Hause Luxemburg.

Daß dichte Waldgebiete und unzugängliche Gebirge wenig Burgen aufwiesen, versteht sich von selbst. Burgen entstanden dort, wo auch Menschen lebten, als Lebensbasis der Burgen. Und in Rodungsgebieten kamen erst die Menschen, dann die Burg. Die fast burgfreien Hochalpen sind auf meiner Karte gut zu erkennen.

Für den Burgenreichtum von einzelnen Regionen gibt es verschiedene Gründe, die einzeln oder zusammenwirkend die Ursache für das Entstehen vieler Burgen auf relativ kleiner Fläche waren.

Beste ökonomische Verhältnisse – mehr Burgen

In Gebieten mit besonders günstigen Lebensbedingungen durch hervorragende Böden, mildes Klima oder ideale Kommunikationsmöglichkeiten konnten Lehen generell vergleichsweise klein sein, es konnten also mehr Menschen und damit mehr Ritter ernährt werden und folglich gab es mehr Burgen. Viele Vasallen zu haben, war das Interesse der Territorialherren, die daher mehr Ritter belehnten, wenn dies ökonomisch möglich war. So bestand wahrscheinlich eine Relation zwischen Bevölkerung und Burgen. Ein derartig begünstigtes Gebiet war vermutlich das Land um Bozen.

Schwächung zentraler Macht fördert Burgenbau

In Gebieten, in denen die Macht der Krone und der Territorialherren zurückging, war der Burgenbau – ursprünglich ein königliches Recht (Regal) – des Kleinadels nicht mehr zu verhindern. So entstand, wie W. Meyer/E. Widmer für Teile der Schweiz im 12. und 13. Jh. feststellen, »eine geradezu groteske Burgendichte«. Die betroffenen Gegenden waren keineswegs immer ökonomisch besonders ergiebig. Dieses einleuchtende Argument Meyers, daß aus dem einstigen Regal ein Gewohnheitsrecht des Kleinadels geworden war, mag für viele Gebiete gelten. Allerdings wäre ein historisch fundierter Nachweis hierfür jeweils eine Arbeit für sich.

Das Erbrecht fördert den Burgenbau

In vielen Gebieten des Deutschen Reiches gab es ein Erbrecht für alle männlichen Nachkommen. Das hat z. B. im Südwesten zu immer kleineren, am Ende nicht mehr lebensfähigen Höfen geführt. In Ritterfamilien bedeutete diese Erbfolge eine Aufteilung des Besitzes und die Erbauung neu-

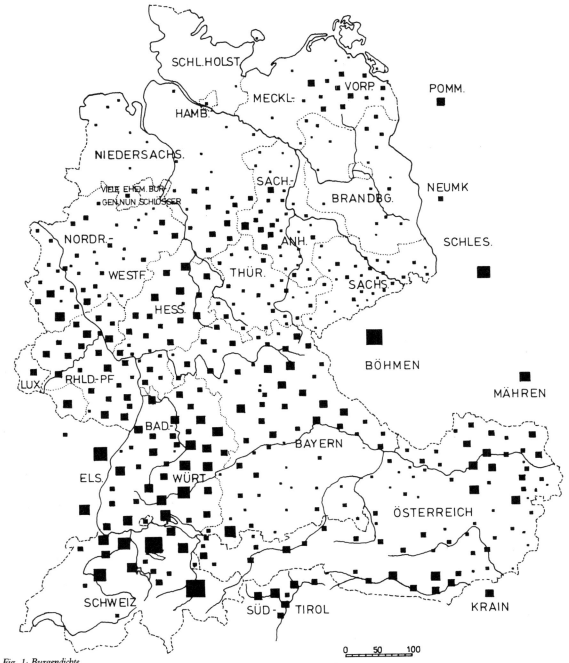

Fig. 1: Burgendichte

er Burgen, wenigstens dort, wo die Stammburg klein war und als Sitz mehrerer Erben, den sog. Ganerben, ungeeignet war. Dieses Erbrecht beinhaltete bei Rittern wie bei Bauern gleichermaßen langfristig die Gefahr des sozialen Abstiegs. Die Teilungsburgen werden in den seltensten Fällen besonders groß, sondern – schon der ökonomischen Grenzen wegen – eher kleiner gewesen sein. Ein Gebiet mit besonderer Burgendichte an der Donau westlich von Sigmaringen ist als Plan zur Anschauung besonders dargestellt worden (Fig. 2, S. 14).

Wieviele Burgen gab es?

Die Tatsache, daß ich rund viertausend Grundrisse von Burgen im Grundriß-Lexikon darstellen kann, sagt nichts darüber aus, wieviele Burgen es im Reich insgesamt gegeben haben mag. Die Vorstellungen variieren zwischen zehn- und fünfundzwanzigtausend, was ist nun richtig?
Ich habe Tillmanns »Lexikon der Deutschen Burgen und Schlösser« als Basis einer Schätzung gewählt. Dieses Werk enthält hochgerechnet die Namen von rd. 14 500 Burgen

Fig. 2: Die obere Donau als Beispiel für große Burgendichte

und von Schlössern, die ursprünglich Burgen waren, die Ordensburgen nicht mitgezählt. Einerseits konnte Tillmann nur Objekte erfassen, die in der ihm zugänglichen Literatur verzeichnet waren, andererseits dürfte die Fehlquote bei Tillmanns Akribie maximal 10 % betragen, was zu einer Gesamtzahl von 16 000 Burgen führt. Rechnet man noch eine schwer abschätzbare Quote von Anlagen hinzu, die total in Vergessenheit geraten sind, kommt man vielleicht auf insgesamt 17 500 Burgen, die es im Deutschen Reich in den von mir gesteckten Grenzen gegeben haben muß.

Nicht alle Burgen bestanden gleichzeitig

Die maximale Menge an Burgen dürfte es um 1300 gegeben haben. Zwar sind bis dahin auch wieder Burgen aufgegeben worden, doch der eigentliche Bauboom lag im 13. Jh. Danach wird die Zahl neuer Burgen mit dem Faktor Zeit immer weniger. Eine Schätzung der Burgen, die gleichzeitig bestanden haben, ist schwierig; mir scheinen 20 % von 17 500 als Abzug angemessen. Dies bedeutet eine Zahl von 13 000 Burgen, die gleichzeitig benutzt wurden.

Sehr verschiedene Burgendichten

Die Fläche des vom Grundriß-Lexikons erfaßten Raumes umfaßt rund 600 000 km². Auf dieser Basis wären bei 13 000 Burgen rd. 46 km² die Fläche für eine Burg, d. h. Abstände von 6,9 km von Burg zu Burg. Zieht man von der Gesamtfläche rd. 100 000 km² für burgenlose Gebiete ab, dann ergeben sich rd. 38 km² je Burg, eine Distanz von 6,2 km als Mittelwert. In Wirklichkeit sind die Burgendichten sehr verschieden. Eine gewisse Wahrscheinlichkeit hat das hier dargestellte Verteilungsmodell, vorausgesetzt die angenommenen Anteile sind plausibel und die geschätzte Zahl von 13 000 Burgen, die gleichzeitig bestanden haben könnten, ist richtig.

Tab. 2: Verteilungsmodell von Burgen im Reich

Besiedlung	Distanz km	Einzugsber. km²	Mittelwert	Anteil am Reich
sehr dicht	2– 4	4– 16	12,5	10 %
mäßig	4– 7	16– 49	32,5	40 %
dünn	7–10	49–100	75,0	50 %

2. Ursprung und Entwicklung

Die Herkunft des deutschen Wortes ist nicht gesichert. Doch scheint die Erklärung, daß die Wohn-Wachttürme, die in gleichmäßigen Abständen den römischen Limes in Germanien säumten, »burgi« genannt, die Väter des Wortes Burg waren, plausibel. Denn Burg war auch Synonym für Turm und umgekehrt Turm für Burg. Das lateinische Wort hat seine Wurzel vermutlich im griechischen mit ähnlicher Bedeutung.

Burgstädte und Fluchtburgen

Burgen waren im frühen Mittelalter in Mitteleuropa zunächst Fliehburgen, nur zeitweilig bemannte feste Stützpunkte. Noch in der Burgenordnung König Heinrich I. heißt es: »... daß die Versammlungsstätte der ehrbaren Männer und Frauen mit starken Befestigungen und Mauern umgeben werden«.

Die Burgen König Heinrichs I. waren neben Fliehburgen insbesondere Städte, deren Befestigung für die dauerhafte Abwehr der Ungarn und Wikingereinfälle von Nutzen war, die in Urkunden *civitas* oder *oppidum* genannt wurden. Das heutige Wort *Bürger*, von *burgare*, ist von Burg im Sinne einer Burgstadt hergeleitet, nicht jedoch von der Ritterburg. In Einzelfällen sind im Verlauf des Mittelalters in alle Burgen Ritterburgen hineingestellt worden wie die Hohensyburg →.

Burgen gab es schon vor dem Mittelalter

Die Burg als Burgstadt und als sicherer Wohnsitz ist keine Erfindung des Mittelalters, sondern kommt auch in älteren Kulturen vor, z. B. in Tiryns der griechisch-mykenischen Zeit oder den Burgpalästen der Sassaniden im Persien des 1. Jahrtausend unserer Zeitrechnung. Der Gedanke, sich bei Gefahr an einen schwer zugänglichen und daher relativ leicht zu verteidigenden Ort zu flüchten, eine Höhle, ein Felsplateau, eine Insel, ist nachweisbar auch zivilisatorisch weniger entwickelten Menschen gekommen.

Ritterburgen waren Wohnburgen

Die Burgen unseres Mittelalters, üblicherweise als Ritterburgen bezeichnet, waren insbesondere Wohnburgen, die mit der Verbreitung des Feudalsystems über weite Teile Europas zum typischen weltlichen Herrschaftssymbol wurden. Sie dienten überwiegend Rittern nebst Familie und Gesinde als sicherer Wohnort; aber auch Territorialherren wie Grafen und Herzöge, ja selbst Könige lebten auf Burgen. So besaß Friedrich I., Barbarossa u. a. die Burgpfalzen Kaiserswerth →, Eger →, Gelnhausen →, und Nürnberg →, um nur einige zu nennen. Auch Herzogsburgen, wie die Wartburg → und Trausnitz (bei Landshut) → waren befestigt. Gegen Treulosigkeit und Verrat, die dem auf Lehnstreue basierenden Feudalismus wie ein bösartiger Parasit anhingen, bot nur die Burg einigermaßen Sicherheit.

Andere Aufgaben der Burgen

Die Burgen des Mittelalters waren zwar in erster Linie Wohnburgen, und viele von ihnen hatten außer der Funktion der Sicherung einer Ritterfamilie nie andere Aufgaben. Doch gab es auch Burgen mit speziellen Aufgaben zusätzlich zum Schutz der Bewohner und der Funktion als regionaler Verwaltungsmittelpunkt, etwa
– Zollaufgaben wie Burg Pfalzgrafenstein →, mitten im Rhein gelegen, an der man praktisch nicht unbemerkt vorbeikam.
– Sicherungsaufgaben an befahrenen Straßen wie Reifenstein → und Sprechenstein → bei Sterzing als Sperrburgen zum Brenner.
– Burgen zur Aufrechterhaltung des Reichsfriedens, eigentlich immer gleichbedeutend mit der Sicherung kaiserlicher oder königlicher Macht wie die Burgen Kyffhausen →, meist mit ständigen Besatzungen aus adligen Burgnamen und deren Kriegsknechten belegt.
– Bischofs- und Landesburgen mit vergleichbaren Aufgaben bezogen auf ein kleineres Areal.
– Belagerungsburgen als Rückhalt der Belagerung einer Burg wie die Ödenburg → gegenüber der Hohkönigsburg →.
– Gegenburgen zu bestehenden Anlagen, die den Anspruch eines Lehnsherren eines anderen Machtbereiches dokumentieren; manche Burgenpaare sind so entstanden.
– Stadtburgen als Verdeutlichung adliger, territorialer oder klerikaler Macht über eine Stadt. Diese Stadtburgen hatten nicht selten die Funktion einer Zwingburg, d. h. sie dienten der Unterdrückung des im Verlauf des Mittelalters zunehmenden Bestrebens der Städte nach Lösung aus territorialen Bindungen, übrigens mit sehr unterschiedlichem Erfolg.
– Burgen zum Schutz bestimmter wertvoller Anlagen wie einer Silbergrube, einer Saline.

All die genannten zusätzlichen Aufgaben haben das Aussehen der Burgen nach meiner Erkenntnis nicht beeinflußt.

Burgen waren teuer

Selbst unter Berücksichtigung der den adligen Bauherren zur Verfügung stehenden Fron der Hörigen und Halbfreien, war die Errichtung einer Burg ein für die damalige Zeit immens teures Unterfangen, das sich eben nur leisten konnte, wer über ein oder mehrere entsprechend ergiebige Lehen verfügte. Antonow berichtet über die Kosten in seinem Buch »Planung und Bau von Burgen im deutschen Mittelalter«. Zwar ist eine Umrechnung auf Währungen des 20. Jh. in der Regel nicht möglich, doch wird deutlich, daß die Notwendigkeit der Beschäftigung zahlreicher gelernter Handwerker beim Bau kostenträchtig war.

Der Wohnturm, die Burg des armen Ritters?

In einem anderen Zusammenhang unter 9a (S. 32) werde ich die Wohnturmburgen ausführlich behandeln. Hier sei nur darauf hingewiesen, daß es Anlagen gab, die nur aus einem Wohnturm bestanden, also der kleinsten Form einer Steinburg. Sie stehen in vielen Orten und legen die Vermutung nahe, daß sie in manchen Fällen die erschwinglichste Art eines ritterlichen Wohnsitzes in einer bäuerlichen oder städtischen Umgebung waren. Derartige bescheidene Wohntürme gibt es aus nahezu allen Zeiten des Mittelalters. Aber es gab auch große Wohntürme, sozusagen für gehobene Ansprüche, wie Mörsburg → oder Heinsheim →, die offenbar recht mächtige Bauherren gehabt haben müssen. Die Turmburg war wohl auch eine Art Mode.

Burgen als Metapher der Macht

Ob einfacher, in seiner vermutlich ärmlichen Umgebung dennoch herausragender Wohnturm, ob simple Ritterburg oder anspruchsvoller Sitz eines Territorialherren, sie alle waren Symbole der Macht, Ausdruck eines feinverästelten Feudalsystems, das während des Mittelalters Europa mit seinem unüberschaubaren Netzwerk überzogen hatte. Der qualitative Abstand von der Lehmhütte des Untertanen zum steinernen Wohnturm war weitaus größer als vom Wohnturm zur Herzogsburg.

Die abhängigen Menschen, Hörige und Halbfreie werden die Burg oft genug als Zeichen der Unterdrückung empfunden haben, als Hort der Willkür, aber seltener als Schutz vor fremder Gewalt. Denn die Feudalherren pflegten bei Fehden die Aggression an der ländlichen Bevölkerung auszulassen, während sie selbst in befestigten Burgen Schutz fanden.

Gipfel des Burgenbaus bei Kaiser Friedrich II.

Meine Untersuchung über die zeitliche Verteilung des Burgenbaus hatte das in Fig. 3 dargestellte Ergebnis; nahezu ³/₄ aller Burgen sind bis Ende des 13. Jh. entstanden, der Höhepunkt ist zum Ende der Stauferherrschaft erreicht, er liegt bei ca. 1230, koinzidiert also mit dem Höhepunkt der Ritterzeit, den man ebenfalls um 1230 findet. Bei H. M. Maurer in »Burgen im Deutschen Sprachraum«, Bd. II kann man nachlesen, daß nach einem Urteil des Hofgerichts von König Adolph v. Nassau von 1292 die Duldung des illegalen Burgenbaues durch den zuständigen Grafen die Burg nach Ablauf einer gewissen Zeit legalisierte.

D. h., die Steuerung des Burgenbaus war den Territorialherren längst entglitten. Man darf wohl annehmen, daß die Thronstreitigkeiten zwischen König Philipp v. d. Pfalz und König Otto v. Wittelsbach während der Minderjährigkeit Friedrichs II. sowie dessen seltene Anwesenheit als Kaiser und schließlich das Interregnum den individuellen Burgenbau beschleunigt haben; es wurde faktisch ohne Beachtung des Regals gebaut.

Öffnungsrecht für Lehnsherren

Um die Burgen im regionalen oder weiterreichenden Spiel der Kräfte richtig einsetzen zu können, gab es das sog. Öffnungsrecht, das sich normalerweise rangaufwärts orientierte, d. h. der Vasall war ggf. gezwungen, seinem Lehnsherrn die Burg zu öffnen und dieser wiederum dem nächst höheren Lehnsherrn. So konnten Burgen unter Berufung auf das Öffnungsrecht mit Besatzungen belegt werden, etwa um den Vasallen bei der Stange zu halten. Öffnungsrechte waren vertraglich vereinbart.

Daten unsicher

Obwohl für viele Burgen gar keine, für nicht wenige verschiedene Entstehungsdaten angegeben werden, ist die von mir ermittelte Verteilung über die Zeit plausibel, nach der bis zum Ende des 13. Jh. bereits 75 % aller Burgen entstanden sind.

Die Ungenauigkeit der Daten hat viele Ursachen, u. a.: Mangel an Dokumenten, zu wenig erhaltene Reste für eine Untersuchung, Probleme mit der Altersbestimmung generell. Während man im 19. Jh. dazu neigte, Datierungen weiter hinein in die Vergangenheit zu verlegen, werden Daten heute eher nach vorn verändert, sie sind wegen besserer Kenntnisse von Dokumenten und Abhängigkeit vermutlich realistischer als zu Pipers Zeiten. Das Ammenmärchen von der römischen Herkunft mancher Burgen dürfte heute keiner mehr glauben.

3. Geographische Lage der Burgen

Der Wunsch nach Sicherheit diktierte die Lage der Burg. Die örtlichen Gegebenheiten waren allerdings keineswegs immer diesem Sicherheitsbedürfnis angemessen. Burgen entstanden also in Abhängigkeit von den geographischen Möglichkeiten des Lehensgebietes. So entwickelten sich im Prinzip drei verschiedene Lagen (vgl. Fig. 4, S. 17):
1. Flachlandburgen: Insel, Kunstinsel (Wasserburg), Hügel
2. Höhenburgen: Sporn, Berg, Hang, Ecklage, Randlage, Kamm
3. Felsenburgen: Felsturm, Felsband, Felshöhle

mit wiederum unterschiedlichen Details. Sie kommen unter den Burgen des Grundriß-Lexikons mit völlig verschiedenen Anteilen vor. Dargestellt sind die Anteile in Fig. 5, S. 17.

Inselburg extrem selten

Eine natürlich gesicherte Lage wäre, jedenfalls solange der Winter das Wasser nicht gefrieren läßt, die Insel. Ihr Anteil beträgt nicht mehr als 0,3 % aller Beispiele. Es gab eben im Reich wenig Seen mit geeigneten Inseln. Die Namensendungen -werth, -wörth oder -werder weisen auf eine Insellage hin. So die Pfalz Kaiserwerth → auf einer Rheininsel bei Düsseldorf. Weitere Beispiele von Inselburgen sind Lauf → an der Pegnitz und Weißnau → bei Interlaken.

Wasserburg als Kunstinsel

Bei flachem oder annähernd flachem Gelände, also in Flußniederungen, auf Ebenen, wie in großen Teilen Westfalens, aber auch in Hochebenen findet man die Wasserburg, gemeint sind Burgen auf künstlichen Inseln, von Wassergräben oder künstlichen Teichen umgeben, sicher ebenfalls nur so lange wie kein Dauerfrost herrscht. Wasserburgen machen beinahe ein Drittel aller Burgen aus. Ja, der Anteil war im Mittelalter mit einiger Sicherheit noch höher, weil viele derartige Burgen abgängig sind oder sich in Schlösser

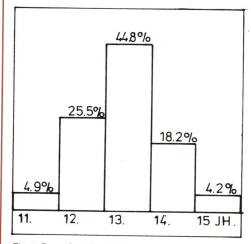

Fig. 3: Burgenbau über die Zeit

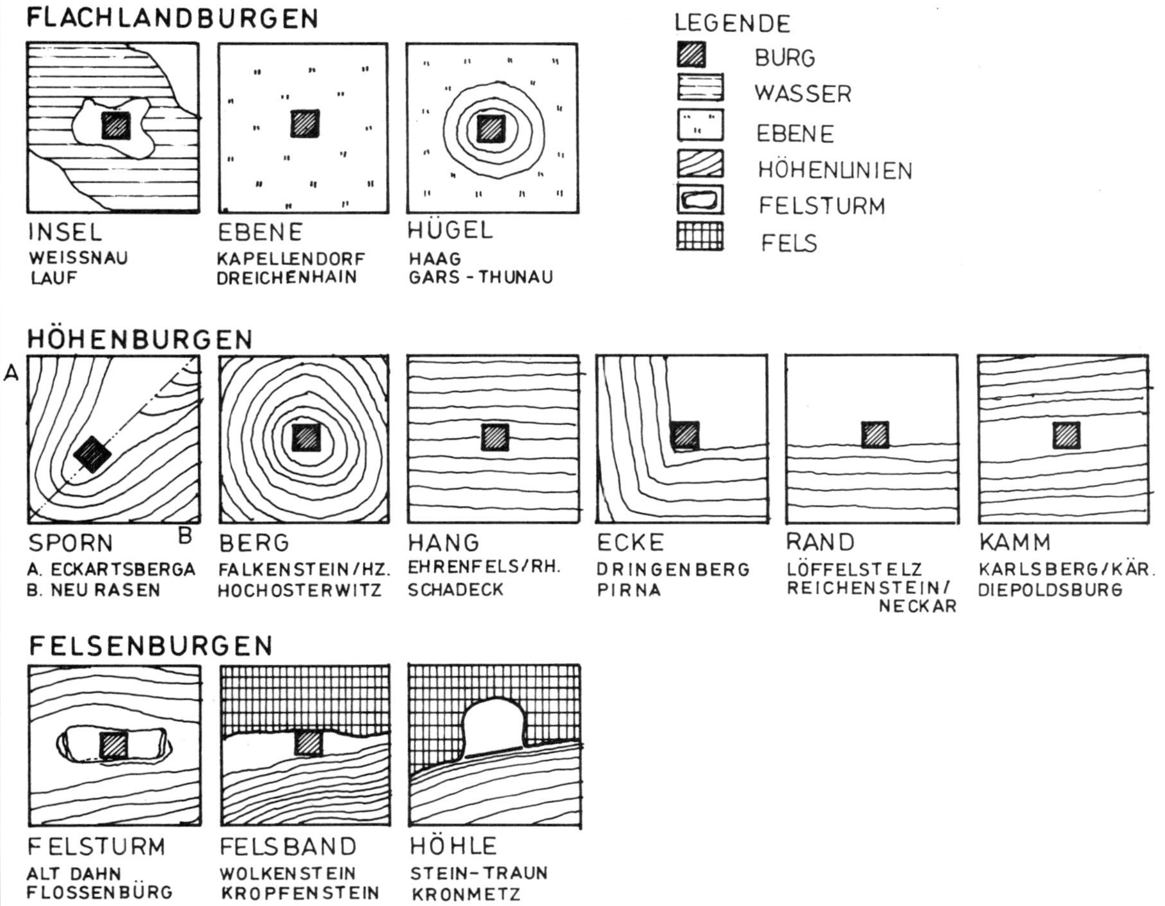

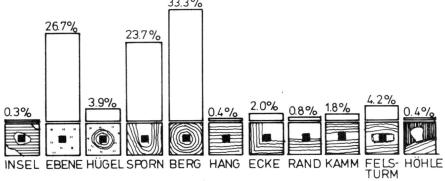

Fig. 4: Geographische Lagen

Fig. 5: Verteilung der Burgen auf die geograph. Lagen

ohne Burgcharakter verwandelt haben. Der Anteil dieser Gruppe im Grundriß-Lexikon beträgt 26,7 %, aber ich schätze den Anteil der Wasserburgen im Mittelalter auf ca. 30–33 %, also ein Drittel.

Hügel besser als gar nichts

Hügel im Flachland gehören geographisch eher zu den Raritäten. So sind Burgen auf Hügeln wie die Burg Haag → östlich von München eine ziemlich seltene Ausnahme unter den Hügelburgen, die rd. 3,9 % der Burgen des Grundriß-Lexikons ausmachen. Sie müssen jedoch, besonders in der frühen Burgenzeit, weitaus häufiger gewesen sein, denn man half der Natur mit dem Spaten nach.

Motten sind Kunsthügel

So entstanden durch Aushub von Gräben und Aufwerfen eines künstlichen Hügels vor allem im 11. Jh. Turmhügelburgen auf Motten, wie diese Hügel genannt wurden, engl.

moat. Von diesen Turmhügelburgen haben nur wenige überlebt, aber Grabungen und Burgstellen – kreisrund und offensichtlich künstlich erhöht – lassen auf eine große Zahl solcher Turmhügelburgen im 11. und 12. Jh. schließen. Da die künstlichen Hügel schwere Steintürme nicht gut trugen, hat man zuweilen zunächst einen Wohnturm errichtet und ihn nachträglich durch Aushub eines Grabens und Anschüttung „eingemottet", wie man in der Sprache der Burgenkundler sagt.

Derartige Turmhügelburgen sind besonders gut auf dem Teppich von Bayeux zu erkennen, der die Besitznahme Englands durch Wilhelm den Eroberer darstellt. Die Normannen pflegten solche Hügel – zunächst mit Holztürmen – als Rückhalt für ihre Operationen zu benutzen.

Der Bergsporn verringert die Angriffsmöglichkeiten

Wo immer die örtlichen Möglichkeiten es zuließen, suchte man die Höhenlage. Der Bergsporn war eine nützliche Alternative zum Berg, er kommt immerhin bei 23,7 % der Beispiele vor. Der Bergsporn reduzierte die Notwendigkeit der Verteidigung von allen Seiten auf eine Seite. Weniger günstig ist die Spornanlage, wenn das Gelände auf der Angriffsseite ansteigt, weil man im ungünstigsten Fall quasi von oben auf die Burg einwirken konnte.

Ein steiler Berg war der sicherste Ort

Ohne Zweifel boten Berge mit möglichst steilen Flanken fast den besten Schutz gegen feindliche Maßnahmen. So nimmt es nicht Wunder, daß ein Drittel aller Burgen auf Bergen oder Vorfallkuppen zu finden sind. Die Beliebtheit des Bergs spiegelt sich auch in den Burgnamen wider, die zu ca. 10 % auf -berg enden. Die Ritterburg der Sage oder des Märchens liegt natürlich auf einem Berg. Besonders eindrucksvoll ist die auf einem einzelnen, aus einer Ebene aufragenden Kegel liegende Burg Hochosterwitz →.

Hänge fanden wenig Anklang

Offenbar wenig beliebt war die reine Hanglage. Sie ist mit ca. 0,4 % ausgesprochen selten. Die drohende Überhöhung der Burg hangaufwärts hat vermutlich die meisten Bauherren von derartigen Standorten abgehalten. Beispiel: Ehrenfels am Rhein →.

Ecklage wenig beliebt

Wo die Natur wenig Bauplätze anbot, hat man auch mit der Ecklage vorlieb nehmen müssen, die mit 2,0 % nicht zu den häufigsten Standorten gehörte. Immerhin war die Lage im Schnittpunkt zweier Hänge besser als die Flachlandburg, denn es gab nur zwei Angriffsseiten, die Ecklage ist dem Bergsporn nicht unähnlich. Beispiel: Dringenberg →.

Randlage als letzte Möglichkeit

Man kann sich leicht vorstellen, daß die Lage am Rand einer Ebene, entlang einer Hangkante, ungern gewählt wurde, sie kommt auch nur bei 0,8 % der Fälle vor. Sie vermied zwar die Gefahr der Überhöhung, besaß allerdings nur eine geschützte Seite, war also Angriffen ähnlich ausgesetzt wie die Flachlandburgen. Beispiel: Löffelstelz →.

Bergkämme wurden selten gewählt

Ebenfalls zu den relativ seltenen Lagen für Burgen gehören die Bergkämme. Strategisch ist diese Lage keineswegs ungünstig, doch kommt sie nur bei 1,8 % meiner Beispiele vor. Vielleicht stieß Bauherren die Tatsache der zweiseitigen Angriffsmöglichkeit ab, vielleicht gibt es entsprechend steile Kämme nur relativ selten, sie waren jedenfalls nicht beliebt, ausgenommen bei Anlagen von Burgengruppen wie dem Wielandstein →, wo auf einem Kamm gewissermaßen eine Burg die andere schützt.

Der Felsturm war das Optimum

Ideallage für eine nahezu unangreifbare Burg war der Felsturm, ein Klotz mit fast senkrechten Wänden, der nur mit Hilfe einer leicht zu sperrenden aus dem Stein gehauenen Treppe oder mittels vorgesetzter Holztreppen, die man notfalls abwerfen konnte, zu ersteigen war, z. B. Altdahn →. Felstürme boten in aller Regel wenig Oberfläche, die bestenfalls für die Wohngebäude reichten und besaßen daher am Fuße des Felsturmes meist eine Vorburg. Felstürme kommen nur in wenigen Landschaften des ehemaligen Reiches vor, am häufigsten in den Vogesen und im Pfälzer Wald, einige auch auf der Schwäbischen Alb und in der bayerischen Oberpfalz. Der Seltenheit solcher Felsen wegen sind sie nur mit 4,2 % unter den möglichen Lagen vertreten. Manche der Felstürme wurden zuerst oder auch gleichzeitig mit der Burg mit ausgehöhlten Kammern versehen, waren also auch Höhlenburgen.

Die feuchte Höhle recht ungemütlich

Damit ist die letzte der Möglichkeiten für Burgen, die Höhle, angesprochen. Höhlen gab es gewiß an vielen Stellen, z. B. in Thüringen, aber nur wenige wurden zum Einbau einer Burg benutzt. Nach meiner Erkenntnis sind es nur 0,4 % aller Burgen. Die Höhle bot zwar die einfachste Form der Verteidigung durch Schließung des Eingangs und lag noch dazu oft unzugänglich. Doch war die vermutlich immer feuchte Höhle nur der allerletzte Ausweg. Beispiel: Grottenstein →.

Einen Sonderfall stellen Burgen dar, die auf einem vom Fels überwölbten Felsband erbaut wurden. Ich habe die wenigen Beispiele den Höhlenburgen zugerechnet, denn immerhin ist bei diesen Objekten mindestens die Rückwand blanker Fels, so z. B. Wolkenstein →.

Höhenburgen überwogen

Der Drang nach möglichst gut geschützten Lagen hat dazu geführt, daß Höhenburgen am zahlreichsten vertreten sind; wie man auf Fig. 5 (S. 17) feststellen kann, waren es rd. 69 %, also über zwei Drittel aller Fälle. Das Verhältnis muß zu Beginn der Burgenzeit wegen des von mir vermuteten hohen Bestandes an Turmhügelburgen anders gewesen sein, um 1100 vielleicht 50:50, um 1200 40:60 und dann vielleicht 31:69 um 1300.

Kahlschlag rund um die Burg

Burgen und Burgruinen unserer Tage wirken oft besonders reizvoll, weil sie in den allermeisten Fällen von Bäumen umgeben sind oder inmitten eines Waldes liegen. Im Mittelalter hingegen waren die Burgen in größerem Abstand von baumlosen Flächen umgeben. Auf diese Weise verhinderte man, daß Angreifer Deckung fanden oder in Burgnähe Bäume für ihren Bedarf an Holz vorfanden. So standen Burgen immer in einer kahlen Umgebung, in der auch Unterholz oder nachwachsende Bäume beseitigt wurden. Burgenbau bedeutete einen dauerhaften Eingriff in die Natur. Durch den Kahlschlag waren Burgen oft kilometerweit zu sehen und wirkten vermutlich viel eindrucksvoller als heutzutage.

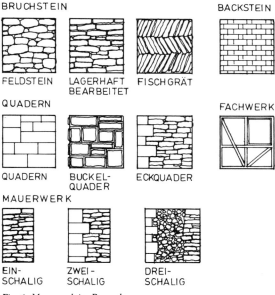

Fig. 6: Mauerwerk im Burgenbau

4. Ringmauer

Die wichtigste Einrichtung der Burg war zweifelsfrei der Bering, d. h. die einen Innenraum schützend umschließende Mauer, die der Burg ihre Form gab. Sieht man von Turmburgen einmal ab, besaß jede richtige Burg eine Ringmauer.

Sehr verschiedene Ausführungen

Die Ausführung der Ringmauer richtete sich nach den örtlichen Gegebenheiten. Die Dicke war abhängig von der Lage, also dem Schutzbedürfnis, die Konstruktion von den örtlichen Vorkommen geeigneter Steine, von der ökonomischen Situation des Bauherren, von der Erfahrung der vorhandenen Bauhandwerker, von den vorhandenen Transportmöglichkeiten und gewiß auch von den Notwendigkeiten der Verteidigung, die wiederum ein Produkt der Lage waren.
D. h. grob vereinfacht, je weniger Schutz durch die geographische Lage, um so stärker der Verteidigungsaufwand, also auch die Mauerstärken. Hierfür kannte man ein- bis dreischalige Mauerstärken (siehe Fig. 6), Mauern geringer Stärke waren in der Regel einschalig, bei Stärken von mehr als ca. 1,5 m Dicke wurde gern mehrschalig gearbeitet; zweischalig bei einer Quader- oder Buckelquader-Vormauerung, dreischalig, d. h. gemauerte Vor- und Rückseite mit einer Füllung von Steinschutt oder Grobkies in Kalkmörtel, vor allem bei großen Stärken, wobei eine Seite durchaus auch vorgeblendet gewesen sein kann.
Backsteine wurden – vor allem in Norddeutschland – im Regelfall einschalig hergestellt, sie treten allerdings erst zum Ende des 12. Jh. auf; die römische Backstein-Tradition war offensichtlich nach der Völkerwanderungszeit zunächst in Vergessenheit geraten.
Fachwerkwände wurden vor allem für Gebäude von geringer Bedeutung, aber auch für Obergeschosse von Nebengebäuden, Wohntürmen und anderen Häusern benutzt, zunächst vermutlich nur mit Lehmausfachung, die wenig dauerhaft war, später mit Backsteingefachen.

Steine, Quader, Backsteine (Fig. 6)

Die äußere Erscheinungsform der Burgen bestimmte das Baumaterial, einerseits Feldsteine oder lagerhafte Bruchsteine, die im 11. und 12. Jh. zuweilen auch in Fischgrätenmuster verbaut sein konnten, andererseits von Steinmetzen sorgfältig behauene Quadersteine, meist in unregelmäßiger aber rechteckiger Lagerung.

Buckelquader vor allem in der Stauferzeit

Eine besondere Rolle spielen die Buckelquader, d. h. behauene Steine, deren Vorderseiten bis auf einen Randkantenschlag unbehauen blieben. Buckelquader treten vor allem in der Zeit der Staufer, also rd. 1150–1250, häufig auf. Buckelquader, die eine lebhafte, mächtige Außenwirkung erzielten, sollen als Hindernis gegen das Anlegen von Leitern an die Mauern verbaut worden sein. Vermutlich aber waren sie vor allem eine Mode der Blütezeit, die Burgen ein martialisches Äußeres gaben. Quadern waren Voraussetzung, wenn man eine Außenseite (Außenwand) mit Bögen architektonisch gestalten wollte. Natürlich waren sie teuer, weil sie eine gediegene Steinmetzarbeit erforderten, was bei Feld- oder Bruchsteinen nicht in dem Maße nötig war, und ggf. von weit her antransportiert werden mußten. Backsteine machten eine Aufteilung der Wände und deren baukünstlerische Gestaltung möglich, wie dies insbesondere an den Burgen des Deutschen Ordens in bester Handwerksqualität geschah.

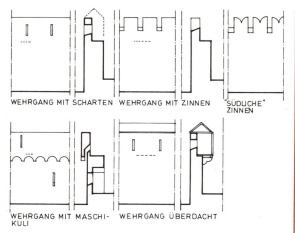
Fig. 7: Wehrgänge

Stärken und Höhen von Ringmauern

Mauerstärken richteten sich vor allem nach der Zugänglichkeit einer Burgstelle und der betreffenden Mauer für mögliche mechanische Angriffe. Es ist einleuchtend, daß Burgen auf Felstürmen wesentlich geringere Stärken erforderten als solche im zugänglichen Flachland. Die Durchschnittsstärke liegt bei 1,5 m, Dicken um 1,0 m machen etwa 15 % der Beispiele aus, Dicken über 2,0 m findet man nur bei ca. 8 % der Objekte. Schildmauern (siehe 10) bilden hier die Ausnahme.

Nach meiner Kenntnis sind Ringmauern mit einer Höhe unter 5 m nicht gebaut worden, aber auch hier ist die Abhängigkeit von der Lage der Burg von Wichtigkeit, unerreichbare Standorte benötigen keine großen Höhen für den Bering. Das Maximum liegt bei ca. 12 m, wenn die Ringmauer nicht zugleich Außenwand eines möglicherweise noch höheren Gebäudes oder Wohnturmes war.

Die Höhe einer Mauer war auch eine Frage der Standsicherheit. Sie wurde durch entsprechende Stärke, durch den Anschluß von senkrecht zur Ringmauer stehenden Gebäudewänden oder durch Stützpfeiler erreicht.

Wehrgänge an den Angriffsseiten (Fig. 7)

Sichere Teile der Burg benötigen gegen Annäherung von Feinden keine besonderen Einrichtungen zur Verteidigung; hier genügte eine keineswegs dicke oder hohe Mauer. Auf den Angriffen zugekehrten Seiten hingegen reichte die Mauer allein nicht aus. Dort wurde sie mannshoch unterhalb der Mauerkrone mit Wehrgängen versehen.

Solche Wehrgänge, die hier nur andeutungsweise behandelt werden können, boten den Verteidigern Schutz und Schußfeld für Bogen und Armbrust sowie die Möglichkeit, Angreifer mit Steinen zu bewerfen. Die wichtigsten Möglichkeiten – von einer großen Variationsbreite – habe ich in Fig. 7 dargestellt. Die Entscheidung zwischen Scharten und Zinnen war sicher auch eine Geschmacksfrage. Zinnen boten immerhin die Möglichkeit, auch Steine auf den Feind hinabzuwerfen, was durch die zur Sicherheit des Schützen engen Scharten nicht möglich war. Freilich war der Schutz in den offenden Lücken zwischen den Zinnen gering.

Unrat auf die Angreifer

Für die Abwehr von Angriffen, besonders natürlich an exponierten Seiten, gab es die Entwicklung sog. Maschikulis, die es ermöglichten, den Gegner am Fuße der Mauer – sozusagen im toten Winkel – mit siedendem Pech oder stinkender Jauche zu begießen. Derartige Maschikulis kommen nicht nur, wie hier gezeichnet, an Ringmauern vor, sondern auch an anderen Stellen der Burg, wie an den Gußerkern über dem Tor.

Selbstverständlich gab es auch Burgen mit Schießscharten auf Hofniveau, vor allem dann, wenn der Hof gegenüber der Umgebung überhöht angelegt worden war.

5. Grundrißformen

Die Ringmauer, frei gesetzt oder im Extremfall den Umrissen der geographischen Gegebenheiten folgend, formt die Figur der Burg, also Grundriß und äußere Erscheinung. Diese wurden natürlich auch von anderen Teilen der Burg mitgestaltet, etwa einem hochaufragenden Bergfried oder einem Torturm, doch die Ringmauer war der wichtigste Teil einer Burg und quasi ihr Panzer.

Burgen sind individuell

Wer das Grundriß-Lexikon durchblättert, wird erstaunt sein über die Vielfalt der vorkommenden Formen. Nach meiner Untersuchung der 3344 Grundrisse (siehe Tabelle 1, S. 9) sind über 50 % der Grundrisse so individuell, daß sie sich einer und sei es noch so groben Einordnung entziehen. Die Verteilung der knappen anderen Hälfte auf Grundriß-Typen habe ich in Fig. 8 darzustellen versucht. Bezogen auf die Grundrisse aller Burgen kommen regelmäßige Formen nur bei rd. einem Drittel vor.

Wasserburgen überwiegend geometrisch

Untersucht man die Wasserburgen des Grundriß-Lexikons genauer, ergeben sich nur 15,7 % von Beispielen, die nicht einzuordnen oder nicht mehr erkennbar sind. Die anderen teilen sich, wie in Fig. 8a dargestellt, auf.

Wo die Natur dies zuließ, haben Burgenbauer offensichtlich regelmäßige Formen bevorzugt. Übrigens auch Anlagen mit nur zwei oder keinem rechten Winkel wirken regelmäßig, wie z. B. Fürstenau/Odenw. →, Burgsinn → u. a. beweisen.

Überraschend war für mich die geringe Prozentzahl der runden Burgen, die mit insgesamt nur ein Zehntel vertreten sind. Auch bei den in Schlösser umgewandelten Wasserburgen gibt es keine nennenswerte Zahl runder Grundrisse.

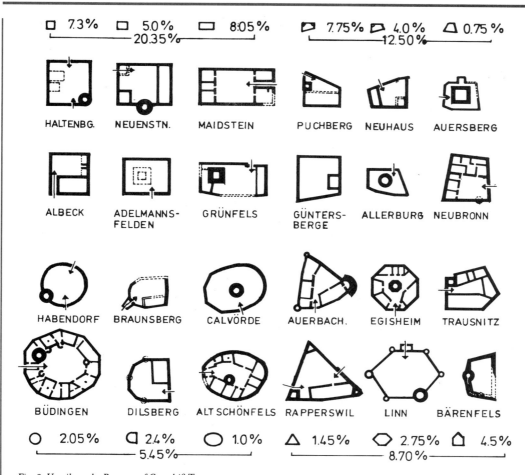

Fig. 8: Verteilung der Burgen auf Grundriß-Typen

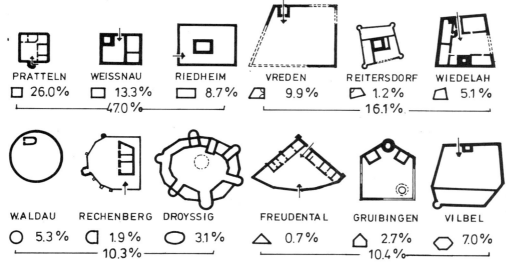

Fig. 8a: Verteilung der Wasserburgen auf Grundriß-Typen

Selbst die Motten waren keineswegs immer rund, es gibt viele noch erhaltene Turmhügel auf quadratischer Basis.

Oktogone ganz selten

Ganz wenige Grundrisse von Wasserburgen sind regelmäßige Oktogone. Sie kommen nur in der Stauferzeit vor, die eine besondere Vorliebe für Ordnung und Regelmäßigkeit entwickelte. Solche Grundrisse wie Egisheim → oder Gebweiler → stellen gewissermaßen die Krone der Geometrie dar. Sie eignen sich freilich, insbesondere bei freistehendem Bergfried, nicht besonders für den Einbau weiterer Gebäude, was man am Grundriß von Egisheim gut erkennen kann.

Auch Höhenburgen geometrisch

Erstaunlicherweise findet man auch bei den Höhenburgen eine nicht kleine Zahl von Grundrissen, die absolut oder stark angenähert regelmäßig sind, ich nenne hier:
Quadrat: Albeck-Württemberg →; kurzes Rechteck: Buonas →; langes Rechteck: Andeck →; Trapez mit 2 rechten Winkeln: Altenbaumburg →; Mittel- und Vorderburg, Trapez mit 1 rechten Winkel: Bogeneck →; Trapez ohne rechte Winkel: Aggstein →; Dreieck: Auerbacher Schloß →; Fünfeck: Alt Geroldseck →; Oval: Alt Schönfels →. D. h. die Ritter bauten auch in Höhenlagen gern regelmäßige Grundrisse.
Die Aussagen über die Formen und deren Anteile beziehen sich stets auf die Kernburgen, also der erkennbaren Gründungsburg ohne spätere Erweiterungen.

6. Grundrißgrößen

Schon beim Durchblättern des Grundriß-Lexikons wird neben der Vielfalt an Grundrissen auch die Vielfalt von Größen deutlich, die von zweihundert Quadratmetern bis über zwölftausend reicht.

Klein oder groß, das ist die Frage

Um die Dimensionen der Burgen zu ermitteln, habe ich alle Grundrisse der Buchstaben A–L untersucht, abzüglich der reinen Turmburgen ohne Ringmauer und der Burgreste. Die Hälfte der Sammlung erschien mir für diesen Zweck ausreichend. Ermittelt wurde, wie bei der Form, stets die Kernburg, die sich durch spätere Zubauten durchaus vom Zwerg zum Riesen wandeln kann. Die errechnete Durchschnittsgröße lag bei 1350 m² Grundfläche je Burg, angesichts der Verteilung, die man in Tab. 3 erkennen kann, ist diese Aussage wenig nütze.

Ritterburgen waren recht klein

Als Ergebnis der Untersuchung wird deutlich, daß die Burgen eher klein als groß waren. Addiert man die reinen Wohntürme ohne Ringmauer ebenfalls von A–L, nämlich 147 Beispiele, hinzu, ergibt sich bei entsprechend veränderten Zahlen ein Anteil von knapp 64 % der relevanten Burgen und 53 % aller Beispiele. Also mehr als die Hälfte der Burgen waren Kleinburgen. Der Anteil großer und riesengroßer Burgen mit unter 7 % überrascht nach dem vorangegangenen Ergebnis nicht.

Kleinburgen im Flachland nicht häufig

Kleine Burgen mit bis zu 1000 m² Grundfläche weichen in zwei Punkten vom Gesamtergebnis ab: 1. im Flachland sind sie lediglich mit 12,5 % vertreten. Weil der Bauplatz im Flachland selten eingeengt war, konnte man geräumiger bauen. 2. Auf Felstürmen kommen immerhin 14 % der Kleinstburgen vor, d. h. die Felstürme boten selten mehr Platz als für Burgen unter 500 m² Grundfläche oder Wohntürme.

Besondere Grundrißtypen der Kleinstburgen

Bei meiner Untersuchung ist mir aufgefallen, daß bestimmte Grundrißtypen bei Kleinstburgen immer wieder auftauchen. Es sind dies Anlagen, die gewissermaßen aus »Bausteinen« zusammengeführt wurden, nämlich aus Bergfried, Hof, Palas und Wohnturm. Einige von ihnen sind deutlich häufiger als andere, ich habe sie als besondere Grundrißtypen von Kleinstburgen dargestellt (Fig. 9).
Diese Zusammenstellung von einigen Beispielen aus den jeweiligen Grundrißtypen soll verdeutlichen, wie vielfältig die Grundrisse des gleichen Typen noch immer sind. Auch die Kleinstburgen, weit überwiegend als Höhenburgen zu finden, spiegeln den für den Burgenbau allgemein zu konstatierenden Individualismus besonders gut. Abschließend sei festgehalten, daß beinahe 92 % aller relevanten Kernburgen eine Größe von 2500 m² nicht überschreiten.

Tab. 3: Größe mittelalterlicher Burgen (Kernburgen)

Anz. Bgn. A–L	Inhalt nicht zu ermitteln	Anz. Bgn.	Inhalt 0–500	in m² 500–1000	klein bis 1000	mittel 1000–2500	groß 2500–5000	riesig über 5000
1716	304	1410	352 +	494 =	846	446	87	31
			41,7 %	58,3 %	100 %			
		100 %	25,0 %	35,0 %	60,0 %	31,7 %	6,1 %	2,2 %
100 %	17,8 %	82,2 %	20,5 %	28,8 %	49,3 %	26,0 %	5,1 %	1,8 %

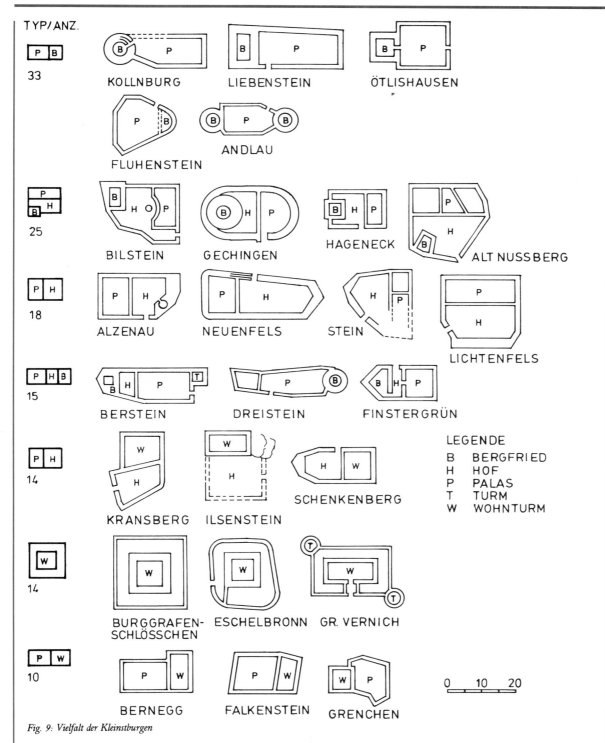

Fig. 9: Vielfalt der Kleinstburgen

7. Graben, Tor und Brücke

Der Graben mit Zugbrücke gehört zur gängigen Vorstellung von einer Burg, und das mit Recht, denn es gab nur ganz wenige Lagen, in denen Gräben nicht zwingend erforderlich waren, wie in der Tafel »Erforderliche Gräben« anschaulich zu sehen ist. Es waren Insel, Felsturm und Höhle (Fig. 10, S. 24).

So viele Gräben wie Angriffsseiten

Gräben waren überall dort notwendig, wo Angreifer sich der Burg ohne natürliche Hindernisse nähern konnten. In sehr vielen Fällen handelte es sich um Wallgräben, d. h. der Aushub wurde einfach in Feindrichtung als Wall aufgeschichtet. Ein Angreifer mußte also im Angesicht des Feindes und unter Pfeilbeschuß einen steilen Wall abwärts laufen und den ebenso steilen Graben durchqueren.

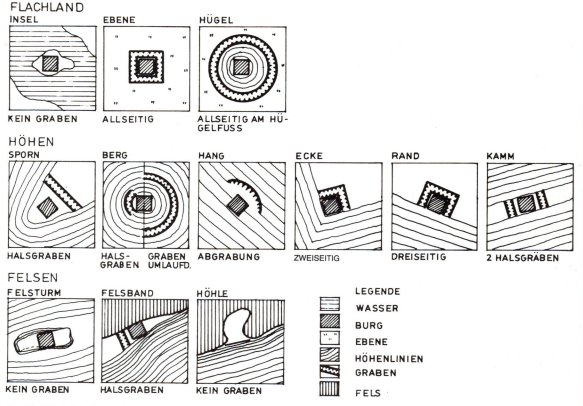

Fig. 10: *Erforderliche Burggräben*

Halsgraben

Am bekanntesten ist der Halsgraben geworden. Mit diesem Wort bezeichnet man den Durchstich eines Bergsporns an seiner engsten Stelle, quasi dem Flaschenhals. Er wird aber auch zuweilen für einseitige Gräben an Burgen, etwa in Berglage, verwendet.

Gräben lagen nicht immer unmittelbar am Fuß der Ringmauer, sondern ggf. einige Meter davon entfernt, wie z. B. bei Falkenstein → (Sachsen-Anhalt). Oft waren mehrere Gräben und Wälle zu einem Verteidigungssystem gestaffelt, nicht selten als Vorläufer späterer Zwingeranlagen. Auch wenn heute viele Gräben nicht mehr zu erkennen sind, darf man ihr ursprüngliches Vorhandensein, außer bei den genannten Ausnahmen, bei den meisten Burgen voraussetzen.

Der Schwachpunkt Tor (Fig. 11)

Die schwächste Stelle einer Ringmauer war zweifellos das Burgtor. Seiner Sicherung galt die größte Aufmerksamkeit der Burgenbauer. Da Tore notgedrungen aus Holz hergestellt wurden, waren sie – jedenfalls theoretisch – leicht zu zerstören, etwa bei einer Belagerung durch einen Rammbock. Dagegen halfen Sperrbalken (A), die entweder aus einem tiefen Loch herausgezogen und in ein gegenüberliegendes Loch eingeführt wurden (a), oder durch einen winkelförmigen Schlitz in der Leibung auf der Innenseite eines Tores eingelegt werden konnten (b). Diese einfache oder doppelte Sicherung war das simpelste Sperrwerk, das man sich denken konnte.

Mannloch und Doppeltor (Fig. 11 B)

Damit nicht immer einer der schweren Flügel bewegt werden mußte, besaßen viele Tore ein sog. »Mannloch«, das man bei großen Toren noch heute kennt. Daß dieser Durchschlupf möglichst hinter dem Sperrbalken liegen sollte, ist einleuchtend. Ein anderer Weg, um das große Tor überwiegend geschlossen zu halten, war ein zusätzliches Fußgängertor ggf. mit eigener Zugbrücke. Solche doppelten Eingänge sind allerdings selten.

Eine weitere Sicherung stellte die hochgezogene Zugbrücke dar, die ja im senkrechten Zustand vor dem Tor stand. Um sie gegen gewaltsames Herabziehen durch Belagerer zu schützen, gab es bei einigen Burgen Nischen, in welche die Zugbrücke hineinschlug, so in Veyenau und Untermontani.

Gußerker über Toren (Fig. 11 C)

Um zu verhindern, daß Feinde direkt das Tor bearbeiten konnten, gab es über manchen Burgtoren sog. Gußerker. Sie waren dazu gedacht, Unrat oder siedendes Pech auf die Belagerer zu schütten, funktionierten also ähnlich den Ma-

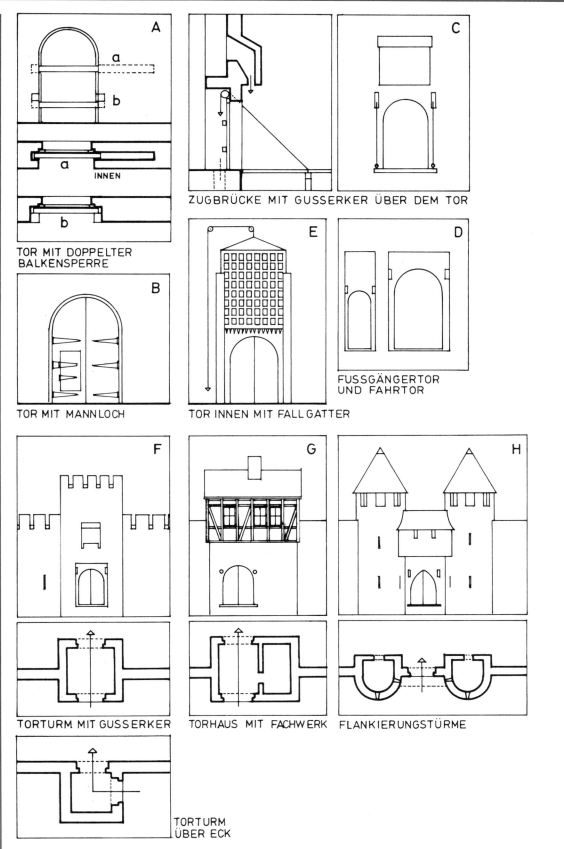

Fig. 11: Mögliche Torsicherungen

schikuli. Den gleichen Zweck erfüllte auch ein überkragendes Geschoß.

Für Gußerker gab es sehr verschiedene Formen und unterschiedliche Lagen, z. B. über dem toten Winkel zwischen zwei Mauerecken. Der von mir dargestellte Gußerker (C) soll lediglich das Prinzip erklären. Gußerker kommen allerdings erst ab dem 13. Jh. vor.

Zugbrücke isoliert die Burg vom Umland

Graben und Zugbrücke sind in unserer Vorstellung fest mit dem Begriff Burg verbunden. Viele Kettenlöcher auf beiden Seiten oberhalb des Tores verraten die ehemalige Existenz einer Zugbrücke, auch dort, wo der Graben nicht mehr zu erkennen ist. Die Brücken wurden mit Ketten oder Seilen bewegt. In einigen Fällen weiß man von Gegengewichten – in entsprechenden Gruben – die das Hochziehen leicht und damit schnell machten. Für die Wippbrücke in Dornsberg (Tarantsberg), die noch heute funktioniert, ist ein Gegengewicht in einer Grube noch vorhanden.

Besonders eigentümlich sind Graben und Zugbrücken in der Burg Naturns →: Sie liegen nämlich, überdacht von zwei Stockwerken, in einer Nische von 3 × 6 m, der Graben ist demnach 3 m breit, die Zugbrücke 3 m lang.

Da die Halsgräben und andere Gräben aus gutem Grund in der Regel breiter waren als eine Zugbrücke lang ist, mußte ein fest montiertes Brückenteil der Zugbrücke quasi entgegenkommen.

Es gab auch Burgen ohne Zugbrücke

Es gibt Burgen, bei denen man nach Anzeichen von Zugbrücken vergebens sucht. So gibt es gut erhaltene Beispiele wie die Wäscherburg →, an deren Tor die Kettenlöcher fehlen und offenbar auch nie vorhanden waren. Diese wunderschöne Burg stand mit der Schildmauer zur Angriffsseite; zum Tor mußte man auf einem schmalem Weg zur Rückseite gehen; für den Transport und Aufbau einer Ramme gab es dort überhaupt keinen Platz. Sehr ähnlich war die Lage bei der Steinerburg →, bei Neuenfels → und bei der Auersburg (Hess.) →. Schwierige Annäherung und Mangel an Platz machten Brücke und Graben ggf. überflüssig. Auch bei Felsenburgen konnte man u. U. auf Graben und Brücke am Zugang zum Burgkern verzichten.

Dies kann man auch für die Lage des Tores in einem engen Zwinger feststellen, wie u. a. in Lichteneck (Stm.) →. Wenn der Zugang seitlich stattfand, war die Anlage einer Zugbrücke fast unmöglich, weil man unter einem der Seile hätte hindurchfahren müssen.

Fallgatter als schnelle Sicherung (Fig. 11 E, S. 25)

In einigen Burgen, so auf der Trostburg →, kann man sog. Fallgatter bewundern (F). Sie waren in der Regel auf der Innenseite des Tores in hölzernen oder steinernen Nuten senkrecht beweglich angebracht. Sie konnten durch Öffnen einer Sperre oder durch Lösen einer Kette in Sekunden heruntergelassen werden oder herabfallen und waren nicht nur eine zusätzliche Sicherheit, sondern auch eine Art Schnellschluß für den Fall, daß mit Tor oder Brücke etwas schiefgegangen war. Sie waren massiv, widerstandsfähig und die Spitzen mit Eisen beschlagen.

Doppeltes Tor im Torturm (Fig. 11 F, S. 25)

In verschiedenen Beispielen findet man an der Kernburg, sehr selten auch an der Vorburg, einen Torturm (in den Grundrissen mit TT bezeichnet). Sie bilden quasi eine Kammer zwischen Außen- und Innentor, in der – falls das äußere Tor gefallen war – Angreifer aus dem darüberliegenden Geschoß beschossen, beworfen oder begossen werden konnten. Auch ließ sich ein Fallgatter in einem solchen Turm gut unterbringen. Bei ganz wenigen Fällen, wie z. B. in Wiedersberg →, soll der Richtungswechsel den Angriffselan vermindern.

Der etwas höhere Anteil der Flachlandburgen an den Beispielen mit Torturm ist nicht deutlich genug, um daraus schlüssige Aussagen ableiten zu können.

Tortürme sind überwiegend quadratisch, selten rechteckig, mit Toren an den Schmalseiten. Sie weisen nur im Ausnahmefall mehr als ein Obergeschoß auf. In wenigen Fällen gibt es andere Grundrißformen. Tortürme liegen zu rd. 40 % vor, zu 35 % hinter und zu rd. 25 % in der Ringmauer, stehen also innen und außen vor. Einer der schönsten staufischen Tortürme ist der von der Salzburg →.

Torhaus und Tore in Gebäuden (Fig. 11 G, S. 25)

Doppeltore bieten auch Torhäuser und Tore in Gebäuden. Die für das Torhaus geschilderten Vorteile treffen auch für sie zu. Häufig sind derartige Durchfahrten steil geböscht oder als Durchgänge mit Treppen versehen. In beiden Fällen ließen sie sich von oben gegen den Angreifer leichter verteidigen. Lange, schmale Durchfahrten waren meist auch wenigstens von einer Seite bestreichbar. Torhäuser und Doppeltore kommen an Kernburgen nicht besonders oft vor.

Wachstube

In Burgen gab es, wie Kunstmann in seinem Buch »Mensch und Burg« schildert, hauptamtliche Torwächter, die sich im Dienst am Tor aufzuhalten und im Notfall sowie morgens und abends die Brücke zu bewegen hatten. Der Torturm, das Torhaus oder ein Tor in einem Gebäude boten wettersicheren Aufenthalt für die Wachen sowie einen tornahem Schlafplatz.

Flankierungstürme am Tor (Fig. 11 H, S. 25)

Zu erwähnen wären noch die Flankierungstürme neben dem Tor als Einzel- oder Doppeltürme. Sie boten die Möglichkeit, das Tor seitlich zu bestreichen und dienten als Wachstuben. Fälle dieser Art sind allerdings extrem selten. Man findet sie z. B. bei der Grevenburg →, Hohenbregenz → und der Marienburg → in Würzburg; auch die Vorburg von Altdahn → besitzt ein Doppelturm-Tor. Alle Beispiele sind relativ spät, nämlich aus dem 14. und 15. Jh.

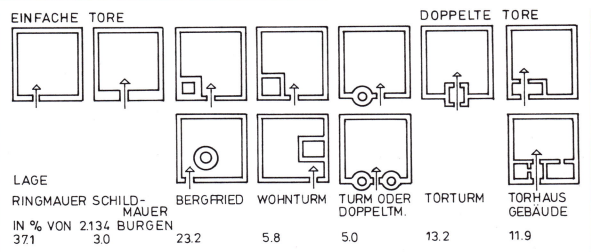

Fig. 12: Mögliche Lagen von Burgtoren

Einfachtore waren die Regel (Fig. 12)

Bei fast ²/₃ aller Burgengrundrisse dieser Sammlung kann man die Lage des Burgtores der Kernburg gut erkennen. Die einfachen Tore überwiegen mit rd. 74 %. Ein gut gesichertes Einfachtor war offensichtlich ziemlich fest. Außerdem besaß ein guter Teil der Burgen Annäherungshindernisse wie Vorburgen oder Zwinger.
Immerhin rd. 40 % der Burgen besaßen einfache Tore ohne Zusatz weiterer Bauteile in der Ringmauer der Kernburg. Bei rd. 29 % war ein Hauptturm, meist der Bergfried, seltener ein Wohnturm, so zum Tor plaziert, daß es von diesem Turm beherrscht wurde.
Flankierungstürme neben Toren und Tore zwischen Flankierungstürmen waren insgesamt selten, sie machen nur 5 % der Fälle aus. Hingegen waren Doppeltore mit rd. 25 % recht häufig, tendenziell vermutlich sogar gegen ¹/₃, weil meine Systematik in diesem Punkt Schwächen aufweist. Diese 25 % teilen sich auf in Tortürme rd. 13 % und Torgebäude rd. 12 %.

Schikanen vor dem Tor

Um die ungewünschte Annäherung an das Burgtor zu erschweren, hatten sich die Bauherren im Laufe der Zeit einige Schikanen ausgedacht, die man in den Grundrissen findet:
1. Der Weg um die Burg herum
stets dem Beschuß der Besatzung preisgegeben, war die simpelste Lösung, besonders gut bei Spornlagen realisierbar. Wie schon geschildert, war in solchen Fällen unter Umständen sogar ein Graben mit Zugbrücke überflüssig.
2. Das Tor über dem Abgrund
bedeutete, daß man eine hölzerne Treppe bei frontaler Annäherung zum Ersteigen der Burg benötigte, Aggstein →
und viele Felsenburgen waren so zugänglich. Bei Toren in Seitenlage war ein hölzerner Steg notwendig, um vor das Tor zu gelangen, wie in Schwarzenstein →. Beide Konstruktionen ließen sich im Notfall leicht abwerfen.

3. Treppenaufgänge
aus Stein bei erhöht liegenden Kernburgen wie Triefels → und Lichtenberg/Elsaß → oder Greifenstein (Niederösterr.) → zwangen den Angreifer treppauf das Tor zu berennen, eine kaum zu bewältigende Aufgabe. Der ebene Platz vor dem Tor war natürlich so klein wie möglich gehalten. Treppen vor dem Tor und im Torbau gab es auf der Godesburg →, Treppen im Torzwinger in Gösting →. Schließlich gab es bei vielen Felsenburgen innere Steintreppen, die sich leicht sperren ließen.
4. Torzwinger
gibt es bei sehr vielen Burgen. Sie entstanden, indem man einen meist kleinen, offenen Vorbau vor dem Tor in der Ringmauer setzte und diesen mit einem weiteren Tor versah. In diesen, nach oben offenen Raum konnte man von der Burg hineinsehen und hineinschießen, so bei Frundeck →, Wagenburg →.
5. Barbakane,
die bei hochmittelalterlichen Städten häufige Torfestung, also ein dem Tor vorgesetztes starkes Verteidigungswerk, gibt es nur selten bei Burgen, z. B. in Hohenberg/Eger →, hier vom Haupttor noch einmal durch einen Graben mit Zugbrücke getrennt.
6. Weite Annäherungswege
an den Mauern der Burg entlang waren ein simples Mittel, die Angreifer vor Erreichen ihres Zieles zu dezimieren oder mutlos zu machen, im Idealfall mußte man fast einmal um die Burg herum, um ans Tor zu gelangen wie bei Hochosterwitz →.
Die hier geschilderten, mehr oder weniger häufigen Tricks, um den Zugang zum Tor zu behindern, waren natürlich – von Flachlandburgen abgesehen – abhängig von örtlichen Gegebenheiten.

Trichtertore zeigen Alter

Eine letzte, sehr seltene Erscheinung des Burgtores soll noch erwähnt sein: das Tor in einer Art Trichter, wie z. B. bei

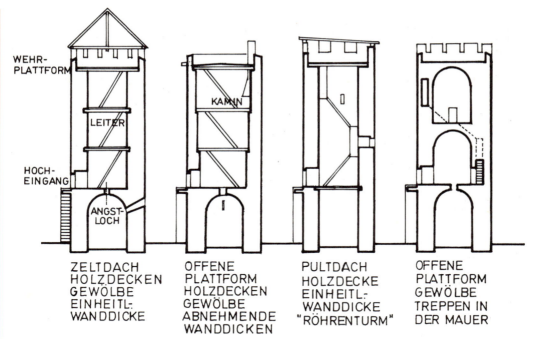

Fig. 13: Variationen zum Thema Bergfried

den Burgen Grone →, Lengfeld → und Wettolsheim →, das den Verteidigern die Möglichkeit bot, den Angreifer auf beiden Seiten von der Mauer herab zu bekämpfen. Solche Tore sind in der Regel spätestens im 11. Jh. oder früher entstanden. Diese Form hat sich vermutlich nicht durchgesetzt, weil sie die Anlage eines Grabens und einer Zugbrücke nicht erlaubte. Solche Nischen deuten ein hohes Alter der betreffenden Burg an.

8. Bergfried

Nichts ist in der allgemeinen und richtigen Vorstellung über Burgen prägender als ein mächtiger, hoher Turm, Bergfried genannt. Er war quasi das Symbol der Burg und die Bezeichnung *turris* (lat. Turm) für die ganze Burg ist in Urkunden nicht selten.

Die Bezeichnung war nach Piper im Mittelalter in unendlich vielen Schreibweisen vorhanden, jedoch nicht als Bergfried. Diesen Namen hat wohl erst Cohausen dem Hauptturm der Burg gegeben, so jedenfalls Pipers Meinung. Die Frage der Herkunft ist jedoch kaum von Wichtigkeit.

Zentrum der Verteidigung und Reduit

Der Bergfried als Hauptturm einer Burg besaß allemal zwei Funktionen: er beherrschte weite Teile der Burg und war so das Rückgrat der Verteidigung, aber auch die letzte Rückzugsmöglichkeit der Besatzung im schlimmsten Fall. Oft war er außerdem ein tristes Gefängnis, das – wenn überhaupt – durch eine hochliegende Fensterscharte spärlich belichtet war und wenigstens für Notzeiten auch als Wohnung

diente. Fig. 13 zeigt einige schematische Querschnitte durch Bergfriede, die alle möglichen Details andeuten.

Bergfried überragend

Bergfriede waren in aller Regel viel höher als die übrigen Gebäude der Burg. Die Höhe war also abhängig von den Gesamtdimensionen einer Burg, also auch der Höhe der Ringmauer. Bergfriede besaßen in der Regel wenigstens die doppelte Höhe der Ringmauer. 14 m Höhe dürfte etwa die unterste Grenze gewesen sein, gemessen vom Boden bis zur Wehrplatte. Die wirkliche Höhe läßt sich aus diversen Gründen oft nicht mehr feststellen, weil die Bergfriede nachmittelalterlich verändert wurden, weil sie ruiniert sind oder bis auf Reste abgebrochen wurden. Der von mir errechnete Durchschnitt liegt bei rd. 23 m, bei realen Höhen zwischen 14 und 40 m.

Hocheingang obligatorisch

Ohne Ausnahme weisen Bergfriede Hocheingänge auf, die nur über eine steile, auf Kragsteinen ruhenden Leiter erreichbar waren. Das Tor war stets mit einem Sperriegel gesichert, wie er bei Burgtoren beschrieben wurde. Diese Hocheingänge lagen in Höhen zwischen 5 und 10 m über der Umgebung, in Extremfällen auch darüber. Der Eingang konnte auch vom Wehrgang zugänglich sein oder, wie in Egg →, von diesem noch einmal durch eine Zugbrücke getrennt sein.

Verlies im Keller

Sehr viele Bergfriede besitzen eine gewölbte Decke über dem weit über die Erdgleiche reichenden Keller, in deren

Scheitel sich eine enge Öffnung, das sog. »Angstloch« befand. Auch holzgedeckte Keller wiesen diese Öffnung auf, durch die ein Gefangener auf den Kellerboden hinabgelassen wurde, wo er zwischen seinen Exkrementen und Ungeziefer dahinvegetierte. Der Name bestand also durchaus mit Recht, denn nicht jeder hatte die Chance, dort lebend wieder herauszukommen; Lösegeld-Erpressungen wurden durch eine solche »Unterbringung« Nachdruck verliehen. In manchen Fällen mag der Keller auch als Vorratslager gedient haben, freilich für Dinge, die nicht verrotten können. In ganz seltenen Fällen gab es ein weiteres, nutzbares Geschoß unterhalb der Eingangshöhe.

Verschiedene Konstruktionen

Wie man auf den Schnittschemen der Fig. 13 (S. 28) erkennen kann, gab es verschiedene Konstruktionsarten, nämlich durchgehendes und zurückspringendes Mauerwerk, Holzdecken und Gewölbe, letztere zwingend mit Treppen im Mauerwerk oder einem Treppenturm verbunden, weil man in Gewölben im Prinzip keine Öffnungen für Treppen freilassen kann. Ferner gab es offene Wehrplattformen und solche, die bedacht waren, wofür es natürlich verschiedene Möglichkeiten gab. »Röhrentürme« besaßen keine Geschoßteilung zwischen dem Eingang und der Plattform, diese Bauart wurde insbesondere bei Türmen mit geringem Innenraum bevorzugt; es gibt Türme mit nur 2 m Innendurchmesser. Offene Wehrplattformen waren durch Wasserspeier entwässert.

Manchmal ein Wohnraum

Bei einigen Bergfrieden gab es einen mit einem Kamin beheizbaren Raum, der im Notfall zum Wohnen und Kochen dienen konnte. In der Regel waren Bergfriede nicht durchgehend bewohnt. In einzelnen Beispielen findet man auch einen Abtritt vor der Außenwand, aber dies ist selten und eigentlich nur dort sinnvoll, wo auch ein Wohnraum vorhanden war.

Mauerstärken unterschiedlich

Die Bergfriede haben, wie bei so unterschiedlichen Höhen zu erwarten war, sehr verschieden dicke Mauern, die nicht durchgehend eine Funktion von Querschnitt und Höhe sind. Die Stärken der Mauern im Sockel des Bergfriedes reichen von 1,0 m, Rabenstein (Kr. Bayreuth) → über 4,0 m Rabenstein (Kr. Belzig) → bis Münzenberg → mit 4,5 m. Das rechnerische Mittel liegt bei 2,2 m. Ermittelt aus 650 Beispielen war die mittlere Größe rd. 71 m², was einer Kantenlänge von 8,4 m oder einem Durchmesser von 9,5 m entspricht.

Burgen ohne Turm

Trotz der großen, auch symbolischen Bedeutung des Bergfriedes gibt es Burgen, die nie einen solchen besessen haben. Einschließlich der Höhlenburgen (ohne Buchfahrt, Loch und Wolkenstein) sind mir aus der Sammlung rd. 100 Anlagen bekannt, die aus verschiedenen Gründen auf einen Bergfried verzichten konnten, nämlich 19 Höhlenburgen, die keinen Platz für einen Turm boten, wie Fracstein →, 29 bei denen eine Schildmauer als Schutz ausreichte wie Stein-Lavant →, 8, die mehrere Ecktürme besitzen wie Bottmingen →, 7 Felsenburgen wie Dölau →, 18 Beispiele, die als Kleinstburgen nur aus Palas und Hof bestehen wie Lauterecken →, vier mit einer hohen Mantelmauer wie Leuchtenberg (Südtirol), →, Burgen, die zu klein sind wie Hessenstein → oder so isoliert lagen wie Rauchenkatsch → und einige andere mehr. Bei vielen Burgen, die heute ohne Bergfried erhalten sind, ist die Existenz eines Bergfriedes jedenfalls nicht mit Sicherheit auszuschließen.

Formen der Bergfriede

Um hinreichend zutreffende Aussagen machen zu können, habe ich sämtliche Beispiele auf Formen der Bergfriede und deren Lage in der Burg untersucht. Das Ergebnis dieser Untersuchung ist in Fig. 14 dargestellt.

Bergfriede sind zu 95 % regelmäßig

Die Zusammenstellung der Formen macht deutlich, daß die nicht regelmäßigen Grundrisse kaum ins Gewicht fallen. Runde Grundrisse machen exakt ein Drittel aller Fälle aus. Sonderformen sind überaus selten, hierzu gehören auch die zur Tropfenform zugespitzten Bergfriede wie bei Falkenstein (Harz) →, die ich den runden zugeordnet habe. Auch die Form des Doppelturmes ist marginal vertreten, nämlich in drei, allerdings stattlichen Exemplaren: Ehrenburg/Hunsrück →, Greifenstein/Hess. → und Kasselburg/Eifel →, eigentlich ein Wohnturm.

Eine gewisse Bedeutung hat das Fünfeck als Grundriß von Bergfrieden. Diese Form, mit der Spitze nahezu immer gegen die Angriffsseite gerichtet, findet man in drei Schwerpunkten, nämlich im Elsaß und in Rheinland-Pfalz (14) und in Niederösterreich (9), in Württemberg hingegen nur ein Beispiel.

Flächeninhalt

Die Grundflächen von Bergfrieden sind in ihrer Dimensionen sehr verschieden. Sie beginnen bei 4,5 m Kantenlänge = 20 m² in Weißenburg →, in Kollmitz → und Rabenstein/Chemnitz → ⌀ 5 m = 20 m² und endet bei der Starhemberg → mit ⌀ 18 m = 254 m².

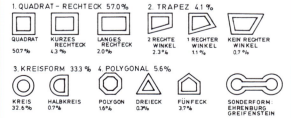

Fig. 14: Grundrißformen der Bergfriede

Die Durchschnittsgröße für quadratische Bergfriede liegt bei 70 m², für runde bei 60 m², sie sind also im Prinzip kleiner. Zu erwähnen ist noch, daß rd. 8 % aller Bergfriede auf einer oder zwei Seiten stärkeres Mauerwerk aufweisen. Einseitig z. B. beim östlichen Bergfried der Burg Nassau →, über Eck z. B. bei Rauhenstein →, im Fünfeck hinter der Ecke z. B. in Metternich →. Derartige Verstärkungen richten sich immer gegen die gefährdetste Seite, was auch im Einzelfall die Burg selbst sein kann wie in Reinhardstein →.

Rund und eckig gleichzeitig

Ein Versuch, die runden und eckigen Bergfriede über die Zeitachse der Entstehung zu untersuchen, ergab einen Zeitvorsprung von knapp 30 Jahren für die eckigen. Angesichts der Fragwürdigkeit vieler Zeitangaben für die Entstehung ergibt sich für mich nur eine akzeptable Feststellung: beide Grundrißformen sind stets zeitlich fast parallel verwendet worden, einen Archetyp gibt es also nicht.

Im Norden und Osten mehr runde Bergfriede

Betrachtet man die runden Bergfriede nach relativen Zahlen in den einzelnen Provinzen, Kantonen resp. Bundesländern, wird eine sehr unterschiedliche Häufigkeit erkennbar, verglichen wurden hierzu die runden Bergfriede mit der Zahl aller Burgen. Das Ergebnis ist hier in der Reihenfolge der Häufigkeit aufgelistet (vgl. Tab. 4).
Unverkennbar ist, daß runde Bergfriede im Osten und Norden weitaus häufiger vorkommen als anderswo. Ein Schwerpunkt zeigt sich deutlich in der Nordosthälfte des Reiches sowie im Königreich Böhmen. Ausgesprochen selten sind runde Bergfriede im Alpenraum, insbesondere in Graubünden, Vorarlberg, Zürich, Aargau und den österreichischen Bundesländern.
Die von Thomas Biller in seinem Buch die „Adelsburg in Deutschland", München 1993, festgestellte Häufigkeit im sächsisch-thüringischen Raum ist zutreffend. Eine Erklärung für die erkannte Häufigkeit resp. das Fehlen runder Bergfriede vermag ich nicht zu finden.

Lage der Ringmauer

Bezogen auf die Ringmauer der Kernburg können Bergfriede, wie Fig. 15 zeigt, 4 verschiedene Positionen einnehmen:
1. Der Bergfried steht frei im Burgraum oder stand so, bis er eingebaut wurde, so z. B. in Hardenberg-Neviges → oder in Bündingen →.
2. Der Bergfried steht in Ecklage und beherrscht zwei Seiten der Burg, in dieser Lage auch häufig das Tor.
3. Der Bergfried steht in Seitenlage, also an einer Stelle in einer Längsseite.
Für die Eck- und Seitenlage gibt es jeweils vier Alternativen, von denen ich für beide Lagen je ein Beispiel nenne:
a) an der Mauer, d. h. außen bündig, z. B. Dillingen → und Gladbach →.
b) hinter der Mauer, d. h. mit geringem Abstand von deren Innenkante, z. B. Elbogen → und Beilstein/Kr. Heilbronn →.
c) in der Mauer, d. h. der Turm steht innen und außen über die Kante der Ringmauer vor, z. B. Ebreichsdorf → und Neuenstein/Hess →.
d) vor der Mauer, d. h. der Bergfried bindet nur mit Mauerstärke in die Ringmauer ein und steht nach außen vor, z. B. Birseck → und Friedberg →.
4. Der Bergfried steht außerhalb der Mauer mit kleinerem oder größerem Abstand wie z. B. Osterburg → oder Neipperg →.
Für alle Lagen gibt es vermutlich technische Gründe, die sich jetzt nicht mehr nachvollziehen lassen. Zwei Grundideen stehen gegeneinander: 1, 2b und 3b schützen den Fuß des Bergfriedes vor Angriffen etwa mit Mauerbrechern, die Lage ist also eher defensiv, 2c, d sind Lagen, die eine Seitenbestreichung ermöglichen, also eher aggressive Situationen. Die Lage außerhalb der Ringmauer ist mit einem vorgeschobenen Bollwerk zu vergleichen und erschwert die Aufstellung von Belagerungswerk, allerdings auch die Flucht nach dort.
Die heute häufig recht malerischen, mit schönen Turmhelmen versehenen Bergfriede waren in ihrer Entstehungszeit nüchtern wie nützlich, auf besonderes Dekor wurde meist verzichtet. Buckelquader- oder Quadermauerwerk oder wenigstens Eckquader sowie schöne Umrandungen des Einganges waren der ganze Schmuck.

Tab. 4: Häufigkeit von runden Bergfrieden

a) relative Zahlen	(%)	b) absolute Zahlen		
1. Mähren	47,2	1. Hessen	66	
2. Thüringen	35,5	2. Bayern	65	(13,7 %)
3. Mecklenburg-Vorpommern	34,5	3. Nordrhein-Westfalen	53	
4. Sachsen-Anhalt	33,3	4. Rheinland-Pfalz	50	(17,3 %)
5. Sachsen	32,8	5. Sachsen-Anhalt	39	
6. Böhmen	33,0	6. Baden-Württemberg	36	(6,3 %)
7. Hessen	28,7	7. Thüringen	33	
8. Brandenburg	26,7	8. Böhmen	29	
9. Niedersachsen	24,6	9. Niedersachsen	28	
10. Nordrhein-Westfalen	24,5	10. Sachsen	22	

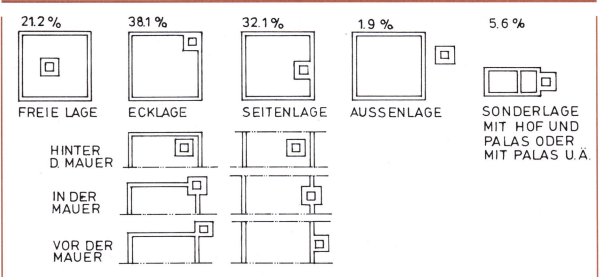

Fig. 15: Bergfried und Ringmauer

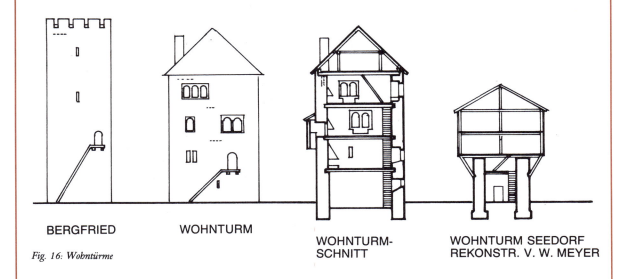

Fig. 16: Wohntürme

9. Wohnturm

Der Wohnturm war wörtlich ein Turm zum Wohnen. Seine Funktion – 1. Wohnen und 2. Sicherheit – bestimmten, wie man an Fig. 16 sehen kann, sein Äußeres. Während der Bergfried nur Schlitze in seiner Außenwand aufweist und in vielen Fällen einen Zinnenkranz besaß, sahen die Wohntürme mit Fenstern viel freundlicher aus, als ihre martialischen Brüder. Das numerische Verhältnis Wohnturm: Bergfried liegt bei knapp 1:3,4.

Größer als Bergfriede

Obwohl es Wohntürme mit winzigen Grundflächen gibt, z. B. der Ediger Turm → mit 33 m² oder Mengerskirchen → mit 34 m², liegt die Durchschnittsgröße wesentlich über der der Bergfriede; sie liegt, ermittelt aus 324 Beispielen, bei rd. 131 m² und ist damit fast doppelt so groß wie die mittlere Größe der Bergfriede. Die Außenkante eines mittelgroßen quadratischen Wohnturmes wäre 11,4 m, bei rundem Grundriß entspräche dem ein Durchmesser von 13,0 m.

Wohntürme teilweise recht geräumig

Analog zur geringeren Bedeutung der Wehrhaftigkeit ist die durchschnittliche Mauerstärke mit rd. 1,60 m deutlich niedriger als die 2,2 m der Bergfriede, außerdem nehmen die Wandstärken in den Obergeschossen häufig ab. Rechnet man die mittlere Netto-Geschoßfläche aus, d. h. Grundfläche ohne Außenwände, ergeben sich 65 m² je Stockwerk. Bei durchschnittlich 4 Stockwerken, was ohne Sockelgeschoß 3 Wohngeschosse bedeutet, ergaben sich demnach im

Mittel rd. 195 m². Die „Riesen" unter den Wohntürmen, wie Thun → mit rd. 600 m² netto oder Pfäffingen → mit rd. 790 m² netto, würden in ihren Mauern Platz für mehrere geräumige Mietwohnungen bieten. Ein Wohnturm konnte, was den Platz anlangte, mit dem Palas einer kleinen Burg konkurrieren.

Simple Grundrisse

Der Wohnturm hat insbesondere in England, dort als *keep* bezeichnet und in Frankreich unter dem Namen *Donjon*, eine bedeutendere Rolle gespielt als im deutschen Mittelalter. Entsprechend den in den westlichen Ländern höheren Lebensansprüchen des Adels waren die Wohntürme anspruchsvoller, auch im Grundriß, wie der Vergleich des mit fast 500 m² Geschoßfläche größten Wohnturmes im Reich mit dem Keep von Dover (Fig. 17) erkennen läßt. Während die Grundrisse der deutschen Wohntürme ungegliedert waren, zeigt der Keep von Dover einen reich gegliederten Grundriß mit 2 Haupt- und vielen Nebenräumen. Der Grundriß von Eibach → erinnert am ehesten an einen Keep (15. Jh.); auch Grevenburg → gehört dazu (14. Jh.).
Fig. 17 zeigt den Versuch eines Vergleichs zwischen einem nach meiner Berechnung typischen Bergfried und einem typischen Wohnturm. Der Wohnturm war deutlich breiter und wohnlicher. Zwar gab es auch bei Wohntürmen – freilich nicht bei allen – den Hocheingang mit entsprechender Balken-Sicherung; doch sind an die Stelle der Schlitze Fenster getreten, der Innenraum war – jedenfalls im Sommer – einigermaßen hell.

Abtrittserker recht häufig

In der Regel gab es mehrere Kamine – nach 1200 auch Öfen. Ein Abtritt war in vielen Fällen vorhanden. Wo der Wohnturm am Fels oder am Graben stand, war dies kein Problem, in Wimpfen → hingegen stand der Rote Turm frei innerhalb des Beringes der Pfalz, die Exkremente landeten also am Fuß des Turmes innerhalb der Ringmauer. Über die Erträglichkeit solcher Situationen im hygienisch nicht eben verwöhnten Mittelalter kann man nur noch spekulieren. Vielleicht wurde der Abtritt nur für den Notfall, die Belagerung, angebaut, man weiß es nicht.

Wohntürme mit Fachwerkgeschossen

Nach W. Meyer in „Die bösen Türmli" muß es eine ganze Reihe von Wohntürmen gegeben haben, deren Sockel wie beim Wohnturm Seedorf → (Fig. 16) aus Mauern, die Obergeschosse hingegen aus Fachwerk hergestellt waren. Da es viele Wohnturmstümpfe gibt, spricht viel für diese Annahme. Beweisen läßt sie sich freilich nicht. Einem intensiven Angriff mit Feuer hätte ein solcher Turm nicht lange standgehalten. Das Topplerschlößchen → unterhalb von Rothenburg ob d. Tauber, erbaut 1388, entspricht diesem Schema. An diesem Turm zeigt sich die Veränderung der Gesellschaft. Sein Erbauer war kein Ritter, sondern Rothenburgs Bürgermeister Toppler.

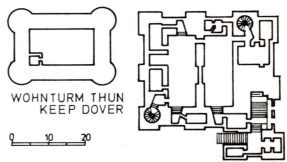

Fig. 17: Vergleich Wohnturm – Keep

a) Wohnturmburgen

Einzelne Wohntürme ohne jeden Zusatz oder dem eines ummauerten Hofes machen, soweit ich dies an meinen Untersuchungen erkennen kann, ziemlich genau 12 % aller Burgen aus. Am Ende von 3. „Geographische Lage" habe ich darauf hingewiesen, daß in der früheren Burgenzeit die Flachlandburgen einen weitaus höheren Anteil an den Burgen insgesamt gehabt haben müssen.

Turmhügelburgen einst zahlreich

Im Flachland hatten im 11. und 12. Jh. insbesondere die Turmhügel-Burgen eine große Bedeutung. Manch eine, wie etwa Dreieichenhain →, hat sich zur vollen Burg entwickelt, aber viele sind, wenn man an die zahlreichen Kleinhügel kreisrunder oder eckiger Form denkt, wie man sie allenthalben findet, wohl frühzeitig verlorengegangen. Diese Turmhügelburgen bestanden nur aus einem Wohnturm, waren demnach Wohnturmburgen. Der Anteil der ursprünglichen Wohnturmburgen läßt sich heute nicht mehr ermitteln.

Wohnturmburgen überwiegend im Flachland (vgl. Tab. 5, S. 33)

Viele einzelne Wohntürme liegen in oder an Ortschaften und waren vermutlich das, was man als Dorfburg bezeichnen kann. Andere lagen, wie z. B. Hohenerpfingen →, Lichtenstein (Neidenfels) → oder Forstegg →, auf hohem Fels einigermaßen isoliert, abgehoben von Hühnern und Schweinen, waren also keine Dorfburgen. Für die Dorfburg spricht die Verteilung von Wohnturmburgen auf die geographischen Lagen, denn sie weicht ganz erheblich von der geographischen Lage aller untersuchten Burgen ab. Rund 70 % sind Flachlandburgen und nur 30 % teilen sich in die übrigen Lagen auf, bei der Summe aller Burgen ist das Verhältnis umgekehrt.

Vermutlich Vasallenburgen

Es spricht viel dafür, daß die bescheidenen Wohnturmburgen Vasallenburgen waren, also von Rittern erbaut wurden, deren Lehen mehr nicht zuließ oder – ein vielleicht wichtiger Gesichtspunkt – denen der Territorialherr nicht mehr

Tab. 5: Geographische Lage von Wohnturmburgen (%)

Lage	Flachland		Berglage			
	Ebene	Hügel	Sporn	Berg	Felsturm	andere
Wohnturm-burgen	59,8	10,2	8,0	9,8	9,4	2,8
alle Burgen	26,7	3,9	23,7	33,3	4,2	8,2

erlaubte als eben einen Wohnturm. Ein solcher stellte keine ernstzunehmende Burg dar, war also keine Gefahr beim Wechsel des Vasallen zu einem anderen Oberherren.

Im engeren, regionalen Sinne war auch die Turmburg ein Stück Macht, verlängerter Arm des Oberherren quasi, nützlich mehr als Zwingburg gegen mögliche Aufsässigkeit von Hörigen. Der kleinste Einzelwohnturm ist Rothensee → mit knapp 20 m², einer der größten die Rosenburg → mit 400 m², also zweihundertmal größer als das kleinste Beispiel.

Wohnturmburgen in der Mehrzahl klein

Unterteilt man die Wohnturmburgen in klein = weniger als 100 m² Brutto-Geschoßfläche, mittelgroß = weniger als 200 m² und groß = mehr als 200 m², ergibt sich folgendes Bild: Klein: 46,6 %, mittelgroß = 42,0 % und groß: nur 11,4 %. Die großen Türme wie Mörsberg → oder Pröbsting → sind eher selten.

Wohntürme als Refugium?

Einige Wohntürme sind in ihren Grundflächen so klein, daß man an ein, wenn auch noch so simples ritterliches Wohnen kaum denken kann. Ich könnte mir vorstellen, daß solche Wohntürme nicht ständig bewohnt wurden, sondern nur in einem vorhersehbaren Notfall, wie bei einem Kleinkrieg oder allgemeiner Kriegsgefahr, als Zuflucht dienten. Daß die ritterliche Familie sonst in einem ungeschützten Haus lebte, das vermutlich aus Fachwerk bestand und in oder am Rande des dem Ritter gehörenden Ortes lag. Ein Wohnturm als Refugium konnte vermutlich auch etwas abgelegen sein und bedurfte keiner Vorburg. Ein Beweis für diese Vermutung läßt sich nicht erbringen, aber diese These würde viele Kleinwohntürme ohne zusätzliche Anlagen erklären. Immerhin nimmt Bronner für den konkreten Fall Geilshausen → an, daß der Wohnturm wegen der fehlenden Heizmöglichkeiten nur für den Notfall gedacht war.

Wohnturmballung in der Schweiz

In der Schweiz ist der Anteil an Wohnturmburgen mit rd. 20 % aller Beispiele mehr als dreimal so groß wie in Deutschland (7 %) und Österreich (6 %). Demnach muß es im Süden des Herzogtums Schwaben, der heutigen Nordschweiz, viel Kleinadel mit Burgen gegeben haben. Es gibt einen Ort mit 4, zwei Orte mit 3 und drei Orte mit 2 Wohntürmen, die jeweils selbständige Turmburgen waren (Bürglen →, Uri →, Fürstenau →, Lumbrein →, Tinizong →, Trins →, Zuoz →). Etwas vergleichbares ist in Deutschland nicht zu finden.

Aber eine Häufung von Wohntürmen auf engem Raum findet sich auch in den Niederlanden am Langbroeckerwetering, einem Bach südlich von Doorn, wo 5 Wohntürme ähnlicher Dimension in einem Umkreis von 2 km stehen. Es sind die Türme: Hinderstejn (84 m²), Luneburg (78 m²), Rijnestein (75 m²), Weerfenstejn und Walenburg (62 m²). Hierzu E. A. Cannemann „Kasteln aah de Langbroeker Wetering", Amsterdam 1984.

b) Wohntürme in Burgen

Rund 18 % aller relevanten Burgen besitzen einen, in wenigen Ausnahmefällen mehrere Wohntürme. Dabei ist es keineswegs immer so, daß nur für Wohntürme ausreichend Platz vorhanden war, sondern gewissermaßen aus Mangel an Grundfläche in Türmen gewohnt werden mußte. In sehr vielen Fällen bestand offensichtlich der Wunsch, einen Wohnturm zu bauen, nicht der Zwang. Die Grenze zwischen Wohnturm und Palas ist fließend, manche Beispiele lassen sich schlecht einordnen. Hier ist bei mir und anderen eine gewisse Fehlerquote kaum auszuschließen.

Wohntürme in Burgen sind größer

Überrascht hat mich das Ergebnis der Untersuchung über die durchschnittliche Größe von Wohntürmen in Burgen; während die Wohntürme ohne Burgen eine mittlere Größe von 118 m² Brutto-Geschoßfläche aufweisen, liegt die entsprechende Dimension bei Wohntürmen in Burgen bei 141 m², also 23 m² höher. Die Wohntürme in Burgen bieten natürlich dementsprechend mehr Lebensraum, allerdings nicht im Einzelfall, denn die kleinsten Beispiele rangieren um 40 m², die Größten allerdings um 500 m² wie Thun →, Raron → ca. 400 m² und Pfäffingen 385 m² →. Dagegen wirkt der mächtige Wohnturm von Nideggen → mit 270 m² Geschoßfläche beinahe bescheiden.

Exponierte Lage selten

Wohntürme, die deutlich über die Außenkante der Ringmauer vorstehen, machen nur 25 % der Beispiele aus. Eingebundene Lage in der Mauer und ihre Lage in der Burg unterstreichen den mehr auf Wohnfunktion ausgerichteten Zweck. Der Wohnturm war eben häufig erst in zweiter Linie ein Wehrbau.

Grundrißformen

Die Grundrisse von Wohntürmen zeigen die gleichen Figuren wie der Bergfriede, jedoch in einigen wesentlich abweichenden Verteilungen, wie Tab. 6 aufzeigt. Der Anteil der quadratisch bis rechteckigen Grundrisse überwiegt viel deutlicher als bei den Bergfrieden. Die Kreisformen sind bei den Wohntürmen sehr selten. Offensichtlich eignet sich ein

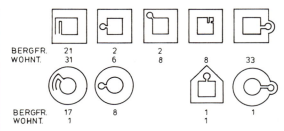

Fig. 18: Treppen im Turmmauerwerk

Tab. 6: Grundrißformen von Wohntürmen

Form:	1. Quadrat bis Rechteck	2. Trapeze	3. Kreisformen	4. Polygonale Formen	5. Sonstige
Bergfried[1]	57,0	4,1	33,3	5,6	0,3
Wohntürme (alle)	74,6	15,9	2,7	5,5	2,2
Wohnturmburgen	82,7	8,0	2,7	4,4	2,1
Wohntürme in Burgen	70,1	18,5	2,7	6,4	2,3

[1] Aus Fig. 14 übertragen

runder Grundriß wenig für Wohnfunktionen. Der starke Anteil der Trapezform beweist, daß sich Wohntürme in Burgen nicht selten den windschiefen Gegebenheiten anpassen mußten. Verstärkung einzelnen Wände oder über Eck kommen bei knapp 10 % der Beispiele vor, bei Bergfrieden hingegen nur bei rd. 5 %.

Treppen im Mauerwerk

Bei rd. 50 Bergfrieden und rd. 90 Wohntürmen gibt es steinerne Treppen. Sie stellen bei deutschen Burgen mit einem Anteil von 3,6 % eine Ausnahme dar. In Fig. 18 erkennt man die vorkommenden Treppenformen, die hier der Einfachheit halber in quadratische und runde Grundrisse eingetragen sind. Derartige eingebaute Treppen sind nicht notwendigerweise bequemer als Holztreppen, aber sie waren bei gewölbten Decken nahezu unerläßlich, weil Gewölbe und große Öffnungen nicht zusammenpassen.

c) Burgen mit mehr als einem Hauptturm

Unter Hauptturm verstehe ich Bergfried und Wohnturm einer Burg, die durchaus nebeneinander bestehen können. In meiner Sammlung waren es insgesamt 115 Beispiele, mit rd. 3,5 % kein beachtlicher Anteil. In diesen Zahlen sind 14 Doppelburgen wie Hiltenberg → mit enthalten. Auffallend ist, daß in Beispielen mit 2 Bergfrieden runde fast so häufig sind wie eckige, obwohl sie doch bei allen Bergfrieden nur 33 % ausmachen. Eine Erklärung hierzu konnte ich nicht finden.

Verteilung auf die Haupttypen

Die Mehrfachtürme in Burgen kommen in sehr unterschiedlichen Kombinationen vor, wie Tab. 7 erkennen läßt. Die größten Anteile, zusammen fast 85 %, stellen die Kombinationen Bergfried + Bergfried sowie Bergfried + Wohnturm.

Der Grund für die Anlage von zwei Bergfrieden ist nicht immer zu erkennen. In manchen Fällen hat die Verstärkung in einer von Natur aus schwachen Situation eine Rolle gespielt, wie z. B. bei Lichtenwerth, in anderen Fällen wird, wie in Burglengenfeld →, später ein 2. Bergfried errichtet. Aber ich bin überzeugt, daß auch ein Macht- und Repräsentationssymbol geschaffen wurde, wie bei der herrlichen Münzenberg →; beweisen läßt sich diese Vermutung allerdings nicht.

Mehr als 2 Haupttürme sind Ausnahmen

Wie Tab. 7 erkennen läßt, sind viele Haupttürme eine verschwindend geringe Ausnahme von marginaler Bedeutung. Die Beispiele von 3 Bergfrieden sind Schönburg →, Lützelburg → und Runkel →. 4 Bergfriede gibt es auf der Asseburg →, die allerdings auch eine einheitliche Anlage mit 3 bis 4 selbständigen Burgen darstellt, so auch Salzburg → mit 4 bis 5 selbständigen Burgen, in beiden Fällen sind die Türme damit erklärt.

Ein besonderer Fall ist Friedberg/Tirol → mit einem Bergfried und vier Wohntürmen, vergleichbar der Burg Eltz →, die ca. acht turmähnliche Burghäuser umfaßt. Die Notwendigkeit der Unterbringung von 4 verschiedenen Familien in Friedberg oder vielen verschiedenen Zweigen einer Familie, den Ganerben, führten zu derartigen Lösungen.

10. Schildmauer

Eine im Grundriß immer, in der äußeren Erscheinung nicht immer auffallende besondere Verteidigungsanlage ist die sog. Schildmauer. Ihr Name rührt daher, daß sie die Burg

Tab. 7: Verteilung der Mehrfachtürme

Hauptt.	Summe	Bergfr. Wohnt.	Bergfr. Bergfr.	Wohnt. Wohnt.	Wohnt. Bergfr.
2	106	54	44	8	—
		2 Bergfried Wohnt.	3 Bergfr.	3 Wohnt.	2. Wohnt. Bergfr.
3	6	1	3	1	1
		2 Bergfr. 2 Wohnt.	4 Bergfr.		
4	2	1	1 (Salzburg –, Asseburg –)		
		1 Bergfr. 4 Wohnt.			
5	1	4 (Friedberg/Tirol –)			

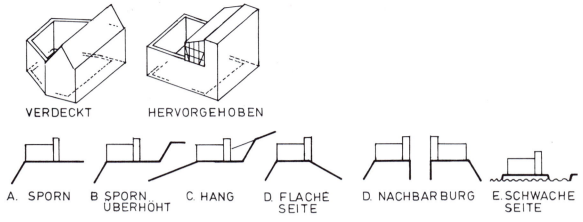

Fig. 19: Schildmauer

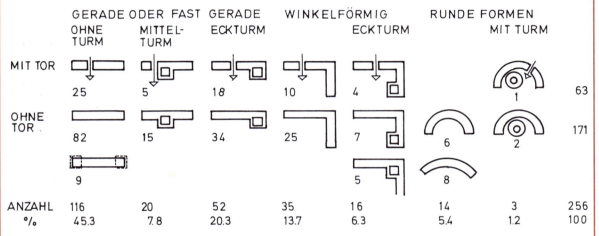

Fig. 20: Schildmauern mit und ohne Türme

hinter ihr wie ein Schild deckt. Schildmauern sind auf 260 Objekten der Sammlung zu erkennen, was ca. 7,8 % aller Beispiele ausmacht, keine allzugroße Häufigkeit.

Verdeckt oder herausragend (Fig. 19)

Schildmauern können so hoch sein wie die übrigen Ringmauern, dann treten sie nach außen nicht in Erscheinung, wie z. B. Marksburg →, oder sie sind höher als die Ringmauer, dann sind sie als solche deutlich sichtbar, das bekannteste Beispiel ist Berneck → mit 29 m Höhe der Schildmauer, die als Rest der Burg erhalten blieb. Da viele Schildmauern nur noch in geringen Höhen erhalten sind und andere mit einiger Wahrscheinlichkeit verändert wurden, läßt sich der Anteil der herausragenden Schildmauern im Nachhinein nicht mehr ermitteln. Doch ist die Annahme erlaubt, daß in sehr vielen Fällen die Schildmauer herausragte, weil sie nur so, insbesondere in bestimmten geographischen Lagen (Fig. 19 b, c und e) zur Wirkung kam.

Schutz in besonderen Lagen

Die in Fig. 19 skizzierten Lagen kann man an Beispielen belegen: a) Spornlage Bogeneck →, b) überhöhte Lage Boymont →, c) Hanglage Ehrenfels/Hess. →, die flache Seite eines Berges Falkenstein/Harz → und gegen einen zu dichten Nachbarn Wasigenstein →. Die Spornlage (59 %) und die überhöhte Spornlage (32 %) machen mehr als 90 % aller Objekte aus. Die restlichen Objekte kann man einzeln nennen: in ebener Lage 6, auf einer Insel 1, auf Felsklötzen 8, am Hang 3 und in Randlage 2.

Schildmauer mit und ohne Turm (Fig. 20)

Viele Burgen mit Schildmauern besitzen keinen Hauptturm, es sind dies mit rd. 64 % fast $^2/_3$ aller Beispiele. Die geraden oder fast geraden Schildmauern machen rd. 73 % aus, die winkelförmigen rd. 20 % und die runden oder fast runden rd. 6 %. $^1/_4$ aller Schildmauern sind durch das Burgtor durchbrochen und in der Mehrheit dieser Fälle ist das Tor durch einen Hauptturm bewacht. Dagegen sind bei den Schildmauern ohne Tor die Türme mit rd. $^1/_3$ vertreten. Die hier der Übersicht halber vereinfacht dargestellten Situationen sind in der Realität recht facettenreich.

Mehrere Schildmauern sehr selten

Burgen, die mehr als eine Schildmauer aufweisen, kommen selten vor. An der Kernburg selbst findet man sie nur in 3 Fällen, nämlich Bogeneck →, Eibenstein → und Spangenberg →, in Doppelburgen wie Altenbaumburg → und Wasigenstein →, in Haupt- und Vorburg bei einigen wenigen Objekten wie Rotenzimmern →, Aggstein → und einigen anderen. Auch gibt es Beispiele mit Schildmauern ausschließlich an der Vorburg wie die Ruine Schaunburg → oder Hammerstein/Rh. →. Jedoch ist die Schildmauer eine eher singuläre Maßnahme zum Schutz gegen eine ungünstige Lage.

Starke Mauern

Um die Schildfunktion erfüllen zu können, mußten Schildmauern nicht nur höher, sondern auch wesentlich stärker als Ringmauern sein. Rund 75 % aller Schildmauern liegen jedoch unter 3,0 m Dicke, rd. 21 % sind stärker als 3 m, z. B. die kleine Burg Alt Geroldseck → oder Saxenegg →, und nur sehr wenige erreichen mehr als 4,0 m Wandstärke, wie etwa Stolzeneck → und Blankenberg → mit je 5 m und Alzenau → mit 4,5 m. Der Mittelwert liegt bei ca. 2,7 m.

Schwerpunkt im Südwesten

Im 11. Jh. kommen Schildmauern faktisch nicht vor. In der Zeit danach sind sie – analog zum Burgenbau – über die Zeit verteilt eine Kurve mit dem Höhepunkt um 1225. Aus dem Bestehen einer Schildmauer und ihrer Stärke lassen sich keine Aussagen zum Alter machen. Auffallend ist, daß rd. 50 % der Burgen mit Schildmauern in Deutschland in Baden-Württemberg liegen, in Rheinland-Pfalz nur 18 % und in Hessen 13 %. Die Tatsache der Massierung von Schildmauern im Südwesten hat schon Näher erkannt; Antonow hat ihr ein ganzes Buch gewidmet. Eine schlüssige Erklärung für diese Ballung konnte ich leider nicht entdecken.

11. Wohngebäude und Brunnen

Als Palas, abgeleitet von lat. *palatium*, bezeichnet man das Hauptwohngebäude der Burg, das der Burgherrschaft zum Wohnen diente. Ein Palas kann das relativ einfache Haus eines Ritters auf einer Kleinstburg, aber auch ein wirklich palastähnliches Gebäude eines Königs (Wimpfen →, Eger →) oder eines Herzogs (Wartburg →) sein, das hohe Steinmetzkunst aufweist und außerordentlich geräumig ist.

Alle Beispiele zusammengenommen sind es vielleicht 1 600 Burgen mit erkennbaren Wohnstrukturen, weniger als die Hälfte der relevanten Grundrisse also. Davon waren nur rd.

Tab. 8: Palasgrößen

	bis 50 m²	bis 100 m²	bis 150 m²	bis 200 m²	über 200 m²
%	3,9	30,9	32,9	22,4	9,9
kumulativ %		34,8	67,7	90,1	100,0

38 % als Palas bezeichnet. Eine Auszählung der Beispiele von A – F ergab die in Tab. 8 ablesbare Verteilung der Größen von Palas-Gebäuden. Aus dieser Verteilung ergab sich ein Mittelwert von rd. 130 m². Abzüglich der Mauerstärken ergäben sich rd. 90 m² Netto-Geschoßfläche. Bei durchschnittlich zwei Wohngeschossen – der Keller war hiervon meist ausgenommen – kämen 180 m² Wohnfläche als Minimum zusammen. Dies war für die benötigten Räume durchaus ausreichend (hierzu siehe 17. „Das Leben auf der Burg") und entspricht übrigens dem Mittelwert der Wohnfläche aller Wohntürme.

In den Burgen mit einem Palas unter 100 m² Geschoßfläche, was in 2 Stockwerken netto etwa 120 m² Wohnfläche entsprach, mag es knapp gewesen sein. Aber solche kleinen Wohngebäude gab es nur auf Kleinstburgen (Fig. 9, S. 23), und da war ohnehin wenig Raum.

Fachwerkteile selten

Man darf annehmen, daß der Palas mancher Burg in der Frühzeit total, in der Spätzeit aber bestenfalls in einem Obergeschoß aus Fachwerk bestanden hat. Die überkommenen Palasse sind, von ganz wenigen Ausnahmen abgesehen, Steinbauten. Sie besaßen nahezu immer im 1. Obergeschoß, sehr oft von außen über eine anspruchsvolle Treppe erreichbar, einen großen Saal, den Lebensraum der Burg, zugleich Empfangs- und Festsaal.

Lage der Wohngebäude

Die Wohngebäude einer Burg und mit ihnen der Palas liegen nahezu immer parallel zur Ringmauer, deshalb ist die Bezeichnung Randhausburg, die man zuweilen findet, wenig differenzierend. Man benutzte also stets die Ringmauer als eine Längswand und dies, wo eben möglich, an der dem Angriff abgewandten Seite. Da faktisch alle Gebäude parallel zur Ringmauer lagen, entstand quasi zwangsläufig so etwas wie ein von Gebäuden umgebener Hof, den man noch häufig findet. Allerdings sind die weiten Gebäude oft eine spätere Ergänzung, wenn nämlich Raumbedarf zu Erweiterungsbauten führte.

Festes Haus, Burghaus

Außer den freistehenden Wohntürmen gab es im Mittelalter – allerdings selten – feste Steinhäuser mit starken Mauern, die sich notfalls verteidigen ließen, in freier Lage, d. h. faktisch ein Palas ohne Burg. Sie wurden festes Haus oder Burghaus genannt. Sie waren wie bei der Albrechtsburg → oder Stein im Lavanttal (Bz. Wolfsberg) → der Nukleus für eine Burg, die sich von diesem Haus aus entwickelte. Eine Erklärung für die Errichtung derartiger fester Häuser, also Solobauten, kenne ich nicht.

Leider lassen sich zu weiteren Wohngebäuden zwar für spezielle Beispiele, nicht jedoch generell Aussagen machen. Sicher ist, daß in vielen Fällen die Küche in einem eigenen Gebäude untergebracht war, was diverse Gründe gehabt haben kann. Stallungen gab es in Kernburgen nur dann, wenn sie 1. für Tiere überhaupt zugänglich waren; Felsturmburgen, Höhlenburgen und Turmhügelburgen, aber auch andere Fälle, waren ausgenommen, 2. über ausreichend Platz verfügten und 3. den Betrieb in der Kernburg nicht störten, z. B. bei Hofhaltungen von Territorialherren. Man darf sie in der Vorburg annehmen, über die in Kap. 15 berichtet wird.

Wasser lebenswichtig

Um auf einer Burg leben oder gar eine längere Belagerung durchstehen zu können, benötigte man Wasser in ausreichender Qualität und Quantität. Versiegte das Wasser, war die Kapitulation unvermeidlich. Wasser war also ein entscheidender Faktor der Selbständigkeit einer Burg.

Tiefe Brunnen, wo möglich

Daher verstand es sich von selbst, überall dort, wo es möglich war, Brunnen abzuteufen. Die Brunnenbauer des Mittelalters verstanden ihr Handwerk, denn man hat Brunnen von großer Tiefe gefunden. Piper berichtet über Tiefen von mehr als 100 m, die aber nach 1500 abgeteuft wurden. Auf der Harburg → soll der Brunnenschacht 128 m, auf Stolpen → 95 m, auf Helfenstein → 100 m tief gewesen sein. Man darf annehmen, daß Tiefen von 20–30 m, selbst im frühen Mittelalter, keine Probleme boten.

Brunnentürme, wenn nötig

Lag das Wasser nicht unter der Burg, sondern auf ihrer Seite, etwa bei Felstürmen, war ein Brunnenturm bis zum Grundwasser eine gute Lösung, wie bei Falkenstein →, Geroldstein → und Trifels →. Der oben offene Brunnenturm von Trifels ist mit der Kernburg durch einen Brückenboden verbunden, der zugleich als Wehrplattform über dem Burgzugang diente.

In vielen Fällen Zisternen

Wenn für die Anlage einer Burg kein Gelände zu Verfügung stand, in dem man mit Brunnen oder Brunnenturm an Wasser gelangen konnte, blieb als Ausweg nur die Anlage einer Zisterne übrig. Es ist dies ein wasserdichter, künstlicher Hohlraum von einigen Quadratmetern Grundfläche, aufgemauert und gedichtet oder in den Fels gehauen, der zum guten Teil mit Kiessand als Wasserfilter gefüllt ist und in seiner Mitte einen Brunnenschacht besitzt (Fig. 21). Nach dem Prinzip der kommunizierenden Röhren steigt das Wasser im Schacht auf die Füllhöhe der Zisterne an. Man kann wie aus einem normalen Brunnen mittels einer Rolle das Wasser in Eimern ausschöpfen.

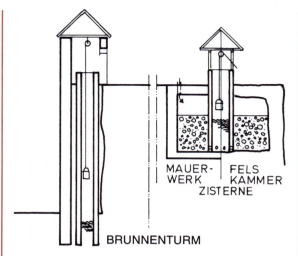

Fig. 21: Brunnenturm und Zisterne

Wasser von den Dächern

Das Wasser wurde von Dächern über Holzrinnen und -röhren in die Zisterne befördert, d. h. man benötigte Regenrinnen und Fallrohre, während sonst das Wasser an der Traufkante ablief. (Daher »vom Regen in die Traufe kommen«.) Besonders sicher war man, falls die Zisterne für den Notfall stets bis an den Rand gefüllt war, wenn man ständig Wasser von einer Quelle außerhalb der Burg einleitete, wie dies für Niederkraig → mit einem Aquädukt bekannt ist. Daß Brunnen und Zisternen vor Verschmutzung sicher sein mußten, versteht sich zwar von selbst, war jedoch bei den hygienischen Verhältnissen des Mittelalters keine Selbstverständlichkeit.

Beim Aufmaß der Burg Brandstein → fand ich im trockenen Sommer 1991 eine Felszisterne, die bis zum Rand gefüllt war, also nach Jahrhunderten noch funktionierte.

12. Kapelle

Die Religion besaß während des Mittelalters einen hohen Stellenwert. Sie beherrschte das Leben in einem für das ausgehende 20. Jahrhundert unvorstellbaren Maße. Als Vermittler zwischen den gläubigen Menschen und Gott hatte der Klerus einen ungeheuren Einfluß, der durch die Tatsache noch verstärkt wurde, daß die Pfarrer als die einzigen Schriftkundigen zusätzlich den Rang von Notaren besaßen.

Viele Burgen besaßen Kapellen

Es ist nicht anzunehmen, daß der Adel sich anders verhielt als die einfachen Menschen. Daher ist zu vermuten, daß es auf jeder Burg eine Kapelle gab, wie jeder Bauer einen Herrgottswinkel hatte. Dies wird in vielen Fällen ein Erker, ein kleiner Raum im Palas gewesen sein, nämlich überall dort, wo wenig Menschen lebten. Viele solcher Kapellen sind dokumentarisch belegt, nur wenige blieben erhalten. Sie sind in Grundrissen oft nicht zu erkennen, spielten aber im täglichen Leben eine große Rolle.

Ein Pfarrer hatte in großen Burgen vermutlich dort seinen Wohnsitz, in diesem Fall muß eine richtige Kapelle vorhanden gewesen sein, die vermutlich auch für die Burghöfe zuständig war. Oder er wohnte in dem zur Burg gehörenden Ort mit Eigenkirche; hier genügte eine kleine Kapelle auf der Burg selbst. Auch andere Konstellationen sind denkbar: eine Stadtburg, die zu einem Kirchspiel der Stadt gehörte, eine Burg in der Nähe einer Klosterkirche usw., bis zu einer Kirchenburg wie Krukenburg → und Meistersel →, die zugleich Wohnburgen waren.

Vielfalt von Grundrißformen

Wie man auf Fig. 22 sehen kann, waren ausgeprägte Chöre recht selten. Im übrigen kann man einen Kanon von Formen ausmachen, wie er vermutlich ähnlich bei den Dorfkirchen der Zeit üblich war, und wie bei diesen überwiegen die bescheidenen Formen mit simplen Abschlüssen. Die mittlere Größe liegt bei 50 m², doch sind die kleinen Beispiele bis 30 m² mit beinahe einem Drittel vertreten. Unter den Kapellen befinden sich Doppelkapellen, in denen es eine Oberkirche für die Herrschaft und eine Unterkirche für das Gesinde gab. Beide Teile waren durch eine große Öffnung miteinander verbunden, so daß die Gläubigen in der Unterkirche an dem in der Oberkirche zelebrierten Gottesdienst teilnehmen konnten. Solche Doppelkirchen gibt es in der Sammlung acht wie u. a. Burgsteinfurt →, Eger → und Nürnberg →.

Sieben Kapellen liegen über dem Burgtor, eine seltsame Lösung wie z. B. in der Pfalz Gelnhausen → oder der Wildenberg →. Die Zuordnung bestimmter Kapellen-Formen in bestimmte Zeitabschnitte des Mittelalters ist nach meiner Untersuchung unmöglich. Die Entstehungszeit der Burgkapellen verläuft analog zu den Burgen mit dem zeitlichen Höhepunkt um 1220.

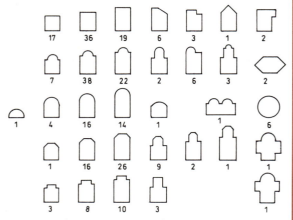

Fig. 22: Vielfalt von Burgkapellen

Für freistehende Kapellen wenig Platz

Burgkapellen sind zu 47 % in Gebäudestrukturen eingebaut, zu 36 % an die Ringmauer angelehnt und nur zu 17 % freistehend innerhalb der Kernburg oder der Vorburg. In Ausnahmefällen liegen Kapellen auch im Zwinger. Daß viele Kapellen außerhalb der Kernburg oder in Tornähe stehen, deutet auf ihre Benutzung auch von Menschen hin, die nicht auf der Burg lebten.

13. Türme, Zwinger, Vorburg

a) Türme an der Kernburg

Bei rd. 11 % aller geeigneten Burgengrundrisse tauchen, unabhängig von der Existenz von Haupttürmen, am Burgkern weitere Türme auf, die keine Haupttürme oder Tortürme sind.

Seitenbestreichung als Hauptaufgabe

Besonders deutlich wird die Funktion von Nebentürmen bei Flachlandburgen wie z. B. Bucherbach → oder Friedewald →, an denen man die Seitenbestreichung der Ringmauer und damit meist auch den Schutz des Tores deutlich sehen kann. Nebentürme kann man insgesamt an Kernburgen bei 486 Beispielen der Sammlung finden, was rd. 14,5 % aller relevanten Grundrisse entspricht. Ob in der Vergangenheit wesentlich mehr Burgenkerne Nebentürme besaßen, ist nicht mehr feststellbar. Neben der wichtigen Aufgabe der Seitenbestreichung waren auch die Verstärkung einer Schwachstelle der Burg oder die Bewachung eines Tores Motive für die Errichtung eines Nebenturmes.

Runde Nebentürme überwiegen

Für die an Kernburgen vorkommenden Nebentürme habe ich insgesamt zehn Grundformen ermittelt, die in Fig. 23 dargestellt sind. Im Gegensatz zu den Haupttürmen machen die runden Türme mehr als ³/₄ aller Türme aus. Unregelmäßige oder »extravagante« Grundrisse bleiben marginal.

Die Grundformen kommen einzeln oder kombiniert in insgesamt 68 Figurationen von bis zu sieben Nebentürmen vor, aus denen ich in Fig. 23 nur die häufigsten darstellen konnte. Die meisten Nebentürme besaß die Burgstadt-Pfalz Dankwarderode →, die Residenz Heinrich des Löwen, die mit 7 Seitentürmen und 2 Tortürmen bestückt war. Auch die Krefelder Wasserburg Linn → mit 5 Nebentürmen und einem Hauptturm an den sechs Ecken ist ein Beispiel für Kernburgen mit vielen Nebentürmen; gleiches gilt auch für die fünfeckige Wasserburg Erkelenz →.

Ecktürme bei Flachlandburgen häufig

Bei vielen Flachlandburgen findet man Nebentürme, sie scheinen dort besonders häufig aufzutreten. Tab. 9 versucht darzustellen, ob dieser subjektive Eindruck tatsächlich zu-

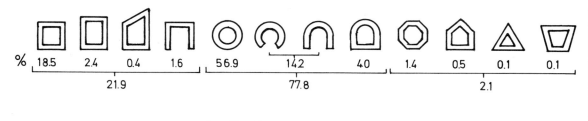

Fig. 23: Grundformen von Nebentürmen an Kernburgen

Tab. 9: Türme an Wasserburgen

Ecktürme	Tortürme	Haupttürme		Summe
mit	ohne	18,8 %	17,9 %	36,7
ohne	ohne	17,6 %	41,8 %	63,3
ohne	mit	3,9 %		
Summe		40,3 %	59,7 %	100,0

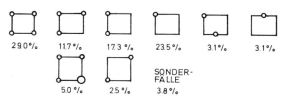

Fig. 24: Nebentürme an Wasserburgen

trifft. Lediglich 37 % der Wasserburgen weisen Nebentürme auf, der Eindruck trügt also.
Offensichtlich wirken die eckturmbewehrten 160 Beispiele normierend. Unter ihnen gibt es unterschiedliche Verteilungen, wie in Fig. 24 dargestellt ist. Die Figuren sind hier der Einfachheit wegen alle quadratisch dargestellt worden, weil es ja nur ums Prinzip geht.

Unendliche Vielfalt der Wasserburgen

Die Wirklichkeit ist unendlich vielfältig: Bei 120 Wasserburgen mit Haupt- und/oder Nebentürmen habe ich nicht weniger als 80 Figurationen gefunden, die Möglichkeiten der Kombination sind nahezu unendlich. Bei den Wasserburgen ohne Nebentürme ist die Vielfalt eher noch größer, wovon man sich leicht beim Durchblättern des Grundriß-Lexikons überzeugen kann.

Regelmäßige Wasserburgen mit Ecktürmen sind jung

Betrachtet man die Entstehung von Wasserburgen mit regelmäßigen Grundrissen und vielen Ecktürmen, so gibt es vor 1200 faktisch keine Anlagen, Lahr → um 1200 und Lissa → angeblich um 1225 sind frühe Beispiele. Das Schwergewicht dieser Grundrisse liegt im 14. und 15. Jh.

b) Zwinger

Unter einem Zwinger muß man sich den Raum zwischen zwei Mauern vorstellen, in der Regel zwischen der Ringmauer der Kernburg und einer dieser vorgelagerten Mauer.

Annäherung erschwert

Der Sinn von Zwingern ist, die Annäherung an die Kernverteidigung wenigstens zu erschweren, also eine Art Vorausverteidigung. Der Raum zwischen Ringmauer und Zwingermauer bot Angreifern wenig Schutz, sein Betreten war nicht ohne Risiko. Ein Zwinger verhinderte auch die Anfuhr und Aufstellung voluminöser Belagerungsmaschinen, die das Mittelalter kannte. In der Frühzeit des Burgenbaus waren Zwinger häufig als Palisaden ausgeführt, also dem Dorfzaun (Etter) ähnlich, wie W. Meyer in »Deutsche Burgen« vermutlich richtig annimmt. Steinzwinger dürften erst im 13. Jh. auftreten.

Zwinger stets jünger als die Kernburg

Von ganz wenigen Ausnahmen abgesehen sind Zwinger stets jünger als der Burgteil, dem sie vorgelagert wurden. Zwinger wurden überall dort angelegt, wo die naturgegebenen Verteidigungsmöglichkeiten zu wünschen übrig ließen. Sie zeigen im Grundriß quasi die Schwachstellen einer Burg auf. Die Möglichkeiten für die Anlage von Zwingern sind fast unübersehbar.
Insgesamt besitzen nur rd. 20 % aller relevanten Burgengrundrisse dieser Sammlung einen Zwinger. Der wirkliche Prozentsatz im späten Mittelalter läßt sich heute nicht mehr ausmachen. Die Vermutung liegt nahe, daß manche Zwinger wegen der in der Regel relativ geringen Mauerstärken früh verfallen sind. Zuweilen läßt eine ebene Fläche hangabwärts einer Burgruine auf einen Zwinger schließen.
Bei aller Verschiedenheit der einzelnen Burgen lassen sich im Prinzip drei typische Lagen von Zwingeranlagen erkennen: 1. einseitig mit rd. 15 %, z. B. Balduinstein →, Brandenfels →, 2. zweiseitig, also quasi über Eck mit 21 %, z. B.

Braunsberg →, Bruck → und 3. allseitig mit rd. 36 % der Zwinger-Anlagen, z. B. Beilstein →, Bruneck →; der Rest ist gestreut.

Zwinger können natürlich auch an Vorburgen liegen, wie bei Aggstein →, oder zwischen Vorburg und Kernburg wie bei Achalm →. Sie können aber auch in die Vorburg übergehen wie bei Albeck →.

Weiter Weg zum Tor

Besonders wichtig war, daß man den Angriff auf das Tor verzögerte, erschwerte; besonders pfiffig sind in dieser Hinsicht die Grundrisse von Karlsberg/Böhmen →, Kinzheim/Elsaß →, Neuenburg/Thurgau → und insbesondere Neuhäusel/Mähren →, bei denen man die Kernburg ganz oder teilweise umrunden mußte, um ans Tor zu gelangen.

Schild- und Schwertseite gleich häufig

Bei der Betrachtung der Zwingeranlagen und der Zugänge zu Burgen generell ist mir aufgefallen, daß sie nur zur Hälfte so liegen, daß die Angreifer den Verteidigern die rechte, d. h. unbeschildete Seite zuwenden mußten, jedenfalls soweit man dies noch erkennen kann. Die früher verbreitete Auffassung, man habe die Linksdrehung, also die schildlose Seite bevorzugt, läßt sich nicht aufrechterhalten. Wenn sie als Zugang deutlich überwogen haben sollte, müßte auch der Anteil solcher Zugänge in der Sammlung überwiegen.

Nicht besonders häufig zu finden, aber erwähnenswert, sind Staffelzwinger. Gemeint sind Anlagen, die übereinander hangaufwärts liegen wie bei Braunfels → oder hintereinander wie bei Aggstein →, in den meisten Fällen, um den Zugang zum Tor der Kernburg zu schikanieren. Diese Funktion haben vor allem die bereits erwähnten Torzwinger (siehe unter 7.). Nur bei etwa 12 % aller Zwinger gibt es Nebentürme, die in aller Regel rund sind, aber insgesamt eben doch selten.

c) Vorburg

Nur ein relativ kleiner Teil der Burgen dieser Sammlung weist Vorburgen auf. Sie fehlen insbesondere bei Turmburgen und Höhlenburgen, aber auch in vielen anderen Fällen total. In nicht wenigen Beispielen ist eine Vorburg nicht dargestellt, jedoch vorhanden, oder man darf aufgrund bestimmter Anzeichen auf ihr Vorhandensein schließen.

Aufgaben der Vorburg

Vorburgen erfüllen im Prinzip drei verschiedene Funktionen:
1. Wie der Zwinger waren sie Teil der Vorausverteidigung und schafften Distanz von Angreifern zum Haupttor.
2. Sie beherbergten Funktionen, für die in der Kernburg kein Platz war, z. B. ein Pferdestall für das wertvolle Schlachtroß des Burgherren, Wohnraum für Personal, Lager für Naturalabgaben und ggf. die Kapelle.
3. Sie dienten als mehr oder weniger großer Gutshof mit allen Einrichtungen, die für einen landwirtschaftlichen Betrieb notwenig waren. In diesem Falle bewirtschaftete die Burgherrschaft einen Teil des Landes selbst.

Es gab Burgen, die ihrer Lage wegen eine Vorburg nicht besitzen konnten, z. B. die Höhlenburgen, ein Teil der Felsturmburgen, ungünstige geographische Lagen usw. Die Burg Neu-Rasen → z. B. bietet definitiv keine ausreichende Fläche.

Burggut oder Burghof anstelle einer Vorburg

Burgen ohne Vorburg besaßen stets in mittelbarer Nähe Burggut oder Burghöfe, von deren Erzeugnissen die Bewohner der Burg leben konnten. Th. Biller hat in seiner Dissertation für Windstein die Burghöfe nachgewiesen. Bei Neu-Rasen heißt ein entsprechender Hof noch heute Burghof. Die außerhalb der Burg oder Vorburg liegenden, für die Burg lebenswichtigen Einrichtungen waren Überraschungsangriffen schutzlos ausgesetzt, was bei der Austragung von Fehden vor allem auf dem Rücken der Hörigen ein echter Nachteil sein mußte. Man darf daher annehmen, daß man, wo möglich und nötig, versuchte Vorburgen anzulegen.

Dimensionen sehr verschieden

Die Hauptsorge galt natürlich stets der Kernburg. Die Vorburgen besaßen ggf. eine wichtige, jedoch nicht die erste Priorität. Sie waren in ihren Größen extrem verschieden, nicht zuletzt abhängig von den Möglichkeiten am Ort und der Bedeutung einer Herrschaft. Die schmale, fast einen Kilometer lange Vorburg von Burghausen → gilt als die längste aller Vorburgen. Sie entstand im Verlauf der Jahrhunderte durch Zubauten. Vorburgen mit so riesigen Flächen wie die Cadolzburg →, mit rd. 9 300 m², dreimal so groß wie die große Kernburg (2 600 m²), gehören zu den Ausnahmen.

Vorburgen oft größer als Kernburgen

Die vorhandenen Vorburgen sind allerdings tendenziell größer als die Kernburgen. Soweit ich das anhand der Beispiele auswerten konnte, ergab sich bei Kernburgen ab ca. 1 000 m² Grundfläche eine deutlich größere Vorburg. Mit aller Vorsicht kann man ein Verhältnis von etwa 1 : 1,5 feststellen, dies ist aber nur ein rechnerischer Wert, denn Formen, Dimensionen und Lage von Vorburgen sind eben sehr individuell und entziehen sich jedem Versuch einer Ordnung.

Vorburgen meist auf einer Seite

Allerdings läßt sich mit Sicherheit sagen, daß die überwiegende Menge der Vorburgen nur auf einer Seite der Kernburg liegt. Mehrseitige Vorburgen wie etwa in Burglengenfeld → sind eine Ausnahme. Auch doppelte Vorburgen – vielleicht nacheinander entstanden – sind recht selten, Beispiel: Altwied → und Arras →.

Ähnlich den Zwingern, die sich ja in manchen Beispielen zur Vorburg erweitern, sind Vorburgen nicht besonders stark befestigt. Türme zu Vorburgen gibt es bei rd. $1/10$ von ihnen, und die sind überwiegend rund. Weil Vorburgen, von wenigen Ausnahmen abgesehen, vergleichsweise schwach befestigt waren und in ihrem Bering weniger solide Gebäude errichtet wurden, sind viele von ihnen spurlos verschwunden. Wie groß der Anteil an Burgen mit und ohne Vorburg gewesen sein könnte, läßt sich leider nicht mehr rekonstruieren.

14. Burgengruppen

Eine auffallende Erscheinung im Burgenbau sind Mehrfachburgen, d. h. Burgen, die
1. mehrere Burgenhäuser in einem Bering aufweisen,
2. mehr als eine in sich geschlossene Burg innerhalb der Ringmauer erkennen lassen,
3. mehrere, ehemals selbständige Burgen mit einer gemeinsamen Ringmauer zusammenfügen,
4. jede für sich selbständig in dichtem Abstand von weniger als 100 m beieinander stehen,
5. erkennbar eine Gruppe bilden, jedoch in Abständen von mehr als 100 m.

Burgen mehrerer Familien

Die Gruppe 1 umfaßt vor allem die sog. Ganerbenburgen, d. h. Burgen, in denen mehrere verwandte Familien in verschiedenen – natürlich angemessenen – Gebäuden innerhalb eines Beringes beieinander wohnten. Wie die Bezeichnung Ganerben erkennen läßt, waren dies vermutlich enge Verwandte, die durch Erbteilung in den Teilbesitz einer Burg gelangt waren.

Teilbesitz war häufig

In vielen verschiedenen Nachrichten über Burgen findet man immer wieder Teilbesitze, angesichts der enorm geographisch gestreuten Besitzlagen der feudalen Gesellschaft eigentlich nicht weiter verwunderlich. Die Ganerben waren gewiß keine Seltenheit. Wurde eine Burg anstelle von einer oder mehreren Eigentümerfamilien, die aus diversen Gründen die Burg nicht selbst bewohnten, durch Burgmannen und deren Familien gehalten, waren die Wohnverhältnisse der einer Ganerbenburg nicht unähnlich, freilich ohne Verwandtschaft unter den Bewohnern.
Beispiele für die Burg mit mehreren Burghäusern sind u. a. Eltz → in Moselnähe, Friedberg → in Tirol und Schauenburg → im Schwarzwald. Als Beispiel für eine wohl von vornherein für Burgmannen errichtete sei die alte Burg in Gießen → genannt. Es wird aber auch manche Burg gegeben haben, die zeitweilig von mehreren Familien bewohnt wurde, dies im Grundriß jedoch nicht erkennen ließ.

Burg in der Burg

Die Gruppe 2 ist nicht zahlreich vertreten; im Lexikon gibt es nur sechs Beispiele von bewußt als Mehrfachburgen gebauten Anlagen. Es sind dies die Asseburg → mit mindestens 3 Burgen, Bürresheim → mit 2 Burgen, die große Harzburg → mit 2 Burgen, die Hiltenberg → mit 2 Burgen, die große Lauenburg → mit 2 Burgen und die Salzburg → mit wenigstens 4 – 5 Burgen innerhalb eines Beringes. Bei den Burgen Gr. Harzburg und Hiltenberg sind beide Teile innerhalb der gemeinsamen Ringmauer durch einen Graben, bei der Lauenburg durch eine gemeinsame Vorburg voneinander getrennt. Asseburg und Salzburg enthalten mindestens 3 – 4 resp. 4 – 5 selbständige Burgen in einer gemeinsamen, von vornherein so geplanten Ringmauer. Hier ist also vom Grundplan eine Aufteilung in quasi Unterburgen vorgesehen gewesen.

Aus zwei mach eins

Zur Gruppe 3 gehören immerhin 17 Beispiele von Mehrfachburgen, die zusammengewachsen sind, davon 13 mit 2 Burgen und 4 mit 3 Burgen. Unter diesen Burgen sticht die riesige Anlage der Lichtenberg → hervor, die aus zwei nacheinander im Abstand von 200 m entstandenen Burgen nach 1400 eine einheitliche Anlage wurde. Die Burgen Altdahn → (Altdahn, Tanstein, Grafendahn) auf fünf Felstürmen wurden im 15. Jh. durch gemeinsame Tor- und Vorburganlagen zu einer Einheit. Die mittlere der drei Burgen, die 1339 an die Grafen v. Sponheim verloren ging, war Anlaß zum Bau von Tanstein, wodurch die Fremdburg quasi in die Zange genommen wurde. Alt Bechburg → ist die Kombination eines älteren Wohnturmes mit der jüngeren und größeren Burg einer Familie. Die beiden Felsburgen von Hohenbarr → wurden durch eine umfangreiche, gemeinsame Vorburg eine Anlage. Weitere Beispiele sind u. a. Hornberg/Neckar →, Neu Falkenstein → und Lützelhardt →.

Burgen dicht bei dicht

Zur Gruppe 4 gehören 28 Beispiele mit insgesamt 65 etwa selbständigen Burgen in unterschiedlichen Lagen. In Spornlage 9 Namen mit 22 Burgen, in Kammlage 8 Beispiele mit 22 Burgen, je 6 Beispiele auf Felstürmen oder Doppelgipfeln mit 14 resp. 12 Burgen. Die mit 500 m Gesamtlänge größte Burgengruppe ist die Kyffhäuser. Diese Reichsburg des Kaisers Heinrich IV. und Friedrichs besteht aus einer 300 m langen Oberburg und 2 wesentlich kleineren anderen Teilen. Die Dimension ist selbst für eine Reichsburg gewaltig, die Zahl der Burgmannen muß groß gewesen sein.
Ganz anders dimensioniert sind die drei Burgen von Eberbach →, sie sind eher klein und miteinander nicht verbunden. Vermutlich waren die Eigentümer Vasallen des Bischofs von Worms aus einer Familie. Auf einem Kamm liegen die teilweise spärlichen Reste der Ruinen von Wilandstein →, von denen allerdings nur drei gleichzeitig bestanden haben. Sie waren im Ursprung Burgen einer Familie. Die Stöffelburg → besteht aus zwei Burgen des Herrn v. Stöffeln und vermutlich einer gemeinsamen Vorburg auf einer Spornlage. Weitere Beispiele sind Alt Scharnstein →, Alt Windstein → und Bärenfels →, alle drei jeweils einer Familie zugehörig.

Burgengruppen

Zur Gruppe 5 gehören viele Burgen. Sie lassen sich zahlenmäßig kaum erfassen. Entstanden sind sie aus unterschiedlichen Gegebenheiten:
Erbauung weiterer Burgen in der Nähe der 1. Burg
a) durch die gleiche Familie, Schema: Alt-, Neu-, Unter-, Ober- usw. bei Erbteilung (Vermeiden der Ganerbenburg!), das setzte freilich den unangefochtenen Besitz des Geländes und keinen Widerstand seitens eines Lehns- oder Oberlehnsherrn voraus,
b) durch eine fremde Familie, die z. B. die günstige Lage ebenfalls durch günstige Besitzlage nutzen konnte,
c) durch einen Lehnsherrn, der dem Bauherrn der 1. Anlage einen Widerpart entgegensetzte und im schlimmsten seltenen Fall
d) als Belagerungsburg, wie die Beispiele Ödenburg-, Ramstein- und Balduin → oder Trutzeltz →,
e) als Vorburg einer bestehenden Burg wie Kleinfrankreich →.

Eine typische Familienanlage sind die 3 Burgen Neckarsteinach →, denen sich als 4. die Schadeck → hinzugesellte, alle von einer Familie errichtet. Die Burgen Anebos → und Scharfenstein → bilden mit Trifels → eine Dreiergruppe mit Abständen von je 400 m; Trifels war eine bedeutende Reichsburg, die beiden anderen Vasallenburgen. Ebenfalls mit rd. 400 m Abstand bilden die Burgen Girsberg →, Hohrappoltstein → und Ulrichsburg bei Rappoltsweiler (Ribeauvillé) → eine bekannte Gruppe, deren Erbauer vermutlich die Herren von Stein oder Rappoltstein waren. Am Namen Rappoltsweiler wird deutlich, daß hier ein Weiler, von lat. *villa*, der Burg Rappoltstein bestand, in denen die Hörigen wohnten, die für die Burg oder die Burgengruppe die Lebensbasis bildeten.

Weitere Gruppen findet man im Lexikon bei gleichem Namen sehr leicht, sonst eher mit Mühe. Ich zähle zur Anschauung noch einige auf: Altenfels →, Burgberg → + Weiberzahn →, Bubenhofen → + Vorderlichtenstein →, Diepoldsburg →, Federaun →, Gutenfels → + Pfalzgrafenstein →, Harzburg →, Itterburg →, Lauenburg →, Liebenstein → + Sternberg →, Moosburg →, Reifnitz →, Rudelsburg → + Saaleck →, Skala → + Knappenburg →.

15. Leben auf der Burg

In der vergleichsweise langen Zeit des Burgenbaus hat die Entwicklung des Wohnkomforts auch in den Burgen stattgefunden. Als Wohnsitze der herrschenden Schicht stellten sie vermutlich die Spitze der Entwicklung zu komfortablerem Leben dar. Man darf mit Recht annehmen, daß sich der Adel, dessen wirtschaftliche Potenz den teuren Burgenbau ermöglichte, auch die damals neuesten Errungenschaften gehobenen Wohnkomforts geleistet hat. Insbesondere die Kreuzzüge brachten zivilisatorische Verbesserungen auch nach Mitteleuropa.

Zwei unterschiedliche Teilepochen

Man muß wohl die Zeit des Burgenbaus und des Lebens auf Burgen in zwei Zeiträume teilen, nämlich vor und nach der Einführung von Öfen (um 1200) und Fensterglas (um 1300). Grob vereinfacht kann man die Wende zum besseren Wohnen nach 1200 annehmen.

Finster und kalt im Winter

In den ersten zwei Jahrhunderten waren Burgen im Winter dunkel und kalt. Holzläden vor den nicht großen, aber offenen Fenstern hielten Sturm und Kälte nur unvollkommen ab, Kamine als einzige Feuerstätte brachten wenig Wärme. Aus der Sicht unserer Zeit, aber selbst noch des 18. Jh., waren die Wohnverhältnisse abscheulich.
Werner Meyer und Eduard Widmer nennen die Burg eine dürftige und unbequeme Behausung. »Der Boden starrte vor Schmutz und Unrat, in den Wänden und Böden tummelten sich Ratten, Mäuse, Wanzen und anderes Ungeziefer... Durch die schmalen, offenen Fensterscharten pfiff der Wind. Deshalb holte man bei strenger Kälte die Schweine, Ziegen und Hunde in die Wohnräume, um durch die Wärme der Tiere die ungenügende Leistung des Feuers zu verstärken.« Soweit das Zitat. Werner Meyer hat durch viele Grabungen tiefe Erkenntnisse über das Leben auf Burgen erhalten, man darf ihm glauben. Tiere als wärmende Hausgenossen waren bei den Bauern vielerorts noch lange nach dem Mittelalter die Norm.

Hygiene kleingeschrieben

Über Stroh auf dem Boden von Räumen in Wohngebäuden mit ähnlicher Funktion wie im Stall wird auch noch lange nach dem Mittelalter berichtet. Mit der Hygiene war es nicht weit her. Zwar kannte man auf Burgen Aborterker, einige davon sind erhalten geblieben, doch gab es auch, wie noch viele Jahrhunderte später, tragbare Holzkästen als Toiletten, wie nicht nur W. Meyer annimmt. Von den unzulänglichen hygienischen Verhältnissen des Mittelalters ganz allgemein können wir uns an der Schwelle zum 3. nachchristlichen Jahrtausend, vermutlich keine Vorstellung machen. Die Lebenserwartung war in Stadt und Land, auf Burg und Hof entsprechend geringer als heute. Die Sterblichkeit im Mittelalter war groß, Gevatter Tod war überall präsent.

Bessere Verhältnisse im Spätmittelalter

Nach der Einführung von Öfen als dauerhafte und sparsame Wärmequellen mag es auf den Burgen gemütlicher geworden sein, nach der Verbreitung des Fensterglases auch im Winter etwas heller. Glas war zunächst so teuer, daß man anfangs nur kleine Ausschnitte der Holzläden verglasen konnte, vielleicht anstelle von Pergament. Aber primitiv blieben die Lebensumstände allemal, der schwarze Tod fand so insbesondere im 14. Jh. leicht seine Opfer.
Zum Ende des Mittelalters wurden viele Burgen zugunsten besser gelegener und bequemerer Gebäude aufgegeben, weil

die Burg insgesamt keine ideale Behausung darstellte. Und da sie zu Beginn der Neuzeit nur noch wenig Schutz bot, begann die Rückwanderung der Bewohner ins Tal, die Umkehr der Verhältnisse des frühen Mittelalters.

Verräucherte Küchen

Auch die Burgküche entsprach dem Standard der Zeit. Aber während in den primitiven Hütten der Untertanen der Rauch durch ein Loch im Dach abzog, gab es auf den Burgen immerhin gemauerte Rauchabzüge. Gekocht wurde, wie überall und bis ins 18. Jh., auf offenem Feuer, und entsprechend verrußt müssen Küchen gewesen sein. Sie waren, wenn möglich, von den Wohnräumen der Herrschaft getrennt, um die Belästigung durch Rauch und Gerüche zu minimieren. In Wohntürmen und Kleinstburgen war vermutlich kein Platz für derartigen Luxus.

Brandgefahr groß

Die Küche als feuergefährdeter Bereich war oft statt der Holzdecke überwölbt. Der Backofen, eine unverzichtbare Einrichtung in jenen Tagen, war sorgsam gemauert, auf einigen Grundrissen kann man ihn erkennen, und aus Sicherheitsgründen nicht selten ablegen. Die Feuergefahr auf Burgen war trotz der massiven Mauern nicht geringer als in den Städten oder Dörfern, denn Decken, Treppen und Dachstühle bestanden in der Regel aus Holz. Unterteilungen von Stockwerken waren häufig ebenfalls aus Holz, desgleichen ganze Nebengebäude. Schließlich waren die Dächer üblicherweise mit Holzschindeln oder gar Stroh gedeckt. Dieser riesige Scheiterhaufen stand in exponierter, vegetationsarmer Umgebung und war dem Blitzschlag ausgeliefert; im Winter sorgte das offene Licht für Brandgefahr.

Simple Tische, harte Bänke

Die ohnehin meist schmucklosen Wohnräume waren oft nicht einmal verputzt und durch den Gebrauch von Kienspänen, Fackeln und rußenden Öllampen geschwärzt. Wandbehänge mögen eine Verschönerung, jedenfalls zu festlichen Anlässen gewesen sein. Fresken in Wohnräumen, wie etwa auf der Südtiroler Burg Runkelstein →, waren eine Seltenheit und setzten Bedeutung und Reichtum des Burgherren voraus. Die wenigen Möbel, Tische, Bänke und Stühle, letztere nur für die Herrschaft, waren robust und simpel. Truhen waren die einzigen bekannten Behältnisse zum Aufbewahren etwa der Kleidung, von der man ohnehin nicht viel besaß.

Einer schlief selten allein

Vielleicht waren auch Wandnischen, wie man sie beim Wohnturm auf der Pfalz Wimpfen → findet, eine Art Schrank, man weiß es jedoch nicht genau. Geschlafen wurde in Bettkästen mit Dach gegen Ungeziefer und Vorhängen für die Rückhaltung der Wärme. Sie dienten eigentlich stets mehr als einer Person aus wärmeökonomischen Gründen als Nachtlager. Daß alle Mitglieder des Haushaltes eine Bettstatt hatten, darf nicht angenommen werden. Das Gesinde schlief auf Strohschütten in der Küche, wo es immerhin angenehm warm war, im Stall, in der Wachstube, in der Turmkammer und sonstwo.

Die Hierarchie des Sachsenspiegels

Im hohen Mittelalter hatte sich eine strenge Rangfolge des Feudalismus entwickelt, die der Sachsenspiegel im Zusammenhang mit den Heerschilden erwähnt, nämlich König, Herzöge und Grafen, Freiherrn, schöffenbar freie Lehnsleute, also die ganze Kaskade des feudalen Herrschaftssystems, also jene Menschen, die auf der Burg hausten. Auch Bischöfe, ebenfalls Teile der Heerschilde, wohnten durchaus in Burgen. Bei Äbten, die ja in ihrem Kloster wohnen mußten, war das eigentlich nie der Fall.

Diese Hierarchie läßt erkennen, wie unterschiedlich die Ansprüche an eine Burg gewesen sein müssen, deren Größe und Stärke insbesondere auch eine Funktion der gesellschaftlichen Bedeutung ihres Inhabers war.

Vögte und Burgmannen

Anstelle eines Eigentümers saß auf der Burg nicht selten dessen Vertreter, Vogt oder Meier genannt, und selbstverständlich von ritterlicher Geburt. Da große Familien meist mehrere Burgen besaßen, waren Vögte nicht selten. Auch Abteien ließen Burgen, die ihnen zugefallen waren, durch Vögte verwalten.

Viele, insbesondere größere Burgen wurden von Burgmannen gehalten, deren Anzahl schwankte, jedoch zwanzig kaum einmal überschritt. Sie brachten jeweils Familie, Gesinde und Kriegsknechte mit und waren bis ins 15. Jh. hinein nahezu ausschließlich Angehörige des Adels. (Zu Burgmannen siehe H. M. Maurer in »Burgen im deutschen Sprachraum«, Bd. 2, S. 77–190 und H. Kunstmann »Mensch und Burg«.)

Der Burgherr als Kernfigur

Das Leben auf der Burg war analog zur patriarchalischen Gesellschaft bestimmt vom Herrn der dort herrschenden Familie, die des Eigentümers oder seines Statthalters. In einer nicht großen Zahl von Burgen, als Ganerbenburgen bekannt, lebten mehrere Familien; doch war das Leben der entsprechenden Teilburg wiederum vom Leben der einen Familie bestimmt.

Zu diesem Leben gehörten neben dem Burgherrn als Kernfigur dessen Familie und, entsprechend den Bräuchen der Zeit, auch unverheiratete Brüder, Schwestern und Tanten. Diese Familien waren nicht besonders groß; Untersuchungen über Familiengrößen haben erbracht, daß sie im Mittelalter wegen der hohen Mortalität im Vergleich etwa zum 19. Jh. oft erstaunlich klein waren. Da Lebensqualität und analog dazu Überlebenschancen bis in die jüngste Vergangenheit bei den herrschenden Familien größer waren als beim Volk, darf man auf Burgen Familiengrößen unterstellen, die etwas über dem Durchschnitt lagen.

Grundherrschaft als Lebensbasis

Zur Familie eines Burgherrn gehörten stets dienende Hörige in größerer Zahl; Personal war wegen der Abhängigkeit vom Burgherren reichlich vorhanden und billig. Eine Burg war in aller Regel das Zentrum einer Grundherrschaft, die jedenfalls zum guten Teil nahe bei der Burg lag. Es würde zu weit führen, an dieser Stelle über den Streubesitz an Grund und Boden und damit an Hörigen zu berichten. Im Grundsatz gilt jedenfalls: keine Burg ohne Grundherrschaft, von deren Ertrag die Burg schließlich existierte. Die Grundherrschaft war also die unverzichtbare Basis feudalen Lebens, wie es auf der Burg stattfand. Dabei ist es in der Regel unerheblich, ob der Eigentümer selbst die Burg bewohnte oder ein Vogt bzw. Burgmannen, denn diese Vertreter waren nahezu immer vom Stand und nahmen zum Eigennutz Teile der Grundherrschaft wahr, quasi als Naturallohn.

Leben auf der Burg eher bescheiden

Das Leben auf einer Burg war unterschiedlich. Es hing ab vom sozialen Stand des Burgherren und, diesem meist analog, der Größe einer Burg. So muß man sich auf den Burgen von der herrschaftlichen Hofhaltung bis zum bescheidenen Sitz einer Familie alle Schattierungen der Adelshierarchie vorstellen.

Da ich unter 6. nachgewiesen habe, daß die Ritterburgen zu fast 50 % klein waren und wirklich große Anlagen nur knapp 8 % der prüfbaren Objekte ausmachten, darf man annehmen, daß die bescheidene, einer Familie zugeordnete »Hofhaltung« bei weitem überwog. Für dieses Leben benötigte man einige, wenige Räume.

Wohnhalle oder Rittersaal

Das tägliche Leben mit Mahlzeiten und Freizeiten, Besuch und abendlichem Zusammensein fand in einer Art Wohnhalle statt, die man in hochherrschaftlichen Burgen auch als Rittersaal bezeichnet hat. Nicht zu unrecht, denn ein Lehnsherr besaß nicht selten eine ständige oder zeitweilige Begleitung von Vasallen, also Rittern unteren Adels, die sich ja irgendwo aufhalten mußten. Gemeinsames Leben von Herrschaft und Gesinde fand bei Bürgern und Bauern statt und dürfte auch auf Burgen keine Seltenheit gewesen sein. Auf Kleinstburgen schrumpfte die Halle zu einem größeren Zimmer.

Schlafräume der Familie

Außer der Wohnhalle (Rittersaal) muß es drei weitere Räume gegeben haben, nämlich das Schlafgemach des Ritters und seiner Frau, vielleicht zugleich die heizbare Kemenate, tagsüber auch als Frauengemach benutzt. Ferner gab es einen Schlafraum für die Töchter und deren Zofen sowie einen Schlafraum der Söhne oder Pagen, denn es ist nicht anzunehmen, daß Söhne, solange sie daheim waren, wie das Gesinde auf Bänken oder auf einer Strohschütte in einer Raumecke nächtigten. Und natürlich gab es eine Küche, über die ich bereits berichtet habe.

Wenige Räume genügten

Alles zusammen waren demnach fünf Räume notwendig, für die eben auch im kleinsten Wohnturm Platz sein mußte. Man darf gewiß annehmen, daß sich die Lebensumstände eines nicht sehr bemittelten Ritters von dem der Bürger in Städten kaum unterschied. Die Lebensansprüche waren bescheiden, die Unbilden des Winters mußten eben ertragen werden, man kannte es nicht anders. Das Eintreffen des Frühlings war eine große Freude und wurde – selbst noch zu Mozarts Zeiten – gern besungen. Ich vermute, daß der von Willibald Alexis in seinem einst vielgelesenen Buch »Die Hosen des Herren von Bredow« dargestellte Alltag in einer Burg zum Ende der Ritterzeit durchaus zutreffend geschildert wurde.

Ruinen verraten wenig vom Leben

Bei dem Versuch, das Leben auf Burgen zu rekonstruieren, gibt es eine große Schwierigkeit: Erhaltene Burgen sind mehrfach geändert worden, stellen also keinen Urzustand mehr dar, und die Burgruinen lassen kaum Aussagen über die Wohnqualität zu. Wir sind, jedenfalls für die Frühzeit, auf Vermutungen angewiesen. Mit Sicherheit läßt sich jedoch eines feststellen: Das Leben auf der Burg war wie überhaupt das Leben im Mittelalter für die Augen der Menschen des ausgehenden 20. Jahrhunderts, selbst im Sommer, alles andere als ein Paradies. Die verklärende Ritterromantik des 19. Jh. trifft die Realität des Lebens im Mittelalter überhaupt nicht. Möbel wie die Neugotik sie erfand, Bilder, die von den Historienmalern wie Knackfuß oder Piloty gemalt wurden, Ritterromane wie z. B. von Walter Scott waren Wunschbilder einer bürgerlichen, sicheren Epoche. Die rauhe Wirklichkeit auf Burgen sah mit Sicherheit weniger schön aus.

16. Ordensburgen

Mit der Gründung Rigas im Jahre 1201 durch ein Kreuzfahrerheer beginnt die gewaltsame Christianisierung der baltischen Länder Estland, Livland und Kurland durch den Orden der Schwertbrüder. Der Deutsche Orden trat erst 25 Jahre später in Erscheinung, als er seine durch den Hilferuf des Fürsten von Masovien scheinbar legalisierte, auf Eroberung basierende Zwangschristianisierung im Kulmer Land um Thorn begann.

Alleinherrschaft des Deutschen Ordens

Der Fürst von Masovien war den organisatorischen Möglichkeiten und der Macht des Ordens nicht gewachsen. Nach der Niederlage der Schwertbrüder gegen die Litauer bei Schaalen 1237 übernahm der Deutsche Orden auch die baltischen Länder. Seine gewaltsame Landnahme wurde zunächst durch Burgenbau gesichert. Im Süden, also in Ost- und Westpreußen folgt die Kolonisierung mit deutschen Bauern, die im Norden unterblieb. Dort blieb die Ordensherrschaft, solange sie bestand, Fremdherrschaft.

Tab. 10: Ordensburgen

Gebiet	Ordensb.	Bischofsb.	Vasallenb.	Summe
Lettland Estland und Kurland	58	35	26	119
Ost- und Westpreußen	117	29	0	146
beide Gebiete	175	64	26	265

Tab. 11: Burgendichte im Ordensgebiet

Gebiet	Fläche km²	Burgen Anzahl	km² Burgen	Abstände km²
Lettland, Estland und Kurland	94 000	119	789	28
Ost- und Westpreußen	54 000	149	370	19
zum Vergleich im Reich	500 000	13 000	38,4	6,2

Tab. 12: Größe von Burgen im Ordensland und im Reich

Land	bis 1000 m²	1000 bis 2500 m²	2500 bis 5000 m²	größer als 5000 m²
Estland, Kurland und Lettland	11,9 %	57,1 %	17,9 %	13,1 %
Ost- und Westpreußen	2,0 %	74,0 %	20,0 %	4,0 %
Ordensländer	8,2 %	63,4 %	18,7 %	9,7 %
zum Vergleich im Reich (Tab. 4)	60,0 %	31,7 %	6,1 %	2,2 %

Burgendichte gering

Nach Nils v. Holst »Der Deutsche Ritterorden und seine Burgen« gab es in den beiden großen Gebieten des Ordens insgesamt nicht viele Burgen (Tab. 10). Ausgehend von diesen Angaben war die Burgendichte in beiden Gebieten weitaus geringer als im Deutschen Reich (Tab. 11). Immerhin war im Südteil des Ordenlandes die Dichte doppelt so hoch wie im Nordteil. Im Vergleich zum Reich kann man das Ordensland beinahe als »Burgenwüste« bezeichnen.

Ordensburgen waren groß

Die durchschnittliche Größe der Ordensburgen lag in beiden Gebieten bei rd. 2 200 m². Der in Tab. 12 dargestellte Vergleich zeigt, daß die Ordensburgen im Schnitt wesentlich größer sind als die Ritterburgen im Reich, wo die Kleinburgen deutlich überwiegen. Die Ordensburgen als typische Ritterschaftsburgen wären mit den geringen Flächen der Burgen im Reich nicht ausgekommen. Tab. 13 zeigt auch, daß die Burgen im Nordraum im Schnitt größer waren als die im Süden. Die Kleinburgen, insgesamt 10, lassen sich wenigstens teilweise als Vasallenburgen erklären.

Regelmäßige Anlagen überwogen

Angesichts der Tatsache, daß der allergrößte Teil der Ordensburgen aufgrund der geographischen Gegebenheiten im Flachland oder auf wenig Schutz bietenden Höhen angelegt werden mußte, und in Kenntnis der Tatsache von rigiden Ordensregeln überrascht die große Zahl von Kastellburgen auf quadratischem oder rechteckigem Grundriß nicht (Tab. 13). Außerdem entstanden die Burgen alle in der Modeblüte der Burgenzeit und der weitreichenden Erfahrung des Ordens insbesondere aus dem Morgenland. Man darf unterstellen, daß sie deshalb unter den gegebenen Umständen am Ort optimale Lösungen darstellen.

Nach Meinung von Löwis of Menar waren viele großflächige Burgen im Baltikum Lagerburgen, so etwas wie Arsenale, im Notfall Stützpunkte zur Erhaltung oder Wiederherstellung der Macht, vielleicht mit Holzgebäuden innerhalb des Beringes.

Prinzip Ordnung

Im Vergleich zum Reich, in dem sich rd. 50 % der Burgen nicht einordnen lassen oder nicht mehr erkennbar sind, beträgt diese Quote im Ordensland nur rd. 13 %. Während im Reich (Fig. 8) die quadratisch bis rechteckigen Grundrisse, bezogen auf alle Burgen, bei nur 20 % liegen, sind es im Ordensland fast 2/3 aller Objekte. Das Prinzip Ordnung ist also an den Grundrissen der Burgen unschwer zu erkennen, in Ost- und Westpreußen deutlicher als im Baltikum. Ob man aus den im Norden weniger häufigen strengen Formen auf eine etwas liberalere Lebensauffassung im Baltikum schließen darf, ist strittig. Extrapoliert man die Lebensphilosophie des baltischen Adels in der Geschichte rückwärts, mag eine solche Annahme nicht völlig unzulässig sein.

Tab. 13: Burgenformen im Ordensland

Land	Quadrat	Rechteck kurz	Rechteck lang	Trapez	Polygon	kreisähnl. Form	amorphe Formen	nur Wohnturm	nicht erkennbar	Summe
Baltikum	26,0	8,0	17,0	17,0	1,0	2,0	12,0	3,0	3,0	89
%	29,2	9,0	19,1	19,1	1,1	2,2	13,5	3,3	3,3	100
Ost-Westpreußen	23,0	8,0	10,0	5,0	2,0	1,0	3,0	1,0	1,0	54
%	42,6	14,7	18,5	9,2	3,7	1,9	5,6	1,9	1,9	100
Ordensland	49,0	16,0	27,0	22,0	3,0	3,0	15,0	4,0	4,0	143
%	34,2	11,2	18,9	15,4	2,1	2,1	10,5	2,8	2,8	100

Bergfriede sind selten

Auffallend ist, daß Bergfriede in beiden Teilen des Ordensgebietes nicht annähernd so häufig sind wie im Reich, im Norden nur rd. 24 %, im Süden rd. 33 %. Die Ecklage wurde bevorzugt, Bergfriede waren bis auf 5 achteckige im Süden und 8 runde im Norden quadratisch. Tortürme sind mit rd. 15 % auch nicht eben häufig. Daß Wohntürme, die für eine größere Ritterschaft gewiß keine adäquate Behausung boten, nur mit rd. 10 % relativ selten sind, verwundert nicht. Viele Burgen des Deutschen Ordens kamen ohne Türme aus, die mächtigen Gevierte der Kernburgen mit sehr hohen Ringmauern waren gut zu verteidigen, also auch ohne Türme sicher genug.

Prächtige Backsteinarchitektur

Die beiden Ordensgebiete unterscheiden sich in einem weiteren Punkt. Während in Ost- und Westpreußen Burgen aus Backstein die Regel darstellen, machen sie im Baltikum weniger als die Hälfte aus; hier wurde gern örtlicher Kalkstein verwendet, mit im Vergleich zum Süden in weniger anspruchsvollem Äußeren. Viele Ordensburgen in Ost- und Westpreußen waren prächtige, auf Wirkung bedachte Anlagen, Hochleistungen gotischer Backstein-Baukunst, die man an vielen erhaltenen Beispielen, wie dem Hochmeisterschloß Marienburg sowie den Burgen Mewe, Neidenburg und anderen noch immer bewundern kann. Vergleichbares gab es im Reich nicht.

Deutliche Unterschiede zum Reich

Insgesamt treffen wir in den Ordensgebieten von Reval bis Thorn Burgen an, die sich von den Ritterburgen im Reich deutlich unterscheiden: Sie waren oft Klöstern ähnlich, im Schnitt größer, sie besaßen überwiegend regelmäßige Grundrisse und der Bergfried spielte keine so wichtige Rolle. Analog zu den geographischen Gegebenheiten waren die Ordensburgen überwiegend Flachlandburgen.

Ferner verfügten die Burgen in den Ordensländern über mehr steinerne Wohngebäude, die oft mehrseitig, nicht selten allseitig, eine Art Klosterhof umgeben, im Süden bei fast 80 %, im Baltikum bei über 50 % aller Beispiele. Und natürlich verfügten alle Burgen über eine geräumige Kirche, denn der Gottesdienst spielte in mönchsähnlichen Ritterorden naturgemäß eine dem Kloster ähnliche Rolle.

Die Burgen der Ordensritter waren Mittelpunkt eines großen Distriktes als Verwaltungssitz, Magazin und vermutlich auch als landwirtschaftliche Musterbetriebe. Daher verfügten die meisten von ihnen über eine Vorburg, die hier in vielen Fällen nicht dargestellt werden konnte.

Geordnetes Leben

Das Leben auf den Ordensburgen war anders als auf den Ritterburgen im Reich. Die unverheirateten Ordensbrüder brachten ja keine Familien mit. Der klosterähnliche Tagesablauf war streng geregelt; gemeinsames Schlafen, gemeinsame Andacht und gemeinsame Mahlzeiten fanden in entsprechenden, großen Räumen statt. Selbst hygienisch war die Ordensburg ein Fortschritt, jedenfalls wo Danzker genannte Toilettenanlagen die Fäkalien von der Burg fernhielten, so in Marienburg → und Marienwerder →. Vermutlich herrschten strenge Ordnung und Sauberkeit. Mit dem Leben auf einer Ritterburg im Reich hatte das wenig gemein.

Nicht zum Reich gehörend, doch deutsch

Im Jahr 1207 nahm Bischof Albrecht v. Riga von König Philipp von Schwaben Livland zu Lehen. In der goldenen Bulle von Rimini aus dem Jahr 1226 könnte man etwas ähnliches für die zu erobernden Länder in Preußen herauslesen, wie es quasi als rechtlich gesichertes Fundament der gewaltsamen Landnahme gern gesehen wurde. Wie auch immer der Ursprung gewesen sein mag, eine dauerhafte Bindung an das Reich gab es nicht. Und weil Ostpreußen 1701 nicht zum Reich gehörte, war das Konstrukt eines Königs in Preußen für den deutschen Kaiser überhaupt nur tragbar. Die Sonderrolle des Deutschen Ordens hat auch nach dem Machtverlust durch die verlorene Schlacht bei Tannenberg 1410 bis zur Säkularisierung nach der Reformation weiterbestanden. Ausgelöscht wurden die letzten Folgen der Ordensherrschaft im Baltikum mit der Entmachtung der adligen deutschen Oberschicht 1918 und als Folge der Hybris des Dritten Reiches mit der Vertreibung der Deutschen aus Ostpreußen.

17. Burgnamen

Eine so umfangreiche Sammlung von Burgen legt u. a. eine Betrachtung zum Burgnamen nahe, jedenfalls soweit sie ihren Namen behalten haben und nicht als »Burgstall«, »Ödenburg« oder »Schloßberg« oder andere Bezeichnungen quasi namenlos geworden sind.

Häufigste Endsilbe ist -stein

Burgnamen, obwohl im Prinzip individuell, weisen eine nicht unbeträchtliche Zahl von Übereinstimmungen auf. So kommt die Endsilbe -stein bei rd. 12 % aller Burgen vor, jene eingeschlossen, die einsilbig Stein heißen. Diese Endsilbe ist keineswegs auf Burgen beschränkt, die auf einem Fels liegen, der Zusatz Stein war offensichtlich so etwas wie ein Modename, der Festigkeit signalisieren wollte.

Häufige Endsilben -berg und -burg

Nicht weniger als je 10 % aller Burgen dieses Lexikons enden auf die Silben -berg und -burg, eine nicht zuletzt aus Stadtnamen vertraute Endung, stets kombiniert mit anderen Vorsilben. Berg und Burg als alleinige Namen sind nicht erwähnenswert.

Weitere Endsilben sind -eck, -egg und -fels (Tab. 14, S. 47)

Weniger oft, aber dennoch in auffallender Menge findet man die Endsilben -eck und -egg, beide Schreibweisen meinen einen Vorsprung oder eine Spitze und kommen insge-

Tab. 14: Häufige Endsilben

Endsilben	%
-stein	14
-burg	10
-berg	10
-eck, egg	6
-fels	1,5

samt bei 6 % der Burgnamen vor. Zu meiner eigenen Überraschung war die Endung -fels nur bei ca. 1,5 % aller Objekte vertreten. Mit diesen Endsilben sind immerhin mehr als 40 % der Burgen dieser Sammlung erfaßt, die restlichen 60 % sind sehr vielfältig.

Vorsilben viel individueller

Am häufigsten erscheint die Vorsilbe Hohen-, die mit all ihren Ableitungen wie Hoch-, Hoh-, Hom- und Hon- immerhin bei 125 Fällen vorkommt, was nur etwa 3 % aller Objekte bedeutet. Die Vorsilbe Alt- mit 114 und Neu- mit 104 machen zusammen rd. 5,5 % der Burgen aus; sie bilden häufig Burggruppen in engem oder weitem Abstand. Ebenfalls bilden oft Burgengruppen solche mit den Vorsilben Nieder- (26) und Unter- (18) einerseits und Ober- (47) andererseits. Auch bei ihnen sind die Abstände sehr verschieden, es können Kilometer sein. Die gleichen Vorsilben sind weniger häufig als gleiche Endungen, immerhin lassen sich Vorlieben erkennen.

Wappentiere im Namen

Verschiedene Tiere, solche, die existieren wie auch solche, die nur in Fabeln vorkommen, finden sich in den Vorsilben. Es führt der als Beizvogel so beliebte Falke mit 25 Namen, weitere Namen sind: Bär(en)-, Bern- (19), Raben- (18), Wolf- (17), Adler- in der Form Arens-, Arns- (15), Greifen- (14), Hasen- (12). Tiernamen findet man insgesamt bei etwas über 3 % aller Burgnamen.

Vornamen selten, Farben öfter

Vor eigenen Namen, also Vornamen als Burgnamen bestand offenbar eine große Scheu, denn man findet sie so gut wie gar nicht; eine Ausnahme ist Erzbischof Balduin von Trier im XIV. Jh. Dagegen findet man die Farben Weiß, Blank, bei 32 Burgen, Rot bei 22, Schwarz bei 16 und Grün bei 13 Burgen in dieser Sammlung.

Wald-, Wild- und Wart-, Lichten- und Burg-

Weitere, mehrmals vorkommende Namen sind Wild- und Wilden- (33), Lichten- (35), Wald- (31), Burg- (26), Wart- (24), Fürsten- (14) und Ehren- (13) sowie weitere Namensteile wie Friede-, Tanne-, Scharfen-, Frauen- und Freuden-. Der burgenbauende, fröhliche König Sigismund von Böhmen, der Vater Kaiser Karls IV., hat mehrere Burgen mit der Vorsilbe Freuden- benannt, sein Vetter Balduin, Erzbischof von Trier, nannte einige Burgen nach seinem Vornamen; der Habsburger Sigismund v. Tirol war am Ende des 15. Jh. der Namensgeber einiger Burgen, die mit Sigmund beginnen. Aber das sind Ausnahmen. Oft genug erhielten die Burgen den Namen eines Ortes, mit dem der Burgherr belehnt war, ein sicheres Zeichen, daß der Ort vor der Burg existierte.

Die Burgennamen spiegeln nur zu einem kleinen Teil so etwas wie Ritterromantik wider, was man bei der zeitlichen Koinzidenz des Höhepunktes des Burgenbaus mit dem Höhepunkt der Minnesänger eigentlich hätte vermuten dürfen. Aber Burgennamen sind fast alle auch Adelsnamen, viele Adelsfamilien, die sich nach Burgen nannten, existieren noch heute, wie Falkenstein, Schwarzenberg, Alvensleben, Dohna, Guttenberg, Leiningen, Neipperg, Rechberg, Stein usw. Der Codex Manesse mit seinen schönen Darstellungen von rund 90 Minnesängern ist ein Querschnitt durch Adelsnamen des Hochmittelalters und deren Wappen. Immerhin kann man für ein Drittel dieser Minnesänger die Wohn- oder Stammburg im Grundriß-Lexikon finden; ich habe dies bei den jeweiligen Namen vermerkt.

18. Das Ende

Burgen wurden so angelegt, daß sie möglichst uneinnehmbar waren. Dennoch sind Burgen immer wieder erobert worden, sei es durch einen Handstreich, sei es durch Verrat oder durch eine Belagerung, die im Mittelalter gegen feste Plätze häufig angewendet wurde, indem man die eingeschlossene Festung systematisch vom Nachschub abschnitt und damit aushungerte.

Belagerung ein Burgenschicksal

Eine derartige Belagerung war stets verbunden mit technischem Hilfswerk, mit dem man versuchte, die geschwächte Mannschaft zu überwältigen. Viele solcher Einrichtungen sind bekannt, einige sollen hier genannt werden.

Da gab es diverse bewegliche oder stationäre Schutzschilde, die den Angreifer gegen Beschuß von vorn oder von oben sichern sollten. Sie ermöglichten eine Annäherung an die Burg, z. B. zum Zuschütten von Gräben. Als Vorgänger der Kanonen gab es Wurfmaschinen, mit denen schwere Steine ins Innere der Burg oder gegen Mauern geschleudert werden konnten, die sog. Bliden. Für das Einrammen von Toren und ggf. auch Mauern kannte man die sog. Widder, Rammböcke, deren Kraft durch Aufhängung und Pendelwirkung verstärkt wurde.

Zum Angriff auf die Mauer kannte man außer der Seilleiter mit Wurfanker bzw. Leitern Belagerungstürme, die die feindliche Mauer überragten und über eine Zugbrücke mit der Mauer verbunden werden konnte. Solche Türme wurden auf Rollen an die Burg herangefahren und durch nasse Häute gegen Brandabwehr geschützt. Sie setzten halbwegs ebene Flächen und einen verfüllten Graben voraus.

Die Abwehrmethoden waren starke Mauern, tiefe Gräben, Vermeidung von toten Winkeln, in denen Angreifer vor der

Abwehr sicher waren, Gußerker, Maschikuli und Zinnen. Eine sicher gelegene Burg ließ sich bis ins 15. Jh. hinein mit wenig Kräften leicht verteidigen, vorausgesetzt, sie war gut versorgt.

Die größte Gefahr für Verteidiger dürfte Feuer gewesen sein. Daß Burgen eine Art Scheiterhaufen waren, habe ich bereits berichtet. Das Feuer konnte durch Brandpfeile leicht in die Burg gebracht werden; seine Abwehr stellte ein besonderes Problem dar, denn Brennbares war reichlich vorhanden. Vermutlich sind mehr Burgen durch Hunger und Feuer gefallen als durch Belagerungsmaschinen.

Burgen wurden gebaut, um ihren Bewohnern oder einer Besatzung ein Maximum an Sicherheit zu bieten. Diese Sicherheit war immer nur relativ; die meisten Burgen sind irgendwann einmal gefallen und sehr viele sind zerstört worden. Es gibt in diesem Buch 65 % zerstörte Burgen und 35 % erhaltene, von denen die Mehrheit auch mindestens einmal erobert wurde.

Viele Burgen restlos verschwunden

Nach einer Auszählung in Curt Tillmanns »Lexikon der Deutschen Burgen und Schlösser« ergab sich für erhaltene und verschwundene Burgen das in Tab. 15 dargestellte Verhältnis.

Demnach ist die Hälfte der bei Tillmann registrierten Burgen spurlos verschwunden oder zur Burgstelle verkümmert. Schließt man die Schlösser mit mittelalterlichen Resten aus der Betrachtung aus, weil sie im Grundriß-Lexikon als quasi Neuschöpfungen nach 1500 nicht enthalten sind, sieht das Verhältnis wie in Tab. 16 dargestellt aus.

Mit anderen Worten: mehr als die Hälfte aller namentlich bekannten Burgen ist verschwunden, und von den irgendwie erhaltenen Objekten sind fast ¾ ruiniert.

Zerstörungsursachen

Von den Ruinen meiner Grundriß-Sammlung liegen die nachfolgenden Gründe für Zerstörung oder Verfall vor: Keine 26 %, Aufgabe 25 %, Abbruch 13 %, im Dreißigjährigen Krieg 11,5 % durch französische Truppen, insbesondere in den Pfälzer Kriegen 8 %, Bauernkrieg (1525, in Österreich 1526) 6 %, Brand 6 %, Erdbeben 1,5 % usw.

Man weiß, daß viele Burgen nach ihrer Eroberung oder Übergabe vom Sieger abgebrochen wurden oder nach einer Brandschatzung verfielen. Lagen Burgen in der Nähe von Orten, wurden sie nicht selten zu Steinbrüchen, oft auch für die Eigentümer. Es hat zu allen Zeiten des Mittelalters Aufgaben von Burgen gegeben.

Permanente Kriege verringerten den Bestand

Es fehlte zu keiner Zeit des Mittelalters an regionalen und weitreichenden Kriegen oder Fehden, denen Burgen zum Opfer fielen. Erbfolge und Rivalitätskriege waren häufig, man denke an die Aufstände von Königssöhnen wie Heinrich V. gegen Heinrich IV. um 1100; Krieg zwischen Gegenkönigen wie Philipp v. Schwaben versus Otto v. Braunschweig um 1200 betrafen oft das ganze Reich und waren im Wahlkönigtum des Reiches beinahe unvermeidlich.

Tab. 15: Erhaltene und verschwundene Burgen bei Tillmann

Burg / Schloß	Schloß mit ger. mittelalt. Resten	Ruine	verschwunden oder Burgstall
8,9 %	9,7 %	31,4 %	50,0 %

Tab. 16: Erhaltene und verschwundene Burgen bei Krahe

Burg / Schloß	Ruine	verschwunden oder Burgstall
10,0 %	35,0 %	55,0 %

Die Feudalzeit war auf Krieg eingestellt, die Ritter brauchten den Krieg, sie liebten ihn, er war ihr Beruf, den man notfalls – und etwa als jüngerer Sohn – auch auf Kreuzzügen ins Heilige Land (12. Jh.) oder ins Baltenland (13. Jh.) ausüben konnte. Die Schwertleite, also der Ritterschlag, setzte vorangegangene kriegerische Bewährung zwingend voraus; man könnte fast von einem Teufelskreis von Krieg und Rittertum sprechen. Aber die Kriege waren auch wiederum Anlaß zu neuen Burgen, jedenfalls solange deren Erbauung noch einen Sinn hatte.

Auch nach dem Mittelalter gingen Burgen durch Kriege verloren. Die Bauernkriege (1525) und die Pfälzer Kriege (Ende des 17. Jh.) forderten Opfer unter ihnen, ein »prominentes« Opfer war das Burgschloß Heidelberg.

Abbruch ein häufiges Schicksal

Manche Burg, die bis dahin mehr oder weniger unbeschädigt viele Gefahren überstanden hatte, fiel im 17. und 18. Jh. dem Abbruch anheim. In den Augen unserer für Baudenkmäler aufgeschlossenen Zeit erscheint das Abbrechen alter Burgen unverständlich. Man darf aber nicht vergessen, daß viele Burgen bereits im späten Mittelalter zugunsten bequemer Schlösser aufgegeben worden sind und sogar ausgeschlachtet wurden. Das Verhältnis zu den Resten der Vergangenheit war früher eben unbefangener.

Kanonen der Anfang vom Ende

Als Friedrich von Hohenzollern als neuer Herr von Brandenburg mit der »faule Grete« benannten Donnerbüchse die aufsässigen Herren v. Quitzow 1417 in ihrer Burg Plaue durch wirkungsvollen Beschuß zur Aufgabe zwang, war das Ende der Burg abzusehen. Die ohnehin nur relative Sicherheit hinter ihren Mauern war vorbei. Man mußte aus Burgen Festungen machen, um sie noch sinnvoll einsetzen zu können. Viele Burgen lassen nachträgliche Verstärkungen erkennen mit Batterietürmen, Bastionen und Verdopplung der Mauerstärken, aber auch durch Zwinger, die sich schalenartig um die Burg legen. Burgen wie Moersberg → oder Pürnstein → waren der Versuch, auf die Herausforderung der Feuerwaffen zu reagieren; sie waren Vorläufer der Vaubanschen Forts.

Im Burgenlexikon sind eine Reihe von Burgen enthalten, die

zu Festungen ausgebaut wurden, insgesamt 55 Beispiele, was nur 1,6 % der relevanten Grundrisse ausmacht. Viele Burgen hörten mit dem Umbau zur Festung auf, Burgen zu sein wie Graz oder die Plassenburg in Kulmbach.

Das Ende hat viele Väter

Um zu erkennen, warum der Burgenbau schließlich zum Erliegen kam, muß man mehrere historische Fakten nennen.
1. Verarmung der Grundherren:
Diese Entwicklung begann schon im hohen Mittelalter. Sie ist u. a. ursächlich verknüpft mit der Ablösung mancher Naturalleistungen von Hörigen durch langzeitig fixierte Pachtbeträge, die mit der Zeit durch Inflation entwertet wurden. Der verarmende Adel war oft nicht mehr in der Lage, Burgen zu unterhalten, geschweige denn, neue zu bauen.
2. Söldner statt Ritter
Die Einführung von Söldnerheeren, in Westeuropa zeitlich weit früher, im Reich ab dem Interregnum, entwertete die Leistung des Ritters, er wurde nicht mehr als einziger ernstzunehmender Kämpfer gefragt. Niederlagen von Ritterheeren deuten den Niedergang des Rittertums an: Kortrijk 1302, Crécy 1346, Sempach 1386 und Azincourt 1415.
3. Erfindung der Feuerwaffen
Zwar war die Rüstung der Ritter der Herausforderung durch die Armbrustbogen gewachsen, indem man die tradierten Kettenpanzer im 14. Jh. durch Plattenharnische ersetzte. Gegen die Durchschlagskraft der Feuerwaffen gab es jedoch kein Rezept mehr, der Ritter war verwundbar geworden.
4. Geschütze als Burgenbrecher
Gegen die zahlreichen Belagerungsmaschinen, die das Mittelalter kannte, hatten sich Burgen durch Verstärkung von Mauern, Vorverlegung der Verteidigung, Bau von Festungsburgen zu wehren vermocht, gegen die Kanone gab es kein einigermaßen bezahlbares Rezept mehr. Wegen ihrer großen Reichweite waren alle abstandhaltenden Maßnahmen wie Vorburgen und Zwinger und die unerreichbare Lage wertlos geworden. Die einzige mögliche Antwort war der schon erwähnte Festungsbau. Hierfür reichten die ökonomischen Kräfte des Adels nicht mehr aus. Die Burg war obsolet geworden.
5. Wachsen der Städte
Im Verlauf des Mittelalters nahm die Bedeutung der Städte im Reich deutlich zu, durchaus unterstützt von der Zentralgewalt, die sich mit den Städten gegen den Adel verbündeten. Zunächst liefen dem Adel reihenweise die Hörigen in die Städte davon – Stadtluft machte frei, was naturgemäß zu Antipathien führte. Im späten Mittelalter vermochten die erstarkten Städte den Rittern Paroli zu bieten und damit deren territoriale Macht zu erschüttern.
Ein Bündel von miteinander verwobenen Gründen führte also zum Niedergang des Adels und der Burgen, die nicht selten zu Raubnestern degenerierten und als solche von den erbosten Städtern geschleift wurden. Ritter und Burgen hatten sich selbst überlebt.

Ritterromantik des 19. Jh.

Mit der Verklärung des Rittertums im 19. Jh. begann die Burgenromantik. Man baute ruinierte Burgen im gotischen oder deutschen Stil wieder auf wie Stolzenfels → und Sooneck → am Rhein. Es gibt unzählige Beispiele solcher Bauten, auch Hohenschwangau →, Egg → und die Götzenburg →, unter vielen anderen, gehörten dazu. Schließlich baute man neue Schlösser im Burgenstil wie Babelsberg bei Potsdam für den späteren Kaiser Wilhelm I., Kamenz in Schlesien oder Neuschwanstein Ludwigs II. von Bayern. Auch Kunstruinen wurden realisiert und schmücken noch heute manchen Schloßpark.

Rekonstruktion im Stil der Zeit

In den letzten Jahrzehnten des 19. Jh. und bis zum 1. Weltkrieg gab es zahlreiche Rekonstruktionen von Burgen, bei denen es dem Betrachter zuweilen schwerfällt zu erkennen, wo das Original aufhört und wo der Historizismus beginnt. So ist die herrliche Burg Karlstein (Karlštejn) von Kaiser Karl IV. durch Friedrich v. Schmidt (1891) zu ihrer eindrucksvollen Gestalt von heute gekommen. Während Schinkel und Persius in der 1. Hälfte des 19. Jh. erkennbar neugotisch gestaltet hatten, also Neuschöpfungen erstellten, schufen die Architekten der Jahrhundertwende, in allen bauhistorischen Stilen unterrichtet, sich Burgen ihrem Zeitbild entsprechend als Rekonstruktion oder das, was sie dafür hielten.
Den Burgenstreit zwischen Piper und Ebhardt habe ich bereits in der Einleitung erwähnt. Er ist in unserer Zeit längst zugunsten vorsichtig erhaltender Maßnahmen und nur historisch gesicherter Rekonstruktionen entschieden worden. Aber auch die Rekonstruktionen von Schmidt und Ebhardt haben ihren positiven Stellenwert, aus ihnen sind mittlerweile selbst Baudenkmäler geworden – und wunderschöne dazu, wenn man die Feste Coburg oder die Marksburg betrachtet. Der Burgenromantik des frühen 19. Jh. und gleichermaßen der Burgenbegeisterung des späten 19. Jh. verdanken wir das wachsende Interesse an den Burgen des Deutschen Mittelalters. Und dieses zunehmende Interesse bietet die Chance, daß möglichst viele Burgen und Burgruinen auch im 21. Jh. erhalten werden, daß auch die Öffentlichkeit durch Veränderung des Bewußtseins sich die Erhaltung der Burgen als Zeugen der feudalen Vergangenheit zur Aufgabe macht: für alle Freunde der Burgen ein lang gehegter Traum.

ABKÜRZUNGEN AUF DEN ZEICHNUNGEN

BATT.	Batterieturm	≈	Bach
BFR, B	Bergfried	o	Brunnen
G	Graben	→	Eingang
H	Hof		Fels
KAP	Kapelle		Fels geschnitten
PAL, P	Pallas		Gewölbe,
SM	Schildmauer		Mauerwerk:
T	Turm	▬	vorhanden
TT	Torturm	═	wenig erhalten
WHS	Wohnhaus		wahrscheinlich
WHT	Wohnturm	::?::	vermutlich
ZW	Zwinger		Sumpf
( )	Nicht mehr vorhanden	≋	Wasser

BURGEN
GRUNDRISSLEXIKON
▬

Aach

Kr. Konstanz, Baden-Württemberg

Grundriß in: Heine, Abb. 60.

Entstanden vielleicht noch im 11. spätestens im 12. Jh. Vorhanden ist nur noch der Rest eines Wohnturmes mit 8 m erhaltener Höhe, 1,9 m Wandstärke und einem Grundriß von 8,8 × 13 m. Zerstört wurde die Burg 1387, abgebrochen Ende des 18. Jh.

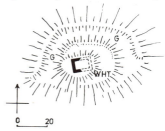

Aarau, auch »Schlößli«

Bz. Aarau, Kt. Aargau, Schweiz

Angabe in: Kunstdkm. d. Schweiz, Aargau, Bd. 1, S. 59; Meyer, Bd. 8, S. 41.

Wohnturm des 11. Jh. aus Findlingen erbaut. Die ursprüngl. Höhe war 18 m mit 5 Stockwerken, zu denen 1624 und 1790 je ein weiteres hinzukam.

Aarau, Rore

Bz. Aarau, Kt. Aargau, Schweiz

Angabe in: Kunstdkm. d. Schweiz, Aargau, Bd. 1, S. 59.

Wohnturm als Rest der Burg Rore, entstanden im 13. Jh., seit dem 16. Jh. Teil des Rathauses.

Aarburg

Bz. Zofingen, Kt. Aargau, Schweiz

Grundriß in: Kunstdkm. d. Schweiz, Aargau, Bd. 1, S. 258; Merz-Aargau, S. 72; Meyer, Bd. 8, S. 43.

Der Grundriß zeigt die Kernburg der im 17. Jh. zur Festung ausgebauten Anlage. Bergfried und Palas, beide in Buckelquadern vor 1123 erbaut. Der Bergfried mißt ca. 10/11 m bei Wandstärken von 2,8 m und ca. 26 m Höhe.

Aarwangen

Bz. Aarwangen, Kt. Bern, Schweiz

Grundriß in: Burgen d. Schweiz, Bd. Xa, S. 26.

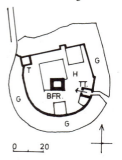

Der Grundriß stammt von 1775. Die Wasserburg war 1165 bereits vorhanden. Im Zentrum steht als einziger Rest der Burg der ca. 32 m hohe Bergfried mit 8 Stockwerken auf einer Grundfläche von 9 × 8 m bei ca. 2 m Wandstärke. Die Burg wurde 1375 beschädigt. Die Wohngebäude stammen aus dem 17. und 18. Jh.

Aathal

Bz. Hinwil, Kt. Zürich, Schweiz

Grundriß in: Hartmann, S. 42.

Dort keine Daten. Nach Tillmann wurde der gleichnamige Adel bis 1219 genannt. Die dreieckige Burg ist vielleicht vor 1200 entstanden. Der Bergfried mißt ca. 7,5 × 9 m.

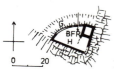

Abbach

Gde. Bad Abbach, Kr. Kelheim, Bayern

Grundriß in: Kunstdkm. v. Niederbayern, Bd. 7, S. 13.

Die Ruine liegt auf einem hohen Bergkegel. Sie wurde angeblich schon 972 erwähnt und war ab 1007 Besitz der Babenberger. Die heutige Anlage ist hochmittelalterlich; der Bergfried mit 14 m Durchmesser und 25 m Höhe in 3 Stockwerken besitzt einen rundbogigen Hocheingang in 9 m Höhe, sein Innenraum ist achteckig und überwölbt, die Wandstärke beträgt 4 m, die der Ringmauer 2,5 m. Der Bergfried entstand um 1225.

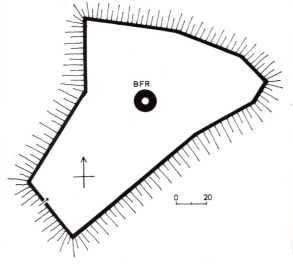

XAbenberg
Kr. Roth, Bayern

Grundriß in: Kunstdkm. v. Bayern, Mittelfrk. 7, S. 153; Dehio Franken, S. 3.

Die Abenberger sind 1230 ausgestorben. Die Burg mit ihrer Buckelquader-Ringmauer ist um 1220 entstanden und noch erhalten. Hinter der 2,5 m dicken Schildmauer stand in der Ecke zum Tor vermutlich einst ein Bergfried. Die Ringmauer ist 1,5 m dick, das Tor spitzbogig.

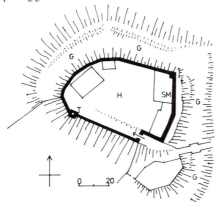

Abensberg
Kr. Kelheim, Bayern

Grundriß in: Kunstdkm. v. Niederbayern, Bd. 7, S. 53.

»Abensperch castrum« urkundlich erwähnt 1255, entstanden ist die Stadtburg als Wasserburg um 1250. Im Dreißigjähr. Krieg wurde sie stark beschädigt.

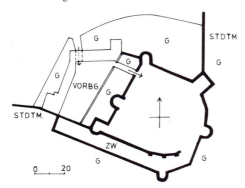

(Abtsdorf)
Saaldorf-A..., Kr. Traunstein, Bayern

Grundriß in: Kunstdkm. v. Oberbayern, S. 2674.

Von der ehemaligen Inselburg ist nichts mehr erhalten. Der Grundriß stammt von 1800, Bauerlaubnis für die Burg gab es 1335, die Ringmauer war wohl 1,8 m dick. Die fast rechteckige Anlage war allseits von einem Zwinger umgeben.

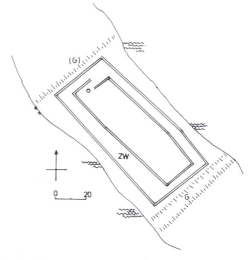

Achalm
Gde. Reutlingen (Kr.), Baden-Württemberg

Grundriß in: P. Schwarz, H. Schmid »Aus der Geschichte einer Stadt«, Reutlingen 1973; Schmitt, Bd. 4, S. 284.

Gegründet wurde die Burg zwischen 1030 und 1050 auf einem isolierten Gipfel durch Graf Egino v. Achalm. Noch im 11. Jh. wird auch die untere Burg erbaut. Der Bergfried mißt 7,20 m im Quadrat und 1,75 m Mauerstärke, er ist bis 8,7 m Höhe erhalten. Er war vom Palas über einen Gang zugänglich. Die Ringmauer von der Mitte des 11. Jh. ist 1,5–1,6 m stark. 1498 gilt Achalm als baufällig, um 1650 wird die Burg abgebrochen.

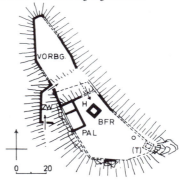

Achberg
Kr. Ravensburg, Baden-Württemberg

Grundriß in: Kunstdkm. v. Hohenzollern, Bd. 2, S. 39.

Das Schloß Achberg von 1693 steht auf den alten Mauern der Burg, die auf der Angriffsseite vermutlich einen Wohnturm in Trapezform von 11×13 m mit über 2 m starken Wänden besaß. Die Ringmauer ist ca. 1,5 m stark.

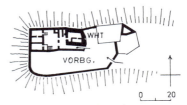

Achegg
Gde. Buchenberg, Kr. Sonthofen, Bayern

Grundriß in: Merkt, S. 80.

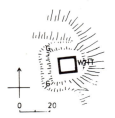

Die Ruine der kleinen mittelalterlichen Burg wurde 1932 ausgegraben. Der Wohnturm mit 10,8 × 11,0 m Grundfläche bei 1,2 m Wandstärke; vermutlich war er von einer Ringmauer umgeben.

Adelburg
Gde. Velburg, Kr. Neumarkt, Bayern

Grundriß in: Kunstdkm. v. Bayern, Oberpfalz, Parsberg, S. 21.

»De Adelenburg« 1180 erwähnt, Mauertechnik des 12. Jh. mit Buckelquadern. Die Ringmauer war 1,45 m dick. Zerstört wurde die Burg 1551. Der Minnesänger Engelhard v. Adeln, der um 1200 bekannt war, stammt wohl von hier.

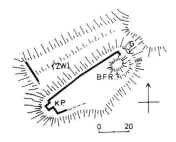

Adelebsen
Kr. Göttingen, Niedersachsen

Grundriß in: Dehio, Niedersachsen.

Die Burg auf einem niedrigen Sporn wurde 1295 erstmals erwähnt. Der fast 39 m hohe neunstöckige Wohnturm in der seltenen fünfeckigen Form mit Wandstärken um 4 m entstand um 1350. Der Grundriß mißt an den breitesten Stellen 15 × 19,5 m. Tor und Graben sind verschwunden, doch existiert noch der Rest einer 3 m dicken Schildmauer auf der Nordseite. Der Wohnbau entstammt dem 15. Jh.

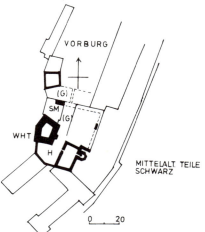

Adelmannsfelden
Kr. Aalen, Baden-Württemberg

Grundriß in: Kunstdkm. v. Württemberg, Jagstkr., S. 732.

Nach dieser Wasserburg, die in jüngerer Zeit zum Schloß umgebaut wurde, nennen sich die Grafen Adelmann v. Adelmannsfelden. Entstanden ist die 1,5–2,2 m starke Ringmauer im 12. Jh., der Adel ist seit 1147 bekannt. Früher stand ein Turm von ca. 11 × 11 m frei im Hof, dessen Fundamente mit über 3 m starken Mauern im Keller noch vorhanden sind.

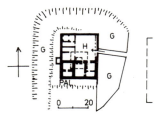

Adelsberg
Markt Adelsberg, Bz. Laibach, Slowenien

Grundriß in: Piper, Österr., Bd. 2, S. 2.

Der Ursprung dieser Burg liegt im Mittelalter. Ungewöhnlich ist der quadratische Palas mit 24 m Kantenlänge und 1,5 m Mauerstärke, er erinnert an die Saldenburg →. Die Burg wurde in der 2. Hälfte des 16. Jh. durch Türken zerstört und verfiel im 18. Jh.

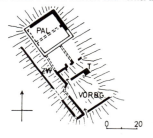

Adelsdorf, Adolfovice
Bz. Mähr. Schönberg, Šumperk, Nordmähren, Tschechische Republik

Grundriß in: Archiv d. Deutschen Burgenvereinigung.

Adelsfamilie zur Burg 1152 erwähnt. Die Wohnturmburg entstand wohl noch vor 1200, sie wurde im Dreißigjährigen Krieg zerstört. Der Wohnturm mißt 10 × 16,2 m und besitzt Wandstärken von 2,5 m. Die Ruine gehört zum Typ der Kleinburg. Wohnturm mit Ringmauer.

Adlitz
Marloffstein-A..., Kr. Erlangen, Bayern

Grundriß in: Bayr. Kunstdkm., Erlangen, S. 97.

Im Wasserschloß Adlitz, das als castrum 1425 erwähnt wurde, gibt es den Wohnturm aus der Mitte des 14. Jh., er besitzt 3 Stockwerke und wurde nach Zerstörungen mehrmals verändert.

Adolfseck

Bad Schwalbach, Untertaunuskr., Hessen

Grundriß in: Nassauische Annalen 1956, S. 245.

Diese ehemalige Wasserburg ist romanischen Ursprungs, wird jedoch erst 1356 urkundlich erwähnt. Der unregelmäßig polygonale Grundriß ist relativ selten, die Wandstärke beträgt 1,3–1,5 m.

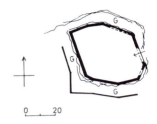

Aegerton, Egerton

Gde. Gurten, Bz. und Kt. Bern, Schweiz

Angabe in: Burgen d. Schweiz, Bd. Xa, S. 28.

Der ca. 10 × 15 m messende Wohnturm auf einem Hügel ist nur noch in wenigen Spuren erhalten. Er entstand vermutlich im 13. Jh., in dem die Familie v. Egerdon erwähnt wurde. Der Turm war mindestens 12 m hoch und verfiel seit dem 17. Jh.

Aesch

Gde. Birmensdorf, Bz. Affoltern, Kt. Zürich, Schweiz

Grundriß in: Hartmann, S. 65.

Auf einem Hügel steht der vermutlich mittelalterliche Wohnturm.

Aeschach

Kr. Lindau, Bayern

Grundriß in: Kunstdkm. v. Bayern, Schwaben, Bd. 4, S. 218.

Die kleine Wasserburg mit einer Kantenlänge von 24,20 m bei Mauerstärken von 1,8–2,0 m besitzt abgerundete Ecken. Entstanden ist die Burg vielleicht im 13. Jh., urkundlich wird sie erst 1344 erwähnt, im 15. Jh. wurde sie innen umgestaltet.

Ätschberg

Gde. Geiserwald, Bz. Gossau, Kt. St. Gallen, Schweiz

Grundriß in: Felder, 3. Teil, S. 25.

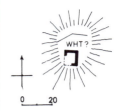

Der Rest einer Burg wurde 1938 ausgegraben. 1228 »de Eczisperc« erwähnt, vermutlich wurde die Burg Anfang des 15. Jh. zerstört. Der Turm mißt 9 × 10 m mit ca. 1,7 m starken Mauern.

Affelstetten

Gde. Veringenstadt-Veringendorf, Kr. Sigmaringen, Baden-Württemberg

Grundriß in: Schmitt, Bd. 5, S. 129.

Der Burgadel wird 1308 urkundlich bekannt. Die Anlage war wohl ein Wohnturm von ca. 9 × 20 m.

Affenschmalz, Hohenjungingen

Gde. Jungingen, Kr. Balingen, Baden-Württemberg

Grundriß in: Schwäbische Heimat, 9. Jahrg. 1958, Heft 5, S. 173; Schmitt, Bd. 5, S. 207.

Die Ruine mit dem seltsamen Namen entstand wohl in der 1. Hälfte des 13. Jh., zerstört wurde sie bereits 1311. Die Kernburg gehört zum Typ der Kleinstburg, Wohnturm mit Hof. Der Wohnturm hat die Abmessung 10,2 × 11,5 m mit bis zu 1,5 m dicken Mauern. Die tiefer liegende Vorburg ist jünger.

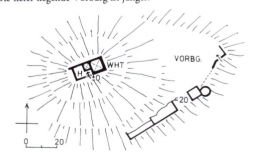

Afing, Unterkofeler Schlößl

Gde. Jenesien, Sarntal, Südtirol, Italien

Grundriß in: Trapp, Bd. 5, S. 199.

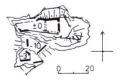

Entstanden ist die Burg auf einem Felsturm um 1200, v. Afing wurde 1214 urkundlich erwähnt. Die Ringmauer ist 0,85 m stark.

Aggstein

Bz. Melk, Niederösterreich, Österreich

Grundriß in: Ebhardt I, Abb. 655; Piper, Fig. 794; Österr. Kunsttop., Bd. 3, S. 10; Burgen und Schlösser 1967-I; Schuchhardt, S. 262; Piper, Österr., Bd. II.

Die Kernburg auf einem 10 m hohen Felsturm wurde vermutlich durch Nizzo v. Gobatsburg 1231 gegründet. Die Schildmauer des Kerns ist 2,5 m, die Ringmauer 1,6 m stark. 1295 wurde die Burg zerstört, 1429 wurde sie wieder aufgebaut. Die Unterburg und die Zwinger sind nacheinander entstanden. Die Kernburg ist der von Rauheneck → ähnlich.

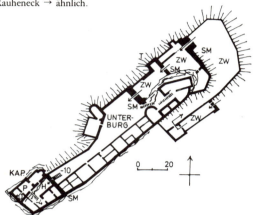

Ahlsburg

Gde. Ilsenburg, Kr. Wernigerode, Sachsen-Anhalt

Grundriß in: Stolberg, S. 4.

Die Ruine auf einer Felskuppe über Ilsenburg stammt vermutlich aus dem 12. Jh., genannt wird sie aber erst 1357. Der Bergfried mit 7×8 m Grundfläche und knapp 1 m dicken Mauern steht 4 m oberhalb des Restes eines Wohngebäudes.

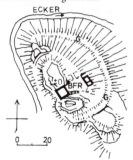

Ahrburg = Altenahr

Aichach

Gde. Kastelruth, Eisacktal, Südtirol, Italien

Grundriß in: Trapp, Bd. 4, S. 332.

1234 wird das »castrum de Aicha« erstmals erwähnt, der gleichnamige Adel tritt bereits Mitte des 12. Jh. auf. Der 17 m hohe, mit Zacken-Zinnen gekrönte, innen offene Torturm ist eine Seltenheit. Die 1,2 – 1,4 m starke Ringmauer der Ruine ist ca. 6 m hoch.

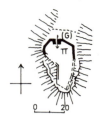

(Aichelberg)

Kr. Göppingen, Baden-Württemberg

Grundriß in: Kunstdkm. v. Württembg.-Donau-Kreis-Kirchheim, S. 80; Schmitt, Bd. 1, S. 331.

1130 wird ein »comes de Aichelberc« genannt. Die Burg wurde 1525 gründlich zerstört. Nach Angabe von Schmitt gibt es keine Reste mehr.

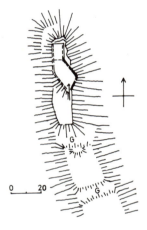

Aichelberg, -burg, Eichelburg

Gde. Umberg-Wernberg, Bz. Villach, Kärnten, Österreich

Grundriß in: Burgen u. Schlösser in Kärnten, Bd. 3, S. 127; Kohla, S. 2.

Die ruinierte Burg ist eine spätgotische Anlage des 15. Jh. unter Verwendung älterer Fundamente. Urkundlich genannt wird sie schon im 13. Jh. Der Grundriß der Kernburg ist vom seltenen Typ Wohnturm-Hof. Der Wohnturm mißt im Maximum 12,5 × 17,5 m mit 1,5 m starken Mauern. Der Hof wird durch eine 3 m dicke Schildmauer gedeckt. Der Torturm-Wohnturm gehört zu einer extrem seltenen Kombination.

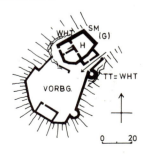

Aichelburg

Gde. St. Stephan im Gailtal, Bz. Hermagor, Kärnten, Österreich

Grundriß in: Kohla, S. 5; Burgen und Schlösser in Kärnten, Bd. 3, S. 7.

Die Burg stammt aus dem 13. oder 14. Jh., der Bergfried ist vermutlich der älteste Teil. Zerstört wurde Aichelburg vor 1460. 1516 brannte die aufgebaute Burg ab und war nach Umbau in ein Schloß noch bis 1691 bewohnt. Der Bergfried mißt 7 × 9 m mit bis zu 2 m dicken Wänden. Die Ringmauer ist nur 0,8 m stark.

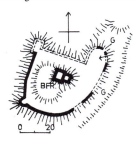

Aichelburg = Aichelberg

Aistaig = Bogeneck

Albeck, Alpeck

Gde. Langenau-A..., Alb-Donau-Kr., Baden-Württemberg

Grundriß in: Kunstdkm. v. Württbg., Ulm, S. 89.

Die Burg wurde um 1200 mit Buckelquadern in der Ringmauer begonnen. Sie wurde im 14. Jh. und später ausgebaut. Die Burg liegt in der seltenen Ecklage. Sie wurde 1712 durch Bayern zerstört. Der Bergfried hat einen Durchmesser von rd. 8 m mit 2 m starker Mauer.

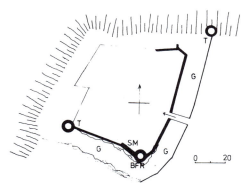

Albeck

Gde. Sulz/Neckar, Kr. Rottweil, Baden-Württemberg

Grundriß in: Archiv der Deutschen Burgenvereinigung.

Grafen von Sulz werden schon 1095 genannt, die hoch über der Vorburg liegende Kernburg mit dem für Höhenburgen ungewöhnlichen quadrat. Grundriß stammt von 1240, die Ringmauer des Kerns ist 2,0 m, die der Vorburg 1,5 m stark.

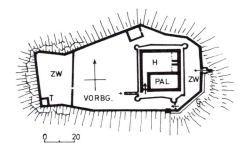

Albrechtsburg

Gde. Loosdorf, Bz. Melk, Niederösterreich, Österreich

Grundriß in: Burgen u. Schlösser in Niederösterr., Bd. II/2, S. 139.

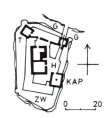

Die gut erhaltene Burg liegt auf einem Granitsockel über dem N-Ufer der Pielach, der Graben ist 7 m tief. Der Kern ist ein festes Haus von ca. 1100, die Kapelle und der Torturm entstammen nebst einigen Mauerteilen dem 13. Jh., andere Bauten aus dem 15. und 16. Jh. Die Mauer des festen Hauses mit Außenmaßen von 10 × 19 m ist 1,75 m, die Ringmauer 1,35 m stark.

Albrechtsburg = Meißen

Allenbach

Kr. Birkenfeld, Rheinland-Pfalz

Grundriß in: Kunstdkm. d. Rheinprovinz, Bernkastel, S. 31.

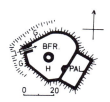

Das Wasserschloß wird erstmals 1265 erwähnt, Bergfried, Torturm und Ringmauer vermutlich aus der Mitte 13. Jh., Neubau 1525, Palas von 1581, Bergfried-Durchmesser 5,0 m mit 1,0 m starker Wand.

Allensteig

Bz. Zwettl, Niederösterr., Österreich

Grundriß in: Burgen u. Schlösser in Niederösterr., Bd. III/1, S. 59.

Die Burg, seit der 2. Hälfte des 16. Jh. Schloß, wurde als Steinburg um 1150 erbaut. Der quadrat. Bergfried mit 8 m Kantenlänge und 2,8 m dicken Mauern stammt aus dieser Zeit; er war ursprünglich 26 m hoch bei 5 Stockwerken. Die Ringmauer am Tor ist 1,55 m stark.

Allerburg

Gde. Namborn-Eisweiler, Kr. St. Wendel, Saarland

Grundriß in: Conrad/Flesch, S. 470.

Von der mittelalterlichen Wohnturmburg ist wenig erhalten, Daten sind nicht bekannt. Der seltene runde Wohnturm hat einen Durchmesser von über 8 m und besaß angeblich 5 Stockwerke. Durch die Randlage war die Burg wenig geschützt.

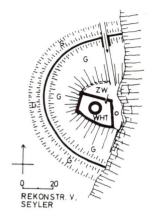

Allerburg

Kr. Worbis, Thüringen

Angabe in: Stolberg, S. 5.

Von der Ruine ist nur ein Stumpf des Bergfriedes mit 10 m Durchmesser erhalten; der zugehörige Adel wird 1266 erstmals erwähnt. Die Burg wurde 1544 abgebrochen.

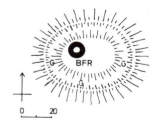

(Allmendingen), Alt-

Bz. und Kt. Bern, Schweiz

Grundriß in: Burgen der Schweiz, Xa, S. 31.

Die kleine Wohnturmburg stammt wie der gleichnamige Adel aus dem 13. Jh. Im 18. Jh. war die Ruine des 9 m Kantenlänge messenden Wohnturmes mit 2 m starken Mauern noch ca. 14 m hoch erhalten. Jetzt gibt es keine Reste mehr.

Allmuth

Waldshut-Tiengen, (Kr.)-Witzenau, Baden-Württemberg

Grundriß in: Badische Heimat, 34. Jhg., 1954, S. 103.

Entsprechender Adel 1049 genannt, vielleicht Ende des 11. Jh. entstanden, Ende 16. Jh. schon Ruine. Mauerstärke 0,9 m.

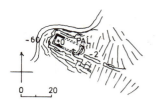

Allstedt

Kr. Artern, Thüringen

Grundriß in: Kunstdkm. v. Thüringen, Bd. 1, Tl. 2, S. 257.

Ehemalige Kaiserpfalz in Spornlage. Urkunde Kg. Heinrich I. in Altsteti. Die Kernburg in der Gotik und Renaissance umgebaut. Die 4,0 m dicke Schildmauer ist vermutlich aus dem 15. Jh. Ein Bergfried wurde 1536 durch Brand zerstört. Die Burg – Pfalz vom 10.–12. Jh. – wurde 1923 erneuert.

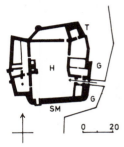

Almegg

Gde. Steinkirchen-Traun, Bz. Wels, Oberösterreich, Österreich

Grundriß in: Burgen u. Schlösser in Oberösterreich 2, S. 138.

Die Burg wurde 1186 urkundlich erwähnt und im 16. Jh. zum Schloß verändert, der Halsgraben ist verschwunden. Der Bergfried mit 6×7,5 m Kantenlänge und die 1,35 m dicke Ringmauer stammen von der Burg.

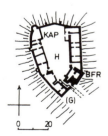

Almens

Bz. Heinzenberg, Kt. Graubünden, Schweiz

Angabe in: Clavadetscher, S. 117.

Der kleine Wohnturm ist wohl im 12. Jh. entstanden, erhalten sind 2 Stockwerke.

Aloisschlößle

Gde. Burladingen-Ringingen, Kr. Balingen, Baden-Württemberg

Grundriß in: Blätter d. Schwäb. Albvereins, 42. Jhg., 1930, Heft 8, S. 244; Schmitt, Bd. 5, S. 172.

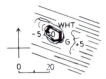

Der kleine Wohnturm mit 7,5 × 11 m maximaler Dimension auf einem Fels in einem Hang wird 1150 erwähnt. Er hat 4 Stockwerke mit 15 m Höhe bei ca. 1 m Wandstärke. 1440 ist die Burg bereits verlassen.

Alpeck = Albeck

Alsbacher Schloß = Bickenbach

Alschweiler

Ct. Soultz, Haut Rhin, Frankreich

Grundriß in: Salch, S. 15.

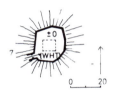

Motte mit erhaltener Ringmauer, in deren Mitte ursprünglich ein Wohnturm stand. Adel zur Burg im 13. Jh. erwähnt. Ringmauer 1,0 m dick.

Alsenborn

Gde. Enkenbach-A..., Kr. Kaiserslautern, Rheinland-Pfalz

Grundriß in: Burgen der Salierzeit, Bd. 2, S. 175.

Entstanden wohl um 1200, ausgegraben 1965. Der Wohnturm war quadratisch mit 7 m Kantenlänge und 2,20 m Wandstärke, die Ringmauer ist 1,5 m dick.

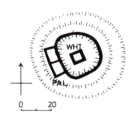

Alt Allmendingen = Allmendingen

Alt Altstätten

Gde. Altstätten, Bz. Oberrhein, Kt. St. Gallen, Schweiz

Grundriß in: Felder, 3. Teil, S. 12.

Die Burg wurde um 1300 erbaut, zerstört bereits 1338, ausgegraben wurde sie 1939. Sie ist vielleicht die Stammburg des Minnesängers Konrad v. Altstetten, der um 1325 bezeugt ist. Der trapezförmige Bergfried maß am Maximum 11 × 13,5 m mit 2,0 m dicken Mauern.

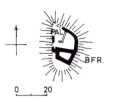

Alt Aspermont = Ruch Aspermont

Alt Bechburg

Gde. Bechburg, Bz. Oensingen, Kt. Solothurn, Schweiz

Grundriß in: Kunstdkm. d. Schweiz, Solothurn, Bd. 3, S. 88; Meyer, Bd. 7, S. 43.

Die Burg ist eine Doppelburg aus ursprünglich zwei Burgen, einem Wohnturm von etwa 1100 und der Vorderburg von etwa 1200, durch einen tiefen Graben voneinander getrennt. Der Wohnturm hat Abmessungen von 11,5 × 15,5 m und Wandstärken von 1,75 m. Der fünfeckige Bergfried mißt 6 × 8 m, ungewöhnlich ist die fünfeckige Form des Palas. Die Burg wurde nach 1700 durch einen Brand zerstört.

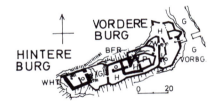

Altbettingen, Frenkingen

Gde. Bettingen, Kr. Bitburg-Prüm, Rheinland-Pfalz

Grundriß in: Kunstdkm. d. Rheinprov., Bd. 12.1, S. 30.

Die Ruine liegt auf einem hügeligen Hang. Der zugehörige Adel wird Ende des 11. Jh. genannt. Die Burg ist wohl aus dem 14. Jh. Der quadratische Bergfried von 11 × 11 m besitzt 2,6 m starke Wände. Die Form der Burg ist nicht mehr erkennbar.

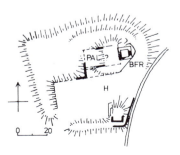

Alt Bichelsee

Gde. Bichelsee, Bz. Münchwilen, Kt. Thurgau, Schweiz

Grundriß in: Hartmann, S. 16.

Der zugehörige Adel im 13./14. Jh. erwähnt. Von der 1407 zerstörten kleinen Burg gibt es wenig Reste.

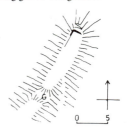

Alt Biederthal siehe Schönburg

Alt Bodman

Gde. Bodman-Ludwigshafen, Kr. Konstanz, Baden-Württemberg

Grundriß in: Piper, Fig. 425; Kunstdkm. v. Baden, Konstanz, S. 464; Kiewat, S. 154; Burgen im südlichen Baden, S. 10.

V. Bodman schon im 12. Jh. erwähnt. »Die newe Burg« genannt 1296; sie ist 1307 durch Blitzschlag ausgebrannt. Danach ist der ungewöhnliche Wohnturm von 16×18 m Grundfläche mit abgerundeter Ecke und einer Schildmauer von 2 m Stärke auf zwei Seiten entstanden. Der Wohnturm besaß ein steiles Pultdach nach Südost ansteigend. Er hat vier Stockwerke und ist mit 180 m² Innenfläche recht geräumig. 1643 wird die Burg von Kaiserlichen zerstört.

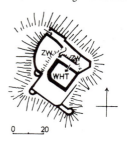

Alt Bolanden

Gde. Bolanden, Donnersbergkr., Rheinland-Pfalz

Grundriß in: Burgen der Salierzeit, Bd. 2, S. 169.

Die auf einem von einem Graben umgebenen Hügel liegende kleine Burg entstand um 1100, aufgegeben wurde sie zugunsten von Neubolanden → bereits um 1200. Ihre Reste wurden ausgegraben. Die Ringmauer ist ca. 1,0 m dick, auch die Mauer des Wohnturmes mit den Maßen 6×8 m.

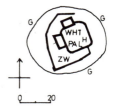

Altbüron

Gde. Altishofen, Bz. Willisau, Kt. Luzern, Schweiz

Grundriß nach Mitteilung der Gemeinde.

Entstanden ist die Burg angeblich im 11. Jh. Sie wurde 1309 zerstört und 1883 ausgegraben. Der Bergfried ist quadratisch, ca. 6×6 m mit Wandstärken um 1,0 m.

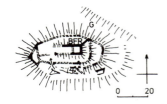

Altburg = Rohrbach

Altburg

Gde. Calw-A..., Kr. Calw, Baden-Württemberg

Grundriß in: Fick, Teil 4, S. 65.

Der kleine Rest der Burg läßt eine regelmäßige Anlage erkennen, vielleicht aus dem 12. Jh., in dem der entspr. Adel genannt wird; schon 1352 wurde die Altburg zerstört.

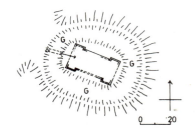

Alt Cilly = Obercilli

Alt Cimburg = Cimburg

Altdahn

Gde. Dahn, Kr. Pirmasens, Rheinland-Pfalz

Grundriß in: Dehio, Rheinland-Pfalz, S. 169; Piper, Fig. 576; Baudkm. in der Pfalz, Bd. 1, S. 114; Ebhardt I, Burgen u. Schlösser in der Pfalz, Abb. 21.

Die Burgengruppe besteht aus Altdahn, Grafendahn und Tanstein auf 5 Felstürmen. Altdan durch die Familie v. Tan um 1100 gegründet, der Adel wird 1127 urkundlich erwähnt. Die heutige Burg Altdahn mit Buckelquadern ist aus dem 13. Jh. Grafendahn entstand Ende des 13. Jh. und kam 1339 an die Grafen v. Sponheim, daher der heutige Name. Danach entstand Tanstein und nahm so den »Fremdling« quasi in die Zange. 1488 entstanden die Vorbefestigungen. Im 16. Jh. Verfall der drei Burgen.

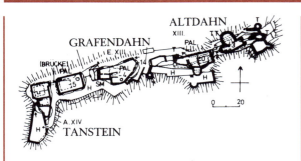

Altdornhof

Gde. Obermühlbach, Bz. St. Veit, Kärnten, Österreich

Grundriß in: Kohla, S. 8.

Das Mauerwerk der Ringmauer ist von etwa 1100. Sonst keine Daten bekannt.

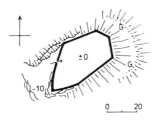

Alteberstein, Ebersteinburg

Gde. Baden-Baden-Ebersteinburg, Baden-Württemberg

Grundriß in: Kunstdkm. v. Baden, Rastatt, S. 81; Batzer/Städele, S. 55; Antonow-SWD, S. 108; Burgen u. Schlösser in Mittelbaden, S. 88.

1197 Castrum Eberstein erwähnt; »althin Ebersteinz« erstmals 1283 genannt. Schildmauer nicht vor 1100 erbaut, sie ist 3,6 m stark; der Bergfried mit 7,5 m im Quadrat stammt aus dem 13. Jh., seine Mauern sind 1,7 m stark, sein Eingang liegt sehr hoch. Ende des 15. Jh. diente die Burg als Steinbruch. Seit dem Beginn des 19. Jh. wird die Ruine erhalten.

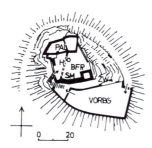

Alte Burg

Gde. Neuburg a. d. Donau (Kr.), Bayern

Grundriß in: Kunstdkm. v. Bayern, Schwaben, Bd. 5, S. 341.

Urkundlich 1007 Ks. Heinrich II. auf der Burg erwähnt. Sie wurde nach einer Zerstörung 1264 wieder aufgebaut und 1386 endgültig zerstört. Die Höhe der Ringmauer war 12 m.

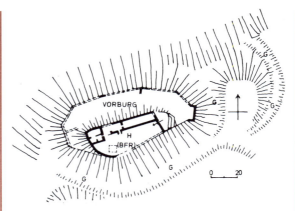

Alte Burg

Gde. Neustadt/Weinstr.-Gimmeldingen (Kr.), Rheinland-Pfalz

Grundriß in: Burgen d. Salierzeit, Bd. 2, S. 43.

Von der Burg, die vermutlich aus salischer Zeit stammt, ist nur der Stumpf eines Wohnturmes vorhanden, der 14,3 × 20 m mißt mit Wandstärken von ca. 3,3 m. Aufgrund der Keramikfunde war die Burg bis ins 15. Jh. bewohnt. Die Anlage könnte auch aus Wohnturm und Palas bestanden haben.

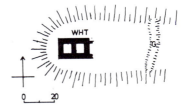

Alte Burg, Alt Stöffeln

Gde. Reutlingen (Kr.), Baden-Württemberg

Grundriß in: Schmitt, Bd. 4, S. 359.

Eine Burg »Stofola« wird 1055 erwähnt, entspr. Adel kommt 1080 vor. Die Burg wurde bereits um 1300 verlassen; Ausgrabung der Anlage 1885. Der Bergfried mißt 6,35 m im Quadrat mit Wanddicken von 1,5 m.

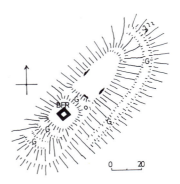

Alte Burg

Gde. Lippborn, Rhein-Lahn-Kr., Rheinland-Pfalz

Grundriß in: Burgen d. Salierzeit, Bd. 2, S. 63.

Rest einer Burg in Spornlage aus dem 11. Jh.

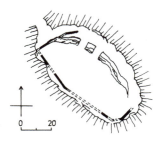

Alte Burg

Gde. Ohrdruf, Kr. Gotha, Thüringen

Grundriß in: Thüringer Hausfreund 1909.

Von der Ruine auf einem Bergsporn sind keine Daten bekannt.

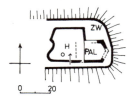

Alte Burg

Gde. Riesburg-Utzmemmingen, Alb-Donau-Kr., Baden-Württemberg

Grundriß in: Führer zu archäol. Denkmälern in Deutschld., Nr. 41, S. 272.

Ausgrabung einer Burg aus dem 12. Jh. mit 1,7 m starken Ringmauern. Die ungefähr dreieckige Form der Anlage ist äußerst selten.

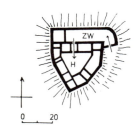

Alteburg

Gde. Bendorf-Sayn, Kr. Neuwied, Rheinland-Pfalz

Grundriß in: Burgen der Salierzeit, Bd. 2, S. 12.

2 Wohnturmstümpfe als Rest einer Burg; linker Turm quadratisch mit 7 m und rechter Turm rautenförmig mit 8 m Kantenlänge, beide mit sehr geringen Mauerstärken. Sie könnten aus dem 11. Jh. stammen.

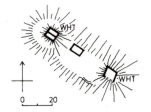

Alteburga, Amberg

Gde. Altenstadt, Bz. Feldkirch, Vorarlberg, Österreich

Grundriß in: Huber, S. 153.

Rest der Ringmauer einer Burg, die bereits im 15. Jh. Burgstall war.

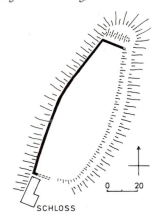

Alt Eglofsheim

Kr. Regensburg, Bayern

Grundriß in: Kunstdkm. v. Bayern, Oberpfalz, Bd. 21, S. 11.

Im barocken Schloß steckt der Bergfried als Rest einer Burg. Seine ursprüngliche Höhe war 25 m, er besitzt einen Hocheingang in 5 m Höhe.

Alt Ehrenfels

Gde. Hayingen, Kr. Reutlingen, Baden-Württemberg

Grundriß in: Aufmaß von Uhl im Archiv d. Deutschen Burgenvereinigung; Schmitt, Bd. 2, S. 290.

Grundriß nach Uhl. Begonnen wurde die Burg um 1250; 1257 wird Anselm v. Ehrenfels erwähnt. 1515 wurde die Burg als Unterschlupf v. Räubern vom Kloster Zwiefalten zerstört. Auf der Ecke der winkelförmigen Schildmauer von mehr als 3 m Stärke sitzt der Bergfried mit einem Durchmesser von 7,0 m.

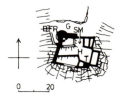

Altems, Altembs, Hohenems

Gde. Hohenems, Bz. Feldkirch, Vorarlberg, Österreich

Grundriß in: Österr. Kunsttop., Bd. 32, S. 418; Huber, S. 97, Burgwart 29, Heft 9.

Erbaut spätestens in der 2. Hälfte des 12. Jh. 1295 wird Amiso urkundlich genannt. Die Burg ist ca. 250 m lang. Altems kommt in diesem Fall nach Huber von »alta Ems« = Hohenems. 1407 Zerstörung durch Appenzell, danach wieder aufgebaut wurde die Burg im 16. Jh. verstärkt. Die Ruine besitzt wegen ihrer exponierten Lage relativ schwache Mauern. Neben dem tunnelartigen Vorbau liegt ein rautenförmiger Wohnturm mit 4 Stockwerken, und 10 × 12 m Grundfläche.

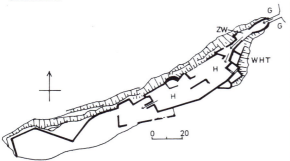

Altena

Märkischer Kr., Nordrhein-Westfalen

Grundriß in: Ebhardt I, S. 26; Kunstdkm. v. Westfalen, Altena.

Gegründet um 1125 durch die Grafen v. Arnsberg. Ab dem 13. Jh. war sie Verwaltungssitz eines Drosten. Im 18. Jh. war die Burg stark verfallen. Seit 1772 im Besitz der Stadt Altena, die sie gebäudeweise als Waisenhaus, Gefängnis und Krankenanstalt benutzte. Seit 1906 im Besitz des Märkischen Burgenvereins, wurde sie 1906–1916 durch G. Frenzen rekonstruiert. Sie beherbergt heute mehrere Museen. Der Bergfried mit rd. 10 m Durchmesser und 1,75 m Mauerstärke stammt aus dem 12. Jh.

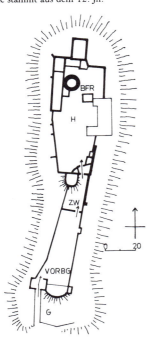

Altenahr

Gde. Ahrweiler, Kr. Bad Neuenahr-Ahrweiler, Rheinland-Pfalz

Grundriß in: Kunstdkm. d. Rheinprov., Bd. 17,1, S. 150; Kubach, S. 17.

Die Ruine liegt auf einem mächtigen Felskamm. Eine Burg »Ara« wird 1125 erwähnt. Bergfried und Kapelle stammen aus dem 13. Jh. Im 14. und 15. Jh. wurde die Burg durch am Berg gestaffelte Zwinger erweitert. Zerstört wurde sie im 18. Jh. Der quadrat. Bergfried mißt ca. 7,5 m.

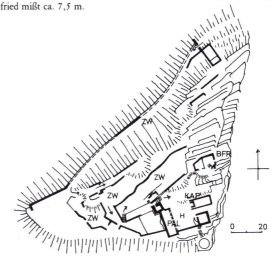

Altenbaumburg

Gde. Altenbamberg, Kr. Bad Kreuznach, Rheinland-Pfalz

Grundriß in: Baudkm. in der Pfalz, Bd. 1, S. 213; Die Bauverwaltung, Heft 5, 1984.

Als Vorburg wird die nahe Burg Treuenfels → angesehen. Die Burg/Ruine besteht aus drei Burgen mit einem Bering, die faktisch selbständig sind. Urkundlich genannt wird sie 1112 und 1129. Im 17. Jh. wurde Altenbaumburg mehrfach beschädigt und 1689 schließlich durch Franzosen zerstört. Die Unterburg ist teilweise als Gaststätte wiederhergestellt. 7,5 × 9 m mißt der rechteckige Grundriß des Bergfriedes der Unterburg mit ca. 1,25 m Wanddicke, der in der Oberburg mißt 9,5 × 10,7 m mit 1,5 m starker Wand.

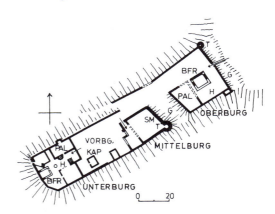

Altenberg
Gde. Odental-A..., Kr. Berg.-Gladbach, Nordrhein-Westfalen

Grundriß in: H. M. Wollschläger: »Burgen u. Schlösser im Bergischen Land«, S. 72.

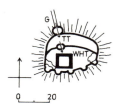

Der Grundriß dieser Ruine angeblich aus dem 11. Jh. ist ungewöhnlich; sowohl die runden Tortürme als auch die halbrunden, offenen Mauertürme in kammförmiger Anordnung fallen aus dem Rahmen. Der ca. 10 × 10 m große Wohnturm könnte aus dem 11. Jh. stammen, die anderen Burgteile sind vermutlich jünger.

Altenberg
Gde. Weiler-Simmerberg, Kr. Lindau, Bayern

Grundriß in: Kunstdkm. v. Bayern, Schwaben, Bd. 4, S. 238; Nessler, Bd. II, S. 68.

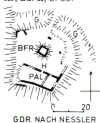

Der hier dargestellte Grundriß stammt von Nessler, der in den Kunstdkm. weicht etwas ab. Adel v. Altenburg Mitte 13. Jh. urkundlich erwähnt. Abbruch der Burg 1784. Die Stärke der Ringmauer ist 1,3 m, der Bergfried mißt ca. 6 × 6 m.

Altenberg
Gde. Füllingsdorf, Bz. Liesthal, Kt. Basel, Schweiz

Grundriß in: Burgen der Salierzeit, Bd. 2, S. 314.

Besiedelt war die Burg zwischen 1060 und 1120, wurde also schon früh verlassen, die Ringmauer aus Stein entstand um 1100, die Ruine ist ausgegraben. Der Grundriß des vermutlichen Wohnturmes hat die Abmessung von ca. 9,5 × 14,7 m mit 1,7 m Wandstärke.

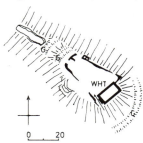

Altenberg
Gde. Ilshofen-A..., Kr. Schwäbisch Hall, Baden-Württemberg

Grundriß in: Blätter d. Schwäb. Albvereins, 18. Jhg. 4, S. 135.

Der Bergfried auf einer Felsplatte ist der Rest einer Burg des 12. Jh.

Altenburg
Gde. Bamberg (Kr.), Bayern

Grundriß in: H. Paschke »Die Altenburg«, Bamberg 1960.

Ursprünglich hieß die Burg Babenberg und war die Stammburg der Grafen v. Babenberg. Sie wurde 1109 erstmals genannt, viele Teile stammen aus dem 15. Jh. 1553 wurde die Burg zerstört, 1834 und 1904 kamen Neubauten hinzu.

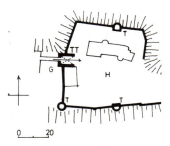

Altenburg
Kr. Dillingen, Bayern

Grundriß in: Kunstdkm. v. Bayern, Schwaben, Bd. 7, S. 116.

Die hier im Schloß dunkel hervorgehobenen Mauern stammen von der Burg, die 1374 erwähnt wird.

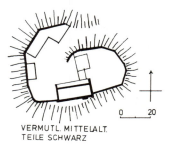

Altenburg
Gde. Felsberg-A..., Schwalm-Eder-Kr., Hessen

Grundriß in: Burgwart, 1916, S. 37.

Die auf einem steilen Felsen liegende Burg reicht bis ins 11. Jh. zurück. Der Palas stammt von 1333, die Ringmauer und der 20 m hohe Bergfried mit dem Durchmesser von 5 m und 1 m Wanddicke sind von 1388. Die Burg wurde 1525 und 1631 zerstört und verfiel nach 1764.

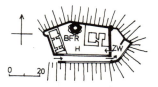

Altenburg
Gde. Märstetten, Bz. Weinfelden, Kt. Thurgau, Schweiz

Grundriß nach: Amt für Denkmalpflege des Kt. Thurgau

Von der Burg blieb außer einem Mauerstück nur der 6,5 × 6,9 m messende Bergfried mit 1,0 – 1,2 m Wanddicke übrig, die Ende des 19. Jh. ergraben wurden.

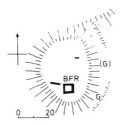

Altenburg
Thüringen

Grundriß in: Ebhardt I, Abb. 470.

Die heutige Gestalt des Schlosses ist aus der Renaissance und dem Barock. Von der Burg, die im 11. und 12. Jh. als Kaiserpfalz diente, sind die Fundamente der Schloßkirche aus dem 12. Jh. sowie zwei Bergfriede und ein Stück Ringmauer von 3 m Dicke erhalten. Die Bergfriede haben Durchmesser von 14 und 7,5 m. Die Höhe des gr. Bergfriedes beträgt 20 m, seine Wandstärke rd. 4 m.

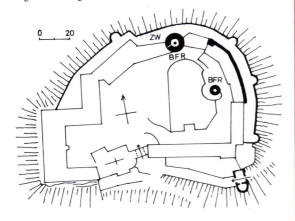

Altenburg
Gde. Reutlingen (Kr.), Baden-Württemberg

Grundriß in: Blätter d. Schwäb. Albvereins, Jhg. 15, Heft 5, S. 158.

Es handelt es sich um eine frühe Anlage mit bis zu 3,5 m starken Mauern. Die Innenfläche von 1,3 ha spricht für eine Burgstadt; heute Kirchhof.

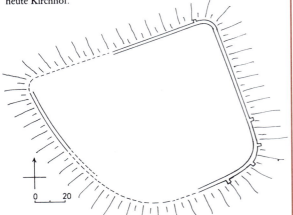

Altendorf
Bz. March, Kt. Schwyz, Schweiz

Grundriß in: Kunstdkm. d. Schweiz, Schwyz II, S. 62.

Ausgrabung einer vermutlich kleinen Burg aus dem 11. Jh.(?) mit einem nur 4 × 4 m messenden Bergfried.

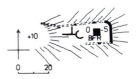

Altendorf
Gde. Fröndenberg-A..., Kr. Unna, Nordrhein-Westfalen

Grundriß in: Kunstdkm. v. Westfalen, Unna, S. 57.

Der Palas der Wasserburg mit einer 1,5 m starken Mauer stammt aus dem Mittelalter, das heutige Aussehen allerdings aus dem 19. Jh. Der Ort Altendorf wurde im 12. Jh. erstmals genannt.

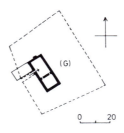

Altendorf
Essen – Burg Altendorf, Nordrhein-Westfalen

Grundriß in: Burgwart, 1917, S. 51.

Die Wasserburg entstand wohl im 13. Jh., Altendorf wird urkundlich 1252 erstmals genannt. Zentrum der Kernburg ein Wohnturm von 11,6 × 13 m Kantenlänge, seine Mauern sind 1,5 m, im Norden fast 3 m stark, er besaß 4 Stockwerke. Die Ruine wurde im 19. Jh. teilweise abgebrochen.

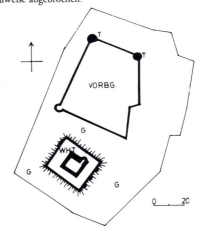

Altenfels – Ostburg

Madfeld, Hochsauerlandkr., Nordrhein-Westfalen

Grundriß in: Denkmalpflege u. Forschung in Westfalen 2, S. 28.

Die vermutlich aus dem 12. Jh. stammende Burg wurde ausgegraben. Gefunden wurde der Bergfried mit 12 m Durchmesser und 2,5 m Wandstärke sowie ein weiterer Turm mit 8 m Durchmesser. Rd. 200 m entfernt liegt die Westburg. →

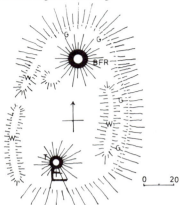

Altenfels – Westburg

Madfeld, Hochsauerlandkr., Nordrhein-Westfalen

Grundriß in: Denkmalpflege u. Forschung in Westfalen 2, S. 17.

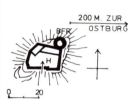

Der Grundriß dieser kleinen Burg, die mit der Ostburg eine Gruppe bildete, wurde ergraben. Die Ringmauer der nur 350 m² großen Ruine ist ca. 2,0 m stark. Der runde Bergfried mit einem Durchmesser von 9 m besitzt einen eigentümlichen tropfenförmigen Innenraum.

Altengutrat

Hallein (Bz.), Salzburg, Österreich

Grundriß in: Österr. Kunsttop. XX, S. 46.

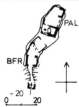

Die Ruine der sehr kleinen Burg liegt auf einem steilen Fels. Vermutlich ist sie Anfang des 13. Jh. entstanden, entspr. Adel ist seit dem 13. Jh. bekannt. Der Bergfried von ca. 7,0 m im Quadrat ist zugleich Torturm, eine ganz seltene Lösung. Die Ringmauer ist 1,5–1,7 m stark.

Altenguttenberg

Gde. Guttenberg, Kr. Kulmbach, Bayern

Grundriß in: Kunstmann »Guttenberg«, S. 39.

Nicht weit vom Schloß Guttenberg der Frhrn. v. Guttenberg finden sich Reste der alten Burg, die wohl 1310 entstand und 1525 zerstört wurde.

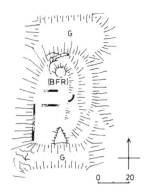

Altenhausen

Kr. Haldensleben, Sachsen-Anhalt

Grundriß in: Kunstdkm. d. Prov. Sachsen, Haldensleben, S. 115; Kunstdkm. im Kr. Haldensleben.

Die ältesten Teile der Wasserburg stammen aus dem 12./13. Jh., die Vorburg aus dem 15. Jh. Umbau zum Schloß bis ins 17. Jh. Die Ringmauer ist 1,6 m dick, der Bergfried hat eine Grundfläche von 7×7 bei 2,5 m Wandstärke, er steht vor der Kernburg, eine seltene Anordnung.

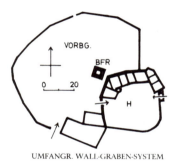

Altenkrenkingen

Waldshut-Tiengen (Kr.)-Krenkingen, Baden-Württemberg

Grundriß in: Voellner, S. 62.

Die Ruine liegt in der Nähe von Krenkingen →. Der quadrat. Wohnturm mit 9,5 m Kantenlänge und 1,5 m Mauerstärke liegt auf einem 8 m hohen Hügel innerhalb des vermutlich jüngeren Beringes. Ein Steinbruch hat den Ostteil der Ringmauer vernichtet. Die Burg wird hier 1361 erwähnt.

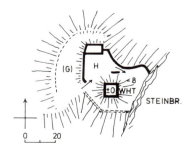

Altenkünsburg

Pegnitz-Neuhof, Kr. Bayreuth, Bayern

Grundriß in: Kunstdkm. v. Bayern, Oberfrk., Bd. 1, S. 58.

Die vermutlich nur kleine Burg wurde um 1220 erbaut, die Reste ihrer Ringmauer von ca. 2 m Dicke stecken in einem Bauernhaus. Zerstörungen der Burg 1461 und 1591.

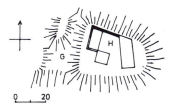

Altenmuhr

Gde. Muhr am See, Kr. Weißenburg-Gunzenhausen, Bayern

Grundriß in: Kunstdkm. v. Bayern, Mittelfrk., Bd. 6, S. 11.

Das Wasserschloß besitzt einen Bergfried mit 5,5 m Kantenlänge und ca. 1,6 m starken Mauern und eine Ringmauer aus dem 12. Jh., beide mit Buckelquadern. Der Bergfried ist bei 5 Stockwerken 20 m hoch, der Eingang liegt bei ca. 9 m über Hofniveau. Die Wohngebäude um 1400 und jünger.

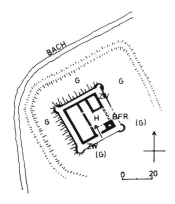

Altenschneeberg

Tiefenbach-A..., Kr. Cham, Bayern

Grundriß in: Kunstdkm. v. Bayern, Oberpfalz, Cham, S. 11.

Von dem Gebäude auf einem 6 m hohen Felsturm steht nur noch ein Mauerstück. Nach der Lage des Halsgrabens hat es eine Unterburg gegeben. Die Burg wurde im 13. Jh. erwähnt, war Anfang des 15. Jh. schon Ruine und wurde im 18. Jh. zum Kirchenbau abgebrochen.

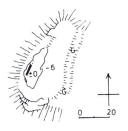

Altensteig

Kr. Calw, Baden-Württemberg

Grundriß in: Archiv der Deutschen Burgenvereinigung: Schwäbisches Heimatbuch 1941.

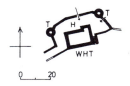

Im Zentrum des jetzigen Schlosses steht der Wohnturm des 13. Jh. mit Buckelquader-Mauern von 2 m Stärke und der Fläche 11,3 × 16,5 m, die Ringmauer ist aus dem 14. Jh.

Altenstein

Maroldsweisach, Kr. Haßberge, Bayern

Grundriß in: Kunstdkm. v. Bayern, Unterfrk., Bd. 15, S. 18.

Die heutige Ruine wird 1225 erstmals erwähnt. Der Bergfried mit ca. 9 m Seitenlänge und 2,0 m Wandstärke ist aus dem 13. Jh., die Kapelle ist spätgotisch. Befestigungen von 1576. 1632 teilweise zerstört, verfiel die Burg seit Beginn des 18. Jh.

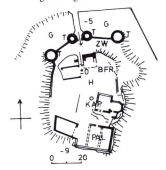

Altenstein

Gde. Asbach, Kr. Heiligenberg, Thüringen

Grundriß nach Aufnahme F. W. Krahe, 1991

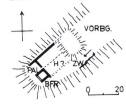

Ruine einer relativ kleinen Burg, die 1329 als neues Haus genannt wird. Zubauten fanden 1438 statt. Ein Teil wurde 1938 abgebrochen. Der Bergfried ist 7,5 m im Quadrat groß, seine Wandstärke ist 1,1 m.

Altenteich – Stary Rybnik

Gde. Wildstein-Skalna, Bz. Eger-Cheb, Westböhmen, Tschechische Republik

Grundriß in: Archiv d. Deutschen Burgenvereinigung.

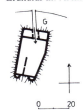

Rest einer kleinen Wasserburg. »De alte dich« wird 1364 erwähnt.

Altenthierberg = Wildenthierberg

Altenwied

Gde. Neustadt/Wied (Kr.), Rheinland-Pfalz

Grundriß in: Kunstdkm. d. Rheinprov., Bd. 16.2, S. 42; Cohausen, Nr. 204; Kubach, S. 38.

Anfang des 12. Jh. erwähnt als Besitz der Grafen v. Wied. Einige Teile der Ruine stammen aus der Gründungszeit: der Wohnturm mit den maximalen Maßen 9,5 × 15 m und über 2 m starker Mauer aus Buckelquadern, der Palas und Teile der Ringmauer. Die Schildmauer als Hangschutz-Verstärkung ist wesentlich jünger. Die Burg wurde 1633 durch Spanier erobert und ruiniert.

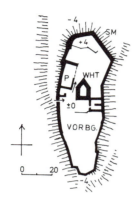

Alter Falkenstein, Alt-

Gde. Pansfelde, Kr. Hettstedt, Sachsen-Anhalt

Grundriß in: Wäscher, Bild 281.

Die Ruine liegt 1,8 km von der Burg Falkenstein entfernt. Sie wurde vielleicht d. Kaiser Heinrich IV. erbaut und schon 1115 zerstört. Das Oval ist eine nicht häufige Form, auf der Ostseite stand wahrscheinlich ein runder Bergfried.

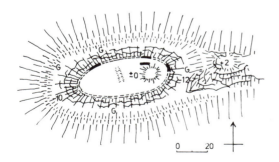

Alt Eschenbach

Gde. Eschenbach, Bz. Hochdorf, Kt. Luzern, Schweiz

Grundriß in: Kunstdkm. d. Schweiz, Luzern, Bd. 4, S. 215.

Die Ruine des 11,5 m im Quadrat messenden Wohnturmes mit 4,0 m Wandstärke aus dem 13. Jh. liegt am westlichen Ende eines mehr als 5000 m² umfassenden Mauerrechteckes, das vielleicht eine Burgstadt umschloß.

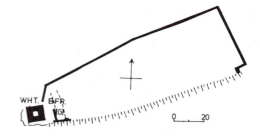

Altes Schloß

Gde. Mühletal-Niederbeerbach, Kr. Darmstadt, Hessen

Grundriß in: Burgen d. Salierzeit, Bd. 2, S. 45.

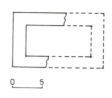

Der Rest eines Wohnturmes steht im Zentrum einer mittelgroßen Ringwallanlage. Sein Innenmaß mit 5,5 × 11 m und seine Wandstärke von etwa 2,0 m lassen einen Grundriß von rd. 10 × 15 m vermuten. Vielleicht ist der Bau um 1100 entstanden und gehörte den Edelherren v. Weiterstadt.

Alt Falkenstein, Klus

Gde. Klus, Bz. Balsthal, Kt. Solothurn, Schweiz

Grundriß in: Kunstdkm. d. Schweiz, Solothurn, Bd. 3, S. 56; Burgen u. Schlösser d. Schweiz III, S. 62; Meyer-Regio, S. 190.

Die Gründung dürfte in der Mitte des 13. Jh. liegen, bis 1420 gehörte die Burg den Falkensteinern. Urkundlich wird sie erst Anfang des 14. Jh. genannt. Nach Zerstörung im sogen. »Safrankrieg« 1375 Aufbau. Im 19. Jh. ist die Burg verwahrlost, im 20. Jh. jedoch als Museum wiederhergestellt worden. Der Wohnturm hat maximale Maße von 12,0 × 19,5 m und 4 Stockwerke bei ca. 16 m Höhe, die Wandstärken variieren zwischen 1,0 und über 2 m. Der Bergfried mit einem Durchm. von 9,5 m hat Wandstärken von 2,4 m.

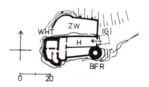

Alt Finkenstein, Finkenstein

Gde. Finkenstein-Latschach, Bz. Villach, Kärnten, Österreich

Grundriß in: Burgen u. Schlösser in Kärnten, Bd. 3, S. 135; Piper, Österr., Bd. 6; Kohla, S. 52; Dehio.

»Gowoldus de Vinchenstein« 1142 erwähnt. Ältere Teile noch romanisch, sonst spätgotisch, wie der Palas, der Anfang des 16. Jh. entstand. Die Ruine wurde 1984 gesichert. Der quadratische Bergfried hat eine Seitenlänge von 6,5 m bei 1,8 m dicken Mauern. Die Ringmauer im Süden und im Westen ist über 2 m stark.

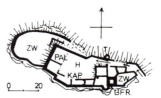

Alt Fraunhofen

Kr. Landshut, Bayern

Grundriß in: Kunstdkm. v. Niederbayern, Bd. 5, S. 31.

Die Wasserburg wurde erstmals 1407 genannt. Stammsitz der gleichnamigen Familie; Torbau, Ringmauern und Gebäude aus dem 15. Jh. Die Ruine wurde 1888 zum großen Teil abgebrochen.

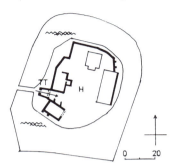

Alt Fridingen

Gde. Fridingen, Kr. Tuttlingen, Baden-Württemberg

Grundriß in: Schmitt, Bd. 3, S. 279.

Entstanden ist die Anlage vielleicht schon im 11. Jh. als Burgstadt der Grafen v. Wartenberg. Aufgegeben im 16. Jh. Das eingezogene Tor spricht für eine frühe Anlage.

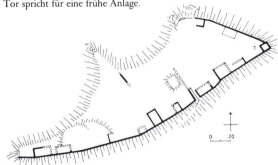

Alt Geroldseck, Raubkasten

Gde. Seelbach-Schönberg, Kr. Offenburg, Baden-Württemberg

Grundriß in: Antonow-SWD., S. 116; Burgen und Schlösser in Mittelbaden, S. 321; Batzer/Städele, S. 333.

Die kleine Burg wird 1139 urkundlich genannt und bereits 1277 zugunsten von Hohengeroldseck → aufgegeben, die rd. 1,7 km entfernt liegt. Das Mauerwerk bestätigt die frühe Bauzeit. Die 19 m lange Schildmauer ist 3,6 m dick. Das Tor lag nach Karl List in der Schildmauer, der Palas an der Rückseite der Burg. Der bei Antonow gezeigte Grundriß von K. A. Koch weist etwas vom Grundriß Karl Lists ab. Das Grundriß-Lexikon zeigt den von List.

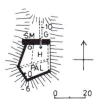

Alt Grafenstein = Lärchenau

Alt Gutenstein, Burgfelden

Sigmaringen (Kr.), Gutenstein, Baden-Württemberg

Grundriß in: Schmitt, Bd. 3, S. 108.

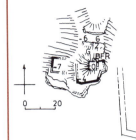

Die kleine Burg ist wohl dem 12. Jh. zuzuordnen, 1212 wird ein Konrad v. Gutenstein als Zeuge bei der Gründung des Klosters Wald genannt. 1345 war die Burg noch bewohnt. 1566 hingegen schon verfallen. Der Bergfried maß ca. 4,5 × 5,5 m.

Alt Haimburg = Rauterburg

Althaus

Gde. Silberberg, Bz. St. Veit, Kärnten, Österreich

Grundriß in: Burgen u. Schlösser in Kärnten, Bd. 1, S. 8.

Die Turmburg stammt aus dem frühen 13. Jh. 1247 wird ein »Wlvingus de Huse« genannt, »vetus domus = Althaus« kommt erst 1279 vor. 1449 galt der Wohnturm als baufällig. Die Ruine des Wohnturmes mißt 11,6 × 16,8 m mit 2,2 m dicken Mauern. Er besaß 3 Stockwerke, die Trennwände stammen aus dem 15. Jh.

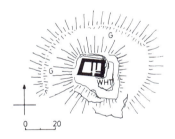

Alt Hausfreden = Freden

Altheideck, Heidegg

Gde. Heideck, Kr. Roth, Bayern

Grundriß in: D. Deeg »Heidegg Stadt u. Landschaft«.

Die Felsenburg des 13. Jh. wurde durch einen Steinbruch zerstört, nur wenige Mauerreste sind erhalten.

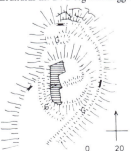

Althofen, Frohnfeste

Bz. St. Veit, Kärnten, Österreich

Grundriß in: Burgen u. Schlösser in Kärnten, Bd. 1, S. 11.

Diese kleine Burg liegt an der Nordseite der gleichnamigen Burgstadt, die schon 953 als »curia« auftaucht. Entstanden ist die Burg wohl im 12. Jh.; sie bestand vermutlich aus einem Wohnturm und einem Hof.

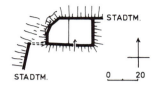

Alt Hofen

Gde. Lochau, Bz. Bregenz, Vorarlberg, Österreich

Grundriß in: Ulmer, S. 349; Huber, S. 109

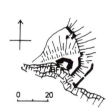

1456 »Turm und Hof zu Hofen gelegen« erwähnt. 1585 wurde die Burg zugunsten des Schlosses Hofen aufgegeben. Erster Lehnsherr war Henricus de Houen, der 1218 genannt wird. Der SW-Teil der Burg ist abgestürzt. Der polygone Bergfried war 7,5 m lang und vielleicht 6 m breit.

Altikon

Gde. Wiesendangen, Bz. Winterthur, Kt. Zürich, Schweiz

Grundriß in: Kunstdkm. d. Schweiz, Zürich, Bd. 7, S. 329.

Der mittelalterliche Wohnturm mit 2 Stockwerken ist der Rest einer Burg. Auffallend sind die geringen Wandstärken.

Alt Jochstein

Gde. Untergriesbach-Jochenstein, Kr. Passau, Bayern

Grundriß in: Kunstdkm. v. Niederbayern, Bd. 9, S. 14.

Entstanden ist der Wohnturm wohl im 12. Jh. 1222 wird die Burg erwähnt, Adel erst 1264. Die Turmruine ist bis 8 m erhalten; sie mißt 9 × 13 m mit 1,8 – 3,0 m dicken Mauern.

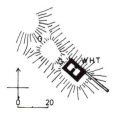

Alt Kainach

Gde. Kainach, Bz. Voitsberg, Steiermark, Österreich

Grundriß in: Mitteilungen d. Steyr. Burgenvereinigung.

»De Cainache« wird 1138 urkundlich erwähnt. Die verfallene kl. Wasserburg wird 1548 neu erbaut. Im Kern der Wohnturm mit 10,3 × 13,6 m Außenmaßen und 1,2 m starken Mauern. Alt Kainach ist der Sitz der Steyr. Burgenvereinigung.

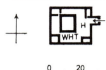

Alt Keutschach

Gde. Keutschach, Bz. Klagenfurt, Kärnten, Österreich

Grundriß in: Kohla, S. 13.

Die Anlage stammt vielleicht noch aus vormittelalterlicher Zeit, wurde aber auch als Burg benutzt. Im 18. Jh. wurde die Ruine bis auf Reste abgebrochen.

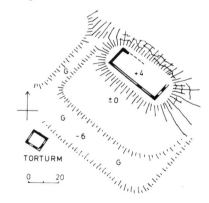

(Altkirch)

Ct. Altkirch, Haut Rhin, Frankreich

Grundriß in: Salch, S. 16.

Erste Erwähnung einer Burg 1049, nach Tillman wurde sie erst um 1215 erbaut. Sie wurde im Dreißigjährigen Krieg zerstört und 1845 abgebrochen, keine Reste mehr.

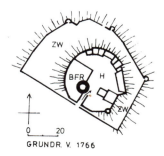

Alt Klus = Schalberg

Alt Kraig = Hochkraig

Alt Landenberg

Gde. Bauma, Bz. Pfäffikon, Kt. Zürich, Schweiz

Grundriß in: Meyer, Bd. 5, S. 10.

Gründer die Herren v. Landenberg. Der umfangreiche Palas stammt aus der 1. Hälfte des 13. Jh., die Schildmauer im Osten ist 2,8 × 3,5 m stark.

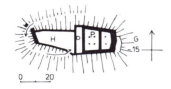

Alt Laubenberg = Laubenberg

Alt Leiningen

Kr. Bad Dürkheim, Rheinland-Pfalz

Grundriß in: Kunstdkm. v. Bayern, Pfalz, Bd. 8, S. 101; Baudkm. d. Pfalz.

Die Burg wurde um 1120 durch Emich II. v. Leiningen gegründet. Ende des 13. Jh. war die Burg Ganerbenburg. 1525 Teilzerstörung durch Brand. Wohngebäude aus dem 15. und 16. Jh., Ringmauer 2,0 m, Schildmauer 2,6 m stark. Seit 1242 Alt Leiningen. Burg des Minnesängers Friedrich v. Leiningen im 1. Viertel des 13. Jh.

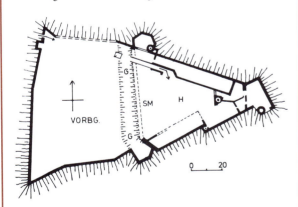

Alt Lengbach

Gde. Lengbach, Bz. St. Pölten, Niederösterr., Österreich

Grundriß in: Burgen u. Schlösser in Niederösterr., 5, S. 97.

Entstanden im 15. Jh., später Umbau zum Schloß, zerstört wurde es 1683. Die Ringmauern sind hier 1 m stark.

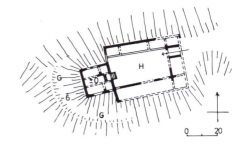

Alt Lichtenstein

Gde. Lichtenstein, Kr. Reutlingen, Baden-Württemberg

Grundriß in: Blätter d. Schwäb. Albvereins, 17. Jhg., 6, S. 187; Schmitt, Bd. 4, S. 336.

Die Burg ist zwischen 1150 und 1200 entstanden. 1311 wurde sie zerstört und 1315 wieder aufgebaut. Endgültig zerstört wurde sie um 1380. Die Ruine Alt-Lichtenstein liegt einige hundert Meter von Lichtenstein entfernt. Der Bergfried mißt 8,5 × 10 m, die Schildmauer ist über 3 m dick.

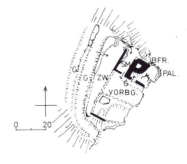

Alt Liebenstein = Liebenstein

Alt Liemburg, -berg

Gde. Liebenberg, Bz. St. Veit, Kärnten, Österreich

Grundriß in: Kunstdkm. v. Kärnten, S. 771; Kohla, S. 187.

De Liebenberch wird erstmals 1167 erwähnt, der älteste Teil wohl der Wohnturm mit den Außenmaßen von 8,5 × 10 m und etwas über 1,5 m Wandstärke, ursprünglich 4 Stockwerke. Der runde Bergfried des 13. Jh. hat 9,75 m Durchmesser mit 2,5 m Mauerstärke.

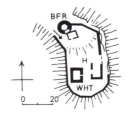

Alt Lomnitz – Stara Łomnica

Kr. Habelschwerdt – Bystrzyka Kłodzka, Schlesien, Polen

Angabe in: Grundmann, Bild 301

Wohnturm wohl aus dem 15. Jh. mit 5 Stockwerken und ca. 16 m Höhe.

Alt Mannsberg = Mannsberg

Altmannstein

Kr. Eichstätt, Bayern

Grundriß in: Kunstdkm. v. Bayern, Oberpfalz, Bd. 13, S. 15.

Erbaut wurde die Burg 1242 in Buckelquadern, der Turm außerhalb der Ringmauer, eine recht seltene Lage, stammt aus dem 15. Jh. Zerstört wurde die Burg 1633 durch Schweden. Der Bergfried hat einen Durchmesser von 10,2 m mit 3,5 m Mauerstärke, 18 m Höhe und 3 Stockwerken, Hocheinstieg auf 4,3 m.

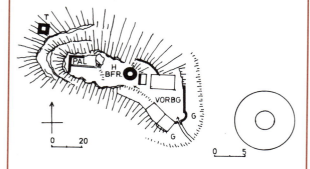

Altmontfort

Gde. Weiler, Bz. Feldkirch, Vorarlberg, Österreich

Grundriß in: Österr. Kunsttop., Bd. 32, S. 555; Ulmer, S. 79; Huber, S. 79.

Entstanden ist die Burg wohl Ende des 12. Jh., zerstört wurde sie 1405 im Appenzellerkrieg. Der von Huber publizierte Grundriß weicht erheblich von dem in der Kunsttopographie ab. Reste zweier runder Türme erkennbar. Das Tor lag im Süden.

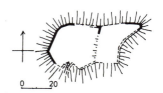 

GDR. NACH HUBER

Alt Morungen

Gde. Forst Eller-Ebenstein, Kr. Sangerhausen, Sachsen-Anhalt

Grundriß in: Stolberg, S. 257.

Ein fünfeckiger Grundriß der vermutlich aus dem 11. Jh. stammt, 1112 ist von »... cum urbe Morunge« die Rede. 1158 »castrum Morungen«. Aufgegeben um 1200 zugunsten von Neu-Morungen →.

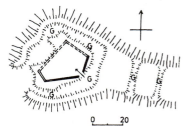

Altnußberg

Gde. Geiersthal, Kr. Regen, Bayern

Grundriß in: Altnußberger Burgennachrichten, Nr. 4.

Adel »de Nuzbach« 1125 genannt, 1195 »de Nusberg«. Entstanden ist die Burg Ende des 12. Jh., die obere Vorburg ist aus der 2. Hälfte des 14. Jh., untere Gebäude viel jünger. Zerstört wurde die Burg 1496. Die Ringmauer ist 1,5 m dick, der unregelmäßig fünfeckige Bergfried mißt maximal 7×7,5 m mit 1,5 m Wandstärke.

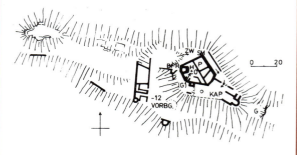

Alt Pernegg = Pernegg

Alt Pernstein

Gde. Michelsdorf, Bz. Kirchdorf, Oberösterr., Österreich

Grundriß in: Burgen u. Schlösser in Oberösterreich, Bd. 3, S. 77; Piper, Österr., Bd. 4.

Der Ursprung der Burg liegt um 1200, die Burg liegt auf einem Felskegel. Sie wurde im 16. Jh. fast total erneuert. Der Bergfried und Palas sind alt. Über dem Tor liegt die kleine Kapelle. Der trapezförmige Bergfried hat im Maximum 7,5 m Kantenlänge.

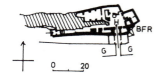

Alt Ramschwag, -Ramswag
Gde. Häggenschwil, Bz. u. Kt. St. Gallen, Schweiz

Grundriß in: Felder, 3. Teil, S. 24.

Adel de Rammiswag 1176 erwähnt, im 15. Jh. verfallen; ausgegraben wurden die Reste 1930. Der Bergfried hat die Dimension 8×9 m mit ca. 1,0 m Mauerstärke.

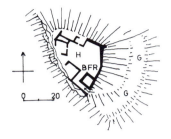

Alt Rasen
Gde. Rasen, Pustertal, Südtirol, Italien

Grundriß nach Aufnahme F. W. Krahe, H. Kelchner, 1986.

Die nicht sehr starke Burg hatte auf der Hangseite einen Bergfried, von dem ein Rest erhalten ist. Entstanden ist die Burg vielleicht um 1200, die Mauern stammen größtenteils aus dem 16. Jh. Seit dem 18. Jh. ist die Burg eine Ruine. In 1,3 km Abstand liegt die Burg Neu Rasen →.

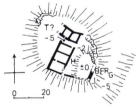

Alt Rathen
Gde. Rathen, Kr. Sebnitz, Sachsen

Grundriß in: Meiche, S. 224.

»De Raten« wird erstmals 1261 genannt. Von der 1468 zerstörten kleinen Burg ist nur ein halbkreisförmiger Mauerrest erhalten.

Alt Regensberg
Gde. Regensberg, Bz. Dielsdorf, Kt. Zürich, Schweiz

Grundriß in: Meyer, Bd. 5, S. 11; Schuchhardt, S. 212.

Der älteste Teil der auf einem 30 m hohen Moränenhügel stehenden Burg ist der Wohnturm mit 10,5 m Kantenlänge und 2,75 m starken Mauern. Er ist wohl noch aus dem 11. Jh. und wurde um 1200 mit einer neuen Quader-Außenseite geschmückt. Er besaß einen Hocheingang; sein Sockel war – eine extrem seltene Ausnahme – massiv. Ringmauern anstelle von Palisaden vielleicht um 1200. Die massiven Wohnbauten sind aus dem 14. Jh. Sie ersetzen Holzbauten auf Steinsockel. Die Stammburg der Freiherren v. Regensberg verfiel nach 1500.

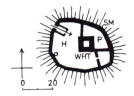

Alt Rheineck
Bz. Unterrhein, Kt. St. Gallen, Schweiz

Angabe in: Meyer, Bd. 6, S. 23.

Als Rest der Höhenburg vom Ende des 12. Jh. ist nur der Bergfried übriggeblieben. Zerstört wurde die Burg 1436 durch Appenzell.

Alt Rietheim
Gde. Rietheim-Weilheim, Kr. Tuttlingen, Baden-Württemberg

Grundriß in: Heine, Abb. 41; Schmitt, Bd. 3, S. 324.

Um 1100 Siegbert v. Rietheim urkundlich erwähnt. Die Burg ist vermutlich aus dem 12. Jh. Ihr einziger Rest ist der ungefähr 7×7 m große Bergfried. Wahrscheinlich wurde die Burg im 16. Jh. verlassen.

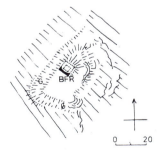

Alt Rohr
Gde. Kloten, Bz. Bülach, Kt. Zürich, Schweiz

Grundriß in: Züricher Denkmalpflege, 1970–74, Teil 2.

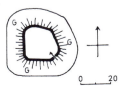

Die auf einem sanften Hügel liegende Burg wurde 1352, 1386 und endgültig 1443 zerstört. Eigener Adel ist seit 1219 bekannt. Die Ringmauer mit rd. 1,5 m Dicke wurde ausgegraben.

Alt Sachsenheim

Gde. Sachsenheim, Kr. Ludwigsburg, Baden-Württemberg

Grundriß in: Pfefferkorn, Bd. 4.

Dem polygonal-runden Grundriß nach muß die Wasserburg aus dem 13. Jh. stammen. Die Burg wird aber erst 1375 erstmals genannt.

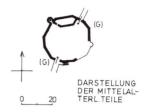

Alt Sachsenheim, Berg, Eisenberg

Gde. Sachsenheim. Kr. Ludwigsburg, Baden-Württemberg

Grundriß in: Antonow-SWD, S. 111.

Erste urkundl. Erwähnung um 1240, die Herren v. Sachsenheim waren Vasallen der Grafen von Vaihingen. Die Kastellburg in Ecklage besitzt eine sehr starke Ringmauer in Nord und Ost nach Kochs Grundriß 3 m, sonst 2,5 m. Die Mauern sind bis 10 m Höhe erhalten; Antonow spricht von Schildmauern.

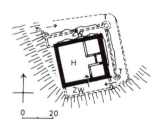

Alt Schadeck = Neckarsteinach-Hinterburg

Alt Scharnstein, Schadenstein

Gde. Scharnstein, Bz. Gmunden, Oberösterr., Österreich

Grundriß in: Burgen u. Schlösser im Salzkammergut, S. 96; Piper, Österr., Bd. 4, S. 191.

Die Ruine besteht aus der Oberburg, die wohl zum Beginn des 13. Jh. entstand, und einer größeren Unterburg jüngerer Herkunft, wohl gotisch. »Henricus de Scharensteine« wird 1204 urkundl. erwähnt. Der Bergfried der Oberen Burg mißt ca. 9 × 10,5 m, seine Südseite ist verstärkt, vermutlich war er ein Wohnturm. Die Unterburg zeigt Mauerwerk von 1,0 – 1,4 m Stärke, der Bergfried ist 7,5 × 8 m groß mit 0,9 – 1,2 m dicken Mauern. Die Burg wurde 1538 nach einem Brand aufgegeben.

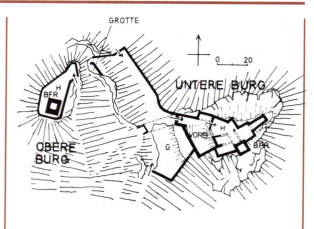

Alt Schauenburg

Gde. Frenkendorf, Bz. Liesthal, Kt. Basel-Ld., Schweiz

Grundriß in: Meyer-Regio, S. 80.

Die Ruine wurde 1976 ausgegraben, Spuren einer Vorburg erkennbar. Entstanden ist die Burg um 1275, zerstört wurde sie durch das Erdbeben 1356. Eine 4 m starke Schildmauer schützt die Kernburg, die wohl nur aus Palas und Hof bestanden hat.

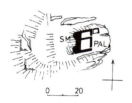

Alt Schauerburg, Königstein, Schauerbach

Gde. Emskirchen, Kr. Neustadt/Aisch, Bayern

Grundriß in: Bayrische Kunstdkm., Neustadt/Aisch, S. 67.

Rest einer Anlage aus dem 14. Jh., genannt wird sie 1361, zerstört wurde sie 1388.

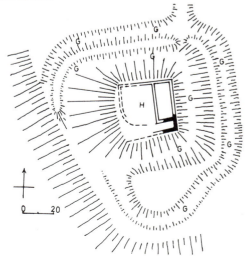

Altschloß

Gde. Eppenbrunn, Kr. Pirmasens, Rheinland-Pfalz

Grundriß in: Wenz, S. 55.

Da man Reste von Buckelquadern gefunden hat, ist die Burg auf 20 m hohen Felstürmen wohl um 1200 entstanden; kaum Reste erhalten.

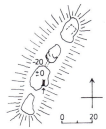

Altschloß = Signau

Alt Schönfels

Gde. Schönfels, Kr. Zwickau, Sachsen

Grundriß in: Gurlitt: Beiträge zur Bauwissenschaft im Verlag Wasmuth, Heft 14.

Die gut erhaltene Burg liegt auf einem Basaltkegel. Angeblich wurde sie durch Kg. Heinrich I. gegründet gegen die Sorben. »Schoninfels« wird jedoch erst 1225 genannt. Seit 1548 heißt sie Alt Schönfels. Die Wohngebäude entlang der ovalen Ringmauer stammen aus dem 15. Jh. Der Bergfried stand anfangs frei, sein Durchmesser ist 7,2 m, die Wandstärke 2,8 m. Die Ringmauer ist 1,6 m dick.

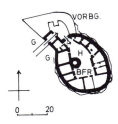

Alt Schönstein

Gde. Hohenweiler, Bz. Bregenz, Vorarlberg, Österreich

Grundriß in: Huber, S. 111.

Von der Burgruine ist nur noch ein Wohnturm von 8 × 11,5 m Größe und ca. 1,6 m Mauerstärke erhalten. »Heinricus de Sconensteine« wird 1257 urkundlich erwähnt. Zerstört wurde die Burg 1395 durch Konstanz, Lindau, Ravensburg, St. Gallen und andere Städte.

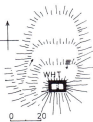

Alt Signau = Signau

Alt Sins, Alt Süns, Paspels

Gde. Paspels, Bz. Heinzenberg, Kt. Graubünden, Schweiz

Grundriß in: Burgen u. Schlösser der Schweiz, XV., S. 90; Poeschel, S. 193; Clavadetscher, S. 120.

Die Ruine liegt auf einem Hügel am Ort. Entstanden ist sie wohl Ende des 12. Jh.; erwähnt wird die Burg jedoch erst 1285. Zerstört wurde sie 1451 in der Schamserfehde. Der Wohnturm, der noch mit ca. 14 m Höhe erhalten ist, hatte einen Grundriß von knapp 12 m Kantenlänge mit 2 m starken Wänden. Er besaß 4 Stockwerke, einen Hocheingang im 1. Obergeschoß und in den beiden obersten Stockwerken je einen Aborterker.

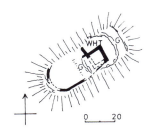

Altstätten

Gde. Zürich, Schweiz

Grundriß in: Hartmann, S. 65.

Angeblich ein Römerturm, aber wohl eher ein mittelalterlicher Wohnturm mit 2 Stockwerken.

Alt Steußlingen = Brielburg

Alt Summerau

Gde. Tettnang-Langnau, Kr. Friedrichshafen, Baden-Württemberg

Grundriß in: Archiv d. Deutschen Burgenvereinigung.

1270 wird ein Albert v. Summerau genannt. Die kleine und eher schwache Burg aus dem 13. Jh. wurde zwischen 1633 und 1660 zerstört. Der Bergfried hat Mauern von 1,5 m Stärke und eine Grundfläche von 8 × 8 m.

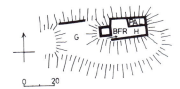

Alt Teufen

Gde. Teufen, Bz. Bülach, Kt. Zürich, Schweiz

Grundriß in: Hartmann, S. 38.

Die vermutlich kleine Burg stammt aus dem 12. Jh. und wurde 1450 verlassen. Von ihr stammt der Minnesänger Werner v. Teufen, der Anfang des 13. Jh. bezeugt ist. Wenn Hartmanns Skizze stimmt, besaß die Burg nur Bergfried, Palas und vielleicht einen Hof.

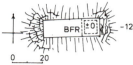

Alt Thierstein

Gde. Gipf-Oberfrick, Bz. Laufenberg, Kt. Aargau, Schweiz

Grundriß in: Meyer-Regio, S. 70.

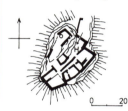

Im Jahr 1934 wurde die Ruine freigelegt und gesichert. Ein Graf v. Thierstein ist 1084 urkundlich genannt. Die Burg könnte im obersten Teil noch aus dem 11. Jh. sein. Bodenfunde stammen aus dem 11. – 15. Jh.

Alt Titschein – Stara Jičin

Bz. Neu Titschein – Nova Jičin, Nordmähren, Tschechische Republik

Grundriß in: Prokop II, S. 239.

Giczin wird 1201 genannt, Tizcein 1302. Urkundlich erwähnt wird die Burg 1278. Im 17. Jh. ist sie verfallen. Die Ringmauer der Kernburg ist 1,5 m dick, der Bergfried hat einen Durchmesser von 7,0 m bei 2 m Mauerstärke.

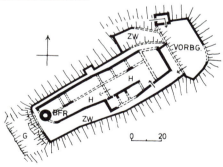

Alt Toggenburg

Gde. Gähwil, Bz. Alt Toggenburg, Kt. St. Gallen, Schweiz

Grundriß in: Hartmann, S. 17.

Die Burg entstand 1085 nach der Zerstörung einer älteren Anlage. Von Toggenburg wird schon 1044 bezeugt. Die Burg wurde 1752 vermutlich für einen Kirchenbau abgebrochen. Die Anlage ist 230 m lang. Der Wohnturm der Kernburg war 14 × 14 m groß und hatte 2,2 m dicke Wände. Vielleicht stammt der Minnesänger Graf Kraft v. Toggenburg († 1339) von hier.

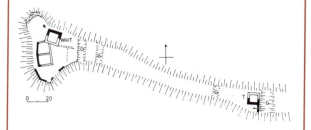

Alt Trauchburg = Trauchburg

Alt Wädenswil

Gde. Wädenswil, Bz. Horgen, Kt. Zürich-Ld., Schweiz

Grundriß in: Kunstdkm. d. Schweiz, Zürich-Ld., Bd. 2, S. 299; Meyer, Bd. 5, S. 87.

Ein Walter v. Wädenswil taucht schon 1130 auf. Nach Meyer stammt der westl. Wohnturm aus der 2. Hälfte des 13. Jh. Er hatte die Ausmaße 16,5 × 22 m im Maximum und 2,0 – 3,7 m starke Mauern. Er besaß 5 Stockwerke und war vermutlich mit dem 2., jüngeren Wohnturm aus der Zeit nach 1370 verbunden. Beide Türme stehen auf aus dem Hang herausgearbeiteten Felsen. Die äußere Ringmauer wurde 1458 erbaut. Die Burg wurde 1557 geschleift.

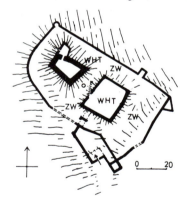

Alt Wartberg

Gde. Oftringen, Bz. Zofringen, Kt. Aargau, Schweiz

Grundriß in: Merz-Aargau; Meyer, Bd. 8, S. 53.

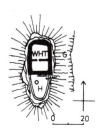

Die Burg entstand Ende des 12. Jh. mit dem mächtigen Wohnturm von 15 × 20,5 m maximaler Dimension und Mauerstärken von 2 – 3 m. Er besaß 3 – 4 Stockwerke. Der Südteil der Burg mit 1,2 m starker Mauer kam im 13. Jh. hinzu. 1415 brannten Berner und Solothurner die Burg nieder. 1967 wurde die Ruine gesichert.

Alt Weilnau

Gde. Weilrod-A..., Hochtaunuskr., Hessen

Grundriß nach Aufnahme F. W. Krahe, 1991.

Die Burg Weilnau ist um 1200 entstanden. Anfang des 17. Jh. wurde sie teilweise abgebrochen. Der Bergfried hat 8 m Durchmesser mit 2,5 m Mauerstärke; er ist 15 m hoch, sein Eingang liegt in 7 m Höhe, die Treppe liegt im Mauerwerk. Die Ringmauer ist 1,2 – 2,0 m dick.

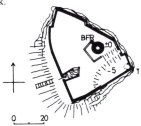

Alt Weingarten = Heuberg

Altwied, Mettfried

Gde. Neuwied (Kr.), Rheinland-Pfalz

Grundriß in: Ebhardt I., Abb. 438; Kunstdkm. d. Rheinprov. 16,2, S. 47.

Die Burg ist 1129 durch die Herren v. Wied gegründet worden. Der Wohnturm mit Außenmaßen von 8 × 15 m und an 3 Seiten 2 m starken Wänden stammt aus der 1. Hälfte des 13. Jh., bei rd. 15 m Höhe besitzt er 3 Stockwerke. Die Ringmauern der Kernburg sind bis 9 m hoch und 1,3 – 2,3 m stark. Verstärkung der Burg und Vorburgen im 13. und 14. Jh. Die Ruine wirkt sehr malerisch.

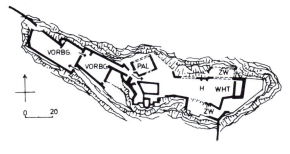

Alt Wildenstein

Gde. Leibertingen, Kr. Sigmaringen, Baden-Württemberg

Grundriß in: Schmitt, Bd. 3, S. 204.

Die Ruine der kleinen Burg liegt nördlich der Burg Wildenstein und südlich der Ruine Unterwildenstein mit je rd. 200 m Abstand. Entstanden ist die Burg um 1200, nach 1262 wurde sie zugunsten von Wildenstein → aufgegeben. Die kleine Anlage hatte höchstens 320 m² Grundfläche, der Wohnturm maß 6,5 × 13 m mit Mauern von höchstens 1 m Dicke.

Alt Windeck

Gde. Bühl, Kr. Rastatt, Baden-Württemberg

Grundriß in: Batzer/Städele, S. 189; Burgen u. Schlösser in Mittelbaden, S. 151.

Die um 1200 entstandene Burg gehört zu den wenigen Beispielen mit 2 Bergfrieden. Der Adel v. Windeck wird 1212 erstmals genannt. Der südliche Bergfried mißt 9,6 × 9,8 m. Bei Mauerstärken von 2,5 – 3,0 m ist er 27,6 m hoch, sein Eingang ist rundbogig und liegt bei 15,5 m Höhe. Der Bergfried besitzt 5 Stockwerke. Der nördliche Bergfried von 8,5 m Kantenlänge und 2,6 m Mauerdicke hat seinen Eingang in 12 m Höhe. Beide Türme sind wohl gleich alt. Die Burg wurde 1372 durch Brand zerstört aber wieder aufgebaut. Sie verfiel im 16. Jh.

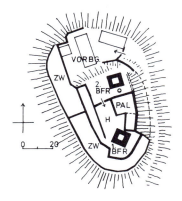

Alt Windstein

Gde. Windstein, Ct. Niederbronn, Bas-Rhin, Frankreich

Grundriß in: Wolff, S. 6; Biller, Dissertat., S. 89.

Zwei Burgen auf hohen Felstürmen. Sie entstanden um 1200. In die Felstürme sind Kammern geschlagen. Die relativ kleinen Kernburgen vom Typ Bergfried-Palas sind auf den Plattformen der Felstürme entstanden. Von ihnen ist nur der fünfeckige Bergfried der Nordburg erhalten. Beide Burgen besaßen eigene Vorburgen auf der Ostseite der Felstürme.

Alt Winnenden = Bürg

Alt Wolfstein
Gde. Wolfstein, Kr. Kusel, Rheinland-Pfalz

Grundriß in: Baudenkm. i. d. Pfalz, Bd. 1, S. 59.

Nachrichten über die Burg aus dem 13. Jh. Die Burg wurde 1504 als Raubnest zerstört. Der fünfeckige Bergfried mit 6,5 × 10 m maximalen Maßen und Mauerstärke von 1,8 m ist 19 m hoch. Wegen der geringen Innenfläche kann er nicht ein Wohnturm gewesen sein.

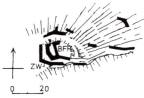

Alt Wülfingen
Gde. Wülfingen, Bz. Winterthur, Kt. Zürich, Schweiz

Grundriß in: Zeller-Werdmüller, Teil 2.

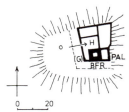

Auf einem Berg über der Töss liegt die Ruine der Ende des 13. Jh. entstandenen Burg. Der 7 × 7 m große Bergfried hat Mauerstärken von 2 m und einen spitzbogigen Eingang in 9 m Höhe. 1895 wurde die Ruine konserviert.

Alvensleben
Kr. Haldensleben, Sachsen-Anhalt

Grundriß in: Kunstdkm. im Kreis Haldensleben.

Von der ehemals großen Burg sind nur der konische Bergfried und ein Mauerrest erhalten. Von Alvensleben seit dem 12. Jh. bekannt. Der Turm reduziert seinen Durchmesser von 10,2 m unten auf 9,3 m oben, die Wandstärke beträgt unten 3,0 m, oben nur noch 2,5 m. Der Turm ist 26 m hoch; der Eingang liegt in 10,5 m Höhe.

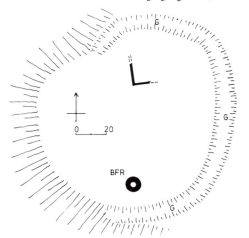

Alzenau
Kr. Aschaffenburg, Bayern

Grundriß in: Kunstdkm. v. Bayern, Unterfranken, 16, S. 15.

Die aus einem Palas mit Hof bestehende Kernburg mit nur 320 m² Fläche entstand um 1400 auf einem isolierten Hügel. Die gebogene Schildmauer ist 12,5 m hoch und rd. 4,5 m dick. Die weiteren Bauten stammen aus dem 15. Jh.

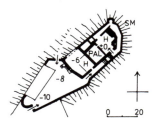

Alzey, Stein, Ravensburg
Kr. Alzey-Worms, Rheinland-Pfalz

Grundriß in: Hotz-Pfalzen, Z. 4.

Eine erste Anlage der Stadtburg soll es schon 1074 gegeben haben. Die heutige romanische Anlage ist wohl unter Hzg. Friedrich d. Einäugigen v. Hohenstaufen Mitte des 12. Jh. entstanden. Die Hofbauten sind aus dem 15. und 16. Jh. Die Ringmauer ist mit 3,15 m sehr stark.

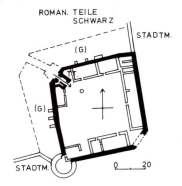

Amberg
Bayern

Grundriß in: Pfistermeister, S. 115.

Das sogen. vordere Steinhaus des Schlosses reicht ins 13. Jh. zurück.

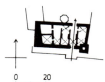

Amberg = Alteburga

Ambras = Amras

Amerang

Kr. Rosenheim, Bayern

Grundriß in: Dehio, Bayern, Bd. IV, S. 39.

Der Ursprung und der Umfang des Schlosses Amerang sind mittelalterlich. Die Burg wurde im 16. Jh. zum Schloß umgestaltet. Der Bergfried mit 9 × 8 m Grundfläche besitzt 2,5 × 3,0 m starke Mauern.

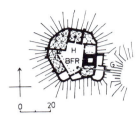

Amlishagen

Gde. Gerabronn, Kr. Schwäbisch Hall, Baden-Württemberg

Grundriß in: Antonow-SWD., S. 115; Burgwart 1903, S. 102.

Der recht kleine Kern der Burg entstand zwischen 1250 und 1300. Die 19 m hohe und 3 m starke Schildmauer besitzt in 12,5 m Höhe einen Eingang mit einer Wendeltreppe zum innenliegenden Wehrgang in ca. 16 m Höhe. Die Ringmauer ist nur 1,2 m dick. Die weiteren Zubauten sind aus der 2. Hälfte des 14. Jh.

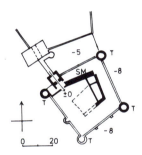

Amöneburg

Kr. Marburg-Biedenkopf, Hessen

Grundriß in: A. Schneider »Burg und Schloß Amöneburg«.

Die Stadtburg wurde in der 1. Hälfte des 12. Jh. durch Kurmainz gegründet. 1165 wurde sie zerstört und danach wieder aufgebaut. Die heutige Anlage stammt aus dem 13.–15. Jh. Sie wurde 1646, endgültig 1762 zerstört, danach ist sie verfallen. Der Turm mit 7 m Durchmesser hat 2 m dicke Mauern.

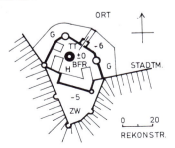

Amorbach

Kr. Miltenberg, Bayern

Grundriß in: Das Bürgerhaus zwischen Rhein und Neckar, S. 52.

Wohnturm des Mittelalters, sogen. Templerhaus mit zwei Stockwerken aus Stein und zwei Fachwerkgeschossen darüber.

Ampfurth

Kr. Wanzleben, Sachsen-Anhalt

Grundriß in: Wäscher, »Feudalburgen in der Magdeburger Börde«.

Im 12. Jh. war die Wasserburg Sitz der Familie v. Ampfurth. Der Standort des Bergfriedes ist nicht mehr feststellbar. Im 15. und 17. Jh. umfassende Veränderungen.

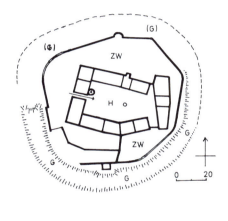

Amras, Ambras

Gde. Innsbruck (Bz.), Tirol, Österreich

Grundriß in: Weing.-Hörm, S. 100; Dehio, Tirol, S. 124; Trapp, Bd. 6, S. 151; Hotz-Pfalzen, Z. 64.

Die Burg wird erstmals 1078 in Verbindung mit »Otto de Umeraz« genannt. 1123 tritt Ulrich v. Ambras als Ministeriale der Grafen v. Andechs-Dießen auf. Die frühesten Teile aus dem 12. Jh. stecken in der Ringmauer. Der fünfeckige Wohnturm und der Palas stammen aus dem 13. Jh. 1564–1569 hat Erzherzog Ferdinand II., Ehemann der Philippine Welser, die Burg in ein Schloß umgewandelt. Der Wohnturm hat eine Höhe von rd. 20 m mit 4 Stockwerken und Wanddicken um 2 m. In der 2. Hälfte des 19. Jh. wurde das Schloß durch Erzherzog Karl Ludwig erneut umgestaltet.

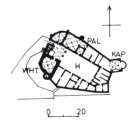

Amtzell

Kr. Ravensburg, Baden-Württemberg

Grundriß in: Kunstdkm. v. Württbg. Wangen, S. 88.

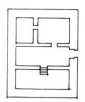

Im Schlößchen des 16. Jh. steckt ein Bau des 14. Jh. mit 1,4 m starken Mauern.

Andeck

Gde. Mössingen-Thalheim, Kr. Tübingen, Baden-Württemberg

Grundriß in: Blätter d. Schwäb. Albvereins, 45. Jhg., Nr. 3, S. 72; Schmitt, Bd. 5, S. 14.

Schenken v. Andeck sind im 14. Jh. genannt. Die Burg ist ihrer regelmäßigen Anlage nach vielleicht staufischen Ursprunges. Im 17. Jh. war sie bereits Ruine.

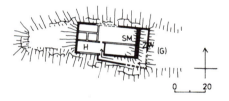

Andernach

Kr. Mayen-Koblenz, Rheinland-Pfalz

Grundriß in: Dehio, Rheinland-Pfalz, S. 25; Ebhardt I, S. 80; Kunstdkm. d. Rheinprovinz, Bd. 17.2.

Die erzbischöfliche Burg an der Stadt wurde zuerst 1198 zerstört. Eine weitere Zerstörung fand 1349 statt. Die heutige Anlage entstand 1367, sie wurde 1689 durch Franzosen zerstört. Der Wohnturm von 9,0 × 10,2 m Grundfläche mit 2 m starken Wänden hat 4 Stockwerke in 20 m Höhe, die Wendeltreppe liegt in einem Treppenturm. Die Ringmauer ist 1,4 m dick.

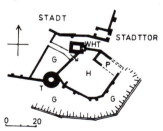

Andlau, Hohandlau

Ct. Barr, Bas-Rhin, Frankreich

Grundriß in: Salch, S. 20; Wolff, S. 21; Kaltenbach IX; Hotz-Pfalzen, Z. 64.

Die Burg entstand auf einem kleinen Gipfel 1344. Sie wurde 1678 d. Franzosen zerstört, Rekonstruktion 1930. Die beiden Bergfriede haben Durchmesser von 7 m bei 2 m Wandstärke, sie besitzen spitzbogige Eingänge in 14 m Höhe. Die Burg erinnert an Saaleck →.

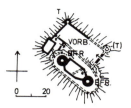

Andwil = Anwil

Anebos

Gde. Annweiler, Kr. Landau-Bergzabern, Rheinland-Pfalz

Grundriß in: Kunstdkm. v. Bayern, Pfalz, Bd. 4, S. 12; Baudenkm. in der Pfalz.

Die Ruine Anebos bildet mit Trifels → und Scharfenstein → in je 400 m Abstand eine Gruppe. »Aneboz« wird 1194 erwähnt. Auf dem Felskopf stand wohl ein Wohnturm. Nach 1249 verfiel die Burg.

Angenstein

Gde. Duggingen, Bz. Laufen, Kt. Bern, Schweiz

Grundriß in: Ebhardt I, Abb. 724; Meyer-Regio, S. 154.

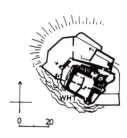

Der Kern der Anlage ist ein mächtiger Wohnturm wohl aus der Mitte des 13. Jh., 1320 wird die Burg im Lehenbuch des Baseler Hochstiftes genannt, 1495 und 1517 verheeren Brände die Burg, die bis ins 19. Jh. verändert wurde. Das etwas verzogene Rechteck des Wohnturmes mißt 15,5 × 18,5 m, hat 4 Stockwerke und ca. 2 m starke Mauern nach NW verstärkt, der Treppenturm wurde im 16. Jh. angebaut.

Anger

Gde. Klausen bei Brixen, Eisacktal, Südtirol, Italien

Grundriß in: Trapp, Bd. 4, S. 103.

Die Burg ist eine wenig geschützte Anlage des 12. Jh., die im 16. Jh. zum Schloß umgestaltet und im 20. Jh. erneuert wurde. Die Stärke der Ringmauer ist nur 1 m.

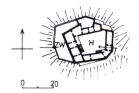

Angermünde

(Kr.) Brandenburg

Grundriß in: Kunstdkm. d. Prov. Brandenburg, III, 3.

Der Rest einer Stadtburg des 13. Jh. in einer Ecke der Stadtmauer. Sie verfiel nach 1567. Die Ringmauer ist 1,2 m stark.

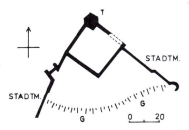

Angermund

Gde. Düsseldorf-A..., Nordrhein-Westfalen

Grundriß in: Kunstdkm. d. Rheinprov., 3.1; Das Bauzentrum, Heft 5, 1986, S. 28.

Von der staufischen Wasserburg stammen große Teile der Ringmauer aus dem 13. Jh. Der runde Bergfried wurde 1715 abgebrochen. Um- und Ausbauten der Anlage bis ins 19. Jh.

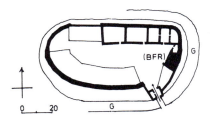

Anhalt

Gde. Harzgerode, Kr. Quedlinburg, Sachsen-Anhalt

Grundriß in: Stolberg, S. 19; Burgwart, 1915, S. 30.

Stammburg der Fürsten von Anhalt. Sie wurde im 11. Jh. mit einem Rundturm von 18 m Durchmesser und 1,8 m Mauerstärke – vermutlich ein Wohnturm – durch die Askanier gegründet. Nach ihrer Zerstörung 1140 entstand um 1150 die romanische Burg. Der 100 Jahre jüngere Zwinger, im Süden zur Vorburg erweitert, liegt 20–30 m tiefer. Die Burg ist wahrscheinlich schon im 15. Jh. verlassen worden. Von ihr stammt wohl auch der Minnesänger Herzog v. Anhalt (1170–1252). Der 30 m hohe Bergfried hat 9,5 m Durchmesser und 3,06 m starke Mauern. Der Palas ist aus Ziegelsteinen erbaut.

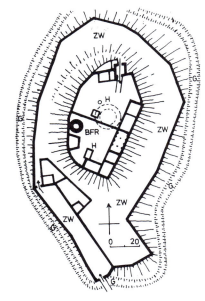

Anholt

Gde. Isselburg-A..., Kr. Borken, Nordrhein-Westfalen

Grundriß in: Kunstdkm. v. Westfalen, Borken, S. 62.

Von der mittelalterlichen Wasserburg sind die Ringmauer mit 2,0 m Stärke und der 20 m hohe Bergfried vom Durchmesser 10,4 m mit 2,6 m Mauerdicke und 4 Stockwerken erhalten. Die Hofumbauung stammt aus dem späten Mittelalter. 1689 großer Umbau zum Schloß.

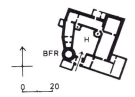

Annenberg

Gde. Latsch, Vinschgau, Südtirol, Italien

Grundriß in: Piper, Österreich, VI, S. 5.

Die Burg Annenberg wird bereits im 13. Jh. genannt. Die Hochburg erhielt ihre heutige Form auf der Basis mittelalterlicher Mauern im 16. Jh., die Vorburg ist ebenfalls vom Anfang des 16. Jh. Die Kernburg hat drei Stockwerke, von denen das oberste wohl eine Wehrplattform war, die 1912 zum Wohnen umgebaut wurde.

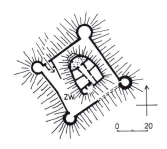

Anschau

Gde. Traunstein, Bz. Zwettl, Niederösterr., Österreich

Grundriß in: Burgen u. Schlösser in Niederösterr., IV, S. 63.

Erbaut wurde die Burg vielleicht noch im 12. Jh. »De Anschowe« wird 1209 urkundlich erwähnt. Zerstört wurde die Burg 1296.

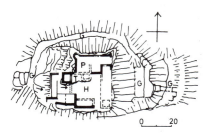

Ansemburg

Ct. Mersch, Luxemburg

Grundriß in: Bour, Bd. 2, Anhang.

Begonnen wurde die Burg Mitte des 12. Jh. »De Ansemburg« 1135 urkundlich erwähnt. Die heutige Anlage stammt aus dem 14. Jh., die Kapelle aus dem 16. Jh. Die Schildmauer ist mit mehr als 6 m Dicke außergewöhnlich stark. Der runde Torturm stellt eine Seltenheit dar.

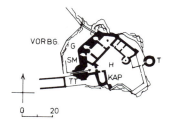

Anwil

Gde. Buhwil, Bz. Bischofszell, Kt. Thurgau, Schweiz

Grundriß in: Burgen u. Schlösser der Schweiz, V, 1, S. 17.

Ruine eines Wohnturmes, vielleicht der Rest einer Anlage, die erst im 14. Jh. genannt wird, jedoch älter ist. 1406 wurde die Burg zerstört.

Araburg

Gde. Kaumberg, Bz. Lilienfeld, Niederösterr., Österreich

Grundriß in: Burgen u. Schlösser in Niederösterr., Bd. II/3, S. 8; Piper, Österr., Bd. 1.

Urkundlich wird Araperch 1190 erwähnt. Die gotische Kapelle stammt aus dem 14. Jh. Im 16. Jh. ist die Burg verfallen. Der Bergfried mit 9 m Durchmesser und 1,8 m Mauerstärke ist im NW schnabelförmig verstärkt.

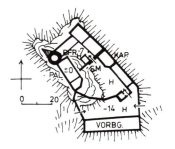

Arbesbach

Bz. Zwettl, Niederösterr., Österreich

Grundriß in: Sammlung Kreutzbruck.

Nach Tillmann wurde die Burg im 12. Jh. begonnen. In ihrem Zentrum steht ein 20 m hoher Wohnturm mit Maximaldimensionen von 11 × 14 m und 2 m Wandstärke, der Hocheingang liegt auf 7 m, die Treppe läuft im Mauerwerk. Die untere Burg ist wesentlich jünger und hat 1,5 m starke Ringmauern. Die Burg wurde 1480 zerstört.

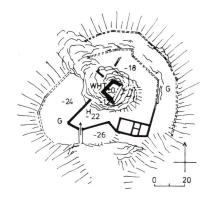

Arbon

Kt. Thurgau, Schweiz

Grundriß in: Burgen u. Schlösser der Schweiz, V, 1, S. 26.

Die im Ursprung staufische Burg erhielt ihren Schloßcharakter im 16. Jh. Der 10,6 × 10,4 m messende Bergfried mit Wandstärken von 2,7 – 3,2 m hatte ursprünglich 6 Stockwerke in 24 m Höhe und Buckelquader-Mauerwerk.

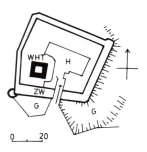

Archivturm = Pforzheim

Archivturm = Schwyz

Ardeck
Gde. Holzheim b. Diez, Rhein-Lahn-Kr., Hessen

Grundriß in: Kunstdenkm. im Reg.-Bez. Wiesbaden, Bd. 3, S. 211.

Die kleine Burg wurde 1395 erbaut, seit dem 18. Jh. ist sie verfallen. Die Ringmauer ist 8 m hoch und 1,6 m stark. Der Bergfried von 16 m Höhe hat 5,4 m Durchmesser und 1,7 m dicke Mauern, er besitzt 4 Stockwerke. Die Schildmauer, mit runden Türmen ohne Hohlraum verstärkt, ist 2,5 m stark. (Ähnlich am Wohnturm in Beilstein →.)

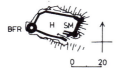

Ardez, Tuor Vonzun
Bz. Inn, Kt. Graubünden, Schweiz

Grundriß in: Clavadetscher, S. 191.

Ein Wohnturm wohl des 13. Jh. mit 4 Stockwerken in 13 m Höhe; im 3. Geschoß Aborterker. Dimension 7,75 m im Quadrat mit ca. 1,2 m dicken Wänden.

Ardez = Steinsberg

Arensberg = Arnsburg

Arensburg = Lichtenburg

Arensburg = Arnsberg

⨯Argenschwang, Rosenburg
Kr. Bad Kreuznach, Rheinland-Pfalz

Grundriß in: Kunstdkm. d. Rheinprov., 18.1, S. 53.

1195 wird die Burg anläßlich eines Verkaufes aktenkundig. Zerstört wurde sie 1793 durch Franzosen. Das untere Torhaus ist aus dem 17. Jh. Vermutlich besaß die Burg einen fünfeckigen Bergfried.

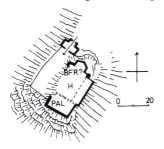

Aris Borris
Gde. Kien, Bz. Frutigen, Kt. Bern, Schweiz

Angabe in: Burgen u. Schlösser d. Schweiz, IX a, S. 15.

Ein Wohnturm von ca. 1200 wurde 1936 ausgegraben, ca. 9,5 × 10,5 m.

Arlberg
Gde. St. Anton, Bz. Landeck, Tirol, Österreich

Grundriß in: Trapp, Bd. 7, S. 158.

»Otto de Arlberch« 1279 urkundlich genannt. Wohl 1406 durch Appenzeller zerstört. Notgrabung 1974. Der Bergfried hatte eine Größe von 10 × 10 m bei 2,15 m starken Mauern, kaum etwas erhalten.

Arloff
Gde. Bad Münstereifel-A..., Kr. Euskirchen, Nordrhein-Westfalen

Grundriß in: Kunstdkm. v. Nordrh.-Westf., Münstereifel.

Ein Wohnturm des 13. Jh. ist der Rest der alten Wasserburg. Er mißt 9 × 9 m, hat 4 Stockwerke in 15 m Gesamthöhe und einen Eingang in 4 m Höhe.

Arnegg
Gde. Blaustein-A..., Alb-Donau-Kr., Baden-Württemberg

Grundriß in: Burgwart 1916, S. 137; Schmitt, Bd. 2, S. 30.

Der hier gezeigte Grundriß von Koch weicht von Schmitts Grundriß etwas ab. Schmitt vermutet die Hauptburg auf dem Felsen in der Mitte, Koch in dem kleinen Trapez im Süden. 1265 Hugo v. Arnegg urkundlich genannt. 1378 wird die Burg im Städtekrieg von Ulm zerstört, danach Wiederaufbau. Ab 1808 Abbruch.

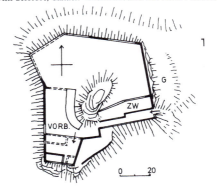

Arnhausen – Lipie

Kr. Kosel – Koźle, Pommern, Polen

Grundriß in: Radacki, S. 29.

Vermutlich ist die Ruine ein Wohnturm gewesen, dessen Westteil 1280, der Ostteil im 14. Jh. gebaut wurde.

Arnholz

Gde. Matrei, Bz. Innsbruck, Tirol, Österreich

Grundriß in: Trapp, Bd. 3, S. 47.

Im Osten des Schlosses steckt ein festes Haus mit 8 × 15 m Grundfläche und 1,2 m starken Mauern aus dem 13. Jh.

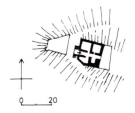

Arnsberg

Gde. Kipfenberg-A..., Kr. Eichstätt, Bayern

Grundriß in: Kunstdkm. v. Bayern, Mittelfranken, Bd. 2, S. 37.

Die Burg wird erstmals 1278 genannt. Der romanische Bergfried mit Buckelquadern ist über einem fünfeckigen Sockel rund. Die Ringmauer hat 1,0 m Stärke. Die Burg verfiel im 18. Jh.

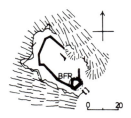

Arnsberg, Gr. Arnsberg, Teufelsschloß

Gde. Bärenthal, Ct. Bitche Moselle, Frankreich

Grundriß in: Dictionnaire des Chateaux du Moyen Age en France.

Zwei Burgen auf Felstürmen, die durch einen künstlichen Graben getrennt sind. Entstanden sind die Burgen um 1200. 1335 wurden sie zerstört und aufgebaut. 1680 endgültig durch Franzosen zerstört. In der Südburg sind romanische Fenster erhalten. Der Bergfried mißt 9 m im Quadrat bei ca. 2,2 m starken Mauern.

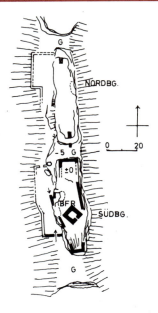

Arnsberg, Klein Arnsberg

Gde. Obersteinbach, Ct. Wissembourg, Bas-Rhin, Frankreich

Grundriß in: Salch, S. 21.

Die Burg wurde vor 1335 von den Herren v. Wasigenstein erbaut, 1494 wurde sie erneuert, im Dreißigjährigen Krieg zerstört. Der Zugang führt an einer Art Torturm vorbei um den Fels herum zu einem in der Form nicht mehr erkennbaren Wohnturm.

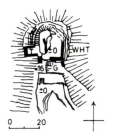

Arnsberg, Arnsburg, Arensburg

Gde. Seega, Kr. Sangerhausen, Sachsen-Anhalt

Grundriß in: Stolberg, S. 23; Ebhardt I, Abb. 460.

1117 erste Nennung »in munitionem Arnesberch«, 1257 »castrum Arnesberg« erwähnt. Die erhaltenen Spitzbogen deuten auf das 13./14. Jh. als Entstehungszeit der jetzigen Anlage. 1525 Zerstörung.

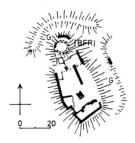

Arnsberg

Nordrhein-Westfalen

Grundriß in: Kunstdkm. in Westfalen, Arnsberg, S. 35.

Adel ist seit dem Jahr 1077 bekannt. Die heutige Burg entstand im 13. Jh. am Rand der Stadt. Erhalten sind der Bergfried mit 9 × 10 m und 3 m dicken Mauern und eine kreuzförmige Kapelle.

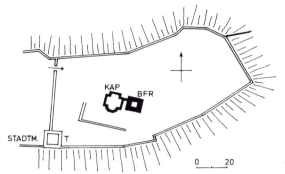

Arnsburg

Gde. Lich-A..., Kr. Gießen, Hessen

Grundriß in: F. R. Herrmann, Archäolog. Denkmale in Hessen.

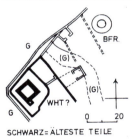

Ausgrabung einer Burg, die vielleicht der Vorgänger der Münzenberg war und im 11. Jh. entstanden ist; erweitert wurde sie im 12. Jh., der Wohnturm hatte 11 m Kantenlänge und 2,5 m Mauerstärke.

Arnstein, Schalksburg

Gde. Sylda-Harkerode, Kr. Hettstedt, Sachsen-Anhalt

Grundriß in: Stolberg, S. 25; Kunstdkm. d. Prov. Sachsen, Mansfelder Kr.

1135 wird »v. Arnisteyn« erstmals erwähnt. Die roman. Bauteile sind in dieser Zeit entstanden. Gotischer Umbau im 14. und 15. Jh. Überbauung des Grabens im 16. Jh. 1736 war die Burg bereits im Verfall. Der Wohnturm von 10,3 × 19,7 m Grundfläche mit 4 Stockwerken in 20 m Höhe ist kombiniert mit dem Bergfried von 23 m Höhe, 8 m Durchmesser und 2,7 m dicker Mauer.

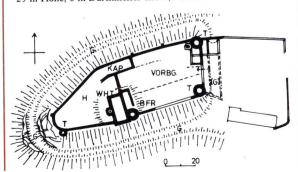

Arnstein

Gde. Reisenmarkt, Bz. Baden, Niederösterr., Österreich

Grundriß in: Burgen u. Schlösser in Niederösterr., Bd. I/2, S. 15.

1156 wird von Arnsteine urkundlich genannt. Entstanden ist die Burg zwischen 1136 und 1156. Zerstört wurde sie 1529 durch Türken. Der Bergfried hat nur 6 m als Durchmesser mit wenig über 1 m starken Wänden.

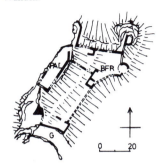

Arnswald

Gde. Uftringen, Kr. Sangerhausen, Sachsen-Anhalt

Grundriß in: Stolberg, S. 27.

Entstanden ist die Burg um 1200, sie wurde früh verlassen. Erhalten ist nur der Rest eines Bergfriedes von 9,6 m Durchmesser und 2,5 m dicker Mauer.

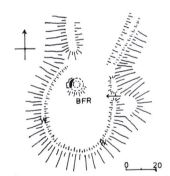

Arras

Gde. Alf, Kr. Cochem-Zell, Rheinland-Pfalz

Grundriß in: Kunstdkm. d. Rheinprov., Bd. 19.3, S. 49; Kubach, S. 65.

Die Burg ist 1120 erstmals bezeugt, gegründet angeblich bereits 938. Die heutige Kernburg ist romanisch. Die Burg wurde 1253 verstärkt; sie verfiel im 18. Jh. Der Bergfried mit 9,0 × 10,25 m Grundfläche hat 3,5 m starke Wände und ist rund 18 m hoch.

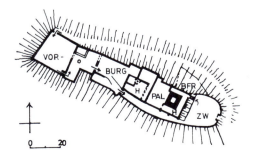

Artelshofen
Gde. Vorra, Kr. Lauf, Bayern

Grundriß in: Kunstdkm. v. Bayern, Mittelfranken, Bd. 10.

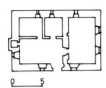

Wohnturm des 13. oder 14. Jh., zerstört wurde er 1554 und danach wieder aufgebaut. Er hat Dimensionen von 10,2 × 14,5 m. Die ursprüngliche Höhe war nur 11 m, dann 14 m mit 4 Stockwerken.

Aschach
Gde. Bad Bocklet-A..., Kr. Bad Kissingen, Bayern

Grundriß in: Kunstdkm. v. Bayern, Unterfranken, Bd. 10, S. 42.

Von der 1525 zerstörten Burg ist nur der Bergfried übriggeblieben.

XAschaffenburg
Bayern

Grundriß in: Kunstdkm. v. Bayern, Unterfranken, Bd. 19, S. 230; Dehio-Franken, S. 45.

Im Renaissance-Schloß Aschaffenburg steht als Rest der 1552 im Markgräflerkrieg zerstörten Burg ein mächtiger Wohnturm mit 12,5 m im Quadrat mit 2,5 m starken Wänden.

Ascheberg
Gde. Steinfurt (Kr.), Nordrhein-Westfalen

Grundriß in: Kunstdkm. v. Westfalen, Steinfurt, S. 22.

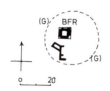

Rest einer Wasserburg aus dem 12. Jh., die schon 1164 zerstört wurde. Der Bergfried maß 8 × 8 m mit 1,6 m dicken Mauern.

Aschersleben
Sachsen-Anhalt

Grundriß in: Kunstdkm. d. Prov. Sachsen, Bd. 15.

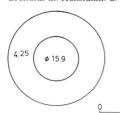

Der mächtige Bergfried mit 15,9 m Durchmesser und 4,25 m starker Mauer ist der Rest der alten Wasserburg.

Aschhausen
Gde. Schöntal-A..., Kr. Künzelsau, Baden-Württemberg

Grundriß in: Burgen u. Schlösser, 1982-I.

»De Askenhusen« wurde 1168 erwähnt, die Burg erst 1286. Der Bergfried mit 9,75 × 10 m Grundfläche besitzt 2 m Mauerstärke, in 23 m Höhe sind 6 Stockwerke verteilt; der Eingang liegt 9 m hoch.

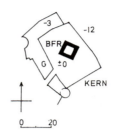

Aspang
Bz. Neunkirchen, Niederösterr., Österreich

Grundriß in: Burgen u. Schlösser in Niederösterreich, Bd. I/3, S. 39.

Die Burg wurde vermutlich in der 2. Hälfte des 12. Jh. erbaut, nach ihrer Zerstörung 1250 wurde sie verstärkt, die Türme stammen aus dieser Zeit. Die Ringmauer ist 2 m stark. Die Wohngebäude sind aus dem 16. Jh. 1472–1486 war die Burg im Besitz von Matthias Corvinus.

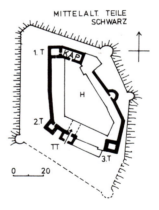

Asparn
Bz. Mistelbach, Niederösterr., Österreich

Grundriß in: Burgen u. Schlösser in Niederösterr., Bd. 14, S. 119.

Begonnen wurde die Burg um 1230, umgebaut wurde sie 1421, außerdem 1651 und 1712 in ein Schloß. Der Nordteil wurde 1820 abgebrochen. Die Ringmauer ist 1,8–2,5 m stark.

Asseburg

Gde. Denkte, Kr. Wolfenbüttel, Niedersachsen

Grundriß in: Kunstdkm. v. Braunschweig, Wolfenbüttel, S. 11.

Die rund 1 ha große Burg wurde um 1220 erbaut. Sie enthält mindestens 3 Burgen und einige Vorburgen in einem Bering von 2 m Stärke. Mehr als zwei Burgen in einem Bering sind extrem selten (z. B. Salzburg →). 1492 ist die Burg durch Brand zerstört worden.
Bergfried 1: 9,6 × 9,6 m, Mauer 2,5 m dick,
Bergfried 2: 7,2 × 7,2 m, Mauer 1,5 m dick,
Bergfried 3: Durchmesser 8 m, Mauer 2,4 m dick,
Bergfried 4: 8,25 × 9,6 m, Mauer 2,5 m dick.

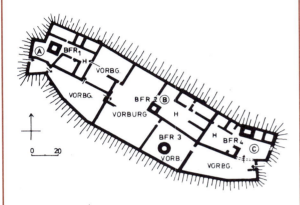

Asuel = Hasenburg

Attikon

Bz. Winterthur, Kt. Zürich, Schweiz

Grundriß in: Hartmann, S. 112.

 Wohnturm in einer Hausgruppe. Ortsadel im 13. Jh. erwähnt, der Turm hat bei 8 m Höhe 3 Stockwerke.

Attinghausen

Gde. Altdorf-A..., Kt. Uri, Schweiz

Grundriß in: Meyer/Widmer, S. 90; Meyer, Bd. 1, S. 11; Die bösen Türnli, S. 11.

Die Burg entstand um 1200, sie wurde vor 1360 durch Brand zerstört. Der quadratische Wohnturm hat 10,85 m Kantenlänge und 2,8 m Mauerstärke, zwei Stockwerke sind noch erkennbar. Die Ringmauer ist 1,5 – 2,0 m stark.

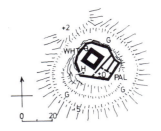

Aue

Gde. Wanfried, Kr. Eschwege, Hessen

Grundriß in: Das Wesertal, 1925, 2. Jhg., Heft 9.

Die Wasserburg stammt wahrscheinlich aus dem 15. Jh., vielleicht auf älteren Resten. Zerstört wurde sie 1673.

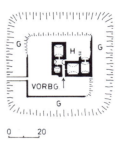

Auenstein

Bz. Brugg, Kt. Aargau, Schweiz

Angabe in: Burgen u. Schlösser d. Schweiz, Aargau, S. 20.

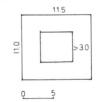 Der Rest eines Wohnturmes, vermutlich des 13. Jh., ist im Schloß eingebaut. Zerstört wurde der Turm 1389.

Auenwald

Rems-Murr-Kr., Baden-Württemberg

Grundriß in: Kunstdkm. in Baden-Württemberg, Rems-Murr-Kr., S. 181.

Der Buckelquader-Bergfried und die Ringmauer sind aus dem Beginn des 13. Jh. In der Renaissance zum Schloß umgebaut.

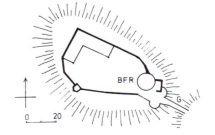

Auer

Gde. Dorf Tirol, Burggrafenamt, Südtirol, Italien

Grundriß in: Trapp, Bd. 2, Abb. 81.

Ein Burgsitz, der vermutlich um 1300 entstanden ist. Die Familie v. Auer war im 14. Jh. relativ bedeutend. Im 16. und 17. Jh. wurde die Burg umgebaut.

Auerbacher Schloß, Auerburg

Gde. Bensheim, Kr. Bergstraße, Hessen

Grundriß in: Kunstdkm. v. Hessen, Bergstraße; Hotz Z 109; Ebhardt I, Abb. 724; Naeher, S. 124; Cohausen, Nr. 312; Buchmann, S. 119.

Entstanden ist die Burg vermutlich im 2. Viertel des 13. Jh.; ihre heutige Gestalt ist aus dem 14. Jh., das Schildmauer-Bollwerk vor der Kapelle wurde im 15. Jh. angebaut. 1674 wurde die Burg durch Franzosen zerstört. Die Ringmauer hat Stärken von 2,5 – 3,5 m.

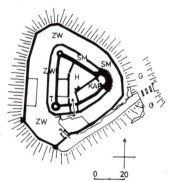

Auerburg

Gde. Oberaudorf, Kr. Rosenheim, Bayern

Grundriß in: Burgen in Oberbayern, S. 224.

Auf einem Felskegel im Inntal liegen die geringen Reste der 1180 urkundlich genannten und 1743 zerstörten Burg.

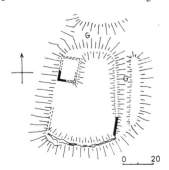

Auersburg, Weichselburg

Gde. Weichselburg, Bz. Laibach, Slowenien

Grundriß in: Piper, Österr., Bd. 8, S. 11.

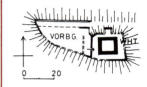

Im Zentrum der Burg der Wohnturm von 12 × 12 m und knapp 2 m Wandstärke. Ortsadel wird 1177 erstmals genannt.

Auersburg

Gde. Hilders, Kr. Fulda, Hessen

Grundriß nach Aufnahme F. W. Krahe, 1988.

Die Burg wurde wohl 1120 erbaut. 1354 zerstört, wurde sie wieder aufgebaut. 1525 wird sie zerstört und verfällt langsam. Die Ringmauer ist 1,8 m stark. Ursprünglich war der Hof allseits umbaut.

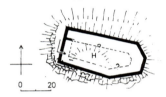

Aufseß

Kr. Bayreuth, Bayern

Angabe bei Kunstmann.

Von der Burg des 13. Jh. stammen Bergfried und Palas, das »Meingozhaus« auf einem Felsklotz.

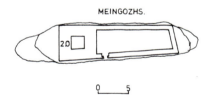

Augustusburg

Gde. Brühl, Kr. Bergheim, Nordrhein-Westfalen

Grundriß in: Burgen u. Schlösser, 1989-II, S. 79; Kunstdkm. v. Nordrh.-Westfalen, Brühl, S. 41.

Die alte Wasserburg vom Ende des 13. Jh. ist im Schloß verbaut. Der Grundriß ist eine Rekonstruktion der gefundenen Teile. Ringmauer 1,8 m stark.

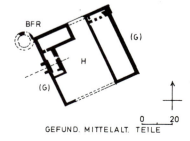

Aulendorf

Kr. Ravensburg, Baden-Württemberg

Grundriß in: Kunstdkm. v. Württemberg, Schwarzwaldkr., S. 83.

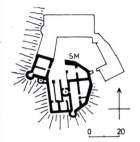

Im Schloß steckt die Hälfte einer staufisch polygonalen Burg mit einer Ringmauer von 1,5–2,5 m Stärke.

Auli

Bz. Pfäffikon, Kt. Zürich, Schweiz

Grundriß in: Hartmann, S. 12.

Der Turmrest ist wohl mittelalterlich. Daten sind keine bekannt.

Auras – Uraz

Kr. Wohlau – Wołow, Schlesien, Polen

Grundriß in: Grundmann, S. 115.

Der wohnturmartige Bau, angeblich von den Templern gegründet. Grafen v. Auras 1344 genannt. Die Mauern sind knapp 2 m dick, das Haus hat 4 Stockwerke. Es wurde im 19. Jh. stark verändert und war bis 1945 bewohnt.

Azilun

Gde. Burladingen, Kr. Balingen, Baden-Württemberg

Grundriß in: Schmitt, Bd. 5, S. 189.

Erbaut wurde die Burg um 1100, der Burgadel wurde vor 1138 urkundlich bekannt. Um 1200 wurde sie aufgegeben.

Baach

Gde. Zwiefalten-B..., Kr. Reutlingen, Baden-Württemberg

Grundriß in: Schmitt, Bd. 2, S. 272.

1188 wird Ulrich v. Baach erwähnt. Weitere Daten sind nicht bekannt.

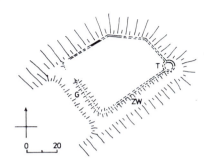

Babenhausen

Kr. Darmstadt, Hessen

Grundriß in: Antonow, S. 201; Kunstdkm. v. Hessen, Dieburg.

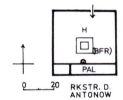

Um 1200 erbaut durch die Herren v. Münzenberg. Im 15. und 16. Jh. umfassender Umbau. Der quadratische Bergfried mit 10,8 m Kantenlänge und 2,95 m dicken Mauern. Er wurde abgebrochen. Die Ringmauer ist ca. 1,25 m stark.

Bachsfall

Gde. Bischofshofen, Bz. St. Johann, Salzburg, Österreich

Grundriß in: Reclams Archäologieführer Österreich.

Ausgrabung einer Burg des frühen 12. Jh., die im 14. Jh. aufgegeben wurde. Ringmauer 1,0 m stark.

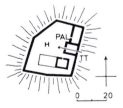

Backnang

Rems-Murr-Kr., Baden-Württemberg

Angabe in: Kunstdkm. v. Württemberg, Neckarkr., Backnang.

Die Grundmauern eines Wohnturmes aus dem 12. Jh. wohl ein Burgrest.

Baden, Schlößli, Stein

Bz. Baden, Kt. Aargau, Schweiz

Grundriß in: Kunstdkm. d. Schweiz, Aargau, Bd. 4, S. 62.

Die kleine Anlage entstand wohl im 12. Jh., 1265 wird sie als Brückenburg genannt, der Palas stammt aus dem 14. Jh. Der Bergfried mißt 6,5 × 7 m.

Baden-Baden

Baden-Württemberg

Grundriß in: Kunstdkm. v. Baden, Bd. 11.1 bei S. 236; Piper, Fig. 545.

Der Grundriß eines Wohnturmes des 14. Jh. ist im Keller des Schlosses zu finden.

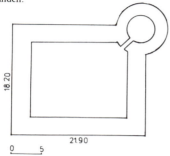

Badenweiler

Kr. Freiburg, Baden-Württemberg

Grundriß in: Kunstdkm. v. Baden, Bd. 5; Cohausen, Nr. 313; Burgen im südl. Baden, S. 16.

1122 wird die Burg »Badin« genannt. Sie ist seit 1122 im Besitz der Zähringer. Die Außenbefestigungen sind aus dem 14. Jh., 1687 wurde die Burg durch Franzosen zerstört. Die Ringmauern sind 2,1 m, die Schildmauer ist 3,6 m stark.

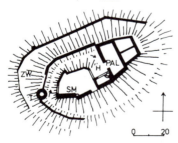

Bännli

Gde. Büsserach, Bz. Breitenbach, Kt. Solothurn, Schweiz

Grundriß in: Meyer-Regio, S. 192.

Ein Rest eines rechteckigen Turmes von ca. 7 × 8 m steckt zwischen Felsrippen. Vielleicht ein Wohnturm des 13. Jh.

Bärbelstein = Berwartstein

Bärenburg

Gde. Andeer, Bz. Hinterrhein, Kt. Graubünden, Schweiz

Grundriß in: Poeschel, S. 212; Clavadetscher, S. 167.

Der entspr. Adel v. Bärenburg wird 1257 erstmals genannt. Die Burg wurde vermutlich um die Mitte des 13. Jh. erbaut; zerstört wurde sie um 1450 in der Schamserfehde. Der Bergfried mißt 6 × 8,6 m mit Mauern von 1,6 bis 2,0 m Stärke; die Ringmauer ist nur rd. 1 m dick.

Bärenburg

Gde. Oppenau-Ramsbach, Kr. Offenburg, Baden-Württemberg

Grundriß in: Kunstdkm. v. Baden, Bd. 7, S. 288, Batzer/Städele, S. 257.

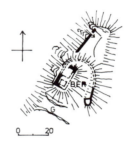

Erste Erwähnung 1307, die Burg ist jedoch älter, vielleicht reicht sie bis ins 12. Jh. zurück. Ab 1470 Verfall zur Ruine. Der 7,5 m im Quadrat große Bergfried mit Mauerstärken von 1,7 – 2,2 m und vielleicht ein Palas bilden den Kern, der nach NO halbrund ummauert ist.

Bäreneck = Berneck, Tirol

Bärenegg = Berneck, Graubünden

Bärenfels

Gde. Duggingen, Bz. Laufen, Kt. Bern, Schweiz

Grundriß in: Meyer-Regio, S. 152.

Die Burgen sind nacheinander im 13. Jh. auf einem Felskamm entstanden. 1356 wurden sie durch das Erdbeben teilweise zerstört und verfielen im 15. Jh.

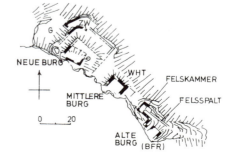

Bärenfels

Gde. Wehr, Kr. Waldshut-Tiengen, Baden-Württemberg

Grundriß in: Kunstdkm. v. Baden, Bd. 5, S. 195.

Die Burg wird 1307 erstmals genannt. Zerstört wurde sie im Dreißigjährigen Krieg. Der Bergfried hat 6,4 m Durchmesser mit 2,1 m Wandstärke, die erhaltene Höhe ist 18 m, der Eingang von der Schildmauer der Stärke 3,6 m liegt auf 9 m Höhe.

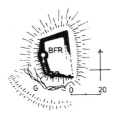

Bärenstein = Bernstein

Bärnfels

Gde. Obertrubach, Kr. Forchheim, Bayern

Grundriß nach Katasterplan.

Ortsadel wird 1285 erwähnt, zerstört wurde die Burg 1225. Der Bergfried stand auf einem Felskopf.

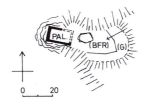

Bäuerlinsturm

Gde. Dinkelsbühl, Kr. Ansbach, Bayern

Grundriß in: Eugen Meyer: Das Burghaus zwischen Ostalb und oberer Tauber, S. 25.

Der untere Teil des Wohnturmes ist aus dem 13. Jh., die oberen Stockwerke sind um 1500 entstanden. Der Turm ist 18,5 m hoch.

Baierdorf

Gde. Schöder-B..., Bz. Murau, Steiermark, Österreich

Grundriß in: Burgen u. Schlösser d. Steiermark, Bd. 1, S. 23; Dehio-Steiermark, S. 40; Piper, Österr., Bd. 2.

1292 Genehmigung zum Bau eines Turmes durch König Albrecht. Der Wohnturm mit 11,1 × 13,3 m und 1,95 m dicken Wänden hat 6 Stockwerke bei einer Höhe von 26 m; der Einstieg liegt in 7 m Höhe. Die Ringmauer ist wesentlich jünger.

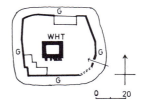

Baldeck

Gde. Urach, Kr. Reutlingen, Baden-Württemberg

Grundriß in: Blätter d. Schwäb. Albvereins, 1915-4; Schmitt, Bd. 4, S. 240.

Entstanden ist die Burg vor der Belagerung 1256 und nach der Eroberung zerstört worden. Vermutlich stand auf der Höhe ein Wohnturm von ca. 9 × 9 m.

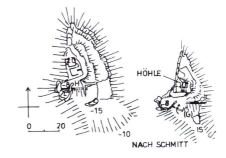

Baldelau

Gde. Gomadingen-Wasserstetten, Kr. Reutlingen, Baden-Württemberg

Grundriß in: Blätter d. Schwäb. Albvereins, 1930, S. 286.

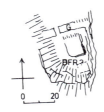

Von der vermutlich recht kleinen Burg in Spornlage ist kaum etwas erhalten. Am Südende könnte ein Bergfried gestanden haben, dahinter ein Palas. Daten sind nicht bekannt.

Baldenau

Gde. Morbach-Bischofsdrohn, Kr. Bernkastel-Wittlich, Rheinland-Pfalz

Grundriß in: Kunstdkm. d. Rheinprov., 15,1; Hotz, Z. 31; Ebhardt I, Abb. 424; Schellack, S. 163; Dehio-Rheinland-Pfalz, S. 115.

Obwohl erst 1315 begonnen, zeigt die Burg spätromanische Formen. Ihr keilförmiger Grundriß ist ungewöhnlich. Zerstört wurde die Burg 1689 durch Franzosen. Der Bergfried hat 10,5 m Durchmesser mit 3,2 m starken Wänden; er besitzt 3 Stockwerke in 24 m Höhe, der Eingang liegt bei 12,8 m. Die Ringmauer ist 1,5 m stark.

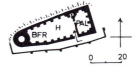

Baldeneck = Balduinseck

Baldenstein

Gde. Sils i. Domleschg., Bz. Heinzenberg, Kt. Graubünden, Schweiz

Grundriß in: Kunstdkm. d. Schweiz, Graubd. II, S. 148; Poeschel, S. 199; Ebhardt I, Abb. 359; Clavadetscher, S. 132.

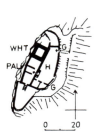

Ebba v. Baldenstein, 1246 urkundlich genannt, entstanden vielleicht noch im 12. Jh., die Wohngebäude wurden nach einem Brand 1877 neugotisch renoviert. Der Wohnturm mit 9,2 × 10 m Grundfläche und 2,1 m Mauerstärke hat bei 4 Stockwerken eine Höhe von 20 m, der Eingang liegt in 8 m Höhe.

Baldenstein

Gde. Gammertingen, Kr. Sigmaringen, Baden-Württemberg

Grundriß in: B. Scholkmann »Burg Baldenstein«; Schmitt, Bd. 5, S. 91.

Die 1963 ergrabene Burg stammt vielleicht aus dem 11. Jh. (Funde). Um 1150 wurde sie durch Brand zerstört. Der Wohnturm hat Dimensionen von rd. 13 × 20 m.

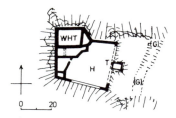

Baldern, Hohenbaldern

Gde. Bopfingen-B..., Kr. Aalen, Baden-Württemberg

Grundriß in: Studienfahrt des Internat. Burgeninst. 1960.

Urkundlich erwähnt im 12. Jh., gehört die Burg seit dem 13. Jh. den Grafen v. Öttingen. Die Burg ist zuletzt im Barock umgestaltet worden.

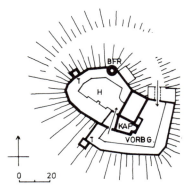

Baldingen

Bz. Zurzach, Kt. Aargau, Schweiz

Grundriß in: Hartmann, S. 110.

Für die noch keine 300 m² Fläche messende Ruine gibt es keine Daten. Der Bergfried (?) könnte auch ein Wohnturm gewesen sein.

Balduin-Eltz = Trutz-Eltz

Balduinseck, Baldeneck

Gde. Buch, Rhein-Hunsrück-Kr., Rheinland-Pfalz

Grundriß in: Kunstdkm. d. Rheinprov. Cochem, S. 208; Schellack, S. 18.

Erbaut wurde die Burg von Erzbischof Balduin v. Trier aus dem Hause Luxemburg 1325, Veränderungen erfolgten im 16. Jh., im 17. Jh. ist die Burg zur Ruine verfallen. Der Wohnturm von 14,40 × 22,70 m mit Wandstärken von 1,7 – 2,5 m besitzt 4 Stockwerke in 18 m Höhe; er hat über den Ecken runde Türmchen, die Wendeltreppe liegt in der Mauer.

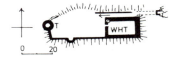

Balduinstein

Rhein-Lahn-Kr., Rheinland-Pfalz

Grundriß in: Kunstdkm. im Reg.-Bz. Wiesbaden, Lahngebiet, S. 228.

Die Burg wurde 1319 durch Erzbischof Balduin v. Trier aus dem Hause Luxemburg erbaut. Ihr Palas steht frei in der Ringmauer, eine seltene Lage. Die Burg leitet ihre Form deutlich vom Gelände her. Die Ringmauer ist 1,2 m stark. Auch die 2 Ecktürme der Vorburg sind nicht die Norm. Ein Bergfried war nie vorhanden.

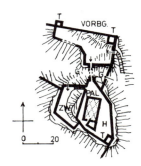

Balingen

Baden-Württemberg

Grundriß nach Aufmaß v. Egelhaaf, 1935, mitgeteilt vom Stadtarchiv.

Der schöne Wohnturm aus dem 15. Jh. in einer Ecke der Stadtmauer hat 2 Geschosse aus Stein und eines aus Fachwerk. Er dient als Stadtmuseum. Seine Maße sind 16,7 × 11,7 m, seine Wände sind 1,0 – 1,5 m dick.

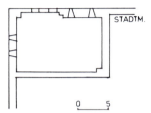

Ballikon

Gde. Oberdürnten, Bz. Hinwil, Kt. Zürich, Schweiz

Grundriß in: Hartmann, S. 3.

Wenn der von Hartmann ermittelte Grundriß stimmt, ist ein unregelmäßig fünfeckiger Bergfried von 8 × 10 m Maximaldimension in eine unregelmäßig sechseckige Ringmauer gestellt. Der Bergfried könnte auch ein Wohnturm gewesen sein. Daten sind keine bekannt.

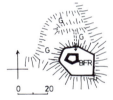

Balm

Gde. Günsberg, Bz. Mühldorf, Kt. Solothurn, Schweiz

Grundriß in: Meyer, Bd. 2, S. 53.

Die Grottenburg stammt wohl aus dem 11. Jh., zerstört wurde sie wohl vor 1417, die innere Mauer ist mit 2,0 m für die Wand einer sicher gelegenen Höhlenburg erstaunlich stark.

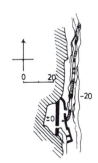

Balm = Rothenfluh

Balme = Rosenegg

Baltenstein

Gde. Betzigau, Kr. Sonthofen, Bayern

Grundriß in: Nessler, Bd. 1, S. 102.

Die Burg wurde um 1200 durch die Herren v. Stein erbaut, sie war Lehen des Stiftes Kempten. Vielleicht war der unregelmäßig fünfeckige Wohnturm mit 8,5 × 15,5 m größter Abmessung mit 1,5 m dicken Mauern, der auf einem 8 m hohen Felsklotz steht, nicht dauernd, sondern nur im Notfall bewohnt. Ein Burggelände gibt es, freilich ohne Mauerreste. Verlassen wurde die Anlage Mitte des 16. Jh.

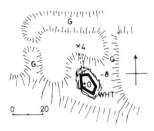

Barlo, Haus Diepenbrock

Gde. Bocholt-B..., Kr. Borken, Nordrhein-Westfalen

Grundriß in: Kunstdkm. v. Westfalen, Borken, S. 106.

Der zugehörige Adel wird schon Ende des 12. Jh. genannt. Die rechteckige Anlage mit 2 runden Ecktürmen und 1,2 m starken Mauern ist offenbar aus dem Mittelalter; sie wurde im 18. Jh. umgestaltet.

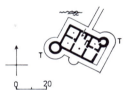

Battenberg

Kr. Bad Dürkheim, Rheinland-Pfalz

Grundriß in: Kunstdkm. v. Bayern, Pfalz, Bd. 8.

Erbaut wurde die Burg wohl um 1280 durch Feidrich III. v. Leiningen; sie wurde 1689 durch Franzosen zerstört. Ihre Ringmauer ist mit rd. 1,0 m Dicke nicht besonders wehrhaft.

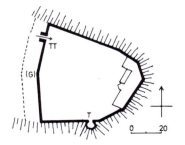

Bayereck – Pajrek

Gde. Neuern – Nyrsko, Bz. Klattau – Klatovy, Westböhmen, Tschechische Republik

Grundriß in: Piper, Österr., Bd. 1, S. 14; Menclová, S. 325.

Die 1360 erstmals erwähnte Burg scheint nur aus dem mächtigen Wohnturm und der Ringmauer bestanden zu haben. Sie wurde im Dreißigjährigen Krieg zerstört. Der Wohnturm ist 16 × 16 m groß mit ca. 2,5 m Wandstärke. Sein Hocheingang liegt im 1. OG auf der Westseite. Er hatte wohl 3 Stockwerke je 110 m² Wohnfläche.

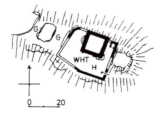

Beaufort = Befurt

Beauregard

Gde. Delsberg, Kt. Jura, Schweiz

Grundriß in: Meyer-Regio, S. 168.

Die Burg stammt vermutlich aus dem 11. Jh. und war wohl der älteste Sitz der Grafen v. Sornegau (Saugern). Der mit wenig mehr als 1 m starken Wänden schwache Bergfried von 7 × 11 m könnte auch ein Wohnturm gewesen sein. Eine Vorburg lag vermutlich im Norden. Aufgegeben wurde die Burg wohl im 12. Jh.

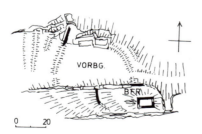

Bechthal

Gde. Fischbach-Reitenbach, Kr. Weißenburg-Gunzenhausen, Bayern

Grundriß in: Kunstdkm. v. Bayern, Mittelfrk., Bd. 5, S. 127.

Adel v. Pechtal wird um die Mitte des 12. Jh. erwähnt. Die kleine Burg entstand wohl um 1200. Der Bergfried mit einer Grundfläche von 5,5 × 5,5 m und 1,5 m Mauerstärke besitzt einen Eingang in 6 m Höhe.

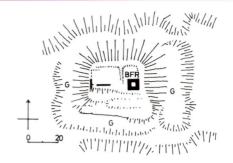

Bechtoldsheim

Kr. Alzey-Worms, Rheinland-Pfalz

Grundriß in: Bronner, Wohntürme, Abb. 15.

Der Kern der Wasserburg von 1303 ist ein Wohnturm von Donjon-Qualität mit den Maßen 16,5 × 18 m und runden Ecktürmen, eine im Reich sehr seltene Ausführung. Die Burg wurde 1689 zerstört.

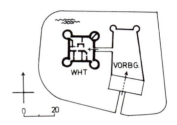

Bedburg

Kr. Bergheim, Nordrhein-Westfalen

Grundriß in: Die Denkmale d. Rheinlandes, Kr. Bergheim, S. 32.

Im heutigen Renaissance-Wasserschloß steckt eine Wasserburg mit 1,5 m dicken Mauern etwa quadratischen Grundrisses von etwa 1240. Der Bergfried hat ca. 9 m Durchmesser und 2,0 m dicke Wände.

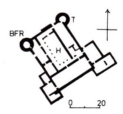

Beerfurth

Gde. Reichelsheim-Kirchbeerfurth, Kr. Erbach, Hessen

Angabe in: Bronner, Bd. 2, S. 104.

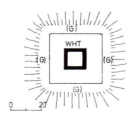

Der Rest eines mächtigen Wohnturmes von 14 × 14 m und ca. 2,2 m starker Wand stammt wohl von ca. 1300.

Beerwalde
Kr. Hainichen, Sachsen

Grundriß in: Bernhard Klemm »Erdhügelburgen in der Mark Meißen«.

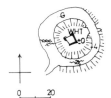

Auf einem runden Hügel ist das verzogene Quadrat eines Wohnturmes von ca. 7×7 m mit schwachen Mauern (unter 1 m) erhalten, der vermutlich einen auskragenden Fachwerk-Aufbau besaß.

Beesdau
Kr. Luckau, Brandenburg

Grundriß in: Kunstdkm. d. Prov. Brandenbg., Bd. 5.1.

Genannt wird die Wasserburg im 14. Jh., aus dieser Zeit stammen wohl die Ringmauer von 1,2 m Stärke und der Bergfried von 7×7 m.

VERMUTL. MITTELALT. TEILE SCHWARZ

Beetzendorf
Kr. Klötze, Sachsen-Anhalt

Grundriß in: Wäscher, Bild 15–18.

Die Wasserburg ist vielleicht schon um 1200 entstanden, 1319 wird »Becendorf« genannt, Verfall der Burg im 17. Jh. Der Wohnturm von 8,5 m Kantenlänge und 1,0 m dicken Mauern besitzt einen Eingang in 4 m Höhe, spitzbogig und einen Turm mit 16 m Höhe.

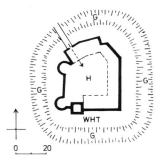

Befurt, Beaufort, Beffurt
Gde. Beaufort, Ct. Diekirch, Luxemburg

Grundriß in: Kubach, S. 78; Bour, Bd. 2, Anhang.

Der Ursprung der Burg liegt im Jahr 1192. Der schwarz dargestellte mittelalterliche Kern ist durch Befestigungen insbes. im Dreißigjährigen Krieg stark verändert worden. Seit 1830 ist die Burg Ruine.

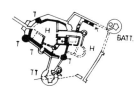

Beichlingen
Kr. Naumburg, Sachsen-Anhalt

Grundriß in: Mrusek II, Plan 85.

Im Schloß Beichlingen steht eine Kemenate des 15. Jh. mit 3 Stockwerken als Burgrest.

Beihingen
Gde. Freiberg-B..., Kr. Ludwigsburg, Baden-Württemberg

Grundriß in: Meckseper »Burgen im Kreis Ludwigsburg« in: Ludwigsb. Geschichtsbl., 24. Jhg. 1972.

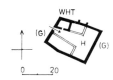

Die relativ kleine Flachlandburg ist nicht vor 1300 entstanden. Die Ringmauer mißt 1,8 m Dicke, der Wohnturm mit 9×11,5 m Grundfläche hat Wandstärken von 1,4–1,8 m.

Beilstein, Langhaus, Hohenbeilstein
Kr. Heilbronn, Baden-Württemberg

Grundriß in: Kunstdkm. v. Württembg., Neckarkr., S. 386; Schmidt Fig. 20; Ebhardt I, Abb. 538.

Die Burg Bilistein wird 1236 erstmals genannt. Zerstört wurde sie 1683 durch Franzosen. Die Buckelquader-Ringmauer ist 2,3 m stark. Der Bergfried ist 27 m hoch und hat einen Hocheingang, die Wandstärke ist 2,5 m.

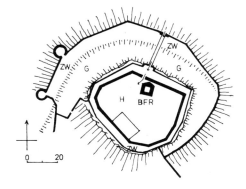

Beilstein

Gde. Jassagrund-Lettgenbrunn, Kr. Hanau, Hessen

Grundriß nach Aufmaß von F.-W. Krahe, 1988.

Nach Tillmann wurde die sehr kleine Burg 1335 erwähnt. Die Ringmauer ist 1,5 m stark.

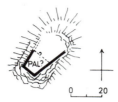

Beilstein

Gde. Greifenstein-B..., Lahn-Dill-Kr., Hessen

Grundriß in: Kunstdkm. im Reg.-Bz. Wiesbaden, Bd. 4, S. 84; Kubach, S. 78.

»De Beilstein« werden 1129 urkundlich genannt. Der Wohnturm entstammt wohl dem 14. Jh. Er wurde 1813 auf Abbruch verkauft. Der Turm mißt 9 × 23,5 m mit Wandstärken von 2,5 und 3,5 m, er hat 3 Stockwerke in einer Höhe von 13 m. Zwei Treppen liegen in der Mauerstärke, die Ecktürme haben vollgemauerte Sockel, sie flankieren im NW wie im SO 3,5 m starke Schildmauern.

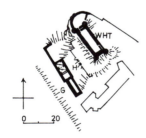

Beilstein

Gde. Kaiserslautern (Kr.), Rheinland-Pfalz

Grundriß in: Wenz, S. 178.

Die Felsenburg ist 1152 nachgewiesen, entsprech. Ministerialadel wird 1234 genannt. Der Bergfried war vermutlich fünfeckig. Die Burg wurde im 15. Jh. zerstört.

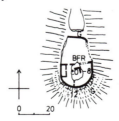

Beilstein = Bilstein

Beilstein = Metternich

Belfort

Gde. Brienz, Bz. Albula, Kt. Graubünden, Schweiz

Grundriß in: Poeschel, S. 253; Clavadetscher, S. 54; Meyer, Bd. 3, S. 12.

Begonnen wurde die Burg kurz nach 1200 mit dem Bergfried und der Ringmauer der Unterburg (Vorburg), die im 13. Jh. aufgegeben wird. An ihrer Stelle die 1,4 m dicke Ringmauer der Hauptburg, deren Ausbau im 15. Jh. beendet ist. 1499 wurde die Burg durch Bündner zerstört. Die Kombination Bergfried und Wohnturm als Torturm ist ziemlich einmalig. Der Bergfried mit 4 Stockwerken und 8,5 × 9 m Grundfläche besitzt einen Eingang in 9 m Höhe. Der Torturm ist rd. 9 × 10 m groß.

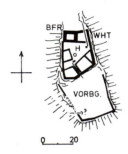

Belgard – Białgard

Pommern, Polen

Grundriß in: Radacki, S. 105.

Ein Wohnturm vermutlich des 12. Jh. ist verbaut in anderen Gebäuden.

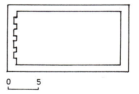

Bellacosta = Schönecken

Belmont

Gde. Flims, Bz. Imboden, Kt. Graubünden, Schweiz

Grundriß in: Poeschel, S. 228; Clavadetscher, S. 184.

Die Belmont erscheinen urkundlich 1137, es gab aber bei einer Ausgrabung 1932 Funde aus dem 11. Jh. Die Burg war bis ins 14. Jh. bewohnt. Auf dem Felskopf stand vielleicht ein Turm.

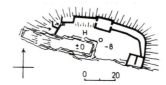

Bemburg

Gde. Rot am See-B..., Kr. Schwäbisch Hall, Baden-Württemberg

Grundriß nach Aufmaß F.-W. Krahe, 1991.

Adel zur Burg wird im 12. Jh. genannt, zerstört wurde sie 1495. Erhalten ist nur der Stumpf eines Bergfriedes mit 7,5 m Kantenlänge.

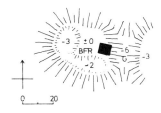

Bensberg

Rheinisch-Bergischer Kr., Nordrhein-Westfalen

Grundriß in: Kunstdkm. d. Rheinprov., Bd. 5.2, S. 197.

Mitte des 12. Jh. werden »Bansbure« und »Bensbure« erwähnt. Die Burg wurde 1406 durch Brand zerstört und aufgebaut, im 17. Jh. verfiel sie und wurde im 18. Jh. teilweise abgebrochen. Der Bergfried von 5,5 × 8 m hat einen Trapez-Grundriß. Reste der Burg wurden im neuen Rathaus verbaut.

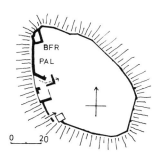

Bentheim

Kr. Grafschaft Bentheim, Niedersachsen

Grundriß in: Kunstdkm. d. Prov. Hannover-Bentheim, S. 95.

Der Ursprung der großen Burg liegt wohl im 12. Jh., die heutige Gestalt stammt aus dem 15. und 16. Jh. Im 19. Jh. wurde die Burg neugotisch umgestaltet. Die Schloßkapelle ist aus dem 12. Jh., allerdings im 15. Jh. neu gestaltet worden. Der Bergfried mit 13,8 m Kantenlänge hat 3 Stockwerke, der Eingang liegt 5 m hoch, seine Mauern sind 4 m dick. Die Ringmauer der noch bewohnten Burg ist 2 m stark.

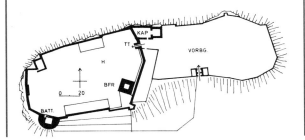

Bentschin – Benczin

Gde. Beuthen (Kr.) – Bytom, Oberschlesien, Polen

Grundriß in: Ebhardt II/2, S. 479.

Die Burgruine ist eine Höhenburg des 14. Jh. mit 2 m starker Ringmauer des Kernes. Der Bergfried hat 9,5 m Durchmesser und 3,3 m dicke Mauern.

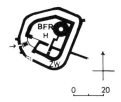

Berchstein = Betholdstein

Berg = Alt Sachsenheim

Berg

Kr. Merzig-Wadern, Saarland

Grundriß in: Kunstdkm. d. Rheinprov., Bd. 15.3, S. 39.

Der älteste Teil der Wasserburg ist der Torturm aus dem 12. Jh. Der Wohnturm mit 10 × 11 m Grundfläche und runden Ecktürmen stammt aus dem 14. Jh. Er hat 4 Stockwerke und Mauerstärken um 1 m. Im 16. Jh. wurde die Wasserburg zum Schloß umgebaut.

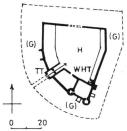

Berg

Gde. Mechernich-B..., Kr. Euskirchen, Nordrhein-Westfalen.

Grundriß in: Kunstdkm. d. Rheinprov., Bd. 11.2, S. 42.

Der Wohnturm des 14. Jh. ist der Rest der mittelalterlichen Wasserburg. Er mißt 7,5 × 12 m und hat bei 3 Stockwerken 11 m Höhe.

Berg
Gde. Stuttgart, Baden-Württemberg

Grundriß in: Wein, Bd. 2, Abb. 37.

Burgadel wurde in der 1. Hälfte des 13. Jh. erwähnt. Der Rest der Burg fungiert seit 1311 als Kirchenmauer. Die Burg in Ecklage besaß einen Wohnturm mit 9,5 × 10,5 m maximaler Kantenlänge und ca. 1,2 m starken Wänden.

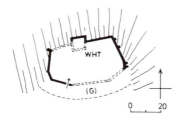

Berg
Gde. Stuttgart, Baden-Württemberg

Grundriß in: Wein, Bd. 2, S. 208.

Der Stumpf eines Wohnturmes von 10,5 × 10,5 m mit 3 m Wandstärke ist der Rest einer Turmburg vielleicht des 12. Jh.

Berga
Kr. Greiz, Thüringen

Grundriß in: Kunstdkm. v. Thüringen, Bd. 1.5, S. 256; Ebhardt I, Abb. 460.

Der älteste Teil der Anlage, die noch bewohnt wird, ist das Hinterhaus. Der romanische Bergfried wurde gotisch auf 42 m erhöht; er hat 9 m Durchmesser und 2,0 m Wandstärke, er wurde 1797 abgebrochen. Die Burg wurde im 15. Jh. erweitert.

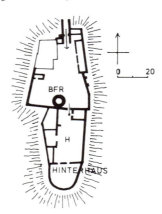

Bergau
Gde. Unterrohrbach, Bz. Korneuburg, Niederösterr., Österreich

Grundriß in: Sammlung Kreutzbruck.

Die Wasserburg stammt aus dem 15. Jh. und wurde im 16. Jh. schloßartig umgebaut. Der Bergfried mißt 7,5 × 7,5 m mit 1,2 m Wandstärke; er hat 3 Stockwerke in 14 m Höhe.

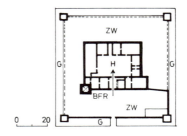

Berge-Altenberg
Gde. Odenthal, Rheinisch-Bergischer Kr., Nordrhein-Westfalen

Grundriß in: Burgen d. Salierzeit, Bd. 1, S. 191.

Die im 11. Jh. entstandene Burg wurde schon 1133 aufgegeben. Sie wurde 1981 ausgegraben.

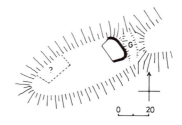

Bergenweiler
Gde. Sontheim/Brenz-B..., Kr. Heidenheim, Baden-Württemberg

Grundriß in: Kunstdkm. v. Württembg., Jagstkr., S. 76.

Die Wasserburg wird um 1460 erstmals erwähnt. Die heutige Gestalt stammt aus dem 16. Jh. Die Stärke der Ringmauer ist nur rd. 1 m.

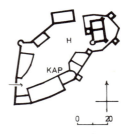

Bergün
Bz. Albula, Kt. Graubünden, Schweiz

Angabe in: Clavadetscher, S. 62.

Der Wohnturm mit 3 Stockwerken wurde vermutlich im 13. Jh. erbaut.

Beringen
Bz. und Kt. Schaffhausen, Schweiz

Grundriß in: Kunstdkm. d. Schweiz, Schaffhsn., Bd. 3, S. 27.

Der Bergfried des Burgrestes stammt aus dem 12. Jh. Er mißt 9,5 m Kantenlänge und ca. 1,7 m Mauerstärke. Die anderen Gebäudereste stammen aus dem 13. Jh.

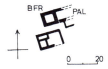

Berlepsch
Kr. Eschwege, Hessen

Grundriß in: Ebhardt I, Abb. 488.

Die im Kern sehr kleine Burg wurde 1369 erbaut. Sie ist noch heute im Besitz der gleichnamigen Adelsfamilie. Die Zubauten stammen aus dem 15. Jh. Die Burg wurde im 19. Jh. stark renoviert. Ihre Ringmauer ist ca. 1,5 m stark.

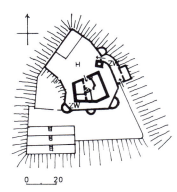

Bernau
Gde. Leibstadt, Bz. Zurzach, Kt. Aargau, Schweiz

Grundriß in: Merz-Aargau.

1157 wird »Bernowa« genannt. Zerstört wurde die Burg 1499 und danach aufgebaut, ein Brand 1871. Nur noch Reste eines Bergfriedes von 9 × 9 m und 2,5 m Wandstärke und von Mauern unter modernen Gebäuden erhalten.

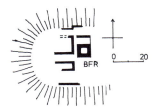

Bernburg
Sachsen-Anhalt

Grundriß in: Dehio, Bez. Halle, S. 32.

Die erste Burg der Askanier wurde 1138 zerstört und durch einen Neubau im 12. Jh. ersetzt. Die Burg wurde vom 12. bis ins 18. Jh. immer wieder erweitert und umgestaltet. Ihr heutiges Aussehen stammt aus dem 16. Jh. Der Bergfried hat einen Durchmesser von 14,5 m und 4,5 m starke Wände.

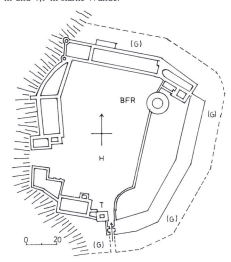

Berneburg
Gde. Sontra-B..., Kr. Eschwege, Hessen

Grundriß in: Burgwart 1936, S. 61.

Nach Tillmann wurde der rd. 10,5 m im Quadrat große Wohnturm mit 2,0 m starken Wänden 1385 erbaut, jedoch erst 1435 urkundlich genannt. Der Turm hat 15 m Höhe und 5 Stockwerke.

Berneck
Gde. Altensteig, Kr. Calw, Baden-Württemberg

Grundriß in: Antonow-SWD, S. 118.

Erbaut wurde die vermutlich kleine Burg zwischen 1230 und 1240. Übrig ist nur die 2,6 m starke und 29 m hohe Schildmauer. In 22 m Höhe(!) gibt es einen Eingang, von dem Treppen in den überkragenden Wehrgang und die Ecktürme führten. Die Treppe zum Eingang begann auf dem Wehrgang der Ringmauer. Die mit Buckelquadern verkleidete Schildmauer ist imponierend.

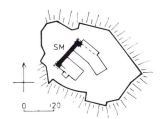

Berneck, Bäreneck

Gde. Kauns, Bz. Landeck, Tirol, Österreich

Grundriß in: Weing.-Hörm., S. 151; Piper-Österreich, Bd. 3; Trapp, Bd. 7, S. 68.

»Hegeno de Berneggo« wird urkundlich 1225 genannt. Die Burg entstand jedoch beinahe in der heutigen Größe Ende des 12. Jh. Der mächtige Wohnturm auf der Westseite mit 12,2 × 10,3 m im Maximum hat 2,4 m starke Mauern nach N und W. Er entstand um 1200 mit 2 Stockwerken und 11 m Höhe, er wurde im 15. Jh. auf 15 m erhöht. Die ca. 2 m dicke Schildmauer im Norden ist aus dem 14. Jh., auch beide Tore sind aus dieser Zeit. Ab 1435 wurde die Burg durch die Herren v. Mühnen umgebaut, die heutige Kapelle ist aus dieser Zeit. Verfallen im 19. Jh., wurde die Burg um 1980 zum Wohnen wiederhergestellt.

Berneck

Gde. Bad Berneck, Kr. Bayreuth, Bayern

Angabe in: Burgen der Salierzeit, Bd. 2, S. 217.

Ausgegrabener Rest eines runden Wohnturmes aus dem 11. Jh., der schon im frühen 12. Jh. verlassen wurde.

Berneck = Hohenberneck

Berneck

Gde. Deggingen, Kr. Göppingen, Baden-Württemberg

Grundriß in: Kunstdkm. v. Württemberg, Donaukr., S. 739.

Die Burg entstand um 1250 und wurde um 1350 bereits wieder aufgegeben. Schmitt zeigt in Bd. 1, S. 280, nur noch einen Burgstall.

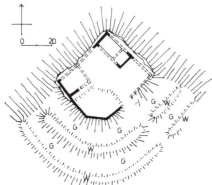

Bernegg

Gde. St. Gallen, Kt. St. Gallen, Schweiz

Grundriß nach: Sammlung Felder, Mitteilung von Frau Knoll-Heitz, 1987.

Die Burg bestand vielleicht nur aus Wohnturm und Palas. Nach Tillmann wurde sie schon 1081 zerstört. Der Wohnturm mit 8 × 10,5 m Grundfläche hat Mauerstärken von 1,0, 1,4 und 1,7 m (Ost).

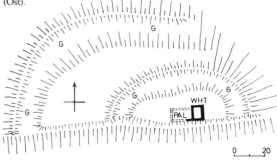

Bernegg

Gde. Calfreisen, Bz. Plessur, Kt. Graubünden, Schweiz

Grundriß in: Poeschel, S. 246; Clavadetscher, S. 292.

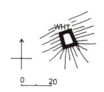

Der Wohnturm ohne Spuren einer Ringmauer mit Dimensionen von 10 × 13 m und Mauern um 2,5 m Dicke, die im obersten Geschoß auf 1,8 m zurückgehen, stammt aus der 2. Hälfte des 13. Jh. 1550 war der Turm schon Ruine. In der erhaltenen Höhe von 12 m sind 4 Stockwerke erkennbar.

Bernegg

Gde. Hinwil (Bz.), Kt. Zürich

Grundriß in: Meyer, Bd. 5, S. 26.

Ausgegrabene kl. Burganlage, die um 1230 entstand. Sie bestand vermutlich nur aus dem Palas und einem Hof, in dem vielleicht kleinere Gebäude aus Holz standen. Abgebrochen wurde die Rodungsburg wohl schon 1288.

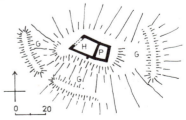

Bernsau

Gde. Overrath, Rheinisch-Bergischer Kr., Nordrhein-Westfalen

Grundriß nach Kataster von Overrath.

Von der Anlage einer Wasserburg sind nur noch Mauerreste, vielleicht eines Wohnturmes, erhalten. Burgadel wird 1258 genannt. Verfallen ist die Burg im 18. Jh.

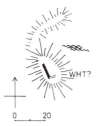

Bernstein

Gde. Markt Bernstein, Bz. Oberwart, Burgenland, Österreich

Grundriß in: Burgen u. Schlösser im Burgenland, S. 15.

Die urkundlich 1249 erstmals genannte Burg ist wohl in der 1. Hälfte des 13. Jh. entstanden. 1388 wurde sie umgebaut und im 17. Jh. stark verändert. Erhalten sind Teile der 1,8 – 2,3 m starken Ringmauer. Der Bergfried ist verschwunden, er stand vermutlich im Westen des Burghofes. Der Halsgraben ist eingeebnet.

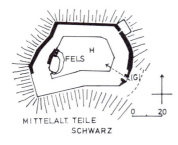

Bernstein

Gde. Dambach, Ct. Barr, Bas-Rhin, Frankreich

Grundriß in: Kaltenbach, Nr. VII; Wolff, S. 14; Wirth, S. 34; Salch.

Die auf einem Felsklotz liegende Kernburg wurde Ende des 11. Jh. erbaut. 1163 wird ein »Castellanus de Bernstein« genannt. Die Vorburg ist jünger, wohl aus dem 13. Jh. Zerstört wurde die Burg 1789 durch französ. Truppen. Die Kernburg gehört zum Typ Bergfried-Hof-Palas, ihre Mauern sind 1,5 m dick. Der Bergfried hat eine fünfeckige Grundfläche von 8 × 8,5 m im Maximum. Die Kernburg ist mit Buckelquadern gemauert.

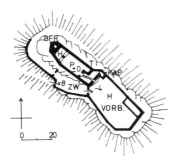

Bernstein, Bergstein

Gde. Hürtgenwald-Bergstein, Kr. Düren, Nordrhein-Westfalen

Grundriß in: Heinrich Tischelbäcker »Die Reichsburg Bernstein« in Annalen d. Vereins für den Niederrhein, 1988, S. 12.

Entstanden ist die fast 0,5 ha große Burg um 1100. Zerstört wurde sie 1198 durch die Nidegger. Ausgegraben wurde sie 1988. Ihre Ringmauer ist mit 3 m Dicke ungewöhnlich stark.

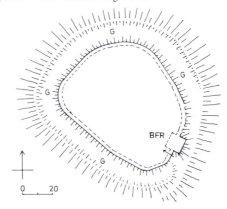

Berschis = St. Georgenburg

Bertholdenburg = Schleusingen

Bertholdstein, Perchtholdstein, Berchstein, Hollenburg

Gde. Hollenburg, Bz. Krems, Niederösterr., Österreich

Grundriß in: Burgen und Schlösser in Niederösterr., Bd. II/2, S. 115.

Erbaut wurde die Burg 1248 oberhalb der Donau. Seit dem Ende des 15. Jh. ist sie verfallen. Der 13,4 m im Quadrat messende Wohnturm mit 1,6 m dicken Wänden hat vier Stockwerke von denen das 2. und 4. durch Längsmauern unterteilt waren; im 4. Geschoß gab es einen Aborterker. Der ursprüngliche Hocheingang liegt in 3 m Höhe.

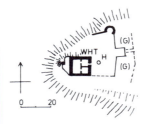

Berwart

Gde. Esch sur Alzette (Ct.), Luxemburg

Grundriß in: Bour, Bd. 2, S. 66.

Die Wasserburg entstand um 1250, zerstört wurde sie 1558.

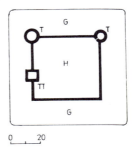

Berwartstein, Bärbelstein

Gde. Erlenbach, Kr. Pirmasens, Rheinland-Pfalz

Grundriß in: Kunstdkm. v. Bayern, Pfalz, Bd. 2, S. 288; Baudenkm. d. Pfalz, Bd. 2, S. 187; Ebhardt I, Abb. 396; Burgen u. Schlösser i. d. Pfalz, Abb. 20.

Urkundlich wurde die Burg 1192 durch Kaiser Barbarossa dem Bischof von Speyer geschenkt. Die auf einem steilen Fels thronende Kernburg muß also schon bestanden haben. 1314 wurde sie zerstört und wieder aufgebaut, 1480 wurde sie beträchtlich verstärkt. Rondelle und Wehrgang im Fels sind vorhanden. 1591 wurde sie durch Brand zerstört und erst 1893 zu Wohnzwecken erneuert. Die Felsenburg läßt sich in einem Grundriß nicht darstellen. Der Fels ist mit vielen Kammern ausgehöhlt. Zu Berwartstein gehört als Vorwerk Kleinfrankreich →.

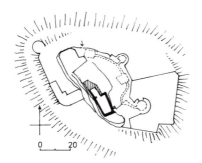

Besigheim

Kr. Ludwigsburg, Baden-Württemberg

Grundriß in: Antonow, S. 179; Piper, Fig. 106.

Von der Ober- und Unterburg ist jeweils nur der Bergfried erhalten mit Durchmesser 10 und 11,5 m, Wandstärken 3 und 4 m. Beide Türme sind 26 m hoch und haben je 5 gewölbte Stockwerke; die Wendeltreppen liegen in der Mauerstärke, beginnend am Eingang der in 11 bzw. 9 m Höhe liegt. Das Einzugsgebiet besitzt jeweils einen Kamin; im 3. Stockwerk der Oberburg ein Abtorterker. Beide Burgen sind in der 2. Hälfte des 12. Jh. erbaut worden.

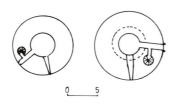

Bettenreute

Gde. Fronhofen, Kr. Ravensburg, Baden-Württemberg

Grundriß in: Kunstdkm. v. Württbg., Donaukr., Ravensburg, S. 124.

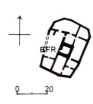

1171 wird »Bettilnriuthie« urkundlich erwähnt. Die heutige Gestalt der Wasserburg kommt aus dem späten Mittelalter. Die Ringmauer ist ca. 1 m stark, der Bergfried – ursprünglich vielleicht beistehend – hat die Abmessung 8,5 × 8,5 m mit 1,4 m starken Wänden. Das Datum der Zerstörung ist nicht überliefert.

Bettingen

Kr. Bitburg-Prüm, Rheinland-Pfalz

Grundriß in: Kunstdkm. d. Rheinprov., 12.1, S. 13.

Entstanden im 13. Jh., wurde die Burg erst 1313 urkundlich erwähnt. Sie ist jetzt Teil des Dorfes. Der rautenförmige Bergfried von 8,9 × 9,3 m besaß vier hochliegende runde Ecktürmchen.

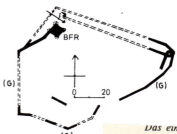

Betzenstein

Kr. Bayreuth, Bayern

Grundriß in: Kunstdkm. v. Bayern

Ursprünglich bestanden 2 Burgen, getrennt, die nördliche von beiden nannt. Die Burgen wurden mehr wieder aufgebaut. Die jetzige Ges von 1828 und 1929.

Beutelbach

Gde. Weinstadt, Rems-Murr-Kr., Baden-Württemberg

Grundriß in: Kunstdkm. v. Württemberg, Rems-Murr-Kr., S. 1312.

Begonnen wurde die Burg 1252 und bereits 1312 zerstört. Die Überreste lassen Aussagen über die Form des Grundrisses nicht mehr zu.

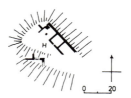

Beverungen

Kr. Höxter, Nordrhein-Westfalen

Grundriß in: Kunstdkm. v. Westfalen, Höxter, S. 32.

Entstanden ist die quadratische Wasserburg um 1330, 1914 wurde sie wiederhergestellt. Erhalten ist der mächtige Wohnturm-Palas von 12,5 × 20 m Außenmaß mit 2 m starken Wänden. Er hat 5 Stockwerke bei 17 m Höhe. Die Wasserburg Beverungen erinnert an Rodenberg. →.

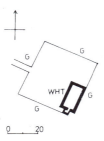

Beyernaumburg

Kr. Sangerhausen, Sachsen-Anhalt

Grundriß in: Wäscher, Bild 476.

Ein »castellum Nivanburg« wird bereits 979 genannt. Der Ursprung liegt demnach vor dem Jahr 1000. Im 12. Jh. kam die Burg an ein bayerisches Geschlecht, daher der Name. Die Burg wurde nach dem Mittelalter zum Gutshof umgenutzt. Ursprünglich gab es 2 Bergfriede von denen nur der mit 8 m Kantenlänge und 30 m Höhe mit Hocheingang in der Vorburg erhalten blieb. Die Türme und die Ringmauer stammen vermutlich aus dem 12. Jh.

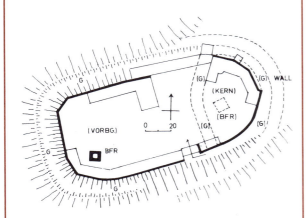

Biberstein

Bz. Aarau, Kt. Aargau, Schweiz

Grundriß in: März, Aargau.

Die Burg stammt wohl aus dem 13. Jh., entspr. Adel wird aber erst 1315 urkundlich genannt. Die Ringmauer und der Unterbau des Wohnturmes sind alt. 1587 wird die Burg nach einem Brand wiederhergestellt. Auch in neuerer Zeit erfuhr sie Veränderungen. Der Wohnturm von ca. 10 × 10 m mit angeschrägten Ecken besaß 1,6 m dicke Mauern, die Ringmauer war 1,2 m stark.

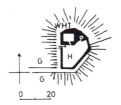

Bibersteinburg

Gde. Sorau – Zary ehem. Brandenburg, Polen

Grundriß in: Kunstdkm. d. Prov. Brandenb., V, 6, S. 189.

Die backsteingotische Wasserburg erinnert an eine Ordensburg. Sie entstand Ende des 14. Jh. Die Ringmauern sind 2 m stark. Torturm und Zwinger sind vermutlich aus dem 15. Jh.

Bibiton

Gde. Kaltenbrunn, Bz. Gaster, Kt. St. Gallen, Schweiz

Grundriß in: Felder, 3. Teil, S. 52.

Der Wohnturm auf einem Pfahlrost wurde ausgegraben; er entstammt wohl dem 13. Jh.

Bichishausen

Gde. Münsingen-B..., Kr. Reutlingen, Baden-Württemberg

Grundriß in: Kunstdkm. v. Württembg., Donaukr., Münsingen, S. 47; Schmitt, Bd. 2, S. 171.

In der 1. Hälfte des 13. Jh. erbauen die Herren v. Gundelfingen-Bichishausen die Burg. Erneuert wird sie um 1300. Ab 1545 war sie dem Verfall preisgegeben. Der Buckelquader-Bergfried mißt nur 5,28 m im Quadrat, die Schildmauer ist bis zu 3,5 m dick.

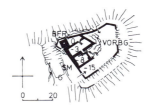

Bickenbach, Alsbacher Schloß

Gde. Alsbach, Kr. Darmstadt, Hessen

Grundriß in: Kunstdkm. v. Hessen, Bensheim, S. 23; Buchmann, S. 103.

Erbaut hat die Burg Gottfried I. v. B... um 1230, urkundlich erwähnt wird er 1251. Die Vorburg wurde 1371 hinzugefügt, der Zwinger noch später. 1463 wurde die Burg zerstört und danach aufgebaut. Ab Mitte des 17. Jh. ließ man sie verfallen. Die Burg besitzt merkwürdigerweise 2 Tortürme, einen zur Vorburg um 1370 und einen älteren aus der Gründungszeit. Die Schildmauer ist 22 m, die Ringmauer 1,2 – 1,5 m stark. Der 14 m hohe Bergfried hat 10,5 m Durchmesser und 4 m starke Wände. Die Burg war zeitweilig von Ganerben bewohnt.

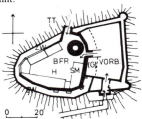

Bideneck

Gde. Fließ, Bz. Landeck, Tirol, Österreich

Grundriß in: Weing.-Hörm., S. 146; Dehio-Tirol, S. 256; Piper, Österr., Bd. 2; Trapp, Bd. 7, S. 107.

In Fließ sind um 1160 Ministeriale nachgewiesen. Aber »v. Pybenekke« wird erst 1339 urkundlich genannt. Die Burg entstand erst um 1330 und zwar die ganze Anlage. Zubauten gab es im 16. Jh. Die Ringmauer ist nur 0,7 m stark, auch der Bergfried mit 9,75 m Kantenlänge besitzt nur 1,35 m dicke Wände, er hat 4 Stockwerke bei 22 m Höhe, der rundbogige Eingang liegt 1,0 m hoch. Die Burg ist bewohnt.

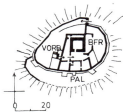

Biebelried

Kr. Kitzingen, Bayern

Grundriß in: Burgen u. Schlösser, 1976/II; Kunstdkm. v. Bayern, Unterfrk., Bd. 2.

Die Wasserburg war eine Johanniter-Kommende aus dem Jahr 1275 in Form eines Kastells. 1525 wurde sie zerstört und instandgesetzt. 1712 noch einmal renoviert, danach verfiel sie. Die ursprünglich 10 m hohe Ringmauer ist 1,8 m dick, der Bergfried mit 10,8 m Kantenlänge besitzt knapp 3 m starke Wände.

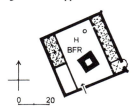

Biebermühle = Steinenschloß

Bieberstein = Bibersteinburg

Bieberstein

Kr. Meißen, Sachsen

Grundriß in: Kunstdkm. v. Sachsen, Meißen-Land

Von der alten Burg, die 1666 als Schloß erneuert wurde, ist nur der Wohnturm aus dem 14. Jh. erhalten. Er ist im Südteil des Schlosses eingebaut, Abmessung 11,5 × 13 m, Wandstärke 2 und 3 m.

Bieberstein

Gde. Reichshof-Brüchermühle, Oberbergischer Kr., Nordrhein-Westfalen

Grundriß in: Kunstdkm. d. Rheinld., Oberberg, Kr. 2, S. 49.

Entstanden ist die Burg auf einem künstlichen Plateau im 14. Jh., v. Biberstein wird 1342 urkundlich erwähnt. Seit Mitte des 19. Jh. ist die Burg verfallen. Der Wohnturm als langes Rechteck von 9,5 × 17 m mit spitzem Ostabschluß ist ungewöhnlich, die Wandstärken sind rd. 1,7 m und 3 – 4 m im Osten.

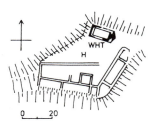

Biedenkopf

Kr. Marburg-Biedenkopf, Hessen

Grundriß in: Kunstdkm. d. Kreises Biedenkopf, S. 14; Kunstdkm. im Reg.-Bez. Wiesbaden, Bd. 4, S. 2.

Ringmauer und Bergfried gehören ins 13. Jh. Urkundlich erwähnt wird die Burg 1296. Umfassender Ausbau und Erweiterung 1360. Aus dieser Zeit stammt der Palas. 1847 Erneuerung der Burg im Zeitgeschmack. Der Bergfried ist 18 m hoch und hat 7,5 m Durchmesser sowie 2,5 m starke Wände, sein rundbogiger Eingang liegt ca. 7,5 m hoch. Die Ringmauer ist 1,8 m stark.

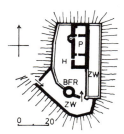

Biederburg

Gde. Laufeld, Kr. Bernkastel-Wittlich, Rheinland-Pfalz

Angabe in: Kunstdkm. d. Rheinprov., Bd. 12.2, S. 143.

Auf einem engen, steilen Sporn stehen Mauerreste, die vermutlich zu einem Palas oder Wohnturm von ca. 6,5 × 15 m mit schwachen Außenwänden gehören. Adel zur Burg kommt im 14. Jh. vor.

Biel

Kt. Bern, Schweiz

Grundriß in: Burgen u. Schlösser d. Schweiz, Bd. 7, S. 40.

Von der um die Mitte des 12. Jh. entstandenen Stadtburg Biel, die 1367 durch Bern zerstört wurde, sind nur geringe Reste erhalten. Der Grundriß basiert auf einem vermutlich älteren Plan.

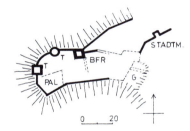

Bietigheim

Kr. Ludwigsburg, Baden-Württemberg

Grundriß in: Führer zu archäol. Denkm. in Deutschld., Nr. 22.

Ende des 20. Jh. wurden die Reste einer Burg ausgegraben, die aus dem Mittelalter stammt. Der starke Bergfried mit 11,5 m Kantenlänge und 3,5 m Mauerdicke deutet auf eine starke Anlage hin.

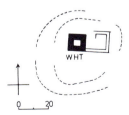

Bilstein

Gde. Eschwege (Kr.)-Albungen, Hessen

Grundriß nach Aufnahme F.-W. Krahe, 1991.

Von der um 1120 entstandenen und 1530 abgebrochenen Burg ist nur noch der Rest der 1,5 m starken Ringmauer erhalten.

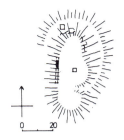

Bilstein, Bühlstein

Gde. Rickweiher, Ct. Kaysersberg, Bas Rhin, Frankreich

Grundriß in: Kaltenbach, Nr. IX; Wolff, S. 19; Salch, S. 38.

Entstanden ist die Burg im 13. Jh., sie wurde 1636 durch Kaiserliche zerstört. Der mächtige Buckelquader-Wohnturm hat 11,5 m Kantenlänge mit 3,5 m starken Wänden auf 6 m Höhe auf 2 m zurückgehend, der Eingang liegt auf dieser Höhe. Die Ringmauer ist rund 1,0 m dick.

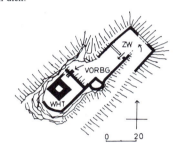

Bilstein, Beilstein, Belchenstein

Gde. Urbeis, Ct. Villé, Bas Rhin, Frankreich

Grundriß in: Kaltenbach, Nr. VIII; Wolff, S. 20; Salch, S. 40.

Die kleine Burg ist vielleicht um 1200 entstanden. Im 18. Jh. wurde sie teilweise abgebrochen. Der Bergfried mit den Maßen 8,4 × 9,0 m im Maximum, hat 1,6 m starke Mauern, die nach Westen zugespitzt verstärkt sind. Grundriß nach Salch.

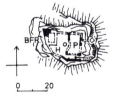

Bindstein

Gde. Herbrechtingen, Kr. Heidenheim, Baden-Württemberg

Grundriß in: Kunstdkm. v. Württbg., Heidenheim

1171 wird das »castrum Bindstein« urkundlich erwähnt. Die Burg bestand vielleicht nur aus Bergfried und Palas.

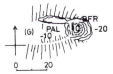

Bingenheim

Gde. Echzell-B..., Wetteraukr., Hessen

Grundriß in: Kunst- u. Kulturdkm. in Deutschld., Wetterau-Kr., S. 207.

Der Ursprung der Wasserburg vielleicht Mitte des 11. Jh., die heutige Anlage stammt aus dem 15. Jh. und jüngeren Zeiten. Der Wohnturm aus dem 15. Jh. hat 4 Stockwerke.

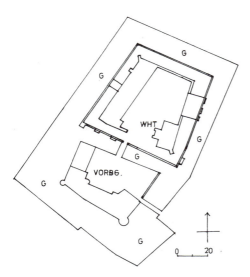

Binningen

Bz. Arlesheim, Kt. Basel-Land, Schweiz

Grundriß in: Kunstdkm. d. Schweiz, Basel-Ld., I, S. 232; Ebhardt I, Abb. 720; Meyer-Regio, S. 83.

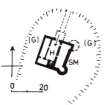

Entstanden ist das Weiherhaus im 13. Jh., 1299 wird es urkundlich erwähnt, 1374 Zerstörung durch Bechburg, 1409 Brand, 1419 Aufbau, seit 1529 im Besitz v. Basel, 1963 renoviert u. Gaststätte. Die Ringmauer ist 1,0 m, die Schildmauer 2,0 m dick.

Bipp

Gde. Oberbipp, Bz. Wangen, Kr. Bern, Schweiz

Grundriß in: Burgen u. Schlösser d. Schweiz, Xa, S. 39.

Die Burg wurde urkundlich 1268 genannt; sie wurde 1798 zerstört. Der Bergfried hat 6 m Durchmesser.

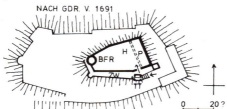

Birkenfeld

Gde. Rübeland, Kr. Wernigerode, Sachsen-Anhalt

Grundriß in: Gestalt und Entwicklung der feudalen Eigenbefestigung, Akademie (DDR)-Verlag, 1973; Stolberg, S. 45.

1134 wird »de Berkenfeld« urkundlich erwähnt, 1361 »v. Barkinfelde«. Die Burg war im 17. Jh. Ruine. Der Wohnturm mit 8,4 × 11,5 m, hat Mauern von 1,65 m Dicke.

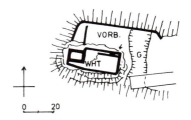

Birkenfels

Gde. Ottrott, Ct. Rosheim, Bas-Rhin, Frankreich

Grundriß in: Kaltenbach, Nr. IX; Wolff, S. 21; Salch, S. 48.

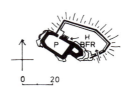

Die kleine Burg wurde um 1200 in Buckelquadern erbaut; im 16. Jh. verfiel sie. Der Palas hat drei Stockwerke und 1,6 m Mauerstärke. Der Bergfried hat nach 3 Seiten rd. 3 m dicke Mauern. Die Kernburg gehört zum Typ Bergfried-Palas.

Birseck

Gde. Arlesheim, Kt. Basel-Land, Schweiz

Grundriß in: Kunstdkm. d. Schweiz, Basel-Ld., Bd. 1, S.186; Meyer, Bd. 7, S. 10; Meyer-Regio, S. 85.

1239 ist die Burg durch Bischof Lütold von Röteln gekauft worden, muß also vorher entstanden sein. 1793 wurde die Burg durch Franzosen zerstört u. 1808 wiederhergestellt. Der Bergfried mißt 7,5 m Durchmesser und hat 2,5 m dicke Mauern. Die Ringmauer ist 2,0 – 2,7 m stark.

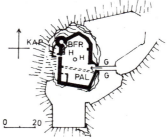

Birseck, mittlere Burgen

Gde. Arlesheim (Bz.), Kt. Basel-Land, Schweiz

Grundriß in: Meyer-Regio, S. 87.

Die mittleren Burgen von Birseck entstanden im 13. Jh. Von der Mittelburg nur 2 m starke Mauerreste erhalten, von der Südburg ein Turmstumpf mit 9 m Durchmesser und über 3 m starke Mauern. Die südl. Anlage war 1295 schon Ruine, die nördliche wurde erst im 14. Jh. aufgegeben.

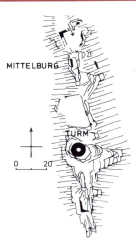

Bischofshofen, Kastenhofturm

Bz. St. Johann, Salzburg, Österreich

Grundriß in: Österr., Kunsttopogr., Bd. 27.

Der Wohnturm des Bischofs aus dem 13. Jh. hat 4 Stockwerke bei 15 m Höhe.

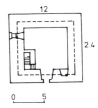

Bischofstein

Gde. Sissach (Bz.), Kt. Basel-Land, Schweiz

Grundriß in: Meyer-Regio, S. 99.

Entstanden ist die Burg um 1250. Das Erdbeben von 1356 zerstörte sie. Der Bergfried hat 7,5 m Durchmesser und 2,25 m dicke Mauern; ein Eingang ist in 5,5 m Höhe erkennbar. Die Ringmauer ist 1,6 m dick.

Bischofstein

Gde. Münstermaifeld-Lassberg, Kr. Mayen-Koblenz, Rheinland-Pfalz

Grundriß in: Kubach, S. 98.

Die Burg wurde vermutlich um 1200 herum erbaut. Die Kapelle ist gotisch. 1689 wurde die Burg zerstört. Der Bergfried hat 10 m Durchmesser mit 3 m Mauerstärke.

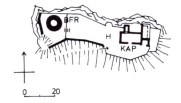

Bischofszell

Kt. Thurgau, Schweiz

Grundriß in: Kunstdkm. d. Schweiz, Thurgau, Bd. 3, S. 150.

Die Stadtburg in der Ecke zweier Stadtmauern entstand im 13. Jh., viele Reste sind nicht mehr vorhanden. Der Bergfried ist verschwunden, die Ringmauer ist um 1,2 m dick.

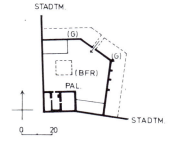

Bischofteinitz – Horšovský-Týn

Bz. Taus-Domažlice, Westböhmen, Tschechische Republik.

Grundriß in: Hotz-Pfalzen, Z. 123; Menclová, S. 262.

Im Schloß steckt der Grundriß der staufischen Wasserburg von 1240, ihre Ringmauer ist mit 3 m sehr stark.

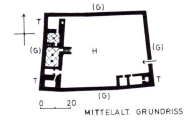

Bissingen

Kr. Dillingen, Bayern

Grundriß in: Kunstdkm. v. Bayern, Schwaben, Bd. 7, S. 15.

Der hier abgebildete Grundriß von 1850 zeigt eine im Kern mittelalterliche Anlage.

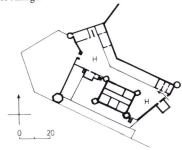

Bittelschieß

Gde. Bingen-B..., Kr. Sigmaringen, Baden-Württemberg

Grundriß in: Zingeler/Buck, S. 101; Schmitt, Bd. 3, S. 21.

Gegründet wurde die Burg um 1150, Adel 1265 urkundlich genannt, zerstört wurde sie 1479. Nur wenig Reste erhalten.

Blaichach = Ettensberg

Blankenberg

Kr. Lobenstein, Thüringen

Grundriß in: Kunstdkm. d. Prov. Sachsen, Bd. 22, S. 27.

Die Wohnturm-Burg ist vor 1200 erbaut worden. Der Turm hat in 13 m Höhe 3 Stockwerke. Genannt wurde die Burg erst 1338. Sie ist noch bewohnt.

Blankenberg

Gde. Hennef.-B..., Rhein-Sieg-Kr., Nordrhein-Westfalen

Grundriß in: Kunstdkm. d. Rheinprov., Bd. 5.4; Dehio-Rheinland, S. 223.

Die sehr große Burg wurde 1180 durch die Grafen v. Sayn erbaut. Bergfriede gibt es in der Hauptburg und in der Vorburg. Der Batterieturm wurde um 1500 gebaut. In der 2. Hälfte des 17. Jh. wurde die Anlage verlassen. Die Ringmauer ist ca. 2,3 m dick, die Schildmauer rd. 5 m. Der Bergfried mit 11 m Durchmesser hat einen verschobenen Innenraum und damit 2–3 m starke Mauern, seine Höhe ist 17 m, der Eingang liegt 7 m über dem Burghof.

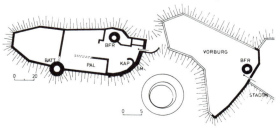

Blankenburg

Gde. Zweisimmen, Bz. Obersimmental, Kt. Bern, Schweiz

Grundriß in: Schloß Blankenburg-Sanierung, 1984/1985.

Gegründet wurde das heutige Schloß um 1300, aus dieser Zeit gibt es Reste im Schloß, das nach einem Brand 1767 erneuert wurde.

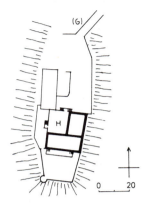

Blankenburg

Kr. Wernigerode, Sachsen-Anhalt

Grundriß in: Kunstdkm. v. Braunschweig, Bd. 6, S. 45.

Eine Burg ist 1133 nachweisbar. Durch den Schloßbau 1705 ist sie weitgehend verschwunden. Die Rekonstruktion von Spehr läßt eine sehr kleine Kernburg und einen Bergfried von 9 × 9 m mit 2,5 m Mauerstärke vermuten.

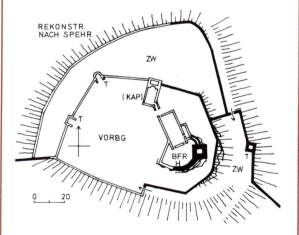

Blankenheim

Kr. Euskirchen, Nordrhein-Westfalen

Grundriß in: Kunstdkm. d. Rheinprov., Bd. 9.2, S. 74.

Burgadel ist seit 1115 urkundlich erwähnt. Die heutige Burg entstand auf älteren Teilen hauptsächlich im 15. und 16. Jh. Das Bollwerk im Süden entstand im 17. Jh. Anfang des 19. Jh. wurde die Burg auf Abbruch verkauft, zum Teil jedoch später wieder aufgebaut.

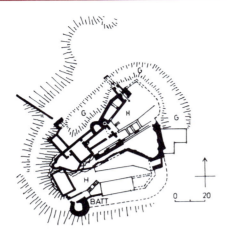

Blankenhorn

Gde. Bad Urach, Kr. Reutlingen, Baden-Württemberg

Grundriß in: Schmitt, Bd. 4, S. 245.

Die mit ca. 300 m² Grundfläche sehr kleine Burg entstand vielleicht im 12. Jh.

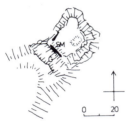

Blankenhorn

Gde. Güglingen, Kr. Heilbronn, Baden-Württemberg

Grundriß in: Kunstdkm. v. Württbg., Neckarkr.-Tafelband; Waldburg, S. 108; Antonow-SWD, S. 123.

Die Bauzeit der Burg liegt um 1225, sie wurde in Buckelquadern errichtet; 1241 urkundliche Nennung. Die 1,8 m dicke Ringmauer umschließt ein Areal, auf dem mehr Gebäude gestanden haben müssen als nur der im Schutz der bis 2,7 m starken ca. 1,5 m hohen Schildmauer stehende Palas. Ab 1540 ist die Burg verfallen. Der Grundriß v. Antonow weicht etwas von dem hier dargestellten, ab.

Blankenstein

Gde. Gladenbach, Kr. Marburg-Biedenkopf, Hessen

Grundriß nach Aufnahme F.-W. Krahe, 1991.

Im 14. Jh. wird die Burg als Lustschloß der hess. Landgrafen genannt, sie ist jedoch wesentlich älter, 1770 wurde sie abgebrochen. Der Bergfried von 8,3 × 9,7 m Dimension hat 2,2 – 2,5 m dicke Mauern. Die Ringmauer der in ihrer Gestalt nicht mehr rekonstruierbaren Kernburg ist 1,9 m, die äußere Ringmauer 1,5 m stark.

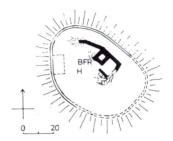

Blankenstein

Gde. Aussig-Usti (Bz.), Nordböhmen, Tschechische Republik

Grundriß in: Heber, Band 3.

V. Blankenstein wird 1398 genannt. Die Burg war im 17. Jh. schon Ruine. Der Bergfried hat 8 m Durchmesser und ca. 1,7 m dicke Mauern.

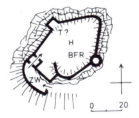

Blankenstein

Gde. Gomadingen-Wasserstätten, Kr. Reutlingen, Baden-Württemberg

Grundriß in: Blätter d. Schwäb. Albvereins, Jhg. 42, 1930, Heft 10, S. 286; Schmitt, Bd. 2, S. 150.

Swigger v. Blankenstein wird 1150 erstmals genannt. Vermutlich stammt die Burg aus der Mitte des 12. Jh., erhalten ist nur der 10 m hohe Stumpf des Bergfriedes in schönen Buckelquadern mit einer Fläche von 7 × 7 m und 2,5 m starken Mauern.

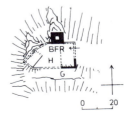

Blatten

Gde. Oberriet, Bz. Oberrhein, Kt. St. Gallen, Schweiz

Grundriß nach: Angabe und Modellfoto in Felder, Teil 3, S. 7.

Die regelmäßige Burganlage wurde zwischen 1244 und 1272 erbaut, zerstört wurde sie 1799. Der starke Bergfried mit 12 m Kantenlänge hat 3,6 m dicke Wände.

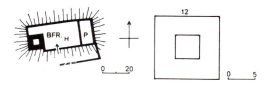

Blauenstein

Gde. Kleinlützel, Bz. Breitenbach, Kt. Solothurn, Schweiz

Grundriß in: Meyer-Regio, S. 194.

Der Ursprung der sehr kleinen Burg ist unklar. Um 1250 war sie wohl schon vorhanden, 1412 wurde sie durch Basel zerstört. Vielleicht war die Burg eine Kombination von Bergfried und Palas mit einem davorliegenden tieferen Hof.

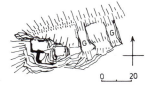

Bleckede

Kr. Lüneburg, Niedersachsen

Angabe in: Kunstdkm. u. Alterthümer im Hannoverschen

Ein Rest der 1271 gegründeten Wasserburg ist der rd. 8 m hohe Stumpf eines Bergfriedes aus Backsteinen.

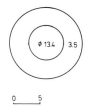

(Bliesmengen)

Gde. Mandelbachtal, Kr. Homburg, Saarland

Grundriß in: Conrad/Flesch, S. 275.

Von dem hier wiedergegebenen Grundriß ist nichts mehr vorhanden. Die ehem. Wasserburg wurde 1292 erwähnt und 1365 zerstört.

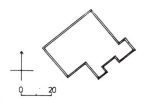

Blomberg

Kr. Detmold, Nordrhein-Westfalen

Grundriß in: Hein Walter Rolf, »Blomberg«, 1981, S. 141.

Begonnen wurde die Stadtburg vermutlich Ende des 12. Jh. Ihr ältester Teil soll ein Wohnturm von ca. 14 × 14 m gewesen sein, der vielleicht Mitte des 13. Jh. zum Palas umgebaut wurde. 1447 zerstörten Hussitten die Burg, die dann wieder aufgebaut wurde. Heute ist sie ein Hotel.

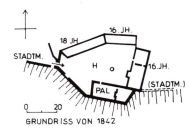

Blumegg

Gde. Stühlingen-Grimmelshofen, Kr. Waldshut-Tiengen, Baden-Württemberg

Grundriß in: Voellmer, S. 22.

Der zur Burg gehörende Adel wird 1192 erwähnt; die Anlage wurde vor 1577 zerstört.

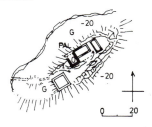

Blumegg

Gde. Thüringen, Bz. Bludenz, Vorarlberg, Österreich

Grundriß in: Ulmer, S. 196; Huber, S. 83.

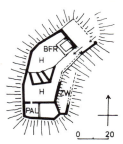

Grafen v. Blumegge kommen 1256 urkundlich vor. Die Burg wurde wohl in der 1. Hälfte des 13. Jh. begonnen. 1405 und 1650 wurde sie zerstört und instandgesetzt. 1774 wurde die Burg durch Brand zerstört. Der Bergfried mit 10,5 m Seitenlänge hat 2,7 m dicke Mauern.

Blumenstein

Gde. Schönau, Kr. Pirmasens, Rheinland-Pfalz

Grundriß in: Baudenkm. d. Pfalz, Bd. 5, S. 32; Kunstdkm. v. Bayern, Pfalz, Bd. 2, S. 494.

Die Felsenburg wurde vielleicht um 1260 erbaut und wohl 1525 zerstört. Auf der obersten Plattform gibt es kaum Reste. Die 9 m hohe Schildmauer in Buckelquadern ist rd. 3,0 m stark. Der Zugang führte über zwei(!) Brücken, eine am Sockel der Felstürme, die andere in rd. 7 m Höhe daneben.

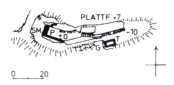

Blutenburg

Gde. München, Bayern

Grundriß in: Claus Grim »Blutenburg«.

Anfänge der Wasserburg gab es wohl bereits um 1200. 1432 wird sie als Jagdschloß Herzog Albrecht III. genannt. Die heutige Anlage ist aus dem 15. Jh.

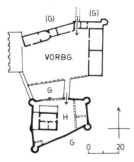

Boberröhrsdorf – Siedlęcin

Kr. Hirschberg – Jelina Gora, Schlesien, Polen

Grundriß in: Grundmann, S. 281.

Der Wohnturm aus dem 14. Jh., 14 × 20,6 m groß, hat Mauern von 2,25 m Dicke, 4 Stockwerke und 20 m Höhe; Wandbilder aus dem 15. Jh.

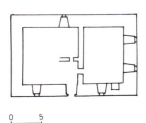

Bocholt

Gde. Kempen, Kr. Viersen, Nordrhein-Westfalen

Grundriß in: Kunstdkm. d. Rheinprov., Bd. 1.1.

Der sogen. Kaiserturm ist der einzige Rest einer Wasserburg des 14. Jh. aus Backstein.

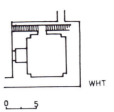

Bockfließ

Bz. Mistelbach, Niederösterr., Österreich

Grundriß in: Burgen u. Schlösser in Niederösterr., Bd. 14, S. 97; Piper, Österr., Bd. 7.

Im Renaissance-Schloß steckt eine rechteckige mittelalterliche Wasserburg mit 2 m dicken Wänden aus dem 15. Jh. Die Ringmauer wurde im 16. Jh. auf 4 m verstärkt. Der Bergfried mißt 9,5 × 10,5 m mit 2,5 m dicken Wänden.

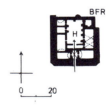

Bodenburg

Gde. Bad Salzdetfurth-B..., Kr. Hildesheim, Niedersachsen

Grundriß in: Kunstdkm. v. Braunschweig, Bd. 5.

Der Grundriß stammt v. 1618. Grafen v. Bodenburg werden 1155 urkundlich genannt. Gegründet wurde die Wasserburg vermutlich im 12. Jh. Seit dem 18.Jh. Schloßanlage. Der 6,5 × 6,5 m große Bergfried mit ca. 1,7 m starken Mauern ist vermutlich der älteste Teil des Schlosses.

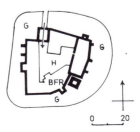

Bodenburg = Vetzberg

Bodenlauben

Gde. Bad Kissingen (Kr.), Bayern

Grundriß in: Kunstdkm. v. Bayern, Unterfrk., Bd. 10, S. 81.

Entstanden ist die Burg im 12. und 13. Jh., viele Teile sind in Buckelquadern hergestellt. 1234 kam Bodenlauben in den Besitz der Grafen v. Henneberg. Zerstört wurde die Burg 1525. Der Minnesänger Otto v. Botenlauben (1175 – 1244) kam von hier. Der kl. nördl. Bergfried hat 10,7 m, der gr. südl. 12,75 m Durchmesser, die Mauern beider sind 1,5 m dick.

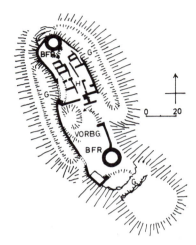

Bodfeld, Königsburg

Kr. Wernigerode, Sachsen-Anhalt

Grundriß in: Wäscher, Abb. 271; Stolberg, S. 211.

Die kleine Burg in Randlage ist um 1300 entstanden. 1262 – 1312 wird die Fam. v. Botfelde urkundlich genannt, 1312 castrum Königshof erwähnt. Ein Zusammenhang mit dem jenseits der Bode gelegenen königlichen Jagdhof besteht nach Stolberg nicht. Der Bergfried mit nur 5,5 m Durchmesser hatte 2,4 m Mauerstärke, die Ringmauer war 1,5 m dick. 1898 wurde die Ruine ausgegraben.

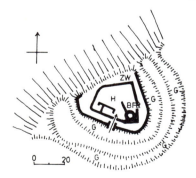

Böbikon

Bz. Zurzach, Kt. Aargau, Schweiz

Grundriß in: Hartmann, S. 55.

Die Reste der von Hartmann gezeichneten Burg mit nur 420 m² Grundfläche wurde ausgegraben. Die Ringmauer ist 1,2 – 1,5 m stark. Keine Daten.

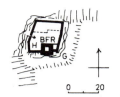

Böckelheim, Schloßböckelheim

Kr. Bad Kreuznach, Rheinland-Pfalz

Grundriß in: Kunstdkm. d. Rheinprov., Bd. 18.1, S. 344.

Die große Burg wird schon 1044 erwähnt. 1105 wurde Kaiser Heinrich IV. hier von seinem Sohn, Heinrich V. gefangengehalten. 1688 wurde die Anlage durch Franzosen zerstört. Der Bergfried von 8 m Durchmesser ist mit ca. 1,3 m dicken Mauern nicht besonders stark.

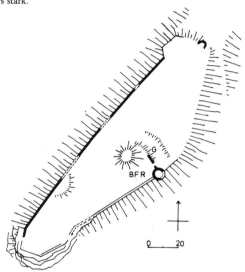

Bödigheim

Gde. Buchen-B..., Odenwaldkreis, Baden-Württemberg

Grundriß in: Kunstdkm. v. Baden, Bd. IV.3, S. 14.

Die relativ kleine Anlage wurde 1286 auf einem Fels erbaut. 1633 wurde sie durch Franzosen zerstört. Der älteste Teil ist der Buckelquader-Bergfried von 6 × 6 m mit Anschlüssen der einstigen Ringmauer von 2 m Stärke. Er hat 6 Stockwerke auf 26 m Höhe, der Eingang liegt 11 m über dem oberen Gelände.

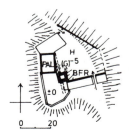

Böheimstein

Gde. Pegnitz, Kr. Bayreuth, Bayern

Grundriß in: H. Kunstmann »Burgen in der Oberpfalz«, Bd. 2, S. 161.

Genannt wird die Höhenburg 1353, zerstört wird sie 1553. Nur noch die Reste eines gr. Hauses (Palas?) sind erhalten und Spuren eines runden Turmes daneben.

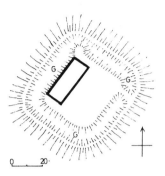

Böhmisch-Krumau – Český Krumlov

Oberburg
Südböhmen, Tschechische Republik

Grundriß in: Menclová, S. 177.

Die Steinburg wurde im 14. Jh. erbaut. Aus- und Umbau zum Schloß bis ins 18. Jh. Der westliche Umbau zum Schloß bis ins 18. Jh. Der westliche Bergfried mißt 9 m im Quadrat, der östliche 9,5 × 10,5 m an den längsten Kanten; beide haben über 3 m starke Mauern.

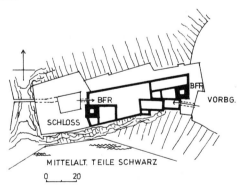

Böhmisch Krumau – Český Krumlov

Unterburg
Südböhmen, Tschechische Republik

Grundriß in: Mendová, S. 177.

Die nur 80 m von der Oberburg entfernte Unterburg mit den gleichen Daten wie die Oberburg besitzt den Stumpf enes Bergfriedes von 13,5 m Durchmesser und 4,5 m dicken Wänden, der von einem barocken Turm geringeren Durchmessers gekrönt ist.

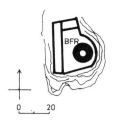

Bönnigheim

Kr. Ludwigsburg, Baden-Württemberg

Grundriß in: Burgen u. Schlösser, 1975-I.

Ein Wohnturm wohl des 12./13. Jh. mit 10,7 × 14,5 m Grundfläche und ca. 1,25 m dicken Mauern als Rest der Burg.

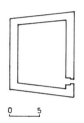

Bösig – Bezděz

Bz. Böhmisch Leipa – Česka Lipa, Nordböhmen, Tschechische Republik

Grundriß in: Hotz Z 116; Piper, Österr., Bd. 5, Ebhardt II-2, Abb. 490; Mendová, S. 277.

Die Burg ist unter dem Einfluß Kaiser Karl IV. nach 1350 entstanden. 1421 wurde sie durch Hussitten zerstört und aufgebaut. Nach einem Brand 1621 wurde sie 1642 neu befestigt und in der 2. Hälfte des 17. Jh. Benediktinerabtei. Die Ringmauer der Ruine ist 1,3 m stark. Der Bergfried hat einen Durchmesser von 10,5 m mit knapp 4 m dicken Mauern.

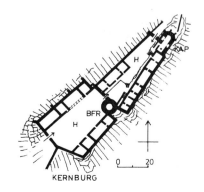

Bogeneck, Aistaig

Gde. Rottenburg-Oberndorf, Kr. Rottweil, Baden-Württemberg

Grundriß in: Blätter d. Schwäb. Albvereins, 1910-1, S. 28; Antonow-SWD, S. 128.

1089 wird »Guntram v. Egestaig« urkundlich erwähnt. Die Burg, von der selbst K. A. Koch nur noch Grundmauern fand, wurde im 13. Jh. erbaut. Die Schildmauer war 3 m stark, der angebaute Bergfried maß 7,3 × 7,3 m bei 2 m Wandstärke. Die Darstellung bei Antonow weicht von der hier gezeigten etwas ab.

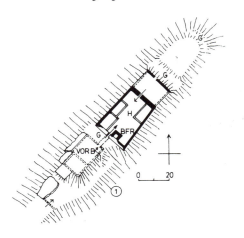

Bolkoburg

Gde. Bolkenhahn – Bolków, Kr. Liegnitz-Legnica, Schlesien, Polen

Grundriß in: Ebhardt I, Abb. 574; Grundmann, Fig. 43.

Die Burg wird 1277 zuerst urkundlich genannt. Sie ist in vielen Perioden entstanden: Ende 13. Jh. der Bergfried und die Ringmauer, 14. Jh. große Teile des Palas, die Nord-Verstärkung der Kernburg und der Zwinger im N-W. 15. Jh. alles andere später. 1428 Zerstörung der Burg und deren Aufbau. Im Dreißigjährigen Krieg wird sie zum Teil zerstört, ab 1810 Verfall. Der spitz zulaufende runde Bergfried hat 10 m Durchmesser und 2,5 m dicke Wände, die Ringmauer ist im Kern 2 m stark.

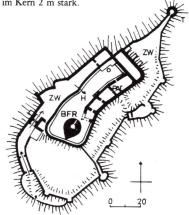

Boll = Neu-Tannegg

Bollendorf

Kr. Bitburg-Prüm, Rheinland-Pfalz

Grundriß in: Kunstdkm. d. Rheinprov., 12.1, S. 75.

Hier sind nur die vermutlich mittelalterlichen Teile des Wasserschlosses dargestellt, das 1619 unter Verwendung der alten Mauern begonnen wurde.

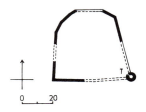

Bollheide

Gde. Großenlüdder-Lütterz, Kr. Fulda, Hessen

Grundriß in: Fuldaer Geschichtsblätter, 1931, S. 63.

Die ungewöhnliche Anlage: nur ein ohnehin seltener achteckiger Turm gibt Rätsel auf. Die kaum meterstarken Mauern lassen im Inneren ca. 27 m² Fläche frei. Man könnte an einen Wohnturm denken, was bei ca. 7,5 × 7,5 m vielleicht möglich wäre.

Bolzenschloß, Bolzenstein

Gde. Janowitz – Janowiece-Wielkie, Kr. Hirschberg – Jelina Gora, Schlesien, Polen

Grundriß in: Grundmann, S. 82.

Genannt wird die Burg 1374, die innere Mauer ist von 1395, die äußere Mauer aus dem 15. Jh., 1517 wird die Burg zerstört und mit den Bastionen im SO neu erbaut. 1645 zerstörten sie Schweden endgültig. Der kleine Bergfried hat Maße von ca. 5,5 × 5,5 m und ist wie die Ringmauer knapp 1,5 m dick.

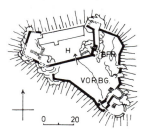

Bomgaden

Gde. Plettenberg-Siesel, Märkischer Kr., Nordrhein-Westfalen

Grundriß in: Kunst- und Geschichtsdkm. im Märk. Kreis, S. 645.

Der 13 × 13 m messende große Wohnturm mit Mauerstärke von 2,3 – 2,7 m entstand vor 1346, wann er ruiniert wurde ist nicht bekannt.

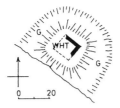

Bommersheim

Gde. Oberursel-B..., Hochtaunuskr., Hessen

Angabe in: Burgen u. Schlösser, 1990-I, S. 27.

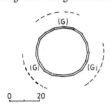

Die Fundamente aus einer multipoligonalen fast kreisrunden Wasserburg von etwa 1300 sind ergraben worden. Zerstört wurde die Anlage 1381 als Raubnest. Die facettenartige Ringmauer ist 1,5 – 1,7 m stark.

Boppard

Rhein-Hunsrück-Kr., Rheinland-Pfalz

Grundriß in: Bleyl, Tafel 237.

Bleyl gibt den alten Grundriß der so nicht mehr erhaltenen Stadtburg von 1327 wieder. Der 10,5 × 10,5 m große Wohnturm ist heute der Rest der Burg. Er hat 2,6 m dicke Wände, 6 Stockwerke, 24 m Höhe und einen 7,5 m hohen Eingang mit Wendeltreppe in der Mauerstärke.

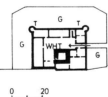

Boppard, Ritter, Schwalbach Haus

Rhein-Hunsrück-Kr., Rheinland-Pfalz

Angabe in: Kunstdkm. v. Rheinld.-Pfalz, Rhein-Hunsr.-Kr.

Das Turmhaus wurde im 13. Jh. erbaut, sein heutiges Aussehen stammt aus dem 15. Jh. Der Turm ist mit 3 Stockwerken 11 m hoch.

(Borgholt)

Kr. Wittmund, Niedersachsen

Grundriß in: Schuchhardt, S. 282.

Von dem von Schuchhardt dargestellten runden Wohnturm mit ca. 19 m Durchmesser, vielleicht aus dem 11. Jh., ist kein Rest vorhanden.

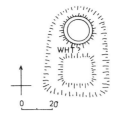

Bornsdorf

Kr. Luckau, Brandenburg

Grundriß in: Kunstdkm. d. Prov. Brandenbg., 5.1, S. XXXVIII.

Im Wasserschloß des 16. Jh. steckt eine mittelalterliche Wasserburg mit 1,6 m starker Ringmauer. Der zum Treppenturm verwandelte Bergfried hat ca. 6 m Durchmesser.

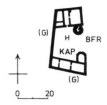

Bornstedt, Schweinsberg, Schloßburg

Kr. Eisleben, Sachsen-Anhalt

Grundriß in: Stolberg, S. 59.

1115 legt Kaiser Heinrich V. Truppen in die Burg. »De Bornsteck« wird 1120 urkundl. erwähnt. Seit 1637 verfiel die Burg. Der 9 × 9 m große Bergfried geht auf 10 m Höhe in die runde Form und einen Durchmesser 9 m über. Höhe des Bergfriedes 30 m mit 3,5 m Wandstärke und 3 Stockwerken. Die Ringmauer ist 2,0 m, die Schildmauer 4 m dick.

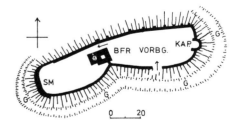

Bornstedt

Kr. Haldensleben, Sachsen-Anhalt

Grundriß in: Kunstdkm. im Kr. Waldesleben, S. 179.

Ein mittelalterlicher Wohnturm mit 2 Stockwerken, »curia cum turri lapdae« urkundl. genannt.

Bornum

Gde. Königslutter, Kr. Helmstedt, Niedersachsen

Grundriß nach Aufmaß der Gemeinde Königslutter.

Roman. Wohnturm mit 2 Stockwerken und 9 m Höhe.

Borschengrün

Gde. Amonsgrün – Uboří, Bz. Eger – Cheb, Westböhmen, Tschechische Republik

Grundriß in: Kunstdkm. v. Böhmen, Marienbad, S. 13.

Rest eines mittelalterlichen Wohnturms mit 2,3 m dicken Mauern und ca. 10 × 10 m Grundfläche.

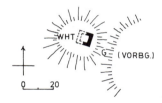

Bosrückl

Gde. St. Georgen, Bz. Scheibbs, Niederösterr., Österreich

Grundriß in: Burgen im Bez. Scheibbs, S. 59.

Angeblich eine Anlage des 11. Jh. mit 1,5 m dicker Ringmauer. Unterteilungen nicht erkennbar, vielleicht war die Ruine ein Burghaus.

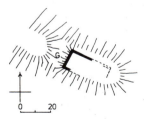

Bottenstein

Gde. Bottenwil, Bz. Zofingen, Kt. Aargau, Schweiz

Grundriß in: Burgen u. Schlösser d. Schweiz, Aargau, S. 37.

Die spärlichen Reste waren möglicherweise ein Burghaus oder Wohnturm. Burgadel im 13. Jh. bekannt.

Bottmingen

Bz. Arlesheim, Kt. Basel-Ld., Schweiz

Grundriß in: Ebhardt I, Abb. 721; Kunstdkm. d. Schweiz, Basel-Ld., Bd. 1, S. 253; Meyer, Bd. 7, S. 12.

Der Ursprung liegt vermutlich im 13. Jh., urkundlich wurde die Wasserburg 1369 genannt. 1409 wird die Burg zerstört und wieder aufgebaut. Die heutige Gestalt ist aus dem Jahr 1720. Die Ringmauer ist 1,2 – 1,4 m dick.

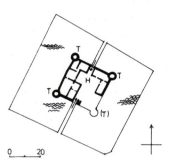

Boxberg

Main-Tauber-Kr., Baden-Württemberg

Grundriß nach Aufnahme F.-W. Krahe, 1991.

Die erste Anlage entstand im 11. Jh., die zweite Anlage von 1480 wurde 1523 zerstört, die dritte Anlage von 1547 wurde 1857 abgebrochen. Von der Burg kaum noch Reste.

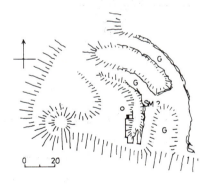

Boymont

Gde. Missian, Unteretsch, Südtirol, Italien

Grundriß in: Ebhardt I, Abb. 702; Hotz, Z. 73; Weing.-Boz., 1; Tuulse, S. 176; Weing.-Hörm., S. 341; Piper-Österr., Bd. 1.

Die fast rechteckige Burg entstand 1225 fast einheitlich. Sie liegt auf einem Plateau und ist gegen den Berg mit einer 16 m hohen Schildmauer von 2,6 m Stärke gesichert. Große Teile der Burg sind in Buckelquadern erstellt. Der Bergfried ist 26 m hoch mit 2,4 m starken Mauern und 9 × 9 m Grundfläche, Einstieg in 12 m Höhe, auch beim 2. Turm, der bei 20 m Höhe eine 8 × 8 m messende Grundfläche aufweist. Über den Zeitpunkt der Zerstörung ist nichts bekannt.

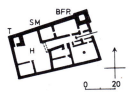

Boyneburg

Gde. Sontra-Wichmannshausen, Kr. Eschwege, Hessen

Grundriß in: Ebhardt I, Abb. 483.

Die ehemalige Reichsburg wurde vermutlich um 1100 durch die Grafen v. Northeim erbaut. Weiterer Ausbau nach 1144, Kaiser Friedrich I. war 1156, 1166 und 1188 auf der Burg. Der 7,5 × 9 m messende Bergfried entstand im 14. Jh., seine Mauer ist nur 1,4 m dick. Endgültig zerstört wurde die Burg 1637.

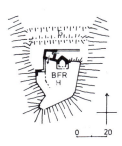

Bräunisberg, Neu Wartenberg

Gde. Mühlheim/Donau, Kr. Tuttlingen, Baden-Württemberg

Grundriß in: Heine, Abb. 43; Schmitt, Bd. 3, S. 319.

Entstanden vielleicht im 13. Jh., 1439 schon Ruine.

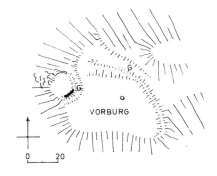

Brake

Gde. Lemgo-B..., Kr. Detmold, Nordrhein-Westfalen

Grundriß in: Führer zu archäol. Denkm. in Deutschld., 11, S. 62.

Die Reste der Wasserburg aus dem 13. Jh. sind im Barockschloß enthalten, die Ringmauer hatte 1,2 m Stärke, der Bergfried hatte ca. 8 m Durchmesser.

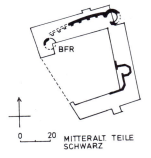

Bramberg

Gde. Münden-Hemeln, Kr. Göttingen, Niedersachsen

Grundriß nach Aufnahme F.-W. Krahe 1991.

Gegründet wurde die Burg im 11. Jh., im 15. Jh. wurde sie als Raubnest zerstört. Der Bergfried hat 18 m Höhe und einen 7 m über dem Hof liegenden Eingang. Die Ringmauer ist 1,5 m dick.

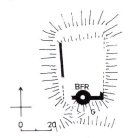

Bramberg, Bremberg

Gde. Stadt Ebern, Kr. Haßberge, Bayern

Grundriß in: Kunstdkm. v. Bayern, Unterfranken, Bd. 5, S. 32.

Die erste Burg wurde 1168 d. Kaiser Friedrich I. zerstört. Die heutige Anlage stammt aus dem 15. Jh. und wurde 1525 zerstört.

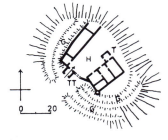

Bramberg

Gde. Maladers

Bz. Plessur, Kt. Graubünden, Schweiz

Angabe in: Clavadetscher, S. 293.

Der Rest eines mittelalterlichen Wohnturms steckt in einem Bauernhaus. Adel zur Burg wird im 13. u. 14. Jh. erwähnt.

Brandenburg

Gde. Lauchröden, Kr. Eisenach, Thüringen

Grundriß in: Kunstdkm. v. Thüringen, Bd. 1,3, S. 39.

Die Doppelburg wird 1173 erstmals genannt. Grafen v. Brandenberch kommen 1224 urkundlich vor. Seit dem Dreißigjährigen Krieg verfiel die Burg. Der runde Bergfried hat 9,5 m Durchmesser, der sechseckige Bergfried mißt im Maximum 8,5 m, der fünfeckige Wohnturm hat 5 Stockwerke. Der Eingang liegt bei allen drei Türmen in 10 m Höhe.

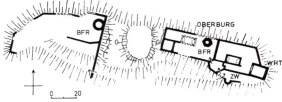

Brandenfels

Gde. Herbesheim-Markershausen, Kr. Eschwege, Hessen

Grundriß in: Brauns-Kurhessen, S. 51.

In der 1. Hälfte des 13. Jh. wurde die Burg erbaut, 1382 wurde sie als Raubnest erobert, im 17. Jh. ist die Burg verfallen.

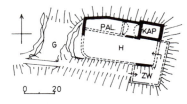

✗Brandenstein

Gde. Schlüchtern-Ehn, Kr. Hanau, Hessen

Grundriß übersandt v. Frh. v. Brandenstein-Zeppelin, 1991.

Die Burg wurde vermutlich 1240 gegründet, den Brandensteins gehört sie seit 1300, der Palas ist spätgotisch.

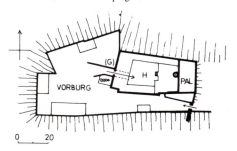

Brandis

Gde. Lana, Burggrafenamt, Südtirol, Italien

Grundriß in: Trapp, Bd. 2, Abb. 176; Piper-Österr., Bd. 7.

1236 wurde die Burg erbaut, der Wohnturm stand ursprünglich frei im Bering. Grafen v. Brandis 1162 urkundlich erwähnt. Im 15. Jh. zeitweilig Teilung der Burg in Ganerben mit Trennungslinie in der Burg. Lange bewohnt, geriet die Burg im 18. Jh. in Verfall. Der Wohnturm ist 27 m hoch, seine Grundfläche mißt 110 m mit 2,7 m Wandstärke und 6 Stockwerken. Der Eingang liegt 6 m hoch, die Treppen liegen in der Mauerstärke.

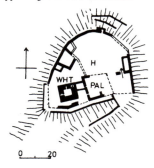

Brandlstein

Gde. St. Anton, Bez. Scheibbs, Niederösterr., Österreich

Grundriß in: Burgen im Bez. Scheibbs, S. 62.

Von der sehr kleinen Burg sind nur wenige Reste erhalten. 1337 Prentleinstein erwähnt.

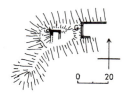

Brandstein

Gde. Berg-B..., Kr. Hof, Bayern

Grundriß nach Aufnahme F.-W. Krahe 1991.

Die auf einem 4 m hohen Felsblock errichtete Burg wird erst 1335 urkundlich genannt. Sie wurde Ende des 18. Jh. weitgehend abgebrochen, die Reste Ende des 19. Jh. freigelegt. Die winzige Burg ist nur rd. 230 m² groß.

Branzoll

Gde. Klausen, Eisacktal, Südtirol, Italien

Grundriß in: Trapp, Bd. 4, S. 157; Piper-Österr., Bd. 1.

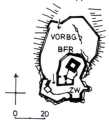

Entstanden ist die Burg um 1250, sie ist sehr klein, 1895 wurde der Bergfried, 1911 der Palas renoviert. Der Bergfried ist 20 m hoch, seine Seitenlänge ist 8,75 m, seine Wandstärke 2,2 m; der Eingang liegt 6 m hoch. Die schwache Ringmauer ist nur 1 m dick.

Brattenstein

Gde. Röttingen, Kr. Würzburg, Bayern

Grundriß in: Archiv d. Deutschen Burgenvereinigung Würzburg-Land 6.

Die Stadtburg in einer Ecke der Stadtmauer entstand im 13. Jh. Im 19. Jh. wurde sie teilweise abgebrochen, die Ringmauer ist nur 0,8 m stark.

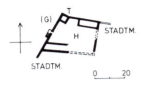

Brauneck

Gde. Creglingen-Reinsbronn, Main-Tauber-Kr., Baden-Württemberg

Grundriß in: Antonow-SWD, S. 132.

»Brunecke« wird 1230 urkundlich erwähnt in einem Erbfall, sie muß also früher entstanden sein. Die Anlage ist mit 3600 m² recht groß. Sie wurde 1525 zerstört, aber wieder aufgebaut. Die Schildmauer ist ca. 12 m hoch und 2,75 m stark; auf 8 m Distanz steht der 10,7 × 11,5 m messende Bergfried in Buckelquadern mit 3,2 m Wandstärke; die Ringmauer ist 1,5 m dick. Die Burg ist bewohnt.

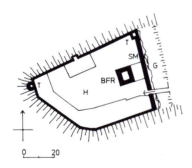

Braunegg = Brunegg

Braunfels

Kr. Gießen, Hessen

Grundriß nach Plänen, die 1991 in der Schloßkirche ausgestellt waren.

Das »castellum Bruninfels« wird 1246 erwähnt. Kern ist ein Wohnturm mit angerundeten Ecken der von 8 × 11,6 m Grundfläche und bis 2 m starken Wänden. An diesem Wohnturm entstand die verhältnismäßig kleine Kernburg, an derem Südende der Bergfried von 7,5 × 8 m Größe und 1,6 m dicken Mauern steht. Die Grafen v. Solms haben die Anlage über Jahrhunderte vergrößert und nach Brand (1514) und Eroberung im Dreißigjährigen Krieg wiederhergestellt. Um 1840 wurde die Burg durch die Fürsten v. Solms-Braunfels romantisierend erneuert.

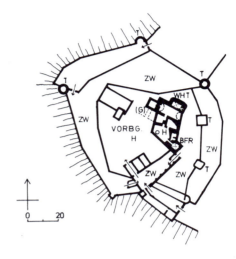

Braunsbach

Kr. Schwäbisch Hall, Baden-Württemberg

Grundriß in: Kunstdkm. v. Württbg. Künzelsau, S. 108.

In der Mitte der 1263 erstmals genannten Wasserburg, die 1556 gründlich umgebaut wurde, steht ein Steinhaus aus dem 13. Jh.

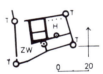

Braunsberg

Gde. Anhausen, Kr. Neuwied, Rheinland-Pfalz

Grundriß in: Kunstdkm. d. Rheinprov., Bd. 16.2, S. 69.

Erbaut wurde die kleine Kernburg 1179–1197, die vergleichsweise große Vorburg ist wesentlich jünger. Im 17. Jh. verfiel die Burg. Die Schildmauer von 1,8 m Stärke ist rd. 9 m hoch, die Ringmauer mißt 1,4 m Stärke.

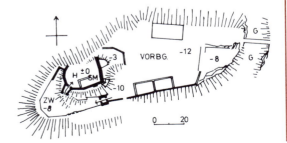

Braunsberg

Gde. Lana, Burggrafenamt, Südtirol, Italien

Grundriß in: Trapp, Bd. 2, Abb. 161, S. 244.

1082 wird ein »Bertholdus de Leunon et Brunsberga« genannt, 1231 Olricus de Ioco Prounspergi urkundlich erwähnt. Die Burg der Dienstmannen der Grafen v. Eppan ist aus dem 13. Jh. Ein Teil ist im späten Mittelalter abgestürzt, wahrscheinlich auch die Südseite des ehem. Bergfriedes von vielleicht 9 × 9 m und 1,7 m Mauerstärke. Die Kapelle ist romanischer Herkunft. Die Ringmauer ist nur 1 m dick.

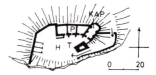

Bredenol

Gde. Hemer-Becke, Märkischer Kreis, Nordrhein-Westfalen

Grundriß in: Kunst- und Geschichtsdkm. im Märkischen Kreis, S. 56.

Im 13. Jh. wird de Bredenol urkundlich genannt. In der ehemaligen Kleinburg steht der Rest eines mittelalterlichen Turms mit 8,5 m Kantenlänge und 1,2 m dicken Wänden, der bei rd. 35 m² Innenfläche auch ein Wohnturm gewesen sein könnte.

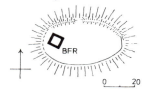

Bregenz = Wolfurt

Breisach

Kr. Freiburg, Baden-Württemberg

Grundriß in: Kunstdkm. v. Baden, Bd. 6.1, S. 8.

Die Stadtburg von Breisach wurde 1155 begonnen und 1254 vergrößert. 1745 wurde sie von Franzosen zerstört. Im Zentrum der Burg stand ein gewaltiger Wohnturm von 30 m Höhe und den Außenmaßen 16,8 × 23,5 m, für deutsche Verhältnisse ungewöhnlich groß. Von der einst bedeutenden Burg sind nur wenige Reste erhalten.

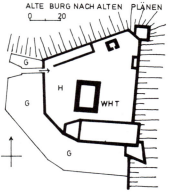

Breitenbach

Kr. Zeitz, Sachsen-Anhalt

Angabe in: Mrusek-II, S. 109.

Erhalten ist die Kemenate eines Rittersitzes vom Ende des 12. Jh.

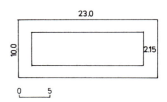

Breitenegg

Gde. Breitenbrunn, Kr. Neumarkt, Bayern

Grundriß in: Kunstdkm. v. Bayern, Oberpfalz, Bd. 4, S. 55.

Die Burg ist in der Mitte des 13. Jh. erbaut worden, die im Burgbereich stehenden bäuerlichen Gebäude benutzen wohl alte Grundmauern. Der Buckelquader-Bergfried mit 8,2 m Seitenlänge und 2,8 m dicken Mauern besaß in 12 m Höhe einen Eingang.

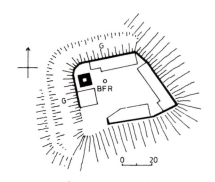

Breiteneich

Bez. Horn, Niederösterr., Österreich

Grundriß in: Dehio-Niederösterr., nördl. d. Donau, S. 73.

Die erste Anlage der Wasserburg wird 1168 genannt. Das heutige Schloß entstand 1541 auf den alten Grundmauern.

Breitenlandenburg

Gde. Turbenthal, Bz. Winterthur, Kt. Zürich, Schweiz

Grundriß in: Kunstdkm. d. Schweiz, Zürich, Bd. 7, S. 67.

Die Ruine der Burg wurde im 20. Jh. freigelegt. Hermann v. d. Breitenlandenberg wird 1328 urkundlich genannt. Die Burg entstand zwischen 1300 und 1315, sie wurde Anfang des 19. Jh. abgebrochen. Die Ringmauer ist 2,1 m dick. Der Bergfried mit der Dimension von 10 × 10 m hatte ebenfalls 2,1 m dicke Mauern.

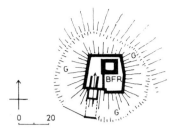

Breitenlohe

Gde. Markt Burghaslach, Kr. Neustadt-Aisch, Bayern

Grundriß in: Bayerische Kunstdkm., Scheinfeld, S. 35.

Die Wasserburg von 1487 wird nach ihrer Zerstörung von 1525 auf den alten Mauern als Schloß wieder aufgebaut.

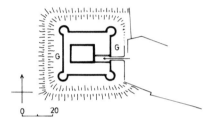

Breitenstein

Gde. Königstein-B..., Kr. Amberg-Sulzbach, Bayern

Grundriß in: Kunstdkm. v. Bayern, Oberpfalz, Bd. 19, S. 18.

Von der ehemaligen Burg sind nur ein Stück Ringmauer und die romanische Kapelle erhalten geblieben. Der Burgadel wird im 13. Jh. genannt.

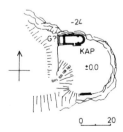

Breitenstein

Gde. Elmstein-Appenthal, Kr. Bad Dürkheim, Rheinland-Pfalz

Grundriß in: Kunstdkm. v. Bayern, Pfalz, Bd. 1, S. 138; Dehio-Rheinland-Pf., S. 213; Baudkm. d. Pfalz.

Die erste Erwähnung der Felsenburg stammt von 1257; zerstört wurde sie wohl um 1470. Der Wohnturm mit 8 × 17 m maximaler Dimension ist auf der NW-Seite auf 2,4 m Mauerdicke verstärkt worden.

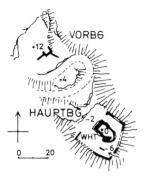

Bremberg = Bramberg

Brennberg

Kr. Regensburg, Bayern

Grundriß in: Kunstdkm. v. Bayern, Oberpfalz, Bd. 21, S. 43.

Der zugehörige Adel geht bis auf das 11. Jh. zurück, die Burg wird 1276 erstmals urkundlich erwähnt. Sie bestand aus Ober- und Unterburg; von beiden sind nur wenig Reste erhalten. Der Wohnturm stammt aus dem 14. Jh. Die Burg wurde 1642 durch Brand zerstört. Der Minnesänger Raimar v. Brennenberg (um 1274) stammt wohl von hier.

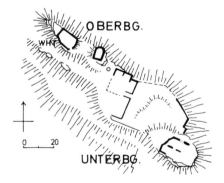

Brennhausen

Gde. Sulzdorf an der Lederhecke, Kr. Rhön-Grabfeld, Bayern

Grundriß in: Kunstdkm. v. Bayern, Unterfrk., Bd. 13, S. 26.

Die Flachlandburg aus dem 13. Jh. besteht aus zwei turmartigen Gebäuden mit je 4 Stockwerken. Das Tor lag im Westen. Die äußere Erscheinung ist aus dem 16. Jh. Die Ringmauer ist 1,6–1,8 m dick. Der Nordturm mißt ca. 10 × 15 m mit etwa 1,5 m Wandstärke, der Südturm ca. 9,5 × 10,5 m mit 2 m dicken Wänden.

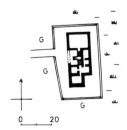

Brenz

Kr. Heidenheim, Baden-Württemberg

Grundriß in: Kunstdkm. v. Württbg.-Jagstkr., S. 103.

Seit 1251 sind die Grafen v. Güssenburg zu Brenz bekannt. Die Burg auf einem Hügel muß aus der 1. Hälfte des 13. Jh. stammen. 1340 wurde sie zerstört und aufgebaut; 1631 erneut zerstört, wurde sie 1672 als Schloß neu erbaut. Von der alten Burg stammen vor allem die Ringmauern, die bis zu 2,2 m dick sind.

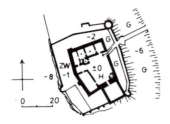

Breslau – Wrocław

Schlesien, Polen

Grundriß in: Grundmann, S. 31.

Die erste Steinburg wurde vermutlich im 12. Jh. erbaut. 1970 wurden Reste der Burg ergraben.

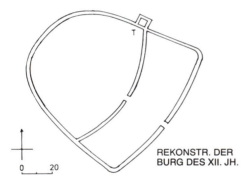

Bretten

Kr. Karlsruhe, Baden-Württemberg

Angabe in: Antonow, S. 476.

Der Turmstumpf ist vermutlich der Rest einer mittelalterlichen Anlage. Die Dimension 13,3 m Kantenlänge und nur 1,75 m Wandstärke lassen einen Wohnturm vermuten, der immerhin 80 m² Innenfläche besaß.

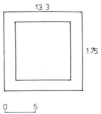

Bretten

Kr. Karlsruhe, Baden-Württemberg

Grundriß in: Kunstdkm. v. Baden, Bd. 9.

Ein romanischer Bergfried als Rest einer Burg des 12. Jh. dient als Kirchturm. Auf der Basis 7,7 m mißt der Turm 22,6 m Höhe, die Wandstärke ist 1,7 m. Ein Eingang in 15 m Höhe ist noch erkennbar.

Breuberg

Gde. Neustadt/Odenw., Kr. Erbach, Hessen

Grundriß in: Kunstdkm. v. Hessen, Erbach, S. 22; Hotz, Z. 18; Burgwart, 1916.

Die Burg stammt aus der 2. Hälfte des 12. Jh. Der Buckelquader-Bergfried ist aus dieser Zeit. Die an die Ringmauer gelehnten Gebäude sind spätgotischer Herkunft. Die Vorburg und die Rondelle sind im 16. Jh. hinzugekommen. Errichtet haben die noch bewohnte Burg die Vögte des Klosters Fulda. Der Bergfried mit 9 m Seitenlänge und 2,6 m dicken Mauern hat 25 m Höhe, sein rundbogiger Eingang liegt 8 m hoch. Die Ringmauer der Kernburg ist 1,0 m dick.

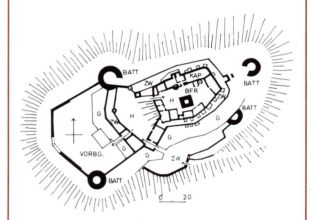

Breuschwickersheim

Ct. Mundolsheim, Bas-Rhin, Frankreich

Grundriß in: Salch, S. 50.

Die erste Wasserburg wurde 1261 urkundlich genannt, der heutige Bau stammt aus dem 15. Jh. mit Renaissance-Fassaden. Die Ringmauer ist 1,1 m stark.

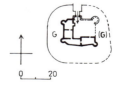

Brielburg, Alt Steußlingen

Gde. Munderkingen, Alb-Donau-Kr., Baden-Württemberg

Grundriß in: Blätter d. Schwäb. Albvereins, 41. Jhg. 1929, Heft 6, S. 148; Schmitt, Bd. 2, S. 109.

Die wohl um 1200 gegründete Brielburg wird von K. A. Koch 1929 mit einem ausführlichen, hier abgebildeten Grundriß beschrieben, während Schmitt ca. 60 Jahre später kaum noch Reste zu entdecken vermochte. Koch fand noch einen Bergfriedrest aus Buckelquadern mit rd. 7 × 7 m Grundfläche vor. Im Süden schlossen scheinbar Hof und Palas an. Dargestellt ist der Grundriß v. K. A. Koch.

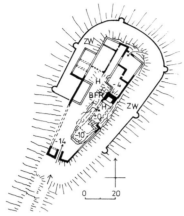

Brochne Burg

Gde. Wartau-Oberschan, Bz. Werdenberg, Kt. St. Gallen, Schweiz

Grundriß in: Felder, Teil 3, S. 37.

Die relativ kleine Burg auf einem Felsblock ist mit Sicherheit mittelalterlich; sie besaß vermutlich einen polygonalen Grundriß mit 1,3 m dicken Mauern. Erwähnt wurde die Burg erst 1552.

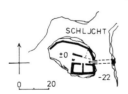

Brömserburg

Gde. Rüdesheim, Rheingaukr., Hessen

Grundriß in: Kunstdkm. im Reg.-Bz. Wiesbaden, Rheingau; Piper, Fig. 418; Tuulse, Abb. 44; Schuchhardt, S. 217.

Der Ursprung der Flachlandburg wird als ottonisch bezeichnet, also um das Jahr 1000. Die kleine Burg macht einen engen, aber auch starken Eindruck. Sie wurde mehrfach verändert und verfiel schließlich im 18. Jh. Ihre Ringmauer ist 2,5–4,0 m dick. Der Bergfried mit 10 m Kantenlänge und 3,75 m starken Mauern besaß einen Eingang in 7 m Höhe.

Broich

Gde. Mülheim (Kr.), Nordrhein-Westfalen

Grundriß in: Kunstdkm. d. Rheinprov., Bd. 2,2, S. 53; Kubach, S. 154.

»Burchard v. Broich« wird 1093 urkundlich erwähnt, die Ringmauer und der ehem. Bergfried sind aus dem 12. Jh. Die Vorburg entstand um 1400. Die Burg ist nach Schäden des Zweiten Weltkrieges instandgesetzt worden. Ihre Ringmauer ist 1,0–1,6 m, die Schildmauer bis 3,3 m stark.

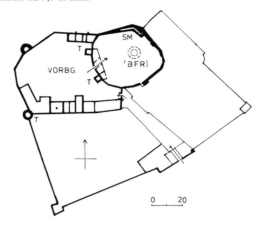

Brombach

Gde. Lörrach (Kr.), Baden-Württemberg

Angaben in: Chronik von Inslingen.

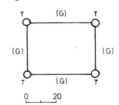

Ein Eckturm der 1275 entstandenen Wasserburg und ein Stück Ringmauer sind im Rathaus vorhanden. Die Burg wurde 1356 durch Erdbeben zerstört.

Bronnen

Gde. Fridingen, Kr. Tuttlingen, Baden-Württemberg

Grundriß in: Wörner, S. 23; Streng, S. 134; Schmitt, Bd. 3, S. 230.

Die langgestreckte Anlage entstand vielleicht zur Mitte des 12. Jh. und ist nach mancherlei Veränderungen noch heute bewohnt. Der Wohnturm von ca. 10 m Höhe besitzt 3 mittelalt. Geschosse und fungiert zugleich als Torturm. Seine Maße sind 7,75 × 10,9 m mit 1,5 m starken Wänden. Ein weiteres Wohngebäude am Westende der Burg weist Buckelquader auf, muß also alt sein.

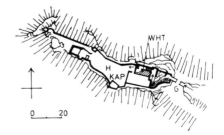

Bruch

Kr. Bernkastel-Wittlich, Rheinland-Pfalz

Grundriß in: Kunstdkm. d. Rheinprov., Bd. 12,4, S. 46.

Die rd. 4 m über dem Gelände liegende Kernburg der Wasserburg stammt aus dem 14. Jh., die Gebäude der Unterburg sind nachmittelalterlich und noch bewohnt. Der leicht konische Bergfried mit 9,5 m Durchmesser und unten 2,2 m starker Wand ist 28 m hoch; er besitzt 5 Stockwerke und einen Eingang in 8 m Höhe. Die Ringmauer der Kernburg ist rd. 1,5 m stark.

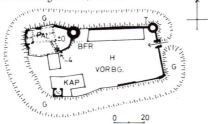

Bruchhausen

Gde. Olsberg-B..., Hochsauerlandkr., Nordrhein-Westfalen

Grundriß in: Kunstdkm. v. Westfalen, Brilon, S. 71.

Das heutige Wasserschloß entstand aus einem Wohnturm von 12 × 16 m und 1,8 m starken Mauern. Seine Erweiterung zum Schloß erfolgte im 16. Jh.

Bruchsal

Kr. Karlsruhe, Baden-Württemberg

Grundriß in: Kunstdkm. v. Baden, Bd. 9.2.

Die Stadtburg entstand zwischen 1178 und 1189 als Kern der Stadt. Von der alten Burg, deren Ringmauer 1,8 m dick war, ist nur noch der Bergfried erhalten. Er hat eine Seitenlänge von 8 m, 2,75 m dicke Mauern, einen Eingang in 12 m Höhe und 6 Stockwerke auf 25 m Höhe.

Bruck

Steiermark, Österreich

Grundriß in: Burgen u. Schlösser in Niederösterr., 2, S. 28; Dehio-Steiermk., S. 50.

Das »castrum Prukke« wird 1265 erstmals urkundlich erwähnt. Von der 1792 durch Brand zerstörten Burg sind nur noch die Ringmauern erkennbar.

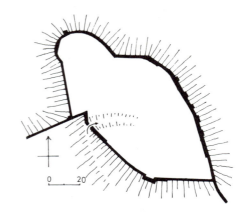

Bruck

Gde. Lienz (Bz.), Tirol, Österreich

Grundriß in: Ebhardt I, Abb. 695; Dehio-Tirol, S. 499; Hotz, Z. 20; Weing.-Hörm., S. 218.

Erbaut wurde die gut erhaltene Burg zwischen 1252 und 1277 durch die Grafen v. Görz und blieb bis 1500 deren Residenz. Das heutige Aussehen wird durch Umbauten des 16. Jh. bestimmt. Der große Wohnturm mit 12 m Seitenlänge und 1,8 m dicken Mauern weist 7 Stockwerke auf. Sein Eingang liegt hoch über dem Hof.

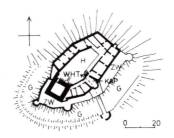

Brüggen

Kr. Viersen, Nordrhein-Westfalen

Grundriß in: Kunstdkm. d. Rheinprov., 1.1, S. 25.

Die Wasserburg wurde 1264 nach vorangegangener Zerstörung neu gebaut. 1473 wird sie durch Geldern erneut zerstört – mit anschließendem Wiederaufbau. Im 17. Jh. wurde die Burg zum Schloß umgebaut. Die Ringmauer der Kernburg ist 1,6 m dick.

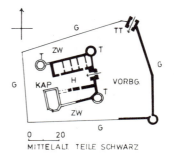

Brugg, Schwarzer Turm

Kt. Aargau, Schweiz

Der Ursprung des romanischen Wohnturmes liegt in der 2. Hälfte des 12. Jh. (Meyer), frühere Datierungen sind – wie so häufig – nicht haltbar. Der 27 m hohe Turm besitzt 5 Stockwerke, die Mauerstärke von zunächst 2,3 m reduziert sich nach oben auf 1,1 m.

Angabe in: Burgen u. Schlösser d. Schweiz, Aargau, S. 43.

Bruneck = Ebenried

Bruneck

Pustertal, Südtirol, Italien

Grundriß in: Weing.-Tirol, S. 36; Weing.-Hörm., S. 179.

Bischofsburg und Stadt wurden 1251 begonnen. Der Zwinger stammt von 1323. Im Jahr 1900 wurde das Schloß umfassend restauriert. Der Bergfried mit einer Fläche von 7×7 n hat 2,2 m dikke Wände. Die Ringmauer der Burg war nur 1,0 m, die Schildmauer 1,5 m dick.

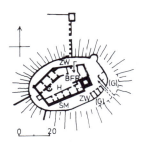

Brunegg, Braunegg

Bz. Lenzburg, Kt. Aargau, Schweiz

Grundriß in: Kunstdkm. d. Schweiz, Aargau, Bd. 2, S. 16; Meyer, B. 8, S. 56.

Die kleine Burg ist eine Gründung der Habsburger – wohl des 13. Jh., entspr. Adel wird 1270 urkundlich genannt. Die Kernburg wurde 1664 durch eine Explosion zerstört, beim folgenden Aufbau wurde der Wohnturm auf die Palas-Höhe, nämlich 3 Stockwerke, reduziert. Seine Form mit verstärktem halbrunden Abschluß ist ungewöhnlich.

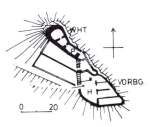

Brunn

Gde. Lichtenau-B..., Bz. Krems, Niederösterr., Österreich

Grundriß in: Burgen u. Schlösser in Niederösterr., Bd. 17, S. 35.

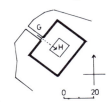

1258 taucht ein »Dietto de Prunne« urkundlich auf. 1584 wurde die Wasserburg in ein Schloß verwandelt.

Brunnenburg

Gde. Tirol, Burggrafenamt, Südtirol, Italien

Angaben in: Trapp, Bd. 2, S. 108.

Erbaut wurde die Burg um 1240, 1347 wurde sie zerstört und wiederaufgebaut. Zum Ende des 16. Jh. zerfiel sie, bis sie schließlich 1908 romantisierend neu erbaut wurde.

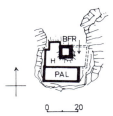

VERSUCH EINER REKONSTRUKTION

Brunsberg

Gde. Höxter (Kr.)-Godelheim, Nordrhein-Westfalen

Grundriß in: Atlas der vorgeschichtl. Befestigungen in Niedersachsen, Bd. 8.

Die Burg war ursprünglich eine sächsische Volksburg. Im 12. Jh. wurde sie durch das Kloster Corvey zur Burg umgebaut. Zerstört wurde sie 1294.

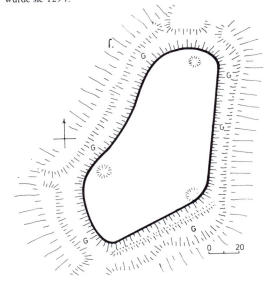

Buben, Trommelburg

Gde. Uttlitz – Úlice, Bz. Pilsen – Plzeň-Nord, Westböhmen, Tschechische Republik

Grundriß in: Heber, Bd. 6; Menclová, S. 416.

Die Burg wurde in der Mitte des 14. Jh. erbaut, zerstört wurde sie 1567. Ursprünglich besaß sie einen Bergfried von ca. 7 × 7 m Größe. Die Ringmauer ist 1,8 bis 2,4 m stark.

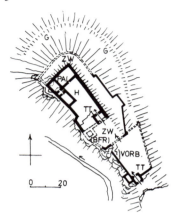

Bubenberg

Gde. Schliern, Bz. und Kt. Bern, Schweiz

Grundriß in: Burgen u. Schlösser d. Schweiz, Xa, S. 55.

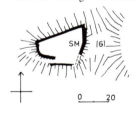

Der Adel zur Burg ist im 13. Jh. urkundlich, aus dieser Zeit stammt wohl auch die Burg, die vor 1578 zerstört wurde. Ihre Schildmauer ist ca. 2 m stark.

Bubenheim

Gde. Vettweiß-Jacobwüllesheim, Kr. Düren, Nordrhein-Westfalen

Grundriß in: Kunstdkm. d. Rheinprov., Bd. 9.1, S. 174.

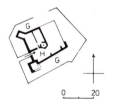

Die erhaltene kleine Wasserburg ist ein Backsteinbau des 15. Jh.

Bubenhofen, Vorder-Lichtenstein

Gde. Neufra, Kr. Sigmaringen, Baden-Württemberg

Grundriß in: Baudkm. v. Hohenzollern, S. 27; Zingeler/Buck, S. 113; Zeitschrift für Hohenzoll. Geschichte, Bd. 23, S. 190; Schmitt, Bd. 5, S. 143.

Die Burg mit ihrer eigenwilligen Form wurde vermutlich um 1200 begonnen. Zerstört wurde sie 1447. Sie bildet eine Gruppe mit Hinterlichtenstein →. Die Ringmauer ist 1,6 m, die Schildmauer 2,2 m stark, der quadratische Bergfried hatte 8,5 m Seitenlänge.

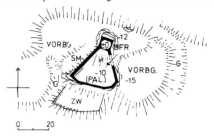

Bubretsch

Gde. Somvix, Bz. Vorderrhein, Kt. Graubünden, Schweiz

Grundriß in: Clavadetscher, S. 348.

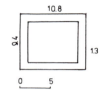

Für den Rest eines mittelalterlichen Wohnturms sind keine Daten bekannt.

Buchberg am Kamp

Bz. Horn, Niederösterr., Österreich

Grundriß in: Dehio v. Niederösterr., nördl. d. Donau, S. 83.

Das Schloß hat seinen Ursprung in einer kleinen Burg des 12. Jh., die im Grundriß schwarz hervorgehoben ist. Ministerialen des Namens sind 1160 bekannt. Der Bergfried von maximal 8,5 – 8,5 m hat 2,5 m starke Mauern.

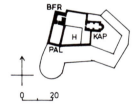

Buchberg = Puchberg

Buchenbach

Gde. Mulfingen-B..., Kr. Künzelsau, Baden-Württemberg

Grundriß in: Kunstdkm. v. Württbg., Künzelsau, S. 115; Burgen u. Schlösser, 1982-II.

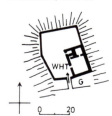

Der schöne Wohnturm entstand 1356. Er mißt 13 × 20 m, hat 14 m Höhe, mit 4 Stockwerken und ca. 1 m starke Wände; auf seiner N-W-Ecke sitzt ein kl. quadrat. Turm mit rd. 7 m Höhe.

Buchenstein = Puchenstein

Bucherbach

Gde. Püttlingen-Engelfangen, Kr. Saarbrücken, Saarland

Grundriß in: Conrad/Flesch, S. 176.

Erstmals wird die Wasserburg 1365 erwähnt. 1476 entstanden große Schäden, die repariert wurden. 1546 wurde sie zum Schloß umgebaut.

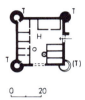

Buchfahrt

Gde. Bad Berka, Kr. Weimar, Thüringen

Grundriß in: Ebhardt I, Abb. 39.

Die Höhlenburg war vor dem Mittelalter eine Fluchtanlage. Im 11. Jh. wurde sie durch Zubau eines Bergfriedes mit 5 m Durchmesser und einer Ringmauer zur Burg. Sie wurde bereits früh verlassen.

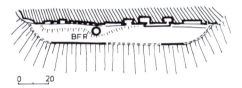

Buchlau – Buchlow

Gde. Markt Buchlowitz – Buchlovice, Bz. Wischau-Vyškov, Südmähren, Tschechische Republik

Grundriß in: Piper, Österr., Bd. 7, S. 13.

De Buchlov wird 1044 genannt. Bergfried und Palas sind romanischer Herkunft. Mehrfach wurde die Burg umgebaut und erweitert, z. B. durch einen Wohnturm vor der Ringmauer um 1300. Der Bergfried von 9 × 9 m hat 2 m dicke Mauern. Der Wohnturm mit etwa 9 × 8 m Grundfläche hat 5 Stockwerke.

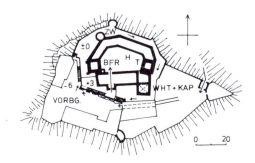

Buchs

Bz. Willisau, Kt. Luzern, Schweiz

Grundriß von Hans Rudolf Thüer, 1983.

Die Burg wurde 1983 freigelegt, ein Conrad v. Buchs wird 1280 erwähnt. Zerstört wird sie im Sempacher Krieg. Der Bergfried von 9,5 m Seitenlänge hat 2,5 m dicke Wände.

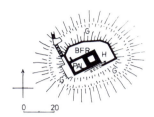

Büchold

Gde. Arnstein, Main-Spessart-Kr., Bayern

Grundriß in: Kunstdkm. v. Bayern, Unterfrk., Bd. 6, S. 57.

Die Burg wird 1299 genannt, 1525 wird sie beschädigt, im 18. Jh. ist sie verfallen. Der Bergfried hat 6,8 m Durchmesser und 2,4 m dicke Wände, er besitzt eine Höhe von 26,5 m mit 4 Stockwerken, der rundbogige Eingang liegt in 10 m Höhe. Die Ringmauer ist 1 m dick.

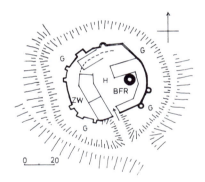

Bückeburg

Kr. Grafschaft Schaumburg, Niedersachsen

Grundriß in: Kreft/Sönke, Die Weserrenaissance, S. 270; Renaissance im Weserraum, Brake, 1984.

Die hier dargestellte alte Wasserburg gibt es nicht mehr. Erhalten ist nur noch der Rest eines mittelalterlichen Wohnturmes von 12,2 × 14,2 m mit 3 m dicken Mauern.

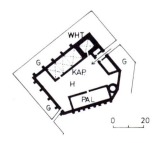

Büderich, Péry

Bz. Biel, Kt. Bern, Schweiz

Grundriß in: Burgen u. Schlösser in der Schweiz, VIII, S. 24.

Angeblich ist der Wohnturm um 1000 entstanden. Die Burg wurde im späten Mittelalter ausgebaut. Der Wohnturmrest hat 15 × 20 m Grundfläche mit 3,25 m starken Mauern.

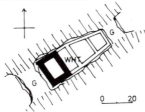

Büdingen

Wetteraukr., Hessen

Grundriß in: Kunstdkm. v. Hessen, Büdingen; Ebhardt I, Abb. 460; Hotz Z 7.

1166–1190 wurde die Wasserburg durch Hartmann v. Büdingen erstellt. Der Bergfried stand ursprünglich frei innerhalb der Ringmauer, er stammt noch aus der Gründungszeit. Die Burg ist bis in die Neuzeit immer wieder verändert worden. Die Ringmauer besteht zum Teil aus Buckelquadern, sie ist 2,0 m stark. Der Bergfried mit 10 m Durchmesser hat 2,75 m Wandstärke. Die Burg der Fürsten von Isenburg-Büdingen ist besonders schön.

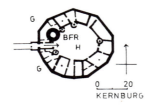

Bühl = Beerwalde

Bühlstein = Bilstein

Bühringen

Gde. Bad Überkingen, Kr. Göppingen, Baden-Württemberg

Grundriß in: Kunstdkm. v. Württbg., Donaukr., S. 821; Schmitt, Bd. 1, S. 274.

Erbaut wurde die Burg um 1250, 1525 wurde sie zerstört. Nach Schmitt ist von der Burg nichts mehr erhalten.

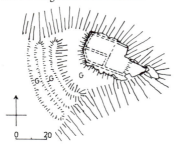

Bürg, Alt Winnenden

Gde. Winnenden, Rems-Murr-Kr., Baden-Württemberg

Grundriß in: Kunstdkm. v. Württbg., Rems-Murr-Kr., S. 1558.

Die Kastellburg entstand in der 1. Hälfte des 12. Jh. Abgebrochen wurde sie 1538. Der Bergfried von ursprünglich 15 m Höhe hat 7,5 m Durchmesser mit 2,8 m starken Wänden.

Bürgle = Siegberg

Bürgle = Hahnenkamm

Bürgeln

Bz. Weinfelden, Kt. Thurgau, Schweiz

Grundriß in: Burgen u. Schlösser d. Schweiz, Thurgau, Bd. 1, S. 36; Meyer, Bd. 6, S. 70.

Die Freiherren v. Bürgeln sind von 1176 bis ins 15. Jh. bekannt. Die Burg wurde wohl im 12. Jh. erbaut. Im 14. Jh. war sie zeitweilig Ganerbenburg. Um 1600 wurde Bürgeln zum Schloß. Die Ringmauer ist bis 2,0 m dick. Der Buckelquader-Bergfried hat 8,2 m Kantenlänge bei 2,3 m Wandstärke, er ist 16 m hoch mit 4 Stockwerken. Die bei Meyer abgebildete Maßskala ist falsch.

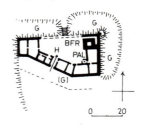

Bürglen

Kt. Uri, Schweiz

Grundriß in: Meyer, Bd. 1, S. 23.

In Bürglen gibt es 4 Wohntürme aus dem 13. Jh., die offensichtlich nicht zu einer gemeinsamen Anlage gehörten. Sie haben folgende Dimensionen:
Tellturm 7,9 × 7,9 m, Mauer 1,0 m
Meyerturm 8,7 × 9,0 m, Mauer 1,8 m, Eingang 11 m
Pfarrturm 6,2 × 6,2 m, Mauer 1,6 m
Wattingwilerturm 8,0 × 9,6 m, Mauer 1,8–2,6 m

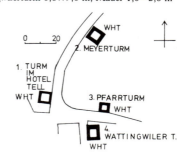

1 Adelebsen, Kreis Göttingen, Niedersachsen

2 Altdahn, Kreis Pirmasens, Pfalz

3 Andlau, Elsaß

4 Brandenburg, Kreis Eisenach, Thüringen

5 Baldenau, Kreis Bernkastel-Wittlich, Hunsrück

6 Bernstein, Elsaß

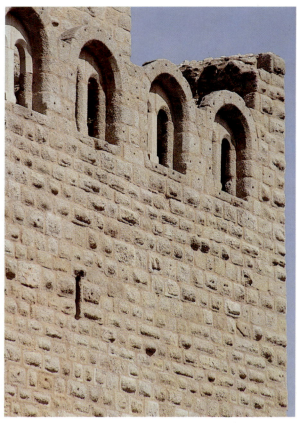

7 Bernstein, Elsaß

8 Burghausen, Kreis Altötting, Oberbayern

9 Colmberg, Kreis Ansbach, Franken

10 Drachenfels am Rhein

11 Diemerstein, Kreis Kaiserslautern, Pfalz

12 Eckartsberg, Kreis Naumburg, Sachsen-Anhalt

13 Burg Eltz, Kreis Mayen-Koblenz, Eifel

Bürgstein – Sloup

Gde. Heida, Bz. Böhm. Leipa – Česká Lipa, Nordböhmen, Tschechische Republik

Grundriß in: Piper, Österr., Bd. 1, S. 33.

Die auf einem hohen Felsblock gelegene Burg wird 1347 erstmals genannt. Ende des 18. Jh. wurde sie abgebrochen.

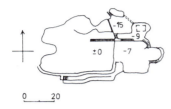

Bürresheim

Gde. St. Johann, Kr. Mayen-Koblenz, Rheinland-Pfalz

Grundriß in: Dehio, Rheinld.-Pfalz, S. 782; Ebhardt I, Abb. 437; Schmidt Fig. 32.

Die Burg aus der Gründungszeit, dem 12. Jh., ist nicht mehr vorhanden, Ringmauer und Bergfried sind aus dem 14. Jh., der Ostteil der Burg ist aus dem 15. und 16. Jh. Die Burg besteht aus zwei Burgen, von denen die Westburg Kölner Burg genannt wird. Der Bergfried mit 7,5 m Seitenlänge und 1,8 m dicken Mauern hat 20 m Höhe mit 4 Stockwerken. Die östliche Burg ist gut erhalten.

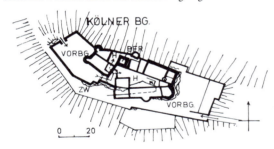

Bütow — Bytów

(Kr.) Pommern, Polen

Grundriß in: Kunstdkm. d. Prov. Pommern, NF, Bd. 1, S. 167; Borchert, S. 241.

Die Burg des Deutschen Ordens wurde ab 1329 erbaut, ab 1400 neu. Im Dreißigjährigen Krieg wurde sie zerstört – mit Wiederaufbau. Die Ringmauer mit 2,9 m Stärke ist rd. 11 m hoch.

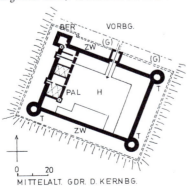

Büttenberg

Gde. Pieterlen, Bz. Biel, Kt. Bern, Schweiz

Grundriß in: Burgen u. Schlösser d. Schweiz VII, S. 46.

Entstanden ist die Burg wohl im 12. Jh., verlassen wurde sie um 1300, ein Teil ist abgestürzt. Der nördliche Teil könnte ein Wohnturm gewesen sein.

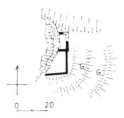

Bützow

(Kr.) Mecklenburg-Vorpommern

Grundriß in: Adamak.

Die fast 0,8 ha umschließende Stadtburg wird im 13. Jh. bezeugt. Im 15. und 16. Jh. wurde sie umgebaut. Im 19. Jh. wurde sie überbaut und ist kaum noch zu erkennen. Der Grundriß ist von Lorenz rekonstruiert. Der Bergfried hat ca. 11 m Kantenlänge und ca. 3,5 m starke Mauern.

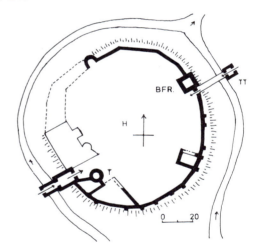

Bunderhee

Kr. Leer, Niedersachsen

Grundriß in: Burgen im Deutschen Sprachraum, S. 342.

Der Wohnturm stammt wohl aus dem 14. Jh.; er hat 3 Stockwerke bei 11 m Höhe, der Eingang liegt 4 m hoch.

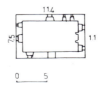

Buonas

Kt. Zug, Schweiz

Grundriß in: Kunstdkm. d. Schweiz, Zug I, S. 326.

Erbaut wurde die nur 330 m² Fläche bedeckende Burg vermutlich Ende des 11. Jh. Urkundlich genannt wird sie 1136. Nach einem Brand 1478 wurde sie wiederaufgebaut. Der Bergfried mit 19 m Höhe hat eine Grundfläche von 6,8 × 7,7 m, Mauerstärke 1,6 – 2,6 m, 6 Stockwerke und einen Eingang in 7,5 m Höhe; die Schildmauer ist 2,6 m stark.

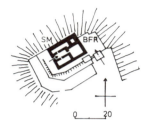

Burg

Bz. Laufen, Kt. Bern, Schweiz

Grundriß in: Meyer-Regio, S. 158.

Die Burg ist nicht älter als Mitte des 13. Jh. Der Umbau zum Schloß im 16. – 18. Jh., der Torbau ist von 1577. Der Wohnturm von 8 × 13,5 m gehört zum ältesten Teil der Burg, seine Wandstärke ist 1,2 – 2,0 m.

Burg a. d. Wupper

Gde. Solingen (Kr.), Nordrhein-Westfalen

Grundriß in: Kunstdkm. d. Rheinprov., Bd. 3.2, S. 60; Kubach, S. 162.

Die Anlage wird 1160 erstmals erwähnt, ist als Burg im 12. Jh. entstanden. Ausbau in der 2. Hälfte des 15. Jh. und im 16. Jh. Zerstört wurde sie 1648. Wiederhergestellt 1887, dient sie teilweise als Museum. Der mächtige Wohnturm von 13 × 14 m und 2,4 m Wandstärke hat eine auf 3,7 m verstärkte Wand und 4 Stockwerke. Die Ringmauer ist 1,6 m stark, ihre Schildmauer ist 4 m dick.

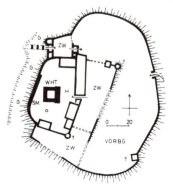

Burgau

Gde. Düren (Kr.), -Niederau, Nordrhein-Westfalen

Grundriß in: Burgen u. Schlösser, 1977-II.

Die Anfänge der Wasserburg liegen Ende des 13. Jh. Der Wohnturm mit 7,5 × 10,0 m und 1,25 m Wandstärke ist aus dem 14./15. Jh., Zubauten bis ins 18. Jh.

Burgau

Bz. Fürstenfeld, Steiermark, Österreich

Grundriß in: Dehio, Steiermark, S. 66.

Von der noch bewohnten Wasserburg hört man 1367 erstmals. Die 1,8 m dicke Ringmauer und der 6 × 10 m messende Turmstumpf sind aus dem 14. Jh. Das Äußere des Schlosses ist barock.

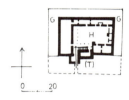

Burgberg

Kr. Sonthofen, Bayern

Grundriß in: Kunstdkm. v. Bayern, Schwaben, Bd. 8, S. 208; Nessler, Bd. 1, S. 208.

1140 Burkart v. Burgberg, ein Dienstmann des Bischofs von Augsburg. 1635 wurde die Burg durch Brand zerstört. Ihre Ringmauer ist nur 0,9 m Stark.

Burgberg

Gde. Königsfeld-B..., Schwarzwald-Baar-Kr., Baden-Württemberg

Grundriß nach Angaben am Ort.

Der gut erhaltene Wohnturm ist ein Rest der mittelalterlichen Wasserburg des 13. Jh. Er ist 15 m hoch und hat in 6 m Höhe einen rundbogigen Eingang. In ca. 300 m Abstand hangaufwärts befindet sich die Ruine Weiberzahn →.

Burgberg

Gde. Giengen-B..., Kr. Heidenheim, Baden-Württemberg

Grundriß in: Kunstdkm. v. Württemberg, Jagstkr., S. 13.

Im Schloß, das sein Äußeres dem 16. Jh. verdankt, ist eine Burg versteckt, vermutlich mit einem Bergfried an der NW-Ecke. »Burberch« wird 1183 urkundlich erwähnt. Die Ringmauer ist 1,5 m, die Schildmauer 2,0 m stark.

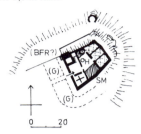

Burgberg = Wodarg

Burgdorf

(Bz.) Kt. Bern, Schweiz

Grundriß in: Burgen u. Schlösser d. Schweiz, Xa, S. 64; Ebhardt I, Abb. 736; Meyer, Bd. 9, S. 11.

Die heutige Burg stammt aus dem frühen 12. Jh., aus dieser Zeit sind der Bergfried und der wohnturmartige Palas. Erbaut wurde sie von den Zähringern. Die Burg war bis ins 19. Jh. Amtssitz und ist mehrfach um- und ausgebaut worden. Der Bergfried mit 8,5 m Seitenlänge und 1,8 m starkem Mauerwerk könnte anfangs Wohnturm gewesen sein. Er ist 33 m hoch, hat 5 Stockwerke und seinen Eingang 6 m über dem Burghof. Der Palas mit den Maßen 9,35 × 20,8 m ist viergeschossig und fast so hoch wie der Bergfried. Die Ringmauer der Burg ist 1,4 m stark.

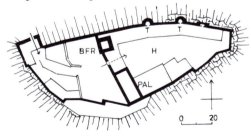

Burgfreden = Freden

Burgfried = Friedberg

Burgfrey = Hof Burgfrey

(Burggrafenschlößchen)

Gde. Nürnberg, Bayern

Grundriß in: Wiedenau: Katalog der romanischen Wohnbauten, S. 192.

Der Wohnturm aus dem 13. Jh. mißt 12 m im Quadrat. Er hat über 2 m starke Mauern und 4 Stockwerke auf 16 m Höhe. Nach 1945 total abgebrochen.

Burggailenreuth

Gde. Ebermannstadt-B..., Kr. Forchheim, Bayern

Grundriß in: H. Kunstmann »Burgen in der nördl. und westl. fränk. Schweiz«.

1525 wird die kleine Burg auf einem Felssporn zerstört und hernach wiederaufgebaut. Sie entstand wohl im 14. Jh. Der baufällig gewordene Palas wurde 1847 abgebrochen. Der 18 m hohe Wohnturm mit 6 × 15 m Grundfläche hingegen ist noch gut erhalten. Seine längliche Form mit halbrundem Abschluß ist ungewöhnlich.

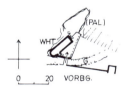

Burggrumbach

Gde. Unterpleichfeld-B..., Kr. Würzburg, Bayern

Grundriß in: Kunstdkm. in Bayern, Unterfrk., Bd. 3, S. 12.

Das Schloß besitzt eine spätmittelalterliche Ringmauer, vielleicht aus dem 15. Jh.

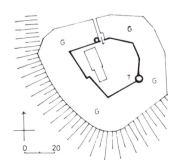

Burghagen, Wolfshagen

Gde. Langelsheim-Wolfshagen, Kr. Goslar, Niedersachsen

Grundriß in: Kunstdkm. v. Braunschweig, Bd. 5.

Von der hochmittelalterlichen, umfangreichen Anlage war nur noch der Rest eines Bergfriedes von ca. 7,7 m Seitenlänge und 2,7 m dicken Mauern erhalten.

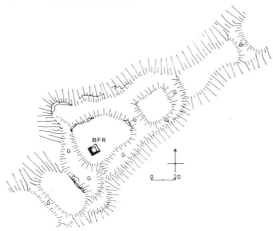

Burghalde

Gde. Sipplingen, Kr. Friedrichshafen, Baden-Württemberg

Angabe in: Heine, S. 100, Nr. 175.

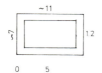

Der Wohnturm entstand wohl im 12. Jh.; er ist ein Rest der im 15. Jh. abgegangenen Burg.

Burghalde

Gde. Kempten (Kr.), Bayern

Grundriß nach Katasterplan aus dem 19. Jh.

Die Ruine der Burg beherbergt eine Freilichtbühne. Entstanden ist sie vielleicht im 1. Viertel des 13. Jh. Ihre Ringmauer ist 1,2 m stark.

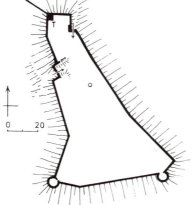

Burghalden

Gde. Niederdorf, Bz. Waldenburg, Kt. Basel-Ld., Schweiz

Grundriß in: Meyer-Regio, S. 92.

1955 wurden die Reste der Burg ausgegraben, die vielleicht aus dem 12. Jh. stammt. Ihre Ringmauer ist 1,0–1,2 m, die Schildmauer 2,6 m dick.

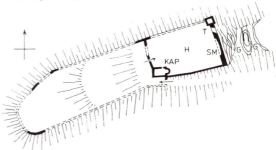

Burghausen

Kr. Altötting, Bayern

Grundriß in: Ebhardt I, Abb. 558; Hotz Z 126.

Burghausen wurde im 13. Jh. begonnen. Die hier dargestellte Kernburg zeigt Bauformen vom 13. bis zum 15. Jh., sie wird als Museum genutzt. Ihre Ringmauer ist 1,7 m stark, die Schildmauer ca. 3,0 m. Die Burg Burghausen, die auf einem langen Bergkamm liegt, wurde immer wieder nach Osten um Burgmannensitze und Vorburgen erweitert; so entstand in Jahrhunderten eine rd. 850 m lange Anlage.

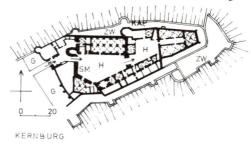

Burgholz, Steinegg

Gde. Schopfheim-Raitbach, Kr. Lörrach, Baden-Württemberg

Grundriß in: Markgräflerland, S. 23.

Von der Ruine, deren Ursprung unklar bleibt, ist wenig erhalten.

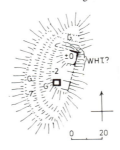

Burgjossa

Gde. Jossagrund, Kr. Hanau, Hessen

Grundriß in: Kunstdkm. im Reg. Bz. Kassel, Bd. 1, Taf. 223.

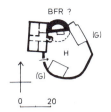

Im Wasserschloß steckt der Rest der Wasserburg des 12. Jh. Der Bergfried mit ca. 15 m Durchmesser entspricht in der Dimension dem von Gelnhausen →, der ebenfalls aus dem 12. Jh. stammt.

Burgk
Gde. Schleiz (Kr.), Thüringen

Grundriß in: Fritz Kühnlenz »Burgenfahrt im Saaletal«, S. 64.

Der Ursprung liegt im 12. Jh. auf einer ehem. Ringwallanlage. In der 2. Hälfte des 13. Jh. Besitzwechsel. 1403 wird die alte Burg abgebrochen und neu erbaut. Weitere Umbauten und Verstärkung bis ins 17. Jh. Der fünfstöckige Palas des malerischen Schlosses ist einem Wohnturm nicht unähnlich. Die Ringmauer der Kenburg ist 2,0 m, ihre Schildmauer 2,6 m dick.

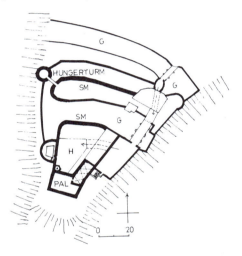

Burglayen
Gde. Rümmelsheim-B..., Kr. Bad Kreuznach, Rheinland-Pfalz

Grundriß in: Kunstdkm. d. Rheinprov., Bd. 18.1, S. 327; Schellack, S. 209.

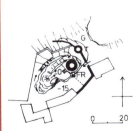

Sichere Nachricht von der Burg um 1200; erhalten sind nur der Bergfried auf dem Felsturm und Reste einer Unterburg. Vielleicht stand einstmals neben dem Bergfried ein wohnturmartiger Bau? Der Bergfried ist ca. 11 m hoch, hat 2 Stockwerke, den Durchmesser von 7 m und 2 m dicke Wände.

Burglengenfeld
Kr. Schwandorf, Bayern

Grundriß in: Kunstdkm. v. Bay., Oberpfalz, Bd. 5, S. 28; Ebhardt I, Abb. 566; Hotz Z 129.

Die rd. 1,2 ha Fläche bedeckende Burg hat eine Kernburg, die mit rd. 3500 m² ebenfalls sehr groß ist. Die Kernburg wurde wohl Anfang des 12. Jh. begonnen. Auch die Vergrößerung auf die existente Dimension geschah noch im 12. Jh. Obwohl v. Lengenfeld als Adel schon Mitte des 11. Jh. vorkommt, wird die Burg erst 1361 urkundlich genannt. Schäden im Dreißigjährigen Krieg und teilweiser Abbruch im 19. Jh. Der runde Bergfried mit 9 m Durchmesser hat einen quadrat. Innenraum von 3 m Seitenlänge, er ist 28 m hoch und besitzt einen rundbogigen Eingang in 10 m Höhe. Der quadrat. Bergfried mit 12,5 m Kantenlänge hat Mauerstärken von 3,4 m, er ist 18 m hoch mit 3 Stockwerken und einem Eingang in 6 m Höhe.

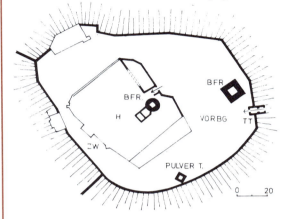

Burgrain
Gde. Isen-B..., Kr. Erding, Bayern

Grundriß in: Kunstdkm. v. Oberbayern, S. 1938.

Von der alten Burg aus der Zeit um 1200 ist im Schloß der Bergfried erhalten. Sein rundbogiger Eingang liegt in 6,5 m Höhe.

Burgrain
Gde. Sissach (Bz.), Kt. Basel-Ld., Schweiz

Grundriß in: Meyer-Regio, S. 91.

Die große Burg des 10. Jh. wurde 1935 ausgegraben. Sie war wohl hauptsächlich eine Fliehburg.

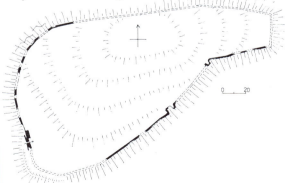

Burgschleinitz

Bz. Horn, Niederösterr., Österreich

Grundriß in: Österr. Kunsttop., Bd. V, S. 6.

Das Wasserschloß liegt auf einem von einem Teich umgebenen Felsen. Die Burg wird Ende des 11. Jh. genannt. 1482 wird sie zerstört und später auf den alten Grundmauern aufgebaut. Die Ringmauer ist 1,0 – 1,5 m stark.

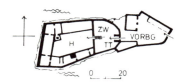

Burgschwalbach

Rhein-Lahn-Kr., Rheinland-Pfalz

Grundriß in: Kunstdkm. in Reg.-Bz. Wiesbaden, Bd. 3; Ebhardt I, Abb. 346; Dehio-Rheinld.-Pfalz, S. 161; Hotz Z 107.

Die 1368 – 1371 von den Grafen v. Katzenelnbogen erbaute Burg ist einmalig. Leider verfiel sie nach 1800. Die Ruine ist noch immer beeindruckend. Die 3 m starke Schildmauer ist 20 m hoch, der sie um 20 m überragende Bergfried mit 10 m Durchmesser und 3,3 m dicker Mauer hat seinen Eingang in 11,5 m Höhe.

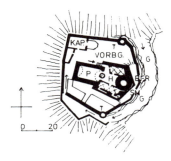

Burgsinn

Main-Spessart-Kr., Bayern

Grundriß in: Kunstdkm. v. Bayern, Unterfrk., Bd. 20, S. 23.

1303 wird »Gozo de Sinna« urkundlich genannt. Der Bergfried stammt aus dem 12. Jh. und ist mit Buckelquadern verkleidet, die auch Teile der Ringmauer von 1339 zieren. Die Wasserburg ist noch bewohnt. Der Bergfried mit 8,5 m Seitenlänge und 2,6 m starken Wänden ist bei 5 Stockwerken 22 m hoch, sein Eingang liegt 8,5 m über dem Burghof.

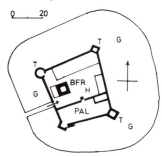

Burgsponheim

Kr. Bad Kreuznach, Rheinland-Pfalz

Grundriß in: Kunstdkm. d. Rheinprov., Bd. 18.1, S. 142.

Die Grafen von Sponheim reichen bis ins Jahr 1000 zurück. Ihre Burg wurde um 1100 gegründet und ist 1127 urkundlich genannt. Sie wurde 1620 durch Spanier zerstört. Ihr Wohnturm von ca. 9,3 m Seitenlänge aus Buckelquadern hat ca. 2 m starke Wände. Seine Höhe ist 22 m, mit 4 Stockwerken und einem Eingang 8 m über dem Gelände.

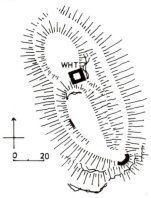

Burgstall

Gde. Heidenheim (Kr.)-Mergelstätten, Baden-Württemberg

Grundriß in: Kunstdkm. v. Württembg., Jagstkr., S. 200.

Die Burg war Anfang des 13. Jh. schon vorhanden. Über die Zerstörung liegen keine Nachrichten vor. Der Bergfried besaß 8 m Seitenlänge und 1,7 m dicke Wände.

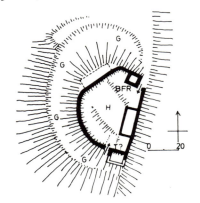

Burgstall

Gde. Sauerfeld, Bz. Tamsweg, Salzburg, Österreich

Grundriß in: Österr. Kunsttop., Bd. XX, S. 171.

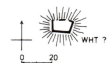

Die kleine, ruinierte Anlage war vermutlich ein Wohnturm. Sie wird 1290 erwähnt.

Burgstall = Gebweiler

Burgstallhöhle

Gde. Fridingen, Kr. Tuttlingen, Baden-Württemberg

Grundriß in: Schmitt, Bd. 3, S. 259.

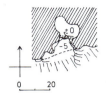

Die Höhlenburg war im 11. Jh. schon bewohnt. Mehr ist nicht bekannt.

Burgstein

Gde. Thierstein-Schwarzenhammer, Kr. Wunsiedel, Bayern

Grundriß in: Kunstdkm. v. Bayern, Oberfrk., Bd. 1, S. 100.

Gegründet wurde die kleine Ministerialenburg wohl um 1200. Ihre Ringmauer ist nur 0,8 m dick. Erhalten sind wenige Reste. Wahrscheinlich bestand die Burg nur aus Hof und Palas.

Burgstein

Gde. Ruderitz, Kr. Plauen, Sachsen

Grundriß in: Kunstdkm. v. Sachsen, Bd. 11, S. 4.

Der Wohnturm, wohl noch aus dem 13. Jh., ist heute Langhaus einer gotischen Kirche. Sein Eingang lag 3 m hoch.

Burgsteinfurt

Gde. Steinfurt (Kr.), Nordrhein-Westfalen

Grundriß in: Kunstdkm. v. Westfalen-Steinfurt; Köckeritz-Diss.

Die noch heute von den Fürsten v. Bentheim-Steinfurt bewohnte Wasserburg hat ihren Ursprung wohl im späten 10. Jh. Der runde Bergfried von 18 m Durchmesser und 4 m starken Wänden war vermutlich ein Wohnturm und stand auf einer Motte; gebaut wurde er Ende des 11. Jh. Die unterschiedlich starke, bis 2 m dicke Ringmauer entstammt dem 12. Jh. Die Doppelkapelle ist ebenfalls aus dem 12. Jh., so auch der zweistöckige Wohnturm-Palas von 16 m im Quadrat mit 2 m starken Wänden. Die Burg wurde bis ins 19. Jh. immer wieder umgebaut. Ein Wohnturm auf einer Motte als Beginn der Burg gibt es auch in Dreieichenhain →.

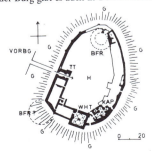

Burgthann

Kr. Lauf, Bayern

Grundriß nach Plänen der Gemeinde.

Begonnen wurde die Burg um 1200, urkundlich wird sie erst 1287 erwähnt. Sie wurde 1552 zerstört und wieder aufgebaut. Nach 1792 war sie dem Verfall preisgegeben. Nach Renovierung ist sie heute teilweise bewohnt. Ihre Ringmauer ist 1,7 – 2,0 m stark. Der runde Buckelquader-Bergfried von 9,3 m Durchmesser hat einen quadrat. Innenraum; seine Höhe ist 27 m.

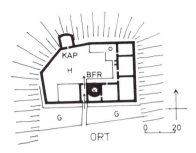

(Burguffeln)

Kr. Kassel, Hessen

Grundriß in: Denkmaltopogr. Bundesrep. Deutschland, Kulturdkm. v. Hessen, Kr. Kassel.

Von der einstigen Wasserburg, hier ein Grundriß von 1750, ist nach ihrem Abbruch 1751 nichts mehr vorhanden. Entspr. Adel wurde im 13. Jh. genannt. Der Wohnturm maß etwa 9 × 13,5 m mit 1,5 m dicken Mauern.

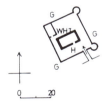

Burgwallbach

Gde. Schönau a. d. Brend-B..., Kr. Bad Kissingen, Bayern

Grundriß nach Aufnahme F.-W. Krahe, 1988.

Burgadel wird Anfang des 12. Jh. genannt, zerstört wurde die Burg 1357 und endgültig 1525. 1790 wurde sie teilweise abgebrochen. Der quadratische Teil des Grundrisses war zweigeschossig, an seiner Südwestseite vermute ich einen Bergfried.

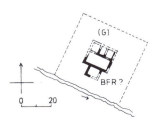

Burkheim

Gde. Vogtburg-B..., Kr. Freiburg, Baden-Württemberg

Grundriß in: Burgen im südlichen Baden, S. 25.

Die Burg wird 1231 erstmals erwähnt. 1570 wurde sie zerstört und wieder aufgebaut, endgültige Zerstörung durch Franzosen 1672.

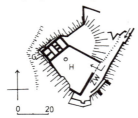

Burren

Gde. Wäschenbeuren, Kr. Göppingen, Baden-Württemberg

Grundriß in: Schmitt, Bd. 1, S. 92.

Es gab zwei aufeinanderfolgende Anlagen, nämlich im 11. und im 13. Jh. auf einem Hügel. 1. Wohnturm wohl 8 × 8 m groß mit 1,5 m dicker Wand, 2. Wohnturm mit ca. 6,7 m Kantenlänge und 0,7 m dünnen Mauern. Beide werden vermutlich Fachwerkaufbauten besessen haben.

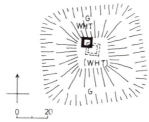

Burscheidt, Bourscheidt

Ct. Diekirch, Luxemburg

Grundriß in: Archiv d. Dt. Burgenvereinigung in einem Burgführer; Bour, Bd. 2, Anhang.

»Bertrand de Bourscheidt«, ein Vasall der Luxemburger, wird 1095 erwähnt. Die Kernburg ist romanisch, vermutlich aus dem 12. Jh., die Burg wurde, wie man am Grundriß sehen kann, mehrfach erweitert, zuletzt im 16. Jh., verfallen ist sie im 18. Jh. Die Burg ist teilweise wiederhergestellt und bewohnt. Der Bergfried mit 7,5 m Kantenlänge und ca. 1,2 m starken Wänden ist ca. 16 m hoch, sein Eingang liegt in 5 m Höhe.

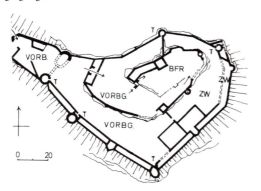

Busau – Bouzov

Bz. Olmütz – Olomuc, Nordmähren, Tschechische Republik

Grundriß in: Prokop, S. 276.

Das Wasserschloß hat seine Wurzeln in der 2. Hälfte des 13. Jh. Im 14. Jh. wurde es umgebaut und bis ins 18. Jh. weiter verändert. Die Ringmauer ist 2,0 – 2,4 m dick. Der Bergfried mit 10,8 m Durchmesser hat 2,9 m dicke Mauern.

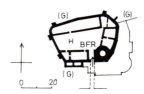

Bussen

Gde. Uttenweiler-Öffingen, Kr. Biberach, Baden-Württemberg

Grundriß in: Kunstdkm. v. Württembg.-Riedlingen, S. 205; Uhl, S. 16.

Die Ruine ist der Rest der Hauptburg einer größeren Anlage auf einem Bergrücken. Die erhaltenen Reste stammen aus der 2. Hälfte des 13. Jh. Zerstört wurde die Anlage 1633 durch Schweden. Der Bergfried mit 9,5 m Seitenlänge hat ca. 2 m dicke Wände; die Ringmauer ist 1,5 m dick.

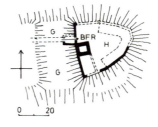

Buttenhausen

Gde. Münsingen, Kr. Reutlingen, Baden-Württembg.

Grundriß in: Schmitt, Bd. 2, S. 155.

Der Ursprung der ehem. Burg liegt vielleicht im 14. Jh., sie verfiel im 18. Jh. Die Reste ihrer 1,35 m dicken Ringmauer wurden Friedhofsmauern.

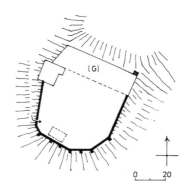

Cadolzburg

Kr. Fürth, Bayern

Grundriß in: Bayr. Kunstdkm., Fürth, S. 84; Dehio, Franken, S. 201.

Diese Burg ist eine der schönsten in Franken. Die Hauptburg mit ihrer 3 m starken Buckelquader-Ringmauer stammt aus dem 13. Jh., aber die Burg ist vielleicht schon Ende des 11. Jh. begonnen worden. Die große Vorburg ist um 1475 entstanden. Seit 1248 bis Anfang des 16. Jh. besaßen die Burggrafen v. Nürnberg (Hohenzollern) die Cadolzburg. Leider wurde ein großer Teil der Kernburg 1945 durch Brand zerstört. Einen Bergfried hat die Burg nie gehabt, was bei ca. 15 m hohen Ringmauern erklärlich ist.

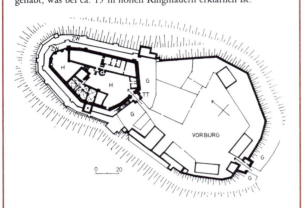

Cästris, Castrisch

Gde. Castrisch, Bz. Vorderrhein, Kt. Graubünden, Schweiz

Grundriß in: Poeschel, S. 224; Clavadetscher, S. 169.

Der hier wiedergegebene Grundriß stammt von Poeschel, nach Clavadetscher ist nur noch wenig erhalten. 1134 wird de Castris genannt. Im 16. Jh. war Cästris bereits Ruine.

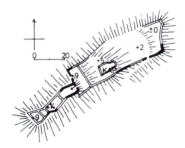

Cagliatscha, Castellazzo

Gde. Clugin, Bz. Hinterrhein, Kt. Graubünden, Schweiz

Grundriß in: Poeschel, S. 213; Clavadetscher, S. 169.

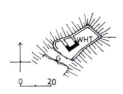

Der hier wiedergegebene Grundriß der im 13. Jh. entstandenen Burg ist von Poeschel ermittelt worden. Der von ihm gezeichnete Wohnturm hatte die maximalen Abmessungen 8,3 × 10,5 m mit bis zu 2,3 m starken Wänden. Der Turm besaß 5 Stockwerke bei 15 m Höhe, sein Eingang lag im 2. Stockwerk.

Caldern

Gde. Lahntal, Kr. Marburg-Biedenkopf, Hessen

Grundriß in: Führer zur hess. Vor- u. Frühgeschichte 1, 1974.

Die kleine Burg, deren Daten unbekannt sind, bestand wohl nur aus Ringmauer und einem Wohnturm von 7,5 × 10 m mit ca. 1,4 m dicken Wänden.

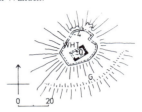

Caldiff = Kaldiff

Calvörde

Kr. Haldensleben, Sachsen-Anhalt

Grundriß in: Kunstdkm. v. Braunschweig, Bd. 1, S. 195.

Die Herren von »Kallenvordegen« werden 1196 genannt. Von der Wasserburg, vermutlich aus der Zeit um 1200, ist nicht mehr viel erhalten, da sie im 19. Jh. größtenteils abgebrochen wurde. Der polygonal-ovale Bering ist recht selten. Der Bergfried hat 9 m Druchmesser und 2,5 m dicke Mauern.

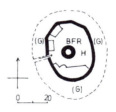

Calsmund, Kalsmunt

Gde. Wetzlar, Lahn-Dill-Kr., Hessen

Grundriß in: Cohausen, Nr. 225; Archiv für hessische Geschichte, Bd. 15/2.

Die Burg wurde wohl durch Barbarossa erbaut, der Bergfried mit knapp 12 m Seitenlänge stammt jedenfalls aus dem 12. Jh. Sie war zunächst Reichsburg. Die beiden genannten Quellen weichen stark voneinander ab; der hier publizierte Grundriß basiert auf dem des Archivs f. hess. Geschichte. Verfallen ist die auf einem Berg liegende Ruine im 16. Jh.

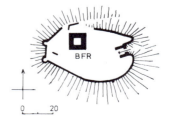

Campbell, Campell

Gde. Sils im Domleschg, Bz. Heinzenberg, Kt. Graubünden, Schweiz

Grundriß in: Poeschel, S. 200, Ebhardt I, Abb. 363; Clavadetscher, S. 134; Meyer, Bd. 3, S. 22.

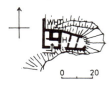

Begonnen wurde die sehr kleine Burg im frühen 13. Jh., 1290 wird »Egeno de Campelle« genannt. Wohnturm u. eine Ringmauer von 13 m Kantenlänge sind der 1. Bauabschnitt, der 2. ist die Erweiterung im Osten um einen Hof und ein Wohngebäude, der 3. ist der Ausbau des 1. Bauabschnittes. Der Wohnturm mit 7,5 m Seitenlänge und im 4.–6. Stockwerk 1,5 m dicken, unten bis 2,2 m starken Wänden ist 20 m hoch. Sein Eingang liegt in 4 m Höhe, im 3. Stock gibt es einen Aborterker.

Canaschal

Gde. Trin, Bz. Imboden, Kt. Graubünden, Schweiz

Grundriß in: Clavadetscher, S. 186.

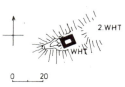

Die Anlage bestand ursprünglich aus zwei Türmen, hier ist nur der westliche dargestellt. Der Wohnturm im Westen ist 7 × 8,2 m groß bei 2,2 m Mauerstärke, er hat drei Stockwerke, über denen man sich einen auskragenden Holzaufbau vorstellen muß, er stammt aus dem 13. Jh. Der Eingang liegt im 2. Stockwerk. Der Ostturm maß ca. 10 m im Quadrat mit ca. 1,2 m Wandstärke, er stammt vielleicht noch aus dem 12. Jh.

Canova, Neu Süns, Neu Sins

Gde. Paspels, Bz. Heinzenberg, Kt. Graubünden, Schweiz

Grundriß in: Poeschel, S. 195; Clavadetscher, S. 122.

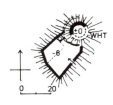

Canova kommt von casa nova = Neuhaus. Die Burg liegt nur 1 km von Alt Sins → entfernt. Sie entstand vermutlich in der 2. Hälfte des 13. Jh; vermutlich wurde sie – wie Alt Sins – in der Schamserfehde 1451 endgültig zerstört und gebrochen. Der runde Wohnturm ist insbes. für die Entstehungszeit ungewöhnlich. Er ist 20 m hoch, leicht konisch und war wohl von einer Ringmauer umgeben. Er hat 4 Stockwerke, im 3. Stockwerk einen Aborterker und einen Kamin, im 4. Stock einen Ofenrest.

Canstein, Kanstein

Gde. Marsberg, Hochsauerlandkr., Nordrhein-Westfalen

Grundriß in: Kunstdkm. v. Westfalen-Brilon, S. 273.

»Kahenstein castrum« wird 1125 urkundlich genannt, doch von der auf einem Felsblock entstandenen Burg ist nichts mehr vorhanden. Die heute vorhandene Burg stammt von 1342.

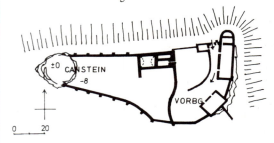

Cartatscha, Crestatscha

Gde. Trun, Bz. Vorderrhein, Kt. Graubünden, Schweiz

Grundriß in: Poeschel, S. 238, Clavadetscher, S. 351.

Die Entstehung des Wohnturmes dürfte im frühen 13. Jh. liegen. Olricus de Crestazia ist 1261 bezeugt. Der Wohnturm auf einem Hügel hatte vermutlich ein 3. steinernes Stockwerk mit dem Hocheingang – nur zwei sind erhalten – und darüber ein auskragendes 4. Stockwerk aus Holz. Seine Grundfläche ist 10,6 m im Quadrat mit 2,8 m Wanddicke.

Casselburg = Kasselburg

Castelberg

Gde. Luvis, Bz. Glenner, Kt. Graubünden, Schweiz

Grundriß in: Poeschel, S. 86; Clavadetscher, S. 87.

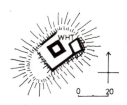

Die kleine Burg wurde wohl in der 1. Hälfte des 13. Jh. erbaut und spätestens im Verlauf des 14. Jh. verlassen. Der Wohnturm ist 9 × 9 m groß mit 1,8 m Wandstärke und 4 Stockwerken, im obersten Geschoß ein Aborterker. Die Ringmauer ist 1 m dick.

Castell

Gde. Tägerwilen, Bz. Kreuzlingen, Kt. Thurgau, Schweiz

Grundriß in: Burgen und Schlösser d. Schweiz, Thurgau I, S. 40.

Begonnen wurde die Burg um 1120, seit 1150 ist ein Dienstmannengeschlecht v. Castell belegt. 1499 wurde sie im Schwabenkrieg zerstört. Ihre Ringmauer war 1,0 m, die Schildmauer 1,6 m stark; der Bergfried von 7 × 7,5 m Grundfläche war nach Osten auf 2,5 m Mauerdicke verstärkt, sonst halb so dick. Er besaß in ca. 6 m Höhe einen rundbogigen Eingang.

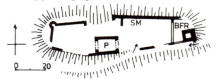

Castellazzo = Cagliatscha

Castels, Putzerburg

Gde. Luzein, Bz. Oberlandquart, Kt. Graubünden, Schweiz

Grundriß in: Burgen u. Schlösser der Schweiz XV, S. 36; Poeschel, S. 271; Clavadetscher, S. 279.

Die Burg entstand wahrscheinlich im 12. Jh., urkundlich wird sie erst 1344 erwähnt, 1499 wurde sie erobert. 1621 wurde sie zerstört und 1649 geschleift. Ihre Ringmauer ist 1,4–1,6 m stark. In 8 m Höhe (am Tor) ist der Wehrgang erkennbar. Der Bergfried mit 8,5 m im Quadrat hat 2 m starke Mauern und in 4,5 m Höhe einen Eingang.

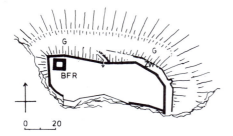

Castrisch = Cästris

Castlins

Gde. Susch, Bz. Inn, Kt. Graubünden, Schweiz

Grundriß in: Clavadetscher, S. 196.

Von der nicht sehr großen Anlage ist kaum etwas erhalten, Daten sind keine bekannt.

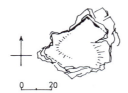

Celle

(Kr.) Niedersachsen

Grundriß in: Kunstdkm. d. Prov. Hannover, Bd. 3.5; Dehio, Niedersachsen, S. 253.

Die erste Wasserburg entstand um 1295. Von ihr ist, im Schloß eingebaut, ein mächtiger Wohnturm von 16 m im Quadrat mit 3,5 m starken Wänden erhalten. Das Schloß wurde immer wieder verändert. Sein heutiges Aussehen kommt aus der Zeit der Renaissance.

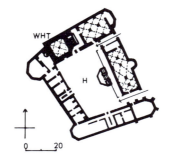

Chameregg

Gde. Cham (Kr.), Bayern

Grundriß in: Kunstdkm. v. Bayern, Oberpfalz, Bd. 6.

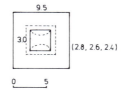

Von der Burg aus dem 12. Jh. ist nur der Bergfried mit Buckelquadern erhalten. Seine Höhe ist ca. 22 m mit 4 Stockwerken, der Eingang liegt 9 m hoch.

Chasté

Gde. Sils, Bz. Maloja, Kt. Graubünden, Schweiz

Grundriß in: Clavadetscher, S. 238.

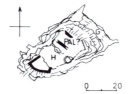

Daten sind nicht bekannt. Die Ringmauer ist 1,0–1,2 m stark.

Chastlatsch

Gde. Celerina, Bz. Maloja, Kt. Graubünden, Schweiz

Grundriß in: Clavadetscher, S. 234.

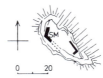

Daten sind von der Anlage, die bestenfalls ein festes Haus war, keine bekannt. Die Schildmauer ist 1,8 m, die Ringmauer 1,0 m stark.

Chur-Marsölturm

Bz. Plessur, Kt. Graubünden, Schweiz

Angabe in: Clavadetscher, S. 285.

Ein Wohnturm mit 4 Stockwerken ist als Rest der Bischofsburg des 13. Jh. erhalten.

Churburg

Gde. Schluderns, Vinschgau, Südtirol, Italien

Grundriß in: Hotz Z 120; Weing.-Tirol, S. 35; Weing.-Hörm., S. 471; Trapp, Bd. I, S. 86; Piper, Österr., Bd. 7.

Urkundlich wird »Curberch« 1259 genannt, der Anfang der Burg dürfte in der 1. Hälfte des 13. Jh. liegen. Die mit nur 1,2 m dicker Ringmauer wenig geschützte Burg wurde im 14. Jh. durch die Zwinger-Vorburg verstärkt; weitere Umbauten im 16. Jh. Im 20. Jh. wurde die Churburg renoviert und ist noch immer bewohnt. Der Bergfried mit 8,6 m im Quadrat Grundfläche und 2,3 m Mauerstärke hat in 28 m Höhe 5 Stockwerke. Sein Eingang liegt in 8,5 m Höhe.

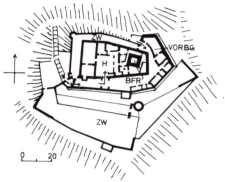

Cimburg, Alt Cimburg – Cimburk

Gde. Turnau-Trnavka, Bz. Olmütz-Olomuc, Nordmähren, Tschechische Republik

Grundriß in: Piper, Österr., Bd. 5, S. 9.

Adel zur Burg wird 1213 urkundlich genannt. 1318 wird sie landesfürstlich und verfällt im 18. Jh. Der Bergfried liegt ausnahmsweise in der Vorburg. Er hat 8,5 m Durchmesser mit 2,5 m dicken Mauern.

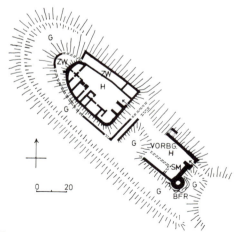

Clanx

Gde. Appenzell (Kt.), Schweiz

Grundriß in: Nachrichten d. Schweiz. Burgenv. 50/1.

Genannt wird die Burg zuerst 1210, 1290 wird sie erstmals zerstört, dann doch wieder aufgebaut, 1402 wird sie durch Appenzell endgültig zerstört. Ausgrabung der Burg 1950. Der Wohnturm von 9,3 × 10,7 m Grundfläche hat 1,9 – 2,6 m dicke Mauern.

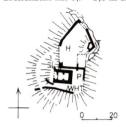

Cleeberg, Kleeberg

Gde. Lang Göns-C..., Lahn-Dill-Kr., Hessen

Grundriß in: Kunstdkm. im Reg.-Bz. Wiesbaden, Bd. 2, S. 167; Schuchhardt, S. 224.

Die Burg entstand vermutlich vor 1200, spätere Ergänzungen bis 18. Jh. Zeitweilig war Cleeberg Ganerbenburg. Die Burg ist noch heute bewohnt. Der Wohnturm mit dem eigentümlichen Grundriß hat Maximaldimensionen von 11 × 19 m mit 1,7 m dicken Mauern, in 16 m Höhe besitzt er 4 Stockwerke. Der in der Vorderburg stehende Bergfried im Grundriß, mit den Hauptmaßen 10 × 10 m, so ungewöhnlich wie der Wohnturm, war einst 30 m hoch, sein Eingang liegt 11 m über dem Hof. Die Schildmauer der Hinterburg ist 2,4 m dick.

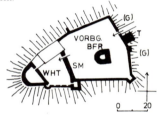

Clüsserath

Kr. Trier-Saarburg, Rheinland-Pfalz

Grundriß in: Kunstdkm. d. Rheinprov., Bd. 15.2.

Der spätmittelalterliche Wohnturm von 13 × 17,5 m Grundfläche hat 1,7 m starke Mauern, die oben dünner werden. Nach einem Brand im 18. Jh. wird die Anlage wieder hergestellt.

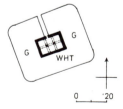

Colditz

Kr. Grimma, Sachsen

Grundriß in: Kunstdkm. v. Sachsen-Grimma, S. 42.

Begonnen wurde die große Burg im 11. Jh. 1080 ist sie im Besitz Wiprechts v. Groitsch. 1430 wird sie durch Hussiten zerstört und wieder aufgebaut. Die heutige Burg erhielt ihr Aussehen 1578 – 1591, geht jedoch auf die Anlage von 1430 zurück. Die Ringmauer der Kernburg ist 2,1 m, die der Vorburg 1,5 m dick.

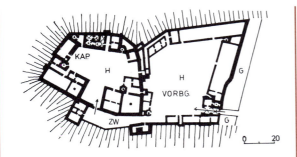

Coburg

(Kr.) Bayern

Grundriß in: Ebhardt I, Abb. 466; Dehio, Franken, S. 209; Kunstdkm. v. Thüringen, Bd. XXXII.

Die hoch über dem Ort liegende Feste Coburg verdankt ihre heutige Erscheinung dem Ausbau zur Festung und der Wiederherstellung durch Bodo Ebhardt kurz nach 1900. Begonnen wurde die Burg im 13. Jh. mit einem Bergfried. Die Burg wurde mehrfach verändert. Große Teile dienen heute als Museum. Im Grundriß läßt sich die Anlage schlecht darstellen.

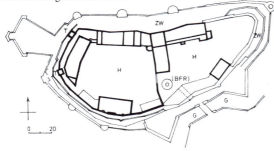

Collenburg = Kollenburg

Colmberg

Kr. Ansbach, Bayern

Grundriß in: Bayerische Kunstdkm., Ansbach, S. 84.

Die Burg wurde 1888 restauriert. Begonnen wurde sie im 12. Jh., der Bergfried aus dieser Zeit weist Buckelquader-Mauerwerk auf. Die Burg wurde nie erobert; ihr Palas stammt aus gotischer Zeit. Der Bergfried hat 11,5 m Durchmesser mit 4 m starken Mauern, die Ringmauer ist 1,3 m dick. Die Burg ist ein Hotel.

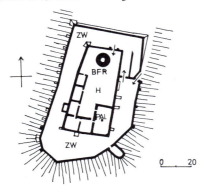

Coppenbrügge

Kr. Hameln-Pyrmont, Niedersachsen

Grundriß in: Kunstdkm. v. Nieders.-Hameln-Pyrm., S. 143.

Die Burg wurde 1303 begonnen und ab 1512 zur Festung umgebaut.

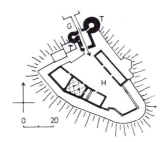

Cosel – Coźle

(Kr.) Schlesien, Polen

Grundriß in: Grundmann, S. 50.

Die Wasserburg stammt aus der 1. Hälfte des 14. Jh. Ihre Ringmauer aus Backstein ist 2,4 m stark. Der Bergfried mit 9,6 m im Quadrat hat 2,4 m starke Wände.

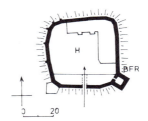

(Cottbus)

Brandenburg

Grundriß in: Kunstdkm. d. Prov. Brandenbg., Bd. 5,3, S. 67.

Erwähnt wird die Wasserburg erstmals 1301. Um 1600 wurde sie durch Brand zerstört, im 18. Jh. wurde sie abgebrochen. Keine Reste mehr vorhanden.

GRUNDR. DES XVIII JH.

Crailsheim

Kr. Schwäb. Hall, Baden-Württemberg

Grundriß in: Kunstdkm. v. Württemberg, Jagstkr. S. 706.

Die Stadtburg ist in der 2. Hälfte des 15. Jh. entstanden und gut erhalten.

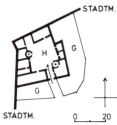

Creglingen

Main-Tauber-Kr., Baden-Württemberg

Grundriß nach Angabe am Ort 1991.

Der Wohnturm mit 4 Stockwerken stammt vielleicht aus dem 13. Jh., in dem der Ortsadel erwähnt wird. Er ist ca. 16 m hoch.

Crestatscha = Cartatscha

Daber – Dobra

Kr. Naugard-Novograd, Pommern, Polen

Grundriß in: Kunstdkm. v. Pommern, Bd. 2.9, S. 164; Radacki.

Erste Nennung der Burg 1295, der Bergfried mit 10 m Seitenlänge vielleicht noch aus dem 15. Jh. 1538 auf alter Basis neu erbaut, im 19. Jh. teilweiser Abbruch.

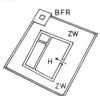

Dachenstein, Tachenstein

Gde. Riedenburg, Kr. Kelheim, Bayern

Grundriß in: Kunstdkm. v. Bayern, Oberpfalz, Bd. 8.

Die Anfang des 13. Jh. erbaute Burg war im 16. Jh. schon im Verfall. Ihre Ringmauer mit nur 0,9 m Dicke war im Westen auf 1,5 m schildmauerartig verstärkt. Der Bergfried von 7 m Seitenlänge und 2 m Wandstärke ist mit Buckelquadern verkleidet, sein rundbogiger Eingang liegt 7 m hoch.

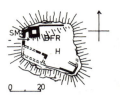

Dachsbach

Kr. Neustadt-Aisch, Bayern

Grundriß in: Bayerische Kunstdkm. Neustadt/Aisch, S. 44.

Der Wohnturm auf einem Hügel stammt aus dem frühen 13. Jh., Burgadel kommt schon 1129 vor. Der Wohnturm mit Seitenlänge von 14,3 m und 2 m dicken Mauern hat 4 Stockwerke, der alte Eingang lag 8 m hoch, ein neuerer aus dem 14. Jh. nur 2 m über dem Gelände.

Dachsberg

Gde. St. Georgen, Bz. Scheibbs, Niederösterr., Österreich

Grundriß in: Burgen im Bz. Scheibbs, S. 69.

Obwohl Funde aus dem 12. Jh. gemacht wurden, stammt die Ruine aus dem 13. u. 14. Jh., urkundlich wurde sie erst 1367 erwähnt. Auf dem Berg stand vermutlich ein Wohnturm, umgeben von einem schneckenförmigen Vorburg-Zwinger.

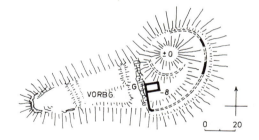

(Dachstein)

Ct. Molsheim, Bas-Rhin, Frankreich

Grundriß in: Naeher, S. 154.

Die kleine Wasserburg wurde nach ihrer Zerstörung von 1262 neu erbaut, 1365 und 1402 wurde sie wiederum zerstört und aufgebaut bis Turenue sie 1675 endgültig zerstörte. Sie ist restlos verschwunden.

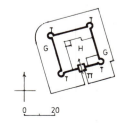

Dagmersellen

Bz. Willisau, Kt. Luzern, Schweiz

Angaben in: Thüer, S. 190; Kunstdkm. d. Schweiz; Luzern, Bd. 5, S. 53.

Die Ruine wurde 1938 ausgegraben. »Tagmersollen« wird 1217 erstmals genannt, die Burg entstand vermutlich Ende des 13. Jh.; zerstört wurde sie 1385 durch Luzern. Die Ringmauer ist 1,2 m dick.

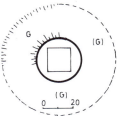

Dagsburg siehe Hoch Egisheim

Dagstuhl

Gde. Wadern-D..., Kr. Mezig-Wadern, Saarland

Grundriß in: Conrad/Flesch, S. 56.

Erbaut wurde Dagstuhl 1290, 1310 kam die Burg an Luxemburg, zerstört wurde sie 1712. Die Ringmauer ist 1,2 m stark.

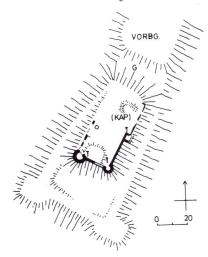

Dalberg

Kr. Bad Kreuznach, Rheinland-Pfalz

Grundriß in: Kunstdkm. d. Rheinprov., Bd. 18.1, S. 150; Schellack, S. 113.

Die Burg wurde um 1150 erbaut. Aus dieser Zeit stammt der Westteil der Anlage, der Ostteil mit den 2 Rundtürmen ist aus dem 14. Jh. Die Burg ist nach dem Mittelalter allmählich verfallen. Der Bergfried mit 8 m Durchmesser und 2 m dicken Mauern ist bis 12 m Höhe erhalten. Der Wohnturm mit 10 m Seitenlänge und 1,6 m starker Außenwand hat 4 Stockwerke in 16 m Gesamthöhe.

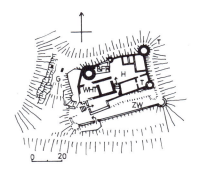

Dalberger Turm = Eppelsheim

Dankwarderode

Gde. Braunschweig, Niedersachsen

Grundriß in: Ebhardt I, Abb. 43; Hotz Z 57.

Von der 1067 erstmals genannten Burg ist nur der Palas Heinrichs des Löwen erhalten, der im 19. Jh. entstellt wiederaufgebaut wurde. Die hier dargestellte Rekonstruktion einer Pfalz mit 2 Tortürmen und 8 Mauertürmen hat die Dimension einer Burgstadt.

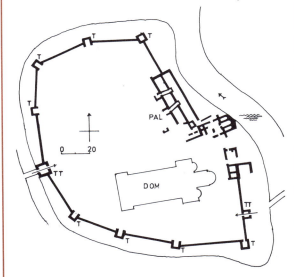

Dannenberg

Kr. Lüchow-Dannenberg, Niedersachsen

Grundriß in: Kunstdkm. u. Alterthümer im Hannoverschen, Taf. VIII.

Erhalten ist von der Wasserburg von 1150 nur der sog. Waldemarsturm, ein Wohnturm aus Backsteinen von 20 m Höhe und ursprünglich 5 Stockwerken.

✗Darmstadt

Hessen

Grundriß in: Kunze, Abb. 60.

Das Schloß in Darmstadt steht an der Stelle einer Wasserburg der Grafen v. Katzenelnbogen aus dem frühen 14. Jh. Reste der Burg, die hier als Rekonstruktion gezeigt wird, stecken im heutigen Schloß.

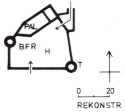

Dasburg

Kr. Bitburg-Prüm, Rheinland-Pfalz

Grundriß in: Kunstdkm. d. Rheinprov., Bd. 12,2, S. 63.

»Daysberhc castrum« wird Anfang des 13. Jh. urkundlich genannt. Abgebrochen wurde die Burg 1813. Der Bergfried von ca. 9 × 9 m Grundfläche ist 20 m hoch, davon sind 13 m ohne Hohlraum, darüber liegen 3 Wohnstockwerke mit 1,25 m dicken Wänden.

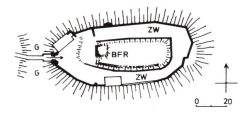

Dattenberg

Gde. Linz, Kr. Neuwied, Rheinland-Pfalz

Angabe in: Kunstdkm. d. Rheinprov., Bd. 16.2.

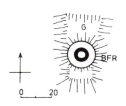

Erhalten ist nur der runde Bergfried. Von Dadenberg wird 1242 urkundlich erwähnt. Der Bergfried mit 8,5 m Durchmesser könnte mit rd. 30 m² Innenfläche auch ein Wohnturm gewesen sein, wofür eine Ringmauer in nicht allzuweitem Abstand spräche.

(Dattenried, Delle)

Gde. Delle (Ct.), Belfort, Frankreich

Grundriß in: Salch, S. 65.

Von der kleinen, angeblich in der 1. Hälfte des 13. Jh. entstandenen Wasserburg sind keine Reste mehr vorhanden.

Dauchstein, Tauchstein

Gde. Binau, Odenwaldkr., Baden-Württemberg

Grundriß in: Kunstdkm. v. Baden, Bd. 4,4, S. 11.

Die sehr kleine Burg ist wohl noch im 12. Jh. erbaut worden. Wann sie zerstört wurde, ist nicht bekannt. Der Bergfried mit 6 × 6 m Kantenlänge besitzt eine Treppe im Mauerwerk, was bei einem so kleinen Turm ungewöhnlich ist; er ist mit der 2,3 m starken Schildmauer verbunden, hat 20 m Höhe und einen Eingang in 8 m Höhe. Die Ringmauer der Burg ist 1,1 m dick.

Daun

Rheinland-Pfalz

Grundriß in: Kunstdkm. d. Rheinprov., Bd. 12,3, S. 54.

Ein »Albert de Duna« wird 1060 urkundlich genannt. Sicher bezeugt ist die recht große Burg 1136. Die letzten Gebäudereste wurden 1865 abgebrochen. Die Kernburg lag vermutlich an der SO-Ecke.

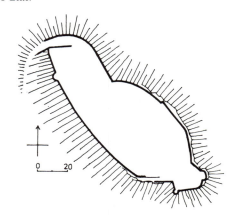

Dautenstein, Tutenstein

Gde. Seelbach-D..., Kr. Offenburg, Baden-Württemberg

Grundriß in: Fick, Teil 3, S. 58.

1251 wird »de Tutenstein« urkundlich erwähnt. 1525 wird die Burg, von der noch Buckelquader zu erkennen sind, zerstört und auf der alten Basis neu erbaut. 1633 erneute Zerstörung, 1755 Zerstörung durch Brand. Das Schloß wurde immer wieder aufgebaut.

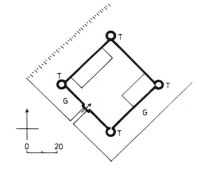

Davos – Seehof

Bz. Oberlandquart, Kt. Graubünden, Schweiz

Angabe in: Clavadetscher, S. 273.

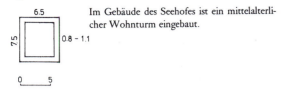

Im Gebäude des Seehofes ist ein mittelalterlicher Wohnturm eingebaut.

Degenberg

Gde. Schwarzach-D..., Kr. Straubing-Bogen, Bayern

Grundriß nach Aufnahme F.-W. Krahe, 1991.

Von der vermutlich kleinen Burg, die 1469 zerstört wurde, sind nur wenige Reste erhalten.

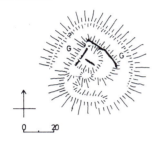

Deilinghofen

Gde. Hemer-D..., Märkischer Kr., Nordrhein-Westfalen

Grundriß in: Kunst- und Geschichtsdkm. im Märkischen Kreis, S. 162.

Von der Wasserburg des 13. Jh. von geringer Größe ist nur noch der Bergfried von 6,2 m Seitenlänge als Stumpf erhalten.

Delle = Dattenried

(Delmenhorst)

Niedersachsen

Grundriß in: Kunstdkm. v. Oldenburg, Bd. 4, S. 89.

Von der alten Wasserburg, die 1787 total abgebrochen wurde, gibt es einen Grundriß des 18. Jh., auf denen der Bergfried von ca. 11 m Seitenlinie zu erkennen ist.

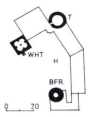

Denklingen

Gde. Reichshof-D..., Oberbergischer Kr., Nordrhein-Westfalen

Grundriß in: Denkm. d. Rheinlds. Oberberg. Kr., Bd. 2, S. 62.

Die Wasserburg wird im 14. Jh. erwähnt, nach 1830 würden große Teile der Anlage abgetragen.

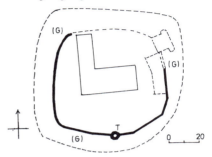

Dernbach

Gde. Bad Endbach-D..., Kr. Marburg-Biedenkopf, Hessen

Grundriß in: C. F. Günther »Bilder aus der Vorzeit«.

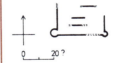

Erwähnt wird die Wasserburg 1263, zerstört wird sie 1337.

Derneck

Gde. Hayingen-Münzdorf, Kr. Reutlingen, Baden-Württemberg

Grundriß in: Kunstdkm. v. Württbg., Donaukr., S. 123; Antonow-SWD, S. 136.

Im 14. Jh. ist die Burg entstanden und unter dem Namen Degeneck 1351 erwähnt. Ihr Erbauer ist Degenhart v. Gundelfingen. Die Schildmauer mit innenliegendem Wehrgang, 15 m lang, fast 5 m tief und rd. 10 m hoch, ist der älteste Teil der Anlage, die anderen Gebäude sind aus dem 15. Jh. oder noch jünger. Die Ringmauer ist 1,4 m stark. Die Burg ist teilweise bewohnt.

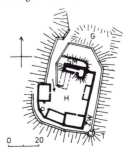

Desenberg

Gde. Warburg-Daseburg, Kr. Höxter, Nordrhein-Westfalen

Grundriß in: Kunstdkm. v. Westfalen-Warburg, S. 89.

Die Burg ist wohl romanischen Ursprunges, wurde jedoch 1380 durch Hermann v. Hessen neu gebaut. Inmitten der 1,3 m dicken Ringmauer der Ruine steht der Bergfried mit 6,7 m Durchmesser und 1,5 m Wandstärke.

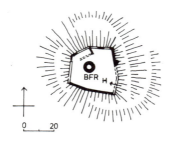

Detmold

Nordrhein-Westfalen

Grundriß in: Kunstdkm. v. Westfalen-Detmold; Dehio-Westfalen, S. 121.

Das Renaissance-Schloß benutzt die Grundmauern des 13. Jh., aus dem vermutlich der Bergfried mit rd. 10 m Durchmesser und 2,5 m dicken Mauern stammt. Die Ringmauer des Schlosses ist mit 1,5 m Stärke wohl alt.

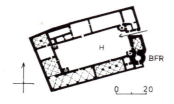

Deuernburg = Thurnberg

Deutschlandsberg

Steiermark, Österreich

Grundriß in: Burgen u. Schlösser d. Steiermark, Bd. 3, S. 17; Baravalle, S. 125.

Um 1130 ist die Burg entstanden, 1153 wird sie urkundlich erwähnt. Die noch bewohnte Vorburg ist im 16. Jh. entstanden; die Kernburg verfiel seit 1860. Der große Wohnturm, der zugleich Torturm zur Kernburg ist, wurde im 14. Jh. erbaut. Seine Grundfläche mißt 13×15 m, die Wände sind 2,7 m stark; er hat 5 Geschosse. Der Bergfried steht außerhalb der Kernburg. Er hat 10,4 m Durchmesser und 2,7 m Mauerstärke.

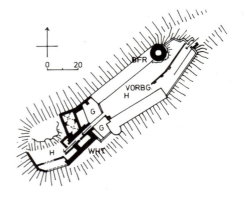

Dhaun

Gde. Hochstetten-D..., Kr. Bad Kreuznach, Rheinland-Pfalz

Grundriß in: Kunstdkm. d. Rheinprov., Bd. 18.1, S. 157.

Die eigentliche, 1225 erstmals genannte Burg liegt im SO der riesigen Anlage von rd. 1,75 ha Fläche. Teile der Burg, die im Verlauf von Jahrhunderten immer wieder verändert wurde, sind noch bewohnt. Die Torbauten im Süden sind von 1526.

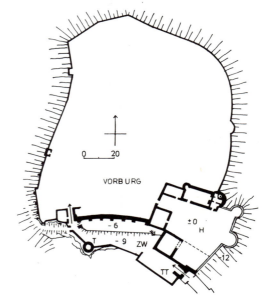

Dhronecken

Kr. Bernkastel-Wittlich, Rheinland-Pfalz

Grundriß in: Kunstdkm. d. Rheinprov., Bd. 15.1.

Von der ehemaligen Burg aus dem 12./13. Jh. ist wenig erhalten. An ihrer Stelle entstand 1648 das Schloß. Die Burgruine fiel 1808 bei einem Erdbeben zusammen. Der Bergfried hat 7,7 m Durchmesser und 2,5 m starke Wände.

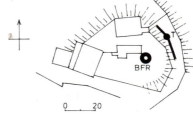

Dicke

Gde. Calw (Kr.), Baden-Württemberg

Angabe bei Antonow, S. 370.

Für den Turm als Burgrest gibt es keine Daten.

Dieburg

Kr. Darmstadt, Hessen

Grundriß in: Kunstdkm. v. Hessen, Dieburg, S. 79.

Die Reste der Wasserburg, die 1169 erstmals genannt wird, ist unter anderen Gebäuden ergraben worden. Im 15. Jh. wurde die Burg ausgebaut. 1809 wurde sie überbaut. Die Ringmauer ist 2 m stark.

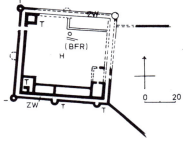

Diemerstein

Gde. Frankenstein, Kr. Kaiserslautern, Rheinland-Pfalz

Grundriß in: Kunstdkm. v. Bayern, Pfalz, Bd. 9, S. 135; Ebhardt I, Abb. 403; Baudkm. d. Pfalz, Bd. 2, S. 86.

Die auf einem Felsturm stehende Burg wurde Anfang des 13. Jh. begonnen; der Felsturm ist wohl erst durch den künstlich ausgehauenen Halsgraben entstanden. Der Treppenturm ist aus dem 16. Jh. Zerstört wurde die Burg im Dreißigjährigen Krieg. Einige Teile wurden im 19. Jh. rekonstruiert. Der Bergfried von 6,4 × 6,8 m ist auf zwei Seiten verstärkt. Er hat 11,5 m Höhe, 3 Stockwerke und einen 4,5 m hoch liegenden Eingang. Die Ringmauer ist 1,2 m stark.

Diepholz

Niedersachsen

Angabe in: Kunstdkm. u. Alterthümer im Hannoverschen, S. 152.

Der Bergfried ist der Rest der Wasserburg aus der 1. Hälfte des 13. Jh.

Diepoldsburg, Rauber

Gde. Lenningen, Kr. Eßlingen, Baden-Württemberg

Grundriß in: Kunstdkm. v. Württemberg-Kirchheim; Schmitt, Bd. 4, S. 114.

Ein Ulrich de Diepoltsburc wird 1216 urkundlich erwähnt. 1535 wird die Burg schon als Burgstall bezeichnet. Die Unter- und Oberburg liegen auf einem felsigen Bergkamm. Die Darstellungen von K. A. Koch und Schmitt differieren, sie sind beide abgebildet. Die Schildmauer der Oberburg ist 3,5 m dick. Die Ruinen sind gut gesichert.

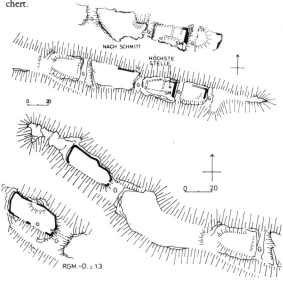

Diepoltsdorf

Gde. Simmelsdorf-D..., Kr. Lauf, Bayern

Grundriß in: Kunstdkm. v. Bayern, Mittelfrk., Bd. 11, S. 96.

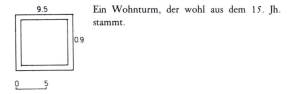

Ein Wohnturm, der wohl aus dem 15. Jh. stammt.

Diersburg

Gde. Hohberg-D..., Kr. Offenburg, Baden-Württemberg

Grundriß in: Kunstdkm. v. Baden, Bd. 7, S. 172, Burgen u. Schlösser in Mittelbaden, S. 306.

Entstanden ist die nicht sehr große Burg Ende des 12. oder Anfang des 13. Jh. in Buckelquadern. Mitte des 14. Jh. war sie Ganerbenburg; 1668 wurde sie durch Franzosen zerstört. Die Schildmauer ist 3 m, die Ringmauer 2 m dick. Die Zwei-Palas-Burg ist eine seltene Grundrißform.

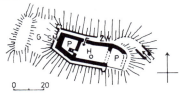

Dießen

Gde. Horb-D..., Kr. Balingen, Baden-Württemberg

Grundriß in: Kunstdkm. v. Hohenz., Bd. 1, S. 75; Zingeler/Buck.

Die kleine Burg entstand im 13. Jh., der erhaltene Teil des Palas ist jünger. Die Vorburg ist bewohnt.

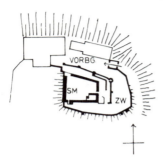

Dießenhofen

(Bz.) Unterhof, Kt. Thurgau, Schweiz

Grundriß in: Burgen u. Schlösser d. Schweiz, Thurgau 1, S. 44.

Die Erbauung der Burg wird auf das Ende des 13. Jh. datiert, der Bergfried mit 8 m Seitenlänge und 2 m Wandstärke hat 12 m Höhe, er stammt aus der Gründungszeit. Die Wohnbauten sind aus dem 14. u. 15. Jh. Die Burg ist bewohnt.

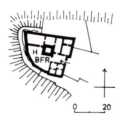

Dietfurt

Gde. Inzigkofen-D..., Kr. Sigmaringen, Baden-Württemberg

Grundriß in: Kunstdkm. v. Hohenz., Bd. 2, S. 205; Zingeler/Buck, S. 73; Schmitt, Bd. 3, S. 102.

Gegründet ist die Burg wohl noch Ende des 11. Jh. 1095 werden drei Brüder v. Dietfurt urkundlich genannt. Über den Zeitpunkt der Zerstörung ist nichts bekannt. Der Bergfried mit 8,67 m Seitenlinie und 2,25 m dicken Mauern hat einen rundbogigen Eingang in 7 m Höhe. Die Ringmauer ist ca. 1,2 m stark.

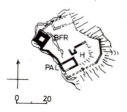

Dietgen

Bz. Waldenburg, Kt. Basel-Ld., Schweiz

Grundriß in: Meyer-Regio, S. 92.

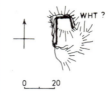

Entstanden ist die sehr kleine Burg kaum vor 1200, im 15. Jh. war sie bereits Ruine.

Dietrichstein

Gde. Feldkirchen, (Bz.) Klagenfurt, Österreich

Grundriß in: Kohla, S. 134.

1103 wird »de Dietrichstein« urkundlich genannt. 1490 wurde die Burg zerstört. Weitere Daten sind nicht bekannt. Der Bergfried ist fast verschwunden.

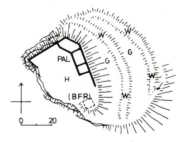

Diez

Rhein-Lahn-Kr., Rheinland-Pfalz

Grundriß in: Kunstdkm. im Reg.-Bz. Wiesbaden, Bd. 3, S. 191.

Gegründet wurde das heutige Schloß schon 1073, der untere Teil des Bergfriedes ist wohl aus dieser Zeit, die anschließenden Gebäude stammen aus dem 14. Jh. – wie auch die Vorburg. Ständige Um- und Ausbauten fanden bis ins 18. Jh. statt. Der Bergfried mit ca. 9×9 m Grundfläche bei 1,7 m starken Wänden ist 19 m hoch. Die Ringmauer der Burg ist 1,2 m dick.

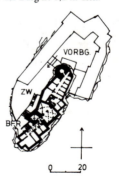

Dill

Rhein-Hunsrück-Kr., Rheinland-Pfalz

Grundriß in: Kunstdkm. v. Rheinld.-Pfalz, Bd. 6, S. 238; Schellack, S. 45.

»De Dylle« werden 1107 urkundlich genannt, die Burg wird 1130 erwähnt. Sie ist also vom Anfang des 12. Jh. Ihre Form erinnert an Braunsberg →. Sie wurde nach einer Zerstörung 1329 am Anfang des 15. Jh. wiederhergestellt. 1697 zerstörten sie Franzosen. Einen Bergfried hat es offensichtlich nicht gegeben. Die Ringmauer ist 1,5 m stark, auch die Mauer des Palas, der 12 × 18 m mißt und mit 4 Stockwerken 15 m Höhe erreicht.

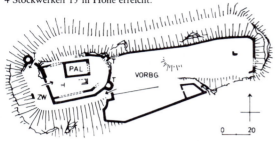

Dillingen

Gde. Saarlouis (Kr.), Saarland

Grundriß in: Conrad/Flesch, S. 255.

Der Rest der alten Wasserburg, die 1347 erstmals erwähnt wird, ist am heutigen Schloß ausgegraben worden.

Dillingen

Bayern

Grundriß in: Kunstdkm. v. Bayern, Schwaben, Bd. 6, S. 496.

Das heutige Schloß Dillingen birgt eine Burg aus dem 13. Jh. mit Buckelquader-Ringmauer von 1,8 – 2,1 m Stärke. Sie wurde vor allem im 16. Jh. zum Schloß umgebaut. Die Bergfriede sind 24 m (links) und 19 m hoch – mit Eingängen in Höhen von 7 und 6 m. Die Grundrisse mit über 3 m dicken Mauern sind 9,5 × 9,5 m und 8,5 × 10 m groß.

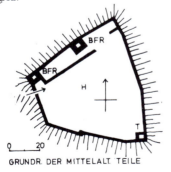

Dilsberg

Gde. Neckargemünd, Rhein-Neckar-Kr., Baden-Württemberg

Grundriß in: Kunstdkm. v. Baden, Bd. 8,2, S. 8; Antonow-SWD, S. 137.

Die recht kleine Burg wird nach Antonow zwischen 1230 – 1240 erbaut. Auffallend ist ihre 1,75 – 2 m starke polygonale Schildmauer aus Buckelquadern, sie ist bis zum Wehrgang ca. 14 m hoch und wurde ab 1893 erneuert. Die Burg ist im 15. und 16. Jh. mehrfach umgebaut worden, letztmalig 1799. Sie war bis zum Abbruch 1827 Staatsgefängnis.

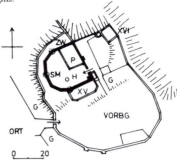

Dinhard

Bz. Winterthur, Kt. Zürich, Schweiz

Grundriß in: Hartmann, S. 33.

Der ehemalige mittelalterliche Wohnturm ist nun Teil eines Pfarrhauses.

Dinslaken

Kr. Wesel, Nordrhein-Westfalen

Grundriß in: Kunstdkm. d. Rheinprov., Bd. 2.2, S. 54.

Die Wasserburg wurde im 12. Jh. begonnen. Umgebaut wurde sie im 15. Jh. Heutiges Äußeres der Burg aus dem 17. und 18. Jh. Der Bergfried hat 10 m Durchmesser und 25 m dicke Mauern.

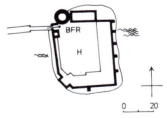

Dippach

Gde. Maroldsweisach-D..., Kr. Haßberge, Bayern

Angabe in: Kunstdkm. v. Bayern, Unterfrk., Bd. 5, S. 42.

Die spätgotische Wasserburg ist Ruine. Ihre Ringmauer ist 1,5 m stark, der Torturm von 6 m im Quadrat ist 12 m hoch.

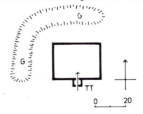

Dischingen

Gde. Stuttgart, Baden-Württemberg

Grundriß in: Wein, Bd. 2, Abb. 10.

Entstanden ist die recht kleine Burg Ende des 12. Jh., zerstört wurde sie 1311. Der Bergfried mißt 7,5 m im Quadrat mit 1,7 und 2,6 m dicken Mauern.

Disentis

Bz. Vorderrhein, Kt. Graubünden, Schweiz

Grundriß in: Clavadetscher, S. 343.

1937 wurden die Grundmauern des ehemaligen Wohnturms des Abtes aus dem 13. Jh. ergraben, der im 17. Jh. abgebrochen wurde.

Dobl, Engelsburg

Gde. Iggensbach, Kr. Deggendorf, Bayern

Grundriß in: Kunstdkm. v. Bayern, Niederbay., Bd. 17, S. 86.

Die früher Engelsburg genannte Anlage wurde Anfang des 13. Jh. erbaut. 1647 beschädigt, verfiel sie Mitte des 18. Jh. Der Bergfried ist im 18. Jh. vermutlich abgebrochen worden. Die Ringmauer ist 1,3 – 1,6 m dick.

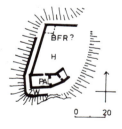

Dobra

Gde. Reichhalms, BH. Zwettl, Niederösterr., Österreich

Grundriß in: Burgen u. Schlösser in Niederösterr., Bd. III/1, S. 68.

Entstanden ist der Kern 1175/80, der Südteil nach 1250. Um- und Ausbau bis ins 17. Jh. Seit 1725 Verfall. Die Ringmauer ist 1,5 m dick. Der östliche Bergfried hat 8 m Kantenlänge und 2 m Mauerstärke, der westliche, jüngere Bergfried mit 12 × 13,5 m Grundfläche hat 2,7 – 3,3 m dicke Mauern.

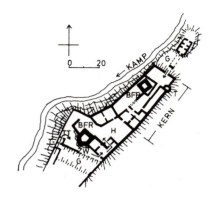

Dodenburg, Kesselstatt

Kr. Bernkastel-Wittlich, Rheinland-Pfalz

Grundriß in: Kunstdkm. d. Rheinprov., Bd. 12.4, S. 106.

Dudenberg wird 1279 urkundlich genannt, 1358 ist von »Buwe, Vestonge u. Graben« die Rede. Die Wasserburg ist im 16. Jh. umgestaltet worden. 1891 erhielt sie ein Äußeres in deutscher Renaissance.

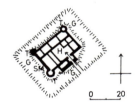

Döbeln

Sachsen

Grundriß in: Kunstdkm. v. Sachsen, Bd. 25, S. 40.

Die Burg Döbeln wird 981 erstmals genannt, die 1,2 – 1,7 m starke Ringmauer ist wohl aus dem 11. Jh., im 19. Jh. wurde die Burg abgebrochen.

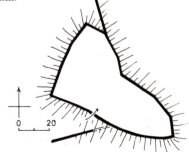

Döben

Kr. Grimma, Sachsen

Grundriß in: Kunstdkm. v. Sachsen, Bd. 19, Taf. 9.

Begonnen wurde die Burg in 14. Jh., nach einem Brand 1559 wurde sie auf altem Grundriß neu erbaut; die Ringmauer ist 1,2 m stark.

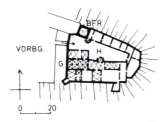

Döblau
Kr. Greiz, Thüringen

Grundriß in: Burgen u. Schlösser 1968-I.

Begonnen wurde die Burg wohl im 12. Jh., 1359 wird sie urkundlich erwähnt. Die Ringmauer ist 1,5 m stark. 1768 wird sie teilweise abgebrochen.

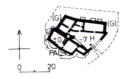

Döllstedt
Gde. Stadtilm, Kr. Arnstadt, Thüringen

Grundriß in: Archiv d. Deutschen Burgenvereinigung.

1340 wird »Tulliste« urkundlich genannt. Die Wasserburg war ursprünglich wohl ein Rechteck von 20 × 30 m.

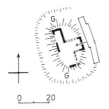

Dörfli, Wolfenschießen
Gde. Wolfenschießen, Nidwalden, Kt. Unterwalden, Schweiz

Grundriß in: Kunstdkm. d. Schweiz, Unterwalden, S. 1060; Meyer, Bd. 1, S. 73.

Die rd. 200 m² große Burg ist wohl aus dem 13. Jh., v. Wolfenschießen ist seit etwa 1200 bekannt. Die Burg wurde später bäuerlich, schließlich ist sie verfallen. Erst 1962 wurde der 6,7 × 6,7 m messende Wohnturm mit Mauerstärke von 1 m und mit 2 Stockwerken und nur noch 7 m Höhe schön renoviert.

Dörzbach
Kr. Künzelsau, Baden-Württemberg

Grundriß in: Kunstdkm. v. Baden-Württbg., Künzelsau, S. 128.

Entstanden ist das Wasserschloß wohl Ende des 15. Jh. Nach seiner Zerstörung 1525 wurde es wieder aufgebaut.

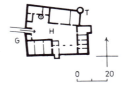

Dohna
Kr. Pirna, Sachsen

Grundriß in: Meiche, S. 71.

Die Burg wird 1040 genannt. Nach ihr nennen sich die noch lebenden Grafen zu Dohna. Die Burg wurde 1121 nach ihrer Zerstörung wieder aufgebaut. 1402 wurde die Burg nach ihrer Zerstörung geschleift. Die Grafen zu Dohna mußten Sachsen verlassen. Der Bergfried mit 12 m Durchmesser und 2 m starken Mauern könnte mit immerhin 50 m² Innenfläche ein Wohnturm gewesen sein.

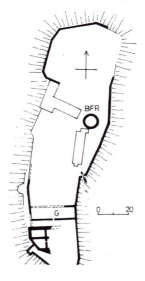

Dollendorf
Gde. Blankenhein-D..., Kr. Euskirchen, Nordrhein-Westfalen

Grundriß in: Kunstdkm. d. Rheinprov., Bd. 11.2, S. 105.

»Castrum Dollindorp« wird 1077 urkundlich genannt. Die heutigen Mauern stammen aus dem späten Mittelalter. 1810 wurde die Burg abgebrochen.

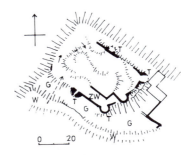

Dollstein = Mörnsheim

Domburg, Dumberg

Gde. Heteborn, Kr. Aschersleben, Sachsen-Anhalt

Grundriß in: Wäscher, Bild 28.

Entstanden ist die Burg kaum vor 1300, erwähnt wird sie 1310; Anfang des 16. Jh. war sie noch bewohnt. Die Ringmauer ist noch bis 7 m Höhe erhalten.

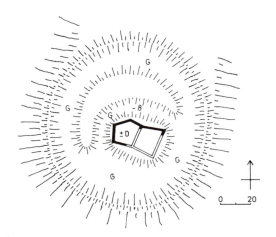

Donaudorf

Bz. Melk, Niederösterr., Österreich

Grundriß in: Sammlung Kreutzbruck.

Entstanden ist die Wasserburg 1462, umgebaut wurde sie 1750 zum Schloß.

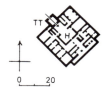

Donaustauf

Kr. Regensburg, Bayern

Grundriß in: Kunstdkm. v. Bayern, Oberpfalz, Bd. 20, S. 43; Ebhardt I, Abb. 561; Pfistermeister, S. 121.

930 heißt es castellum quod dicitur Stufo. Die Burg war jedenfalls 1133 vorhanden, denn sie wird zerstört, danach Neubau vom 12.–14. Jh. Verstärkt 1610, wurde die Burg 1633 durch Schweden zerstört. Die Kapelle der Kernburg von Mitte des 11. Jh. liegt über dem Tor, was auch bei einigen anderen Wohnungen der Fall ist (Wildenberg, Bruck/Tirol). Der Buckelquader-Bergfried hat 14 m Durchmesser und 4,5 m dicke Mauern.

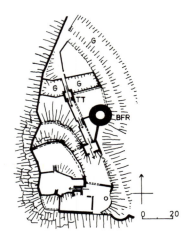

Dornach

Gde. Lasberg, Bz. Freistadt, Oberösterr., Österreich

Grundriß in: Burgen u. Schlösser in Oberösterr., Bd. 1, S. 125.

Die Burg wird urkundlich 1370 genannt. Um 1416 ist sie im Besitz von Hannes des Lasbergers. 1650 wird die Burg schon als Burgstall genannt. Der Bergfried des 15. Jh. steht auf einem 3 m hohen Fels, er ist 20 m hoch, er hat 4 Stockwerke und den Eingang in 8,5 m Höhe, sein Durchmesser ist 7 m mit 2,5 m Mauerstärke. Die Ringmauer ist 1 m dick. Der Torturm ist dreistöckig.

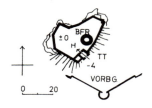

Dorndorf, Dornburg

Gde. Dornburg, Kr. Limburg, Hessen

Angabe in: Magister-Arbeit Michael Ebel, Univ. Frankft./M., 1981.

Ausgrabung der Turmburg 1931, dabei Funde des 11.–13. Jh. Der Wohnturm hat 9,3 m Seitenlänge mit 1,7 m Wandstärke.

Dorneck

Gde. Dornach (Bz.), Kt. Solothurn, Schweiz

Grundriß in: Kunstdkm. d. Schweiz, Solothurn, Bd. 3, S. 293, Ebhardt I, Abb. 762; Meyer-Regio, S. 197.

Bodenfunde führen bis ins 11. Jh. zurück. Die heutige Burg stammt wohl aus dem 13. Jh., urkundlich wurde sie 1360; der Zwinger entstand 1499, die Bollwerke sind aus dem 16. Jh. Veränderungen fanden bis ins 18. Jh. statt. 1798 wurde die Burg zerstört.

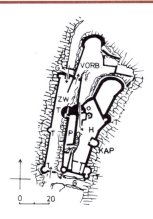

Dornsberg

Gde. Groß-Gerau, Hessen

Grundriß in: Kunze, S. 111.

Der Bergfried der mehrfach umgebauten Wasserburg ist aus dem 12. Jh., die ursprüngliche Burg war wohl kreisrund. Vorburg aus dem 14. Jh. Der Bergfried hat 10 m Durchmesser und 2,1 m Mauerstärke. Zerstört wurde die durch die Grafen v. Katzenelnbogen gegründete Burg 1689 durch die Franzosen.

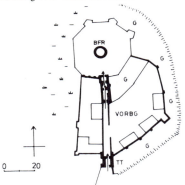

Dornsberg, Tarantsberg

Gde. Naturns, Burggrafenamt Südtirol, Italien

Grundriß in: Trapp, Bd. 2, S. 32; Piper-Österr., Bd. 7.

Die Taranten sind in 12. Jh. als Ministerialadel bekannt. Sie haben die Burg im 1. Drittel des 13. Jh. erbaut. Schon 1232 wird sie Dorenberch, 1310 Tornsberch genannt. Die Vorburg ist aus dem 16. Jh. Der Bergfried ist 21 m hoch, hat 4 Stockwerke und einen Eingang auf 5,5 m Höhe. Seine Kantenlänge ist 7,6 × 8,4 m, die Mauerdicke 1,6 m. Die Ringmauer hat 1,3 × 1,8 m Stärke. Die schöne Burg ist bewohnt.

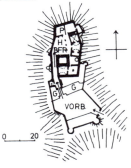

Dossenheim

Ct. Bouxwiller, Bas-Rhin, Frankreich

Grundriß in: Salch.

Turmhügel mit Wohnturm von ca. 14 m Seitenlänge. Vielleicht im 11. Jh. entstanden, wurde die Burg vielleicht 1460 zerstört, ausgegraben wurde sie 1932.

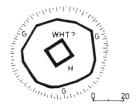

Dossenheim

Rhein-Neckar-Kr., Baden-Württemberg

Grundriß in: Burgen u. Schlösser, 1993-I.

Der Rest einer frühen Anlage, wohl aus dem 11. Jh., wurde ausgegraben.

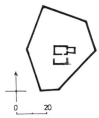

Dossenheim = Kronenburg

Drachenfels

Gde. Busenberg, Kr. Pirmasens, Rheinland-Pfalz

Grundriß in: Kunstdkm. v. Rheinld.-Pfalz, Bd. 2, S. 169; Baudkm. i. d. Pfalz, Bd. 2, S. 182; Burgen und Schlösser i. d. Pfalz, Abb. 11.

Die Felsenburg wurde im frühen 13. Jh. durch den gleichnamigen Ministerialadel des Bischofs von Worms gegründet. Sie wurde 1355 durch Straßburg als Raubnest zerstört, danach als Ganerbenburg wiederaufgebaut. 1523 wurde sie zerstört. Von den beiden Felsburgen ist die westliche total verschwunden. Die meisten baulichen Reste sind aus dem 14. Jh.

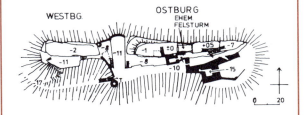

Drachenfels

Gde. Königswinter, Rhein-Sieg-Kr., Nordrhein-Westfalen

Grundriß in: Kunstdkm. d. Rheinprov., Bd. 5.4; Kubach, S. 215; Schuchhardt, S. 254.

Erbaut wurde die Burg vor 1147, die Zwingeranlagen stammen aus dem 15. Jh. Zerstört wurde sie 1634. Seit dem 18. Jh. sind Teile abgestürzt. Der dreistöckige Wohnturm ist 13 m hoch und hat die Außenmaße 9 × 10,5 m bei 1,75 m dicken Mauern mit Buckelquadern. Die Ringmauer ist 1,2 m stark.

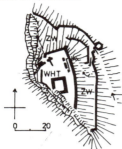

Draheim – Drahim

Kr. Neustettin-Szczecinek, Pommern, Polen

Grundriß in: Kunstdkm. v. Pommern, Bd. 3.3.

Die auf einem hohen Hügel liegende Burg ist um 1400 von Templern erbaut worden. Mitte des 17. Jh. wurde sie zerstört. Die rd. 2,5 m dicke Ringmauer ist 12 m hoch.

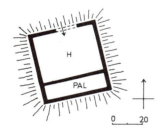

Drakenstein

Kr. Göppingen, Baden-Württemberg

Grundriß in: Schmitt, Bd. 4, S. 25.

Der Ort wird 1137 und 1207 als »Steine« erwähnt. Über die Burg gibt es keine Nachrichten.

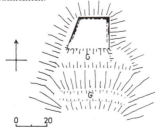

Drasing

Gde. Krumpendorf, Bz. Klagenfurt, Kärnten, Österreich

Grundriß in: Kohla, S. 37.

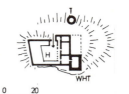

»De Drasnike« wird 1284 urkundlich genannt. Im Schloß des 16. Jh. steckt eine mittelalterliche Burg. Der Wohnturm ist 7,2 × 10,2 m groß und hat 1,5 m starke Mauern.

Drauburg

Gde. Unterdrauburg, Slowenien

Grundriß in: Piper-Österr., Bd. 6, S. 16.

Die Burg wurde wohl im 12. Jh. erbaut. Der Wohnturm von 9 × 12,5 m hat 3 Stockwerke.

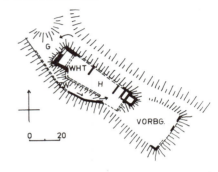

Drehna, Fürstlich Drehna

Kr. Luckau, Brandenburg

Grundriß in: Kunstdkm. d. Prov. Brandenbg., Bd. 5.1, S. 107.

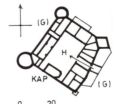

Die Wasserburg mit ihrer 1,2 m dicken Ringmauer ist mittelalterlichen Ursprunges. Ihr Aussehen stammt aus dem 16. Jh.

Dreiborn

Gde. Schleiden-D..., Kr. Euskirchen, Nordrhein-Westfalen

Grundriß in: Kunstdkm. d. Rheinprov., Bd. 11.2; Herzog, S. 223.

Die Wasserburg wurde 1420 begonnen. Der Torturm wurde abgebrochen. Heute ist Dreiborn Gutshof mit barockem Charakter.

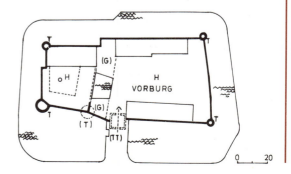

Dreieichenhain, Hain

Gde. Dreieich, Kr. Offenbach, Hessen

Grundriß in: Hotz Z 2; Piper, Fig. 138; Dehio-Hessen, S. 157; Burgen u. Schlösser 1970 II; Bronner-Wohntürme Teil 2, S. 15.

Der Ursprung der Wasserburg liegt 1085, als der Wohnturm von 12,5 × 13,5 m Kantenlänge und 2,5 m Mauerstärke auf einer Motte erbaut wurde. Er hatte 5 Stockwerke in 24 m Höhe; sein Eingang lag 6,5 m hoch, die Stockwerke springen bis auf 1,5 m Wandstärke zurück. Palas und Bergfried entstanden um 1170. 1255 wurde der Palas vergrößert. Ausbau der Burg im 15. und 16. Jh. Der Palas der mittlerweile verfallenen Burg wurde 1938 wiederhergestellt. Der Bergfried von 13 m Durchmesser besitzt – wie Abenberg → einen achteckigen Innenraum, seine Mauer ist 2,7 – 3,5 m dick.

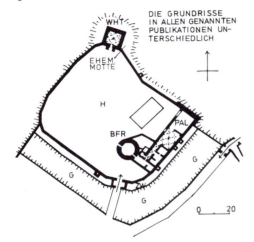

Dreileben

Kr. Wanzleben, Sachsen-Anhalt

Grundriß in: Wäscher, Bild 81.

»De Dreinlove« wird 1145 erwähnt, »Hus te Dreyleve« ist 1321 urkundlich. Heute ist die ehemalige Wasserburg in einem Gutshof verborgen.

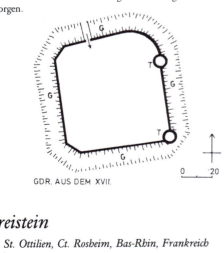

Dreistein

Gde. St. Ottilien, Ct. Rosheim, Bas-Rhin, Frankreich

Grundriß in: Wolff, S. 51; Kaltenbach, Nr. X; Salch; Piper, Fig. 585.

Ursprünglich entstanden um 1200 drei Burgen, die hier A – C bezeichnet sind. A und B wurden durch Schließen des Einschnittes zur Doppelburg. Alle drei Burgen sind klein. Verfallen sind sie seit dem 17. Jh. Die Kombination Wohnturm-Bergfried ist selten. Der Wohnturm hat ca. 10,5 m Außenmaße, der angebaute Bergfried 5,5 m Durchmesser, beide zeigen Wandstärken um 1,5 m. Der Bergfried der Burg C hat 7 m Durchmesser.

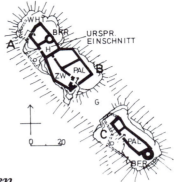

Dresden

Sachsen

Grundriß in: Ausgrabungen und Funde, Bd. 32, 1987 (DDR).

Die ehemalige Wasserburg Dresden wurde 1985 ergraben. Erbaut wurde sie zwischen 1170 und 1200.

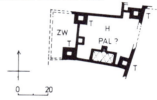

Driedorf

Lahn-Dill-Kr., Hessen

Grundriß in: Kunstdkm. im Reg.-Bz. Wiesbaden, Bd. 4, S. 95.

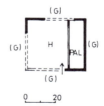

Die Wasserburg wurde 1280 – 1290 erbaut. Verfall ab Anfang des 17. Jh. Der quadratische Bergfried stürzte 1780 ein. Mit seinen Steinen wurde der Graben aufgefüllt.

Dringenberg

Gde. Bad Driburg-D..., Kr. Höxter, Nordrhein-Westfalen

Grundriß in: Kunstdkm. v. Westfalen, Warburg, S. 113.

Die Burg wurde 1318 – 1328 erbaut. Ihr heutiges Aussehen kommt aus der Renaissance. Ihre Ringmauer ist 1,5 m stark.

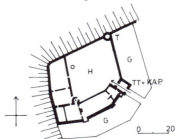

Drossendorf

Bz. Horn, Niederösterreich, Österreich

Grundriß in: Dehio-Niederösterr. nördl. d. Donau, S. 109.

Die Stadtburg wird erstmals Mitte des 12. Jh. genannt. Nach einem Brand 1694 wird das Schloß auf den alten Mauern erbaut, der Bergfried wird 1710 abgetragen.

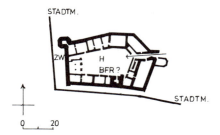

Drossenturm

Gde. Mals, Vinschgau, Südtirol, Italien

Angabe in: Trapp, Bd. 1.

Der Wohnturm hatte einst 17 m Höhe, erhalten sind noch 12 m. Der große Turm wurde 1358 und 1499 zerstört und aufgebaut. Der Turm ist ein Burgrest und lange Ruine.

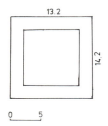

Droyssig

Kr. Zeitz, Sachsen-Anhalt

Grundriß in: Archiv d. Deutschen Burgenvereinigung

Die erste Wasserburg wurde im 13. Jh. erwähnt. Im 17. Jh. wurde sie zum Renaissance-Schloß umgebaut, das noch bewohnt wird.

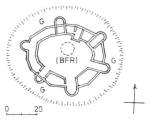

Dübelstein

Gde. Dübendorf, Bz. u. Kt. Zürich, Schweiz

Grundriß in: Meyer, Bd. 5, S. 28.

Ursprünglich hieß die um 1250 erbaute Burg »Tuobelnstein«. Sie wurde 1444 zerstört und danach wieder aufgebaut. 1611 fiel sie einem Brand zum Opfer. Ihre Ringmauer ist 1,2 – 2,2 m stark. Der Bergfried mit Seitenlänge von ca. 10×11 m hat 2 – 3 m starke Mauern, er besaß früher 5 Stockwerke.

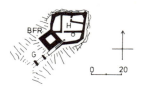

Düdelingen

Ct. Esch, s. Alzette, Luxemburg

Grundriß in: Bour, Bd. 2, Anhang.

»De Dudelange« wird 1210 urkundlich genannt. Nach einer Zerstörung 1410 wird die Wasserburg wiederaufgebaut und 1552 verstärkt. Der schwache Bergfried mißt nur etwas über 6 m im Quadrat und hat ca. 1,1 m dicke Wände, so stark ist auch die Ringmauer.

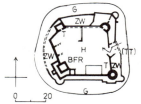

Dülmen

Kr. Coesfeld, Nordrhein-Westfalen

Grundriß in: Kunstdkm. v. Westfalen

Von der ehem. bischöflichen Landesburg aus dem Mittelalter sind nur die 1,3 m starken Ringmauern und der Bergfried mit 12,5 m Durchmesser und 3,5 m dicken Mauern geblieben.

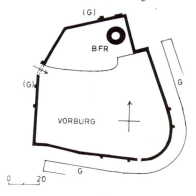

Düna

Gde. Osterode (Kr.), Niedersachsen

Grundriß in: Burgen d. Salierzeit, Bd. 1, S. 45.

Ruine eines wohnturmartigen Baues, der um 1100 erbaut und um 1300 durch Brand zerstört wurde.

Düren
Nordrhein-Westfalen

Grundriß in: Hinz, S. 86.

Ein Wohnturm, vielleicht aus der 2. Hälfte des 11. Jh., wurde als Burgrest ergraben.

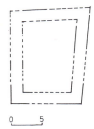

Dürffenthal
Gde. Zülpich, Kr. Euskirchen, Nordrhein-Westfalen

Grundriß in: Herzog, S. 226.

Im Herrenhaus auf einer Insel steckt der Wohnturm des 13. Jh. mit 7×9,4 m Grundfläche und 1,5 m starken Wänden als Kern einer ehem. Wasserburg. Die übrigen Wände sind aus dem 14. Jh. Der Turm hat 4 Stockwerke.

Dürnstein-Oberburg
Bz. Krems, Niederösterr., Österreich

Grundriß in: Burgwart 1938, S. 69.

Erbaut wurde die Burg 1191 und nach 1447 aufgegeben. Der Bergfried mit 8,5 m Seitenlänge hat 1,6 m dicke Mauern.

Dürnstein
Bz. Krems, Niederösterr., Österreich

Grundriß in: Österr. Kunsttop. I, S. 114; Schuchhardt, S. 263; Piper, Österr., Bd. 3.

Entstanden ist die Burg wohl in der Mitte des 12. Jh. In ihr saß der englische König Richard Löwenherz 1192 gefangen. 1645 wurde die Burg durch Schweden zerstört. Der ausgehöhlte Felskopf hatte wohl die Funktion eines Turmes.

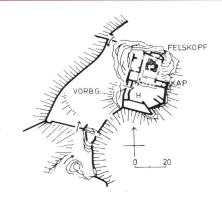

Dürnstein
Bz. Murau, Steiermark, Österreich

Grundriß in: Piper-Österr., Bd. IV, S. 21.

1144 wird das »castrum Dirnstein« urkundlich genannt. Die Burg verfiel seit Anfang des 17. Jh., ein Bergfried war nie vorhanden. Ihre Gestalt vor dem Verfall kommt aus dem 16. Jh.

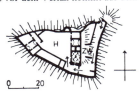

Dürrmenz = Löffelstelz

Dürrnkrut
Bz. Gänserndorf, Niederösterr., Österreich

Grundriß in: Burgen u. Schlösser in Niederösterr., Bd. 13, S. 84.

Die Wasserburg wurde wohl im 12. Jh. begonnen. Ihre 1,5 m starke Ringmauer umgibt das Renaissance-Schloß.

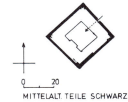

Dürrwangen
Kr. Ansbach, Bayern

Grundriß in: Kunstdkm. v. Bayern, Mittelfrk., Bd. 4, S. 315.

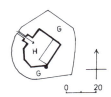

1258 wird »Durnewang« urkundlich genannt. Die kleine Wasserburg wurde auf den alten Mauern Anfang des 16. Jh. erneuert.

Düsseldorf

Nordrhein-Westfalen

Grundriß in: Kunstdkm. d. Rheinprov., Bd. 3,1, S. 42.

Von der großen Wasserburg, die hier mit einem Grundriß aus dem 18. Jh. dargestellt ist, hat sich nur der Rundturm erhalten. Gegründet wurde sie vor 1260. Zubauten wurden im 15. Jh. vorgenommen. 1872 vernichtete ein Brand die Anlage.

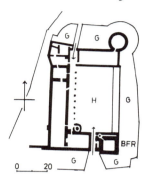

Dumberg = Domberg

Dunningen

Kr. Rottweil, Baden-Württemberg

Grundriß in: Archäolog. Ausgrabungen in Baden-Württemberg 1987, S. 223.

Der Rest einer Wasserburg, vielleicht des 11. Jh., kam bei Ausgrabungen zutage.

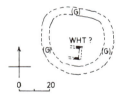

Durlach

Gde. Karlsruhe-D..., Baden-Württemberg

Grundriß in: Kunstdkm. v. Baden, Bd. 9.5, S. 95.

Die Burg wurde nach ihrer Zerstörung von 1273 neu erbaut, der alte ca. 12 m im Quadrat messende Wohnturm wurde abgebrochen. Der Bergfried mißt 9,0 m Seitenlänge und hat 2,5 m starke Wände. Die Ringmauer der Ruine ist um 2 m stark.

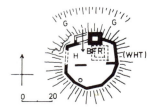

Ebenfurth

Bz. Wiener Neustadt, Niederösterr., Österreich

Grundriß in: Burgen u. Schlösser in Niederösterr., Bd. I/2, S. 100; Burgen u. Schlösser 1973-I; Hotz-Pfalzen Z 116.

Das heutige Wasserschloß von 1643–1672 benutzt die alten Mauern der Wasserburg aus dem 13. Jh. Die Ringmauern sind 2,3 m stark, der Bergfried hat 10,5 m Seitenlänge bei 2,5 m dicken Mauern.

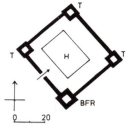

GRUNDR. DER MITTELALT. TEILE

Ebenried, Bruneck

Gde. Markt Allersberg, Kr. Roth, Bayern

Grundriß in: Kunstdkm. v. Bayern, Mittelfrk., Bd. 3, S. 43.

Die 1404 erstmals genannte Burg wurde 1414 erneuert. Zerstört wurde sie vielleicht 1525. Ihre 2,0 m starke Schildmauer ist 8 m hoch, die Ringmauer ist 1,5 m dick.

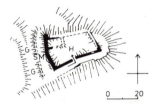

Eberau

Bz. Güssing, Burgenland, Österreich

Grundriß in: Burgen u. Schlösser im Burgenld., S. 32.

Der Kern der Wasserburg ist wohl im 13. Jh. entstanden. Die heutige Gestalt hat sie im 17. Jh. erhalten. Die Kapelle wurde 1811 abgebrochen. Die Ringmauer ist 1,95 m stark.

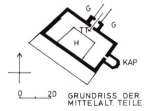

GRUNDRISS DER MITTELALT. TEILE

Eberbach, Heldenburg

Rhein-Neckar-Kr., Baden-Württemberg

Grundriß in: Antonow, S. 135.

Die ausgegrabenen Reste einer Gruppe von drei Burgen aus der 1. Hälfte des 13. Jh. sind eine der seltenen Burgengruppen aus drei einzelnen Anlagen ohne Verbindungsmauern. Sie sind in der Mitte des 15. Jh. zerstört worden. A) Bergfried: 8 × 9 m, Mauerstärke 1,5–2,4 m, Wohnturm 12 × 12 m mit 2,0 m Wandstärke, Ringmauer 1,3 m. B) Bergfried: 10,7 m im Quadrat, 2,5 m Wandstärke, Ringmauer 1,2 m. C) Bergfried: 6,15 m im Geviert mit 1,4 m Wandstärke, Ringmauer 1,0 m. Auffallend ist die deutliche Schwäche der Burg C.

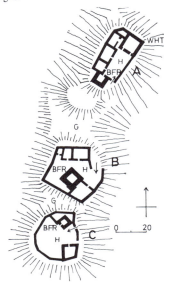

Ebermannsdorf

Kr. Amberg-Suzbach, Bayern

Grundriß in: Kunstdkm. v. Bayern, Oberpfalz, Bd. 15, S. 30.

Burgadel wird im 12. Jh. erwähnt. Die romanische Burg ist als Ruine erhalten. Ihre Ringmauer ist nur 1 m dick. Der achteckige Bergfried ist eine Seltenheit, er ist 8,5 m breit, hat 2 m starke Wände, einen Eingang in 4 m Höhe sowie im 2. Obergeschoß Kamin und Abtritt.

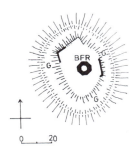

Ebernburg

Gde. Bad Münster, Kr. Bad Kreuznach, Rheinland-Pfalz

Grundriß in: Ebhardt I, Abb. 398; Baudkm. i. d. Pfalz, Bd. 5, S. 2.

Die beiden Publikationen weichen stark voneinander ab. Die Burg wird 1209 erstmals genannt. Starker Ausbau 1482, 1523 wurde sie durch Brand zerstört und wiederaufgebaut; 1698 wurde sie teilweise geschleift. 1883 wurde die Burg rekonstruiert. Der wiedergegebene Grundriß ist v. Ebhardt.

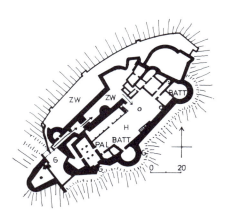

Ebersberg

Rems-Murr-Kr., Baden-Württemberg

Grundriß in: Kunstdkm. v. Württembg., Neckarkr., Bildbd.; Kunstdkm. v. Baden-Württ., Rems-Murr-Kr., S. 181.

Der Burgadel wird schon 1193 genannt, die Burg ist aber wohl aus dem frühen 13. Jh., anstelle des Palas steht ein barockes Schloß von 1728. Der Bergfried mit Buckelquadern hat 9 m Durchmesser und rd. 3 m starke Mauern; die alte Ringmauer ist 1,15 m dick.

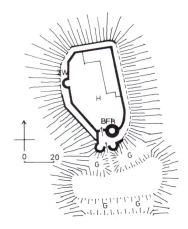

Ebersberg

Gde. Neukirch, Kr. Friedrichshafen, Baden-Württemberg

Grundriß in: Kunstdkm. v. Württbg., Tettnang, S. 53.

1153 wird der Burgadel erstmals genannt. 1484 ist die Burg bereits verfallen.

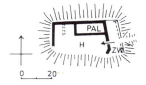

Ebersberg

Gde. Knetzgau, Kr. Haßberge, Bayern

Grundriß nach Mitteilung d. Gemeinde.

Die recht große Burg wird schon 1011 erwähnt. Ob die Mauerreste aus dieser Zeit stammen, bleibt unklar. Zerstört wurde die Burg 1525.

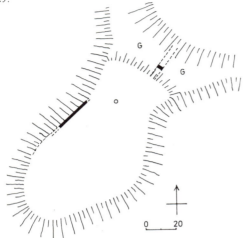

Ebersburg

Gde. Herrmannsacker, Kr. Nordhausen, Thüringen

Grundriß in: Stolberg, S. 79.

Die recht stattliche Burg ist um 1180 durch die Landgrf. v. Thüringen erbaut worden. Die Vorburg ist vielleicht späteren Datums. Der 7,5 × 7,5 m messende Torturm ist, wie auch die äußere Ringmauer, mit 2 m Stärke u. 6 m Höhe ebenfalls von 1180. Urkundlich wird die Burg 1216 genannt. Verfallen ist sie im 17. Jh. Der mächtige Bergfried hat einen Durchmesser von 12,7 m bei 4,5 m dicken Mauern, sein Eingang liegt in 7 m Höhe.

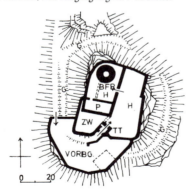

Ebersburg

Gde. Poppenhausen, Kr. Fulda, Hessen

Grundriß in: Bau- und Kunstdkm. des Fuldaer Kreises, S. 120.

V. Ebersburg wird im 12. Jh. urkundlich genannt. 1274 wird die Burg zerstört und erst 1395 aufgebaut. Aus dieser Zeit stammen die Reste. Zerstört wurde sie 1460 durch Fulda. Der quadrat. Bergfried von 7,8 m Seitenlänge wird in halber Höhe rund, die Mauerstärke von 2,4 m bleibt erhalten.

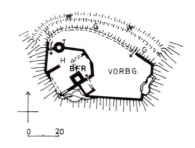

Ebersdorf

Gde. Leben-E..., Bz. Melk, Niederösterr., Österreich

Angabe in: Burgen u. Schlösser in Niederösterr., Bd. 12, S. 34.

Ein mittelalterlicher Wohnturm mit 10,5 m Kantenlänge steckt im Schulhaus; datiert wird er auf 1180.

Eberstein, Neu Eberstein

Gde. Gernsbach-Obertsrot, Kr. Rastatt, Baden-Württemberg

Grundriß in: Kunstdkm. v. Baden, Rastatt, S. 276; Batzer/Städele, S. 61; Antonow-SWD, S. 225; Burgen u. Schlösser in Mittelbaden, S. 75.

Die erste Bauphase durch Otto v. Eberstein 1220–1250, aus dieser Zeit stammen der ursprünglich höhere Bergfried, die Schildmauer mit 10 m Höhe und 3 m Stärke und die 1,5 m starke Ringmauer. Das Tor lag damals im Süden hinter der Schildmauer. Im 14. Jh. wurde die Burg umgebaut und um die Zwinger erweitert, 1620 erneuter Umbau. 1691 großer Brand in der Burg, die schließlich 1804 durch Weinbrenner restauriert wurde. Der Bergfried von 7,5 × 9 m Seitenlänge ist noch 13 m hoch erhalten.

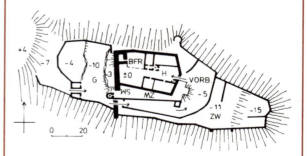

Eberstein

Bz. St. Veit, Kärnten, Österreich

Grundriß in: Burgen u. Schlösser in Kärnten, Bd. 1, 2. Aufl., S. 21.

Die Burg wurde im 13. Jh. erwähnt und 1485 abgebrochen.

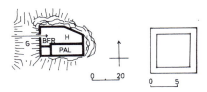

Ebreichsdorf

Bz. Baden, Niederösterr., Österreich

Grundriß in: Burgen u. Schlösser in Niederösterr., Bd. I/2, S. 33; Burgen u. Schlösser 1973-I.

1173 wird ein festes Haus erwähnt. Die Wasserburg wurde Ende 12./Anfang 13. Jh. erbaut. 1487 wird sie von Mathias Corvinus erobert, 1529 durch Türken zerstört; 1581 wird die Burg wiederaufgebaut. Ihre Ringmauer ist 1,95 m dick. Der Bergfried ist 8,3 m im Geviert groß und hat 2,8 m starke Wände.

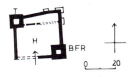

Eckartsberga, Eckartsburg

Kr. Naumburg, Sachsen-Anhalt

Grundriß in: Ebhardt I, Abb. 455; Tuulse, Abb. 48; Mrusek, S. 36; Schuchhardt, S. 223; Burgwart 1901, S. 54; Kunstdkm. d. Prov. Sachsen, Bd. 9, Hotz-Pfalzen, Z 135.

Gegründet wurde eine Burg an dieser Stelle um 1000, 1066 wird sie als »Ekkehardisberge« erwähnt, im 11. Jh. war sie kaiserliche Burg, auf der Ks. Heinrich IV. mehrmals weilte. 1247 wurde sie als landgräflich thüringische Burg nach einer Zerstörung neu erbaut. Kern- und Vorburg stammen aus der gleichen Zeit. Der Palas entstand um 1300. Seit dem 17. Jh. ist Eckartsberga verfallen. Ihre Ringmauer ist 1,5 m stark. Der Wohnturm mit 10,3 m Seitenlänge und 2,7 m dicken Wänden springt in 16 m Höhe auf 7×7 m zurück, der Eingang liegt 5 m über dem Burghof, der Turm ist 30 m hoch. Der Bergfried in der Vorburg mit 7 m Seitenlänge und 2,3 m Wandstärke ist 22 m hoch, sein Eingang liegt 9 m über dem Gelände.

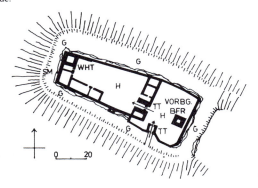

Eckersdorf – Biestrzyków

Kr. Breslau/Wrocław, Schlesien, Polen

Grundriß in: Grundmann, Fig. 70.

Der Wohnturm aus Backsteinen stammt aus dem 14. Jh., er hat 3 Stockwerke und 13,3 m Höhe.

Eckardstein

Gde. Neudorf, Bz. Melk, Niederösterr., Österreich

Grundriß in: Burgen u. Schlösser in Niederösterr., Bd. III/2, S. 3.

Die knapp 340 m² bedeckende kleine Burg ist vor der Mitte des 12. Jh. entstanden. 1314 war sie bereits Burgstall. Ihre Ringmauer ist 1,4 m, die Schildmauer 2,1 m dick. Der Wohnturm mit 7,6 × 8,0 m Außenmaß hat Wandstärken von 1,2 – 2,1 m.

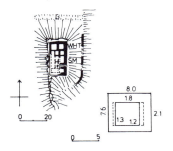

Edelstein – Edelštejn

Gde. Zuckmantel – Zlaté Hory, Bz. Mähr. Schönberg – Šumperk, Nordmähren, Tschechische Republik

Grundriß in: Weinelt, Abb. 6.

Entstanden ist die ziemlich große Burg wohl um 1225, zerstört wurde sie 1467.

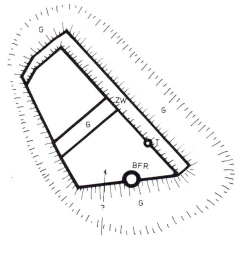

Edenburg

Gde. Jestetten, Kr. Waldshut-Tiengen, Baden-Württemberg

Grundriß in: Voellmer, S. 49.

Ministerialadel zur Burg wird 1135 urkundlich erwähnt. Die ehem. Burg ist heute Friedhof. Der Bergfried mit 7 m Kantenlänge hat rd. 1,8 m starke Wände.

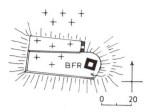

Ediger Turm

Gde. Ediger-Eller, Kr. Cochem-Zell, Rheinland-Pfalz

Grundriß in: Kunstdkm. d. Rheinprov., Bd. 20.3, S. 308.

Der sehr kleine Wohnturm des 13. Jh., vermutlich ein Zollturm, hat 4 Stockwerke in 12 m Höhe und einen Eingang 3 m über dem Gelände.

Egeln

Kr. Staßfurt, Sachsen-Anhalt

Grundriß in: Wäscher, Bild 33f.

»Amersleve« wird 1136 als Ort erwähnt, ein Castrum erst 1243. Die Wasserburg entstand vielleicht in der 2. Hälfte des 12. Jh. Der Bergfried von 6 × 8 m Grundfläche hat 1,5 m starke Mauern.

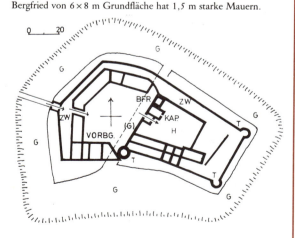

Eger – Cheb

Westböhmen, Tschechische Republik

Grundriß in: Ebhardt I, Abb. 629; Piper, Österr., Bd. 2; Hotz-Pfalzen, Z 24; Leo Bruhns, S. 7.

Gegründet wurde die Burg wohl schon im 10. Jh., aber die heutige schöne romanische Anlage ist durch Ks. Friedrich I. erbaut worden.

Erobert wurde die Burg in der 1. Hälfte des 15. Jh. durch die Hussiten und 1647 durch die Schweden. Besonders schön ist die guterhaltene Doppelkapelle. Der Bergfried in Buckelquadern hat 10 m Kantenlänge und 3 m Mauerstärke, er steht – ein ganz seltener Fall – über Eck in der fast 2 m starken Ringmauer.

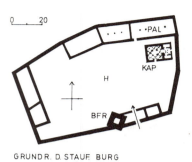

Egerberg

Gde. Klösterle – Klasterec, Bz. Komotau – Chomutov, Westböhmen, Tschechische Republik

Grundriß in: Piper, Österr., Bd. 1, S. 50; Heber, Bd. 3.

Burgadel wird in der 2. Hälfte des 13. Jh. genannt. Ende des 16. Jh. ist die Burg im Verfall. Der Wohnturm mit 10 × 15,5 m Grundfläche und 2,1 m dicken Mauern hat 4 Stockwerke.

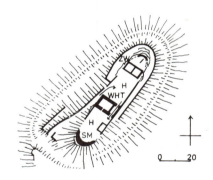

Egerten = Ägerten

Egg

Gde. Bernried-Egg, Kr. Deggendorf, Bayern

Grundriß nach Plänen im Burgmuseum.

1103 wird »Timo de Ekke« urkundlich genannt. Die Wasserburg ist der Form nach staufisch und wohl vom Anfang des 13. Jh. Der Wohnturm und die Kapelle sind gotisch. Um 1840 wurde die Burg neugotisch umgestaltet. Der Bergfried mit 40 m Höhe, 8 m Kantenlänge und 2,5 m starken Mauern hat in den unteren der 6 Stockwerke im Mauerwerk liegende Treppen. Sein Eingang in ca. 8 m Höhe ist vom Wehrgang der 2 m dicken Ringmauer durch eine Zugbrücke getrennt. Der Wohnturm hat 4 Stockwerke.

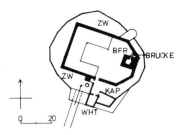

Egisheim

Ct. Wintzenheim, Haut Rhin, Frankreich

Grundriß in: Hotz Z 14; Piper, Fig. 74; Wolff, S. 54; Salch; Bruhns, S.7.

Mit Sicherheit ist die Burg nicht römischen Ursprungs. Ihrer polygonalen Form nach kann sie nur staufisch sein, nach Hotz von 1200. Die Burg ist in Buckelquader-Mauerwerk errichtet, mit 1,2 m dicker Ringmauer. Abgebrochen wurde sie Ende des 18. Jh. und um 1900 teilweise restauriert. Der achteckige Bergfried von 9 m Breite und 2,2 m Wandstärke steht im Zentrum des achteckigen Beringes.

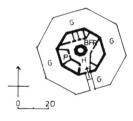

Eggersberg

Gde. Riedenburg-E..., Kr. Kelheim, Bayern

Grundriß nach Aufnahme F. W. Krahe, 1991.

Entstanden ist die recht kleine Burg Anfang des 13. Jh., um 1500 ist sie verfallen.

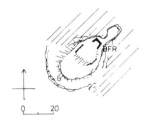

Eggelsberg

Bz. Braunau, Oberösterr., Österreich

Grundriß in: Österr. Kunsttop., Bd. 30, S. 144.

Vielleicht um 1280 entstanden. Die Ringmauer ist 1,5 m stark.

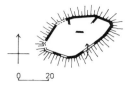

Eggenburg

Bz. Horn, Niederösterr., Österreich

Grundriß in: Sammlung Kreutzbruck.

Entstanden ist die Burg um 1200, danach häufige Umbauten, zerstört wurde sie 1808 durch Brand. Die Burg grenzt an die Stadt. Der 5,7 × 7 m große Bergfried hat 2 m Mauerstärke und ist 25 m hoch. Die Schildmauer ist 1,6 m stark bei 10 m Höhe.

(Eglisau)

Bz. Bülach, Kt. Zürich, Schweiz

Grundriß in: Zeller-Werdm., Teil 1.

Die Anlage wurde vielleicht Ende des 11. Jh. gegründet. Die Wohnbauten sind von 1268. Die Burg wurde 1810 und 1841 abgebrochen. Der Grundriß ist von 1800. Der Bergfried hatte 9 m Kantenlänge und 2,5 – 3 m starke Wände.

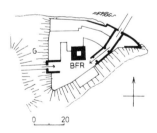

Ehestetten

Albstadt-Ebingen, Kr. Balingen, Baden-Württemberg

Grundriß in: Schmitt, Bd. 5, S. 269.

»Hug de Estitin« wird 1084 als Zeuge erwähnt. Die Burg ist um 1100 erbaut und am Beginn des 13. Jh. verlassen worden. Es sind nur wenig Reste erhalten.

Ehrenberg, Ehrenburg

Gde. Bad Rappenau-Heinsheim, Kr. Heilbronn, Baden-Württemberg

Grundriß in: Kunstdkm. v. Baden, Mosbach-Eberbach, S. 30

Entstanden ist die Burg im 13. Jh., v. Erenberg wird 1193 urkundlich erwähnt. Die bewohnte Vorburg ist schloßartig und aus dem 17. Jh., im 18. Jh. erneuert. Die Ringmauer ist auf der Westseite über 2 m stark. Der Bergfried mit einer Grundfläche von 11,25 × 11,75 m bei rd. 3,6 m starken Wänden ist fast 50 m hoch und war vom Wehrgang auf der Ringmauer zu erreichen. Die Lage vor der Kernburg ist sehr selten.

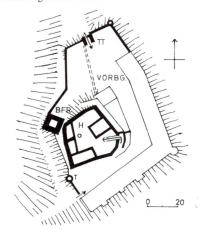

Ehrenberg

Gde. Reutte (Bz.), Tirol, Österreich

Grundriß in: Trapp, Bd. 7, S. 302.

Die Burg entstand um 1293 und wurde immer wieder erweitert und ausgebaut. Die Zwinger sind aus dem 16. Jh. Noch im 18. Jh. wurde auf der Burg gebaut, sie wurde 1783 auf Abbruch verkauft.

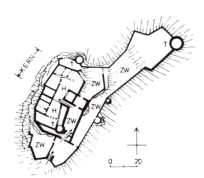

Ehrenbreitstein

Gde. Koblenz, Rheinland-Pfalz

Grundriß in: Burgen d. Salierzeit, Bd. 2, S. 83.

Die hier dargestellten Reste der Burg aus dem 11. Jh. sind in der Festung erhalten.

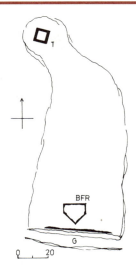

Ehrenburg

Gde. Plaue, Kr. Arnstadt, Thüringen

Grundriß in: Archiv d. Deutschen Burgenvereinigung.

Erbaut wurde die Burg 1324 und war bis etwa 1500 bewohnt, danach ist sie verfallen. Die innere Ringmauer ist 1,8 m dick. Über der Südecke sitzt ein Bergfried von 6 × 10,5 m mit Wandstärken von 1,7 – 3,0 m.

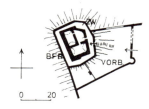

Ehrenburg

Gde. Brodenbach, Kr. Mayen-Koblenz, Rheinland-Pfalz

Grundriß in: Schellack, S. 35; Cohausen, Nr. 210.

Der Ursprung der Burg könnte im 12. Jh. gelegen haben. Der Doppelturm ist jedoch erst aus dem 14. Jh. Der Torturm und die Spindelrampe sind spätgotisch, etwa spätes 15. Jh. 1689 wurde die Burg von Franzosen zerstört. Der Doppelbergfried als Tor zur Kernburg ist 14,5 m lang, hat je Einzelturm 5,7 m Durchmesser und 1,5 m Mauerstärke, er besitzt 16 m Höhe mit 3 Stockwerken und einen Eingang 7 m über dem Burgniveau.

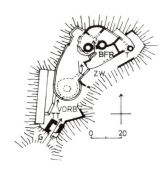

Ehrenfels

Gde. Rüdesheim, Rheingaukr., Hessen

Grundriß in: Kunstdkm. v. Hessen, Rheingaukr., S. 330; Kunstdkm. im Reg.-Bez. Wiesbaden, Bd. 1, S. 53; Cohausen, Nr. 173.

Die knapp 600 m² große Burg in der seltenen Hanglage ist 1215 durch die Grafen v. Bolanden erbaut und 1689 durch Franzosen zerstört worden. Die 17 m hohe, 4,5 m starke Schildmauer ist nach Hotz aus dem 14. Jh. Ab 6 m Höhe beginnen ein achteckiger und ein runder Turm, welche die Schildmauer um einiges überragen.

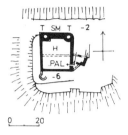

Ehrenfels

Gde. Sils, Bz. Heinzenberg, Kt. Graubünden, Schweiz

Grundriß in: Burgen u. Schlösser 1968-I; Poeschel, S. 202; Clavadetscher, S. 142.

Ältester Teil der Burg ist der Wohnturm mit 10,5 m Seitenlänge und 1,3 – 2,0 m Mauerstärke aus dem 13. Jh. Die anderen Bauten sind jünger. Großer Umbau im 16. Jh. Nach 1600 verfiel die Burg. 1934 wurde sie als Jugendburg rekonstruiert. Der Wohnturm hat 3 Stockwerke und den Eingang in 7 m Höhe.

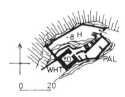

Ehrenfels

Gde. Beratzhausen, Kr. Regensburg, Bayern

Grundriß in: Kunstdkm. v. Bayern, Oberpfalz, Bd. 4, S. 64.

Die durch einen Graben in zwei gleiche Hälften geteilte Burg entstand in der Mitte des 13. Jh., urkundlich wurde sie 1256 genannt. Die Mauertürme stammen aus dem 15. Jh.; 1635 wurde die Burg durch Schweden zerstört. Die Ringmauer ist 1,2 m stark. Die westliche Hälfte war vermutlich die Vorburg.

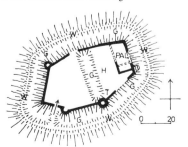

Ehrenfels, Ernfels, Klamm

Gde. St. Radegund, Bz. Graz-Umld., Steiermark, Österreich

Grundriß in: Mitteilungen der steyr. Burgenvereinig.; Baravelle 2/II.

Erbaut wurde Ehrenfels wohl im 13. Jh.; seit dem Ende des 15. Jh. ist sie verfallen. Der Wohnturm in der sehr ungewöhnlichen sechseckigen Form mit 1,7 m dicken Mauern hat die Maximalmaße 14 × 18,5 m.

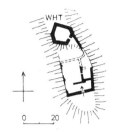

Ehrenstein

Gde. Altremda, Kr. Arnstadt, Thüringen

Grundriß in: Kunstdkm. v. Thüringen, Bd. 19; Ebhardt I, Abb. 460.

Die Burg vom Typ Bergfried, Hof, Palas wurde 1274 begonnen. In der 2. Hälfte des 14. Jh. wurde sie erweitert. 1686 wude sie aufgegeben. Der Bergfried mit 7,0 × 10,5 m Grundfläche hat 1,7 – 2,5 m starke Mauern, er ist 25 m hoch.

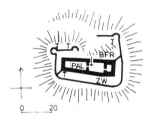

Ehrenstein

Gde. Neustadt/Wied, Kr. Neuwied, Rheinland-Pfalz

Grundriß in: Kunstdkm. d. Rheinprov., Bd. 16.2, S. 112; Binding, S. 30.

Der Palas mit der eigentümlichen fünfeckigen Form wurde in der 1. Hälfte des 14. Jh. erbaut. 1632 wurde die Burg durch Schweden zerstört. Die 3 m starke Schildmauer ist möglicherweise jünger. Die Ringmauer ist 1,5 m dick.

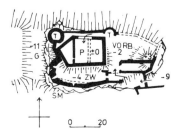

Ehrenstein, Erichstein

Gde. Blaustein, Alb-Donau-Kr., Baden-Württemberg

Grundriß in: Kunstdkm. v. Baden-Württbg., Bd. Ulm; Ebhardt I, Abb. 553; Hotz Z 70; Schmitt 2, S. 11.

Die Burg war wohl eine staufische Anlage vom Ende des 12. Jh., der zur Burg gehörende Adel wird 1209 urkundlich genannt; schon 1291 wurde die Burg zerstört. Der Bergfried hat Hauptmaße von 8,5 × 9 m. Die Ringmauer ist 1,5 m dick.

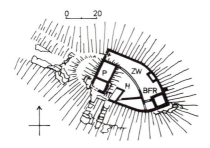

Eibach

Gde. Lindlar-Scheel, Rheinisch-Bergischer Kr., Nordrhein-Westfalen

Grundriß in: Kunstdkm. d. Rheinprov., Bd. 5.1, S. 70.

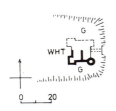

»Van Eybach« wird 1352 urkundlich erwähnt. Der donjonartige Wohnturm ist wohl aus dem 15. Jh. 1782 wurde er durch Brand zerstört. Erhalten sind noch Mauern in 12 m Höhe. Für Deutschland ist die ausgeprägte Donjonform mit Türmen an 4 Ecken recht ungewöhnlich.

Eibenstein

Bz. Waidhofen a. d. Taya (Bz.), Niederösterr., Österreich

Grundriß in: Österr. Kunsttop., Bd. VI, S. 60; Piper, Österr., Bd. VIII.

Die Anfänge der Burg liegen wohl in Ende des 12. Jh. Der Bergfried mit Hauptmaßen 8 × 13 m und 1,6 m starken Mauern ist 1867 teilweise abgestürzt. Die Schildmauern sind 1,8 m (West) und 2,0 m (Ost) dick, die Ringmauer hat 1,2 m Stärke.

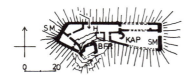

Eichelburg = Aichelburg

Eigenburg = Alt Sachsenheim

Eichhof

Gde. Bad Hersfeld (Kr.), Hessen

Grundriß in: Burgen u. Schlösser 1991-I.

Erhalten ist der Wohnturm der Abtsburg aus dem 14. Jh., er hat 8,5 m Kantenlänge, 21 m Höhe und 4 Stockwerke, im Turm Aborterker und Kamin.

Eichhorn – Veverj

Bz. Brünn-Umld. – Brnó-Venko, Südmähren, Tschechische Republik

Grundriß in: Ebhardt II/2; Prokop.

Der Westteil ist der Kern der Burg, die Ende des 12. Jh. mit dem Bergfried begonnen wurde. Ringmauer und Kapelle stammen von Beginn des 13. Jh., die Ostburg ist aus dem 14. Jh. Der Bergfried hat 10 m Durchmesser und 3 m starke Wände. Der Wohnturm mit 10 × 13,5 m Grundfläche hat 2,5 m dicke Wände.

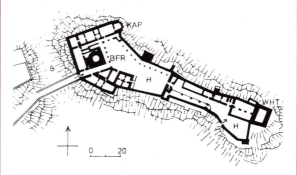

Eichicht

Gde. Saalfeld (Kr.), Thüringen

Grundriß in: Bruno Döring »Bodo Ebhardt«, S. 102.

1418 wird die kleine Burg als Besitz derer v. Beulwitz genannt. Um 1900 hat Ebhardt sie romantisierend wiederhergestellt.

Eifgenburg

Gde. Burscheid, Rhein-Wupper-Kr., Nordrhein-Westfalen

Grundriß in: Burgen u. Schlösser 1967-I.

Der Ursprung der Burg liegt vielleicht vor 1000, ihre Ringmauer ist 1,3 m dick; der Bergfried mit 12 × 14 m Hauptmaßen könnte bei über 50 m Innenraum ein Wohnturm gewesen sein. Seine Mauern sind 1,85 und 3,2 m stark.

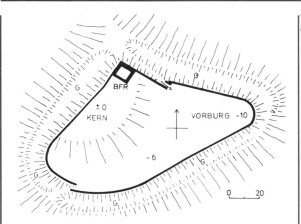

Eigenberg

Gde. Mengerskirchen-Winkels, Kr. Limburg, Hessen

Grundriß in: Kunstdkm. im Reg.-Bz. Wiesbaden, Bd. 3, S. 41; Cohausen, Nr. 228.

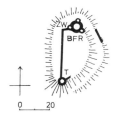

Erbaut wurde die kleine Burg mit dem einmaligen Bergfried-Grundriß zwischen 1303 und 1328. Im 16. Jh. ist sie bereits verfallen. Der Bergfried, mit einem Nebenturm gemessen, ist 11,5 m breit, der Eingang liegt 8 m hoch; die Ringmauer ist 1,5 m dick.

Eilenstedt

Kr. Haldensleben, Sachsen-Anhalt

Grundriß in: Mrusek-II, Plan 106.

Der Wohnturm ist der Rest einer Burg von 1384, die im Dreißigjähr. Krieg zerstört wurde. Der Wohnturm hat 3 Stockwerke bei 8 m Höhe.

Einöd

Gde. Homburg/Saar (Kr.)-E..., Saarland

Grundriß in: 3. Bericht des Konservators der geschichtl. Denkmäler im Saarland, S. 73.

Die Entstehung des Burghauses könnte sehr früh oder erst um 1200 gelegen haben.

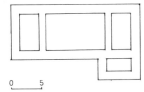

Eisenbach

Gde. Lauterbach (Kr.), E..., Hessen

Grundriß in: Happel, S. 131.

Eisenbach ist die Stammburg der Freiherrn Riedesel v. E. Nach einer Zerstörung 1269 wurde sie 1287 aufgebaut. 1429 kam sie an die Riedesels. Ihr Äußeres ist aus der Renaissance. 1848 wurde sie umfassend renoviert.

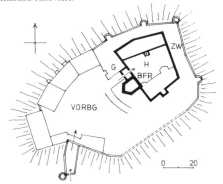

Eisenbach, Römerbau

Gde. Obernburg-E..., Kr. Miltenberg, Bayern

Grundriß in: Kunstdkm. v. Bayern, Unterfrk., Bd. 23.

Die Reste einer mittelalterlichen Wasserburg sind in der Ruine noch erkennbar. Ein »Römerbau« ist nicht erkennbar.

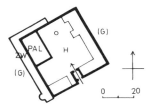

Eisenberg

Kr. Füssen, Bayern

Grundriß in: Bayrische Kunstdkm. Füssen, S. 183; Nessler, Bd. 2, S. 220.

Die Kernburg wurde vermutlich im 12. Jh. durch die Freiherrn v. Rettenberg gegründet. 1382 kam sie an die Herren v. Freyberg-Eisenberg. Die 17 m hohe, aber nur 1,1 m starke Ringmauer hat in 12 m Höhe einen Wehrgang. Der äußere Ring ist wohl aus dem 15. Jh. Die Burg wurde 1646 zerstört. Der Bergfried von 8,4 m Seitenlänge mit 2 m Wanddicke steht in der Vorburg.

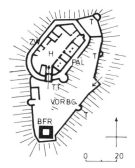

Eisenberg

Gde. Korbach (Kr.)-Goldhausen, Hessen

Grundriß in: Archiv der Deutschen Burgenvereinigung.

Genannt wurde die Burg 1367 erstmals, im 16. Jh. wurde sie zum Renaissanceschloß umgebaut. Die Ruine wurde ausgegraben.

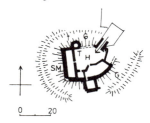

Eisenhardt

Gde. Belzig (Kr.), Brandenburg

Grundriß in: Ebhardt I, Abb. 97.

1406 wurde die ältere Burg zerstört und 1465 aufgebaut. Von der alten Anlage ist der Bergfried mit 10 m Durchmesser und 4 m Mauerstärke erhalten. Er hat 33 m und einen Eingang in 10 m Höhe.

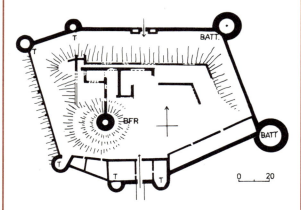

Eisenstadt

(Bz.) Burgenland, Österreich

Grundriß in: Dehio-Burgenld., S. 75; Burgen und Schlösser im Burgenld., S. 39.

Von der Ende des 14. Jh. erstmals genannten Wasserburg sind noch drei der vier 3,2 m starken Ringmauern und zwei Türme mit 11 m Seitenlänge und 3 m dickem Mauerwerk im Barockschloß von 1663 erhalten.

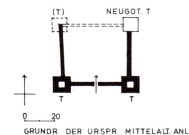

Eisfeld

Kr. Hildburghausen, Thüringen

Grundriß nach einem Plan v. 1680 im Archiv d. Burg.

Der Palas der Burg ist vielleicht noch aus dem 11. Jh., der Bergfried ist aus dem 13. Jh., er hat 7 m Durchmesser bei 2 m starkem Mauerwerk, er ist 22 m hoch und leicht konisch. Die Burg ist heute Museum.

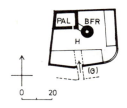

Eisleben

(Kr.) Sachsen-Anhalt

Grundriß in: Kunstdkm. d. Prov. Sachsen, Bd. 19, S. 187.

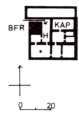

Die Wasserburg wird im 14. Jh. erwähnt, der Ursprung ist allerdings viel älter. 1881 wurde die Burg abgebrochen. 1081 regierte der Gegenkönig Hermann v. Luxemburg in Eisleben. Erhalten ist nur der Bergfried, der bis 8 m Höhe quadratisch mit 8,5 m Seitenlänge ist, darüber bis 25 m Höhe rund mit dem gleichen Durchmesser, er hat 4 Stockwerke und einen Eingang 8 m über d. Gelände.

Eitelsbach

Gde. Trier, Rheinland-Pfalz

Grundriß in: Kunstdkm. d. Rheinprov., Bd. 15.2.

Das spätgotische Burghaus hat 3 Stockwerke. 1851 wurde es neugotisch verändert.

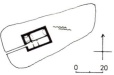

Elberberg

Gde. Naumburg-E..., Kr. Kassel, Hessen

Grundriß in: Kunstdkm. im Reg.-Bz. Kassel, Neue Folge, Bd. 1, S. 70.

Der Palas des Schlosses ist ein Wohnturm aus dem 15. Jh.

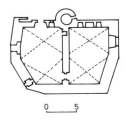

Elbingerode

Kr. Wernigerode, Sachsen-Anhalt

Grundriß in: Wäscher, Abb. 279.

Ende des 12. Jh. ist die Burg auf einem Fels entstanden. 1514 wurde sie erneuert, 1739 abgebrochen. Der Bergfried ist mit nur etwas über 5 m Durchmesser recht klein.

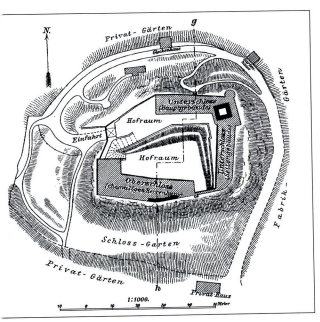

Abb. 11. Elgersburg, Lageplan des Schlosses, Zustand vor dem Umbau um 1906. Bergfried und Mauerpartie, in der noch Buckelquader stecken, sind schwarz hervorgehoben (aus: Bau- und Kunstdenkmäler Thüringens, Herzogthum Sachsen-Coburg und Gotha, II, S. 142).

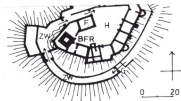

Elbstein = Elmstein

Elgg

Bz. Winterthur, Kt. Zürich, Schweiz

Grundriß in: Zeller-Werdm., Teil 1.

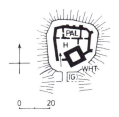

Angeblich ist die Burg im 10. Jh. gegründet worden, der Grundriß ist jedoch deutlich jünger, vielleicht aus dem 11. Jh. Ihr heutiges Aussehen hat die Burg aus dem 16. u. 17. Jh. Die Ringmauer ist 1,4 m dick, der Wohnturm hat 10,75 m Seitenlänge und 2,5 m dicke Mauern. Das Schloß ist bewohnt.

Ellar

Gde. Waldbrunn-E..., Kr. Limburg, Hessen

Angabe in Dehio-Hessen, S. 181.

Die rechteckige kleine Kastellburg mit 2 m starker Ringmauer ist um 1300 entstanden. Die Anlage ist turmlos.

Ellhofen

Gde. Weiler-Simmerberg, Kr. Lindau, Bayern

Grundriß in: Kunstdkm. v. Bayern, Schwaben, Bd. 4, S. 305; Nessler 2, S. 60.

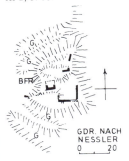

Um 1287 erbauten die Herren v. Ellhofen die Burg nach Aufgabe ihrer alten; sie wurde im Dreißigjährigen Krieg zerstört. Im 19. Jh. war der Bergfried noch ca. 18 m hoch erhalten, jetzt existiert nur noch ein Bruchstück von 6,6 m Kantenlänge. Die publizierten Grundrisse weichen stark voneinander ab.

Elmarshausen

Gde. Wolfhagen-E..., Kr. Kassel, Hessen

Grundriß in: Kunstdkm. im Reg.-Bz. Kassel, Neue Fassg., Bd. 1, S. 223.

Begonnen wurde das Schloß als Wasserburg 1442 und bis ins 18. Jh. umgebaut.

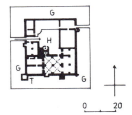

Elmsburg

Gde. Schöningen, Kr. Helmstedt, Niedersachsen

Grundriß in: Kunstdkm. v. Braunschweig, Bd. 1, S. 342.

Wahrscheinlich stammen die Reste der Wasserburg aus der Zeit Heinrichs d. Löwen. Der Hügel im SW war wohl eine Motte.

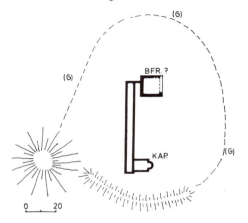

Elmstein, Elbstein

Kr. Bad Dürkheim, Rheinland-Pfalz

Grundriß in: Kunstdkm. v. Bayern, Pfalz, Bd. 1, S. 144; Baudkm. i. d. Pfalz, Bd. 2.

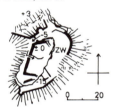

Entstanden ist die Burg auf einem Felsblock im 12. Jh.; zerstört wurde sie vielleicht im Dreißigjähr. Krieg. Die Ringmauer ist 1,0 – 1,5 m dick.

Elsau

Bz. Winterthur, Kt. Zürich, Schweiz

Grundriß in: Züricher Denkmalpflege 1958/59.

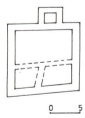

Der Rest eines Wohnturmes von 12 × 12,5 m und 1,5 m dicken Mauern wurde bei Ausgrabungen am Kirchenchor entdeckt. Er dürfte aus dem 11. Jh. stammen.

Elsterberg

Kr. Greiz, Thüringen

Grundriß in: Kunstdkm. v. Sachsen, Bd. 11, S. 9; Ebhardt I, Abb. 500.

Über die Gründung gibt es keine Nachricht. Zerstört wurde die Burg 1354 als Raubnest. Ihre Schildmauer ist 3 m, die Ringmauer 1,5 – 2 m dick.

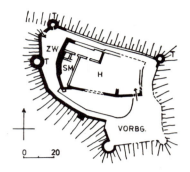

Elsum

Gde. Wassenberg-Birgelen, Kr. Aachen, Nordrhein-Westfalen

Grundriß in: Kunstdkm. d. Rheinprov., Bd. 8.3, S. 19.

Die Hauptburg ist aus dem 15. Jh. Sie wurde 1876 erneuert und umgebaut, nachdem sie bereits 1714 barock ausgestattet worden war. Der 8 m Kantenlänge messende Bergfried hat fast 2 m starke Mauern.

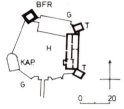

Eltmann, Wallburg

Kr. Haßberge, Bayern

Grundriß in: Kunstdkm. v. Bayern, Unterfrk., Bd. 4, S. 30.

Die Burg wurde wohl Ende des 12. Jh. begonnen, urkundlich wird sie erst 1303 genannt. Nach Zerstörung 1525 wird sie wiederaufgebaut und 1777 abgebrochen. Der Bergfried mit 8,5 m Durchmesser und 2 m Wandstärke ist 26 m hoch und hat einen Einstieg in 11 m Höhe. Er stand wohl frei im Bering.

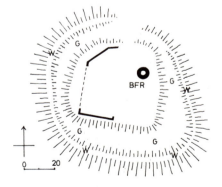

Eltville

Rheingaukr., Hessen

Grundriß in: Kunstdkm. v. Hessen, Rheingaukr., S. 160.

Der Ursprung der Stadtburg ist angeblich ottonisch, doch stammt die heutige Burg aus der Zeit von 1330 – 1345. Der Wohnturm anstelle eines runden Bergfriedes ist aus der 2. Hälfte des 14. Jh. 1635 wurde die Burg zerstört, 1682 aufgebaut und 1930 erneuert. Der Wohnturm von 11×11 m Grundfläche und mit 2,2 m starken Wänden besitzt in 27 m Höhe 6 Stockwerke, sein Eingang liegt 10 m über dem Burghof. Er hat Kamine und einen Aborterker.

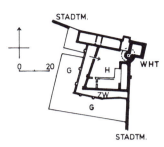
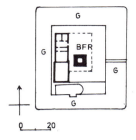

Eltz

Gde. Wirschem, Kr. Mayen-Koblenz, Rheinland-Pfalz

Grundriß in: Ebhardt I, S. 63; Dehio-Rheinld.-Pfalz, S. 979; Tuulse, S. 145; Schuchhardt, S. 264; Hotz Z 34.

Die Burg Eltz ist der Prototyp einer Ganerbenburg. Sie besitzt 8 verschiedene, meist turmartige Gebäude, von denen Platteltz wohl das älteste ist, nämlich vom Anfang des 13. Jh. Dieser Wohnturm hat 10×11,5 m Grundfläche, 1,3 m dicke Mauern, 5 Stockwerke sowie Kamine und einen Aborterker. Ein Rudolf v. Elze wird 1157 genannt, und zu dieser Zeit könnte die Burg mit einem festen Haus begonnen worden sein. Ihr heutiges sehr reizvolles Aussehen ist gotischen Ursprungs. Die Grafen v. Eltz sind noch immer Besitzer der Burg, die 1336 durch d. Erzb. v. Trier Balduin erfolglos belagert wurde, der als Belagerungsburg Trutz-Eltz → erbaute.

Emersleben

Gde. Gr. Quenstadt, Kr. Halberstadt, Sachsen-Anhalt

Grundriß in: Wäscher, Bild 40.

Die Wasserburg ist 1251 als Castrum erwähnt. Seit 1492 ist sie Gutshof. Von der Burg sind nur die Form und der 8×8 m messende Bergfried erhalten.

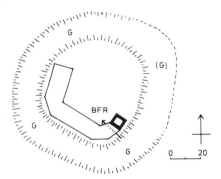

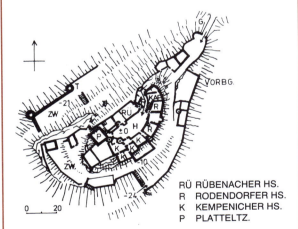

RÜ RÜBENACHER HS.
R   RODENDORFER HS.
K   KEMPENICHER HS.
P   PLATTELTZ.

Emerkingen

Alb-Donau-Kr., Baden-Württemberg

Grundriß in: Kunstdkm. v. Württembg., Donaukr.-Ehingen, S. 64.

Das heutige Schloß entstand wahrscheinlich in der 1. Hälfte des 14. Jh. als Wasserburg. Von ihr gibt es noch verbaute Mauerreste und den freistehenden Bergfried mit 8 m Kantenlänge und 2,2 m dicker Mauer.

Emmaburg, Eyneburg

Gde. Hergenrath, Ct. Celmis, Belgien

Grundriß in: Kunstdkm. im Kr. Malmedy

Die Eyneburg wird urkundlich 1260 erwähnt. Der Bergfried ist aus dem 14. Jh., der Palas aus dem 15. Jh., alles andere ist jünger. 1897 wurde die Burg renoviert. Der Bergfried hat 6,5 m Durchmesser und 1,5 m dicke Mauern.

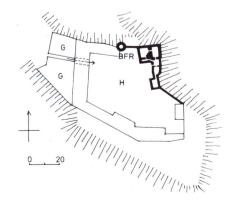

Emmerberg

Gde. Winzendorf, Bz. Wiener Neustadt, Niederösterr., Österreich

Grundriß in: Burgen u. Schlösser in Niederösterr., Bd. I/2, S. 102; Piper, Österr., Bd. 1.

Die Burg besitzt keinen Bergfried. Vermutlich wurde sie Mitte des 12. Jh. erbaut. Auch die Kapelle außerhalb der Kernburg ist aus dem 12. Jh.; urkundlich erwähnt wird der Burgadel 1170, Ausbau 14.–17. Jh.; bewohnt wird die Burg bis 1760. Danach ist sie verfallen. Die 4–5 m starke Schildmauer ist 11 m hoch.

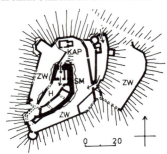

Emser Schlößchen = Oberdorfer Turm

Endingen

Bz. Zurzach, Kt. Aargau, Schweiz

Angabe in: Burgen u. Schlösser d. Schweiz, Aargau, S. 50.

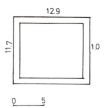

»De Endingen« wird um 1150 genannt. Der Weiherhaus-Wohnturm wurde vielleicht 1389 durch Bern zerstört.

Endsee

Gde. Steinsfeld-E..., Kr. Ansbach, Bayern

Grundriß in: Bayrische Kunstdkm., Rothenburg, S. 28.

Entstanden ist die Burg vermutlich Ende des 12. Jh., der Buckelquaderbergfried war 1231 bereits vorhanden. Zerstört wurde sie 1408. Der achteckige Bergfried mit 10 m Breite und mind. 3 m starken Wänden gehört zu den wenigen Beispielen dieser Art.

Engelburg

Gde. Tittling-E..., Kr. Passau, Bayern

Grundriß in: Kunstdkm. v. Niederbay. 4, S. 48.

Die Schloßburg mit den im Kern ca. 1,8 m starken Wänden ist Ende des 14. Jh. erbaut und nach einer Zerstörung 1394 wiederhergestellt worden, aus dieser Zeit stammt die Kapelle. Im 17. und 18. Jh. wurde Engelburg zum Schloß umgebaut.

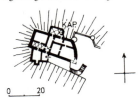

Engelburg

Gde. Stuttgart, Baden-Württemberg

Grundriß in: Stuttgarter Zeitung, 21. 07. 62.

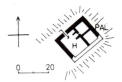

Erbaut wurde die nur 480 m² bedeckende kleine Kastellburg 1260 und schon 1312 zerstört. Die Ringmauer ist 1,8–2,2 m stark.

Engelhaus – Anděloé Hora

Bz. Karlsbad – Karlovy Vary, Westböhmen, Tschechische Republik

Grundriß in: Piper, Österr., Bd. 1, S. 75.

Diese Burg aus drei Teilen wurde 1326 begonnen. Zerstört wurde sie 1635 durch Schweden. Der Wohnturm auf dem Gipfel mit 8 × 12 m Grundfläche und 1,5 m dicken Wänden dürfte der älteste Teil sein. Der fast abgeschlossene Teil östlich des Wohnturmes ist vermutlich bald nach dem Wohnturm erbaut worden, er ist quasi eine Burg für sich.

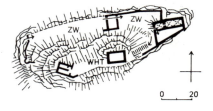

Engelsburg = Dobl

Engelsburg = Thann

Engelstein

Gde. Großschönau, Bz. Gmünd, Niederösterr., Österreich

Grundriß in: Burgen u. Schlösser in Niederösterr., Bd. III/1, S. 19.

Vermutlich wurde die kleine Burg auf einem Granitfels in einem Teich schon im 13. Jh. erbaut, urkundlich wird sie 1417 erwähnt. 1541 wird sie umgebaut und erweitert. Der 20 m hohe Bergfried hat eine Kantenlänge von 6,5 m, 1,45 m Mauerstärke und einen Eingang in 5 m Höhe. Die Ringmauer ist bis 2,8 m dick.

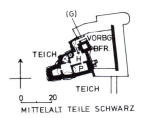

Engen, Kränkinger Schloß

Kr. Konstanz, Baden-Württemberg

Grundriß in: Kunstdkm. v. Baden, Bd. 1, S. 32.

Der Ursprung des Schlosses ist eine Burg des 14. Jh., von der noch einige Teile erkennbar sind. Im 16. Jh. Umbau zum Schloß.

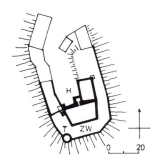

Engenstein

Gde. Pfeffingen, Bz. Arlesheim, Kt. Basel-Ld., Schweiz

Grundriß in: Meyer-Regio, S. 94.

In der 2. Hälfte des 13. Jh. wurde auf dem länglichen Fels ein Wohnturm erbaut, der schon im 14. Jh. aufgegeben wurde. Die Ruine wurde 1975 freigelegt, sie hat mehr als 1,5 m dicke Mauern.

Englisburg

Gde. Fribourg (Kt.), Schweiz

Grundriß in: Nachrichten d. Schweizer Burgenv., 1962-1.

Entstanden ist die Burg wohl im 13. Jh.; sie wurde früh zerstört. Ihre Ringmauer ist 1,5 – 2,5 m dick. Der Bergfried hat eine Grundfläche von 9 × 10 m und 2,5 und 3 m (West) starke Mauern.

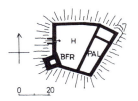

Entersburg

Gde. Hontheim, Kr. Bernkastel-Wittlich, Rheinland-Pfalz

Grundriß in: Denkmalpfl. in Rheinland-Pf., 1978/79, S. 191; Burgen d. Salierzeit, Bd. 2, S. 54.

Der Palas ist als übereck gestelltes festes Haus um 1100 in ein spätrömisches Refugium hineingebaut. Er wurde bereits 1138 zerstört.

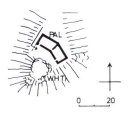

Enzersdorf = Liechtenstein

Enzersdorf a. d. Fischa

Bz. Bruck/Leitha, Niederösterr., Österreich

Grundriß in: Sammlung Kreutzbruck.

Die Wasserburg wurde 1379 gegründet, 1683 wurde sie zerstört und 1703 auf dem alten Grundriß neu erbaut. Die Ringmauer ist 2,1 m stark, der Bergfried mit 27 m Höhe hat 9 × 9,5 m Seitenlänge und Wandstärken bis 2,5 m.

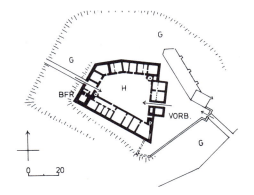

Enzesfeld

Bz. Baden, Niederösterr., Österreich

Grundriß in: Burgen u. Schlösser in Niederösterr., Bd. I/2, S. 38.

Als Vorläufer des heutigen Schlosses wurde um 1100 eine Burg erbaut, die 1529 und 1683 zerstört wurde. In ihren Mauern wurde das Barockschloß im 18. Jh. erbaut. Die Ringmauer ist 2 m stark, der 8,5 m Seitenlänge messende Bergfried hat 3,1 m dicke Wände, einen Einstieg 6 m über dem Gelände und 26 m Höhe.

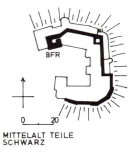

Epfig

Ct. Barr, Bas-Rhin, Frankreich

Grundriß in: Salch, S. 81.

Erste Erwähnung der Burg 1198, 1375 wird sie zerstört und wiederaufgebaut, aus dieser Zeit dürfte der Grundriß stammen. 1633 wird sie durch Schweden zerstört. Der Bergfried mißt 10 m im Quadrat und hat 2,5 m starke Mauern.

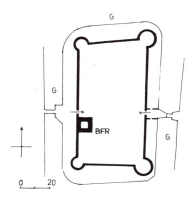

Eppelsheim, Dalberger Turm

Kr. Alzey-Worms, Rheinland-Pfalz

Grundriß in: Bronner-Wohntürme, Abb. 14.

Der mittelalterliche Wohnturm besaß ursprünglich eine Ringmauer. Er ist 15 m hoch, der Einstieg liegt 3 m über Gelände im 2. von 5 Stockwerken. Der Turm ist leicht konisch, die Mauerstärke von 1,2 m geht auf 0,7 m zurück.

Eppenstein

Gde. Allersdorf, Bz. Judenburg, Steiermark, Österreich

Grundriß in: Burgen u. Schlösser d. Steiermk., Bd. 1, S. 33; Dehio-Steiermark, S. 90; Piper, Österr., Bd. 1.

Der Anfang liegt in der 1. Hälfte des 12. Jh., urkundliche Nennung der Burg 1160. 1437 u. 1482 Um- und Ausbauten, im 16. Jh. wurde sie durch ein Erdbeben beschädigt und verfiel im 17. Jh. Der Palas auf dem 15 m hohen Felsblock war vermutlich zunächst ein festes Haus.

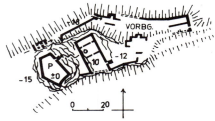

Eppishausen

Gde. Erlen, Bz. Bischofszell, Kt. Thurgau, Schweiz

Angabe in: Kunstdkm. d. Schweiz, Thurgau, Bd. 3, S. 366.

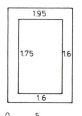

Ein Wohnturm aus der Zeit um 1300 ist in das barocke Schloß integriert.

Epprechtstein

Gde. Kirchenlamitz, Kr. Wunsiedel, Bayern

Grundriß in: Kunstdkm. v. Bayern, Oberfrk., Bd. 1, S. 170; Stark.

Die Burg wurde um 1200, auf einem Sandsteinfels auf einem Bergkegel, in Buckelquadern errichtet. »Eberhard de Eckebretsteine« wird 1248 genannt. 1553 wird die Burg zerstört und repariert, Ende des 18. Jh. ist sie verfallen. Der große Wohnturm von 11,5 × 14 m Außenmaß hat 1,4 m starke Wände.

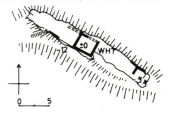

Eppstein

Main-Taunus-Kr., Hessen

Grundriß in: Kunstdkm. im Reg.-Bz. Wiesbaden, B. 2, S. 129; Burgwart, 4. Jhg., S. 58.

1114 werden Grafen v. Eppstein urkundlich genannt. Die Burg stammt aus dem 12. Jh. Ab 1808 ist sie teilweise verfallen. Der östliche Teil, das sogen. Mainzer Schloß, ist Museum. Der Bergfried mit 7 m Durchmesser und 2,1 m Wandstärke ist 26 m hoch und hat seinen rundbogigen Eingang in 10,5 m Höhe, er besitzt 6 Stockwerke. Die Ringmauer ist 1,5 – 2,5 m dick.

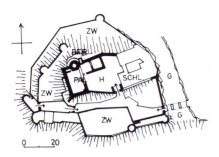

Erbach

(Kr.) Hessen

Grundriß in: Bronner.

Von der vermutlich ovalen Wasserburg ist nur der Bergfried von 1309 erhalten geblieben. Er ist Teil des Schlosses aus dem 16. Jh. Er hat 9,5 m Durchmesser und 2 m Wandstärke.

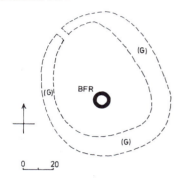

✗ Erfenstein

Gde. Elmstein, Kr. Bad Dürkheim, Rheinland-Pfalz

Grundriß in: Kunstdkm. v. Bayern, Pfalz, Bd. 1, S. 147; Baudkm. i. d. Pfalz, Bd. 2, S. 64.

Von der alten Burg aus der Mitte des 13. Jh. auf dem westlichen Felsturm ist nur der Rest des Bergfriedes von 6,5 m Kantenlänge in Buckelquadern erhalten. Die Hauptburg entstand Mitte des 14. Jh. Zerstört wurde Erfenstein 1470. Der Bergfried d. Hauptburg ist mit 4,8 × 5,5 m Fläche recht klein, seine Wände sind 1,0, im Westen 1,5 m stark, der rundbogige Eingang ist in 6 m Höhe. Die Ringmauer ist 1,0 – 1,5 m dick.
Erfenstein liegt nur 250 m von Spangenberg → entfernt. Hier waren die Leininger, dort die Bischöfe von Speyer Lehnsherren.

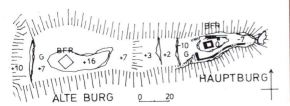

Erguel

Gde. Sonvilier, Bz. Courtelary, Kt. Bern, Schweiz

Grundriß in: Burgen u. Schlösser d. Schweiz, Bd. VII, S. 54.

Adel zur Burg wird im 11. Jh. genannt, 1386 gab es Reparaturen; nach einem Brand, im 17. Jh. verfiel die Burg. Der Bergfried hat 7,5 m Durchmesser und 2,5 m dicke Wände.

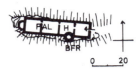

Erichsburg

Gde. Siptenfelde, Kr. Quedlinburg, Sachsen-Anhalt

Grundriß in: Stolberg, S. 86

Enricus de Erikesberge taucht 1170 urkundlich auf. 1325 durch die Grafen v. Stolberg gekauft, wird die Burg 1345 durch die Grafen v. Hohenstein und v. Schwarzburg zerstört. Der Grundriß ist ungewöhnlich, der südöstl. Anbau ist vielleicht nach 1345 entstanden. Der Bergfried hat 8,5 m Durchmesser mit 1,7 m starken Mauern.

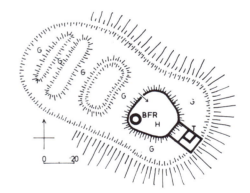

Erkelenz

Kr. Heinsberg, Nordrhein-Westfalen

Grundriß in: Ebhardt I, S. 123; Kunstdkm. d. Rheinprov., Bd. 8.2; Hotz Z 113.

Die starke Stadtburg wurde erst im 15. Jh. erbaut. Ihre Ringmauer ist 3 m stark. Der Wohnturm mit 4 Stockwerken hat 22 m Höhe bei 13 m Seitenlänge und 3 m dicken Mauern. Anfang des 19. Jh. wurde die Burg durch Abbruch ruiniert.

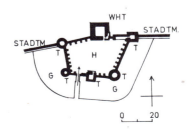

Erlach

Gde. Ochsenfurt-E..., Kr. Würzburg, Bayern

Angabe in: Kunstdkm. v. Bayern, Unterfrk., Bd.I, S. 97.

Das oktogonale Wasserschloß hat eine Burg in gleicher Form zum Vorläufer. Da der Adel zur Burg 1151 genannt wird, und da das Achteck nur in der Stauferzeit auftaucht, vermute ich die Bauzeit Anfang des 13. Jh. 1525 wird die Burg nach ihrer Zerstörung als Schloß erneuert. Der Bergfried mißt 7×7 m und hat 2 m starke Mauern.

Ernfels = Ehrenfels

Ernoldsheim

Gde. Zabern – Saverne (Ct.), Bas-Rhin, Frankreich

Grundriß in: Dictionnaire des Chateaux, S. 499.

Von der ziemlich großen Burg, deren Adel 1158 urkundlich erwähnt wird, sind Mauerreste in Buckelquadern erhalten.

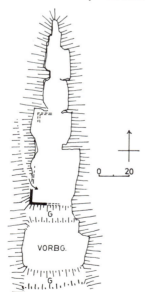

Ernstbrunn

Bz. Mistelbach, Niederösterr., Österreich

Grundriß in: R. Feuchtmüller: »Dächer, Türme, Kuppeln«, Molden-Verlag, 1981.

Der entsprechende Adel wird schon 1055 urkundlich erwähnt. Im Neubau von 1654 steckt erkennbar die alte Burg mit 2,3 m dicker Ringmauer auf einem Fels. Der Bergfried mit 7 m Seitenlänge und ebenfalls 2,3 m Mauerstärke besitzt in 13 m Höhe 3 Stockwerke.

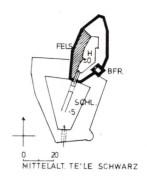

Erprath, Kyburg

Gde. Neuß (Kr.)-Weckhofen, Nordrhein-Westfalen

Grundriß in: B. und W. Janssen: »Burgen, Schlösser und Hofstätten im Kreis Neuß«.

Die kleine Turmhügelburg hängt vielleicht mit einer Rodung an der Erft zusammen. Erwähnt wird ihr Verkauf 1405, doch muß der eingemottete Wohnturm von nur 6,5 m Kantenlänge und 1 m Mauerstärke älter sein. Der Turm muß für eine dauerhafte Nutzung einen auskragenden Fachwerkaufsatz gehabt haben.

Erxleben

Kr. Haldensleben, Sachsen-Anhalt

Grundriß in: Kunstdkm. im Kr. Haldenslb., S. 243 ff.; Waescher, Bild 47.

»Erricslovo« wird 1063 erwähnt, Adel erst 1185. Die Burg wird 1213 durch Kaiser Otto IV., Sohn Heinrichs d. Löwen, zerstört. Die neue Burg entsteht danach, sie wird in der 2. Hälfte des 16. Jh. zum Schloß umgebaut. Der Bergfried mit 10,2 m Seitenlänge und 3,4 m Wandstärke ist 26 m hoch, sein Eingang liegt 11 m über dem Hof.

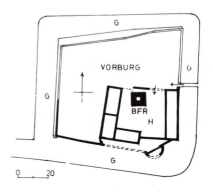

Esch

Gde. Esch a. d. Sauer, Ct. Wilz, Luxemburg

Grundriß in: Bour, Bd. 1, S. 62.

Die Burg wird im 11. Jh. gegründet und über mehrere Jahrhunderte ausgebaut. Bewohnt war sie bis 1840.

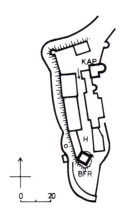

(Eschborn)

Main-Taunus-Kr., Hessen

Grundriß in: Kunstdkm. im Reg.-Bz. Wiesbaden, Bd. 2, S. 46.

Der ehemalige Wohnturm, von dem nichts mehr erhalten ist, stand auf einer Motte und war wohl aus dem 11. Jh. Er maß 10×10 m und besaß 2,7 m dicke Wände. Zerstört wurde die Wohnturmburg 1622.

Eschelbronn

Rhein-Neckar-Kr., Baden-Württemberg

Grundriß in: Denkmalpflege in Baden.

Die Wasserburg stammt aus dem 14. Jh. Ihr Grundriß wurde ergraben. Die Ringmauer ist 1,0 m stark.

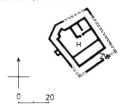

Eschelberg, Rottenegg

Bz. Linz, Oberösterr., Österreich

Grundriß in: Rosner, S. 38.

Urkundlich wird die Burg 1209 genannt. Die im Schloß von 1598 enthaltenen Teile aus dem 14. Jh. sind im Grundriß schwarz dargestellt.

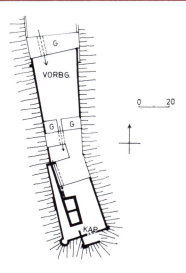

Eschenbach

Gde. Pommelsbrunn, Kr. Lauf, Bayern

Grundriß in: Kunstdkm. v. Bayern, Mittelfrk., Bd. 10, S. 79.

Die Wasserburg wurde 1552 zerstört und danach als Schloß aufgebaut. Die Ringmauer ist 1,5 m, im Westen 2,4 m dick.

Eschenloch, St. Pankraz

Gde. St. Pankraz, Vinschgau, Südtirol, Italien

Grundriß in: Trapp, Bd. 2, S. 253.

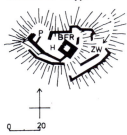

Grafen v. Eschenloch werden Anfang des 13. Jh. urkundlich genannt. Nach ihrer Zerstörung 1422 wird die Burg neu erbaut. Zerstört wird sie 1791. 1913 hat man die Ruine gesichert. Der Bergfried mit 8,2×9,5 m Grundfläche hat 1,7 m und im SW fast 4 m dicke Mauern, er ist 22 m hoch, besitzt 5 Stockwerke und einen Eingang in 9 m Höhe. Die Ringmauer ist 1,25 m stark.

Eschenlohe

Kr. Garmisch-Partenkirchen, Bayern

Grundriß in: Burgen in Oberbayern, S. 130.

1160 wird »Werinher v. Eccinlohe« urkundlich genannt. Erbaut wurde die Burg in der 2. Hälfte des 12. Jh. und verfiel bereits Mitte des 14. Jh.

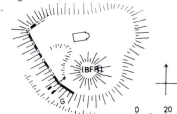

Eselburg

Gde. Vaihingen a. d. Enz, Kr. Ludwigsburg, Baden-Württemberg

Grundriß in: Blätter d. Schwäb. Albvereins 1925, Nr. 5, S. 70.

Urkundlich wird die Burg, die vermutlich Ministerialen als Wohnsitz diente, 1188 erwähnt. Der Bergfried hat 7 m Kantenlänge und 2,5 m dicke Mauern. Der ovale Grundriß mit geraden Abschlüssen an beiden Seiten ist einmalig.

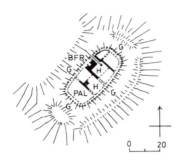

Eselsburg

Gde. Hermaringen, Kr. Heidenheim, Baden-Württemberg

Grundriß in: Kunstdkm. v. Württbg., Jagstkr., S. 189.

Die kleine Burg war im 13. Jh. bereits vorhanden. Anfang des 17. Jh. ist sie verfallen. Ihre Ringmauer ist nur 1,0 m dick.

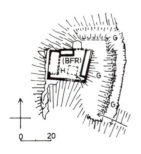

Esslingen = Gelber Turm

Esslingen

Baden-Württemberg

Grundriß in: Kunstdkm. v. Württbg., Neckarkr., S. 209.

Die sehr große Stadtburg die sich auf der Hangseite schützend vor die Reichsstadt stellt, ist um 1200 begonnen worden. Anfang des 16. Jh. wurde sie verstärkt. Ihre Ringmauer ist 2,3 – 2,8 m stark.

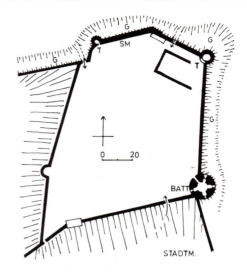

Ettensberg

Gde. Blaichach, Kr. Sonthofen, Bayern

Grundriß in: Kunstdkm. v. Bayern, Schwaben, Bd. 8, S. 249; Nessler, Bd. 1, S. 217.

Begonnen wurde die Burg um 1100, Burgadel wird 1150 genannt. Mitte des 15. Jh. noch bewohnt, verfiel sie im 16. Jh. Der Bergfried hat ca. 11,2 m Seitenlänge.

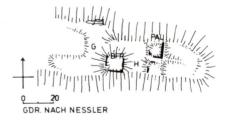

Ettling

Gde. Pförring-E..., Kr. Eichstätt, Bayern

Grundriß nach Aufnahme F.-W. Krahe, 1991.

1248 wird der Burgadel als Ministerialen der Grafen v. Öttingen erwähnt. Die Kapelle wird 1438 genannt. Nach 1568 verfiel die Wasserburg.

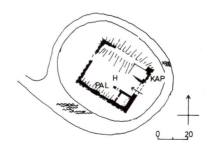

Ettlingen

Kr. Karlsruhe, Baden-Württemberg

Grundriß in: Führer zu archäolog. Denkmälern in Deutschld., Nr. 16, S. 219.

Im Renaissanceschloß sind Reste der Wasserburg enthalten, die im 12. Jh. erbaut wurde. Die festgestellten Reste zeigen Buckelquader. Der Turm hatte 8,5 m Seitenlänge und 2,7 m dicke Mauern. Die Burg war eine Stadtburg.

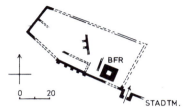

Eutingertal

Gde. Eutingen im Gäu, Kr. Freudenstadt, Baden-Württemberg

Grundriß in: Blätter des Württbg. Schwarzwaldvereins 1905.

Entstanden ist die Burg wohl in der 2. Hälfte des 13. Jh. Nach ihrer Zerstörung Mitte des 14. Jh. wird sie wiederaufgebaut. 1818 wird sie größtenteils abgebrochen. Der Bergfried maß 7 m im Geviert.

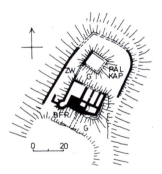

Eversberg

Gde. Meschede-E..., Hochsauerlandkr., Nordrhein-Westfalen

Grundriß in: Kunstdkm. v. Westfalen, Meschede, S. 30.

Erhalten ist der Rest einer gotischen Anlage. Der Turm hat 8,5 m Durchmesser und 2,5 m dicke Mauern.

Eyrsburg

Gde. Eyrs, Vinschgau, Südtirol, Italien

Angabe in: Trapp, Bd. 1, S. 143.

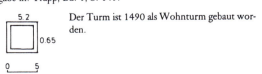

Der Turm ist 1490 als Wohnturm gebaut worden.

Falkenberg

Gde. Hadersdorf, Bz. Krems, Niederösterr., Österreich

Grundriß in: Piper, Österr., Bd. 6, S. 14.

Mitte des 12. Jh. wird »Rapoto de Valchenberch« urkundlich genannt. 1299 wird von einer Belagerung der Burg berichtet, im 16. Jh. war sie bereits Ruine. Der 8 × 9 m messende Bergfried, von dem 17 m Höhe erhalten sind, birgt in seinen 1,5 m dicken Mauern eine Kapelle.

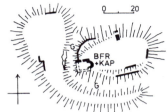

Falkenberg

Kr. Tirschenreuth, Bayern

Grundriß in: Kunstdkm. v. Bayern, Oberpfalz, Bd. 14, S. 22; Pfistermeister, S. 123.

1154 wird »Pilgrim v. Valkenberch« urkundlich erwähnt. Begonnen wurde die Burg wohl noch im 11. Jh. Umfangreiche Neubauten im 14. und 15. Jh., hiervon stammt das heutige Gesicht der Burg. Nach dem Dreißigjährigen Krieg verfiel die Anlage. 1937 wurde sie durch einen Grafen v. d. Schulenburg wiederhergestellt. Im 2. Stock des Torturmes liegt die Kapelle. Der Bergfried von knapp 6 m Kantenlänge hat 1,7 m starke Wände und einen Eingang in 5 m Höhe.

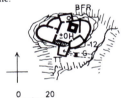

Falkenberg

Gde. Wabern-F..., Schwalm-Eder-Kr., Hessen

Grundriß nach Aufnahme F.-W. Krahe, 1988.

Genannt wird die Burg 1250, seit Beginn des 16. Jh. ist sie verfallen. Wahrscheinlich hat die Burg nur den großen Torturm und keinen Bergfried besessen.

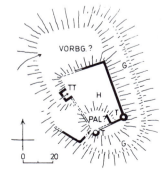

Falkenburg

Gde. Rottleben, Kr. Artern, Thüringen

Grundriß in: Stolberg, S. 91; Burgen u. Schlösser 1960-II; Fred Dittmann »Das Kyffhäusergebirge und seine Burgen«.

Die Angaben von Stolberg und Dittmann weichen so stark voneinander ab, daß beide Grundrisse gezeigt werden müssen. Entstanden ist die kleine Anlage wohl um 1100, nach Dittmann in der 2. Hälfte des 12. Jh. Adel wird erst 1347 genannt. Zerstörung der Burg 1485.

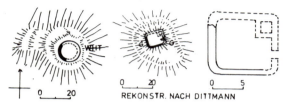

Falkenburg

Gde. Detmold (Kr.)-Berlebeck, Nordrhein-Westfalen

Grundriß in: Engel, S. 125.

Entstanden ist die Burg im 12. Jh., zerstört wurde sie im 16. Jh. Der Bergfried hat ca. 9 m Durchmesser.

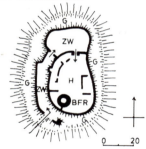

Falkenburg

Gde. Wilgartswiesen, Kr. Pirmasens, Rheinland-Pfalz

Grundriß in: Kunstdkm. v. Bayern, Pfalz, Bd. 4, S. 211; Baudkm. i. d. Pfalz, Bd. 2, S. 135.

1246 wird die Felsenburg als Reichsburg erwähnt, zerstört wird sie 1689 durch Franzosen. Der Bergfried hat die Maße 6,8×7,2 m und 1,8 m dicke Mauern. Der Eingang zum Fels der Oberburg war nur über eine Holztreppe möglich.

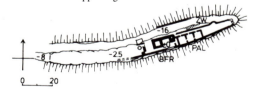

Falkenburg

Gde. Burladingen, Kr. Balingen, Baden-Württemberg

Grundriß in: Schmitt, Bd. 5, S. 170/171.

Die beiden kleinen Burgen liegen weniger als 50 m voneinander entfernt. Die Vorderburg wurde um 1100, die Hinterburg um 1150 erbaut. Beide wurden um 1250 aufgegeben.

Falkenburg – Zolondowo

Kr. Stargard-Stargard Szczeciński, Pommern, Polen

Grundriß in: Radacki, S. 191.

Erwähnt wird die Burg erstmals 1317. Die Kastellburg hat 14 m hohe Mauern von 2,6 m Stärke und offenbar keinen Bergfried. 1904 wurde sie wiederhergestellt.

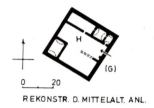

Falkenfels

Kr. Straubing-Bogen, Bayern

Grundriß nach Lageplan der Burg am Ort und nach Kunstdkm. v. Bayern, Niederbayern, Bd. 20.

Die vielleicht um 1100 gegründete Burg besitzt einen Bergfried aus dem 13. Jh. mit 8 m Seitenlänge. 1492 wird sie nach Zerstörung im Löwlerkrieg wiederaufgebaut und bis in unsere Tage hinein verändert. An die Burg wurde nach dem Mittelalter eine große Kirche angebaut. Die östlichen Teile der Anlage sind heute eine Hotel-Gaststätte.

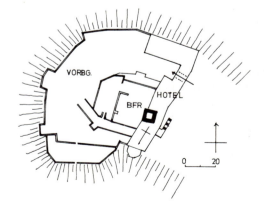

Falkenschloß = Kagenfels

Falkenstein

Gde. Igis, Bz. Unterlandquart, Kt. Graubünden, Schweiz

Grundriß in: Burgen u. Schlösser d. Schweiz XV-I, S. 46; Poeschel, S. 169; Clavadetscher, S. 303.

Die Burg wird urkundlich erst 1410 genannt, aber sie ist wohl aus dem 13. Jh., vielleicht 1210. Die Kernburg ist vom Typ Palas-Wohnturm mit 1,9 m dicken Mauern. Über die Zerstörung ist nichts bekannt.

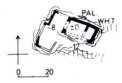

Falkenstein

Gde. Pansfelde, Kr. Hettstedt, Sachsen-Anhalt

Grundriß in: Stolberg, S. 93; Mrusek, S. 39; Kunstdkm. d. Prov. Sachsen, Bd. 18, S. 50.

Gegründet wird die Burg um 1120 nach Aufgabe des Alten Falkensteins, »comites de valkenstein« werden 1115 urkundlich erwähnt, die 1332 die Burg abgeben. Umbauten finden 1491 und 1550–1604 unter den Herren v. Asseburg statt, die bis 1945 die Burg besaßen und sie auch im 19. Jh. erneuern ließen. Der Bergfried in Tropfenform mit Durchmesser von 8,5 m und 2 m starken Mauern hatte im Mittelalter 23 m Höhe (später 31), die 4 m starke Schildmauer ist 17 m hoch.

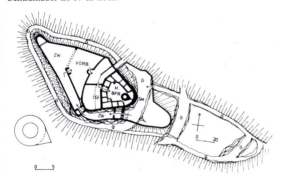

Falkenstein

Gde. Flintsbach, Kr. Rosenheim, Bayern

Grundriß nach Aufnahme F.-W. Krahe, 1986.

Gegründet wurde die Burg um 1150, der Bergfried entstand um 1300. Die Vorburg wurde im 15. Jh. zugebaut. 1784 wurde die Burg durch Brand zerstört. Der 7 m im Geviert messende Bergfried hat relativ schwache Mauern und 5 Stockwerke, er ist in der 2. Hälfte des 20. Jh. als Wohnung hergerichtet worden.

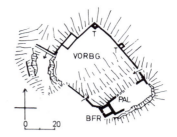

Falkenstein

Gde. Gerstetten-Dettingen, Kr. Heidenheim, Baden-Württemberg

Grundriß in: Kunstdkm. v. Württembg., Jagstkr., S. 120.

Entspr. Adel wird 1258 erwähnt. Die Vorburg ist aus dem 15. Jh., 1810 wird der größte Teil abgebrochen.

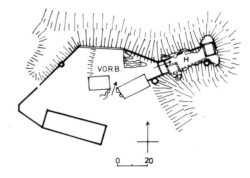

Falkenstein

Gde. Hofkirchen, Bz. Rohrbach, Oberösterr., Österreich

Grundriß in: Burgen u. Schlösser in Oberösterr., Bd. 1, S. 21; Piper, Österr., Bd. 1.

1140 wird »Aldran de Valchenstain« urkundlich genannt. 1289 wird die Burg nach Aushungern an Herzog Albrecht I. von Österreich übergeben. Bis auf den Bergfried ist sie gotischer Herkunft. Der vorgeschobene Bergfried entstand 1489. Die Burg ist ab dem 18. Jh. langsam verfallen. Der Bergfried von 14 m Durchmesser ist 17 m hoch und steht auf einer Quellfassung. Die Ringmauer ist zwischen 1,0 und 3 m stark.

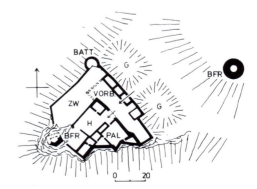

Falkenstein

Bz. Mistelbach, Niederösterr., Österreich

Grundriß in: Neugebauer: »Wehranlagen im politischen Bezirk Mistelbach«.

Zur Burg gehörender Adel wird 1115 urkundlich genannt. Die Burg wurde Ende des 16., Anfang des 17. Jh. ausgebaut. Verfallen ist sie nach 1645. Der Grundriß läßt einen additiven Ausbau vermuten. Die relativ kleine Kernburg hat Mauerstärken von 2 m.

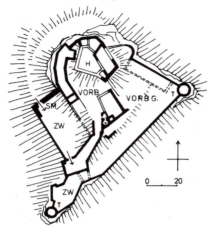

Falkenstein

Gde. Thiergarten, Kr. Sigmaringen, Baden-Württemberg

Grundriß in: Zingeler/Buck, S. 79; Schmitt, Bd. 3, S. 126.

Ober- und Unterfalkenstein teilen ihr Schicksal. Unterfalkenstein ist zwischen 1100 und 1150, Oberfalkenstein um 1200 entstanden. Adel v. Falkenstein wird 1213 urkundlich genannt. Die Oberburg wird ab 1516 noch einmal erneuert. 1631 sind die Burgen unbewohnbar.

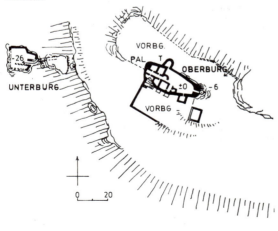

Falkenstein

Gde. Schramberg, Kr. Rottweil, Baden-Württemberg

Grundriß in: Fick, Bd. 3, S. 99.

Adel zu den Burgen ist seit 1270 bekannt. Zerstört wurden beide Burgen 1491. Oberfalkenstein war vielleicht nur ein Wohnturm, was bei den Dimensionen sehr wahrscheinlich ist.

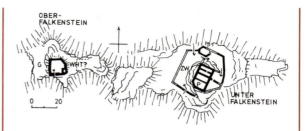

Falkenstein

Kr. Cham, Bayern

Grundriß in: Kunstdkm. v. Bayern, Oberpfalz, Bd. 1, S. 34.

Die Burg entstand mit Bergfried und Palas Mitte des 11. Jh. auf einem Felsblock, zu dessen Fuß sich die Burg entwickelte. Sie widerstand 1129 einer Belagerung und im 15. Jh. den Hussitten. Die Burg ist weitgehend gotischen Ursprungs. In der 2. Hälfte des 18. Jh. war sie unbewohnt. 1975–78 wurde sie gründlich renoviert. Der 16 m hohe Bergfried hat 4 Stockwerke, seine Kantenlänge ist 8,5 m mit bis zu 2,5 m dicken Mauern.

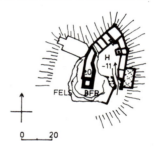

Falkenstein

Gde. Waldhof, Kr. Bitburg-Prüm, Rheinland-Pfalz

Grundriß in: Kunstdkm. d. Rheinprov., Bd. 12.1, S. 96.

Die Burg ist seit der 1. Hälfte des 12. Jh. bekannt. Aus dieser Zeit stammt die Kapelle. Die Burggebäude sind aus dem 14. Jh. 1679 wurde die Burg zerstört.

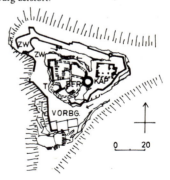

Falkenstein

Donnersbergkr., Rheinland-Pfalz

Grundriß in: Baudkm. i. d. Pfalz, Bd. 2, S. 245.

Die Burg ist um 1125 begonnen worden. Sie wurde 1647 durch Franzosen zerstört.

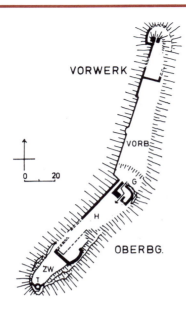

Falkenstein – Sokolec

Gde. Fischbach-Karpnici, Kr. Hirschberg-Jelenia Gora, Schlesien, Polen

Grundriß in: Zamke w Polsce, S. 29.

Die Burg taucht namentlich erst um 1370 auf. 1506 ist sie schon Ruine. Die Anlage lehnt sich an eine Felsrippe.

Falkenstein

Gde. Königstein, Hochtaunuskr., Hessen

Grundriß in: Kunstdkm. im Reg-Bz. Wiesbaden, Bd. 2, S. 133.

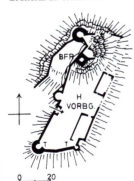

Entstanden ist die Burg Anfang des 14. Jh., 1330 wird sie erstmals erwähnt, Ende des 17. Jh. wurde sie teilweise abgebrochen. Der Bergfried springt in 12 m Höhe zurück, insges. hat der Turm 18 m Höhe. Der spitzbogige Eingang liegt 4 m hoch. Die Dimension des Turmes ist 6,75 m im Quadrat.

Falkenstein

Gde. Wolfhagen, Kr. Kassel, Hessen

Grundriß nach Aufnahme der Gemeinde von 1928.

Von der Burg, die im 14. Jh. erbaut wurde, ist nicht mehr viel erhalten, zerstört wurde sie im Dreißigjährigen Krieg. Die Ringmauer ist 1,4 m dick.

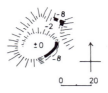

Falkenstein

Gde. Pfronten, Kr. Füssen, Bayern

Grundriß in: Bayerische Kunstdkm. Füssen, S. 104; Nessler, Bd. 2, S. 251.

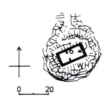

Angeblich wurde der Wohnturm auf dem steilen Felskegel 1059 erbaut. 1434 wurde er durch Augsburg zerstört. Die Maße des Wohnturms sind 8,7 × 18,5 m, bei weniger als 1 m Mauerstärke; die Wände sind noch bis 8 m Höhe erhalten.

Falkenstein

Gde. Philippsbourg, Ct. Bitche, Moselle, Frankreich

Grundriß in: Piper, Fig. 571.

Die Felsenburg ist um 1100 begonnen worden. Der 20 m hohe Fels ist teilweise zu Kammern ausgehöhlt; 1677 wurde die Burg zerstört.

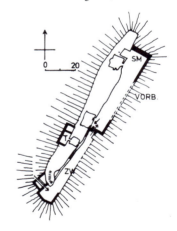

Farbenstein, Kirchegg

Gde. Heiligenblut, Bz. Spittal a. d. Drau, Kärnten, Österreich

Grundriß in: Burgen u. Schlösser in Kärnten, Bd. 3, S. 53; Kohla, S. 152.

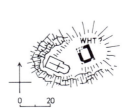

Der romanische Turm war vermutlich ein Wohnturm. »Varbenstaeyn« wird als Burg 1252 urkundlich erwähnt; im 17. Jh. war sie bereits Ruine. Der bis zu 5 m Höhe erhaltene Turmstumpf mit Fischgrätmauerwerk hat 8,5 × 11 m Grundfläche und 2 m starke Mauern. Die Kapellenruine ist gotisch.

Farnroda

Kr. Eisenach, Thüringen

Grundriß in: Kunstdkm. v. Thüringen, Heft 46.

Der Bergfried ist der Rest der mittelalterlichen Wasserburg, der im Schloß von 1667 verbaut ist. Adel zur Burg wird 1260 erstmals genannt. Der Turm ist 25 m hoch, seine Seitenkante ist 6,5 m lang, die Wand ca. 1,6 m dick, der Eingang liegt in 10 m Höhe.

Farnsberg, Farnsburg

Gde. Buus, Bz. Sissach, Kt. Basel-Ld., Schweiz

Grundriß in: Merz-Sisgau, Bd. 2, S. 57; Meyer, Bd. 7, S. 22.

Die Burg ist zu Beginn des 14. Jh. erbaut. Sie wurde 1444 und 1520 erneuert. 1798 ist sie, bereits aufgegeben, einer Brandstiftung zum Opfer gefallen. »Varnsperc« wird 1307 erstmals genannt. Die Schildmauer der Kernburg ist 3 m dick, die Ringmauer ist 1,4 m stark. Der Torturm der Kernburg, der die Aufstiegstreppe unterbricht, ist ungewöhnlich.

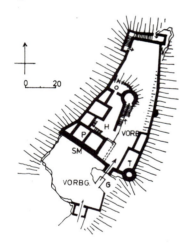

Faulturm

Gde. Obervellach, Bz. Spittal a. d. Drau, Kärnten, Österreich

Angabe in: Burgen u. Schlösser in Kärnten, Bd. 3, S. 88.

1226 wird ein »Turm zu Vellach« urkundlich genannt. Er hat eine Mauer von 1,8 m, die nach oben zurückgeht. Er hatte bei ca. 14 m Höhe 4 Stockwerke, der Eingang war ursprünglich in 4 m Höhe.

Fautsberg = Vogtsberg

Federaun, Thurnegg

Gde. Oberfederaun, Bz. Villach, Kärnten, Österreich

Grundriß in: Kohla, S. 48.

Oberburg: Sie wurde vermutlich in der Mitte des 12. Jh. begonnen, 1232 wurde sie zerstört und wiederaufgebaut, desgl. nach dem Erdbeben v. 1348. Verfallen ist die Burg im 17. Jh. Der Bergfried von 7,5 m Seitenlänge hat 2 m starke Mauern.
Unterburg: Die Unterburg ist ein Wohnturm von 8 × 9,5 m Grundfläche auf einem Felskopf, der im 14. Jh. urkundlich genannt wird. Er war bis kurz nach 1900 bewohnt. Die Mauerstärke war 1,1 m, er besaß 4 Stockwerke in 14 m Höhe.

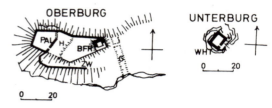

Feigl zu Goldegg

Gde. Jenessein, Sarntal, Südtirol, Italien

Grundriß in: Trapp, Bd. 5, S. 208.

Erbaut wurde der Wohnturm wohl im 13. Jh., urkundlich genannt wurden der Burgadel seit dem Ende des 12. Jh., die Burg 1389. Der Wohnturm ist in einem Bauernhaus versteckt.

Feinfeld

Bz. Horn, Niederösterr., Österreich

Grundriß in: Sammlung Kreutzbruck.

Von der ehemaligen Wasserburg, die später verändert wurde und noch teilweise bewohnt wird, ist nur noch der Bergfried erhalten – mit einer Grundfläche von 7,5 × 9 m und ca. 2,0 m starken Mauern.

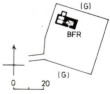

Feistritz, Sonnenburg

Gde. Malta, Bz. Spittal a. d. Drau, Kärnten, Österreich

Grundriß in: Kohla, S. 49.

Ein »castrum Sunnenbergk« wird 1345 urkundlich genannt. Ob die Burg tatsächlich bis ins 11. Jh. zurückgeht, ist nicht sicher. Der Wohnturm von 10,5 × ca. 12 m mit 1,6 m dicker Wand ist auf der NO-Seite durch einen rechteckigen Anbau erweitert, dessen Inhalt (Hof oder Wohngebäude) unbekannt ist. Die Burg war schon im 15. Jh. Ruine.

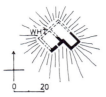

(Feistritz)

Gde. Heiligenblut, Bz. Melk, Niederösterr., Österreich

Angabe in: Burgen u. Schlösser in Niederösterr., Bd. 2, S. 141.

Der 8 m Seitenlänge messende Wohnturm von 1120 besaß 2 m Mauerstärke und 3 Stockwerke. 1960 wurde der Turm total abgebrochen.

Feistritz

Bz. Neunkirchen, Niederösterr., Österreich

Grundriß in: Burgen u. Schlösser in Niederösterr., Bd. I/3, S. 40.

Das Schloß basiert auf einer Burg des 12. oder 13. Jh., »von Vustrize« wird im 12. Jh. genannt. Ursprünglich bestand die Burg nur aus Bergfried und Palas. Nach der Zerstörung durch Türken 1684 erfolgt ein vollständiger Umbau. Die Ringmauer ist 1,95 m stark, der Bergfried mit 11 × 11,5 m Grundfläche hat Wandstärken von 2,3 und 3,5 m.

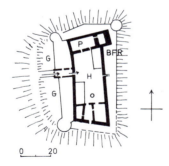

Felberturm = Felm

Feldsberg

Gde. Pusarnitz, Bz. Spittal a. d. Drau, Kärnten, Österreich

Grundriß in: Kohla, S. 50; Burgen u. Schlösser in Kärnten, Bd. 3, S. 51.

1189 wird »Henricus de Veldisberc« urkundlich genannt. Die Burg ist romanischer Herkunft. Im 17. Jh. ist sie verfallen. Ihre Ringmauer ist bis 2 m stark.

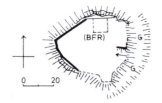

Felm

Gde. Felben bei Mittersill, Bz. Zell am See, Salzburg

Grundriß in: Österr. Kunsttop., Bd. 25, S. 11.

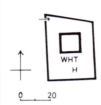

»De Velber« sind seit Mitte des 12. Jh. bekannt. Der Wohnturm aus dem 13. Jh. wurde zeitweilig als Getreidespeicher benutzt. Erhalten ist die Turmruine mit 2 Stockwerken und 13 m Höhe. Die Dimension von 16 m im Quadrat bei nur 1,05 m Mauerstärke ist eine Ausnahme.

Fels, Larochette

Ct. Mersch, Luxemburg

Grundriß in: Bour, Bd. 2, Anhang.

Der Burgadel wird 1123 erstmals genannt. Im 14. Jh. wird die Burg erweitert (Vorburg). Zur gleichen Zeit war sie Ganerbenburg, 1565 wurde sie durch Brand zerstört.

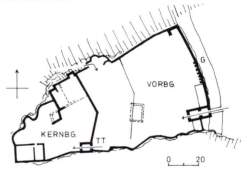

Felsberg

Schwalm-Eder-Kr., Hessen

Grundriß in: Ebhardt I, Abb. 478; Cohausen, Nr. 220; Burgwart 1914, S. 164.

Ein Adel dieses Namens ist von 1090–1286 bekannt. Im 14. Jh. wird die Burg verstärkt, der Bergfried ist von 1388. Zerstört wird die Anlage im Dreißigjährigen Krieg. Der Bergfried hat unten rd. 9 m Durchmesser, oben nur 5 m. In 15 m Höhe findet der Rücksprung statt, in 6 m Höhe liegt der Eingang. Der Oberteil ist 10 m hoch, beide Teile besitzen 3 Stockwerke.

Felsenburg

Gde. Kandersteg, Bz. Frutigen, Kt. Bern, Schweiz

Grundriß in: Burgen u. Schlösser d. Schweiz, Bd. IXa.

Die Burg wird lediglich 1339 urkundlich genannt. Der Wohnturm von 9×9 m Grundfläche hat 1,4–2,0 m dicke Mauern, er ist in 12 m Höhe erhalten.

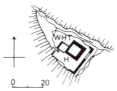

Ferette = Pfirt

Fernstein

Gde. Nassereith, Bz. Imst, Tirol, Österreich

Angabe in: Trapp, Bd. 7, S. 238.

Der Wohnturm aus dem Ende des 13. Jh. war eine Straßensperre. Er mißt 8,2 × 11,2 m mit Wandstärken von 1,15 m und 2,2 m auf der Seite der Sperrmauer. Er hat 3 Stockwerke und einen Hocheingang.

Feuersberg

Gde. Globasnitz, Bz. Völkermarkt, Kärnten, Österreich

Grundriß in: Kohla, S. 51; Burgen u. Schlösser in Kärnten, Bd. 2, S. 113.

»Vewersperch« wird 1256 urkundlich erwähnt, sonst gibt es keine Daten. Der Bergfried hat 8,5 m Kantenlänge mit 1,5 m dicken Wänden. Die Ringmauer ist 0,9 m stark, die kleine Schildmauer 2,6 m.

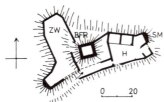

Fingeller Schlößchen, Walbenstein

Gde. Alfing, Sarntal, Südtirol, Italien

Grundriß in: Weing.-Bozen, Abb. 3; Trapp, Bd. 5, S. 217.

Die Burg war ein Ministerialensitz aus der 2. Hälfte des 12. Jh. Der Zugang zu dem hohen Felsen war nur über eine Leiter möglich.

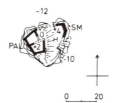

Schon vor dem Jahr 1300 verfiel die Burg. Die Ringmauer ist 1,2 m, die Schildmauer 1,8 m dick. Sie hat eine gewisse Ähnlichkeit mit der Burg Stein → im Kärntener Lavantal.

Finstermünz, Sigmundseck, Hochfinstermünz

Gde. Hochfinstermünz, Bz. Landeck, Tirol, Österreich

Grundriß in: Ebhardt I, Abb. 53; Trapp, Bd. 7, S. 20.

1263 wird das »castrum Lueg« (Höhle) urkundlich erwähnt. Die Höhle scheint ziemlich früh genutzt worden sein, vielleicht 1087, die Burg ist jedoch als Straßensperre 1471 von Herzog Sigismund v. Tirol errichtet worden. Zwei Brückentürme und ein Hof lassen die Zollfunktion ahnen.

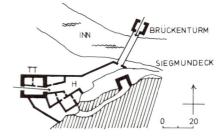

Fischburg

Gde. Bad Urach, Kr. Reutlingen, Baden-Württemberg

Grundriß in: Schmitt, Bd. 4, S. 262.

Von der um 1150 entstandenen und schon im 13. Jh. aufgegebenen Burg gibt es wenig Reste.

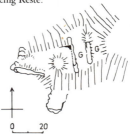

Finkenstein = Alt Finkenstein

Finstergrün, Ramingstein

Gde. Ramingstein, Bz. Tamsweg, Salzburg, Österreich

Grundriß in: Österr. Kunsttop., Bd. 20, S. 168; Burgen u. Schlösser 1968-I; Piper, Österr., Bd. 1, S. 98.

1139 wird Wilhelm v. Ramnstein urkundlich genannt. 1300 heißt es in einer Urkunde »hous ze Ramungestein in dem Lungew«. Die

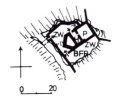

Burg ist mehrfach verändert, verfallen und wiederhergestellt worden, zuletzt 1905. Der Bergfried mit 11 × 8,5 m Hauptmaßen besitzt im SW über 2 m starke Wände; er ist 20 m hoch und hat 6 Stockwerke. Der Grundriß erinnert an Reichenegg→.

Fischhorn

Gde. Bruck a. d. Glocknerstr., Bz. Zell am See, Salzburg, Österreich

Grundriß in: Österr. Kunsttop., Bd. XXV; Burgen u. Schlösser in Salzburg, Bd. 1, S. 88.

Die Burg wurde wohl um 1200 begonnen, »de Vischarn« wird 1277 urkundlich genannt. 1525 zerstört, wurde sie wiederaufgebaut. 1866–70 hat Friedrich von Schmidt sie neugotisch umgebaut. Der Bergfried ist 8,0 × 10,7 m groß und hat 1,7 m dicke Wände.

Flaschberg

Gde. Oberdrauburg, Bz. Spittal a. d. Drau, Kärnten, Österreich

Grundriß in: Piper, Österr., Bd. 4, S. 23.

Die Burg ist romanischen Ursprunges. Sie besaß 1485 angeblich 3 Türme. »Vgo de Vlassinberg« wird 1154 urkundlich erwähnt. Im 17. Jh. ist die Burg verfallen. Erhalten ist in einiger Höhe der Bergfried mit 10 m Seitenlänge und ca. 2,5 m starken Mauern.

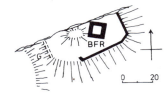

Flechtingen

Kr. Haldensleben, Sachsen-Anhalt

Grundriß in: Kunstdkm. d. Prov. Sachsen, Bd. 20, S. 206; Dehio, Bz. Magdeburg, S. 97; Waescher, Bild 21.

Der Kern der Wasserburg mit dem Bergfried ist um 1200 erbaut worden. Die Burg ist eine von wenigen auf Inseln. Im 14. Jh. wurde die Burg erweitert, im 19. Jh. renoviert. Der 35 m hohe Bergfried mit einer Grundfläche von 8 × 9,2 m hat bis 3 m dicke Mauern; die Ringmauer ist 1,5 m stark.

Fleckenstein

Gde. Lembach, Ct. Wissembourg, Bas Rhin, Frankreich

Grundriß in: Ebhardt I, Abb. 32; Piper, Fig. 575; Kaltenbach, Nr. XI; Wolff, S. 66.

Diese Felsenburg steht auf einem nur 8 m breiten und 25 m hohen Felsklotz, der zu Wohnzwecken auf mindestens 6 Ebenen ausgehöhlt wurde. Gottfried de Fleckenstein, der 1128 urkundlich belegt ist, könnte der Gründer der Burg sein. Sie wurde durch Jahrhunderte ausgebaut und mit Vorburg und Zwinger versehen. 1276 wurde sie durch Ks. Rudolf v. Habsburg belagert, der den dort gefangenen Bischof v. Speyer befreite. Der große Treppenturm an der NW-Seite ist aus dem 16. Jh. 1680 wurde die Burg von Franzosen zerstört.

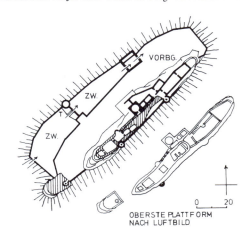

OBERSTE PLATTFORM NACH LUFTBILD

Flochberg

Gde. Bopfingen, Kr. Aalen, Baden-Württemberg

Grundriß in: Kunstdkm. v. Württbg., Jagstkr., Neresheim.

Erbaut wurde Flochberg wohl noch im 12. Jh., 1337 wurde sie zerstört und aufgebaut, 1648 durch Schweden endgültig zerstört. Burgadel ist im 12. Jh. bekannt.

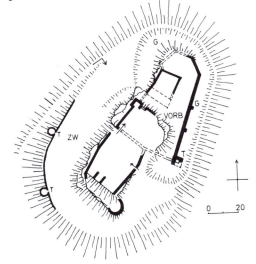

Flödning = Starigrad

Florberg = Scherenberg

Flossenbürg

Kr. Neustadt/Waldnaab, Bayern

Grundriß in: Ebhardt I, Abb. 36; Kunstdkm. v. Bayern, Oberpfalz, Bd. 9, S. 35; Burgen u. Schlösser 1971-I.

Graf Berengar v. Sulzbach hat die Burg um 1100 gegründet. 1188 ist das castrum Flozze als Eigentum Kaiser Barbarossas genannt, 1212 als das des böhmischen Königs Přemysl Ottokar I. Die untere Burg wurde im 13. Jh. erbaut, auch der vorgeschobene Turm (mit Kamin und Aborterker). Die Burg wurde im 17. Jh. aufgegeben u. verfiel. Der Wohnturm auf dem Fels ist 7,5 × 10,5 m Maximum groß, hat nur 1 m starke Wände und 2 Stockwerke. Der vorgeschobene Turm mit Buckelquadern von 10 × 11 m Grundfläche hat 2,7 m dicke Mauern.

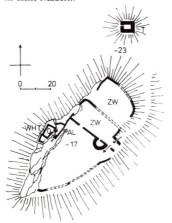

Flügelsburg

Gde. Riedenburg-Meihern, Kr. Kelheim, Bayern

Grundriß in: Kunstdkm. v. Bayern, Oberpfalz, Bd. 13, S. 56.

Mitte des 12. Jh. werden Schenken v. Flügelsberg genannt. Die wohl im 12. Jh. entstandene Burg wurde 1446 durch Nürnberg zerstört. Von der insgesamt über ein Hektar großen Anlage ist wenig erhalten.

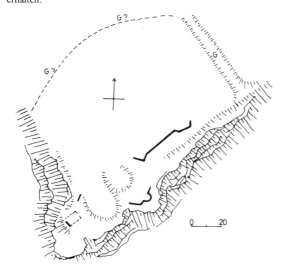

Fluhenstein

Gde. Sonthofen (Kr.), Bayern

Grundriß in: Kunstdkm. v. Bayern, Schwaben, Bd. 8, S. 853; Nessler, Bd. 1, S. 199.

Auf einem Felskegel wurden Ende des 14. Jh. durch Oswald v. Heimenhofen die aus Bergfried und Palas bestehende Kernburg erbaut. 1444 wurde die Burg zerstört und wieder aufgebaut; aus dieser Zeit stammt wohl die Vorburg. Nach wiederholten Reparaturen ist Fluhenstein im 19. Jh. verfallen.

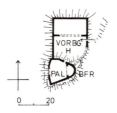

(Flums)

Bz. Sargans, Kt. St. Gallen, Schweiz

Grundriß in: Felder, Teil 2, S. 46.

Der hier dargestellte Grundriß stammt von 1862. Sie verschwand danach, weil an ihrer Stelle das Rathaus gebaut wurde. Der Bergfried maß 8 × 8,6 m mit ca. 1,5 und 2,1 m dikken Mauern.

Fohnsdorf

Bz. Judenburg, Steiermark, Österreich

Grundriß in: Burgen u. Schlösser d. Steiermk., Bd. 1, S. 41.

Von der 1251 erstmals erwähnten Burg, die durch Herzog Albrecht v. Österreich 1292 zerstört wurde, ist nichts erhalten. 1309 erstand die neue Burg, die schon im 16. Jh. verlassen war. Der Bergfried mit 10,5 m Seitenlänge und über 2,5 m dicken Mauern ist geborsten.

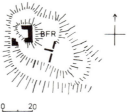

Forchheim

Bayern

Grundriß in: Bayerische Kunstdkm. Forchheim, S. 34; Dehio, Franken, S. 284.

Die erste Wasserburg war wohl eine karolingische Königspfalz. Eine weitere Anlage entstand 1102–1139, die 1246 zerstört wurde. 1377 wurde die heutige Burg mit 1,8 m dicken Mauern erbaut und ist nach Umbauten etwa 1588 und späterer Erneuerung heute Museum.

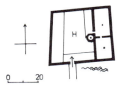

Forchtenberg

Kr. Künzelsau, Baden-Württemberg

Grundriß in: Antonow-SWD, S. 148.

1240 wird die Burg als Regensburger (!) Lehen der Herren v. Düren erwähnt. 1332 wird Forchtenberg ein Hohenloher Verwaltungsamt. 1560 findet ein umfassender Umbau mit neuen Wohngebäuden statt. Um 1600 war die Burg noch erhalten. Die Schildmauer ist 2,8 m, die Ringmauer (alt) 2,0 m stark.

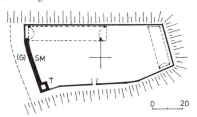

Forchtenstein

Gde. Forchtenau, Bz. Mattersberg, Burgenland, Österreich

Grundriß in: Ebhardt I, Abb. 682; Dehio, Burgenld., S. 121; Burgen u. Schlösser im Burgenld., S. 50.

Der älteste Teil der 1629–1644 zur Festung ausgebauten Burg ist der tropfenförmige Bergfried aus dem 14. Jh. In diese Zeit gehört auch ein Teil der Wohngebäude am Hof der Kernburg. Burgadel gibt es seit 1325. Die Burg ist durch die Umwandlung in eine Festung nur in wenigen Teilen erkennbar.

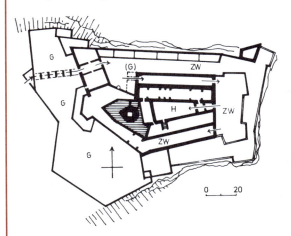

Forchtenstein

Gde. Neumarkt in Steyerm., Bz. Murau, Steiermark, Österreich

Grundriß in: Piper, Österr., Bd. 3, S. 24.

Die Burg hat ihren heutigen Namen erst seit dem 15. Jh. Sie grenzt mit der östlichen Schmalseite an die Stadtmauer v. Neumarkt. Erbaut wurde sie vor 1224 nach der Zerstörung einer älteren Anlage. Im 19. Jh. ist sie renoviert worden und heute Erholungsheim. Der Bergfried hat 10 m Seitenlänge und 2,5 m dicke Mauern. Sein nur 3 m hoch liegender Eingang könnte auf einen Wohnturm hindeuten.

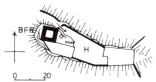

Forst

Gde. Meran-F..., Burggrafenamt, Südtirol, Italien

Angabe in: Trapp, Bd. 2, S. 228.

Erhalten von der Burg des 13. Jh. ist nur der Wohnturm, umbaut von jüngeren Gebäuden. Er hat 8 m Seitenlänge, 2 m Mauerstärke, 5 Stockwerke und 18 m Höhe, der Eingang liegt ca. 8 m hoch.

Forst

Gde. Allendorf-Neustadt, Kr. Marburg-Biedenkopf, Hessen

Grundriß in: Marburger geograph. Schriften, Heft 27, S. 184.

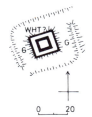

Die Reste der Wohnturmburg, die 1362 geschleift wurde, sind ausgegraben worden. Der Wohnturm mit 8,75 m Seitenlänge hat ca. 1,2 m dicke Wände. Die Ringmauer ist 0,8 m stark.

Forst = Vorst

Forstberg

Gde. Regenstauf-Karlstein, Kr. Regensburg, Bayern

Grundriß in: Kunstdkm. v. Bayern, Oberpfalz, Bd. 20, S. 79.

1280 wird der Adel v. »Forstärsberg« urkundlich genannt. Die Bauerlaubnis wurde 1393 erteilt. Erhalten ist nur der kleine Bergfried mit 5,65 m Basisbreite und 1,25 m dicken Wänden.

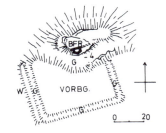

Forstegg

Bz. Werdenberg, Kt. St. Gallen, Schweiz

Grundriß nach Foto u. Angabe in: Felder, 3. Teil, S. 36.

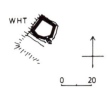

Entstanden ist der Wohnturm auf einem 5 m hohen Felsen um 1200. Ihr Erbauer war wahrscheinlich Heinrich v. Sax. Nach einem Brand 1585 wurde er um 1600 erneuert. Die Ruine wurde 1941 gesichert. Der Wohnturm mißt 17 m in beiden Maximalbreiten und hat 2 m starke Wände. Drei Geschosse sind erkennbar.

Fracstein, Klus

Gde. Seewies, Bz. Unterlandquart, Kt. Graubünden, Schweiz

Grundriß in: Kunstdkm. d. Schweiz, Graubünden, Bd. 2, S. 68; Poeschel, S. 266; Clavadetscher, S. 335.

Das Wohngebäude der Grottenburg ist vermutlich im 13. Jh. erbaut worden. Im Lauf des 15. Jh. wurde die Burg vermutlich aufgegeben. Das Wohnhaus hat im Keller eine 1,5 m, sonst 1 m starke Außenmauern. Drei Wohngeschosse und ein ca. 2,5 m hoher Eingang sind erkennbar.

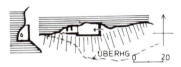

Fragenstein

Gde. Zirl, Bz. Innsbruck, Tirol, Österreich

Grundriß in: Trapp, Bd. 6, S. 45; Piper, Österr., Bd. 2; Dehio, Tirol, S. 899.

Erbaut wurde die Burg gleich nach 1200, ein »Hageno de Fragenstain«, wohl Vasall der Grafen v. Tirol wird 1232 als Zeuge genannt. 1356 ging die Burg an Parcival v. Weineck. Nach dieser Familie heißt das Vorwerk im Nordwesten aus dem 15 Jh. Unter Kaiser Maximilian diente die Burg als Jagdsitz. 1703 wurde sie gesprengt. Der Wohnturm mit 10,5 × 11 m Fläche hat 2 m starke Wände, der Eingang liegt in 5 m Höhe, der Turm besitzt 4 Stockwerke, im 2. und 3. je einen Kamin.

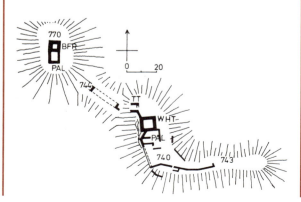

Fragsburg

Gde. Meran, Burggrafenamt, Südtirol, Italien

Grundriß in: Trapp, Bd. 2, Abb. 142.

Erbauer der späten Burg ist Otto v. Auer nach 1357. 1376 wird die Fragperg urkundlich erwähnt. Im 16. Jh. wurde die Burg umgebaut und noch einmal im 19. Jh. Der Wohnturm mit 3 Stockwerken und 1 m dicken Mauern ist nicht sehr wehrhaft, seine Hauptmaße sind 6,5 × 8 m.

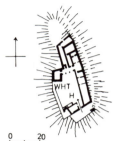

Frankenberg, Vorderfrankenberg

Gde. Ippelsheim, Kr. Neustadt a. d. Aisch, Bayern

Grundriß in: Bayerische Kunstdkm. Uffenheim, S. 85.

Entstanden ist die Burg 1255, erneuert wurde sie auf den alten Mauern 1590. Der Grundriß ist von 1720.

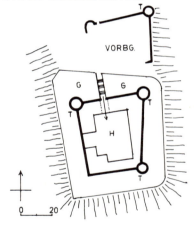

Frankenberg

Gde. Prebitz, Kr. Bayreuth, Bayern

Grundriß in: Kunstdkm. v. Bayern, Oberfrk., Bd. 1, S. 170.

Von der um 1200 entstandenen Burg der Ministerialen v. Frankenberg sind Reste der 1,65 m starken Ringmauer erhalten, verbaut in andere Gebäude.

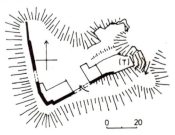

Frankenberg

Gde. Aachen, Nordrhein-Westfalen

Grundriß nach dem Museumsführer, Schloß Frankenberg.

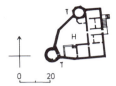

Erbaut wurde Frankenberg um 1300. Mitte des 17. Jh. wurde die Burg stark verändert wiederhergestellt. Die Wasserburg dient heute als Museum.

Frankenberg

Kr. Meiningen, Thüringen

Grundriß in: Kunstdkm. v. Thüringen, Bd. 5, S. 49.

Die Burg entstand im 13. Jh. angeblich zum Schutz der Saline. Sie wurde 1448 und 1525 endgültig zerstört. Der Bergfried mit 7,2 m Seitenlänge hat 2,2 m starke Mauern.

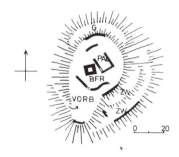

Frankenberg

Gde. Ramberg, Kr. Landau-Bergzabern, Rheinland-Pfalz

Grundriß in: Wenz, S. 190.

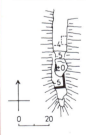

Von der Kleinstburg sind nur noch wenige Reste erhalten, sie ist vielleicht um 1300 entstanden; entspr. Adel wird 1405 urkundlich erwähnt. Vermutlich stand auf dem Felskopf der Bergfried und darunter der Palas.

Frankenburg

Ct. Villé, Bas Rhin, Frankreich

Grundriß in: Hotz Z 22; Kaltenbach, Nr. XII; Salch, S. 92; Wolff, S. 68; Wirth, S. 29.

Urkundlich wird die Burg 1123 erwähnt. Der Beginn dürfte um 1100 liegen. Erneuert wurde sie 1411, im Jahr 1582 wurde sie durch Brand zerstört. Die Ringmauer ist maximal 2 m dick, der Bergfried mit dem Durchmesser 10 m hat 3,6 m starke Mauern.

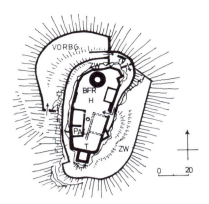

Frankenburg

Gde. Frankenhausen, Kr. Artern, Thüringen

Grundriß in: Stolberg, S. 97; Ebhardt I, Abb. 460.

Die kleine Palas-Bergfried-Burg aus dem 13. Jh. steckt wie ein Bollwerk in der Stadtmauer Frankenhausens. 1859 ist die Burg eingestürzt, später zum Museum ausgebaut worden. Der Bergfried hat 9 m Durchmesser und 3,5 m Mauerstärke, auch die Mauer des Palas ist mit 2 m Dicke sehr stark.

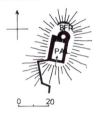

Frankenburg = Todemann

Frankenstein

Kr. Kaiserslautern, Rheinland-Pfalz

Grundriß in: Kunstdkm. v. Bayern, Pfalz, Bd. 9, S. 205; Baudkm. i. d. Pfalz, Bd. 1, S. 63; Burgen u. Schlösser i. d. Pfalz, Abb. 14.

Ein Helger v. Frankenstein wird 1146 als Edelfreier urkundlich erwähnt. Die Burg wurde kurz nach 1200 durch die Grafen v. Leiningen erbaut. Seit 1216 werden Burgmannen genannt. 1414 wurde Frankenstein erneuert. 1525 beschädigt, war sie 1560 schon nicht mehr bewohnt. Der Bergfried auf dem Felskopf mißt 8 × 9 m Grundfläche und hat 1,7 und 3 m starke Mauern.

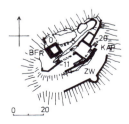

Frankenstein

Gde. St. Anton, Bz. Scheibbs, Niederösterr., Österreich

Grundriß in: Burgen im Bz. Scheibbs, S. 84.

1314 wird das »castrum de Franchenstein« urkundlich erwähnt. Schon 1367 wird die Burg zerstört. Die Ringmauer ist ca. 1,0 m stark. Im oberen Burgbereich stand wahrscheinlich der Bergfried.

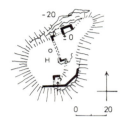

Frankenstein

Gde. Seeheim-Jugenheim, Kr. Darmstadt, Hessen

Grundriß in: F. Kirchner »Die Burg Frankenstein«, Darmstadt 1963; Buchmann, S. 51; Bronner.

Erbaut wurde die Burg um 1250. Um 1400 wurde sie umfangreich erweitert. Im 17. Jh. ist sie verfallen. Restauriert wurde sie in der 2. Hälfte des 19. Jh. Ihre Ringmauer ist 1,5 m stark.

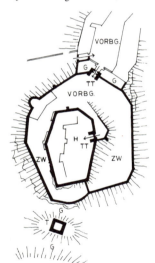

Frauenberg

Gde. Marburg (Kr.)-F..., Hessen

Grundriß nach Aufnahme F.-W. Krahe, 1991.

Von der 1252 erbauten Burg ist nur noch ein Teil der 1,9 – 2,0 m starken und bis zu 6 m Höhe erhaltenen Ringmauer übrig. Ende des 15. Jh. ist sie verfallen.

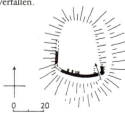

Frauenberg

Gde. Stuttgart-Feuerbach, Baden-Württemberg

Grundriß in: Pfefferkorn, Bd. 2, S. 37.

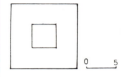

Als Rest der ehemaligen Burg ist der Bergfried übriggeblieben, er ist wohl aus der 1. Hälfte des 13. Jh., mit 11 m Seitenlänge hat er 3,5 m dicke Mauern. Die Burg wurde 1560 abgebrochen.

Frauenburg

Kr. Birkenfeld, Rheinland-Pfalz

Grundriß in: Archiv d. Deutschen Burgenv.

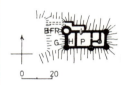

Erbaut wurde die kleine Burg zwischen 1328 und 1331. Die Ringmauer mit kleinen Rundtürmen ist 1 m dick. Der Bergfried hat nur knapp 6 m Durchmesser und 1,5 m dicke Mauern. Über die Zerstörung gibt es keine Zeitangaben.

Frauenburg

Bz. Judenburg, Steiermark, Österreich

Grundriß in: Ebhardt I, Abb. 676; Hotz Z 125; Burgen u. Schlösser d. Steierm., Bd. 1, S. 43; Dehio, Steierm., S. 110; Piper, Österr., Bd. 1, S. 106.

Der romanische Wohnturm ist der Kern der Burg. Der Minnesänger Ulrich v. Liechtenstein ließ sie vor 1248 erbauen. Von ihm stammt der romantische Name. Erweitert wurde die Burg im 14. und 15. Jh., nach Auslagerung der gräflich Schwarzenbergischen Verwaltung verfiel die Burg im 19. Jh. Der Wohnturm-Palas mit 17 m erhaltener Höhe und den maximalen Maßen 13 × 22 m und mit 2 m dicken Mauern besaß 4 Stockwerke. Er erinnert an den Wohnturm der Grasburg→.

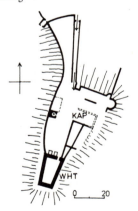

Frauenburg, Fronsberg

Gde. Ruschein, Bz. Glenner, Kt. Graubünden, Schweiz

Grundriß in: Poeschel, S. 232; Clavadetscher, S. 89.

Heinrich I. v. Frauenberg ist 1257 urkundlich genannt. Der Minnesänger Heinrich v. Frauenberg (1284 – 1305 bezeugt) stammt von

14 Falkenstein, Harz

20 Guirbaden, Elsaß

21 Gnandstein, Kreis Geithain, Sachsen

22 Hambacher Schloß

23 Henneberg, Main-Spessart-Kreis

24 Henneberg, Main-Spessart-Kreis

25 Hanstein, Gemeinde Bornhagen, Kreis Heiligenstadt, Thüringen

26 Hochegisheim, Elsaß

27 Hochkönigsburg, Elsaß

hier. Wann die kl. Burg ruiniert wurde, ist unbekannt. Ihr Mauerwerk von 1,5 m Stärke und 7 m erhaltener Höhe ist in Fischgräten-Verband hergestellt. Nach Poeschel war die Anlage ein Wohnturm, Clavadetscher vermutet eine Ringmauer mit angelehnten Gebäuden. Derartig kleine Burgen mit Gebäuden gibt es tatsächlich auch anderswo, wie in Steinhart→.

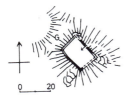

Frauenfeld

Kt. Thurgau, Schweiz

Grundriß in: Kunstdkm. d. Schweiz, Thurgau, Bd. 1, S. 65; Burgen u. Schlösser d. Schweiz, Thurgau I, S. 54; Meyer, Bd. 6, S. 74.

Urkundlich wird die aus Bergfried und Palas bestehende Burg 1226, der östliche Anbau ist aus dem 15. Jh., ein weiterer im Westen aus dem 19. Jh. Der Bergfried mit 19 m Höhe hatte früher eine hölzerne Auskragung im obersten Geschoß. Die Eingangshöhe ist 8 m, der dreistöckige Turm hat die Seitenlänge von 8,5 m mit 2,7 m dicken Wänden.

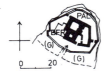

Frauenhain

Kr. Großenhain, Sachsen

Grundriß in: Kunstdkm. v. Sachsen, Bd. 37, S. 61.

Die ursprüngliche Anlage war eine Wall-Graben-Anlage des 12. Jh. Das heutige Wasserschloß wurde im 15. Jh. begonnen und danach oft verändert.

Frauenstein

Gde. Wiesbaden-F..., Hessen

Grundriß in: Cohausen, Nr. 216.

Die vielleicht am Beginn des 13. Jh. errichtete Burg wurde 1302 erstmals und im Dreißigjähr. Krieg endgültig zerstört. Der fünfeckige Bergfried hat maximale Maße von 6,5×7 m und 1,4 m dicke Wände.

Frauenstein

Gde. Winklarn-Pondorf, Kr. Schwandorf, Bayern

Grundriß in: Kunstdkm. v. Bayern, Oberpfalz, Bd. 7, S. 14.

1270 »Frauenstein den Burch« urkundlich erwähnt. Zerstört wurde sie Mitte des 16. Jh.

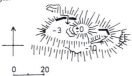

Frauenstein

Kr. Brand-Erbisdorf, Sachsen

Grundriß in: Dehio für die Bez. Dresden, Karl-Marx-Stadt (Chemnitz) und Leipzig, S. 99; Burgwart 1900, S. 17.

Die Burg wird 1272 erstmals genannt, ist jedoch wohl älter. Zerstört wird sie 1728. Der halbrunde Bergfried mit 9×10,5 m Hauptmaßen ist eine Rarität, seine Mauer ist 1,7 m dick.

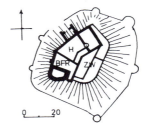

Freckleben

Kr. Hettstedt, Sachsen-Anhalt

Grundriß in: Stolberg, S. 101.

1233 wird ein »Rudolfus comes de Frackenlove« urkundl. erwähnt. 1166 tauscht Kaiser Barbarossa das »castrum Frackenleven« gegen Liegenschaften am Rhein. Die Burg muß im 12. Jh. entstanden sein, ab dem 16. Jh. war sie Domäne. Der Turm im Osten mit 10,2 m Durchmesser und 3 m Mauerstärke hat einen Eingang in 6 m Höhe; er ist vielleicht der ältere Bergfried ?? Der 6,9×7,9 m messende Bergfried mit 2,2 m Mauerstärke wird in halber Höhe, nämlich 12,5 m, oktogonal. Sein Einstieg ist 8,5 m hoch. Er hat einen Kamin und einen Aborterker.

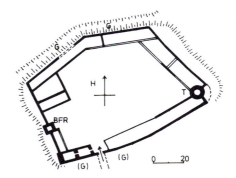

Freden, Althausfreden, Burgfreden

Kr. Hildesheim, Niedersachsen

Grundriß in: Kunstdkm. v. Niedersachsen, Alfeld, S. 161.

Die rechteckige Burg mit nur 0,8 m dicker Ringmauer wurde 1347 erbaut. Weiter ist über die Ruine nichts bekannt.

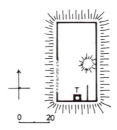

Freiberg

Gde. Obermühlbach, Bz. St. Veit, Kärnten, Österreich

Grundriß in: Burgen u. Schlösser in Kärnten, Bd. 1, 2. Aufl., S. 27; Kohla, S. 57.

»Castrum Vrieberch« wird 1181 urkundlich genannt. 1292 fand eine vergebliche Belagerung statt. 1553 ist die Anlage bereits verfallen. Die Kernburg des 12. Jh. besaß keinen Turm. Die Vorburg oder untere Burg wurde im 13. Jh. errichtet und enthält eine romanische Doppelkapelle und den Bergfried. Der nicht sehr starke Bergfried hatte 6,29 m Seitenlänge und 1,3 m dicke Mauern.

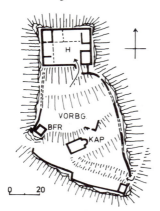

Freienfels

Gde. Weinbach-F..., Kr. Limburg, Hessen

Grundriß in: Kunstdkm. im Reg.-Bz. Wiesbaden, Bd. 3, S. 64; Piper, Fig. 194, Cohausen, Nr. 230.

Gegründet wurde die Burg vielleicht 1195, urkundlich wird sie erst 1327 genannt. Verfallen ist sie im 18. Jh. Der älteste Teil ist die 8 m hohe und 4 m starke Schildmauer und der ca. 7,5 × 7,5 m messende Bergfried von 20 m Höhe mit 4 Stockwerken und dem Eingang 8 m über dem Burghof. Die Ringmauer ist 1,25 m dick.

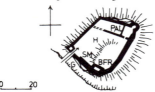

Freienstein

Gde. Beerfelden-Gammelsbach, Kr. Erbach, Hessen

Grundriß in: Kunstdkm. v. Hessen, Erbach, S. 100; Antonow-SWD, S. 149.

Die Burg wurde zwischen 1275 und 1350 durch die Schenken v. Erbach erbaut. 1286 wird sie urkundlich genannt. 1513 wird sie erweitert, zum Beginn des 19. Jh. ist sie verfallen. Die 18 m hohe und 2,2 m starke Schildmauer hat an ihren Ecken Buckelquader. Die Ringmauer ist 1,25 m dick.

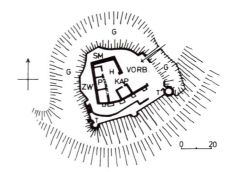

Freienstein

Gde. Teufen, Bz. Bülach, Kt. Zürich, Schweiz

Grundriß in: Züricher Denkmalpflege 1975/76.

Die Turmburg auf einem Hügel entstand 1250. Der mit Buckelquadern verkleidete Wohnturm wurde 1254 urkundlich erwähnt. 1334 wurde der Turm durch Zürich und endgültig 1443 zerstört. Er hat Maße von 12 × 12 m und 2,5 m Wandstärke. Ursprünglich besaß er 4 Stockwerke; der Eingang liegt 5 m hoch.

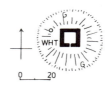

Freienstein = Freyenstein

Frenkingen = Altbettingen

Freudenau

Gde. Untersiggental, Bz. Baden, Kt. Aargau, Schweiz

Grundriß in: Merz-Aarau.

Auf einer Aareinsel wurde die Burg erbaut. 1251 wird »Vroudenowe« urkundlich genannt. 1351 wurde sie durch Zürich zerstört. Der Bergfried mit 10,6 × 11,2 m Seitenlänge hat 2,8 m dicke Mauern und ist 6 m hoch erhalten.

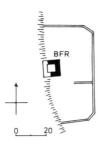

Freudenberg

Gde. Bad Ragaz, Bz. Sargans, Kt. St. Gallen, Schweiz

Grundriß in: Piper, Fig. 587; Felder, 3. Teil, S. 38.

Die kleine Kernburg vom Typ Wohnturm-Hof-Palas wurde vor 1250 erbaut. 1437 wurde sie zerstört und 1929 gesichert. Der Wohnturm mit den Maßen 6 × 11 m hat 1,8 m starke Mauern und 5 Stockwerke.

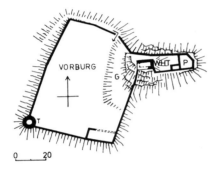

Freudenberg

Main-Tauber-Kr., Baden-Württemberg

Grundriß in: Kunstdkm. v. Baden, Bd. 4.1, S. 104; Ebhardt I, S. 424.

Die Gründung erfolgte 1195. Aus dieser Zeit stammen Bergfried und Schildmauer. Der Palas wurde 1361 erbaut, 1499 wurde die Vorburg angefügt und der Bergfried erhöht. Über den Verfall zur heutigen Ruine gibt es keine Daten. Der mächtige Bergfried von 15 m im Quadrat mit 4 m starken Wänden ist heute 30 m hoch und springt auf 15 und 24 m Höhe um rd. 2,5 m zurück; der Eingang liegt auf ca. 15 m, was der Höhe der Schildmauer entspricht.

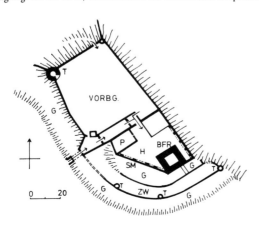

Freudenburg

Kr. Trier-Saarburg, Rheinland-Pfalz

Grundriß in: Kunstdkm. d. Rheinprov., Bd. 15.3, S. 84; Dehio, Rheinland-Pfalz, S. 254.

1337 gründete König Johann v. Böhmen aus dem Hause Luxemburg die nicht besonders große Burg. Sie wurde 1646 zerstört. Der runde Bergfried hat einen Durchmesser von 7,5 m und 2,3 m dicke Mauern. Die Ringmauer ist 15 m, die Schildmauer 2,2 m stark.

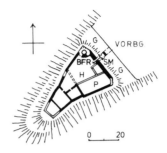

Freudeneck

Gde. Wangenburg, Ct. Wasselonne, Bas Rhin, Frankreich

Grundriß in: Kaltenbach, S. 50; Wolff, S. 70; Salch, S. 93.

Die sehr kleine, fast dreieckige Burg wurde um 1300 erbaut und bereits 1408 durch Straßburg zerstört. Der Bergfried hat 5,5 m Durchmesser. Die Schildmauer ist 3,0 m, die Ringmauer 1,7 – 2,3 m stark.

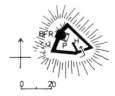

Freudenkoppe

Gde. Neroth, Kr. Daun, Rheinland-Pfalz

Grundriß in: Kunstdkm. d. Rheinprov., Bd. 12.3, S. 173.

Wie Freudenburg und Freudenstein wurde auch Freudenkoppe von König Johann v. Böhmen um 1340 erbaut. Wann sie zerstört wurde, ist nicht bekannt. Die Ringmauer ist ca. 1,25 m dick. Der im Zentrum der Anlage stehende Wohnturm hat sogar nur 1,1 m Mauerstärke bei 11,5 m Seitenlänge.

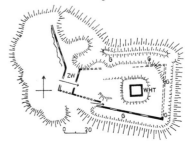

Freudenschloß – Rodosno

Gde. Lomnitz-Łomnitza, Kr. Waldenburg – Wałbrzych, Schlesien, Polen

Grundriß in: Grundmann, S. 102.

Entstanden ist die kleine Burg zum Ende des 12. Jh., 1350 wird sie urkundlich erwähnt, 1483 zerstört. Die Ringmauer ist 1,2 m stark, der Bergfried hat 7 m Durchmesser und 2,5 m dicke Mauern.

Freudenstein

Gde. Eppan, Unteretsch, Südtirol

Grundriß in: Weing.-Bozen, Abb. 4; Weing.-Hörm., S. 334.

Die Burg ist im 13. Jh. vermutlich durch die Herren v. Dosso erbaut worden, die 1244 mit »Welpo de Dosso« urkundlich auftauchen. Die Burg selbst wird erst 1379 genannt. 1519 findet ein Umbau statt. 1900 wird die Burg wenig glücklich erneuert. Die Ringmauer ist 1,0–1,5 m stark. Die beiden Wohntürme sind mit je 4 Stockwerken 21 m hoch. Der nördliche ist 9×9 m groß mit 1,75 m Mauerwerk, der südliche 8×10 m mit gleich dicken Mauern.

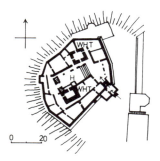

Freudenstein, Geisenburg

Gde. Brockscheidt, Kr. Daun, Rheinland-Pfalz

Grundriß in: Kunstdkm. d. Rheinprov., Bd. 12.3, S. 35.

Auch diese Burg war wohl eine Gründung König Johanns v. Böhmen aus dem Hause Luxemburg um 1340. Sie hatte 2 Türme, beide vermutlich Wohntürme. Die Burg wurde schon 1388 zerstört und 1888 ausgegraben. Bei Mauerstärken von 1,6 m haben die Wohntürme ca. 8,5 m und ca. 10 m Seitenlänge.

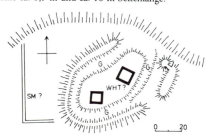

Freudenthal – Bruntál

Nordmähren, Tschechische Republik

Grundriß in: Archiv d. Deutschen Burgenver.

Entstanden ist die Stadtburg wohl Ende des 14. Jh., erwähnt wurde sie urkundlich 1435.

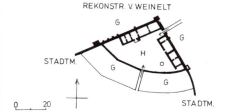

Freundeck = Frundek

Freundsberg, Sigmundsried

Bz. Schwaz, Tirol, Österreich

Grundriß in: Piper, Fig. 139; Weing.-Hörm., S. 78; Bracharz, S. 110; Piper, Österr., Bd. 8.

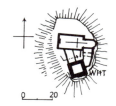

Der romanische Wohnturm der Ministerialen der Grafen v. Andechs wird vielleicht um 1100 begonnen. Die Frundsberg besaßen die Burg bis 1467, als sie nach Mindelheim übersiedelten. Danach entstand anstelle des Palas eine gotische Kirche, die zusammen mit den Burgresten noch heute benutzt wird. Der Wohnturm hatte ursprünglich 5 Stockwerke in 20 m Höhe ein 6. kam später hinzu. Sein Grundriß hat 10,5 m Seitenlänge und ca. 2,2 m dicke Mauern. Die Frundsberg besaßen nach Freundsberg die Mindelburg →.

Freusburg

Gde. Kirchen-F..., Kr. Altenkirchen, Rheinland-Pfalz

Grundriß in: Kunstdkm. d. Rheinprov., Bd. 161, S. 74.

Die Burg ist romanischen Ursprungs. Die heutige Anlage ist auf älteren Resten im 16. Jh. entstanden. Im 19. Jh. ist sie verfallen, wurde jedoch 1923 wiederhergestellt.

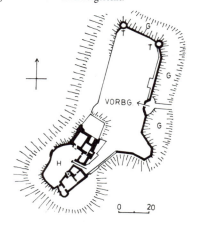

Freyenstein, Freienstein

Bz. Amstetten, Niederösterr., Österreich

Grundriß in: Österr. Kunsttop., Bd. 3, S. 378; Burgen u. Schlösser in Niederösterr., Bd. II/4, S. 57.

Urkundlich wird die Burg 1298 erwähnt, 1453–1463 wird sie umgebaut, wann sie Ruine wurde, ist nicht bekannt. Der vorgeschobene Bergfried mit 7,5 × 9,5 m Hauptmaßen und nur 1,2 m dicken Mauern ist aus dem 13. Jh., er hat 21 m Höhe und einen Hocheingang. Die Schildmauer ist 2,2 m stark, die Ringmauer um 1,4 m.

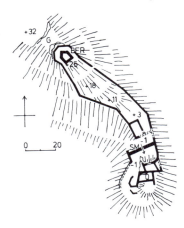

Friberg

Gde. Siat, Bz. Glenner, Kt. Graubünden, Schweiz

Grundriß in: Clavadetscher, S. 105.

Die Edelfreien v. Friberg, wohl stammesgleich mit den v. Frauenberg, werden 1255 urkundlich genannt. Die Burg wurde wohl im 15. Jh. verlassen. Der Wohnturm von 10,5 × 17 m mit wenig über 1 m starken Wänden ist nur noch in Bruchstücken erhalten.

Friberg

Gde. Trun, Bz. Vorderrhein, Kt. Graubünden, Schweiz

Grundriß in: Clavadetscher, S. 352.

»Castrum Fridelberg« wird 1252 urkundlich erwähnt. 1911 ist ein Teil des Turmes eingestürzt, er hatte Dimensionen von 10 × 11 m mit 1,8 m Mauerstärke, er hatte 4 Stockwerke.

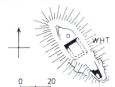

Fridingen

Kr. Tuttlingen, Baden-Württemberg

Grundriß in: Schmitt, Bd. 3, S. 270.

Gegründet wurde die Burg durch Heinrich v. Hohenberg zwischen 1300 und 1330 als Neuhohenberg. Reste der Burg sind im Schloß enthalten. Die Ringmauer war wohl 1,5 m stark, der Wohnturm maß 10 × 11 m und hatte vermutlich 4 Stockwerke in vielleicht 16 m Höhe.

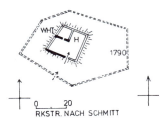

Friedau

Gde. Zisers, Bz. Unterlandquart, Kt. Graubünden, Schweiz

Grundriß in: Poeschel, S. 156; Clavadetscher, S. 318.

Der Wohnturm aus der Mitte des 13. Jh. mit 10,8 m Seitenlänge und 1,9 m Mauerdicke besaß 4 Stockwerke in 20 m Gesamthöhe mit einem 8 m hoch liegenden Eingang. 1387 wurde der Turm nach Zerstörung wiederhergestellt. Verfallen ist er nach 1880.

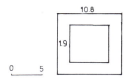

Friedberg

Gde. Meilen (Bz.), Kt. Zürich, Schweiz

Grundriß nach Luftaufnahme und Angabe in Meyer, Bd. 5, S. 39.

Entstanden ist die Burg um 1200, zerstört wurde sie wohl Anfang des 15. Jh., 1903 wurde sie ausgegraben.

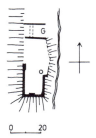

Friedberg

Wetteraukr., Hessen

Grundriß in: Kunstdkm. v. Hessen, Bd. Friedberg.

Die Basis der Burg aus dem Ende des 12. Jh. ist das Römerkastell. Die Burg, deren Dimension (2,6 ha) einer Burgstadt entspricht, ist mehrfach umgebaut, zuletzt im 19. Jh. Die Ringmauer ist 2,5 m stark. Der hohe Bergfried „Adolfsturm" hat 11 m Durchmesser und 2,7 m dicke Mauern, in denen die Wendeltreppe liegt. Friedberg war Reichsburg.

Friedberg

Kr. Augsburg, Bayern

Grundriß nach Aufmaß des Landesbauamtes Augsburg.

Gegründet wurde Friedberg um 1260, erneuert wurde die Burg 1408, nach einem Brand 1541 und nach Zerstörung im Dreißigjährigen Krieg wurde sie wieder aufgebaut. Ihre Ringmauer ist 1,5–2,0 m dick, der Bergfried 7,2 × 8,4 m groß, die Treppe liegt im Mauerwerk.

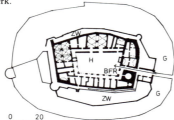

Friedberg

Bz. Innsbruck, Tirol, Österreich

Grundriß in: Trapp, Bd. 6, S. 260; Piper, Österr., Bd. 6, S. 46; Bracharz, S. 110.

»Sighardus dictus Kolbe de Frideberg« wird 1286 urkundlich genannt. Die Burg entstand im 13. Jh. mit dem Bergfried und 4 Wohntürmen für verschiedene Familienzweige. Friedberg war von Anfang an eine Ganerbenburg, erweitert im 14. Jh., wird sie Ende des 15. Jh. umfassend umgebaut. Die Bastion ist aus dem 16. Jh. 1847–1854 wurde die Burg erneuert. Der Bergfried hatte ursprünglich 19 m Höhe, sein Eingang mit Rundbogen liegt 6 m hoch, die Grundfläche ist 8,9 m im Quadrat mit 1,9 m Mauerstärke.
Wohnturm 1: 8,7 im Quadrat, 4 Stockwerke, 16 m Höhe; 2: 8,5 × 9,5 m, 2 Stockwerke, 9 m Höhe; 3: 7,5 × 10,3 m, 4 Stockwerke, 16 m Höhe; 4: 9,5 m im Quadrat, 4 Stockwerke, 16 m Höhe.
Die Ringmauer und die Mauern der Wohntürme sind rd. 1,1 m dick.

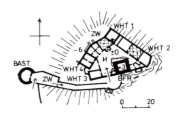

Friedberg = Jagdburg

Friedburg

Gde. Sulzau, Bz. Zell am See, Salzburg, Österreich

Grundriß in: Österr. Kunsttop., Bd. XXV.

Burgadel wird 1190 urkundlich genannt. Die Burg verfiel nach 1551 nach einem Brand. Die Ringmauer ist 1,5 m stark.

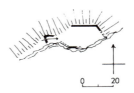

(Friedeberg) – Žulova

Bz. Mähr. Schönberg – Šumperk, Nordmähren, Tschechische Republik

Grundriß in: Burgwart 1936, S. 48; Weinelt, Abb. 19.

Entstanden ist die Burg mit dem seltenen wie bemerkenswerten Grundriß wohl Mitte des 13. Jh. Zerstört wurde sie im Dreißigjährigen Krieg und 1805 abgebrochen. Der Grundriß ist von 1795. Der Bergfried hatte 11 m Durchmesser und fast 4 m dicken Wände.

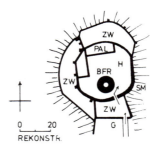

Friedensburg

Gde. Leutenberg, Kr. Saalfeld, Thüringen

Grundriß in: Ebhardt I, Abb. 460.

Begonnen wurde die Burg im 14. Jh., weiterer Ausbau fand im 15. und 16. Jh. statt. Der Bergfried hat nur 5 m Durchmesser.

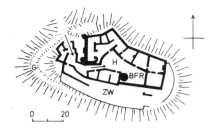

Friedestrom

Gde. Dormagen-Zons, Kr. Neuß, Nordrhein-Westfalen

Grundriß in: Kunstdkm. d. Rheinprov., Bd. 3.5.

Die Stadtburg ist vermutlich 1290 erbaut worden. Sie gehörte dem Bischof von Köln.

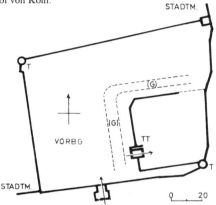

Friedewald

Kr. Bad Hersfeld, Hessen

Grundriß in: Kunstdkm. v. Hessen, Hersfeld, Abb. 7; Ebhardt I, Abb. 492, Hotz, Z. 134.

Die heutige Wasserburg wurde 1470 für Landgraf Heinrich III. v. Hessen durch Hans Jacob v. Ettlingen erbaut. Sie wurde 1762 durch Franzosen zerstört.

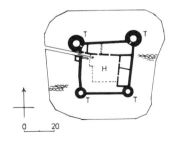

Friedingen

Gde. Singen-F..., Kr. Konstanz, Baden-Württemberg

Grundriß nach: Skizze in Hartmann, S. 89.

Der Burgadel ist seit 1181 bekannt. Entstanden ist die Burg im 12. Jh.

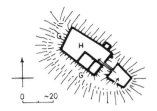

Friedland – Frydlant

Bz. Reichenberg – Liberec Nordböhmen, Tschechische Republik

Grundriß in: Ebhardt II/2, S. 428; Heber, Bd. 1.

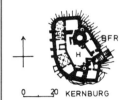

Die Burg Friedland ist bekannt geworden als Besitz und Namengeber für Wallenstein. Urkundlich wird sie im 13. Jh. erwähnt. Umbauten finden bis ins 17. Jh. statt. Ihre Ringmauer ist über 2 m stark, der Bergfried hat 9 m Durchmesser und 2,5 m dicke Mauern.

(Friedland)

Kr. Göttingen, Niedersachsen

Grundriß in: Heinrich Lücke »Burgen, Amtssitze und Gutshöfe rund um Göttingen«, S. 95.

Der hier dargestellte Grundriß der verschwundenen Burg Friedland ist von 1740 vor ihrem Abbruch zugunsten eines neuen Amtshauses. Erwähnt wird die Burg 1286, im 14. Jh. ist eine Erbteilung vermerkt. Der Wohnturm besaß 5 Stockwerke.

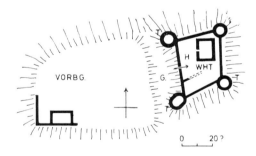

Friedstein – Frydštejn

Bz. Gabolonz – Jablonec n. Nissou, Nordböhmen, Tschechische Republik

Grundriß in: Piper, Österr., Bd. 5, S. 18; Heber, Bd. VI; Menclová, S. 333.

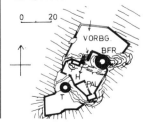

Urkundliche Erwähnung der Burg in der 2. Hälfte des 14. Jh., 1432 wurde sie durch die Hussiten belagert. Um 1600 ist sie verfallen. Der Eingang der Burg führt zwischen zwei Felstürmen hindurch. Der Bergfried hat 9 m Durchmesser und 2,7 m Mauerdicke.

Friesach, Rotenturm

Bz. St. Veit, Kärnten, Österreich

Grundriß in: Burgen u. Schlösser in Kärnten, Bd. 1, 2. Aufl., S. 35.

Der Wohnturm wird 1140 erstmals genannt, im 13. Jh. wird er in die Stadtbefestigung einbezogen. Er hat 5 Stockwerke und 18 m Höhe.

Friesdorf

Bonn-F..., Nordrhein-Westfalen

Grundriß in: Kunstdkm. d. Rheinprov., Bd. 5.3, S. 270.

Der Wohnturm mit noch 2, ursprünglich 3 Stockwerken stammt wohl aus dem 13. Jh., er mißt 10 × 11 m.

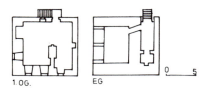

Friesenberg

Gde., Bz. u. Kt. Zürich, Schweiz

Grundriß in: Meyer, Bd. 4, S. 40.

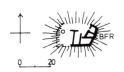

Ausgrabung einer kleinen Burg, die um 1200 erbaut wurde. Die Ringmauer ist 1,5 m stark, der Bergfried hat eine maximale Abmessung von 5,5 × 6 m und 1,5 m dickes Mauerwerk.

Frischenberg

Gde. Sax, Bz. Werdenberg, Kt. St. Gallen, Schweiz

Grundriß in: Felder, 2. Teil, S. 45.

Wahrscheinlich war der Burgrest auf einem Fels ein Wohnturm von 8,5 (max.) × 12,3 m Fläche mit 1,5 – 2,0 m dicken Wänden. Erwähnt wird die Burg nur 1339.

Fröhlichsburg

Gde. Mals, Vinschgau, Südtirol

Grundriß in: Trapp, Bd. 1, S. 55; Piper, Österr., Bd. 6, S. 27.

Die Burg ist romanischen Ursprunges etwa um 1200. Sie liegt mitten im Ort. 1736 ist sie Ruine. Der Bergfried mit 10 m Durchmesser und 2 m dicken Mauern ist 33,5 m hoch, sein Eingang liegt in 7,3 m Höhe und ist rundbogig. Der Turm hat 5 Stockwerke, in etwa 17 m Höhe gab es einen außen vorkragenden Wehrgang mit entspr. Ausgang. Die Ringmauer mit 1,2 m Stärke ist noch bis 10 m Höhe erhalten.

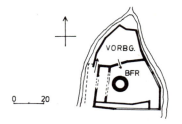

Froensberg

Gde. Lembach, Ct. Wissembourg, Bas-Rhin, Frankreich

Grundriß in: Dictionnaire des Chateaux du Moyen Age en France; Wenz, S. 180.

Die Felsen- und Höhlenburg ist aus dem 13. Jh., 1348 wurde sie als Raubnest und 1677 durch Franzosen endgültig zerstört. Der Felsturm trug wohl nur den Palas und einen schwachen Bergfried.

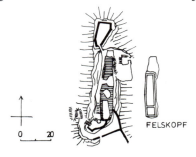

Frohburg

Gde. Trimberg, Bz. Olten, Kt. Solothurn, Schweiz

Grundriß in: Merz-Sisgau, S. 100; Meyer-Regio, S. 201; Meyer, Bd. 7, S. 56.

Der Burgplatz war lange vor dem Mittelalter benutzt. Die Burg ist jedoch eine Anlage der Grafen v. Frohburg, die seit Ende des 10. Jh. erbaut worden ist, mit Schwerpunkt von 1150 – 1250. Die Burg ist 1356 beim Erdbeben zerstört worden. 1973 – 1977 wurden die Ruinen freigelegt und konserviert. Der Bergfried auf dem Felskopf hat die Hauptmaße 8 × 8,5 m und ca. 1,8 m dicke Mauern. Die Kernburg auf dem Fels gehört zum Typ Bergfried-Hof-Palas.

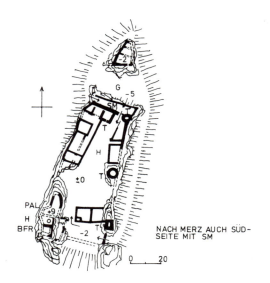

Frohnfeste = Althofen

Frojach
Gde. Rosegg-St. Martin, Bz. Villach, Kärnten, Österreich

Die kleine Burg ist wohl romanischen Ursprungs. Der Ort wird 1237 erstmals genannt.
Grundriß in: Kohla, S. 63.

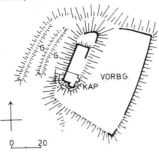

Frondsberg
Gde. Kogelhof, Bz. Weiz, Steiermark, Österreich

Grundriß in: Dehio, Steiermark, S. 121.

Das heutige Schloß entstand im 16. Jh. durch den Umbau der 1265 erstmals erwähnten Burg.

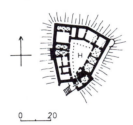

Fronsberg = Frauenberg

Frümberg – Frymberk
Gde. Neustädtl – Nové Město, Bz. Nachod – Náchod, Ostböhmen, Tschechische Republik

Grundriß in: Mendová, S. 372.

Die nur 275 m² bedeckende Burg ist aus dem 14. Jh. Die Ringmauer ist 1,9 m stark, der Bergfried hat wohl ca. 8,0 m Durchmesser und 3 m Mauerstärke.

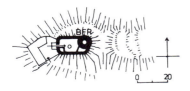

Fründsberg
Gde. Goldingen, Bz. See, Kt. St. Gallen, Schweiz

Grundriß in: Felder, 2. Teil, S. 60.

1259 »miles de Vruntsperc« urkundlich erwähnt. Der 10 m tiefe Graben ist in den Fels gehauen, der Pfeiler der Zugbrücke noch erhalten. Die quadrat. Form der Burg ist am Fels noch erkennbar.

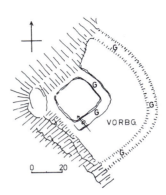

Frundeck, Freundeck
Gde. Horb-Ahldorf, Kr. Freudenstadt, Baden-Württemberg

Grundriß in: Antonow, SWD, S. 152.

Entstanden zwischen 1230 und 1250, 1255 urkundlich erwähnt. Mitte des 16. Jh. war die Burg Ruine. Ihre Ringmauer ist 1,6, die Schildmauer 2,5 m stark.

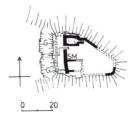

Frundsburg, Eineck
Gde. Jungingen, Kr. Balingen, Baden-Württemberg

Grundriß in: Schmitt, Bd. 5, S. 199.

Die kleine Burg wurde um 1250 verlassen.

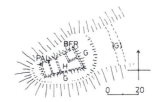

Füllstein

Gde. Hotzenplotz – Osoblaha, Bz. Freudenthal – Bruntál, Nordmähren, Tschechische Republik

Grundriß in: Archiv d. Deutschen Burgenvereinig.

Entstanden ist die Burg um die Mitte des 13. Jh., zerstört wurde sie im Dreißigjährigen Krieg. Der Bergfried mit 7 m Durchmeser hatte 2,1 m dicke Wände.

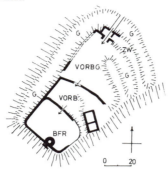

Fürstenau

Kr. Osnabrück, Niedersachsen

Grundriß in: Kunstdkm. d. Prov. Hannover, Bd. 4.3.

Der Wohnturm aus der 2. Hälfte des 14. Jh. ist der Rest einer Stiftsburg, der heute als Glockenturm dient.

✗Fürstenau

Gde. Michelstadt, Kr. Erbach, Hessen

Grundriß in: Kunstdkm. v. Hessen, Erbach.

Die Ringmauer von 2 m Stärke und die kleinen Türme stammen von der Wasserburg, die Erzbischof Aspelt Anfang dese 14. Jh. erbauen ließ. Sie wurde Ende des 15. Jh. vollständig erneuert und im 16. Jh. zum Renaissanceschloß umgebaut. Der Bergfried ist – erstaunlich genug – aus dieser Zeit.

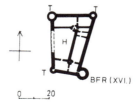

Fürstenau – Oberburg

Bz. Heinzenberg, Kt. Graubünden, Schweiz

Angabe in: Clavadetscher, S. 117.

Der mittelalterliche Wohnturm ist als Rest der Oberburg im Barockschloß verbaut.

Fürstenau – Unterburg

Bz. Heinzenberg, Kt. Graubünden, Schweiz

Angabe in: Clavadetscher, S. 117.

Auch die Unterburg besaß einen mittelalterlichen Wohnturm, der heute als Rest der Burg in einem Wohnhaus verbaut ist.

Fürstenberg, Fürstenburg

Gde. Burgeis, Vinschgau, Südtirol, Italien

Grundriß in: Weing.-Hörm., S. 481; Trapp, Bd. 1, S. 40; Piper, Österreich, Bd. 6, S. 29.

1278 – 1292 wurde die Burg auf dem Platz einer älteren Anlage, von der es keine Spuren gibt, durch Fürstbischof Konrad v. Belmont erbaut; daher der Name. Ende des 14. Jh. wurde sie umgebaut und im 16. und 17. Jh. weiter verändert. Seit 1952 ist sie landwirtschaftliche Lehranstalt. Der Bergfried mit 9,5 m Kantenlänge und 1,85 m Wandstärke ist 25 m hoch, hat 6 Stockwerke und einen Eingang in 6 m Höhe.

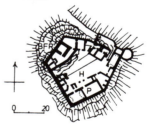

Fürstenberg

Kr. Holzminden, Niedersachsen

Grundriß in: Kunstdkm. v. Braunschweig, Bd. 4, S. 46.

Im Schloß Fürstenberg, das heute als Museum der berühmten Porzellanmanufaktur benutzt wird, erkennt man noch die Burg, die etwa Mitte des 14. Jh. gegründet wurde. Zerstörungen im 16. Jh. und im Dreißigjährigen Krieg haben sie stark verändert.

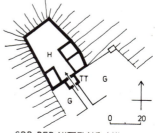

GDR. DER MITTELALT. ANL.

Fürstenberg

Gde. Oberdiebach, Kr. Mainz-Bingen, Rheinland-Pfalz

Grundriß in: Burgen u. Schlösser 1991-I.

Die Burg ist erstmals 1243 urkundlich erwähnt. Nach ihrer Zerstörung wurde sie ab 1290 in der jetzigen Form erbaut. 1689 wurde sie durch Franzosen zerstört. Der leicht konische Bergfried ist 24 m hoch und hat an der Basis 7,85 m Durchmesser, oben nur noch 6 m, die Mauerstärke ist 2,5 m, der Eingang liegt in 12 m Höhe. Die Ringmauer ist 1,3 m dick.

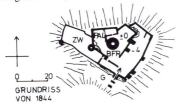

Fürsteneck

Gde. Oberkirch-Gaisbach, Kr. Offenburg, Baden-Württemberg

Grundriß in: Kunstdkm. v. Baden, Bd. 7, S. 151; Batzer/Städele, S. 251; Burgen u. Schlösser in Mittelbaden, S. 251.

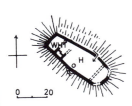

Die Burg wurde zum Ende des 12. Jh. durch die Zähringer erbaut. 1225 wird sie urkundlich erstmals erwähnt. Seit 1286 Friedrich und Egino Fürstenberg, Ministeriale König Rudolfs I. Burgherrn. 1635 wird Fürsteneck als Ruine genannt. Die Ringmauer ist 1,5 m dick, der Wohnturm hat maximale Abmessungen von 10,7 × 16 m.

Fürsteneck

Kr. Freyung-Grafenau, Bayern

Grundriß in: Kunstdkm. v. Bayern, Niederbay., Bd. 23, S. 39.

Die Burg wurde um 1200 gegründet, sie war teilweise baufällig, als sie 1570 zum Schloß umgebaut wurde. Der Bergfried mit 9 × 10 m Seitenlänge hat über 3,5 m dicke Mauern im Sockel. Der Turm ist 25 m hoch, hat 5 Stockwerke und einen Eingang in 9 m Höhe. Die Ringmauer ist 1,0 m stark.

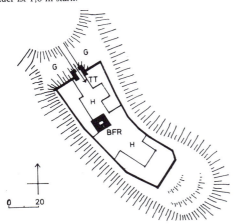

Fürsteneck

Gde. Eiterfeld, Kr. Fulda, Hessen

Grundriß in: Happel, S. 30.

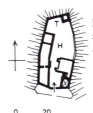

1709 wurde die Burg zum Schloß verändert. Die um 1200 entstandene Anlage ist noch gut zu erkennen, insbesondere an Buckelquadern. An der SO-Ecke stand vielleicht der Bergfried.

Fürstenstein

Gde. Ettingen, Bz. Arlesheim, Kt. Basel-Ld., Schweiz

Grundriß in: Mayer-Regio, S. 99.

1302 wurde die Burg als Bischofslehen der Familie v. Rotberg urkundlich erwähnt. 1420 wurde sie zerstört.

Fürstenstein – Książ

Kr. Waldenburg – Wałbrzych, Schlesien, Polen

Grundriß in: Grundmann, Abb. 205.

Die 1794 zum Schloß umgeformte Burg steht anstelle einer Burg, von der vermutlich der Bergfried mit 9,5 m Kantenlänge stammt.

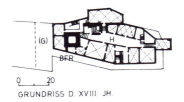

Fürstenstein

Gde. Eschwege (Kr.)-Albungen, Hessen

Grundriß in: Burgwart, 13. Jhg., S. 99.

Die Burg wird 1264 urkundlich genannt; der Wohnturm mit 8 × 13 m Maximalmaßen ist spätgotisch.

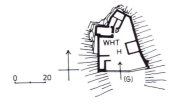

Fürstenwalde

Brandenburg

Grundriß in: Kunstdkm. d. Prov. Brandenburg, Bd. 6.1, S. 177.

Entstanden ist die Wasserburg wohl Ende des 13. Jh., zerstört wurde sie 1430 und danach wieder aufgebaut. Ihr heutiges Aussehen erhielt sie im 16. Jh.

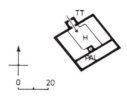

Fürstlich Drehna = Drehna

Fürth

Gde. Neustadt bei Coburg-F..., Kr. Coburg, Bayern

Grundriß in: Burgwart 1910, S. 69.

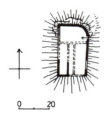

Die Rest der Mitte des 14. Jh. erwähnten Burg stammen aus dem 15. und 16. Jh. Seit dem Ende des 17. Jh. ist sie verfallen. Die Ringmauer ist 1,1 m stark.

Füssen

Bayern

Grundriß in: Ebhardt I, S. 458; Bayrische Kunstdkm., Füssen.

Begonnen wurde die mit der Stadtmauer verbundene Burg 1269. Nach 1322 wurde sie erweitert und 1503–1514 umgebaut. Das Burg-Schloß ist teilweise Museum.

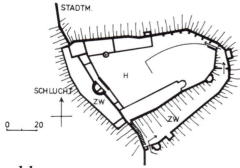

Fuschl

Gde. Hof, Bz. Hallein, Salzburg, Österreich

Angabe in: Burgen u. Schlösser in Salzburg, Bd. 2, S. 69.

Das feste Haus stammt vom Ende des 15. Jh. und wurde später mehrfach verändert.

Fustenberg, Stromberg

Gde. Stromberg, Kr. Bad Kreuznach, Rheinland-Pfalz

Grundriß in: Kunstdkm. d. Rheinprov., Bd. 18.1; Dehio, Rheinland-Pfalz, S. 852.

1056 wird »Graf Berchdolf de Stromburg« urkundlich erwähnt. Die Burg wurde 1116 zerstört und anschließend neu erbaut. Palas und Bergfried sind aus dieser Zeit. Ein Umbau fand im 15. Jh. statt, 1689 wurde sie durch Franzosen zerstört. Der konische Bergfried von 30 m Höhe hat unten eine Mauerstärke von 3,25 m, oben von 2,65 m, die Durchmesser sind 10,3 m und 9,1 m.

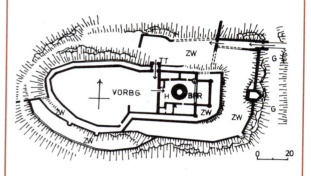

Gaaden

Gde. Obergaaden, Bz. Mödling, Niederösterr., Österreich

Grundriß in: Burgen u. Schlösser in Niederösterr., Bd. I/1, S. 45.

Der Wohnturm ist ein Burgrest von 1300, erhalten sind 2 Stockwerke.

Gallenstein

Gde. St. Gallen, Bz. Liezen, Steiermark, Österreich

Grundriß in: Piper, Österr., Bd. 6, S. 43.

Gegründet wurde die Burg 1278, nach einem Brand 1467 wurde sie 1468 wieder aufgebaut. 1832 wurde sie auf Abbruch verkauft, seitdem Ruine. Der Wohnturm mit 15 × 18 m Grundfläche hat 2 m starke Wände, der Bergfried hat 10 m Seitenlänge und 2,7 m dicke Mauern.

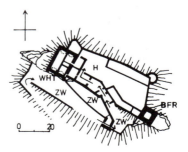

Gallerhof

Gde. Seckau, Bz. Knittelfeld, Steiermark, Österreich

Grundriß in: Burgen u. Schlösser d. Steiermk., Bd. I, S. 52.

Der Wohnturm ist wohl um 1500 entstanden.

Abb. 24. Château Gaillard. Grundriß der Burganlage

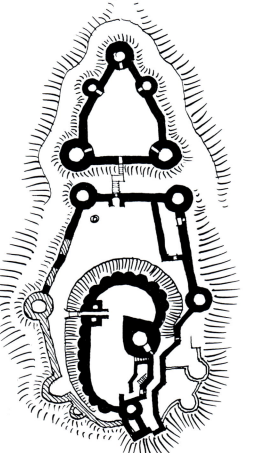

Daten über die Anlage sind nicht bekannt.

Gandersheim

Kr. Northeim, Niedersachsen

Grundriß in: Kunstdkm. v. Braunschweig, Bd. 5, S. 204.

1347 wird die Stadtburg erstmals genannt, 1360 wird der Burgadel erwähnt, das Tor ist spitzbogig, die Ringmauer ist um 1,4 m stark. Zeitweilig war die Burg Gefängnis und Gericht.

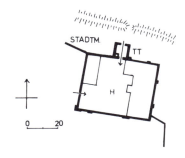

Gangelt

Kr. Heinsberg, Nordrhein-Westfalen

Grundriß in: Kunstdkm. d. Rheinprov., Bd. 8.2, S. 149.

Der Wohnturm aus Backsteinen ist der Rest einer Wasserburg um 1400, er hat 5 Stockwerke in 18 m Höhe.

Ganowitz = Gonobitz

Gardelegen

(Kr.) Sachsen-Anhalt

Angabe in: Wäscher, S. 48.

Die ehemalige Burg wurde 1748 abgetragen. Von ihr blieb nur der Rest eines Bergfriedes aus dem 12. Jh., der einmal 24 m Höhe hatte.

(Gargitz)

Gde. Pratz, Vinschgau, Südtirol, Italien

Angabe in: Trapp, Bd. 1, S. 135.

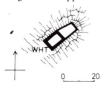

1328 wird »de Gorguzo« urkundlich genannt, 1394 Ulrich von Cargutz. Die Burg ist seit 1911 verschwunden.

Garnstein, Gerstein

Gde. Latzfons, Eisacktal, Südtirol, Italien

Grundriß in: Trapp, Bd. 4, S. 176.

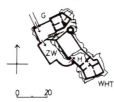

Die Burg ist 1880 neugotisch erneuert worden, nachdem sie im 16. Jh. verfallen war. Der Wohnturm wurde in der 1. Hälfte des 13. Jh. erbaut. Er hat Hauptmaße von 11,5 × 13,5 m.

Gars-Thunau

Gde. Thunau, Bz. Horn, Niederösterr., Österreich

Grundriß in: Österr. Kunsttop., Bd. 5, S. 544.

Auf einem Hügel über dem Kamp ist die Burg wohl im 11. Jh. gegründet worden. Der älteste Teil ist die Hochburg mit einer 10 m hohen Ringmauer, die 1,5 m stark ist. Der Wohnturm hat eine Grundfläche von 10 × 18,5 m und 1,5 m dicke Mauern. Die Zubauten reichen bis ins 18. Jh.

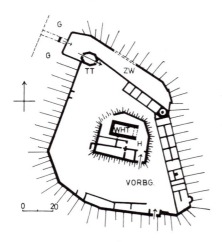

Gartow

Kr. Lüchow-Dannenberg, Niedersachsen

Grundriß in: Burgen u. Schlösser 1971-I.

Das Schloß Gartow basiert auf einer mittelalterlichen Wasserburg, deren Rekonstruktion hier abgebildet ist.

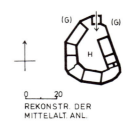

REKONSTR. DER MITTELALT. ANL.

Garz

Kr. Neutruppin, Brandenburg

Grundriß in: Kunstdkm. d. Prov. Brandenburg, Bd. 1.3, S. 31.

Der Wohnturm des 14. Jh. mit 9 m Seitenlänge hat 3 Stockwerke.

Gatersleben

Kr. Aschersleben, Sachsen-Anhalt

Grundriß in: Wäscher, Bildbd., T. 61.

Die Kastellburg ist 1178–1183 erbaut worden. Der Wohnturm von 11,3 × 17 m mit 1,2 m dicken Mauern ist gotisch und vom Ende des 13. Jh., er hat Kamin und Abtrittserker. Sein Eingang liegt 7 m hoch, er ist spitzbogig. Die Burg ist heute landwirtschaftlicher Betrieb.

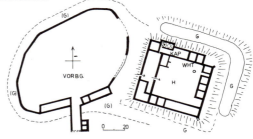

Gattendorf

Kr. Hof, Bayern

Grundriß in: Hans Hofner »Gattendorf«, Beiträge zur Geschichte des Landkreises Hof, Heft 1, 1963.

Gatendorf wird 1234 genannt. 1355 wird die Burg nach ihrer Zerstörung wiederhergestellt. 1523 wird sie durch den Schwäbischen Bund zerstört. Die Ringmauer ist 1,0–1,5 m dick, die Schildmauer 2,4 m. Die Burg erinnert an die Burg Hofeck im nahen Hof.

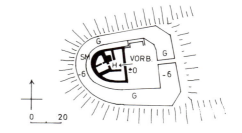

Gayen = Goien

Gebhardshagen

Gde. Salzgitter-G..., Niedersachsen

Angabe in: Stolberg, S. 106.

Der Bergfried von etwa 1200/1220 ist der Rest einer Burg.

Gebratstein

Gde. Tarrenz, Bz. Imst, Tirol, Österreich

Grundriß in: Trapp, Bd. 7, S. 228.

Der Name ist vermutlich eine Verballhornung von Gebhardstein. Der Wohnturm gehörte den Starkenbergern vielleicht als Rückzugsplatz. Die Hauptmaße sind 12 × 13 m mit 1,5 m Wandstärke. Er ging vermutlich mit den Starkenbergern 1422 unter.

Gebrochen Gutenstein, Neu Gutenstein

Gde. Sigmaringen (Kr.), -Unterschmeien, Baden-Württemberg

Grundriß in: Burgen u. Schlösser 1974-I; Schmitt, Bd. 3, S. 78.

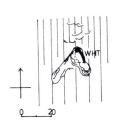

Der Rest des Wohnturms steht auf einer Felsnadel im Hang. Erst 1354 wird »new Guotenstein« urkundlich genannt. Die Hauptmaße sind 8 × 10,7 m. Am Fuß des Felsens stand teilweise unter dem Fels ca. 20 m tiefer eine Art Vorburg. Entstanden ist der Turm wohl im 12. Jh., 1509 ist von einem Burgstall die Rede.

Gebweiler, Burgstall

Ct. Guebwiller, Haut-Rhin, Frankreich

Grundriß in: Kaltenbach, S. 56; Salch, S. 97.

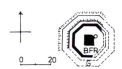

Die oktogonale Wasserburg ist wohl im frühen 13. Jh. entstanden. Sie ist in Buckelquadern erbaut. Die Ringmauer ist 1,7 m dick. In ihrer Mitte steht ein Bergfried von 7 m Kantenlänge. Es sind nur noch wenige Reste erhalten.

Gechingen

Kr. Calw, Baden-Württemberg

Grundriß in: Fick, Bd. 4, S. 71.

Adel zur Burg wird vom 12.–15. Jh. genannt. 1440 wird ein Verkauf der Burg aktenkundig. Der Bergfried hat 10 m Durchmesser mit 2,5 m Mauerstärke.

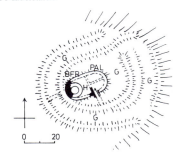

Geiersberg – Kyšberk

Gde. Teplitz (Bz.) – Teplice, Nordböhmen, Tschechische Republik

Grundriß in: Heber, Bd. 5, Menclová, S. 390.

Erbaut wurde die Burg im 14. Jh., in dem sie auch erstmals genannt wird. 1526 wurde sie durch Brand zerstört. Der Wohnturm mit den maximalen Maßen 9,3 × 14 m hat 1,5 m starke Mauern.

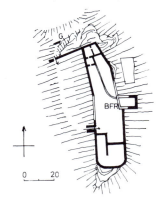

Geiersberg, Geyersberg

Gde. Friesach, Bz. St. Veit, Kärnten, Österreich

Grundriß in: Piper, Österr., Bd. 3, S. 36.

Angeblich ist die Burg 1131 als Stützpunkt für die Belagerung der Burg Petersberg erbaut worden. Urkundlich wird Girsperch erst 1271 genannt, der Bergfried ist im 13. Jh. entstanden. Die Zwingeranlagen sind im 15. Jh. ergänzt worden. Nach ihrem Verfall wurde die Burg 1911 wieder bewohnbar gemacht. Der 35 m hohe Bergfried hat eine Seitenlänge von 10 m und 2,7 m Wandstärke.

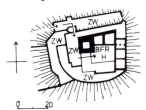

✗ Geiersburg

Gde. Seßlach, Kr. Coburg, Bayern

Grundriß in: Bayrische Kunstdkm., Staffelstein, S. 207.

1154 wird ein Hugo de Sessla urkundlich genannt. Nach ihrer Zerstörung 1244 wird die Burg wieder aufgebaut und nach dem Mittelalter in ein Schloß verwandelt. Erhalten ist der westliche Teil der Ringmauer von 1,4 m Stärke sowie ein Wohnturm mit 10 m Kantenlänge und 1,6 m dicken Mauern.

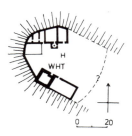

Geilenkirchen

Kr. Heinsberg, Nordrhein-Westfalen

Grundriß in: Kunstdkm. d. Rheinprov., Bd. 8.2.

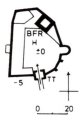

Begonnen wurde die Backstein-Wasserburg im 14. Jh. Die Burg hat im Zweiten Weltkrieg schwere Schäden erlitten und ist heute Kloster. Dargestellt ist hier nur die mittelalterliche Kernburg. Der Bergfried hat 8,5 × 9 m Grundfläche und ca. 1,7 m starke Wände.

Geilshausen

Gde. Rabenau-G..., Kr. Gießen, Hessen

Grundriß in: Kunstdkm. v. Hessen, Gießen, Bd. 1, S. 60.

Der Kirchturm ist ein ehemaliger Wohnturm, der um 1400 erbaut und im 16. Jh. Kirchturm wurde. Der Eingang lag in 7 m Höhe. Der Turm hatte ursprünglich 4 Stockwerke, in denen Kamine nicht gefunden wurden. Bronner vermutet, daß der Turm nicht ständig bewohnt war, sondern als Refugium diente.

Geisbusch

Gde. Mayen, Kr. Mayen-Koblenz, Rheinland-Pfalz

Grundriß in: Denkmalpflege in Rheinland-Pfalz 1985/1986, S. 300.

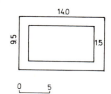

Das Burghaus des 14. Jh. ist der Rest einer kleinen Burg. Adel zur Burg wird 1427 urkundlich erwähnt.

Geisenburg = Freudenstein

Gelber Turm

Gde. Esslingen (Kr.), Baden-Württemberg

Grundriß in: Esslinger Studien, Nr. 21, 1985.

Der Wohnturm ist um 1260 erbaut worden. Er hat eine Seitenlänge von 8 × 8,5 m und 3 Stockwerke.

Geldern

Kr. Kleve, Nordrhein-Westfalen

Grundriß in: A. Kaul »Geldrische Burgen«, S. 50.

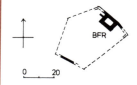

Die Wasserburg aus der Mitte des 13. Jh. wurde 1637 abgebrochen. Ihre Reste sind ausgegraben worden. Der Bergfried hat 8 × 10 m Grundfläche und rd. 2 m starke Mauern.

✗ Gelnhausen

Kr. Hanau, Hessen

Grundriß in: Ebhardt I, Abb. 632; Schmidt, Fig. 5; Hotz, Z 58; Tuulse, Abb. 61; Schuchhardt, S. 241; Bruhns, S. 9.

Die Wasserburg wurde 1170–1180 durch Kaiser Friedrich I. als Pfalz begonnen und durch Kaiser Heinrich VI., seinen Sohn, vollendet. Die Pfalz-Burg ist verbunden mit der kleinen Stadt, die beim »castrum Geylnhusen« gegründet wurde. Barbarossa ist wenigstens viermal in der Burg gewesen. Sie hatte ursprünglich Graben und Zugbrücke. Seit dem 15. Jh. ist die Burg allmählich verfallen. Sie besteht aus Quader- und Buckelquader-Mauerwerk. Ihre Ringmauer ist 2,2 m stark. Vom mächtigen Bergfried mit 15,5 m Durchmesser und 4,0 m Wandstärke ist nur noch die Grundmauer erhalten.

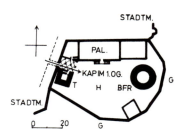

Gemen

Gde. Borken (Kr.)-G..., Nordrhein-Westfalen

Grundriß in: Kunstdkm. in Westf., Borken, S. 254.

Borken, eine der ältesten Dynastenburgen Westfalens, ist in ihrem heutigen Grundriß um 1400 entstanden, Palas und Rundtürme sind aus dieser Zeit. Das Äußere der Wasserburg wurde im 17. Jh. geprägt. Der Bergfried hat einen Durchmesser von 11 m bei ca. 2,75 m Wandstärke, er besitzt 4 Stockwerke und ist ca. 20 m hoch.

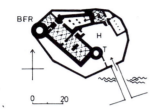

Gemünden

Rhein-Hunsrück-Kr. Rheinland-Pfalz

Grundriß in: Kunstdkm. v. Rhld.-Pf., Rhein-Hunsr.-Kr., S. 348.

Der Stumpf eines Wohnturmes, der nach 1330 entstanden ist, dient heute als Kapelle des Schlosses.

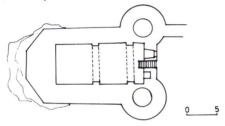

Genkingen, Burgstall

Gde. Sonnenbühl-G..., Kr. Reutlingen, Baden-Württemberg

Grundriß in: Schmitt, Bd. 4, S. 349.

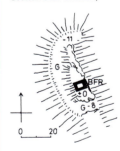

1112 wurde Rather v. Genkingen als Ministeriale der Grafen v. Achalm genannt. Die Burg liegt 2,5 km NW von Hohengenkingen und ist später als diese entstanden. Erhalten ist nur der Grundriß des Bergfriedes mit den Abmessungen 7 x 7m und 1,5 m dicken Mauern.

Gerasdorf

Bz. Neunkirchen, Niederösterr., Österreich

Grundriß in: Burgen u. Schlösser in Niederösterr., Bd. I/3, S. 47.

»Geroldesdorf« wird 1146 urkundlich genannt. Die Wasserburg ist vermutlich Ende des 12. Jh. erbaut worden. Burgadel wird 1204 genannt. Im 18. Jh. Umbau zum Schloß. Die Ringmauer ist 1,45 m dick, der Bergfried hat die Seitenlänge 8,5 m sowie Mauerstärken von 1,7 m und 3,0 m.

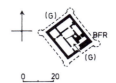

Gerhardstein = Gerolstein

(Geringswalde)

Kr. Rochlitz, Sachsen

Grundriß in: Kunstdkm. v. Sachsen, B. 14, S. 10.

Der hier gezeigte Grundriß stammt aus dem Jahr 1734. Die Burg ist spurlos verschwunden. Daten sind nicht bekannt, aber sie ist wohl im 13. Jh. entstanden. Der Bergfried hatte 9 m Durchmesser und 1,5 m Mauerstärke.

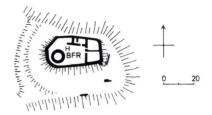

Geristein

Gde. Bollingen, Bz. und Kt. Bern, Schweiz

Grundriß in: Burgen u. Schlösser d. Schweiz, Bd. Xa, S. 83.

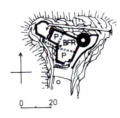

Freiherr Imer v. Gerenstein wird 1131 urkundlich erwähnt. 1298 wird die Burg durch Bern zerstört. 1362 wird sie als Ruine genannt. Sie ähnelt den Burgen Hagenberg und Unsprunn. Der Bergfried in Buckelquadern hat 8,75 m Durchmesser bei 3,3 m Wandstärke.

Gerlachstein

Krain, Slowenien

Grundriß in: Burgen u. Schlösser 1975-II.

Die Burg wird 1287 erwähnt, mehr ist nicht bekannt.

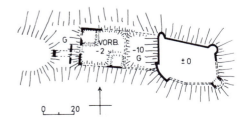

Gernstein = Garnstein

Geroldseck, groß, Hohengeroldseck

Gde. Haegen, Ct. Marmoutier, Bas-Rhin, Frankreich

Grundriß in: Kaltenbach, Nr. XIII., Wolff, S. 94; Salch, S. 102; Hotz, Pfalzen, Z. 43; Wirth, S. 44.

Wohl zum Schutz der Abtei Maursmünster wurden beide Geroldseck im 12. Jh. errichtet, v. Geroldseck am Wasichenstein wird 1127 urkundlich genannt. Die Burg steht auf einem geräumigen Felsplateau. 1486 wurde sie als Raubnest zerstört. Die Burg ist mit rd. 6 ha Grundfläche sehr groß. Sie wurde 1905 freigelegt. Die Nordrichtung ist bei Wolff und Kaltenbach senkrecht zum Palas, bei Wirth und Hotz parallel zum Palas angegeben. 1 km südlich liegt Klein Geroldseck. Der Bergfried hat 9,5 m Kantenlänge mit 2,5 m Mauerstärke, er ist ca. 30 m hoch und in Buckelquadern gemauert.

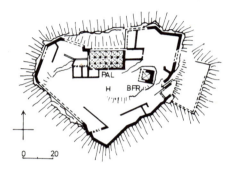

Geroldseck, klein, Neu Geroldseck

Gde. Haegen, Ct. Marmoutier, Bas-Rhin, Frankreich

Grundriß in: Kaltenbach, Nr. XIII; Wolff, S. 191.

Die kleine Burg wurde 1381 gegen Gr. Geroldseck errichtet. Zerstört wurde sie 1486 zusammen mit der großen Burg. Die Kernburg liegt auf einem steilen Fels und ist nur über eine in den Fels geschlagene Steintreppe zu erreichen. Sie ist winzig klein, der Bergfried hat Hauptmaße von nur 4×5 m, Platz war auf dem Fels nur für diesen und einen Palas in kleinster Dimension.

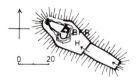

Gerolstein, Gerhardstein, Löwenburg

Kr. Daun, Rheinland-Pfalz

Grundriß in: Kunstdkm. d. Rheinprov., Bd. 12.3, S. 89.

Gegründet wurde die Burg Ende des 12. Jh., nach Tillmann ist die heutige Ruine jedoch erst im 14. Jh. erbaut worden. Zerstört wurde sie im 17. Jh. durch eine Explosion. Der Turm auf der NW-Seite ist ein Brunnenturm zur Küll hinabreichend. Der Bergfried hat 7 m Durchmesser mit 1,75 m dicken Mauern. Die Schildmauer der Vorburg ist 2 m dick und 11 m hoch.

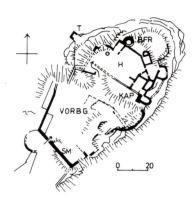

Gerolstein, Haneck

Gde. Heidenrod-Dickschied, Untertaunuskr., Hessen

Grundriß in: Kunstdkm. im Reg.-Bez. Wiesbaden, Bd. 1, S. 127.

Der Burgadel wird im 13. Jh. urkundlich erwähnt. Die Ringmauer ist 1,2 m stark, der siebeneckige Bergfried ist im Maximum 6,5 m breit.

Gersdorfer Burg

Gde. Badeborn, Kr. Quedlinburg, Sachsen-Anhalt

Grundriß in: Wäscher, Abb. 309.

»Burchardus de Gersthorp« wird 1155 als Lehensvasall des Stiftes Quedlinburg genannt. 1303 bewilligt Otto v. Anhalt die Erneuerung der Anlage, 1369 wird die Burg nach vorangegangener Zerstörung wiederhergestellt. 1756 wurde die Burg abgebrochen. Im 10. Jh. gab es an der Stelle der Burg einen Rundwall. Der achteckige Bergfried hat eine Breite von 8 m und 3 m dicke Mauern. Der Eingang liegt mit 11,5 m Höhe fast auf der Hälfte der Gesamthöhe.

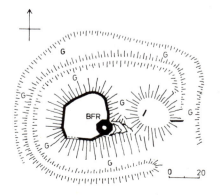

Gersfeld

Kr. Fulda, Hessen

Grundriß in: Fuldaer Geschichtsblätter, 1960.

Im barocken Wasserschloß ist ein mittelalterlicher Palas enthalten, dessen Westhälfte vielleicht ein Wohnturm gewesen ist.

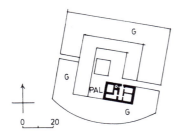

Gerswalde

Kr. Templin, Brandenburg

Grundriß in: Kunstdkm. d. Prov. Brandenbg., Bd. 3.2.

1325 wird das »hus Girswold« urkundlich erwähnt. Die Backsteinwasserburg entstand im 14. Jh. Sie wurde 1847 romantisierend teilweise wiederhergestellt. Der Bergfried mit 10 m Durchmesser und 3 m Mauerstärke ist 8 m hoch erhalten. Die Ringmauer ist zwischen 1,3 und 2 m dick.

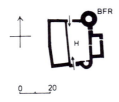

Gesmold

Gde. Melle-G..., Kr. Osnabrück, Niedersachsen

Grundriß in: Das gr. Buch der Burgen u. Schlösser im Land von Hase und Ems.

Der Wohnturm ist aus dem 12. Jh., er stand ursprünglich frei. 1544 wurde die Wasserburg in ein Renaissanceschloß umgebaut. Der Wohnturm mit den Ausmaßen 11,5 × 12 m hat über 2,5 m dicke Mauern.

Gestelenburg

Gde. Niedergestelen, Bz. Raron, Kt. Wallis, Schweiz

Grundriß in: Meyer, Bd. 3, S. 75.

Der Name der Burg ist wohl von Castelen abgeleitet. Begonnen wurde die Burg am Anfang des 13. Jh., der Bergfried um 1265. Zerstört wurde sie 1384. Der Bergfried hat 6,5 m Durchmesser und 2 m dicke Mauern.

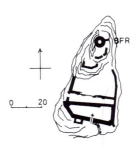

Geyersburg

Gde. Untermünkheim, Kr. Schwäbisch Hall, Baden-Württemberg

Grundriß in: Kunstdkm. v. Württbg., Jagstkr., S. 656.

Nach der Haller Chronik wurde die Burg 1391 begonnen, zerstört wurde sie im Bauernkrieg 1525. Der Wohnturm hat die außergewöhnliche Form des Achteckes mit 11,5 m Breite, 1,5 m Wandstärke und erkennbar 3 Stockwerken. Die Ringmauer ist 1,0, die Schildmauer 2 m dick.

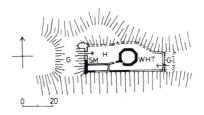

Ghagberg

Gde. Zöschingen, Kr. Dillingen, Bayern

Grundriß in: Kunstdkm. v. Bayern, Schwaben, Bd. 1, S. 998.

Die Burg ist im 13. Jh. entstanden. Der Bergfried hat 8 m Kantenlänge bei 2,5 m starken Mauern.

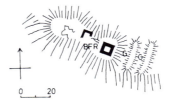

Giebichenstein

Gde. Halle (Kr.), Sachsen-Anhalt

Grundriß in: Ebhardt I, Abb. 474; Burgen u. Schlösser 1972-II; Burgen d. Stauferzeit, Bd. 1, S. 134.

Die Oberburg ist wohl noch in der 2. Hälfte des 10. Jh. begonnen worden. Im Jahr 1012 ist hier von einer Kemenate und einer Kapelle die Rede. Palas und Wohnturm sind in der 2. Hälfte des 12. Jh. entstanden. Der älteste Teil liegt westlich der Kapelle: Von 1961–1970 wurde die Burg durch Mrusek freigelegt. Die Burg wurde 1363 nach Verfall wiederhergestellt. Die Vorburg (Unterburg) entstand im 15. Jh. 1636 ist Giebichenstein verbrannt. Der Wohnturm hat 10,5 × 11,5 m Grundfläche bei 1,5–2,0 m Wandstärke.

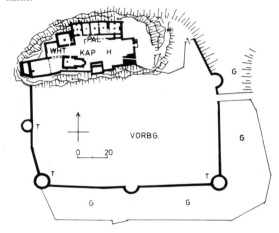

Bei Grabungen wurden Funde aus dem 11. und 12. Jh. geborgen. Erwähnt wurde die Burg vielleicht 1349.

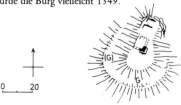

Giersberg = Girsberg

Gieselwerder

Gde. Oberweser-G..., Kr. Kassel, Hessen

Grundriß in: Denkmaltopogr. Bundesrep. Deutschld., Kunstdkm. v. Hessen, Kr. Kassel, I, S. 477.

Die Wasserburg wurde wohl im 12. Jh. begonnen. Heute Forstverwaltung.

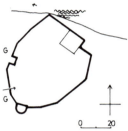

Giech

Gde. Scheßlitz-Weingarten, Kr. Bamberg, Bayern

Grundriß in: Burgen u. Schlösser, 1985-II.

Ein »liber homo de Giche« wird 1125 urkundlich genannt. Der Bergfried ist aus dem 13. Jh. 1390 kam Giech an das Bistum Bamberg. Entgegen wiederholten Behauptungen wurde die Burg nicht von den Hussiten, wohl aber 1525 und noch einmal 1553 im Albrecht-Alcibiades-Krieg zerstört. 1599–1609 wurde aus der Burg ein Renaissanceschloß. Der Bergfried hat 10 m Seitenlänge und 1,7 m starke Mauern, seine ursprüngliche Höhe ist 16 m mit 3 Stockwerken. Der Eingang liegt auf 8 m Höhe.

Gießen

Gde. Kreßbronn-Langenargen, Kr. Friedrichshafen, Baden-Württemberg

Grundriß in: Kunstdkm. v. Württbg., Tettnang, S. 79.

Erwähnt wurde die Burg 1357, neu befestigt wurde sie 1482. Der Kern der Wasserburg hat 1,25 m dicke Ringmauern. Der Bergfried von 7 × 8 m Grundfläche hat ca. 1,8 m starke Wände, 20,5 m Höhe und einen Eingang 6,5 m über Niveau.

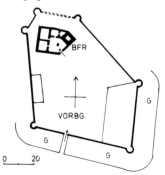

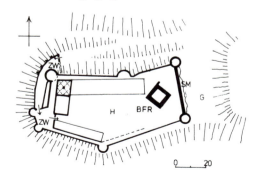

Giening

Gde. Scheibbs (Bz.), Niederösterr., Österreich

Grundriß in: Burgen im Bez. Scheibbs, S. 92.

Gießen

Hessen

Grundriß in: Kunstdkm. v. Hessen, Gießen, Bd. 1, S. 87.

Urkundlich erwähnt wird die Burg 1364. 1533–1539 wird sie völlig erneuert und 1899–1907 restauriert. Ihre Ringmauer ist

1,2 – 2,0 m stark, der Bergfried hat bei 13 m Höhe den Eingang auf 10 m über dem Gelände. Er hat 3 Stockwerke und 2,5 m dicke Mauern.

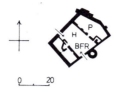

(Gießen – alte Burg)

Hessen

Grundriß in: Kunstdkm. v. Hessen, Gießen, Bd. 1.

Erwähnt wurde die Stadtburg 1197, sie war mit Burgmannensitzen entlang der Ringmauer bebaut, von dem ausgegrabenen Grundriß gibt es keine Reste mehr.

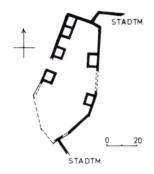

Gießmannsdorf – Gościaszów

Kr. Bunzlau-Bolesławiec, Schlesien, Polen

Grundriß in: Grundmann, S. 126.

Die Wasserburg wurde 1318 erstmals urkundlich genannt. Die Anlage war am Ende des 13. Jh. bereits vorhanden. Die alte Ringmauer ist noch in großen Teilen erhalten, sie ist teilweise mehr als 2 m dick. In der Renaissance wurde die Anlage zum Schloß ausgebaut.

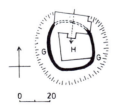

Gilgenberg

Gde. Zulwil, Bz. Breitenbach, Kt. Solothurn, Schweiz

Grundriß in: Kunstdkm. d. Schweiz, Solothurn, Bd. 3, S. 237.

Erbaut wurde die Burg Ende des 13. Jh. durch die Herren v. Ramstein. Sie besteht aus einem Palas oder festem Haus auf einer Felsnase. 1798 wurde Gilgenberg nach Plünderung durch die Bevölkerung durch Brand zerstört. Das dreistöckige Gebäude hat Mauern von über 2 m Stärke.

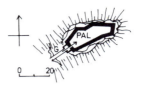

Gimborn

Gde. Marienheide-G..., Kr. Siegen, Nordrhein-Westfalen

Angabe in: Denkmale d. Rheinld. Oberberg-Kr., S. 39.

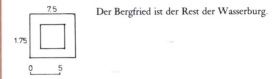

Der Bergfried ist der Rest der Wasserburg.

Ginsberg

Gde. Hilchenbach, Kr. Siegen, Nordrhein-Wetfalen

Grundriß in: Heftchen des Heimatvereins.

Die Burg wurde 1234 – 1250 durch Heinrich d. Reichen v. Nassau erbaut. 1463 fand eine umfassende Reparatur statt. Ende des 17. Jh. ist die Burg verfallen. Die Ruinen wurden um 1970 freigelegt. Der Bergfried hat 10 m Durchmesser und 3 m dicke Wände.

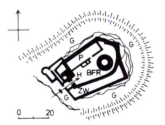

Girbaden

Gde. Mollkirch, Ct. Rosheim, Bas-Rhin, Frankreich

Grundriß in: Kaltenbach, Nr. XIV; Wolff, S. 88; Salch, S. 100; Hotz, Pfalzen, S. 59.

Die auf einem Fels liegende Kernburg mit 1,6 m starken Buckelquadermauern entstammt dem 12. Jh. Die Vorburg mit dem sehr großen Palas ist aus dem 12. Jh. Die Westburg Neu Girbaden ist wie die Zwinger der Ostburg aus dem 14. Jh. Erwähnt wird die Burg erstmals 1236. Zerstört wurde die gesamte Anlage 1633 durch Franzosen. Bergfried-Ost: 6,5 × 6,5 m mit 1,5 m Mauerstärke, Bergfried-West: 8 × 8 m mit 2,5 m dicken Mauern und einem rundbogigen Eingang in 8 m Höhe.

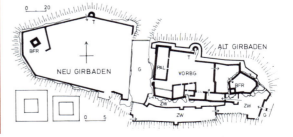

Girsberg, Stauffen, Stein

Gde. Ribeauvillé (Ct.), Haut-Rhin, Frankreich

Grundriß in: Ebhardt I, Abb. 67, Kaltenach Nr.

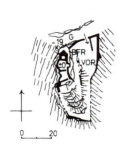

Girsberg bildet eine Gruppe mit Hochrappoltstein und Ulrichsburg. Sie ist vermutlich durch die Herren v. Rappoltstein in der 2. Hälfte des 12. Jh. erbaut worden. 1284 wurde sie zerstört und wieder aufgebaut. Im 16. Jh. setzte der Verfall ein. Die Buckelquader-Ringmauer ist nur 1 m stark. Der Bergfried mißt 5,0 × 6,5 m und ist an der Spitze verstärkt, der Eingang liegt in 5 m Höhe.

Girsberg

Gde. Guntalingen, Bz. Andelfingen, Kt. Zürich, Schweiz

Grundriß in: Kunstdkm. d. Schweiz, Zürich-Ld., Bd. 1, S. 403; Zeller-Werdm. I, S. 20.

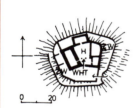

»Nicolaus de Girsberg« wird 1252 urkundlich genannt. Die Burg ist im 13. Jh. erbaut worden. Nach einem Brand 1756 wurde sie wiederaufgebaut. Nach 1919 wurde sie für Museumszwecke renoviert. Der Wohnturm mit 8,6 × 16m Grundfläche und 15 m Höhe hat 3 Stockwerke und 1,4 m starke Mauern.

Giswil = Kleinteil

Gladbach

Gde. Vettweiß-G..., Kr. Düren, Nordrhein-Westfalen

Grundriß in: Kunstdkm. d. Rheinprov., Bd. 9.1, S. 151.

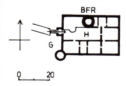

Der zur Burg gehörende Adel wird im 12. Jh. erstmals urkundlich genannt. 1715 wird die baufällige Wasserburg fast völlig neu gebaut. Der Bergfried hatte 7,5 m Durchmesser.

Glambeck

Gde. Burgtiefe, Kr. Ostholstein, Schleswig-Holstein

Grundriß in: Burgwart, 15. Jhg., S. 119.

Entstanden ist die Wasserburg vielleicht im 13. Jh., abgebrochen wurde sie schon im 16. Jh. Der Bergfried hat 7,5 m Seitenlänge und 1,25 m dicke Wände; die Ringmauer ist von gleicher Stärke.

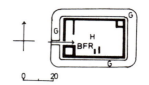

Glanegg

Gde. Rotte im Glantal, Bz. Klagenfurt, Kärnten, Österreich

Grundriß in: Dehio, Kärnten, S. 155; Burgen u. Schlösser in Kärnten, Bd. 2, S. 23; Piper, Österr., Bd. 6, S. 46.

1136 wird »Walther de Glanheche«, 1169 »castrum Glanech« urkundlich erwähnt. 1190 ist vom »castrum novum Glanecke« die Rede. Die Burg wurde also um diese Zeit erneuert. Seit der 2. Hälfte des 16. Jh. wird Glanegg als Schloß bezeichnet. Der Verfall begann nach 1860. Der Bergfried mißt 7 × 8,5 m mit 1,5 m Wandstärke, er hat rd. 22 m Höhe und den Eingang auf ca. 7 m über dem Hof.

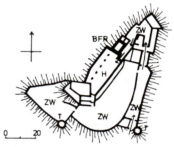

Glanzenberg

Gde. Unterengstigen, Bz. Winterthur, Kt. Zürich, Schweiz

Grundriß in: Züricher Denkmalpflege, 10 I, S. 127.

Die Burg wurde 1981 ausgegraben. Ein Teil der vermutlich polygonalen Ringmauer ging beim Bahnbau verloren. Zerstört wurde sie bereits 1268 durch Zürich.

Gleiberg

Gde. Wettenberg-Gleiberg, Kr. Gießen, Hessen

Grundriß in: Happel, S. 81.

Die Burg wurde um 1100 begonnen (nach Tillmann noch im 10. Jh.). Sie liegt nur 1,4 km im NO von Vetzberg entfernt. Beide Burgen bilden eine hübsche Gruppe. Die Zwinger sind aus dem 15. Jh. Der Rest eines Wohnturmes von 12 × 12 m Größe und 3,3 m starken Mauern dürfte salischen Ursprungs sein. Der 30 m hohe Bergfried mit 11 m Durchmesser und 3 m dicken Mauern ist staufisch; er springt in rd. 10 m Höhe ein wenig zurück und hat hier seinen rundbogigen Eingang.

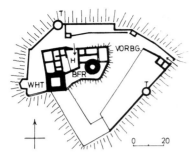

Gleichen, Gleiche

Gde. Wandersleben, Kr. Gotha, Thüringen

Grundriß in: Kunstdkm. d. Prov. Sachsen, Bd. 13, S. 403.

Die Burg Gleichen bildet zusammen mit Mühlberg (1,4 km Abstand) und Wachsenburg (3,6 km Abstand) die 3 Thüringer Gleichen. Genannt wurde sie schon 1034, Kaiser Heinrich IV. belagerte sie erfolglos 1085; sie wurde 1230 durch Brand zerstört und wieder aufgebaut. Im 16. Jh. wurde sie schloßartig umgebaut. Im 17. Jh. verfiel sie. Der Bergfried mit 9 m Seitenlänge und 1,5 m Mauerstärke ist 15 m hoch erhalten.

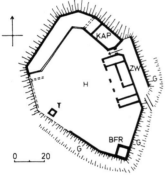

Gleichen

Kr. Göttingen, Niedersachsen

Grundriß nach Aufnahme F. W. Krahe, 1985.

Auf dem Doppelberg ist nur von einer der einstmals zwei Göttinger Gleichen ein Rest erhalten. Der Ursprung der Burgen geht wohl noch auf salische Zeit zurück. Seit Ende des 13. Jh. gehören sie den Freiherren v. Uslar.

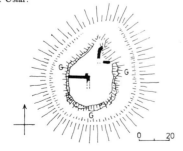

Gleiss

Gde. Sonntagsberg/Ybbs, Bz. Waidhofen, Niederösterr., Österreich

Grundriß in: Burgen u. Schlösser in Niederösterr., Bd. 8, S. 123; Piper, Österr., Bd. 4, S. 53.

Ab 1120 Ministerialadel v. Gleiss urkundlich. 1529 widerstand die Burg den Türken. 1806 wurde sie durch Franzosen zerstört.

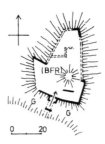

Gleißenburg

Gde. Blaubeuren, Alb-Donau-Kr., Baden-Württemberg

Grundriß in: Schmitt, Bd. 2, S. 48.

Die erste Erwähnung der Burg erst 1376. Im Städtekrieg wird sie von Ulm erobert. 1631 wird Gleißenburg geplündert und ist dann verfallen. Die Ringmauer ist ca. 1 m stark.

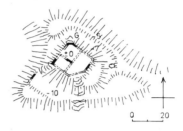

Glennerturm

Zürich, Schweiz

Grundriß in: Zürcher Denkmalpflege, 1988/1989.

Der um 1200 entstandene Wohnturm mit 4 Stockwerken ist in einer städtischen Bebauung noch gut erkennbar. Sein rundbogiger Eingang liegt 4 m hoch.

Glogau – Głogow

Schlesien, Polen

Grundriß in: Grundmann, S. 28.

Entstanden ist die Wasserburg Ende des 12. Jh. als Gründung der Herzöge v. Schlesien. Sie ist mehrfach, zuletzt im 18. Jh. verändert worden. 1945 brannte das Schloß aus. Die Ringmauer ist 1,5–2,4 m stark. Der Bergfried hat 9 m Durchmesser mit 3 m Wandstärke.

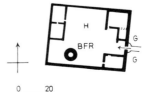

Glopper = Neu Ems

Glurns, Fronfeste
Vinschgau, Südtirol, Italien

Angabe in: Trapp, Bd. 1, S. 73.

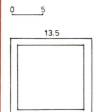

»Henricus de Turri« wird 1317 urkundlich erwähnt. Der Turm Glurns ist noch aus dem 13. Jh., er wurde mehrfach umgebaut.

Gmünd
Bz. Spittal a. d. Drau, Kärnten, Österreich

Grundriß in: Kohla, S. 73.

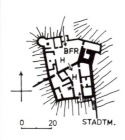

Die Burg des Bischofs von Gmünd wird erstmals 1292 genannt. Sie bildet die NO-Ecke der Stadtbefestigung des 13. Jh.; 1487 wurde sie zerstört und 1502–1506 wieder aufgebaut. 1886 ist die Burg durch einen Brand ruiniert worden. Der Bergfried ist ca. 10 m im Quadrat groß und hat 3 m starke Wände. Die Ringmauer ist 1,2–1,9 m stark.

Gnandstein
Kr. Geithain, Sachsen

Grundriß in: Ebhardt I, Abb. 508; Hotz, Z 83; Mrusek, S. 56; Kunstdkm. v. Sachsen, Bd. 15, S. 49; Herbert Kürth »Burg Gnandstein«, Leipzig 1972.

Die Burg wurde im 12. Jh. durch die Herren v. »Gnannenstein« gegründet. Die Kernburg mit Bergfried und Palas sowie der 16 m hohen und 2 m starken Schildmauer stammt aus der Gründungszeit. Die übrigen Wohnbauten sind aus dem 14. Jh. Seit etwa 1420 gehörte die Burg den Herren v. Einsiedel. Sie wurde bis ins 20. Jh. immer wieder erneuert und dient nun als Museum. Der Bergfried mit 10 m Durchmesser hat unten 3,5 m Mauerstärke, die bis zum obersten (7.) Geschoß auf etwa 1,5 m zurückgeht, der Einstieg war vom Wehrgang der Schildmauer in etwa 14 m Höhe und vom Hof in ca. 12 m Höhe möglich.

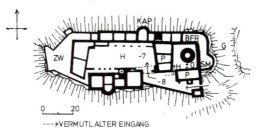

Godesburg, Godesberg
Gde. Bonn-Bad Godesberg, Nordrhein-Westfalen

Grundriß in: Ebhardt I, Abb. 416; Cohausen, Nr. 169; Kubach, S. 328; Schuchhardt, S. 255.

1210 wurde die Burg an der Stelle einer römischen und später germanischen Kultstätte erbaut. Der Wohnturm im Zentrum entstand um 1250, seine Steintreppe liegt im Mauerwerk. Im 14. u. 15. Jh. wurde die Burg erweitert, 1583 wurde sie durch Holländer zerstört. Die Burg wurde nach dem Zweiten Weltkrieg als Gaststätte ausgebaut. Die Ringmauer ist im Westen 2 m, sonst 1,5 m dick. Der Wohnturm-Bergfried mit 7 Stockwerken besitzt in 16 m Höhe nebst einem kl. Rücksprung Kragsteine für einen äußeren Wehrgang, die Gesamthöhe ist 26 m.

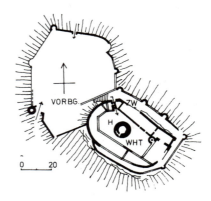

Gödersheim
Gde. Nideggen-Wollersheim, Kr. Düren, Nordrhein-Westfalen

Grundriß in: Kunstdkm. d. Rheinprov., Band 9.1.

Das Weiherhaus vom Ende des 15. Jh. wurde nach seiner Zerstörung 1435 erneuert.

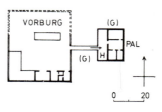

Göllersdorf
Bz. Hollabrunn, Niederösterr., Österreich

Grundriß in: Dehio, Niederösterr. nördl. d. Donau, S. 291.

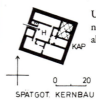

Urkundlich wurde die Wasserburg 1130 genannt. Der spätgotische Kernbau von 1460 ist als SW-Bastion im Schloß verbaut.

Gößweinstein

Kr. Forchheim, Bayern

Grundriß in: Kunstdkm. v. Bayern, Oberfranken, Bd. 1, S. 256.

Die Burg liegt auf einem steilen Fels. Die älteste Nachricht über sie ist von 1076. Auf älteren Grundmauern ist die heutige Anlage hauptsächlich in der Renaissance entstanden.

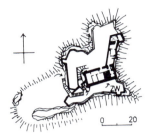

Gösting

Bz. Graz-Umld., Steiermark, Österreich

Grundriß in: Ebhardt I, Abb. 678; Piper, Österr., Bd. 7, S. 61; Burgen u. Schlösser d. Steiermk., Bd. 3, S. 59.

Gegründet wurde die Burg vielleicht um 1100, »Swiker v. Gösting« ist als Ministeriale 1138 genannt. 1265 castrum Gestnich urkundlich erwähnt. 1407 wurde Gösting verstärkt, der spitze Turm ist wohl aus dem 15. Jh., 1723 wurde die Burg durch Blitzschlag zerstört. Seit 1925 wird sie teilweise renoviert. Der Bergfried ist etwa 9 m breit.

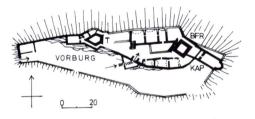

Götschenberg

Gde. Bischofshofen, Bz. St. Johann, Salzburg, Österreich

Grundriß in: Reclams Archäologieführer für Österreich, S. 96.

Entstanden ist die Burg wohl im 11. Jh., um 1200 wurde sie nach der Zerstörung wieder aufgebaut. Mehr ist nicht bekannt.

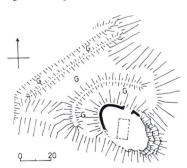

Götschendorf

Kr. Templin, Brandenburg

Grundriß in: Schwarz, Nr. 175.

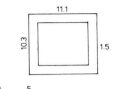

Ein mittelalterlicher Wohnturm auf einem Hügel, vermutlich Turmhügelburg, in der frühdeutsche Funde gemacht wurden.

Göttweig

Bz. Krems, Niederösterr., Österreich

Grundriß in: Burgen u. Schlösser in Niederösterr., Bd. II.

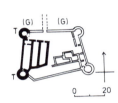

Der Rest der ehemaligen Burg ist noch erhalten. Ein Grundriß aus dem 18. Jh. zeigt eine Vierturmanlage, die veilleicht 1529 auf alten Mauern neu erbaut wurde. In ihr stand eine Art festes Haus aus dem 13. Jh. mit 1,25 m starken Mauern, das im Osten der vorhandenen Türme noch erhalten ist.

Götzenburg

Gde. Jagsthausen, Kr. Heilbronn, Baden-Württemberg

Grundriß nach Plan des Freiherrn v. Berlichingenschen Archivs.

1876 wurde die Burg historisierend umgebaut, sie ist heute Hotel. Im Kern der Anlage steht ein Palas, der älteste Teil der Burg. Die Burg macht durch die vielen Umbauten ein Erkennen der Ursprungsanlage kaum mehr möglich.

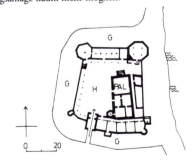

Götzenturm

Gde. Buchen-Hettigenbeuren, Odenwaldkr., Baden-Württemberg

Grundriß nach Aufnahme der Stadt Buchen, 1981.

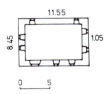

Der Wohnturm entstand um 1400. Er hat 3 Stockwerke in 11 m Höhe.

Goien, Gayen

Gde. Schenna, Burggrafenamt Südtirol, Italien

Grundriß in: Trapp, Bd. 2, Abb. 109; Weing.-Hörm., S. 419.

Der Wohnturm ist der älteste Teil der Burg und entstand im 12. Jh. Der Turm ist auf 2 – 4 m Abstand von einer 1 m starken Ringmauer umgeben. Die weiteren Zubauten sind aus dem 14. Jh., insbes. der 2. Wohnturm, der sogen. Milserturm. Der Wohnbau im Süden ist aus der Renaissance. Der gr. Wohnturm ist 10×16,5 m mit knapp 2 m dicken Mauern, er ist 20 m hoch mit 4 Stockwerken, der Eingang lag 6 m hoch. Auch der Milserturm ist 20 m hoch bei 10×10 m Grundfläche.

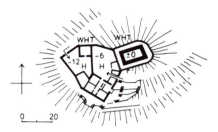

Goldbeck

Kr. Wittstock, Brandenburg

Grundriß in: Kunstdkm. v. Brandenbg., Bd. 1.2, S. 57.

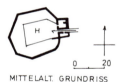

Die Wasserburg ist wohl im 14. Jh. entstanden. Die Ringmauer ist 1,5 m stark. Nach dem Mittelalter wurde sie zum Schloß ausgebaut.

Goldegg

Gde. Neidling, Bz. St. Pölten, Niederösterr., Österreich

Grundriß in: Burgen u. Schlösser in Niederösterr., Bd. II/2, S. 31.

Der Burgadel ist zwischen 1260 u. 1366 nachweisbar. Die mittelalterlichen Teile sind wohl gotisch aus dem 14. Jh. Im 17. Jh. ist die Burg zum Schloß umgebaut worden. Der Bergfried hat 8,5 m Seitenlänge mit 2,4 m Wandstärke. Die Ringmauer ist 1,5 – 1,7 m stark.

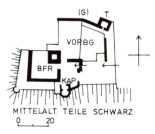

Goldegg

Bz. St. Johann, Salzburg, Österreich

Grundriß in: Österr., Kunsttop., Bd. 5, S. 408.

Nach einem Streit der seit dem 12. Jh. bekannten Herren v. Goldegg mit dem Salzburger Erzbischof ließ dieser Goldegg 1322 zerstören. Die neue Burg wurde 1323 am jetzigen Ort begonnen. Aus dieser Zeit stammen die Ringmauer und der dreigeschossige Palas. Die Wasserburg wurde 1860 durch Umbauten stark verändert. Sie ist heute Museum. Ihre Ringmauer ist 1,8 – 2,1 m stark. Einen Bergfried hat es wohl nicht gegeben.

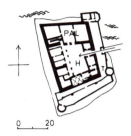

Goldenberg

Gde. Dorf, Bz. Andelfingen, Kt. Zürich, Schweiz

Grundriß in: Kunstdkm. d. Schweiz, Zürich-Ld., Bd. 1, S. 176.

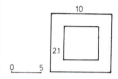

Von der 1248 erstmals genannten Burg ist nur der Bergfried im Schloß übriggeblieben. Er hat 3 Stockwerke und einen spitzbogigen Eingang in 6,3 m Höhe.

Goldenfels, Roche d' Or

Gde. Pruntrut (Bz.), Kt. Jura, Schweiz

Grundriß in: Burgen u. Schlösser d. Schweiz, Bd. VIII, S. 42.

Die ziemlich kleine Burg wurde 1283 durch Heinrich v. Isny gegründet und 1595 zerstört. Der Wohnturm hat Hauptmaße von 10×12,5 m.

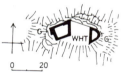

Goldenstein – Branna

Bz. Mähr. Schönberg – Šumberk, Nordmähren, Tschechische Republik

Grundriß in: Ebhardt II/2, Abb. 203.

Die Burg entstand im 12. Jh., sie wurde im 14. Jh. durch die Luxemburger zerstört und blieb Ruine. Die Ringmauer ist 1,5 m dick, der Bergfried hat 11,6 m Durchmesser mit 2,5 m Wandstärke.

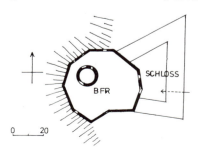

Goldenstein

Gde. Goldberg, Bz. Hermagor, Kärnten, Österreich

Grundriß in: Burgen u. Schlösser in Kärnten, Bd. 3, S. 11; Kohla, S. 76.

Das »Huz Golperc« wird 1227 urkundlich genannt. 1250 kommt ein Ministeriale der Grafen v. Görz »Heinricus de Goldpurch« urkundlich vor. 1459 wird die Burg zerstört und wieder aufgebaut, bald nach 1528 ist sie verfallen. Der Bergfried hat 8 m Seitenlänge und 2,5 m dicke Mauern.

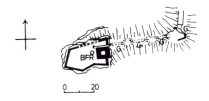

Goldrain

Vinschgau, Südtirol, Italien

Grundriß in: Trapp, Bd. 1, S. 177.

Im Kern des Renaissance-Schlosses steckt ein romanischer Wohnturm mit den Hauptmaßen 13 × 16 m.

Golling

Bz. Hallein, Salzburg, Österreich

Grundriß in: Österr. Kunsttop., Bd. 20, S. 84; Burgen u. Schlösser in Salzburg, Bd. 2, S. 137.

Die Burg aus der Mitte des 13. Jh. wurde erst 1325 urkundlich erwähnt. Im Bauernkrieg 1526 wurde sie stark beschädigt. 1722 und erneut 1871 wurde sie gründlich umgebaut. Die Ringmauer ist aus der Gründerzeit und 1,3 m stark. Der Bergfried von 7 × 8 m hat 1,5 m dicke Wände. Im Westen der Anlage gibt es einen Wohnturm von 12 × 17 m Hauptmaßen mit 4 Stockwerken.

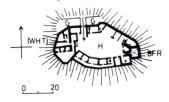

Gomarn, Gamare

Gde. Bad St. Leonhard, Bz. Wolfsberg, Kärnten, Österreich

Grundriß in: Burgen u. Schlösser in Kärnten, Bd. 1, S. 145; Kohla, S. 19.

Die Burg Gomarn ist Teil der Stadtbefestigung an deren westlichen Ende. Teile der Ringmauer am Palas stammen aus dem 12. Jh. Die erste urkundliche Nennung ist 1278. Ihr heutiges Aussehen erhielt die Burg im 14. und 15. Jh. 1762 und 1808 Brände, seitdem Ruine. Die Ringmauer ist 1,5–1,7 m stark, der Bergfried mit 8,6 × 8,6 m hat 2,2 m dicke Mauern.

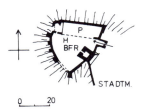

Gommern

Kr. Burg, Sachsen-Anhalt

Grundriß in: Kunstdkm. d. Prov. Sachsen, Bd. 21, S. 95; Wäscher, Abb. 68.

973 gab es an dieser Stelle eine slawische Wallburg. Die Oberburg mit dem Bergfried entstand im 12. Jh., 1578 wurde die Burg unter Verwendung der alten Mauern erneuert. Im 19. Jh. war sie Gericht und Gefängnis. Der Bergfried mit 10,3 Durchmesser und 3,2 m Wandstärke hat seinen Eingang in 7,5 m Höhe.

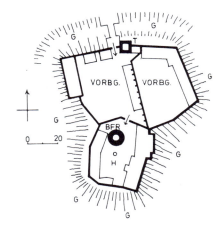

Gonobitz, Ganowitz, Tattenbach

Gde. Markt Gonobitz, Krain, Slowenien

Grundriß in: Piper, Österr., Bd. 5, S. 21.

Der Burgadel wird 1151 erstmals urkundlich erwähnt, der Bergfried wurde im 15. Jh. erbaut. Verfallen ist die Burg im 18. Jh. Der Bergfried hat die Hauptmaße 10,7 × 12,7 m.

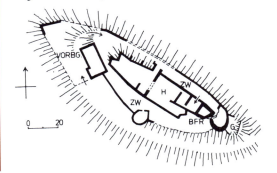

Gottlieben

Bz. Kreuzlingen, Kt. Thurgau, Schweiz

Grundriß in: Burgen u. Schlösser d. Schweiz, Thurgau, Bd. 1, S. 64.

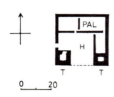

Erbaut wurde die Wasserburg 1251 durch Bischof Eberhard II. v. Konstanz, Bischof Ulrich III. verstärkte sie 1346. Im Jahr 1355 wurde die Burg verwüstet aber wieder hergerichtet. 1415 saßen Johann Hus und Papst Johannes XXIII. als Gefangene auf Gottlieben. 1837 baut Prinz Louis Napoleon (III.) das Schloß neugotisch um. Die Ringmauer ist 2,0 – 2,2 m stark.

(Graben)

Gde. Flachau, Bz. St. Johann, Salzburg, Österreich

Angabe in: Burgen u. Schlösser in Salzburg, Bd. 1, S. 23.

Der Wohnturm mit etwa 8 × 15 m Grundfläche und 1,2 m Wandstärke stand auf einem Hügel. Er wurde 1970 beim Bau der Autobahn ausgegraben. Die Reste wurden beseitigt.

Grabensee

Gde. Gloggnitz, Bz. Neunkirchen, Niederösterr., Österreich

Grundriß in: Burgen u. Schlösser in Niederösterr., Bd. I/3, S. 55.

Die Burg wurde im letzten Viertel des 13. Jh. erbaut. Ihre Ringmauer von ca. 1 m Stärke umgibt eine winzige Burg, der Bergfried von 6,7 × 10 m hat 1,8 m dicke Mauern.

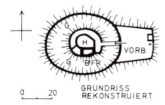

Grabenstein

Gde. Innsbruck (Bz.)-Mühlau, Tirol, Österreich

Grundriß in: Österr. Kunsttop., Bd. 44, S. 564.

Der wohnturmartige Ansitz mit 3 Stockwerken wurde 1460 erbaut. Er mißt 12,5 × 16,7 m mit 1,2 m starken Außenmauern.

Grabow

Kr. Burg, Sachsen-Anhalt

Grundriß in: Wäscher, Abb. 73.

Die Burg wurde angeblich schon 940 erwähnt, doch sind die 1,8 m starken Mauern der Burg eher aus dem 13. Jh. Im 18. Jh. wurde die Wasserburg zum Schloß verändert. Der Grundriß zeigt nur die mittelalterlichen Teile. Der Bergfried mit 8 m Seitenlänge hat ca. 1,8 m Wandstärke.

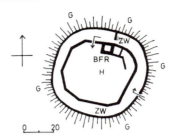

Grad

Gde. Rosenbach, Bz. Villach, Kärnten, Österreich

Grundriß in: Kohla, S. 83.

Für die ca. 450 m² große Ruine gibt es keine Daten.

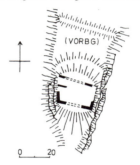

Gradenegg

Gde. Liebenfels-G...., Bz. St. Veit, Kärnten, Österreich

Grundriß nach Aufnahme von Gössinger u. Wurm.

1192 wird ein »Rudlandus de Gradnich« urkundlich erwähnt. Die Ringmauer stammt aus dem 15. Jh., der Bergfried aus dem Ende des 12. Jh. Verfallen ist die Burg im 19. Jh. Der Bergfried hat 11 m Seitenlänge und 2,5 m Mauerstärke. Angeblich war mit der Burg das Erbmäheramt verbunden.

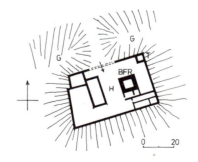

Gräfenstein, Grevenstein

Gde. Merzalben, Kr. Pirmasens, Rheinland-Pfalz

Grundriß in: Dehio, Rheinld.-Pfalz, S. 566; Baudkm. in der Pfalz, Bd. 2, S. 73; Kunstdkm. v. Rheinld.-Pfalz, Bd. 2, S. 399; Näher, S. 167; Hotz-Pfalzen Z. 75; Burgen u. Schlösser in der Pfalz, Abb. 7.

Die auf einem 10 m hohen Felsen liegende Burg aus Buckelquadern ist um 1200 erbaut worden, die Vorburg stammt aus dem 13. Jh. Mehrfach wurde die Burg umgebaut, bis sie 1525 zerstört und wieder aufgebaut wurde. 1635 wurde sie endgültig zerstört. Die ca. 9 m hohe Ringmauer ist um 2 m stark, die der Vorburg 1,5 m. Der Bergfried mit den Hauptmaßen 6 × 7,5 m und verstärkter Spitze besitzt den sehr seltenen sechseckigen Grundriß. Er hat 16 m Höhe und einen Hocheingang bei 7 m.

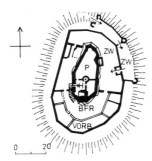

Gräfte

Gde. Bad Driburg, Kr. Höxter, Nordrhein-Westfalen

Grundriß in: v. Oppermann/Schuchhardt, Heft 6.

Der Wohnturm von 14 m Breite hat 1,0 m und 2,0 m dicke Wände. Er stammt vermutlich aus dem 11. Jh. Mit rd. 90 m² Innenfläche ist er recht geräumig.

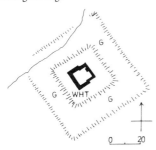

Gräpplang

Gde. Flums, Bz. Sargans, Kt. St. Gallen, Schweiz

Grundriß in: Meyer, Bd. 6, S. 37.

Erbaut wurde die Burg im späten 12. Jh. durch die Herren v. Flumis im Auftrag des Bischofs v. Chur. Sie wird 1249 als »castrum flumius« erwähnt. Die Vorburg ist wesentlich jünger. Die Kernburg ist ein mächtiger Palas mit 1,2 – 2,0 m starken Außenmauern und 4 Stockwerken. Ein Bergfried war nicht vorhanden.

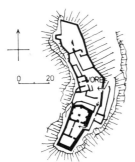

Grafenberg

Gde. Fläsch, Bz. Unterlandquart, Kt. Graubünden, Schweiz

Grundriß in: Clavadetscher, S. 318.

Die Burg wurde nach Funden im 13. Jh. benutzt. 4 Stockwerke eines Palas sind noch zu erkennen. Die Ringmauer ist 1,5 m stark.

Grafendahn siehe Altdahn

Grafenstein – Grabštejn

Bz. Reichenberg – Liberec, Nordböhmen, Tschechische Republik

Grundriß in: Kunstdkm. v. Böhmen, Reichenbg., Abb. 45.

Der Kern auf einem Felsklotz ist 1044 gegründet worden, doch die im Schloß verbaute Burg ist wohl aus dem 13. Jh., 1659 wurde die Burg zum Schloß umgebaut. Die Ringmauer ist 2,0 m dick, der Bergfried hat 10,5 m Durchmesser und 3,2 m starke Wände und 16 m Höhe.

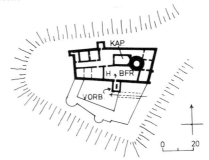

Graisbach

Gde. Maxheim-G..., Donau-Ries-Kr., Bayern

Grundriß in: Kunstdkm. v. Bayern, Schwaben, Bd. 3, S. 262.

Vermutlich ist die Burg um 1130 entstanden. Die romanische Kapelle ist aus dem 12. Jh., die Burg wurde im 13. und 14. Jh. ausgebaut. Im 15. Jh. wurde sie teilweise zerstört, im 18. Jh. war sie Steinbruch.

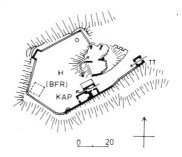

Granegg, Michelstein

Gde. Hohenburg-Egelsheim, Kr. Tuttlingen, Baden-Württemberg

Grundriß in: Streng, S. 77; Schmitt, Bd. 5, S. 391.

Die kleine Burg wurde vermutlich um 1100 begonnen. Zerstört wurde sie 1377. Der Wohnturm mit 7,5 m Seitenlänge hat 1,5 m Wandstärke. Der Wohnturm muß, um sinnvoll genutzt werden zu können, einen auskragenden hölzernen Aufbau gehabt haben.

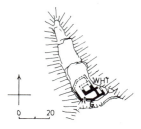

Granegg

Gde. Waldstetten, Kr. Aalen, Baden-Württemberg

Grundriß in: Blätter des Schwäb. Albvereins, 1932, S. 242; Schmitt, Bd. 1, S. 184.

Erhalten ist der Rest eines Bergfriedes mit Buckelquadern, wohl von 1200, der 1932 ausgegraben wurde.

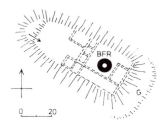

Grasburg

Gde. Wallismatt, Bz. Schwarzenberg, Kt. Bern, Schweiz

Grundriß in: Ebhardt I, Abb. 734.

Die Grasburg wurde um 1100 in eine Fliehburg eingebaut, urkundlich wurde sie 1223 genannt. Im 16. Jh. begann der Verfall. Der Wohnturm mit 10,5 × 19,5 m Maximaldimensionen und 1,6 m Wandstärke erinnert an Frauenburg – Steiermk. →, er hat 3 Stockwerke und einen Eingang in 3 m Höhe. Der Bergfried hat 9 m Seitenlänge und 2,5 m Mauerstärke.

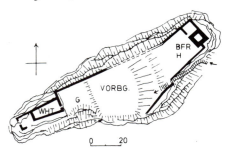

Graslhof

Gde. Persenburg, Bz. Melk, Niederösterr., Österreich

Grundriß in: Burgen u. Schlösser in Niederösterr., Bd. 12, S. 45.

Der Adelshof, quasi eine städtische Burg, ist um 1500 entstanden.

Grass

Gde. Regensburg, Bayern

Grundriß in: Kunstdkm. v. Bayern, Oberpfalz, Bd. 20, S. 82.

Erhalten ist von der Burg nur die Kapelle aus dem 14. Jh. und Futtermauern. Der Adel zur Burg wurde im 12. Jh. genannt. 1633 wurde die Burg zerstört.

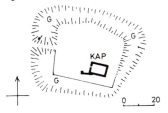

Gratzen – Novo Hrady

Bz. Budweis – Budějovice, Südböhmen, Tschechische Republik

Grundriß in: Ebhardt II/2, Abb. 459.

Gegründet wurde die Burg in der 2. Hälfte des 13. Jh., 1425 wurde sie von Hussitten zerstört und danach wieder aufgebaut. 1652 wurde sie erneuert. Die Ringmauer ist bis 2,5 m stark.

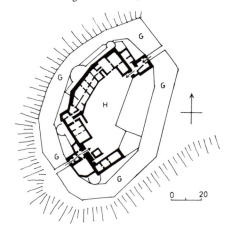

Graupen, Rosenburg — Krupka

Bz. Teplitz – Teplice, Nordböhmen, Tschechische Republik

Grundriß in: Piper, Österr., Bd. 2, S. 71; Menclová, S. 389.

Die Kernburg wurde um 1330 erbaut. 1430 zerstörten Hussitten die Burg, die wieder aufgebaut wurde. Verstärkt wurde sie im 15.

und 16. Jh., nach 1632 ist sie verfallen. Der Bergfried, wohl ein Wohnturm, hat die Seitenlänge 10 m und 2 m Wandstärke.

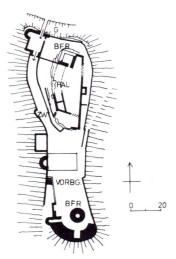

Gravetsch

Gde. Villanders, Eisacktal, Südtirol, Italien

Grundriß in: Trapp, Bd. 4, S. 183.

Der Ursprung um 1300 war ein festes Haus mit 1,0 m starker Ringmauer, Anfang des 16. Jh. wurde die Burg umgebaut.

Grebenstein

Gde. Hofgeismar, Kr. Kassel, Hessen

Grundriß in: Ebhardt I, Abb. 486.

Gegründet wurde die Burg vor 1279, neu wurde sie um 1400 gebaut, Ende des 16. Jh. ist sie verfallen.

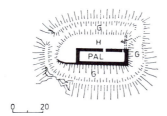

Greene

Gde. Kreiensen-G..., Kr. Northeim, Niedersachsen

Grundriß in: Kunstdkm. v. Braunschweig, Bd. 5, S. 448.

Die Burg Greene ist wohl Anfang des 14. Jh. erbaut worden. 1553 wurde sie zerstört und aufgebaut. Seit Anfang des 18. Jh. geriet sie in Verfall. Die Ringmauer ist 1,2 m stark, der Bergfried mit einer Seitenlänge von 8 m und 2,8 m Mauerstärke hat 24 m Höhe und einen spitzbogigen Eingang 8 m über Niveau.

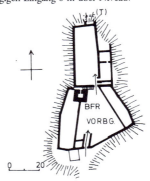

Greifenberg = Günzelburg

Greifenberg

Bz. Spittal a. d. Drau, Kärnten, Österreich

Grundriß in: Burgen u. Schlösser in Kärnten, Bd. 2, S. 65.

Die kleine Burg entstand wohl in der 1. Hälfte des 13. Jh., es waren anfänglich 2 Burgen, die im 17. Jh. zu einer verbunden wurden. Die Ringmauer ist 2 m stark. Der Bergfried von 10,5 × 11,5 m ist auf der Ostseite auf über 3 m Wanddicke verstärkt, sonst sind die Wände 1,75 m stark.

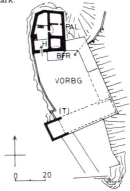

Greifenfels

Gde. Ebenthal, Bz. Klagenfurt, Kärnten, Österreich

Grundriß in: Burgen u. Schlösser in Kärnten, Bd. 2, S. 61; Kohla, S. 92.

1213 wird Hainricus de Greifenvelse urkundlich genannt. Im 16. Jh. ist die Burg verfallen.

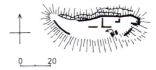

Greifen-Planta = Planta

Greifensee
Bz. Uster, Kt. Zürich, Schweiz

Grundriß in: Kunstdkm. d. Schweiz, Zürich-Ld., Bd. 1, S. 498.

Der große Wohnturm entstand wohl Anfang des 13. Jh. auf einem Fels von 3 m Höhe. 1440 wurde er zerstört und 1520 wieder aufgebaut. Er wurde 1948 restauriert und dient als Instrumenten-Sammlung. Die Grundfläche ist 14,5 × 21,0 m, die Mauer ist auf der Ostseite fast 5 m dick, sonst 1,5 m. Er hatte 3, jetzt 4 Stockwerke.

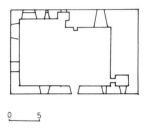

Greifenstein
Bz. Tulln, Niederösterr., Österreich

Grundriß in: Burgen u. Schlösser a. d. Donau, S. 134; Burgen u. Schlösser in Niederösterr., Bd. II/1, S. 27.

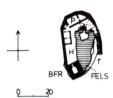

Um 1100 ist der Vorgänger der heutigen Burg entstanden, die um 1250 erbaut wurde. Sie liegt auf einem Fels und benutzt Teile des Felsens als Rückwand. Die Burg wurde zweimal zerstört und aufgebaut, nämlich 1461 und 1529, 1645 zerstörten Schweden die Burg, die im 19. Jh. wiederhergestellt wurde. Der Bergfried hat Außenmaße von 9 × 9,5 m mit 2,2 – 2,6 m starken Mauern.

Greifenstein
Ct. Saverne, Bas-Rhin, Frankreich

Grundriß in: Kaltenbach Nr. XIV; Wolff, S. 91; Inventaire du Bas Rhin, Saverne, S. 497.

Der hier dargestellte Grundriß ist aus dem Inventaire übertragen. Die große Burg ist aus dem 12. Jh., die kleine aus dem 13. Jh. Beide Bergfriede zeigen Buckelquader. »De Griffenstein« wird 1156 urkundlich genannt. Ausbau der Burg im 15. und 16.Jh., im 17. Jh. ist sie verfallen. Die Ostburg auf dem Felsblock gehört zum Grundrißtyp Bergfried, Hof und Palas. Ihre Ringmauer ist 1,0 m stark, der Bergfried von 6 × 7,5 m Grundfläche hat 2 m dicke Mauern und einen spitzbogigen Eingang in 5,5 m Höhe. Der Bergfried der Westburg ist 13 m breit und hat 3,5 m starke Mauern, sein Eingang liegt 9 m hoch. In der Eingangsetage gibt es einen Abtritt im Mauerwerk.

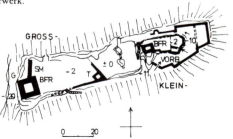

Greifenstein
Gde. Heiligenstadt (Kr.)-Kella, Thüringen

Grundriß in: Ebhardt I, Abb. 462.

Um 1130 wird die Burg erstmals genannt. Ursprünglich bestanden zwei Burgen. Anfang des 14. Jh. wurde die Anlage erweitert, die gotische Kernburg hatte ihren Ursprung in dieser Zeit. Schon in der 2. Hälfte des 16. Jh. verfiel sie. Der Bergfried ist im 19. Jh. eingestürzt und wurde abgetragen.

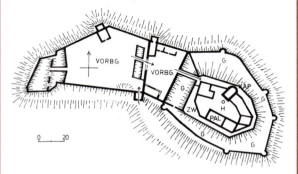

Greifenstein
Gde. Filisur, Bz. Albula, Kt. Graubünden, Schweiz

Grundriß in: Poeschel, S. 255; Clavadetscher, S. 63.

Die auf einem wild zerklüfteten Felsmassiv liegende Burg wurde im ausgehenden 12. Jh. erbaut. Burgadel wird 1233 erstmals genannt. 1394 erobert sie der Bischof v. Chur, nach 1537 ist sie verfallen. Der Wohnturm hat Hauptmaße von ca. 8 × 16 m und rd. 1,5 m dicke Wände. Eine in den Fels gehauene Treppe mit 3 Kehren führt zu ihm.

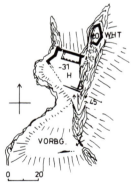

Greifenstein
Gde. Glaning bei Bozen, Südtirol, Italien

Grundriß in: Ebhardt I., Abb. 702; Weing.-Bozen, Abb. 6; Weing.-Hörm., S. 371; Trapp, Bd. 8, S. 262.

Erbaut wurde die Burg auf dem Porphyr-Felsturm vor 1160 durch die Grafen von Morit, die sich seitdem auch Greifenstein nennen. Wenn es zutrifft, daß Morit identisch ist mit der Burg Gries → in Bozen, dann war diese Burg die sichere Höhenburg der Grafen. 1276 wurde sie zerstört und blieb Ruine bis 1334. Nach dreijähriger Belagerung wurde Greifenstein 1426 von den nur 20 Mann Besatzung übergeben. Im 17. Jh. wurde die Burg baufällig und verfiel. Alle Teile aus dem 13. Jh. finden sich am Tor und an der Ostseite, sonst überwiegend 14. und 15. Jh. Die Schildmauer ist bis 2,6 m, die Ringmauer nur 1,0 bis 1,8 m stark.

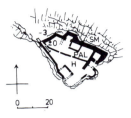

Greifenstein

Lahn-Dill-Kr., Hessen

Grundriß in: Burgenführer v. Greifenstein.

Adel zur Burg wird urkundlich 1160 erwähnt. Die Kernburg und der 1. Zwinger entstammen dem 13. Jh., der äußere Zwinger aus dem 16. Jh. Im 17. Jh. wurde die Burg zur Festung ausgebaut und im 18. Jh. ist sie verfallen. Die Ringmauer der Kernburg ist 2,0–2,5 m stark, der Doppelbergfried, ähnlich der Kasselburg →, ist 16 m lang und 6 m breit mit 1,7 m Wandstärke, er ist etwa 20 m hoch. Seit dem 14. Jh. im Besitz der Grafen Solms und bis 1693 deren Residenz.

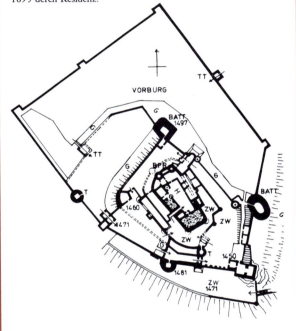

Greifenstein

Gde. Heiligenstadt, Kr. Bamberg, Bayern

Grundriß in: Kunstmann: Die Burgen d. westl. und nördl. fränk. Schweiz, S. 293.

Begonnen wurde die Burg vor 1172. Zerstört wurde sie 1525 und danach wieder aufgebaut. 1691 wurde sie in ein barockes Schloß umgebaut. Der ca. 8x8 m messende Bergfried wurde Treppenturm.

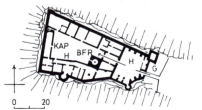

Greifenstein

Gde. Lichtenstein-Holzelfingen, Kr. Reutlingen, Baden-Württemberg

Grundriß in: Blätter d. Schwäb. Albvereins, 6. Jhg., 1889, S. 11; Schmitt, Bd. 4, S. 307/308.

Zwei Burgen liegen 120 m voneinander entfernt, im Westen die Unter-, im Osten die Oberburg. Berthold v. Greiffenstein wird 1187 urkundlich erwähnt. Möglicherweise stammen beide vom Ende des 12. Jh., bereits 1240 haben sie an Bedeutung verloren. 1311 zerstörten die Reutlinger beide Burgen. Der Raum östlich des Tores der Oberburg wurde von K. A. Koch für den Bergfried gehalten.

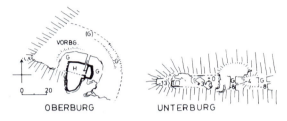

Greiffenberg

Kr. Angermünde, Brandenburg

Grundriß in: Kunstdkm. d. Prov. Brandenbg., Bd. 3.3, S. 116.

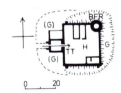

Die Ruine der Wasserburg des 14. Jh. hat eine ca. 1,2 m dicke Ringmauer, der Torturm ist für die Größe der Burg überdimensioniert.

Greiffenstein – Gryf

Gräfl. Neundorf – Proszówka, Kr. Lauban – Lubán, Schlesien, Polen

Grundriß in: Ebhardt I, Abb. 580; Grundmann, S. 71.

Vermutlich ist die Burg in der 1. Hälfte des 13. Jh. erbaut worden. 1400 übernahmen die Grafen Schaffgotsch die Burg und bauten sie 1544 weitgehend um. 1798 wurde sie teilweise abgebrochen und ist seitdem Ruine. Die Ringmauer der Kernburg ist ca. 2 m stark und ca. 10 m hoch.

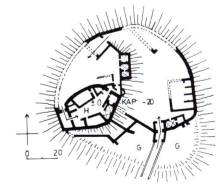

Greinburg

Gde. Grein, Bz. Perg, Oberösterr., Österreich

Grundriß in: Ebhardt I, Abb. 662.

1488 gestattete Kaiser Friedrich III. den Frhrn. v. Stettenberg, »ein Gslos« zu bauen. Die Burg hieß auch zunächst Stettenfels. Sie wurde 1621 in ein Schloß umgebaut. Heute ist es zum Teil Museum. Seine Ringmauer ist mit 2,3 – 2,7 m Dicke recht stark.

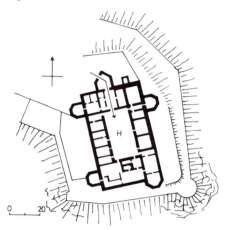

Greisenegg = Voitsberg

Grenchen, Bettlach

Gde. Bettlach, Bz. Grenchen, Kt. Solothurn, Schweiz

Grundriß in: Nachr. d. Schweizer Burgenv. 1961/5.

Die Reste der kleinen Burg wurden ausgegraben. Sie entstand in der 2. Hälfte des 12. Jh., angeblich ist sie hundert Jahre später verlassen worden. Der Bergfried mit 8 m Seitenlänge hat 1,2 m dicke Wände, die nach SW und NW auf 1,6 m verstärkt sind. Die Burg gehört zum Typ Wohnturm-Palas. Der Wohnturm mit nur ca. 25 m² Innenfläche müßte zur Dauernutzung einen auskragenden Aufsatz besessen haben.

Grenzau

Gde. Höhr-Grenzhausen, Westerwaldkr., Rheinland-Pfalz

Grundriß in: Kunstdkm. im Reg.-Bz. Wiesbaden, Bd. 5, S. 15; Cohausen, Nr. 206; Binding, S. 27.

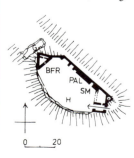

Burgadel wird erstmals 1213 urkundlich genannt. Entstanden ist Grenzau wohl am Beginn des 13. Jh. und war bis ins 17. Jh. bewohnt. Der ungewöhnliche, dreieckige Bergfried mit Seitenlängen von 10, 11 und 13 m ist 23 m hoch, hat 4 Stockwerke und einen Hocheingang. Die Schildmauer am Palas ist 3,5 m dick.

Grenzlerburg

Gde. Liebenburg-Othfresen, Kr. Goslar, Niedersachsen

Grundriß in: Kunstdkm. d. Prov. Hannover, Bd. 2.7, S. 90; Stolberg, S. 121.

Über den Ursprung des 8 × 14 m messenden Baues gibt es keine sicheren Nachrichten. Adel v. Gremsleve wird im 14. Jh. genannt.

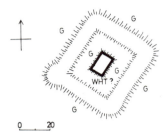

Grepault

Gde. Trun, Bz. Vorderrhein, Kt. Graubünden, Schweiz

Grundriß in: Clavadetscher, S. 353.

Die spärlichen Reste der Burg sind frühmittelalterlicher Herkunft, also aus der Zeit vor 1000.

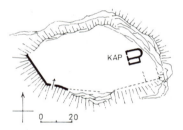

Grevenbroich

Kr. Neuss, Nordrhein-Westfalen

Grundriß in: Kunstdkm. d. Rheinprov., Bd. 3.5.

Der Backstein-Palas aus dem 15. Jh. ist der Rest einer Wasserburg.

Grevenburg

Gde. Traben-Trarbach, Kr. Bernkastel-Wittlich, Rheinland-Pfalz.

Grundriß in Kunstdkm. d. Rheinprov. Wittlich.

Die heutige Anlage wurde um 1350 erbaut und danach zur Festung verstärkt. 1735 wurde sie durch Franzosen zerstört. Der hier dargestellte Grundriß zeigt die Burg vor ihrem Ausbau zur Festung. Der Donjon, ein Wohnturm französischer Prägung, hat die Maße 15 × 20 m und 1,6 m, im NO 2,1 m dicke Wände, einer der wenigen im Reich.

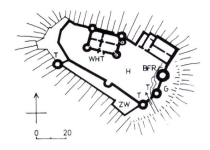

Greyerz, Gruyers
Bz. Bulle, Kt. Fribourg, Schweiz

Grundriß in: Meyer, Bd. 9, S. 72.

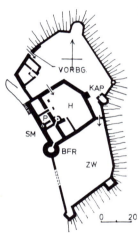

Begonnen wurde die Burg noch vor 1200. Nach einem Brand 1480 wurde sie wieder hergestellt. Die 2,4 m starke Ringmauer ist aus der Gründungszeit. Im 15. und 16. Jh. weiterer Ausbau. Seit 1938 ist Greyerz Museum. Der Bergfried hat knapp 11 m Durchmesser und 2,5 m starke Wände. Die Schildmauer ist 3,2 m dick.

Gries
Gde. Bozen, Südtirol, Italien

Grundriß in: Weing.-Bozen, Abb. 7; Trapp, Bd. 8, S. 222.

Die Burg wurde um 1200 mit einem Wohnturm begonnen, dessen Reste im Süden der Anlage 1985 ergraben wurden. Die geräumige Burg wurde wohl 1235 mit Bergfried, Ringmauer und Torturm erbaut, wahrscheinlich durch die Grafen v. Morit. Der Bergfried mit 11,3 m Seitenlänge und 2,5 m starken Mauern wurde nach der Umwandlung der Burg in einem Kloster zum Glockenturm. Die Ringmauer ist 1,2 m stark. Die Burg war vielleicht im Besitz der Grafen Morit.

Gries, Gscheibter Turm, Treuenstein
Gde. Bozen, Südtirol, Italien

Grundriß in: Tabarelli »Castelli del' Alto Adige«; Trapp, Bd. 8, S. 198; Hotz Z 1.

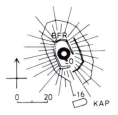

Über Entstehung und Aufgabe des Turmes gibt es verschiedene Theorien. Graf Trapp hält ihn für den Rest einer Burg Treuenstein, die 1278 erbaut worden sein soll. Der Turm mit 24 m Höhe hat 7,7 m Durchmesser und 2 m dicke Mauern. Er besitzt 7 Stockwerke und einen rundbogigen Eingang in knapp 8 m Höhe. Eine kleine Burg um den Turm herum wäre vorstellbar. Der Grundriß entspricht der bei Trapp dargestellten Version.

Grifenberg = Greifenberg

Griffen
Bz. Völkermarkt, Kärnten, Österreich

Grundriß in: Kohla, S. 96; Piper, Österr., Bd. 7.

Das »castrum Grivina« wird 1160 urkundlich als 1148 bereits bestehend erwähnt. Von der alten Burg ist jedoch wenig erhalten. Sie wurde im 14. u. 15. Jh. auf die heutige Dimension ausgebaut. Im 18. Jh. war Griffen noch Feste und ist wohl erst im 19. Jh. aufgegeben worden.

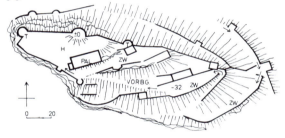

Griffon = Greifenstein

Grillenberg, Grillenburg
Kr. Sangerhausen, Sachsen-Anhalt

Grundriß in: Wäscher

Die Kernburg ist um 1200 entstanden, sie wurde in der 2. Hälfte des 14. Jh. erweitert. Anfang des 17. Jh. begann der Verfall; die Ringmauer ist 1,5 m, die Schildmauer 3 m dick.

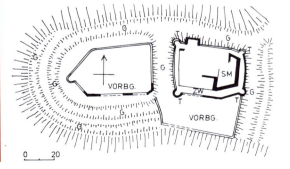

Grimburg
Kr. Trier-Saarburg, Rheinland-Pfalz

Grundriß in: Kunstdkm. d. Rheinprov., Bd. 15.2.

Die Burg wurde 1192 begonnen, aus dieser Zeit stammt der halbkreisförmige Bergfried der nachträglich in 5/8-Form verstärkt wurde. Die geräumige Vorburg ist aus dem 14. Jh., verfallen ist die Burg im 17. Jh. Der Bergfried in der alten Form hatte Hauptmaße von 10,5 × 11,5 m und mehr als 2 m starke Mauern.

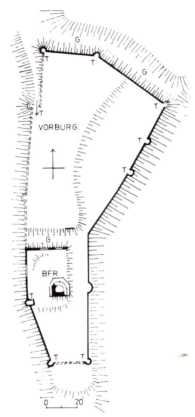

Grimma
Sachsen

Grundriß in: Kunstdkm. v. Sachsen, Bd. 19, Taf. XIV.

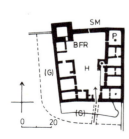

Die Wasserburg wird um 1200 erwähnt. Aus dieser Zeit stammt ein schönes romanisches Fenster am Palas. Umgebaut wurde sie um 1400 und 1509 u. noch später. Die Ringmauer ist 1,5–1,8 m stark, die Schildmauer 2,2 m. Der enorm geräumige Bergfried besitzt 13,5 m Seitenlänge und 2,4 m starke Mauern.

Grimmenstein
Gde. St. Margarethen-Höchst, Bz. Unterrhein, Kt. St. Gallen, Schweiz

Grundriß in: Felder, 3. Teil, S. 15.

Die Burg ist wohl aus dem 13. Jh. 1405 wurde sie teilweise, 1436 durch Konstanz zerstört. Die Burg ist der Kernburg von Haichenbach → ähnlich. Der Wohnturm in Buckelquadern hat 15 m Seitenlänge, die Wände sind auf 3 Seiten 3,3 m stark, im Osten nur 2,4 m.

Grimmenstein
Gde. Wyningen, Bz. Burgdorf, Kt. Bern, Schweiz

Grundriß in: Burgen u. Schlösser d. Schweiz, Bd. Xa, S. 94.

Der Plan stammt von 1920. Im Kern gab es wohl nur einen Wohnturm. Adel wird bis ins 14. Jh. genannt.

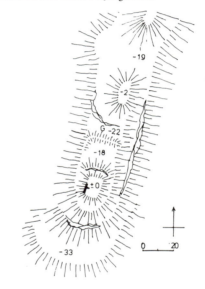

Grimmenstein
Bz. Neunkirchen, Niederösterr., Österreich

Grundriß nach: Aufnahme von Rigler, 1961.

Die hauptsächlich aus einem Wohnturm bestehende Burg aus dem 12. Jh. wurde 1444 zerstört. Verfallen ist sie im 16. Jh.; 1961 wurde die Burg von Rigler wieder aufgebaut. Der Wohnturm hat Hauptmaße von 11 × 18 m mit 3 m starken Wänden im Norden und Westen.

Grimnitz
Gde. Joachimsthal, Kr. Angermünde, Brandenburg

Grundriß in: Kunstdkm. d Prov. Brandenbg., Bd. 3.3, S. 126; Burgwart 1915, S. 70.

Der Wohnturm im Zentrum der Wasserburg entstand wohl im 13. Jh., die Ringmauer im 15. Jh. Im 18. und 19. Jh. ist die Burg verfallen. Der Wohnturm mit 16 m Seitenlänge und 2 m dicken Mauern hat 3 Stockwerke. Die Ringmauer ist 1,25 m stark.

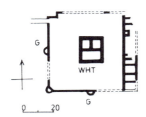

Gröbernturm, Schlößlin

Gde. Zell am Harmersbach, Kr. Offenburg, Baden-Württemberg

Angabe von der Gemeinde.

Der Wohnturm mit 8,6 m Seitenlänge und 1,4 m Mauerstärke ist Mitte des 14. Jh. erbaut worden. Er hat 18 m Höhe, 5 Stockwerke und einen Eingang 6 m über Niveau.

Gröditzberg – Grodziec

Kr. Goldberg – Złoteria, Schlesien, Polen

Grundriß in: Grundmann, S. 65; Oskar Doering »Bodo Ebhardt«, S. 78.

Wahrscheinlich hat die Burg unter dem Namen Gradice schon Mitte des 12. Jh. bestanden. Auf dieser Burg wohnte zeitweilig Herzog Boleslaus, was die enorme Größe der Burg erklärt. Der Bergfried wurde 1473 auf alter Basis neu erbaut. Ende des Dreißigjährigen Krieges wurde sie auf Veranlassung des Kaisers zerstört. Bodo Ebhardt hat sie ab 1906 für Willy v. Dirksen wieder aufgebaut.

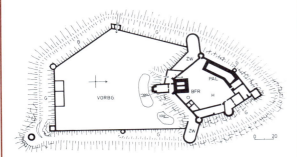

Grönenbach

Kr. Mindelheim, Bayern

Grundriß in: Bayerische Kunstdkm. Memmingen, S. 115.

Entstanden ist die Burg Mitte des 13. Jh., der zur Burg gehörende Adel wird bis 1260 genannt. Die heutige Anlage ist hauptsächlich aus dem 16. Jh. Die Ringmauer ist 2 m, die Schildmauer 4 m stark.

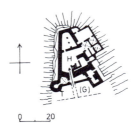

Grötzingen = Durlach

Grötzingen

Gde. Aichtal-G..., Kr. Esslingen, Baden-Württemberg

Grundriß in: Veröffentlichg. d. staatl. Amtes für Denkmalpfl., Baden-Württbg., Reihe A, Heft 1.

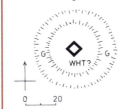

Ortsadel gibt es im 12. und 13. Jh. Der Turm mit 8 m Seitenlänge und 1,5 m Wandstärke war vermutlich ein Wohnturm, auch dieser Wohnturm müßte einen auskragenden Aufbau besessen haben.

Grohnde

Gde. Emmerthal-G..., Kr. Hameln-Pyrmont, Niedersachsen

Grundriß in: Kunstdkm. v. Nieders., Hameln-Pyrmont, S. 183.

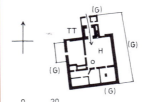

Die Wasserburg ist um 1300 erbaut worden, auffallend ist der gr. Torturm von 9 m. Die Ringmauer ist 1,9 m stark.

Gromberg

Gde. Lauchheim, Kr. Aalen, Baden-Württemberg

Grundriß nach Aufnahme von Wilfried Kießling, 1982.

Adel zur Burg wird 1235 urkundlich erwähnt. Die Schildmauer ist 3 m stark. Der Bergfried hat eine Grundfläche von 6,5 × 9,5 m mit 1,3 m Wandstärke.

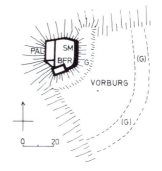

Grone

Göttingen (Kr.), Niedersachsen

Grundriß in: Führer zu archäol. Denkm. in Deutschld., 17, S. 88.

Erste Erwähnung der Burg 915, zerstört wurde sie 1180. Die Grundmauern wurden ausgegraben. Die eingezogenen Tore deuten eine frühmittelalterliche Anlage an.

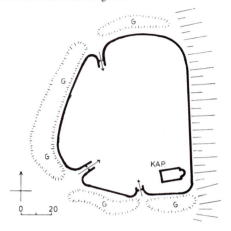

Groppenstein

Gde. Obervellach, Bz. Spittal a. D. Drau, Kärnten, Österreich

Grundriß in: F. Ziegler »Das Schloß Groppenstein«, Wien 1883.

1254 wird »de Croppensteine« urkundlich erwähnt. Der Palas ist aus dem 15. Jh., 1873 ist die Burg romantisch rekonstruiert worden. Der Wohnturm, vielleicht noch aus dem 12. Jh., hat 10,5 m Seitenlänge und unten 3 m dicke Wände, er ist vom Palas über eine Holzbrücke zugänglich, er hat 5 Stockwerke in 23 m Höhe.

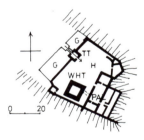

Großbundenbach

Kr. Zweibrücken, Rheinland-Pfalz

Grundriß in: Kunstdkm. v. Rheinld.-Pfalz, Zweibrücken, S. 539.

Erbaut wurde die Burg 1328, abgebrochen wurde sie 1813. Der Wohnturm hat 13 m Seitenlänge mit 2 m Mauerstärke.

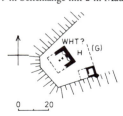

Groß Denkte

Gde. Denkte, Kr. Wolfenbüttel, Niedersachsen

Angabe in: Burgen u. Schlösser, 1990-I, S. 2.

Rest eines mittelalterlichen Wohnturms.

Großenhain

Sachsen

Angabe in: Kunstdkm. v. Sachsen, Bd. 38, S. 56.

Der ehemals freistehende Bergfried ist der Rest der alten Wasserburg, die im 19. Jh. zur Fabrik umgewandelt wurde. Der Einstieg liegt auf 6 m Höhe.

Großkemnath, Kemnath

Gde. Kaufbeuren (Kr.), Bayern.

Grundriß in: Bayerische Kunstdkm., Kaufbeuren, S. 104; Nessler, 2, S. 187.

Gründung der Burg in der Stauferzeit. »Volkmar di Kimenatun« in 1188 urkundlich erwähnt. Sie ist bis zu ihrem Abbruch 1803 mehrfach umgebaut worden. Der Buckelquader-Bergfried wurde später als Aussichtsturm rekonstruiert. Er mißt 9,25 × 9,4 m und hat 3 m dicke Mauern.

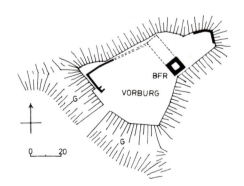

Großroppershausen

Gde. Frielendorf, Schwalm-Eder-Kr., Hessen

Grundriß nach Aufnahme von Strack 1986.

Vorhanden ist der Rest einer Burg aus dem 13. Jh., die im 15. Jh. zerstört wurde.

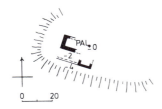

Groß Schönfeld

Kr. Neustrelitz, Mecklenburg-Vorpommern

Grundriß in: Schwarz, Abb. 42.

1398 wird »Sconenvelde« urkundlich erwähnt. Der Bergfried hat 5,5 m Seitenlänge.

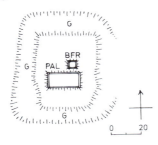

Groß Steinheim, Steinheim

Gde. Hanau (Kr.)-G..., Hessen

Grundriß in: E. J. Zimmermann, Hanau – Stadt und Land.

Die ursprünglich staufische Anlage wurde 1301 teilweise zerstört. Ein Neubau wurde 1425–31 errichtet. In der 2. Hälfte des 16. Jh. wurde die Burg zum Schloß umgebaut. Der Bergfried aus der 1. Hälfte des 15. Jh. hat 8,5 m Durchmesser und 2,5 m starke Mauern.

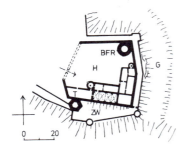

Groß Umstadt

Kr. Darmstadt, Hessen

Grundriß in: Kunstdkm. v. Hessen; Dieburg, S. 129.

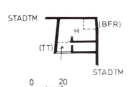

Das sogen. Darmstädter Schloß in einer Ecke der Stadtmauer wurde 1376 erwähnt. Die Wasserburg wurde 1747 durchgreifend umgebaut. Die Ringmauer ist 1,2 m stark.

Groß Vernich

Gde. Weilerswist-Vernich, Kr. Euskirchen, Nordrhein-Westfalen

Grundriß in: Bleyl, Taf. 226; Herzog, S. 281.

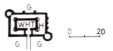

Der Wohnturm aus dem 14. Jh. von 8×16 m Seitenlänge mit 1,4 m dicken Wänden hat 3 Stockwerke. Torturm und Ringmauer sind aus dem 15. Jh.

Grottenstein, Krottenstein

Gde. Haldenstein, Bz. Unterlandquart, Kt. Graubünden, Schweiz

Grundriß in: Poeschel, S. 178; Clavadetscher, S. 297.

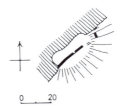

Die Höhlenburg ist vielleicht aus der 1. Hälfte des 12. Jh., die Ringmauer ist 1,7 m stark, der Eingang liegt in 4 m Höhe.

Grub

Gde. Messern, Bz. Horn, Niederösterr., Österreich

Grundriß in: Österr. Kunsttop., Bd. 5, S. 408.

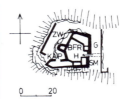

1273 Pilgram v. Grub urkundlich erwähnt. Die Burg wurde 1372 und 1441 belagert. Im 17. Jh. ist sie verfallen. Der kleine Bergfried mißt nur 3,6×4,5 m. Die Ringmauer ist 0,9 m, die Schildmauer 1,6 m stark.

Grubenhagen

Gde. Vollratsruhe, Kr. Waren, Mecklenburg-Vorpommern

Grundriß in: Schwarz, Abb. 106.

Der zur Burg gehörende Adel wird 1394 erwähnt. Die Burg ist seit dem 17. Jh. verfallen. Die Ringmauer im Norden ist 1,8 m stark und 10 m hoch, die anderen Seiten 1,2 m. Der Bergfried hat 9,6 m Durchmesser mit 2,5 m Mauerstärke.

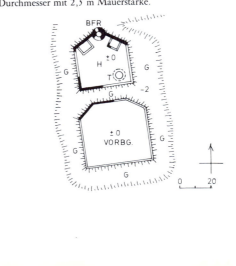

Grünburg

Bz. Hermagor, Kärnten, Österreich

Grundriß in: Kohla, S. 99

Adel zur Burg wird 1288 erwähnt. Die romanische Burg wurde im 19. Jh. abgebrochen.

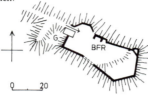

Grünburg – Hauptburg

Gde. Kl. St. Paul, Bz. St. Veit, Kärnten, Österreich

Grundriß in: Burgen u. Schlösser in Kärnten, Bd. 1, 2. Aufl., S. 48; Kohla, S. 100.

1217 wird »Ulricus de Gruneberch« urkundlich genannt. Ursprung ist ein festes Haus im Süden und ein Teil der Kapelle aus dem 12. Jh. Der Palas entstand im 13. Jh., der Torzwinger und der 5/8-Kapellen-Abschluß im 14. Jh. Die Burg wurde im 17. Jh. aufgegeben. Die Ringmauer der Kernburg ist 1,1–1,8 m stark. Einen Bergfried hat es offenbar nicht gegeben.

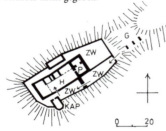

Grünburg – Vorwerk

Gde. Kl. St. Paul, Bz. St. Veit, Kärnten, Österreich

Grundriß in: Burgen u. Schlösser in Kärnten, Bd. 1, 2. Aufl., S. 47; Kahla, S. 101.

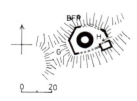

Den Kern des Vorwerkes im NO der Hauptburg bildet ein romanischer Bergfried aus dem 13. Jh., umgeben von einer Ringmauer von 0,95 m Stärke aus dem 14. Jh. Das Vorwerk wurde wie die Hauptburg im 17. Jh. aufgegeben. Der Turm hat einen Durchmesser von 10,5 m und 3,2 m dicke Mauern; sein rundbogiger Eingang liegt im 2. von insges. 6 Stockwerken.

Grüneck

Gde. Badenweiler-Lipburg, Kr. Lörrach, Baden-Württemberg

Grundriß in: Meyer-Regio, S. 15.

Die Wohnturmburg ist vielleicht im 13. Jh. anstelle einer älteren hölzernen Anlage entstanden. Auch der Zeitpunkt der Zerstörung kann mit 1272 nur vermutet werden. Der Wohnturm mit den Hauptmaßen von 14 × 16 m hatte 2–3 m starke Mauern.

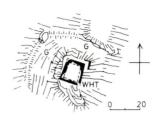

Grüneck

Gde. Ilanz, Bz. Glenner, Kt. Graubünden, Schweiz

Grundriß in: Poeschel, S. 231; Clavadetscher, S. 83.

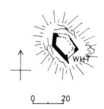

Der Wohturm ist um 1200 erbaut worden, er war im 16. Jh. wohl schon ruiniert. Seine maximalen Maße 12,5 × 18,5 m ließen trotz der um 2,7 m starken Mauern im Inneren rd. 70m² Grundfläche frei. Er besaß 4 Stockwerke incl. Keller, im 2. Stock sind Reste eines Aborterkers erkennbar.

Grünenberg

Gde. Richensee, Bz. Hochdorf, Kt. Luzern, Schweiz

Angabe in: Hauswirth, Bd. 5, S. 37.

Der Wohnturm wird 1360 erwähnt. Im 17. Jh. ist er noch bewohnt. Mitte des 18. Jh. wurde er durch Brand zerstört.

Grünfels

Gde. Waltensburg, Bz. Glenner, Kt. Graubünden, Schweiz

Grundriß in: Clavadetscher, S. 106.

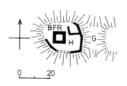

Die Ringmauer stammt aus dem späten 12. Jh., der Bergfried ist zwischen 1200 und 1250 erbaut worden. Burgadel wird 1257 bezeugt. Vermutlich wurde die Burg schon um 1400 aufgegeben. Ausgegraben wurde sie 1961. Der Bergfried mit 9 m Seitenlänge hat 1,8 m starke Wände, die Ringmauer ist ca. 1 m dick.

Grünfels

Gde. Murau (Bz.), Steiermark, Österreich

Grundriß in: Burgen u. Schlösser d. Steiermk., Bd. 1, S. 61.

Wahrscheinlich wurde die Burg um 1330 durch Otto v. Liechtenstein angelegt, urkundlich genannt wird sie erst 1393. Sie war

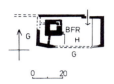

durch Mauern mit der Stadt verbunden. Anfang des 17. Jh. verlor Grünfels die Wehrfunktion. Der Bergfried ist nur als Stumpf erhalten, er hat 11,10 m Seitenlänge mit 2,85 m dicken Mauern, in denen ab der Eingangshöhe 5,6 m die Treppe liegt. Die noch erkennbare Ringmauer ist 2 m stark.

Grüningen

Gde. Melchnau, Bz. Burgdorf, Kt. Bern, Schweiz

Grundriß in: Burgen u. Schlösser d. Schweiz, Bd. Xa.

Der zur Burg gehörende Adel wird im 12. Jh. erwähnt. 1383 wurde die Burg durch Berner zerstört und wieder aufgebaut. Im 16. Jh. ist sie verfallen. 1842 wurde sie in gr. Teilen abgebrochen.

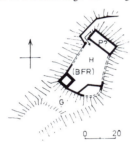

Grüningen

Gde. Pohlheim-G..., Kr. Gießen, Hessen

Grundriß in: Kunstdkm. v. Hessen, Gießen, Bd. 3, S. 93

Von der Kastellburg sind weder über die Gründung noch über die Zerstörung Daten bekannt, der Bergfried hat 8,25 m Durchmesser und 1,5 m Mauerstärke, die Ringmauer ist 2 m dick.

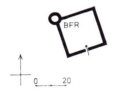

Grüningen, Gröningen

Gde. Riedlingen-G..., Schwarzwald-Baar-Kr., Baden-Württemberg

Grundriß in: Kunstdkm. v. Württbg., Donaukr., Riedlingen, S. 139.

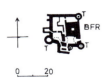

Der Burgadel wird seit etwa 1100 urkundlich genannt. Der Bergfried und Teile der Ringmauer sind alt, vielleicht aus dem 12. Jh. Die kleine Burg wurde nach ihrer Zerstörung im Dreißigjähr. Krieg als Schloß wieder aufgebaut. Der Bergfried mißt 8,5 m Seitenlänge mit 3,3 m starken Mauern.

Grüningen

Bz. Hinwil, Kt. Zürich, Schweiz

Grundriß in: Kunstdkm. d. Schweiz, Zürich, Bd. 2, S. 190.

Erbaut wurde die Burg 1229, 1835 wurden große Teile im Westen abgebrochen, 1970 wurde sie nach einem Brand wiederhergestellt. Auf dem Gelände der Burg nördlich des Bergfrieds steht eine Kirche, die den Palas als Pfarrhaus benutzt. Der Bergfried mit 12 m Seitenlänge hat 4 m starke Mauern, er ist 24 m hoch mit Eingang in 9 m Höhe.

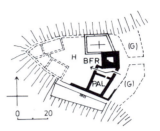

Grünstein

Gde. Gfrees, Kr. Bayreuth, Bayern

Grundriß in: Stark, S. 46.

Von der Burg, die erstmals 1330 urkundlich genannt wurde, ist nur noch eine Wand des Wohnturms erhalten. Der Grundriß stellt den Bestand des frühen 19. Jh. dar. 1431 wurde Grünstein durch Hussiten zerstört und noch einmal wiederhergestellt. 1525 wurde sie endgültig zerstört.

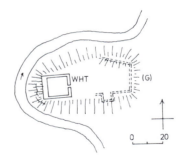

Grünwald

München-G..., Bayern

Grundriß nach Plan des 18. Jh. im Museumsprospekt.

Die heute als Museum genutzte Burg aus dem Mittelalter wurde im 19. Jh. erneuert.

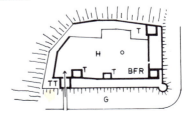

Gruibingen

Kr. Göppingen, Baden-Württemberg

Grundriß in: Schmitt, Bd. 4, S. 18.

Adel zur Burg 1237 erstmals urkundlich genannt. In der 2. Hälfte des 14. Jh. wurde sie wahrscheinlich verlassen. Der vermutliche Wohnturm hat Dimensionen von 10 × 15 m und eine im Westen auf über 3 m verstärkte Wand.

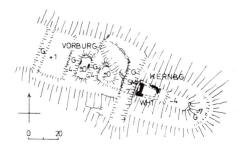

Gruna

Kr. Delitzsch, Sachsen

Grundriß in: Kunstdkm. d. Prov. Sachsen, Bd. 16, S. 10.

Backsteinbergfried als Rest einer Wasserburg des 14. Jh. auf einem Gutshof. Die Grundfläche ist 8 × 9,5 m, die Wandstärke 2 m.

Gruyers = Greyerz

Grynau

Gde. Tuggen, Bz. Lachen, Kt. Schwyz, Schweiz

Angabe in: Meyer, Bd. 1, S. 43.

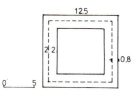

Der Wohnturm stammt aus dem 13. Jh. Er ist bis 17 m Höhe erhalten, hat 4 Stockwerke und einen rundbogigen Eingang 3,5 m über dem Terrain. In den oberen Stockwerken geht die Mauerstärke bis auf 0,8 m zurück.

Gscheibter Turm = Gries

Gschieß

Gde. Baldramsdorf, Bz. Spittal a. d. Drau, Kärnten, Österreich

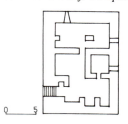

»Henricus de Gesiesce« wird 1166 urkundlich genannt, 1302 heißt es »castrum Gesiess«. Die äußere Gestalt hat der Turm im 16. Jh. erhalten. Bald nach 1861 ist er verfallen. Die Außenmaße sind 12,5 × 17,5 m, die Höhe 22 m.

Guardaval, Wardenswall

Gde. Madulein, Bz. Maloja, Kt. Graubünden, Schweiz

Grundriß in: Poeschel, S. 292; Clavadetscher, S. 235; Meyer, Bd. 3, S. 37.

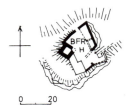

1237–1251 wurde die Burg durch Bischof Volkard v. Neuburg als Zollstation erbaut. Im späten 15. Jh. wurde sie verlassen. Der Bergfried mit ca. 9 m Seitenlänge hat ca. 2 m starke Mauern und einen Hocheingang.

Gudensberg = Oberndorf

Gülzow – Golczewo

Kr. Cammin-Kamień, Pommern, Polen

Grundriß in: Kunstdkm. v. Pommern, Neue Fassung, Bd. 2, S. 201.

Der gezeigte Grundriß ist von 1771. Erstmals ist die Wasserburg 1304 urkundlich genannt, verfallen ist sie im 17. Jh. Der Bergfried von 20 m Höhe wechselt in 10 m von quadratisch auf rund mit Seitenlänge = Durchmesser 9 m und 2 m Wandstärke, der Einstieg liegt auf 7,5 m Höhe.

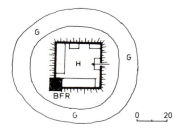

Gündisau

Gde. Saaland, Bz. Pfäffikon, Kt. Zürich, Schweiz

Grundriß in: Hartmann, S. 10.

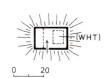

Nach Tillmann ist die Burg 1385 urkundlich erwähnt worden.

Güntersberge, Güntersburg

Kr. Quedlinburg, Sachsen-Anhalt

Grundriß in: Wäscher, Bild 318.

Die ausgegrabene Ruine war Stadtburg eines abgegangenen Ortes mit ca. 3 ha Siedlungsfläche.

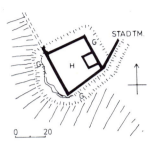

Günzelburg, Greifenberg

Gde. Blaubeuren, Alb-Donau-Kr., Baden-Württemberg.

Grundriß in: Schmitt, Bd. 2, S. 74.

1403 erste urkundliche Erwähnung der Gryffenburg, vermutlich im Besitz der Grif v. Berkach, Ministerialen der Grafen v. Berg. 1464 heißt sie Tüntzelburg. Um 1477 war die Burg bereits am verfallen.

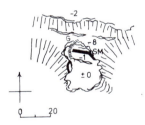

Güssenburg

Gde. Hermaringen, Kr. Heidenheim, Baden-Württemberg

Grundriß in: Antonow-SWD, S. 154; Kunstdkm. v. Württbg., Jagstkreis.

Erste Erwähnung der Herren v. Güssenburg als Ministerialadel der Staufer 1171. Die Kernburg ist vom Ende 12. Jh., die Vorburg aus dem 14. Jh. 1448 wurde die Anlage durch Ulm zerstört. Der Bergfried ist nur etwas über 5 m breit. Die Schildmauer ist 3 m, die Ringmauer 1,25 m stark.

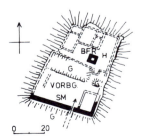

Güssing

(Bz.) Burgenland, Österreich

Grundriß in: Burgen u. Schlösser im Burgenland, S. 59; Dehio-Burgenld., S. 119.

König Bela III. v. Ungarn erbaute die Burg um 1180, sie lehnt sich im Süden an den Fels, in den Räume gehauen sind. Der Bergfried von 7 m Seitenlänge ist aus der Gründungszeit. Die übrigen Gebäude stammen aus dem 14. Jh. und wurden bis ins 17. ergänzt, in dem sie zur vaubanschen Festung ausgebaut wurde. Der Bergfried ist heute Glockenturm.

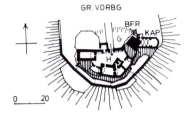

Guetrat

Gde. Hallein (Bz.), Salzburg, Österreich

Angabe in: Burgen u. Schlösser in Salzburg, Bd. 2, S. 167.

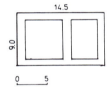

Ein »Chuno de Guetrat« erscheint 1209 in einer Urkunde. Der Wohnturm mit Anbau liegt auf einer Felsnase.

(Güttersbach)

Gde. Mossautal-G..., Kr. Erbach, Hessen

Grundriß in: Burgen u. Schlösser 1993-I

REKONSTR. VON TH. STEINMETZ

Beim Abbruch der Reste der Wasserburg, die vermutlich im 13. Jh. erbaut und im 14. Jh. zerstört wurde, hat man Buckelquader gefunden.

Gurnitz

Gde. Ebenthal, Bz. Klagenfurt, Kärnten, Österreich

Grundriß in: Burgen u. Schlösser in Kärnten, Bd. 2, S. 64; Kohla, S. 104.

Seit 1142 ist die Burg Gurnitz urkundlich genannt. »Giselbertus de Gurenz« tritt 1160 in Erscheinung. 1688 ist die Burg bereits öde. Ihre Ringmauer ist ca. 2 m dick.

Gurschdorf – Skorošice

Bz. Mähr. Schönberg-Šumperk, Nordmähren, Tschechische Republik

Grundriß in: Mrusek-II, S. 147; Burgwart, 1936, S. 49; Weinelt, Abb. 19.

Der Wohnturm ist vielleicht Ende des 13. Jh. als Turmburg entstanden und im 20. Jh. ausgegraben.

Gutach

Kr. Offenburg, Baden-Württemberg

Angabe in: Burgen u. Schlösser in Mittelbaden, S. 423.

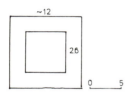

Der 1972 ausgegrabene Turm, wahrscheinlich ein Wohnturm aus der Zeit um 1300, ist 1368 zerstört worden.

Gutenberg

Gde. Balzers, Liechtenstein

Grundriß in: Kunstdkm. v. Liechtenstein, S. 65; Piper-Österr., Bd. 5, S. 218.

Gegründet wurde die Burg wohl im 12. Jh., urkundlich erwähnt wurde sie aber erst 1263. Im 18. Jh. ist sie verfallen und 1906–1910 umfassend restauriert worden. Die Ringmauer ist 1 m stark, der rautenförmige Bergfried ist maximal 6,5 × 7,5 m groß mit knapp 1,5 m starken Mauern, er hat einen Eingang 11 m über Hofniveau, 4 Stockwerke und 20 m Höhe.

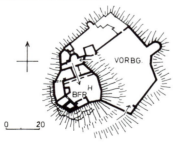

Gutenberg, Guttenberg, Weitersheim

Kr. Bad Kreuznach, Rheinland-Pfalz

Grundriß in: Kunstdkm. d. Rheinprov., Bd. 18.1, S. 171.

Erbaut wurde die Burg um 1200, der fast regelmäßige Grundriß mit Ecktürmen ist für eine Höhenburg selten. Zerstört wurde sie im Dreißigjähr. Krieg. Die Burgmauer ist 1,4 m dick.

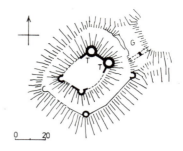

Gutenburg

Gde. Waldshut-Tiengen, (Kr.)-Gurtweil, Baden-Württemberg

Grundriß in: Voellmer, S. 78.

Der Burgadel wird 1187 erstmals urkundlich genannt. 1350 geht Gutenberg an Krenkingen. 1633 wird die Burg zerstört. Der Bergfried hat 8 × 10,25 m Grundfläche und 2 m Wandstärke. Die Schildmauer d. Vorburg ist 1,8 m dick.

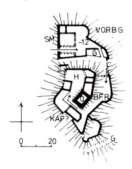

Gutenfels

Gde. Bubendorf, Bz. Liesthal, Kt. Basel-Ld., Schweiz

Grundriß in: Meyer-Regio, S. 100.

Die Gründung der Burg erfolgte 1230/40 durch die Herren v. Eptingen. Genannt wurde sie erst 1328. Das Erdbeben von 1356 hat auch diese Anlage zerstört. Die Ringmauer ist 1,4 m dick, der Wohnturm auf der Basis von 11 × 16 m hat 2,5 m starke Mauern.

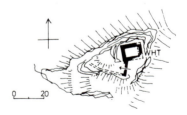

Gutenfels

Gde. Kaub, Rhein-Lahn-Kr., Rheinland-Pfalz

Grundriß in: Kunstdkm. im Reg.-Bz. Wiesbaden, Bd. 5; Dehio, Rheinld.-Pfalz, S. 350; Hotz Z 17; Ebhardt I, Abb. 4 u. 417; Kubach, S. 341.

Die staufische Burg hat ihren Namen erst seit einer vergeblichen Belagerung 1504, vorher hieß sie Kaub. Erbaut wurde sie im 12. Jh.

1231 wurde sie urkundlich genannt, 1238 kam sie in den Besitz der Grafen v. Katzenelnbogen. 1508 wurde sie ausgebaut, 1807 auf Abbruch verkauft aber nicht zerstört. Sie ist noch heute bewohnt. Sie liegt oberhalb des Pfalzgrafensteins →. Der Bergfried ist leicht konisch, er hat auf 15 von insges. 30 m Höhe einen Absatz und den Eingang. Die Ringmauer der Kernburg ist 1,7 m dick.

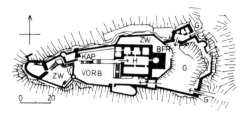

Gutenstein

Bz. Wiener Neustadt, Niederösterreich, Österreich

Grundriß in: Burgen u. Schlösser in Niederösterr., Bd. I/2, S. 109; Piper-Österr., Bd. 2.

Die kleine Kernburg vom Typ Bergfried-Palas entstand um 1200, nach Tillman im 13. Jh. durch Herzog Leopold VI. v. Österreich. Erwähnt wird die Burg 1220. Die Unterburg ist jünger, vielleicht vom Ende des 13. Jh.? 1330 starb hier Friedrich d. Schöne, Herzog v. Österreich und 1314–1330 Gegenkönig zu Ludwig v. Bayern. 1457 war Matthias Corvinus hier gefangen. Nach 1595 wurde die Burg vernachlässigt. Der Bergfried v. 7×7,5 m Grundfläche beherbergte im 1. von 4 Obergeschossen die Kapelle, er war zugleich Torturm, eine seltene Lösung.

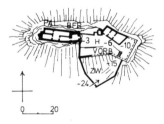

Gutkrenkingen

Gde. Waldshut-Tiengen, (Kr.)-Witzenau, Baden-Württemberg

Grundriß in: Voelmer, S. 82.

Die Burg ist vielleicht schon Anfang des 12. Jh. erbaut worden, war aber bereits 1275 verlassen.

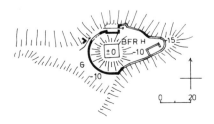

Guttenberg

Gde. Haßmersheim-Neckarmühlbach, Odenwaldkr., Baden-Württemberg.

Grundriß in: Kunstdkm. v. Baden, Bd. 4,4, S. 106; Antonow-SWD, S. 158.

»Zobelo de Gutenberg« kommt 1238 urkundlich vor. Die Burg dürfte um 1200 entstanden sein. Die Wohngebäude von 1500. Die gut erhaltene Burg wurde bis heute mehrfach erneuert. Der Burgfried mit 8,5 m Seitenlänge und 2 m starken Wänden ist bis zu seinem Eingang in 15 m Höhe massiv; seine Ursprungshöhe war 24 m. Zwei Stockwerke sind nachträglich hinzugekommen. Der Wehrgang der Ringmauer ist vom Hof 13,5 m hoch.

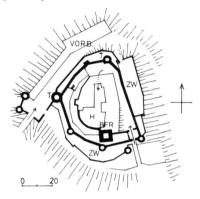

Guttenberg

Gde. Reichenberg-G..., Kr. Würzburg, Bayern

Angabe in: Kunstdkm. v. Bayern, Unterfrk., Bd. 3, S. 36.

Die Burg wird im 14. Jh. urkundlich erwähnt, 1525 wird sie zerstört. Der Stumpf des Bergfriedes ist ihr Rest.

⨯Guttenberg

Gde. Dörrenbach, Kr. Landau-Bergzabern, Rheinland-Pfalz

Grundriß in: Kunstdkm. v. Bayern, Pfalz, Bd. 4, S. 227; Baudkm. i. d. Pfalz, Bd. 2, S. 230.

De Gudenberg wird 1150 urkundlich genannt. Die Felsenburg wird aber erst um 1300 erbaut. Zerstört wird sie 1525. Der Bergfried hatte 7×7 m Grundfläche und nur 1,25 m dicke Wände. Die Ringmauer der Oberburg war 1,0, die der Unterburg = Vorburg 1,3 m stark.

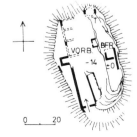

Guttenstein – Gutštejn

Gde. Radisch-Hradiště, Bz. Pilsen-Nord, Tschechische Republik

Grundriß in: Menclová, S. 356; Heber, Bd. 6.

Die Burg ist vielleicht 1316 entstanden. Der Bergfried mit 7,8 m Seitenlänge u. angerundeten Ecken hat ca. 25 m Höhe und seinen Eingang in ca. 15 m Höhe. Die Ringmauer ist 1,5 – 2,0 m dick.

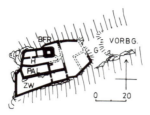

Haag

Kr. Mühldorf, Bayern

Grundriß in: Kunstdkm. v. Oberbayern, Bd. 2; Hotz Z 4.

Die Burg war im 12. Jh. das Zentrum einer gleichnamigen Grafschaft. Der entspr. Adel ist bis 1245 urkundlich genannt. Der mächtige Wohnturm mit 12,5 m im Quadrat und 2,5 m Wandstärke ist um 1200 entstanden. 1803 wurde ein Teil der Burg abgebrochen. Erhalten blieb die innere Ringmauer aus dem 13. Jh. mit einem weiteren bergfriedartigen Turm. Der Wohnturm erhielt 1480 ein 6. Stockwerk mit 4 kleinen Ecktürmen, sein rundbogiger Eingang lag 7 m über dem Hof. Der Turm ist heute Museum.

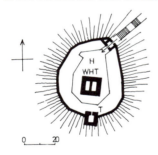

Haarburg

Gde. Haynrode, Kr. Worbis, Thüringen

Angabe in: Stolberg, S. 128.

Von der um 110 entstandenen Burg ist nur noch ein Mauerstück erhalten. Sie wurde 1165 durch den Landgr. v. Thüringen zerstört und danach wieder aufgebaut. 1525 wurde sie endgültig zerstört.

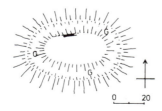

Haarburg = Harburg

Haardt = Winzingen

Habendorf – Owiesno

Kr. Reichenbach – Dzierżoniow, Schlesien, Polen

Grundriß in: Grundmann, S. 121

Der Ort wird als »Haverdorph« 1292 urkundlich erwähnt. Die fast runde Wasserburg des 14. Jh. ist im mehrfach veränderten Schloß kaum zu erkennen, dessen Äußeres vom 17. Jh. geprägt ist. Der Bergfried hat 8 m Durchmesser bei 1,6 m Mauerstärke, die Ringmauer ist bis zu 2 m stark.

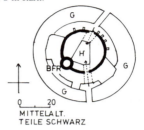

MITTELALT. TEILE SCHWARZ

Habichtsburg

Gde. Meiningen (Kr.), Thüringen

Grundriß nach Aufnahme F. W. Krahe, 1991.

Über die Burg, deren Kern nur aus Bergfried und Palas bestanden haben mag, sind Daten nicht bekannt. Der Bergfried hatte 8 m Durchmesser und 1,7 m starke Mauern. Von der Anlage ist wenig erhalten.

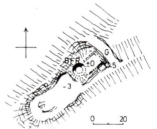

Habichtstein – Habštejn

Bz. Böhm. Leipa – Česka Lipa, Nordböhmen, Tschechische Republik

Grundriß in: Piper, Österr., Bd. 6, S. 63.

Die Felsenburg wurde im 13. Jh. gegründet. Der hochliegende Eingang führt in eine Höhle und von dort über eine in den Fels geschlagene Treppe auf das Burgplateau. Der höhere, westliche Fels hatte vermutlich die Funktion des Bergfriedes. Die Burg verfiel Ende des 16. Jh.

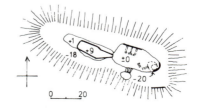

Habsburg

Bz. Brugg, Kt. Aargau, Schweiz

Grundriß in: Ebhardt I, Abb. 730; Schmidt, Fig. 13; Kunstdkm. d. Schweiz, Aargau, Bd. 2; Meyer, Bd. 8, S. 71; Burgen der Salierzeit, Bd. 2, S. 335.

Die Stammburg der Habsburger, die ursprünglich im Elsaß ansässig waren, wurde 1020 als Holzburg erbaut. Erst Ende des 11. Jh. wurde die heutige Ostburg, die man 1980 ausgegraben hat, als Steinburg erbaut, sie wurde im 13. Jh. aufgegeben. Um 1200 entstand der Wohnturm der gut erhaltenen Westburg, dem im 13. Jh. ein Palas, die Ringmauer und ein Turm hinzugefügt wurde. Mehrfach umgebaut dient die Burg nun als Restaurant. Der Bergfried mit 10,5 m Kantenlänge und rd. 2 m starken Mauern besaß ursprünglich 4 Stockwerke mit rd. 20 m Höhe, sein Eingang liegt 7,5 m hoch. Ein weiteres Stockwerk wurde im 19. Jh. aufgesetzt.

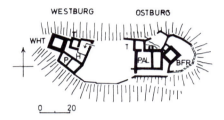

Habstein = Habichtstein

Hachberg = Hochberg

Hackledt

Gde. Eggerding, Bz. Schärding, Oberösterr., Österreich

Grundriß in: Burgen u. Schlösser in Oberösterr., Bd. 2, S. 55.

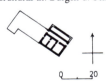

1377 wird »Chunrad Hachelöder« urkundlich genannt. Im Schloß des 16. Jh. steckt ein gotisches Burghaus mit schwachen Wänden.

Hadamar

Kr. Limburg, Hessen

Grundriß in: Ingrid Krupp, »Das Renissance-Schloß Hadamar«.

Das Schloß Hadamar basiert auf einer mittelalterlichen Wasserburg, die nach 1320 entstanden ist.

GRUNDRISS VON 1664

Haderburg, Salurn

Gde. Salurn, Unteretsch, Südtirol, Italien

Grundriß in: Ebhardt I, Abb. 702; Weing.-Bozen, Abb. 8; Weing.-Hörm., S. 308; Pieper-Österr., Bd. 4.

Ruprecht v. Salurn wird 1222 urkundlich genannt; er ist wahrscheinlich der Erbauer der Kernburg (±0), die Vorburg (-5) wurde beim Wiederaufbau nach der Zerstörung von 1399 hinzugefügt. Die übrigen Teile aus dem 15. u. 16. Jh. Der schwache, fünfeckige Bergfried hat die Hauptmaße 6 × 8,5 m mit Mauerstärken von 1,0 – 1,7 m. Die Ringmauer ist nur 1,0 m stark.

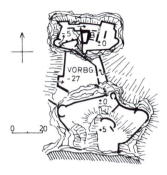

Hafnerburg

Gde. St. Urban, Bz. Klagenfurt, Kärnten, Österreich

Grundriß in: Kohla, S. 106.

Ein »Gotfridus de Havenareburch« wird 1164 urkundlich erwähnt. Die Burg wurde wohl schon 1292 zerstört. Den Kern der Anlage bildet ein Wohnturm mit ca. 13,3 m Seitenlänge und ca. 1,75 m Mauerstärke.

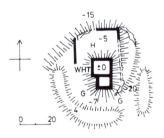

Hagenau

Gde. St. Peter i. d. Au, Bz. Braunau, Oberösterr., Österreich

Grundriß in: Burgen u. Schlösser in Oberösterr., Bd. 2, S. 35.

»Ringbertus de Hagenowe« wird 1120 urkundlich genannt. Der Kern des Renaissance-Schlosses ist ein mittelalterlicher Turm.

Hagenberg

Bz. Freistadt, Oberösterr., Österreich

Grundriß in: Arx, Heft 2, 1984.

Der hier gezeigte Grundriß ist eine Rekonstruktion der mittelalterlichen Burg, die Ähnlichkeit mit Geristein → und Unsprunn → zeigt. Urkundlich wird die Burg 1290 erstmals genannt. Der Bergfried hat 8,5 m Durchmesser und 2 m dicke Mauern.

Hageneck, Hahneck

Gde. Wettolsheim, Ct. Wintzenheim, Haut Rhin, Frankreich

Grundriß in: Salch, S. 125; Wirth, S. 90.

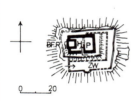

Die winzige Kernburg ist vielleicht noch im 12. Jh. erbaut worden, der zur Burg gehörende Adel wird erst 1236 urkundlich genannt. Der Zugang zum Haupttor ist »labyrinthisch«. Die Ringmauer ist rd. 2 m stark. Der Bergfried von 7 m im Quadrat Grundfläche hat nur wenig über 1 m starke Mauern. Er ist rd. 22 m hoch und hat seinen Eingang in 16 m Höhe.

Hagenwil

Gde. Räuchlisberg, Bz. Bischofszell, Kt. Thurgau, Schweiz

Grundriß in: Kunstdkm. d. Schweiz, Thurgau, Bd. 3, S. 436; Burgen u. Schlösser d. Schweiz, Thurgau I, S. 85; Meyer, Bd. 6, S. 85.

Der Wohnturm und die Ringmauer sind um 1200 entstanden, der Palas der Wasserburg um 1300, die anderen Wohnbauten sind nachmittelalterlich. Ein Rudolf v. Hagenwil wird 1227 urkundlich erwähnt als Kreuzzugsteilnehmer. Der Wohnturm mit 10×13,2 m Grundfläche und ca. 2 m Mauerstärke hat 3 Stockwerke in insges. 14 m Höhe.

Hahneck = Hageneck

Hahnenkamm

Gde. Leibertingen, Kr. Sigmaringen, Baden-Württemberg

Grundriß in: Schmitt, Bd. 3, S. 218.

Entstanden ist die sehr kleine Burg zwischen 1100 und 1150. Verlassen wurde sie vermutlich im 13. Jh. Über den Mauern waren wohl Holzbauten errichtet. Die Burg liegt ca. 270 m südwestlich von Hexenturm und gehört zur Gruppe um Wildenstein.

Hahnenkamm, Bürgle

Gde. Bissingen, Kr. Esslingen, Baden-Württemberg

Grundriß in: Kunstdkm. v. Württbg., Donau-Kr., Kirchheim, S. 86.

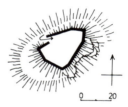

1303 wird die Burg anläßlich eines Verkaufes urkundlich genannt, 1513 wird sie zerstört. Ihre Ringmauer ist 1,5 m stark.

Haibach

Kr. Straubing-Bogen, Bayern

Grundriß in: Kunstdkm. v. Bayern, Niederbayern, Bd. 20, S. 128.

Um das barocke Schloß sind Reste einer Burg, vermutlich des 12. Jh., zu erkennen, die 1632 durch Brand zerstört wurde.

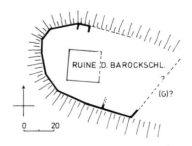

Haichenbach, Haynbach, Kerschbaumer Schloß

Gde. Hofkirchen, Bz. Rohrbach, Oberösterr., Österreich

Grundriß in: Benno Ulm »Das Mühlviertel«; Burgen u. Schlösser in Oberösterr., Bd. 1, S. 15.

1160 werden Otto u. Wernher v. Eichenbach urkundlich erwähnt, 1258 wird der Verkauf der Burg versucht und 1259 durch den

Bischof v. Passau verhindert. Der Kern der Burg ähnelt Grimmenstein →. Nach 1529 ist die Burg verfallen. Der Wohnturm hat einen Grundriß von 9,7 × 10,3 m mit 1,5 m starken Mauern, die Höhe beträgt rd. 18 m.

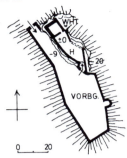

Haideck

Gde. Trochtelfingen, Kr. Reutlingen, Baden-Württemberg

Grundriß in: Schmitt, Bd. 5, S. 57.

Der Burgadel ist seit 1139 bekannt, die Burg wurde 1311 durch Reutlingen zerstört.

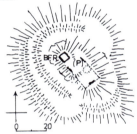

Haigerloch

Kr. Balingen, Baden-Württemberg

Grundriß in: Wörner.

Von der alten Burg des 12. Jh., von der hier ein älterer Grundriß gezeigt wird, ist nur noch der Bergfried mit 10,8 m Seitenlänge und 3,6 m Wandstärke erhalten, der rundbogige Eingang liegt in 10,5 m Höhe.

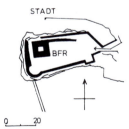

Haimburg, Neunburg

Gde. Neunburg, Bz. Völkermarkt, Kärnten, Österreich

Grundriß in: Dehio-Kärnten, S. 213; Kohla, S. 109; Piper-Österr., Bd. 7, S. 71; Burgen u. Schlösser in Kärnten, Bd. 2, S. 123.

Grafen v. »Huneburch« werden 1070 urkundlich erwähnt. Die Burg ist in ihrem Westteil aus der 2. Hälfte des 13. Jh., der Ostteil aus dem 14. Jh.; im 16. Jh. ist die Burg zur Ruine geworden. Die Ringmauer des Palas ist bis zu 2,2 m stark, er besaß drei Stockwerke.

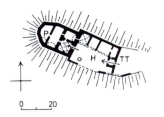

Haimburg

Gde. Berg-Sindlbach, Kr. Neumarkt, Bayern

Grundriß in: Kunstdkm. v. Bayern, Oberpfalz, Bd. 17, S. 122.

Der zur Burg gehörende Adel wird vom 12.–14. Jh. genannt. 1373 wird die Burg bei einem Erbfall genannt. Die Wohngebäude stammen aus dem 15. und 16. Jh. Im Dreißigjährigen Krieg wurde die Burg zerstört. Der Bergfried hat 8,5 m Durchmesser bei 2,25 m dicken Mauern, die Ringmauer ist 1,0 m dick.

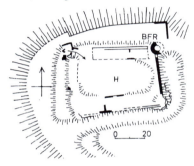

Haimburg = Hainburg

Hain = Dreieichenhain

Hainburg

Bz. Bruck a. d. Leitha, Niederösterr., Österreich

Grundriß in: Burgen u. Schlösser a. d. Donau, S. 187; Piper, Österr., Bd. 5, S. 24.

Teile der Burg im SW des Wohnturmes stammen noch aus dem 11. Jh., die innere 1,5 m starke Ringmauer ist Ende d. 12. Jh. erbaut worden, so auch die auf älteren Teilen basierende Kapelle. Seit dem 12. Jh. ist die Burg in die Stadtbefestigung einbezogen. Der Wohnturm und das Tor daneben stammen von 1225, der Zwinger wurde im 15. Jh. angelegt, die Bastion im 15. Jh. 1529 und 1683 wurde die Hainburg durch Türken zerstört, jedoch wieder instandgesetzt. Im 19. Jh. ist sie verfallen. Der Wohnturm mit 10 m Außenlänge und 1,7 m starken Mauern besitzt eine im Mauerwerk liegende Treppe, 4 Stockwerke sind noch erkennbar, der rundbogige Eingang liegt 4 m hoch.

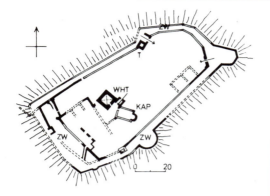

Hainburg, Haimburg, Homburg
Gde. Grosselfingen, Kr. Balingen, Baden-Württemberg

Grundriß in: Antonow-SWD, S. 161.

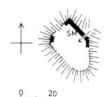

Die Burg wurde zwischen 1275 und 1325 erbaut. Urkundlich erwähnt wurde sie 1344. Bis 1655 war sie bewohnt, danach ist sie verfallen. Ihre Ringmauer ist 2 m, die Schildmauer 3 m stark.

Haineck
Gde. Nazza, Kr. Eisenach, Thüringen

Grundriß in: Piper, Fig. 603.

1385 wurde die nicht sehr große Burg erbaut, im 17. Jh. ist sie verfallen. Die 1,5 m starke Ringmauer ist 8 m hoch, der Bergfried mit nur 6 m Durchmesser ist in 18 m Höhe erhalten.

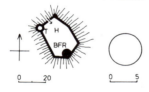

Halberstadt
Sachsen-Anhalt

Grundriß in: Mrusek-II.

Der Wohnturm aus der Mitte des 12. Jh. hat 3 Stockwerke in 13 m Gesamthöhe; der Eingang liegt 2 m hoch.

Haldenstein
Bz. Unterlandquart, Kt. Graubünden, Schweiz

Grundriß in: Ebhardt I, Abb. 361; Hotz Z 122; Poeschel, S. 180; Clavadetscher, S. 298; Meyer, Bd. 3, S. 38

Auf einem mächtigen Felsklotz steht die aus einem dreieckigen Bergfried mit angebautem fünfeckigen Wohnturm bestehende Burg

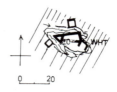

aus der Mitte des 12. Jh.; der Adel zur Burg wird 1180 erstmals urkundlich genannt. Am Fuß des Felsens stehen Reste von jüngeren Ökonomiegebäuden. Ende des 18. Jh. ist die Burg verfallen. Der Bergfried hat Seitenlängen von ca. 8 m, seine Wandstärke und die des Wohnturmes ist 1,2 m. Die Südseite des Ensembles ist eingestürzt. Daher ist nur das Längenmaß mit 19 m, nicht jedoch das Quermaß bekannt, letzteres mag 15 m betragen haben. Der ältere Teil ist der fünfeckige Wohnturm, der nach 1200 nach Süden erweitert wurde. Der Wohnturm und der Bergfried sind 23 m hoch und haben 5 Stockwerke.

Hallburg
Gde. Volkach, Kr. Kitzingen, Bayern

Grundriß nach Plänen der gräfl. Schönbornschen Verwaltg.

Im Schloß des 17. Jh. stecken die hier dargestellten Reste der Burg, die 1230 erstmals urkundlich erwähnt wird. Sie wurde 1525 zerstört. Ihre Ringmauer ist 1,6–1,8 m stark, der Bergfried hat eine Seitenlänge von 5,5 m mit 1,5 m Wandstärke.

Hallegg
Gde. Wölfnitz-H..., Bz. Klagenfurt, Kärnten, Österreich

Grundriß in: Dehio-Kärnten, S. 214; Kohla, S. 111; Burgen u. Schlösser in Kärnten, Bd. 2, S. 28.

1213 wird »Wintherus de Haileke« urkundlich erwähnt. Im Schloß von 1546 steckt ein mittelalterlicher Kern, der im 15. Jh. zweimal als Turm zu Hallegg erwähnt wird. Es ist das mit P bezeichnete Gebäude nebst Anbau an der SO-Ecke, vermutlich ein festes Haus.

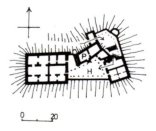

Hallenberg
Gde. Steinbach-H..., Kr. Schmalkalden, Thüringen

Grundriß in: Kunstdkm. im Reg.-Bz. Kassel, Bd. 5, Taf. 51.

1245 wird »Haltinberc« urkundlich genannt, 1583 wird sie noch einmal gründlich instandgesetzt, aber 1602 bereits teilweise abgebrochen. Die recht kleine Burg hat einen schildmauerartigen Palas mit 2,1 m Wandstärke, der Bergfried mit nur 5 m Durchmesser besitzt 1,75 m starke Mauern, eine Höhe von 20 m und einen Eingang 10 m über dem Hof.

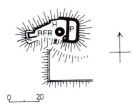

Hallenstein = Hardenstein

Hallerstein

Gde. Schwarzenbach/Saale, Kr. Hof, Bayern

Grundriß in: K. Diestel »Hallerstein«.

Die Burg ist nur noch in verbauten Resten erkennbar. Erwähnt wurde sie erst 1439, ist jedoch älter.

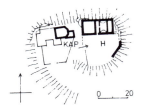

Hals

Gde. Passau, Bayern

Grundriß in: Kunstdkm. v. Niederbayern, Bd. 4.

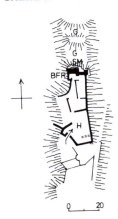

Der zur Burg gehörende Adel wird im 12. Jh. urkundlich genannt. Die erhaltenen Teile stammen aus dem späten Mittelalter. Der Bergfried mit 25 m Höhe hat eine Grundfläche von 7,8 × 7,8 m und Wandstärken um 1,5 m, im Norden um 4,0 m. Die Ringmauer ist 1,0 m stark.

Haltenburg

Gde. Scheuring-H..., Kr. Landsberg, Bayern

Grundriß in: Burgen in Oberbayern, S. 144.

Die Kastellburg wurde um 1250 erbaut. Verfallen ist sie im 17. Jh. und wurde 1795 abgebrochen. Die Ringmauer ist um 2 m stark, der Bergfried hat einen Durchmesser von 9 m und einem achteckigen Innenraum mit 4,25 m Breite.

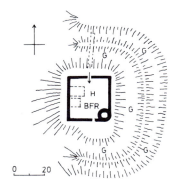

Halwil

Bz. Lenzburg, Kt. Aargau, Schweiz

Grundriß in: Ebhardt I, Abb. 733; Meyer, Bd. 8, S. 73; Kunstdkm. d. Schweiz, Aargau, Bd. 2, S. 176.

Der Ursprung des schönen Wasserschlosses war wohl eine Motte mit hölzernem Turm aus dem 11. Jh., im 12. Jh. wurden die Holzbauten durch Steingebäude ersetzt. »De Helwile« werden 1113 als Ministeriale der Grafen v. Lenzburg erwähnt, die Burg selbst wird urkundlich erst 1256 genannt. Der Wohnturm stammt aus dem 12. Jh., die Ringmauer aus dem 13. Jh. Die Vorburg mit Bergfried und Torturm sind in der 2. Hälfte des 13. Jh. entstanden. Die schöne Wasserburg ist mehrmals gründlich renoviert worden. Der Wohnturm ist nur noch als Stumpf vorhanden, er mißt 15 × 18 m mit 3,2 m starken Wänden. Der Bergfried hat 7,5 m Durchmesser mit 1,5 m dicken Mauern.

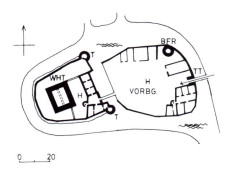

Hambach

Gde. Niederzier-H..., Kr. Düren, Nordrhein-Westfalen

Grundriß in: Kunstdkm. d. Rheinprov., Bd. 8.

Die erste urkundliche Erwähnung der Wasserburg ist von 1385; sie wurde nach ihrer Zerstörung 1542 neu aufgebaut. Im 18. Jh. ist sie verfallen und 1931–1934 wiederhergestellt. Der Bergfried hat 10 m Durchmesser und knapp 2 m dicke Wände.

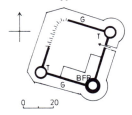

Hambacher Schloß, Maxburg, Kästenburg

Neustadt/Weinstr. (Kr.), Oberhambach, Rheinland-Pfalz

Grundriß in: Baudkm. i. d. Pfalz, Bd. 2, S. 149; Kunstdkm. v. Bayern, Pfalz, Bd. 1, S. 182; Burgen u. Schlösser i. d. Pfalz, Nr. 34.

Ursprünglich bestand eine Fluchtburg von etwa 900, in die im 11. Jh. eine salische Burg hineingesetzt wurde. Die Burg war seit etwa 1100 bis zum Ende des 17. Jh. Eigentum des Domkapitels Speyer und wurde durch Ministeriale des Bischofs gehalten, die sich 1179 v. Kestenberg nennen. Die Burg wurde während des ganzen Mittelalters ausgebaut, die Wohngebäude sind gotisch. 1525 wurde sie zerstört und wieder aufgebaut, 1689 wurde sie durch Franzosen zerstört. Ab 1844 wurde die Ruine neugotisch nach Plänen von August v. Voit wiederhergestellt. Sie enthält eine Gedenkstätte zum sogen. »Hambacher Fest« der Burschenschaften am 27. 5. 1832 sowie eine Gaststätte. Der Turm an der Nordseite der Kernburg war ein Abortturm. Die Ringmauer der Kernburg ist 1,8 m, die Schildmauer 2,4 m stark. Der Bergfried, wie die ganze Kernburg in Buckelquadern erbaut, hat die Dimension von 10 m Seitenlänge und 3 m Wandstärke. Der Eingang lag in 12 m Höhe.

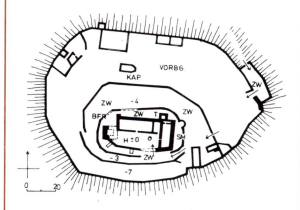

Hamm

Kr. Bitburg-Prüm, Rheinland-Pfalz

Grundriß in: Kunstdkm. d. Rheinprov., Bd. 12,1, S. 117.

Grafen v. Hamm wurden anfangs des 12. Jh. genannt. Die ältere romanische Burg ist verschwunden, an ihrer Stelle steht der Palas des 14. Jh. 1586 wurde die Burg in ein Schloß umgewandelt.

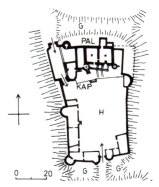

Hammaburg, Bischofsturm

Hamburg

Grundriß in: Burgen d. Salierzeit, Bd. 1, S. 40.

Von der Bischofsburg des 11. Jh. wurde der Wohnturm als einziger Rest ausgegraben.

Hammerstein

Kr. Neuwied, Rheinland-Pfalz

Grundriß in: Ebhardt I, Abb. 411; Binding, S. 34; Kunstdkm. d. Rheinprov., Bd. 16,2, S. 190; Kubach, S. 351.

Die älteste Burg wurde 1020 durch Kaiser Heinrich II. zerstört. 1070 entstand die nur rd. 400 m² große Kernburg. 1105 weilt Kaiser Heinrich IV. auf der Burg. Im Mittelalter weiterer Ausbau, 1410 Verstärkung der Burg, im 17. Jh. wurde sie zerstört. Der Bergfried hat 8 m Durchmesser mit 2 m Wandstärke. Die Schildmauer im Westen ist rd. 4 m stark.

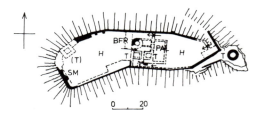

Hammerstein – Hameřstejn

Gde. Kratzkau – Chrastava, Bz. Reichenberg – Liberec, Nordböhmen, Tschechische Republik

Grundriß in: Kunstdkm. v. Böhmen-Reichenberg

1357 wird die Burg erstmals erwähnt, 1512 wird sie als Raubnest zerstört. Der Grundriß hat Ähnlichkeit mit der Treseburg →. Der nördliche Bergfried könnte ein Wohnturm gewesen sein, sein Durchmesser beträgt 13 m bei nur 1,5 m starker Außenwand, die Innenfläche mißt immerhin 78 m². Der polygonal-runde südliche Bergfried hat ca. 9,5 m Durchmesser und 1,8 m dicke Wände.

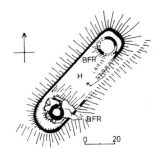

Hanau

(Kr.), Hessen

Grundriß in: E. J. Zimmermann, »Hanau, Stadt und Land«.

Der hier wiedergegebene Grundriß ist von 1800, die Burg wurde 1234 erstmals erwähnt und bis ins 18. Jh. erweitert und zum Wasserschloß umgebaut. 1829 wurde sie fast vollkommen beseitigt. Der achteckige Bergfried war ca. 11 m breit.

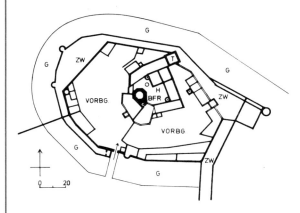

Handschuhsheim

Gde. Heidelberg-H..., Rhein-Neckar-Kr., Baden-Württemberg

Grundriß in: Kunstdkm. v. Baden, Bd. 8,2, S. 54; Buchmann, S. 217.

Die Wasserburg entstand in der heutigen Form im 14. Jh. Der Wohnturm mit der Dimension 9 × 11 m und 1 m starken Mauern hat 3 Stockwerke in 10 m Gesamthöhe. Die Ringmauer ist 1,5 m stark. Die Burg beherbergt heute eine Gaststätte.

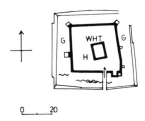

Hanstein

Gde. Bornhagen, Kr. Heiligenstadt, Thüringen

Grundriß in: Ebhardt I, Abb. 481; Tuulse, Abb. 146; Kunstdkm. d. Prov. Sachsen, Bd. 28, S. 81.

Die erste Anlage wurde 1070 durch Kaiser Heinrich IV. zerstört. Erst 1308 wurde Hanstein erneut erbaut, obwohl der Adel »de Hanenstein« seit 1145 bekannt ist. 1414 und 1515 wurde Hanstein verstärkt, die Zwinger sind aus dieser Zeit. Im 17. Jh. wurde die Burg aufgegeben. Der Bergfried hat nur 6,2 m Durchmesser, die Treppe liegt in der 2 m starken Mauer. Die Ringmauer der Kernburg ist 1,4 m dick.

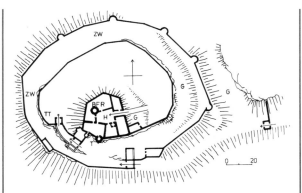

Harburg

Donau-Ries-Kreis, Bayern

Grundriß in: Schmidt, Fig. 28; Kunstdkm. v. Bayern, Schwaben, Bd. 3.

Die Burg gehört seit 1250 den Grafen von Öttingen. Erstmals erwähnt wurde sie 1193. Bergfried, Palas, Kirche und Teile der Ringmauer entstanden in der 2. Hälfte des 12. Jh. Die Schloßburg ist eine malerische Anlage. Der Bergfried von 15 m Höhe hat 10 m Seitenlänge, 3 m starke Mauern, 4 Stockwerke und einen Eingang 5 m über Hofniveau. Die Ringmauer ist 2 m stark.

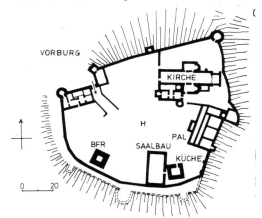

Harburg, Haarburg

Gde. Wernigerode (Kr.), Sachsen-Anhalt

Grundriß in: Wäscher, Bild 321.

Erhalten sind nur noch Reste eines Bergfriedes mit 9 m Durchmesser und 2,1 m Mauerstärke als Rest einer Burg aus der Zeit um 1150.

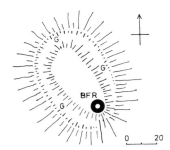

Hardegg

Bz. Hollabrunn, Niederösterr., Österreich

Grundriß in: Piper, Österr., Bd. 5, S. 32; W. Enzenshofer, »Hardegg«.

Erbaut wurde die Burg um 1200 durch die Grafen v. Plaien. Sie wurde danach mehrmals erweitert. Nach 1635 ist die Burg verfallen. Ob sie im Bauernkrieg zerstört wurde, ist nicht sicher. Der Bergfried von 8×11 m Grundfläche mit 2,7 m dicken Mauern hat in 20 m Höhe 5 Stockwerke. Der Eingang liegt 11 m hoch.

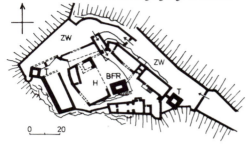

Hardegg, Waldeck

Gde. Liebenfels, Bz. St. Veit, Kärnten, Österreich

Grundriß in: Kohla, S. 113.

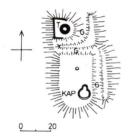

Daten über die sogen. obere Burg gibt es nicht, 1157 wird »de Waldecke« urkundlich genannt. Der Bergfried hat 6,7 m Durchmesser und 2 m starke Mauern. Die Rundkapelle stammt aus dem 12. Jh. Die obere Burg liegt 200 m von der Hauptburg entfernt.

Hardegg

Gde. Liebenfels, Bz. St. Veit, Kärnten, Österreich

Grundriß in: Kohla, S. 114; Dehio-Kärnten, S. 215; Piper-Österr., Bd. 3, S. 42; Burgen und Schlösser in Kärnten, Bd. 1, 2. Aufl., S. 52.

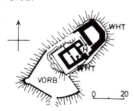

Die Burg besteht im Kern aus 2 Wohntürmen, der westliche aus dem 12. Jh., der östliche aus dem 13. Jh., beide haben 4 Stockwerke. Verfallen ist Hardegg vermutlich erst am Anfang des 18. Jh. Der westl. (ältere) Turm hat eine Grundfläche von 14×13,4 m und 1,5 m – 2,7 m dicke Mauern, der östl. Turm hat die Dimension von 12,5×19 m im Maximum und 1,8 – 4 m dicke Mauern.

Hardegsen

Kr. Northeim, Niedersachsen

Grundriß nach Plan der Gemeinde v. 1975.

Das Burghaus von ca. 1320, das sogen. Multhaus, ist der Rest einer Wasserburg. Es hat 4 Stockwerke und eine Traufhöhe von 20 m.

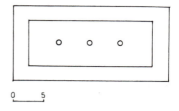

Hardenberg

Gde. Bad Dürkheim (Kr.), Rheinland-Pfalz

Grundriß in: Dehio-Rheinld.-Pfalz, S. 53; Ebhardt I, Abb. 401; Baudkm. d. Pfalz, Bd. 2.

Urkundlich wurde die Burg im Jahr 1214 erwähnt. Von der Gründungszeit ist wenig erhalten. Der heutige Bestand stammt aus Verstärkungen des 14.–16. Jh. 1692 wurde Hardenberg durch Franzosen zerstört. 1888 und 1937 wurde die Burg sorgfältig restauriert. Sie ist eine Burg, die, wie Wildenstein →, zur Abwehr gegen Feuerwaffen festungsmäßig verstärkt wurde.

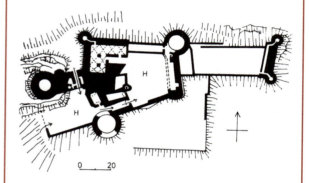

Hardenberg

Gde. Nörten-H..., Kr. Göttingen, Niedersachsen

Grundriß in: Kunstdkm. v. Hannover, Bd. 2, Taf. XI.

Die Doppelburg wurde um 1100 gegründet. Ihr jetziger Bestand ist spätgotisch aus dem 15. Jh. Romanische Reste sind kaum erkennbar. Im 17. Jh. ist die Burg verfallen.

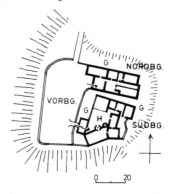

Hardenberg

Gde. Velbert-Neviges, Kr. Mettmann, Nordrhein-Westfalen

Grundriß in: Kunstdkm. d. Rheinprov., Bd. 3.2.

Grafen v. Hardenberg werden 1145 urkundlich genannt. Die Burg wurde 1888 ausgegraben. Der Bergfried mit 10 m Seitenlänge hat 2,5 m starke Mauern; die Ringmauer ist 1,5 m stark.

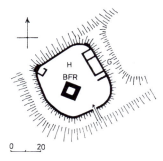

Hardenberg

Gde. Velbert-Langenberg, Kr. Mettmann, Nordrhein-Westfalen

Grundriß in: Burgwart, 12. Jhg., S. 81.

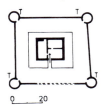

Der dargestellte Grundriß ist die vermutete Wasserburg aus dem 13. Jh., die im Barockschloß steckt.

Hardenstein

Gde. Witten-Herbede, Ennepe-Ruhr-Kr., Nordrhein-Westfalen

Grundriß in: Burgen u. Schlösser 1980-I.

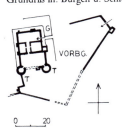

Der Ursprung der Wasserburg ist vielleicht noch romanisch. Ihre heutige Gestalt ist jedoch spätgotisch.

Harderweykenburg = Leer

Hardtann = Hardturm

Hardtburg

Gde. Euskirchen (Kr.)-Stotzheim, Nordrhein-Westfalen

Grundriß in: Kunstdkm. d. Rheinprov., Bd. 4.2, S. 157; Burgen u. Schlösser 1972-II; Kubach, S. 352; Herzog, S. 286.

1166 wird die Burg erstmals erwähnt, 1208 wird sie zerstört und wieder aufgebaut; 1340 wird sie erweitert; Ende des 18. Jh. ist sie verfallen. Der Bergfried mit 9 m Breite und 2,5 m starken Mauern, in denen die Treppe geführt ist, hat 4 Stockwerke bei ca. 20 m Höhe; sein Eingang liegt ca. 7 m hoch. Die innere Ringmauer ist 1,6 m stark.

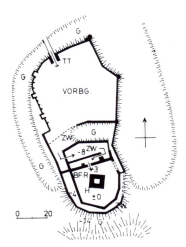

Hardturm, Hardtann

Gde. Zürich, Schweiz

Grundriß in: Zeller-Werdmüller, Teil 1, S. 30.

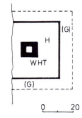

Entstanden ist der Turm im 12. Jh., er war von einer Ringmauer umgeben, die schon im 16. Jh. abgebrochen wurde. Der Wohnturm hat 10,8 m Seitenlänge und im Erdgeschoß 3,3 m starke Mauern; er hat in 15 m Höhe 4 Stockwerke, in den Obergeschossen geht die Wandstärke auf 2 Seiten auf 1,5 m, auf zwei anderen Seiten auf 2,5 m zurück.

Harff

Gde. Bergheim (Kr.)-H..., Nordrhein-Westfalen

Grundriß in: Denkm. d. Rheinlandes, Bergheim, S. 73.

Die Wasserburg wurde 1348 in Backstein erbaut. Ihr Äußeres ist durch Gotik und Renaissance geprägt. Der Bergfried mit 9,5 m Seitenlänge hat 2,2 m Wandstärke.

Harlanden

Gde. Riedenburg-Eggersberg, Kr. Kelheim, Bayern

Grundriß in: Kunstdkm. v. Bayern, Oberpfalz, Bd. 13.

Von der Burg ist nur noch ein Turm mit 6 m Seitenlänge erhalten. Der Burgadel wird 1120 urkundlich erwähnt.

Harmannsdorf

Bz. Korneuburg, Niederösterr., Österreich

Grundriß in: Sammlung Kreutzbruck.

1288 wird die Burg erstmals urkundlich genannt. Aus dieser Zeit stammt der Bergfried mit 8,5 m Seitenlänge und 1,6 m Mauerstärke. Um ihn herum wurde im 16. Jh. das Wasserschloß, vermutlich auf älteren Mauern, erbaut.

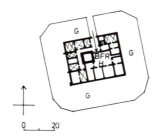

Harpolinger Schloß, Wieladinger Schloß

Gde. Rickenbach-Wieladingen, Kr. Waldshut-Tiengen, Baden-Württemberg

Grundriß in: Kunstdkm. v. Baden, Bd. 3, S. 39; Meyer-Regio, S. 39; Burgen im südlichen Baden, S. 179.

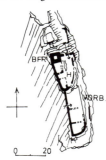

Der Buckelquader, Bergfried und die Ringmauern sowie das westl. Tor stammen aus der 1. Hälfte des 13. Jh., die südliche Unterburg entstand im 14. Jh.; wohl um 1500 wurde die Burg aufgegeben. Ihre Ringmauer ist 1,2 m stark; der 20 m hohe Bergfried hat fast Quadrat. Grundriß von 7,5 m Breite u. 2 m Mauerstärke hat seinen rundbogigen Eingang in 12 m Höhe.

Hartelstein

Gde. Schwirzheim, Kr. Bitburg-Prüm, Rheinland-Pfalz

Grundriß in: Kunstdkm. d. Rheinprov., Bd. 12, S. 188.

1279 wird v. Hartelstein urkundlich genannt. Sonst sind keine Daten bekannt. Der halbrunde Mauerrest an der höchsten Stelle war vielleicht ein Bergfried.

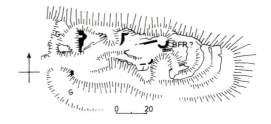

Hartenau = Heitnau

Hartenberg = Hardenberg

Hartenfels

Westerwaldkr., Rheinland-Pfalz

Grundriß in: Cohausen, Nr. 181.

Die Burg wird um die Mitte des 13. Jh. als Besitz der Grafen v. Wied erwähnt. 1477 wurde sie durch einen Brand stark beschädigt, ab 1593 verfiel sie. Der 23 m hohe Bergfried hat 11 m Durchmesser und 2,2 m Mauerstärke. Er besitzt eine Höhe von 23 m mit 3 Stockwerken und einen Eingang in 11 m Höhe.

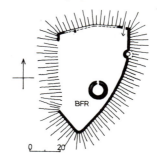

Hartenstein

Kr. Lauf, Bayern

Grundriß in: Kunstdkm. v. Bayern, Mittelfrk., Bd. 10, S. 101.

Von der um 1200 entstandenen Burg entstammen die im Grundriß schwarz dargestellten Mauern, die 1794 teilweise abgeräumt wurden. Die erhaltenen Wohngebäude sind von 1500 und später.

Hartenstein

Gde. Els, Bz. Krems, Niederösterr., Österreich

Grundriß in: Österr. Kunsttop., Bd. 1, S. 120; Burgen u. Schlösser in Niederösterr., Bd. 16, S. 134.

Die Burg wurde um 1190 gegründet und im 13. und 14. Jh. ausgebaut. Im 17. Jh. ist sie verfallen, wurde jedoch 1892 neugotisch wieder aufgebaut. Die Ringmauer ist 1,0–1,8 m stark, der Bergfried hat 12 m Durchmesser und ca. 3,2 m dicke Mauern.

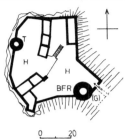

Hartershausen, Seeburg, Alte Mauer

Gde. Schlitz-H..., Kr. Lauterbach, Hessen

Grundriß in: Bronner-Wohnt., Abb. 11.

Der Wohnturm mit einer Grundfläche von 8,1 × 9,3 m entstand am Beginn des 13. Jh. Er hat 1,7 m Wandstärke und in 17 m Höhe 4 Stockwerke.

Hartneidstein

Bz. Wolfsberg, Kärnten, Österreich

Grundriß in: Burgen u. Schlösser in Kärnten, Bd. 1, 2. Aufl., S. 151.

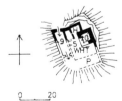

Der Erbauer ist Hartneid v. Weißenegg, der 1307 urkundlich genannt wird. Die Burg ist ab Mitte des 18. Jh. verfallen. Der Wohnturm mit 10,75 m Seitenlänge hat in 14 m Höhe 3 Stockwerke, die Mauerstärke von 2,3 m geht nach oben leicht zurück.

Harzburg, große

Gde. Bad Harzburg, Kr. Goslar, Niedersachsen

Grundriß in: Kunstdkm. v. Braunschweig, Bd. 3; Stolberg, S. 138; Dehio-Niedersachsen, S. 91; Burgen u. Schlösser 1973-II.

Die durch einen Graben in 2 Teile getrennte Burg ist mit einer alles umfassenden Ringmauer von 1,45 m Stärke und 10 m Höhe 1065–1069 durch Kaiser Heinrich IV. erbaut worden. Vielleicht stand in der Westburg das Stift St. Valerius. 1074 wurde die Burg total zerstört und erst durch Kaiser Friedrich I. fast 100 Jahre später wieder aufgebaut. Der Brunnen an der Nordostecke der Westburg ist 42 m tief. Die Ostburg war schon bei Heinrich IV. die Hofhaltung. Hier starb 1218 Kaiser Otto IV. aus dem Welfenhaus. Burgherren waren danach die Grafen v. Wohldenberg. Die Burg wurde bis ins 16. Jh. ausgebaut und ab 1650 abgebrochen. W-Bergfried: 9,4 m im Quadrat, Mauerstärke 3,7 m; O-Bergfried: 10 m Durchmesser, 2 m Mauerstärke.

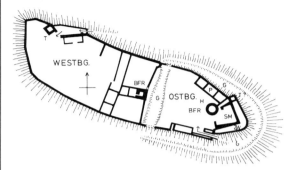

Harzburg, kleine

Gde. Bad Harzburg, Kr. Goslar, Niedersachsen

Grundriß in: Kunstdkm. v. Braunschweig, Bd. 3, S. 415; Stolberg, S. 144.

Vermutlich wurde die kleine Harzburg 1180 300 m nördlich der großen Harzburg erbaut. Ihre Geschichte entspricht derjenigen der gr. Burg.

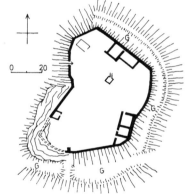

Harzgerode

Kr. Quedlinburg, Sachsen-Anhalt

Grundriß in: Kunstdkm. v. Anhalt.

1326 erscheint das »Slot tho Hazgerode« urkundlich. Die Stadtburg ist vermutlich älter. Die Kastellform fügt sich gut in die Stadtmauer ein. Um 1540 wird sie von grundauf erneuert. Ihre Ringmauer ist 2,0–2,5 m stark und rd. 9 m hoch. Der Bergfried mit 9 m Durchmesser und 2,5 m Mauerdicke ist nur 11 m hoch und hat 3 Stockwerke.

Hasegg

Gde. Hall, Bz. Innsbruck, Tirol, Österreich

Grundriß in: Trapp, Bd. 6, S. 223.

Der Ursprung der Burg ist ein Ansitz an der Salinenmauer aus dem 14. Jh., erweitert zur Stadtburg wird sie im 15. Jh., der Umbau zur Münze ist um 1500 beendet. Der Bergfried hat 7 m Durchmesser und 2 m Mauerstärke.

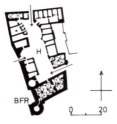

Haselburg, Haselberg

Gde. Bozen, Südtirol, Italien

Grundriß in: Weing.-Bozen, Abb. 9; Weing.-Hörm., S. 351; Trapp, Bd. 8, S. 76.

1237 wird »Ulricus de Haselbergo« urkundlich genannt. Die Burg ist zu Beginn des 13. Jh. erbaut worden. Einige Teile sind abgestürzt, der Südteil – mehrfach verändert – wird noch bewohnt.

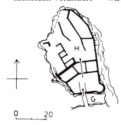

Haselstein

Gde. Nüstal, Kr. Fulda, Hessen

Grundriß nach Aufnahme F.-W. Krahe, 1988.

Adel der Burg wird vom 12. bis ins 14. Jh. genannt. Nach einer Darstellung der Fuldaer Geschichtsblätter stand auf dem Felskopf in der Mitte ein Bergfried von rd. 6 m Durchmesser.

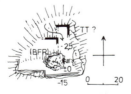

Haselstein

Gde. Zillis-Reischen, Bz. Hinterrhein, Kt. Graubünden, Schweiz

Grundriß in: Poeschel, S. 209; Clavadetscher, S. 171.

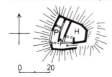

Die Burg wurde 1970 freigelegt. Entstanden ist sie um 1270. Sie war nur kurz besiedelt, nämlich bis in die 1. Hälfte des 14. Jh.

Haselünne

Kr. Meppen, Niedersachsen

Angabe in: Dehio, Niedersachsen.

Der Wohnturm aus der 2. Hälfte des 15. Jh. war der Teil eines Burghofes.

Hasenburg

Gde. Gwinden, Bz. Baden, Kt. Aargau, Schweiz

Angabe in: Burgen u. Schlösser d. Schweiz, Aargau, S. 63.

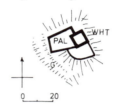

Der Wohnturm stammt aus dem 12., der Palas aus dem 13. Jh. 1353 wurde die Burg durch Zürich zerstört. Der Turm mit 9,5 m Seitenlänge hat 1,8 – 2,0 m starke Wände. Die Burg gehört zum Typ Palas + Wohnturm.

Hasenburg, Asuel

Gde. Asuel, Bz. Porrentruy, Kt. Jura, Schweiz

Grundriß in: Meyer-Regio, S. 176.

Der zur Burg gehörende Adel wird 1130 – 1448 als Ministeriale des Bischofs v. Basel genannt. Die Ringmauer ist 1,5 m stark.

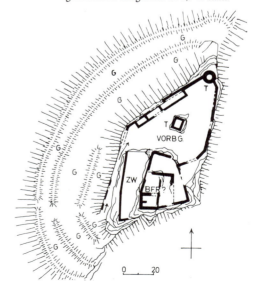

Hasenburg, Hasenstein – Hazmburk

Gde. Klappau – Klapý, Bz. Leitmeritz – Litoměřice, Nordböhmen, Tschechische Republik

Grundriß in: Piper, Österr., Bd. 7, S. 76; Menclová, S. 349.

Erbaut wurde die Burg im 13. Jh., 1431 wurde sie durch Taboriten zerstört, später wieder aufgebaut. Irgendwann ist sie zerfallen. Die Ringmauer der Kernburg ist 1,7–2,2 m stark, der Bergfried hat 8×7 m Grundfläche mit etwas über 2 m starker Mauer.

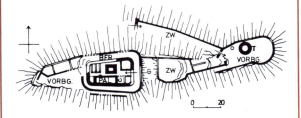

Hasenburg

Gde. Willisau (Bz.), Kt. Luzern, Schweiz

Grundriß in: Kunstdkm. d. Schweiz, Luzern, Bd. 6, S. 358; Meyer, Bd. 8, S. 11; Thüer, S. 215.

Der zur Burg gehörende Adel wird 1212 erstmals erwähnt. Entstanden ist die Burg nach Meinung der Ausgräber in der 2. Hälfte des 13. Jh. Der Brunnen der Kernburg ist 26 m tief. Die Unterburg ist um 1350 entstanden. Zerstört wurde Hasenburg um 1380 im Guglerkrieg. Der Wohnturm hat 8,7×9 m Grundfläche mit 1,7 m starken Mauern, er hatte wohl 3 Stockwerke.

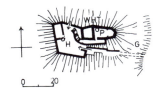

Hasenburg = Pottenburg

Hasenfratz

Gde. Burladingen-Gauselfingen, Kr. Balingen, Baden-Württemberg

Grundriß in: Stefan Uhl »Die Burgruinen Vorder- und Hinterlichtenstein« in Zeitschr. für Hohenzollern. Geschichte 23-1987, S. 211; Schmitz, Bd. 5, S. 159.

Entstanden ist die Burg um 1150. Der Bergfried mit 6,5 m Seitenlänge hat 1,5 m starke Mauern, der Eingang liegt 4 m hoch. Um 1250 wurde sie aufgegeben.

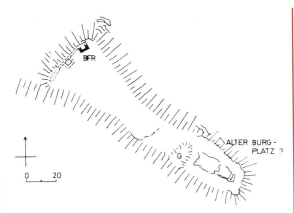

Hasenmauer = Hassenburg

Hasensprung

Gde. Pratval, Bz. Heinzenberg, Kt. Graubünden, Schweiz

Grundriß in: Clavadetscher, S. 124.

Die vermutlich im 13. Jh. entstandene kleine Burg ist nur noch in wenigen Resten erhalten. Der Bergfried hatte wohl 3 Stockwerke und 2,3 m Mauerstärke. Zerstört wurde die Burg in der Schamserfehde.

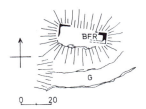

Hasenstein

Gde. Zillis-Reischen, Bz. Hinterrhein, Kt. Graubünden, Schweiz

Grundriß in: Clavadetscher, S. 173.

Genannt wird die Burg im 1. Drittel des 14. Jh. Die Mauer ist 1,0–1,15 m stark. Die Burg war 3600 qm groß.

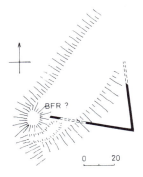

Hasenstein = Hasenburg

Haßbach, Heißbach

Bz. Neunkirchen, Niederösterr., Österreich

Grundriß in: Burgen u. Schlösser in Niederösterr. I/3, S. 61.

Die Erbauung der Burg fand um 1200 statt. Der entspr. Adel wurde 1217 urkundlich erstmals genannt, zerstört wurde Haßbach im Bauernkrieg.

Hasselburg

Gde. Bad Harzburg, Kr. Goslar, Niedersachsen

Grundriß in: Stolberg, S. 150.

Die Burg wurde vielleicht um 1020 erbaut und schon 1107 zerstört. Sie wurde 1903 ausgegraben.

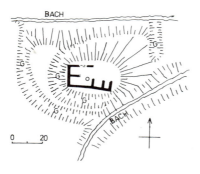

Hassenburg, Hasenmauer

Gde. Riedlingen-Zwiefaltendorf, Kr. Biberach, Baden-Württemberg

Grundriß in: Uhl, S. 16; Schmitt, Bd. 2, S. 261.

Entstanden ist die Kastellburg um 1350, urkundlich wird sie 1355 erwähnt, ab 1536 war sie Burgstall. Die Ringmauer ist ca. 1,2 m stark. Der Grundriß folgt der Darstellung von Schmitt, der von Uhl weicht davon etwas ab.

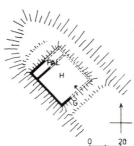

Hassenstein – Hasištejn

Gde. Kaaden – Kadaň, Bz. Komotau – Chomutov, Westböhmen, Tschechische Republik

Grundriß in: Piper, Österr., Bd. 7, S. 80; Menclová, S. 343.

Erbaut wurde die Burg durch König Ottokar II. v. Böhmen um 1270, verfallen ist sie um 16. Jh. Der Bergfried hat 8,5 m Durchmesser mit 2,6 m Mauerstärke, er ist ca. 22 m hoch und hat einen Eingang in 9 m Höhe. Der Wohnturm ist 9,2 × 12,5 m groß mit 2,5 m starken Wänden.

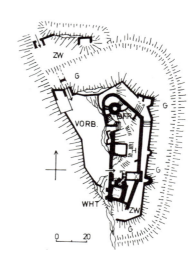

Hattenheim

Gde. Eltville-H..., Rheingaukr., Hessen

Grundriß in: Kunstdkm. im Reg.-Bz. Wiesbaden, Bd. 1, S. 189.

Der Adel zur Burg wird 1118 urkundlich genannt. Die sehr kleine Kastellburg hat nur 400 m² Grundfläche mit 0,9 m Mauerstärke. Der Wohnturm hat 9,5 × 13,5 m Grundfläche und 1,2 m Wandstärke. Bei 15 m Höhe besitzt er 4 Stockwerke.

Hattstein

Gde. Schmitten-Oberreifenberg, Hochtaunuskr., Hessen

Grundriß in: Kunstdkm. im Reg.-Bz. Wiesbaden, Bd. 2, S. 18.

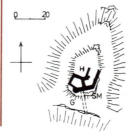

Entstanden ist die kleine Burg Ende des 12. Jh., 1432 wurde sie zerstört und einige Jahre später wieder aufgebaut. Im 17. Jh. ist sie verfallen. Die Schildmauer ist 2,5 m stark und 8 m hoch, die Ringmauer ist 1,5 m dick.

Hatzenturm

Gde. Wolperswende, Kr. Ravensburg, Baden-Württemberg

Grundriß in: Burgen u. Schlösser 1967-II.

Der Bergfried ist der Rest einer Burg von 1128. Er hat 18 m Höhe mit 3 Stockwerken, der Eingang liegt 9 m hoch.

Hatzfeld

Kr. Korbach, Hessen

Grundriß nach Plan der Stadt.

Erwähnt wird die Burg 1311, ab 1570 ist sie verfallen.

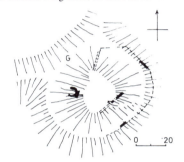

Hauenstein

Gde. Seis, Seiseralpe, Südtirol, Italien

Grundriß in: Trapp, Bd. 4, S. 337; Piper-Österr., Bd. 4, S. 38.

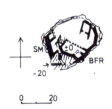

»De Hovenstein« wird 1186 urkundlich erwähnt. Die Burg liegt auf einem 20 m hohen Dolomitfelsen. Der Kern entstand in der 2. Hälfte des 12. Jh., erweitert wurde sie im 15. Jh., mittelalterlich ist nur der Bergfried von ca. 6×7 m Grundfläche und der anschließende Palas.

Hauenstein

Gde. Alzenau-Mömbris, Kr. Aschaffenburg, Bayern

Grundriß in: Kunstdkm. v. Bayern, Unterfrk., Bd. 15, S. 46.

Entstanden vielleicht im 14. Jh., wurde sie 1415 zerstört. Die Ringmauer ist ca. 1,5 m stark.

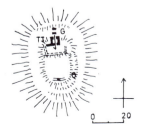

Hauenstein

Gde. Albruck-H..., Kr. Waldshut-Tiengen, Baden-Württemberg

Grundriß in: Kunstdkm. v. Baden, Bd. 3, S. 126.

Die Burg wurde 1304 vollendet, 1503 wurde sie durch Brand zerstört. Die Schildmauer ist ca. 3 m stark.

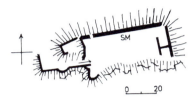

Hauenstein

Gde. Gallmannsegg, Bz. Voitsberg, Steiermark, Österreich

Grundriß in: Baravalle, S. 302; Burgen u. Schlösser d. Steiermark, Bd. 3, S. 99.

Die Burg wurde im 13. Jh. erbaut, seit Anfang des 16. Jh. war sie verlassen. Der Wohnturm von 9,9×10,5 m Grundfläche steht auf einem 6 m hohen Fels. Seine Mauern sind 1,5–2,0 m stark. Die Ringmauer ist 1,2 m stark.

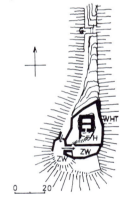

Hauenstein

Kr. Pirmasens, Rheinland-Pfalz

Grundriß in: Burgen der Salierzeit, Bd. 2, S. 131.

Die Burg stammt aus dem 11. Jh. Der Wohnturm hat eine Grundfläche von 9,9×10,5 m und ca. 1,7 m Wandstärke. Die Ringmauer ist 1,2 m stark. Der Fels liegt 6 m über dem Hof.

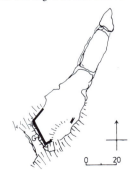

Hauneck

Gde. Haunetal-Oberstoppel, Kr. Fulda, Hessen

Grundriß in: Brauns, Bd. 1, S. 31.

Der Kern entstand um 1200, erwähnt wird die Burg erst 1397, der Palas ist spätgotisch. 1469 wurde Hauneck zerstört und 1482 wieder aufgebaut. Zerstört wurde die Burg wohl im Dreißigjähr. Krieg. Der Bergfried hat 8 m Breite und 1,7 m starke Mauern.

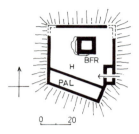

Haunsperg

Gde. Nußdorf am Haunsberg, Bz. Salzburg Umld., Österreich

Grundriß in: Burgen u. Schlösser in Salzburg, Bd. 2, S. 97.

Um 1150 »in castello Hunesperc« urkundlich erwähnt. 1446 wird die Burg als Feste genannt. Im 16. Jh. ist sie verfallen.

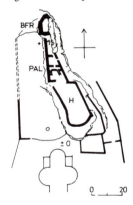

Hausach

Kr. Offenburg, Baden-Württemberg

Grundriß in: Kunstdkm. v. Baden, Bd. 7; Burgen u. Schlösser in Mittelbaden, S. 418.

Die Burg wurde vermutlich um 1150 begonnen. 1453 wurden große Teile von ihr abgebrochen und durch Graf Heinrich VI. v. Fürstenberg neu erbaut. Aus dieser Zeit stammen die allermeisten Teile. Zerstört wurde Hausach 1643 durch Schweden. Der 20 m hohe Bergfried hat 9 m Durchmesser und 3 m Wandstärke, sein spitzbogiger Eingang liegt in 6,5 m Höhe.

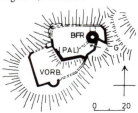

Hausbach

Gde. Losbach, Kr. Merzig-Wadern, Saaland

Grundriß in: Conrad/Flesch, S. 57.

»Huisbach« erscheint im 13. Jh. urkundlich. Die mittelalterlichen Teile sind im Schloß noch erkennbar.

Haus Dreven

Gde. Rheinberg-Budberg, Kr. Wesel, Nordrhein-Westfalen

Grundriß in: Kunstdkm. d. Rheinprov., Bd. 1.3.

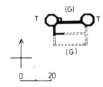

Der hier dargestellte Kern der Wasserburg ist zum Ende des 14. Jh. in Backstein errichtet worden.

Haus Dülmen = Dülmen

Hauseck

Gde. Hirschbach, Kr. Amberg-Sulzbach, Bayern

Grundriß in: Kunstdkm. v. Bayern, Oberpf., Bd. 19, S. 35.

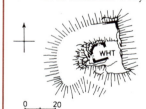

Die Reste der Kernburg liegen auf einer Felskuppe. Hauseck wird 1338 erstmals urkundlich erwähnt. 1554 zerstört ein Brand die Burg. Der Wohnturm ist 9,5 und 10,5 m breit bei wenig über 1 m dicken Mauern.

Hausen

Gde. Beuron-H..., Kr. Sigmaringen, Baden-Württemberg

Grundriß in: Blätter d. Schwäb. Albvereins, 1910/7, S. 210; Kunstdkm. v. Baden, Bd. 1, S. 386; Schmitt, S. 156.

1094 wird »Lampert v. Hausen« urkundlich genannt. Um 1220 wird das »castrum Husin« erwähnt. Die Burg muß also um 1200 entstanden sein. Im 13. Jh. wird sie ausgebaut. Um 1550 entsteht das neue Schloß nördlich der Vorburg; die alte Anlage verfällt. Der fünfeckige Bergfried mit Buckelquadern hat die Hauptmaße von ca. 9 × 12 m.

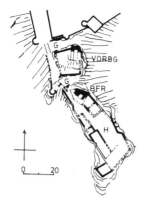

Hausen

Gde. Albstadt, Kr. Balingen, Baden-Württemberg

Grundriß in: Schmitt, Bd. 5, S. 309.

Die Burg, von der nur geringe Reste erhalten sind, ist um 1200 erbaut worden.

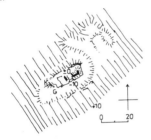

Haus Hemmerich = Hemmerich

Haus Herbede

Gde. Witten-H..., Ennepe-Ruhr-Kr., Nordrhein-Westfalen

Grundriß in: Ausgrabungen u. Funde in Westfalen. Lippe, Band 6 B.

 Die kleine Wasserburg wurde im 13. Jh. begonnen. Im 16. Jh. wurde sie auf den alten Mauern neu erbaut.

Haus Heyden = Heyden

Haus Lörsfeld

Gde. Kerpen, Kr. Bergheim, Nordrhein-Westfalen

Grundriß in: Denkm. d. Rheinlds., Bergheim, Bd. 2, S. 105.

Der Backsteinbau hat seinen Ursprung im Mittelalter; v. Lörsfeld wird im 14. Jh. urkundlich erwähnt. Der Bergfried der kleinen Wasserburg ist 7 m breit und hat 1,7 m dicke Mauern.

MÖGL. MITTELALT. GRUNDR.

(Haus Mark)

Gde. Mark, Kr. Unna, Nordrhein-Westfalen

Grundriß in: Kunstdkm. v. Westfalen, Unna, S. 323.

Der hier dargestellte Grundriß der Kernburg stammt von 1751. Grafen v. Mark werden 1155 erstmals urkundlich erwähnt. Wann die mittlerweile restlos verschwundene Burg entstand, ist nicht bekannt. Sie gehörte zu den sehr seltenen kreisrunden Anlagen.

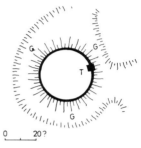

Hausneindorf

Kr. Aschersleben, Sachsen-Anhalt

Grundriß in: Wäscher, Abb. 87.

Erbaut wurde die Wasserburg um 1130. Nach ihrer Zerstörung wurde sie 1173 wieder aufgebaut. Nach dem Mittelalter wurde die Burg zum Gutshof. Der 7 m im Quadrat messende Bergfried ist konisch, sein Eingang liegt 11 m hoch, seine Höhe beträgt 20 m.

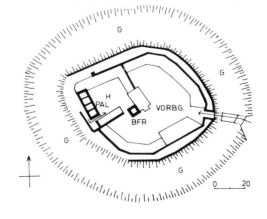

Haus Rheindorf

Gde. Leverkusen, Nordrhein-Westfalen

Grundriß in: Kunstdkm. d. Rheinprov., Bd. 3.2.

 Die mittelalterlichen Teile der kleinen Wasserburg stammen aus dem 15. Jh.

Haus Vlassrath

Gde. Straelen, Kr. Kleve, Nordrhein-Westfalen

Grundriß in: Baudkm. v. Nordrh.-Westf., Kr. Kleve-Straelen, S. 102.

Haus Flasrode wird 1390 urkundlich erwähnt. Die erhaltenen Teile sind der Rest einer vermutlich quadratischen Wasserburg aus Backstein. Sie wurde um 1500 gründlich umgebaut, ihre Ringmauer ist im EG 1,5 m stark.

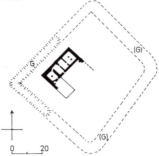

Haus Warsberg

Gde. Ellenz, Kr. Cochem-Zell, Rheinland-Pfalz

Grundriß in: Kunstdkm. v. Rheinld.-Pf., Bd. 3, S. 317.

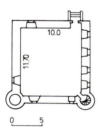

Der gut erhaltene Wohnturm von 1473 ist 12 m hoch und hatte ursprünglich 3 Stockwerke.

Haus Zehm

Gde. Rees-Mehr, Kr. Kleve, Nordrhein-Westfalen

Grundriß in: Denkm. d. Rheinlds., Kleve, S. 50.

Der Backstein-Palas der Wasserburg wurde 1464 erbaut.

Haymbach = Haichenbach

Haynsburg, Hayneburg

Kr. Zeitz, Sachsen-Anhalt

Grundriß in: Archiv d. Deutschen Burgenv.

Die Wasserburg hat ihren Ursprung im 11. Jh., der Bergfried von 12,4 m Durchmesser mit 4,5 m Mauerstärke aus der Gründungs-

zeit ist 15 m hoch. Der obere, 19 m hohe Teil mit nur 8,8 m Durchmesser und 2,5 m Mauerstärke, entstammt dem 13. Jh., die Wohnbauten sind aus dem 15. Jh. Die 1,7 m starke Ringmauer ist wohl aus dem 13. Jh. Die Burg war erst Jagdschloß, dann Domäne.

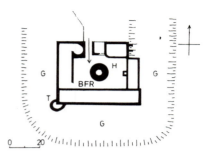

Hedingen

Bz. Affoltern, Kt. Zürich, Schweiz

Grundriß in: Hartmann, S. 67.

Die Burg wurde wohl im 13. Jh. erbaut und ist schon im 14. Jh. zerstört worden. Der Wohnturm hat 11 m Breite mit ca. 2 m starken Mauern.

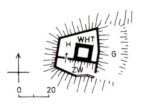

Heersberg

Gde. Albstadt, Kr. Balingen, Baden-Württemberg

Grundriß in: Schmitt, Bd. 5, S. 313.

Die kleine Kastellburg wurde am Ende des 12. Jh. erbaut und Anfang des 14. Jh. verlassen.

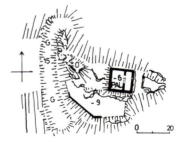

Heesenburg

Gde. Dieblich, Kr. Mayen-Koblenz, Rheinland-Pfalz

Grundriß in: Burgen u. Schlösser 1977-I.

Der Wohnturm oder das feste Haus enstand in der Mitte des 13. Jh.; es hat 3 Stockwerke und 10 m Höhe.

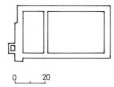

Hegi
Bz. Winterthur, Kt. Zürich, Schweiz

Grundriß in: Kunstdkm. d. Schweiz, Zürich, Bd. 6, S. 261; Meyer, Bd. 5, S. 57.

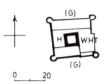

1225 wird Wetzel v. Hegi urkundlich erwähnt. Der Wohnturm, um 1200 entstanden, ist der älteste Teil der Wasserburg. Ihr heutiges Aussehen erhielt die Burg Hegi 1496. Heute ist Hegi teilweise Jugendherberge. Der Wohnturm mit 24 m Höhe hat vier Stockwerke, der Einstieg liegt im 3. Stock. Die Grundfläche ist 9,5 m im Quadrat mit 1,7 m Wandstärke.

Hehn, Etzoldsheim
Gde. Etzoldsheim, Kr. Zeitz, Sachsen-Anhalt

Grundriß in: Grimm, Abb. 39 i.

Ein castrum an dieser Stelle wird 1415 urkundlich genannt. Erhalten ist nur der Bergfried mit etwa 7,2 m Seitenlänge und 2 m Mauerstärke.

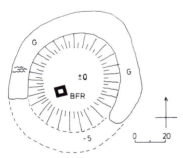

Heidegg
Gde. Gelfingen, Bz. Hochdorf, Kt. Luzern, Schweiz

Angabe in: Kunstdkm. d. Schweiz, Luzern, Bd. 4, S. 83.

Der mächtige Wohnturm des 11. oder 12. Jh. wird im 17. Jh. ausgebaut. Die mittelalterliche Höhe ist 17 m mit 4 Stockwerken. Der Eingang liegt 6 m hoch.

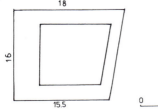

Heidegg
Gde. Winkel, Bz. Bülach, Kt. Zürich, Schweiz

Grundriß in: Hartmann, S. 39.

Für die Kastellburg gibt es keine Daten. Ihre Ringmauer ist um 2 m stark.

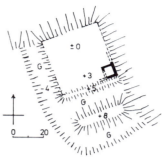

(Heidenburg)
Gde. Oberstaufenbach, Kr. Kusel, Rheinland-Pfalz

Grundriß in: Burgen d. Salierzeit, Bd. 2, S. 140.

Die Burg ist um 1100 entstanden. Sie wurde durch einen Steinbruch leider total zerstört; es sind keine Reste mehr vorhanden. Die Ringmauer war 1,5–1,8 m stark, der Wohnturm mit 9×12 m Grundfläche hatte ca. 1,5 m dicke Mauern.

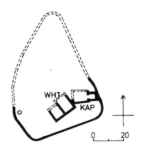

Heidenburg
Gde. Obersaxen, Bz. Glenner, Kt. Graubünden, Schweiz

Grundriß in: Poeschel, S. 240; Clavadetscher, S. 100.

Die Burg wird ins 11. oder 12. Jh. datiert. Sie wurde vielleicht schon im 13. Jh. aufgegeben. Der trapezförmige Bergfried hat Maximalmaße von 7×9 m mit 1,7 m starken Wänden.

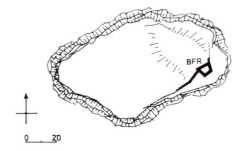

Heidenburg

Gde. Göfis, Bz. Feldkirch, Vorarlberg, Österreich

Grundriß in: Österr. Kunsttop., Bd. 33, S. 352; Huber, S. 42.

Der Ursprung der Doppelburg ist angeblich römisch, doch stammen die Ruinen vermutlich aus dem 12. Jh.; nach Funden gab es eine Besiedelung zur Römerzeit. Der Bergfried der Nordburg ist 7×10 m groß und hat 2 m dicke Wände, der Bergfried der Südburg ist mit 10,7×13 m wesentlich größer mit Mauerstärken von 2,5–3,0 m.

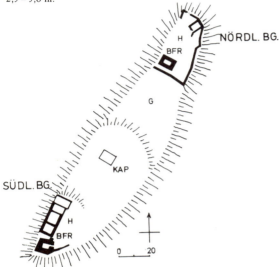

Heidenburg

Gde. Aathal, Bz. Hinwil, Kt. Zürich, Schweiz

Grundriß in: Harmann, S. 42.

Daten sind nicht überliefert, der Bergfried ist mit ca. 5,5 m Seitenlänge relativ klein.

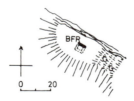

Heidenburg

Gde. Neustadt/Weinstr. (Kr.), Rheinland-Pfalz

Grundriß in: Kunstdkm. in Bayern, Pfalz, Bd. 2, S. 166.

Über die kleine Anlage gibt es keine Daten. Wahrscheinlich war sie ein Wohnturm mit 16×18 m Maximalmaßen und 2,6 m Mauerstärke.

Heidenloch = Weiler

Heidenreichstein

Bz. Gmünd, Niederösterr., Österreich

Grundriß in: Aufseß, S. 66; Piper, Österr., Bd. 3, S. 66; Burgen u. Schlösser in Niederösterr., Bd. III/1, S. 30.

Die Wasserburg wurde um 1190 gegründet und um 1400 stark umgebaut. Im 15. Jh. wurde sie durch Hussitten zerstört und wieder aufgebaut, 1549 wurde sie noch einmal in großen Teilen erneuert. Die malerische Anlage besitzt im Zentrum einen Bergfried von 40 m Höhe auf einer Grundfläche von 10,5 m Breite, die 2,7 m starke Mauer schließt eine Steintreppe ein, der Eingang liegt 14 m hoch. Die Ringmauer der Burg ist 1,3 m stark.

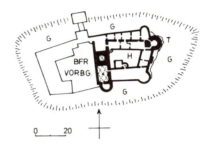

Heidenschuh

Gde. Klingenmünster, Kr. Landau-Bergzabern, Rheinland-Pfalz

Grundriß in: Kunstdkm. v. Bayern, Pfalz, Bd. 4, S. 236.

Die relativ große Burg ist wohl im 10. Jh. als Fluchtburg entstanden. Die Schildmauern sind 4,5 und 3,5 m stark. Auffallend ist, daß das für das Frühmittelalter typische eingezogene Tor fehlt.

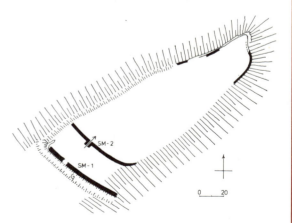

Heidenstein

Gde. Gräfenberg-Thuisbrunn, Kr. Forchheim, Bayern

Grundriß in: Kunstmann, »Burgen d. südwestl. fränk. Schweiz«.

Aus der ehem. Fliehburg ist in der 1. Hälfte des 12. Jh. eine Ritterburg geworden, die allerdings bereits im 13. Jh. verfallen ist. Der

Wohnturm ist mit 14 m Seitenlänge recht groß, seine Außenmauern sind ca. 1,2 m dick.

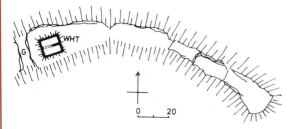

Heidenturm

Gde. Ibbenbüren, Kr. Steinfurt, Nordrhein-Westfalen

Angabe in: Engel, S. 31.

Der Bergfried ist der Rest einer Burg, für die Daten nicht bekannt sind.

Heidweiler

Ct. Altkirch, Haut-Rhin, Frankreich

Grundriß in: Salch, S. 133.

Das Wasserschloß entstand wahrscheinlich im 14. Jh.

Heiligenberg

Gde. Melsungen, Schwalm-Eder-Kr., Hessen

Grundriß nach Aufnahme d. Heiligenbergvereins 1989.

Erbaut wurde die Burg 1186; sie wurde wiederholt zerstört und aufgebaut und ist seit der Mitte des 15. Jh. verfallen. 1939 wurde sie ausgegraben.

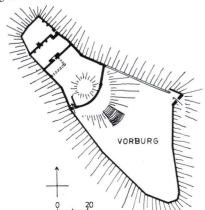

Heiligenstein

Ct. Barr, Bas-Rhin, Frankreich

Grundriß in: Salch, S. 134.

Die kleine Turmburg stammt aus dem 13. Jh. Der Bergfried (oder Wohnturm) hat 7,5 m Seitenlänge und 1,5 m starke Wände; als Wohnturm müßte er einen auskragenden Aufbau besessen haben.

Heilsberg

Gde. Gottmadingen, Kr. Konstanz, Baden-Württemberg

Grundriß in: Kiewat, S. 144.

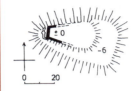

Erbaut wurde die Burg in der 2. Hälfte des 13. Jh., erwähnt erst 1310, 1499 wurde sie durch Eidgenossen zerstört. Ihre Ringmauer ist knapp 2,5 m stark.

Heilsberg

Gde. Frauenzell, Kr. Regensburg, Bayern

Grundriß in: Kunstdkm. v. Bayern, Oberpfalz, Bd. 21, S. 83.

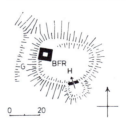

Seit der Mitte des 12. Jh. sind Truchsesse von Heilsberg bekannt. Die Burg wurde im 16. Jh. verlassen. Ihre Ringmauer ist 1,5 m stark, der Bergfried hat 7,5 m Seitenlänge und 2,5 m dicke Mauern.

Heimbach

Kr. Düren, Nordrhein-Westfalen

Grundriß in: Kunstdkm. d. Rheinprov., Bd. 11.2, S. 174; Kubach, S. 365; Burgwart 1905, S. 3.

Die Kernburg entstand um 1200 auf einem hohen Fels. Die runden Türme neben dem Tor sind wie die Zwinger aus dem 14. Jh., in der 2. Hälfte des 17. Jh. ist Heimbach verfallen. Der Bergfried hat bis 8 m Höhe, in der auch der Eingang liegt, 7,5 m Seitenlänge. Darüber ein runder Bergfried mit einem Durchmesser von 7,5 m, beide um ca. 1,7 m Wandstärke.

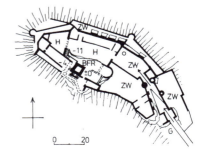

Heimburg

Gde. Niederheimbach, Kr. Mainz-Bingen, Rheinland-Pfalz

Grundriß in: Binding.

Erbaut wurde die Burg 1290–1305 durch Kurmainz, 1689 zerstörten sie die Franzosen. In der 2. Hälfte des 19. Jh. wurde sie modern ausgebaut. Die mittelalterlichen Teile sind schwarz dargestellt. Der Bergfried mit 8,5 m Durchmesser hat 1,6 m starke Mauern.

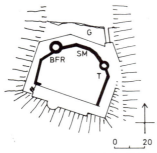

VERMUTL. MITTELALT. TEILE

Heimburg

Kr. Wernigerode, Sachsen-Anhalt

Grundriß in: Kunstdkm. v. Braunschweig, Bd. 6, S. 147; Stolberg, S. 161.

Erbaut wurde die Burg vielleicht durch Kaiser Heinrich IV., also in der 2. Hälfte des 11. Jh. 1073 und 1115 wurde sie durch Sachsen zerstört, danach wieder aufgebaut, 1525 wurde sie endgültig zerstört.

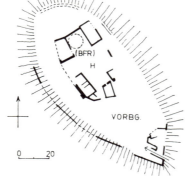

Heimenstein

Gde. Neidlingen, Kr. Esslingen, Baden-Württemberg

Grundriß in: Kunstdkm. v. Württbg., Donaukr.-Kirchheim, S. 281; Schmitt, Bd. 4, S. 50.

»Gerboldus dictus de Haimenstein« taucht um 1240 urkundlich auf. Sonst ist nichts bekannt. Der Bergfried war ca. 6×8 m groß. Unterhalb der Burg liegt eine Höhle, die vermutlich in die Burg einbezogen war.

Heimfels, Heinfels

Gde. Sillian, Bz. Lienz, Tirol, Österreich

Grundriß in: Ebhardt I, Abb. 694; Weing.-Hörm., S. 214; Piper, Österr., Bd. 3, S. 61.

Der älteste Teil ist der Palas mit dem Bergfried vom Beginn des 13. Jh. »de Hunenfels« wird 1243 urkundlich erwähnt. Der Kern liegt auf einem steilen Fels und gehört zum Typ Bergfried + Palas. Seit 1271 ist die Burg im Besitz der Grafen v. Görz. Die untere Burg und die Außenwerke sind um 1500 entstanden. Verfallen ist Heimfels erst im 19. Jh. Die Kapelle ist von 1330. Die Ringmauer der Kernburg ist 2,2 m stark, der Bergfried ist rd. 8×9 m groß und hat 2 m starke Wände. Die Burg ist teilweise bewohnbar.

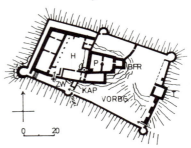

Heimhof

Gde. Hausen, Kr. Amberg-Sulzbach, Bayern

Grundriß in: Kunstdkm. v. Bayern, Oberpfalz, Bd. 17, S. 15; Burgwart 1927, S. 15.

Der gut erhaltene Palas stammt aus dem 14. Jh., urkundlich wird die Burg 1331 erwähnt. Die anderen Gebäude sind aus dem 16. Jh. Der Palas hat 4 Stockwerke und 1,7 m starke Außenmauern.

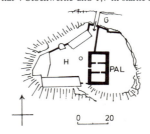

Heimsheim, Heinsheim

Kr. Pforzheim, Baden-Württemberg

Grundriß in: Naeher, S. 188.

Der Wohnturm, das sogen. Schlegler Schloß, stammt aus dem 14. Jh. Er hat 5 Stockwerke in 23 m Höhe.

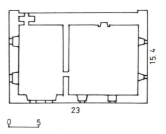

Heinfels = Heimfels

Heinitz

Kr. Meißen, Sachsen

Angabe in: Kunstdkm. v. Sachsen, Bd. 41, S. 587.

Das Wasserschloß war ursprünglich ein Wohnturm des 14. Jh. Die Herren v. Heynitz sind seit 1338 urkundlich genannt. Der Turm wurde 1585 zu einem Renaissance-Schloß umgebaut.

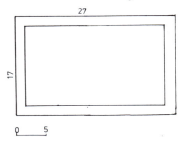

Heinrichsburg

Gde. Harzgerode, Kr. Quedlinburg, Sachsen-Anhalt

Grundriß in: Waescher, Bild 325; Kunstdkm. v. Anhalt, S. 43.

1290 wird »Iwanus miles de Heinrichsberge« genannt, die Burg ist aber wohl aus der 1. Hälfte des 13. Jh. Im 16. Jh. war sie verfallen. Der Bergfried hat nach Stolwerk 7 m Seitenlänge. Die Kernburg ist mit 400 m² sehr klein.

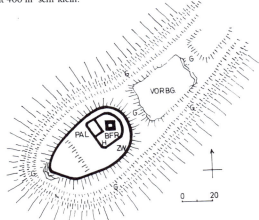

Heinrichsburg

Gde. Neustadt, Kr. Nordhausen, Thüringen

Grundriß in: Stolberg, S. 164.

1344 wird das »Hus zcu dem Heinrichberg« genannt. Sonst keine Daten bekannt. Die Ringmauer ist 2 m stark.

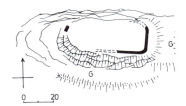

Heinsberg

Nordrhein-Westfalen

Grundriß in: Kunstdkm. d. Rheinprov., Bd. 8.3, S. 60.

Entstanden ist die Burg wohl noch im 11. Jh., 1144 wird sie nach ihrer Zerstörung wieder aufgebaut. Zerstört wird sie 1542, die Ringmauer ist 2,2 m stark.

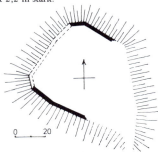

Heinsburg

Gde. Neumark (Kr.), Pölling, Bayern

Grundriß in: Kunstdkm. v. Bayern, Oberpfalz, Bd. 17.

Die Burg liegt auf einem 7 m hohen Kegel, urkundlich genannt wird sie erstmals 1387, zerstört wurde sie 1504. Nur wenige Mauerreste sind erhalten.

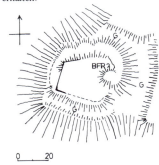

Heinsheim = Heimsheim

Heinzenberg

Gde. Präz, Bz. Heinzenberg, Kt. Graubünden, Schweiz

Grundriß in: Poeschel, S. 206; Clavadetscher, S. 155.

Begonnen wurde die Burg mit dem Bergfried um 1200, Anfang des 16. Jh. ist sie verfallen. Der fünfeckige Bergfried hat Maximalmaße von 9 × 10,5 m mit 2,5 m dicken Mauern, die über zwei Ecken verstärkt sind. Die Ringmauer ist 1 m stark.

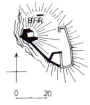

Heißbach = Haßbach

Heistart

Gde. Melchingen-Holzheim, Kr. Euskirchen, Nordrhein-Westfalen

Grundriß in: Kunstdkm. d. Rheinprov., Bd. 11, 2, S. 196; Herzog, S. 291.

Die recht große Wasserburg wurde 1486 erbaut. Jetzt beherbergt sie einen Gutshof. Die Ringmauer ist 1,0 m stark.

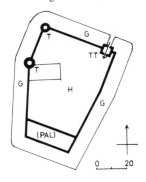

Heitnau, Hartenau

Gde. Braunau, Bz. Münchwilen, Kt. Thurgau, Schweiz

Grundriß in: Kunstdkm. d. Schweiz, Thurgau, Bd. 2, S. 44.

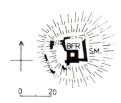

1209 wurde die Burg erstmals urkundlich erwähnt, bereits 1266 wurde sie zerstört. Ihre Ringmauer ist 2 m stark. Der Bergfried hat 7 m Seitenlänge und 2 m Mauerstärke.

Heldburg

Kr. Hildburghausen, Thüringen

Grundriß in: Ebhardt I, Abb. 475; Kunstdkm. v. Thüringen, Bd. 2. 3, S. 297.

Gegründet wurde die Heldburg wohl um 1200. Der Palas stammt wohl aus dieser Zeit, das heutige Aussehen der Burg von 1550–1560.

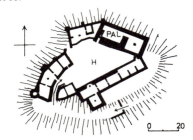

Heldenburg = Eberbach

Heldenburg = Salzderhelden

Heldrungen

Kr. Artern, Thüringen

Grundriß in: Stolberg, S. 167.

1126 wird Hartmann v. Heldrungen genannt. Die Kernburg ist romanischen Ursprunges, jedoch in der Gotik und Renaissance stark verändert worden. Heldrungen ist im 17. u. 18. Jh. Festung im vaubanischen Stil gewesen. Die Kastellburg selbst blieb davon unberührt. Der Bergfried hat 7 m Durchmesser mit ca. 1,75 m starken Mauern, der dreistöckige Wohnturm mißt 12 × 14 m, er zeigt romanischen Ursprung.

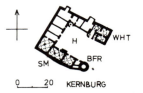

Helenstein

Gde. Heidenheim (Kr.), Baden-Württemberg

Grundriß in: Kunstdkm. v. Württbg., Heidenheim; Burgwart, 1925, S. 52.

Freiherrn »v. Hälenstein« sind urkundlich seit 1150 bekannt. Aus der Burg ist über Jahrhunderte eine Feste geworden. Die im Grundriß schwarz gezeichneten Teile stammen überwiegend aus dem 15. Jh. Nach einer Zerstörung wurde die Burg 1519 erneuert und danach im 16. und 17. Jh. mehrfach verändert.

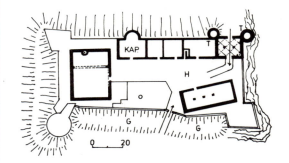

Helfenberg

Gde. Oberberg, Bz. Gossau, Kt. St. Gallen, Schweiz

Grundriß nach Katasterplan.

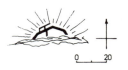

Die Burg wurde Ende des 13. Jh. nach ihrer Zerstörung wieder aufgebaut. Nach einem Brand 1407 wurde sie teilweise abgebrochen. Von der polygonalen Anlage sind die südlichen Teile abgestürzt.

Helfenberg

Gde. Philippsburg, Ct. Bitch, Moselle, Frankreich

Grundriß in: Wenz, S. 175.

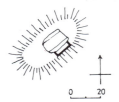

Von der Felsenburg, die zu Beginn des 14. Jh. einmal erwähnt wurde, ist nur ein Mauerrest neben dem Felsturm erhalten.

Helfenberg

Gde. Ilsfeld-Auenstein, Kr. Heilbronn, Baden-Württemberg

Grundriß in: Kunstdkm. v. Württbg., Neckarkr., Tafelband; Antonow-SWD, S. 164; Burgen u. Schlösser 1989-II.

Von der Burg sind nur noch der Wohnturm und Teile der Schildmauer erhalten, die um 1250 entstanden sind, von der übrigen Anlage, die 1579 umgebaut wurde, ist nach dem Verfall, der nach 1832 begann, nichts erhalten. Der Wohnturm mit der Grundfläche von 15,6 × 10,85 m ist auf der Westseite Teil der 3,2 m starken Schildmauer. Die enge Wendeltreppe liegt in der 2 m dicken Südwand. Der Wohnturm hat heute 3, ursprünglich jedoch 5 Stockwerke.

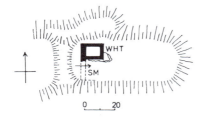

Helfenberg

Gde. Uerschhausen, Bz. Frauenfeld, Kt. Thurgau, Schweiz

Grundriß nach Luftbild in: Burgen u. Schlösser d. Schweiz, Thurgau I.

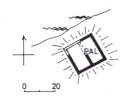

1244 wurde die Burg als zerstört genannt, aber vor 1344 wohl wieder aufgebaut, 1407 wurde sie durch Appenzell zerstört. Die Ringmauer der kleinen Kastellburg vom Typ Palas + Hof ist 1,5 m dick.

Helfenberg

Gde. Terlan, Bozen, Südtirol, Italien

Grundriß in: Trapp, Bd. 8, S. 306.

Erbaut wurde Helfenberg durch die Grafen von Terlan wahrscheinlich Ende des 12. Jh., urkundlich wird »castrum Helfenberch« 1234 genannt. 1609 ist die Burg Ruine. Ihre Ringmauer ist 1,3 m dick.

Helfenburg

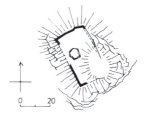

Gde. Velburg-Lengenfels, Kr. Neumarkt, Bayern

Grundriß in: Kunstdkm. v. Bayern, Oberpfalz, Bd. 4, S. 94.

Entstanden ist die Burg im 12. Jh. als Gründung der Velburger. 1198 wird sie erstmals urkundlich erwähnt. Nach einem Brand wird sie 1504 wiederhergestellt, 1699 – 1707 wird sie zum Schloß umgewandelt, Bauherrn die Grafen v. Tilly. 1796 wird die Burg durch Franzosen zerstört.

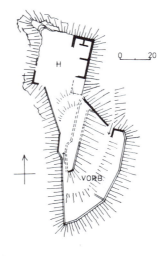

Helfenburg – Helfenburk

Gde. Auscha – Uštěk, Bz. Böhm. Leipa – Česka Lipa, Nordböhmen, Tschechische Republik

Grundriß in: Piper, Österr., Bd. 7, S. 95; Menclová, S. 420.

Gegründet wurde die Burg wohl im 13. Jh., der große Bergfried stammt aus dem 14. Jh., 1620 wurde sie durch Kaiserliche zerstört. Die Burg ist unter Ausnutzung mehrerer einzelner, teilweise ausgehöhlter Felsen erbaut. Ihre Ringmauer ist 1,8 m stark. Der kleine Bergfried mißt 5,7 × 7 m, der große 8 × 8,5 m, die Wendeltreppe liegt über Eck in der Mauer.

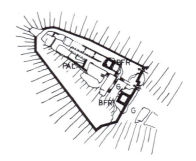

Helfenburg – Helfenburk

Gde. Barau – Bavorov, Bz. Prachatitz – Prachatice, Südböhmen, Tschechische Republik

Grundriß in: Piper-Österr., Bd. 4, S. 44.

Im Zentrum der Burg steht ein mächtiger Palas, der vermutlich als festes Haus zuerst erbaut wurde, vermutlich mit einem engen Zwinger im S und W. Um diesen Kern herum entstand in Zeitetappen die Burg. Sie wurde im Dreißigjähr. Krieg zerstört.

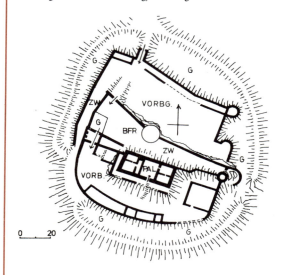

Helfenstein

Gde. Geislingen, Kr. Göppingen, Baden-Württemberg

Grundriß in: Blätter d. Schwäb. Albvereins, 35 Jhg., S. 6; Schmitt, Bd. 1, S. 236.

Um 1100 ist die Burg durch Eberhardt d. Älteren v. Helfenstein begonnen worden. 1287 Belagerung durch König Rudolf von Habsburg. 1382 fällt Helfenstein an Ulm. 1552 erobert Albrecht Alcibiades v. Brandenburg-Kulmbach die Burg, die von Ulm zurückgewonnen und geschleift wird. 1922 werden Reste freigelegt und 1932 restaurierend konserviert. Der Grundriß ist nach Schmitt dargestellt.

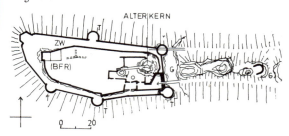

Helfenstein – Helfštejn

Thein b. Leipnitz – Tym, Bz. Prerau – Přerov, Nordmähren, Tschechische Republik

Grundriß in: Piper-Österr., Bd. 2, S. 81.

Die um 1280 gegründete Burg wurde 1817 zerstört. Der Bergfried hat nur 5 m Durchmesser.

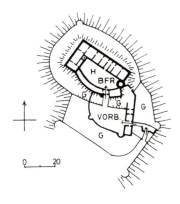

Hellmat

Gde. Bretzfeld-Unterheimbach, Kr. Künzelsau, Baden-Württemberg

Grundriß in: Jahrbuch für Fränk. Geschichte, Bd. 29, Abb. 36.

Von der in der Stauferzeit entstandenen Burg, die 1253 urkundlich erwähnt wurde, ist nur noch der Buckelquader-Bergfried mit 8,5 m Seitenlänge und 2,5 m dicken Mauern erhalten.

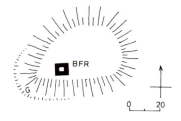

Helmishofen

Gde. Kaltental-Aufhof, Kr. Sonthofen, Bayern

Grundriß in: Nessler, Bd. 2, S. 203.

1190 wird »Adelgoz de Helmeshoven« urkundlich genannt. Seine Burg dürfte im letzten Viertel des 12. Jh. entstanden sein. 1269 wird sie erfolglos belagert, 1525 wird sie zerstört. Der Buckelquader-Bergfried ist auf der Basis von 10 m Seitenlänge 18 m hoch. Sein Keller steckt im Schutt oder Erdreich. Seine Mauer ist 3 m stark, der Eingang liegt 4,5 m über dem jetzigen oberen Gelände; der Turm hat 4 Stockwerke und einen Keller.

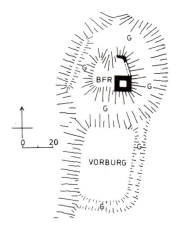

Hemmaburg

Gde. Friesach, Bz. St. Veit, Kärnten, Österreich

Grundriß in: Kohla, S. 120.

Die Burg entstand im 12. Jh. und besaß im Zentrum einen Wohnturm; Ringmauer und Torturm sind erst in jüngster Zeit verschwunden.

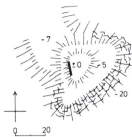

Hemmerich I, Haus Hemmerich

Gde. Freden-Bachem, Kr. Bergheim, Nordrhein-Westfalen

Grundriß in: Kunstdkm. d. Rheinprov., Bd. 4.1, S. 12.

Die auf einem Hügel gelegene Burg wird als Wohnturm angesehen, der im 13. Jh. entstand. Seine Grundfläche mißt 14 × 15,5 m, die Außenmauer ist rd. 1,5 m stark. Die Burg könnte aber auch eine kleine Anlage vom Typ Palas und Hof gewesen sein.

Hemmerich II

Gde. Freden-Bachem, Kr. Bergheim, Nordrhein-Westfalen

Angabe in Kubach, S. 72.

In der Nähe von Hemmerich I wurde ein weiterer Wohnturm ergraben, der um 1200 entstanden sein muß.

Hemsbach

Rhein-Neckar-Kr., Baden-Württemberg

Grundriß in: Kunstdkm. v. Baden, Bd. 10, S. 77.

Von der 1264 erstmals erwähnten Wasserburg, die im 19. Jh. abgebrochen wurde, ist nur der Wohnturm mit 14,2 × 17,5 m Maximalmaßen mit 2 Stockwerken erhalten.

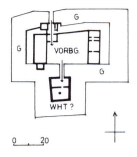

Henfenfeld

Kr. Lauf, Bayern

Grundriß in: Kunstdkm. v. Bayern, Mittelfrk., Hersbruck, S. 117.

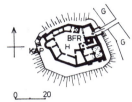

Die Burg gehörte den gleichnamigen Ministerialen, die 1235 urkundlich genannt wurden. Sie wurde 1552 zerstört und erhielt beim Wiederaufbau auf den alten Mauern ihr heutiges Aussehen, das 1624 durch einen Treppenturm neben dem Bergfried noch ein wenig verändert wurde. Der Bergfried mißt 6,5 × 7 m mit maximal 2 m dicken Wänden; die Ringmauer ist 0,9 – 1,3 m stark.

Hengebach = Heimbach

Henneberg

Kr. Meiningen, Thüringen

Grundriß in: Kunstdkm. v. Thüringen, Bd. 2,1, S. 366; Schuchhardt, S. 253.

Die Grafen v. Henneberg sind seit 1037 urkundlich bekannt; ausgestorben ist diese Familie 1583. Sie waren in Süd-Thüringen und Nordfranken im ganzen Mittelalter von Bedeutung. Ihre Stammburg wurde vielleicht noch im 11. Jh. begonnen. Der heute erkennbare Grundriß hat sich im Lauf der Zeit mit auffallend vielen Gebäuden gefüllt, die für die große Zahl von Gefolgsleuten und Hörigen eines so mächtigen Geschlechtes wohl nötig waren. Der noch in 14 m Höhe erhaltene Bergfried hat 13,5 m Durchmesser mit 3,5 m starker Mauer.

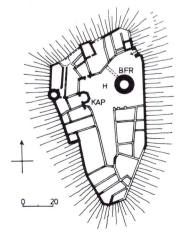

Henneberg, Prozelten

Gde. Stadtprozelten, Main-Spessart-Kr., Bayern

Grundriß in: Kunstdkm. v. Bayern, Unterfrk., Bd. 7; Ebhardt I, Abb. 516; Schmidt, Fig. 8; Dehio-Franken, S. 787; Kreisel, S. 13.

Grafen v. Prozelten sind seit der 1. Hälfte des 12. Jh. bekannt. Die Burg wurde Ende des 12. Jh. begonnen. Ihr ältester Teil ist der Bergfried im Norden. Ab 1280 war Henneberg Ganerbenburg. 1320 kam sie in den Besitz des Deutschen Ordens, der den 2. Bergfried und die äußere Ringmauer sowie wesentliche Teile der Wohnbauten hinzufügte. Im 17. Jh. wurde die Burg verlassen. Der gr. Bergfried hat Buckelquadermauern von 3 m Stärke, seine Seitenlänge beträgt 10 m, er hat in einer Höhe von 24 m 4 Stockwerke, der rundbogige Eingang liegt 12 m hoch. Die Ringmauer der Kernburg ist 1,5 m stark.

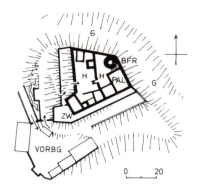

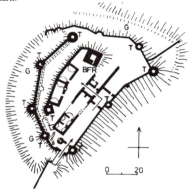

Herblingen

Kt. Schaffhausen, Schweiz

Grundriß in: Kunstdkm. d. Schweiz, Schaffhsn., Bd. 3, S. 255.

Das Schloß hat seinen Ursprung vielleicht im 11. Jh. Der entspr. Adel ist seit dem Ende des 12. Jh. urkundlich genannt. Der Bergfried mit der Seitenlänge 11 m hat 3,5 m dicke Mauern, in denen die Wendeltreppe liegt. Er ist in der 1. Hälfte des 13. Jh. erbaut worden; sein 12 m hoch liegender Eingang ist spitzbogig. Die Turmhöhe beträgt 30 m. Die Schildmauer ist 3 m, die Ringmauer 2 m stark.

Herborn

Lahn-Dill-Kr., Hessen

Grundriß in: Kunstdkm. im Reg.-Bz. Wiesbaden, Bd. 4, S. 72.

Erbaut wurde die Burg um 1250 auf einem Hügel über der Stadt. Urkundlich erwähnt wurde sie erstmals 1351. 1630 wurde sie umfassend erneuert und 1929 gänzlich renoviert. Der Bergfried hat 7 m Durchmesser bei 1,7 m dicker Wand. Die Ringmauer ist 1,6, die Schildmauer 2,3 m stark.

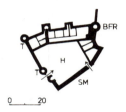

Herdern

Bz. Frauenfeld, Kt. Thurgau, Schweiz

Grundriß in: »Die Arbeitskolonie Herdern«, Informationsheft.

Die Burg wurde 1282 urkundlich erwähnt. Sie wurde nach 1600 zum Schloß umgebaut. Heute dient sie als Wohnheim. Der Bergfried mit 8,5 m Seitenlänge und 2,3 m Mauerstärke hat später einen achteckigen Aufsatz barocker Prägung erhalten. Die Ringmauer ist 1,3 m stark.

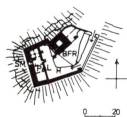

Herbolzheim

Gde. Neudenau-H..., Kr. Heilbronn, Baden-Württemberg

Grundriß in: Neudenauer Heimatblätter, März 1984.

Begonnen wurde die Burg in der 1. Hälfte des 13. Jh., die Zwinger kamen vielleicht im 15. Jh., die Vorburg im 16. Jh. hinzu. Der Bergfried mit 28,5 m Höhe ist leicht konisch, an seinem Fuß beträgt der Durchmesser 8,35 m mit 2,5 m Wandstärke, der Eingang liegt 6 m hoch. Die Ringmauer ist um 2 m stark.

Hermanstein

Gde. Wetzlar-H..., Lahn-Dill-Kr., Hessen

Grundriß in: Kunstdkm. im Reg.-Bz. Wiesbaden, Bd. 4, S. 42; Piper, Fig. 150.

Der Wohnturm auf einem rd. 8 m hohen Fels wurde 1373–1379 erbaut. Benannt ist er nach Landgraf Hermann I. v. Thüringen († 1217). Der spätgotische Wohnbau am Fuß des Felsens ist wohl erst im 15. Jh. entstanden. Die Turmruine hat 14 m Höhe mit 4 Stockwerken, die Hauptmaße sind in der Mittellinie 12,5 × 15 m, die Mauern sind 2,5 m stark und bieten Platz für eine Wendeltreppe in der Ecke, die 4 Stockwerke verbindet.

Hernstein

Bz. Baden, Niederösterr., Österreich

Grundriß in: Burgen u. Schlösser v. Niederösterr., Bd. I/2, S. 51.

Erhalten sind einige Mauerreste sowie der Bergfried der Burg des 12. Jh. mit 8 m Seitenlänge und 2,5 m starken Mauern.

Heroldstein

Gde. Heiligenstadt-Oberleinleiter, Kr. Bamberg, Bayern

Grundriß in: Kunstmann, »Burgen d. westl. und südl. Fränk. Schweiz«, S. 52.

Von der kleinen, wohl um 1100 entstandenen Burg sind nur geringe Reste erhalten.

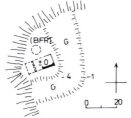

Herrenberg

Kr. Böblingen, Baden-Württemberg

Grundriß in: Antonow-SWD, S. 166.

Die am Beginn des 13. Jh. begonnene Burg wird 1228 urkundlich erwähnt. Sie wurde 1807 abgebrochen. Die erhaltene Schildmauer ist 4 m stark.

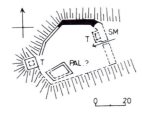

Herrenstein

Gde. Neuweiler, Ct. Bouxwiller, Bas Rhin, Frankreich

Grundriß in: Wolff, S. 114.

Von der erstmals großen Burg, die vielleicht schon um 1100 gegründet wurde, sind nur noch wenige Reste von Bauten aus dem 12. Jh. und späteren Zubauten erhalten. 1673 wurde sie durch Franzosen zerstört. Der Bergfried hat die Maximalmaße 8 × 10 m.

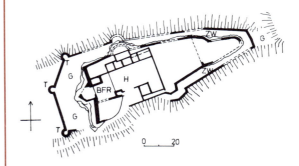

Herrenzimmern

Gde. Bösingen-H..., Kr. Rottweil, Baden-Württemberg

Grundriß in: Archiv d. Deutschen Burgenv.

Nach der Zerstörung wurde die Burg 1080 aufgebaut, desgl. noch einmal 1312. Im 16. Jh. wurde sie erneuert und schließlich Anfang des 19. Jh. endgültig aufgegeben. Die Herren v. Zimmern gab es vom 10. Jh. bis 1594. Der Wohnturm mit den Maßen 12 × 16 m hat 2 m starke Mauern, ein Treppenturm ist außen angebaut.

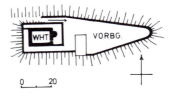

Herrenzimmern

Niederstetten-H..., Main-Tauber-Kr., Baden-Württemberg

Grundriß nach Aufnahme v. K. Loßnitzer, 1955.

Die kleine Kastellburg wird erstmals 1347 urkundlich genannt, um 1450 wurde sie wohl zerstört. Der Bergfried hat 7 m Durchmesser mit 1,5 m Mauerstärke.

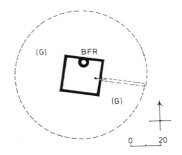

Herrnstein – Novy Herštejn

Gde. Neugedein – Kdyně, Bz. Klattau – Klatovy, Westböhmen, Tschechische Republik

Grundriß in: Heber Bd. 4; Menclová, S. 402.

Die große Burg aus der 1. Hälfte des 14. Jh. hat in ihrem Zentrum einen Wohnturm von 15,5×16,5 m Grundfläche mit 2,3 m starken Mauern. Der Grundriß ist nach Menclová gezeichnet.

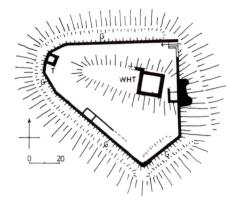

Herrstein

Kr. Birkenfeld, Rheinland-Pfalz

Grundriß nach Kataster von 1844 in: »Lebendiges Rheinland-Pfalz«.

Die Burg ist wohl um 1300 entstanden, erwähnt wird sie erstmals 1314. Die Ruine hat einen Bergfried von rd. 11 m Durchmesser. Die Ruine ist Teil der ehem. Stadtbefestigung.

Herten

Gde. Hagenbuch, Bz. Winterthur, Kt. Zürich, Schweiz

Grundriß in: Hartmann, S. 32.

Der Adel zur Burg wird ab 1230 erwähnt. Der Bergfried hat 9 m Seitenlänge.

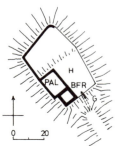

Hertenberg

Gde. Herten, Kr. Lörrach, Baden-Württemberg

Grundriß in: Meyer-Regio, S. 17.

Die Doppelburg, die nördliche liegt etwas höher als die südliche, wurde 1256 durch die Grafen v. Habsburg gegründet. 1268 wurde sie zerstört und wenigstens im Südteil wiederaufgebaut. 1356 wurde sie durch das Erdbeben v. Basel zerstört. Die Schildmauer ist 3,5 m stark.

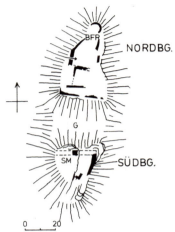

Hertenstein

Gde. Sigmaringen (Kr.), Baden-Württemberg

Grundriß in: Schmitt, Bd. 3, S. 27.

Entstanden ist die Wohnturmburg vermutlich Ende des 12. Jh., entspr. Adel wird um 1250 urkundlich genannt. 1350 wird sie verlassen.

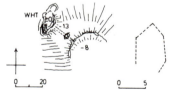

Herwartstein

Gde. Königsbronn, Kr. Heidenheim, Baden-Württemberg

Grundriß in: Kunstdkm. v. Württbg., Jagstkr., S. 219.

Die Burg, deren Gründungsdatum nicht bekannt ist, wurde 1278 zerstört. Erhalten sind nur Reste von Grundmauern.

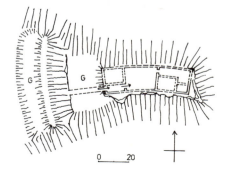

Herzberg
Kr. Osterode, Niedersachsen

Grundriß in: Ebhardt I, Abb. 444; Stolberg, S. 172.

Die Burg wurde 1157 durch Heinrich d. Löwen erworben und ausgebaut. Sie blieb bis 1866 in welfischem Besitz. Nach einem Brand 1510 wurde sie komplett erneuert und danach weiter zum Wohnschloß verändert.

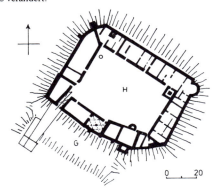

Herzberg
Gde. Breitenbach am Herzberg, Kr. Hersfeld, Hessen

Grundriß in: Ebhardt I, Abb. 489; Burgen u. Schlösser, 1976-I.

Die rechteckige Kernburg wurde Ende des 13. Jh. erbaut. Die sie umgebende Festung mit bis 18 m hohen Mauern wurde 1483–1497 erbaut. Der alte Bergfried hat 7,5 m Durchmesser und 2,2 m starke Mauern. Die Außenmauern sind 4,0 m, die Mauer des Kerns ist 1,5 m dick. Die Burg ist ein Beispiel für Festungen des 15. Jh.

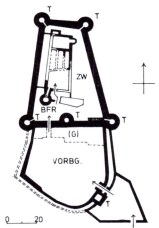

Herzogenrath
Kr. Aachen, Nordrhein-Westfalen

Grundriß in: Heimatblätter des Kreises, Heft 3/4, 1983 und Heft 1, 1990.

Von der Burg ist nur der Bergfried von 1373–1393 in einem Ensemble des 19. Jh. übrig geblieben. Er hat den Durchmesser von 9 m und 2,05 m Mauerstärke; er besitzt in 14 m Höhe 4 Stockwerke.

Hespringen
Luxemburg

Grundriß in: Bour, Bd. 2, Anhang.

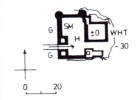

Der Wohnturm stammt aus dem 13. Jh., die Toranlage aus dem 14. Jh., um 1500 wurde die Burg erneuert. 1679 wurde sie durch Franzosen zerstört. Der Wohnturm hat die Dimension von 13 × 15 m.

Hessen
Kr. Halberstadt, Sachsen-Anhalt

Grundriß in: Kunstdkm. v. Braunschweig, Bd. 3, S. 199.

Bergfried und Ringmauer stammen aus dem 14. Jh., urkundlich ist sie seit 1355 bekannt. Ihre heutige Gestalt erhielt sie in der Renaissance. Die Ringmauer ist 1,2 m stark. Der Bergfried mit 7 m Seitenlänge ist 30 m hoch und hat 5 Stockwerke.

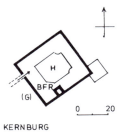

Hessenstein
Gde. Vöhl-Oberorke, Kr. Korbach, Hessen

Grundriß in: E. Sobotha, »Der Raum um Frankenberg«, 1979.

Die kleine Kastellburg wurde 1328 erbaut. Sie ist nun Jugendherberge.

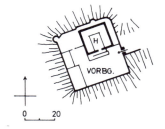

Hettingen

Kr. Sigmaringen, Baden-Württemberg

Grundriß in: Kunstdkm. v. Hohenzollern, Bd. 2, S. 61; Schmitt, Bd. 5, S. 107.

In die mittelalterliche Burg wurde 1720 ein Barockschloß eingebaut, erkennbar ist der alte Grundriß durchaus noch.

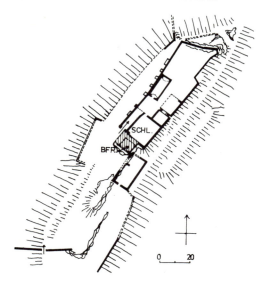

Hettlingen

Bz. Winterthur, Kt. Zürich, Schweiz

Grundriß in: Zeller-Werdmüller I, S. 32; Schuchhardt, S. 257.

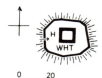

Die Wohnturmburg ist wohl im 13. Jh. erbaut worden. Sie wurde 1752 abgebrochen. Der Wohnturm ist 10 m breit mit 1,5 m dicken Wänden.

Hettstedt

(Kr.), Sachsen-Anhalt

Grundriß in: Kunstdkm. d. Prov. Sachsen, Bd. 18, S. 74; Stolberg, S. 177.

Die Wasserburg wurde ursprünglich von der Wipper umflossen. Die erhaltenen Bauteile der Kastellruine stammen aus dem 14. und 15. Jh. Ihre Ringmauer ist 1,85 m dick und 9 m hoch. Der Bergfried mit dem Durchmesser 6,5 m und 2,5 m Mauerstärke ist 21 m hoch, sein Eingang liegt 10 m über dem Hof.

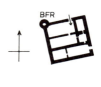

Heubeckengrub

Gde. Konzell-Gossersdorf, Kr. Straubing-Bogen, Bayern

Angabe in: Kunstdkm. v. Niederbayern, Bd. 20, S. 152.

Als Burgrest ist ein mittelalterlicher Wohnturm mit 3 Stockwerken erhalten.

Heuberg, Alt Weingarten, Höhberg

Gde. Schönenberg, Bz. Bischofszell, Kt. Thurgau, Schweiz

Grundriß in: Burgen u. Schlösser d. Schweiz, Thurgau, Bd. 1, S. 88.

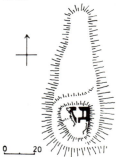

Für die Ruine der kleinen Burg sind keine Daten genannt. Die Schildmauer ist 2,85 m stark.

Heuchlingen

Gde. Gerstetten-H..., Kr. Heidenheim, Baden-Württemberg

Grundriß in: Kunstdkm. v. Württbg., Jagstkr., S. 702.

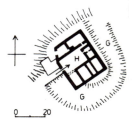

Burgadel ist zwischen 1222–1437 urkundlich bekannt. Die Burg wurde nach ihrer Zerstörung 1525 als Schloß wiederaufgebaut. Die Ringmauer ist 1,5 m dick.

Heunburg = Haimburg

Heusenstamm

Kr. Offenbach, Hessen

Grundriß in: Kulturdkm. v. Hessen, Kr. Offenbach.

Die sogen. Eppensteinsche Wasserburg besitzt einen Wohnturm, der um 1200 erbaut worden ist. Er hat die Dimension 10,5 × 14,0 m, mit 1,5 m Mauerstärke und 4 Stockwerken.

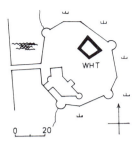

(Hewenegg) – Hauptburg

Gde. Immendingen, Kr. Tuttlingen, Baden-Württemberg

Grundriß in: Streng, S. 111; Kiewat, S. 119.

Die Burg bildete eine Gruppe mit der kleinen Burg Hewenegg. Die Hauptburg ist durch einen Steinbruch total verschwunden. Entstanden wohl um 1100, wird sie (nach Tillmann) erst 1291 urkundlich erwähnt. Im 15. Jh. ist sie verfallen.

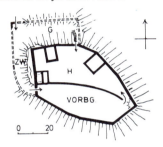

Hewenegg – Kleine Burg

Gde. Immendingen, Kr. Tuttlingen, Baden-Württemberg

Grundriß in: Streng, S. 111

Die kleine Burg bildete eine Gruppe mit der Hauptburg. Im Gegensatz zur Hauptburg sind von der kleinen Burg noch Reste erkennbar. Ihre Ringmauer war 2,3 m stark. Ihre Daten entsprechen denen der Hauptburg.

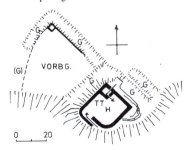

Hexenagger

Gde. Altmannstein-H..., Kr. Eichstätt, Bayern

Grundriß in: Kunstdkm. v. Bayern, Oberpfalz, Bd. 13, S. 74.

Im barocken Schloß sind noch Reste der alten Burg mit Ringmauer und Bergfried erkennbar. Der mittelalterliche Bergfried hat 8 m Seitenlänge und 2 m starke Mauern.

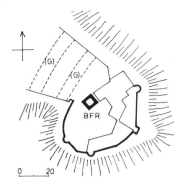

Hexenturm

Gde. Sarnen, Bz. Obwalden, Kt. Unterwalden, Schweiz

Grundriß in: Kunstdkm. d. Schweiz, Unterwalden, S. 1136.

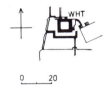

Der Wohnturm von 1210 war vielleicht ein Vorwerk der Burg Landenberg →. Er hat 9 m Seitenlänge und 1,5 m starke Mauern, die je Stockwerk um 10 cm zurückgehen. Insgesamt sind es drei Stockwerke auf 12,5 m Gesamthöhe.

Hexenturm

Gde. Bornheim-Walberberg, Rhein-Sieg-Kr., Nordrhein-Westfalen

Grundriß in: Kunstdkm. d. Rheinprov., Bd. 5.4.

Der Bergfried ist der Rest einer Burg aus dem 12. Jh. Er hat 8 m Durchmesser und 5 Stockwerke.

Hexenturm

Gde. Leibertingen, Kr. Sigmaringen, Baden-Württemberg

Grundriß in: Burgen u. Schlösser, 1974-I; Schmitt, Bd. 3, S. 210.

Die Burg gehört zur Burgengruppe um Wildenstein; sie liegt ca. 200 m südwestl. v. Wildenstein. Die Anlage ist zwischen 1100 und 1150 entstanden. Sie bestand aus einem polygonalen Wohnturm von 9 × 10 m maximaler Breite auf einer Felsspitze mit einer Zisterne. Die Unterburg ist 20 m darunter in Verbindung mit einer Höhle angelegt gewesen; sie ist der ältere Teil, der Turm, erreichbar aus Richtung Osten, vermutlich über eine Holzleiter, entstand um 1200. Um 1400 wurde die Burg aufgegeben.

Heyden, Haus Heyden

Gde. Herzogenrath, Kr. Aachen, Nordrhein-Westfalen

Grundriß in: Kunstdkm. d. Rheinprov., Bd. 9.2.

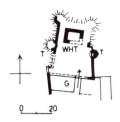

Der Wohnturm des 14. Jh. mit Ringmauer ist der Kern einer größeren Wasserburg, die Mitte des 17. Jh. zerstört wurde. Die ihn umgebende Ringmauer ist 1,3 m stark. Der Turm hat die Grundfläche von 9 × 10 m mit 2 m starken Mauern, er besaß 4 Stockwerke und einen Hocheingang.

Hieburg

Bz. Zell am See, Salzburg, Österreich

Grundriß in: Österr. Kunsttop., Bd. 25, S. 76; Burgen u. Schlösser in Salzburg, Bd. 1, S. 116; Piper, Österr., Bd. 6, S. 67.

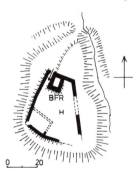

Die romanische Burg ist 1443 abgebrannt und danach verödet. Ihre Ringmauer ist bis 15 m Höhe erhalten und ca. 2,0 m stark. Der Bergfried mit Dimensionen von 8,5 × 11,0 und 2,5 m Mauerstärke ist mit seinen 5 Stockwerken 20 m hoch, der Eingang liegt in 3 m Höhe.

Hielock

Gde. Trochtelfingen, Kr. Reutlingen, Baden-Württemberg

Grundriß in: Schmitt, Bd. 5, S. 74.

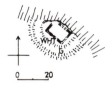

Die Ruine eines Wohnturmes von ca. 10 × 15 m wurde 1890 ausgegraben. Der Burgadel wird 1138 erstmals urkundlich genannt.

Hildebrandshagen

Kr. Strasburg, Mecklenburg-Vorpommern

Angabe in: Schwarz, S. 57.

Erhalten sind Reste eines Wohnturmes aus dem Mittelalter mit 8,5 m Seitenlinie.

Hildenberg, Hiltenberg, Hillenberg

Gde. Hausen-Roth, Kr. Rhön-Grabfeld, Bayern

Grundriß nach Katasterplan.

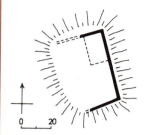

1116 wird »Hildeberg« urkundlich genannt. Zerstört wurde die Burg 1525.

Hilfikon

Bz. Muri, Kt. Aargau, Schweiz

Grundriß in: Kunstdkm. d. Schweiz, Aargau, Bd. 4, S. 275.

Ein Bergfried als mittelalterlicher Burgrest. Er ist 16 m hoch, hat 4 Stockwerke und seinen Eingang in 6 m Höhe.

Hilgartsberg, Hiltgartsberg

Gde. Hofkirchen-H..., Kr. Passau, Bayern

Grundriß in: Kunstdkm. v. Niederbayern, Bd. 14, S. 150.

1112 wird »Ezil de Hiltigerichsberg« urkundlich erwähnt. Die romanische Anlage entstand vermutlich um 1200, in der 2. Hälfte des 14. Jh. wurde sie verstärkt, 1626 durch einen Brand beschädigt und 1742 zerstört. Die 12 m hohe Ringmauer ist 1,2 m stark, die Schildmauer hat 2 m Dicke.

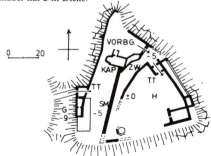

Hillenberg = Hildenberg

Hilpoltstein

Kr. Roth, Bayern

Grundriß in: Kunstdkm. v. Bayern, Mittelfrk., Bd. 3, S. 178.

Die auf einem Felsklotz stehende Burg wurde in der 2. Hälfte des 13. Jh. anstelle einer – vielleicht schon 1109 genannten – Anlage erbaut, im 16. Jh. wurde sie um- und ausgebaut. Der Treppenturm wurde 1606 hinzugefügt, vorher gab es nur eine hölzerne Treppe. Im 18. Jh. wurde die Oberburg teilweise abgebrochen. Der Bergfried mit 5,5 m Seitenlänge und 1,7 m Wandstärke ist 22 m hoch, hat 3 Stockwerke und seinen Eingang 10 m über dem Plateau. Die 2 m dicke Ringmauer ist 9 m hoch.

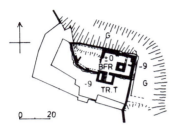

Hiltenberg

Gde. Bad Ditzenbach, Kr. Göppingen, Baden-Württemberg

Grundriß in: Kunstdkm. v. Württbg., Donaukr., S. 742; Schmitt, Bd. 1, S. 292.

Der Grundriß ist nach den Kunstdkm. gezeichnet. Erbaut wurde Hiltenberg zwischen 1200 u. 1250. 1289 wird die Burg zum Helfensteinschen Verwaltungssitz. 1516 wird sie durch Herzog Ulrich v. Württemberg zerstört. Der westliche Teil ist etwas älter als der Ostteil. Doppelburgen wie diese sind sehr selten. Die Ringmauer ist ca. 1,2 m dick. Bergfried Ost 5,3 × 5,3 m mit 1,5 m Wandstärke. Bergfried West 6,8 × 6,8 m mit 2 m Wandstärke.

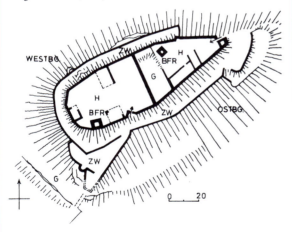

Hiltgartsberg = Hilgartsberg

Hiltpoltstein

Kr. Forchheim, Bayern

Grundriß in: Bayrische Kunstdkm., Forchheim, S. 133.

Die Kernburg steht auf einem Felsklotz. Der Adel zur Burg wird 1270 erstmals urkundlich genannt. Die Burg wurde 1449 und 1553

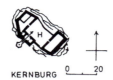

zerstört u. wiederhergestellt. 1553 entsteht der Treppenturm, 1611 wird der Bergfried abgebrochen. Jetzt ist die Burg Forstamt. Die Ringmauer ist 1,7 – 2,1 m stark.

Himberg

Gde. Weißenkirchen, Bz. Melk, Niederösterr., Österreich

Grundriß in: Sammlung Kreutzbruck.

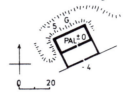

Der Ursprung der Kleinen Hof- und Palas-Burg ist möglicherweise um 1400.

Himmelberg, Piberstein

Bz. Klagenfurt, Kärnten, Österreich.

Grundriß in: Kohla, S. 123.

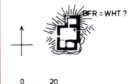

Der Bergfried ist, wie die gesamte kleine Vasallenburg, romanisch. 1211 wird die Burg urkundlich als Mitgift erwähnt. Anfang des 16. Jh. ist sie verfallen. die Ringmauer ist 1,6 m stark; der Bergfried hat 9 m Seitenlänge mit 2 m starken Mauern.

Himmelstein – Himlšteijn

Gde. Gesmesgrün – Stráz n. Obři, Bz. Karlsbad – Karlovy Vary, Westböhmen, Tschechische Republik

Grundriß in: Kunstdkm. v. Böhmen, St. Joachimsthal; Piper, Österr., Bd. 7, S. 101.

Entstanden ist die Burg vielleicht im 13. Jh. 1495 wurde sie zerstört und wiederaufgebaut. Im 17. Jh. ist sie verfallen. Von der langgestreckten Anlage mit 12 m Höhenunterschied ist nur noch der Wohnturm von 8,5 × 14 m Dimension und 1,6 m Mauerstärke neben dem Tor erkennbar. Er hat 3 Stockwerke.

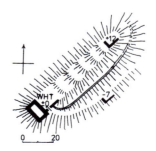

Hinang

Gde. Sonthofen (Kr.)-H..., Bayern

Grundriß in: Kunstdkm. v. Schwaben, Bd. 7, S. 342.

Die »de Huginanc« werden 1166 genannt. Die Burg wird 1442 bereits als Burgstall bezeichnet.

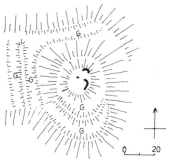

Hindenberg – Kośiuskach

Kr. Naugrad – Nowograd, Pommern, Polen

Grundriß in: Radacki, s. 198.

Von der Burg aus der 2. Hälfte des 16. Jh. ist nur noch der Rest des Bergfrieds von 5 m Innenmaß erkennbar.

Hindenburg, Hünenburg

Gde. Badenhausen, Kr. Osterode, Niedersachsen

Grundriß in: Kunstdkm. v. Braunschweig, Bd. 5.

1903 wurde die Ruine freigelegt, die im 16. Jh. bereits verödet war. Der Burgadel wird 1152 genannt. Die Ringmauer der Kernburg ist 1,8 m stark, der Bergfried mit 10 m Breite hat über 2,5 m dicke Mauern. Auffallend ist das große Torhaus der Vorburg.

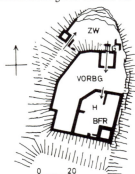

Hinterhaus

Gde. Spitz, Bz. Krems, Niederösterr., Österreich

Grundriß in: Österr. Kunsttop., Bd. 1, S. 399; Piper, Österr., Bd. 3, S. 75.

Das »castrum Spitz" wird 1243 urkundlich genannt. 1620 wird die Burg erstmals, 1809 endgültig zerstört. Der Bergfried hat 7 m Seitenlänge bei 2 m starken Mauern, sein Eingang liegt 7,5 m hoch.

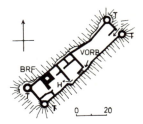

Hinterlichtenstein = Lichtenstein

Hinterlützelburg = Rathsamhausen

Hirschberg

Gde. Beilngries, Kr. Eichstätt, Bayern

Grundriß in: Kunstdkm. v. Bayern, Oberpf., Bd. 12; Burgen und Schlösser, 1971-I.

Um 1200 findet der Ausbau einer älteren Anlage mit schönem Buckelquader-Mauerwerk statt. Im 14. Jh. entstehen Wohnbauten, im 15. Jh. wird die Burg verstärkt, 1760 zum Barockschloß umgebaut, das 1817 an Eugène Beauharnais kommt, seit 1860 ist Hirschberg bischöfl. Eichstättisches Diözesan-Seminar. Das eingezogene Tor könnte auf einen sehr frühen Ursprung hindeuten. Die Ringmauer ist 2,0 – 2,2 m stark. Der Bergfried war 13 m hoch und hatte 3 Stockwerke, sein Eingang liegt in 10,5 m Höhe, er wurde in der Gotik aufgestockt. Seine Seitenlänge ist 7,5 m, die Wandstärke rd. 2 m.

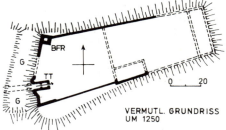

Hirschberg

Gde. Beilngries, Kr. Eichstätt, Bayern

Grundriß in: Burgen der Salierzeit, Bd. 2, S. 218.

Am äußersten Ende des Burgberges hat man bei Sanierungsarbeiten die Reste eines Wohnturmes aus dem 11. Jh. entdeckt. Der Eingang lag wenigstens 4 m hoch.

Hirschhorn

Kr. Bergstraße, Hessen

Grundriß in: Kunstdkm. v. Hessen, Bergstraße; Antonow, SWD, S. 170; Burgen und Schlösser, 1978-II.

Die Burg wurde Anfang des 13. Jh. als Mainzer Lehen durch die Herren v. Steinach gegründet. Die Kernburg war sehr klein. Die Burg wurde über die Jahrhunderte ausgebaut und beherbergt heute im Wohngebäude eine Hotel-Gaststätte. Die Schildmauer ist 2,4 m stark und 13 m hoch.

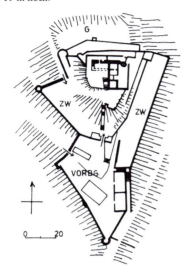

Hirschstein

Gde. Kirchenlamitz, Kr. Wunsiedel, Bayern

Grundriß nach Aufnahme F.-W. Krahe, 1982.

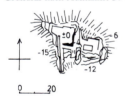

Die Burg ist wohl um 1200 unter Ausnutzung einer Felsklippe erbaut, der Burgadel wird 1223 urkundlich erwähnt. Im 14. Jh. war sie noch bewohnt. Viel ist nicht erhalten.

Hirschstein

Kr. Riesa, Sachsen

Grundriß in: Kunstdkm. v. Sachsen, Bd. 41, S. 204.

Die Burg geht auf eine Gründung König Heinrichs I. zurück. Im barocken Schloß kann man außer den Bergfried auch die 1,5 – 2,1 m starke Ringmauer erkennen. Der Bergfried mit 8,5 m Seitenlänge hat bis 2,5 m starke Mauern.

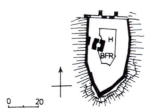

Hochbarr = Hohenbarr

Hochberg

Gde. Remseck-H..., Kr. Ludwigsburg, Baden-Württemberg

Grundriß in: Pfefferkorn, Bd. 2.

Im Schloß von 1600 steckt der Kern aus dem 13. Jh. mit 1,4 m Mauerstärke.

Hochburg – Hachberg

Gde. Emmendingen (Kr.)-H..., Baden-Württemberg

Grundriß in: Kunstdkm. v. Baden, Bd. 6.1, S. 212; Burgen u. Schlösser 1978-I; Burgen im südl. Baden, S. 36.

Die mächtige Burg-Festung ist in vier Bauperioden entstanden. Der Ursprung ist staufisch um 1220, die Hochburg mit den 2 Bergfrieden ist in Teilen aus dieser Zeit. Der 2. Periode im 14. Jh. gehören Teile der Unterburg in unmittelbarer Nähe der Kernburg an. In der 3. Periode wird die den Burgberg dreiseitig umgebende Unterburg beendet. Die 4. Periode verändert Hochburg in eine Renaissance-Festung, die schließlich im 17. Jh. im Vaubanstil vergrößert wird (hier nicht dargestellt). 1689 haben Franzosen die Burg zerstört. Der Bergfried hat 8 m Seitenlänge mit Wandstärken von 2,2 – 2,7 m.

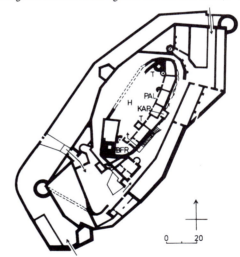

Hochdorf, Schlößlisberg

Gde. Ebingen-Dächingen, Alb-Donau-Kr., Baden-Württemberg

Grundriß in: Schmitt, Bd. 2, S. 126.

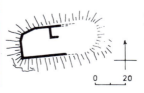

1273 werden »miles de Hochdorf« urkundlich genannt. 1378 wird die Burg durch Ulm zerstört. Ihre Reste mit Mauerstärken von 1,4 m wurden ausgegraben.

Hoch Egisheim, Hoh Egisheim

Gde. Egisheim, Ct. Wintzenheim, Haut-Rhin, Frankreich

Grundriß in: Kaltenbach Nr. X; Wolff, S. 130; Salch, S. 76; Hotz, Pfalzen, Z 45.

Diese Burgengruppe mit ihren drei Buckelquadertürmen bildet ein eindrucksvolles Ensemble. Die Burgen sind nacheinander entstanden, die Angaben hierüber weichen voneinander ab. Wahlenburg und Weckmund sollen durch die Grafen v. Egisheim im 11. Jh. erbaut worden sein, Dagsburg nach dem Aussterben der Egisheimer 1144 in der 2. Hälfte des 12. Jh. durch die gleichnamigen Grafen, so nachzulesen bei Wolff. Kaltenbach bringt Wahlenburg ins 11. Jh., Dagsburg ins 12. Jh. und Weckmund ins 13. Jh. Die beiden großen Burgen sind im Mittelalter ausgebaut worden. 1466 sind alle drei als Raubnester von den Städten Türkheim u. Kaysersberg eingenommen und zerstört worden. Die Ringmauern sind 1,0–1,5 m stark, teilweise in Buckelquadertechnik. Die Bergfriede haben folgende Dimensionen:

Dagsburg: 12 × 12 m, 3,2 m Mauer, Höhe 25 m, Eingang + 12 m.
Wahlenbg.: 8,5 × 8,5 m, 2,2 m Mauer, Höhe 20 m Eingang + 10 m.
Weckmund: 9 × 9 m, 2,5 m Mauer, Höhe 20 m, Eingang + 12 m.

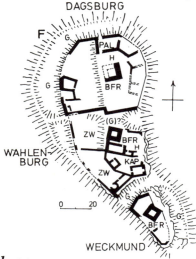

Hocheppan

Gde. Eppan, Unteretsch, Südtirol, Italien

Grundriß in: Ebhardt I, Abb. 701; Weing.-Bozen, 10; Weing.-Hörm., S. 343; Burgen u. Schlösser, 1979-I; Piper, Österr., Bd. 8, S. 36.

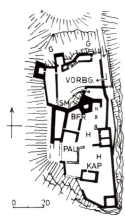

Die Grafen v. Eppan sind ab 1116 urkundlich genannt. Ihre Stammburg ist zwischen 1120 und 1130 erbaut worden, die Kapelle ist 1131 erwähnt. Die Burg wurde im 13. und 14. Jh. aus- und umgebaut. Im 15. Jh. entstand die Vorburg, die im 16. Jh. verstärkt wurde. Die Ringmauern der Kernburg sind mit rd. 1 m Stärke relativ schwach, die Schildmauer ist 2 m stark. Die Form des Bergfrieds ist im Alpenraum selten. Seine Maximalmaße sind 10,5 × 12,5 m. Er ist 24 m hoch, sein Einstieg liegt 10 m über dem Burghof.

Hochfluh

Gde. Bachs, Bz. Bülach, Zürich, Schweiz

Grundriß in: Lukas Högel, »Burgen im Fels«.

Die Grottenburg aus dem 12. Jh. hat eine 1,8 m starke Abschlußmauer.

Hochhaus

Gde. Edersheim-Hürnheim, Donau-Ries-Kr., Bayern

Grundriß in: Kunstdkm. v. Bayern, Schwaben, Bd. 1, S. 205.

Die Burg ist 1225 begonnen worden. Sie wurde bis zum Ende des 16. Jh. ausgebaut. Nach 1749 ist sie verfallen.

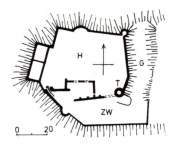

Hochjuvalt

Gde. Rothenbrunn, Bz. Heinzenberg, Kt. Graubünden, Schweiz

Grundriß in: Poeschel, S. 182; Clavadetscher, S. 128.

Die Herren v. Juval werden 1140 als Dienstmannen von Chur urkundlich erwähnt. Der Wohnturm ist wohl im 12. Jh. entstanden, 1451 wurde die Burg in der Schamserfehde zerstört. Der Wohnturm mit 8,5 × 10 m Seitenlängen und 1,5 m Mauerstärke besitzt 4 Stockwerke.

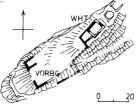

Hochkraig, Altkraig

Gde. Grassen, Bz. St. Veit, Kärnten, Österreich

Grundriß in: Dehio, Kärnten, S. 187; Piper, Österr., Bd. 4, S. 87; Kohla, S. 164.

Hochkraig liegt 300 m von Niederkraig → entfernt und war wohl ein Vorwerk der Hauptburg Niederkraig. Der Turm mit der Ringmauer ist im 13. Jh. entstanden, die weiteren Gebäude erst im

14. Jh. Der Turm mit 5,75 × 6,25 m Grundfläche ist für einen Wohnturm zu klein, bis zum 14. Jh. kann Hochkraig demnach nicht dauerhaft bewohnt gewesen sein. Der spitzbogige Eingang zum Turm liegt 6 m hoch.

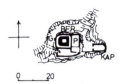

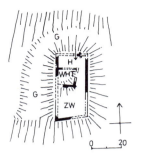

Hochnaturns = Naturns

Hochrialt = Hochrätien

Hochosterwitz

Bz. St. Veit, Kärnten, Österreich

Grundriß in: Kohla, S. 126; Ebhardt, Abb. 682; Dehio, Kärnten, S. 233.

Ursprünglich hieß Osterwitz »Astaruuiza«, so genannt in einer Urkunde Ludwigs d. Deutschen 860, später »Ostarwiza«, wohl von slaw. ostrovica = steiler Berg.
Der 160 m hohe Kegel war ideal für eine Burg geeignet. Um 1060 taucht der Name Osterwitz als Bezeichnung des auf dem Berg sitzenden Zweiges der Grafen v. Spanheim urkundlich auf. Seit 1571 gehört die Feste den Grafen Khevenhüller. Von der Burg des 12. Jh. sind nur Reste im heutigen Schloßbau enthalten, z. B. die Kapelle, bezeugt 1321. Im wesentlichen wurde Hochosterwitz im 16. Jh. in seine heutige Form gebracht; auch die insgesamt 16 Tore stammen überwiegend aus dem 16. Jh.

Hochwald – Hukwaldy

Bz. Friedeck – Frydek, Nordmähren, Tschechische Republik

Grundriß in: Piper, Österr., Bd. 3, S. 80.

1234 wird »Arno comes de Hukchswage« urkundlich als Besitzer genannt. Die Burg wurde im 15. und 16. Jh. erweitert und fiel im 18. Jh. einem Brand zum Opfer. Die Ringmauer der Kernburg ist 2,5 m dick.

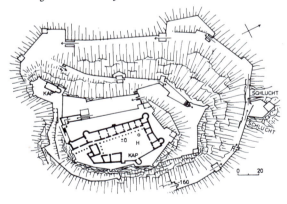

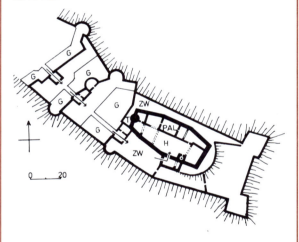

Hodenhagen

Kr. Soltau-Fallingbostel, Niedersachsen

Angabe in: Kunstdkm. u. Altertümer im Hannoverschen, Bd. IV, S. 97.

Der Bergfried von 1244 ist der Rest einer Burg.

Hochperwarth

Gde. Randegg, Bz. Scheibbs, Niederösterr., Österreich

Grundriß in: Burgen im Bz. Scheibbs, S. 120.

Die fast rechteckige Burg entstand zwischen 1200 und 1250. Die »Veste Perwarth« wird 1331 urkundlich erwähnt. 1410 wird sie zerstört und wiederaufgebaut; ab Mitte des 16. Jh. ist sie verfallen. Der große Wohnturm hat eine Grundfläche von ca. 13 × 14 m, die Wandstärke variiert von 1,0 – 1,8 m. Der Innenraum ist mit 100 m² recht groß.

Höchberg = Heuberg

Höchhus

Gde. Küsnacht, Bz. Meilen, Kt. Zürich, Schweiz

Angabe in: Meyer, Bd. 5, S. 58.

Ein Wohnturm, vielleicht aus dem 13. Jh., in einem Wohnhaus eingebaut.

Höchhus

Gde. Thalwil, Bz. Horgen, Kt. Zürich, Schweiz

Grundriß in: Hartmann, S. 79.

Ein mittelalterlicher Wohnturm mit geringen Mauerstärken in einem Wohnhaus eingebaut.

Höchst

Frankfurt a. M.-Höchst, Hessen

Grundriß in: Burgen u. Schlösser, 1984-I.

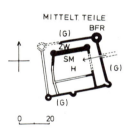

Die innere Ringmauer wurde im 13. Jh. erbaut, die äußere ist sicher später hinzugefügt. Von dieser mittelalterlichen Wasserburg sind Teile in das Wasserschloß vom Ende des 16. Jh. eingebaut worden. Die Schildmauer ist 3,0 m, die Ringmauer 1,5 m stark. Der 20 m hohe Bergfried hat 6,5 m Durchmesser, 2,2 m Mauerstärke, 3 Stockwerke und einen Eingang in 12 m Höhe.

Höchstädt

Kr. Dillingen, Bayern

Grundriß in: Kunstdkm. v. Bayern, Schwaben, Bd. 6.

Ein Bergfried von 1292 als Burgrest.

Höhenstein

Kr. Straubing-Bogen, Bayern

Angabe in: Kunstdkm. v. Bayern, Niederbay., Bd. 20, S. 152.

Rest eines mittelalterlichen Wohnturms mit 10 m Seitenlänge, der Eingang liegt im 1. Obergeschoß.

Hölnstein, Holstein

Gde. Stetten, Kr. Balingen, Baden-Württemberg

Grundriß in: Kunstdkm. v. Hohenzollern, S. 171; Zingeler/Buck, S. 96.

1274 wird die Burg urkundlich genannt, seit dem 16. Jh. ist sie Ruine.

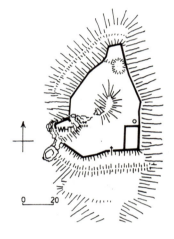

Hörtenberg

Gde. Pfaffenhofen, Bz. Telfs, Tirol, Österreich

Grundriß in: Trapp, Bd. 7, S. 381.

1239 werden »comes de Hertenberg« urkundlich genannt. Entstanden ist ihre Burg zu Beginn des 13. Jh., 1707 wurde sie durch einen Brand zerstört. Der Bergfried mit 9×9 m Grundfläche und 2,5 m dicken Mauern hatte 5 Stockwerke, der Eingang liegt 6,5 m hoch.

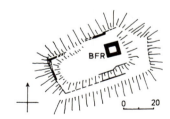

Hötensleben

Kr. Oschersleben, Sachsen-Anhalt

Grundriß in: Ebhardt I, Abb. 442.

Ebhardt gibt den Grundriß einer mittelalterlichen Wasserburg ohne Maßstab wieder. Der Bergfried soll romanisch, der Palas gotisch sein.

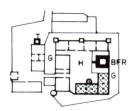

Hof am Regen
Gde. Nittenau-H., Kr. Schwandorf, Bayern

Grundriß in: Kunstdkm. v. Bayern, Oberpfalz, Bd. 1, S. 55; Pfistermeister, S. 35.

Der Grundriß stammt von 1743. Die Hofer werden 1185 urkundlich erwähnt. Im Zentrum steht der Kapellen-Wohnturm von 7,2 × 14,2 m mit etwas über 1,5 m starken Mauern, oberhalb der Kapelle liegen 2 Wohngeschosse, die Gesamthöhe beträgt 15 m.

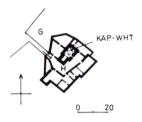

Hofburg
Gde. Greding-Obermässing, Kr. Roth, Bayern

Grundriß in: Kunstdkm. v. Bayern, Mittelfrk., Bd. 3, S. 178.

Die Burg mit dem ziemlich selten vorkommenden fünfeckigen Grundriß wird 1281 urkundlich genannt. Die Wohngebäude stammen aus dem 13. Jh. Die Ringmauer ist erst aus dem 14. Jh. Im 19. Jh. ist Hofburg verfallen.

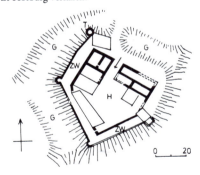

Hof Burgfrey, Burgfrei
Gde. Mechernich, Kr. Euskirchen, Nordrhein-Westfalen

Grundriß in: Kunstdkm. v. Rheinprov., Bd. 11.2, S. 265; Herzog, S. 191.

Ruine eines mittelalterlichen Wohnturmes mit dem Rest einer Ringmauer. Der Turm ist 10 × 11,5 m groß, die Mauern sind 1,2 und 2,2 m stark.

Hofeck
Hof (Kr.), Bayern

Grundriß in: Karl Bedal, »Schloß Hofeck«, in Kulturwerte, 20. Jhg., 1979, Nr. 9.

1250 wird »Murringhof« erstmals erwähnt. 1388 wird die kleine Burg zerstört und wiederaufgebaut. Sie ist nach Form und Größe dem nahen Gattendorf → recht ähnlich.

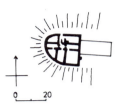

Hofen
Stuttgart, Baden-Württemberg

Grundriß in: Antonow, SWD, S. 174; Kunstdkm. v. Württbg., Neckarkr.-Tafelband.

Entstanden ist die kleine Kastellburg in Randlage zwischen 1250 und 1275. Zerstört wurde sie im Dreißigjährigen Krieg und im 19. Jh. teilweise abgebrochen. Die 8 m hohe Schildmauer ist 2,5 m stark, die Ringmauer rd. 2,0 m. Der Bergfried von 6,5 m Seitenlänge ist 13 m hoch.

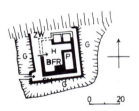

Hofen
Gde. Grabenstetten, Kr. Reutlingen, Baden-Württemberg

Grundriß in: Schmitt, Bd. 4, S. 156.

Von 1275 – 1442 war die Burg im Besitz der Familie Schwenlin v. Hofen. Ende des 15. Jh. ist sie verfallen und 1553 als Ruine genannt. Neben dem Tor stand vielleicht der Bergfried.

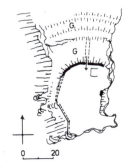

Hofheim
Main-Taunus-Kr., Hessen

Grundriß in: Kunstdkm. im Reg.-Bz. Wiesbaden, Bd. 2, S. 44.

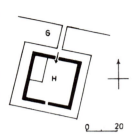

Der jetzige Gutshof ist der Rest einer mittelalterlichen Wasserburg, die anstelle eines römischen Kastells errichtet worden sein soll. Sie hat 2,3 m Mauerstärke. Römische Reste sind nicht vorhanden.

Hofmark
Gde. Perchtoldsdorf, Bz. Mödling, Niederösterr., Österreich

Grundriß in: Burgen u. Schlösser in Niederösterr., Bd. 2, S. 99.

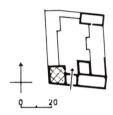

Die Stadtburg aus dem 13. Jh. ist heute, verbaut in Häusern, nur noch teilweise erkennbar.

Hofstetten
Gde. Hilzhofen-H..., Kr. Eichstätt, Bayern

Grundriß in: Kunstdkm. v. Bayern, Mittelfrk., Bd. 2, S. 132.

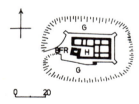

Der Adel zur Burg wird 1122 urkundlich genannt. Man darf annehmen, daß die kleine Wasserburg im 12. Jh. erbaut wurde, ihr heutiges Äußeres verdankt sie einem Umbau v. 1694. Der Bergfried hat 6,5 m Seitenlänge und 2 m dicke Mauern.

Hohandlau = Andlau

Hohe allzunah = Schadewald

Hoh Eckerich
Gde. Kl. Rumbach, Ct. Ste. Marie aux Mines, Haut-Rhin, Frankreich

Grundriß in: Wolff, S. 126; Salch, S. 130.

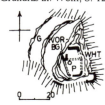

Die Anlage auf einem Felsturm ist um 1250 erbaut worden, urkundlich erwähnt wurde sie 1284, im 16. Jh. ist sie verfallen. Der Wohnturm hat maximale Maße von 7 × 9,5 m.

Hohenack, Honack
Gde. Zell, Labroche, Ct. Lapoutroie, Haut-Rhin, Frankreich

Grundriß in: Ebhardt I, Abb. 387; Hotz, Pfalzen, Z 70; Kaltenbach Nr. XVI; Wolff, S. 133; Salch, S. 133.

Genannt wird Hohenack schon im 11. Jh., die heutige Burg stammt allerdings aus dem 13. Jh. 1655 wird die mächtige Burg durch Franzosen zerstört. Ihre Ringmauer ist 2,5 m stark und rd. 15 m hoch. Der Bergfried mit 7,6 m Breite hat 2,2 m dicke Mauern.

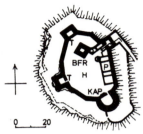

Hohenalfingen
Gde. Aalen (Kr.)-Oberalfingen, Baden-Württemberg

Grundriß in: Kunstdkm. v. Württbg., Jagstkr., S. 703.

Die Burg bildet eine Gruppe mit Niederalfingen →. Die »de Ahelivingen« werden um 1200 urkundlich genannt. Die Burg wurde im Dreißigjährigen Krieg zerstört. Ihre Ringmauer ist 2,0 m stark. Der Bergfried mit 9 m Seitenlänge hat 2,5 m dicke Mauern.

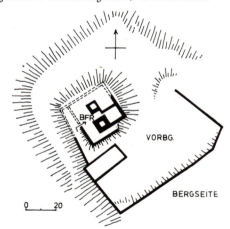

Hohenaschau
Gde. Aschau, Kr. Rosenheim, Bayern

Grundriß in: Kunstdkm. v. Oberbayern, S. 1608.

Der Bergfried und die Ringmauer des Schlosses von 1566 sind mittelalterlich. Der Bergfried hat 7,5 m Seitenlänge und einen Innenraum mit dem Radius von 4,5 m.

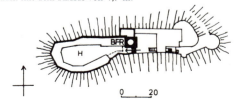

Hohenbaden

Gde. Baden-Baden (Kr.), Baden-Württemberg

Grundriß in: Kunstdkm. v. Baden, Bd. 9, S. 282; Ebhardt I, Abb. 393; Antonow, SWD, S. 177; Batzer/Städele, S. 71; Naeher, S. 97; Burgen u. Schlösser in Mittelbaden, S. 105.

Die Kernburg wurde durch die Markgrafen Hermann II. und III. zwischen 1120 und 1190 erbaut. Unter Bernhard I. wurde 1388 bei der Teilung der Burg der mächtige Bernhardsbau mit 3,6 – 3,8 m starken Mauern und ursprünglich 4 Stockwerken erbaut – als Residenz eines gräflichen Zweiges. Die Wohnbauten im Osten und die Kapelle entstanden unter Jacob I. 1431 – 1453. Die Vorburg wurde Ende des 15. Jh. hinzugefügt. Im 16. Jh. wird die Burg aufgegeben. Der Bergfried an der höchsten Stelle hat rd. 7,2 m Seitenlänge und 1,6 m starke Mauern. Sein Eingang liegt rd. 3 m hoch, die Höhe ist 16 m.

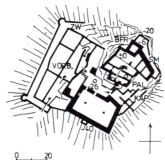

Hohenbalken

Gde. Müstair, Bz. Münstertal, Kt. Graubünden, Schweiz

Grundriß in: Poeschel, S. 303; Clavadetscher, S. 269.

Für diese Burg sind Daten nicht bekannt. Der Wohnturm mißt 8 m Breite und rd. 10 m maximale Länge mit 1,35 m Mauerstärke.

Hohenbalken

Gde. Somvix, Bz. Vorderrhein, Kt. Graubünden, Schweiz

Grundriß in: Poeschel, S. 244; Clavadetscher, S. 349.

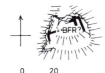

Auch für diese Burg sind keine Daten bekannt. Die Mauern sind rd. 1,5 m stark.

Hohenbarr, Hohbarr, Hochbarr

Gde. Saverne (Ct.), Bas-Rhin, Frankreich

Grundriß in: Inventaire Géneral de France Saverne; Kaltenbach, Nr. VII; Wolff, S. 124; Salch.

Die Anlage besteht aus 2 Burgen auf 3 Felstürmen. Am ältesten sind die beiden wohnturmartigen Palasgebäude, die wahrscheinlich zu der 1123 genannten Burg gehören. Die Burgen wurden über die Jahrhunderte ausgebaut und erhielten eine gemeinsame Vorburg, die auch die romanische Kapelle einschloß. 1583 wurden sie weiter verstärkt. 1744 wurden sie aufgegeben u. verfielen. Der dargestellte Grundriß ist aus dem Inventaire abgezeichnet.

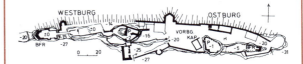

Hohenbeilstein = Beilstein

Hohenberg

Kr. Wunsiedel, Bayern

Grundriß in: Bayrische Kunstdkm., Selb, S. 24.

1222 wird »Berchtoldus de Honberg« urkundlich genannt. Gegründet wurde die Burg wohl um 1200, ihre heutige Gestalt hat sie jedoch erst im späten Mittelalter erhalten. Die Wohnbauten stammen aus dem 16. Jh.

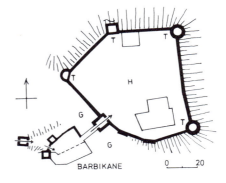

Hohenberg

Bz. Lilienfeld, Niederösterr., Österreich

Grundriß in: Burgen u. Schlösser in Niederösterr., Bd. II/3, S. 14.

1177 wird »Oulrich de Hohenperge« urkundlich genannt. Die Burg entstand mit dem recht kleinen Kern noch im 12. Jh. und wurde zweimal vergrößert. 1626 wurde sie zerstört. Die Ringmauer ist 1,2 m stark.

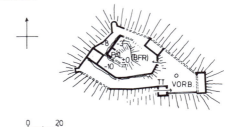

Hohenberneck, Berneck

Gde. Bad Berneck, Kr. Bayreuth, Bayern

Grundriß nach Aufnahme F.-W. Krahe, 1984.

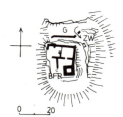

Gegründet wurde die Burg 1168. 1251 kam sie in den Besitz der Burggrafen v. Nürnberg. Um 1500 wurde sie zerstört und wiederaufgebaut. Seit 1737 ist sie verfallen. Der Bergfried hat 6 m Seitenlänge.

Hohenbodman

Gde. Owingen, Kr. Friedrichshafen, Baden-Württemberg

Grundriß in: Archiv d. Deutschen Burgenvereinig.

Von der 1642 zerstörten Höhenburg, die um 1100 begonnen wurde, ist nur der Bergfried übrig geblieben.

Hohenbregenz, Pfannenberg

Gde. Bregenz (Bz.), Vorarlberg, Österreich

Grundriß in: Ulmer, S. 69; Piper, Österr., Bd. 8; Huber, S. 56.

Der dargestellte Grundriß, bei Huber veröffentlicht, beruht auf der Aufnahme von Paula Büchele 1960. Die Grafen v. Bregenz haben 1079 die Burg erbaut. Eine Vorgängerburg wurde damals zerstört. Die untere Ringmauer ist im 14. Jh. entstanden. Im 15. Jh. wurde die Burg noch einmal erneuert. 1647 wurde sie durch Schweden zerstört. Der Brunnen ist 36 m tief. Die Schildmauer ist 2,0 m stark, die Ringmauer sonst 1,5 m.

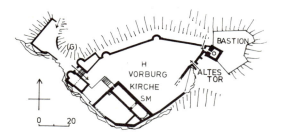

Hohenburg

Gde. Wingen, Ct. Wissembourg, Bas-Rhin, Frankreich

Grundriß in: Kaltenbach, Nr. XV; Wolff, S. 137; Salch, S. 147.

Gegründet wurde die Burg im 13. Jh. Auf dem Felskopf stand damals vermutlich ein Bergfried. Die Torbastion ist von 1523. 1680 wurde Hohenburg durch Franzosen zerstört.

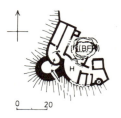

Hohenburg

Gde. Bissingen-Fronhofen, Kr. Dillingen, Bayern

Grundriß in: Kunstdkm. v. Bayern, Schwaben, Bd. 7, S. 270.

Der zur Burg gehörende Adel wird im 12. Jh. erwähnt. Sonst ist nichts bekannt. Der Rest der Kernburg könnte ein runder Bergfried gewesen sein.

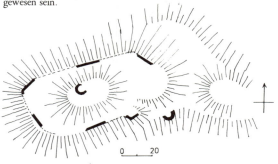

Hohenburg

Gde. Pusarnitz, Bz. Spittal a. d. Drau, Kärnten, Österreich

Grundriß in: Kohla, S. 130; Burgen u. Schlösser in Kärnten, Bd. 3, S. 73.

Urkundlich erwähnt wird die Burg erstmals 1142 als Ministerialensitz. 1283 wird Konrad Hurting v. Hohenberg genannt. Zerstört wurde die Burg vielleicht Mitte des 15. Jh. Erhaltene Mauern sind bis 2 m stark.

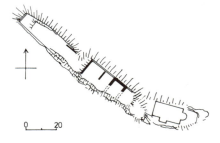

Hohenburg

Kr. Amberg-Sulzbach, Bayern

Grundriß in: Kunstdkm. v. Bayern, Oberpfalz, Bd. 4, S. 126.

Die Burg wurde vermutlich 1230–1250 erbaut, vielleicht war sie die Burg des Minnesängers Markgraf v. Hohenberg, der von 1230–1256 bezeugt ist. Sie wurde bis ins 16. Jh. ausgebaut; 1812 hat man sie teilweise abgebrochen. Der Bergfried hat 7,5 m Seitenlänge und den seltenen runden Innenraum mit 4 m Durchmesser.

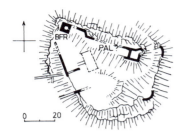

Hohenburg

Gde. Igls, Bz. Innsbruck, Tirol, Österreich

Grundriß in: Trapp, Bd. 6, S. 135.

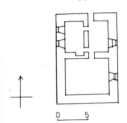

Das feste Haus auf einem Hügel wurde im 13. Jh. erbaut. 1311 wird ein Hohenburger urkundlich genannt. Im 17. Jh. ist das Haus unbewohnbar; es wird 1877 als Sommersitz behutsam wiederaufgebaut.

Hohenburg

Gde. Lenggries, Kr. Bad Tölz, Bayern

Grundriß in: Kunstdkm. v. Oberbayern, S. 42.

Von der vielleicht Ende des 12. Jh. entstandenen und 1707 zerstörten Burg ist nur noch ein Rest des Bergfrieds erhalten.

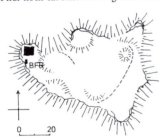

Hohenburg = Rosenburg

Hoheneck

Gde. Markt Ipsheim, Kr. Neustadt a. d. Aisch, Bayern

Grundriß in: Burgwart, 1941, S. 16.

1132 werden Herren v. Hoheneck urkundlich erwähnt. Die romanische Burg wurde 1381 und 1491 zerstört und wieder aufgebaut. Die Burg wurde 1870 abgebrochen, aber 1920 rekonstruiert.

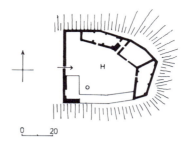

Hoheneck

Gde. Ludwigsburg (Kr.)-H..., Baden-Württemberg

Grundriß in: Blätter d. Württembg. Schwarzwaldvereins, April 1931.

Der Adel zur Burg wird erstmals im 13. Jh. erwähnt. Die Burg muß in diesem Jahrhundert entstanden sein. Sie wurde 1693 durch Franzosen zerstört. Die Ringmauer von 1,2 m Dicke wird im NW bis 2,9 m verstärkt. Der Bergfried von 7 × 10 m hat etwas über 1,6 m starkes Mauerwerk. Seit dem 18. Jh. ist Hoheneck Schloß.

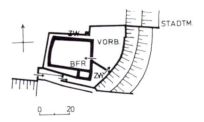

Hohenecken

Gde. Kaiserslautern (Kr.)-H..., Rheinland-Pfalz

Grundriß in: Dehio, Rheinld.-Pf., S. 340; Kunstdkm. v. Bayern-Pfalz, Bd. 9, S. 236; Baudkm. d. Pfalz, Bd. 3, S. 13; Hotz, Pfalzen, Z 73; Burgen u. Schlösser in d. Pfalz, Abb. 9.

Erbaut wurden Bergfried und Ringmauer in der 1. Hälfte des 13. Jh. 1525 wurde die Burg zerstört und wiederaufgebaut. 1669 wurde sie durch Franzosen zerstört. Schildmauer und Bergfried zeigen Buckelquader. Die 3,0 m dicke Schildmauer ist über 11 m hoch. Der Bergfried mit 9 × 10,5 m (max.) ist 21 m hoch. Die Vorburg benutzt einen Felsen als Schildmauer.

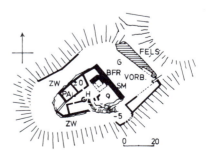

Hohenegg

Gde. Hafnerburg, Bz. St. Pölten, Niederösterr., Österreich

Grundriß in: Ebhardt I, Abb. 657; Burgen u. Schlösser v. Niederösterr., Bd. II/2, S. 39; Piper, Österr., Bd. 5, S. 37.

Der ursprüngliche Name der Burg war Stein. Als solche wird sie 1150 urkundlich genannt. 1584 wird die Burg nach ihrer Zerstörung erneuert, im 19. Jh. ist sie verfallen. Ihre Schildmauer ist 3,0 m, die Ringmauer 1,5 m stark.

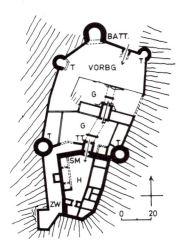

Hohenems = Altems

Hohenerpfingen

Gde. Sonnenbühl-Erpfingen, Kr. Reutlingen, Baden-Württemberg

Grundriß in: Schmitt, Bd. 5, S. 39.

Erbaut wurde die Burg zwischen 1100 und 1150. Aufgegeben wurde sie 1385. Sie kann nicht sehr umfangreich gewesen sein. Der Wohnturm bot wenig Wohnfläche.

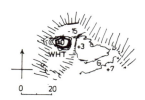

Hoheneybach

Gde. Geislingen-Eybach, Kr. Göppingen, Baden-Württemberg

Grundriß in: Kunstdkm. v. Württbg., Geislingen, S. 117; Schmitt, Bd. 1, S. 226.

Heinrich v. Eybach wird 1265 urkundlich genannt. Nach 1711 ist die Burg verlassen worden. Der gezeigte Grundriß stammt aus den Kunstdkm. Nach Schmitt sind nur noch wenige Reste erhalten.

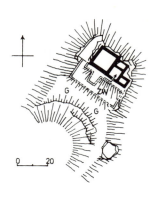

Hohenfels

Gde. Dambach, Ct. Niederbronn, Bas-Rhin, Frankreich

Grundriß in: Dictionnaire des Chateaux du Moyen Age en France, S. 405.

Von der Felsenburg, die 1293 gegründet und 1677 durch Franzosen zerstört wurde, sind sowohl von der Oberburg wie der Vorburg wenig Reste erhalten.

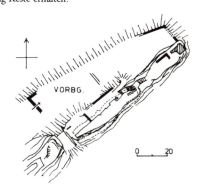

Hohenfels

Kr. Konstanz, Baden-Württemberg

Grundriß in: Kunstdkm. v. Hohenzollern, Bd. 2, S. 204.
Erwähnt wird die Burg 1295 als neues Schloß. Die heutige Anlage ist um 1500 entstanden, nach einem Brand 1553 wird die Burg erneuert. Umgebaut wird sie wiederum 1642 und 1730.

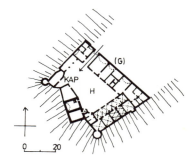

Hohenfels

Gde. Sipplingen, Kr. Friedrichshafen, Baden-Württemberg

Grundriß nach Aufnahme F.-W. Krahe, 1991.

Die Burg war der Wohnsitz des gleichnamigen Minnesängers Burkhard, der 1212–1242 bezeugt ist. Die Burg müßte also um 1200 entstanden sein. Der Wohnturm hat Dimensionen von ca. 10×12 m und war nach SO abgerundet.

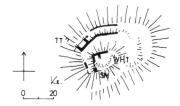

Hohenfels

Gde. Imsbach, Donnersbergkr. Rheinland-Pfalz

Grundriß in: Burgen d. Salierzeit, Bd. 2, S. 171.

Begonnen wurde die Burg Mitte des 12. Jh., vergrößert wurde sie im 12. Jh., der Palas und die Ringmauer der Kernburg sind wohl noch salisch. 1932 wurden die Reste ausgegraben. Der Bergfried ist 10 m breit mit rd. 1,8 m Mauerstärke, vom Volumen hätte er ein Wohnturm sein können. Auch die Ringmauer ist 1,8 m stark.

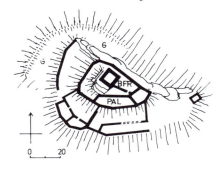

Hohenfels

Kr. Neumarkt Bayern

Grundriß in: Kunstdkm. v. Bayern, Oberpfalz, Bd. 4, S. 134.

Gegründet wurde die Burg Anfang des 12. Jh., zerstört wurde sie in der Mitte des 15. Jh., der Bergfried mit 8,8 m Seitenlänge hat 2 m starke Wände.

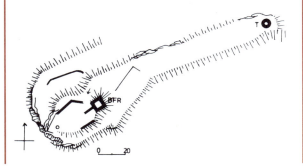

Hohenfreyberg

Gde. Eisenberg-Zell, Kr. Füssen, Bayern

Grundriß in: Bayrische Kunstdkm., Füssen, S. 182; Nessler, Bd. 2, S. 234.

Die Burg wurde auf Resten einer älteren Anlage 1418 neuerbaut, sie ist einheitlich spätgotisch. Im Dreißigjähr. Krieg wurde sie zerstört. Der Bergfried hat 10×11 m Grundfläche.

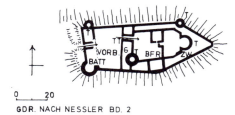

Hohengenkingen

Gde. Sonnenbühl-Genkingen, Kr. Reutlingen, Baden-Württemberg

Grundriß in: Blätter d. Schwäb. Albvereins, 1907-12, S. 339.

Die Burg wurde vielleicht 1311 zerstört, sonst ist nichts bekannt. Der Wohnturm hat ca. 12×13,5 m Hauptmaße mit 1,3 bis 1,8 m Wandstärken.

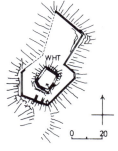

Hohengerhausen, Rusenschloß

Gde. Blaubeuern, Alb-Donau-Kr., Baden-Württemberg

Grundriß in: Kunstdkm. v. Württbg., Donaukr., S. 396; Schmitt, Bd. 2, S. 55.

Die Kernburg in Buckelquadern wurde Anfang des 13. Jh. in eine Felslandschaft hineingebaut. Zwinger und Vorburg sind jünger. 1632 wurde die Burg zerstört. Der Wohnturm hat 9,5×16 m (max.) Grundfläche und 1,1–1,6 m starke Mauern.

Hohengeroldseck

Gde. Seelbach-Schönberg, Kr. Offenburg, Baden-Württemberg

Grundriß in: Piper, Fig. 617; Batzer-Städele, S. 357; Burgen und Schlösser in Mittelbaden, S. 325; Burgen im südl. Baden, S. 42.

Die oft behauptete frühe Gründung der Burg, etwa in karolingischer Zeit, gehört ins Reich der Fabel. 1139 erscheint das »castrum Geroltesheck« in einer päpstlichen Urkunde. Die heutige Anlage ist staufisch, etwa aus der Mitte des 13. Jh. Sie wurde 1689 durch Franzosen zerstört und um 1900 gesichert. Die beiden Palasgebäude besitzen 4 Stockwerke, sind also beinahe Wohntürme, die Ringmauer ist 2,1 m stark.

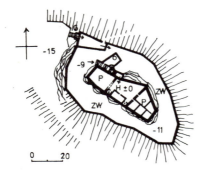

Hohengundelfingen

Gde. Münsingen-Gundelfingen, Baden-Württemberg

Grundriß in: Führer durch die Burg v. 1966; Schmitt, Bd. 2, S. 188.

1236 wird die Burg urkundlich genannt, sie ist demnach nach 1200 entstanden. Zwischen 1377 und 1389 wurde sie zerstört. Sie liegt 800 m von Niedergundelfingen → entfernt. Der Buckelquaderbergfried hat 8,2 m Seitenlänge und 2,5 m Mauerstärke.

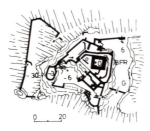

Hohengutenberg

Gde. Lenningen-Gutenberg, Kr. Esslingen, Baden-Württemberg

Grundriß in: Kunstdkm. v. Württgb., Donaukr., Kirchheim, S. 107.

Die Ruine liegt 400 m von Wuelstein → entfernt. 1305 wird die Burg erstmals genannt. 1583 wird sie durch Brand zerstört. Die Ringmauer ist 1,2 m dick.

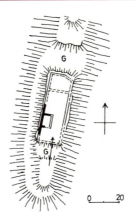

Hohenhardter Hof

Gde. Wiesloch, Rhein-Neckar-Kr., Baden-Württemberg

Grundriß in: Dieter Lutz »Turmburgen in Südwestdeutschland« in: La Maison forte au Moyen Age, S. 146.

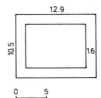

Mittelalterlicher Wohnturm, vielleicht aus dem 15. Jh.

Hohenhewen

Gde. Engen-Welschingen, Kr. Konstanz, Baden-Württemberg

Grundriß in: Burgen im südl. Baden, S. 53; Kunstdkm. v. Baden, Bd. 1; Kiewat, S. 107.

1190 wird die Burg als Sitz der Freiherren v. Hewen erwähnt. 1639 haben Bayern sie zerstört.

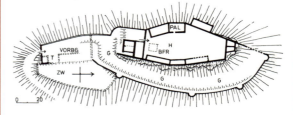

Hohenjungingen = Affenschmalz

Hohenjustingen

Gde. Schelklingen-H..., Alb-Donau-Kr., Baden-Württemberg

Grundriß in: Archiv d. Deutsch. Burgenv.; Schmitt, Bd 2, S. 103.

Die Burg wird 1216 erstmals urkundlich erwähnt. 1235 wird sie nach einer Zerstörung wiederhergestellt. 1540 wird sie auf den alten Buckelquadermauern als Schloß gebaut. 1834/35 wird die Burg abgebrochen.

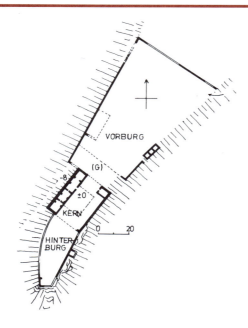

Hohenkarpfen

Gde. Gunningen, Kr. Tuttlingen, Baden-Württemberg

Grundriß in: Streng, S. 88.

Vor 100 Jahren waren von der Burg noch bedeutende Reste erhalten, von denen faktisch nichts mehr vorhanden ist. »De Calphen« werden schon um 1050 erwähnt. Ursprünglich war der Berg eine Kultstätte. Die Steinburg dürfte wohl nicht vor dem 12. Jh. erbaut worden sein. Zerstört wurde die Burg 1634. Der Bergfried hatte ca. 8 m Durchmesser mit 2 m dicken Mauern, der Wohnturm von 11,5 m Seitenlänge hatte ca. 1,75 m starke Mauern.

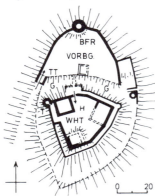

Hohenklingen

Gde. Stein am Rhein, Kt. Schaffhausen, Schweiz

Grundriß in: Meyer-Widmer, S. 278; Kunstdkm. d. Schweiz, Schaffhsn., Bd. 2, S. 309; Schuchhardt, S. 313; Naeher, S. 84; Meyer, Bd. 5, S. 92.

Begonnen wurde die Burg durch die Zähringer um 1200, die Ringmauer wurde Mitte des 13. Jh. erbaut. Die Burg wurde von gleichnamigen Ministerialen bewohnt. Heute ist sie ein beliebtes Ausflugsziel mit Gaststätte und gut erhalten. Ein Walter v. Klingen war zwischen 1240 u. 1286 als Minnesänger bekannt. Der Wohnturm mit 4 Stockwerken in 20 m Gesamthöhe besaß einen rundbogigen Eingang in 8,5 m über dem Hof. Er hat 9,5 m Seitenlänge und 1,7 – 3 m dicke Mauern.

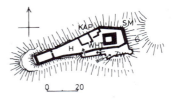

Hohenkrähen

Gde. Mühlhausen, Kr. Konstanz, Baden-Württemberg

Grundriß in: Burgen im südl. Baden, S. 56; Kiewat, S. 74.

Entstanden ist Hohenkrähen Ende des 12. Jh., Zwinger und Vorburg sind mit Sicherheit wesentlich später erbaut worden. 1512 wurde die Burg durch Frundsberg zerstört, aber wieder aufgebaut, 1632 wurde sie endgültig zerstört. Ihre Ringmauer ist ca. 2 m stark.

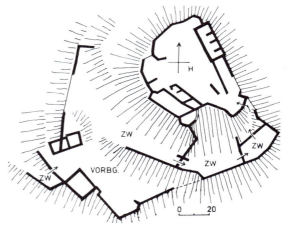

Hohenliebenfels = Liebenfels

Hohenliechtenstein = Vaduz

Hohenlimburg

Gde. Hagen (Kr.), Nordrhein-Westfalen

Grundriß in: E. Nordmar »Schloß Hohenlimburg«, Hagen 1960.

Gegründet wurde die Burg 1226. Sie ist häufig verändert worden, zuletzt im 18. Jh. durch Einbau eines barocken Wohngebäudes anstelle von Burgmannenhäusern. Der Bergfried mit 9,5 m Durchmesser hat 3 m starke Mauern, die Ringmauer ist bis zu 2,5 m stark (Osten).

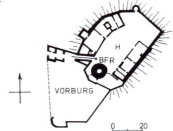

Hohenlupfen

Gde. Stühlingen, Kr. Waldshut-Tiengen, Baden-Württemberg

Grundriß in: Kunstdkm. v. Baden, B. 3, S. 22.

Die mittelalterliche Burg wurde 1620–1632 zu einem Schloß umgebaut. Von der Burg stammen der Bergfried und Teile der 1,2 m starken Ringmauer. 1499 wurde Hohenlupfen zerstört und wieder aufgebaut. Der Bergfried mit 7 m Seitenlänge erhielt später einen oktogonalen Aufsatz.

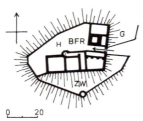

Hohennagold

Gde. Nagold, Kr. Calw, Baden-Württemberg

Grundriß in: Burgwart 1924.

Die Stammburg der Grafen v. Nagold besteht schon seit etwa 1000, die jetzige Burg ist allerdings erst Mitte des 13. Jh. entstanden. 1646 wurde sie zerstört und teilweise abgebrochen. Die 2,5 m starke Schildmauer ist 10 m hoch, der Bergfried mit knapp 7,5 m Durchmesser und 2,5 m Wandstärke überragt sie um 7 m. Sein Eingang liegt 9 m hoch.

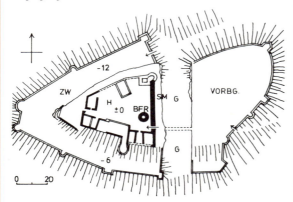

Hohenneuffen

Gde. Neuffen, Kr. Esslingen, Baden-Württemberg

Grundriß in: Kunstdkm. v. Württbg., Neckarkr., Nürtingen, S. 208; Burgwart, 1911, S. 49; Schmitt, Bd. 4, S. 191.

Angeblich stammen Teile aus dem 6. Jh., doch wird die Burg auf dem Bergklotz wohl erst um 1100 durch Mangold v. Sulmetingen-Neuffen gegründet. Die Schildmauer ist von 1170. 1212–1230 trifft man Bertold u. Heinrich v. Neuffen im Gefolge Kaiser Friedrichs II. Der Minnesänger Gotfried v. Neiffen, der von 1234–49 bezeugt ist, stammt vom Hohenneuffen. Seit 1301 ist die inzwischen verstärkte Burg württembergisch. 1525 belagern Bauernhaufen sie vergebens. 1534–1553 wird sie zur Landesfestung ausgebaut. 1635 muß Hohenneuffen nach 14 Monaten der Belagerung kapitulieren. Um 1800 wird die Festung aufgegeben.

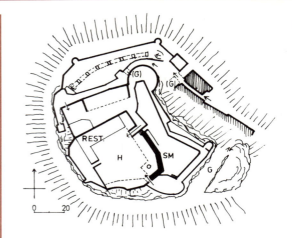

Hohenparkstein = Parkstein

Hohenpfirt = Pfirt

Hohenrätien, Hochrialt

Gde. Thusis, Bz. Heinzenberg, Kt. Graubünden, Schweiz

Grundriß in: Ebhardt I, Abb. 357; Clavadetscher, S. 143; Meyer, Bd. 3, S. 42.

Der Ursprung der Anlage ist vermutlich frühmittelalterlich, die Burg ist wohl erst im 12. Jh. entstanden. Im 15. Jh. wurde sie verlassen. Es gibt auf der Westseite so etwas wie einen Kernbreich. Die Burg besitzt, eine Seltenheit, 3 Wohntürme mit folgenden Dimensionen:
Wohnturm 1 ca. 9×9 m, 0,8 m Mauerstärke, 5 Stockwerke, ursprüngl. nur 2, Eingang 3 m hoch, Aborterker.
Wohnturm 2 ca. 8×8 m, 1,2 m Mauerstärke, 3 Stockwerke, Eingang 4 m hoch, Aborterker im 3. Stockw.
Wohnturm 3 ca. 8×8 m, ca. 1,0 m Mauerstärke, 3 Stockwerke.

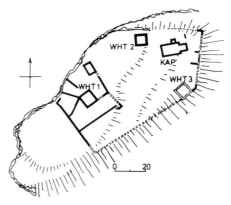

Hohenrain

Bz. Hochdorf, Kt. Luzern, Schweiz

Grundriß in: Kunstdkm. v. Schweiz, Luzern, Bd. 4, S. 175.

Das Wasserschloß Hohenrain war Johanniter-Komturei. Aus dem Mittelalter ist einzig ein Wohnturm mit 3 Stockwerken und 11 m Höhe erhalten, der um 1300 entstanden sein wird.

Hohenroden

Gde. Essingen, Kr. Aalen, Baden-Württemberg

Grundriß in: Kunstdkm. v. Württbg., Jagstkr., S. 704.

Das Schloß Hohenroden basiert auf einer Burg, die um die Mitte des 13. Jh. als Kastellburg erbaut wurde. Vor 1434 hieß die Burg Alt Roden.

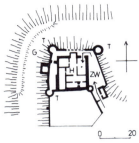

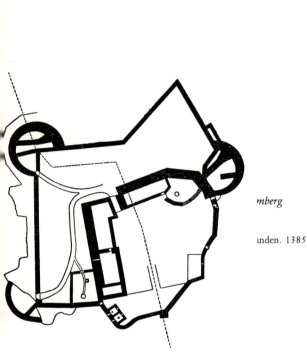

Hohenrupf

Gde. Lauterbachzell, Ct. Guebwiller, Frankreich

Grundriß in: Salch, S. 148.

Der Wohnturm wurde Mitte des 13. Jh. erbaut, seine Grundfläche ist 7,5 × 10,5 m mit etwas über 1 m starken Wänden.

Plan 4 *Hohenneuffen.* Die Burg mit starker Schildmauer erhielt im 15. Jh. einen Zwinger (im NO, im Plan oben), dieser wurde im 16. Jh. verstärkt, durch Aufschüttungen erweitert (im SO), steiler gemacht und durch 3 gewaltige Rundtürme, Geschütztürme mit Kasematten, gestützt. Im späten 16. Jh. weiter unterhalb noch eine Zwingermauer (nicht eingezeichnet). (Abb. 16, zu Text S. 88).

Hohensalzburg

Gde. Salzburg, Österreich

Grundriß in: Ebhardt I, Abb. 665; Dehio, Salzburg, S. 70; Hotz Z 124; Österr. Kunsttop., Bd. 13.

Den Kern der Feste stellt die auf den Fels aufgesetzte Bischofsburg dar, die 1077 gegründet wurde. Die Hauptbauten um diese herum sind 1465–1519 entstanden. Im 17.–19. Jh. wurde die Burg zur Feste, die 1861 aufgelassen wurde.

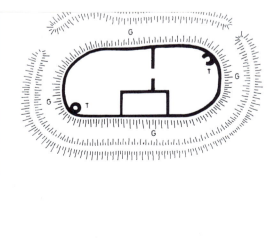

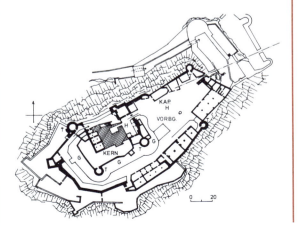

Hohensax

Gde. Sax, Bz. Werdenberg, Kt. St. Gallen, Schweiz

Grundriß in: Felder.

Die Familie v. Sax ist seit 1139 urkundlich bekannt. Aus ihr stammen die Minnesänger Heinrich (2. Hälfte 13. Jh.) und Eberhard (Anfang 14. Jh.). Die Burg wurde Anfang des 12. Jh. erbaut. Der Bergfried mit 10 m Seitenlänge und 2 m Wandstärke könnte auch ein Wohnturm gewesen sein.

Hohenschelklingen

Gde. Schelklingen, Alb-Donau-Kr., Baden-Württemberg

Grundriß in: Kunstdkm. v. Württgb., Donaukr., Blaubeuren, S. 113; Schmitt, Bd. 2, S. 82.

1127 wird »castro et villae Schälkalingen« urkundlich erstmals erwähnt, im Besitz gleichnamiger Adliger. Um 1530 ist die Burg schon nicht mehr bewohnbar, 1650 wird sie teilweise abgebrochen. Der Bergfried mißt 6,6 × 6,9 m mit 1,6 – 2,0 m starken Wänden, er hat einen rundbogigen Hocheingang und ist ein Gemisch aus Quadern und Buckelquadern.

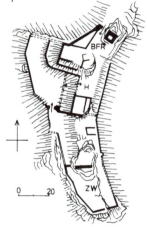

Hohenschwangau – Oberburg

Gde. Schwangau, Kr. Füssen, Bayern

Grundriß in: G. Baumgartner »Schloß Hohenschwangau«.

In der Nähe des bekannten Schlosses liegt auf steilem Fels die Doppelburg, bestehend aus einer vermutlichen Turm-Hof-Palas-Burg im Westen und einem ca. 13 m im Quadrat messenden Wohnturm im Osten. Der Adel zur Burg wird ab dem 11. Jh. erwähnt. Der Minnesänger Hiltbolt v. Schwangau, der 1221 – 1254 urkundlich bekannt ist, gehört zur Familie.

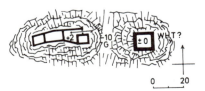

Hohenschwangau – Schloß

Gde. Schwangau, Kr. Füssen, Bayern

Grundriß in: G. Baumgartner »Schloß Hohenschwangau«

Der hier wiedergegebene Grundriß stammt aus dem Jahr 1753. Die Burg wurde 1832 auf Abbruch verkauft. Kronprinz Maximilian v. Bayern ließ sie durch Quaglio, Zieband und Lindenschmidt neogotisch auf der alten Basis wieder aufbauen. Vermutlich war die Oberburg älter und wurde zugunsten der Vorgänger-Burg des Schlosses aufgegeben.

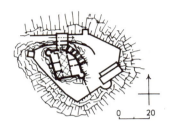

Hohensolms

Gde. Wetzlar, Lahn-Dill-Kr., Hessen

Grundriß nach Aufnahme d. evang. Kirche v. Nassau, 1967.

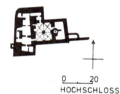

Das Hochschloß entstand wohl Mitte des 13. Jh., seine heutige Gestalt entstammt dem 15. Jh. Es ist der Rest der mittelalterlichen Burg der Grafen v. Solms.

Hohenstaufen

Gde. Göppingen (Kr.)-H..., Baden-Württemberg

Grundriß in: »Baden-Württembergs landeseigene Schlösser, Burgen und Ruinen.«; Schmitt, Bd. 1, S. 105.

Erbauer der Burg Friedrich v. Staufen (1047 – 1105), der 4. Sohn Friedrichs v. Büren – Herzog v. Schwaben – der sie um 1070 gründete, 1079 erhält er das Herzogtum Schwaben. Sein Sohn ist der spätere König Konrad III. Seit diesem machen die Staufer Weltgeschichte. Ab Mitte des 12. Jh. werden Dienstmannen auf die Burg gesetzt, die sich nun auch v. Staufen nennen. Die Burg wird im 12. Jh. um- und ausgebaut. 1360 wird die Burg durch Kaiser Karl IV. nach längerer Belagerung eingenommen. 1525 wird die Burg zerstört. Der Bergfried hat 10 m Seitenlänge. Teile der Burg zeigen Buckelquader-Mauerwerk.

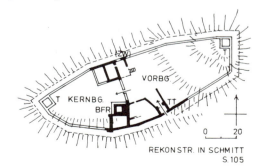

Hohenstein

Gde. Oberhaslach, Ct. Molsheim, Bas-Rhin, Frankreich

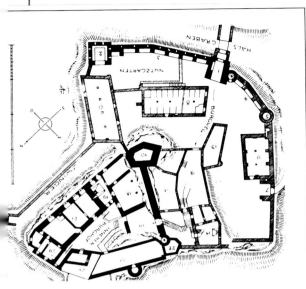

HOHENSTEIN. Ansicht (nach Dilich) und Grundriß aus etwa gleichem Blickwinkel (aus Kunze).

Grundriß in: Kunstdkm. im Reg.-Bz. Wiesbaden, Bd. 5, S. 176; Cohausen Nr. 188; Piper, Fig. 183.

»De Hoynstein« werden 1190 urkundlich erwähnt. Die Schildmauer – 15 m hoch und 2,5 m stark – wurde Ende des 12. Jh. erbaut und ist der Rest der Kernburg. Die untere Burg wurde zum Anfang des 15. Jh. hinzugebaut. 1647 wurde die Burg zerstört. Die Schildmauer mit zwei großen Flankierungstürmen (fünf- und sechseckig) ist eine äußerst seltene Form. Der Bergfried mit maximalen Maßen von 7,5 × 10 m ist 22 m hoch und hat seinen Eingang in 16 m Höhe, seine Mauer ist 1,5 m dick.

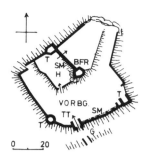

Hohenstein

Kr. Reutlingen, Baden-Württemberg

Grundriß in: Kunstdkm. v. Württbg., Donaukr., Münsingen, S. 123; Schmitt, Bd. 2, S. 305.

Erbaut wurde die Burg wohl im 12. Jh., 1408 wird sie verlassen und verfällt. Der Bergfried ist 6,8 × 8,05 m groß und hat 2,1 m starke Wände. Sein Eingang liegt 9 m hoch.

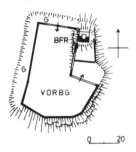

Hohenstein

Gde. Felling, Bz. Krems, Niederösterr., Österreich

Grundriß in: Sammlung Kreutzbruck.

Der Burgadel wird vom 12. bis ins 14. Jh. genannt. Der Wohnturm von 13 × 13,5 m (nord) Grundfläche hat 2 m starke Mauern und 3 erkennbare Stockwerke. Im 16. Jh. ist die Burg verfallen.

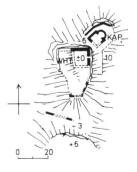

Hohenstoffeln – Hinterburg u. Mittelburg

Gde. Hilzingen-Binningen, Kr. Konstanz, Baden-Württemberg

Grundriß in: Burgen im südl. Baden, S. 63; Kiewat S. 91.

Die beiden hier abgebildeten Burgen bilden mit der Vorderburg eine Gruppe.
In den Jahren 1100–1116 erscheint ein Graf v. Stoffeln urkundlich. Vermutlich erbaute er die Hinterburg. Sie scheint im 16. Jh. unbewohnbar geworden zu sein, daher wurde sie 1601 erneuert. 1633 wurde sie zerstört.
Die Mittelburg, mit der Hinterburg durch Mauern verbunden, ist wohl etwas jünger. Beide Burgen waren nicht im Besitz einer Familie. Die Mittelburg wurde ebenfalls 1633 zerstört und zwar durch Bernhard v. Weimar.

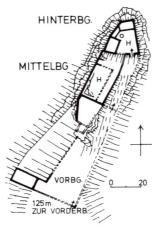

Hohenstoffeln – Vorderburg

Gde. Hilzingen-Binningen, Kr. Konstanz, Baden-Württemberg

Grundriß in: Burgen im südl. Baden, S. 63; Kiewat S. 91.

Die regelmäßige Anlage der Vorderburg läßt vermuten, daß sie, im Gegensatz zur Hinter- und Mittelburg, erst relativ spät entstanden ist. Da man alle drei Burgen 1299 als existent annimmt, wird zunächst nur das feste Haus erbaut worden und im 15. Jh. mit den Zwingeranlagen ausgestattet worden sein.

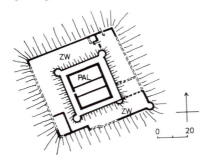

Hohensyburg

Gde. Dortmund, Nordrhein-Westfalen

Grundriß nach Aufnahme von Kuhlmann, 1987.

Die Hohensyburg war schon in karolingischer Zeit als Burg im Gebrauch, sie spielte eine Rolle in den Kriegen Karls d. Gr. mit den

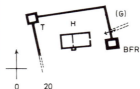

Sachsen. 1287 wurde sie durch die Grafen v. d. Mark zerstört, aber wiederaufgebaut. Verfallen ist sie im 16. Jh. Der Bergfried hat eine Grundfläche von 7,5 × 8,5 m mit 1,6 m dicken Mauern.

Hohenteufen

Gde. Teufen, Bz. Bülach, Kt. Zürich, Schweiz

Grundriß in: Zeller-Werdmüller, Teil 2.

Entstanden ist die Burg Mitte des 13. Jh.; sie wurde 1334 durch Zürich zerstört. Ihr mächtiger Bergfried von 11,5 m Seitenlänge mit 2,6 m dicken Wänden könnte vom Flächeninhalt (rd. 45 m²) ein Wohnturm gewesen sein.

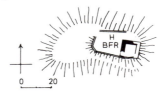

Hohentrins, Sogn Parcazi

Gde. Trins, Bz. Imboden, Kt. Graubünden, Schweiz

Grundriß in: Poeschel, S. 227; Clavadetscher, S. 187.

Die Burg liegt auf einem Felsklotz in ebenem Gelände und war möglicherweise schon in keltischer Zeit besiedelt. Falls der Burg ein Kirchenkastell vorausging, fand dessen Umwandlung in eine Feudalburg Mitte des 12. Jh. statt. Der Bergfried ist um 1200, der wehrhafte Palas um 1300 entstanden. 1470 wurde die Burg durch Brand zerstört, 1931–36 wurde sie freigelegt. Der Bergfried von ca. 7 × 11 m Grundfläche mit 2 m starken Mauern hat seinen rundbogigen Eingang in 4,5 m Höhe.

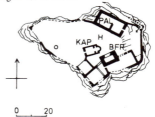

Hohentrüdingen

Gde. Markt Heidenheim, Kr. Weißenburg-Gunzenhausen, Bayern

Angabe in: Kunstdkm. v. Bayern, Mittelfrk., Bd. 6, S. 168.

Erhalten von der Burg ist nur der Bergfried aus dem 12. Jh. mit Buckelquadern, der als Kirchturm dient. Er ist 27 m hoch und hat einen Eingang mit rundbogigem Sturz in 9 m Höhe.

Hohentübingen

Gde. Tübingen (Kr.), Baden-Württemberg

Grundriß in: Burgwart, 12. Jhg., Heft 3, S. 60.

Der Ursprung der Burg geht wahrscheinlich ins 11. Jh. zurück. Unter Verwendung der mittelalterlichen Teile wurde sie 1538 als Renaissance-Residenz neuerbaut.

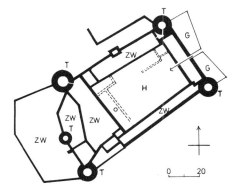

Hohenurach

Gde. Bad Urach, Kr. Reutlingen, Baden-Württemberg

Grundriß in: Kunstdkm. v. Württbg., Schwarzwaldkr.; Ebhardt I, Abb. 446; Burgen u. Schlösser, 1976-I; Schmitt, Bd. 4, S. 217.

Die Burg des 11.–13. Jh. steckt in der Kernburg, deren Umfassungsmauern wohl zum Teil aus romanischer Zeit stammen. 1265 wird Württemberg Eigentümer. Im 14. und 15. Jh. entstand die heutige Kernburg, die 1540–1556 zur Festung vergrößert wurde, indem die als Vorburg bezeichnete Anlage hinzugefügt wurde. 1638 wurde die Festung durch Bernhard v. Weimar eingenommen. 1761 wird Hohenurach als Festung aufgegeben.

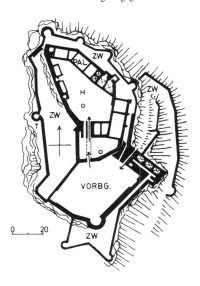

Hohenwaldeck = Waldeck

Hohenwaldeck

Gde. Schliersee-Neuhaus, Kr. Miesbach, Bayern

Grundriß in: Kunstdkm. v. Oberbayern, S. 1465; Burgen in Oberbayern, S. 156.

Erbauer waren die Herren v. Waldeck um 1150; Im 15. Jh. wurde die Burg bereits aufgegeben. Der Bergfried hatte rd. 6,5 m Seitenlänge.

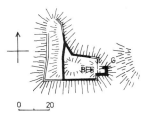

Hohenwalden

Gde. Schwäb. Gmünd-Waldau, Kr. Aalen, Baden-Württemberg

Grundriß in: Antonow-SWD, S. 180.

»De Waldeck« wird schon 1105 urkundlich erwähnt. 1284 wird die Burg durch Kaiser Rudolf v. Habsburg zerstört und wiederaufgebaut. 1310 und 1553 wird sie wiederum zerstört und aufgebaut, ehe sie 1692 durch Franzosen endgültig verwüstet wird. Ihre Schildmauer ist rd. 2,7 m stark, die Ringmauer 1,5 m.

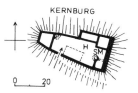

Hohenwang

Gde. Langenwang, Bz. Mürzzuschlag, Steiermark, Österreich

Grundriß in: Burgen u. Schlösser d. Steiermk., Bd. 2, S. 63.

Begonnen wurde die Burg wohl in der 2. Hälfte des 12. Jh. Aus dieser Zeit stammt die Kapelle. Als Burg wird sie 1328 urkundlich erstmals erwähnt. Sie wurde im 14.–16. Jh. verstärkt und 1770 nach Schäden durch ein Erdbeben aufgegeben. Die Schildmauer ist 2 m, die Ringmauer 1,2 m stark.

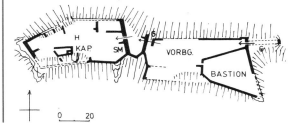

Hohenwart

Gde. Köstenberg, Bz. Villach, Kärnten, Österreich

Grundriß nach Aufnahme F.-W. Krahe 1983.

Mitte des 12. Jh. werden Burg und Burgadel urkundlich erwähnt. Anfang des 16. Jh. ist sie bereits Ruine. Von der Kernburg aus romanischer Zeit ist kaum etwas erhalten. Die Doppelkapelle ist gotisch, vermutlich auch der Bergfried mit 8 m Seitenlänge und 2 m Mauerstärke.

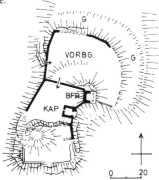

Hohenwartberg = Alt Wartberg

Hohenwittlingen = Wittlingen

Hohenwerfen

Bz. St. Johann, Salzburg, Österreich

Grundriß in: Österr. Kunsttop., Bd. 28, S. 127; Dehio, Salzburg, S. 37, Burgen u. Schlösser in Salzburg, Bd. 1, S. 47.

Auf dem mächtigen Felskegel wird 1077 durch den Erzbischof v. Salzburg eine Burg erbaut. Von dieser ersten Anlage sind wenig Reste erhalten. Sie wurde im Verlauf der Jahrhunderte ausgebaut. Im Bauernkrieg wurde die Burg 1525 erobert. Danach begann der Ausbau bis ins 19. Jh. Als Festung wurde Hohenwerfen erst 1876 aufgelassen. Heute sind in ihr eine Jugendherberge und eine Polizeischule untergebracht.

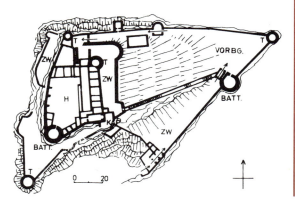

Hohenzollern

Gde. Hechingen, Kr. Balingen, Baden-Württemberg

Grundriß in: Kunstdkm. v. Hohenzoll., Bd. 1, S. 216; Schmitt, Bd. 2, S. 229.

Von der 1. Burg, die vor 1267 entstand, sind wenig Reste erhalten. 1454–1460 wurde die 2. Burg teilweise auf den Grundmauern der alten Anlage erbaut. Die inzwischen verfallene Burg wurde 1847–1867 durch die Könige v. Preußen neugotisch wiederaufgebaut und dabei stark verändert. Der Architekt war Stüler.

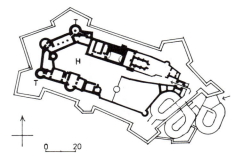

Hoher Schwarm

Gde. Saalfeld (Kr.), Thüringen

Grundriß in: Piper, Fig. 151; Kunstdkm. v. Thüringen, Bd. 6.

Erbaut wurde die schöne Wohnturmburg Anfang des 14. Jh. als Sitz der Vögte v. Saalfeld. Im 16. Jh. wurde sie zerstört. Der Wohnturm hat 4 Stockwerke in 14 m Gesamthöhe.

Hohes Haus = Röttingen

Hohkönigsburg

Gde. Orschwiller, Ct. Sélestat, Bas-Rhin, Frankreich

Grundriß in: Ebhardt I, Abb. 69 und 375; Hotz Z 138; Piper, Fig. 612; Kaltenbach, Nr. XVIII; Wolff, S. 156; Naeher, S. 150; Wirth, S. 45.

Ursprünglich hieß die Burg Staufenberg. Als sie 1147 als »castrum Estufin« erstmals genannt wird, gehört sie König Konrad III. v. Staufen und dem Herzog des Elsaß, ebenfalls ein Staufer. 1192 wird sie Königsberg, 1479 Hohkönigsburg genannt. 1462 wird die Burg als Raubnest zerstört und ab 1479 durch die Grafen v. Thierstein wiederaufgebaut. Aus dieser Zeit stammen viele Teile der Burg, die im 16. Jh. zur Festung ausgebaut wurde. 1633 wurde sie durch Schweden zerstört. 1899–1908 hat Bodo Ebhardt sie für Kaiser Wilhelm II. wiederaufgebaut. Große Teile der Burg sind als Buckelquader-Mauern erbaut worden.

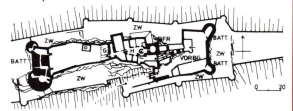

Hohlandenberg

Gde. Saland, Bz. Pfäffikon, Kt. Zürich, Schweiz

Grundriß in: Hartmann, S. 2.

Zerstört wurde die Burg 1344, weitere Daten sind nicht bekannt.

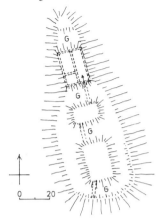

Hohlandsberg

Ct. Wintzenheim, Haut-Rhin, Frankreich

Grundriß in: Piper, Fig. 586; Kaltenbach, Nr. XIX; Wolff, S. 156; Salch, S. 187; Hotz-Pfalzen Z 69.

1279 wurde die Burg durch Siegfried v. Gundolsheim wiederhergestellt. Von dieser Burg sind kaum Reste erhalten. Die heutige Burg stammt aus dem 14. Jh. und wurde bis ins 16. Jh. erweitert und verstärkt. 1635 wurde sie durch Franzosen zerstört. Ihre Ringmauer ist um 2,2 m stark. Sie ist nach Friedberg → (Hessen) eine der größten Kastellburgen.

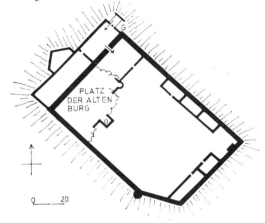

XHohlenfels

Gde. Mudershausen, Rhein-Lahn-Kr., Rheinland-Pfalz

Grundriß in: Ebhardt I, Abb. 13; Kunstdkm. im Reg.-Bz. Wiesbaden, Bd. 3, S. 263; Dehio, Rheinland-Pfalz, S. 600; Piper, Fig. 602.

Erbaut wurde die Burg 1335–1365. Im 15. Jh. war sie zeitweilig Ganerbenburg. Im Dreißigjähr. Krieg wurde sie zerstört und später wiederhergestellt. Im 18. Jh. ist sie verfallen. Im 19. Jh. wurden Teile renoviert und sind bewohnt. Der Bergfried von 8×12 m (max.) Grundfläche hat 2,0 m starke Mauern, seine Höhe ist 20 m, der Eingang liegt 7,5 m über dem Hof. Die Ringmauer ist bis 12 m hoch.

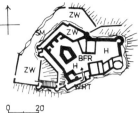

Hohnstein

Gde. Neustadt, Kr. Nordhausen, Thüringen

Grundriß in: Ebhardt I, Abb. 445; Stolberg, S. 183; Burgwart 1927, S. 86.

Begonnen wurde die Burg Anfang des 12. Jh. durch die bald danach ausgestorbenen Grafen v. Hohnstein als Reichslehen. Teile der Oberburg stammen aus dem 12. Jh. Die Burg wurde mehrfach erweitert, so entstand die Unterburg. Ab 1413 im Besitz der Grafen v. Stolberg, wurde sie verstärkt (Bollwerk am untersten Tor) und zum Renaissanceschloß umgebaut. 1627 wurde Hohnstein durch Sachsen zerstört. Der Bergfried hat 7 m Seitenlänge bei 1,8 m Mauerstärke.

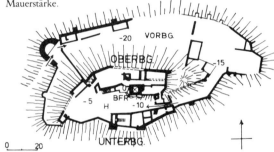

Hohrappoltstein, Altenkasten, Rappoltstein

Gde. u. Ct. Ribeauvillé, Haut-Rhin, Frankreich

Grundriß in: Ebhardt I, Abb. 66; Kaltenbach, Nr. XXVI; Burgen u. Schlösser, 1980-I; Wolff, S. 285.

Diese Burg bildet eine Gruppe mit Girsberg → und Ulrichsburg →, die Rappoltsweiler Burgen.
Die Kernburg wurde wohl am Anfang des 12. Jh. begonnen. 1235 wurde sie erweitert, der Bergfried in Buckelquadern ist vermutlich aus dieser Zeit. Wohngebäude am Burghof entstanden im 14. Jh. Aufgegeben wurde die Burg im 16. Jh. Der Bergfried hat 8,5 m Durchmesser und 3 m dicke Mauern.

Hollenberg

Gde. Pegnitz-Körbelsdorf, Kr. Bayreuth, Bayern

Grundriß in: Kunstdkm. v. Bayern, Oberfrk., Bd. 1, S. 289.

Vermutlich wurde Hollenberg 1360 durch Kaiser Karl IV. erbaut. 1525 wurde die Burg zerstört. Die Ringmauern sind 1,5 m stark.

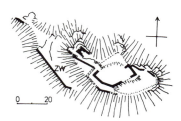

Hollenburg = Bertholdstein

Hollenfels

Ct. Mersch, Luxemburg

Grundriß in: Bour, Bd. 2, Anhang.

Die Burg wurde 1215 gegründet und 1238 urkundlich genannt. Der Wohnturm wurde 1380 erbaut. Er ist 11 × 11,7 m groß, hat ca. 1,4 m dicke Mauern und 5 Stockwerke in 22 m Gesamthöhe.

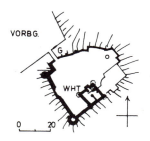

(Hollersbach)

Bz. Zell am See, Salzburg, Österreich

1150 wird ein »Ortolf de Hollersbach« urkundlich erwähnt. Der Wohnturm war bis Ende der siebziger Jahre des 20. Jh. als Fundament zu erkennen. Jetzt sind die Reste verschwunden.

Holtende

Gde. Wetter-Werzenbach, Kr. Marburg-Biedenkopf, Hessen

Grundriß nach einem AGM-Grabungsplan.
Erstmals genannt wird die Burg wohl 1073, zerstört vor 1247. Der Wohnturm hatte vermutlich 10 m Seitenlänge.

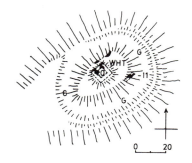

Holterburg, Holte

Gde. Bissendorf-Holte, Kr. Osnabrück, Niedersachsen

Grundriß in: Engel.

Von der wohl am Beginn des 12. Jh. gegründeten Burg ist nur noch ein Mauerstück der Ringmauer erhalten. Die Burg war vermutlich kreisrund mit einem freistehenden runden Bergfried in der Mitte.

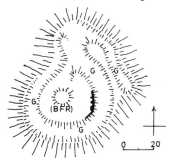

Holtrup

Gde. Bergheim (Kr.)-Pfaffendorf, Nordrhein-Westfalen

Grundriß in: Kubach, S. 402.

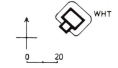

Der Wohnturm von etwa 1200 wurde nach einem Brand 1727 erneuert.

Holzheim

Kr. Regensburg, Bayern

Angabe in: Kunstdkm. v. Bayern, Oberpfalz, Bd. 5, S. 63.

Der Stumpf eines Buckelquader-Bergfriedes ist der Rest einer Burg aus der Zeit um 1200.

Holzheim

Gde. Langerwehe-Wenau, Kr. Düren, Nordrhein-Westfalen

Grundriß in: Burgen u. Schlösser 1962-II.

Die Wasserburg wurde im 14. Jh. begonnen und im 15. Jh. und später umgebaut.

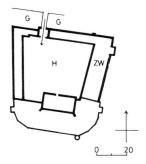

Holzheim

Fritzlar, Schwalm-Eder-Kr., Hessen

Grundriß in: Burgen der Salierzeit, Bd. 2, S. 15.

Die Grundmauern dieses Wohnturmes wurden in der gleichnamigen Wüstung bei Fritzlar 1980 ergraben. Sie stammen aus der 2. Hälfte des 11. Jh. Vielleicht hatte der Turm einen hölzernen Aufbau.

Homberg-Efze

Schwalm-Eder-Kr., Hessen

Grundriß in: Hessische Heimat, 6. Jhg., Nr. 5.

Freiherren v. Hohenberg werden seit Ende des 12. Jh. urkundlich genannt. Die Burg wird um 1200 entstanden sein, zerstört wurde sie 1632. Ihre Ringmauer ist 1,5 m stark.

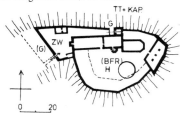

Homberg a. d. Ohm

Kr. Lauterbach, Hessen

Grundriß in: Hessische Heimat, 12. Jhg., Nr. 5/6.

Die Burg in einer Ecke der Stadtmauer entstand zu Beginn des 13. Jh. Die Ringmauer mit 1,5 m Stärke stammt aus der Gründungszeit; die heute existenten Wohngebäude sind um 1500 entstanden, vielleicht auf alten Fundamenten.

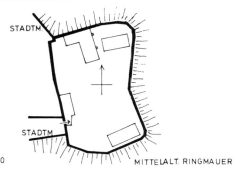

Homboll

Gde. Hilzingen, Kr. Konstanz, Baden-Württemberg

Grundriß in: Hartmann, S. 89.

Über die Burg, die im Dreißigjähr. Krieg zerstört wurde, liegen weitere Daten nicht vor. Der Wohnturm von 11 m Seitenlänge hat ca. 2,5 m dicke Mauern.

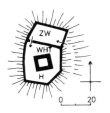

Homburg

Gde. Radolfzell-Stahringen, Kr. Konstanz, Baden-Württemberg

Grundriß in: Kunstdkm. v. Baden, Bd. 1, S. 468; Kiewat, S. 165.

Eine Ähnlichkeit mit dem Grundriß von Stolzeneck → ist erkennbar. Erbaut wurde die Burg durch die gleichnamigen Ministerialen der Konstanzer Bischöfe, die 1096 erstmals urkundlich genannt werden, die Burg als solche dagegen erst 1158. 1499 wurde sie erstmals durch Schweizer und 1642 endgültig zerstört. Die Schildmauer ist ca. 3 m stark.

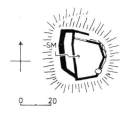

Homburg

Gde. Nümbrecht, Oberbergischer Kr., Nordrhein-Westfalen

Grundriß in: Kunstdkm. d. Rheinprov., Bd. 5.1.

Der entsprechende Adel taucht schon 1003 auf. Die Kernburg ist hochmittelalterlich. Das heutige Aussehen ist im wesentlichen im 16. Jh. bestimmt worden. Der Bergfried hat den Durchmesser 7,2 m und 2,25 m Wandstärke; er ist 21 m hoch.

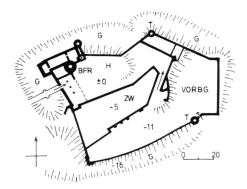

Homburg

Gde. Gössenheim, Main-Spessart-Kr., Bayern

Grundriß in: Kunstdkm. v. Bayern, Unterfrk., Bd. 20, S. 75.

Angeblich wurde die Burg 1028 erbaut, doch sie ist wohl eher aus dem 12. Jh., die Vorburg entstand im 13. Jh., seit dem 17. Jh. ist sie verfallen. Die Kernburg hat eine Ringmauer von max. 1,2 m Stärke. Die Schildmauer der Vorburg ist 2,4 m stark.

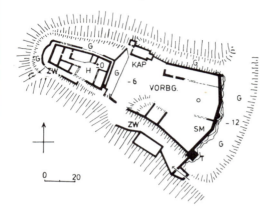

Homburg

Gde. Markt Triefenstein, Main-Spessart-Kr., Bayern

Grundriß in: Kunstdkm. v. Bayern, Unterfrk., Bd. 7, S. 50.

Das Schloß basiert auf einer romanischen Burg, die wohl wesentlich kleiner war als die heutige, überwiegend barocke Anlage. Der Bergfried, im 18. Jh. aufgestockt, hatte ursprünglich 14 m Höhe mit 3 Stockwerken. Der Eingang liegt 8 m hoch, der Durchmesser ist 9 m mit fast 3 m dicken Mauern.

Homburg, Homberg, Neu Homberg.

Gde. Läufelingen, Bz. Sissach, Kt. Basel-Ld., Schweiz

Grundriß in: Merz-Sisgau, Bd. 2, S. 174; Meyer-Regio, S. 110.

Entstanden ist die Burg um 1240, Hohimberc wird 1243 urkundlich genannt, sie wurde bis ins 16. Jh. ausgebaut. Um 1800 wurde sie aufgegeben. Der Wohnturm besitzt einen ungewöhnlichen Grundriß, der 12,5 × 18 m groß ist, er hat 4 Stockwerke. Homburg war die Burg des Minnesängers Graf Wernher v. Homburg, der von 1284 – 1320 bezeugt ist.

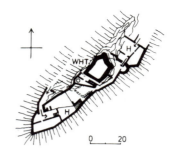

Homburg

Gde. Stadtoldendorf, Kr. Holzminden, Niedersachsen

Grundriß in: Kunstdkm. v. Braunschweig, Bd. IV, S. 184.

Erwähnt wird die Burg erstmals 1129, die erhaltenen Teile stammen aus dieser Zeit, sie wurde 1533 verlassen. Ihre Reste wurden 1897 ausgegraben. Die Burg gehört zu den relativ seltenen Beispielen mit zwei Bergfrieden. 11,3 m Durchmesser und 2,3 m Wandstärke besitzt jener in der höher als die Vorburg gelegenen Hauptburg und knapp 10 m und 3 m Wandstärke der östliche Turm.

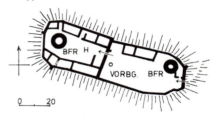

Homburg v. d. Höhe

Gde. Bad Homburg v. d. Höhe, Hochtaunuskr., Hessen

Grundriß in: Kunstdkm. im Reg.-Bz. Wiesbaden, Bd. 2.

Mitten im Schloß steht der Bergfried der spätromanischen Burg. Er hat 9,8 m Durchmesser und 3,6 m Mauerstärke, seine untere Höhe von 26 m entspricht wohl dem Ursprung, die weiteren 16 m Höhe mit wesentlich geringerem Durchmesser sind nachmittelalterlich.

Homburg = Hainburg-Hohenzollern

Honberg

Gde. Tuttlingen (Kr.), Baden Württemberg

Grundriß in: Streng, S. 12; Schmitt, Bd. 3, S. 350.

Das Wohnschloß mit den 4 Ecktürmen wurde 1460 erbaut durch Graf Eberhard im Bart. 1645 wird die Burg zerstört. Die Ringmauer des Kernes ist 1,5 m dick.

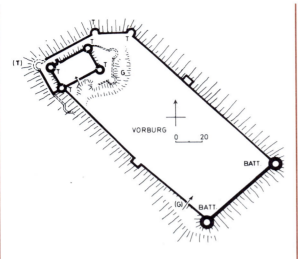

Honegg

Gde. Lütschbach, Bz. See, Kt. St. Gallen, Schweiz

Grundriß in: Hartmann, S. 81.

Ein Rest eines mittelalterlichen Wohnturmes steckt in einem Wohnhaus.

Honnberg, Alt Homburg

Gde. Wittnau, Bz. Lauffenberg, Kt. Aargau, Schweiz

Grundriß in: Merz, Aargau; Meyer-Regio, S. 69.

Der Ursprung der Burg geht ins 11. Jh. zurück (Funde). 1356 zerstört ein Erdbeben die Anlage, die 1884 freigelegt wird. Die Schildmauer ist rd. 2,0 m, die Ringmauer 1,5 m stark.

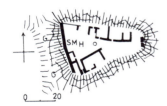

Honnstetten

Gde. Eigeltingen-H..., Kr. Konstanz, Baden-Württemberg

Angabe in: Kiewat, S. 126.

Der erhaltene Turmrest mit Einstieg in 3 m Höhe ist wohl der Rest einer mittelalterlichen Burg. Die geringe Höhe des Einstieges könnte auf einen Wohnturm schließen lassen, der möglicherweise einen auskragenden Holzaufbau besaß.

Hopfen

Gde. Füssen (Kr.), Bayern

Grundriß nach Aufnahme von K. P. Kiesling, 1988.

Die Burg entstand um 1175, vielleicht aus einer Fliehburg. Nach 1322 ist sie verfallen.

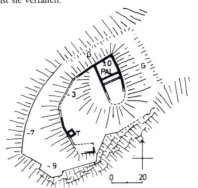

Horen, Rosenberg

Gde. Küttigen, Bz. Aarau, Kt. Aargau, Schweiz

Grundriß in: Jörg Tauber »Herd und Ofen im Mittelalter«.

Der 1956 ausgegrabene mittelalterliche Wohnturm besitzt die Dimensionen von 9,2 × 13,6 mit 1,8 m Mauerstärke. Der Rest einer erhaltenen Ringmauer ist 0,8 m stark.

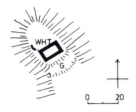

Horkheim, Horckheim

Gde. Heilbronn (Kr.)-H..., Baden-Württemberg

Grundriß nach Kataster der Stadt Heilbronn.

Die Wasserburg wurde urkundlich im 14. Jh. erwähnt, der Wohnturm ist 8 × 11,5 m groß, hat 4 Stockwerke in 16 m Höhe, die Mauer ist ca. 1,25 m dick.

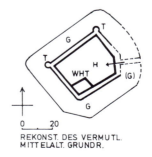

REKONST. DES VERMUTL. MITTELALT. GRUNDR.

Horn
Gde. Horn-Bad Meinberg, Kr. Detmold, Nordrhein-Westfalen

Grundriß nach Aufmaß der Gemeinde 1985.

Das Burghaus von 1348 ist trotz aller Veränderung am Grundriß zu erkennen.

Horn
(Bz.) Niederösterr., Österreich

Grundriß in: Dehio, Niederösterr. nördl. d. Donau, S. 457.

Die hier schwarz angelegten Teile des Schlosses sind die Reste einer Kastellburg von etwa 1200. Der Bergfried mißt etwa 9×9 m mit 2,5 m starken Mauern.

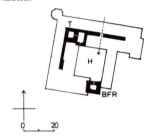

Hornberg
Kr. Offenburg, Baden-Württemberg

Grundriß in: Burgen im südl. Baden, S. 73; Batzer/Städele, S. 495.

Der dargestellte Grundriß basiert auf einer Darstellung des Zustandes um 1800. Gegründet wurde die Burg wohl Anfang des 12. Jh., der guterhaltene Bergfried wurde im 13. Jh., Wohnbauten wurden im 14. und 16. Jh. erbaut. 1703/4 zerstörten Franzosen die Burg. Der Minnesänger Bruno v. Hornberg, der 1275–1310 bezeugt ist, stammt wohl von hier. Der Wohnturm hat 8,5 m Seitenlänge und 1,5 m starke Mauern. Er muß, sollte er dauernd genutzt worden sein, über dem 12 m hohen Steinbau einen auskragenden, hölzernen Aufbau besessen haben.

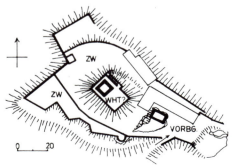

Hornberg
Gde. Neckarzimmern, Odenwaldkr., Baden-Württemberg

Grundriß in: Piper, Fig. 591 (Nordteil); Antonow, SWD, S. 181 (Südteil); Schuchhardt, S. 315; Kunstdkm. v. Baden, Bd. 4.4.

Die beiden Burgen, die Unterburg von 1200–1230, die Oberburg aus der Mitte des 14. Jh., wurden im späten Mittelalter durch eine gemeinsame Vorburg miteinander verbunden. 1366 werden »duo castra« Hornberg erwähnt. Im 17. Jh. wurde die Burg zerstört, aber teilweise wiederhergestellt. Die Unterburg und die Vorburg sind noch bewohnt. Der Bergfried – ein extrem seltener Grundriß – hat 7,5 m Durchmesser und ist im Süden um 1,5 m kupiert. Er hat 33 m Höhe mit 5 Stockwerken und einen Eingang in ca. 15 m Höhe.

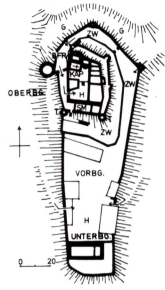

Hornberg
Gde. Altensteig-H..., Kr. Calw, Baden-Württemberg

Grundriß in: Fick, Teil 4, S. 38.

Der Adel zur Burg wird im 13. Jh. bekannt. In der Mitte des 16. Jh. war die Burg Ruine. Erhalten ist der Bergfried mit 7 m Kantenlänge und 2,2 m Wandstärke.

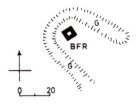

Hornberg
Gde. Kirchberg-H..., Kr. Schwäb. Hall, Baden-Württemberg

Grundriß in: Pfefferkorn, Hohenlohe, S. 41.

Erbaut wurde die Burg wohl im 13. Jh., 1563–1627 wurde sie zum Schloß umgebaut. Der Bergfried hat 7,8 m Seitenlänge mit 2,6 m Mauerstärke. Er ist 23 m hoch, hat seinen Eingang in 15 m Höhe. Die Ringmauer ist um 1,7 m stark.

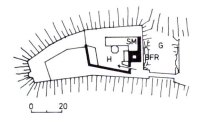

Hornburg

Kr. Wolfenbüttel, Niedersachsen

Grundriß in: Ebhardt I, Abb. 452; Stolberg, S. 186.

1113 zerstörte Kaiser Heinrich V. die Hornburg, 1178 auch Heinrich d. Löwe. Die Burg wurde immer wieder aufgebaut. 1457 erhielt sie Zwinger und Vorburg. 1645 wurde sie zerstört. Ein Teil der Anlage wurde 1921 durch Ebhardt erneuert. Der Bergfried hat 10 m Durchmesser. Die Burg ist heute eine Gutsanlage.

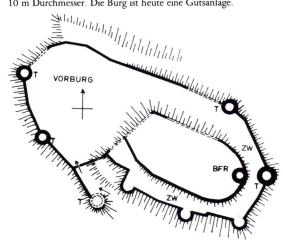

Hornburg, große

Gde. Kl. St. Paul, Bz. St. Veit, Kärnten, Österreich

Grundriß in: Burgen u. Schlösser in Kärnten, Bd. 1, 2. Aufl., S. 63.

Die große Burg liegt rund 500 m von der kleinen Burg entfernt. Im 12. Jh. wird sie als »Horinberch« erwähnt. Der Wohnturm ist romanisch, die Kapelle ist gotisch, desgl. die Ringmauer (1414). Der Wohnturm, auch als festes Haus bezeichnet, hat Dimensionen von 9,6 × 19,5 m (max.) mit 1,7 m Mauerstärke. Er besaß 4 Stockwerke.

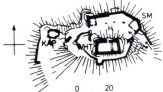

Hornburg, kleine, Unterburg, Unterstein

Gde. Kl. St. Paul, Bz. St. Veit, Kärnten, Österreich

Grundriß in: Burgen u. Schlösser in Kärnten, Bd. 1, 2. Aufl., S. 65.

Erst 1365 wird zwischen Veste und Burg Hornburg unterschieden. Die Anlage ist jedoch wohl noch romanisch wie die 500 m entfernte große Burg. Im Zentrum stand ein Wohnturm mit ca. 11 × 12 m Grundfläche.

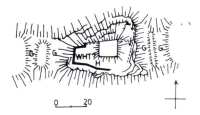

Horneburg

Gde. Datteln-H..., Kr. Recklinghausen, Nordrhein-Westfalen

Grundriß in: Kunstdkm. v. Westfalen, Recklingh., S. 303.

Die kleine Wasserburg wurde nach einer Zerstörung in der Mitte des 15. Jh. auf alten Mauern neu gebaut. 1646 wurde sie zerstört, 1927 ausgegraben.

Hornsberg, Hornschloß – Rogowiec

Kr. Waldenburg – Wałbrzych, Schlesien, Polen

Grundriß in: Grundmann, S. 10.

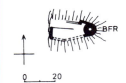

Erbaut wurde die kleine Burg 1291–1301, Ende des 15. Jh. wurde sie zerstört. Ihre Ringmauer ist 1,2 m stark, der Bergfried hat 9 m Durchmesser.

Hornsberg

Kr. Bad Hersfeld, Hessen

Grundriß in: Zentralblatt für Hess. Geschichte, 80-1969.

Von der großen Anlage blieben wenig Reste erhalten. Daten sind keine bekannt.

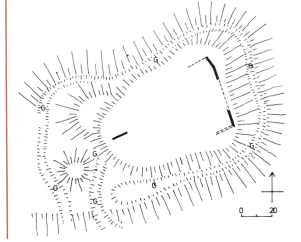

Hornstein

Gde. Markt Hornstein, Bz. Eisenstadt, Burgenland, Österreich

Grundriß in: Burgen u. Schlösser im Burgenld., S. 59.

Entstanden ist die Burg aus einer älteren Anlage um 1340, 1463 wurde sie zerstört.

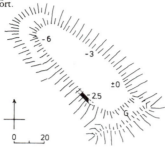

Hornstein

Gde. Bingen, Kr. Sigmaringen, Baden-Württemberg

Grundriß in: Pfefferkorn, Bd. 1, S. 29; Schmitt, Bd. 3, S. 13.

1190 wird Hermann v. Hornstein urkundlich erwähnt, 1244 auch die Burg, die im 14. Jh. zeitweilig 3 Familien beherbergte. Ab 1512 wurde sie wesentlich erweitert. Im 19. Jh. ist sie verfallen. Die Schildmauer ist 2,5 m stark, die Ringmauer 1,5 m.

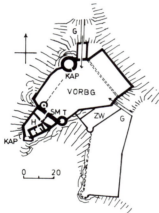

Horwa

Gde. Satteins, Bz. Feldkirch, Vorarlberg, Österreich

Grundriß in: Huber, S. 252.

Die Burg wird urkundlich 1319 erwähnt. Sonst gibt es keine Daten. Der Bergfried hat 8 m Seitenlänge.

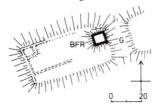

Hospental

Kt. Uri, Schweiz

Angabe in: Burgen u. Schlösser der Schweiz, Bd. 2.

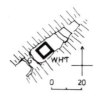

Der Wohnturm vom Ende des 12. Jh. steht auf einem Fels und war der Wohnsitz der Vögte des Klosters Disentis. Er wurde 1898 renoviert. Er besitzt vier Stockwerke in ca. 18 m Höhe, der Eingang liegt im 1. Obergeschoß ca. 5 m hoch.

Hossingen

Gde. Meßstetten-H..., Kr. Balingen, Baden-Württemberg

Grundriß in: Blätter des Schwäb. Albvereins, 1916, Heft 3; Schmitt, Bd. 5, S. 343.

1293 erscheint Albert der Hosse urkundlich. 1347 war die Burg vielleicht schon aufgegeben. Ausgegraben wurde sie 1916.

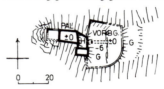

Hubertusburg

Kr. Oschatz, Sachsen

Grundriß in: Kunstdkm. v. Sachsen, Bd. 27, S. 138.

Für die Ruine einer Wasserburg, von der vielleicht der Bergfried als Rest erhalten ist, gibt es keine Daten.

Hückeswagen

Oberbergischer Kr., Nordrhein-Westfalen

Grundriß in: Werner Bremer »Hückeswagen«, Essen 1930.

Erwähnt wurde Hückeswagen schon 1085. Der untere Teil des Bergfriedes ist aus dem 13. Jh., die übrigen Teile der Burg sind danach entstanden. Der Bergfried hat 9 m Durchmesser, die Treppe läuft in der 2,2 m dicken Mauer.

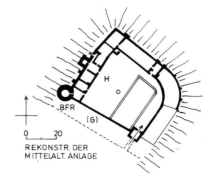

REKONSTR. DER MITTELALT. ANLAGE

Hülchrath, Virseck

Gde. Grevenbroich-H..., Kr. Neuss, Nordrhein-Westfalen

Grundriß in: Ebhardt I, S. 123; Hotz Z 9; Kunstdkm. d. Rheinprov., Bd. 3.5.

Die Wasserburg mit dem sehr seltenen polygonal-kreisrunden Grundriß stammt in ihrer heutigen Form hauptsächlich aus dem 14. Jh. Sie wurde mehrfach beschädigt und repariert. Der Bergfried hat 8 m Durchmesser bei 1,5 m Wandstärke.
Der Wohnturm mit 8,5 × 9,5 m Grundfläche hat bis knapp 2 m starke Mauern.

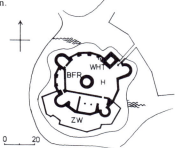

Hüls, Haus Hüls, Althaus

Gde. Krefeld-Hüls, Nordrhein-Westfalen

Grundriß in: Hülser Heimatblätter, März 1955.

Die Wasserburg wurde wohl Mitte des 14. Jh. erbaut, 1689 wurde sie zerstört. Ihre Ringmauer ist 0,9 m stark; der Wohnturm oder Palas hat die Grundfläche 8,5 × 14,5 m mit 1,25 m dicken Mauern.

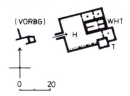

Hülzistein

Gde. Dornach (Bz.), Kt. Solothurn, Schweiz

Grundriß in: Meyer-Regio, S. 205.

Der Wohnturm aus dem 3. Viertel des 13. Jh. ist nur kurze Zeit bewohnt worden.

Hünenburg

Gde. Bad Pyrmont, Kr. Hameln-Pyrmont, Niedersachsen

Grundriß in: Burgen der Salierzeit, Bd. 1, S. 73.

Am Wohnturmrest wurden Funde aus dem späten 11. Jh. gemacht. Mitte des 12. Jh. war der Turm nicht mehr benutzt.

Hünenburg

Kt. Zug, Schweiz

Grundriß in: Meyer, Bd. 1, S. 86.

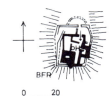

Die kleine Rodungsburg ist um 1200 erbaut worden. Seit dem 15. Jh. ist sie verfallen. Der Bergfried hat ca. 8 × 9,5 m Grundfläche und über 3 m starke Wände, die Ringmauer ist 1,5 m dick.

Hünenburg = Hindenburg

Hünenburg = Hohenrode

Hünenknüfer

Gde. Iserlohn-Sümmern Scheda, Kr. Unna, Nordrhein-Westfalen

Angabe in: Kunstdkm. v. Westfalen, Unna, S. 75.

Der Turmstumpf ist der Rest einer mittelalterlichen Burg, vermutlich Turmhügelburg.

Hürgestein

Gde. Herbrechtingen, Kr. Heidenheim, Baden-Württemberg

Grundriß in: Kunstdkm. v. Württbg., Heidenheim, S. 121.

Der Burgadel v. Hürger wird 1216 urkundlich genannt. Sonst sind keine Daten bekannt.

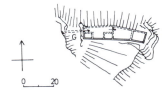

Hüttenstein

St. Gilgen, Bz. Salzburg, Österreich

Angabe in: Burgen u. Schlösser in Salzbg., Bd. 2, S. 109.

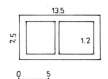

Der Wohnturm auf einer Felsnase entstand in der 2. Hälfte des 13. Jh., im 18. Jh. ist er verfallen.

Hütting

Gde. Rennertshofen-H..., Kr. Neuburg, Bayern

Grundriß in: Kunstdkm. v. Bayern, Schwaben, Bd. 5, S. 517.

Von der Burg, vielleicht noch des 11. Jh., die 1422 zerstört wurde, sind nur wenige Reste erhalten.

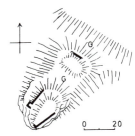

Hugofels, Brunnenfels

Gde. Immenstadt, Kr. Sonthofen, Bayern

Grundriß in: Kunstdkm. v. Bayern, Schwaben, Bd. 8, S. 477; Nessler, Bd. 1, S. 280.

Die Burg Hugofels war wohl ein Vorwerk der Burg Rothenfels, die nur knapp 200 m entfernt liegt. Dem Grundriß nach zu urteilen war Hugofels ein Wohnturm nach Art der Donjons. Mit 19 × 20 m Grundfläche und 3 m Wandstärke besaß er rd. 180 m² Innenfläche. Entstanden ist er wohl um 1400, erwähnt wird er 1440. 1626 wurde er abgebrochen, die Reste wurden 1932 freigelegt.

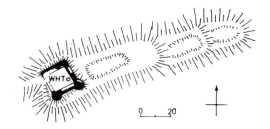

Hugstein

Gde. Bühl, Ct. Guebwiller, Haut-Rhin, Frankreich

Grundriß in: Salch, S. 211; Kaltenbach, Nr. XVI; Wolff, S. 162.

Die Burg mit dem eigentümlichen Grundriß wurde 1216 erbaut. Die Zwingeranlage ist von 1476. Zerstört wurde sie 1542. Ihr Name kommt von Hugo v. Rothenburg, dem Erbauer. Die 12 m hohe Ringmauer ist 2,6 m stark, der Bergfried hat 8,5 m Durchmesser und 2 m dicke Mauern.

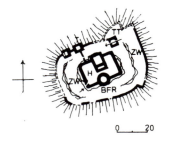

Humburg

Gde. Wallerfangen-Düren, Kr. Saarlouis, Saarland

Grundriß in: Burgen d. Salierzeit, Bd. 2, S. 47.

Der Wohnturm mit rd. 14 × 17,15 m Maximallängen und 1,7 m Mauerstärke ist im 11. Jh. entstanden.

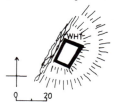

Hummelschloß – Lewínski Zamek

Gde. Lewin – Lewín, Kr. Glatz – Kłodzko, Schlesien, Polen

Grundriß in: Grundmann, S. 14.

Erbaut wurde die Burg im 13. Jh., im 16. Jh. war sie eine Ruine. Die Ringmauer ist rd. 2 m stark, der Bergfried hat 8,5 m Durchmesser.

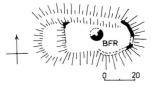

Hummersried

Gde. Eberhardzell-H..., Kr. Biberach, Baden-Württemberg

Grundriß in: Uhl, S. 71.

»Humprechtsried« wird 1246 urkundlich erwähnt. Die Reste der Burg wurden ausgegraben. Der Bergfried hat 7 m Durchmesser mit 2 m Mauerstärke.

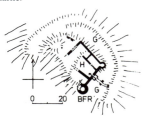

Hundersingen, Hohenhundersingen

Gde. Münsingen-H..., Kr. Reutlingen, Baden-Württemberg

Grundriß in: Kunstdkm. v. Württbg., Münsingen, S. 87; Schmitt, Bd. 2, S. 164.

Die kleine Felsenburg mit Buckelquadermauerwerk ist wohl erst um 1200 erbaut. Um 1530 wurde sie zerstört. Die Oberburg hatte nur Platz für den Bergfried und einen Palas. Der Bergfried hat Maximalmaße von 4,75 × 5,99 m, 3 Stockwerke und einen rundbogigen Eingang in 6 m bei insgesamt 12 m Turmhöhe.

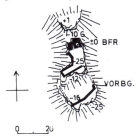

Hundisburg

Kr. Haldensleben, Sachsen-Anhalt

Grundriß in: Wäscher, Bild 100.

Der hier dargestellte Grundriß ist die Rekonstruktion der Burg, die heute teilweise in einem Barockschloß steckt. Der romanische Wohnturm ist 11,5 m breit und hat 3 m Wandstärke.

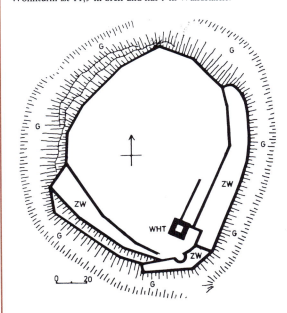

Hunoldstein

Gde. Merscheidt-H..., Kr. Bernkastel-Wittlach, Rheinland-Pfalz

Grundriß in: Kunstdkm. d. Rheinprov., Bd. 15.1, S. 215.

Um 1200 ist die Kernburg entstanden, Burgadel wird 1192 erstmalig urkundlich genannt. Die große Vorburg ist weitaus jünger. Im Dreißigjähr. Krieg wurde Hunoldstein zerstört. Die Reste der Ringmauer der Oberburg sind 2 m stark, die der Vorburg 1,3 m.

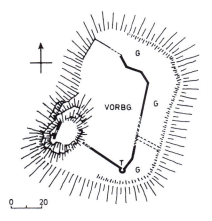

Hurwang, Fürheim

Gde. Herbrechtingen-Bolheim, Kr. Heidenheim, Baden-Württemberg

Grundriß in: Archiv der Deutschen Burgenvereinigung.

Daten sind nicht bekannt.

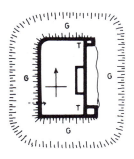

Husen = Hausach

Husenberg

Gde. Lauterbachzell, Ct. Guebwiller, Haut-Rhin, Frankreich

Grundriß in: Salch, S. 156.

Adel zur Burg wird 1271 genannt. Sonst ist über die kleine Anlage nichts bekannt.

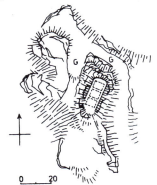

Husgeweide

Gde. Amöneburg-Rüdigheim, Kr. Marburg-Biedenkopf, Hessen

Grundriß in: Marburger Geographische Schriften, Heft 27, S. 143.

Der Wohnturm mit 8,5 m Seitenlänge und 1 m starken Mauern stammt aus dem Mittelalter.

Hutberg, Schönau

Gde. Schönau, Kr. Löbau, Sachsen

Grundriß in: Kunstdkm. v. Sachsen, Bd. 34.

Gegründet wurde die Burg vielleicht im 11. Jh., zerstört wurde sie wohl im 13. Jh. Die Ringmauer ist 1,5 – 2,0 m stark.

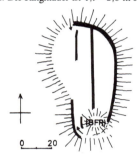

Hutsberg

Gde. Helmbrechthausen, Kr. Meiningen, Thüringen

Grundriß in: Kunstdkm. v. Thüringen, Bd. 1.2, S. 391.

Die Burg wurde 1273 als Raubnest zerstört, 1338 wird sie wiederaufgebaut und 1525 zerstört. Die 10 m hohe Ringmauer ist 1,7 m stark.

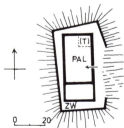

Iberg

Gde. Flums, Bz. Sarbans, Kt. St. Gallen, Schweiz

Grundriß in: Kunstdkm. d. Schweiz, St. Gallen.

Die Burg wurde um 1240 und 1405 durch Appenzeller zerstört. Der Bergfried hat 9 m Seitenlänge und 2,5 m starke Mauern. Das Schloß läßt mittelalterliche Reste erkennen.

Iburg, Rihburg

Gde. Görwil, Kr. Waldshut-Tiengen, Baden-Württemberg

Grundriß in: Voellner, S. 89.

Erbaut wurde die Burg vielleicht im 13. Jh., zerstört wurde sie 1270 durch König Rudolf v. Habsburg. Der Wohnturm von ca. 7 × 12 m Seitenlänge hat ca. 1,3 m dicke Mauern und einen vorgebauten Rundturm.

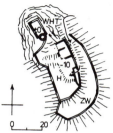

Iburg, Yburg

Gde. Baden-Baden, Baden-Württemberg

Grundriß in: Batzer/Städele, S. 501; Cohausen, Nr. 186; Burgen u. Schlösser in Mittelbaden, S. 130.

Gegründet wurde die Burg wohl Ende des 12. Jh., erwähnt wird sie urkundlich 1245, zerstört wurde sie 1525, aber wiederaufgebaut. Um 1620 wird sie verstärkt, 1689 wird sie durch Franzosen zerstört. Vielleicht waren es ursprünglich zwei Burgen. Der Westbergfried hat 8,2 m Seitenlänge und 2,6 m starke Mauern. Er ist 20 m hoch, der Einstieg liegt in 9,5 m Höhe. Der Ostbergfried ist ähnlich groß, hat aber 22 m Höhe.

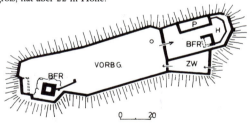

Iburg

Gde. Bad Driburg, Kr. Höxter, Nordrhein-Westfalen

Grundriß in: Kunstdkm. v. Westfalen, Höxter, S. 86.

Anstelle einer sächsischen Volksburg wurde die Burg 1189 erbaut und 1444 durch Braunschweiger zerstört. Der Bergfried hat 12,5 m Durchmesser und 4 m starke Mauern.

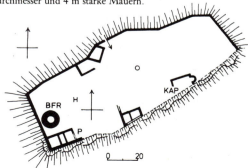

Ickt

Gde. Düsseldorf-Unterrath, Nordrhein-Westfalen

Angabe in: Kubach, S. 419.

Der mittelalterliche Wohnturm von 9 x 11 m stand auf einem 3,5 m hohen Hügel. Er stammte vermutlich aus der 2. Hälfte des 12. Jh. Er ist inzwischen verschwunden.

Idstein

Hochtaunuskr., Hessen

Angabe in: Kunstdkm. im Reg.-Bz. Wiesbaden, Bd. 5, S. 162.

Der Bergfried am Schloß ist der Rest der Burg des 14. Jh., seine Höhe ist 18 m, der Eingang befindet sich 7 m über dem Niveau.

Ilanz

Bz. Glenner, Kt. Graubünden, Schweiz

Angabe in: Clavadetscher, S. 84.

Der mittelalterliche Wohnturm ist ab 1450 Glockenturm der Kirche St. Margarethen.

Ilberg = Alt Eschenbach

Ilburg

Gde. Ilfeld, Kr. Nordhausen, Thüringen

Grundriß in: Stolberg, S. 191.

Erbaut wurde die Burg um 1150 durch Graf Elger v. Bilstein und castrum Yleborgk genannt. Vermutlich wurde sie schon 1189 aufgegeben. Der Bergfried hat ca. 9 m Durchmesser.

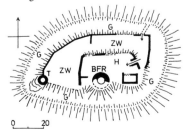

Ilsenstein

Gde. Ilsenburg, Kr. Wernigerode, Sachsen-Anhalt

Grundriß in: Wäscher, Bild 102.

Erbaut wurde die Burg um 1050, zerstört 1105, ausgegraben wurde sie 1955.

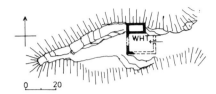

Imbach

Gde. Senftenberg-I..., Bz. Krems, Niederösterreich, Österreich

Grundriß in: Burgen u. Schlösser in Niederösterr., Bd. 16, S. 114.

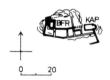

Die Burg liegt auf einer Felskuppe. Der entspr. Adel wird 1130 urkundlich erwähnt. 1269 wird sie zum Bau des Klosters Imbach abgebrochen. Der Bergfried hat eine Grundfläche von 4,75 x 6,2 m. Freigelegt wurde sie 1979.

Imenburg

Gde. Lichtenstein-Unterhausen, Kr. Reutlingen, Baden-Württemberg

Grundriß in: Blätter des Schwäb. Albvereins, 1932-7, S. 210.

Zerstört wurde die kleine Burg 1311, sonst ist nichts bekannt.

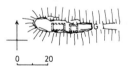

Immendorf

Bz. Hollabrunn, Niederösterr., Österreich

Grundriß in: Sammlung Kreutzbruck.

Das heutige Schloß geht auf eine mittelalterliche Wasserburg zurück, deren Grundriß noch gut erhalten ist. Der Bergfried hat eine Grundfläche von 9 x 10 m und 2 m Wandstärke, er ist 18 m hoch und hat 4 Stockwerke. Die Ringmauer ist 1,5 x 2,0 m stark.

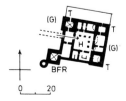

Imst, Rofenstein

(Bz.) Tirol, Österreich

Grundriß in: Trapp, Bd. 7, S. 209.

Die ehemalige Burg Rofenstein ist in anderen Gebäuden verbaut. Sie entstand zwischen 1250 und 1275, aus dieser Zeit sind der Wohnturm, die Ringmauer und der südöstl. Teil der Wohnbauten, die anderen Bauten sind aus dem 14. Jh. Der Wohnturm, ein etwas verzogenes Quadrat, hat die Dimensionen von ca. 11,5 × 12,0 m mit 1,9 m dicken Wänden. Er hatte 5 Stockwerke. Die Ringmauer ist 1,2 m stark.

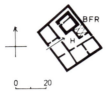

Ingolstadt – Neues Schloß

Bayern

Grundriß in: Kunstdkm. v. Oberbayern, Bd. 1; Burgen und Schlösser, 1971-II.

Das feste Haus ist Anfang des 15. Jh. von den Herzögen v. Bayern erbaut worden. Der schöne Bau ist nach mehrfacher Veränderung heute Bayerisches Armeemuseum.

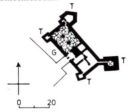

Innerjuvalta

Gde. Rothenbrunn, Bz. Heinzenberg, Kt. Graubünden, Schweiz

Grundriß in: Clavadetscher, S. 131.

Die Burg ist in der Mitte des 13. Jh. erbaut worden. 1342 wird das castrum in Juvalt urkundlich erwähnt. Die Unterburg ist wohl im 15. Jh. entstanden. Nach 1500 wurde die Burg aufgegeben. Der älteste Bau ist der Palas, im SW des Bergfriedes, der 3 Stockwerke hatte. Der Bergfried auf einer Grundfläche von 9 × 9 m mit 2 m Wandstärke war zunächst nur 10 m hoch, er wurde im 15. Jh. aufgestockt.

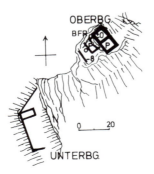

Inning

Kr. Starnberg, Bayern

Grundriß in: Baudkm. in Bayern, Kr. Starnberg, S. 200.

Das Schlößchen auf einer Insel steckt in den Umfassungsmauern eines festen Hauses von 1446.

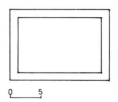

Inzlingen

Gde. Ober-Inzlingen, Kr. Lörrach, Baden-Württemberg

Grundriß in: Meyer-Regio, S. 18.

Das Wasserschloß entstand um 1500 auf einer älteren Basis. Es wurde bis ins 18. Jh. hinein verändert. Die Ringmauer ist ca. 1 m stark.

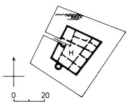

Irmelshausen

Gde. Höchheim-I..., Kr. Röhn-Grabfeld, Bayern

Grundriß in: Ebhardt I, Abb. 46; Kunstdkm. v. Bayern, Unterfrk., Bd. 13, S. 61.

Die heutige Anlage des Wasserschlosses wurde im 15. Jh. begonnen und später wesentlich verändert. Die Ringmauer ist 1,6 m stark.

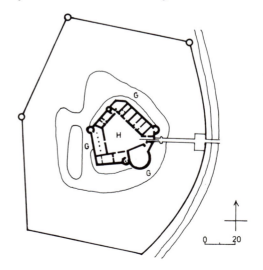

Irsch

Gde. Trier, Rheinland-Pfalz

Grundriß in: Kunstdkm. der Rheinprov., Bd. 15.2, S. 176.

Der Wohnturm des 14. oder 15. Jh. ist heute Pfarrhaus.

Irslingen, Urslingen

Gde. Dietingen-I..., Kr. Rottweil, Baden-Württemberg

Grundriß in: Pfefferkorn, Bd. 2, S. 18.

Ein Konrad v. Urslingen wird 1178 urkundlich genannt. Im 16. Jh. war die Burg schon Ruine.

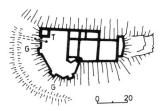

Isenburg

Kr. Neuwied, Rheinland-Pfalz

Grundriß in: Kunstdkm. d. Rheinprov., Bd. 16.2, S. 190.

Grafen v. Isenburg sind seit 1058 urkundlich bekannt. Die Burg war zeitweilig Ganerbenburg, der Bergfried ist wohl aus dem 13. Jh., er hat 9 × 9,5 m Seitenlänge und 2,5 m Mauerstärke. Sein Eingang liegt 5 m hoch. Die Ringmauer ist 1,7 m dick.

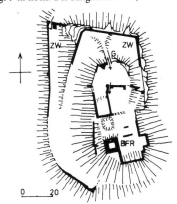

Isenburg, Neu-Isenburg

Gde. Essen, Nordrhein-Westfalen

Grundriß nach einem Burgenführer.

Die Burg ist zum Ende des 12. Jh. durch die Grafen v. Isenburg erbaut worden. 1288 wurde sie nach ihrer Zerstörung wiederaufgebaut. Im 16. Jh. ist sie verlassen worden. Der Bergfried mißt ca. 9 × 9 m, seine stärkste Wand, fast 4 m, ist gegen die Burg gerichtet.

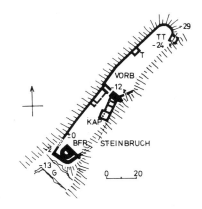

Iseringen

Gde. Beggenried, Bz. Nidwalden, Kt. Unterwalden, Schweiz

Angabe in: Kunstdkm. d. Schweiz, Unterwalden, S. 43.

Der Wohnturm stammt aus der Mitte des 13. Jh.

Isikofen

Gde. Sigmaringen, Baden-Württemberg

Grundriß in: Schmitt, Bd. 3, S. 31.

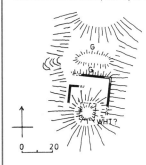

Entstanden ist die Burg um 1100, Ende des 14. Jh. war sie bereits verfallen. In ihrem Zentrum stand vermutlich ein Wohnturm.

(Issum)

Gde. Düsseldorf-I..., Nordrhein-Westfalen

Grundriß in: Führer zu archäolog. Denkm. in Deutschland, Bd. 21, S. 154.

Von der 1980 ausgegrabenen Wasserburg ist nichts mehr erhalten. Bestanden hat sie vom 14.–16. Jh.

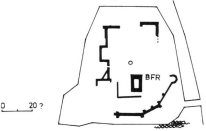

Itterburg

Gde. Vöhl-Thalitter, Kr. Korbach, Hessen

Grundriß in: Hessische Heimat, 11. Jahrg., Heft 5.

Der Adel zur Burg ist im 12. Jh. bekannt. Die Burg wird erst 1355 erwähnt. Sie besteht aus der Kernburg und dem Vorwerk mit dem Namen Steuerburg. Der Bergfried der Kernburg mit 11 m Seitenlänge und 2 m starken Wänden könnte ein Wohnturm gewesen sein. Die Kastellburg mit quadratischem Grundriß in einem ovalen Zwinger ist einmalig.

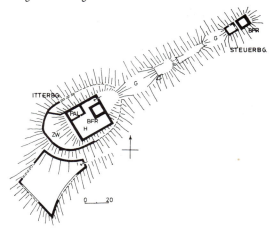

Jagdberg

Gde. Frommengersch, Bz. Feldkirch, Vorarlberg, Österreich

Grundriß in: Österr. Kunsttop., Bd. 32, S. 533; Ulmer, S. 69; Huber, S. 69.

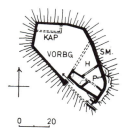

Im 12. Jh. wurde die Burg durch die Grafen v. Bregenz erbaut. 1405 wurde sie zerstört und 1499 wiederhergestellt. Im 18. Jh. ist sie verfallen. Der Palas hat 4 Stockwerke. Die Schildmauer ist 2,0 m, die Ringmauer 1,5 m stark.

Jagberg = Neidingen

Jagdburg, Stocken, Friedberg

Gde. Armsoldingen, Bz. Thun, Kt. Bern, Schweiz

Grundriß in: Burgen u. Schlösser der Schweiz, Bd. IXa.

Die Burg wird 1350 urkundlich genannt. Der Wohnturm hat 8,5 × 13 m Grundfläche und 1,5 m starke Mauern.

Jaufenburg

Gde. St. Leonhard im Passeier Burggrafenamt Südtirol, Italien

Grundriß in: Trapp, Bd. 2, S. 148.

Früher hieß die um 1300 erbaute Burg, wie ihre Eigentümer, Passeier, Dienstmannen der Grafen v. Tirol. 1419 ging sie für lange Zeit an die Herren v. Fuchs, die sie erst 1745 abgaben. Im 18. Jh. ist sie verfallen. Der Bergfried besaß ursprünglich 4 Stockwerke und 18 m Höhe, die Grundfläche ist 8,6 × 8,9 m mit 2 m Mauerstärke, die je Geschoß etwas abnimmt. Ein 5. Stockwerk wurde erst im 16. Jh. aufgesetzt.

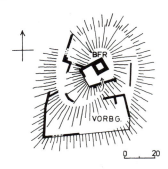

Jegenstorf

Bz. Fraubrunn, Kt. Bern, Schweiz

Grundriß in: Burgen u. Schlösser d. Schweiz, Bd. Xa; Meyer, Bd. 9, S. 24.

Das hübsche Schloß war einst eine Wasserburg, die um einen Wohnturm herum entstanden ist. Im 12. Jh. sind Herren v. »Jegistorf« Dienstmannen der Zähringer, dann des Kyburger Grafen. Sie erbauten um 1200 den 26 m hohen Wohnturm, dessen Eingang im 2. von 5 Stockwerken lag. Er hat 9 × 10 m Grundfläche und über 2 m dicke Wände. Im Verlauf des Mittelalters wurden weitere Gebäude hinzugebaut, die 1720 in dem barocken Schloß verbaut wurden. Das Schloß ist heute Museum.

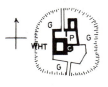

REKONSTR. D. MITTELALT. ANL.

Jeltsch – Jelcz

Kr. Oblau – Oława, Schlesien, Polen

Grundriß in: Grundmann, S. 125.

»Jalche« wird 1245 urkundlich erwähnt. Der Grundriß zeigt die Wasserburg vor dem Brand von 1623. Nach mehreren Umbauten wurde das Schloß 1829 für die Grafen v. Saurma-Jeltsch klassizistisch erneuert.

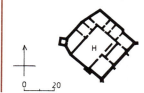

Jena

(Kr.) Thüringen

Grundriß in: Mrusek 2.

Der Wohnturm vom Ende des 13. Jh. mit 3 Stockwerken und 13 m Höhe war vermutlich Teil eines Rittersitzes.

Jesberg

Schwalm-Eder-Kr., Hessen

Grundriß in: Brauns, S. 18.

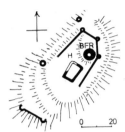

Die Burg wurde Anfang des 13. Jh. begonnen. 1426 wurde sie erneuert und 1469 nach teilweiser Zerstörung wieder instandgesetzt. Seit dem Ende des 16. Jh. ist sie verfallen. Der romanische Bergfried hat 7,5 m Durchmesser und 2,5 m starke Wände.

Jessnitz, Hausstein

Gde. St. Anton, Bz. Scheibbs, Niederösterr., Österreich

Grundriß in: Burgen im Bz. Scheibbs, S. 130.

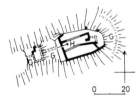

1270 wird »Otto de Yeheniz« urkundlich genannt, 1335 der »Purcgraf zu Gesnitz«. Die Burg muß Anfang des 13. Jh. entstanden sein, zeitweilig hatte sie mehrere Besitzer. Zerstört wurde sie vielleicht 1360.

Jever

(Kr.) Niedersachsen

Grundriß in: Kunstdkm. v. Oldenburg, Bd. 5, S. 180.

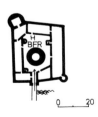

Der hier dargestellte Grundriß stammmt vom Ende des 18. Jh. Die Wasserburg aus dem 14. Jh. wurde mehrfach umgebaut und im 16. Jh. zum Schloß verändert, in dem heute ein Museum untergebracht ist. Der Bergfried hat um 12 m Durchmesser und 4 m starke Mauern.

Jörgenberg

Gde. Obermarchtal-Mittenhausen, Alb-Donau-Kr., Baden-Württemberg

Grundriß in: Schmitt, Bd. 2, S. 257.

Der Adel v. Jörgenberg wird 1243 urkundlich genannt. 1370 ist die Burg schon ruiniert.

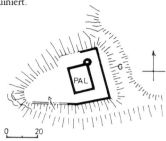

Jörgenberg, Waldenburg, St. Georgenburg

Gde. Waltensburg, Bz. Glenner, Kt. Graubünden, Schweiz

Grundriß in: Meyer/Widmer, S. 43; Kunstdkm. d. Schweiz, Graubd., Bd. 4, S. 340; Poeschel, S. 232; Clavadetscher, S. 107; Meyer, Bd. 3, S. 43.

Der mächtige Felsklotz ist ein uralter Burgplatz. Die Kapelle ist vielleicht schon um 830 entstanden. Das Langhaus und der Campanile entstanden um 1100. Um 1200 fand die Umwandlung der Kirchenburg in eine Ritterburg statt, aus dieser Zeit stammmen Wohnturm und Wohngebäude. Im 16. Jh. wurde Jörgensberg aufgegeben. Der Wohnturm mit 9,5 m Seitenlänge und 2 m Wandstärke hatte 5 Stockwerke, von denen die beiden obersten bewohnbar waren.

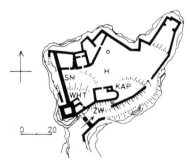

Johannisberg

Gde. Jauering – Javorník, Bz. Mähr. Schönberg – Šumberk, Nordmähren, Tschechische Republik

Grundriß in:: Burgwart, 1936, S. 36.

Entstanden wohl im 13. Jh., wird die Burg 1307 urkundlich erwähnt. 1428 zerstören sie die Hussiten. Neu wird sie auf den alten Fundamenten ab 1501 erbaut. Der Bergfried hat 12,5 m Durchmesser und fast 4 m starke Mauern.

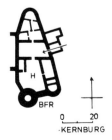

Johannstein

Gde. Sparbach, Bz. Mödling, Niederösterr., Österreich

Grundriß in: Piper, Österr., Bd. 2, S. 91.

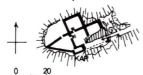

Erbaut wurde die Burg unter Einbeziehung eines Felsens 1429. Im 17. Jh. verfiel sie.

Jossa, Dagsberg

Gde. Seeheim-Jugenheim, Kr. Bergstraße, Hessen

Grundriß in: Buchmann, S. 90.

Der Adel v. Josso (Jazza) ist schon Ende des 12. Jh. bekannt. Die Burg Jossa ist wohl um 1290 begonnen worden; bewohnt war sie nur kurz, bis 1339. Die Reste wurden 1848 ausgegraben. Viel ist nicht mehr erhalten. Der Bergfried hat 8,4 m Durchmesser und 3,75 m dicke Mauern.

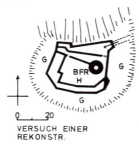

Jünkerrath

Kr. Daun, Rheinland-Pfalz

Grundriß in: Kunstdkm. d. Rheinprov., Bd. 12.3, S. 107.

Die Reste der heutigen Burg stammen aus dem 14. Jh. Die Ringmauer ist 1,5 m dick. Zum Wasserschloß umgebaut, wurde sie 1737 durch Brand zerstört.

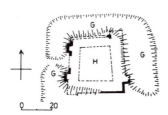

Jungnau

Gde. Sigmaringen (Kr.)-J..., Baden-Württemberg

Grundriß in: Cohausen Nr. 227; Schmitt, Bd. 3, S. 39.

Erhalten sind nur der Buckelquaderbergfried und ein Rest Buckelquadermauern im Osten. Die Burg wird erst 1333 urkundlich erwähnt. 1844 verschwinden die letzten Burggebäude für Neubauten. Der Bergfried hat einen spitzbogigen Eingang in 12 m Höhe, Gesamthöhe des Turmes ist 18 m, er wurde 1844 verkürzt. Er hat 8,8 m Seitenlänge und 3 m Wandstärke.

Juval

Gde. Tschars, Vinschgau, Südtirol, Italien.

Grundriß in: Weing.-Hörm., S. 447; Trapp, Bd. 1, S. 201; Piper, Österr., Bd. 6, S. 71.

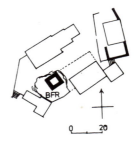

Erbauer der Burg ist Hugo v. Montalban, der sich ab 1278 v. Jufal nennt. Die heutige Gestalt ist überwiegend aus dem 16. Jh. Bergfried und Palas sind von 1270, der Wohnbau am Bergfried und große Teile der Vorburg sind im 15. Jh. entstanden. 1925 wurde Juval völlig renoviert. Der Bergfried hat ca. 7 × 8 m Grundfläche.

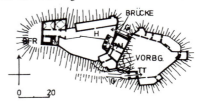

Kaaden – Kadań

Bz. Komotau – Chomoutov, Westböhmen, Tschechische Republik

Grundriß in: Menclová, S. 327.

Die Stadtburg wurde im 13. Jh. begonnen und bis ins 17. Jh. ausgebaut. Ihre Ringmauer ist 2,5 m stark.

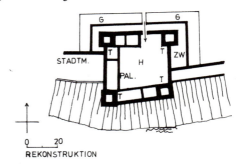

Kälberhof

Gde. Neukirchen, Bz. Melk, Niederösterr., Österreich

Grundriß in: Burgen u. Schlösser in Niederösterr., Bd. III/2, S. 49.

Ursprünglich hieß der wohl Ende des 14. Jh. erbaute Wohnturm Cholb oder Kölbl. 1950 wurde das 3. Stockwerk abgetragen.

Kästenburg = Hambacher Schloß

Kagenfels, Falkenschloß, Habneburg, Kagenburg

Gde. Ottrott, Ct. Rosheim, Bas Rhin, Frankreich

Grundriß in: Salch, S. 167; Wolff, S. 176.

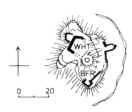

Auf einem steilen Felsklotz wurde die Burg 1262 erbaut, 1426 wurde sie zerstört und wiederaufgebaut; 1503 wurde sie umgebaut, vermutlich wurde sie im Dreißigjährigen Krieg zerstört. Der Wohnturm hat die maximalen Maße 13,8 × 15,5 m, mit mehr als 1,5 m dicken Außenmauern. Der angebaute Bergfried hat 7 m Durchmesser.

Kaiserberg

Gde. St. Stefan ob Leoben, Bz. Leoben, Steiermark, Österreich

Grundriß in: Burgen und Schlösser d. Steiermk., Bd. 2, S. 77; Piper, Österr., Bd. 3, S. 89.

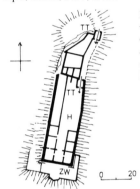

Die Burg besitzt einen ungewöhnlichen langrechteckigen Grundriß, der um 1240 entstanden ist. 1460 wurde Kaiserberg umgebaut. Seit 1793 ist die Anlage verfallen.

Kaisersberg

Ct. Kaysersberg, Haut-Rhin, Frankreich

Grundriß in: Kaltenbach, Nr. XVI; Wolff, S. 178; Salch, S. 632; Holz-Pfalzen, S. 152.

Die Burg wurde um 1200 durch die Herren v. Rappoltstein erbaut. 1227 wurde sie staufisch. Der Landvogt Kaiser Friedrichs II. v. Woelflin ließ sie verstärken und die Stadt von Mauern umgeben. 1525 wurde sie zerstört, 1580 wieder aufgebaut und schließlich 1632 endgültig durch Franzosen zerstört. Die Mauer vor dem Bergfried ist 15 m hoch. Der Bergfried mit Durchmesser 11,4 m und stattlichen 4,5 m Mauerstärke ist 21 m hoch und hat seinen Eingang in 11 m Höhe.

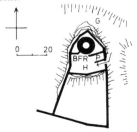

Kaiserburg

Gde. Oberhausen, Kr. Neuburg/Donau, Bayern

Grundriß in: Kunstdkm. v. Bayern, Schwaben, Bd. 5, S. 591.

Vielleicht geht der Ursprung der Ruine ins Jahr 1000 zurück. Urkundlich wird die Burg erst 1280 genannt, was nicht für einen derartig frühen Beginn spricht. 1386 wurde sie vermutlich zerstört.

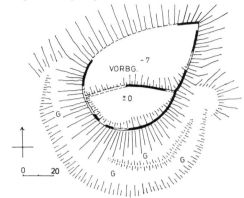

Kaiserstuhl

Bz. Zurzach, Kt. Aargau, Schweiz

Angabe in: Meyer, Bd. 8, S. 75.

Der sogen. obere Turm von Kaiserstuhl ist ein Wohnturm des 13. Jh., der später Teil der Stadtmauer wurde. 1236 wird Rudolf v. Kaiserstuhl urkundl. genannt. Der Turm, an 30 m hoch mit 12 m Seitenlänge, reduziert sein Mauerwerk in 6 Geschossen von 2,5 auf 1,2 m. Sein Eingang liegt 6 m über Gelände.

Kaiserswerth

Gde. Düsseldorf, Nordrhein-Westfalen

Grundriß in: Ebhardt I, Abb. 627; Hotz, Z. 61; Kubach, S. 433; Kunstdkm. d. Rheinprov., Bd. 3.1; Hotz-Pfalzen, Z. 35; Piper, Fig. 533; Bruhns, S. 6.

Ein festes Haus hat es schon im 10. Jh. gegeben, der Königshof wird 1101 genannt. Die Wasserburg-Pfalz wurde 1174–1184 durch Kaiser Friedrich I. auf einer Rheininsel erbaut. Im Zentrum der massiven und starken Anlage steht der Bergfried mit den gewaltigen Maßen 16 × 16,5 m und über 4 m dicken Mauern. Auch die Außenmauern der Burg sind mit 2,6 m sehr stark.

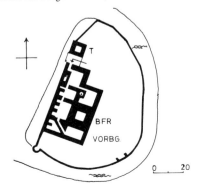

Kaiserturm = Bocholt

Kaisten

Bz. Laufenburg; Kt. Aargau, Schweiz

Grundriß in: Burgen u. Schlösser d. Schweiz, Aargau, S. 76.

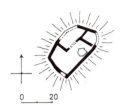

Die 1911 ausgegrabene Burg entstand um 1200 und wurde noch vor der Mitte des 13. Jh. zerstört.

Kalden

Gde. Altusried, Kr. Sonthofen, Bayern

Grundriß in: Neßler, Bd. 1, S. 68.

Der Ursprung der sehr großen Burg ist unklar. 1803 wurde sie so gründlich abgebrochen, daß kaum Reste erhalten blieben.

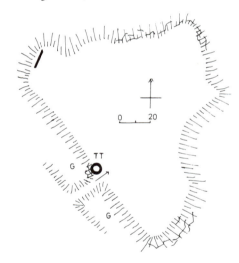

Kaldiff, Caldiff

Gde. Neumarkt, Unteretsch, Südtirol, Italien

Grundriß in: Weing.-Bozen, 12; Piper, Österr., Bd. 3.

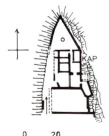

Erbaut wurde die Burg im 12. Jh. durch die Herren v. Enn. Wandbilder aus dem 14. Jh. sind in Resten erhalten. 1410 wurde Kaldiff beschädigt, jedoch später erneuert. 1525 wurde die Burg geplündert und 1798 endlich durch Brand zerstört.

Kalenberg

Gde. Warburg-K..., Kr. Höxter, Nordrhein-Westfalen

Grundriß in: Kunstdkm. v. Westfalen, Warburg, S. 230.

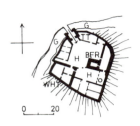

Die durch einen Umbau 1880 entstellte Burg ist im 13. Jh. entstanden, der Wohnturm gehört in die Gründungszeit. Im 16. u. 17. Jh. wurde sie umgebaut. Ihre Ringmauer ist 1,7–2,0 m stark. Der Bergfried von 7,5×9 m Seitenlänge hat 2 m starke Mauern, die besitzt auch der fünfstöckige Wohnturm, dessen Maximalmaße 16×16,5 m sind; er ist 18 m hoch.

Kallenberg

Gde. Buchheim, Kr. Tuttlingen, Baden-Württemberg

Grundriß in: Streng, S. 44; Schmitt, Bd. 3, S. 244.

1221 wird Walter v. Kallenberg urkundlich genannt. Entstanden ist die Burg wohl um 1200. 1334 wird sie urkundlich als Besitz der Grafen v. Hohenberg erwähnt. Sie wurde vielleicht schon Ende des 14. Jh. Ruine (Tillmann). Der Bergfried mit rd. 8 m Seitenlänge und 2,5 m starken Wänden ist 21 m hoch.

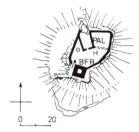

Kallenberghöhle

Gde. Buchheim, Kr. Tuttlingen, Baden-Württemberg

Grundriß in: Schmitt, Bd. 3, S. 246.

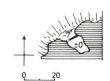

Die Grottenburg entstand ebenfalls um 1200, vielleicht war sie überhaupt nur während der Bauzeit der Burg bewohnt.

Kallenfels = Stein, Gde. Kern

Kallmünz

Kr. Regensburg, Bayern

Grundriß in: Kunstdkm. v. Bayern, Oberpfalz, Bd. 5, S. 70.

Gegründet wurde die Burg Ende des 12. Jh. Der Bergfried ist von 1200, der Palas aus dem 13. Jh., die Ringmauer aus dem späten

13. Jh. Der Torturm und die Zwingermauer sind gotisch, desgl. die Mauertürme aus dem 15. Jh. 1641 wurde die Burg durch Schweden zerstört. Der Bergfried hat 9,5 m Durchmesser bei rd. 2,3 m Wandstärke, der rundbogige Eingang liegt 8 m über Niveau, der Turm ist 20 m hoch. Die Ringmauer ist 1,2 m stark.

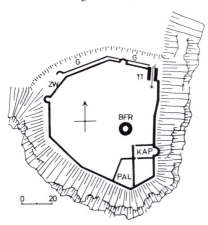

Kallmuth

Gde. Mechernich-K..., Kr. Euskirchen, Nordrhein-Westfalen

Grundriß in: Herzog, S. 310.

Das Wohnhaus der kleinen Wasserburg ist im 14. Jh. entstanden.

Kalsmunt = Calsmunt

Kaltenberg

Gde. Giengen-Hürben, Kr. Heidenheim, Baden-Württemberg

Grundriß in: Kunstdkm. v. Württembg., Ulm, S. 335.

Die merkwürdige Burg in Randlage ist vielleicht um 1200 begonnen worden. 1435 wurde sie zerstört und wiederaufgebaut, im 18. Jh. ist die Anlage verfallen. Ihr Ostteil ist barocken Ursprungs. Die nördliche Schildmauer ist 4 m dick und 13 m hoch, die südliche 2,3 m dick und 10 m hoch. Wahrscheinlich gab es zwei Burghäuser, die später durch eine Ringmauer in eine Burg integriert wurden.

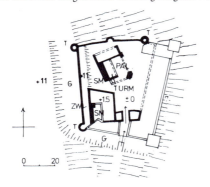

Kaltenstein

Gde. Röhrenbach, Kr. Freyung-Grafenau, Bayern

Grundriß in: Kunstdkm. v. Niederbayern, Bd. 23, S. 60.

Erhalten ist nur ein Wohnturm aus der Zeit um 1100 (Tillmann 1385!). Der Turm hat 11 m Seitenlänge und etwa 1,8 m starke Mauern, sein Eingang liegt nur ca. 2 m hoch; er hat 4 Stockwerke.

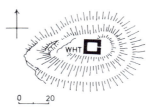

Kaltenstein – Hradisko

Gde. Friedberg – Zulová, Bz. Mähr. Schönberg – Šumberk, Nordmähren, Tschechische Republik

Grundriß in: Weinelt, Abb. 10.

Die Burg ist im 13. Jh. erbaut worden, urkundlich wurde sie 1296 erwähnt. Zerstört wurde sie 1505. Der Bergfried hat 11 m Durchmesser mit 3,8 m starken Mauern.

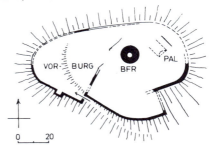

Kaltenstein

Gde. Vaihingen a. d. Enz, Kr. Ludwigsburg, Baden-Württemberg

Grundriß in: Pfefferkorn, Bd. Oberer Neckar.

Im Schloß aus dem Ende des 16. Jh. erkennt man noch den polygonal-ovalen Grundriß der Stauferzeit mit einer starken Schildmauer, die teilweise noch Buckelquader aufweist.

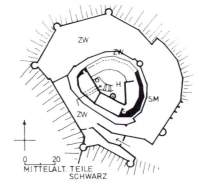

Kaltental

Gde. Stuttgart-K..., Baden-Württemberg

Grundriß in: Gerhard Wein »Burg Kaltental«, Diss. Tübingen 1913.

»De Kaltendael« wird Mitte des 12. Jh. urkundlich genannt, 1281 auch die Burg »Kaltindal«. Sie wurde 1837 abgebrochen.

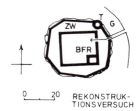

Kamegg

Bz. Horn, Niederösterr., Österreich

Grundriß in: Piper, Österr., Bd. 5, Fig. 48.

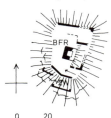

1150 wird »Heinrich de Chambecha« urkundlich erwähnt. Der Bergfried mit spitzbogigem Hocheingang ist vielleicht von 1300. Im 17. Jh. ist die Burg verfallen. Der Bergfried hat Seitenlängen von 7×8 m und 2 m Wandstärke.

Kammerstein

Gde. Perchtoldsdorf, Bz. Mödling, Niederösterr., Österreich

Grundriß in: Burgen u. Schlösser in Niederösterr., Österreich.

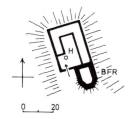

Die Burg hat wohl nicht lange bestanden, erbaut wurde sie möglicherweise um 1250 und zerstört 1290 (Tillmann). Der sechseckige Bergfried mit 12×16 m Hauptmaßen ist in Form und Dimension außergewöhnlich.

Kamnitz – Kamenice

Gde. Böhm. Kamnitz – Česka Kamenice, Bz. Tetschen – Děčín, Nordböhmen, Tschechische Republik

Grundriß in: Heber, Bd. 1.

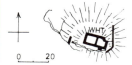

Über die Entstehung der kl. Burg gibt es keine Daten; zerstört wurde sie 1444, der Wohnturm-Palas ist 7×15 m groß mit Mauern von wenig mehr als 1 m Stärke.

Kampenn

Gde. Bozen, Südtirol, Italien

Angabe in: Trapp, Bd. 8, S. 64.

Der Wohnturm wurde vermutlich kurz nach 1250 erbaut. Er hat 5 Stockwerke und 22 m Höhe. Er hat nach dem Mittelalter Zu- und Anbauten erhalten, zuletzt 1910.

Kanstein = Canstein

Kapellendorf

Kr. Apolda, Thüringen

Grundriß in: Burgwart 1940, S. 13; Mrusek, S. 48.

Die Steinburg ist zwischen 1100 und 1150 entstanden. Die kleine Anlage gehört zu den wenigen kreisrunden Burgen. Die Vorburg ist im 14. Jh. hinzugefügt worden. Die Ringmauern der Kern- und Vorburg sind 2 m stark. Der Bergfried hat 10 m Durchmesser und 3 m starke Mauern, er ist nur als Stumpf erhalten. Die 5 Türme im äußeren Ring sind selten.

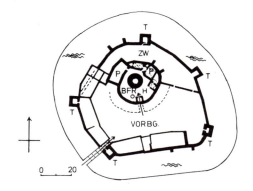

Kapf = Weiler

Kapfenberg

Gde. Lauchheim, Kr. Aalen, Baden-Württemberg

Grundriß in: DKV-Kunstführer, Nr. 982.

Die ältesten Teile der Schloßburg stammen aus dem Mittelalter, die starken Mauern zeigen die alten Teile.

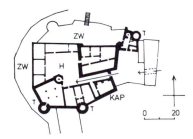

Kaprun
Bz. Zell am See, Salzburg, Österreich

Grundriß in: Österr. Kunsttop., Bd. 25, S. 271; Piper, Österr., Bd. 2, S. 99.

Die Burg ist mit dem Wohnturm um 1200 entstanden, sie wird 1287 urkundlich genannt. 1526 wird sie durch Bauern zerstört und wiederaufgebaut. Der Wohnturm mit 11,5×13,5 m Seitenlänge hat 2 m starke Mauern, 6 Stockwerke und 24 m Höhe, der Eingang liegt ca. 8 m hoch.

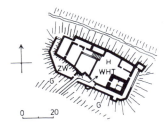

Kargegg
Gde. Allensbach-Langenrain, Kr. Konstanz, Baden-Württemberg

Grundriß in: Kiewat, S. 157.

1273 wird »uff der kargen egg« urkundlich erwähnt. 1525 wurde die Burg zerstört. 10,5×14,5 m ist die Grundfläche des Wohnturmes, der 1,6 m starke Wände hat.

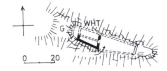

Karlsbach
Gde. St. Martin, Bz. Melk, Niederösterr., Österreich

Grundriß in: Burgen u. Schlösser in Niederösterr., Bd. II/4, S. 25.

Der Ursprung liegt im 14. Jh. Die Form einer fast quadratischen Ringmauer mit 4 Ecktürmen ist bei einer Burg, die keine Flachlandburg ist, extrem ungewöhnlich.

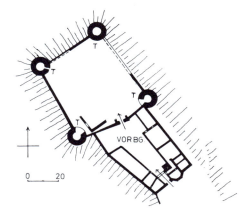

Karlsberg – Oberburg
Gde. Hörzendorf, Bz. St. Veit, Kärnten, Österreich

Grundriß in: Kohla, S. 144.

Die Burg ist im 12. Jh. gegründet worden, 1368 wurde sie zerstört und wiederaufgebaut. 1688 wurde die baufällige Anlage gesprengt. Der Wohnturm aus dem 14. Jh. hat 25 m Höhe mit 6 Stockwerken, seine Breite ist 13,5 m, die Stärke der Mauer 3,5 m.

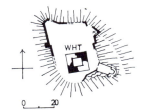

Karlsberg – Unterburg
Gde. Hörzendorf, Bz. St. Veit, Kärnten, Österreich

Grundriß in: Burgen u. Schlösser in Kärnten, Bd. 1, S. 69.

Die der Oberburg benachbarte Unterburg, wohl nur ein Wohnturm mit Ringmauer, entstammt ebenfalls dem 12. Jh., der Wohnturm von ca. 1220 mit 9,9 m Kantenlänge und 1,7 m starken Mauern hat 3 Stockwerke mit einem Eingang im mittleren Stockwerk.

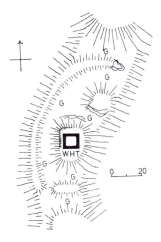

Karlsberg – Kašperk

Gde. Bergreichenstein – Kašperkz Hory, Bz. Strackonitz – Strakonice, Südböhmen, Tschechische Republik

Grundriß in: Piper, Österr., Bd. 4, S. 55.

Die Burg mit dem einmaligen Grundriß wurde 1361 durch Kaiser Karl IV. erbaut. 1655 wurde sie zerstört, in der 2. Hälfte des 19. Jh. fanden Erhaltungsarbeiten statt. Beide Bergfriede haben 5 Stockwerke, der östliche mißt rd. 11,5 m im Quadrat, der westliche 10×11,5 bei Wandstärken von 2,5 m. Die rechteckige Kernburg mit Bergfrieden ist eine Seltenheit.

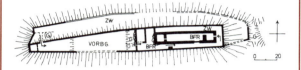

Karlsberg

Gde. Neumarkt, Bz. Murau, Steiermark, Österreich

Grundriß nach Mitteilung der Gemeinde 1988.

Daten sind über die Entstehung nicht bekannt, zerstört wurde die Burg in der 1. Hälfte des 16. Jh.

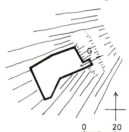

Karlsburg

Gde. Karlstadt/Main, Kr. Würzburg, Bayern

Grundriß in: Kunstdkm. v. Bayern, Unterfr., Bd. 6, S. 126.

Der ehemalige Bergfried und die Ringmauer sind romanisch, der Palas ist gotisch. 1525 wurde die Burg zerstört, im 19. Jh. teilweise abgebrochen. Die Ringmauer ist 1,5 m stark.

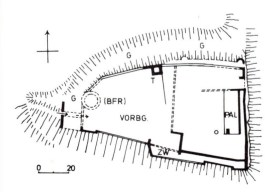

Karlsfried

Kr. Zittau, Sachsen

Grundriß in: Kunstdkm. v. Sachsen, Bd. 29, S. 89.

Erbaut wurde die Burg 1357 durch Kaiser Karl IV. 1424 wurde sie durch Hussitten zerstört und danach repariert, aber schon 1442 geschleift. Die Ringmauer ist 1,4 m stark, der kleine Bergfried hat nur 5 m Seitenlänge.

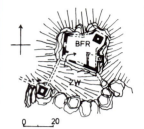

Karlsmarkt, Kerzendorf – Karlowice

Gde. Kerzendorf, Kr. Brieg – Brzeg, Schlesien, Polen

Grundriß in: Kunstdkm. v. Polen, Brzeg.

Erbaut wurde die Wasserburg nach 1330 in Backsteinen, sie ist in den nachfolgenden Jahrhunderten stark verändert worden. Der Bergfried hat 7,5 m Durchmesser und 2,25 m dicke Mauern.

Karlstein – Karlštejn

Bz. Beraun, Mittelböhmen, Tschechische Republik

Grundriß in: Ebhardt II/2, S. 412; Piper, Österr., Bd. 5.

Die große Burg wurde 1346 durch Kaiser Karl IV. begonnen. Nach teilweisem Verfall hat sie Kaiser Rudolph II. im 16. Jh. wieder instandgesetzt. In der 2. Hälfte des 19. Jh. wurde die Burg durch Friedrich v. Schmidt historisierend wiederhergestellt. Wichtigstes Bauwerk ist der gewaltige Wohnturm von 17,5×26 m Seitenlänge mit 4 m starken Wänden, er und viele andere Teile von Karlstein wurden durch Schmidt stark verändert.

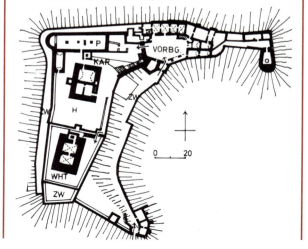

Karlstein

Bz. Waidhofen/Thaya, Niederösterr., Österreich

Grundriß in: Österr. Kunsttop., Bd. 6, S. 26; Sammlung Kreutzbruck.

Die Burg wird 1112 erstmals erwähnt, jedoch stammt die heutige Anlage aus dem 15. Jh. Sie wurde im 16. Jh. zum Schloß umgebaut. Der Bergfried mit rd. 10 m Durchmesser ist 24 m hoch.

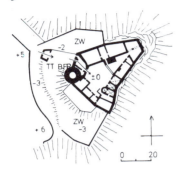

Karlstein

Gde. Bad Reichenhall (Kr.), Bayern

Grundriß in: Kunstdkm. v. Oberbayern, S. 2990.

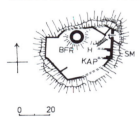

Die Schildmauer und die Kapelle entstanden im 12. Jh., im 15. Jh. wurde die Burg umgebaut, im 18. Jh. ist sie verfallen, 1938 wurde sie freigelegt. Die Schildmauer ist nur 1,2 m, die Ringmauer sogar nur 0,8 m stark. Der Bergfried hat 10 m Durchmesser bei nur 1,5 m Mauerdicke.

Karneid

Gde. Bozen, Südtirol, Italien

Grundriß in: Ebhardt I, Abb. 701; Weing.-Bozen, S. 141; Weing.-Tirol, Nr. 13; Weing.-Hörm, S. 297; Trapp, Bd. 8, S. 37.

Erbaut wurde die Burg um 1230–1240 durch die Herren v. Völs, die Ministerialen des Brixener Bistums waren. Daher stammen die innere Kernburg mit Bergfried und Palas, aber auch die 2. Ringmauer. Der Zwinger mit dem Tor entstand nach 1350. Die gut erhaltene Burg wurde 1880 renoviert. Die Ringmauer des Kerns ist 1,2 m stark, der Bergfried mit 7 m Seitenlänge und 2 m starken Mauern ist bei 4 Stockwerken 20 m hoch; der Eingang liegt in 8 m Höhe.

Karnol = Leiterburg

Karpenstein – Karpień

Kr. Habelschwerdt – Bystrzyk Kłodska, Schlesien, Polen

Grundriß in: Grundmann, S. 12.

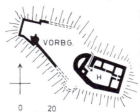

Entstanden ist die Burg um 1300, 1428 wurde sie zerstört und wiederaufgebaut. 1443 wurde sie endgültig zerstört. Die Ringmauer ist 1,8–2,4 m stark.

Karpfenstein = Ober Sansch

Kasatsch, Casatsch, Pfeffersburg

Gde. Nals, Burggrafenamt, Südtirol, Italien

Grundriß in: Trapp, Bd. 2, Abb. 210.

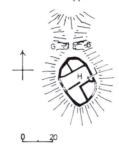

1194 wurde Kasatsch auf dem Hügel »Casac« durch Ministerialen der Grafen v. Eppan und des Bistums Trient erbaut. Über den Zeitpunkt ihrer Zerstörung ist nichts bekannt. Ihre Ringmauer ist 1,4 m dick und im Norden auf 2,4 m verstärkt.

Kasselburg, Casselburg

Gde. Pelm, Kr. Daun, Rheinland-Pfalz

Grundriß in: Dehio, Rheinland-Pfalz, S. 704; Hotz, Z. 105; Ebhardt I, Abb. 427; Kunstdkm. d. Rheinprov., Bd. 12.3.

Der Kern der Anlage ist wohl im 13. Jh. erbaut worden, 1291 wird sie jedenfalls urkundlich erwähnt. Der doppelturmartige Wohnturm als Torturm stammt aus der 2. Hälfte des 14. Jh., als die Vorburg entstand. Der westl. Zwinger ist in der 2. Hälfte des 15. Jh. ergänzt worden. Im 18. Jh. war die Kasselburg schon Ruine. Der 6,75 m breite Bergfried ist bis zur halben Höhe von 24 m romanisch, darüber aus dem 14. Jh., sein rundbogiger Einstieg liegt 10 m hoch, seine Mauerstärke ist 1,8 m. Der ungewöhnliche Wohnturm-Torturm ist maximal 8×15,5 m breit; er besitzt 8 Stockwerke in 34 m Höhe. Er erinnert an den Doppelturm der Burg Ehrenberg → (Mosel), der ebenfalls im 14. Jh. entstand und als Torturm diente.

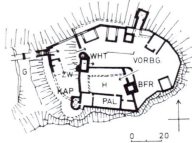

Kastelberg

Gde. Sulzburg, Kr. Freiburg, Baden-Württemberg

Grundriß in: Markgräflerland, S. 36.

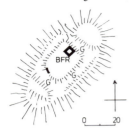

Daten sind nicht bekannt, der Bergfried hat 6 m Seitenlänge mit rd. 1,7 m Mauerstärke.

Kastelbell

Vinschgau, Südtirol, Italien

Grundriß in: Trapp, Bd. 1, S. 182; Weing.-Hörm, S. 446; Piper, Österr., Bd. 6, S. 77.

»Chastellbel« wird 1238 erstmals urkundlich genannt, die Burg von heute stammt jedoch aus dem 14. Jh., mit Zubauten des 16. Jh. Im 18. Jh. wird sie nach einem Brand wiederaufgebaut. Seit 1531 gehört sie der Familie v. Hendl. Vermutlich besaß die Burg einen Bergfried. Ihre Ringmauer ist auf der Bergseite 1,2 m stark, sonst schwächer.

Kastelburg

Gde. Waldkirch, Kr. Emmendingen, Baden-Württemberg

Grundriß in: Kunstdkm. v. Baden, Bd. 6,1, S. 517; Burgen im südl. Baden, S. 79.

Die Burg wurde um die Mitte des 13. Jh. erbaut, 1289 wurde sie erstmals urkundlich erwähnt. Umbauten fanden 1510 statt. 1677 wurde sie durch Franzosen zerstört. Die Ringmauer der Kernburg ist 2,0 m stark. Der 12 m Breite messende Bergfried mit 2,7 m Wandstärke besaß im obersten von 5 Stockwerken einen Kamin, ist jedoch nicht als Wohnturm benutzt worden, obwohl seine Dimensionen auf einen solchen hindeuten.

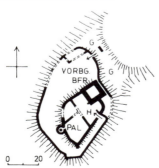

Kastellatz

Gde. Schlinig, Vinschgau, Südtirol, Italien

Grundriß in: Trapp, Bd. 1, S. 34.

Die Burg ist offenbar ziemlich alt, denn sie wurde laut urkundlicher Mitteilung von ihrem Eigentümer, dem Grafen v. Tarasp, 1146 geschleift.

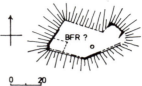

Kastellaun

Rhein-Hunsrück-Kr., Rheinland-Pfalz

Grundriß in: Ebhardt I, Abb. 423; Schellack, S. 13; Kunstdkm. v. Rheinld.-Pfalz, Bd. 6, S. 437.

Erwähnt wird die Burg 1236 als Besitz der Grafen v. Sponheim. Die heutige Anlage ist jedoch nicht älter als aus der 1. Hälfte des 14. Jh. 1689 wurde sie durch Franzosen zerstört. Ihre Ringmauer ist 1,7 m dick, ihr Bergfried von 9,3 m Seitenlänge hat 2,4 m starke Mauern, 24 m Höhe und 4 Stockwerke.

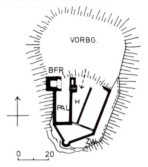

Kastell Stellfelder

Gde. Nenzing, Bz. Bludenz, Vorarlberg, Österreich

Grundriß in: Huber, S. 43.

Die Reste der Burg aus dem 12. Jh. wurden 1941 ausgegraben. Die Ringmauer ist nur 0,8 m stark.

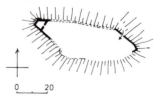

Kasteln

Gde. Alberswil, Bz. Willisau, Kt. Luzern, Schweiz

Grundriß in: Thüer, S. 229; Meyer, Bd. 8, S. 23.

Entstanden ist Kasteln wohl im 12. Jh., ein Umbau fand 1250 statt. Zerstört wurde die Burg 1653 im schweizerischen Bauernkrieg. Der Buckelquader-Wohnturm ist 12,2 × 14,6 m groß und hat 1,6-2,0 m dicke Mauern; er läßt 4 Stockwerke erkennen, der rundbogige Eingang liegt etwa 7 m hoch.

28 Hohenecken, Kreis Kaiserslautern, Pfalz

29 Hoher Schwarm, Saalfeld, Thüringen

30 Ingolstadt, Neues Schloß

31 Kayersberg, Elsaß

32 Kapellendorf, Kreis Apolda, Thüringen

33 Kasselburg, Kreis Daun, Eifel

34 Kasselburg, Kreis Daun, Eifel

35 Kriebstein, Kreis Hainichen, Sachsen

36 Krukenburg, Kreis Kassel, Hessen

37 Kühndorf, Kreis Meiningen, Thüringen

38 Landsberg, Elsaß

Kasteln

Bz. Brugg, Kt. Aargau, Schweiz

Grundriß in: Kunstdkm. d. Schweiz, Aargau.

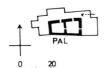

Im Schloß des 17. Jh. steckt der Palas der Burg des 12. Jh.

Kastelruth

Eisacktal, Südtirol, Italien

Angabe in: Trapp, Bd. 4, S. 327.

Auf einer Hügelkette ist nur der Bergfried der Burg des 13. Jh. erhalten geblieben, der in 6 m Höhe einen rundbogigen Eingang besitzt.

Kasten

Gde. Böheimkirchen, Bz. St. Pölten, Niederösterr., Österreich

Angabe in: Burgen u. Schlösser in Niederösterr., Bd. 5, S. 190.

Der Turm ist vermutlich der Bergfried einer Burg aus der Mitte des 12. Jh., die 1366 als »Haus daz Chasten« erwähnt wird.

Katsch

Bz. Murau, Steiermark, Österreich

Grundriß in: Österr. Kunsttop., Bd. 35, S. 53.

Die Burg wird 1250 als »Chaets« erstmals urkundlich genannt. Entstanden ist sie wohl im 12. Jh. mit einem festen Haus. Im 16. Jh. wurde das Wohnhaus im Nordosten angebaut (neben d. Tor der Vorburg). 1838 wurde die Burg demoliert. Ihr Ringmauer ist bis 2,2 m dick.

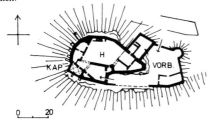

Katz, Neu Katzenelnbogen

Gde. St. Goarshausen, Rhein-Lahn-Kr., Rheinland-Pfalz

Grundriß in: Ebhardt I, Abb. 14; Kunze, S. 125.

Die Grafen v. Katzenelnbogen erbauten diese Burg ab 1393, ungewöhnlich ist der runde Wohnturm für diese Zeit. 1804 zerstörten Franzosen die Burg, die 1896 durch Bodo Ebhardt von Grund auf erneuert wurde. Der Wohnturm hat 11 m Durchmesser und ist 27 m hoch.

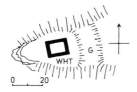

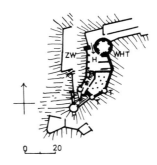

Katzenstein

Gde. Meran, Burggrafenamt, Südtirol, Italien

Angabe in: Trapp, Bd. 2, S. 211.

Der Bergfried ist der Rest einer Burg oder eines Ansitzes. Der entspr. Adel wird 1258 urkundlich genannt.

Katzenstein

Gde. Dischingen-Frickingen-K..., Kr. Aalen, Baden-Württemberg

Grundriß in: Schwäbische Post, Aalen, 21. 9. 1968.

Gegründet wurde die Burg im 13. Jh., sie wurde im Verlauf der Jahrhunderte ausgebaut, im Dreißigjährigen Krieg zerstört und wiederaufgebaut, 1939 wurde sie renoviert. Der in Buckelquadern erbaute Bergfried hat 7 × 7,3 m Grundfläche mit 2,5 m Mauerdicke, seine ursprüngliche Höhe ist ca. 22 m, er wurde später aufgestockt.

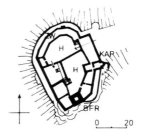

Katzenstein

Gde. Vigaun, Bz. Krainburg, Slowenien

Grundriß in: Piper, Österr., Bd. 8, Fig. 62.

Gegründet wurde die Burg im 12. Jh. Im 15. Jh. wurde sie vermutlich zerstört. Der Bergfried mit 10 × 11 m Grundfläche hat 2 und 2,5 m Wandstärke. Der Wohnturm mit der ungewöhnlichen Form mißt 7 × 15,5 m.

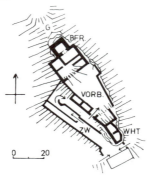

Katzenzungen

Gde. Prissian, Burggrafenamt, Südtirol, Italien

Grundriß in: Trapp, Bd. 2, S. 286.

»Henricus de Cazenzunge« ist 1244 urkundlich genannt, das »castro Chazenzunge« 1319. Das Burghaus mit 4 Stockwerken und rd. 1,2 m Mauerstärke verdankt sein heutiges Aussehen dem Umbau in der Mitte des 16. Jh.

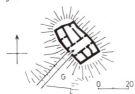

Kaumberg

Bz. Lilienfeld, Niederösterr., Österreich

Grundriß in: Burgen u. Schlösser in Niederösterr., Bd. II/3.

Die einstige Burg ist nur durch den 8 × 10 m messenden Bergfried mit 2 m Wandstärke erhalten. Er stammt wohl aus dem 13. Jh.

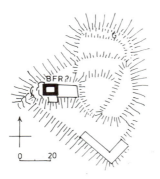

Kaya, Khaya

Bz. Hollabrunn, Niederösterr., Österreich

Grundriß in: Piper-Österr., Bd. 5, S. 64.

»De Cheya« wird urkundlich 1160 genannt. Die Kernburg stammt wohl aus dem 12. Jh., sie wurde später erweitert und 1430 erneuert. Über die Zerstörung gibt es keine Angaben. Der Bergfried mit 7,5 m Breite hat rund 2 m Mauerstärke.

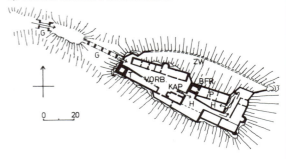

Kaysersberg = Kaisersberg

Keckenburg

Gde. Schwäbisch Hall (Kr.), Baden-Württemberg

Grundriß in: Das Bürgerhaus zwischen Ostalb und Oberer Tauber, S. 16.

Der mittelalterliche Wohnturm hat 4 Stockwerke in 18 m Gesamthöhe.

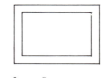

Kefikon

Bz. Frauenfeld, Kt. Thurgau, Schweiz

Grundriß in: Kunstdkm. d. Schweiz, Thurgau, Bd. 1, S. 304.

Der Wohnturm und Reste der Ringmauer stammen aus dem 13. Jh. »Burchardus de Kevincon« wird 1241 urkundlich genannt. Die ehem. Burg ist fast vollkommen im Schloß des 18. Jh. versteckt. Der Wohnturm mit 8,1 m Seitenlänge und 1,5 Mauerstärke hatte vielleicht 4 Stockwerke.

Kehrbach

Bz. Zwettl, Niederösterr., Österreich

Grundriß in: Sammlung Kreutzbrock.

Adel zur Burg wird 1348 urkundlich genannt. Die mit 1,0 m Mauerstärke schwache Burg ist im 16. Jh. schon Ruine.

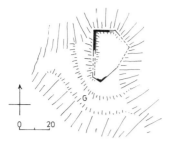

Kelbra

Kr. Sangerhausen, Sachsen-Anhalt

Grundriß in: Wäscher, Bild 549.

»De Kelvera« wird 1093 erwähnt, die Burg erst 1287. 1525 wird sie zerstört und später in einen Gutshof umgewandelt. Nach Tillmann sind Bergfried und Ringmauer um 1370 entstanden. Der Turm hat 7 m Seitenlänge und ca. 1,75 m starke Mauern.

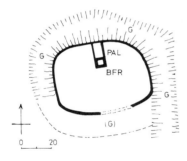

Kellenburg

Gde. Jülich-Barmen, Kr. Düren, Nordrhein-Westfalen

Grundriß in: Kunstdkm. d. Rheinprov., Bd. 81.

Im Wasserschloß des 17. Jh. steckt der dreigeschossige Wohnturm des 14. Jh. mit 16 m Höhe.

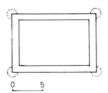

Kellerburg

Gde. Battenberg, Kr. Korbach, Hessen

Grundriß nach Aufnahme F.-W Krahe, 1991.

Die Burg muß im 13. Jh. erbaut worden sein. 1279 kommt sie in Mainzer Besitz, zerstört wird sie im Dreißigjährigen Krieg. Der konische Bergfried hat unten 7,5 m Durchmesser und ca. 2 m Mauerstärke. Der rundbogige Eingang liegt etwa 9 m hoch.

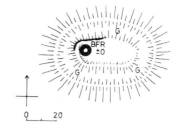

Kemleton

Gde. Kempthal, Bz. Winterthur, Kt. Zürich, Schweiz

Grundriß in: Hartmann, S. 26.

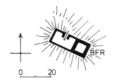

Daten sind für die kleine Burg mit dem unverhältnismäßig großen Bergfried (10 m Seitenlänge) nicht bekannt.

Kempen

Kr. Viersen, Nordrhein-Westfalen

Grundriß in: Ebhardt I., S. 122; Hotz, Z. 112; Kunstdkm. d. Rheinprov., Bd. 11.

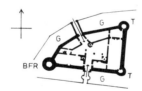

Erbaut wurde die erzbischöfliche Burg 1396–1400. Die Ringmauer im Süden und Osten ist 1,25 m stark, sonst 2,0 m. Der Bergfried hat 8,5 m Durchmesser und 2,5 m dicke Mauern.

Kempenich

Kr. Neuenahr-Ahrweiler, Rheinland-Pfalz

Grundriß in: Kunstdkm. d. Rheinprov., Bd. 17.2, S. 262.

Ein »Richwin de Kempenich« taucht vielleicht schon 1092 urkundlich auf. Wann die Burg entstanden ist, weiß man nicht. Die Ringmauer ist 1,25 m stark.

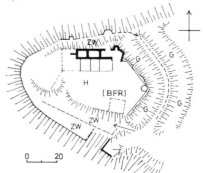

Keppenbach

Gde. Freiamt-Reichenbach, Kr. Emmendingen, Baden-Württemberg

Grundriß in: Kunstdkm. v. Baden, Bd. 61, S. 174; Burgen im südl. Baden, S. 85.

»Hartmout de Keppenbach« erscheint in einer Urkunde von 1161 als Ministeriale der Zähringer. Die Burg wird 1276 erstmals urkundlich genannt. 1396 wird sie zerstört und ab 1408 wiederaufgebaut. 1525 wird sie endgültig zerstört. Die Schildmauer ist 2,3 m dick und 7,5 m hoch erhalten.

70 m nördlich und 38 m unterhalb der Burg findet sich ein Turm von 7 m Seitenlänge, 2 m Mauerstärke und 16 m Höhe. Sein Einstieg liegt 5,5 m hoch.

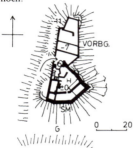

Kerchbaumer Schloß = Haichenbach

Kerpen

Gde. Illingen, Kr. Neunkirchen, Saarland

Grundriß in: Kunstdkm. d. Rheinprov. Ottweiler.

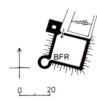

Begonnen wurde die kleine Wasserburg im 14. Jh. Zu Beginn des 16. Jh. wurde sie erneuert. Die Ringmauer ist 2,5 m stark, der Bergfried hat 9 m Durchmesser, 4 Stockwerke und einen Eingang in 10 m Höhe.

Kerpen

Kr. Daun, Rheinland-Pfalz

Grundriß in: Kunstdkm. d. Rheinprov., Bd. 12.3, S. 135.

Die Burg wurde begonnen im 12. Jh. und erweitert im 14.–16. Jh. Kern der Burg war der Bergfried mit dem Palas. Der romanische Bergfried mit 9 m Seitenlänge und 3 m Wandstärke ist 23 m hoch, hat 4 Stockwerke und einen Eingang in 10 m Höhe.

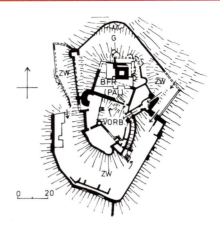

(Kerpen)

Kr. Daun, Rheinland-Pfalz

Angabe in: Kubach, S. 430.

Der romanische Wohnturm ist bis Anfang des 20. Jh. noch vorhanden gewesen. Jetzt ist er verschwunden.

Kerschenberg

Gde. Reinsberg, Bz. Scheibbs, Niederösterr., Österreich

Grundriß in: Burgen im Bz. Scheibbs, S. 138.

»Ortolfus de Chersberch« ist 1258 bezeugt. Bei Ausgrabungen fand man Reste aus der 1. Hälfte des 14. Jh. Die Mauern der sehr kleinen Burg sind 1,2 m stark.

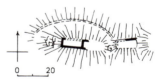

Kerzendorf = Karlsmarkt

Keseburg

Gde. Vöhl-Oberorke, Kr. Korbach, Hessen

Grundriß nach Aufnahme F.-W. Krahe, 1991.

1144 wird »Caseberch« urkundlich genannt. 1233 kam die Burg an Hessen, 1297 wurde sie zerstört. Der Bergfried hat 11 m Durchmesser mit 2,5 m Wanddicke.

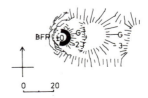

Khaya = Kaya

Khünburg, Künburg
Bz. Hermagor, Kärnten, Österreich

Grundriß in: Piper, Österr., Bd. 4, S. 71; Kohla, S. 151, Burgen u. Schlösser in Kärnten, Bd. 3, S. 18.

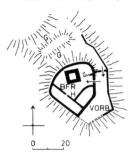

Die Entstehung der Burg lag um 1200, ein »Pero de Kirnburch« wird 1189 urkundlich genannt. Vor Mitte des 16. Jh. wurde sie durch Brand zerstört. Der Bergfried hat 8,85 m Seitenlänge mit 2,0 m Wandstärke, die Ringmauer ist in 8 m Höhe erhalten und 1,7 m dick.

Kiburg = Kyburg

Kienburg
Gde. St. Johann i. W., Bz. Lienz, Tirol, Österreich

Grundriß in: Pizzini »Osttirol«, S. 248.

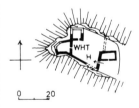

Begonnen in der 2. Hälfte des 12. Jh., wurde die Burg 1575 durch Brand zerstört. Die Maximalmaße des Wohnturmes sind 13,5 × 14,5 m mit 1,5 m Mauerstärke.

Kienhof
Gde. Wimberg-Pisching, Bz. Melk, Niederösterr., Österreich

Grundriß in: Burgen und Schlösser in Niederösterr., Bd. III/2, S. 53.

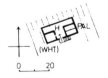

Der schwache Rittersitz bestand ursprünglich aus Wohnturm, Palas und Ringmauer mit nur 0,8 m dicken Mauern. Ein »Ulrich de Chinberg« wird 1229 urkundlich genannt. Die Anlage befindet sich heute unter einem Dach.

Kierwang
Gde. Bolsterlang, Kr. Sonthofen, Bayern

Grundriß in: Kunstdkm. v. Bayern, Schwaben, Bd. 8, S. 483.

Die Burg, die 1375 urkundlich genannt ist, wurde im 15. Jh. verlassen.

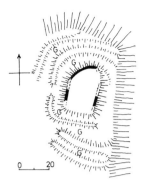

Kilchberg
Gde. Tübingen-K..., Baden-Württemberg

Grundriß in: Holz-Pfalzen, Z. 47.

Im Wasserschloß Kilchberg steckt das anspruchsvolle staufische Oktogon, das in dieser reinen Form nur wenige Male vorkommt. Leider sind für den von Merkelbach übernommenen Grundriß bei Hotz keine Maße angegeben. Der hier gezeigte Grundriß ist im Vergleich zu Egisheim dargestellt, dessen Maße am anderen Ort angegeben sind.

Kilianstein = Sodenburg

Kindhausen
Gde. Gwinden, Bz. Baden, Kt. Aargau, Schweiz

Grundriß in: Neujahrsblätter v. Dietikon, 10/1957.

Der entsprechende Adel im 13. Jh. genannt, 1553 wird die kleine Burg durch Zürich zerstört.

Kinheim
Kr. Bernkastel-Wittlich, Rheinland-Pfalz

Grundriß in: Kunstdkm. d. Rheinprov., 12.4, S. 183.

Der ehemalige Ansitz aus dem Mittelalter ist im Laufe der Zeit stark verändert worden.

Kinzheim

Ct. Sélestat, Bas-Rhin, Frankreich

Grundriß in: Ebhardt I., Abb. 378; Hotz, Z. 18, Kaltenbach, Nr. XVII, Wolff, S. 185; Salch, S. 173.

Die Burg der Herren v. Künigsheim, die ab 1192 urkundlich bekannt sind, muß kurz nach 1200 entstanden sein, vielleicht mit Resten einer älteren Anlage. Erneuert wurde sie um 1300 und im 15. Jh., 1632 brannte sie aus, wurde teilweise wiederhergestellt und verfiel nach 1735. Der Zugang zur Kastellburg ist nur durch den engen Zwinger um die halbe Burg herum möglich. Die mit rd. 13 m gleichhohe Schild- und Ringmauer sind 2,3 m bzw. 1,7 m stark. Der Bergfried hat 8,5 m Durchmesser, 3 m Wandstärke und ist 24 m hoch.

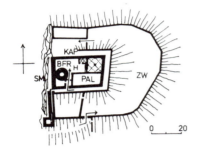

Kipfenberg

Kr. Eichstätt, Bayern

Grundriß in: Kunstdkm. v. Bayern, Mittelfrk., Bd. 2, S. 183.

Der hier dargestellte Grundriß berücksichtigt die Erneuerung durch Bodo Ebhardt 1925 nicht. Entstanden ist die Burg um 1200. Der Bergfried ist aus dieser Zeit, die Ringmauer und Wohngebäude sind aus der 2. Hälfte des 14. Jh. Im 19. Jh. ist Kipfenberg verfallen, nach 1925 wieder bewohnt. Der Bergfried mit 7 m Seitenlänge hat 2 m dicke Wände und ursprünglich 16 m Höhe, sein Eingang liegt 10 m hoch. Die Ringmauer des Kernes ist 1,45 m stark.

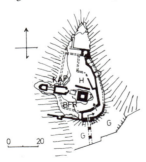

Kirchberg

Kr. Landshut, Bayern

Grundriß in: Kunstdkm. v. Niederbayern, Bd. 22, S. 88.

Die Burg mit der auffallend kreisrunden Zwingermauer aus Backsteinen liegt auf einem Hügel. Der entspr. Adel wird bereits 1105 genannt, die Burg selbst erst im 14. Jh. Die nach dem Mittelalter in ein Schloß verwandelte Anlage beherbergt eine Gaststätte. Der Bergfried auf der Grundfläche von 10×10,5 m hat 3 m starke Mauern, er enthält eine Kapelle.

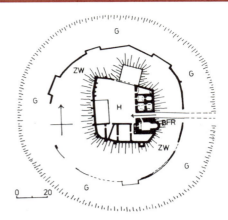

Kirchegg = Farbenstein

Kirchenrohrbach, Rohrbach

Gde. Walderbach, Kr. Cham, Bayern

Grundriß in: Kunstdkm. v. Bayern, Oberpfalz, Bd. 1.

Von der Burg, die im 12. Jh. entstanden ist, sind nur wenige Reste erhalten. Erwähnt wird sie urkundlich 1196. Der Bergfried hat 7,5 m Seitenlänge und 2 m Wandstärke.

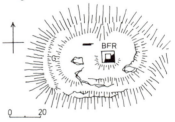

Kirchschlag

Bz. Wiener Neustadt, Niederösterr., Österreich

Grundriß in: Burgen u. Schlösser in Niederösterr., Bd. I/3, S. 21.

Die Burg wurde um 1160 begonnen, vermutlich mit dem wie eine Schildmauer behandelten Palas. Die anderen Bauten am Burghof stammen aus dem 13. Jh. und später. Erobert wurde Kirchschlag 1246 durch König Bela IV. v. Ungarn und 1483 durch Matthias Corvinus. Im 16. Jh. ist die Burg verfallen, der vieltürmige Zwinger, wohl aus dem späten Mittelalter, ist eine Seltenheit. Der vorgeschobene bergfriedartige Turm kommt in Österreich mehrfach vor.

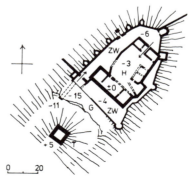

Kirkel

Kr. Homburg-Saar, Saarland

Grundriß in: Baudkm. d. Pfalz, Bd. 2, S. 91; Conrad/Flesch, S. 428.

Der dargestellte Grundriß nach Conrad/Flesch stammt aus dem 18. Jh. Erhalten sind nur noch Teile der Kernburg, die um 1200 erbaut und 1689 durch Franzosen zerstört wurde.

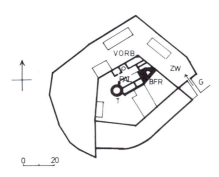

Kirnberg = Kürnberg

Kirnburg

Gde. Herbolzheim-Blechheim, Kr. Emmendingen, Baden-Württemberg

Grundriß in: Kunstdkm. v. Baden, Bd. 6.1; Burgen im südl. Baden, S. 90; Burgen u. Schlösser in Mittelbaden, S. 376.

»De Curenberc« werden 1088 urkundlich genannt. Erbaut wurde die Burg teilweise in Buckelquadern am Ende des 12. Jh. 1203 wird das »castrum Chuorenberg« urkundlich erwähnt. 1638 wird sie durch Bernh. v. Weimar zerstört. 1938 hat man die Ruinen freigelegt. Der Bergfried mit ca. 10 m Seitenlänge, die 2,3 m starke Schildmauer und der Palas mit 2 m Wandstärke auf dem oberen Niveau gehören in die Gründungszeit.

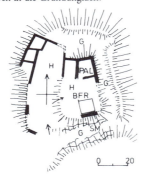

Kirneck, Kürneck, Kürnach, Salvest

Gde. Villingen, Schwarzwald-Baar-Kr., Baden-Württemberg

Grundriß in: Kunstdkm. v. Baden, Bd. 2, S. 155.

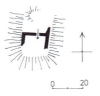

Erbaut wurde die eher kleine Burg Ende des 12. Jh., der Burgadel wird 1185 erstmals genannt. Im 19. Jh. wurde die Ruine weitgehend abgebrochen, bis dahin soll ein Bergfried vorhanden gewesen sein. Die Mauerstärke ist 1,85 m.

Kirnstein

Gde. Oberaudorf, Kr. Rosenheim, Bayern

Grundriß nach Aufnahme F.-W. Krahe, 1986.

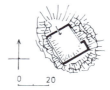

Die Burg ist wohl im 12. Jh. entstanden und war vielleicht nur eine Turmburg, die geringe Mauerstärke von nicht viel mehr als 1 m und die Dimensionen lassen jedoch auch eine Burg mit einem strukturierten Grundriß vermuten.

Kirschau

Kr. Bautzen, Sachsen

Grundriß in: Kunstdkm. v. Sachsen, Bd. 31, S. 100.

Über die Entstehungszeit der Burg mit den auffallend weit abgerundeten Ecken der ca. 2 m starken Ringmauer gibt es keine Daten. Zerstört wurde sie 1352. Der Bergfried hat 6 m Durchmesser und 1,5 m Mauerstärke.

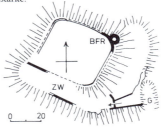

Kirspenich

Gde. Euskirchen (Kr.)-Kreuzweingarten, Nordrhein-Westfalen

Grundriß in: Kunstdkm. v. Nordrhein-Westf., Bad Münstereifel.

Der Wohnturm ist der Rest der mittelalterlichen Wasserburg, erwähnt wurde die Burg 1301. Der Turm hat 5 Stockwerke mit ca. 16 m Höhe.

Kisslau

Gde. Bad Schönborn-K..., Kr. Karlsruhe, Baden-Württemberg

Grundriß in: Kunstdkm. v. Baden, Bd. 9.2.

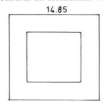

Von der ehemaligen Wasserburg steckt im barocken Schloß der Stumpf eines Turmes, vermutlich ein Wohnturm, der mit Buckelquadern verkleidet war und aus dem 12. Jh. stammt.

Klamm

Gde. Breitenstein, Bz. Neunkirchen, Niederösterr., Österreich

Grundriß in: Burgen u. Schlösser in Niederösterr., Bd. I/3, S. 65; Piper-Österr., Bd. 1, S. 135.

Der Adel »de Klamme« wird 1130 urkundlich erwähnt. Über den Ursprung der Burg ist nichts bekannt. 1479 wird sie durch Matthias Corvinus und 1529 durch Türken erobert. Danach wird sie gründlich verändert. Zerstört haben sie Franzosen 1805. Der Bergfried in Form einer Acht, Länge max. 13 m, Breite max. 9 m, ist ohne Beispiel. Die rechteckige Kapelle ist aus dem 14. Jh.

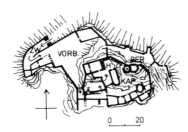

Klamm

Gde. Obsteig, Bz. Imst, Tirol, Österreich

Grundriß in: Trapp, Bd. 7, S. 363.

Die Burg ist um 1220–1230 erbaut worden. Urkundlich wurde sie 1284 als Besitz der Grafen v. Görz erwähnt. Nach 1957 wurde sie umfassend erneuert. Der Bergfried hat 9,75 m Durchmesser mit 2,1 m starken Mauern, die sich nach oben geschoßweise verjüngen, und 4 Stockwerke; der rundbogige Eingang liegt im 2. Stockwerk.

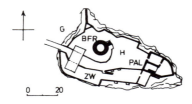

Klamm = Ehrenfels (Stmk.)

Klammstein

Gde. Dorfgastein, Bz. St. Johann, Salzburg, Österreich

Angabe in: Burgen u. Schlösser in Salzburg, Bd. 1, S. 12.

Der im 13. Jh. genannte Wohnturm wurde 1970 rekonstruiert. Der Turm hatte wohl nur 2 Stockwerke mit einem hölzernen Aufbau.

Klaus

Bz. Kirchdorf, Oberösterr., Österreich

Grundriß in: Burgen u. Schlösser in Oberösterr., Bd. 3, S. 72.

»Udalscalch de Clusa« wird von 1175–1217 urkundlich genannt. Vermutlich war er Pfleger auf der Burg, die in der 2. Hälfte des 12. Jh. erbaut wurde. Der Zugang zum Tor erfolgte über eine Brücke von einem Torbau zum anderen. Der Bergfried hat 7×7,5 m Grundfläche und Wandstärken von 1,4 und 2 m. Das Schloß unterhalb der Burg ist 1578 entstanden.

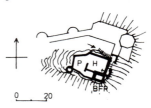

Klausegg

Gde. Seethal-K..., Bz. Tamsweg, Salzburg, Österreich

Grundriß in: Österr. Kunsttop., Bd. 20, S. 174; Burgen u. Schlösser in Salzburg, Bd. 1, S. 75.

Die Burg ist im 13. Jh. entstanden und im 17. Jh. verfallen, der vierstöckige wohnturmartige Palas mit 2,5 m starken Außenmauern hat 4 Stockwerke über einer Grundfläche von 12,5×26 m. Wahrscheinlich hat südlich des Palas eine Ringmauer einen Hof umgeben.

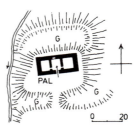

Klebenstein

Gde. Bozen, Südtirol, Italien

Grundriß in: Trapp, Bd. 5, S. 181.

Der Wohnturm aus der 2. Hälfte des 13. Jh. ist als Rest einer Burg in einem Schloß enthalten. Der rundbogige Eingang liegt 5 m hoch.

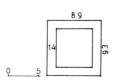

Kleeberg = Cleeberg

Kleinbasel

Gde. Basel (Kr.), Schweiz

Grundriß in: Meyer-Regio, S. 147.

Der Rest des einem Donjon ähnelnden Wohnturms, vermutlich aus der 2. Hälfte des 12. Jh., wurde 1973 ausgegraben. Seine gewaltige Dimension von 21 m im Quadrat bot eine Innenfläche von rd. 170 m². Er wurde zum Ende des 15. Jh. abgebrochen.

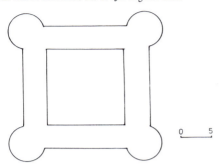

Klein Rosenburg

Gde. Gr. Rosenburg, Kr. Schönebeck, Sachsen-Anhalt

Grundriß in: Wäscher, Bild 107.

Von der Burg, deren zugehöriger Adel ab 1156 erwähnt wurde, ist 1945 ein großer Teil abgebrochen worden. Die Burg ist, wie viele andere in dieser Gegend, Gutshof gewesen.

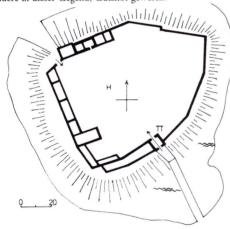

Kleinfrankreich

Gde. Erlenbach, Kr. Pirmasens, Rheinland-Pfalz

Grundriß in: Burgen u. Schlösser in d. Pfalz, Nr. 23; Baudkm. d. Pfalz, Bd. 2.

Die Burg wurde 1484 als Vorwerk für Berwartstein erbaut. Der Batterieturm hat 14 m Durchmesser und 3 m Mauerstärke.

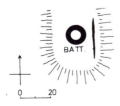

Kleinhadersdorf

Bz. Mistelbach, Niederösterr., Österreich

Angabe in: Burgen u. Schlösser in Niederösterr., Bd. 13, S. 139.

Der Wohnturm, vermutlich aus dem 13. Jh., ist in einem Schulhaus verbaut.

Kleinsteinbach

Gde. Pfinztal, Kr. Karlsruhe, Baden-Württemberg

Grundriß in: Biller, S. 263.

Um 1100 ist die Turmburg entstanden und wurde bis ins 14. Jh. benutzt. Zunächst hatte der Turm nur eine Seitenlänge von 7,5 m. Man darf annehmen, daß der ursprüngliche Turm einen Fachwerkaufsatz besaß und als Wohnturm diente. Er wurde später auf 10,5 m Seitenlänge verstärkt.

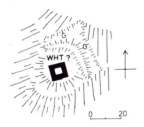

Kleinteil, Giswil, Rosenberg

Gde. Giswil, Kt. Unterwalden, Schweiz

Grundriß in: Kunstdkm. d. Schweiz, Unterwalden, S. 308.

Der vermutlich nach 1300 entstandene Wohnturm verfiel im 15. Jh.

Klein Vivers

Gde. Bärfischen, Bz. Saanen, Kt. Freiburg, Schweiz

Angabe in: Hauswirth, Bd. 11, S. 100.

Der Bergfried ist der Rest einer mittelalterlichen Burg.

Klenau – Klenova

Bz. Klatlau – Klatovy, Westböhmen, Tschechische Republik

Grundriß in: Heber, Bd. 6.

Begonnen wurde die Burg angeblich um 1220, Vorburg und Zwinger sind wesentlich jünger, im SW stand wohl ein Bergfried hinter der Ringmauer.

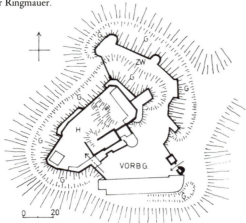

Kling

Gde. Babensham-Edenkling, Kr. Wasserburg, Bayern

Grundriß nach Aufnahme F.-W. Krahe, 1991.

Im 12. Jh. ist die Burg im Besitz der Grafen v. Wasserburg, ab 1259 Wittelsbach. 1553 wird Kling zum Jagdschloß umgebaut und 1804 abgebrochen.

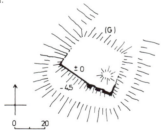

Klingenau

Bz. Zurzach, Kt. Aargau, Schweiz

Angabe in: Burgen u. Schlösser d. Schweiz, Aargau, S. 81.

Von der Burg, die hier in einem älteren Grundriß dargestellt ist und um 1230 entstand, ist nur noch der Bergfried mit 8,3 × 9 m Grundfläche und 2,3 m Mauerstärke erhalten.

Klingenberg – Zvíkov

Bz. Pisek – Písek, Südböhmen, Tschechische Republik

Grundriß in: Hotz-Pfalzen, Z. 120; Menclová, S. 212.

Erbaut wurde die Pfalz-Burg auf einem Berg in einer Moldauschleife mit Buckelquadern zwischen 1230 und 1270. Der Bergfried hatte 11,5 m Seitenlänge und 3,3 m starke Mauern, die Treppe lag im Mauerwerk. Die Ringmauer ist wenig über 1 m stark.

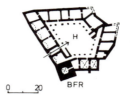

Klingenberg

Gde. St. Thomas am Blasenstein, Bz. Pergg, Oberösterr., Österreich

Grundriß in: Burgen u. Schlösser in Oberösterr., Bd. 1, S. 167; Benno Ulm: Das Mühlviertel, S. 118.

Erbaut wurde die Kernburg noch im 11. Jh. durch die Herren v. Perg-Machland, 1217 Besitzwechsel von Clam-Velberg zu Österreich. Im 17. Jh. wurde sie durch Blitzschlag zerstört. Der Bergfried mit 8 m Seitenlänge hat 4 Stockwerke, in denen die Mauerstärke von 2,1 m auf wenig über 1 m zurückgeht. Die Ringmauer der Kernburg ist 1,9 m dick. Die Vorburg stammt vom Beginn, der Zwinger vom Ende des 15. Jh.

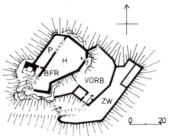

Klingenberg

Kr. Miltenberg, Bayern

Grundriß in: Kunstdkm. v. Bayern, Unterfrk., Bd. 23, S. 71.

Gegründet wurde die Burg um 1200, die heutige Anlage besteht hauptsächlich aus Teilen des 15. Jh., 1683 wurde sie durch Franzosen zerstört. Die Ringmauer ist 1,5 m dick, der Bergfried hatte 6 m Durchmesser.

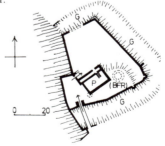

Klingenhorn

Gde. Malans, Bz. Unterlandquart, Kt. Graubünden, Schweiz

Grundriß in: Poeschel, S. 165; Burgen u. Schlösser d. Schweiz, Bd. XV, S. 26; Clavadetscher, S. 327.

Der Wohnturm, der älteste Teil der Burg, stammt aus dem frühen 13. Jh., 1376 wird die »vestin Klingenhorn« urkundlich erwähnt,

1497 war sie bereits verfallen. Der Wohnturm besaß auf der Basis von 8,5 × 9 m und Mauerstärken von 1,4 und 1,6 m 3 Stockwerke, der Hocheingang lag 9 m hoch.

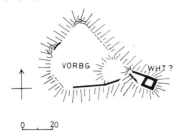

Klingenstein

Gde. Blaustein-K..., Alb-Donau-Kr., Baden-Württemberg

Grundriß in: Hans Gries »Klingenstein«, 1950; Kunstdkm. v. Württbg., Göppingen, S. 50; Schmitt, Bd. 2, S. 17.

»Conradus miles de Clingensteine« wird 1220 urkundlich erwähnt, vermutlich war er Ministeriale der Grafen v. Dillingen. Nach der Zerstörung durch Gegenkönig Heinrich Raspe wird die Burg 1250 neu erbaut. Die beiden Unterburgen sind wesentlich jünger. 1588 wird Klingenstein ein Schloß, das teilweise noch bewohnt ist. Der Bergfried hat 8 × 11 m Grundfläche und 1,7 m starke Mauern und war nach Schmitts Meinung ein Wohnturm, was bei rd. 33 m² Innenraum immerhin möglich gewesen wäre.

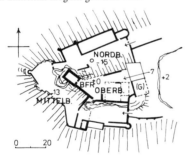

Klingenstein, Salla

Gde. Salla, Bz. Voitsberg, Steiermark, Österreich

Grundriß in: Baravalle, S. 112.

Die sehr kleine Burg, vielleicht aus dem 14. Jh., ist zu Beginn des 17. Jh. verfallen. Sie hatte einen Vorturm auf der Angriffsseite. Der dreieckige Bergfried mit 8,5 × 10 m Hauptmaßen und 2 m Wandstärke ist eines von ganz wenigen Beispielen seiner Art.

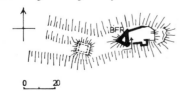

Kloch, Klöch

Bz. Radkersberg, Steiermark, Österreich

Grundriß in: Baravalle, S. 119.

Entstanden ist Kloch wohl im 14. Jh., Zerstört wurde sie im 16. Jh.

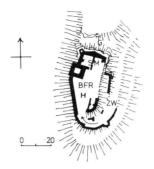

Klösterl

Gde. Gars-Thunau, Bz. Horn, Niederösterr., Österreich

Grundriß in: Sammlung Kreutzbruck

Bei Kreutzbruck gibt es überraschenderweise zwei Grundrißversionen. Daten sind nicht bekannt. Der Bergfried mißt 5 × 7,5 m.

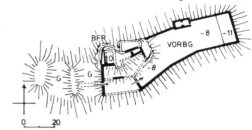

Klötze

(Kr.) Sachsen-Anhalt

Angabe in: Wäscher, S. 59.

Von der Wasserburg, vielleicht des 12. Jh., ist im heutigen Schloß nur noch ein Bergfried von 9,5 m Durchmesser. Die Burg, die zwei Bergfriede besaß, wurde um 1600 abgebrochen.

Klopp

Gde. Bingen, Kr. Mainz-Bingen, Rheinland-Pfalz

Grundriß in: Kunstdkm. v. Hessen, Bingen, S. 35.

Die Burg, der römischer Ursprung nachgesagt wird, erscheint urkundlich 1282. 1689 durch Franzosen zerstört, wird sie im 19. Jh. neugotisch rekonstruiert.

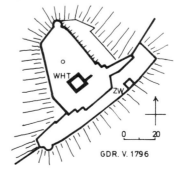

Klotten, Koreidelstein

Kr. Cochem-Zell, Rheinland-Pfalz

Grundriß in: Kunstdkm. v. Rhld.-Pfalz, Bd. 3, S. 562; Kubach, S. 633.

Der Bergfried der angeblich 996 gegründeten Burg ist romanischen Ursprunges. Die Vorburg wurde 1543 hinzugebaut. Der Bergfried von 8,1×8,6 m Seitenlänge hat 2,6 m dicke Mauern, die nach oben auf die Hälfte zurückgehen.

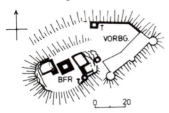

Klus = Alt Falkenstein
Klus = Farcstein
Klus = Schalberg
Knappenburg siehe Skala

Kneitlingen

Kr. Wolfenbüttel, Niedersachsen

Angabe in: Burgen u. Schlösser, 1990-I.

Der mittelalterliche Wohnturm mit knapp 1 m Wandstärke war vielleicht nur im Notfall bewohnt.

Kobern

Kr. Mayen-Koblenz, Rheinland-Pfalz

Grundriß in: Kunstdkm. d. Rheinprov., Bd. 16.3, S. 226.

Der Wohnturm war ein Burgmannensitz des 15. Jh. mit 3 Stockwerken.

Kobern – Oberburg

Kr. Mayen-Koblenz, Rheinland-Pfalz

Grundriß in: Kunstdkm. d. Rheinprov., Bd. 16.3, S. 215.

Bergfried und Kapelle entstanden um 1230. Der Bergfried mit ca. 8,5 m Seitenlänge und 2 m Wandstärke hat einen rundbogigen Eingang in 8,5 m Höhe. Die Oberburg liegt ca. 200 m von der Unterburg entfernt und höher als diese.

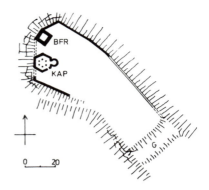

Kobern – Unterburg

Kr. Mayen-Koblenz, Rheinland-Pfalz

Grundriß in: Kunstdkm. d. Rheinprov., Bd. 16.3, S. 215; Cohhausen, Nr. 197.

Entstanden ist die Burg zum Ende des 12. Jh., im 14. Jh. wurde sie umgebaut; 1688 wurde sie durch Franzosen zerstört. Der Bergfried mit den maximalen Maßen von 7,5 × 8 m ist 20 m hoch mit einem rundbogigen Eingang auf halber Höhe. Die Ringmauer ist 1,2 m, im Westen 1,8 m stark.

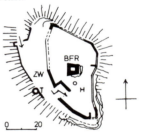

Kobersdorf

Gde. Markt Kobersdorf, Bz. Oberpullendorf, Burgenland, Österreich

Grundriß in: Burgen u. Schlösser im Burgenld., S. 77.

Die erste Burg wurde 1222–1229 erbaut. Nach ihrer Eroberung 1289 wurde sie repariert. Sie kam 1447 an Habsburg und wurde im 16. Jh. erneuert, noch im 18. Jh. wurden die Befestigungen verstärkt.

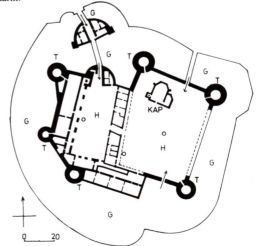

Koberstein – Koberštejn

Gde. Úddí Horní, Bz. Mähr. Schönberg – Šumberk, Nordmähren

Grundriß in: Weinelt, Abb. 9.

Entstanden ist die Burg wohl Anfang des 13. Jh. Der Bergfried hat rd. 11 m Durchmesser.

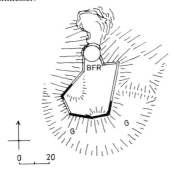

Koblenz

Rheinland-Pfalz

Grundriß in: Magnus Backes »Koblenz«, S. 19.

Der Ursprung der früheren Stadtburg liegt im römischen Kastell. Im Kern steht der romanische Wohnturm von 10 × 13,5 m und ca. 1,2 m Wandstärke. Er hat in 16 m 3 Stockwerke. Von der gotischen Burg stecken Reste im Schloß.

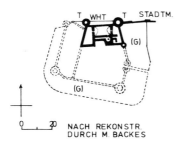

Kochenburg

Gde. Aalen (Kr.)-Unterkochen, Baden-Württemberg

Grundriß in: Blätter d. Schwäb. Albvereins, 1914–17, S. 248.

Erwähnt wird die Burg um 1300, zerstört wird sie im Dreißigjährigen Krieg. Der Grundriß ist recht ungewöhnlich: ein blockartiger Kern (Palas?) auf einem Fels von einer rund-rechteckigen Mauer umgeben.

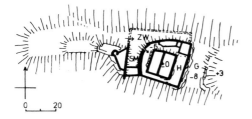

Kochersberg

Gde. Neugartheim, Ct. Trüchtersheim, Bas-Rhin, Frankreich

Angabe in: Salch, S. 175.

Der Wohnturm ist der Rest einer ehem. Doppelburg des 12. Jh., »De Cochersberg« taucht 1249 urkundlich auf.

Königsbach

Kr. Pforzheim, Baden-Württemberg

Grundriß in: Kunstdkm. v. Baden, Bd. 9.7, S. 120.

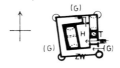

Um 1400 wurde die 1375 erstmals erwähnte Burg auf alter Basis erneuert. Die Ringmauer des Wasserschlosses ist 0,8–1,2 m stark.

Königsbach

Gde. Neustadt/Weinst. (Kr.), Rheinland-Pfalz

Grundriß in: Kunstdkm. v. Bayern, Pfalz, Bd. 1, S. 230.

Der Bergfried ist der Rest der Burg des 13. Jh.

Königsberg in Franken

Kr. Haßberge, Bayern

Grundriß in: Kunstdkm. v. Bayern, Unterfrk., Haßfurth.

Der mächtige, 14 m Durchmesser und 3,3 m Mauerstärke aufweisende Bergfried entstand im 13. Jh. Die äußere Ringmauer ist 1490 begonnen worden. Im 17. Jh. wurde die Burg noch einmal verstärkt. In der 2. Hälfte des 18. Jh. ist sie verfallen.

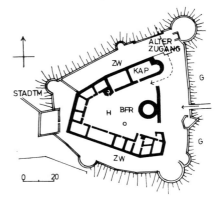

Königsbrück

Gde. Neuenkirchen, Kr. Osnabrück, Niedersachsen

Angabe in: Warnecke, S. 87.

Der Wohnturmrest ist als Überbleibsel der mittelalterlichen Wasserburg im Herrenhaus erhalten.

Königsburg = Bodfeld

Königshagen

Gde. Bad Lauterberg-Barbis, Kr. Osterode, Niedersachsen

Grundriß in: Burgen der Salierzeit, Bd. I, S. 43.

Entstanden ist der Wohnturm wahrscheinlich im 11. Jh., um 1300 wurde er durch Brand zerstört. Vielleicht hatte er ein Fachwerkobergeschoß.

Königstein = Alt Schauerburg

Königstein

Hochtaunuskr., Hessen

Grundriß in: Kunstdkm. im Reg.-Bz. Wiesbaden, Bd. 2, S. 73; Ebhardt I, Abb. 464.

Entstanden ist die trapezförmige Kastellburg um 1200 auf einer abgearbeiteten Felskuppe. Die Burg ist in ihrem heutigen Aussehen überwiegend aus dem 14. und 15. Jh. Im 16. und 17. Jh. wurde sie großräumig zur Festung ausgebaut und 1796 durch Franzosen zerstört. Der Bergfried mit 35 m Althöhe ist bis zum Eingang in 7 m Höhe massiv, er hat 8,5 m Seitenlänge. Die Ringmauer ist 1,5 – 2,5 m stark, die Schildmauer bis 6 m.

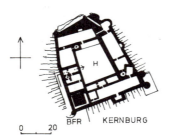

Königswart – Kynzwart

Bz. Eger – Cheb, Westböhmen, Tschechische Republik

Grundriß in: Heber, Bd. 6.

Die Kernburg wurde im 12. Jh. begonnen. Nach Zerstörungen 1347 und 1506 wurde sie wiederaufgebaut und erweitert. Im Dreißigjährigen Krieg wurde sie zerstört. Ihre Ringmauer ist bis 2 m stark.

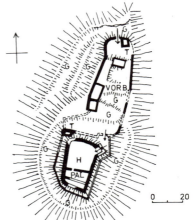

Königswusterhausen

(Kr.) Brandenburg

Grundriß in: Kunstdkm. v. Brandenbg., Bd. 4.1, S. 123.

Im Kern des Schlosses ist ein mittelalterliches Burghaus erhalten.

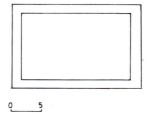

Könitz

Kr. Saalfeld, Thüringen

Grundriß in: Ebhardt I, Abb. 460; Kunstdkm. v. Thüringen, Bd. 20.

Begonnen wurde die Burg in der 1. Hälfte des 12. Jh., die heutigen Bauteile stammen aber aus dem 14. und 15. Jh. Der Bergfried hat 13 m Durchmesser.

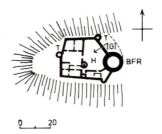

Koepfel

Gde. Klingenthal, Ct. Rosheim, Bas-Rhin, Frankreich

Grundriß in: Wolff, S. 194; Salch, S. 184.

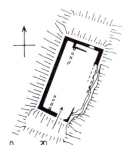

Nicht sicher ist, ob die rechteckige Anlage mit 2,2 m dicken Wänden eine römisch-allemanische Anlage aus dem 7. Jh. ist oder eine Burg des 11. Jh. Die Ringmauer ist 2,2 m stark.

Koerich

Ct. Kapellen, Luxemburg

Grundriß in: Bour, Bd. 2, Anhang.

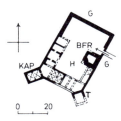

Entstanden ist die Wasserburg im 13. Jh., sie wurde bis ins 15. Jh. umgebaut, die Ecktürme stammen aus dieser Zeit. 1585 wurde sie in ein Renaissance-Schloß verändert, im 18. Jh. ist der Verfall eingetreten. Der Bergfried mit 11,5 m Seitenlänge hat 2,5 – 3,5 m dicke Mauern.

Kogl

Gde. St. Georgen im Attergau, Bz. Vöcklabruck, Oberösterr., Österreich

Grundriß nach Kataster der Gemeinde.

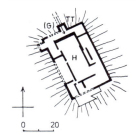

Die Burg ist vielleicht im 12. Jh. gegründet worden.

Kohlstedt

Gde. Schlangen, Kr. Detmold, Nordrhein-Westfalen

Grundriß in: Führer zu archäolog. Denkm. in Deutschland, Kr. Lippe, Bd. 2, S. 216.

Der Wohnturm ist vielleicht um 1050 entstanden.

Kohlstein

Gde. Pottenstein-Tüchersfeld, Kr. Bayreuth, Bayern

Grundriß in: Kunstdkm. v. Bayern, Oberfrk., Bd. 1, S. 322.

Der Ursprung des Schlosses ist eine Art Wohnturm von 1486, der 1525 zerstört und nach 1636 aufgebaut wurde.

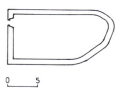

Kohren-Salis

Kr. Geithain, Sachsen

Grundriß in: Heinz-Joachim Vogt »Mittelalterliche Funde aus der Gemarkung Kohren-Salis«, Arbeits- und Forschungsbericht der sächs. Bodendenkmalpflege 1968.

Die Burg mit den zwei mächtigen Bergfrieden wird schon 983 erwähnt. Die Bergfriede sind jedoch mit Sicherheit jünger. Sie haben beide 10,5 m Durchmesser mit mehr als 3,5 m Wandstärke.

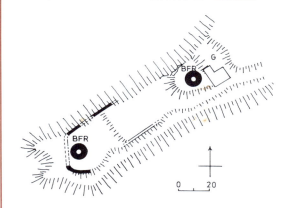

Kolbenturm

Gde. Tulfs, Bz. Innsbruck, Tirol, Österreich

Grundriß in: Trapp, Bd. 6, S. 242.

Der mit 2 Stockwerken erhaltene Wohnturm und mit 9 m Seitenlänge und 1,5 m Wandstärke ist der Rest einer Burgmannenburg, die 1380 erwähnt wird. Der Eingang liegt in 4,5 m Höhe.

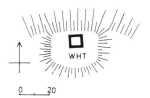

Kollenburg, Collenberg

Gde. Collenberg-Fechenbach, Kr. Miltenberg, Bayern

Grundriß in: Kunstdkm. v. Bayern, Unterfrk., Bd. 7, S. 62.

Der Kern der Burg ist 1214 erwähnt worden. Um 150 wurde sie erweitert. Die äußere Ringmauer ist aus dem 16. Jh. Im 18. Jh. ist sie verfallen. Sie war zeitweilig Ganerbenburg.

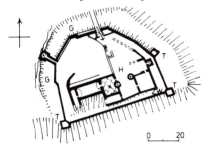

Kollmitzgraben

Bz. Waidhofen/Thaya, Niederösterr., Österreich

Grundriß in: Österr. Kunsttop., Bd. 6, S. 66; Piper, Österr., Bd. 3, S. 97.

Entstanden ist die Burg im 13. Jh., nach 1800 ist sie verfallen. Der Bergfried hat 12 m Durchmesser und 2,3 m Wandstärke. Die Ringmauer ist 1,0–1,5 m stark.

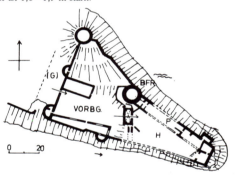

Kollnburg

Kr. Regen, Bayern

Grundriß in: Kunstdkm. v. Niederbayern, Bd. 15, S. 46.

Entstanden ist die Burg Ende des 13. Jh., urkundlich erwähnt wird sie erst 1362. 1486 ist sie zerstört und wieder aufgebaut worden. Im Dreißigjährigen Krieg wurde sie zerstört und nochmals aufgebaut, im 18. Jh. ist sie verfallen. Der Bergfried mit Durchmesser 8,5 m hat in seiner 2 m starken Ringmauer eine Steintreppe, sein Eingang liegt 9 m hoch.

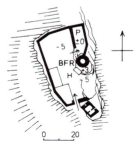

Kommern

Gde. Mechernich-K..., Kr. Euskirchen, Nordrhein-Westfalen

Grundriß in: Herzog, S. 339.

Der Wohnturm ist aus dem 15. Jh. oder älter. Er ist später stark verändert worden. Er ist 9,5 × 11,5 m groß mit 1 m starken Mauern und hat 4 Stockwerke.

Komotau – Chomutov

(Bz.) Nordmähren, Tschechische Republik

Grundriß in: Ebhardt II/2, S. 392.

Die kompakte Burg wurde im 13. Jh. erbaut. Sie wurde 1425 umgebaut und noch einmal im 16. Jh. Jetzt ist sie Rathaus.

Konradsburg

Gde. Ermsleben, Kr. Aschersleben, Sachsen-Anhalt

Grundriß in: Wäscher, Bild 335.

Der Adel »de Conradsburch« wird 1020 erstmals erwähnt. 1130 wurde die Burg zum Kloster umgewandelt.

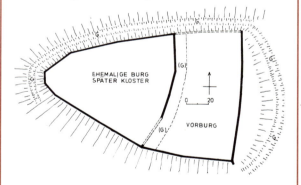

Konradsheim

Gde. Waidhofen a. d. Ybbs, Bz. Amstetten, Niederösterr., Österreich

Grundriß nach einer Mitteilung der Gemeinde 1987.

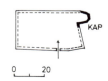

Erbaut wurde die Burg vielleicht im 12. Jh., zerstört 1360.

Konradsheim

Gde. Erfstadt-K…, Kr. Euskirchen, Nordrhein-Westfalen

Grundriß in: Kunstdkm. d. Rheinprov., Bd. 4.4, S. 104.

Die Ringmauer ist noch aus dem 14. Jh., 1548 wurde die kleine Wasserburg auf alten Mauern neu erbaut.

Konstein, Kunstein

Gde. Wellheim-K…, Kr. Eichstätt, Bayern

Grundriß in: Kunstdkm. v. Bayern, Mittelfrk., Bd. 2, S. 154.

Die Felsenburg ist seit dem 14. Jh. bekannt, im Dreißigjährigen Krieg wurde sie zerstört.

Konzenberg

Gde. Tuttlingen (Kr.)-Eßlingen, Baden-Württemberg

Grundriß in: Streng, S. 80.

Erwähnt wurde die Burg erstmals 1239, sie ist jedoch älter. Nach 1818 wurde sie teilweise abgebrochen. Der Bergfried hat 11,8 m Seitenlänge und 4 m starke Mauern. Die Ringmauer der Burg ist rd. 2 m stark.

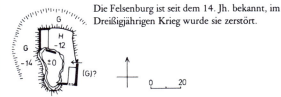

Konzenberg – Vorwerk

Gde. Tuttlingen (Kr.)-Eßlingen, Baden-Württemberg

Grundriß in: Streng, S. 80.

Das Vorwerk gehört zur 100 m entfernten Hauptburg, mit der sie das Schicksal teilt. Der Wohnturm hat 10 m Seitenlänge und 2,2 m Wandstärke.

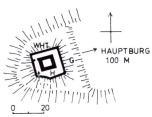

Koppenstein

Gde. Henau, Rhein-Hunsrück-Kr., Rheinland-Pfalz

Grundriß in: Kunstdkm. v. Rheinld.-Pfalz, Bd. 6, S. 388; Schellack, S. 102.

Begonnen wurde die Kernburg im 12. Jh., die Vorburg im Süden wurde 1330 angefangen und bis ins 16. Jh. ausgebaut. Der Bergfried auf dem Felsgrat hat die Hauptmaße 5,3 × 9 m und 16 m Höhe.

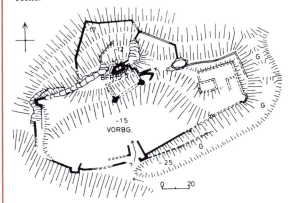

Kornburg

Gde. Nürnberg, Bayern

Grundriß in: Kunstdkm. v. Bayern, Mittelfrk., Bd. 7, S. 231.

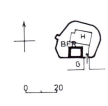

Das kleine Wasserschloß entstand als Burg vermutlich im 13. Jh. und wurde mehrfach zerstört und danach wieder aufgebaut, zuletzt 1632 durch Kaiserliche. 1923 wurde die Anlage total erneuert. Ringmauer und Bergfried sind mittelalterlich. Der Turm hat in 18 m Höhe 4 Stockwerke, seine Grundfläche ist ca. 7,2 × 8,5 m, die Mauerstärke ist 1,0 m.

Kost

Gde. Podkost, Bz. Gitschin – Jičin, Ostböhmen, Tschechische Republik

Grundriß in: Menclová, S. 396.

Die Burg wurde erst im 14. Jh. begonnen und bis in die Gegenwart mehrfach verändert. Der Wohnturm mit 10 m Breite und 15 m max. Länge hat 2,6 m starke Wände, seine ursprüngliche Höhe war 22 m mit 2 Stockwerken.

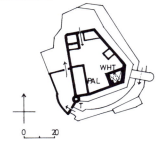

Kostenblatt – Kostenblaty

Bz. Teplitz – Teplice, Nordböhmen, Tschechische Republik

Grundriß in: Piper, Österr., Bd. 7, S. 126; Menclová, S. 373.

Die Burg, wohl im 1. Viertel des 14. Jh. erbaut, wird 1335 urkundlich genannt. 1434 durch Hussitten erobert, wird sie im Dreißigjährigen Krieg zerstört. Der Bergfried hat 7,1 m Durchmesser und 2,9 m starke Wände, sein Hocheingang liegt bei ca. 7 m. Die an den Ecken gerundete Mauer der Kernburg ist rd. 1,5 m dick.

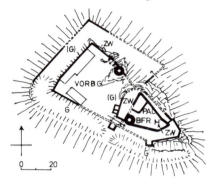

Kostial

Gde. Trebnitz – Třebnice, Bz. Leitmeritz – Litoměřice, Nordböhmen, Tschechische Republik

Grundriß in: Piper, Österr., Bd. 7, S. 131.

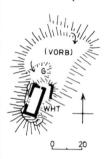

1371 wird Kostial urkundlich genannt, am Ende des 16. Jh. ist die Burg verfallen. Der Kern war ein Wohnturm von ca. 8,7×21 m Grundfläche mit rd. 2 m Wandstärke.

Kräheneck

Gde. Pforzheim, Baden-Württemberg

Grundriß in: Antonow-SWD, S. 188.

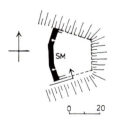

1194 wurde die Burg »Creinegge« mit dem gleichnamigen Adel als Ministerial der Grafen v. Calw-Vaihingen erwähnt. Die als einziger Rest erhaltene 3,4 m starke und 8,5 m hohe Schildmauer stammt wohl aus der 2. Hälfte des 13. Jh.

Kränzelstein

Sarntal, Südtirol, Italien

Grundriß in: Weing.-Bozen, Fig. 34; Trapp, Bd. 5.

Die schwache Burg von Dienstmannen entstand um 1300 mit dem Wohnturm »Haus de Chranzenstein«, vermutlich aus der Familie v. Moos, sie wird 1364 urkundlich genannt. Um 1500 wurde sie erneuert. Der Wohnturm hat 9,5×11,5 m Seitenlänge und 1,2 m dicke Mauern. Er besaß anfangs 2 Keller und 2 Wohngeschosse, um 1500 wurde ein weiteres aufgesetzt, die Gesamthöhe an der Talseite beträgt rd. 19 m.

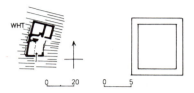

Kraftstein

Gde. Mühlheim, Kr. Tuttlingen, Baden-Württemberg

Grundriß in: Schmitt, S. 332.

Die Burg bestand wohl nur aus einem Wohnturm, der im 12. Jh. erbaut wurde. Sie wird nur einmal im 14. Jh. erwähnt. Der Wohnturm hatte im Maximum 10×15 m Grundfläche u. im Westen vielleicht einen Anbau, die Wandstärken variieren zwischen 1,8 und 2,4 m.

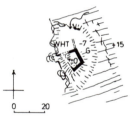

Krangen – Krąg

Kr. Schlawe – Sławno, Pommern, Polen

Grundriß in: Radacki, S. 211.

Im Renaissance-Schloß steckt ein mittelalterliches Burghaus.

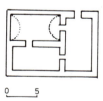

Kranichberg

Bz. Neunkirchen, Niederösterr., Österreich

Grundriß in: Burgen u. Schlösser in Niederösterr., Bd. I/3, S. 68; Piper, Österr, Bd. 7.

»De Craneberch« wird um 1150 urkundlich erwähnt. Der Ursprung ist nicht bekannt. 1480 wird sie von Matthias Corvinus erobert; ab 1551 wird sie schloßartig erneuert. Der Bergfried hat Maximalmaße von 10,5 m und Wandstärken von 2,3 und 3,3 m.

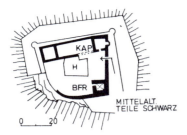

Krautheim

Kr. Künzelsau, Baden-Württemberg

Grundriß in: Kunstdkm. v. Baden, Bd. 4.2, S. 74; Hotz, Z 71; Hotz-Pfalzen, Z. 88.

Die staufische Burg wurde 1225 durch Konrad v. Krautheim erbaut. 1889 wurde sie vorzüglich renoviert. Die rd. 20 m hohe Schildmauer ist 3 m stark. Der Bergfried hat 8 m Durchmesser mit 2,2 m Mauerstärke, er ist 27 m hoch, hat 6 Stockwerke und den Eingang 10 m über der Basis.

Kranichfeld

Kr. Weimar, Thüringen

Grundriß in: Ebhardt I, Abb. 464; Kunstdkm. v. Thür., Bd. 17, S. 152.

Die Burg wurde um 1175 gegründet, 1275 wurde sie zerstört und aufgebaut. Das Äußere der Anlage ist durch die Renaissance geprägt. Der Bergfried aus der Gründungszeit hat 13 m Durchmesser und 3,8 m dicke Mauern.

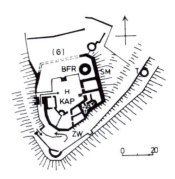

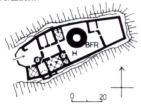

Krayer Hof, Kray

Gde. Andernach-Eich, Kr. Mayen-Koblenz, Rheinland-Pfalz

Grundriß in: Kunstdkm. d. Rheinprov., Bd. 17, S. 229; Burgen u. Schlösser, 1978-II.

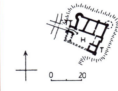

Der Ursprung des Wasserschlosses ist romanisch. Die heutige Anlage mit der 1,0 m starken Ringmauer ist spätgotisch.

Kransberg, Cransberg

Gde. Usingen-K..., Hochtaunuskr., Hessen

Grundriß in: Kunstdkm. im Reg.-Bez. Wiesbaden, Bd. 2.

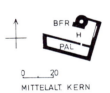

Die Burg wird 1221 urkundlich genannt. Sie wurde durch mehrere Umbauten stark verändert. Im Schloß erhalten noch Bergfried, Palas und ein Stück Ringmauer mit ca. 2 m Stärke. Der Bergfried hat 8 m Durchmesser mit 3 m Wandstärke.

Krayenburg

Gde. Kieselbach, Kr. Bad Salzungen, Thüringen

Grundriß nach Aufnahme F.-W. Krahe, 1991.

Von der einstmals großen Burg ist nur noch ein kleiner Teil erhalten. Sie wurde erstmals 1155 erwähnt. Die einst vermutlich prächtige Anlage ist im 17. Jh. verlassen worden. Teile von ihr wurden 1853 zum Aufbau der Wartburg abgebrochen.

Kransberg

Gde. Sulzbach-Laufen, Kr. Schwäbisch Hall, Baden-Württemberg

Grundriß nach Aufnahme F.-W. Krahe, 1991.

Genannt wird Kransberg 1212 erstmals. Im Städtekrieg wurde die Burg zerstört. Der romanische Wohnturm hat 13,5 max. Seitenlängen und 1,5 m Mauerstärke.

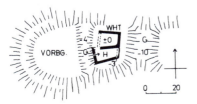

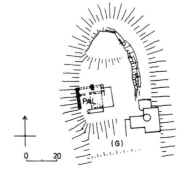

Kreidestein

Gde. Beuron, Kr. Sigmaringen, Baden-Württemberg

Grundriß in: Streng, S. 48; Schmitt, Bd. 3, S. 289.

Über Entstehung und Untergang gibt es keine Daten. Der Wohnturm ist 5,5 × 8,6 m groß.

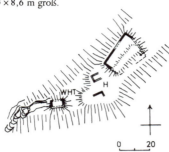

Kreideturm

Gde. Eppan, Unteretsch, Südtirol, Italien

Grundriß in: Weing.-Bozen, Fig. 11; Piper-Österr., Bd. 8, S. 37.

Die kleine Anlage war ein Vorwerk von Hocheppan, wohl aus dem 12. oder 13. Jh. Der Bergfried hat 5,5 × 6,0 m Grundfläche mit 1,5 m dicken Mauern und einen rundbogigen Eingang in 12 m Höhe. Auf der Ostseite gab es ein Wohngebäude.

Kreisbach

Bz. St. Pölten, Niederösterr., Österreich

Grundriß in: Burgen u. Schlösser in Niederösterr., Bd. 5, S. 205.

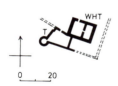

Der im 13. Jh. entstandene Wohnturm ist mit einigen Mauern der Reste einer Burg, die im 16. Jh. umgebaut und im 19. Jh. teilweise abgebrochen wurde. Seine Dimension ist 14 × 17 m mit 2 m starken Mauern.

Krempelstein

Gde. Pyrwang, Bz. Schärding, Oberösterr., Österreich

Grundriß in: Österr. Kunsttop., Bd. 21, S. 42; Burgen u. Schlösser in Oberösterr., Bd. 3, S. 56.

Der Wohnturm wurde im 15. Jh. erbaut, die übrigen Bauten sind nachmittelalterlich. Er hat die Dimension von 9,9 × 11,5 m mit rd. 2 m starken Wänden, 4 Stockwerke in 14 m Höhe.

Krems – Stadtburg

(Bz.) Niederösterr., Österreich

Grundriß in: Burgen u. Schlösser in Niederösterr., Bd. 16, S. 45.

Begonnen wurde die Anlage im 12. Jh. mit dem Palas. Die erste Erwähnung ist 1255, die Kapelle ist frühgotisch. Ende des 13. Jh. wurde sie mit der benachbarten Gozzaburg verbunden.

Krems – Herzogshof

(Bz). Niederösterr., Österreich

Grundriß in: Burgen u. Schlösser a. d. Donau, S. 154.

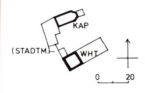

Der ehem. Herzogshof wurde im 13. Jh. an die Stadtmauer angebaut. Erhalten sind eine profanierte Kapelle und ein Wohnturm mit 10,5 m Seitenlänge und 1,2 m Wandstärke.

Krems

Bz. Voitsberg, Steiermark, Österreich

Grundriß in: Ebhardt I, Abb. 680; Baravalle, S. 282; Burgwart 1927, S. 7; Piper, Österr., Bd. 6, S. 96; Burgen u. Schlösser d. Steiermark, Bd. 3, S. 104.

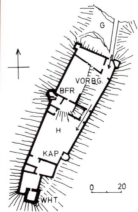

Begonnen wurde die Burg Mitte des 12. Jh. für den Erzbischof von Salzburg. Die Anlage wurde in der folgenden Zeit mehrfach erweitert und umgebaut, zuletzt im 17. Jh. Nach 1730 verfiel die Burg. Der oval-eckige Bergfried hat einen sechseckigen Innenraum mit ca. 7 × 8 m, die Treppe liegt im rd. 2 m starken Mauerwerk. Der Wohnturm mit 9,5 m Seitenlänge hat 1,6 m dicke Mauern.

Kremzow – Krępzewo

Kr. Stargard – Stargard, Szczeciński, Pommern, Polen

Grundriß in: Radacki, S. 185.

Die mittelalterliche Kastellburg auf einem Hügel wurde nach 1500 aufgegeben. Der Bergfried hatte 8 m Seitenlänge und 2,5 m Mauerstärke.

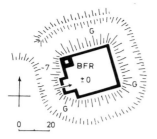

Krenkingen

Gde. Waldshut, Tiengen (Kr.)-K..., Baden-Württemberg

Grundriß in: Voelmer, S. 63.

Die Burg bildet mit Alt Krenkingen → eine Gruppe. Entstanden ist sie in der 2. Hälfte des 12. Jh. 1361 war sie schon Ruine. Der Bergfried hat eine Seitenlänge von fast 9 m mit 1,6 m Wandstärke.

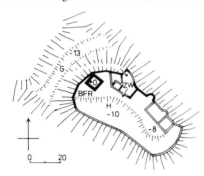

Kreuzberg

Gde. Altenahr, Kr. Bad Neuenahr-Ahrweiler, Rheinland-Pfalz

Grundriß in: Kunstdkm. d. Rheinprov. Ahrweiler, S. 373.

Die Burg wurde 1343 begonnen und 1686 durch Franzosen zerstört und im 18. Jh. wieder aufgebaut; der Wohnbau ist aus dieser Zeit. Der Bergfried hat 7,5 m Durchmesser bei 2 m Wandstärke. Die Ringmauer ist 1,0–1,5 m dick.

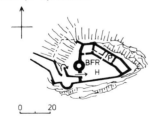

Kreuzen

Gde. Markt Kreuzen, Bz. Perg, Oberösterr., Österreich

Grundriß in: Piper, Österr., Bd. 5, Fig. 72; Burgen u. Schlösser in Oberösterr., Bd. 1, S. 143.

»Hermannus de Krevzen« wird 1209 urkundlich genannt. Erwähnt wird die Burg 1282. Einst waren es zwei Burgen, die erst nach dem Mittelalter miteinander verbunden wurden. Ende des 19. Jh. wurde, was noch erhalten war, durch Brand zerstört. Der Bergfried der Ostburg hat 10 m Breite und 2,5 m Wandstärke.

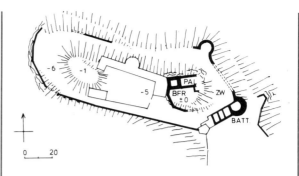

Kreuzenstein

Bz. Korneuburg, Niederösterr., Österreich

Grundriß in: K. Kirsch »Kreuzenstein«, Wien 1966.

Der Ursprung dieser Burg, die 1879–1908 durch G. Kauser und H. v. Walcher historisierend wieder aufgebaut wurde, liegt im 12. Jh. Die recht große Anlage wurde mehrfach umgebaut und erweitert, ehe sie 1645 durch Schweden zerstört wurde.

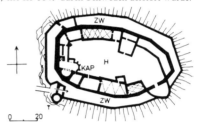

Kriebstein

Gde. Kriebethal, Kr. Hainichen, Sachsen

Grundriß in: Kunstdkm. v. Sachsen, Bd. 25, S. 88.

1382 ist eine Belehnung urkundlich genannt. Die Burg wird 1407 als baulich vollendet erwähnt. 1566 und 1660 erfolgten Veränderungen, der letzte Umbau fand 1866 statt. Seit 1945 ist Kriebstein Museum. Der Wohnturm vom Ende des 14. Jh. ist 10,7 × 20 m groß mit 2 m starken Außenwänden, er hat bei 20 m Höhe 6 Stockwerke.

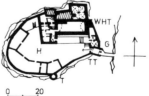

Kronest

Bz. Freistadt, Oberösterr., Österreich

Grundriß in: Götting/Grüll, S. 62; Burgen u. Schlösser in Oberösterr., Bd. 1, S. 126.

Um 1340 erbaute Friedrich Schrautolf das Haus Chronest, ein Wohnturm mit 12 m Seitenlänge und 1,0 m Wandstärke, die im 2. Stockwerk auf 0,8 m zurückgeht. Der rundbogige Eingang liegt 5 m hoch. Der Turm hatte ursprünglich 3 Stockwerke. Verfallen ist Kronest wohl im 17. Jh.

Kronberg

Hochtaunuskr., Hessen

Grundriß in: Kunstdkm. im Reg.-Bz. Wiesbaden, Bd. 2; Schuchhardt, S. 261; Cohausen, Nr. 219.

Erbaut wurde die Oberburg am Beginn des 13. Jh., 1246 wurde sie zerstört und wieder aufgebaut. Der obere Teil des Bergfriedes wurde 1501 aufgesetzt. Er ist als einziger Teil der Oberburg erhalten. Die Mittelburg wurde um 1400 auf älteren Resten erbaut. Die Unterburg ist um 1500 und später entstanden. Mehrere Umbauten bis ins 18. Jh. 1892 wurde die Burg restauriert. Der Bergfried hatte im Ursprung 22 m Höhe; seine Seitenlänge ist 8,5 m, der runde Innenraum hat etwas über 3 m Durchmesser. Der rundbogige Eingang liegt 7 m hoch. Der Torturm der Oberburg besitzt im 1. Obergeschoß die Kapelle, eines der wenigen Beispiele dieser Art.

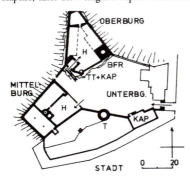

Kronburg

Gde. Zams, Bz. Landeck, Tirol, Österreich

Grundriß in: Piper-Österr., Bd. 5, S. 73; Trapp, Bd. 7, S. 193.

1380 erteilt Herzog Leopold III. v. Österreich »Hausen den Starchenberger« die Erlaubnis zum Bau der Burg. Sie ist erst Ende des 18. Jh. in Verfall geraten. Der Wohnturm mit 12 m Seitenlänge und 1,5 m Wandstärke hat in 21 m Gesamthöhe 5 Stockwerke. Der spitzbogige Eingang liegt 10 m hoch.

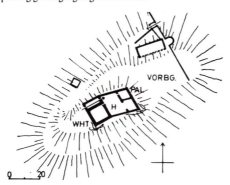

Kronenburg

Gde. Dahlem-K..., Kr. Euskirchen, Nordrhein-Westfalen

Grundriß in: Kunstdkm. d. Rheinprov., Bd. 11.2, S. 226; Burgen u. Schlösser 1962-II; Herzog, S. 345.

Die Kernburg wurde im 13. Jh. erbaut, erwähnt wurde sie urkundlich um 1250. Der 2. Bering stammt aus dem 15. Jh., Vorburg und Zwinger sind noch jünger. Verfallen ist die Burg im 17. Jh. Der Bergfried hat 8 m Seitenlänge mit 1,5 m Wandstärke.

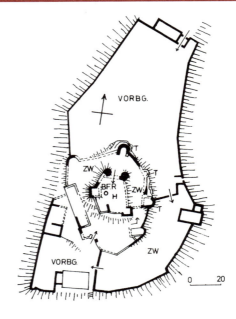

Kronenburg, Dossenheim

Gde. Dossenheim, Rhein-Neckar-Kr., Baden-Württemberg

Grundriß in: Burgen u. Schlösser 1983-II.

Beide Burgen sind 1932 ausgegraben worden. Die Westburg entstand um 1100, die Ostburg ist vielleicht noch älter. Zerstört wurden beide wohl 1460 zusammen mit der Schauenburg. Die Ringmauern sind 1,3–1,8 m stark. Der Wohnturm ist 10×12 m groß mit 1,2 m Mauerstärke.

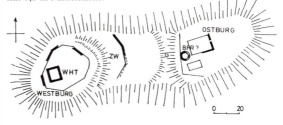

Kronmetz

Gde. St. Gottardo, Trentino, Italien

Grundriß in: Piper, Österr., Bd. 1, S. 144; Trapp, Bd. 5, S. 261.

Die für ihre Spezies recht große Grottenburg wurde um 1170 begonnen. Die Burgkapelle wird 1333 urkundlich genannt. Der Minnesänger Walther v. Metze, der 1271 gestorben ist, stammt vermutlich von hier.

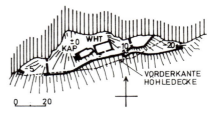

Kronsegg

Gde. Schiltern, Bz. Krems, Niederösterr., Österreich

Grundriß in: Piper, Österr., Bd. 6, S. 102.

Urkundlich wurde die Burg 1280 genannt, sie ist vom 13.–15. Jh. ausgebaut worden. Der Bergfried an höchster Stelle hat 8×8,5 m Seitenlänge und 2,5 m Wandstärke.

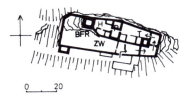

Kronwinkel

Gde. Eching-K..., Kr. Landshut, Bayern

Grundriß in: Kunstdkm. v. Niederbayern, Bd. 2, S. 150.

Gegründet wurde die Burg um 1100, der Bergfried – wahrscheinlich auch Wohnturm – ist aus der Gründungszeit. Die Ringmauer und der Palas sind aus dem Mittelalter, die anderen Wohnbauten aus dem 16. und 17. Jh. Der Bergfried mit 11 m Durchmesser hat im Sockel 3,5 m dicke Wände, darüber nur noch 1,7 m, sein Innenraum in den oberen Stockwerken mit rd. 50 m² wäre für den Wohnturm groß genug. Der rundbogige Eingang liegt 7 m hoch im 2. von 4 Stockwerken in insges. 22 m Höhe.

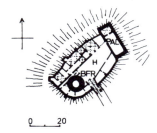

Kropfenstein, Crotta

Gde. Waltensburg, Bz. Glenner, Kt. Graubünden, Schweiz

Grundriß in: Poeschel, S. 235; Clavadetscher, S. 111.

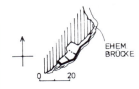

Die Höhlenburg ist kaum vor 1300 entstanden. Bürdi v. Kropfenstein wird 1335 urkundlich genannt. Im Verlauf des 15. Jh. dürfte die Burg verlassen worden sein. Die Außenwand ist 0,9 m stark.

Kropfsburg, Kropfsberg

Gde. Reith im Alpachtal, Bz. Kufstein, Tirol, Österreich

Grundriß in: Ebhardt I, Abb. 706; Piper, Österr., Bd. 4, S. 66; Dehio, Tirol, S. 637; Weing.-Hörm., S. 67.

Die romanische Hochburg ist zum Ende des 12. Jh. begonnen worden als Burg der Salzburger Erzbischöfe. Urkundlich erwähnt wird sie erst 1288. Der Verfall der Anlage begann nach 1592. Die 3 Türme sind noch heute charakteristisch für die Kropfsburg. Der Bergfried hat 10,5 m Seitenlänge mit 2,5 m Mauerstärke. Der Wohnturm hat 11 m Seitenlänge und 3 m dicke Mauern.

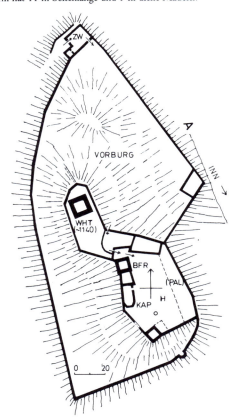

Kropsburg, Kropfsegg

Gde. St. Martin, Kr. Landau-Bergzabern, Rheinland-Pfalz

Grundriß in: Kunstdkm. v. Bayern, Pfalz, Bd. 2, S. 227; Burgen u. Schlösser d. Pfalz, Abb. 30.

Erbaut wurde die Burg vor 1200, »de Crobe« werden 1238 als Ministeriale genannt. Bis 1439 war sie Ganerbenburg. Zubauten und Umbauten 1484 und in der 2. Hälfte des 16. Jh. Teile der Burg sind noch heute in Benutzung.

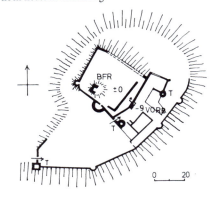

Krottenstein = Grottenstein

Krottenturm

Gde. Zwentendorf, Bz. Tulln, Niederösterr., Österreich

Grundriß in: Burgen u. Schlösser, Bd. 2, S. 358.

Der Eckturm des spätrömischen Kastells war bis ins 13. Jh. Teil einer Flachlandburg, die ausgegraben wurde.

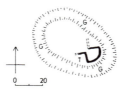

Krukenburg

Bad Karlshafen, Kr. Kassel, Hessen

Grundriß in: Ebhardt I, Abb. 477.

Diese Kirchenburg war eine Wohnburg. Die Kirche entstand um 1100, Ringmauer und Türme stammen aus dem 13. Jh. Der Wohnturm mit dem ungewöhnlichen Halbkreis-Abschluß wird 1401 erbaut. Seit ungefähr 1600 ist die Krukenburg verfallen. Der Wohnturm mit 11 m Breite und 13,5 m Länge besitzt 1,75 m Mauerstärke und 4 Stockwerke. Der Bergfried von 10 m Durchmesser hat 3 m dicke Mauern.

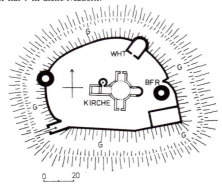

Krumbach

Gde. Sauldorf, Kr. Sigmaringen, Baden-Württemberg

Grundriß in: Kunstdkm. v. Baden, S. 398.

Staufisches Mauerwerk mit Buckelquadern wohl vom Beginn des 13. Jh. Die Ringmauer ist 2,0 – 2,4 m stark. Der Bergfried mit 8,5 m im Quadrat hat 2,5 m dicke Wände.

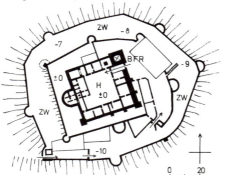

Krumbach

Bz. Wiener Neustadt, Niederösterr., Österreich

Grundriß in: Burgen u. Schlösser in Niederösterr., Bd. I/3, S. 25.

Die 1192 gegründete Wasserburg wurde Mitte des 16. Jh. in ein Renaissance-Schloß umgebaut. Der Bergfried mit 9,6 m Seitenlänge hat 3,0 m Wandstärke, in der die Steintreppe liegt.

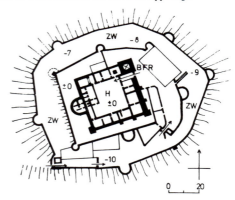

Krumnau am Kamp

Bz. Krems, Niederösterr., Österreich

Grundriß in: Sammlung Kreutzbruck

Die Burg entstand im 12. Jh., 1261 war sie zeitweilig im Besitz der Könige v. Böhmen. Um- und Ausbauten fanden 1437 und 1663 statt. 1778 wurde sie zerstört. Die Ringmauer ist 1,5 m stark.

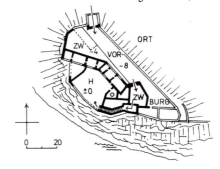

Kuchl – Turm der Panichner

Bz. Hallein, Salzburg, Österreich

Angabe in: Burgen u. Schlösser in Salzbg., Bd. 2, S. 172.

Im Pfarrhof von Kuchl steckt ein Turm als Rest eines Adelssitzes aus dem 13. Jh.

Kühndorf

Kr. Meiningen, Thüringen

Grundriß in: Kunstdkm. d. Prov. Sachsen, Bd. 22, S. 160; Mruseck, S. 50.

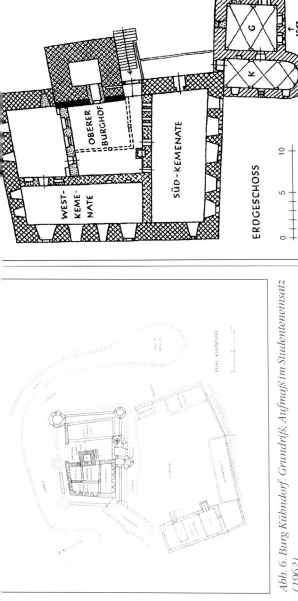

Abb. 8. Kühndorf. Die Mauerpartie mit Buckelquadern ist schwarz eingezeichnet (nach: Mrusek, Die Baugeschichte der Johanniterburg Kühndorf, S. 669).

Abb. 6. Burg Kühndorf. Grundriß; Aufmaß im Studenteneinsatz (1962).

Burgen und Schlösser 1991 Sonderheft

wirkt wie genoppt. Zangenlöcher finden sich überall. Auf drei Seiten durchziehen die Mauern große Risse. Nach der um 1700 entstandenen Junckerschen Chronik[6] wurden diese Risse z. T. durch einen Blitzschlag 1672 verursacht. Im Bereich des Einganges zeigt sich wie an anderen Stellen deshalb mehrfach Flickwerk.

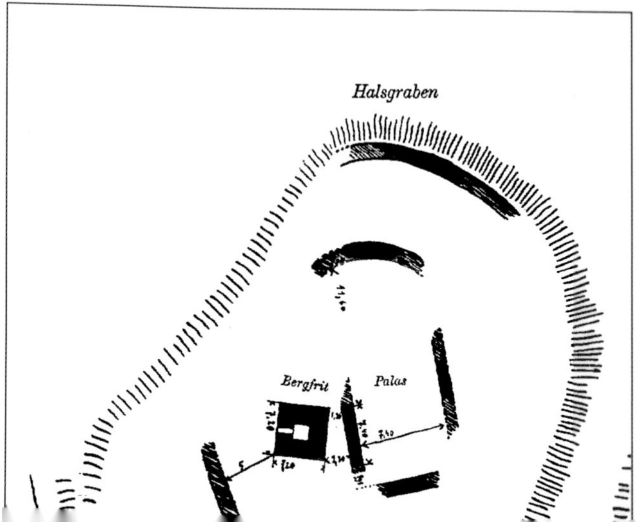

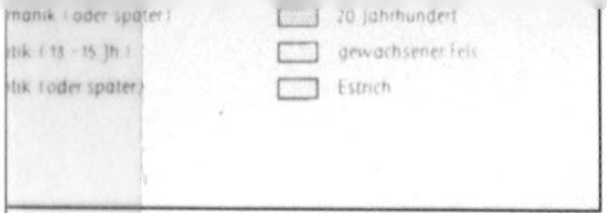

Berchfrit

Palas

Halsgraben

Während der Grabungsarbeiten, die in aufeinanderfolgenden Kampagnen durchgeführt wurden, arbeiteten verschiedene Spezialistengruppen Hand in Hand. Eine Gruppe von Architekturstudenten der Hochschule für Bauwesen/Leipzig untersuchte unter Leitung von Prof. Dr. R. A. Koch die geologischen Gegebenheiten des Burgberges sowie die Materialzusammensetzung der ergrabenen und sichtbaren Mauern. Ein Löschzug der Feuerwehr sicherte das Verbrennen des gerodeten Gestrüpps und übernahm es, die freigelegten Hofteile und Mauerzüge unter Einsatz eines Tanklöschfahrzeugs abzuwaschen. Mit dem Rat der Stadt, dem Landesmuseum für Ur- und Frühgeschichte und dem Institut für Denkmalpflege führte der Grabungsleiter Aussprachen über me-

drungen: mit dem Nord-Süd-Schnitt im Palas und mit den beiden Schnitten von West nach Ost und von Nord nach Süd innerhalb der Burgkirche.

Burgen und Schlösser 1991/Sonderheft

Erbaut wurde die Kernburg 1291 durch Berthold VI. Graf v. Henneberg als Johanniter-Komturei. 1389 wurde die Burg nach einem Brand wiederhergestellt, 1435 wird die Burg erneuert, 1610 noch einmal umgebaut. Die Ringmauer der Kernburg ist 1,5–2,2 m stark, der Bergfried hat 7,5 m Seitenlänge mit 2,5 m Mauerstärke.

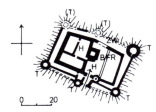

Külsheim

Main-Tauber-Kr., Baden-Württemberg

Grundriß in: Ebhardt I, S. 424; Kunstdkm. v. Baden, Bd. 4,1, S. 140.

Der zur Burg gehörende Ort wird 1144 urkundlich genannt. Der Bergfried mit Buckelquader-Mauerwerk wurde Ende des 12. Jh. erbaut. Der Palas ist vom Ende des 15. Jh., andere Wohnbauten stammen aus dem 16. Jh.; die Burg wurde 1687 gründlich umgebaut. Der Bergfried hat 7 m Durchmesser mit 2,5 m Wandstärke.

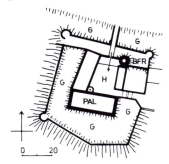

Künburg = Khünburg

Küngstein

Gde. Küttigen, Bz. Aarau, Kt. Aargau, Schweiz

Grundriß in: Merz, Aargau, S. 305.

Um 1270 wurde die Burg durch die Herren v. Kienberg. Mitte des 15. Jh. war sie bereits verlassen.

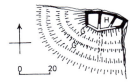

Kürnach = Kirneck

Kürnbach

Kr. Karlsruhe, Baden-Württemberg

Grundriß in: Kunstdkm. v. Baden, Bd. 91, S. 97.

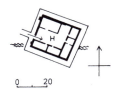

Die kleine Wasserburg ist im 13. Jh. gegründet worden. 1362 wird sie erstmals genannt. Ihre heutige Gestalt erhielt sie im 16. Jh., ihre Ringmauer ist 1,2 m, teilweise 1,7 m stark.

Kürnberg, Kirnberg

Gde. Stamsried, Kr. Cham, Bayern

Grundriß in: Kunstdkm. v. Bayern, Oberpfalz, Bd. 1, S. 63.

Erbaut wurde die Burg 1354 durch Dietrich den Kürner, 1633 wurde sie durch Schweden zerstört.

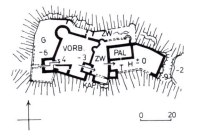

Kürnburg, Kirnberg

Gde. Bräunlingen, Schwarzwald-Baar-Kr., Baden-Württemberg

Grundriß in: Karl Siegfried Bader »Kürnburg« in: Schau-ins-Land, Nr. 64, S. 100.

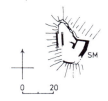

Die recht kleine Burg wurde 1250 urkundlich genannt. Am Beginn des 15. Jh. war sie bereits verlassen.

Küssaberg, Küssaburg

Kr. Waldshut-Tiengen, Baden-Württemberg

Grundriß in: Kunstdkm. v. Baden, Bd. 3, S. 145; Burgenwart 1934, S. 37; Piper, Fig. 605.

»Chussaberc« wurde 1135 urkundlich genannt. 1254 wurde die Burg an Konstanz verkauft und laufend verstärkt, 1633 ist sie zerstört worden. Ihre Schildmauer ist 3,6 m stark, die Ringmauer ist innen 1,2 m, außen fast 2,0 m dick.

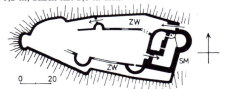

Küssnacht, Geßlerburg – Obere Burg

Kt. Schwyz, Schweiz

Grundriß in: Kunstdkm. d. Schweiz, Schwyz., Bd. 2, S. 79; Meyer, Bd. 1, S. 41; Die bösen Türnli, S. 91.

Die innere Burg ist vielleicht schon im frühen 11. Jh. erbaut worden. 1352 wurde sie zerstört und 1384 wieder aufgebaut. Verfallen ist sie im 16. Jh. Der Adel zur Burg wurde schon 1087 urkundlich genannt. 1910 wurde die Burg ausgegraben.

(Küßnacht) – Untere Burg

Kt. Schwyz, Schweiz

Grundriß in: Kunstdkm. d. Schweiz, Schwyz Bd. 2, S. 73.

1845 wurde die Wasserburg, die der Form nach aus der Stauferzeit stammen muß, abgebrochen. Sie ist mittlerweile völlig verschwunden. Die so seltene oktogonale Form umschloß einen Wohnturm (?) von ca. 12,5 m Seitenlänge mit 3,5 m Mauerstärke.

✗ Kufstein

Tirol, Österreich

Grundriß in: Ebhardt I, S. 591; Weing.-Hörm., S. 43.

Erwähnt wird die Burg erstmals 1205, herzoglich bayrisch ist sie 1212. 1405 wird sie erstmals verstärkt, die Rondelle im Norden werden Ende des 15. Jh. hinzugebaut, das Südrondell 1520. Aus der ehem. Burg ist im Laufe ihrer Existenz die Festung geworden, die erst 1882 aufgelassen wurde. Heute beherbergt sie ein Museum und eine Gaststätte.

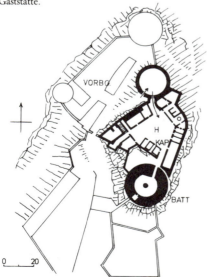

Kugelburg

Gde. Volkmarsen, Kr. Korbach, Hessen

Grundriß in: Kunstdkm. im Reg.-Bz. Kassel, NF, Bd. 1, S. 193; Dehio, Hessen, S. 44.

Die Burg wurde Ende des 12. Jh. erbaut und im Dreißigjährigen Krieg zerstört. Der Bergfried hat 7 m Durchmesser und 2 m Mauerstärke.

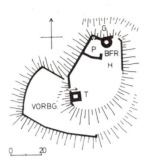

Kugelhammer

Kr. Roth, Bayern

Grundriß in: Kunstdkm. v. Bayern, Mittelfrk., Bd. 7, S. 239.

Der vermutlich im 14. Jh. entstandene Wohnturm hat 3 Stockwerke, seine Seitenlänge ist 12,5 m. Er ist ein sogen. Weiherhaus, steht also im Wasser.

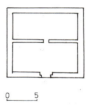

Kuhburg

Gde. Vahrnow, Kr. Perleberg, Brandenburg

Angabe in: Kunstdkm. d. Prov. Brandenbg., Bd. 1.1.

Der noch 6 m hoch erhaltene Turm war vermutlich ein mittelalterlicher Wohnturm. Als solcher müßte er einen auskragenden Aufbau besessen haben.

Kumberg – Kumburk

Gde. Neu Paka – Nový Paka, Bz. Gitschin-Jicin, Ostböhmen, Tschechische Republik

Grundriß in: Heber, Bd. 3, Menclová, S. 403.

Erbaut wurde die Burg im 14. Jh., der Zwinger entstand im 15. Jh. Der Bergfried ist 7 × 7 m groß mit 2,0 m Wandstärke.

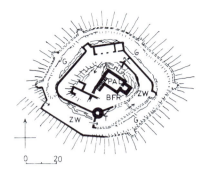

Kunitzburg

Jena (Kr.)-Kunitz, Thüringen

Grundriß nach Aufnahme F. W. Krahe 1991.

Über den Ursprung ist nichts bekannt. 1290 wurde die Burg zerstört und wieder aufgebaut. 1453 wurde sie endgültig zerstört. Der Bergfried hat 7,5 m Durchmesser mit über 2 m dicken Mauern.

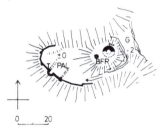

Kunreuth

Kr. Forchheim, Bayern

Grundriß in: Bayerische Kunstdkm., Forchheim, S. 156.

Der Adel de Kunenreut wird 1308 urkundlich erwähnt. Der Beginn der Wasserburg liegt wohl am Beginn des 14. Jh., Ringmauer und Turm zeigen teilweise Buckelquader, 1525 und 1552 wird die Burg zerstört und danach erneuert. Sie war zeitweilig Ganerbenburg. Ihre Ringmauer ist 1,5 – 2,0 m stark.

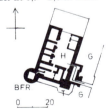

Kunzwarte – Křnžvart

Kuschewarda – Strážný, Bz. Strakonitz, Straconice, Südböhmen, Tschechische Republik

Diese Wohnturmburg – ursprünglich wohl Kunigswarte – ist am Anfang des 14. Jh. erbaut worden. 1359 wird das castrum Kungenstein erwähnt. 1547 war die Burg bereits öde. Der Wohnturm mit 3 Stockwerken und ursprünglich vielleicht 14 m Höhe hat 10,5 m Seitenlänge und 2,5 m Mauerstärke; die Westecke ist abgerundet.

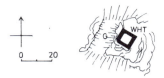

Kyburg, Kiburg

Bz. Winterthur, Kt. Zürich, Schweiz

Grundriß in: Ebhardt I, Abb. 728; Schuchhardt, S. 258; Burgwart 1932, S. 2; Meyer, Bd. 5, S. 59.

Die hölzerne »Chuigeburch« wurde 1079 zerstört. Danach entstanden einfache Steinbauten. Die Grafen v. Kyburg waren ein bedeutendes Geschlecht in der Nordschweiz. Ihre Stammburg erhielt von ca. 1200 – 1250 ihre heutige Form, der mit Buckelquader verkleidete Bergfried, das Gebäude daneben, Ringmauer und Kapelle sind aus dieser Zeit. Der Palas entstand Mitte des 13. Jh. Die Burg wurde mehrfach den Ansprüchen der Zeit angepaßt. 1917 wurde die Kyburg gründlich renoviert. Der Bergfried mit 7,5 m Seitenlänge hat rd. 20 m Höhe, der rundbogige Eingang liegt in 11 m Höhe. Der Schildmauer ist maximal 3,5 m stark, die Ringmauer nur 1,0 m.

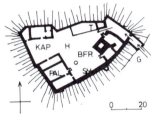

Kyffhausen

Gde. Frankenhausen, Kr. Artern, Thüringen

Grundriß in: Stolberg, S. 225, 228, 229.

Die über 500 m lange, aus Ober-, Mittel- und Unterburg bestehende Reichsburg Kyffhausen verdankt ihr Entstehen vor allem den Salier-Kaisern Heinrich IV. und Heinrich V. Durch den Bau des Kyffhäuser-Denkmals wurde der Ostbau der Oberburg vernichtet und die Mittelburg beeinträchtigt. Die erste Burganlage der Salier – zwischen 1080 und 1110 entstanden – wurde 1118 durch Kaiser Lothar v. Supplingenburg zerstört. Unter Kaiser Friedrich I. wurden die Burgen in der heute überlieferten Form errichtet. Die Bedeutung der Burgen ging unter den Landgr. v. Thüringen und den Grafen v. Schwarzberg zurück, die Burg verfiel im 16. Jh.
Die Oberburg besaß 2 Haupttürme, von denen nur der westliche Wohnturm mit Buckelquadern-Verkleidung und 1,2 × 10,8 m Grundfläche erhalten ist, die Mauerstärke von 3 m im Sockel geht in 10,5 m (Eingangshöhe) auf 1,75 m zurück, drei seiner 4 Stockwerke sind mit Kaminen und Abtritten versehen.

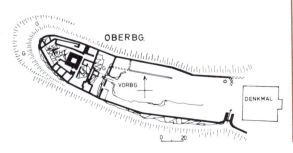

Die Mittelburg wurde im 17. und 18. Jh. durch einen Steinbruch weitgehend zerstört. Der Bergfried hat 9,6 m Durchmesser und 2,2 m Mauerstärke.
Die Unterburg hat einen Bergfried von 11 m Durchmesser mit 3,5 m Mauerstärke. Ihre Ringmauer war 1,5 m dick und 10 m hoch.
Die eingezogenen Tore an Ober- und Unterburg deuten Reste der älteren Anlage an. Das Kyffhäuser-Denkmal steht im Bereich der östlichen Oberburg.

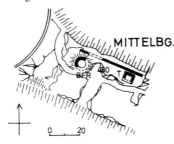

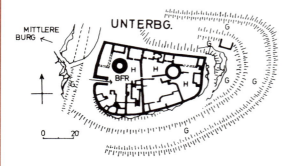

Kylburg

Kr. Bitburg-Prüm, Rheinland-Pfalz

Angabe in: Kunstdkm. d. Rheinprov., Bd. 12, 1.

Von der alten Bischofsburg ist der Bergfried von 1239 erhalten. Er hat 7,4 m Seitenlänge und 2,2 m Mauerstärke. Er besitzt rd. 24 m Höhe, 4 Stockwerke und einen rundbogigen Eingang 7,4 m über dem Gelände.

Kynast – Chojnik

Gde. Hermsdorf – Sobieczów, Kr. Hirschberg – Jelina Gora, Schlesien, Polen

Grundriß in: Ebhardt I, Abb. 581; Grundmann, S. 76.

Die Burg wurde 1192 erstmals genannt, ihre heutige Gestalt stammt weitgehend aus dem 15. Jh., die Hochburg vom Ende des 14. Jh. 1675 wurde Kynast durch einen Blitzschlag zerstört. Der 20 m hohe Bergfried mit 7,5 m Durchmesser und 2,8 m Mauerstärke hat einen spitzbogigen Eingang in 14 m Höhe. Die Ringmauer der Kernburg ist max. 13 m hoch und 1,5 m stark.

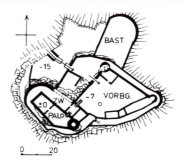

Kynsburg – Zamek Grodno

Gde. Kynau – Zagorze Śląscie, Kr. Waldenburg-Wałbrzych, Schlesien, Polen

Grundriß in: Grundmann, S. 103.

Die Kernburg entstand wohl Ende des 13. Jh., ursprünglich wird Kynsburg 1315 erwähnt. Erneuert wurde sie in der 2. Hälfte des 16. Jh. 1909–1927 hat Bodo Ebhardt die Burg renoviert. Die Ringmauer ist ca. 2,2 m stark. Der Bergfried hat 8 m Seitenlänge.

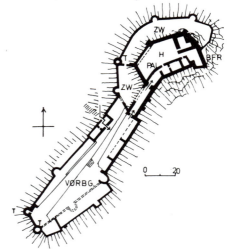

Laa a. d. Thaya

Bz. Mistelbach, Niederösterr., Österreich

Grundriß in: Piper, Österr., Bd. 4, S. 75; Burgen u. Schlösser in Niederösterr., Bd. 14, S. 177.

Die Stadtburg wurde erst um 1420 Wohnburg. Sie sitzt in der NO-Ecke der Stadtmauer. Stadtmauer und Bergfried sind aus dem 13. Jh. 1482 wurde Laa durch Matthias Corvinus erobert. Umbauten fanden bis 1800 statt. Der Bergfried hat 10 m Seitenlänge mit 2,5 m Wandstärke. Die Stadtmauer ist 1,5 m stark, die West- und Südmauer 2,0 m.

Der Grundriß ist aus Burgen u. Schlösser in Niederösterr., Bd. 14, abgezeichnet.

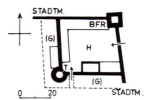

Laaber

Kr. Regensburg, Bayern

Grundriß in: Kunstdkm. v. Bayern, Oberpfalz, Bd. 4, S. 154.

Gründer der Burg waren die 1118 urkundlich erstmals genannten Herren v. Laaber im 12. Jh.; sie blieben bis 1463 im Besitz der Burg. Hadamar III. v. Laaber war als Minnesänger bekannt. Die Anlage mit Buckelquader-Mauerwerk wurde 1389 beschädigt, 1597 wurde sie erneuert, im 17. Jh. wurde sie teilweise abgebrochen. Der Bergfried mit 10 m Seitenlänge hat 3,3 m starke Mauern. Die Ringmauer ist rund 1,7 m, die Schildmauer 3,6 m stark.

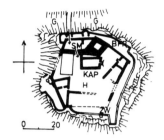

Ladenburg

Rhein-Neckar-Kr., Baden-Württemberg

Grundriß in: Archäol. Ausgrabg. in Bad.-Wttbg. 1987, S. 287.

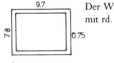

Der Wohnturm von 1229 in der kl. Stadt ist mit rd. 8 m Höhe erhalten.

Lägelen, Wagenburg

Gde. Beuron-Hausen, Kr. Sigmaringen, Baden-Württemberg

Grundriß in: Schmitt, Bd. 3, S. 164.

Die kleine Burg mit der 3,3 m mächtigen Schildmauer wurde um 1100 begonnen. De Lagelin wurde 1243 genannt. Schon 1380 war Lägelen bereits Ruine. Die Mauern waren mit Buckelquadern verkleidet.

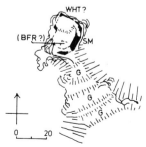

Lägern

Gde. Otelfingen, Bz. Dielsdorf, Kt. Zürich, Schweiz

Grundriß in: Hartmann, S. 58.

Die Burg wurde erstmals 1244 erwähnt. Zerstört wurde sie 1266, ausgegraben 1902.

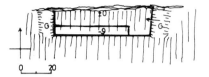

Lähnhaus = Lehnhaus

Lämberg, Laimberg – Lemberk

Gde. Deutsch Gabel – Jablonné w Podještědi, Bz. Reichenberg – Liberec, Nordböhmen, Tschechische Republik

Grundriß in: Ebhardt II/2, S. 418.

Das Schloß stammt aus dem Mittelalter, Ringmauer und Bergfried sind alt. Ausgebaut wurde Lämberg bis ins 17. Jh. Der Bergfried hat 8 m Durchmesser.

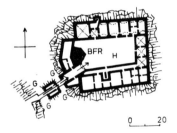

Lärchenau, Alt Grafenstein

Gde. Grafenstein, Bz. Klagenfurt, Kärnten, Österreich

Grundriß in: Kohla, S. 181.

Von der romanischen Burg sind nur wenige Reste erhalten.

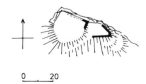

Läseckenburg

Gde. Winzenburg, Kr. Hildesheim, Niedersachsen

Grundriß in: Oppermann/Schuchhardt, Heft 12.

Die 1895 ausgegrabene Anlage war vermutlich ein mittelalterlicher Herrensitz mit 1,5 m Mauerstärke.

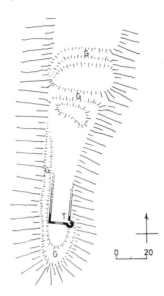

Läusepelz

Gde. Reibnitz – Rybnica, Kr. Hirschberg – Jelina, Gora, Schlesien, Polen

Angabe in Grundmann, S. 81.

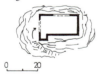

Ursprung des seltsamen Namens ist »Laudis palation«, 1234 genannt.

Lage

Kr. Grafsch. Bentheim, Niedersachsen

Grundriß in: Kunstdkm. d. Prov. Hannover, Bd. 4.4, S. 169.

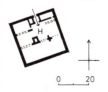

»De Lage« wird als Adel 1183 urkundlich erwähnt. 1346 geht die Wasserburg an das Bistum Utrecht. Ende des 16. Jh. wurde sie auf alter Basis neu erbaut.

Lagenberg, Langenberg

Gde. Laax, Bz. Glenner, Kt. Graubünden, Schweiz

Grundriß in: Poeschel, S. 228; Clavadetscher, S. 85.

Entstanden ist die Burg vielleicht in der 2. Hälfte des 13. Jh., zerstört wurde sie 1348. Ihre Ringmauer war um 1,5 m stark. Der Bergfried mit den Hauptmaßen 11,5 × 13 m und starken Mauern war vielleicht ein Wohnturm.

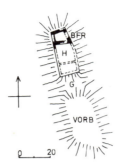

Lagow – Łagow

Kr. Osternburg – Zidonogórski, Neumarkt, Polen

Grundriß in: Kunstdkm. im Kr. Osternburg.

1258 wird das »castrum Lagow« urkundlich erwähnt. Die Burg auf einem Hügel wurde im 13. Jh. vom Deutschen Orden aus Backsteinen erbaut. Im 18. Jh. wurde sie weitgehend erneuert. Der Bergfried mit 9 m Seitenlänge und 2,5 m Mauerstärke ist zur Hälfte der ca. 20 m Höhe rund. Die Ringmauer ist 1,8 m stark.

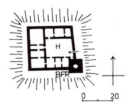

Lahneck

Gde. Lahnstein, Rhein-Lahn-Kr., Rheinland-Pfalz

Grundriß in: Ebhardt I, Abb. 414; Dehio, Rheinland-Pf., S. 443; Cohausen, Nr. 177; Binding, S. 50; Schuchhardt, S. 317.

Die Burg wurde 1224 erstmals urkundlich erwähnt. Im 15. Jh. wurde sie verstärkt. 1688 wurde sie durch Franzosen zerstört. Ende des 19. Jh. hat sie der Architekt Caesar erneuert. Der Bergfried mit 10 m Breite u. 12 m Länge hat fast 3,5 m starke Mauern, die Wendeltreppe liegt in der verstärkten Spitze. Er besitzt 20 m Höhe mit 5 Stockwerken, die Schildmauer ist bis 3,5 m dick.

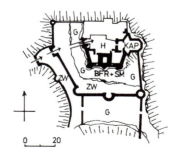

Lahr

Kr. Offenburg, Baden-Württemberg

Grundriß in: Batzer/Städele, S. 501; Burgen u. Schlösser 1970-II; Burgen im südl. Baden, S. 100.

Ein »Heinricus de Lare« ist aus dem Jahr 1215 urkundlich überliefert. Die Burg, allseits mit Buckelquadern verkleidet, stammt wohl von der Wende des 12. zum 13. Jh. Nach ihrer Zerstörung 1689 durch Franzosen wurde sie nach 1756 in großen Teilen abgetragen. Lahr war zugleich Stadtburg. Ihre Ringmauer, 11 m hoch, war 1,3 – 1,5 m dick. Der Bergfried im Zentrum hatte 10 m Seitenlänge.

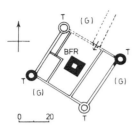

Laimburg

Gde. Pfatten, Unteretsch, Südtirol, Italien

Grundriß in: Weing.-Hörm., S. 324; Piper, Österr., Bd. 2.

Die Nachricht, daß 1228 ein »castrum Laimburgum« erwähnt wurde, ist nicht gesichert. 1269 wird die »Veste Layenburg« als Lehen vergeben. 1280 wird sie als neu erbaut bezeichnet. 1339 und 1341 wurde sie erobert und gebrochen aber wieder aufgebaut. Seit dem Ende des 15. Jh. ist sie verfallen.

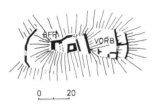

Laimburg = Lämberg

Lanaburg = Leonburg

Landau

Gde. Arolsen-L..., Kr. Korbach, Hessen

Grundriß in: Kunstdkm. im Reg.-Bz. Kassel, NF, Bd. 1, S. 150.

Gegründet wurde die Wasserburg vermutlich Ende des 13. Jh., erneuert wurde sie 1366, 1679 wurde sie zum Schloß umgebaut. Heute ist das Schloß eine Schule.

Landeck

Gde. Schenklengsfeld, Kr. Bad Hersfeld, Hessen

Grundriß nach Aufnahme des Heimats- und Verkehrsvereins der Gemeinde.

Über die recht große Burg gibt es nur die Nachricht, daß sie im 17. Jh. verfallen ist. Die Ringmauer ist 1,25 m stark. Der Bergfried hat 9 m Durchmesser mit 1,5 m Mauerstärke.

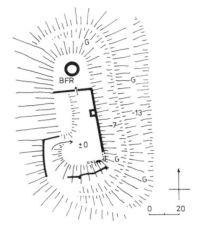

Landeck

Gde. Klingenmünster, Kr. Landau-Bergzabern, Rheinland-Pfalz

Grundriß in: Dehio, Rheinland-Pfalz, S. 376; Kunstdkm. v. Bayern, Pfalz, Bd. 4, S. 295; Baudkm. d. Pfalz, Bd. 2, S. 109; Hotz-Pfalzen, Z. 77; Burgen u. Schlösser i. d. Pfalz, Nr. 8.

Die schöne Buckelquader-Anlage entstand um 1200 als Reichsburg. Um 1220 ging sie an die Grafen von Leiningen. Sie wurde bis ins 16. Jh. ausgebaut. 1689 wurde Landeck zerstört. Seit 1964 wurde sie vorsichtig renoviert. Die rd. 12 m hohe Ringmauer ist 1,5 – 2,0 m stark. Der Bergfried mit der Grundfläche von 8,5 × 9 hat 2 m starke Wände, er ist mit 4 Stockwerken 19 m hoch, der rundbogige Eingang liegt 9 m über dem Hof.

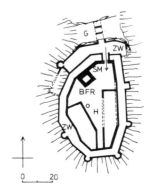

Landeck

Gde. Emmendingen (Kr.)-Mundingen, Baden-Württemberg

Grundriß in: Kunstdkm. v. Baden, Bd. 6.1; Burgen u. Schlösser im südl. Baden, S. 105.

Die Oberburg ist um die Mitte des 13. Jh. durch Walter I. v. Geroldseck erbaut worden, die Unterburg entstand wohl um 1280 für die gleiche Familie. Nach dem Beginn des 14. Jh. unterschiedliche Besitzer. Im Bauernkrieg 1525 wurden beide Burgen zerstört. Die Schildmauer von 3 m Stärke ist noch 9 m hoch erhalten. Die Ringmauern beider Anlagen sind bis 2 m dick.

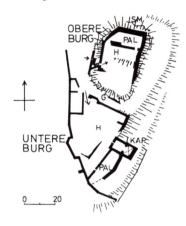

Landeck

(Bz.), Tirol, Österreich

Grundriß in: Weing.-Hörm.. S. 145; Piper, Österr., Bd. 3; Trapp, Bd. 7, S. 130.

Entstanden ist die Burg Ende des 13. Jh. durch die Grafen v. Tirol. Sie war von Anfang an Gerichtssitz (1282 »iudicium Landögg«). Die westl. Ringmauer wurde wohl im 15. Jh. nach einem Bergsturz erneuert. 1967 wurde die Burg zum Museum ausgebaut. Die Vorburg ist von 1676. Der Bergfried, etwas verzogen, hat rd. 9 m Seitenlänge und ca. 2,3 m Wandstärke; sein Eingang liegt 7,5 m hoch.

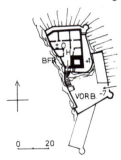

Landenberg, Sarnen

Gde. Sarnen, Bz. Obwalden, Kt. Unterwalden, Schweiz

Grundriß in: Kunstdkm. d. Schweiz, Unterwald, S. 547; Meyer, Bd. 1, S. 57.

Die Burg wurde vermutlich durch die Grafen v. Habsburg im I. Viertel des 13. Jh. gegründet. Zerstört wurde sie vielleicht schon um 1240. Sie wurde 1895 ausgegraben. Ihre Ringmauer ist 1,4 m stark.

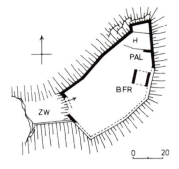

Landsberg

Gde. Heiligenstein, Ct. Barr, Bas-Rhin, Frankreich

Grundriß in: Kaltenbach Nr. XIX; Wolff, S. 201; Salch, S. 187; Hotz-Pfalzen, Z. 25; Wirth, S. 54.

Grafen von Landsberg werden seit 1244 genannt. Die Kernburg wurde zum Ende des 12. Jh. mit Buckelquader-Mauern erbaut. Die Vorburg ist wohl erst nach 1440 entstanden. 1632 wurde die Burg durch Schweden zerstört. Der Bergfried von 10 m Seitenlänge mit 2,7 m Wandstärke besitzt einen rundbogigen Eingang in 7 m Höhe. Die Ringmauer der Kernburg ist 2,2 m stark. Über dem spitzbogigen Eingang zur Kernburg kragt der Kapellenerker aus.

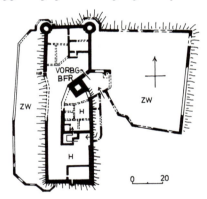

Landsberg, Moschellandsberg

Gde. Obermoschel, Donnersbergkr., Rheinland-Pfalz

Grundriß in: Baudkm. d. Pfalz, Bd. 2, S. 96; Burgen u. Schlösser i. d. Pfalz, Abb. 17.

Begonnen wurde die Burg am Anfang des 12. Jh. durch Emich I. v. Schmidburg. 1180 wird eine Doppelkapelle erwähnt. Bergfried, Ringmauer und Schildmauer sind wohl um 1180–1200 erbaut worden. Vorburg und Zwinger stammen aus dem 15. Jh.; 1635 wurde die Burg durch Franzosen zerstört. Die Schildmauer ist 3 m stark. Der Bergfried hat 10,5 m Seitenlänge.

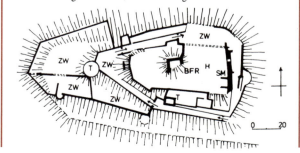

Landsberg

Gde. Ratingen, Kr. Mettmann, Nordrhein-Westfalen

Grundriß in: Hausmann/Knopp »Rheinlands Schlösser und Burgen«, Bd. 2, S. 11.

Der Wohnturm wurde 1251, der Palas 1291 erbaut. Der Turm im Westen ist 1450 erbaut worden, die Wohnbauten wurden 1665 errichtet. 1903 wurde die Burg erneuert. Der Wohnturm mit 10 × 12,5 m Grundfläche und 2,5 m Mauerstärke hat 5 Stockwerke in 22 m Gesamthöhe.

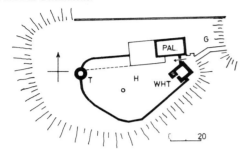

(Landsburg)

Gde. Schwalmstadt-Michelsberg, Schwalm-Eder-Kr., Hessen

Grundriß in: Führer zu archäol. Denkm. in Deutschld., Bd. 8, S. 170.

Von der Burg, die 1344 erbaut und in der 1. Hälfte des 15. Jh. durch einen Brand zerstört wurde, ist nichts mehr vorhanden.

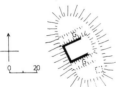

Landsee

Gde. Markt, St. Martin, Bz. Oberpullendorf, Burgenland, Österreich

Grundriß in: Dehio, Burgenland; Ebhardt I, Abb. 685; Burgen u. Schlösser im Burgenld., S. 87.

Der älteste Teil ist der fünfeckige Donjon aus dem 13. Jh. Ihr heutiges Aussehen verdankt die Burg dem 15. Jh. 1707 wird die Anlage nach einer Explosion wiederaufgebaut. Landsee ist ein gutes Beispiel für ausgedehnte Zwingeranlagen. Die Burg war seit 1612 im Besitz der Grafen Esterhazy.

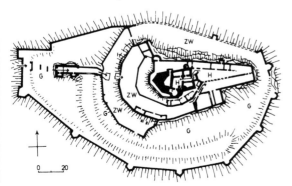

Landshut

Gde. Bernkastel (Kr.)-Kues, Rheinland-Pfalz

Grundriß in: Kunstdkm. d. Rheinprov., Bd. 15.1, S. 74; Schellack, S. 220.

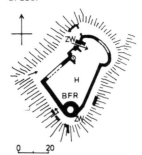

Die Burg ist um 1320 entstanden. Der Bergfried mit dem Durchmesser 3,5 m hat 2,7 m Wandstärke. Sein Eingang liegt 15 m hoch. Die Ringmauer ist 1,5 m stark, im SW 2,0 m.

Landskron

Gde. Bad Neuenahr (Kr.), Rheinland-Pfalz

Grundriß in: Kunstdkm. d. Rheinprov., Bd. 17.1, S. 403.

Begonnen wurde die Burg 1206 durch König Philipp v. Schwaben. 1677 wurde sie durch Franzosen zerstört. Im 20. Jh. wurden Teile ausgegraben. Die Ringmauer ist bis 1,7 m stark.

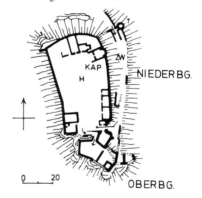

Landskron

Gde. Leymen, Ct. Huningue, Haut-Rhin, Frankreich

Grundriß in: Kaltenbach, Nr. XX; Wolff, S. 205; Hotz, Z. 36; Salch; Mayer-Regio, S. 54.

Gegründet wurde die Burg auf einem Felsturm zu Beginn des 13. Jh. Der Wohnturm stammt aus dieser Zeit. 1356 wurde die Burg erweitert, 1516 ist sie zur Festung ausgebaut, die im Barock noch einmal verstärkt wurde. 1814 wurde sie durch Österreicher zerstört. Der Grundriß des Wohnturmes mißt 11,5 × 15 m, er hat im Obergeschoß 2 m Wandstärke.

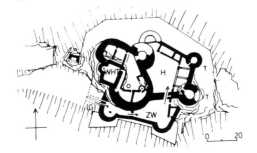

Landskron

Gde. Villach (Bz.), Kärnten, Österreich

Grundriß in: Ebhardt I, S. 558; Burgen u. Schlösser in Kärnten, Bd. 3; S. 191; Kohla, S. 176.

Gegründet wurde die Burg am Beginn des 14. Jh. Anfang des 16. Jh. wurde sie zerstört und wiederaufgebaut. Zur Festung wurde sie 1812 ausgebaut.

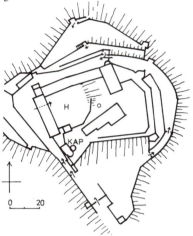

Landskron = Bruck/Mur

Landskron = Oppenheim

Landstein – Landštejn

Gde. Altstadt – Staré Město, Bz. Neuhaus – Jindřichův

Grundriß in: Piper, Österr., Bd. 3, S. 118; Heber, Bd. 6; Menclová, S. 108.

Die Kernburg ist im 13. Jh. erbaut worden. Der Ausbau der Burg dauerte bis ins 15. Jh., Ende des 18. Jh. wurde sie durch Brand zerstört. Die Ringmauer der Kernburg ist 2,5 m dick.

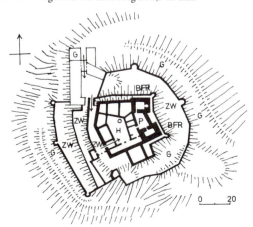

Langeleben

Gde. Königslutter-L..., Kr. Helmstedt, Niedersachsen

Grundriß in: Schultz, S. 57.

Die Burg wird 1258 urkundlich genannt. Viel bauliche Reste sind nicht mehr erhalten.

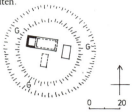

Langenau

Gde. Obernhof, Rhein-Lahn-Kr., Rheinland-Pfalz

Grundriß in: Kunstdkm. i. Reg.-Bez. Wiesbd.-Lahngeb., S. 273; Piper, Fig. 196.

Die heutige Burg ist 1356 entstanden, der Wohnturm ist aber wohl aus dem 13. Jh. Die Wasserburg wurde 1685 zum Schloß umgebaut. Der Wohnturm mit 3,5 m Seitenlänge hat 2 m Wandstärke, in der die Treppen liegen; er ist 21 m hoch und 3 Stockwerke, der Eingang liegt 7 m über dem Hof. Die Schildmauer ist 2,7 m stark und 8 m hoch.

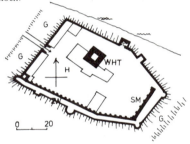

Langenau

Bz. Winterthur, Kt. Zürich, Schweiz

Grundriß in: Zürcher Denkmalpflege 1975/1976; S. 107.

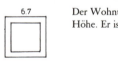

Der Wohnturm hat 4 Stockwerke in nur 9 m Höhe. Er ist um 1200 entstanden.

Langenberg = Lagenberg

Langenburg

Kr. Schwäbisch Hall, Baden-Württemberg

Grundriß in: Kunstdkm. v. Württembg., Gerabronn; Dumont, Kunstführer zw. Neckar und Donau.

Das Schloß der Fürsten Hohenlohe, die es seit 1232 besitzen, ist mittelalterlichen Ursprunges. Die Reste der Burg stecken im Schloß, das im 16. und 17. Jh. seine heutige Gestalt bekam.

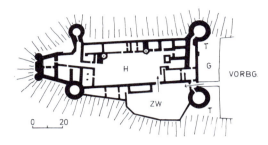

Langendorf

Gde. Zülpich-L..., Kr. Euskirchen, Nordrhein-Westfalen

Grundriß in: Harald Herzog »Burg Langendorf«, Zülpich, 1988.

Der Kern der Wasserburg ist ein Wohnturm des 14. Jh. von 9,5 m Höhe mit 3 Stockwerken, die Wandstärken überschreiten 1,0 m kaum. Die Grundfläche ist 8 × 11 m. Der angebaute Turm hat 5 m Durchmesser. Die nördlich an den Wohnturm anschließenden Gebäude entstanden im 15. Jh.

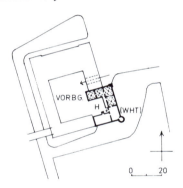

Langeneck

Gde. Waltenhofen-Martinzell, Kr. Sonthofen, Bayern

Grundriß in: Nessler, Bd. 1, S. 146.

Die Dienstmannen des Stiftes Kempten, die Herren v. Langenegg, die 1268 urkundlich erwähnt werden, haben die Burg kurz nach 1200 erbaut. Bewohnt war sie bis 1820. Der Wohnturm hat 12,8 × 14,6 m Grundfläche, die Mauern an den Längsseiten sind 1,3 m, an den Querseiten 2,0 m stark. In den 4 Stockwerken standen jeweils 10,5 m² Innenfläche zur Verfügung.

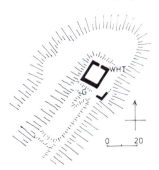

Langenfels = Lenzenberg

Langenhorst

Gde. Billerbeck-L..., Kr. Coesfeld, Nordrhein-Westfalen

Grundriß in: Kunstdkm. v. Westfalen, Bd. 36, S. 26.

Erhalten ist ein gotischer Wohnturm mit 2 Stockwerken.

Langenstein

Gde. Orsingen-Nenslingen, Kr. Konstanz, Baden-Württemberg

Angabe bei Kiewat, S. 132.

Im Schloß Langenstein steckt ein Wohnturm, der um 1100 auf einem ca. 15 m hohen Fels errichtet wurde. Er besaß ursprünglich 14 m Höhe mit 3 Stockwerken auf einer Grundfläche von 11 × 11,5 m. Die Wendeltreppe liegt in der Mauerstärke.

Langensteinbach

Gde. Karlsbach-L..., Kr. Karlsruhe, Baden-Württemberg

Grundriß in: Biller, S. 266.

Der Turm ist um 1100 entstanden und hundert Jahre später wieder verlassen. Seine über 4 m starke Mauer dürfte, wenn er Wohnturm gewesen ist, in den Obergeschossen verringert worden sein.

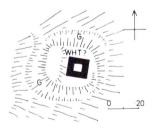

Lantsch

Bz. Albula, Kt. Graubünden, Schweiz

Grundriß in: Clavadetscher, S. 61.

Der Wohnturm von Ministerialen des Namens v. Lenz entstand im 13. Jh. Er ist in einem Wohnhaus verbaut.

Last

Gde. Schönenberg, Bz. Bischofszell, Kt. Thurgau, Schweiz

Angabe bei: Hauswirth, Bd. 1, S. 106.

Der Wohnturm auf einem Hügel gehörte den gleichnamigen Adligen, die 1211 urkundlich genannt wurden. Er hat 3 Stockwerke.

Latsch

Vinschgau, Südtirol, Italien

Grundriß in: Trapp, Bd. 1, S. 167.

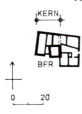

Die recht schwache Burg wurde um 1290 durch Otto v. Latsch erbaut. Im 15. Jh. wurde sie umgebaut, 1770 durch ein Feuer zerstört. 1842 wurde Latsch wesentlich verändert wiederaufgebaut. Der schwache Bergfried von ca. 8,5 m Seitenlänge mit 1,0–1,2 m Wandstärke ist aus der Gründungszeit, auch Teile der Ringmauer.

La Tur

Gde. Zillis-Reischen, Bz. Hinterrhein, Kt. Graubünden, Schweiz

Grundriß in: Clavadetscher, S. 173.

Für diese Burg gibt es keine Daten, der Bergfried mit dem seltenen rautenförmigen Grundriß hat 8 m Seitenlänge und 2 m Mauerwerksstärke, die in den 2 Obergeschossen geringer wird.

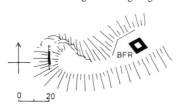

Laubach

Gde. Abtsgemünd-L..., Kr. Aalen, Baden-Württemberg

Grundriß in: Kunstdkm. v. Württbg., Jagstkr., S. 704.

Die Burg Laubach wird urkundlich 1439 erstmals erwähnt. Ihr Ursprung ist jedoch älter. 1599 wurde sie auf alter Basis erneuert. Ihre Ringmauer ist 1,2 m stark.

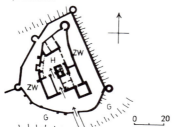

Laubenberg, Alt-Laubenberg

Gde. Grünenbach, Kr. Lindau, Bayern

Grundriß in: Kunstdkm. v. Bayern, Schwaben, Bd. 4, S. 354; Nessler, Bd. 2, S. 48.

Ein »Erpus v. Laubenberg« wird 1165 als Turnierteilnehmer erwähnt. Wahrscheinlich ist die kleine Burg in der 1. Hälfte des 12. Jh. erbaut worden. 1486 wurde sie zerstört und wiederaufgebaut, 1719 wurde sie durch Brand zerstört. Der Bergfried hatte weniger als 6 m Durchmesser.

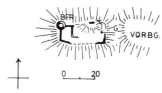

Laubenberg-Stein

Gde. Immenstadt, Kr. Sonthofen, Bayern

Grundriß in: Nessler, Bd. 1, S. 230.

Erbaut wurde die Burg Stein zwischen 1150 u. 1200, seit 1241 ist sie im Besitz der Herren v. Laubenberg. Sie wurde bis ins 14. Jh. ausgebaut. Seit 1559 war die Burg verlassen. Der seltene runde Wohnturm hat vier Stockwerke, die als Gefängnis, als Amtsstube, als Küche und als Wohnstube (übereinander) dienten. Er hat den Durchmesser 10,5 m mit im Sockel 3 m starken Wänden.

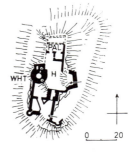

Laudeck

Gde. Ladiz, Bz. Landeck, Tirol, Österreich

Grundriß in: Dehio, Tirol, S. 451; Comploy; Trapp, Bd. 7, S. 43; Piper-Österr., Bd. 2, S. 112.

Der Burgadel taucht 1239 erstmals urkundlich auf. Das castrum Landekke erscheint 1259 urkundlich. Der Wohnturm ist im 1. Viertel des 13. Jh. erbaut worden. 1525 wurde die verfallene Burg erneuert. Ende des 17. Jh. wurde Landeck aufgebaut. Der Wohnturm von 11,5 × 14 m Grundfläche hat 21 m Höhe mit 3 Stockwerken, der Hocheingang lag im 2. Stockwerk, die Mauerstärke ist 1,7–1,9 m.

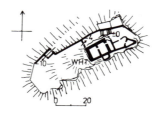

Laudenbach

Gde. Karlstadt-L..., Main-Spessart-Kr., Bayern

Angabe in: Kunstdkm. v. Bayern, Unterfrk., Bd. 6.

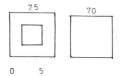

Von der Burg, die um 1200 entstanden ist, sind ihre zwei Bergfriede erhalten geblieben. Sie besitzen Buckelquader-Mauern und rundbogige Eingänge in 4 m Höhe.

Lauenau

Gde. Bad Lauenau, Kr. Grafsch. Schaumberg, Niedersachsen

Grundriß in: Kunstdkm. d. Prov. Hannover, Bd. 29, S. 113.

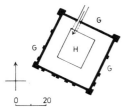

Das Renaissance-Schloß von 1567 basiert auf der mittelalterlichen Kastellburg mit 1,3 m starker Ringmauer.

Lauenburg, große

Gde. Stecklenburg, Kr. Quedlingburg, Sachsen-Anhalt

Grundriß in: Stolberg, S. 235.

Die beiden, nicht weit von einander entfernten Burgen sind zusammen entstanden und werden 1164 erstmals erwähnt. Sie spielen eine Rolle im Streit zwischen Staufern und Welfen. Zwischen 1326–1351 wurden sie neunmal durch den Bischof v. Quedlinburg bedroht. Verlassen wurde sie wohl im 15. Jh.
Die gr. Burg ist eine Doppelburg, die von Anfang an als solche mit einer gemeinsamen Vorburg erbaut wurde. Ihre Ringmauer ist 2 m dick. Die beiden Bergfriede sind 10 m breit und 12 m lang mit 2 m Wandstärke.

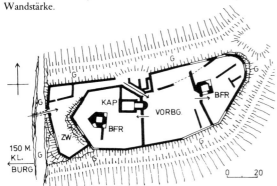

Lauenburg, kleine

Gde. Stecklenburg, Kr. Quedlinburg, Sachsen-Anhalt

Grundriß in: Stolberg, S. 234.

Die kleine Burg ist ein Vorwerk der großen Burg, mit der sie das Schicksal teilt. Der Bergfried hatte einst ca. 30 m Höhe. Er besaß auf einer Grundfläche mit 10,4 m Seitenlänge und 2,9 m Wandstärke. Sein Eingang liegt 4,5 m hoch. Der Turm war zur Not bewohnbar, was ein Kamin und ein Aborterker unterstreichen.

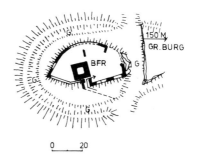

Lauenburg – Lębork

Pommern, Polen

Grundriß in: Kunstdkm. d. Prov. Pommern, Bd. 3.5, S. 269.

Diese Stadtburg des Deutschen Ordens wurde um 1300 erbaut, ihre heutige Form erhielt sie 1455, nachdem sie 1410 zerstört worden war. Die Ringmauer ist 1,5 – 2,0 m stark.

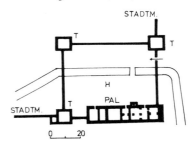

Lauenburg

Gde. Heyen, Kr. Holzminden, Niedersachsen

Grundriß in: Kunstdkm. v. Braunschweig, Bd. 4, S. 293.

Die polygonal-ovale Ruine wurde 1893 ausgegraben. Ihre Ringmauer ist 1,5 m dick. Grundrisse dieser Art kommen in der staufischen Zeit vor.

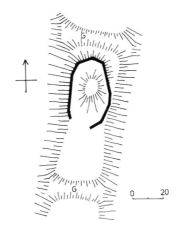

Lauenstein

Kr. Dippoldiswalde, Sachsen

Grundriß in: Rüdiger, Abb. 12.

Die Burg wird 1298 erstmals erwähnt. Ihr heutiger Bestand stammt aus dem 15. Jh. und wurde im 16. Jh. umgebaut. In die SO-Seite ist der gewachsene Fels einbezogen.

Lauenstein

Gde. Ludwigstadt-L..., Kr. Kronach, Bayern

Grundriß in: Bayerische Kunstdkm., Bd. Kronach; Hotz Z 131; Dehio-Franken, S. 462.

Die Burg ist um 1900 sehr schön wiederhergestellt worden. Aus der Zeit vor der Zerstörung stammen der Stumpf des Bergfriedes und ein Teil der Ringmauer. Der Ursprung der Burg ist nicht ganz klar, vermutlich liegt er im 12. Jh. Die Wohnbauten stammen vom Ende des 14. Jh. (SO) und 1551 (NO). Der Bergfried hatte 6,5 m Durchmesser mit 2,5 m Wandstärke.

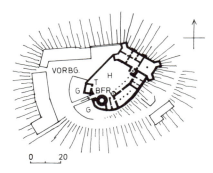

Lauerturm

Gde. St. Martin, Bz. Rohrbach, Oberösterr., Österreich

Angabe in: Burgen u. Schlösser a. d. Donau, S. 30.

Der Turm auf einem Felsabsatz über der Donau ist um 1375 erbaut worden als Sperranlage für den Fluß. Er hat 18 m Höhe mit 3 Stockwerken.

Lauf

Bayern

Grundriß in: Kunstdkm. v. Bayern, Mittelfr., Bd. Lauf; Dehio, Franken, S. 462.

Der Ursprung der Wasserburg auf einer Insel in der Pegnitz liegt wohl um 1100. Sie wurde um 1300 zerstört. Die heutige Anlage wurde zwischen 1350 und 1375 mit Buckelquader-Mauerwerk erbaut. 1553 wurde sie durch Brand zerstört und wiederaufgebaut. Die Ringmauer von 13 m Höhe ist 2,3 m dick. Der Bergfried hat 10 m Seitenlänge und 3,5 m Wandstärke.

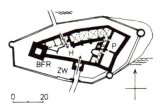

Lauf – Neu Windeck

Laufenburg

(Bz.), Kt. Aargau, Schweiz

Grundriß in: Merz-Aargau, S. 320.

Die Burg ist spätestens um 1200 erbaut worden. Ihre Zerstörung fällt in den Dreißigjährigen Krieg. Der Bergfried mit 8,3 × 8,4 m Grundfläche und 2,5 m Mauerstärke hat einen rundbogigen Eingang in 5 m Höhe.

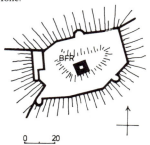

Laufenburg

Gde. Langerwehe-Wenau, Kr. Düren, Nordrhein-Westfalen

Grundriß in: Kunstdkm. d. Rheinprov., Bd. 9; Burgen u. Schlösser 1962-II.

Die Kastellburg ist um 1400, wohl auf älteren Mauern, erbaut worden. Im 17. Jh. ist sie verfallen. Der Bergfried ist 25 m hoch mit 7,5 m Durchmesser und ca. 22 m Wandstärke; er hat 5 Stockwerke und seinen Eingang vom 6 m hohen Wehrgang der Ringmauer, die 1,5 m, am Tor 2,0 m dick ist.

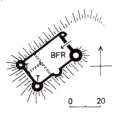

Lauffen

Kr. Heilbronn, Baden-Württemberg

Grundriß in: Kunstdkm. v. Württbg., Neckarkr., Tafelbd.

Die ehemalige karolingische Pfalz auf einer Felsinsel im Neckar hat eine Ringmauer und einen Bergfried aus staufischer Zeit. Der Torturm wurde im 18. Jh. abgebrochen. Der 30 m hohe Bergfried hat 9 m Seitenlänge mit knapp 3 m dicken Mauern.

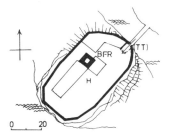

Lauingen
Kr. Dillingen, Bayern

Grundriß in: Kunstdkm. v. Bayern, Schwaben, Bd. 7, S. 387.

Das in einer Ecke der Stadtmauer liegende Schloß wurde in der 2. Hälfte des 15. Jh. begonnen. Es stellt einen Übergang von der Burg zum Schloß dar.

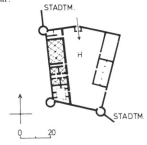

Lauingen
Gde. Königslutter-L..., Kr. Helmstedt, Niedersachsen

Angabe in: Burgen u. Schlösser 1990-I.

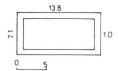

Es handelt sich wohl um einen mittelalterlichen Wohnturm.

Lauksburg
Gde. Lorch-Eppenscheid, Rheingaukr., Hessen

Grundriß in: Kunstdkm. im Reg.-Bz. Wiesbaden, Bd. 1, S. 50.

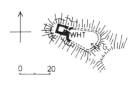

Die kleine Burg ist vielleicht im frühen 12. Jh. entstanden. Ihre Ringmauer ist 1,3 m stark. Der Bergfried hat 6 × 7,5 m Seitenlänge. Sein Innenraum mit 14 m² Fläche ist zu klein für ein dauerhaftes Bewohnen durch eine ritterliche Familie, er hätte einen auskragenden Aufbau besessen haben müssen.

Laupen
(Bz.), Kt. Bern, Schweiz

Grundriß in: Meyer, Bd. 9, S. 26.

Die Burg ist wohl erst im 13. Jh. erbaut worden, dies gilt jedenfalls für die 2 m starke Ringmauer. Ein Teil der Burg wurde 1760 abgebrochen.

Laurenburg
Rhein-Lahn-Kr., Rheinland-Pfalz

Grundriß in: Kunstdkm. im Reg.-Bz. Wiesbaden, Bd. 3.

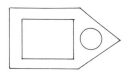

Der nicht eben häufig vorkommende fünfeckige Wohnturm ist der Rest der Burg in Spornlage, die vielleicht um 1100 erbaut wurde. Der Eingang des Turmes liegt in 2 m Höhe.

Laurenzburg, Ten Bergen, Schwalmersburg
Kr. Düren, Nordrhein-Westfalen

Grundriß in: Kunstdkm. d. Rheinprov., Bd. 8.1, S. 153.

Der Beginn der Wasserburg liegt am Ende des 14. Jh.; sie wurde im 16. Jh. ausgebaut.

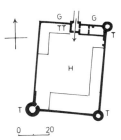

Lauseck – Lousek
Gde. Reichenau a. d. Mals – Rychnov nad Malší, Bz. Böhm. Krumau – Krumlov, Südböhmen, Tschechische Republik

Grundriß in: Kunstdkm. v. Böhmen-Kaplitz; Ebhardt II/2, S. 396.

Erbaut wurde die Burg Ende des 14. Jh., 1541 war sie bereits öde. Ihre Ringmauer ist 2 m dick. Der Bergfried hat 7,5 × 9 m Grundfläche mit ca. 2,2 m Mauerstärke.

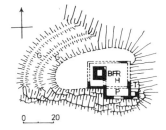

Lauterburg

Gde. Rödental, Kr. Coburg, Bayern

Grundriß nach Plan der Gemeinde.

Der Sockel der rechteckigen Burg ist alt, wohl aus der Mitte des 13. Jh. Sie wurde 1706 neu erbaut.

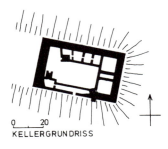

Lauterburg

(Ct.), Bas Rhin, Frankreich

Grundriß in: Salch, S. 195.

Die Stadtburg ist wohl im 12. Jh. erbaut und um 1700 durch Brand zerstört worden.

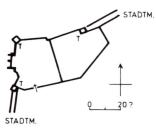

Lauterburg

Gde. Essingen-L..., Kr. Aalen, Baden-Württemberg

Grundriß in: Kunstdkm. v. Württbg., Jagstkr., S. 733; Ebhardt I, Abb. 545; Burgen u. Schlösser 1977-I.

Gegründet wurde die Lauterburg wohl in der 1. Hälfte des 12. Jh.; sie wurde 1470 verstärkt und 1590 zum Schloß umgestaltet. 1732 hat ein Brand die Anlage zerstört.

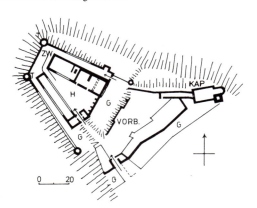

Lauterecken

Kr. Kusel, Rheinland-Pfalz

Grundriß in: Baudkm. d. Pfalz, Bd. 5, S. 90.

Erbaut wurde die nur aus einem Palas und Hof bestehende Burg mit der 2,1 m starken Ringmauer im 12. Jh.

Lauterstein

Gde. Blaustein-Wippingen, Alb-Donau-Kr., Baden-Württemberg

Grundriß in: Schmitt, Bd. 2, S. 39

Ein Eberhard v. Lauterstein wird 1219 urkundlich erwähnt, 1556 wird sie als Burgstall genannt.

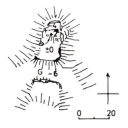

Lavamünd, Hammerberg

Bz. Wolfsberg, Kärnten, Österreich

Grundriß in: Kohla, S. 179.

1269 wird die Burg mit der polygonal-ovalen Ringmauer, die auf staufischem Ursprung deutet, verlassen.

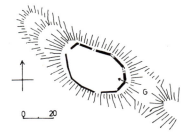

Lavant

Gde. Lienz (Bz.), Tirol, Österreich

Grundriß in: Pizzinini »Osttirol«, S. 165.

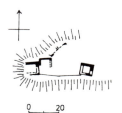

Die Reste der Burg wurden ausgegraben. Sie wurde vielleicht um 1200 erbaut und Ende des 14. Jh. aufgegeben.

Lavant

Gde. Friesach, Bz. St. Veit, Kärnten, Österreich

Grundriß in: Österr. Kunsttop., Bd. 51.

Unterhalb der ausgedehnten Anlage des Petersberges → entstand im 13. Jh. als eine Art Vorwerk die Burg Lavant, die 1293 urkundlich genannt wird. Verändert wurde sie 1357 und 1561. Nach einem Brand 1673 ließ man sie verfallen.

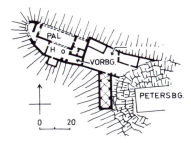

Laxenburg

Bz. Mödling, Niederösterr., Österreich

Grundriß in: Burgen u. Schlösser in Niederösterr., Bd. I/2, S. 71.

Erbaut wurde die Wasserburg Ende des 14. Jh. durch Herzog Albrecht III. v. Österreich anstelle einer älteren Anlage. Nach ihrer Zerstörung durch die Türken wurde Laxenburg ab 1683 zum barocken Schloß umgestaltet. Die Ringmauer ist 1,65 m stark. Der Bergfried mit 9 m Seitenlänge hat 1,8 m dicke Mauern.

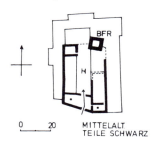

Lebenau

Gde. Laufen/Salzach, Kr. Passau, Bayern

Grundriß nach Plan des histor. Vereins Rupertswinkel von 1970.

Erbaut um 1130 verfiel die Burg ab Mitte des 17. Jh., 1714 wurde sie abgebrochen. Der erhaltene Rest könnte der Dimension nach ein Wohnturm gewesen sein.

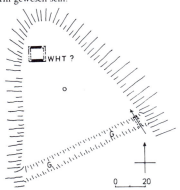

Lebenberg

Gde. Tscherns, Burggrafenamt, Südtirol, Italien

Grundriß in: Trapp, Bd. 2, Abb. 153; Weing.-Hörm., S. 395.

Erbaut wurde die Kernburg zwischen 1240 und 1280 durch die Herren v. Merniga, die in Marling saßen. Die Burg wurde mehrfach erweitert, zuletzt im 17. Jh. Restauriert wurde sie im 19. Jh. Der Bergfried mit der maximalen Breite von 10 m hat 2 m Wandstärke, er ist 19 m hoch, hat einen Einstieg in 4,5 m Höhe und 5 Stockwerke.

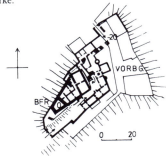

Lebus

Kr. Seelow, Brandenburg

Grundriß in: Radacki, S. 301; Kunstdkm. d. Prov. Brandenbg., Bd. 6.1.

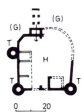

Die Hügelburg entstand im 13. Jh., zerstört wurde sie 1432 und danach wiederaufgebaut. 1631 ist sie ausgebrannt und wurde schließlich völlig abgebrochen.

Lechenich

Gde. Erfstadt-L..., Kr. Euskirchen, Nordrhein-Westfalen

Grundriß in: Dehio, Rheinld., S. 445; Ebhardt I, Abb. 40; Kunstdkm. d. Rheinprov., Bd. 4.6.

Die Stadtburg wurde 1309–1330 neu erbaut, der Palas folgte 1350–1366. Teile der Burg wurden im 19. Jh. abgebrochen. Die Ringmauer ist 1,5 m stark und aus Backsteinen. Der Wohnturm ist 18 m hoch und hat 4 Stockwerke, seine Grundfläche ist 12 × 14 m groß, die Wendeltreppe liegt im 2,5 m dicken Mauerwerk, er hat im 4. Stockwerk einen Aborterker und überall Kamine.

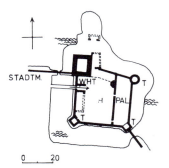

Leckstein

Gde. Burladingen-Gauselfingen, Kr. Balingen, Baden-Württemberg

Grundriß in: Stefan Uhl »Die Burgruinen Vorder- und Hinterlichtenstein...« in: Zeitschr. für Hohenzoll. Geschichte, 23-1987, S. 205; Schmitt, Bd. 5, S. 152.

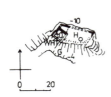

Die kleine Burg wurde von der Mitte des 12. Jh. und bis um 1300 bewohnt. Der Wohnturm mit rd. 8 m Seitenlänge und etwa 1,2 m starkem Mauerwerk hatte wohl 3 Stockwerke. Auch er müßte für Wohnzwecke ein auskragendes weiteres Stockwerk besessen haben.

Leer, Harderwykenburg

Niedersachsen

Angabe in: Burgen im deutschen Sprachraum, Bd. 1, S. 341.

Der Wohnturm stammt aus dem 14. Jh., er hat 3 Stockwerke in rd. 14 m Höhe und einem 4 m hoch liegenden Eingang.

Leesdorf

Bz. Baden, Niederösterr., Österreich

Grundriß in: Österr. Kunsttop., Bd. 18, S. 168; Burgen u. Schlösser in Niederösterr., Bd. I/2, S. 21; Piper, Österr., Bd. 7, S. 137.

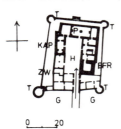

Im heutigen Barockschloß ist eine Wasserburg aus dem 11. Jh. verborgen, die wesentlich kleiner war als das Schloß. Ihre Ringmauer ist 1,3 m dick. Der Bergfried hat 12 m Seitenlänge mit 2 m Wandstärke. Man kann den ursprünglichen Grundriß noch gut erkennen.

Leichtenberg = Leuchtenburg

Lehmen = Ediger Turm

Lehnhaus, Lähnhaus – Wleński Gródek

Gde. Lähn – Wlén, Kr. Löwenburg – Lwónek, Schlesien, Polen

Grundriß in: Grundmann, S. 84.

Die Hochburg entstand wohl im 12. Jh., jedenfalls wird die Burg Wlan 1155 zusammen mit anderen Burgen genannt. Sie wurde bis ins 16. Jh. ausgebaut. 1640 zerstörten Kaiserliche die Burg. Der Bergfried hat 8 m Durchmesser und 2,5 m dicke Mauern. Der Zugang zur Kernburg erinnert an die Burg Klaus →.

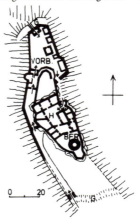

Leienfels

Gde. Pottenstein, Kr. Bayreuth, Bayern

Grundriß in: Kunstdkm. v. Bayern, Oberfrk., Bd. 2.

Erwähnt wird Leienfels urkundlich erst 1372. 1525 wurde sie zerstört und wieder aufgebaut. Endgültig zerstört wurde sie 1553. Der Bergfried hat nur 5,5 m Durchmesser bei 1,5 m dicken Mauern. Die Ringmauer ist 1,2 m, die Schildmauer 2,0 m stark.

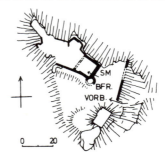

Leimburg, Leimberg

Gde. Bad Ditzenbach, Kr. Göppingen, Baden-Württemberg

Grundriß in: Antonow, SWD, S. 189; Schmitt, Bd. 1, S. 300.

Um zu zeigen, wie sehr sich ein Zustand in 70 Jahren verändern kann, sind die Grundrisse von Koch und Schmitt nebeneinandergestellt. Auch die Nordrichtung scheint strittig.
Die Burg ist um 1180 erbaut worden (Schmitt), nach Antonow erst im 14. Jh., zerstört wurde sie jedenfalls 1525. K. A. Koch hat seinen 1916 aufgenommenen Grundriß mit Maßangaben versehen. Danach hatte der Wohnturm 8 × 8 m Innenfläche und eine 2,9 m dicke Schildmauer.

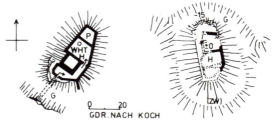

Leinegg

Gde. Weilheim-Nöggenschwil, Kr. Waldshut-Tiengen, Baden-Württemberg

Grundriß in: Voellmer, S. 93.

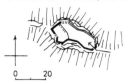

Die kleine Vasallenburg stammt vielleicht aus dem 11. Jh., sie wurde früh aufgegeben.

Leinroden, Roden

Gde. Abtsgemünd-L..., Kr. Aalen, Baden-Württemberg

Grundriß in: Führer zu vor- und frühgeschichtl. Denkmälern in Deutschland, Bd. 22.

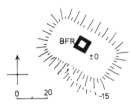

Von der um 1100 entstandenen Burg ist nur noch der Stumpf eines Bergfriedes mit 8,5 m Seitenlänge und 2 m Wandstärke erhalten.

Leinzell

Kr. Aalen, Baden-Württemberg

Grundriß in: Kunstdkm. v. Württmbg., Jagstkr., S. 444.

Die Wasserburg entstand um 1400, der Wohnturm von 9,5 × 13,5 m Seitenlänge mit 1,5 m Mauerstärke und 4 Stockwerken ist im 16. Jh. verändert worden.

Leipnitz – Lipnice

Bz. Deutsch Brod – Havlíčkův Brod, Nordböhmen, Tschechische Republik

Grundriß in: Menclová, S. 382.

Urkundlich erwähnt wurde die Burg 1316. Sie ist wohl um 1300 erbaut worden. Verfallen ist sie erst in der 2. Hälfte des 19. Jh. Zwei große Wohntürme je 5 Stockwerke mit ca. 13 × 13 m und 13 × 15 m sind für Leipnitz kennzeichnend. Die Ringmauern und Türme haben ca. 2 m starke Mauern.

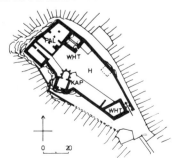

Leipzig

Sachsen

Grundriß in: Burgen d. Salierzeit, Bd. 1, S. 139.

Die Reste der Wasserburg sind in den achtziger Jahren ausgegraben worden. Erwähnt wird die Leipziger Burg 1212. Der große Turm, vielleicht ein Wohnturm, hat 12,2 m Durchmesser mit 3,3 m Wandstärke, der kleine Turm rd. 9 m.

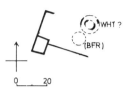

Leiterburg, Karnol

Gde. Auer, Unteretsch, Südtirol, Italien

Grundriß in: Heinrich Lona „Auer im Südtiroler Unterland"

Der zur Burg gehörende Adel ist im 12. Jh. bekannt. Die schwache Burg war um 1600 bereits verfallen. Ihre Ringmauer ist 1,1 m stark.

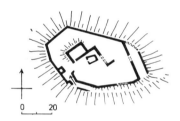

Lemberg

Kr. Pirmasens, Rheinland-Pfalz

Grundriß in: Kunstdkm. v. Rheinld.-Pfalz, Kaiserlaut., S. 377.

Die Kernburg ist um 1200 entstanden. Die Außenanlagen sind im Verlauf des Mittelalters ergänzt worden. 1689 wurde die Burg durch Franzosen zerstört.

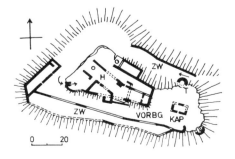

Lemförde

Kr. Diepholz, Niedersachsen

Grundriß in: Burgen u. Schlösser 1982-I.

Die Wasserburg wurde 1316 begonnen, 1461 wurde sie nach einer Zerstörung wiederhergestellt. Von der Wasserburg sind der Palas und Teile der Ringmauer erhalten.

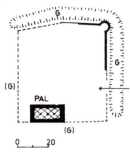

Lengberg

Gde. Nikelsdorf, Bz. Lienz, Tirol, Österreich

Grundriß in: Dehio, Tirol, S. 568.

Entstanden ist die Burg am Ende des 12. Jh., im 16. Jh. wurde sie in ein Schloß umgebaut. Im 19. Jh. wurde Lengberg nach Verfall wiederhergestellt. Die Schildmauer ist 2 m stark.

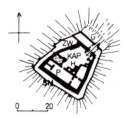

Lengefeld

Gde. Korbach (Kr.)-L..., Hessen

Grundriß in: Führer zur Hessisch. Vor- und Frühgeschichte, Bd. 1, S. 58.

Von der Burg, die um 1000 erbaut wurde, sind nur wenige Teile erhalten. Das eingezogene Tor zeigt die frühe Entstehungszeit.

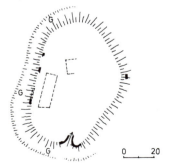

Lengenfeld

Gde. Beuron-Hausen, Kr. Sigmaringen, Baden-Württemberg

Grundriß in: Schmitt, Bd. 3, S. 179.

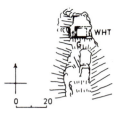

Der Mauertechnik nach gehört die Burg ins 12. Jh. Der Wohnturm hatte eine Innenfläche von 5 × 6,5 m mit 1 m Mauerstärke.

Lengenfels

Gde. Bärental, Kr. Tuttlingen, Baden-Württemberg

Grundriß in: Streng, S. 49; Schmitt, Bd. 3, S. 293.

Daten für die kleine Burg liegen nicht vor. Die Darstellung 1. nach K. A. Koch und 2. nach G. Schmitt weichen voneinander ab. Sie sind deshalb beide dargestellt.

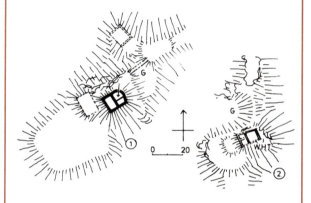

Lenzburg

(Bz.), Kt. Aargau, Schweiz

Grundriß in: Ebhardt I, Abb. 736; Schmidt, Fig. 12; Hotz Z 32; Kunstdkm. d. Schweiz, Aargau, Bd. 2, S. 125.

Die Grafen von Lenzburg sind 1036 erstmals erwähnt worden. Zu dieser Zeit bestand die Burg nur aus Holzbauten. Steinbauten dürften kaum vor der Mitte des 11. Jh. entstanden sein. Die Grafen v. Lenzburg stiegen zu einem mächtigen Dynastengeschlecht auf. Der Bergfried mit dem im NO anschließenden Palas stammt aus dem 12. Jh., das sogen. Ritterhaus im SW des Bergfriedes ist aus dem 14. Jh. Die Burg wurde bis ins 17. Jh. festungsartig ausgebaut. Heute ist sie Museum und Beegnungsstätte. Der Bergfried hat 10 × 10,5 m Grundfläche mit bis 2,7 m dicken Wänden.

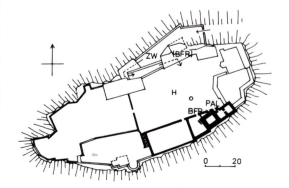

Lenzen

Kr. Perleberg, Brandenburg

Grundriß in: Kunstdkm. d. Prov. Brandenbg., Bd. 1.1, S. 174.

Die Burg wurde durch die Askanier 1219 erbaut. Sie steht auf einem künstlichen Hügel. Die Ringmauer mit dem Torturm wurde im 14. Jh. erbaut. Die Anlage wurde später stark verändert. Der 17 m hohe Wohnturm mit 14 m Durchmesser und 2 m Wandstärke ist aus der Zeit um 1300. Er hat 3 Stockwerke und einen Eingang im 2. Stockwerk.

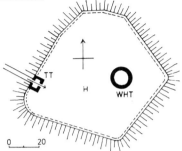

Lenzenberg, Langenfels

Gde. Sigmaringen (Kr.)-Gutenstein, Baden-Württemberg

Grundriß in: Schmitt, Bd. 3, S. 135.

Die Burg ist vermutlich im 12. Jh. entstanden, 1390 wird sie als Burgstall erwähnt. Die Schildmauer ist ca. 2,5 m dick. Der Wohnturm war ca. 11 × 6 m groß.

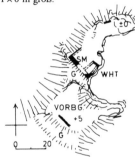

Leobeneck

Gde. Eisentratten, Bz. Spittal a. d. Drau, Kärnten, Österreich

Grundriß in: Kohla, S. 182.

Die romanische Anlage ist im 17. Jh. verfallen. Der zur Burg gehörende Adel ist seit 1208 bekannt.

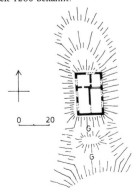

Leofels

Gde. Ilshofen-L..., Kr. Schwäbisch Hall, Baden-Württemberg

Grundriß in: Ebhardt I, Abb. 533; Antonow-SWD, S. 193; Hotz Z 82.

Erbaut wurde die Burg 1235–1245, 1268 wird sie urkundlich genannt. 1707 wurde sie durch Blitzschlag zerstört. Im 19. Jh. wurde sie teilweise abgebrochen, 1969 wurde sie restauriert. Die Ringmauer ist 1,7 m, die Schildmauer 2,3 m stark.

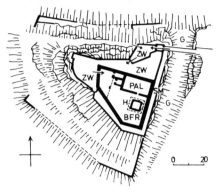

Leonburg, Lanaburg

Gde. Lana, Burggrafenamt, Südtirol, Italien

Grundriß in: Trapp, Bd. 2, Abb. 180; Weing.-Hörm., S. 385.

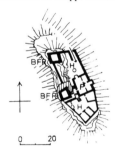

Erbaut wurde die Burg Mitte des 13. Jh., nach einem Brand 1450 wurde sie wieder hergestellt. Beide Türme sind 1236 erbaut worden. Im 16. Jh. ist Leonburg verlassen worden. Die beiden Burgfriede sind nur 12 m hoch, ihre Eingänge liegen in 3 und 6 m Höhe.

Leonrod

Gde. Dietenhofen-L..., Kr. Neustadt/Aisch, Bayern

Grundriß in: Bayrische Kunstdkm., Neustadt/Aisch, S. 95.

1235 wird ein »miles de Lewenrode« urkundlich erwähnt. Die Burg ist im 13. Jh. entstanden. Ihre Torseite ist mit Buckelquadern verkleidet. Die Burg war eine Doppelburg, deren beide Hälften von zwei Zweigen einer Familie benutzt wurden. Im 14. und 16. Jh., 1651 ist die Burg durch Brand zerstört worden. Der Bergfried mit 6 m Seitenlänge und 2 m Wandstärke gehörte zu beiden Burgenteilen und steht auf der Grenze zwischen ihnen. Er ist 20 m hoch und hat seinen Eingang in 9 m Höhe.

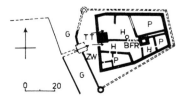

Leonstein

Gde. Pörtschach, Kr. Klagenfurt, Kärnten, Österreich

Grundriß in: Piper, Österr., Bd. 4, S. 84; Burgwart 1927; Kohla, S. 183.

Ein Detricus de Leunstaine wird 1166 urkundlich genannt, der vielleicht der Burgengründer war. Die Wohnbauten im unteren Teil der Burg stammen aus dem 14. und 15. Jh., um 1800 war Leonstein Ruine. Der hier dargestellte Grundriß stammt von Piper. Bei Kohla ist ein ca. 9×9 m großer Bergfried dargestellt, wo Piper einen 7×9 m großen Wohnturm zeigt.

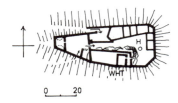

Leuchtenberg

Kr. Neustadt/Waldn., Bayern

Grundriß in: Kunstdkm. v. Bayern, Oberpfalz, Bd. 8, S. 52; Burgen u. Schlösser 1965-I; Pfistermeister, S. 134.

Die Burg ist Stammburg der Herren v. Leuchtenberg, die 1158 Grafen, dann Landgrafen und im 15. Jh. Fürsten wurden; die Familie erlosch 1646. In der heutigen Form stammt sie aus dem 14. Jh. mit Resten aus dem 12. und 13. Jh. (Schildmauer). Seit einem Brand 1842 mit vorangezogenem Verfall ist die Leuchtenberg Ruine. Die Ringmauer ist 1,0–2,0 m stark. Die Buckelquader-Schildmauer ist 11 m hoch und 2,5 m dick. Der Bergfried hat 7 m Seitenlänge und 2,5 m Wandstärke. Er ist mit 5 Stockwerken 24 m hoch, sein Eingang liegt 9 m über Niveau.

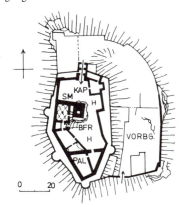

Leuchtenburg, Leichtenberg

Gde. Kaltern, Unteretsch, Südtirol, Italien

Grundriß in: Ebhardt I., Abb. 702; Weing.-Bozen, S. 155; Weing.-Hörm., S. 324; Piper, Österr., Bd. 2, S. 120.

Die kleine Kernburg aus der Zeit um 1200 fällt durch ihre 14 m hohe und 2 m starke Ringmauer auf, die einen Bergfried überflüssig machte. Vorburg und Zwinger sind aus dem 14. Jh. Um 1610 wurde die Leuchtenburg bereits Ruine.

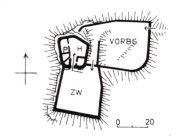

Leuchtenburg

Gde. Seitenrode bei Kahla, Kr. Jena, Thüringen

Grundriß nach einem Plan v. 1936 auf der Burg.

Entstanden zum Beginn des 13. Jh. wird die Burg 1221 urkundlich genannt. 1370 wurde sie durch Brand zerstört und wiederaufgebaut. Von 1400–1700 war sie Amtssitz, 1720 wurde sie in ein Zuchthaus umgebaut. Seit 1963 ist sie Museum. Der Bergfried hat 8,5 m Durchmesser und 2,55 m starke Mauern.

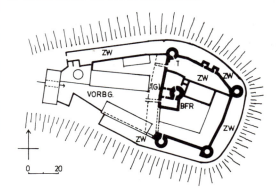

Leuchtenstein – Orlík

Gde. Hermannstadt – Jindřichov, Bz. Freudenthal-Bruntál, Nordmähren, Tschechische Republik

Grundriß in: Weinelt, Abb. 7.

Die Burg mit dem seltenen fünfeckigen Grundriß wurde in der 1. Hälfte des 13. Jh. erbaut, aber seine 1410 verlassen. Der Bergfried hat 11 m Durchmesser mit 4 m dicken Mauern.

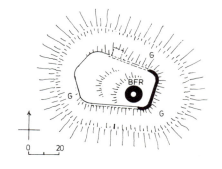

Leuk

(Bz.), Kt. Wallis, Schweiz

Grundriß in: Bleyl, Abb. 207.

Der Wohnturm des 13. Jh. wurde 1415 zerstört und 1534 als Rathaus wiederaufgebaut. Der donjonartige Turm hat 5 Stockwerke.

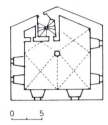

Leuk

(Bz.), Kt. Wallis, Schweiz

Grundriß in: A. Donnet, L. Blondel »Chateau du Valais«, S. 96.

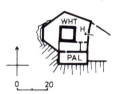

Von der um 1200 entstandenen Burg der Herren v. Leuk nahmen im 13. Jh. die Bischöfe v. Sitten Besitz, sie wurde Sitz der Meier v. Leuk. Der Wohnturm mit ca. 10 m Seitenlänge und 1,7 m starken Mauern ist mit ca. 22 m Höhe noch gut erhalten.

Lewenstein = Liebenstein

Lewinstein

Gde. Obermoschel, Donnersbergkr., Rheinland-Pfalz

Grundriß in: Baudkm. d. Pfalz, Bd. 2, S. 103.

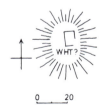

Von der Burg, deren Adel 1227 urkundlich erwähnt wurde, ist der Rest eines Turmes, vielleicht Wohnturm, erhalten.

Lichtenau

Kr. Paderborn, Nordrhein-Westfalen

Grundriß nach Zeichnung von Karl Drewes 1949.

Der Wohnturm des 14. Jh. ist der Rest einer Burg. Ohne Dachgeschoß und Keller besitzt er 4 Stockwerke mit 17 m Höhe. 1949 ist er für Wohnungen ausgebaut worden.

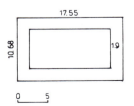

Lichtenau

Bz. Krems, Niederösterr., Österreich

Grundriß in: Burgen u. Schlösser in Niederösterr., Bd. 17, S. 58.

Der Bergfried wird schon um 1100 urkundlich genannt. Das Wasserschloß des 16. Jh. benützt die alten Ringmauern.

Lichtenberg

Ct. Petite Pierre, Bas Rhin, Frankreich

Grundriß in: Kaltenbach, Nr. XXI, Wolff, S. 211; Burgen u. Schlösser, 1978-II.

Die Kernburg auf einem Felsturm ist um 1200 durch das gleichnamige Dynastengeschlecht erbaut worden. 1260 wurde sie zerstört und 1286 wiederaufgebaut durch den Bischof v. Straßburg, Konrad v. Lichtenberg. Im 16. Jh. wurde die Burg zur Festung ausgebaut. Nach teilweiser Zerstörung und Wiederaufbau 1687 wurde sie 1870 durch Württemberg. Artillerie zerstört. Der Wohnturm-Palas am Westende der Felsburg stammt aus dem 14. Jh., er ist nur 7,5 m hoch.

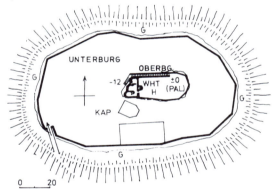

Lichtenberg

Gde. Schluderns, Vinschgau, Südtirol, Italien

Grundriß in: Trapp, Bd. 1, S. 121; Piper, Österr., Bd. 6, S. 106.

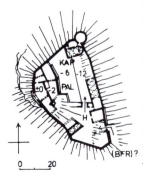

Ein »Rupert de Liathenberch« wird 1228 urkundlich erwähnt, 1296 ist von »custodia castri de Lichtenberch« die Rede, also einer Burghut. Die Burg muß also spätestens im letzten Viertel des 13. Jh. erbaut worden sein. Die Kernburg wird aus dieser Zeit stammen. Die Umbauten im 14. und 16. Jh. haben die heutige Dimension erbracht. Im Palas finden sich Wandmalereien des 14. Jh. Die Anlage ist erst in der 2. Hälfte des 19. Jh. verfallen. Die Ringmauer ist ca. 1,5 m stark.

Lichtenberg

Gde. Saalfelden, Bz. Zell am See, Salzburg, Österreich

Grundriß in: Österr. Kunsttop., Bd. 25, S. 154.

Mitte des 13. Jh. wurde Lichtenberg erbaut. Die »pure ze Lichtenberch« wird 1281 urkundlich erwähnt. 1525 zerstört, wird sie um 1580 als Schloß wiederaufgebaut. Der nicht ganz rechtwinkelige Bergfried hat 9,5 × 10 m Seitenlänge und ist wie die Ringmauer 1,5 m dick.

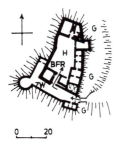

Lichtenberg

Gde. Salzgitter (Kr.)-Watenstedt, Niedersachsen

Grundriß in: Ebhardt I, Abb. 448; Stolberg, S. 240.

Begonnen wurde die Burg vermutlich um die Mitte des 12. Jh. wohl durch oder für Heinrich d. Löwen. 1180 wurde sie durch Kaiser Barbarossa zerstört und wiederhergestellt. 1203 weilt Kaiser Otto IV. v. Braunschweig hier. Sie wird Amtsmittelpunkt für 23 Dörfer. 1552 wird sie durch Graf Volrad v. Mansfeld zerstört. Ihre Ringmauer ist 1,8 m stark, der Bergfried hat 10 m Durchmesser und 2,5 m dicke Mauern. Die Zwinger-Vorburg mit den 10 halbrunden Türmen ist aus dem 15. Jh.

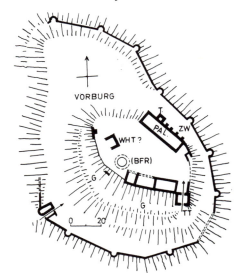

Lichtenberg

Gde. Oberstenfeld, Kr. Ludwigsburg, Baden-Württemberg

Grundriß in: Kunstdkm. v. Württbg., Neckarkr.; Antonow, SWD, S. 195.

»De Lihtenberg« wird als Adel 1197 urkundlich genannt. Die Burg ist um 1200 entstanden, die Kapelle um 1280. Die gut erhaltene Burg ist ein schönes, weil wenig verändertes Beispiel für spätstaufische Burgen. Die Anlage ist weitgehend mit Buckelquadern verkleidet. Die Ringmauer ist 1,5 – 2,5 m stark, der Bergfried mit 9,5 m Kantenlänge und bei 3 m dicken Mauern ist 30 m hoch. Der Zwinger stammt aus dem 15. Jh.

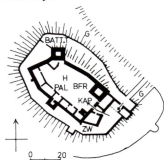

Lichtenberg

Kr. Hof, Bayern

Grundriß in: Bayrische Kunstdkm. Naila

Von der um 1200 am Nordende der gleichnamigen kleinen Bergbau-Stadt sind nur noch Teile der Ringmauer oder des Zwingers sowie der Standort des Bergfriedes erkennbar. Die Burg wurde 1554 und endgültig im Dreißigjährigen Krieg zerstört.

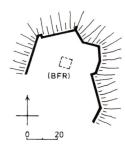

Lichtenberg

Gde. Thallichtenberg, Kr. Kusel, Rheinland-Pfalz

Grundriß in: Naeher-Pfalz, Blatt 9; Bericht über die Tätigkeit d. Provinzialkomm. für Denkmalpfl. d. Rheinprov. Düsseldf. 1911; Burgen u. Schlösser d. Pfalz, Nr. 28.

Die Burg ist mit rd. 300 m Länge eine der größten überhaupt. Ihre Länge ist mehr als die Hälfte der von Kyffhausen →. Die ursprünglich zwei Burgen sind erst im 15. Jh. durch eine Mauer miteinander verbunden worden. Erbauer beider Burgen waren die Grafen v. Veldenz. Die Unterburg ist um 1200 begonnen worden, sie sollte durch ein Edikt Kaiser Friedrich II. von 1214 abgebrochen werden, blieb jedoch erhalten. Sie war vermutlich von vornherein eine Burgmannenburg. Ihre Schildmauer ist 3 m stark, die Ringmauer 1,5 m, der Bergfried von ca. 11 × 11,5 m Grundfläche hatte 2,2 und 4 m starke Mauern. Die Oberburg ist nicht wesentlich jünger als die Unterburg, sie muß um 1225 entstanden sein. Der 1. Zwinger entstand im 14. Jh., der westlich anschließende um 1400. Alle Batterietürme sind aus dem Jahr 1620, als aus den Burgen eine Festung wurde. Die Ringmauer der Oberburg ist 1,5 – 2,0 m stark, der Bergfried mit 11,5 m Seitenlänge und 3 m Wandstärke ist 17,5 m hoch, sein Ausgang liegt auf 8 m Höhe.

Beide Burgen wurden 1689 durch Franzosen zerstört und verfielen. Seit 1894 werden sie teilweise wiederhergestellt.

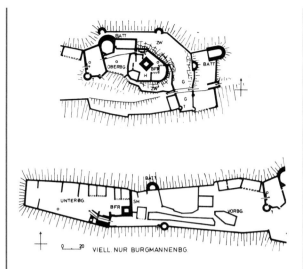

Lichtenburg – Lichnice

Gde. Humpoletz – Humpolec, Bz. Deutsch Brod, – Havlíškův Brod, Ostböhmen, Tschechische Republik

Grundriß in: Heber, Bd. 4; Menclová, S. 155.

Begonnen wurde die Burg um 1180. Ein »Oldrich de Lichtenburk« wurde 1307 urkundl. genannt. Der Bergfried hatte rd. 9 m Durchmesser und unten 2 m starke Mauern.

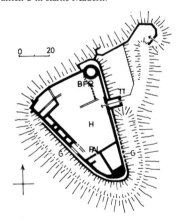

Lichtenburg, Arensburg

Gde. Ostheim v. d. Rhön, Kr. Rhön-Grabfeld, Bayern

Grundriß in: Ebhardt I, Abb. 460; Kunstdkm. v. Thüringen, Bd. 1,4, S. 279.

Die Kernburg wurde im 13. Jh. begonnen, der Bergfried allerdings erst 1323. Zerstört wurde die Burg 1525 und wiederaufgebaut. Das Tor zur Vorburg ist von 1610. Im 18. Jh. ist Lichtenburg verfallen. Der Bergfried mit 9,6 m Seitenlänge und 2,4 m dicken Wänden ist mit 5 Stockwerken 28 m hoch; sein spitzbogiger Eingang liegt in 13 m Höhe.

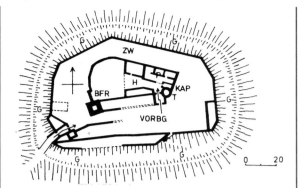

Lichteneck

Gde. Kenzingen-Hecklingen, Kr. Emmendingen, Baden-Württemberg

Grundriß in: Kunstdkm. v. Baden, Bd. 6.1, S. 105; Burgen u. Schlösser im südl. Baden, S. 111.

Erbaut wurde die starke Burg als polygonale Anlage mit 12 m hoher und über 3 m starker Ringmauer durch die Grafen v. Nimburg vor 1200; erwähnt wird sie 1316 als Besitz der Grafen v. Freiburg. 1673 wurde sie durch Franzosen zerstört.

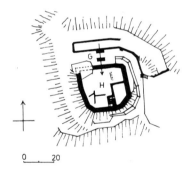

Lichteneck

Gde. Pommelsbrunn-Hartmannshof, Kr. Lauf, Bayern

Grundriß in: Kunstdkm. v. Bayern. Mittelfrk., Bd. 19, S. 52.

Die Burg wurde 1338 erstmals urkundlich erwähnt und verfiel spätestens im 18. Jh. Auf dem Niveau ±0 stand vermutlich ein Wohnturm.

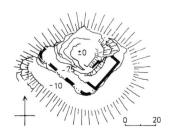

Lichteneck

Gde. Ingelfingen, Kr. Künzelsau, Baden-Württemberg

Grundriß in: Antonow, SWD, S. 201; Burgen u. Schlösser, 1972-I.

Der Grundriß entspricht dem in Burgen u. Schlösser publizierten, der von Antonow weicht etwas von diesem ab. Entstanden ist die Burg vor 1250, sie wird 1251 erwähnt. Zerstört wird sie im Städtekrieg im 15. Jh. Die noch bis 11 m Höhe erhaltene Schildmauer hat eine Stärke von 2,5 m, der Bergfried hatte 7,95 m Durchmesser mit 3 m dicken Mauern.

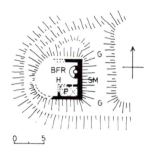

Lichteneck

Gde. Rimbach, Kr. Cham, Bayern

Grundriß in: Kunstdkm. v. Bay.-Oberpf., Bd. Kötzing, S. 74

Die Burg mit dem interessanten Palas u. Bergfried-Kern entstand Anfang des 13. Jh., im 16. Jh. ist sie verfallen. Der Bergfried hat 7 m Durchmesser, 1,6 m Mauerstärke und einen 3,5 m hohen Eingang. Die Vorburg ist wesentlich jünger.

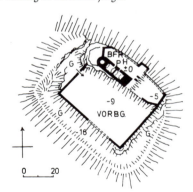

Lichteneck, Liechtenegg

Gde. Wartberg, Bz. Mürzzuschlag, Steiermark, Österreich

Grundriß in: Ebhardt I, Abb. 675; Piper, Österr., Bd. 3, S. 127.

Entstanden ist die Burg erst in der 2. Hälfte des 14. Jh., 1370 wird »Rudolf Lichtenegger« urkundlich erwähnt. Um 1600 wurde die Burg schloßartig verändert, im 18. Jh. ist sie verfallen. Ihre Ringmauer ist mit 1,9 m recht stark. Der Wohnturm mit 11x16 m Grundfläche und bis 2,5 m Mauerstärke besaß in der gesamten Höhe von 15 m 3 Stockwerke.

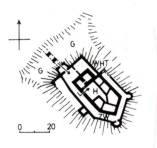

Lichteneck

Gde. Weilheim/Teck, Kr. Esslingen, Baden-Württemberg

Grundriß in: Kunstdkm. v. Württembg., Donaukr., Kirchheim

1289 »Neidlingen zu Lichteneck« urkundlich erwähnt. Die kleine Burg wird Ende des 13. Jh. entstanden sein. 1504 war sie schon Ruine, mehr als Palas und Hof kann die Anlage nicht aufgewiesen haben, wie Koch in seinem in den Kunstdkm. dargestellten Plan zeigt, der etwas von Schmitts Plan abweicht.

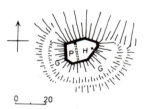

Lichtenegg = Lichtenstein

Lichtenfels

Gde. Dornhan, Kr. Rottweil, Baden-Württemberg

Grundriß in: Antonow, SWD, S. 202.

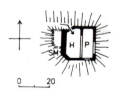

Entstanden ist die kleine Burg zwischen 1250–1275. 1296 wird der Bergfried urkundlich erwähnt. Die 3 m starke Schildmauer ist noch rd. 15 m hoch erhalten, sie ist mit Buckelquadern verkleidet. Die Ringmauer ist 1,7 m stark. Lichtenfels hat eine gewisse Ähnlichkeit mit dem Wäschenschloß →.

Lichtenfels

Kr. Korbach, Hessen

Grundriß in: Die Denkmalspflege, Jahrg. 1913.

Gegründet wurde die Burg 1189 durch das Kloster Corvey. Nach ihrer Zerstörung von 1230 wurde sie neu erbaut. Endgültig wurde sie um 1600 zerstört. 1908 wurde die Ruine durch R. Fischer wiederaufgebaut. Die 1,3–2,8 m starke Ringmauer und der Bergfried mit 10 m Durchmesser und 3,5 m Mauerstärke sind alt. Die Kapelle liegt im 1. Obergeschoß des Bergfrieds.

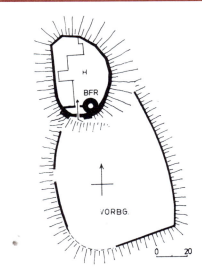

Lichtenfels

Gde. Friedersbach, Bz. Zwettl, Niederösterr., Österreich

Grundriß in: Österr. Kunsttop., Bd. 8, S. 319; Piper, Österr., Bd. 2, S. 125; Burgen u. Schlösser 1975-I.

Heute liegt Lichtenfels im Stausee Ottenstein. Gegründet wurde die Burg um 1150, verfallen ist sie seit 1804. Der Bergfried mit 10 m Seitenlänge und 2,5 m Mauerstärke ist 28 m hoch, er hat 5 Stockwerke und einen Eingang in 7,5 m Höhe.

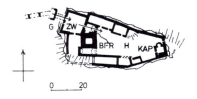

Lichtengraben = Painburg

Lichtenhag

Gde. Grammastetten, Bz. Urfahr, Oberösterr., Österreich

Grundriß in: Piper, Österr., Bd. 5, S. 82; Burgen u. Schlösser in Oberösterr., Bd. 1, S. 66.

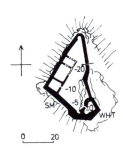

»Leuthard und Chunrad de Hage« wurden 1167 urkundlich erwähnt. Die Hage, auch Aspan v. Lichtenhag genannt, blieben bis 1615 im Besitz der Burg, die nach 1665 verfiel. Der Wohnturm mit der eigentümlichen, dem Fels angepaßten Form ist mit 3 Stockwerken 15 m hoch, seine Hauptdimension ist 13 × 15 m. Die Ringmauer ist 2 m, die Schildmauer fast 3 m stark.

Lichtenstein

Gde. Haldenstein, Bz. Unterlandquart, Kt. Graubünden, Schweiz

Grundriß in: Poeschel, S. 177; Clavadetscher, S. 301.

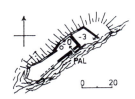

»Henricus de Lihtensten« wird urkundlich 1180 genannt, seine Familie verschwindet hundert Jahre später aus den Urkunden. Im 15. Jh. wurde die Burg verlassen. Der dreistöckige Palas mit 1,2 m dikken Mauern war nur über eine den Abgrund kragende Holzbrücke zu erreichen.

Lichtenstein

Gde. Neidlingen, Kr. Esslingen, Baden-Württemberg

Grundriß in: Schmitt, Bd. 4, S. 73.

Die kleine Burg hat vermutlich aus einem Wohnturm und Zubauten bestanden. Entstanden ist sie wohl erst im 14. Jh. und aufgegeben wurde sie vielleicht schon im 15. Jh. Die erkennbare Mauerstärke ist 2 m.

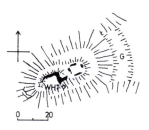

Lichtenstein

Gde. Osterode (Kr.)-Dorste, Niedersachsen

Angabe in: Stolberg, S. 243.

Die Burg auf einem Hügel hatte ca. 40 m Durchmesser. Urkundlich erwähnt wird sie erstmals 1404. Verlassen wurde sie 1567. Die Ringmauer war 1 m dick.

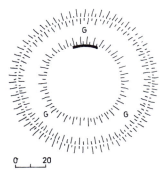

Lichtenstein

Gde. Pommelsbrunn, Kr. Lauf, Bayern

Grundriß in: Kunstdkm. v. Bayern, Mittelfrk., Bd. 10, S. 217.

Die Burg ist in der 1. Hälfte des 14. Jh. erbaut worden. 1353 wurde sie urkundlich erwähnt aber schon 1388 im Städtekrieg zerstört.

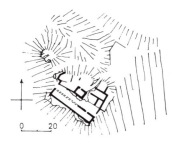

Lichtenstein

Gde. Pfarrweisach, Kr. Haßberge, Bayern

Grundriß in: Kunstdkm. v. Bayern, Unterfrk., Bd. 15, S. 132; Ebhardt I, Abb. 2; Dehio, Franken, S. 474.

Die recht große Anlage vom Anfang des 13. Jh. besteht aus zwei Burgen, die durch eine gemeinsame Vorburg miteinander verbunden sind.
Die Nordburg ist aus der Gründungszeit. Sie wurde in der 1. Hälfte des 15. Jh. umgebaut und schließlich 1525 zerstört. Ihr Bergfried hat 6 m Seitenlänge und 1,8 m starke Mauern, er steht auf einem Felsen.
Die Südburg entstand um 1300. Sie ist zum Teil noch bewohnt. Der Wohnturm mit 10 m Seitenlänge hat im Sockel 1,7 und 3,1 m starke Mauern, die darüber auf allseits 1,3 m zurückgehen. Er hat 4 Stockwerke, 16 m Höhe und den Eingang 4 m über dem Hof.

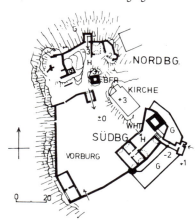

✕ Lichtenstein

Gde. Neidenfels, Kr. Bad Dürkheim, Rheinland-Pfalz

Grundriß in: Kunstdkm. v. Bayern, Pfalz, Bd. 1, S. 265.

Anfang des 13. Jh. wurde die kleine Burg 400 m westlich von Neidenfels → auf einem Felsblock errichtet, teilweise mit Buckelquadern. 1281 wurde sie bereits zerstört. Im Zentrum stand vielleicht ein polygonaler Wohnturm mit 1,5 m dicker Mauer.

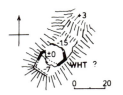

Lichtenstein

Kr. Reutlingen, Baden-Württemberg

Grundriß in: Pfefferkorn, Bd. 1, S. 47; Schmitt, Bd. 4, S. 326.

Die erste Burg, vielleicht aus der Mitte des 12. Jh., war um 1836 mit Resten noch erhalten. Auf dieser Basis hat Ernst Heideloff 1840–1842 die neue Burg für die Herzöge von Württemberg erbaut.

Lichtenstein, Hinterlichtenstein

Gde. Neufra, Kr. Sigmaringen, Baden-Württemberg

Grundriß in: Kunstdkm. v. Hohenzollern, S. 27; Zingeler/Buck, S. 113; Zeitschrift für Hohenzoll. Geschichte, 23, S. 199; Schmitt, Bd. 5, S. 145.

Die Burg bildet eine Gruppe mit Bubenhofen →. Entstanden ist sie um 1200. 1477 wurde sie zerstört. Der Bergfried hat 7,5 m Seitenlänge mit dem seltenen kreisrunden Innenraum von 3 m Durchmesser. Die Ringmauer ist 1,4 m stark.

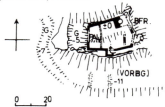

Lichtenthann

Gde. Henndorf am Wallersee, Bz. Salzburg, Österreich

Grundriß in: Österr. Kunsttop., Bd. 10.

Diese merkwürdige Burg mit 6 m hohen, 1,4 m starken Ringmauern, quadratischer Kernburg in rechteckiger Zwinger-Vorburg ist in der Mitte des 13. Jh. erbaut worden. Urkundlich wurde sie 1282 erwähnt, verfallen ist sie ab 1607.

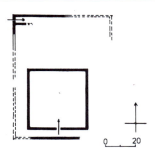

Lichtenwerth, Lichwerth, Liechtenwörth

Gde. Münster bei Rattenberg, Bz. Kufstein, Tirol, Österreich

Grundriß in: Weing.-Hörm., S. 66.

Die Wasserburg lag ursprünglich auf einer Insel im Inn. Der Burgadel wird 1212 urkundlich genannt. Der Ursprung ist nicht sicher, aber vermutlich etwas vor 1200. Im 17. und 18. Jh. wurde die Burg stark verändert. Die beiden Bergfriede haben 8,5 × 11,5 m Grundfläche und 2,3 m Wandstärke. Die gut erhaltene Burg ist noch bewohnt.

Liebegg, Schloßkogl

Gde. Scheibbs (Bz.), Niederösterr., Österreich

Grundriß in: Burgen im Bez. Scheibbs, S. 154.

»De Liebekk« wurde als Adel 1265 erwähnt. Die kleine Burg wurde in der Mitte des 14. Jh. verlassen. Der Bergfried hat 6,5 m Durchmesser mit 1,5 m starken Mauern.

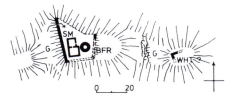

Liebenau – Czarny Bór

Gde. Schwarzwaldau – Szarny Bór, Kr. Landeshut – Kamienna Gora, Schlesien, Polen

Angabe in: Grundmann, S. 112.

 Von der kleinen Wasserburg ist nur die Zerstörung von 1509 bekannt.

Liebenberg

Gde. Zell an der Töss, Bz. Winterthur, Kt. Zürich, Schweiz

Grundriß in: Zeller-Werdm. 2, S. 46.

Schenken v. Liebenberg werden 1180–1350 urkundlich genannt. Die kleine Burg war ein Lehen der Grafen v. Kyburg. Im 16. Jh. ist sie verfallen. Der Bergfried mit 7,4 m Seitenlänge hat 1,5 m Mauerstärke.

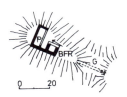

Liebenberg

Gde. Namborn-Hofeld, Kr. St. Wendel, Saarland

Grundriß in: Conrad/Flesch, S. 478.

Erbaut wurde die Burg um 1170, urkundlich genannt wurde sie 1218. Von der erstmals 1326 und endgültig 1677 zerstörten Burg ist wenig erhalten geblieben.

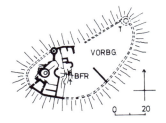

Liebeneck

Gde. Pforzheim (Kr.), Baden-Württemberg

Grundriß in: Kunstdkm. v. Baden, Bd. 9.7, S. 137.

Das »castrum Liebenecke« wird 1236 erstmals urkundlich genannt. Die Burg wurde aber vielleicht noch im 12. Jh. begonnen, nämlich mit dem Bergfried. Die anderen Teile sind im 13. Jh. erbaut worden. 1692 wurde Liebeneck durch Franzosen zerstört. Die Ringmauer des Kerns ist 2,0, die des Zwingers 1,2 m dick. Der Bergfried hat 8,5 m Seitenlänge, seine 2 m starken Mauern sind auf der Ostseite auf 2,7 m verstärkt. Er ist 29,5 m hoch, der Einstieg liegt 1,6 m über dem Hof.

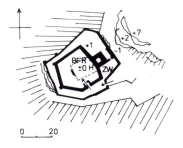

Liebenburg

Kr. Goslar, Niedersachsen

Grundriß in: Stolberg, S. 244.

Erbaut wurde die Burg nach 1291. Ende des 17. Jh. hat man sie zugunsten eines Schlosses aufgegeben. Erhalten blieben Reste der äußeren Befestigungen des 15. Jh. sowie der sogen. Wachtmeisterturm vom Ende des 15. Jh., der die Burg nach Norden schützte. Er hat 14,5 m Durchmesser und 4 m Mauerstärke, er ist mit 3 Stockwerken 12 m hoch.

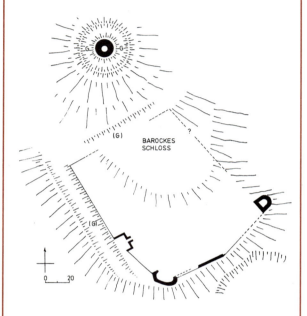

Liebenfels

Gde. Mammern, Bz. Steckborn, Kt. Thurgau, Schweiz

Grundriß in: Burgen u. Schlösser d. Schweiz, Bd. VI, S. 14.

Begonnen wurde die Burg wohl am Beginn des 13. Jh. mit dem Bergfried, sie war relativ klein, der Ostteil wurde erst im 16. Jh. hinzugefügt. Der Bergfried hat 7,6 m Seitenlänge und im Sockel 2,5 m Mauerstärke, der spitzbogige Eingang liegt 7,5 m über dem Hof. Die heutige Gestalt der Burg entstand im 16. Jh.

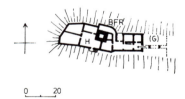

Liebenfels, Hohenliebenfels

Gde. Hohenliebenfels, Bz. St. Veit, Kärnten, Österreich

Grundriß in: Ebhardt I., Abb. 668; Dehio, Kärnten, S. 233; Kohla, S. 185; Piper, Österr., Bd. 2, S. 125.

»Peter von Liewenvelse« wird urkundlich 1312 genannt. Er war herzoglicher Lehnsmann. Die ihm gehörende Burg wurde wohl in der Mitte des 13. Jh. erbaut. Die Doppelkapelle wird 1419 urkundlich erwähnt. Der Palas weist gotische Formen auf. Die Wohnbauten westl. des Palas, wie auch die Vorburg sind aus dem 15. Jh., der westliche Bergfried stand ursprünglich isoliert. 1489 besetzten Ungarn die Burg und beschädigten sie. Ende des 16. Jh. ist sie aufgegeben worden. Der Bergfried der Kernburg hat 9 m Seitenlänge und 2,3 m Mauerstärke, er ist ca. 24 m hoch. Der westliche Bergfried hat 10 m Seitenlänge und 2,4 m Wandstärke und ist etwa gleich hoch.

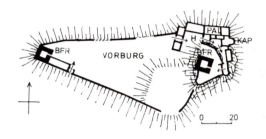

Liebenstein

Gde. Liebsdorf, Ct. Ferrette, Haut-Rhin, Frankreich

Grundriß in: Kaltenbach, Nr. 20; Wolff, S. 213; Salch, S. 202; Meyer-Regio, S. 59.

1190 wird der Adel »de Libenstein« urkundlich genannt. Etwa zu dieser Zeit ist die Burg als Steinburg begonnen worden. Sie wurde 1356 durch Erdbeben zerstört aber repariert. Um 1700 wurde sie verlassen. Der Bergfried hat 7 m Durchmesser und 2,2 m Wandstärke, die Ringmauer ist um 1,5 m dick.

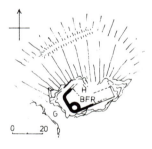

Liebenstein, Lewenstein

Gde. Kamp-Bornhofen, Rhein-Lahn-Kr., Rheinland-Pfalz

Grundriß in: Ebhardt I, S. 66; Kunstdkm. im Reg.-Bz. Wiesbaden, Bd. 5, S. 135; Burgen u. Schlösser 1979-I.

Liebenstein bildet mit der 200 m entfernten Burg Sterrenberg → eine Gruppe, die auch „Die feindlichen Brüder" genannt wird. Begonnen wurde die Burg mit dem großen Wohnturm auf einem Felsblock ab 1284 v. Albrecht v. Lewenstein, einem Sohn Kaiser Rudolfs v. Habsburg. Der kleine Wohnturm ist im 14. Jh. entstanden, wohl zusammen mit der Ringmauer, andere Bauten sind jünger. Der große Wohnturm hat 16 m Seitenlänge und 2,5 m Mauerstärke.

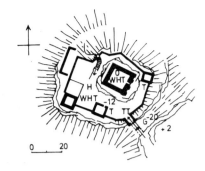

Liebenstein

Kr. Arnstadt, Thüringen

Grundriß in: Ebhardt I, Abb. 459; Kunstdkm. v. Thüringen, Bd. 26.

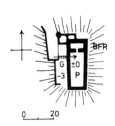

Die um 1300 erbaute Burg besteht nur aus Bergfried und Palas, von wenigen späteren Zubauten abgesehen. Sie ist im 17. Jh. verfallen. Die Mauern des dreistöckigen Palas sind 2 m stark, der Bergfried mit 8,7 × 12,5 m Grundfläche hat 2,5 m starke Wände und ist mit 5 Stockwerken 25 m hoch. Sein Eingang in 13 m Höhe war über den Dachraum des Palas zu erreichen.

Liebenstein, Alt Liebenstein

Gde. Bad Liebenstein, Kr. Bad Salzungen, Thüringen

Grundriß in: Kunstdkm. v. Thüringen, Bd. 2.2, S. 83.

Die Kernburg des 14. Jh. bestand aus einem großen Palas auf einem Felskopf. 1567 wurde die Burg teilweise zerstört aber wiederaufgebaut. Ende des 17. Jh. ist sie verfallen. Der Palas hatte 4 Stockwerke und 1,6 m dicke Mauern, die Zwinger-Mauern sind 1,25 m stark.

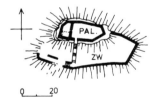

Liebenstein

Gde. Neckarwestheim, Kr. Heilbronn, Baden-Württemberg

Grundriß in : Kunstdkm. v. Württbg. Neckarkr., Tafelband.

Der Kern der Burg ist romanisch und um 1200 erbaut worden, Vorburg und Zwinger aus dem 14. und 15. Jh. Die Schloßbauten stammen aus der 2. Hälfte des 16. Jh. Der Bergfried hat 9 m Seitenlänge und 2 m Wandstärke, er ist mit 4 Stockwerken 20 m hoch, sein rundbogiger Eingang liegt 6 m über Hofniveau. Die Ringmauer ist 1,5 m dick.

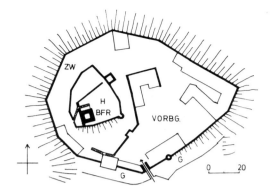

Liebenzell

Gde. Bad Liebenzell, Kr. Calw, Baden-Württemberg

Grundriß in: Kunstdkm. v. Württbg., Schwarzwaldkr., Calw, S. 63; Schmidt, Fig. 19; Hotz-Pfalzen Z 85, Naeher, S. 77; Antonow, SWD, S. 208.

1220–1230 werden der Bergfried und die Schildmauer in Buckelquader-Mauerwerk erbaut. 1190 ist die Burg als im Besitz der Grafen v. Eberstein genannt. Der Ministeriale Ludwig v. Liebenzell wird 1259 urkundlich genannt. 1692 wird die Burg durch Franzosen zerstört, seit 1953 für ein Jugendheim wiederhergestellt. Die Schildmauer ist 2,7 m stark und 17,5 m hoch. Der Bergfried hat 8 m Seitenlänge und auf 3 Seiten 2 m dickes Mauerwerk. Er hat 6 Stockwerke in 32 m Gesamthöhe, sein rundbogiger Eingang liegt 9 m hoch. Die Ringmauer der Burg ist 11 m hoch und 1,5 m dick.

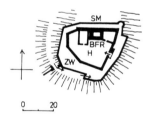

Liebstein – Libštejn

Gde. Liblín, Bz. Pilsen – Plzeň, Westböhmen, Tschechische Republik

Grundriß in: Heber, Bd. 2.

Genannt wurde die Burg erstmals 1367, zerstört wurde sie 1639. Der Bregfried hat 8,7 m Seitenlänge.

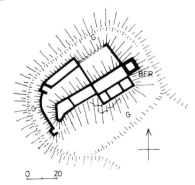

Lichtenegg = Liechtenstein

Liechtenstein = Vaduz

Liechtenstein, Enzersdorf
Gde. Maria Enzersdorf, Bz. Mödling, Niederösterr., Österreich

Grundriß in: Burgen u. Schlösser in Niederösterr., Bd. I/1, S. 81.

Erbaut wurde die Burg auf einer Felsrippe wohl 1165. Die schöne Kapelle ist aus dieser Zeit. 1529 wird die Anlage durch Türken zerstört und wiederhergestellt. Noch einmal zerstörten sie Türken 1683, dann blieb sie Ruine. 1890 wurde sie durch G. Kayser romantisierend wiederaufgebaut unter Erhaltung vieler romanischer Bauteile. Der Bergfried mit 7,5 × 8,5 m Grundfläche hat 1,6 m starkes Mauerwerk und 5 Stockwerke auf 28 m Höhe.

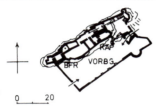

Liechtenstein
Gde. Judenburg (Bz.), Steiermark, Österreich

Grundriß in: Piper, Österr., Bd. 1, S. 151.

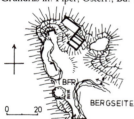

Angeblich ist die Burg im 11. Jh. gegründet worden, genannt wird sie urkundlich 1140, was wohl auch der Beginn der Steinburg sein dürfte. Seit Mitte des 17. Jh. ist sie verfallen.

Liedberg
Gde. Korschenbroich-L..., Kr. Neuß, Nordrhein-Westfalen

Grundriß in: Kunstdkm. d. Rheinprov., Bd. 3.4.

Der große Torturm und die Ringmauer stammen aus dem 14. Jh., die Wohnbauten aus dem 17. Jh.

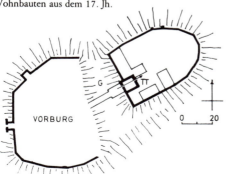

Liegnitz – Legnica
(Kr.), Schlesien, Polen

Grundriß in: Grundmann, S. 28.

Das »castrum Ligentze« wird 1216 urkundlich genannt. Die nach 1200 erbaute Piastenburg wurde bis in die Neuzeit immer wieder verändert. Die mittelalterlichen Teile sind schwarz dargestellt. Der Bergfried hat 11 m Durchmesser mit 3,5 m Wandstärke.

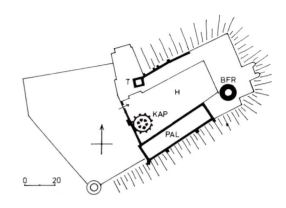

Lieli, Nünegg
Bz. Hochdorf, Kt. Luzern, Schweiz

Grundriß in: Kunstdkm. d. Schweiz, Luzern, Bd. 6, S. 222; Meyer Bd. 8, S. 25.

1225 wird ein »Walter de Liela« urkundlich erwähnt. Die sehr kleine Burg ist wohl um 1220 erbaut worden. 1386 wurde sie durch Luzern zerstört. Die Burg ist hier ausnahmsweise in einem größeren Maßstab dargestellt, als schönes Beispiel einer Kleinstburg.

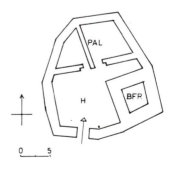

Lierheim
Gde. Möttingen-Appetshofen, Donau-Ries-Kr., Bayern

Grundriß in: Kunstdkm. v. Bayern, Schwaben, Bd. 1, S. 261.

In die alte Burg, deren Kern wohl auf die Mitte des 12. Jh. zurückgeht, und die schon im 15. Jh. ruiniert war, wurde im 18. Jh. ein Schloß eingebaut.

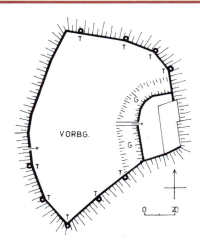

Liessem

Kr. Bitburg-Prüm, Rheinland-Pfalz

Grundriß in: Kunstdkm. d. Rheinprov., Bd. 12.1, S. 165.

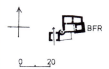

Von der mittlerweile total verbauten Wasserburg, die im 16. Jh. erneuert wurde, stammt der Bergfried aus der 2. Hälfte des 14. Jh. Er hat 6,5 m Seitenlänge mit 1,5 m Mauerstärke.

Ligist

Bz. Voitsberg, Steiermark, Österreich

Grundriß in: Piper, Österr., Bd. 5, S. 86; Burgen u. Schlösser d. Steiermk., Bd. 3, S. 114.

Um 1230 wird ein »Rudolf de Lubgast« urkundlich genannt. Die Burg ist vermutlich vor 1200 erbaut worden. Der Wohnturm stammt aus der 2. Hälfte des 13. Jh., 1809 wurde Ligist durch Franzosen zerstört. Der Wohnturm mit ca. 9,5 × 12 m Grundfläche und 2 m dicken Mauern besitzt 3 Stockwerke und den Eingang im 2. Stockwerk.

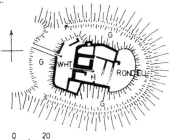

Lilienstein

Gde. Porschdorf, Kr. Sebnitz, Sachsen

Grundriß in: Meiche, S. 139.

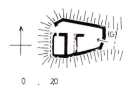

Lilienstein wird im 14. Jh. erwähnt. Der Rest der Burg mit 2 m starker Ringmauer wurde im 19. Jh. ausgegraben.

Limberg

Gde. Preuß. Oldendorf-Börninghausen, Kr. Minden, Nordrhein-Westfalen

Grundriß in: Engel, S. 77.

Die Burg wurde 1319 urkundlich genannt. Nach dem Verfall wurde sie 1695 teilweise abgebrochen. Der Bergfried hatte etwa 9 × 10 m Grundfläche.

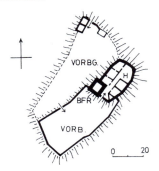

Limburg

(Kr.), Hessen

Grundriß in: Kunstdkm. im Reg.-Bz. Wiesbaden, Bd. 3, S. 116.

Wohnturm und Kapelle der Bischofsburg hinter dem Limburger Dom sind im 13. Jh. entstanden, der Palas im 14. Jh. Der Wohnturm hat 9,5 × 10,5 m maximale Längen, bis 1,5 m Wandstärke und 2 Stockwerke in 11 m Gesamthöhe.

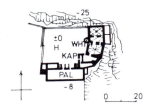

Limburg

Gde. Weilheim/Teck, Kr. Esslingen, Baden-Württemberg

Grundriß in: Kunstdkm. v. Württbg., Donaukr., Kirchheim, S. 233.

Angeblich ist die Limburg der Stammsitz der Zähringer. Sie wird schon 1077 genannt. Früh wurde sie zerstört und 1553 in die Ruine eine Kapelle gebaut. Die Burg wurde im 19. Jh. ausgegraben. Der Bergfried hatte etwa 8 m Seitenlänge.

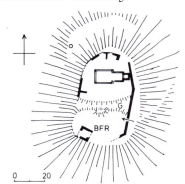

Limburg, Lintpurg

Gde. Sasbach, Kr. Emmendingen, Baden-Württemberg

Grundriß in: Burgen im südl. Baden, S. 114.

Die Burg, der römische Herkunft nachgesagt wird, war um 1078 schon vorhanden und von den Zähringern bewohnt. Zerstört worden ist sie 1618.

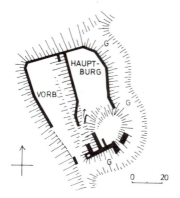

Limpurg, Oberlimpurg

Gde. Schwäbisch Hall (Kr.), Baden-Württemberg

Grundriß in: Kunstdkm. v. Württbg., Jagstkr., S. 566.

Erbaut wurde die Burg am Beginn des 13. Jh., die Schenken v. Limburg sind seit 1230 urkundlich bekannt. 1575 wurde die Burg von den Hallern zerstört. 1905 wurden die Reste ausgegraben. Die Ringmauer ist 1,5 m stark, der Bergfried mit 8×9 m Grundfläche und 3 m Mauerstärke. Der Minnesänger Schenk v. Limburg stammt wohl von hier.

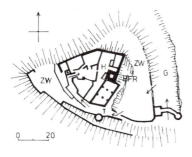

Linau

Kr. Ratzeburg, Schleswig-Holstein

Angabe in: Schleswig-Holsteinsch. Kunsttop., S. 355.

Auf einem 7 m hohen Hügel mit 40 m Durchmesser steht der 1308 entstandene Turm, der vielleicht ein Wohnturm war und 1349 zerstört wurde.

Lind

Gde. Kleebach-L..., Bz. Spittal a. d. Drau, Kärnten, Österreich

Grundriß in: Burgen u. Schlösser in Kärnten, Bd. 3, S. 79.

Ein »miles de Lintt« wird 1166 urkundlich genannt, das castrum erst 1252. Der Wohnturm wurde wohl am Anfang des 13. Jh. erbaut. Seit einem Absturz eines Teiles läßt sich die kl. Burg nicht mehr rekonstruieren.

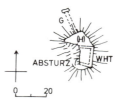

Lindach

Gde. Schwäb. Gmünd-L..., Kr. Aalen, Baden-Württemberg

Der Wohnturm ist staufisch, wohl um 1200. Genannt wird die Burg im 13. Jh., umgebaut wird sie 1583 und 1624. Veränderungen geschahen bis ins 18. Jh. Der Wohnturm hat 13 m Seitenlänge mit 3 m Mauerstärke.

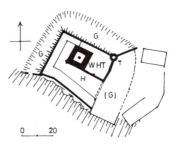

Lindau

Kr. Zerbst, Sachsen-Anhalt

Grundriß in: Kunstdkm. v. Anhalt, S. 510.

Die Kernburg ist um 1200, die Vorburg im 15. Jh. in Backsteinen gebaut worden. Der Bergfried hat 12 m Durchmesser mit 2,6 m Mauerstärke.

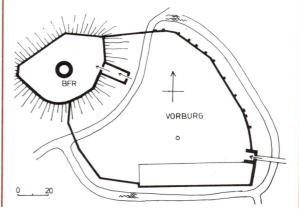

Lindelbrunn, Lindelbühl

Gde. Vorderweidenthal, Kr. Landau-Bergzabern, Rheinland-Pfalz

Grundriß in: Kunstdkm. v. Bayern, Pfalz, Bd. 4, S. 305; Holz-Pfalzen Z 76.

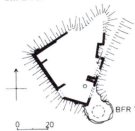

Entstanden ist die Burg Lindelbrunn im 12. Jh. wohl als Reichsburg, sie war im 14. Jh. Ganerbenburg, ist also nicht mehr Reichsburg gewesen. Zerstört wurde sie 1525. Die 7 m hohe Ringmauer ist rd. 2,0 m stark.

Linden

Gde. Patersdorf, Kr. Regen, Bayern

Grundriß in: Kunstdkm. v. Niederbayern, Bd. 15, S. 49.

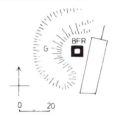

Entstanden ist die Burg in der 2. Hälfte des 12. Jh. 1468 wurde sie zerstört. Der Bergfried hat 7,5 m Seitenlänge und 1,5 m Wandstärke.

Lindenfels

Kr. Bergstraße, Hessen

Grundriß in: Kunstdkm. v. Hessen, Bensheim, S. 407; Hotz Z 5; Antonow, SWD, S. 213.

Die Burg am Rande der Stadt hatte wohl einen Vorgängerbau aus dem 11. Jh., im 12. Jh. wurde sie neu erbaut, vermutlich durch Konrad v. Hohenstaufen. Der Bergfried und die Fundamente der Ringmauer sind aus dieser Zeit. 1275–1350 wurde die Ringmauer erneuert. Im 18. Jh. ist die Burg verfallen. Der polygonal-ovale Grundriß mit freistehendem Bergfried läßt staufischen Ursprung vermuten. Die Ringmauer von 2 m geht in die Schildmauer bis 3,5 m Stärke über, bis zum Wehrgang war die Mauer am Hof 7,5 m hoch. Der Bergfried hat 9,5 m Durchmesser mit 2,5 m Wandstärke.

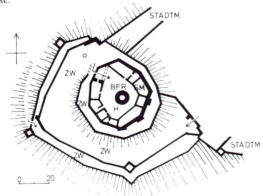

Lindenfels-Köpfchen

Kr. Bergstraße, Hessen

Grundriß in: Kunstdkm. v. Hessen, Bensheim.

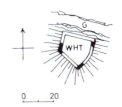

Der Rest dieses Wohnturmes stammt aus dem 11. Jh. und wäre so vor der gr. Burg Lindenfels entstanden. Er hat maximale Dimensionen von 19 und 20 m, die Wandstärken sind etwa 1,8 m und 2,2 m.

Linn

Gde. Krefeld (Kr.)-Linn, Nordrhein-Westfalen

Grundriß in: Kunstdkm. d. Rheinprov., Bd. 3.4; Ebhardt I, Abb. S. 122; Burgen u. Schlösser 1961-I, Dehio-Rheinland, S. 432.

Die älteste Anlage war ein Wohnturm auf einem Hügel, der in der Mitte der Anlage gestanden hat und irgendwann abgebrochen wurde. Die erste Ringmauer entstand wohl im 13. Jh. Die heutige Ringmauer ist wohl 1475 anstelle der alten entstanden. Im 18. Jh. ist die Burg verfallen. Die Stadt Krefeld hat sie teilweise gesichert und teilweise rekonstruiert. Der Bergfried hat 9 m Durchmesser mit 1,5 m Wandstärke. Der sechseckige Grundriß ist eine Seltenheit und könnte der symmetrischen Polygonie wegen in die Stauferzeit weisen.

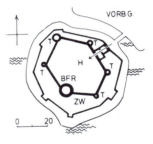

Lipperode

Gde. Lippstadt, Kr. Soest, Nordrhein-Westfalen

Grundriß in: Ausgrabungen und Funde in Westfalen-Lippe, Bd. 6, Teil 8.

Der Wohnturmrest wurde in den achtziger Jahren ausgegraben. Bei der großen Dimension könnte die Anlage auch ein Burghaus gewesen sein.

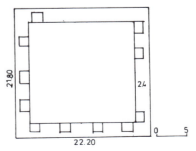

Lippspringe

Gde. Bad Lippspringe, Kr. Paderborn, Nordrhein-Westfalen

Grundriß in: W. Hagemann „Die Burg Lippspringe", unveröff. Manuskript 1991.

Reste der Burg stecken im Keller des Kurhauses. Die Burg wird urkundlich 1312 genannt, der entsprechende Adel 1235. Zerstört wird sie 1530 und dann wiederaufgebaut. Im 18. Jh. verfiel sie.

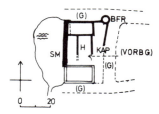

Lissa – Lešnica

Kr. Breslau – Wrocław, Schlesien, Polen

Grundriß in: Zamke Slascie, S. 58.

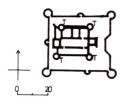

Die Kernburg wurde 1420 als Wasserburg begonnen. Der Außenring ist aus dem 16. Jh.

Lissberg

Gde. Ortenburg-L..., Wetteraukr., Hessen

Grundriß in: Denkmaltopogr. der Bundesrep., Baudenkm. in Hessen, Büdingen, S. 406.

Erbaut wurde die Burg am Anfang des 13. Jh. auf einer flachen Kuppe. »Von Liebesberg« wird 1222 urkundlich erwähnt. 1794 wurde die Burg durch Franzosen zerstört. Der Bergfried mit 9 m Durchmesser hat 3,5 m mit im Mauerwerk laufender Treppe, er ist 21 m hoch. Die Schildmauer ist über 3 m stark.

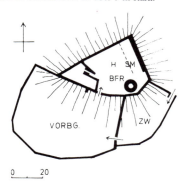

Lissingen = Gerolstein

Litschau

Bz. Gmünd, Niederösterr., Österreich

Grundriß in: Burgen u. Schlösser in Niederösterr., Bd. III/1, S. 40.

Die Ringmauer entstand um 1200, der Bergfried vor der eigentlichen Kernburg um 1250. 1463 wurde die Burg nach ihrer Zerstörung durch Hussitten erneuert. Erweitert wurde sie im 17. Jh. Seit 1888 wurde sie rekonstruiert. Der Bergfried hat 10 m Durchmesser und 2,2 m dicke Mauern.

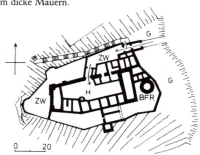

Littitz – Litice

Gde. Pottenstein – Potštejn, Bz. Reichenau – Rychnov, Ostböhmen, Tschechische Republik

Grundriß in: Umčělecké památku Čech, Bd. 2, S. 272.

Genannt wird die Burg erstmals um 1304, zerstört wird sie um 1400 und danach wieder aufgebaut.

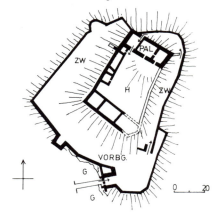

Lobedaburg

Gde. Lobeda, Kr. Jena, Thüringen

Grundriß in: Ebhardt I, Abb. 465; Burgen u. Schlösser 1974-I; Kunstdkm. v. Thüringen, Bd. 2.

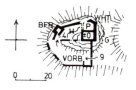

Erbaut wurde die Burg zwischen 1160 und 1185, der wohnturmartige Palas hat 3 Stockwerke. Die Burg wurde 1450 zerstört. Die kleine Anlage besteht nur aus Bergfried, Palas und Hof. Der Bergfried hat nur 5,5 m Seitenlänge.

Lobenstein

Gde. Zell, Kr. Cham, Bayern

Grundriß in: Kunstdkm. v. Bayern, Oberpfalz, Bd. 1, S. 67.

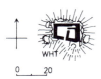

Die Wohnturmburg-Burg wurde 1340 erbaut. 1633 wurde sie durch Schweden zerstört. Der Turm ist 12 × 16 m groß und hat 2,5 m Mauerstärke; er hat 3 Stockwerke mit 18 m Gesamthöhe.

Lobenstein

Gde. Oberneukirchen, Bz. Urfahr, Oberösterr., Österreich

Grundriß in: Piper, Österr., Bd. 6, S. 113; Burgen u. Schlösser in Oberösterr., Bd. 1, S. 71.

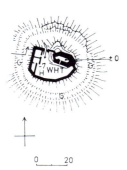

Die Lobensteiner, Waxenberger Dienstmannen, werden 1243 urkundlich genannt. Die kleine gotische Burg ist mit 2 m dicker Ringmauer recht stark. Der Wohnturm in der seltenen Form des Sechseckes ist 18 m hoch, er hat 4 Stockwerke, der Eingang liegt 3 m über dem Felsklotz. Die Hauptmaße sind 8 × 15 m, die Wandfläche von fast 3 m steht in den oberen Geschossen auf ca. 1,2 m zurück.

Lobenstein = Schellenberg

Loch

Gde. Nittendorf-Eichhofen, Kr. Regensburg, Bayern

Die Höhlenburg des 12. Jh. wird erst um 1400 urkundlich genannt. Unter den ohnehin nicht häufigen Höhlenburgen nimmt Loch eine Sonderstellung ein, weil hier zusätzlich auf einer etwa 10 m tiefer liegenden Fläche eine große Außenfläche in die Burg einbezogen wurde. Der Bergfried hat 8,5 m Durchmesser mit 2 m dicken Mauern; er ist 23 m hoch und hat seinen Eingang 12 m über Gelände.

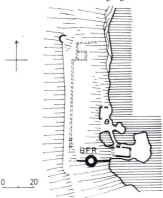

Loch

Gde. Pinswang, Bz. Reutte, Tirol, Österreich

Grundriß in: Trapp, Bd. 7, S. 319.

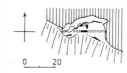

Der Name der Höhlenburg war Foramen. Der entspr. Adel erscheint 1265 in Urkunden. Aufgegeben wurde die Burg in der 2. Hälfte des 14. Jh. Die Außenwand ist 1 m stark.

Lockenhaus

Bz. Oberpullendorf, Burgenland, Österreich

Grundriß in: Dehio, Burgenld., S. 175, Ebhardt I, Abb. 622; Burgen u. Schlösser im Burgenld., S. 91.

Urkundlich erwähnt wird die Burg erstmals 1242. In diesem Jahr überstand sie den Mongolensturm. Gegründet wurde sie wohl in der 1. Hälfte des 13. Jh. Die Unterburg ist aus dem 16. Jh. Angeblich steht Lockenhaus auf römischen Vorgängerbauten. Im 19. Jh. wurde die Burg durch die Fürsten Esterhazy restauriert. Die Ringmauer ist 2,4 m stark. Die äußerst seltene Kombination von Bergfried und Torturm wird durch die fünfeckige Grundform einmalig. Der Bergfried hat Hauptmaße von 10,5 m mit mehr als 3 m starken Mauern.

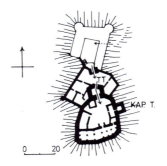

Lodenschitz

Gde. Schlöben, Kr. Stadtroda, Thüringen

Grundriß in: F. Möbes, W. Timpel »Die Burg Lodenschitz bei Stadtroda«.

Die Reste der Wasserburg stehen auf einer Motte, 1216 wird de Lodenfiz urkundlich genannt. Aufgegeben wurde die Burg im 15. Jh.

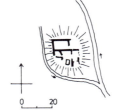

Löcknitz

Kr. Pasewalk, Mecklenburg-Vorpommern

Grundriß in: Radacki, S. 267.

Die Wasserburg ist um 1400 erbaut worden. Sie ist hier nach einem Plan von 1676 dargestellt. Urkundlich genannt wurde sie erstmals 1416. Der Bergfried wechselt in halber Höhe auf einen achteckigen Grundriß.

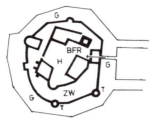

Löffelstelz, Dürrmenz

Gde. Mühlacker, Kr. Pforzheim, Baden-Württemberg

Grundriß in: Kunstdkm. v. Württbg., Neckarkr., Tafelbd.

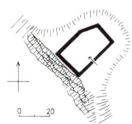

Entstanden ist die Burg in der recht seltenen Randlage am Beginn des 13. Jh.; der Burgadel ist vom 12.–16. Jh. belegt. Die Ringmauer ist rd. 2 m stark.

Löhnberg

Kr. Limburg, Hessen

Grundriß in: Kunstdkm. im Reg.-Bz. Wiesbaden, Bd. 3, S. 53.

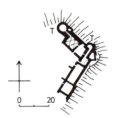

Erwähnt wird die Burg erstmals 1310. Die Türme stammen vom Anfang des 14. Jh., zerstört wurde Löhnberg 1900 durch Brand.

Löhnberg = Löwenberg

Löhra, Lohra

Gde. Großlohra, Kr. Nordhausen, Thüringen

Grundriß in: Ebhardt I, Abb. 446; Hotz Z 82; Stolberg, S. 248; Kunstdkm. d. Prov. Sachsen, Bd. 12, S. 108.

Begonnen wurde die Burg wohl vor 1100, ihr Kern ist jedoch staufisch aus der 2. Hälfte des 12. Jh. Die romanische Doppelkapelle ist aus dieser Zeit. »De Lare« als Burgadel ist seit 1234 urkundlich bekannt. Die Burg ist über die Zeit mehrfach umgebaut worden. Die Wohngebäude stammen aus dem 16. Jh. Der Bergfried hat 11,5 m Seitenlänge mit 3,4 m starken Wänden. Die Ringmauer ist 1,5 m dick.

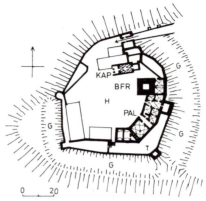

Löwenburg, Löhnburg

Gde. Ederswiler, Bz. Delsberg, Kt. Jura, Schweiz

Grundriß in: Meyer-Regio, S. 172; Burgen und Schlösser d. Schweiz, Bd. VI, S. 92.

Entstanden ist die Burg um die Mitte des 13. Jh., sie wurde 1365 durch Erdbeben zerstört. Die Ringmauer ist ca. 2 m stark, der Bergfried hat 7,5 m Durchmesser mit 2,7 m dicken Mauern.

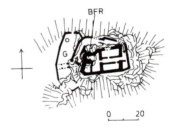

Löwenburg

Gde. Bad Honnef, Rhein-Sieg-Kr., Nordrhein-Westfalen

Grundriß in: Kunstdkm. d. Rheinprov., Bd. 5.4, S. 93; Rheinische Kunststätten, Bad Honnef, S. 8.

Entstanden ist die Grenzburg der Grafen v. Sayn um 1200, seit dem 16. Jh. ist die Burg verfallen. Der Bergfried hat 11 m Seitenlänge und ca. 2,2 m starke Mauern.

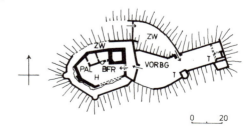

Löwenburg = Gerolstein/Eifel

Löwenegg
Gde. Nittendorf-Penk, Kr. Regensburg, Bayern

Grundriß in: Kunstdkm. v. Bayern, Oberpfalz, Bd. 20, S. 120.

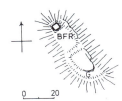

Von der kleinen Burg ist nur der Rest des Bergfrieds mit vielleicht 6,5 m Seitenlänge erhalten. 1316 wurde sie durch Brand zerstört.

Löwenstein
Gde. Wingen, Ct. la Petite Pierre, Bas Rhin, Frankreich

Grundriß in: Dictionnaire des Chateaux du Moyen Âge en France, S. 1257.

1283 wird der Burgadel urkundlich erwähnt. 1375 wird die Felsenburg als Raubnest zerstört.

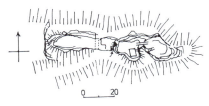

Löwenstein
Gde. Oberurff, Schwalm-Eder-Kr., Hessen

Grundriß in: Führer zu archäol. Denkmalen in Deutschland, Bd. 8, S. 160.

Das »castrum Lewinstein« wird 1263 urkundlich erwähnt. Begonnen wurde die Burg in der 1. Hälfte des 13. Jh., der Bergfried stammt aus dem 14. Jh. Die Burg war Ganerbenburg. Ihre Reste wurden ausgegraben. Der Bergfried mit 13 m Durchmesser hat 3 m starke Mauern. Die runde Form ist wohl erst nach einer Erweiterung der Kernburg entstanden.

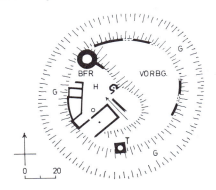

Löwenstein
Gde. Ilanz, Bz. Glenner, Kt. Graubünden, Schweiz

Grundriß in: Clavadetscher, S. 85.

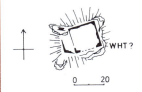

Der Burgadel taucht 1275 erstmals in Urkunden auf. Die Burg war vielleicht, jedoch nicht mit Sicherheit nur ein Wohnturm mit 16 m Seitenlänge.

Löwenstein
Kr. Heilbronn, Baden-Württemberg

Grundriß in: Kunstdkm. v. Württbg., Neckarkr., S. 517.

»De Lewinstein« wird 1123 erstmals genannt. Die Burg wurde 1634 durch Kaiserliche zerstört.

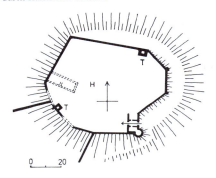

Lohe – Ślęza Lasowo
Kr. Breslau – Wrocław, Schlesien, Polen

Grundriß in: Grundmann, Fig. 71.

Im Wasserschloß Lohe aus dem 17. Jh. ist ein Wohnturm des 14. Jh. verbaut. Er hat 4 Stockwerke.

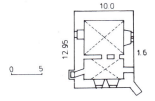

Lohr
Main-Spessart, Kr. Bayern

Grundriß in: Kunstdkm. v. Bayern, Unterfrk., Bd. 9, S. 38.

Das in einer Ecke der Stadtmauern von Lohr liegende Wasserschloß hat als Kern einen schwachen mittelalterlichen Wohnturm von 11×18,5 m Grundfläche, die 4 Stockwerke in 14 m Gesamthöhe aufweist.

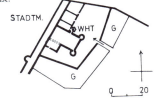

Lobra = Löhra

Lomersheim, Rotenburg

Gde. Mühlacker-L..., Kr. Pforzheim, Baden-Württemberg

Angabe in: Antonow, S. 376.

Von der 1817 gesprengten Burg hat sich neben Mauerresten der Stumpf eines Wohnturmes erhalten.

Lomnitz – Lomnice

Bz. Blanz – Blansko, Südmähren, Tschechische Republik

Grundriß in: Prokop, Bd. 2.

Die Burg, nach dem Mittelalter zum Schloß umgestaltet, stammt aus dem 13. Jh. Die Ringmauer ist 1,7–2,0 m stark. Der Bergfried hat ca. 8,5 m Seitenlänge mit 2 m starken Mauern.

Longuich

Kr. Trier-Saarburg, Rheinland-Pfalz

Grundriß in: Kunstdkm. d. Rheinprov., Bd. 15.2.

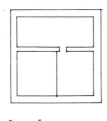

Das Burghaus mit 2 Stockwerken ist um 1500 erbaut worden.

Loppburg

Gde. Stans, Bz. Nidwalden, Kt. Unterwalden, Schweiz

Grundriß in: Kunstdkm. d. Schweiz, Unterwalden, S. 996.

Die Burg wurde bereits im 13. Jh. zerstört.

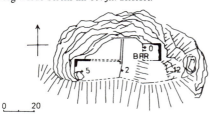

Lorentzen

Ct. Sarreunion, Bas Rhin, Frankreich

Grundriß in: Salch, S. 204.

Die Wasserburg ist 1328–1334 erbaut worden. Zerstört wurde sie 1669, im 18. Jh. wurde sie barock wiederaufgebaut.

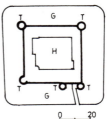

Lorünser Schlößchen

Gde. Bludenz (Bz.), Vorarlberg, Österreich

Grundriß in: Huber, S. 115.

Entstanden ist die sich an einen Fels anlehnende Burg vielleicht 1249.

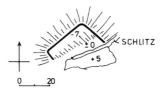

Loseburg, Lossburg

Gde. Lossberg, Kr. Freudenstadt, Baden-Württemberg

Grundriß in: Fick, Teil 4, S. 23.

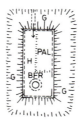

Die Reste der Burg wurden 1928 ausgegraben. Urkundlich erwähnt wird sie 1301, zerstört wurde sie um 1520. Sie liegt auf einem flachen Hügel.

Losenheim

Gde. Puchberg am Schneeberg, Bz. Neunkirchen, Niederösterreich, Österreich.

Grundriß in: Burgen u. Schlösser v. Niederösterreich, Bd. I/3, S. 70.

Entstanden ist die im 16. Jh. verfallene Burg wohl im 13. Jh., der zugehörige Adel wird 1222 urkundlich genannt. Die kleine Burg legt sich an einen Felskopf, der vermutlich den Bergfried trug.

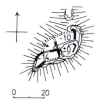

Losenstein

Bz. Steyer, Oberösterr., Österreich

Grundriß in: Burgen u. Schlösser in Oberöster., Bd. 3, S. 87.

1170 wird ein »Ortolf de Losinstein« genannt. Die Burg ist den Formen nach gotisch, im 16. Jh. wurde sie verlassen. Der Bergfried hat 7,5 m Seitenlänge und 1,9 m Mauerstärke.

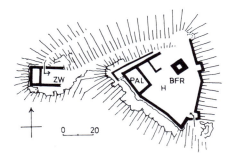

Luccaburg

Gde. Rehburg-Loccum, Kr. Nienburg, Niedersachsen

Grundriß in: Burgen d. Salierzeit, Bd. 1, S. 39.

Die Reste der seltenen kreisrunden Anlage wurden ausgegraben. Die 2,1 m starke Ringmauer entstand um 1100; 1163 wurde die Luccaburg verlassen.

Ludwigstein

Gde. Witzenhausen-Wendershausen, Kr. Eschwege, Hessen

Grundriß in: Ebhardt I, Abb. 482.

Als Jagdburg wurde Ludwigstein 1415 erbaut. Die Wohnbauten sind aus dem 16. Jh. Die Ringmauer ist 1,5 m stark und 7 m hoch. Der Bergfried hat 7 m Durchmesser mit 2 m Wandstärke, er ist bei 5 Stockwerken 23 m hoch, sein Eingang liegt 7,5 m über dem Hof.

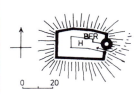

Lüben – Lubin

Kr. Liegnitz – Legnica, Schlesien, Polen

Grundriß in: Zamki W. Polsce, S. 201.

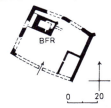

Die Burg in Form einer Kastellburg wurde im 13. Jh. begonnen. 1641 wurde sie durch Schweden zerstört. In der Neuzeit wurde sie ausgegraben. Der Bergfried mit 10 × 13 m großen Grundriß hat 2,5 m starke Wände.

Lübz, Eldenburg

(Kr.), Mecklenburg-Vorpommern

Grundriß in: Beiträge zur Burgenforschung, Hermann Wäscher zum hundertsten Geburtstag, Wittenberg 1989, S. 221.

Die Backsteinburg ist in der Mitte des 14. Jh. erbaut worden. Große Teile wurden 1752 abgebrochen.

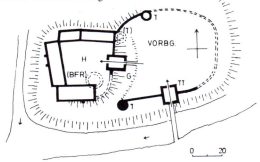

Lüchow

Kr. Lüchow-Dannenberg, Niedersachsen

Grundriß in: Kunstdkm. u. Alterthümer im Hannoverschen, Bd. 3, Taf. VIII.

Der Bergfried mit 24 m Höhe und 5 Stockwerken, der sogen. „Hausmannturm", ist der Rest einer Wasserburg.

Lüdinghausen

Kr. Coesfeld, Nordrhein-Westfalen

Grundriß in: Ausgrabungen und Funde in Westfalen-Lippe, Bd. 3, S. 338.

Die Reste des Bergfriedes wurden ergraben. Sie sind der Rest einer Wasserburg des Mittelalters.

Lueg am Nons

Gde. Termon, Unteretsch, Südtirol, Italien

Grundriß in: Trapp, Bd. 5.

Die Höhlenburg wird 1215 erstmals genannt, sie hatte 3 Stockwerke hinter einer 3 m dicken Mauer.

Lülsdorf

Gde. Niederkassel-L..., Rhein-Sieg-Kr., Nordrhein-Westfalen

Grundriß in: Kunstdkm. d. Rheinprov., Bd. 5.4, S. 125; Kubach, S. 644.

Die Wasserburg der gleichnamigen Adelsfamilie wurde im 13. Jh. begonnen und bis ins 15. Jh. ausgebaut. 1583 und endgültig 1632 wurde sie zerstört. Die Ringmauer ist 1,25 m stark; der Bergfried hat 8 m Durchmesser und knapp 1,5 m Wandstärke.

Lürken

Gde. Laurenzburg, Kr. Düren, Nordrhein-Westfalen

Grundriß in: Kubach, S. 694.

Die Ruine der Wasserburg liegt neben dem gleichnamigen Schloß. Der Wohnturm mit 12 m Seitenlänge und 2 m Wandstärke ist im 12. Jh. begonnen worden. Die Burg wurde 1188 erwähnt.

Lüttenhagen

Kr. Neustreblitz, Mecklenburg-Vorpommern

Grundriß in: Schwarz, Abb. 41.

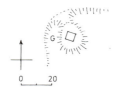

Von der Burg mit einem 5,5 m Seitenlänge messenden Turm gibt es frühchristliche Funde. Sonst ist nichts bekannt.

Lützelburg

Gde. Ottrott, Ct. Rosheim, Bas Rhin, Frankreich

Grundriß in: Piper, Fig. 584; Kaltenbach, Nr. XXIII; Burgen u. Schlösser 1973-II, Wolff, S. 266.

Die Lützelburg bildet mit der Burg Rathsamhausen → eine Gruppe in ca. 40 m Abstand.

Die Burg wurde um 1200 durch die Herren von Ottrott erbaut, die sich dann nach der neuen Burg nennen. 1372 wurde sie durch Engländer zerstört und danach wieder aufgebaut. Um 1570 wurde sie verlassen. Der Bergfried hat 9 m Durchmesser mit 2,5 m Mauerstärke. Die Schildmauer gegen Rathsamhausen gerichtet hat rd. 2,3 m Stärke.

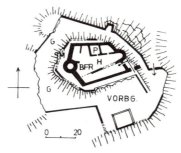

Lützelburg

Ct. Phalsbourg, Moselle, Frankreich

Grundriß in: Hotz-Pfalzen, S. 111; Dictionnaire des Chateaux du Moyen Age en France, S. 704; Wirth, S. 46.

Die Lützelburg, auf einem mächtigen Felsblock am Anfang des 12. Jh. errichtet, war wahrscheinlich schon seit der Gründung an mehrere Familien verlehnt, also eine Gemeinschaftsburg. Zerstört wurde sie 1525. Auffallend sind die 3 Bergfriede, von denen Nr. 1 mit 11,5 m Seitenlänge und aufwendiger Treppe ein Wohnturm gewesen sein könnte (Innenfläche über 40 m²). Der 2. Bergfried hat etwas über 10 m Seitenlänge und 3 m Wandstärke. Der in Buckelquadern ausgeführte 3. Bergfried ist rd. 9 × 13 m groß mit 2 m Wandstärke.

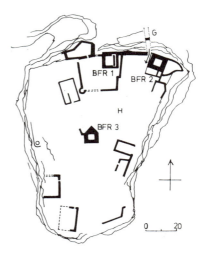

Lützelhardt

Gde. Seelbach, Kr. Offenburg, Baden-Württemberg

Grundriß in: Batzer/Städele, S. 513; Antonnow, S. 135; Burgen u. Schlösser in Mittelbaden, S. 338.

Die Burg Lützelhardt, bestehend aus drei miteinander verbundenen Einzelburgen, dürfte nach 1200 durch die gleichnamige Familie erbaut worden sein und verschiedenen Teilen der Lützelhardts als Wohnungen gedient haben. Schon 1257 wurden sie durch die v.

Geroldseck zerstört. Der Nord-Bergfried hat 6 m Seitenlänge und 1,7 m starke Mauern, beim Süd-Bergfried sind die entspr. Maße 7 und 2 m.

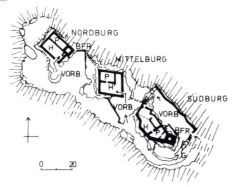

Lützelhardt

Gde. Obersteinbach, Ct. Wissembourg, Bas Rhin, Frankreich

Grundriß in: Salch, S. 205.

Die Felsenburg wurde im 12. Jh. auf einem 20 m hohen Felsturm erbaut, Teile von ihr in Buckelquadern. Die tieferliegende Vorburg ist jünger. Zerstört wurde Lützelhardt wahrscheinlich im Dreißigjährigen Krieg.

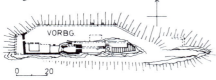

Lützelstein

Ct. la Petite Pierre, Bas Rhin, Frankreich

Grundriß in: Ebhardt, Abb. 369; Hotz-Pfalzen Z 66; Kaltenbach, Nr. XXIV; Salch.

Die Stammburg der 1216 erstmals urkundlich erscheinenden Grafen v. Lützelstein wurde wahrscheinlich noch vor 1200 begonnen. 1452 wurde sie durch den Kurfürsten Friedrich d. Siegreichen v. d. Pfalz zerstört. 1566 wurde auf dem alten Platz ein neues Schloß erbaut, das zusammen mit dem Ort im 17 Jh. zur Bergfeste ausgebaut wurde. Der Bergfried hat die Dimension $7 \times 9,5$ m.

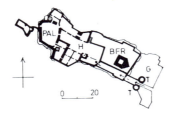

Luftenberg

Gde. Pulgarn, Bz. Urfahr, Oberösterr., Österreich

Grundriß in: Piper, Österr., Bd. 3, S. 139.

»Hainericus de Lufftnburg« erscheint 1207 auf einer Urkunde. Die Burg dürfte im 16. Jh. zugunsten des Schlosses aufgegeben worden sein.

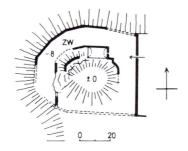

Luginsfeld

Gde. Tuttlingen (Kr.), Baden-Württemberg

Grundriß in: Streng, S. 18; Schmitt, Bd. 3, S. 343.

Die 1949 ausgegrabene kleine Anlage war vielleicht ein Vorwerk der Wasserburg →, von der sie 1,3 km entfernt liegt. Sie ist aus dem 11. oder 12. Jh. Der Turm hat 7,10 m Seitenlänge und 1,75 m Wandstärke. Auch eine Turmburg wäre denkbar, dann hätte der Turm einen bewohnbaren hölzernen Aufbau besessen.

(Luisenburg)

Gde. Bad Alexanderbad, Kr. Wunsiedel, Bayern

Grundriß in: Kunstdkm. v. Bayern, Oberfrk., Bd. 2, S. 166.

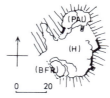

Von der Burg des 12. Jh. zwischen Felsen sind kaum Reste übrig. An ihrer Stelle befindet sich heute eine Freilichtbühne.

Lumbrein

Bz. Glenner, Kt. Graubünden, Schweiz

Grundriß in: Clavadetscher, S. 95 und 96.

Beide Wohntürme mit 4 Stockwerken dürften um 1230 entstanden sein. Sie stehen nicht allzuweit voneinander entfernt im gleichen Ort. Beide besitzen einen Eingang im 1. Obergeschoß. Casti hat 8,8 m Seitenlänge und ist rd. 15 m hoch. Casualta hat eine Grundfläche von $8 \times 9,5$ m.

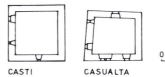

Lunkhofen

Gde. Unterlunkhofen, Bz. Bremgarten, Kt. Aargau, Schweiz

Grundriß in: Hartmann, S. 66.

Für die winzige Burg gibt es keine Daten. Eine gleichnamige Familie hat es gegeben.

Lupfen, Hohenlupfen

Gde. Thalheim, Kr. Tuttlingen, Baden-Württemberg

Grundriß in: Streng, S. 94.

Die Burg wurde jeweils 1377 und 1416 zerstört und danach wieder aufgebaut. Für die Burg der Grafen v. Lupfen gibt es keine Angaben zu ihrer Erbauung. Verfallen ist sie schon Ende des 15. Jh. oder nach 1525. Der Bergfried hat 7 m Seitenlänge mit 1,6 Mauerstärke.

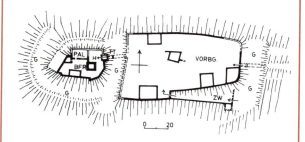

Lupburg

Kr. Neumarkt, Bayern

Grundriß in: Kunstdkm. v. Bayern, Oberpfalz, Bd. 4.

»Ludovicus de Lupourc«, der Mitte des 12. Jh. auftaucht, ist vielleicht der Gründer der Burg, die im 17. Jh. zum Schloß umgebaut wurde. Von der Burg ist nur die Ringmauer erhalten.

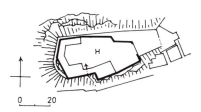

Lutter am Barenberg

Kr. Northeim, Niedersachsen

Grundriß in: Kunstdkm. v. Braunschweig, Bd. 5.

Als Rest der Burg ist ein 27 m hoher Bergfried mit 5 Stockwerken erhalten, die wohl im 12. Jh. begonnen worden ist.

Lutzmannstein

Kr. Neumarkt, Bayern

Grundriß in: Kunstdkm. v. Bayern, Oberpfalz, Bd. 4.

Entstanden ist die Burg am Anfang des 13. Jh., zerstört wurde sie Ende des 17. Jh. durch kaiserliche Truppen.

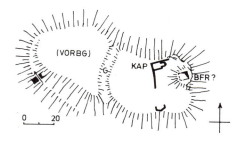

(Luxenburg)

Grundriß in: J. P. Klotz »Baugeschichte von Stadt u. Festung Luxenburg«, Bd. 1, S. 37.

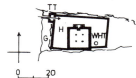

Der hier gezeigte Grundriß ist nicht mehr vorhanden. Der Wohnturm in seinem Zentrum hatte 14,8 m Seitenlänge und war vielleicht 15 m hoch.

(Luxenburg)

Grundriß in: J. P. Klotz »Baugeschichte von Stadt u. Festung Luxenburg«, Bd. 1, S. 3.

Der 1930 abgebrochene Wohnturm im Zentrum der alten Burg Luxenburg stammte vielleicht aus der Zeit vor 1000. Er war rd. 17 m hoch und hatte 4 Stockwerke.

Mackenzell

Kr. Fulda, Hessen

Grundriß in: Ebhardt I, Abb. 493.

Entstanden ist die Wasserburg um 1200, sie wurde 1515 erheblich umgebaut.

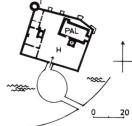

Madela

Gde. Magdala, Kr. Weimar, Thüringen

Grundriß in: Burgwart, 1907, S. 26.

Die Wasserburg wurde 1452 zerstört. Wann sie erbaut wurde, ist nicht bekannt. Der Bergfried hat 9 m Durchmesser mit 1,5 m dikken Mauern.

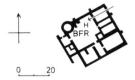

Madeln

Gde. Pratteln, Bz. Liesthal, Kt. Basel-Ld., Schweiz

Grundriß in: Meyer-Regio, S. 104.

Diese kompakte Burg ist die Stammburg der Herren v. Eptingen, die 1288 erstmals genannt werden. 1356 wurde sie durch Erdbeben zerstört. Die Ringmauer ist knapp 2 m stark. Im Norden stand wahrscheinlich der rechteckige Bergfried.

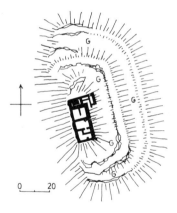

Madenburg, Eschbacher Schloß

Gde. Eschbach, Kr. Landau-Bergzabern, Rheinland-Pfalz

Grundriß in: Kunstdkm. v. Bayern, Pfalz, Bd. 2; Dehio, Rheinland-Pfalz, S. 225; Baudkm. in der Pfalz; Burgen u. Schlösser in der Pfalz, Nr. 24.

Die Madenburg, vielleicht schon im 11. Jh. begonnen, war eine Reichsburg. Vermutlich wird sie 1113 erstmals schriftlich genannt. Grafen v. Madelenburg waren 1176 bekannt. Die große Burg ist bis ins 16. Jh. erweitert worden. Ihr heutiges Bild ist überwiegend durch die Renaissance bestimmt. 1525 wurde die Burg zerstört und aufgebaut, 1689 wurde sie endgültig zerstört. Die Schildmauer der Kernburg ist 3 m stark. Die anderen Schildmauern aus dem 14. bis 16. Jh. sind 5,0, 4,5 und 2,0 m stark.

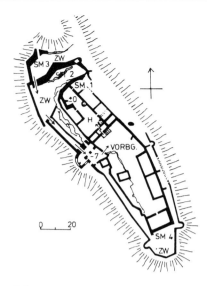

Mägdeberg

Gde. Mühlhausen, Kr. Konstanz, Baden-Württemberg

Grundriß in: Piper, Fig. 590; Kunstdkm. v. Baden, Bd. 1, S. 42; Kiewat, S. 79; Burgen im südl. Baden, S. 118.

Der Burgberg war ursprünglich eine keltische Kultstätte, Berg der Jungfrauen genannt. Die Burg wurde 1240 als »castrum Megideberc« urkundlich genannt. Der hier gezeigte Grundriß basiert auf einer Darstellung v. E. Dobler, 1959. Die Größe der Burg entstand durch Erweiterungen nach ihrer Zerstörung 1378. Sie wurde 1634 endgültig zerstört.

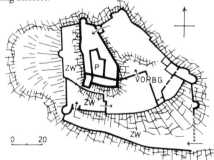

Magenheim

Gde. Cleebronn, Kr. Heilbronn, Baden-Württemberg

Grundriß in: Kunstdkm. v. Württbg., Neckarkr., Tafelbd.

Die sogen. untere Burg wurde Mitte des 13. Jh. erbaut und nach einer Zerstörung von 1360 erneuert. Ende des 16. Jh. wurde sie zerstört und erst 300 Jahre später erneuert. Die Schildmauer ist 2,5 m, die Ringmauer 1,5 m stark.

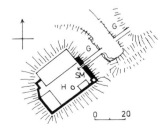

Maggenberg, Obermaggenberg

Gde. Alterswil, Bz. Sense, Kt. Fribourg, Schweiz

Grundriß nach Kataster.

Der Bergfried mit 8,5 m Seitenlänge ist der Rest einer Burg des 13. Jh.; seine Mauern sind 1,5 m und 2,0 m stark.

Mahlberg

Kr. Offenburg, Baden-Württemberg

Grundriß in: Kunstdkm. v. Baden, Bd. 6.1; Burgen u. Schlösser in Mittelbaden, S. 348.

Gegründet wurde die Burg am Anfang des 13. Jh., 1232 wird sie als »castrum Malberg« urkundlich. Ihr Erbauer war vermutlich »Merboto de Malberg«, der uns 1215 in einer Urkunde genannt wird. Die Burg wurde mehrfach umgestaltet. Ihr Palas stammt aus dem 14. Jh. Die Wohnbauten sonst sind aus dem 16. bis 18. Jh. Teile der Burg, hier schwarz dargestellt, lassen sich als mittelalterlich ansprechen.

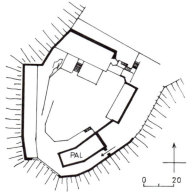

Mahlitzsch

Gde. Rosswein, Kr. Döbeln, Sachsen

Grundriß in: Kunstdkm. v. Sachsen, Bd. 25, S. 159.

Der Adel v. Mals wird im 13. Jh. urkundlich genannt. Der große Wohnturm hatte Ausmaße von ca. 14×18 m mit 1,7 m Wandstärke.

Mahrenberg

Gde. Markt Mahrenburg, Südsteiermark, Slowenien

Grundriß in: Piper, Österr., Bd. 8, Fig. 81.

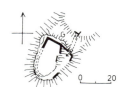

Der Adel zur Burg wird 1199, die Burg 1258 urkundlich genannt. Zerstört wurde sie 1483 und endgültig 1522.

Mahrersdorf

Bz. Horn, Niederösterr., Österreich

Grundriß in: Sammlung Kreutzbruck.

Der Burgadel taucht 1276–1409 in Urkunden auf. Zerstört wurde die Burg 1480. Der Bergfried war mit einer Seitenlänge von 5,5 m und 1,25 m starken Mauern recht klein.

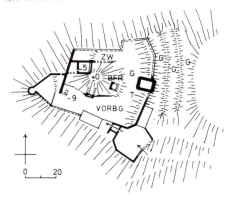

Maidenburg = Pottenburg

Maidstein – Divčí Kámen

Gde. Krems – Křemže, Bz. Böhm. Krumau – Krumlov, Südböhmen, Tschechische Republik.

Grundriß in: Piper, Österr., Bd. 5, S. 96; Heber, Bd. 3.

Die Bauerlaubnis zur Kastellburg wurde 1348 erteilt. Im Dreißigjähr. Krieg wurde sie zerstört. Der Bergfried lag außerhalb der Kernburg, die ca. 2,0 m dicke Ringmauern besitzt.

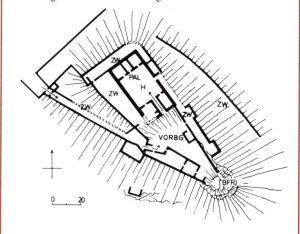

Maienberg

Gde. Völlan, Burggrafenamt, Südtirol, Italien

Grundriß in: Weing.-Tirol, Abb. 42; Trapp, Bd. 2, Abb. 188; Weing.-Hörm., S. 384.

Das Castrum Mayberch wird 1229 in einer Urkunde genannt. Die Burg muß also davor erbaut worden sein, vermutlich vor 1200. Der

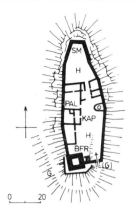

Burgadel waren Ministeriale der Grafen v. Eppan. 1525 wird die Burg zerstört und noch einmal repariert, ehe sie 1564 einem Brand zum Opfer fiel. 1922 wurde die Ruine gesichert und repariert. Ihre Ringmauer ist 2,1 m stark; der 20 m hohe Bergfried hat bei 3 m Wanddicke 11 m Seitenlänge, er besitzt 3 Stockwerke und einen Eingang in 7 m Höhe.

Maienfeld

Bz. Unterlandquart, Kt. Graubünden, Schweiz

Grundriß in: Poeschel, S. 160; Clavadetscher, S. 323; Ebhardt I, Abb. 364.

Die noch bewohnte Burg geht mit ihrem mächtigen Wohnturm mit 12,5 m Seitenlänge und 2,5 m Mauerstärke auf die Mitte des 13. Jh. zurück. Er hat 6 Stockwerke in rd. 28 m Höhe mit einem Eingang im 3. Stockwerk. Erbauer des Turmes waren die Herren v. Aspermont. Die trapezförmige Burg ist noch etwa ablesbar. Die meisten Wohnbauten sind nachmittelalterlich.

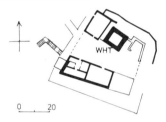

Maienfels

Gde. Wüstenrot-M..., Kr. Heilbronn, Baden-Württemberg

Grundriß in: Kunstdkm. v. Württbg., Neckarkr., S. 525.

Die Ringmauer der Burg ist teilweise noch staufisch. Die heutige Burg ist allerdings nach der Zerstörung durch die Haller 1441 entstanden.

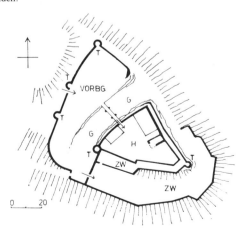

Maienluft

Gde. Wasungen, Kr. Meiningen, Thüringen

Grundriß in: Kunstdkm. v. Thüringen, Bd. 2.1, S. 196.

Die Burg wurde um die Mitte des 15. Jh. zerstört, entstanden ist sie vielleicht noch in staufischer Zeit. Der Burgadel taucht 1296 erstmals auf. Der Bergfried hatte wenig über 5 m Seitenlänge.

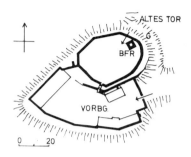

Maiersdorf, Stein

Bz. Wiener Neustadt, Niederösterr., Österreich

Grundriß in: Burgen u. Schlösser in Niederösterr., Bd. I/2, S. 112.

Das feste Haus »Steine« wird 1142 urkundlich erwähnt. Seit 1379 ist aus dem Palas und Bergfried eine Kirche geworden. Der Bergfried hatte 6 m Seitenlänge und 1,25 m Wandstärke.

Mainberg

Gde. Schonungen, Kr. Schweinfurt, Bayern

Grundriß in: Bayerische Kunstdkm., Schweinfurt, S. 204.

Die Burg mit der 2–3 m starken Ringmauer wurde um 1300 gegründet. Nach ihrer Zerstörung 1525 wurde sie wiederhergestellt, im 17. Jh. hat man sie barock umgebaut und im 19. Jh. von grundauf überholt. Der Bergfried mit 8 m Seitenlänge und 2 m dicken Mauern ist 32 m hoch.

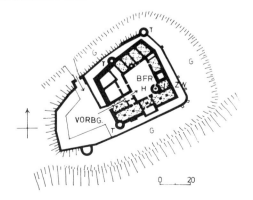

(Maineck)

Gde. Altenkunstadt, Kr. Lichtenfels, Bayern

Grundriß in: Kunstmann »Der Burgenkranz um Werneck«.

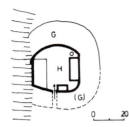

Der gezeigte Grundriß ist vom Ende des 18. Jh. Von der Burg ist nichts mehr erhalten. 1325 wurde sie zerstört und aufgebaut. Noch einmal wurde sie in der ersten Hälfte des 15. Jh. durch Hussitten zerstört und ist Ende des 18. Jh. spurlos abgebrochen worden.

Mainz, Königsteiner Turm

Rheinland-Pfalz

Grundriß in: Hans Klaus Pehla, »Wohnturm und Bergfried im Mittelalter«, Dissertation, Aachen 1974.

Der mittelalterliche Wohnturm hat in einer Gesamthöhe von 22 m 4 Stockwerke. Sein Eingang liegt 5 m über dem Gelände.

Maisenburg

Gde. Hayingen, Kr. Reutlingen, Baden-Württemberg

Grundriß in: Antonow, SWD, S. 219; Schmitt, Bd. 2, S. 221.

Entstanden ist die kleine Kernburg erst im 14. Jh., verfallen ist sie am Anfang des 19. Jh. Die Schildmauer ist rd. 3,8 m dick und war 18 m hoch. Die Ringmauer ist 1,4 m stark.

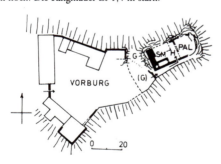

Maisprach

Bz. Sissach, Kt. Basel-Ld., Schweiz

Grundriß in: Meyer-Regio, S. 104.

Die Reste eines schwach bewehrten Herrenhofes, vielleicht aus dem 13. Jh., wurden 1972 ausgegraben. Der Burgadel kommt 1207 urkundlich vor.

Maissau

Bz. Hollabrunn, Niederösterr., Österreich

Grundriß in: Sammlung Kreutzbruck.

Der Adel kommt 1122–1429 in Urkunden vor. Die heutige Anlage, auf älteren Grundmauern, stammt aus dem 15. Jh. und wurde im 17. Jh. in ein Schloß umgebaut. Der Bergfried hat 9 m Seitenlänge und über 2,5 m dicke Mauern.

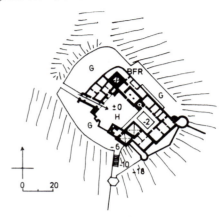

Malberg

Kr. Bitburg-Prüm, Rheinland-Pfalz

Grundriß in: Denkmaltopogr. Bundesrep. Deutschl., Rheinland-Pfalz, Bd. 9.1.

Im Hof des Schlosses steht ein mittelalterliches Burghaus als Rest der Burg.

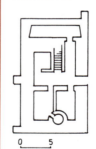

Maldie, Maledei, Schlicht

Gde. Schlicht, Kr. Neustrelitz, Mecklenburg-Vorpommern

Grundriß in: Kunstdkm. v. Mecklenb.-Strelitz, Bd. 1.2, S. 97; Schwarz, S. 47.

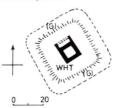

»Slichten« wird 1312 urkundlich genannt. Der Wohnturm mit 11,3 × 14 m Grundfläche und 2 m Wandstärke stammt vielleicht von 1300.

Malsburg

Gde. Zierenberg, Kr. Kassel, Hessen

Grundriß nach Aufnahme von F.-W. Krahe, 1991.

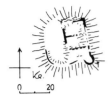

Außer der Tatsache, daß es einen gleichnamigen Adel gab, sind keine Daten bekannt.

Mammertshofen

Gde. Roggwil, Bz. Arbon, Kt. Thurgau, Schweiz

Grundriß in: Burgen u. Schlösser d. Schweiz, Bd. VI, S. 27; Meyer, Bd. 6, S. 87.

Der Wohnturm wird um 1230 erbaut. In ihm wohnten Dienstmannen der Abtei St. Gallen. Er ist noch gut erhalten. Die Ringmauer ist viel jünger. Urkundlich wird die Burg 1295 erwähnt. Der Turm ist mit 13,5 m Höhe dreigeschossig, ein 4. hölzernes Stockwerk kragt allseits über die steinerne Außenkante vor. So könnte der Turm auch im 13. Jh. ausgesehen haben. Der Hocheingang liegt im 3. Stockwerk.

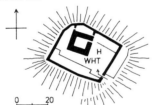

Mandach

Gde. Uhlingen-Riedern am Wald, Kr. Waldshut-Tiengen, Baden-Württemberg

Grundriß in: Kunstdkm. v. Baden, Bd. 3, S. 16.

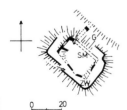

Über die Entstehung der nur rd. 400 m² messenden Kernburg gibt es keine Nachricht. Nach 1549 wurde sie zerstört. Die Schildmauer ist 2,0 m, die Ringmauer der Kernburg 1,2 m dick.

Mandelburg, Mantelburg

Gde. Pfalzgrafenweiler, Kr. Freudenstadt, Baden-Württemberg

Grundriß in: Archäolog. Ausgrabungen in Baden-Württemberg, 1985.

Erbaut wurde die Burg um 1250, urkundlich wurde sie 1287 erwähnt. 1525 wurde sie zerstört und wieder aufgebaut, im 17. Jh. hat man sie verlassen. Die Ringmauer ist 1,4 m dick und 7 m hoch. Der Bergfried hat 8,2 m Seitenlänge und 2,2 m starke Mauern, er ist 30 m hoch.

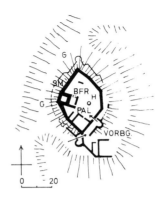

Manegg

Gde. Wollishofen, Bz. u. Kt. Zürich, Schweiz

Grundriß in: Hartmann, S. 70.

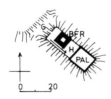

Erwähnt wurde die Burg 1303, 1409 wurde sie durch einen Brand zerstört. Der Bergfried hat 7,9 m Seitenlänge und ca. 2,3 m Wandstärke.

Manklitz = Schreckenmanklitz

Mannenberg-Oberburg

Gde. Zweisimmen, Bz. Obersimmental, Kt. Bern, Schweiz

Grundriß nach Katasterplan.

Gegründet wurde die Burg vielleicht am Ende des 12. Jh., erwähnt wurde sie 1270 und zerstört in der Mitte des 14. Jh., die Ringmauer ist ca. 1,2 m dick.

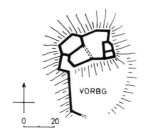

Mannenberg-Unterburg

Gde. Zweisimmen, Bz. Obersimmental, Kt. Bern, Schweiz

Grundriß nach Aufnahme des Büro Colliou, 1978.

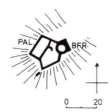

Die Burg ist wie die Oberburg, die nicht allzuweit entfernt ist, in der Mitte des 14. Jh. zerstört worden. Der Bergfried hat 7,1 m Durchmesser und nur 1,2 m dicke Wände.

Mannsberg, Alt-Mannsberg

Gde. St. Georgen am Längssee, Bz. St. Veit, Kärnten, Österreich

Grundriß in: Burgen u. Schlösser in Kärnten, Bd. 1, 2. Aufl., S. 83; Burgen u. Schlösser, 1968-I.

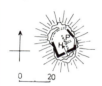

Die romanische Burg mit ihrem vierstöckigen Palas ist wohl im 12. Jh. erbaut worden. Ihre Ringmauer ist 1,3 – 1,45 m stark. Bis ins 16. Jh. blieb die Burg bewohnt. Sie gehört zum Typ Hof-Palas.

Mansfeld

Kr. Hettstedt, Sachsen-Anhalt

Grundriß in: Kunstdkm. d. Prov. Sachsen, Bd. 18, S. 101; Stolberg, S. 251.

Die Burg »Mansfelth« wird 1229 urkundlich genannt, die Grafen »de Mansvelt« tauchen 1051 in Urkunden auf. Die Burg ist die Stammburg dieser Grafen. Sie wurde ständig ausgebaut und ist seit dem 16. Jh. eine Schloßfestung. Die Kernburg geht auf die alte Anlage zurück.

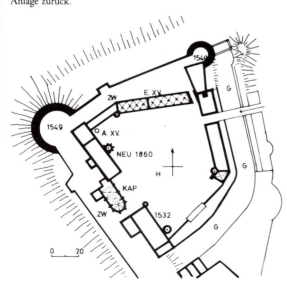

Marbach/Neckar

Kr. Ludwigsburg, Baden-Württemberg

Grundriß in: Architektur-Zeitschrift »Der Baumeister«, Heft 8-1991.

Die Stadtburg stammt vermutlich aus dem 13. Jh. Der Bergfried hat 8 m Seitenlänge und 2,5 m Wandstärke.

Marburg

Hessen

Grundriß in: Große Baudenkm., Heft 137; Burgen der Salierzeit, Bd. 2, S. 162.

Im Keller der Schloßburg sind Reste der ersten Burg aus der Zeit um 1100 erhalten. Der erkennbare Wohnturm hat 9,5 m Seitenlänge und 1,75 m starke Mauern. Die heutige Burg wurde im 12. Jh. durch die Landgrafen von Thüringen begonnen. Der Südflügel entstand im 13. Jh., die Kapelle im 14. Jh. Der Westflügel stammt aus dem 15. Jh. Die anderen Bauten sind jünger. Umbauten fanden bis ins 17. Jh. statt. 1924 wurde das Schloß erneuert.

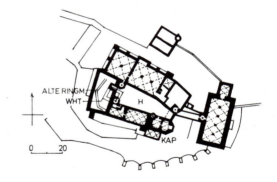

Marchegg

Bz. Gänserndorf, Niederösterr., Österreich

Grundriß in: Burgen u. Schlösser, 1973-I.

Erbaut wurde die Wasserburg durch König Przemysl-Ottokar v. Böhmen 1268. Die starke Burg mit 2,4 m dicken Mauern wurde immer wieder umgebaut, zuletzt als Burgschloß.

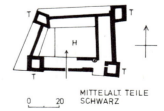

Maretsch

Gde. Bozen, Südtirol, Italien

Grundriß in: Ebhardt I, Abb. 701; Piper, Österr., Bd. 7, S. 145; Trapp, Bd. 8, S. 140.

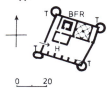

Entstanden ist die Wasserburg in der Mitte des 13. Jh. durch Tiroler Ministerialadel. Die heutige Anlage ist hauptsächlich gotischer Herkunft. Ab 1973 wurde sie umfassend erneuert. Der Bergfried hat 7,1 m Seitenlänge mit 1,8 m starken Mauern. Er hat 5 Stockwerke in rd. 20 m Gesamthöhe. Der Eingang liegt ca. 4 m hoch.

Mariastein

Bz. Kufstein, Tirol, Österreich

Grundriß in: Bracharz, S. 161; Dehio, Tirol, S. 506; Piper, Österr., Bd. 8, S. 62.

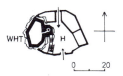

Der Wohnturm wurde 1362 auf einem isolierten Fels errichtet. Seit 1587 ist er eine Kirche. Er hat in 28 m Gesamthöhe 7 Stockwerke, seine Mauern sind rd. 1,75 m stark. Der Hof unter dem Turm ist aus dem 16. Jh.

Marienburg

Würzburg, Bayern

Grundriß in: Kunstdkm. v. Bayern, Unterfrk., Bd. 12; Kreisel, S. 29.

Die Burg Marienburg besitzt eine karolingische Kirche von 822, der freistehende Bergfried ist um 1250 erbaut worden, das Tor an der Westseite ist gotisch (15. Jh.). Die Wohnbauten sind alle aus jüngerer Zeit. Der Bergfried hat 12,8 m Durchmesser und 2,8 m Mauerstärke.

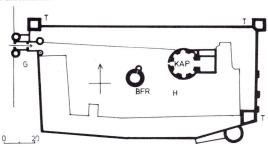

Marienburg

Gde. Hildesheim, (Kr.), Niedersachsen

Grundriß in: Kunstdkm. d. Prov. Hannover, Bd. 10, S. 107; Burgen u. Schlösser, 1977-II.

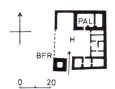

Die Wasserburg wurde als Kastellburg ab 1346 erbaut. Ihr ältester Teil ist der Palas mit 5 Stockwerken und 20 m Höhe. Der Bergfried hat 8,75 m Seitenlänge und 2 m starke Mauern. Der Eingang liegt 11 m hoch, der Turm hat 32 m Höhe.

Marksburg

Gde. Braubach, Rhein-Lahn-Kr., Rheinland-Pfalz

Grundriß in: Ebhardt I, Abb. 21; Dehio, Rheinld.-Pfalz, S. 140; Hotz Z 108; Schmidt, Fig. 33; Kubach, S. 756; Kunstdkm. im Reg.-Bz. Wiesbaden, Bd. 5, S. 47; Krüger, »Die Deutschen Burgen u. Schlösser«, S. 762.

Die Marksburg ist der Sitz der Deutschen Burgenvereinigung. Gegründet wurde sie vor 1219. Der Bergfried entstand um 1350. Der innere Zwinger wurde im 1. Viertel des 14. Jh. hinzugefügt, der äußere Zwinger um 1400. Im Inneren fanden mehrere Umbauten statt. Ab 1643 wurde die Marksburg zur Festung ausgebaut; die Kernburg blieb davon aber unberührt. Ab 1899 hat Bodo Ebhard sie restauriert. Die Schildmauer ist bis 3,8 m stark, der Bergfried hat nur 5,6 m Seitenlänge und 1,7 m starke Mauern.

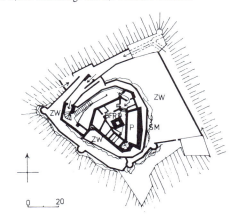

Marmarole

Gde. Breils, Bz. Vorderrhein, Kt. Graubünden, Schweiz

Angabe in: Clavadetscher, S. 343.

Auf einem Hügel findet man Reste eines Turmes, vermutlich ein »Meierturm« des Klosters Disentis, vielleicht vom Anfang des 14. Jh. Um hinreichend Platz zu bieten, hätte er vermutlich einen hölzernen Aufsatz tragen müssen.

Marmels

Bz. Albula, Kt. Graubünden, Schweiz

Grundriß in: Poeschel, S. 255; Clavadetscher, S. 66; Meyer, Bd. 3, S. 57.

Die Grottenburg wird 1193 urkundlich bezeugt, könnte aber schon um 1100 begonnen worden sein. Ab 1160 sind die Herren v. Marmels als Churer Ministerialen bezeugt. Um 1550 war die Burg noch bewohnt, bald danach ist sie aufgegeben worden. Der Wohnbau im Süden hat 3 Stockwerke.

Marquartstein

Kr. Traunstein, Bayern

Grundriß nach Aufmaßplan der Gemeinde.

Begonnen wurde die Burg durch Marquart v. Hohenstein 1072, seit 1257 war sie Sitz eines Pflegegerichtes. Im späten Mittelalter wurde die Burg umgestaltet. Ab 1804 verfiel die Burg, wurde jedoch nach 1857 wieder hergestellt und ist noch bewohnt. Die Schildmauer ist 3,2 m dick, die Ringmauer 1,2 m.

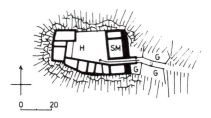

Marschlins

Gde. Igis, Bz. Unterlandquart, Kt. Graubünden, Schweiz

Grundriß in: Tuulse, S. 177; Poeschel, S. 167; Clavadetscher, S. 304; Hotz-Pfalzen Z 158.

Die Wasserburg ist um die Mitte des 13. Jh. vielleicht auf einer älteren Anlage erbaut worden. Urkundlich bezeugt wird sie 1324. Die Burg ist wiederholt umgestaltet und so in ein Wohnschloß verwandelt worden. 1905 wurde sie renoviert und ist noch heute bewohnt. Ihr Bergfried mit 10,5 m Durchmesser und 2,5 m Mauerstärke wurde bei der letzten Renovierung 1905 aufgestockt.

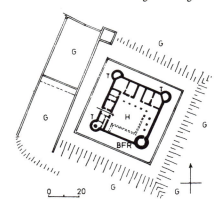

Marstetten

Gde. Aitrach, Kr. Ravensburg, Baden-Württemberg

Grundriß in: Kunstdkm. v. Württbg., Donaukr., Leutkirch, S. 41; Nessler, Bd. 2, S. 150.

Um 1100 werden Grafen v. Marstätten bekannt. Wann die Burg gegründet wurde, ist unklar. Der Nordteil sieht in seinen Formen eher nach dem 14. Jh. aus. Die Burg wurde 1633 zerstört.

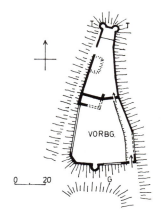

Martinsburg, Oberlahnstein

Gde. Lahnstein, Rhein-Lahn-Kr., Rheinland-Pfalz

Grundriß in: Ebhardt I, Abb. S. 81; Hotz Z 110; Kunstdkm. im Reg.-Bz. Wiesbaden, Bd. 5.

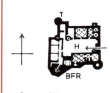

Entstanden ist die Wasserburg in einer Ecke der Stadtmauer von Oberlahnstein im 14. Jh. Sie wurde mehrfach verändert, zuletzt im 18. Jh. Der sechseckige Bergfried ist rd. 10 m breit, einer der sehr seltenen Beispiele dieser Form, er hat 5 Stockwerke in 19 m Gesamthöhe.

Martinsburg

Gde. Zirl, Bz. Innsbruck, Tirol, Österreich

Grundriß in: Trapp, Bd. 6, S. 69.

Der Grundriß basiert auf einem Plan von 1795. Erhalten sind von der alten Burg heute nur Palas und Kapelle, beide romanisch.

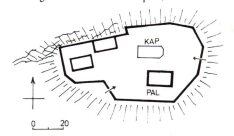

Massenburg

Leoben (Bz.), Steiermark, Österreich

Grundriß in: Baravalle, Bd. 2.

Der Bergfried entstand am Ende des 13. Jh., die anschließenden Wohnbauten sind aus dem 14. Jh. Der Ostteil der Anlage stammt aus dem 16. Jh. Der Bergfried mit 8,5 × 13 m maximalen Maßen, seine Mauern sind bis 3 m stark.

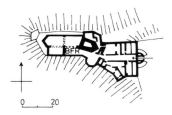

Mathon

Bz. Hinterrhein, Kt. Graubünden, Schweiz

Grundriß in: Clavadetscher, S. 171.

Der Wohnturm des 12. od. 13. Jh. ist heute Teil eines anderen Gebäudes.

Mattsee

Bz. Salzburg, Österreich

Grundriß in: Österr. Kunsttop., Bd. 10.

 1189 ein »castellanus de Mathse« urkundlich genannt. Der erhaltene Teil ist der Rest einer großen Burg, vielleicht des 12. Jh.

Matzdorf – Mazańkovice

Kr. Naugard – Novograd, Pommern, Polen

Grundriß in: Radacki, S. 210.

Rest einer nicht sehr großen Wasserburg mit 2 m starken Mauern.

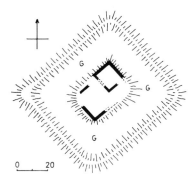

Matzen

Gde. Reith im Alpachtal, Bz. Kufstein, Tirol, Österreich

Grundriß in: Ebhardt I, Abb. 682; Dehio, Tirol, S. 638; Piper, Österr., Bd. 8, S. 87.

Die Kapelle der Burg wird angeblich schon 1176 erwähnt, die Burg hingegen erst 1282. Anfang des 16. Jh. wurde die Anlage schloßartig mit Arkadenhof umgebaut. 1873 wurde die Burg umfassend renoviert. Sie ist noch bewohnt. Der Bergfried hat 12 m Durchmesser mit 2 m starken Wänden.

Mauerbach

Bz. Wiener Neustadt, Niederösterr., Österreich

Grundriß in: Burgen u. Schlösser in Niederösterr., Bd. 2, S. 118.

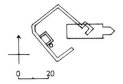 Die Reste der Burg aus dem späten 12. Jh. wurden 1960 ausgegraben.

Mauerschedel

Gde. Wilmars-Filke, Kr. Rhön-Grabfeld, Bayern

Grundriß in: Kunstdkm. v. Bayern, Unterfrk., Bd. 21, S. 28.

 Kirche und Ringmauer sind wohl im 12. Jh. erbaut worden. Urkundlich wird die Burgruine erst 1424.

Maultasch = Neuhaus b. Bozen

Maur

Bz. Uster, Kt. Zürich, Schweiz

Grundriß in: Zeller-Werdm., Teil 2, Tafel 5.

 1145 werden »Meyr zu Mur« als Ministerialadel urkundlich genannt. Der Wohnturm ist stark verändert.

Maus = Thurnberg

Mauterndorf

Bz. Tamsweg, Salzburg, Österreich

Grundriß in: Österr. Kunsttop., Bd. 20, S. 27.

Entstanden ist die Burg nach 1253, 1339 wird sie urkundlich genannt, 1564 wird sie schloßartig umgebaut, 1832 wird sie als Ruine bezeichnet. Ab 1894 wurde sie mehrfach erneuert. Der Bergfried hat 11,2 m Seitenlänge mit 2,7 m starken Wänden, der Eingang liegt 9 m über dem Hof. Der Wohnturm mit 7,5 × 8 m Grundfläche mit ca. 1,2 m Wandstärke, er besitzt 20 m Höhe mit 6 Stockwerken.

Maxburg = Hambacher Schloß

Mayen-Burghaus

Kr. Mayen-Koblenz, Rheinland-Pfalz

Grundriß in: Kunstdkm. d. Rheinprov., Bd. 17, S. 219.

Der Wohnturm, der um 1312 urkundlich erscheint, ist mit 2 Stockwerken erhalten.

Mayen

Kr. Mayen-Koblenz, Rheinland-Pfalz

Grundriß in: Burgwart, 1941, S. 4.

Die Burg ist um 1280 entstanden, der Bergfried, Goloturm genannt, ist aus dieser Zeit. Mehrfache Umbauten der Anlage bis zur Zerstörung durch die Franzosen 1689. 1918 wurde die Burg als Museum wieder aufgebaut. Der Bergfried mit 9 m Durchmesser und 3,2 m Wandstärke hat 25 m Höhe und einen Eingang 12 m über dem Hof. Die Ringmauer ist 2,5 m dick.

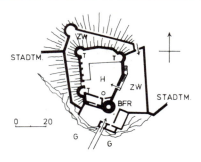

Meersburg

Kr. Friedrichshafen, Baden-Württemberg

Grundriß in: Burgen im südl. Baden, S. 122.

Die angebliche Entstehung der Burg im 7. Jh. unter den Merowingern ist nicht belegt. 1137 wird die »Merdesburch« urkundlich genannt. Der Halsgraben ist erst 1334 in den Fels geschlagen worden. Die Burg wurde mehrfach aus- und umgebaut, ihr heutiges Aussehen ist weitgehend nachmittelalterlich. Das Schloß ist heute Museum auch für Annette v. Droste-Hülshoff, deren Schwager die Meersburg vor dem Abbruch rettete (1838). Die Ringmauer im N und O ist 2 m stark. Der Bergfried, auch Dagobertsturm genannt, hat 10 m und 11 m Seitenlänge und 3 m Mauerstärke.

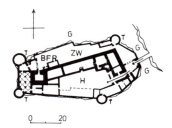

Meidelstein, Meidelstetten

Gde. Hohenstein-Meidelstätten, Kr. Reutlingen, Baden-Württemberg

Grundriß in: Bizer, Götz, Pfefferkorn, »Burgruine Hohenstein«; Schmitt, Bd. 4, S. 340.

Entstanden ist die sehr kleine Burg, die vielleicht nur ein Wohnturm war, zwischen 1100 und 1150. Rodeger v. Meidelstetten wird im 12. Jh. urkundlich genannt. Sie wurde vermutlich vor 1300 aufgegeben.

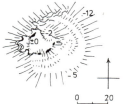

(Meilen)

(Bz.), Kt. Zürich, Schweiz

Grundriß in: Hartmann, S. 79.

Der Rest des mittelalterlichen Wohnturmes wurde 1963 restlos abgebrochen.

Meinsberg, Meinsburg

Gde. Manderen, Ct. Sierck les Bains, Moselle, Frankreich

Grundriß in: Inventaire Général de la Lorraine, Bd. Sierck, S. 32.

Die eindrucksvolle Anlage entstand am Beginn des 15. Jh. Sie wurde mehrfach verändert. Im 18. Jh. ist sie verfallen. Der Wohnturm mit 12 m Seitenlänge und 2,25 m Wandstärke hat 4 Stockwerke. Der Bergfried hat knapp 20 m Höhe. Die Schildmauer ist 4,2 m stark.

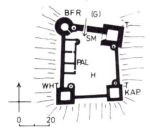

Meisdorf

Kr. Aschersleben, Sachsen-Anhalt

Grundriß in: Kunstdkm. d. Prov. Sachsen, Bd. 18, S. 167; Mrusek-2, Plan 110.

Der nicht eben geräumige Wohnturm ist der Rest einer Wasserburg, deren Adel Ende des 12. Jh. urkundlich vorkommt. Der Turm ist 12 m hoch und hat 4 Stockwerke, der Eingang liegt 6,5 m über dem Gelände. Dauernd bewohnt werden konnte der Turm nur mit einem auskragenden Aufsatz.

Meisenheim

Kr. Bad Kreuznach, Rheinland-Pfalz

Grundriß in: Kunstdkm. d. Rheinprov., Bd. 18.1.

Die Wasserburg wurde um 1200 mit dem Bergfried begonnen. Im 15. Jh. wurde sie völlig erneuert. 1825 wurde sie teilweise neugotisch erneuert. Die Burg liegt in der SW-Ecke der Stadt. Der Bergfried hat 7,5 m Seitenlänge und 1,5 m dicke Mauern.

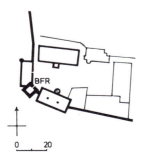

Meißen

Sachsen

Grundriß in: Burgen d. Salierzeit, Bd. 1, S. 140.

Auf dem Meißener Burgberg wurde der Rest eines Wohnturmes ergraben, der wahrscheinlich im 13. Jh. abgebrochen wurde.

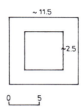

Meißen-Albrechtsburg

Sachsen

Grundriß in: Dom u. Schloß zu Meißen, DKV-Kunstführer, 1944.

Die Albrechtsburg ist 1471–1485 als Bischofsburg durch Arnold v. Westfalen erbaut worden. Sie signalisiert, wie auch Ingoldstadt →, den Übergang von der Burg zum Schloß mit wehrhaftem Charakter.

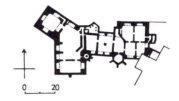

Meistersel, Modeneck

Gde. Ramberg, Kr. Landau-Bergzabern, Rheinland-Pfalz

Grundriß in: Kunstdkm. v. Bayern, Pfalz, Bd. 4, S. 324; Baudkm. d. Pfalz, Bd. 5, S. 59.

Die Felsenburg wurde als »Meistersele« 1100 urkundlich genannt. Die Oberburg ist aber den Formen nach aus der 1. Hälfte des 13. Jh., zum Anfang des 15. Jh. wurde die Burg noch einmal erneuert. Im Dreißigjähr. Krieg wurde Meistersel zerstört. Die Ringmauer auf dem Fels ist nur 0,8 m stark.

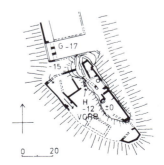

Melchingen

Gde. Burladingen-M..., Kr. Balingen, Baden-Württemberg

Grundriß in: Kunstdkm. v. Hohenzoll., S. 23; Zingeler/Buck, S. 122.

Die Burg wird erst 1344 urkundlich genannt. Der Wohnturm mit dem seltenen fünfeckigen Grundriß ist wohl staufisch. Im 16. Jh. war die Burg bereits Ruine.

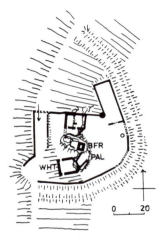

Mellnau

Gde. Wetter-M..., Kr. Marburg-Biedenkopf, Hessen

Grundriß in: Burgen u. Schlösser, 1976-I.

Die Burg wurde wohl in der Mitte des 13. Jh. begonnen, der Bergfried 1329 erbaut. Seit dem 15. Jh. ist Mellnau verfallen. Der Bergfried hat 9,5 m Durchmesser mit gut 3 m starken Mauern; die Ringmauer ist 2,5 m dick.

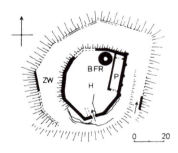

Mengeringhausen

Gde. Arolsen-M..., Kr. Korbach, Hessen

Grundriß in: Kunstdkm. im Reg.-Bz. Kassel, NF, Bd. 2, S. 172.

Die ehemalige Wasserburg stammt aus der 2. Hälfte des 14. Jh., genannt wird sie 1388. Nach einem Brand von 1929 wurde sie erneuert.

Mengerskirchen

Kr. Limburg, Hessen

Grundriß in: Kunstdkm. im Reg.-Bz. Wiesbaden, Bd. 3, S. 59.

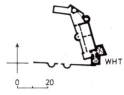

Das Wasserschloß wird am Anfang des 14. Jh. urkundlich erwähnt. Der Wohnturm mit 5,5 × 7,5 m Grundfläche hat 5 Stockwerke und 1,2 m dicke Mauern.

Menzingen

Gde. Kraichtal-M..., Kr. Karlsruhe, Baden-Württemberg

Grundriß in: Kunstdkm. v. Baden, Bd. 9.1, S. 110.

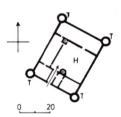

Das Renaissance-Wasserschloß ist auf den mittelalterlichen Grundmauern errichtet worden.

Merburg

Gde. Homburg (Kr.)-Kirrberg, Saarland

Grundriß in: Conrad/Flesch, S. 431.

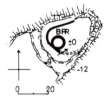

Die Steinburg ist vielleicht am Anfang des 12. Jh. entstanden. Sie wurde 1930 ausgegraben. 1160 wird »de Mereburc« urkundlich genannt. Im 15. Jh. ist die Burg verfallen. Der Bergfried hat 9 m Durchmesser und 1,5 m Mauerstärke.

Merenberg

Kr. Limburg, Hessen

Grundriß nach einem Luftbild in: W. Bornheim, gen. Schilling, Bd. 3, Nr. 370.

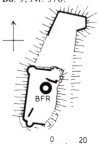

Der Burgadel wurde 1129 urkundlich genannt. Der Bergfried ist wohl aus dem 14. Jh., er hat rd. 9 m Durchmesser. 1634 wurde die Burg zerstört.

Mergelstetten

Gde. Heidenheim (Kr.)-M..., Baden-Württemberg

Grundriß in: Kunstdkm. v. Württbg., Jagstkr., S. 220.

Die Burg wurde 1209 genannt. Der vermutliche Bergfried hat rd. 7,5 m Seitenlänge.

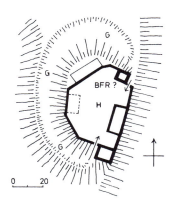

Merkenstein

Gde. Gainfarn, Bz. Baden, Niederösterr., Österreich

Grundriß in: Burgen u. Schlösser in Niederösterr., Bd. I/2, S. 57; Österr. Kunsttop., Bd. 18, S. 198; Piper, Österr., Bd. 7, S. 153.

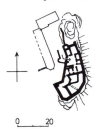

Die Burg ist um die Mitte des 13. Jh. entstanden, sie wurde 1324 umgebaut und noch einmal im 16. Jh. Zerstört wurde sie 1683. Der Burgadel wird 1142 urkundlich erwähnt.

Merl

Gde. Zell-Merl, Kr. Cochem-Zell, Rheinland-Pfalz

Grundriß in: Anita Wiedenau, »Romanischer Wohnbau im Rheinland«.

Der kleine Wohnturm des 13. Jh. hat 3 Stockwerke und 13 m Gesamthöhe, der Einstieg liegt 3 m hoch. Die winzige Dimension läßt Dauerwohnen ungewöhnlich erscheinen.

Mersch

Luxemburg

Grundriß in: Udo Moll, »Luxemburg«, S. 76.

Die Burg wurde 1231 erstmals genannt, zerstört wurde die Wasserburg 1603 und danach wieder aufgebaut. Die Burg ist teilweise Jugendherberge.

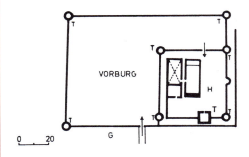

Merten

Gde. Bornheim-M..., Rhein-Sieg-Kr., Rheinland-Pfalz

Grundriß in: Kunstdkm. d. Rheinprov., Bd. 5.4, S. 129.

Gegründet wurde die Wasserburg vielleicht um 1200, die heutige Anlage ist von 1420.

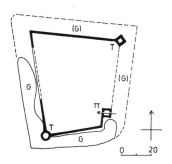

Meseritz – Międzyrzecz

(Kr.), Neumark, Polen

Grundriß in: Zamke w Polsce, S. 215.

Erbaut wurde die Burg auf einem flachen Hügel am Ende des 15. Jh.

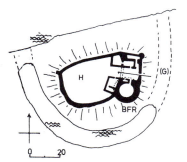

Mespelbrunn

Kr. Aschaffenburg, Bayern

Grundriß in: Kunstdkm. v. Bayern, Unterfrk., Bd. 24.

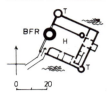

Die Wasserburg ist um 1430 mit dem Bergfried begonnen worden. Die heutige Anlage ist weitgehend durch die Renaissance geprägt worden. Das malerische Schloß liegt in einem Teich.

Metilstein

Gde. Eisenach (Kr.), Thüringen

Grundriß in: Kunstdkm. v. Thüringen, Bd. 2.1, S. 379.

Wann die Burg erbaut wurde ist nicht bekannt, 1261 wurde sie wohl zerstört.

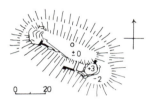

Metternich, Beilstein

Gde. Beilstein, Kr. Cochem-Zell, Rheinland-Pfalz

Grundriß in: Kunstdkm. d. Rheinprov., Bd. 19, S. 70.

Begonnen wird die Burg am Ende des 12. Jh., die Wohngebäude und Zwinger sind aus dem 14. und 15. Jh. 1688 wird die Burg durch Franzosen zerstört. Ihre Ringmauer ist 1,3 m dick, der Bergfried mit den Maßen 7 × 9,5 m hat 24 m Höhe, vom Eingang, der 9,5 m hoch liegt, beginnt eine Treppe im Mauerwerk.

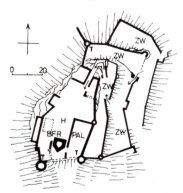

Metternich

Gde. Weilerswist-M..., Kr. Euskirchen, Nordrhein-Westfalen

Grundriß in: Herzog, S. 389.

Auf einer Insel entstand im 13. Jh. der Wohnturm, der im 17. Jh. in ein Herrenhaus eingebaut wurde.

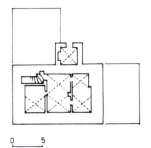

Meyenberg

Kr. Kyritz, Brandenburg

Grundriß in: Kunstdkm. d. Prov. Brandenburg, Bd. 1.2, S. 159.

Die Wasserburg in einer Ecke der Stadt wurde um 1400 erbaut. Sie wurde 1865 stark verändert.

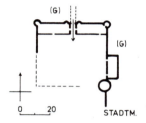

Michelsberg – Michailovice

Gde. Münchengrätz – Mnichnowa Hradek, Bz. Gitschin – Jicin, Ostböhmen, Tschechische Republik

Grundriß in: Menclová, S. 134.

Erbaut wurde die Burg 1256, 1425 wurde sie zerstört und aufgebaut. Um 1600 war sie Ruine. Der Bergfried hat 10,4 m Durchmesser und 3,9 m starke Mauern.

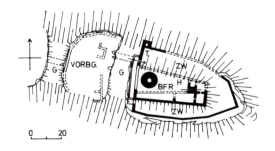

Michelsburg

Gde. Haschbach, Kr. Kusel, Rheinland-Pfalz

Grundriß in: Naeher, Pfalz, Bl. 9.

Die Burg hat mit dem Grundriß von Neuenfels → Ähnlichkeit. Sie ist wohl im 14. Jh. erbaut worden, 1387 wird sie urkundlich erwähnt.

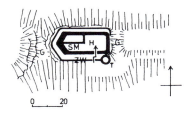

(Michelstadt)

Kr. Erbach, Hessen

Grundriß in: Th. Steinmetz, »Die Stadtburg der Schenken v. Erbach in Michelstadt«. Der Odenwald 36.

Die 1223 erbaute Stadtburg ist nicht mehr vorhanden, nur Reste der Vorburg und ein Torturm aus dem 15. Jh.

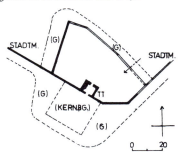

Michelstein = Granegg

Mieschdorf

Bz. Pruntrut, Kt. Jura, Schweiz

Grundriß in: Burgen u. Schlösser d. Schweiz, VII, S. 96.

Der Adel zur Burg ist vom 12.–14. Jh. bekannt. Zerstört wurde die Wasserburg im Dreißigjähr. Krieg und im 19. Jh. abgebrochen.

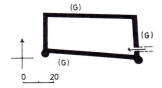

Milandre

Bz. Pruntrut, Kt. Jura, Schweiz

Grundriß in: Burgen u. Schlösser d. Schweiz, Bd. 6, S. 109.

Die Burg erscheint 1282 erstmals urkundlich. 1674 wird sie zerstört. Der Bergfried hat ca. 10 m Seitenlänge.

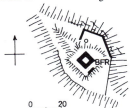

Mildenstein

Gde. Leisnig, Kr. Döbeln, Sachsen

Grundriß in: Kunstdkm. v. Sachsen, Bd. 25, S. 136.

Ursprünglich hieß die Burg Leisnig, sie wurde 1081 durch Kaiser Heinrich IV. als Lehen vergeben. Die Kapelle ist aus der 1. Hälfte des 12. Jh., wohl auch der Bergfried. Die Vorderburg entstand im 14. Jh. 1550 begann der große Umbau zum Schloß. Der Bergfried hat 14 m Durchmesser und 4,5 m Mauerstärke.

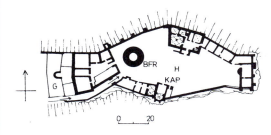

Militsch – Milicz

(Kr.), Schlesien, Polen

Grundriß in: Grundmann, S. 53.

Die Backstein-Wasserburg wurde im 13. Jh. begonnen, später zum Barockschloß umgebaut. Die hier dargestellte Burg ist eine Rekonstruktion. Erhalten ist der Wohnturm im Schloß. Er hat 10,5 × 15 m Grundfläche mit knapp 3 m Mauerstärke.

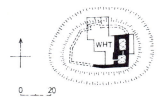

Millendonk

Gde. Korschenbroich, Kr. Neuss

Grundriß in: Kunstdkm. d. Rheinprov., Bd. 3.4, S. 61.

Das Backstein-Wasserschloß besitzt den hier schwarz dargestellten mittelalterlichen Kern, wohl aus dem 14. Jh. Die Anlage ist 1559 zum Schloß umgebaut und noch einmal 1856 verändert worden. Der große Wohnturm hat 10 m Seitenlänge, 1,5 m Wandstärke und 20 m Höhe und 4 Stockwerke. Der kleine Wohnturm besitzt 7,5 m Seitenlänge, 1,5 m Wandstärke, 5 Stockwerke und 24 m Höhe.

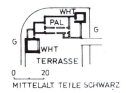

Milnrode

Kr. Bad Hersfeld, Hessen

Grundriß in: Bad Hersfelder Jahrsheft, 12-1966.

Die Reste der Burg wurden ausgegraben. Sie stand in einer Wall-Grabenanlage. Ihre Ringmauer war ca. 2 m stark. Der Bergfried hatte ca. 8,5 m Seitenlänge.

Milseburg

Gde. Kleinsassen, Kr. Fulda, Hessen

Grundriß in: Archäolog. Denkm. in Hessen, Nr. 50.

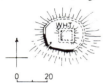

Entstanden noch im 11. Jh. wird die Burg 1119 urkundlich genannt. Aufgegeben wurde sie im 13. Jh. Der Wohnturm hatte rd. 11 m Seitenlänge und etwa 1,5 m Mauerstärke.

Miltenberg, Miltenburg

(Kr.), Bayern

Grundriß in: Kunstdkm. v. Bayern, Unterfrk., Bd. 18, S. 258.

Der Bergfried und die Ringmauer sind am Beginn des 13. Jh. erbaut worden, 1226 wurde sie urkundlich. Der Zwinger entstand im 14. Jh. Erweitert wurde die Burg im 15. Jh., zerstört wurde sie 1552 im Markgräflerkrieg und danach wieder aufgebaut und ist noch bewohnt. Die Ringmauer ist 9 m hoch und 1,2 m stark. Der Bergfried hat 9,5 m Seitenlänge und 2,5 m Mauerstärke. Er ist 26 m hoch, sein Eingang liegt 12 m hoch.

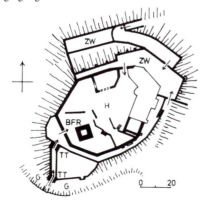

Miltenberg

(Kr.), Bayern

Grundriß in: Burgen d. Salierzeit, Bd. 1, S. 237.

Die Reste einer Turmburg wurden ausgegraben. Sie lag in der S-O-Ecke des römischen Kastells. Die Turmburg aus der Zeit um 1100 wurde 1237 zerstört. Der Wohnturm hatte 8,5 m Seitenlänge und 2,3 m Wandstärke.

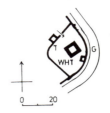

Mindelburg

Gde. Mindelheim (Kr.), Bayern

Grundriß in: Bayerische Kunstdkm., Mindelheim, S. 317

Auf der Mindelburg hat Jörg v. Frundsberg gelebt, die Familie kam aber von der Burg Freundsberg → in Tirol. Gegründet wurde sie in der 2. Hälfte des 12. Jh., der Palas stammt aus der Zeit um 1200, 1349 wurde die Burg zerstört und wieder aufgebaut. Die heutige Burg ist hauptsächlich im 15. und 16. Jh. gestaltet worden. Der Palas hat 2 m Mauerstärke.

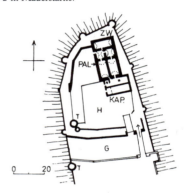

Minneburg

Gde. Neckargerach-Guttenbach, Odenwaldkr., Baden-Württemberg

Grundriß in: Kunstdkm. v. Baden, Bd. 4.4, S. 16.

Begonnen wurde die Burg um 1200, Bergfried und Schildmauer stammen aus dem 13. Jh., der Palas wurde 1521 neu erbaut. Zerstört wurde die Minneburg wohl im Dreißigjähr. Krieg. Ihr Bergfried hat 7 m Seitenlänge und 2 m Mauerstärke, der rundbogige Eingang liegt 9 m hoch. Die Schildmauern sind beide 2,4 m stark, die Ringmauer der Kernburg ist 1,2 m, der Außenring 1,5 m dick.

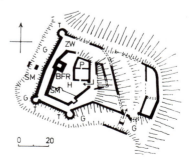

Minneburg

Gde. Bleibtreu, Bz. Völkermarkt, Kärnten, Österreich

Grundriß in: Kohla, S. 214.

»De Minneburch« wird 1195 als Adel urkundlich genannt. Ende des 13. Jh. ist die Burg verfallen.

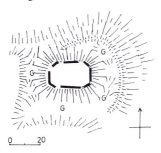

Missingdorf

Bz. Horn, Niederösterr., Österreich

Grundriß in: Sammlung Kreutzbruck.

Die im 13. Jh. erbaute Wasserburg ist teilweise als Hof erhalten, ursprünglich soll sie 3 Türme besessen haben, ihre Ringmauer ist nur 1 m stark.

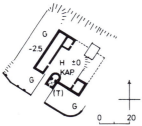

Mittelhausen

Ct. Hochfelden, Bas Rhin, Frankreich

Grundriß in: Salch, S. 211.

Der Burgadel wird 1332 urkundlich genannt, die kl. Wasserburg wurde jedoch erst im 15. Jh. erbaut.

Mitterfels

Kr. Straubing-Bogen, Bayern

Grundriß in: Heimatmuseum Mitterfels, kl. Mus.-Führer und Aufnahme von F.-W. Krahe, 1991.

Gegründet wurde die Burg Ende des 11. Jh. durch die Grafen v. Bogen. Seit 1280 war sie Bayerisches Pflegeschloß und Landgericht. Der Bergfried-Torturm wurde 1812 abgebrochen. Heutige Gebäude hauptsächlich aus dem 18. Jh.; die Schildmauer ist 3 m stark.

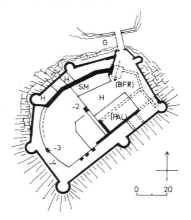

Mittertrixen

Gde. Waisenberg, Bz. Völkermarkt, Kärnten, Österreich

Grundriß in: Dehio, Kärnten, S. 416; Piper, Österr., Bd. 4, S. 88.

Die Burg bildet eine Gruppe mit Ober- und Niedertrixen →. Sie ist urkundlich um 1200 bezeugt, erweitert wurde sie im 14. Jh. und im 16. Jh.

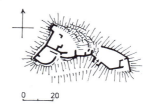

Modeneck = Meistersel

Möckern

Kr. Zerbst, Sachsen-Anhalt

Grundriß in: Wäscher, Bild 115.

»Castrum Mockerne« wird in der 2. Hälfte des 12. Jh. erwähnt. Der Bergfried wurde um 1200 erbaut. Die Wasserburg ist mehrfach verändert worden.

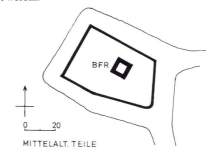

MITTELALT. TEILE

Möckmühl

Kr. Heilbronn, Baden-Württemberg

Grundriß in: Kunstdkm. v. Württbg., Neckarkr., Tafelband.

Die mittelalterliche Burg Möckmühl am Nordende der Stadtbefestigung wurde im 16. Jh. umgebaut. Im Bauernkrieg war Götz v. Berlichingen hier Amtmann. Der Bergfried mit 9 m Durchmesser und 3 m starke Mauern. Das Schloß stammt aus dem 18. Jh.

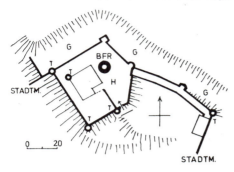

Mödling

(Bz.), Niederösterr., Österreich

Grundriß in: Piper, Österr., Bd. 2, S. 147; Burgen u. Schlösser in Niederösterr., Bd. 2, S. 75.

Die große Burg ist Mitte des 12. Jh. erbaut worden. Erweitert wurde sie bis ins 16. Jh. Nach einem großen Brand 1556 blieb sie öde. 1219 soll Walther v. d. Vogelweide hier gewohnt haben. Der Wohnturm, im 19. Jh. willkürlich mit einem Aussichtsturm überbaut, hatte die Dimension 13,5 × 15,2 m und wahrscheinlich 4 Stockwerke.

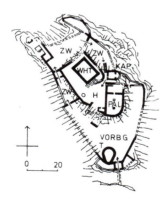

Mölltheuer = Penk

Mömbris

Gde. Alzenau-M..., Kr. Aschaffenburg, Bayern

Grundriß in: Kunstdkm. v. Bayern, Unterfrk., Bd. 16.

Die Kastellburg wurde um 1300 erbaut und bereits 1405 zerstört. Der Bergfried wurde im 19. Jh. abgebrochen.

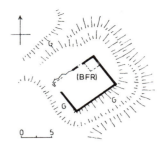

Mönchenstein = Münchsberg

Mönche-Wahlberg

Gde. Dettum-M..., Kr. Wolfenbüttel, Niedersachsen

Grundriß in: Mrusek, II, S. 141.

Der Wohnturm mit 3 Stockwerken könnte im 14. Jh. entstanden sein.

Mönchsberg = Münchsberg

Mörnsheim

Kr. Eichstätt, Bayern

Grundriß in: Bayerische Kunstdkm., Eichstätt, S. 215.

Der Burgadel wurde 1138 erstmals urkundlich erwähnt, die Burg 1225. Die Ringmauer der Kernburg ist romanisch, die Zwingermauer gotisch. Der Bergfried auf dem Dolomitfels wurde im 19. Jh. abgebrochen.

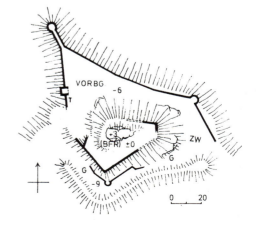

Moers

Kr. Wesel, Nordrhein-Westfalen

Grundriß in: Boschheidgen, »Die oranische Befestigung von Moers«.

Die Wasserburg ist im 12. Jh. durch die Grafen v. Moers begonnen worden. Die heutige Burg stammt überwiegend aus dem 14. und 15. Jh. Um 1600 wurden Burg und Stadt zur Festung umgebaut. Das Wasserschloß ist Museum.

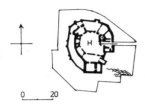

Mörsberg, Morimont

Gde. Oberlarg, Ct. Ferrette, Haut Rhin, Frankreich

Grundriß in: Salch, S. 213; Kaltenbach, Nr. XXI; Wolff, Fig. 30.

Die Burg hat ihren Ursprung im 13. Jh., sie wurde 1356 durch das Erdbeben beschädigt. 1445 wurde sie zerstört und ab 1515 verstärkt wieder aufgebaut. 1637 wurde sie durch Franzosen zerstört. Mörsberg ist wie Pürnstein → der Versuch, eine kanonensichere Burg zu schaffen.

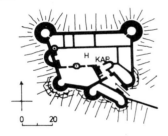

Mörsberg

Bz. Winterthur, Kt. Zürich, Schweiz

Grundriß in: Ebhardt I, Abb. 729; Kunstdkm. d. Schweiz, Zürich, Bd. 4, S. 272; Meyer, Bd. 5, S. 71.

Der älteste Teil, ein Wohnturm mit ca. 10,5 × 12 m Grundfläche (innen 7,5 × 9 m). Er wurde um 1250 auf die Außenmaße von 15,5 × 17 m verstärkt und aufgestockt. Die Mauerreste im SO zeigen Wirtschaftsgebäude, vielleicht aus dem 14. Jh. Der mächtige Wohnturm ist seit Anfang des 20. Jh. Museum.

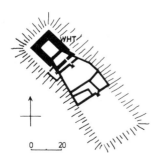

Mollenburg

Gde. Weifen, Bz. Melk, Niederösterr., Österreich

Grundriß in: Burgen u. Schlösser in Niederösterr., Bd. 12, S. 71.

Die Kernburg ist wohl in der 2. Hälfte des 13. Jh. begonnen worden. 1296 wurde sie zerstört und wieder aufgebaut. 1303 wurde sie urkundlich erwähnt. Sie wurde im 14., 16. und 17. Jh. ausgebaut. Seit 1860 ist sie verfallen. Die Ringmauer der Kernburg ist 1,5–2,0 m stark, der Bergfried hat die Hauptmaße 8 und 12 m und besitzt einen Hocheingang.

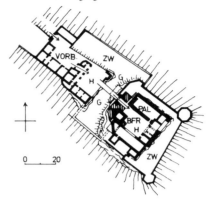

Monreal – große Burg

Kr. Mayen-Koblenz, Rheinland-Pfalz

Grundriß in: Kunstdkm. d. Rheinprov., Bd. 17.2.

Begonnen wurde die Burg 1229; zerstört wurde sie 1689. Die Vorburg ist wesentlich jünger als die Kernburg auf ± 0, von der nur eine Mauerecke und der Bergfried erhalten sind. Er hat 10 m Durchmesser mit der Treppe im ca. 3,5 m starken Mauerwerk, sein Eingang liegt 5 m hoch.

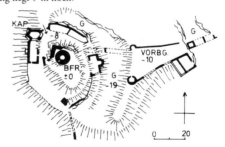

Monreal – kleine Burg, Rech

Kr. Mayen-Koblenz, Rheinland-Pfalz

Grundriß in: Kunstdkm. d. Rheinprov., Bd. 17.2, S. 252.

Erbaut wurde die kleine Burg unterhalb der großen und in ca. 150 m Abstand wohl in der 1. Hälfte des 13. Jh. Zerstört wurde sie ebenfalls 1689. Der kleine Bergfried mit 5,5 m maximalen Seitenlängen hat 1,25 m Mauerstärke, er ist rd. 21 m hoch.

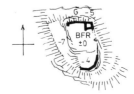

Monsberg

Gde. Ehingen-Erbstätten, Alb-Donau-Kr., Baden-Württemberg

Grundriß in: Schmitt, Bd. 2, S. 235.

»Ulricus de Mundisberc« wird 1258 urkundlich erwähnt. Zerstört wurde die Burg 1495.

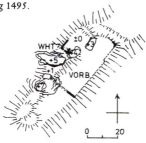

Monschau

Kr. Aachen, Nordrhein-Westfalen

Grundriß in: Ebhardt I, Abb. 430; Kunstdkm. d. Rheinprov., Bd. 11.1, S. 75.

Die Kernburg vom Beginn des 13. Jh. wurde urkundlich 1217 genannt. Die Burg ist über mehrere Jahrhunderte ausgebaut und erweitert worden. 1689 wurde sie durch Franzosen zerstört. 1899 und 1930 wurde die Burg gesichert. Der Bergfried hat 7 m Seitenlänge.

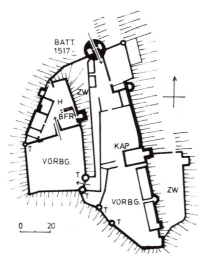

Montabaur

Westerwaldkr., Rheinland-Pfalz

Grundriß in: Dehio, Rheinld.-Pfalz, S. 585; Burgwart 1905, S. 9.

Als »Castell Humbac« wird eine Vorgängeranlage 959 erwähnt. Die Burg wurde 1223 als Trierer Grenzburg mit Namen »mons Tabor« erbaut. Der Bergfried stammt wohl aus dieser Zeit. Die heutige Burg erhielt ihr Aussehen im 16. Jh. mit barocken Umbauten. Der Bergfried hat 8 m Durchmesser und 1,6 m starke Mauern.

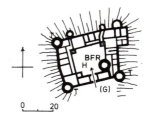

Montclair

Gde. Mettlach, Kr. Merzig-Wadern, Saarland

Grundriß in: Kubach, S. 79.

1180 nach einer Zerstörung neu erbaut, ist die Burg im 16. Jh. verfallen. An der höchsten Stelle stand vermutlich der Bergfried.

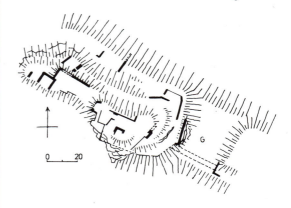

Montfort

Gde. Duchroth-Oberhausen, Kr. Bad Kreuznach, Rheinland-Pfalz

Grundriß in: Baudkm. d. Pfalz, Bd. 2, S. 156; Burgen u. Schlösser 1978-I; Burgen u. Schlösser in der Pfalz, Abb. 16.

Die Burg wurde in der 1. Hälfte des 13. Jh. durch Eberhard v. Lautern als Vasall der Grafen v. Veldenz erbaut, 1238 wird sie urkundlich genannt. Sie wurde schon im 13. Jh. von mehreren Zweigen einer Familie, später auch verschiedener Familien bewohnt, sie war also Ganerbenburg. 1456 wurde die Burg zerstört und wieder aufgebaut. Verlassen wurde sie um 1600. Der Bergfried hat 7,5 m Durchmesser mit über 2 m Mauerstärke. Die Ringmauer ist 1,8 – 2,0 m dick.

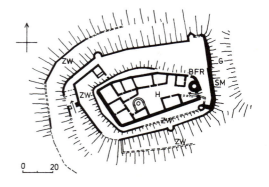

Montvoi

Gde. St. Ursanne, Bz. Pruntrut, Kt. Jura, Schweiz

Grundriß in: Burgen u. Schlösser d. Schweiz, Bd. VI, S. 102; Meyer, Bd. 7, S. 90.

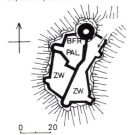

Der Bergfried und der Palas sollen noch aus dem 11. Jh. stammen, die erste urkundliche Nennung ist 1284 verzeichnet. In der Mitte des 14. Jh. wurde sie zerstört. Im 15. Jh. wurde sie auf- und ausgebaut. Im Dreißigjähr. Krieg wurde sie zerstört. Der Bergfried hat 11 m Durchmesser mit über 4 m dicken Mauern.

Moore, Zernez

Gde. Zernez, Bz. Inn, Kt. Graubünden, Schweiz

Grundriß in: Poeschel, S. 289; Clavadetscher, S. 208.

Die Familie Mor wird 1280 urkundlich genannt. Auf sie geht der Bau des Wohnturmes vom Beginn des 13. Jh. Er war im 16. Jh. verfallen, wurde aber im 17. Jh. durch den Ort verändert aufgebaut; der Turm mit 8 m Seitenlänge hat 4 Stockwerke (ohne Keller) mit 17 m Höhe.

Moos

Gde. Pfitsch, Eisacktal (Wipptal), Südtirol, Italien

Grundriß in: Trapp, Bd. 3, S. 96.

Der Bau ist im 14. Jh. begonnen worden. Im 16. Jh. wird sie umgebaut in ihre heutige Form. Der Bergfried mit 8,2 × 9,0 m Grundfläche hat 1,5 m dicke Wände, die nach Norden auf 2,8 m verstärkt wurden. Er ist 25 m hoch mit 7 Stockwerken; die Ringmauer ist 1,6 m dick.

Moosburg

Gde. Effretikon, Bz. Pfäffikon, Kt. Zürich, Schweiz

Grundriß in: Zeller-Werdm., Teil 2, S. 81; Züricher Denkmalpflege 1970 – 1974.

Die Burg wurde um 1254 erbaut, 1444 wurde sie zerstört. Der Wohnturm mit 10 × 12 m Seitenlänge hat 3 m Wandstärke.

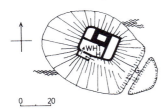

Moosburg-Arnulfhügel

Bz. Klagenfurt, Kärnten, Österreich

Grundriß in: Kohla, S. 222.

Der Wohnturm ist wohl in der 1. Hälfte des 12. Jh. erbaut worden. 1150 wird das »castrum Mosburch« urkundlich genannt, der Adel de Moosburch 1175. Daß König Arnulf die Burg erbaut haben soll, ist unbewiesen. Der Turm hat 12 m Seitenlänge und 2 m Wandstärke. Die Burg ist 150 m von ihrer Schwesterburg Thurnerkogel entfernt.

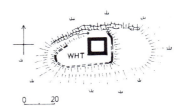

Moosburg-Thurnerkogel

Bz. Klagenfurt, Kärnten, Österreich

Grundriß in: Burgen u. Schlösser in Kärnten, Bd. 2, S. 89.

Die Burg, Nachbar des 130 m entfernten Arnulfhügels, wurde wohl am Ende des 13. Jh. erbaut. Der Wohnturm ist 8,5 × 9,5 m groß und hat bis 1,5 m starke Wände.

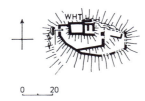

Moosham

Bz. Tamsweg, Salzburg, Österreich

Grundriß in: Österr. Kunsttop., Bd. 20, S. 131.

Die Burg wird erstmals 1191 erwähnt. Ursprünglich bestanden zwei Burgen, die im Verlauf des Mittelalters durch eine gemeinsame Vorburg verbunden wurden. Im 16. Jh. fanden große Umbauten statt. Nach Verfall im 18. Jh. wurde sie 1886 restauriert. Die Ringmauer ist 1,7 m stark.

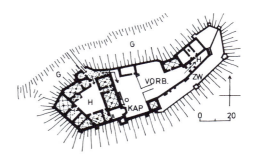

Moregg
Gde. Obersaxen, Bz. Glenner, Kt. Graubünden, Schweiz

Grundriß in: Poeschel, S. 239; Clavadetscher, S. 102.

Entstanden ist die Burg vielleicht um 1200 (Tillmann). Clavadetscher gibt keine Daten an. Der Wohnturm hat ca. 9 × 10,5 m Grundfläche und 1,5 m Wandstärke, erhalten sind zwei Stockwerke und ein Hocheingang.

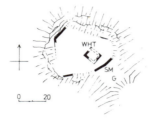

Morimont = Mörsberg

Moritzburg
Gde. Halle (Kr.), Sachsen-Anhalt

Grundriß in: Mrusek, S. 41; Kunstdkm. d. Prov. Sachsen, NF I.

Begonnen wurde die Burg 1481, seit 1503 ist sie Sitz des Bischofs. 1637 wurde die Wasserburg zerstört. Sie ist im 19. Jh. als Museum wieder aufgebaut. Ihre Ringmauer ist im S und O 4,5 m, sonst 2,8 m stark.

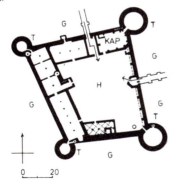

Morsbach
Gde. Thalmässing, Kr. Eichstätt, Bayern

Grundriß in: Kunstdkm. v. Bayer, Mittelfrk., Bd. 3, S. 247.

Das heutige Pfarrhaus steht innerhalb eines Grabensystems. Seine starken Mauern lassen auf einen Wohnturm schließen, vielleicht aus dem 12. Jh.

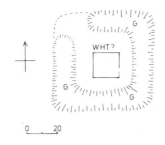

Morsberg
Gde. Rasdorf, Kr. Fulda, Hessen

Grundriß in: Fuldaer Geschichtsblätter, 1972.

Die Burg wurde am Anfang des 13. Jh. erwähnt, bald darauf ist sie zerstört worden.

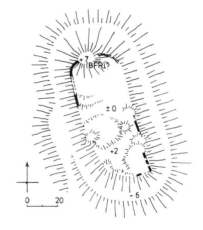

Morstein
Gde. Gerabronn, Kr. Schwäbisch Hall, Baden-Württemberg

Grundriß nach Mitteilung v. Dieter Frhr. v. Crailsheim, 1990.

Die Burg wird erstmals 1240 urkundlich erwähnt. Der Palas ist auf alter Basis in der Renaissance neu erbaut worden. Der Batterieturm ist von 1570. Seit 1337 gehört das Schloß den Frhr. v. Crailsheim. Der Bergfried hat 8,3 m Seitenlänge und ca. 2 m starke Wände.

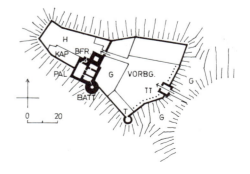

Morungen, Neu-Morungen

Kr. Sangerhausen, Sachsen-Anhalt

Grundriß in: Stolberg, S. 259.

Entstanden ist die Burg um 1200 für die aufgegebene Burg Alt Morungen →. Vermutlich wurde sie 1525 zerstört, da sie 1535 schon wüst war. Der Bergfried hat 7 m Durchmesser mit 1,5 m Mauerstärke.

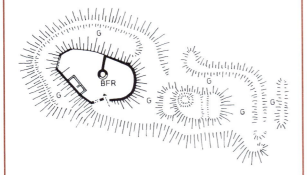

Moschellandsberg = Landsberg

Moserhof

Gde. Sarntheim, Sarntal, Südtirol, Italien

Grundriß in: Trapp, Bd. 5, S. 64.

Die kleine Anlage, mittlerweile bäuerlich, hat als Kern einen Wohnturm des 13. Jh. mit 1 m starken Mauern und 8,5 × 9 m Seitenlänge, er wurde im 15. Jh. auf drei Seiten mit Zubauten versehen.

Moyland

Gde. Bedburg-Hau, Kr. Kleve, Nordrhein-Westfalen

Grundriß in: H. Herzog »Rheinische Schloßbauten im 19. Jahrhundert«.

Begonnen wurde die Wasserburg um 1400. 1885 wurde sie auf alter Basis erneuert.

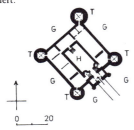

Mühlberg, Schlössle

Gde. Schiltach, Kr. Rottweil, Baden-Württemberg

Grundriß in: Batzer/Städele, S. 428.

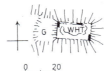

Der Wohnturm (oder Palas) des 12. oder 13. Jh. ist 11 × 23 m groß. Seine Ecken zeigen Buckelquader. 1381 war die Burg noch bewohnt.

Mühlberg

Kr. Gotha, Thüringen

Grundriß in: Kunstdkm. d. Prov. Sachsen, Bd. 13, S. 391.

Die Burg ist eine der drei Gleiche. Die Entfernung nach Gleichen ist 1,4 km, nach der Wachsenburg 3,0 km. Entstanden ist die Burg um die Mitte des 13. Jh., im 14. und 15. Jh. wurde sie ausgebaut. Im 18. Jh. ist sie verfallen. Der Bergfried hat 6,5 m Durchmesser bei 2,2 m dicken Wänden, er ist 21 m hoch.

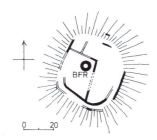

Mühlebach

Gde. Torrenbüren, Bz. Bregenz, Vorarlberg, Österreich

Grundriß nach Angabe in: Huber, S. 119.

Entstanden ist die kleine Anlage wohl im 14. Jh., zerstört wurde sie vermutlich am Anfang des 15. Jh.

Mühleberg = Sigberg

Mühlhäuser Schloß

Gde. Gr. Umstadt, Kr. Darmstadt, Hessen

Grundriß in: Kunstdkm. v. Hessen, Erbach, S. 213.

Der Wohnturm ist ein Weiherhaus aus dem 14. Jh.

Mühlhausen

Gde. Mühlacker-M..., Kr. Pforzheim, Baden-Württemberg

Grundriß in: Fick, Teil 4, S. 91.

Der Burgadel wird im 12. Jh. erwähnt, 1407 hört man von einem Verkauf. Im 19. Jh. wurde die zum Schloß umgebaute Wasserburg in Teilen abgebrochen.

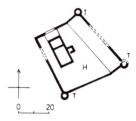

Mühlheim

Kr. Tuttlingen, Baden-Württemberg

Grundriß in: Schmitt, Bd. 3, S. 308.

Die Burg wird 1241 erstmals urkundlich erwähnt, ist jedoch noch im 12. Jh. entstanden. Ihre Reste stecken im Barockschloß.

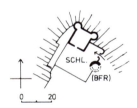

Müllenark, Haus Müllenark

Gde. Inden-Schophoven, Kr. Düren, Nordrhein-Westfalen

Grundriß in: Kunstdkm. d. Rheinprov., Bd. 9.1, S. 301.

Die Wasserburg ist im 15. Jh. begonnen und im 16. Jh. verstärkt worden.

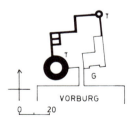

Münchenstein, Geckingen

Bz. Arlesheim, Kt. Basel-Ld., Schweiz

Grundriß in: Merz-Sisgau, S. 45.

Die Burg Geckingen wurde 1196, Münchenstein 1270 genannt. Anfang des 19. Jh. wurde sie abgebrochen.

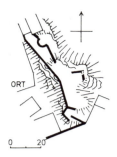

Münchsberg, Mönchsberg, Mönchenstein

Gde. Pfeffingen, Bz. Arlesheim, Kt. Basel-Ld., Schweiz

Grundriß in: Merz-Sisgau; Meyer-Regio, S. 107.

Erbaut wurde die Burg Mitte oder Ende des 13. Jh. durch die Herren v. Münch, die im 13. und 14. Jh. urkundlich erwähnt wurden. 1356 wurde sie durch Erdbeben zerstört. Der Wohnturm hat die Maße 14×18 m und knapp 3 m starke Mauern.

Müneck

Gde. Ammerbuch, Kr. Tübingen, Baden-Württemberg

Grundriß in: Pfefferkorn, Bd. 2, S. 33.

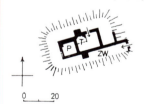

Den gleichnamigen Adel kennt man 1270–1390.

Münsingen

Kr. Esslingen, Baden-Württemberg

Grundriß in: Kunstdkm. v. Württbg. Donaukr., Münsingen; Schmitt, Bd. 4, S. 272.

Der sogen. Fruchtkasten ist ein Bau des 14. Jh., der in der Renaissance umgebaut wurde. Er ist der Rest der Stadtburg.

Münstereifel – Alte Burg

Gde. Bad Münstereifel, Kr. Euskirchen, Nordrhein-Westfalen

Grundriß in: Herzog, S. 380.

Die Reste der Burg in einer karolingischen Anlage stammen aus dem Mittelalter. Der Bergfried mit 7 m Durchmesser hat 1,5 m Mauerstärke.

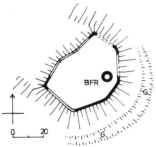

Münstereifel – Stadtburg

Gde. Bad Münstereifel, Kr. Euskirchen, Nordrhein-Westfalen

Grundriß in: Kunstdkm. d. Rheinprov., Bd. 4.2, S. 107; Herzog, S. 398.

Erbaut wurde die Burg ab 1272. Sie wurde 1689 durch Franzosen zerstört. Die Schildmauer ist 2,5 m stark.

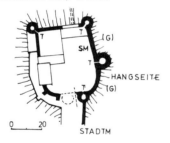

Münz = Scharfenberg

✗Münzenberg

Wetteraukr., Hessen

Grundriß in: Ebhardt I, Abb. 645; Dehio, Hessen, S. 601; Schmidt, Fig. 6; Hotz Z 64; Piper, Fig. 65; Tuulse, S. 62; Schuchhardt, S. 314; Bruhns, S. 10.

Erbaut wurde die Burg 1156–1174. Der romanische Palas folgte 1180–1190, der gotische Palas entstand nach 1260. Der Zwinger entstand im 14. Jh. Im Dreißigjähr. Krieg wurde die Burg zerstört. Die Ringmauer ist 2,4 m stark und mit Buckelquadern verkleidet. Die romanische Kapelle liegt über dem Tor. Der Bergfried 1 hat 13 m Durchmesser mit 4,5 m Mauerstärke, er ist 27 m hoch mit 5 Stockwerken, der Einstieg liegt 8 m über dem Hof. Der Bergfried 2 hat 11,75 m Durchmesser und 3,3 m Wandstärke, er ist 25 m hoch.

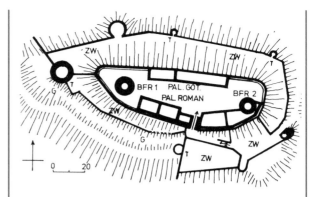

(Münzesheim)

Gde. Kraichtal, Kr. Karlsruhe, Baden-Württemberg

Grundriß in: Kunstdkm. v. Baden, Bd. 9.1, S. 127.

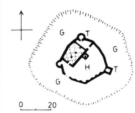

Der dargestellte Grundriß stammt aus dem Jahr 1761, danach wurde die Wasserburg total abgebrochen. Erstmals erwähnt wurde sie urkundlich 1378, nach einer Zerstörung 1593 wurde sie wiederaufgebaut und schließlich im 18. Jh. restlos abgebrochen.

Mürlenbach

Gde. Welschbillig, Kr. Trier-Saarburg, Rheinland-Pfalz

Grundriß in: Hotz Z 106; Kunstdkm. d. Rheinprov., Bd. 12.2.

Urkundlich wird Mürlenbach 1331 erstmals genannt. Die Türme neben dem Tor stammen aus dem 14. Jh. Die Verstärkungen entstanden im 16. Jh., seit dem 17. Jh. ist die Burg verfallen.

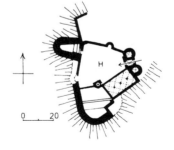

Müsegg

Gde. Bülach (Bz.), Kt. Zürich, Schweiz

Grundriß in: Hartmann, S. 48.

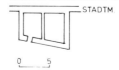

Der mittelalterliche Wohnturm liegt an der Stadtmauer. Er hat zwei steinerne und zwei Fachwerkgeschosse.

Multberg

Gde. Pfungen, Bz. Winterthur, Kt. Zürich, Schweiz

Grundriß in: Kunstdkm. d. Schweiz, Zürich, Bd. 7, S. 194.

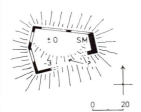

Die Burg wurde wohl 1309 zerstört. Ihre ausgegrabenen Reste stammen vermutlich aus dem 13. Jh. Die Ringmauer ist 1,8, die Schildmauer 3 m stark.

Murten

(Bz.), Kt. Fribourg, Schweiz

Grundriß in: Meyer, Bd. 9, S. 76.

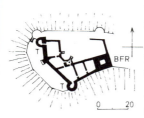

Urkundlich wird die an die Stadtmauer anschließende Burg erst 1238 erwähnt, sie ist allerdings wesentlich älter. Die erhaltenen Befestigungen sind aus dem Anfang des 13. Jh. und wurden um 1260 durch Peter II. v. Savoyen verstärkt. 1476 wurde Murten stark beschädigt, jedoch wieder instandgesetzt. Der Bergfried hat 10,5 m Seitenlänge und über 3 m starke Mauern.

Muschelberg

Bz. Laachen, Kt. Schwyz, Schweiz

Grundriß in: Hartmann, S. 81.

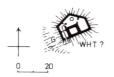

Daten sind für die Anlage nicht bekannt. Der Wohnturm (?) hat ca. 7×9,3 m Grundfläche und ca. 1,5 m starke Mauern.

Muschenwang

Gde. Schelklingen-Schmieden, Alb-Donau-Kr., Baden-Württemberg

Grundriß in: Schmitt, Bd. 2, S. 87.

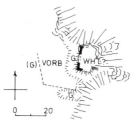

1271 wird ein Gottfried v. Muschenwang urkundlich erwähnt, sonst ist nichts bekannt. Die Ringmauer des Kernes, der vielleicht nur ein Wohnturm war, ist 1,8 m stark.

Mylau

Kr. Reichenbach, Sachsen

Grundriß in: Rüdiger.

1274 ist Mylau urkundlich erwähnt, Kaiser Karl IV. hat die Burg im 3. Viertel des 14. Jh. verstärkt. Die Wohngebäude in ihrer heutigen Form sind aus dem 15. Jh., 1892 wurde Mylau nach Verfall rekonstruiert. Die Ringmauer ist 2,3 m dick, der Bergfried hat 10 m Durchmesser mit 3 m Wandstärke.

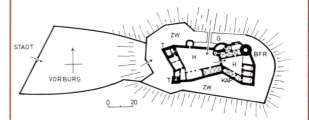

Nagelsberg

Gde. Künzelsau (Kr.)-N..., Baden-Württemberg

Grundriß nach Aufnahme F.-W. Krahe, 1991.

Die Burg ist heute von verschiedenen Parteien bewohnt in überwiegend jüngeren Gebäuden. Der Burgadel wird 1251 urkundlich bekannt. Der Turm auf der Westseite könnte der Dimension nach ein Wohnturm gewesen sein. Die Schildmauer ist am Tor 2 m stark.

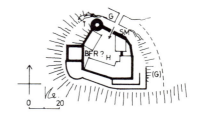

Namslau – Namysłow

(Kr.), Schlesien, Polen

Grundriß in: Grundmann, S. 117; Kunstdkm. v. Schlesien, Bd. 2.1.

Die Wasserburg ist mit der Stadtmauer verbunden. Sie ragt aus dieser wie ein Sporn nach Westen vor. 1312 erscheint sie erstmals in den Urkunden, ist aber wahrscheinlich schon 1270 mit der Stadt gegründet worden. Die 2 m starke Backstein-Ringmauer und die Grundmauern des Palas stammen aus dem 14. Jh. Die Wohnbauten wurden vom 16.–18. Jh. umgebaut bzw. ergänzt.

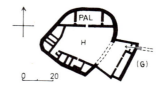

Nannstein

Gde. Landstuhl, Kr. Kaiserslautern, Rheinland-Pfalz

Grundriß in: Ebhardt I, Abb. 397; Dehio, Rheinland-Pfalz, S. 455; Kunstdkm. v. Bayern, Pfalz, Bd. 9, S. 304; Baudkm. d. Pfalz, Bd. 3, S. 60; Burgen u. Schlösser i. d. Pfalz, Nr. 25.

Erbaut wurde die Reichsburg auf einem 12 m hohen Felsen um 1150, vielleicht durch Kaiser Barbarossa. Kaiser Heinrich VI. urkundet 1189 auf der Burg. Burgmannen mit dem Namen der Burg sind ab 1190 bekannt. Die Felsenburg wurde im 13. Jh. am Fuß des Felsens erweitert. Mächtig verstärkt wurde sie 1519–1523 durch Franz v. Säckingen. Sie wurde dennoch 1523 erobert, wobei Säckingen sein Leben verlor. Zerstört wurde die Burg 1543, 1668 durch den Kurfürsten v. d. Pfalz und endgültig 1689 durch Franzosen.

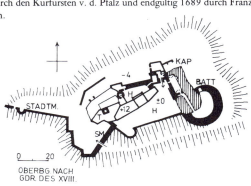

Nassau

Rhein-Lahn-Kr., Rheinland-Pfalz

Grundriß in: Kunstdkm. im Reg.-Bz. Wiesbaden, Bd. 3; Cohausen, Nr. 203.

Die Burg wurde um 1100 gegründet, der entspr. Adel ist seit 1160 urkundlich bekannt. Die Burg ist die Stammburg der Grafen v. Nassau. Umbauten wurden bis ins 16. Jh. vorgenommen. Verfallen ist die Burg nach 1597. Der westliche Bergfried hat 8,5 m Seitenlänge und 2,5 m dicke Mauern, der angebaute Treppenturm ist eine Seltenheit. Der östliche Bergfried ist nur zur Hälfte erhalten, seine Seitenlänge betrug 9,5 m.

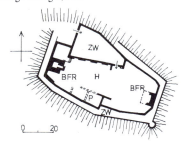

Nassauer Turm

Gde. Nürnberg, Bayern

Grundriß in: Wiedenau, »Katalog d. roman. Wohnbauten«.

Der Wohnturm ist wohl im 12. Jh. begonnen und 1422 aufgestockt und stark verändert worden. Er hat 5 Stockwerke und 20 m Höhe.

Nassenfels

Kr. Eichstätt, Bayern

Grundriß in: Kunstdkm. v. Bayern, Mittelfrk. Bd. 2, S. 238.

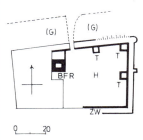

»Nazzenfels« wird urkundlich 1245 erwähnt. Der Bergfried entstand um 1300. Umbauten fanden bis ins 15. Jh. statt. Die Wasserburg wurde im 16. Jh. in ein Renaissance-Schloß verändert. Der Bergfried mit der Grundfläche von 7×7,8 m umschließt einen wesentl. kleineren Vorgängerbau von ca. 5×5,5 m.

Natternberg

Gde. Deggendorf (Kr.)-N..., Bayern

Grundriß in: Kunstdkm. v. Niederbayern, Bd. 17, S. 198.

Der Burgadel wurde erstmals 1145 urkundlich erwähnt. In die Burg wurde im 18. Jh. ein Schloß eingebaut, nach dem die Burg im Dreißigjähr. Krieg zerstört worden war. Der noch erhaltene südöstliche Bergfried hat 9 m Seitenlänge mit 3 m starken Mauern.

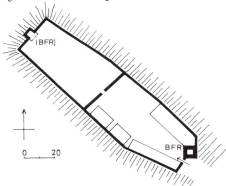

Naturns, Hochnaturns

Burggrafenamt, Südtirol, Italien

Grundriß in: Trapp, Bd. 2, Abb. 6.

Der Burgadel ist seit 1237 bekannt als Ministeriale der Grafen v. Tirol. Urkundlich wird die Burg erst 1312 genannt. Nach einem Brand 1538 wurde sie wieder aufgebaut. Um 1900 wurde die heruntergekommene Burg nicht sehr gekonnt wiederhergestellt. Der Bergfried hat 7,8 m Seitenlänge und 1,7 m dicke Mauern, er ist der älteste Teil der Burg, die im 16. Jh. ihre heutige Gestalt erhielt. Er hat 7 Stockwerke in 27 m Gesamthöhe.

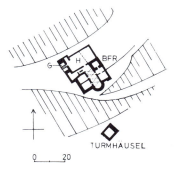

Naudersberg

Gde. Nauders, Bz. Landeck, Tirol, Österreich

Grundriß in: Ebhardt I, Abb. 709; Dehio, Tirol, S. 554; Trapp, Bd. 1, Abb. 9.

Die Tiroler Dienstmannen de Nauders sind seit 1239 bekannt und nannten sich nach einem Turm am oder im Ort. 1333 wird das »novo castro Nauders« in Rechnungen genannt. Die Burg ist demnach um 1325 anstelle des Turmes oder als dessen Ersatz erbaut worden. Sie wurde bis heute mehrfach ergänzt, zuletzt um 1580, als Gebäude in den Zwinger gesetzt wurden. Die Bastei oder Batterie stammt ebenfalls aus dem 16. Jh. Der Bergfried mit 7,5 m Seitenlänge hat 1,5 m und knapp 2 m starke Mauern. Seine alte Höhe war mit 4 Stockwerken 15 m, der Eingang lag in halber Höhe. Die Schildmauer ist bis 2,4 m dick.

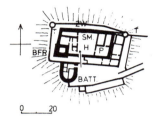

Naumburg

Gde. Kirn-Bärenbach, Kr. Birkenfeld, Rheinland-Pfalz

Grundriß nach Plan der Gemeinde Kirn, 1987.

Die Reste der Burg wurden ab 1934 ausgegraben. Der Burgadel wurde 1146 urkundlich bekannt. 1803 wurde die Burg zerstört.

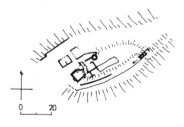

Naumburg

(Kr.), Sachsen-Anhalt

Grundriß in: Mrusek-2, Plan 15.

Der Wohnturm im ehem. Bischofshof wurde vielleicht schon um 1030 begonnen. Er hat 4 Stockwerke mit 13 m Gesamthöhe, der Eingang liegt 4 m über dem Gelände.

Nauses

Gde. Otzberg-N..., Kr. Darmstadt, Hessen

Grundriß in: Kunstdkm. v. Hessen, Dieburg.

Erhalten haben sich Reste einer vermutlich nicht sehr großen Wasserburg des 15. Jh.

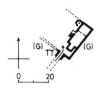

Nebra

(Kr.), Sachsen-Anhalt

Grundriß in: Kunstdkm. d. Prov. Sachsen, Bd. 27, S. 171.

Die Anlage entstand im 13. Jh. Die Wasserburg wurde 1341 zerstört und wieder aufgebaut. Große Teile stammen aus dem 16. Jh. Der Wohnturm hat die Dimension 8,5 × 10 m mit weniger als 1,5 m starken Wänden.

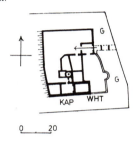

Neckarburg

Gde. Villingendorf, Kr. Rottweil, Baden-Württemberg

Grundriß nach Aufnahme F.-W. Krahe, 1991.

Die Burg ist in der Mitte des 14. Jh. zerstört worden. Der heutige Bau mit seiner schloßartigen Regelmäßigkeit dürfte nicht vor dem 15. Jh. begonnen worden sein.

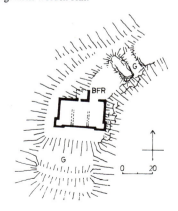

39 Lauenstein, Kreis Kronach, Oberfranken

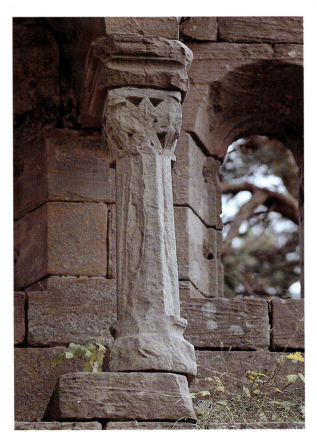

40 Landsberg, Elsaß

41 Landeck, Kreis Landau-Bergzabern, Pfalz

42 Lobedaburg, Kreis Jena, Thüringen

43 Lobedaburg, Kreis Jena, Thüringen

44 Lützelburg, Elsaß

45 Metternich, Kreis Cochem-Zell, Mosel

46 Moyland, Kreis Wesel, Niederrhein

47 Nideggen, Kreis Düren, Nordrhein-Westfalen

48 Neuleiningen, Kreis Bad Dürkheim, Pfalz

49 Nürnberg

50 Ortenburg, Elsaß

51 Ortenburg, Elsaß

52 Pappenheim, Kreis Weißenburg-Gunzenhausen, Franken

53 Pyrmont, Kreis Cochem-Zell, Mosel

54 Querfurt, Sachsen-Anhalt, Marterturm

Neckarsteinach – Hinterburg, Alt Schadeck

Kr. Bergstraße, Hessen

Grundriß in: Kunstdkm. v. Hessen, Bergstr., S. 407; Hotz-Pfalzen Z 89.

Die Hinterburg bildet mit der Mittelburg und der Vorderburg sowie Schadeck → eine große Gruppe von Burgen, die alle von den Herren v. Steinach erbaut wurden. Die Hinterburg ist um 1150 in Buckelquadern begonnen worden. Der innere Zwinger ist aus dem 14. Jh., der 2. Zwinger aus dem 15. Jh. Der Bergfried hat 9 m Seitenlänge und 2,5 m Mauerstärke. Er ist 27 m hoch, der Einstieg liegt in 14 m Höhe. Die Ringmauer ist 1,2 – 1,8 m dick. Vermutlich stammt der Minnesänger Bligger v. Steinach, der 1152 – 1209 gelebt hat, von hier.

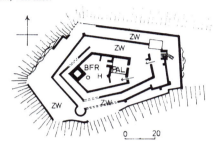

Neckarsteinach – Mittelburg

Kr. Bergstraße, Hessen

Grundriß in: Kunstdkm. v. Hessen, Bergstr., S. 413; siehe Anmerkungen zur Hinterburg.

Gegründet wurde die Kastellburg 1185. Um 1600 wurde sie auf der Basis der alten Burg als Renaissance-Schloß umgebaut und 1840 noch einmal gotisierend rekonstruiert. Ihre Ringmauer ist 2,2 m stark. Der Bergfried hat 9 m Seitenlänge mit der gleichen Wandstärke.

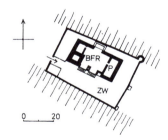

Neckarsteinach – Vorderburg

Kr. Bergstraße, Hessen

Grundriß in: Kunstdkm. v. Hessen, Bergstr., S. 417; siehe Anmerkungen zur Hinterburg.

Diese Burg entstand um 1200 wohl als Kastellburg. Der Palas ist gotisch. Die Vorderburg ist Teilruine. Der Bergfried mit 8 m Seitenlänge hat 2 m Wandstärke. Er ist mit 5 Stockwerken 26 m hoch, der rundbogige Eingang liegt 12 m hoch.

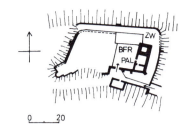

Neftenbach

Bz. Winterthur, Kt. Zürich, Schweiz

Angabe in: Stauber, S. 194.

Der Wohnturmrest gehört wohl ins Ende des 13. Jh.

Nehringen

Gde. Gammendorf, Kr. Grimmen, Mecklenburg-Vorpommern

Grundriß in: Kunstdkm. d. Prov. Pommern, Bd. 1.3.

Der Wohnturm von ca. 10 × 11,5 m stammt aus dem späten Mittelalter.

Neideck

Gde. Wiesenttal-Streitberg, Kr. Forchheim, Bayern

Grundriß in: Piper, Fig. 588.

Die Burg muß um 1300 erbaut worden sein, sie wurde 1313 urkundlich bekannt. 1553 wurde sie durch Albrecht Alcibiades v. Brandenburg zerstört. Der Bergfried hat 6 m Durchmesser mit 1,5 m dicken Mauern.

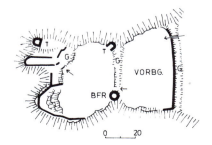

Neideck – Vorburg

Gde. Wiesenttal-Streitberg, Kr. Forchheim, Bayern

Grundriß in: Kunstmann, »Die Burgen in der nördl. und westl. fränk. Schweiz«.

Die Reste der Wehranlage liegen oberhalb der Ruine Neideck. Daten sind nicht bekannt. Der Mauerrest könnte von einem Wohnturm mit 12 m Breite stammen.

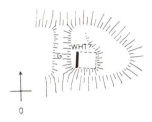

Neidegg

Gde. Eberhardszell, Kr. Biberach, Baden-Württemberg

Grundriß in: Uhl, S. 53.

Die kleine Burg war vermutlich eine Gründung des 13. Jh., sie wurde 1487 instandgesetzt und 1525 zerstört.

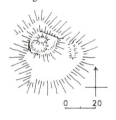

REKONSTR.-VERSUCH VON UHL

Neidegg, Neideck

Gde. Argenbühl-Christazhofen, Kr. Ravensburg, Bayern

Grundriß in: Kunstdkm. v. Baden-Württemberg, Wangen, S. 237.

Der Burgadel wurde 1224 urkundlich bekannt. Der Wohnturm mit 2 Stockwerken hat 11 m Seitenlänge mit 3,5 m Wandstärke im Erdgeschoß und 1,1 m im Obergeschoß.

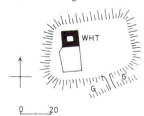

Neidenfels

Kr. Bad Dürkheim, Rheinland-Pfalz

Grundriß in: Kunstdkm. v. Bayern, Pfalz, Bd. 1, S. 291; Baudkm. d. Pfalz, Bd. 5, S. 84.

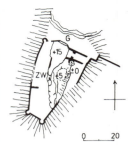

Die Burg liegt 400 m von Lichtenstein → entfernt. Sie ist im 14. Jh. auf einem Felsen begonnen worden. 1338 wird sie urkundlich erwähnt. 1689 wurde sie zerstört.

Neidenstein

Rhein-Neckar-Kr., Baden-Württemberg

Grundriß in: Kunstdkm. v. Baden, Bd. 8.1, S. 7; Antonow-SWD, S. 222.

1339 wird die Burg urkundlich genannt, sie muß demnach um 1330 entstanden sein. 1897 bis 1903 wurde sie nach dem Verfall im 18. Jh. gesichert. Der Bergfried ist nur 4 × 5,5 m groß, der spitzbogige Eingang liegt 13 m hoch. Die Schildmauer ist 3 m stark.

Neidinger Heidenschloß, Jagberg

Gde. Beuron-Neidlingen, Kr. Sigmaringen, Baden-Württemberg

Grundriß in: Schmitt, Bd. 3, S. 149.

Entstanden ist die Burg zwischen 1100 und 1150, es sind Buckelquaderreste gefunden worden, die eher auf die 2. Hälfte des 13. Jh. tippen lassen. Am Beginn des 14. Jh. wurde die Burg verlassen. Der Wohnturm hatte ca. 10 m Breite und 15 m maximale Länge. Die Ostseite ist 1,6 m stark.

Neidstein

Gde. Neukirchen, Kr. Amberg-Sulzbach, Bayern

Grundriß in: Kunstdkm. v. Bayern, Oberpfalz, Bd. 19, S. 54.

»Neipert de Nitstein«, ein Ministeriale der Grafen v. Sulzbach, wird 1119 urkundlich genannt. Von der mittelalterlichen Burg bestehen nur wenige Reste oberhalb des Schlosses des 16. Jh.

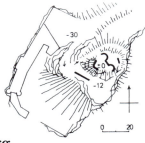

Neipperg

Gde. Brackenheim-N..., Kr. Heilbronn, Baden-Württemberg

Grundriß in: Kunstdkm. v. Württbg., Neckarkr., Tafelbd.

Die Stammburg der Grafen v. Neipperg befindet sich seit ihrer Gründung in der 1. Hälfte des 13. Jh. im Besitz dieser Familie. Der Wohnturm ist aus der Gründungszeit. Die heutigen Wohnbauten sind aus dem 16. Jh. Der vorgeschobene Bergfried ist in Württemberg eine Ausnahme. Der Buckelquader-Wohnturm hat 10 m Seitenlänge, die Treppe liegt über 2 m starkem Mauerwerk, der Eingang befindet sich in 6 m Höhe. Ursprünglich besaß der Turm 4 Stockwerke, ein 5. wurde im 14. Jh. aufgesetzt.

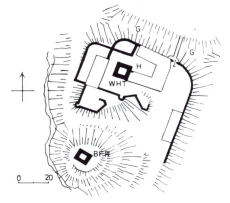

Nellenburg

Gde. Stockach, Kr. Konstanz, Baden-Württemberg.

Grundriß in: Voellmer; Kiewat, S. 54.

Der hier gezeigte Grundriß ist nach Voellmer gezeichnet. Kiewat stellt eine ehem. regelmäßige Anlage von 30×40 m Grundfläche dar. Die Grafen v. Nellenburg sind schon im 11. Jh. urkundlich bekannt. Die Burg ist vermutlich nicht vor 1100 in Stein erbaut worden. 1150 und 1295 sind Belagerungen bezeugt. 1642 wurde sie zerstört.

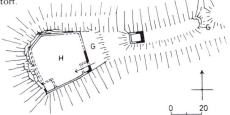

Nellenburg

Gde. Neustadt, Kr. Marburg-Biedenkopf, Hessen

Grundriß in: Hessenland vom 5. 10. 1963.

1294 wurde die Burg mit der Übernahme durch Mainz erstmals erwähnt, 1462 wurde sie erobert und nach 1535 verlassen.

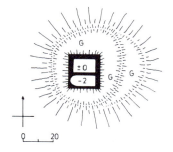

Nennslingen

Kr. Weißenburg-Gunzenhausen, Bayern

Angabe in: Burgen d. Salierzeit, Bd. 2, S. 205.

Das Rechteck in Fischgrätenmauern ist wohl der Rest eines Wohnturmes aus der Zeit um 1100.

Neroth

Kr. Daun, Rheinland-Pfalz

Grundriß in: Kunstdkm. d. Rheinprov., Bd. 12.3.

Ein mittelalterliches Burghaus mit 3 Stockwerken und 12 m Höhe in Hanglage hat sich erhalten.

Nesselburg

Gde. Nesselwang, Kr. Füssen, Bayern

Grundriß in: Bayerische Kunstdkm., Füssen, S. 138; Nessler, Bd. 2, S. 214.

Erbaut wurde die Burg wohl am Beginn des 13. Jh. durch das Hochstift Augsburg und mit Dienstmannen besetzt. 1310 wird die Burg verpfändet, 1595 wurde sie durch Brand zerstört. Die Schildmauer ist 7 m hoch erhalten und 2,4 – 2,6 m stark.

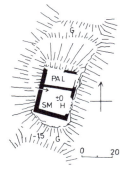

(Netz)

Gde. Kirchhain-Langenstein, Kr. Marburg-Biedenkopf, Hessen.

Grundriß nach Kataster von 1800.

Von der ehemaligen Turmburg sind keine Reste mehr erhalten.

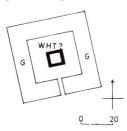

Neu Aspermont

Gde. Jenins, Bz. Unterlandquart, Kt. Graubünden, Schweiz

Grundriß in: Meyer/Widmer, S. 37; Poeschel, S. 162; Clavadetscher, S. 320; Meyer, Bd. 3, S. 59.

»De Aspermont« wird 1120 als Adel urkundlich erwähnt. Die Burg wird wohl am Ende des 12. Jh. erbaut. 1499 wird sie zerstört und wieder aufgebaut. Im 17. Jh. wird sie verlassen. Der Wohnturm hat 19 m Höhe mit 5 Stockwerken, seine Seitenlänge ist 11 m, der Einstieg liegt 6,5 m über dem Hof. Im 2. und 4. Stockwerk Aborterker. Die Ringmauer ist rd. 1 m stark.

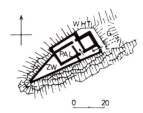

×Neu Bamberg

Kr. Bad Kreuznach, Rheinland-Pfalz

Grundriß nach Luftbild in: »Burgen u. Schlösser, Kunst u. Kultur in Rheinld.-Pfalz«.

Entstanden ist die Burg um 1200.

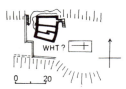

Neu Bechburg, Roth Bechburg

Gde. Oensingen (Bz.), Kt. Solothurn, Schweiz

Grundriß in: Burgen u. Schlösser d. Schweiz, Bd. III; Meyer-Regio, S. 208.

Erbaut wurde die Burg wohl durch die Freiherren von Bechburg um 1200, urkundlich erwähnt wurde sie 1313. Im späten 13. Jh. wurde der Bergfried eingefügt. Nach 1800 verfiel die Burg. Sie wurde 1880 als Wohnsitz wiederhergestellt. Der Bergfried hat 8 m Durchmesser und 2,5 m Wandstärke; die Ringmauer ist 1,8 – 2,4 m stark.

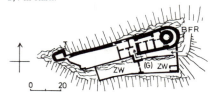

Neuberg

Bz. Hartberg, Steiermark, Österreich

Grundriß in: Dehio, Steiermark, S. 222.

Begonnen wurde Neuberg in der Mitte des 12. Jh. mit dem 11,5 m Seitenlinie messenden Bergfried. Die Burg mit der 2 m starken Ringmauer wurde im 15. Jh. erweitert und im 16. und 17. Jh. umgebaut.

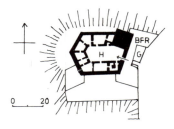

Neu Blankenhein

Gde. Üxheim, Kr. Daun, Rheinland-Pfalz

Grundriß in: Kunstdkm. d. Rheinprov., Bd. 12.3, S. 250.

Die Burg entstand in der 2. Hälfte des 13. Jh., die heute erkennbare Anlage wurde Anfang des 14. Jh. neu erbaut. Seit Mitte des 16. Jh. ist sie verfallen. Der Bergfried mit 5,5 m Durchmesser hat 1,5 m starke Wände. Die Schildmauer ist 3,0 m, die Ringmauer 1,8 – 2,2 m stark.

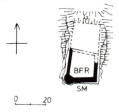

Neubolanden

Gde. Kirchheimbolanden, Donnersbergkr., Rheinland-Pfalz

Grundriß nach Aufnahme F.-W. Krahe, 1989.

Von der einst umfangreichen Burg, die um 1206 als Ersatz für die Talburg Altbolanden → durch die Herren v. Bolanden erbaut wurde, sind nur wenige Reste erhalten. Sie wurde 1689 durch Franzosen zerstört.

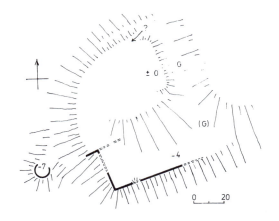

Neubronn

Gde. Abtsgemünd-N..., Kr. Aalen, Baden-Württemberg

Grundriß in: Kunstdkm. v. Württbg., Jagstkr., S. 704.

Die in der Renaissance in ein Schloß umgebaute Wasserburg wurde urkundlich erst 1376 erstmals genannt. Sie ist im 18. und 19. Jh. verändert worden. Ihre Ringmauer ist 1,3 m dick.

Neubrunn

Kr. Würzburg, Bayern

Grundriß in: Kunstdkm. v. Bayern, Unterfrk., Bd. 7.

Die Wasserburg wurde erstmals 1290 erwähnt. Die Ringmauer stammt wohl von 1380. Das Schloßgebäude ist nachmittelalterlich.

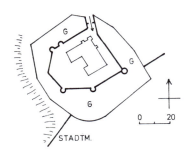

Neubuchberg

Gde. Ringelai, Kr. Freyung-Grafenau, Bayern

Grundriß nach Aufnahme F.-W. Krahe, 1991.

Von der Felsenburg sind nur wenige Reste des Kernes und Mauern der Vorburg erhalten. Den Burgadel kennt man seit dem 14. Jh.

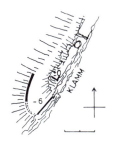

Neubulach

Kr. Calw, Baden-Württemberg

Grundriß in: »Aus dem schwarzen Wald«, 20-1912.

Erbaut wurde die kleine Kastellburg durch König Rupprecht v. d. Pfalz um 1400 inmitten der Stadt. Die Ringmauer der Ruine ist 1,8 m stark.

Neubulach

Kr. Calw, Baden-Württemberg

Grundriß in: Blätter d. Württbg. Schwarzwaldvereins, 2-1912.

Die Wasserburg wurde wohl schon im 13. Jh. verlassen. Der Wohnturm von 9,4×14,5 m Grundfläche war das einzige Gebäude innerhalb der 1,5 m starken Ringmauer.

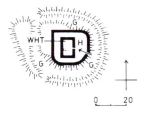

Neuburg, Neuenburg

Gde. Untervaz, Bz. Unterlandquart, Kt. Graubünden, Schweiz

Grundriß in: Poeschel, S. 176; Meyer/Widmer, S. 36; Clavadetscher, S. 313.

Die Burg wurde um 1300 durch die Tumb v. Neuburg (bei Götzis im Vorarlberg) erbaut. Urkundlich taucht sie erstmals 1345 auf. Der 11,4×24,5 m messende Palas hat 3 Stockwerke, auf der SO-Seite 4. Die Burg ist im 16. Jh. verfallen.

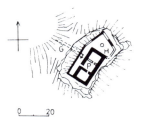

Neuburg
Kr. Passau, Bayern

Grundriß in: Kunstdkm. v. Niederbayern, Bd. 4; Dehio, Niederbayern, S. 655; Ebhardt I, Abb. 556.

Eine erste Burg wurde 1005 begonnen und 1078 durch Kaiser Heinrich IV. zerstört. Die wieder aufgebaute Burg wurde 1310 erneut zerstört. Danach entstand die heutige Anlage, die 1485 erweitert und in der Renaissance zeitgemäß umgestaltet wurde. Sie ist heute Erholungsheim. Der Bergfried neben dem Tor hat 9 × 10,5 m (max.) Grundfläche. Die Ringmauer ist 1,7 – 2,0 m stark.

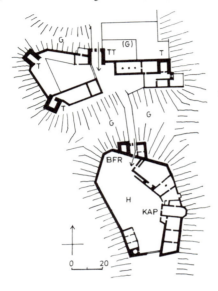

Neuburg
Krain, Slowenien

Grundriß in: Burgen u. Schlösser, 1975-II.

Die Erstnennung der Burg ist erst 1408. Sonst ist nichts bekannt. Der Bergfried mit 9,5 m Seitenlänge hat 2,2 m Wandstärke.

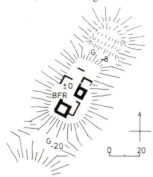

Neuburg, Fürchtenberg – Novy Hradek
Gde. Luggau – Lukov, Bz. Znain – Znojmo, Südmähren, Tschechische Republik

Grundriß in: Prokop, S. 242.

Entstanden ist die Burg in der 1. Hälfte des 13. Jh., verlassen wurde sie im 16. Jh. Sie besitzt den seltenen oktogonalen Bergfried mit rundem Innenraum, der 9 m breit ist und 2 m Mauerstärke aufweist. Die Schildmauer ist bis 4 m dick.

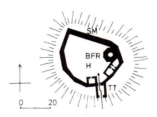

Neuburg/Donau
(Kr.), Bayern

Grundriß in: Anita Wiedenau, »Romanischer Wohnbau«, S. 179.

Der Turm ist um 1200 erbaut worden, ab 1400 war er Teil der Stadtbefestigung, vorher stand er frei in einer Ringmauer. Er hat 3 Stockwerke in 14 m Gesamthöhe. Seine Dimensionen lassen nicht auf einen Wohnbau schließen, es sei denn, er hätte über 14 m Höhe noch zwei Fachwerkgeschosse besessen.

Neuburg, Ottersbühl
Gde. Neuhausen, Kt. Schaffhausen, Schweiz

Grundriß in: Hartmann, S. 37.

Daten sind nicht bekannt. Die Ringmauer war 2 m, die Schildmauer 3,2 m stark.

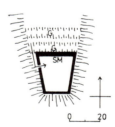

Neuburg
Gde. Koblach, Bz. Feldkirch, Vorarlberg, Österreich

Grundriß in: Österr. Kunsttop., Bd. 32, S. 431; Ulmer, S. 319; Piper, Österr., Bd. 3, S. 143; Dehio, Vorarlberg, S. 275; Huber, S. 91.

Entstanden ist die Burg der Ritter Tumb v. Neuburg (siehe Neuburg/Graubd. →) vermutlich vor 1200. Die Zwingeranlagen sind wesentlich jünger. Bis 1767 war die Anlage noch Garnison, danach wurde sie zeitweilig als Steinbruch benutzt. Der Bergfried hat ca. 9 × 10,5 m Grundfläche und 1,5 m Wandstärke.

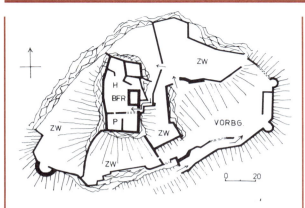

Neuburg

Gde. Obrigheim, Odenwaldkr., Baden-Württemberg

Grundriß in: W. Pfefferkorn, »Burgen unseres Landes«, unterer Neckar.

Das Schloß hieß früher Hohinrot. Als Burg wurde es vielleicht 1297 begonnen. Das Schloß aus der Barockzeit steht in der im Ursprung mittelalterlichen Ringmauer.

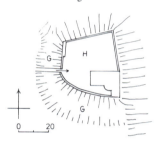

Neu Cimburg – Cimburg

Gde. Korýčany, Bz. Ungar. Hradisch-Uherské Hradištĕ, Südmähren, Tschechische Republik

Grundriß in: Piper, Österr., Bd. 7, S. 160.

Die Anlage wurde um 1320 begonnen. Später wurde sie verstärkt und erneuert, wann sie verfiel, ist nicht bekannt. Der Bergfried hat 8 m Durchmesser und 1,5 m dicke Mauern.

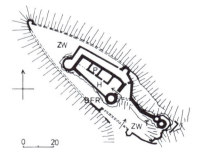

Neudahn

Gde. Dahn, Kr. Pirmasens, Rheinland-Pfalz

Grundriß in: Dehio, Rheinld.-Pfalz, S. 171; Piper, Fig. 614; Baudkm. d. Pfalz, Bd. 1, S. 100.

Auf dem Felsklotz entstand als erste ein Wohnturm aus der 1. Hälfte des 13. Jh. mit 10 × 13 m (max.) Grundfläche und mit ca. 1,25 m starken Wänden mit Buckelquadern. Die Felsburg ist mehrfach erweitert worden, insbes. die Wohngebäude unterhalb des Felsen und das Doppelturmtor sind aus dem 15. Jh. Weitere Verstärkungen folgten im 16. Jh. 1689 zerstörten Franzosen die Burg.

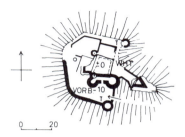

Neudau

Bz. Hartberg, Steiermark, Österreich

Grundriß in: Dehio, Steiermk., S. 324.

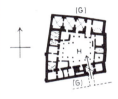

Die Wasserburg wurde 1371 erstmals urkundlich erwähnt. Sie ist im 16. Jh. zum Schloß umgebaut und im 19. Jh. zu Wohnzwecken verändert worden.

Neudeck – Sverklaniec

Kr. Tarnowitz – Tarnoviec, Schlesien, Polen

Grundriß in: Grundmann, S. 127.

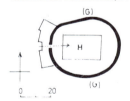

Das Wasserschloß hat eine gotische Ringmauer von 1,8 – 2,0 m Stärke.

Neudenau

Kr. Heilbronn, Baden-Württemberg

Grundriß nach einem Plan von 1805.

Erbaut wurde die Stadtburg im 13. Jh. durch die Herren v. Dürn., 1251 taucht sie in einer Urkunde auf. 1805 wurde sie teilweise abgebrochen. Der Bergfried hat 6 m Seitenlänge u. 1,3 m Wandstärke. Die Ringmauer war auch nicht stärker.

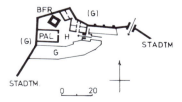

Neu Eberstein = Eberstein

Neueglofsheim

Gde. Thalmässing-N..., Kr. Regensburg, Bayern

Grundriß in: Kunstdkm. v. Bayern, Oberpfalz, Bd. 21, S. 116.

Im barocken Schloß steckt der viergeschossige Bergfried mit 23 m Höhe als Rest der 1313 erstmals genannten Burg. Er hat 7 m Seitenlänge und 2 m Mauerstärke.

Neu Ems, Glopper, Hohenems

Gde. Hohenems, Bz. Feldkirch, Vorarlberg, Österreich

Grundriß in: Ebhardt I, Abb. 715; Österr. Kunsttop., Bd. 32, S. 420; Burgwart, 1925, S. 9; Piper, Österr., Bd. 1, S. 127; Huber, S. 101; Dehio, Vorarlbg., S. 253.

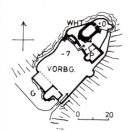

Kaiser Ludwig IV. (d. Bayer) erteilte 1343 an Ludwig v. Ems die Bauerlaubnis. 1401 wird die Burg urkundlich genannt. 1407 wird sie zerstört und wieder aufgebaut. Im 18. Jh. verfiel die Burg und ist seit 1910 teilweise bewohnt. Der Wohnturm mit der einmaligen Form des Rechteckes mit beidseitig polygonalem Abschluß ist 8,75 × 15 m groß und hat 3 Stockwerke, seine Mauer ist 1,5 – 2,5 m stark.

Neuenahr

Gde. Bad Neuenahr, Kr. Bad Neuenahr-Ahrweiler, Rheinland-Pfalz

Grundriß in: Kunstdkm. d. Rheinprov., Bd. 17.1, S. 183.

Entstanden ist die Burg um 1225, urkundlich genannt wird sie 1231, 1372 wurde sie durch Kurköln zerstört. Der Wohnturmrest ist 10 × 15 m groß mit 2,7 m Wandstärke.

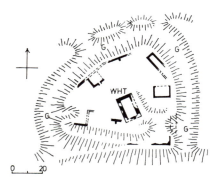

Neuenbürg

Kr. Pforzheim, Baden-Württemberg

Grundriß in: Kunstdkm. v. Württbg., Schwarzwaldkr., S. 507.

Die Kastellburg wurde 1285 urkundlich genannt.

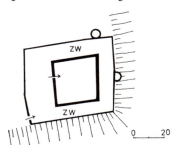

Neuenburg

Gde. Durach, Kr. Sonthofen, Bayern

Grundriß in: Nessler, Bd. 1, S. 120.

Wohl im 12. Jh. wurde die Burg von Kemptener Dienstmannen erbaut. Die angebliche Herkunft von einem römischen Burgus ist fraglich. 1230 wurde die Burg als Eigentum der Brüder v. Sulzburg erwähnt. Im 17. Jh. wurde sie verlassen. Der Bergfried hat einen Hocheinstieg. Die Ringmauer ist rd. 1 m stark.

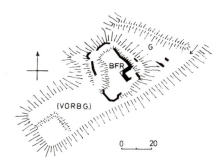

Neuenburg

Gde. Lindlar-Scheel, Rheinisch-Bergischer-Kr., Nordrhein-Westfalen

Grundriß in: Denkm. d. Rheinlands, Rhein.-Berg.-Kr., Bd. 2, S. 72.

Der Ursprung der Burg liegt wahrscheinlich im 12. Jh.; auf diesen Resten wurde sie im 15. Jh. erneuert. 1663 wurden große Teile abgebrochen.

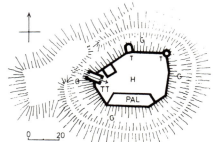

Neuenburg

Gde. Mammern, Bz. Steckborn, Kt. Thurgau, Schweiz

Grundriß in: Burgen u. Schlösser d. Schweiz, Bd. VI, S. 36.

Um 1270 wurde die Burg erbaut, im 17. Jh. ist sie verfallen. Der Bergfried hat 10,5 m Seitenlänge mit 2,2 m dicken Mauern.

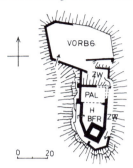

Neuenburg

Kr. Naumburg, Sachsen-Anhalt

Grundriß in: Wäscher, Bild 572; Ebhardt I, Abb. 453; Hotz Z 81; Kunstdkm. d. Prov. Sachsen, Bd. 27.

Die große Burg wurde 1096 erstmals zerstört und wieder aufgebaut. 1112 belagerte sie Kaiser Heinrich V. 1552 wurde die Burg in ein Wohnschloß umgebaut. Weitere Veränderungen fanden im 17. und 18. Jh. statt. Der 1. Bergfried wurde um 1100 erbaut, der Wohnturm neben dem Tor ist von 1220.

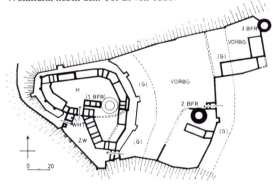

Neuenfels

Gde. Badenweiler, Kr. Freiburg, Baden-Württemberg

Grundriß in: Kunstdkm. v. Baden, Bd. 5, S. 131; Burgen im südl. Baden, S. 128.

»Nuwenvels« wird urkundlich 1307 erwähnt. 1540 wurde der letzte Eigentümer mit seiner Familie auf der Burg ermordet. Seitdem ist die Burg verfallen. Die Schildmauer ist bis 4,5 m stark, die Ringmauer 2,0–2,5 m. Der Grundriß hat Ähnlichkeit mit Michelsburg →.

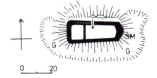

Neuenstein

Kr. Künzelsau, Baden-Württemberg

Grundriß in: Dumont, Kunst- u. Reiseführer zwischen Neckar und Donau.

Die Wasserburg wurde im 13. Jh. begonnen, Bergfried und Ringmauer zeigen Buckelquader. 1558 wurde sie durch Balthasar Wolff zum Schloß umgebaut. 1906 wurde es durch Bodo Ebhardt erneuert. Der Bergfried hat 7×8 m Grundfläche mit 1,5–2,0 m Mauerstärke.

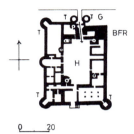

Neuenstein, Neu Wallenstein

Kr. Bad Hersfeld, Hessen

Grundriß in: Brauns.

1357 wurde die Kastellburg nach ihrer Zerstörung von 1318 in ihrer heutigen Form neu erbaut. 1639 wurde sie umfassend erneuert. Die Burg ist nun ein Forstamt.

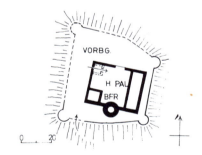

Neuenstein

Gde. Wahlen, Bz. Laufen, Kt. Bern, Schweiz

Grundriß in: Meyer-Regio, S. 161.

Die Burg ist ab 1315 bischöflich, 1356 wurde sie durch Erdbeben zerstört. Nach ihrem Aufbau ist sie 1411 endgültig zerstört worden.

Neuenstein

Gde. Lautenbach, Kr. Offenburg, Baden-Württemberg

Grundriß in: Kunstdkm. v. Baden, Offenburg, S. 701.

Der Burgadel ist im 12. Jh. urkundlich bekannt. Die Burg »Nuwenstein« seit 1249. Die winzige Anlage wurde vielleicht schon 1332 zerstört. Ihre Schildmauer ist 3 m stark. Ein Bergfried stand vermutlich links neben dem Tor.

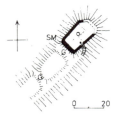

Neuerburg

Kr. Bitburg-Prüm, Rheinland-Pfalz

Grundriß in: Dehio, Rheinland-Pfalz, S. 611; Kunstdkm. d. Rheinprov., Bd. 12.1.

Die Burg hat ihren Ursprung im 13. Jh., »de Novocastro« wird bereits 1132 urkundlich genannt. Ein Umbau fand im 14. Jh. statt; die mächtigen Bollwerke und Verstärkungen stammen aus dem 16. Jh.; 1692 haben Franzosen die Festung zerstört. Die alte Ringmauer war 1,4 m stark, der Bergfried hat 7 m Durchmesser und 1,75 m dicke Mauern.

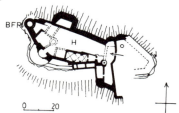

Neuerburg

Gde. Niederbreitenbach, Kr. Neuwied, Rheinland-Pfalz

Grundriß in: Kunstdkm. d. Rheinprov., Bd. 16.2, S. 271; Kubach, S. 832; Burgen u. Schlösser, 1966-I; Hotz Z 150.

Die Kernburg wurde im 12. Jh. mit dem Wohnturm begonnen. 1261 taucht die Burg erstmals in einer Urkunde auf; die Vorburg entstand um 1300. Im 17. Jh. ist die Neuerburg verfallen. Der Wohnturm mit den maximalen Maßen 11,4 × 14,5 m hat ca. 2,2 m starke Mauern, in denen die Treppe läuft. Er hat 4 Stockwerke in erhaltenen 18 m Höhe und einen Eingang 8,5 m über Hofniveau. Die Ringmauer der Kernburg ist 2,1 m dick.

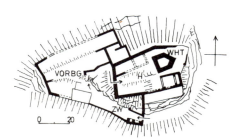

Neues Schloß

Gde. Braunlage, Kr. Goslar, Niedersachsen

Angabe in: Stolberg, S. 262.

Die Turmburg ist 1958 ausgegraben worden. Die Funde weisen ins 12. Jh. Der Wohnturm mit 10 m Seitenlänge hatte 1,5 m dicke Mauern.

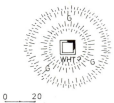

Neu Falkenstein

Gde. St. Wolfgang, Bz. Balsthal, Kt. Solothurn, Schweiz

Grundriß in: Burgen u. Schlösser d. Schweiz, Bd. VI; Meyer-Regio, S. 210; Kunstdkm. d. Schweiz, Solothurn.

Die Anlage bestand ursprünglich aus zwei Burgen, der Ostburg vom Beginn des 12. Jh., der Westburg von 1255. Beide Burgen wurden 1356 durch Erdbeben zerstört. Beim Wiederaufbau wurden die Burgen miteinander verbunden. Sie wurden 1798 durch Brand zerstört. Der Bergfried hat 8 m Durchmesser mit 2 m Mauerstärke.

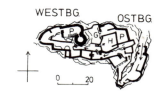

Neufels

Gde. Neuenstein-N..., Kr. Künzelsau, Baden-Württemberg

Grundriß nach Aufnahme von F.-W. Krahe, 1991.

Die kleine Burg ist 1441 als Raubnest offenbar gründlich zerstört worden, da nur wenige Reste erhalten sind. Der Bergfried hat 6,5 m Durchmesser mit quadratischem Innenraum.

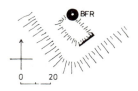

Neuffen

Kr. Esslingen, Baden-Württemberg

Grundriß in: Schmitt, Bd. 4, S. 172.

Der Adelssitz im Ort ist 1365 entstanden, das 3. Stockwerk wurde im 16. Jh. ergänzt.

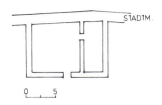

Neu Fürstenberg

Gde. Bregenbach-Hammereisenbach, Schwarzwald-Baar-Kr., Baden-Württemberg

Grundriß in: Kunstdkm. v. Baden, Bd. 6.1, S. 370; Antonow, SWD, S. 228.

Erbaut wurde die kleine Burg nach Antonow zwischen 1275 und 1350. Urkundlich wurde sie 1381 genannt, 1526 wurde sie zerstört. Die 15 m hohe Schildmauer ist 3,5 m stark, die Ringmauer ist 2–2,3 m dick.

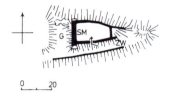

Neu Geroldseck = Geroldseck, klein

Neu Gutenstein = Gebrochen Gutenstein

Neuhabsburg

Gde. Meggen, Bz. und Kt. Luzern, Schweiz

Grundriß in: Kunstdkm. d. Schweiz, Luzern, Bd. 1, S. 484.

Diese Burg wurde um 1230 erbaut, urkundlich wurde sie 1244 genannt; zerstört wurde sie 1352. Der mächtige Wohnturm mit 16 m Seitenlänge hat 4 Stockwerke in insges. 21 m Höhe. Die Mauer mit 3,3 m Dicke im Sockel geht je Stockwerk um 15 cm zurück. Der Bergfried mit 10 m Durchmesser hat ca. 2,5 m Mauerstärke.

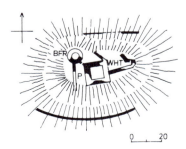

Neuhäusel – Novosedly

Bz. Lundenburg – Břeslav, Südmähren, Tschechische Republik

Grundriß in: Prokop, S. 370.

Die Burg ist in der Mitte des 13. Jh. erbaut worden, 1358 wird sie als Besitz der Luxenburger erwähnt. Sie ist am Nordende im 16. Jh. verstärkt worden. 1645 wurde sie durch Schweden zerstört. Auffallend und extrem selten ist der Weg zum Haupttor einmal um die Kernburg herum.

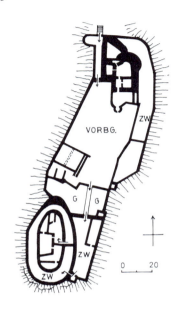

Neuhaus, Maultasch

Gde. Terlan, Bozen, Südtirol, Italien

Grundriß in: Weing.-Bozen, 17; Trapp, Bd. 8, S. 288; Piper, Österr., Bd. 1, S. 120.

Die ursprünglich Neuhaus heißende Burg ist entweder nach 1184 oder um 1230 erbaut worden. Ein Bernhard v. Neuhaus wird 1228 urkundlich genannt. Kaiser Karl IV. hat Neuhaus 1347 zerstört. Sie wurde wieder aufgebaut, im 14. Jh. verstärkt. Nach 1820 ist sie verfallen. Der Wohnturm mit 10,7 (max.) × 11,7 m Grundfläche hat 1,6–2,5 m Mauerstärke. Er besitzt 20 m Höhe mit 4 Stockwerken, der Eingang liegt 9 m hoch.

Neuhaus

Gde. St. Martin, Bz. Rohrbach, Oberösterr., Österreich

Grundriß in: Burgen u. Schlösser in Oberösterr., Bd. 1, S. 46; Ulm, »Das Mühlviertel«, S. 143.

Die kleine Kernburg wurde Ende des 13. Jh. erbaut. 1319 wird sie urkundlich genannt. 1554–1564 wurde die Burg erneuert. Der Bergfried mit 13,5 m maximaler Dimension und 3,5–4,0 m Wandstärke ist gotischer Herkunft.

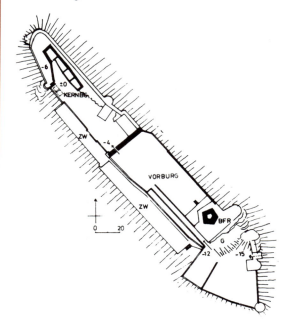

Neuhaus

Gde. Gais, Pustertal, Südtirol, Italien

Grundriß nach Bauaufnahme der Gemeinde.

Erbaut zwischen 1240 und 1245 durch die Herren von Taufers, Neuhaus ist im Verhältnis zur schon bestehenden Burg der Taufers gemeint. Wann die Burg zerstört wurde, ist nicht bekannt. Die Ringmauer ist 1,4–2,0 m stark, der Bergfried hat 7 m Seitenlänge und 2 m Wandstärke.

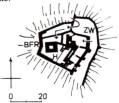

Neuhaus

Gde. Neuhaus im Triestingtal, Bz. Baden, Niederösterr., Österreich

Grundriß in: Österr. Kunsttop., Bd. 18; Burgen u. Schlösser in Niederösterr., Bd. I/2, S. 63.

Im Barockschloß steckt die kleine mittelalterliche Burg aus der Zeit zwischen 1225 und 1250. Sie wurde 1645 zerstört. Die kleine Burg hatte 2,2 m Wandstärke, der Bergfried ca. 9 m Seitenlänge.

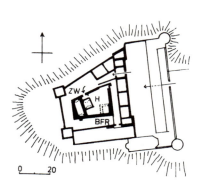

Neuhaus

Gde. Nittenau-Hof am Regen, Kr. Schwandorf, Bayern

Grundriß in: Kunstdkm. v. Bayern, Oberpfalz, Bd. 1, S. 76.

Die Burg wurde 1328 urkundlich erwähnt. Erhalten sind noch die Futtermauern am Graben.

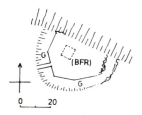

Neuhaus

Gde. Schorndorf-N..., Kr. Cham, Bayern

Grundriß in: Kunstdkm. v. Bayern, Oberpfalz, Bd. 6, S. 113.

1245 wird die Burg urkundlich genannt. Im Dreißigjähr. Krieg wurde sie zerstört. Der Bergfried steht außerhalb der Kernburg, was recht selten vorkommt; er hat 7 m Durchmesser und ist wie die Ringmauer 1,5 m stark. Der Palas ist wohnturmähnlich.

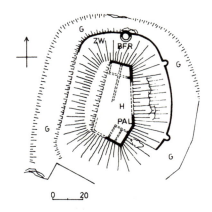

Neuhaus
Bz. und Land Salzburg, Österreich

Grundriß in: Österr. Kunsttop., Bd. 11, S. 94.

Die Gründungszeit der Burg ist unbekannt, urkundlich erwähnt wird sie 1219, 1425 wird sie umgebaut, 1695 wird sie durch einen Brand ruiniert und 1851 neu erbaut. Der Wohnturm hat 10 und 12,5 m Seitenlänge sowie 1,8 m starke Mauern.

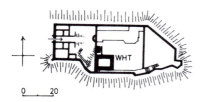

Neuhaus – Novy Dwor
Gde. Dittersbach – Podgórze, Kr. Waldenburg – Wałbrzych, Schlesien, Polen

Grundriß in: Grundmann, S. 101.

Gegründet wurde die Burg unter Bolko I. v. Schweidnitz 1293, 1330 wurde sie erweitert, seit 1405 heißt sie Neuhaus. 1581 wurde sie durch Brand zerstört.

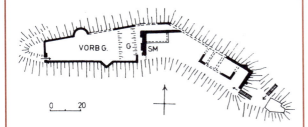

Neuhaus
Gde. Stubenberg, Bz. Hartberg, Steiermark, Österreich

Grundriß in: Baravalle, Bd. 2/II, S. 580.

Erbaut wurde die Burg im 14. Jh., vielleicht zunächst nur als festes Haus. Nach einem Brand wurde sie 1541 wieder aufgebaut. Im 18. Jh. war Neuhaus Ruine. Das feste Haus im Norden hat 4 Stockwerke und ca. 2 m dicke Mauern.

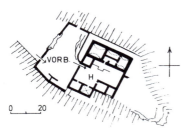

Neuhaus
Gde. Igersheim, Main-Tauber-Kr., Baden-Württemberg

Grundriß in: Pfefferkorn, Bd. 2, S. 31.

1282 wird die Burg urkundlich genannt, zerstört wird sie 1525 und dann wieder aufgebaut. Im 18. Jh. wird sie teilweise abgebrochen. Der Bergfried hat 7 m Durchmesser und ca. 1,75 m Mauerstärke.

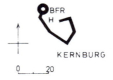

Neuhaus
Gde. Windisch-Eschenbach, Kr. Neustadt/Waldn., Bayern

Grundriß in: Kunstdkm. v. Bayern, Oberpfalz, Bd. 9.

Die Burg, deren Wohnbau aus dem 17. Jh. stammt, wurde wohl im 14. Jh. erbaut. Bergfried und Ringmauer sind aus der Gründungszeit. Der Bergfried hat 9,8 m Durchmesser und 3,5 m dicke Mauern.

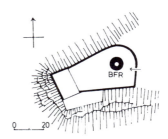

Neuhaus
Gde. Hohenberg/Eger-N..., Kr. Wunsiedel, Bayern

Grundriß in: Stark.

Entstanden ist Neuhaus wohl Ende des 14. Jh., Newehus wird 1403 urkundlich genannt. 1412 wurde die Burg zerstört.

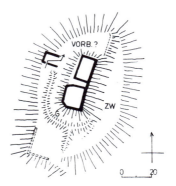

Neuhausen

Gde. Holzheim-N..., Kr. Neu-Ulm, Bayern

Grundriß in: Bayerische Kunstdkm., Neu-Ulm, S. 105.

Der dargestellte Grundriß stammt aus dem Jahr 1831. Die Burg wurde 1344 durch Ulm zerstört.

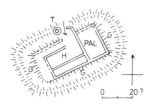

Neuhausen

Kr. Pritzwalk, Brandenburg

Grundriß in: Kunstdkm. d. Prov. Brandenburg, Bd. 1, S. 204.

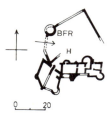

1373 wird die Wasserburg als Festung »Nuehus« urkundlich genannt. Gegründet wurde sie wohl um 1300. Das Wohngebäude im SW stammt aus dem 16. Jh. Die Ringmauer ist 1,2 m stark, der Bergfried hat 7 m Durchmesser und 1,3 m Wandstärke.

Neuhewen, Stettener Schlößle

Gde. Engen, Kr. Konstanz, Baden-Württemberg

Grundriß in: Burgen im südl. Baden, S. 132; Kiewat, S. 116; Wörner, S. 30.

Gegründet wurde die Burg durch die Herren v. Engen, die sich später v. Hewen nannten, um die Mitte des 13. Jh., 1303 wird sie im Habsburger Urbar genannt. 1639 haben Bayern sie zerstört. Die Ringmauer ist 1,4 m stark, der Bergfried mit 10,5 m Seitenlänge und 2,6 m Mauerstärke besitzt einen spitzbogigen Hocheingang.

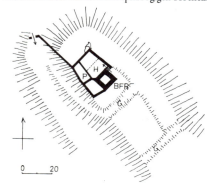

Neu Isenburg = Isenburg

Neukastel

Gde. Leinsweiler, Kr. Landau-Bergzabern, Rheinland-Pfalz

Grundriß in: Kunstdkm. v. Bayern, Bd. 2, S. 288.

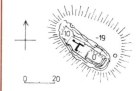

Von der Felsenburg, die wohl am Anfang des 13. Jh. begonnen wurde, sind nur wenige Reste erhalten. 1525 beschädigt, wurde sie 1689 durch Franzosen zerstört.

Neu Katzenelnbogen = Katz

Neu Kraig = Niederkraig

Neukrenkingen

Gde. Klettgau, Kr. Waldshut-Tiengen, Baden-Württemberg

Grundriß in: Voellner, S. 55.

Erwähnt wird die Burg erstmals 1241, zerstört 1437. Der Bergfried hat 7,5 m Seitenlänge mit ca. 1,2 m Mauerstärke.

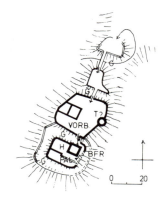

Neuleiningen

Kr. Bad Dürkheim, Rheinland-Pfalz

Grundriß in: Dehio, Rheinld.-Pf., S. 612; Hotz Z 13; Piper, Fig. 600; Kunstdkm. v. Bayern, Pfalz, Bd. 8, S. 425; Näher, S. 169; Burgen u. Schlösser d. Pfalz, Nr. 12.

Erbaut wurde sie 1238–1241 durch Graf Friedrich III. v. Leiningen. Die fast regelmäßige Kastellburg wurde 1690 durch Franzosen zerstört. Ihre Ringmauer ist 2 m stark, der Bergfried mit 10,5 m Durchmesser hat 3,3 m Mauerstärke. Neuleiningen ist als Stadtburg errichtet worden.

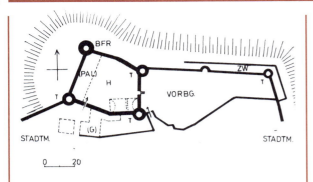

Neulengbach

Gde. Lengbach, Bz. St. Pölten, Niederösterr., Österreich

Grundriß in: Burgen u. Schlösser in Niederösterr., Bd. 5, S. 127.

Das 1821 umfassend umgebaute Renaissance-Schloß basiert auf einer alten Burg des 13. Jh., die zunächst Längsburg hieß. 1529 und 1683 überstand sie die Belagerung durch die Türken. Die Ringmauer ist 2,2 m stark, der Bergfried, nicht ganz rechtwinklig, hat 11,5 m Seitenlänge und 3,3 m starke Mauern.

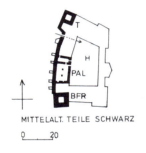

Neumarkt – Sroda Śląska

Kr. Breslau – Wrocław, Schlesien, Polen

Grundriß in: Grundmann, S. 55.

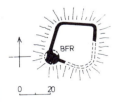

Erbaut wurde die Burg 1253; 1547 wurde sie wiederhergestellt. Mitte des 18. Jh. wurde sie abgebrochen. Ihre Ringmauer ist 2 m stark, der Bergfried hatte rd. 10 m Durchmesser.

Neu Montclair

Gde. Mettlach, Kr. Merzig-Wadern, Saarland

Grundriß in: Conrad/Flesch, S. 91.

Der Kopf der großen Anlage auf einem Kamm wurde 1439 vollendet. Ab 1600 ist sie verfallen. Zwei mächtige Wohntürme flankieren das Tor. Der runde Turm hat 14 m Durchmesser. Der halbrunde Turm hat Hauptmaße von 11 und 12 m.

Neu Montfort

Gde. Götzis, Bz. Feldkirch, Vorarlberg, Österreich

Grundriß in: Österr. Kunstdkm., Bd. 32, S. 372; Ulmer, S. 105; Piper, Österr., Bd. 1, S. 151; Huber, S. 74.

Die Burg ist zwischen 1261 und 1319 erbaut worden. Die Erbauer waren die Grafen v. Montfort. Um 1600 ist sie verfallen. Der Wohnturm mit 11,7 m und 13,5 m Seitenlänge hat 2 m Wandstärke, er ist mit 6 Stockwerken 22 m hoch, der Eingang liegt 8 m über dem Sockel.

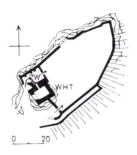

Neu Morungen = Morungen

Neunburg v. Wald

Kr. Schwandorf, Bayern

Grundriß in: Pfistermeister, S. 140; Kunstdkm. v. Bayern, Oberpfalz, Bd. 2, S. 50.

Die nur noch zur Hälfte vorhandene Burg an der Westseite der Stadt stammt aus dem 15. Jh.

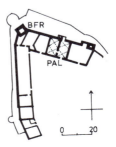

Neuneck

Gde. Glatten-N..., Kr. Freudenstadt, Baden-Württemberg

Grundriß in: Fick, 4. Teil, S. 12; Antonow, SWD, S. 231.

»De Niunegge« wird um 1150 urkundlich genannt. Entstanden ist die Burg zwischen 1230 und 1260. Im 17. Jh. ließ man sie verfallen. Die Vorburg ist wohl aus dem 14. Jh. Ihre Schildmauer ist 2,5 m stark.

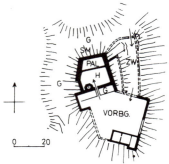

Neunhof

Gde. Lauf (Kr.)-N..., Bayern

Grundriß in: Bayerische Kunstdkm., Lauf, S. 313.

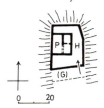

Das Schloß ist im Ursprung mittelalterlich, es wurde nach seiner Zerstörung von 1525 wiederaufgebaut. Der Palas hat Turmcharakter.

Neunkirch

Kt. Schaffhausen, Schweiz

Grundriß in: Kunstdkm. d. Schweiz, Schaffhsn., Bd. 3.

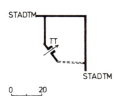

Die mittelalterliche Stadtburg mit 1 m starker Ringmauer hat einen Torturm über Eck.

Neunußberg

Gde. Viechtach-N..., Kr. Regen, Bayern

Grundriß in: Kunstdkm. v. Bayern, Oberpfalz, Bd. 1, S. 101.

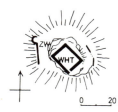

Die Wohnturmburg wurde am Beginn des 14. Jh. erbaut; der Burgadel erscheint 1309 in Urkunden; verlassen wurde die Anlage im 16. Jh. Der Wohnturm ist mit 14,5 × 17 m recht geräumig, er hatte 4 Stockwerke und 1,8 m dicke Mauern.

Neurandsberg

Gde. Rattenberg-N..., Kr. Straubing-Bogen, Bayer

Grundriß in: Kunstdkm. v. Niederbayern, Bd. 20, S. 218.

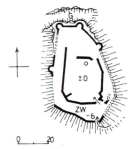

Die gesamte Anlage wurde 1330 erbaut und 1633 durch Schweden zerstört. Die Ringmauer ist 1,1 m dick.

Neu Rasen

Gde. Rasen, Pustertal, Südtirol, Italien

Grundriß nach Aufnahme F.-W. Krahe, 1991.

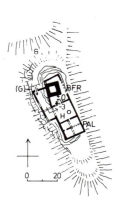

Diese 2. Burg der Herren v. Rasen wurde um 1240 erbaut. 1330 wurde sie total erneuert, was der heutigen Anlage entspricht. Nach 1600 ist die Burg verfallen. Sie liegt in 1,3 km Entfernung von Alt Rasen →. Der Bergfried mit 9,2 × 9,7 m Grundfläche liegt höher als der Hof, seine Mauer ist 2 m stark.

Neuravensburg

Gde. Wangen-N..., Kr. Ravensburg, Baden-Württemberg

Angabe in: Kunstdkm. v. Baden-Württbg., Wangen, S. 240.

Der Bergfried ist der Rest einer Burg, vielleicht des späten 12. Jh., die 1525 zerstört und im 19. Jh. abgebrochen wurde.

Neu Regensberg

Gde. Regensberg, Bz. Dielsdorf, Kt. Zürich, Schweiz

Grundriß in: Kunstdkm. d. Schweiz, Zürich-Ld., Bd. 2.

Die Burg liegt in der Nähe von Alt Regensberg. Erbaut wurde sie 1244 durch die Frhrn. v. Regensberg im Ort. 1583 wurde sie umgebaut und bis heute mehrfach verändert. Das Schloß dient als Kinderheim. Der Bergfried hat 9 m Durchmesser mit 3 m Wandstärke.

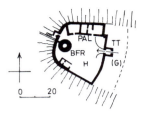

Neu Rettenberg

Gde. Kolsaßberg, Bz. Schwaz, Tirol, Österreich

Grundriß in: Trapp, Bd. 6, S. 316.

Der Palas mit 18,5 × 24 m Grundfläche wurde 1492 begonnen, die Ringmauer wurde erst 1529 erbaut.

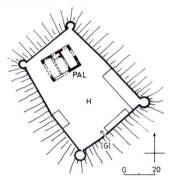

Neuscharfeneck

Gde. Ramberg, Kr. Landau-Bergzabern, Rheinland-Pflaz

Grundriß in: Kunstdkm. v. Bayern, Pfalz, Bd. 4, S. 335; Burgen u. Schlösser i. d. Pfalz, Nr. 22.

Gegründet wurde die Burg um 1212. Von der Gründungsburg ist nicht mehr viel zu sehen, durch den umfassenden Ausbau, der 1469 begann, erhielt sie ihre heutige Form unter Ausnutzung von Felsformationen. Die mächtige, festungsartige Schildmauer von 20 m Höhe benutzt einen Felsen, hinter dem auch die Gründungsburg gelegen hat. 1525 wurde Neuscharfeneck zerstört aber wieder aufgebaut und 1633 endgültig zerstört. Die erhaltenen Wohngebäude sind aus dem 16. Jh.

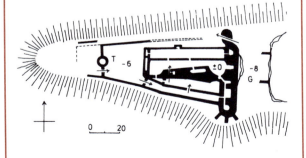

Neu Schellenberg

Gde. Schellenberg, Liechtenstein

Grundriß in: Kunstdkm. v. Liechtenstein, S. 282.

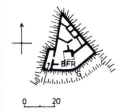

Entstanden ist die Burg mit dem sehr seltenen dreieckigen Grundriß Mitte des 13. Jh., Ende des 16. Jh. ist sie verfallen. Die Ringmauer ist nur 1 m stark, der Bergfried ist 7,5 m breit und hat ca. 1,25 m Mauerstärke.

Neu Schloen

Gde. Schloen, Kr. Waren, Mecklenburg-Vorpommern

Grundriß in: Schwarz, Abb. 97.

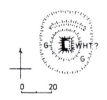

Für die kleine Turmburg sind Daten nicht bekannt. Der Turm mit 6x7 m Grundfläche und 1 m Mauerstärke kann nur mit einem auskragenden hölzernen Oberteil als Wohnturm gedient haben.

Neuseidel an der Zaya

Bz. Gänserndorf, Niederösterreich, Österreich

Angaben in: Burgen u. Schlösser in Niederösterr., Bd. 13, S. 97.

Der mittelalterliche Wohnturm, noch mit zwei Stockwerken erhalten, besaß ursprünglich ein »Angstloch« und einen Hocheingang.

Neu Signau

Gde. Bowil, Bz. u. Kt. Bern, Schweiz

Grundriß nach Aufnahme v. Chr. Frutiger.

Der Burgadel wird 1146 urkundlich erwähnt. Die Burg ist wohl noch im 12. Jh. begonnen worden. Sie wurde 1798 zerstört. Der Bergfried hat Seitenlängen von 11,6 und 13 m mit etwas über 2 m starken Wänden.

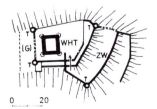

Neustadt

Kr. Ludwigslust, Mecklenburg-Vorpommern

Grundriß in: Kunstdkm. v. Mecklenbg.-Schwerin, Bd. 3, S. 288; Adamiak »Schlösser u. Gärten in Mecklenbg.«

Die Kastellburg aus Backstein wurde um die Mitte des 14. Jh. begonnen und im 16. Jh. stark verändert. Der Bergfried hat 10 m Durchmesser und 3 m Wandstärke.

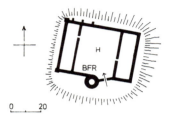

Neustadt

Gde. Waiblingen, Rems-Murr-Kr., Baden-Württemberg

Grundriß in: Kunstdkm. v. Bad.-Württembg., Rems-Murr-Kr., S. 1276.

Entstanden ist die Burg Ende 12. Jh., wann sie ruiniert wurde, ist nicht bekannt. Die Ringmauer ist 1,2 m stark.

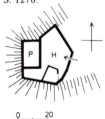

Neu Starkenberg

Gde. Tarrenz, Bz. Imst, Tirol, Österreich

Grundriß in: Trapp, Bd. 7, S. 220.

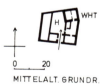

»Von Starchenberch« wird 1317 urkundlich erwähnt. Die Burg könnte im 1. Viertel des 14. Jh. entstanden sein. Seit dem 19. Jh. ist die Burg Brauerei. Der Wohnturm von 9,5 × 9,8 m Seitenlänge und 1,4 m Wandstärke hatte ursprünglich 3 Stockwerke, die Ringmauer ist 1,2 m stark.

Neu Steußlingen

Gde. Allmendingen, Alb-Donau-Kr., Baden-Württemberg

Grundriß in: Antonow-SWD, S. 234; Schmitt, Bd. 2, S. 93.

Die recht kleine Kernburg wurde um 1200 als Steußlinger Ministerialen-Burg erbaut. Die wesentlich später entstandene Vorburg wurde 1582 zum Renaissance-Schloß umgebaut. Nach ihrer Aufgabe als Amtssitz wurde die Anlage 1812 teilweise abgerissen. Nach 1898 wurde sie wiederhergestellt. Die Schildmauer ist 4 m stark.

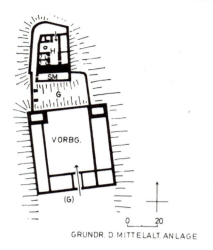

GRUNDR. D. MITTELALT. ANLAGE

Neu Sulzberg = Sulzberg

Neu Tannegg, Boll

Gde. Bonndorf-Boll, Kr. Waldshut-Tiengen, Baden-Württemberg

Grundriß in: Burgen im südl. Baden, S. 21.

Vielleicht sind die Herren v. Boll, die 1296 als Dienstmannen der Krenkinger genannt werden, die Erbauer der Burg, die auf die Zeit nach 1160 datiert wird. Vielleicht wurde sie 1467 zerstört. Der mächtige, wohnturmartige Palas steht im Zentrum der Kernburg.

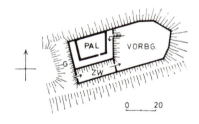

Neu Thierstein = Tierstein

Neu Toggenburg

Gde. Wasserfluh, Bz. Neutoggenburg, Kt. St. Gallen, Schweiz

Grundriß in: Felder, 3. Teil, S. 31.

Das »castrum Toggenburg« wird 1291 urkundlich genannt. Gegründet wurde die Burg wohl 1226, seit dem 15. Jh. ist sie verfallen, ausgegraben wurde sie 1936. Der verschwundene Bergfried stand auf der höchsten Stelle im Süden der Anlage. Der Minnesänger Graf v. Toggenburg ist vielleicht auf dieser Burg geboren worden.

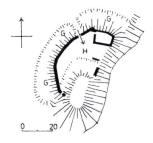

Neu Wallenrode

Gde. Bad Berneck, Kr. Bayreuth, Bayern

Grundriß in: Bayrische Kunstdkm., Bayreuth, S. 91.

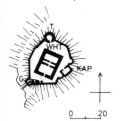

Die heutige, 1553 zerstörte Burg wurde in der 2. Hälfte des 15. Jh. erbaut, möglicherweise auf einer älteren Basis. Der zweistöckige Wohnturm-Palas hat ca. 13,5x18 m Grundfläche.

Neu Wallenstein = Neuenstein

Neu Wartenberg = Bräunisberg

Neuwedel – Drawno

Kr. Arnswalde – Choszczno, Pommern, Polen

Grundriß in: Radacki, S. 173.

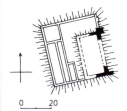

Über die Kastellburg mit 1,5 m Mauerstärke gibt es keine Zeitangaben.

Neu Windeck, Lauf

Kr. Offenburg, Baden-Württemberg

Grundriß in: Antonow-SWD, S. 235; Burgen u. Schlösser, Mittelbaden, S. 166.

Erbaut wurde die Burg um 1300 oder etwas früher durch die Herren v. Windeck (siehe Alt Windeck). Sie wird urkundlich 1371

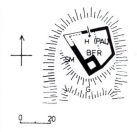

genannt. 1580 war sie bereits Ruine. Der Bergfried mit 10 m Seitenlänge und 2,0–2,7 m Wandstärke hat 20 m Höhe und einen spitzbogigen Eingang in ca. 12 m Höhe, der über eine Holztreppe vom Wehrgang der 2,7 m starken Schildmauer zu erreichen war.

Neu Windstein – Felsburg

Gde. Windstein, Ct. Niederbronn, Bas Rhin, Frankreich

Grundriß in: Biller, S. 93.

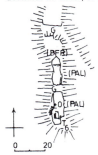

Erbaut wurde die kleine Felsenburg um 1300 durch die Herren v. Windstein aus Alt Windstein. Sie bildet mit den Burgen Alt- und Neu Windstein eine Gruppe. Nur wenige Reste sind erhalten.

Neu Windstein – Burg

Gde. Windstein, Ct. Niederbronn, Bas Rhin, Frankreich

Grundriß in: Kaltenbach, Nr. XXII; Wolff, S. 234; Salch, S. 340; Biller, S. 128; Holz-Pfalzen, Z 65.

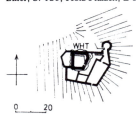

Kern der Anlage, die mit der Felsburg Neu Windstein und Alt Windstein eine Gruppe bildet, ist der schöne Wohnturm von 1330, dem im 14. Jh. weitere Gebäude auf zwei Seiten hinzugefügt wurden. Die Verstärkung des Tores stammt aus dem 15. Jh. 1676 wurde die Burg durch Franzosen zerstört. Der Wohnturm steht auf einem Felsklotz, er hat maximale Dimensionen von 14 und 15 m, seine Mauern sind 2,0, an der Nordseite 2,5 m stark. Die 3 Stockwerke verteilen sich auf 10 m Gesamthöhe.

Neu Wolfstein

Gde. Wolfstein, Kr. Kusel, Rheinland-Pfalz

Grundriß in: Baudkm. d. Pfalz, Bd. 1, S. 59.

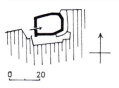

Die winzige Burg wurde Ende des 13. Jh. erbaut. Sie wurde nach vorangegangener Instandsetzung von 1695 im Jahr 1713 durch Franzosen zerstört. Ihre Ringmauer ist 1,2 m dick. Die Burg kann nicht mehr als einen Palas oder Wohnturm besessen haben. Für mehr hätte die Dimension nicht ausgereicht.

Neydharting

Bz. Wels, Oberösterr., Österreich

Grundriß in: Österr. Kunsttop., Bd. 34, S. 33; Burgen u. Schlösser in Oberösterr., Bd. 2, S. 117.

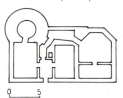

Von der ehemaligen Wasserburg sind nur wenige Reste erhalten. »Chunradus de Nithartinge« tritt im Jahr 1200 urkundlich in Erscheinung. Die heute vorhandenen Bauteile sind spätgotisch.

Nickhof = Utkoven

Nidau

Bz. Biel, Kt. Bern, Schweiz

Grundriß in: Burgen u. Schlösser d. Schweiz, Bd. VIII, S. 6.

Gegründet wurde die Wasserburg um 1180; aus dieser Zeit stammt der Bergfried, wohl auch die Ringmauer. Die Burg wurde immer wieder umgebaut, zuletzt im 18. Jh. Bergfried und Ringmauer weisen Buckelquarder-Mauerwerk auf. Der Bergfried hat 9 m Seitenlänge mit 3 m Wandstärke.

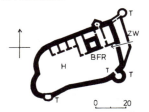

GRUNDR. NACH PLAN VON 1680

Nideck

Gde. Oberhaslach, Ct. Molsheim, Bas-Rhin, Frankreich

Grundriß in: Kaltenbach, Nr. XXIX; Wolff, S. 237; Salch, S. 220.

Die Oberburg bestand wohl überwiegend aus einem mächtigen Wohnturm mit Schildmauer auf der Westseite. Sie entstand im 13. Jh., die kleine Unterburg wurde im 14. Jh. erbaut. Erwähnt werden die Burgen 1336, zerstört wurden sie 1636. Der Wohnturm läßt sich nicht mehr rekonstruieren, der Bergfried mit 10 m Seitenlänge hat 2,5 m starke Wände.

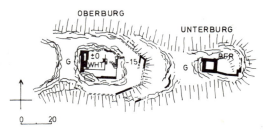

Nideggen

Kr. Düren, Nordrhein-Westfalen

Grundriß in: Dehio, Rheinland, S. 501; Kunstdkm. d. Rheinprov., Bd. 9, S. 239; Burgen u. Schlösser 1979-II; Kubach, S. 842.

Entstanden ist die Burg am Ende des 12. Jh., aus dieser Zeit stammt der sehr große Wohnturm. Die Burg wurde bis ins 15. Jh. aus- und umgebaut. 1552 wurde sie zerstört. 1901–1906 restauriert, ist Nideggen seit 1983 Museum. Der Wohnturm hat die maximalen Abmessungen 14×21 m mit Wandstärken von 2 und über 4 m. Er hat in seinen 22 m Höhe 4 Stockwerke, der Eingang liegt 6,5 m über dem Hof.

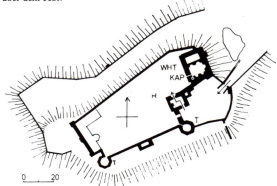

Niederalfingen

Gde. Hüttlingen-N…, Kr. Aalen, Baden-Württemberg

Grundriß in: Kunstdkm. v. Württbg., Jagstkr., S. 25

Die Burg bildet eine Gruppe mit Hohenalfingen. Der Kern der Burg ist romanisch, sonst sind die Anlagen aus dem 16. Jh. Der Bergfried der ehemaligen Kernburg hat 9,8 m Seitenlänge und 3,2 m Wandstärke, er ist 30 m hoch.

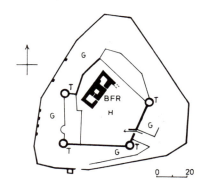

Niederauerbach

Gde. Zweibrücken (Kr.)-N…, Rheinland-Pfalz

Grundriß in: Kunstdkm. v. Rheinland-Pfalz, Zweibrücken, S. 399; Burgen d. Salierzeit, Bd. 2, S. 41.

Die Burg wurde 1978 ausgegraben. Der Wohnturm wurde im frühen 12. Jh. erbaut. Er ist 11,4×14,3 m groß und hat 1,3 bis 1,4 m starke Mauern und vermutlich einen Mittelpfeiler. Die vorburgartige Anlage im SW ist wohl jünger.

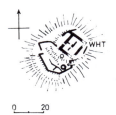

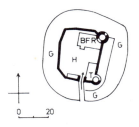

Niederealta

Gde. Cazis, Bz. Heinzenberg, Kt. Graubünden, Schweiz

Grundriß in: Clavadetscher, S. 151.

Der Adel »de Rialt« wird vom 12.–14. Jh. in Urkunden genannt. Die Burg wurde 1959 ausgegraben. Sie entstand wohl im frühen 12. Jh. Im 15. Jh. war sie bereits verlassen. Die Ringmauer der Kernburg ist 1,5 m stark.

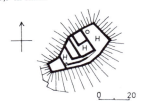

Niederbarkhausen

Gde. Leopoldshöhe-Asemissen, Kr. Detmold, Nordrhein-Westfalen

Grundriß in: Burgwart 1922, S. 18.

Der mittelalterliche Wohnturm wurde im 19. Jh. stark verändert; er hat 4 Stockwerke.

Niederehnheim

Ct. Obernai, Bas Rhin, Frankreich

Angaben in: Burgen d. Salierzeit, Bd. 2, S. 270.

Dieser Wohnturm aus der Salierzeit war »eingemottet«.

Niederburg = Brömserburg

Niedercrostau

Gde. Crostau, Kr. Bautzen, Sachsen

Grundriß in: Kunstdkm. v. Sachsen, Bautzen, S. 347.

Die Burg, über deren Herkunft nichts bekannt ist, wurde 1350 zerstört.

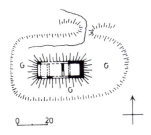

Niedergösgen

Bz. Olten, Kt. Solothurn, Schweiz

Grundriß in: Meyer-Regio, S. 217; Burgen u. Schlösser d. Schweiz, Bd. 3, S. 66.

Die Kernburg wurde um 1250 erbaut. Sie wurde 1440 zerstört und 1498 wieder aufgebaut. Die Vorburg ist spätgotisch. 1799 zerstörten Franzosen die Burg. Sie wurde 1903 renoviert, der Bergfried wurde zum Kirchturm, er hat Maße von 11 bis 12 m mit 2,5–4,5 m Wandstärke.

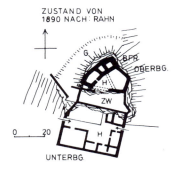

Niederdorffelden

Kr. Hanau, Hessen

Grundriß nach Mitteilung der Gemeinde, 1986.

Erwähnt wird die Wasserburg 1234 als Lehen. Verfallen ist sie im 17. Jh. Der Bergfried mit 8 m Durchmesser hat 2 m dicke Mauern.

Niedergundelfingen

Gde. Münsingen-Gundelfingen, Kr. Reutlingen, Baden-Württemberg

Grundriß in: Kunstdkm. v. Württbg., Donaukr. Münsingen, S. 87; Schmitt, Bd. 2, S. 180.

Die Distanz zur Burg Hohengundelfingen beträgt 800 m. Entstanden ist die Burg vielleicht schon um 1100. Um 1250 wird Swigger de Novogundelfing genannt, er ist wohl der Erbauer der heutigen Burg, die erst im 19. Jh. verfallen ist. Nach 1906 wurde sie teilweise wiederhergestellt. Die Ringmauer ist ca. 1,5 m stark und 12 m hoch. Der Bergfried hat Dimensionen von 8 × 10 m.

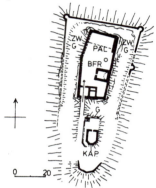

Niederhaus

Gde. Ederheim-Hürnheim, Donaus-Ries-Kr., Bayern

Grundriß in: Kunstdkm. v. Bayern Schwaben, Bd. 1, S. 329.

Die Burg des 12. Jh. wurde 1340 erstmals genannt. 1379 wurde sie zerstört und aufgebaut. Die Ringmauer und der Bergfried sind mit Buckelquadern verkleidet. 1633 wurde die Burg durch einen Brand zerstört. Der Bergfried hat 5,7 m Seitenlänge und 1,25 m Wandstärke.

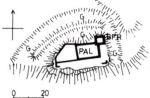

Niederkastenholz

Gde. Euskirchen (Kr.)-N…, Nordrhein-Westfalen

Grundriß in: Herzog, S. 407.

Die nicht sehr große Backstein-Wasserburg stammt aus dem 15. Jh.

Niederkraig, Neu Kraig

Gde. Grassen, Bz. St. Veit, Kärnten, Österreich

Grundriß in: Dehio, Kärnten, S. 187; Piper, Österr., Bd. 6, S. 86; Kohla, S. 164.

Die Burg ist rund 300 m von Hochkraig → entfernt; sie wurde vielleicht am Ende des 12. Jh. mit dem romanischen Bergfried begonnen. Im 14. und 15. Jh. wurden insbesondere Wohnbauten ergänzt. Verfallen ist Niederkraig erst in der 2. Hälfte des 18. Jh. Der Aquädukt ist eine Einrichtung, die man nur hier findet. Der Bergfried mit 8,5 m Seitenlänge und 1,75 m Mauerstärke besitzt einen rundbogigen Eingang. Der Wohnturm mit 6,5 × 7,6 m Grundfläche hat maximal 1 m dicke Mauern, er besitzt 4 Stockwerke und einen Eingang im 2. Stockwerk.

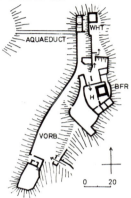

Niederkreuzstetten

Gde. Kreuzstetten, Bz. Mistelbach, Niederösterr., Österreich

Grundriß in: Burgen u. Schlösser in Niederösterr., Bd. 14, S. 104.

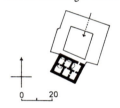

Das Renaissance-Wasserschloß besitzt einen Kern, der ein mittelalterliches Weiherhaus ist.

Niederlauterstein

Gde. Lautersheim, Kr. Marienberg, Sachsen

Grundriß in: Rüdiger, Abb. 21.

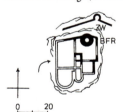

Die Burg wurde kurz vor 1300 erbaut. Zerstört wurde sie 1639. Ihr Bergfried hat 8,5 m Durchmesser und 3 m Wandstärke.

Niedermanderscheidt

Gde. Manderscheid, Kr. Bernkastel-Wittlich, Rheinland-Pfalz

Grundriß in: Kundstdkm. d. Rheinprov., Bd. 12.4, S. 214; Ebhardt I, Abb. 429; Burgen u. Schlösser, 1962-II; Kubach, S. 740.

Die Burg bildet eine Gruppe mit Obermanderscheidt →. Sie wurde im 12. Jh. begonnen und über die Zeit ausgebaut und erweitert, insbesondere 1426, und im 16. Jh. Verfallen ist sie im 17. Jh., im 20. Jh. fanden Erhaltungsarbeiten an der Ruine statt. Der Bergfried auf der höchsten Stelle hat 7,6 × 8,7 m Grundfläche und ca. 1,8 m Mauerstärke.

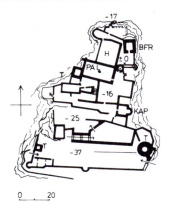

(Nieder Modau)

Gde. Ober-Ramstadt, Kr. Darmstadt, Hessen

Grundriß nach: Mitteilungen d. Vereins für Heimatgeschichte Ober-Ramstadt, 1985.

Ursprünglich befand sich auf dem Berg eine Fluchtburg, die durch eine mittelalterliche Burg ersetzt wurde. Diese, 1382 zerstört, wurde 1830 total abgebrochen.

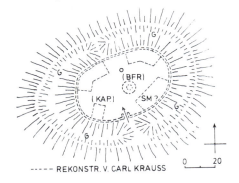

Nieder-Ohmen

Gde. Mücke-N..., Kr. Lauterbach, Hessen

Grundriß in: Burgen d. Stauferzeit, Bd. 2, S. 51.

Die Reste eines Wohnturmes aus dem 11. Jh. wurden Ende des 20. Jh. ausgegraben.

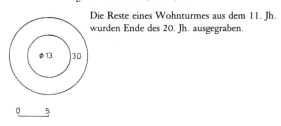

Niederroßla

Kr. Apola, Thüringen

Grundriß in: Denkmalpflege in Thüringen, S. 80, Institut für Denkmalpflege d. DDR.

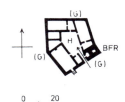

Gegründet wurde die Wasserburg im 13. Jh. durch die gleichnamige Adelsfamilie. Ihr jetziges Aussehen verdankt sie dem 15. Jh. Sie wurde aber auch noch danach mehrfach verändert. In der DDR war sie das Haus der Gemeinde. Der Bergfried hat 6,5 m Seitenlänge mit 2 m Wandstärke.

Niederruppersdorf

Kr. Löbau, Sachsen

Grundriß in: Kunstdkm. v. Sachsen, Bd. 34.

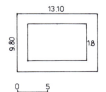

Im Kern des Schlosses aus dem 18. Jh. steckt ein mittelalterlicher Wohnturm.

Niedersgegen

Gde. Köperich-N..., Kr. Bitburg-Prüm, Rheinland-Pfalz

Angaben in: Kunstdkm. d. Rheinprov., Bd. 12.1.

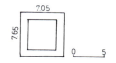

Der jetzige Kirchturm war im Mittelalter ein Wohnturm. Er hat 5 Stockwerke bei 17 m Höhe.

Niedertrixen

Gde. Waisenberg, Bz. Völkermarkt, Kärnten, Österreich

Grundriß in: Kohla, S. 229.

1251 wird das »novum castrum Truchsen« urkundlich genannt. Die Anlage bildet mit Obertrixen → und Mittertrixen → eine Gruppe. Sie wurden bis ins 16. Jh. ausgebaut und erweitert und in der Mitte des 18. Jh. verlassen.

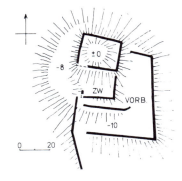

Niederurff

Gde. Zwesten-N..., Schwalm-Eder-Kr., Hessen

Grundriß in: Burgwart, 13. Jahrg.; Kunstdkm. im Reg.-Bz. Kassel, Bd. 2.

Die heutige Burg wurde vermutlich gotisch anstelle einer älteren Anlage erbaut. Urkundlich erwähnt wird sie erstmals 1272. Sie wurde 1500 und 1672 erneuert. Der Wohnturm hat 9,4 m Seitenlänge mit 2 m Wandstärke.

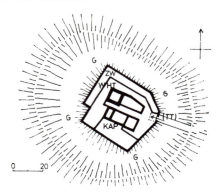

Niederviehausen

Gde. Sinzig-Viehausen, Kr. Regensburg, Bayern

Grundriß in: Kunstdkm. v. Bayern, Oberpfalz, Bd. 20, S. 293.

Die kleine Burg wurde vielleicht noch im 12. Jh. (Bergfried) gegründet. Die Familie v. Viehausen ist ab dem 13. Jh. bekannt. Die Burg wurde im Dreißigjährigen Krieg zerstört. Der Bergfried von 22 m Höhe mit 4 Stockwerken hat seinen Eingang im 3. Stockwerk. Seine Grundfläche ist 8 m im Quadrat, die Mauerstärke ist 1,8 m.

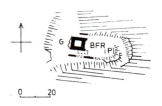

Niederwalluf

Walluf-N..., Rheingaukr., Hessen

Grundriß in: Michael Ebel, »Die frühmittelalterliche Turmburg Niederwalluf«, Mag.-Arbeit, Univ. Frankfurt/M., 1981.

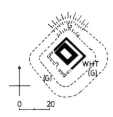

Die Turmburg ist schon im 10. Jh. erbaut und um 1200 verlassen worden. Sie wurde 1931 ausgegraben. Der Wohnturm mit 9,5 und 11,5 m Seitenlänge hat 2,2 m starke Mauern. Die Ringmauer ist 0,9 – 1,2 m dick.

Nieder Zündorf

Gde. Köln, Nordrhein-Westfalen

Angaben in: Kunstdkm. d. Rheinprov., Bd. 5.2.

Der Wohnturm ist vielleicht aus dem 14. Jh. als Rest der Burg übriggeblieben. Er hat auf 15 m Höhe 3 Stockwerke.

Niesten — Niensten

Gde. Weismain, Kr. Lichtenfels, Bayern

Grundriß in: W. Plank »Die Meraner in Franken auf Burg Niesten«.

Die Grafen v. Andechs-Meran haben die Burg zu Beginn des 12. Jh. begonnen. 1525 wurde sie zerstört, jedoch teilweise wieder aufgebaut. Im 19. Jh. wurde sie abgebrochen. Der Bergfried hat 8,5 m Durchmesser mit 2 m starken Wänden.

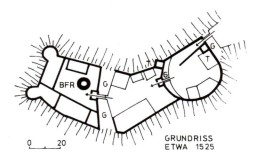

Nimeck

Gde. Beerbaum, Kr. Eberswalde, Brandenburg

Grundriß in: Kreiskalender Oberbarnim, Nr. 16, 1927, S. 109.

Die Wasserburg, deren Rest der Turmstumpf darstellt, war bereits 1375 öde.

Nippenburg

Gde. Schwieberdingen, Kr. Ludwigsburg, Baden-Württemberg

Grundriß in: Pfefferkorn, Bd. 2, S. 42.

Der Burgadel ist ab 1275 urkundlich bekannt, die Burg ist vielleicht aus dem 12. Jh. Wann sie zerstört wurde ist unbekannt.

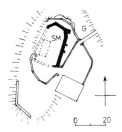

Nippenburg = Schramberg

Nisan

Gde. Dresden, Sachsen

Grundriß in: Ausgrabungen u. Funde, Bd. 32, 1987, Ak. d. Wissensch. d. DDR.

Der Wohnturm des Grafen Wiprecht v. Groitzsch aus der Zeit um 1100 wurde unter dem Palais Cosel ausgegraben.

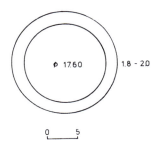

Nister

Gde. Steinhausen, Westerwaldkr., Rheinland-Pfalz

Angaben in: Burgen d. Salierzeit, Bd. 2, S. 14.

Der Wohnturm ist am Beginn des 12. Jh. erbaut worden. Die Edelherren dieses Namens sind seit 1117 bekannt. Die Burg, in der dieser Wohnturm stand, wurde vor 1200 aufgegeben.

Nivagl

Gde. Vaz, Bz. Albula, Kt. Graubünden, Schweiz

Grundriß in: Clavadetscher, S. 51.

Bergfried und Ringmauer sind um 1100 erbaut worden. Um 1250 wurde die Burg aufgegeben. Ihre Ringmauer war um 1,4 m dick. Der Bergfried hat 9 × 9 m (max.) Grundfläche und ca. 1,5 m Wandstärke.

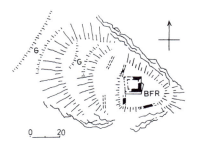

Nörvenich

Kr. Düren, Nordrhein-Westfalen

Grundriß in: Hinz, S. 21.

Die Burg, über deren Entstehung wir keine Kenntnisse haben, wurde im 14. Jahrhundert verlassen. Den Burgadel kennt man seit 1208.

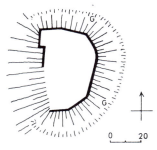

Nolling – Nillich

Gde. Lorch, Rheingaukr., Hessen

Grundriß in: Kunstdkm. im Reg.-Bz. Wiesbaden, Bd. 1, S. 240; Cohausen, Nr. 213.

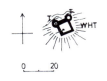

Der Wohnturm mit einer fast 3 m starken, von Rundtürmen flankierten Schildmauer ist um 1100 erbaut worden. In ihm steckte erkennbar ein Fachwerkturm, ein Burgus? Der Turm hat 2 Stockwerke und ist 9,5 m hoch.

Nonnenfels

Gde. Bad Dürkheim (Kr.), Rheinland-Pfalz

Grundriß in: Wenz-Katalog, S. 180.

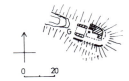

Die kleine Felsenburg war vielleicht eine Vorburg zur Hardenberg. Daten sind unbekannt.

Nordeck

Gde. Stadtsteinach, Kr. Kulmbach, Bayern

Grundriß nach Aufnahmen von F.-W. Krahe, 1985.

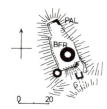

Die Burg wurde um 1100 begonnen. 1443 wurde sie zerstört jedoch wieder aufgebaut; endgültig zerstört wurde sie 1525. Der für die kleine Burg ungewöhnlich große Bergfried hat 9,5 m Durchmesser mit 2 m starken Mauern.

Nordeck

Gde. Allendorf-N..., Kr. Gießen, Hessen

Grundriß nach Plänen auf der Burg, 1991.

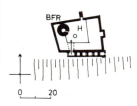

Die ziemlich kleine Kastellburg in Randlage ist romanischer Herkunft. Die Wohngebäude sind spätgotisch. Im 20. Jh. wurde die Burg als Landschulheim erneuert. Der Bergfried hat 7,5 m Durchmesser mit 2,5 m Wandstärke, die Ringmauer ca. 10 m hoch ist 1,5 m dick.

Nordenau

Gde. Schmallenberg-N..., Hochsauerlandkr., Nordrhein-Westfalen

Grundriß in: Denkmalpflege u. Forschung in Westfalen.

Im 13. Jh. wurde der Burgadel bekannt, verfallen ist die Burg um 1471. Der Bergfried hat eine Grundfläche von 8 × 9 m mit 2,5 m Mauerstärke.

Nordenbeck

Gde. Korbach (Kr.)-N...., Hessen

Grundriß in: Kunstdkm. im Reg.-Bz. Kassel, NF Bd. 3, S. 185.

Der Wohnturm wurde 1412 erbaut. Er ist der Rest der Wasserburg. Er besitzt 6 Stockwerke in insgesamt 23 m Höhe.

Nordenberg

Gde. Windelsbach-N..., Kr. Ansbach, Bayern

Grundriß in: Bayerische Kunstdkm., Rothenburg, S. 77.

Entstanden ist die Burg im 12. Jh., der Bergadel wird 1165 erstmals erwähnt. 1408 wurde sie durch Hohenzollern geschleift.

Normannstein

Gde. Treffurt, Kr. Eisenach, Thüringen

Grundriß in: Mrusek, S. 5; Hotz-Pfalzen, Z 141; Kunstdkm. d. Prov. Sachsen, Bd. 4, S. 112.

Ursprünglich hieß die Burg wie der Ort Treffurt (drei Furten). Entstanden ist sie am Ende des 12. Jh. Urkundlich ist ein »Bilgerim de Trifurte« seit 1104 bekannt. 1333 wurde sie als Raubnest zerstört. Ihre Ringmauer ist 1,5 m dick. Der Bergfried hat 9,5 m Durchmesser mit 2,5 m Mauerstärke; er ist 22 m hoch und hat einen Eingang in 12 m Höhe. Der Wohnturm mit der Grundfläche 8 × 11 m und 1,5 m starken Wänden ist 17 m hoch, der Eingang liegt ca. 3 m über dem Hof.

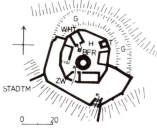

Nostitz

Kr. Löbau, Sachsen

Grundriß in: Kunstdkm. v. Sachsen, Bd. 34, S. 456.

Im barocken Schloß läßt sich ein mittelalterlicher Wohnturm erkennen.

Nothberg

Gde. Eschweiler, Kr. Aachen, Nordrhein-Westfalen

Grundriß in: Kunstdkm. d. Rheinprov., Bd. 9.1, S. 291.

Die kleine Wasserburg mit ursprünglich 4 Ecktürmen wurde Mitte des 15. Jh. erbaut und 1555 erneuert. Das Burggebäude ist 12 m hoch und hat 3 Stockwerke.

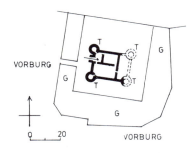

Nüdziders = Sonnenburg

Nünegg = Lieti

✗ Nürburg
Kr. Bad Neuenahr-Ahrweiler, Rheinland-Pfalz

Grundriß in: Kunstdkm. d. Rheinprov., Bd. 17.1, S. 485; Dehio Rheinland-Pfalz, S. 653; Kubach, S. 880.

Erbaut wurde die Kernburg vor 1166, wesentliche Teile wie Bergfried und Ringmauer stammen aus dem 13. Jh. Der Burgadel v. d. Are taucht 1290 urkundlich erstmals auf. Die Burg ist mehrfach umgebaut und erweitert worden. 1689 wurde sie durch Franzosen zerstört. Der Bergfried hat 9,5 m Durchmesser und 2,75 m Mauerstärke, der rundbogige Eingang liegt 7 m über dem Hof, er hat 4 Stockwerke.

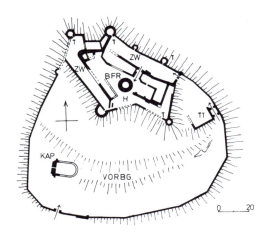

✗ Nürnberg
Bayern

Grundriß in: Bayrische Kunstdkm. Nürnberg; Hotz Z 63; Ebhardt I, Abb. 637; Burgen u. Schlösser, 1972-II.

Die Burg soll anstelle einer vorsalischen Anlage 1050 durch Kaiser Heinrich III. begonnen worden sein. Die Burg bestand immer aus der westlichen Kaiser- und der östlichen Burggrafenburg. Die romanische Doppelkapelle ist um 1200 begonnen worden. Die Wohnbauten sind von ca. 1440, der Bergfried mit 10 m Durchmesser ist gotisch.

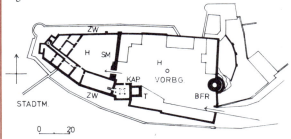

Nußberg
Gde. Schaumboden, Bz. St. Veit, Kärnten, Österreich

Grundriß in: Burgen u. Schlösser in Kärnten, Bd. 1, 2. Aufl., S. 91; Kohla, S. 230.

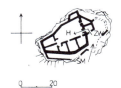

Ein »Ruodeger de Nuzperch« wird 1148 urkundlich genannt, er war Ministeriale des Herzogs v. Kärnten. Begonnen wurde Nußberg im 12. Jh. Über dem Tor lag die Kapelle. Die Wohnbauten sind frühgotisch. Verfallen ist die Burg im 17. Jh. Ihre Ringmauer ist 1,2 – 1,8 m stark.

Nydegg
Gde. Bern, Schweiz

Grundriß in: Paul Hofer »Die Wehrbauten Berns«.

Der Ostteil der Stadtburg wurde um 1160 begonnen, der Westteil kaum vor 1200. Die Ruinenreste wurden 1951 ausgegraben.

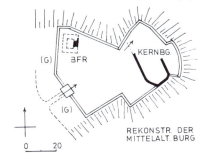

Oberberg
Bz. Grossau, Kt. St. Gallen, Schweiz

Angaben in: Felder, Teil 1 und 3.

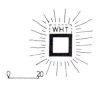

Der mächtige Wohnturm im Schloß Oberberg wurde wohl in der 2. Hälfte des 13. Jh. erbaut. 1406 haben ihn Appenzeller zerstört. Aufgebaut wurde er in der 2. Hälfte des 15. Jh. Seit 1923 ist er Museum.

Oberburg, Rüdesheim

Gde. Rüdesheim, Rheingaukr., Hessen

Grundriß in: Kunstdkm. im Reg.-Bz. Wiesbd., Rheingau, S. 23.

Der 35 m hohe Turm mit Absätzen in 15 und 21 m Höhe hat 10×11 m Seitenlänge. Die Treppe liegt im 3,5 m starken Mauerwerk. Er ist der Rest einer Burg, die vielleicht noch vor 1000 begonnen wurde. Ihre Wohnbauten des 15. u. 16. Jh. wurden 1838 abgebrochen. Der Eingang des Turmes liegt 15 m hoch.

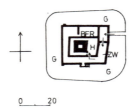

Obercilli

Gde. Cilli, Südsteiermark, Slowenien

Grundriß in: Piper, Österreich, Bd. 6, S. 146.

Gegründet wurde die Burg im 11. Jh. Der Bergfried ist ihr ältester Teil. Den Dimensionen nach, 12 m Seitenlänge und 2–2,6 m Mauerstärke, könnte er ein Wohnturm gewesen sein. Der starke Palas der Kernburg ist wohl aus dem 13. Jh. Urkundlich taucht die Burg erst 1331 auf. Verfallen ist sie nach Um- und Ausbauten bis ins 16. Jh. Schließlich im 17. Jh.

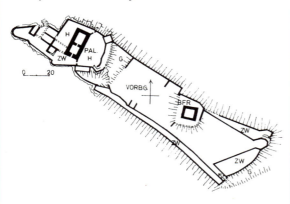

(Oberdorfer Turm) Emser Schlößchen

Gde. Dornbirn (Bz.)-Oberdorf, Vorarlberg, Österreich

Grundriß in: Huber, S. 123.

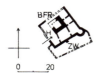

1391 wird die »feste Dornbirnen« urkundlich erwähnt. 1406 wurde die Anlage zerstört und noch einmal 1495, jeweils mit nachfolgendem Wiederaufbau. Ab Mitte des 18. Jh. ist die Burg verfallen. Ihre Grundmauern wurden 1970 beseitigt.

Oberense

Gde. Korbach (Kr.)-O..., Hessen

Grundriß in: Kunstdkm. im Reg.-Bz. Kassel, NF, Bd. 3, S. 190.

Erhalten ist der Rest einer mittelalterlichen Wasserburg, die im 18. Jh. größtenteils abgebrochen wurde.

Obererdingen

Kr. Karlsruhe, Baden-Württemberg

Grundriß in: Lutz, S. 147 f.

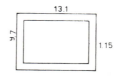

Der ehemalige mittelalterliche Wohnturm ist zum Kirchturm umgewandelt worden. Er hat 3 Stockwerke in 13 m Gesamthöhe.

Oberfalkenstein

Gde. Obervellach, Bz. Spittal a. d. Drau, Kärnten, Österreich

Grundriß in: Kohla, S. 46; Piper, Österr., Bd. 3, S. 247; Burgen u. Schlösser in Kärnten, Bd. 3, S. 49.

Der Burgadel »de Valchinstein« wird ab 1160 in Urkunden genannt. Die Burg stammt jedoch erst aus dem 13. Jh. Sie ist im 17. Jh. verfallen. Der Bergfried hat 10 m Seitenlänge und 1,5–1,8 m starke Mauern.

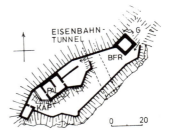

Oberfeld

Gde. Wolfurt, Bz. Bregenz, Vorarlberg, Österreich

Grundriß in: Huber, S. 125.

Die Inhaber der kleinen Burg, die Ritter Helwer, sind erst 1260 urkundlich faßbar. 1451 war die Burg vielleicht schon verlassen, 1880 wurde sie teilweise abgetragen. Erhalten ist nur der Turmrest von ca. 5×8 m mit knapp 1 m starken Mauern. Die Burg bestand wahrscheinlich nur aus einem Hof, dem Bergfried und einem ca. 10×12 m großen Palas.

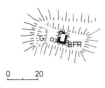

Obergrombach

Gde. Bruchsal-O..., Kr. Karlsruhe, Baden-Württemberg

Grundriß in: Kunstdkm. v. Baden, Bd. 9.2, S. 261.

Entstanden ist die polygonal-ovale Kernburg um die Mitte des 12. Jh., 1207 wird sie urkundlich erwähnt. Der Schloßbau in der Vorburg ist von 1521. Ein großer Umbau fand 1719 statt. Die ovale Form ist für eine Stadtburg ungewöhnlich. Der 25 m hohe Bergfried hat 8 m Seitenlänge und 2,4 m starke Mauern, der Eingang liegt in 4 m Höhe. Die Ringmauer ist mit 2,6 m recht stark.

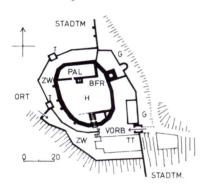

Oberhausegg

Gde. Gersten, Bz. Scheibbs, Niederösterreich, Österreich

Grundriß in: Burgen im Bez. Scheibbs, S. 170.

Der Burgadel de Hawsec wird 1142, Otto de Husekke wird 1181, die Burg 1250 urkundlich genannt. Mitte des 16. Jh. war sie bereits öde.

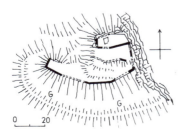

Oberhöflein

Bz. Horn, Niederösterreich, Österreich

Grundriß in: Dehio, Niederösterr. nördl. d. Donau, S. 815.

Auf dem Fundament einer Wasserburg aus der 1. Hälfte des 15. Jh. wurde im 16. Jh. ein Schloß errichtet.

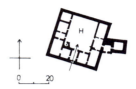

Oberhofen

Bz. Thun, Kt. Bern, Schweiz

Grundriß in: Meyer, Bd. 9, S. 38.

Der Burgadel wurde 1130 in Urkunden genannt. Die Steinburg dürfte mit dem Wohnturm um 1200 entstanden sein. Die ihn umgebenden Wohngebäude und die Ringmauer sind im Verlauf des Mittelalters hinzugekommen. Um 1850 wurde die Burg romantisierend erneuert. Seit 1952 ist die Burg am hohen Seeufer Museum. Der Wohnturm mit 11×12,5 m Grundfläche hat 2,0 m starke Mauern.

Oberhohenberg

Gde. Schömberg-Schörzingen, Kr. Balingen, Baden-Württemberg

Grundriß in: Antonow-SWD, S. 239; Streng, S. 69; Schmitt, Bd. 5, S. 375.

Die Stammburg der Grafen v. Hohenberg wurde im 12. Jh. begonnen; von dieser Anlage gibt es kaum Reste. Die heutige Burg mit Schildmauer und achteckigem Bergfried entstand Mitte des 13. Jh., der runde Bergfried ist am Ende des 13. Jh. erbaut worden. 1449 wurde die Burg zerstört, die, wie Antonow sagt, reduzierten Bergfriede haben 6,4 m Breite und 6 m Durchmesser. Die Schildmauer ist 2,85 m stark.

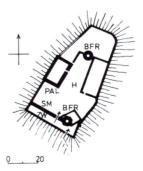

Oberkail

Kr. Bitburg-Prüm, Rheinland-Pfalz

Grundriß in: Kunstdkm. d. Rheinprov., Bd. 12.4, S. 247.

Die Wasserburg wurde um 1400 erbaut, ihr heutiges Äußeres erhielt sie im 17. Jh.

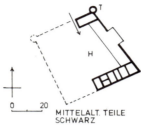

Oberkapfenberg

Bz. Bruck a. d. Murr, Steiermark, Österreich

Grundriß in: Piper, Österr. Bd. 2, S. 152.

Erstmals erwähnt wird die Burg 1183, nach ihrer Zerstörung von 1268 wurde sie wieder aufgebaut, seit dem 18. Jh. verfiel sie.

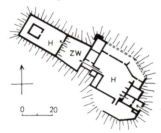

Oberkaufungen

Gde. Kaufungen, Kr. Kassel, Hessen

Grundriß in: Kunstdkm. im Reg. Bz. Kassel, Bd. 4, Tafel 6d.

Gegründet wurde die Burg als Pfalz 1080. Sie ist später in ein Kloster verwandelt worden. Reste der Burg sind erkennbar. Der Bergfried mit der seltenen sechseckigen Form ist ca. 6,5 m breit mit ca. 1,25 m Wandstärke.

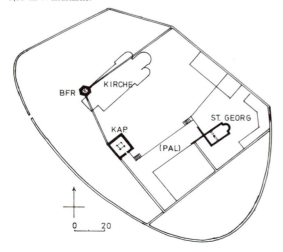

Oberlahnstein = Martinsburg

Oberlauda

Gde. Lauda-Königshofen, Main-Tauber-Kr., Baden-Württemberg

Grundriß in: Stephan Öhmann »Oberlauda«.

Der hier gezeigte Grundriß ist von 1880. Die Burg war vor dem Mittelalter eine Fliehburg, ihre mittelalterliche Anlage wurde 1525 zerstört und im 19. Jh. weitgehend abgebrochen. Der Bergfried hat 9,5 m Seitenlänge und 2,5 m dicke Mauern.

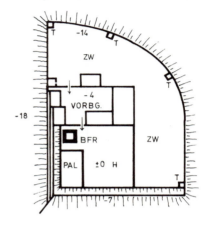

Obermaggenberg

Gde. Maggenberg, Bz. Sense, Kt. Fribourg, Schweiz

Grundriß in: Burgen u. Schlösser d. Schweiz, Bd. XIII, S. 110

Der Burgadel wird 1180 urkundlich genannt. Die Burg ist wohl aus dem 13. Jh. Der Bergfried von 8,2 m Seitenlänge und 1,6 m Wandstärke ist mit Buckelquadern verkleidet.

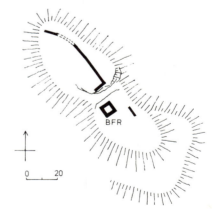

Obermanderscheidt

Gde. Manderscheid, Kr. Bernkastel-Wittlich, Rheinland-Pfalz

Grundriß in: Ebhardt I, Abb. 428; Kunstdkm. d. Rheinprov., Bd. 12.4, S. 204; Kubach, S. 740; Burgen u. Schlösser, 1962-II.

Die Burg bildet eine Gruppe mit Niedermanderscheidt →. Die heutige Burg ist um 1165 neu erbaut worden, wohl auf einer nicht mehr erkennbaren älteren Anlage. Zerstört wurde sie 1673 durch Franzosen. Der rautenförmige Grundriß des Bergfrieds mit 8,5 m Seitenlänge ist eine Seltenheit. Er hat 2 m starke, im Osten noch stärkere Wände. Die Ringmauer ist 1,2 m stark.

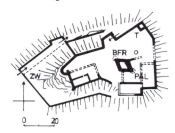

Obermatsch

Gde. Matsch, Vinschgau, Südtirol, Italien

Grundriß in: Trapp, Bd. 1, S. 149; Piper, Österr., Bd. 6.

Die Burg Obermatsch liegt 100 m über Untermatsch → und ist von dieser 170 m entfernt. Die »nider Burg zu Mätsch« wird 1297 urkundlich bekannt. Die Burgen sind vermutlich von der gleichen Familie errichtet worden, die sich im 11. Jh. von den Taraspern abgespalten hat. Im 15. Jh. ist die Burg verfallen. Der Bergfried hat die Dimension 7x9 m und 2 m Wandstärke.

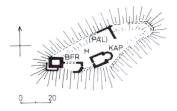

Obermontani

Gde. Morter, Vinschgau, Südtirol, Italien

Grundriß in: Trapp, Bd. 1, S. 149; Piper, Österr., Bd. 6.

Das »castrum quod dicitur Montania« wird 1228 urkundlich bekannt. Die Burg bildet eine Gruppe mit Untermontani →. Entstanden ist sie im 1. Viertel des 13. Jh. als Lehen des Bischofs v. Chur. Noch 1838 war Obermontain bewohnt, kurz danach ist die Burg verfallen. Der Bergfried mit den Maßen 10×11,5 m und 1,7 m und 3,2 m Mauerstärke hat seinen Eingang in 4,5 m Höhe. Der Wohnturm, ca. 12×12,5 m im Maximum mit 1,5 und 1,75 m starken Mauern hat 3 Stockwerke in 10 m Gesamthöhe. Die Ringmauer ist 1,5 – 2,2 m stark.

Obermurach

Gde. Oberviechtach, Kr. Schwandorf, Bayern

Grundriß in: Kunstdkm. v. Bayern, Oberpfalz, Bd. 7, S. 35; Pfistermeister, S. 142.

»Gerunch des Mourach« wird 1110 als Ministeriale der Grafen v. Sulzbach urkundlich genannt. Der Bergfried ist aus der 2. Hälfte des 13. Jh., 1636 wurde die Burg durch Bayern zerstört und ab 1805 teilweise abgebrochen, der Bergfried mit 7 m Seitenlänge ist 20 m hoch, er hat 3 Stockwerke und einen rundbogigen Eingang 8,5 m über dem Hof. Die Ringmauer ist 1,5, die Schildmauer über 2 m stark.

Obernburg

Gde. Gudensberg, Schwalm-Eder-Kr., Hessen

Grundriß nach Plänen der Oberburgfreunde Gudensberg e. V., 1986.

Begonnen wurde die Burg vielleicht 1061, »Giso Comes de Gudensberc« wird 1121 in Urkunden genannt. Der Bergfried wurde um 1200, der Palas 1325 erbaut. Die Wohngebäude im Westen sind von 1265, der Zwinger wurde um 1500 hinzugefügt. Verfallen ist die Anlage im 16. Jh. Der Bergfried hat 10 m Seitenlänge und 2,7 m dicke Wände. Die Ringmauer ist nur 0,9 m stark.

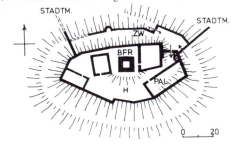

(Oberöwisheim)

Gde. Kraichtal-O..., Kr. Karlsruhe, Baden-Württemberg

Grundriß in: Kunstdkm. v. Baden, Bd. 9.2, S. 281.

1260 wird das »castrum Owensheim« urkundlich genannt, 1734 ist das Schloß verbrannt und wurde 1850 total abgebrochen. Im Zentrum der Wasserburg stand wohl eine Art Wohnturm.

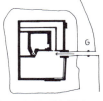

GRUNDRISS VON 1740

Oberpetersdorf

Gde. Kobersdorf, Bz. Oberpullendorf, Burgenland, Österreich

Angaben in: Burgen u. Schlösser im Burgenld., S. 114.

1222 wurde die »villa Petri comitis« urkundlich erwähnt, womit vermeintlich das Burghaus gemeint ist, das seit 1302 als Kirche benutzt wurde.

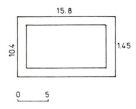

Ober Radmannsdorf

Gde. Weiz (Bz.)-O..., Steiermark, Österreich

Grundriß nach einem Plan d. Gemeinde von 1953.

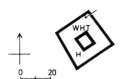

Die kleine Wasserburg wurde im 12. Jh. begonnen. Aufgegeben hat man sie im 16. Jahrhundert. Sie ist heute total verbaut. Der Wohnturm von 9 × 11 m Grundfläche hat 1,5 m starke Wände.

Ober Ranna

Bz. Krems, Niederösterr., Österreich

Grundriß in: Sammlung Kreutzbruck.

Die ältesten Teile der 1114 erstmals urkundlich erwähnten Burg sind die große romanische Kapelle und ein Saalbau davor. Die Burg wurde mehrfach verändert, besonders im 15. Jh. und in der 2. Hälfte des 16. Jh.

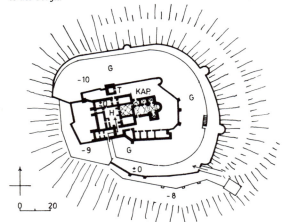

Oberreifenberg = Reifenberg

Ober Rinach

Gde. Herlisberg, Bz. Beromünster, Kt. Luzern, Schweiz

Grundriß in: Gustav Fischer »Die Burg Oberrinach«.

Erbaut wurde die Burg in zwei Etappen: im 13. Jh. Ringmauer und Palas als 1. Stufe und am Ende des 13. Jh. der Bergfried. Zerstört wurde sie 1386. Die 9 m hohe Ringmauer ist 1,8 m stark. Der Bergfried mit dem seltenen, trapezförmigen Grundriß hat 9 × 10,3 m (max.) Grundfläche mit 2 m Wandstärke.

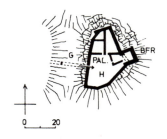

Oberrommental

Gde. Schlat, Kr. Göppingen, Baden-Württemberg

Grundriß in: Schmitt, Bd. 1, S. 306.

Erbaut wurde die Burg um 1250 durch die Herren v. Böhringen, Ministeriale der Herren v. Spitzberg. Die SO-Seite war eine Schildmauer, von der noch Buckelquader erhalten sind.

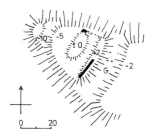

Oberrosbach

Gde. Rosbach v. d. Höhe, Wetteraukr., Hessen

Grundriß in: Bronner-Wohntürme, Abb. 5.

Der Wohnturm ist um 1500 erbaut worden. Der Eingang liegt 2,5 m hoch. Der Turm hat 3 Stockwerke mit 10 m Gesamthöhe.

Ober-Rothenstein

Gde. Rottweil (Kr.)-Hausen, Baden-Württemberg

Grundriß in: Blätter des württbg. Schwarzwaldvereins, 28. Jhg. 1920, S. 53.

Genannt wurde die Burg erstmals 1308, sie wurde 1919 abgebrochen.

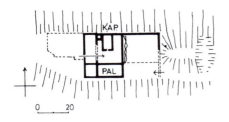

Ober Ruchenberg

Gde. Trimmis, Bz. Unterlandquart, Kt. Graubünden, Schweiz

Grundriß in: Poeschel, S. 171; Clavadetscher, S. 309.

1232 wird der Adel »de Ruhinberg« urkundlich erwähnt. Seit Mitte des 16. Jh. ist die Burg Ruine. Die Ringmauer ist 1,2 m stark. Der Wohnturm mit 9×9,5 m Grundfläche und 1,5–2,3 m Wandstärke besitzt 4 Stockwerke, sein Eingang liegt 6 m hoch, im 2. und 4. Stockwerk gibt es Aborterker.

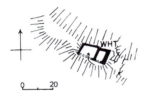

Ober Rußbach

Bz. Korneuburg, Niederösterr., Österreich

Grundriß in: Burgen u. Schlösser in Niederösterr., Bd. 14, S. 33.

1171 wird »Herbort de Ruspach« urkundlich erwähnt. Die nicht sehr große Burg ist wohl in der 1. Hälfte des 13. Jh. begonnen, im 17. und 18. Jh. stark verändert worden; an der SW-Ecke stand ursprünglich ein Turm. Die Ringmauer ist 1,2–1,5 m stark.

VERMUTL. MITTELALT. GRUNDR.

Ober Sansch, Kapfenstein

Gde. Küblis, Bz. Oberlandquart, Kt. Graubünden, Schweiz

Grundriß in: Poeschel, S. 274; Clavadetscher, S. 275.

»Ulricus de Kaphinstain« wird 1249 urkundlich genannt, die Burg selbst 1275. Sie ist aus dem 13. Jh. Die Ringmauer von 10 m Höhe ist von 1,4 auf 2,9 m verstärkt worden.

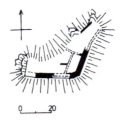

Oberschüpf

Gde. Boxberg-O..., Main-Tauber-Kr., Baden-Württemberg

Grundriß in: Kunstdkm. v. Baden, Bd. 4.2, S. 126.

Erbaut wurde die Burg wohl Ende des 12. Jh. 1468 wurde sie zerstört. Der Bergfried hat 9 m Seitenlänge mit ca. 1,75 m Wandstärke.

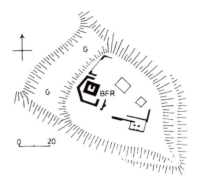

Oberstaad

Gde. Öhingen, Kr. Konstanz, Baden-Württemberg

Angaben in: Kiewat, S. 180.

REKONSTR. NACH HESSELBACHER

Von der Wasserburg aus der Zeit um 1200 ist nur noch der Wohnturm von 10,4×11,5 m Grundfläche erhalten. Er hat 1,5 m dikke Mauern, 5 Stockwerke und einen Eingang in 4 m Höhe erhalten, seine Gesamthöhe beträgt 24 m.

Oberstaufenbach

Kr. Kusel, Rheinland-Pfalz

Grundriß in: Burgen u. Schlösser, 1993-I.

Die ausgegrabenen Reste gehören vielleicht zu einem Wohnturm des 11. Jh.

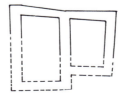

Oberstein

Gde. Idar-Oberstein, Kr. Birkenfeld, Rheinland-Pfalz

Grundriß in: Schellack, S. 180; Burgen u. Schlösser, 1968-I.

Die Gründung der Burg fand 1197 statt. Die jetzige Anlage wurde als »daz nuwe Hus« vielleicht Ende des 13. Jh. errichtet. 1330 war sie Trierer Lehen. 1855 hat sie ein Brand zerstört. Ihre Schildmauer ist 2,6 m dick.

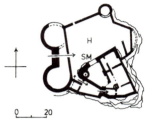

Oberstetten = Ödenburg

Obersülz

Gde. Köln-Mühlheim, Nordrhein-Westfalen

Angaben in: Kunstdkm. d. Rheinprov., Bd. 5.2, S. 151.

Der Wohnturm mit 3 Stockwerken stammt aus dem 15. Jh. Der spitzbogige Eingang liegt im Erdgeschoß.

Obertagstein

Gde. Thusis, Bz. Heinzenberg, Kt. Graubünden, Schweiz

Grundriß in: Poeschel, S. 209; Clavadetscher, S. 157.

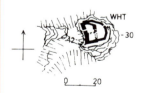

Die Turmburg auf dem Felsturm wurde Ende des 13. Jh. erbaut. Ursprünglich sollte sie aus dem Wohnturm und einem Hof bestehen, doch wurde schon während der Bauzeit die gesamte Fläche des Felsens als Wohnturm hergerichtet. Im 15. Jh. war Obertagstein schon Ruine und wurde 1980 freigelegt. Die Westwand des Turmes ist fast 2 m stark.

Obertrixen

Gde. Waisenberg, Bz. Völkermarkt, Kärnten, Österreich

Grundriß in: Burgen u. Schlösser in Kärnten, Bd. 2, S. 136; Kohla, S. 332; Piper, Österr., Bd. 4.

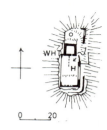

Die Ruine bildet mit Niedertrixen → und Mittertrixen → eine Gruppe. Die nicht sehr große Burg ist romanischer Herkunft. Ihr ältester Teil ist der Wohnturm mit 8,5 × 7,5 m Grundfläche und nur 1,2 m Mauerstärke wohl aus dem 12. Jh.; er hat einen Hocheingang im 2. Stockwerk. Im 17. Jh. ist die Burg verfallen. Die Ringmauer ist ca. 1,4 m stark.

Obertshausen

Gde. Dreieich-O..., Kr. Offenbach, Hessen

Grundriß in: Führer zu archäolog. Denkm. in Deutschland, Bd. 18.

Die Turmburg ist vielleicht vor 1000 begonnen worden. Um 1300 war sie bereits verlassen. Ihre ausgegrabene Ringmauer ist 2,2 m stark. Der runde Wohnturm hat 10,2 m Durchmesser und 2 m Wandstärke. Seine Innenfläche war mit rd. 30 m² nicht sehr geräumig und läßt einen hölzernen Aufbau oder Reduzierung der Wandstärke annehmen, wenn der Turm dauerhaft bewohnt gewesen sein soll.

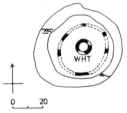

Oberwallsee

Gde. Feldkirchen, Bz. Urfahr, Oberösterr., Österreich

Grundriß in: Burgen u. Schlösser in Oberösterr., Bd. 1, S. 62; Piper, Österr., Bd. 2.

Eberhard v. Wallsee hat die Burg 1364 begonnen. 1386 wurde die Kapelle erbaut. Der polygonal-runde Grundriß erinnert an staufische Anlagen, die Erbauungszeit ist jedoch urkundlich belegt. 1674 war Oberwallsee noch bewohnt und wurde erst im 18. Jh. aufgegeben. Ihre Ringmauer ist 2,2 m stark. Die Burg besaß wohl auf der N-Seite einen Bergfried.

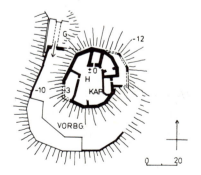

Oberwangen

Bz. und Kt. Bern, Schweiz

Angaben in: Burgen u. Schlösser d. Schweiz, Bd. Xa, S. 160.

Erhalten ist der Stumpf eines Wohnturmes des späten 12. oder frühen 13. Jh. Er wurde 1298 zerstört. Mit 10,5 × 14 m Grundfläche war er recht ansehnlich.

(Oberweißberg)

Gde. St. Michael, Bz. Tamsweg, Salzburg, Österreich

Angaben in: Burgen u. Schlösser in Salzburg, Bd. 1; Salzburger Museumsblätter, 1985, S. 6.

Der Stumpf eines Wohnturmes, der 1244 erstmals erwähnt wurde, aber wohl noch aus dem 12. Jh. stammt, wurde beim Bau der Autobahn ergraben und beseitigt. Die Grundfläche von 12 × 18 m bot reichlich Innenraum.

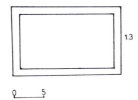

Oberwildon = Wildon

Oberwindeck

Gde. Niederurnen, Kt. Glarus, Schweiz

Grundriß in: Burgen u. Schlösser d. Schweiz, Bd. XVIII, S. 60.

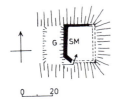

Die kleine Burg wurde 1316 erstmals urkundlich genannt, entstanden ist sie wohl in der 1. Hälfte des 13. Jh., zerstört wurde sie 1351. Die Ringmauer ist 1,05 m, die Schildmauer 2,7 m stark.

Oberwinterthur, Hollandhaus

Gde. Winterthur (Bz.), Kt. Zürich, Schweiz

Grundriß in: Stauber, S. 198.

Der Wohnturm vom Ende des 12. Jh. war ein Burgmannensitz.

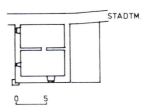

Oberwolfach = Wolfach

Ochsenstein

Gde. Reinhardsmunster, Ct. Marmoutier, Bas Rhin, Frankreich

Grundriß in: Ebhardt I, Abb. 374; Kaltenbach, Nr. XXII; Wolff, S. 249; Salch, S. 277; Wirth, S. 66.

Der Burgadel wird 1178 urkundlich genannt. 1248 wird die Felsenburg zerstört und wieder aufgebaut. Die Nordburg wurde 1370 zerstört, die Südburg erst 1632 durch Schweden. Der Bergfried ist ungewöhnlich mit seinem sechseckigem Grundriß von ca. 6,5 × 7 m (max.) Größe, die Mauern sind 1,5 m dick.

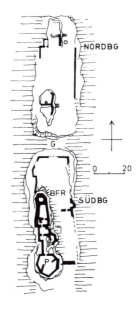

Odenbach

Kr. Kusel, Rheinland-Pfalz

Grundriß in: Baudkm. d. Pfalz, Bd. 3, S. 44.

Von der ehemaligen Wasserburg des 13. Jh. ist nur der Buckelquader-Bergfried mit 15 m Höhe erhalten.

Odenhausen

Gde. Lollar-O..., Kr. Gießen, Hessen

Angaben in: Burgen d. Salierzeit, Bd. 2, S. 14.

Entstanden ist der Wohnturm um 1100 als Sitz eines Ministerialadligen. 1906 wurde der Rest ausgegraben.

Oderburg

Kr. Angermünde, Brandenburg

Grundriß in: Kunstdkm. v. Brandenburg, Bd. 3.1, S. 224.

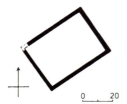

Erbaut wurde die Wasserburg 1355–1372 mit einer 3 m starken Ringmauer. 1754 wurde die Kastellburg abgebrochen.

Öbisfelde

Kr. Klötze, Sachsen-Anhalt

Grundriß in: Kunstdkm. d. Prov. Sachsen, Bd. 20, S. 123; Wäscher, Bild 123.

Die vielleicht schon im 10. Jh. vorhandene Wasserburg erhielt ihre Hauptbefestigung im 13. Jh., sie wurde durch spätere Umbauten stark verändert. Die Wasserburg ist noch erhalten. Ihr Bergfried, mit 36 m Höhe, hat 9,5 m Seitenlänge, die Mauern mit angerundeten Ecken sind 2,5 m stark. Der Turm hat 5 Stockwerke und einen Eingang in 10 m Höhe.

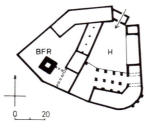

Ödenburg

Gde. Orschwiller, Ct. Sélestat, Bas Rhin, Frankreich

Grundriß in: Ebhardt I, Abb. 18 u. 388.

Entstanden ist die im Vergleich zur 250 m entfernt und auf dem gleichen Bergkamm liegenden Hohkönigsburg → eher kleine Burg vielleicht Mitte des 12. Jh. mit dem Buckelquader-Turm, denn um diese Zeit ist von 2 Türmen auf dem Staufenberg die Rede. Der Palas ist jedenfalls gotisch. Zerstört wurde die Burg, wie ihr großer Nachbar, um 1400, jedoch blieb sie danach öde und trägt seitdem diesen Namen. Der Rest des Bergfrieds könnte der Dimension nach ein Wohnturm gewesen sein. In diesem Fall wäre ein Einzelturm aus der Mitte des 12. Jh. denkbar, der im 14. Jh. durch einen gotischen Palas ergänzt wurde. Die Ost-Schildmauer ist bis 3,3 m stark und ca. 11 m hoch erhalten.

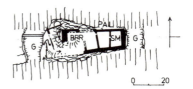

Ödenburg

Gde. Wenslingen, Bz. Sissach, Kt. Basel-Ld., Schweiz

Grundriß in: Meyer-Regio, S. 113.

Die Burg wurde ab 1941 ausgegraben. Sie war vermutlich ein herrschaftliches Zentrum der Grafen v. Homburg-Thierstein. Funde beweisen die Besiedelung vom Ende des 10. Jh. bis ca. 1180. Die Burg wurde also recht früh aufgegeben.

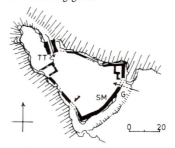

Ödenburg, Oberstetten

Gde. Hohenstein-Oberstetten, Kr. Reutlingen, Baden-Württemberg

Grundriß in: Schmitt, Bd. 2, S. 310.

1050–1100 werden die Herren v. Oberstetten in Urkunden erwähnt. Sie dürften die Burg noch in salischer Zeit begonnen haben, die nur ca. 130 Jahre benutzt worden ist, und in der 1. Hälfte des 13. Jh. verlassen wurde. Seit 1460 wird sie Ödenburg genannt. 1978 wurden Teile der Ruine für ein Wasserreservoir abgebrochen. Der Bergfried hatte wohl 7,5 m Seitenlänge.

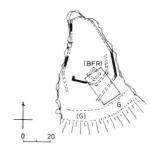

Ödenburg

Gde. Dietfurth, Kr. Neumarkt, Bayern

Grundriß in: Kunstdkm. v. Bayern, Oberpfalz, Bd. 13, S. 93.

Die Burg ist vermutlich um 1150 erbaut und recht früh aufgegeben oder zerstört worden. Der Bergfried hatte 6 m Seitenlänge und ca. 1,3 m dicke Wände.

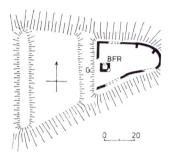

Ödenfest = Rauhenfest

Ödenturm = Chameregg

Ödenturm

Gde. Geislingen, Kr. Göppingen, Baden-Württemberg

Grundriß in: Schmitt, Bd. 1, S. 248.

Der Buckelquader-Bergfried ist am Sockel quadratisch mit 8,9 m Seitenlänge und 2,5 m Wandstärke, er geht über ein, sich aus dem Quadrat entwickelndes Achteck in 12 m Höhe in einen Kreis über. Die Gesamthöhe ist 26 m, der spitzbogige Eingang liegt in 7,5 m Höhe. Entstanden ist er in der 1. Hälfte des 13. Jh. Die zugehörige Burganlage ist spurlos verschwunden, zerstört wurde sie vielleicht im 16. Jh. Der Turm, lange als Wachturm der Stadt Geislingen benutzt, brannte 1715 aus.

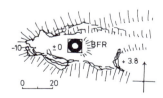

Ödt = Uda

Oelber

Gde. Baddeckenstedt-O..., Kr. Wolfenbüttel, Niedersachsen

Grundriß in: Kunstdkm. v. Braunschweig, Bd. 3.

Die nicht sehr große Wasserburg mit dem seltenen kreisrunden Grundriß ist mittelalterlich, jedoch im 16. Jh. stark verändert worden.

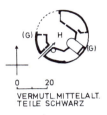

Oels — Oleśnica

(Kr.), Schlesien, Polen

Grundriß in: Kunstdkm. v. Polen, Wroclaw-Oleśnica, Grundmann, Bd. 2.

1247 ist ein Kastellan belegt. Die heutige Stadtburg wurde unter Konrad v. Oels um 1320 neu erbaut und 1542 d. Johann v. Podiebrad in ein Renaissance-Schloß umgebaut. Ihre Ringmauer ist rd. 2 m stark, der um 1580 erhöhte Bergfried hatte 10,3 m Durchmesser und 3 m starke Mauern.

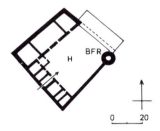

Öltishausen, Öttlishausen

Gde. Hohentann, Bz. Bischofszell, Kt. Thurgau, Schweiz

Grundriß in: Kunstdkm. d. Schweiz, Thurgau, Bd. 3, S. 427.

Gegründet wurde die Burg 1176, zerstört wurde sie 1406 und erst 1590 als Schloß wieder aufgebaut. Der Bergfried hat 9 m Seitenlänge mit 2,25 m Wandstärke.

Offlings

Gde. Wangen-Deuchelried, Kr. Ravensburg, Baden-Württemberg

Grundriß in: Kunstdkm. v. Baden-Württemberg, Wangen, S. 250.

Der isolierte Wohnturm des 14. Jh. ist wohl ein Burgrest. Er hat 7,5 m Seitenlänge und 4 Stockwerke in 13 m Traufhöhe, Ursprünglich 3 Stockwerke und 10 m Höhe sowie Hocheingang im 2. Stock.

Ohsen

Gde. Emmerthal-Hagenohsen, Kr. Hameln-Pyrmont, Niedersachsen

Grundriß in: Kunstdkm. v. Niedersachsen, Hameln-Pyrmont, S. 243.

Um 1200 wurde die Wasserburg auf einer Weser-Insel begonnen. Sie zeigt in ihrem Ostteil mittelalterlichen Bestand. Der Bergfried hat 9 m Seitenlänge und 2,5 m starke Wände.

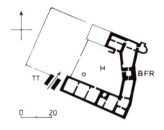

Okerturm

Gde. Goslar (Kr.)-Oker, Niedersachsen

Angaben in: Stolberg, S. 278.

Der Wohnturm wurde um 1400 zur Sicherung des Oker-Überganges erbaut, das obere Stockwerk ist aus Fachwerk.

Olbrück

Gde. Niederdürrenbach, Kr. Bad Neuenahr-Ahrweiler, Rheinland-Pfalz

Grundriß in: Kunstdkm. der Rheinprov., Bd. 17.1, S. 271; Cohausen, Nr. 168; Binding, S. 76.

Die Burg wurde um 1100 durch die Grafen v. Wied begonnen. Sie war Ganerbenburg. 1345 wurde sie ausgebaut, aus dieser Zeit stammt der Wohnturm. 1689 haben Franzosen die Burg zerstört. Der Wohnturm hat in 24 m Höhe 5 Stockwerke, er ist ca. 8,5x12,2 m groß und hat 1,5 m Wandstärke.

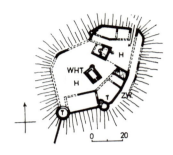

(Oldenburg)

Niedersachsen

Grundriß in: Ebhardt I, Abb. 123.

Die mittelalterliche Wasserburg wurde am Beginn des 17. Jh. in ein Schloß umgebaut. Ebhard versuchte eine Rekonstruktion des alten Grundrisses.

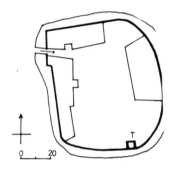

Oparn – Oparno

Gde. Lobositz-Lovosice, Bz. Leitmeritz-Litomerice, Nordböhmen, Tschechische Republik

Grundriß in: Menclovcá, S. 365.

Entstanden ist Oparn im 14. Jh. Urkundlich wird die Burg 1356 erwähnt. Sie ist im 17. Jh. verfallen. Ihre Ringmauer ist 2 m stark.

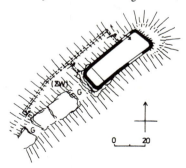

Oppeln — Opole

(Kr.), Schlesien, Polen

Grundriß in: Grundmann, S. 47.

Die Wasserburg wurde in Backstein von 1211–1217 errichtet, die Backstein-Ringmauer von 2 m Stärke ist jedoch erst nach dem Mongoleneinfall erbaut worden, also in der 2. Hälfte des 13. Jh. Der Bergfried, mit 11 m Durchmesser und 3,5 m starken Wänden, ist 40 m hoch, sein Eingang liegt 12 m über Niveau. Die Burg wurde im 19. Jh. teilweise abgebrochen.

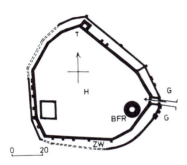

*Oppenheim, Landskrone

Kr. Mainz-Bingen, Rheinland-Pfalz

Grundriß in: Burgen u. Schlösser 1970-II.

Gegründet vielleicht noch im 11. Jh., wurde die Burg in der 2. Hälfte des 13. Jh. zerstört und wieder aufgebaut. Anfang des 15. Jh. wurde sie verstärkt, die Wohngebäude sind aus dem 16. Jh., 1689 wurde sie durch Franzosen zerstört. Die Ringmauer ist 1,9 m stark. Der Bergfried hat 8 m Durchmesser mit 15 m Wandstärke.

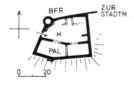

Oppenroth = Uprode

Orlamünde

Kr. Rudolstadt, Thüringen

Grundriß in: Mrusek II, Plan 76.

Die Grafen v. Orlamünde hatten im frühen Mittelalter in Thüringen große Bedeutung; von ihrer großen Burg ist ein mächtiger Palas übriggeblieben, der um 1050 entstanden ist. Er hat ca. 11x23 m Grundfläche und 2 m starke Mauern, sein Eingang liegt 10 m hoch.

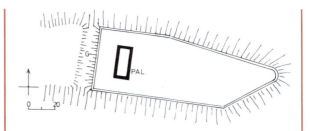

Orschweier

Ct. Guebwiller, Haut Rhin, Frankreich

Grundriß in: Salch, S. 229; Burgen d. Salierzeit, Bd. 2, S. 269.

Die Reste eines Wohnturmes aus der späten Salierzeit mit 1,7 m Wandstärke wurde 1971 ausgegraben. Die Ringmauer der Wasserburg, mit ca. 1,4 m Mauerstärke, ist in der 2. Hälfte des 13. Jh. errichtet worden. Die äußere Mauer mit den Rundtürmen stammt aus dem 15. Jh. 1722 wurde die Burg zerstört.

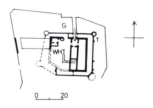

Ortenberg

Kr. Offenburg, Baden-Württemberg

Grundriß in: Kunstdkm. v. Baden, Bd. 7, S. 533; Burgen u. Schlösser in Mittelbaden, S. 384.

Der Adel »de Orthinberc« wird 1167 urkundlich erwähnt. Entstanden ist die Burg wohl um 1200; am Anfang des 15. Jh. wurde sie erweitert. 1680 wurde sie durch Franzosen zerstört. Im 19. Jh. wurde die Burg im Tudorstil wieder aufgebaut. Der Bergfried, mit Buckelquader-Mauerwerk, hat 8,4 m Seitenlänge und 2,15 m Wandstärke.

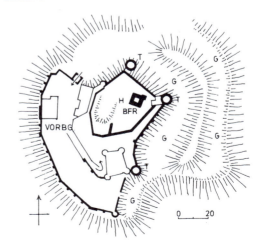

Ortenburg

Gde. Scherweiler, Ct. Sélestat, Bas Rhin, Frankreich

Grundriß in: Ebhardt I, S. 66; Hotz Z 21; Piper, Fig. 204; Kaltenbach, Nr. XXIII; Wolff, S. 257; Burgen u. Schlösser, 1972-II.

Die gesamte Burg ist um 1200 in einem Zug in frühgotischen Formen entstanden, ihr gegenüber liegt die Burg Ramstein →. 1633 wurde die Ortenburg durch Schweden zerstört. Die 1,7 m starke Mantelmauer ist 16 m hoch. Der Bergfried mit 10 × 11,3 maximalen Maßen ist 32 m hoch, hat 1,5 m Wandstärke, 6 Stockwerke und einen rundbogigen Eingang in 7 m Höhe.

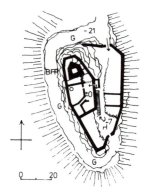

Ortenburg

Gde. Bautzen (Kr.), Sachsen

Grundriß in: Kunstdkm. v. Sachsen, Bd. 33, S. 171.

Die Burg geht auf Zeiten vor 1000 zurück. Die heutige Anlage ist spätgotisch und am Ende des 15. Jh. unter König Matthias Corvinus v. Ungarn und Böhmen erbaut und im 19. und 20. Jh. ist sie stark verändert worden.

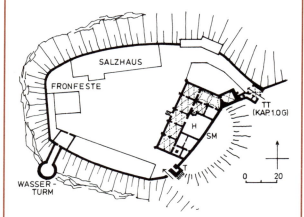

Ortenburg

Kr. Passau, Bayern

Grundriß in: Kunstdkm. v. Niederbayern, Bd. 14, S. 241.

Für das Schloß von 1567 diente die vorangegangene mittelalterliche Burg als Basis.

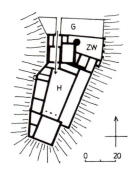

Ortenburg

Gde. Baldramsdorf, Bz. Spittal a. d. Drau, Kärnten, Österreich

Grundriß in: Kohla, S. 236; Burgen u. Schlösser in Kärnten, Bd. 3, S. 92; Piper, Österr., Bd. 4, S. 95.

Der Burgadel ist seit 1093 urkundlich bekannt. Die Burg wird 1124 erstmals erwähnt. Die Kapelle entstand 1379, im 14. Jh. wurde die Burg ausgebaut. Seit 1690 ist sie verfallen. Der kleine Bergfried mit nur 6 m Seitenlänge und 1,5 m Wandstärke ist romanisch, der große Bergfried mit 9 × 11 m Grundfläche und 2,5 m Wandstärke ist gotisch.

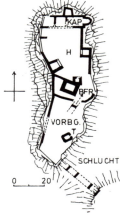

Ortenstein

Gde. Tumegl, Bz. Heinzenberg, Kt. Graubünden, Schweiz

Grundriß in: Ebhardt I, Abb. 358; Poschel, S. 193; Clavadetscher, S. 148.

Im Zentrum der Burg steht der Wohnturm mit 28 m Höhe und 7 Stockwerke aus der 1. Hälfte des 13. Jh. Er hat ca. 10,5 m Seitenlänge und 1,7 m Wandstärke. 1309 wurde die Burg erstmals urkundlich genannt, nach ihrer Zerstörung wurde sie 1451 wieder aufgebaut. Um 1720 wurde Ortenstein zum Schloß umgebaut.

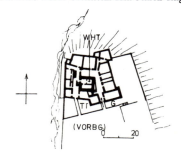

Ortenstein

Burggrafenamt Südtirol, Italien

Angaben in: Trapp, Bd. 2, S. 115.

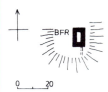

Der Bergfried ist der Rest einer Burg, die 1313 urkundlich genannt wurde. Er wurde im 14. Jh. verstärkt und hat seitdem die Maße 8 × 13 m mit 2 × 1,5 = 3 m Mauerstärke. Seit 1626 diente er als Pulverturm und ist später verfallen.

Ort, Seeschloß

Gde. Altmünster, Bz. Gmünden, Oberösterr., Österreich

Grundriß in: Kunstdkm. v. Niederbayern, Bd. 3, S. 57.

Die Wasserburg liegt auf einer Insel im Traunsee. »Haertnidus de Ort« erscheint 1110 urkundlich. Die Wasserburg, 1626 in ein Schloß umgebaut, ist in ihrem Bestand gotisch, also nach 1400. Ihre Ringmauer mit 1,5 m und die Schildmauer mit 2,2 m Stärke, der Torturm und die Kapelle stammen aus dieser Zeit.

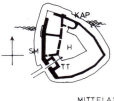

MITTELALTERL. BAUTEILE SCHWARZ

Orth

Bz. Gänserndorf, Niederösterr., Österreich

Grundriß in: Burgen u. Schlösser, 1973-I.

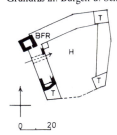

Die Wasserburg wurde im 16. Jh. in ein Schloß verwandelt. Ihr Ursprung liegt um 1200. Sie wurde 1446 und 1529 zerstört und jeweils wieder aufgebaut. Im Westteil stecken mittelalterliche Teile. Der Bergfried hat 8,5 × 9 m Grundfläche und 1,7 m Mauerstärke.

Oschatz = Wüstes Schloß

Oschersleben

(Kr.), Sachsen-Anhalt

Grundriß in: Wäscher, Bd. 128.

Das Castrum wird 1205 urkundlich erwähnt, der Bergfried wurde abgebrochen, die große Wasserburg ist nach dem Mittelalter Gutshof geworden.

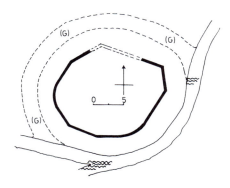

Osterburg

Gde. Bischofsheim, Kr. Rhön-Grabfeld, Bayern

Grundriß in: Kunstdkm. v. Bayern, Unterfranken, Bd. 22, S. 146.

Die recht große Burg ist um 1200 erbaut worden. 1270 wurde sie durch Fulda zerstört. 1897 wurde sie ausgegraben. Der Bergfried hat 13,5 m Durchmesser mit 2 m Wandstärke, könnte mit rd. 65 m² Innenfläche ein Wohnturm gewesen sein. Die Ringmauer ist 1,1 m stark.

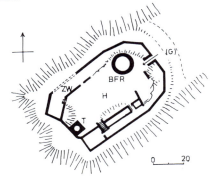

Osterburg

Gde. Haunoldstein, Bz. St. Pölten, Niederösterr., Österreich

Grundriß in: Burgen u. Schlösser in Niederöstrr., Bd. II/2, S. 45; Piper, Österr., Bd. 5.

Erbaut wurde die Kernburg um 1200; erweitert wurde sie um 1400 und im 16. Jh.; verfallen ist sie nachdem sie im 17. Jh. verlassen worden war. Der außerhalb der Kernburg liegende Bergfried soll der älteste Teil der Burg sein. Er hat 10 m Durchmesser und 2 m starke Wände.

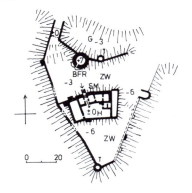

Osterburg

Gde. Henfstädt, Kr. Hildburghausen, Thüringen

Grundriß nach Aufnahme F.-W. Krahe, 1991.

Die Burg wird 1187 erstmals erwähnt, 1268 kommt sie in den Besitz der Grafen v. Henneberg. 1525 wird sie zerstört. Der Bergfried hat 7 m Seitenlänge und 2 m Wandstärke.

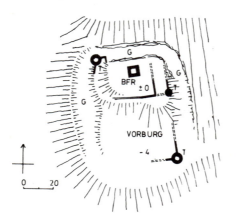

Osterfeld

Kr. Weißenfels, Sachsen-Anhalt

Grundriß in: Kunstdkm. d. Prov. Sachsen, Bd. 3, S. 43.

Erwähnt wurde die Burg 1198. Sonst ist nichts bekannt. Der Bergfried hat 7 m Durchmesser mit 1,5 m Wandstärke.

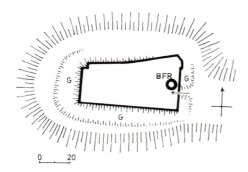

Osternohe

Gde. Schnaittach-O..., Kr. Lauf, Bayern

Grundriß in: Kunstdkm. v. Bayern, Mittelfrk., Bd. 11.

Um 1200 wurde die Burg erbaut, 1553 wurde sie zerstört. Der Bergfried mit nur 5 m Seitenlänge hat 1,2 m dicke Wände, er steht auf einem Felsblock.

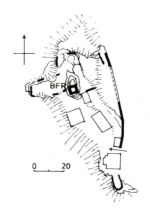

Osterode

(Kr.), Niedersachsen

Grundriß nach Aufnahme F.-W. Krahe, 1986.

Erbaut wurde die Burg um 1130, 1512 verlassen. Der mächtige Bergfried hat 15,5 m Durchmesser und ca. 3,5 m Wandstärke. Er könnte, bei Verringerung der Wandstärke in den oberen Stockwerken ein Wohnturm gewesen sein.

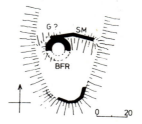

Osterstein

Kr. Greiz, Thüringen

Grundriß in: Kunstdkm. v. Thüringen, Bd. 23.

Der Bergfried von ca. 1200 ist der Rest einer Burg, der im Schloß steht.

Ottenhausen

Gde. Steinheim-O..., Kr. Höxter, Nordrhein-Westfalen

Angaben in: Mrusek II, S. 143.

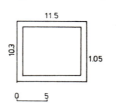

Der mittelalterliche Wohnturm hatte ursprünglich 3 Stockwerke.

Ottenstein

Bz. Zwettl, Niederösterr., Österreich

Grundriß in: Österr. Kunsttop. Bd. 8, S. 68.

Der Bergfried im Zentrum der Burg aus dem 12. Jh. ist nun ein Treppenturm. Er hat 10 m Seitenlänge und 2,5 m Wandstärke. Wesentliche Teile der Burg stammen aus dem Umbau zum Schloß nach 1520.

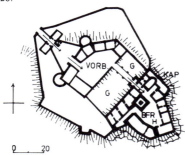

Ottersbühl = Neuburg

Ottmachau – Otmuchów

Kr. Grottkau – Grodkow, Schlesien, Polen

Grundriß in: Grundmann, S. 59.

Die recht ansehnliche Burg wurde 1295 nach einer Zerstörung wieder aufgebaut. Ende des 16. Jh. wurde sie zu einem Wohnschloß umgebaut. 1820 kam Schloß Ottmachau als Dotation an Wilhelm v. Humboldt, den preußischen Staatsmann. Die Ostseite der Anlage wurde abgebrochen. Die Ringmauer ist 2 m stark. Der Bergfried ist 10×7 m groß.

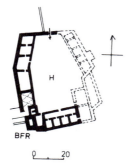

Ottrott

Ct. Rosheim, Bas Rhin, Frankreich

Grundriß in: Salch, S. 239.

Entstanden ist die Turmburg am Ende des 12. Jh. Ausgegraben wurde sie 1858. Der Wohnturm hat 14×17 m Grundfläche mit 1,7 m Wandstärke.

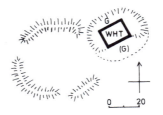

Otzberg

Kr. Darmstadt, Hessen

Grundriß in: Hotz Z 24; Kunstdkm. v. Hessen, Dieburg, S. 253.

Die Burg ist wohl im 13 Jh. erbaut worden. Urkundlich erwähnt wird sie allerdings erst 1332. Ihre heutige Form erhielt sie erst im 16. Jh., als sie festungsartig ausgebaut wurde. 1826 wurde sie teilweise abgebrochen. Im 19. Jh. wurde sie romantisierend wiederhergestellt. Der 14 m hohe Bergfried ist konisch, er hat 2 Stockwerke, sein Einstieg liegt in 8 m Höhe, er hat 10,5 m Durchmesser und 4 m Mauerstärke, in der die Treppe läuft. Die Ringmauer ist 1,8 m stark.

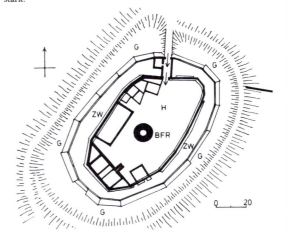

Oybin

Kr. Zittau, Sachsen

Grundriß in: Kunstdkm. v. Sachsen, Bd. 29, S. 162.

Gegründet wurde die Burg in der Mitte des 13. Jh., 1316 wurde unter Heinrich v. Leipa erneuert. Unter Karl IV. entstand der lange Nordbau. 1336 wurde die Burg ein Kloster. 1577 wurde sie durch einen Brand zerstört. Der Wohnturm mit rund 9 m Seitenlänge und 1,2 m Wandstärke hatte ursprünglich 4 Stockwerke.

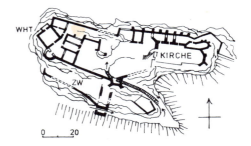

Padberg

Gde. Marsberg-P..., Hochsauerlandkr., Nordrhein-Westfalen

Grundriß in: Kunstdkm. v. Westfalen, Brilon, S. 100.

Die rechteckige Burg hat 2 m starke Ringmauern. Der Bergfried hat 6 m Seitenlänge und knapp 2 m Wandstärke. Daten sind nicht bekannt.

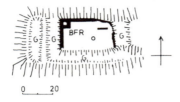

Padnal

Gde. Susch, Bz. Inn, Kt. Graubünden, Schweiz

Grundriß in: Clavadetscher, S. 197.

Spärliche Reste einer Burg mit 2 m starken Mauern, über die keine Daten bekannt sind.

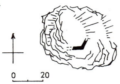

Painburg, Lichtengraben

Gde. Lichtengraben, Bz. Wolfsberg, Kärnten, Österreich

Grundriß in: Burgen u. Schlösser in Kärnten, Bd. 1, 2. Aufl. S. 161.

Die ursprüngliche alte Anlage wurde am Beginn des 15. Jh. neu erbaut. Der Bergfried hat 6,5 m Durchmesser und 1,65 m Mauerstärke, in der die Treppe liegt. Die Wasserburg wurde im 18. Jh. Ruine.

Pallaus

Gde. Sarns, Sarntal, Südtirol, Italien

Grundriß in: Trapp, Bd. 4, Abb. 45.

Entstanden ist das Burgschloß Ende des 15. Jh. Im Kern steht ein Wohnturm mit 9 × 10 m Grundfläche und 1,2 m Wandstärke, er hat 6 m in 23 m Gesamthöhe.

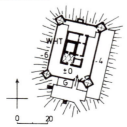

Palterndorf

Bz. Gänserndorf, Niederösterr., Österreich

Angaben in: Burgen u. Schlösser in Niederösterr., Bd. 13.

Der gotische Wohnturm ist wohl Ende des 14. Jh. entstanden. Er hat 4 Stockwerke in 17 m Gesamthöhe.

Pansin

Kr. Stargard, Pommern, Polen

Grundriß in: Kunstdkm. v. Pommern, Bd. 2.8, S. 65; Ebhardt I, Abb. 120.

Die Wasserburg ist auf einer Insel erbaut worden. Der Burgadel wird 1285 urkundlich genannt, die Burg 1320. Bergfried und Ringmauer sind aus dem 14. Jh. Im 19. Jh. wurde sie neugotisch verändert. Die Ringmauer ist 1,7–2,0 m stark. Der Bergfried hat 11 m Seitenlänge und 3,5 m Wandstärke, er wechselt auf 10 m Höhe in eine runde Form.

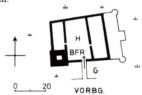

Pappenheim

Kr. Weißenburg-Gunzenhausen, Bayern

Grundriß in: Kunstdkm. v. Bayern, Mittelfrk., Bd. 5, S. 365.

Die Stammburg der Grafen v. Pappenheim wird urkundlich 1214 erstmals genannt. Die Grafen sind seit dem 12. Jh. bekannt, ihre Burg entstand um die Mitte des 12. Jh. Die Vorburg wurde im 14. Jh. erbaut, die Zwingeranlage im 16. Jh. Die Burg – noch immer im Besitz der Pappenheimer – ist irgendwann im 18. Jh. verfallen. Ihre Ringmauer ist mit 1 m Stärke vergleichsweise schwach, der Buckelquader-Bergfried mit 11 m Seitenlänge und 3 m dicken Wänden ist 22 m hoch und hat 4 Stockwerke und den Eingang in 7 m Höhe.

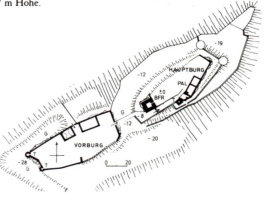

Parchwitz – Prochovice

Kr. Liegnitz – Legnica, Schlesien, Polen

Grundriß in: Zamke w Polsce.

Der Burgadel wird 1255 urkundlich genannt. Aber erst am Anfang des 14. Jh. ist die Holzburg durch die Wasserburg aus Backsteinen ersetzt worden. Sie wurde im 16. Jh. zum Renaissance-Schloß umgebaut. Der Bergfried hat eine Grundfläche von 7 × 8 m mit 2 m dicken Wänden.

Parkstein, Hohenparkstein

Kr. Neustadt/Waldnaab, Bayern

Grundriß in: Burgwart, 1929, S. 99.

Eine Burg, vermutlich eine Holzanlage, ist 1052 zerstört worden. Die Herren v. Parkstein als Ministerialen der Grafen v. Sulzbach werden erst im 12. Jh. in Urkunden erwähnt. Vermutlich wurde die Burg im 12. Jh. erbaut, die Vorburg wesentlich später. Nach 1759 wurde sie abgebrochen.

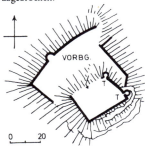

Parsberg

Kr. Neumarkt, Bayern

Grundriß in: Kunstdkm. v. Bayern, Oberpfalz, Bd. 4, S. 190.

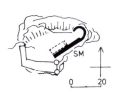

Das »castrum Bartesperch« wird 1205 erstmals urkundlich genannt. Die Burg war bis 1730 der Sitz des späteren Grafen v. Parsberg. Oberhalb des Schlosses sind Reste der Burg mit einer Buckelquader-Schildmauer von 2 m Stärke erhalten. Die obere Burg wurde wohl um 16. Jh. verlassen.

Partenfeld

Gde. Thurnau-Hutschdorf, Kr. Kulmbach, Bayern

Grundriß in: Kunstmann »Burgen am Obermain«, S. 200.

Der Rest eines mittelalterlichen Wohnturmes auf einer Motte wurde 1967 endgültig abgebrochen. Er hatte vermutlich 10 m Seitenlänge.

Partenstein

Main-Spessart-Kr., Bayern

Grundriß in: Kunstdkm. v. Bayern, Unterfrk., Bd. 9.

Die rechteckige Kastellburg mit einer Ringmauer von ca. 1,5 m Stärke ist wohl im 13. Jh. erbaut worden. Sie wurde 1633 durch Schweden zerstört und im 19. Jh. weitgehend abgebrochen. Der Grundriß stellt den Zustand vor dem Abbruch dar.

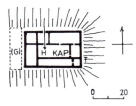

Pasples = Alt Sins

Passau – Oberhaus

Bayern

Grundriß in: Kunstdkm. v. Niederbayern, Bd. 3, S. 411; Dehio-Niederbayern, S. 539.

Die Bischofsburg wurde 1219 begonnen, aus dieser Zeit gibt es nur wenige Reste. Der Torturm der Vorburg entstand im 14. Jh. Im 15. und 16. Jh. wurde aus der Burg eine schloßartige Residenz, die bis ins 19. Jh. immer wieder umgebaut wurde.

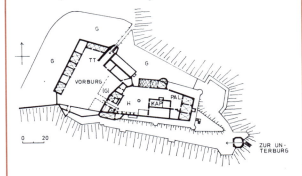

Passau – Unterhaus

Bayern

Grundriß in: Kunstdkm. v. Niederbayern, Bd. 3, S. 430.

Die Unterburg, quasi ein Vorwerk der Oberburg, wurde im 14. Jh. erbaut. 1435 wurde sie zerstört und wieder aufgebaut. Um- und Zubauten fanden bis ins 19. Jh. statt. Der Zusammenfluß von Donau und Ilz bot eine ideale Lage.

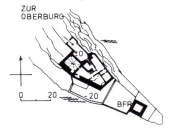

Payrsberg

Gde. Nals, Burggrafenamt Südtirol, Haben

Grundriß in: Weing.-Hörm., S. 377; Piper, Österr., Bd. 5, S. 116.

Die Burg wurde im 1. Drittel des 13. Jh. erbaut. Auf ihr saßen die Payr, Ministeriale der Grafen v. Eppan. 1244 wird Payrsberg erstmals urkundlich genannt. Um 1560 wird die Anlage schloßartig ausgebaut, das östliche Tor ist aus dieser Zeit. Seit 1890 war die teilweise verfallene Burg Gaststätte. Der Burgfried mit maximal 7 × 8 m Seitenlänge und 1,6 m Mauerstärke ist ca. 18 m hoch.

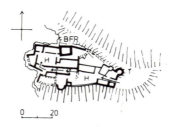

Peggau

Bz. Graz-Umland, Steiermark, Österreich

Grundriß in: Piper, Österr., Bd. 5, S. 103.

Der Burgadel ist seit dem 12. Jh. bekannt. Die Kapelle wird 1404 schriftlich erwähnt. Anfang des 19. Jh. setzt der Verfall ein. Auffallend ist der fünfeckige Küchenbau. Der Bergfried hat 8 m Seitenlänge und 1,7 m dicke Mauern.

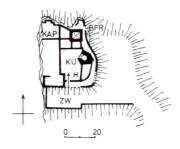

Peilstein = Sattelnpeilstein

Penk, Mölltheuer

Gde. Reißeck-P..., Bz. Spittal a. d. Drau, Kärnten

Grundriß in: Kohla, S. 218.

»Heinricus de Pench«, ein Ministeriale der Grafen v. Görz wird 1234 bezeugt. Die recht kleine Burg wurde im 16. Jh. umgestaltet. Sie ist stark zerfallen. Der Bergfried hat ca. 10 m Seitenlänge und 1,8 m starke Mauern, er hat 3 Stockwerke und könnte ein Wohnturm gewesen sein.

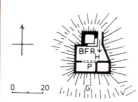

Perchtoldsdorf

Bz. Mödling, Niederösterr., Österreich

Grundriß in: Sammlung Kreutzbruck.

Die Herzogsburg wurde in der 1. Hälfte des 14. Jh. erbaut. Sie wurde nach Zerstörungen 1465 und 1483 wieder aufgebaut. In ihren geräumigen Hof wurde nach dem Mittelalter eine Kirche gesetzt. Der Wohnturm von 13 × 13 m Grundfläche mit 2 m dicken Wänden wurde im 15. und 16. Jh. aufgestockt.

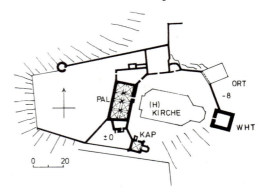

Perchtoldstein = Bertholdstein

Perfiden

Gde. Rickenbach, Kt. Schwyz, Schweiz

Grundriß in: Mitteilungen des histor. Vereins Schwyz, 52/1957.

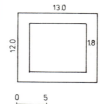

Der recht große Wohnturm wurde 1217 erwähnt und 1339 zerstört. Ausgegraben hat man ihn 1957.

Perleburg

Gde. Kindsbach-P..., Kr. Kaiserslautern, Rheinland-Pfalz

Grundriß in: Kunstdkm. v. Bayern, Pfalz, Bd. 9, S. 417.

Der Buckelquader-Bergfried ist der Rest einer Burg aus der Zeit um 1200.

Perneck = Pernegg

Pernecker Turm

Gde. Baumkirchen, Bz. Schwaz, Tirol, Österreich

Grundriß in: H. Ötte »Die Ansitze von Hall in Tirol«, S. 73

v. Baumkirchen wird seit 1223 in Urkunden faßbar. Sie sind wohl die Erbauer des Wohnturmes.

Pernegg, Perneck, Alt Perneck

Bz. Bruck, Steiermark, Österreich

Grundriß in: Piper, Österr., Bd. IV, S. 2.

Die angeblich im 12. Jh. begonnene Burg wurde 1248 zerstört und dann wieder aufgebaut. Am Anfang des 16. Jh. ist sie verfallen.

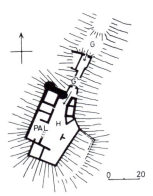

Pernstein – Pernštejn

Gde. Nedwitz – Nedvědice, Bz. Brünn-Nord, Südmähren, Tschechische Republik

Grundriß in: Piper, Österr., Bd. 6, S. 179.

Die Burg wird erstmals 1174 schriftlich erwähnt. 1415 wird sie erweitert und 1460–1522 vollendet. 1962 wurde sie wiederhergestellt. Der tropfenförmige Bergfried hat 11 m Durchmesser und 3 m Wandstärke.

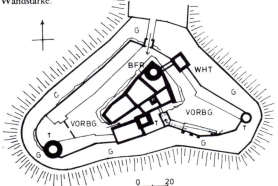

Petersberg

Gde. Friesach, Bz. St. Veit, Kärnten, Österreich

Grundriß in: Dehio, Kärnten, S. 131; Kohla, S. 243; Piper, Österr., Bd. 8, S. 97.

Die ehemalige salzburgische Bischofsburg wurde unter Erzbischof Gebhard (1060–1088) begonnen und unter Erzb. Konrad (1106–1146) erweitert. Sie bildet eine Gruppe mit der Burg Lavant →. Die große Burg ist bis ins 15. Jh. erweitert worden. Im Kern wurden in der Renaissance Wohnbauten errichtet. Im 18. Jh. ist die Burg verfallen. Der große Wohnturm, mit 10×15 m Grundfläche und 1,5 m Mauerstärke, hat bei 24 m Gesamthöhe 5 Stockwerke, die Kapelle liegt im 4.

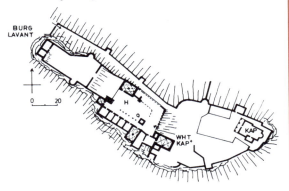

Petersberg, St. Petersberg

Gde. Sils, Bz. Imst, Tirol, Österreich

Grundriß in: Weing.-Hörm., S. 126; Trapp, Bd. 7, S. 348.

1166 wird die Burg als »castrum novum« im Besitz Heinrichs d. Löwen urkundlich genannt. Auf dem romanischen Kern wurde sie um 1500 weitgehend neu errichtet. 1857 wurde sie durch Brand beschädigt. 1966–1973 wurde sie renoviert. Ihre Ringmauer ist 1,8 m stark, der Bergfried mit ca. 9 m Seitenlänge und 1,6 m Mauerstärke hat 4 Stockwerke, der Eingang liegt im 2.

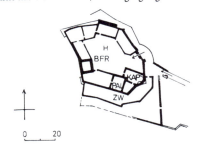

Petershöhle

Gde. Beuron, Kr. Sigmaringen, Baden-Württemberg

Grundriß in: Schmitt, Bd. 3, S. 223.

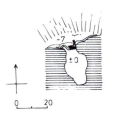

Bei Ausgrabungen in der Höhlenburg hat man Funde aus dem 12. und 13. Jh. geborgen.

Petschau – Bedčov nad Teplou

Kr. Karlsbad – Karlovy Vary, Westböhmen, Tschechische Republik

Grundriß in: Kunstdkm. v. Böhmen-Marienbad.

Der Kern der Burg wurde am Ende des 14. Jh. begonnen, sie wurde im 15. Jh. erweitert und später umgebaut. Der Bergfried mit rd. 11,5 m Durchmesser wurde 1623 abgetragen. Sicherungsarbeiten fanden im 19. Jh. statt. Im 18. Jh. wurde sie verlassen.

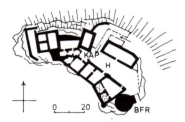

Pettingen

Ct. Mersch, Luxemburg

Grundriß in: Bour, Bd. 2, Anhang.

Der Burgadel wird 1243 erstmals bekannt. 1498 wurde die Wasserburg durch Kaiser Maximilian I. zerstört und 1503 wieder aufgebaut. Die Eckbastionen erhielt sie 1571, 1648 wurde sie durch Franzosen zerstört.

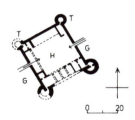

Pfäffikon

Bz. Einsiedeln, Kt. Schwyz, Schweiz

Grundriß in: Kunstdkm. d. Schweiz, Schwyz, Bd. 1., S. 301.

Zwischen 1233 und 1266 ließ Abt Anselm v. Schwanden die Burg errichten, der Turm wurde im Lauf der Zeit verändert. Er besitzt 12,3 m Seitenlänge, 13 m Höhe mit 2,3 m Mauerstärke im EG und 1,4 m im obersten Stockwerk. Er hat 4 Stockwerke, der Eingang liegt im 2. Stock, im obersten Stockwerk gibt es einen Aborterker.

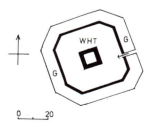

Pfäffingen, Pfeffingen

Bz. Arlesheim, Kt. Basel-Ld., Schweiz

Grundriß in: Ebhardt I, Abb. 723; Kunstdkm. d. Schweiz, Basel-Ld., Bd. 1, S. 402; Meyer, Bd. 7, S. 25; Meyer-Regio, S. 114.

Der Burgadel wird 1135 urkundlich genannt. Vermutlich gab es eine Vorgängerburg, die heutige Anlage ist aus dem 13. Jh. Sie wurde 1365 durch das Erdbeben beschädigt und repariert und erhielt im späten Mittelalter Zwinger und Torbauten. Seit 1606 verlassen, diente sie zeitweilig als Steinbruch. Der rd. 20 m hohe Wohnturm ist einmalig; er hat 1,2 bis fast 3 m dicke Wände, maximal ist er 21 Meter lang und 19 m breit. Er besitzt 4 Stockwerke. Die Buckelquader seiner Außenwand stammen von einer älteren Anlage.

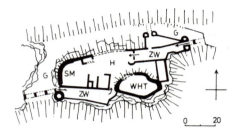

Pfaffenhofen, Schweppermannsburg

Gde. Kastl, Kr. Amberg-Sulzbach, Bayern

Grundriß in: Kunstdkm. v. Bayern, Oberpfalz, Bd. 17, S. 236.

Anfang des 12. Jh. war die Burg im Besitz der Grafen v. Kastl-Sulzbach. Im 14. Jh. zeitweilig Eigentum derer v. Schweppermann. 1633 wurde sie durch Schweden zerstört. Die Ringmauer ist 1 m dick; der 17 m hohe Bergfried hat 3 Stockwerke, der Eingang liegt 8 m über Niveau, seine Grundfläche ist 8 m im Quadrat.

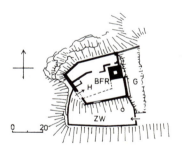

Pfaffenweiler

Gde. Amtzell-Herfatz, Kr. Ravensburg, Baden-Württemberg

Grundriß in: Nessler, Bd. 2, S. 124.

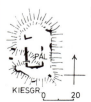

Entstanden ist die Burg im 13. Jh., am Ende des 19. Jh. ist sie verfallen.

Pfaffnau

Bz. Willisau, Kt. Luzern, Schweiz

Grundriß in: Thüer, S. 225.

Am Ende des 12. Jh. ist die recht kleine Burg erbaut woden, nach 1349 ist sie verfallen.

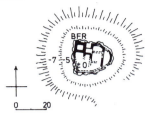

Pfalzel

Gde. Trier-P..., Rheinland-Pfalz

Grundriß in: Kunstdkm. d. Rheinprov., Bd. 15.2, S. 308

Die erzbischöfliche Wasserburg ist durch Ausbau einer römischen Anlage 1131 entstanden. Der Torturm stammt aus dem 14. Jh., 1552 wurde Pfalzel zerstört und wieder aufgebaut, 1673 wurde sie durch Franzosen zerstört. Ihre Reste sind in fremden Gebäuden verbaut. Der Wohnturm mit 10 m Seitenlänge und 2 m Mauerstärke hat 3 Stockwerke und 10,5 m Höhe.

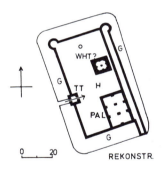

Pfalzgrafenburg

Gde. Maria Laach, Kr. Mayen-Koblenz, Rheinland-Pfalz

Grundriß in: Burgen d. Salierzeit, Bd. 2, S. 13.

Die salische Anlage auf einer Halbinsel im Laacher See wurde im 11. Jh. gegründet. Zerstört wurde sie 1112; der Wohnturm hat 8 m Seitenlänge und 1,5 m Wandstärke.

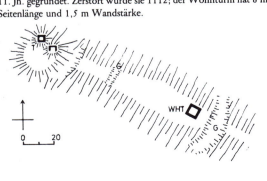

Pfalzgrafenstein

Gde. Kaub, Rhein-Lahn-Kr., Rheinland-Pfalz

Grundriß in: Dehio, Rheinland-Pfalz, S. 353; Hotz Z 15; Piper, Fig. 561; Ebhardt I, Abb. 42; Cohausen, Nr. 165.

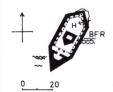

Begonnen wurde die Zollburg unterhalb von Gutenfels → durch König Ludwig d. Bayer. Die Ringmauer ist spätgotisch, sie ist 2,6 m stark und 6,5 m hoch. Der Bergfried, mit 8,5 m Breite und 9,5 m Länge, hat 2 m Mauerstärke; er ist 17 m hoch und hat 6 Stockwerke.

Pfalzpeint

Gde. Walting-O..., Kr. Eichstätt, Bayern

Grundriß in: Kunstdkm. v. Bayern, Mittelfrk., Bd. 2, S. 261.

Der romanische Bergfried ist der Rest eines Edelhofes des 13. Jh., er hat einen Eingang in 6 m Höhe.

Pfannberg

Gde. Frobnleiten, Bz. Graz-Umld., Steiermark, Österreich

Grundriß in: Piper, Österr., Bd. 3, S. 146.

Urkundlich wird sie 1213 erwähnt, gegründet wird sie wohl um 1200. Zubauten erfolgen im 13. und 14. Jh. Seit dem 16. Jh. ist sie verfallen. Der siebeneckige Bergfried ist eine Seltenheit, er hat maximale Breite von 10,5 und 11,5 m, 4 Stockwerke und 21,5 m Höhe.

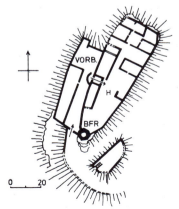

Pfannenberg = Hohenbregenz

Pfannenstiel

Gde. Beuron, Kr. Sigmaringen, Baden-Württemberg

Grundriß in: Zingeler/Buck; Streng, S. 48; Schmitt, Bd. 3, S. 284.

Erbaut wurde die Burg zwischen 1250 und 1300. 1476 war sie bereits Burgstall. Der Grundriß ist nach Schmitt dargestellt. Der Wohnturm ist 12 m breit und 21,6 m lang, die Mauerstärke ist 2,5 m.

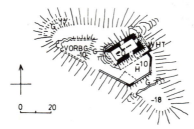

Pfarrhof

Gde. Falkenstein, Bz. Mistelbach, Niederösterr., Österreich

Grundriß in: Burgen u. Schlösser in Niederösterr., Bd. 13.

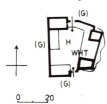

Der mittelalterliche Rittersitz wurde später Pfarrhof. Der Wohnturm mit 10×11 m max. Dimensionen hat 3 Stockwerke und 10 m Höhe. Die Treppe liegt in 1,3 m starkem Mauerwerk.

Pfarrköpfchen

Gde. Stromberg, Kr. Bad Kreuznach, Rheinland-Pfalz

Grundriß in: Burgen u. Schlösser 1988-II.

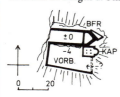

Die Burg wurde im 12. Jh. errichtet, die Doppelkapelle ist vielleicht vom Ende des 12. Jh. Zerstört wurde sie vielleicht schon Mitte des 13. Jh. Der Bergfried ist 12,5 m breit und zur Spitze 11,5 m lang.

Pfeffingen = Pfäffingen

Pfirt, Hohenpfirt, Ferette

Ct. Ferette, Haut Rhin, Frankreich

Grundriß in: Kaltenbach, Nr. XI; Wolff, S. 141; Mayer-Regio, S. 47.

Von den Bauten der ersten Erwähnung von Pfirt um 1100 ist nichts erhalten. Die ältesten Bauteile stammen aus der Mitte des 12. Jh.

Nach 1125 ist Pfirt Sitz der gleichnamigen Grafen. Im Verlauf des 12. und 13. Jh. wurde die Burg allmählich auf den heutigen Umfang gebracht. Außer den Grafen lebten auch Dienstmannen, im späten 12. Jh. ist ein Heinrich v. Pfirt v. Turm genannt, vermutlich in der Unterburg. 1324 kommt Pfirt an Österreich. Im 17. Jh. ist sie verfallen. Der dargestellte Grundriß ist von Mayer und weicht extrem von Kaltenbach und Wolff ab. Der Bergfried der Unterburg hat 11,5 m Seitenlänge.

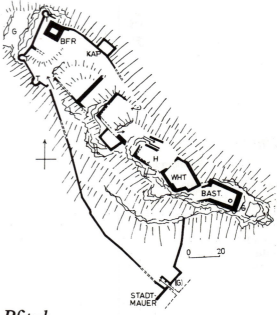

Pfitsch

Eisacktal (Wipptal), Südtirol, Italien

Angaben in: Trapp, Bd. 3, S. 98.

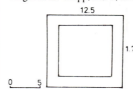

Der Wohnturm aus dem 13. Jh. mit 3 Stockwerken wurde 1951 durch eine Lawine stark in Mitleidenschaft gezogen und leider ziemlich willkürlich wiederhergestellt.

Pflintsberg

Gde. Altaussee, Bz. Liezen, Steiermark, Österreich

Grundriß in: Piper, Österr., Bd. 1, S. 175.

Erbaut wurde die Burg 1230, im 18. Jh. ist sie verfallen.

Pflixburg, Plixburg

Gde. Wintzenheim (Ct.), Haut Rhin, Frankreich

Grundriß in: Salch, S. 249; Kaltenbach, Nr. XXV; Wolff, S. 276; Burgen u. Schlösser, 1960-I; Hotz-Pfalzen, Z 68.

Der Grundriß bei Wolff weicht erheblich von Salch und Kaltenbach, dem hier gezeigten ab. Erbaut wurde die Burg wohl Anfang des 13. Jh. Mitte des 15. Jh. wurde sie zerstört. Ihre Ringmauer ist 1,8 m dick; der Bergfried hat 9 m Durchmesser und 3 m Wandstärke; 9 m über Niveau liegt der rundbogige Eingang.

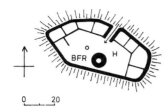

Pfohren, Entenburg

Gde. Donaueschingen-P..., Schwarzwald-Baar-Kr., Baden-Württemberg

Grundriß in: Burgen im südl. Baden, S. 135.

1471 wurde das »hus zu Pforren« erbaut. Prominentester Gast des Wasserschlosses der Grafen v. Fürstenberg war Kaiser Maximilian I. 1871 wurde die Burg umgebaut.

Pforzheim

(Kr.), Baden-Württemberg

Grundriß in: Kunstdkm. v. Baden, Bd. 9.6, S. 287.

Der hier wiedergegebene Grundriß stammt aus der Zeit vor 1763 als die Stadtburg abgebrochen wurde. Erhalten ist nur noch der Wohnturm des 13. Jh. mit 11,4 × 15,6 m Grundfläche und 3,6 m Wandstärke.

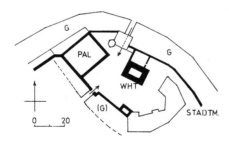

Pfraumberg – Přimda

Bz. Tachau-Tachow, Westböhmen, Tschechische Republik

Grundriß in: Ebhardt II/2, S. 390; Holz-Pfalzen, Z 119; Menclová, S. 104.

Die Burg besteht vor allem aus dem repräsentativen Wohnturm, der vor 1121 entstanden sein muß. Der dargestellte Grundriß ist nach Menclová gezeichnet, Ebhardt stellt ihn sehr verschieden dar. Der Wohnturm mit 15,5 m Seitenlänge hat Mauerstärken von 3,6 und 2,4 m in seinen 3 Stockwerken. Der Eingang liegt im 2. Stockwerk.

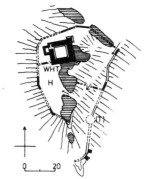

(Pfungen)

Bz. Winterthur, Kt. Zürich, Schweiz

Grundriß in: Archiv d. Deutschen Burgenvereinigung; Hartmann, S. 32.

1322 wurde die Burg urkundlich erwähnt. 1876 wurde sie für einen Bahnbau abgebrochen. Der Bergfried hatte 10,7 m Seitenlänge und 3,2 m Wandstärke.

Philippstein

Gde. Braunfels-P..., Lahn-Dill-Kr., Hessen

Grundriß in: Kunstdkm. im Reg.-Bz. Wiesbaden, Bd. 3, S. 63.

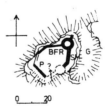

Erbaut wurde die kleine Burg erst 1390, am Beginn des 16. Jh. war sie noch bewohnt, wann sie aufgegeben wurde, ist unbekannt. Der Bergfried hat 8 m Durchmesser mit 2 m dicken Mauern, sein Eingang liegt 7 m hoch. Die Schildmauer mit 2,2 m Stärke ist ebenfalls 7 m hoch.

Piberstein

Gde. Ahorn, Bz. Rohrbach, Oberösterr., Österreich

Grundriß in: Burgen u. Schlösser in Oberösterr., Bd. 1, S. 7; Ulm, »Das Mühlenviertel«, S. 160; Piper, Österr., Bd. 6.

»Ruger dy Pyber v. Biberstain« wird 1285 urkundlich genannt. Die Kernburg ist wohl aus der Zeit um 1275. Die Vorburg und Zwinger wurden im 15. und 16. Jh. errichtet. Seit 1964 ist Piberstein wieder hergestellt worden. Der ca. 7,5 m Seitenlänge messende Bergfried liegt auf einem Felsblock.

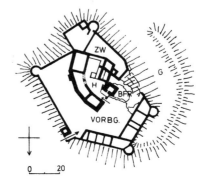

Pichl

Bz. Tamsweg, Salzburg, Österreich

Grundriß in: Österr. Kunsttop., Bd. 20, S. 154.

Entstanden ist die Anlage, vermutlich ein Wohnturm mit 14,5 × 16,2 m Grundfläche und rd. 1,2 m starken Wände im 13. Jh., »de Pühel« wird 1282 urkundlich genannt. Der Bau hatte 3 Stockwerke. Wann die Zerstörung stattfand, ist unbekannt.

Pirkenstein

Gde. Bad St. Leonhard, Bz. Wolfsberg, Kärnten, Österreich

Grundriß in: Burgen u. Schlösser in Kärnten, Bd. 1, 2. Aufl., S. 167.

1329 ist »Pirichenstain« urkundlich genannt. Der Wohnturm ist um 1320 entstanden, besaß 4 Stockwerke, die Grundfläche ist 9,3 × 9,15 m mit 1,7 – 2,1 m Wandstärke, die im 2. und 3. Stockwerk um jeweils 25 cm dünner wird, dennoch war die Wohnfläche nicht üppig. Erhalten ist der Turm mit rd. 13 m Höhe, der Eingang dürfte bei 4,5 m Höhe gelegen haben.

Pirna

(Kr.), Sachsen

Grundriß in: Kunstdkm. v. Sachsen, Bd. 1.

Die Burg an der Stadtmauer wird 1269 erstmals erwähnt. 1485 wird sie zerstört und im 16. Jh. wieder aufgebaut. Im 19. Jh. ist sie stark verändert worden.

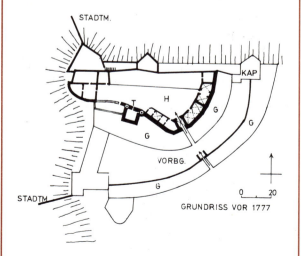

Pisching = Wimberg

Pitten

Bz. Neunkirchen, Niederösterr., Österreich

Grundriß in: Burgen u. Schlösser in Niederösterr., Bd. I/3, S. 74.

Die recht große Burg ist vielleicht schon im 10. Jh. begonnen worden, doch wurde die Steinburg um 1230 erbaut. Der Wohnturm hat maximale Breiten von 11 und 13 m und 1,5 m Wandstärke.

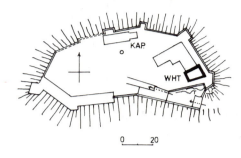

Pittersberg

Gde. Laas, Bz. Hermagor, Kärnten, Österreich

Grundriß in: Kohla, S. 247; Burgen u. Schlösser in Kärnten, Bd. 3, S. 33.

»Chunrad de Bitersperch« wird 1252 als Ministeriale der Grafen v. Görz urkundlich erwähnt. Im 16. Jh. ist die Burg verfallen. Der Bergfried hat 10 m Seitenlänge und ca. 3 m Wandstärke. Der Grundriß, den Kohla veröffentlicht hat, weicht von dem hier gezeigten aus Burgen u. Schlösser ab.

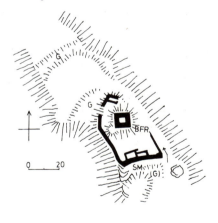

Pitzen

Gde. Bernried, Kr. Deggendorf, Bayern

Grundriß nach Aufnahmen von F.-W. Krahe, 1991.

Von der vielleicht im 12. Jh. erbauten Burg sind nur geringe Reste erhalten. Der Bergfried hatte ca. 6 m Seitenlänge. Erkennbar sind Gebäudereste.

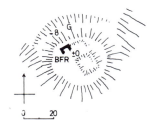

Plain, Salzbüchsel

Bz. und Land Salzburg, Österreich

Grundriß in: Österr. Kunsttop., Bd. 9, S. 152; Piper, Österr. Bd. 5, S. 121.

Grafen v. Plaien werden um 1100 urkundlich genannt. 1144 wird von einer Kapelle berichtet. Im 16. Jh. wurde die Burg erneuert. Wann sie verfiel, ist unbekannt. Die Ringmauer ist 1,3 m stark.

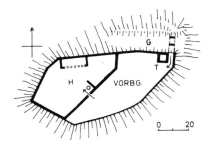

Plankenau

Gde. Markt Pongau, Bz. St. Johann, Salzburg, Österreich

Grundriß in: Österr. Kunsttop., Bd. 28, S. 127.

Die Burg ist in der Mitte des 12. Jh. entstanden. Es sind nur noch Fundamentreste vorhanden.

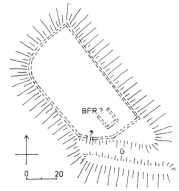

Plankenstein

Gde. Texing, Bz. Melk, Niederösterr., Österreich

Grundriß in: Burgen u. Schlösser in Niederösterr., Bd. II/3, S. 75.

1160 wird »Ainwich de Plancinstain« urkundlich erwähnt. Die Burg besitzt viele mittelalterliche Teile, ihre heutige Gestalt verdankt sie überwiegend dem 16. Jh. Nach 1945 ist sie verfallen. Der Bergfried hat fast 9 m Seitenlänge.

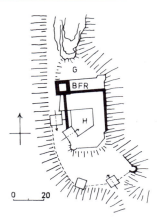

Plankenstein

Gde. Plötschach, Südsteiermark, Slowenien

Grundriß in: Piper, Österr., Bd. 7, S. 165.

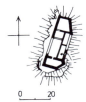

Der Burgadel ist seit 1202 urkundlich bekannt. Im 17. Jh. ist die kleine Anlage verfallen.

Plankenwarth

Gde. St. Oswald, Bz. Graz-Umland, Steiermark, Österreich

Grundriß in: Burgen u. Schlösser d. Steiermark, Bd. 3, S. 137; Dehio, Steiermark, S. 364.

1179 wird Planchinwarth urkundlich erwähnt, die Burg erst 1265. Bergfried und Ringmauer sind aus dem 13. Jh.; nach ihrer Verwahrlosung wurde die Burg 1745 schloßartig ausgebaut. Die Ringmauer ist 1,5 m stark, der Bergfried hat die maximalen Maße 9,5 und 10 m mit 2 m starken Wänden.

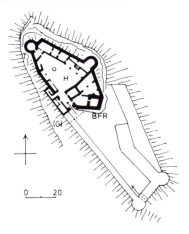

Planta, Greifen-Planta, Greifenstein

Gde. Meran-Obermais, Burggrafenamt Südtirol, Italien

Grundriß in: Trapp, Bd. 2, S. 188.

Die Greifen sind die Erbauer der Burg, die erst 1618 an die Bündener Frhr. v. Planta kommt. Der Wohnturm ist 1284 entstanden, die Wohnbauten und die Ringmauer sind aus dem 15. und 16. Jh. Das Schloß wurde um 1950 gründlich renoviert. Der 16 m hohe Wohnturm hat 5 Stockwerke und 8,1 m Seitenlänge sowie 1,1 m Wandstärke.

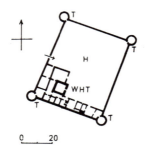

Plantaturm

Gde. Müstair, Bz. Münstertal, Kt. Graubünden, Schweiz

Grundriß in: Clavadetscher, S. 270.

Der Wohnturm des Klosters wurde im 14. Jh. für die Abtissin Angelica v. Planta erbaut. Er ist an der Traufe rd. 13 m, am First rd. 19 m hoch.

Plathe – Płoty

Kr. Greifenberg-Gryfino, Pommern, Polen

Grundriß in: Radacki, S. 166.

Im Zentrum der Ruine stand wohl ein Wohnturm mit ca. 12 × 16 m Grundfläche aus dem 13. Jh. Die Ringmauer von 1,8 – 2,4 m Stärke ist aus dem 14. Jh., das Wohnhaus aus dem 15. Jh.

Plattenburg

Kr. Perleberg, Brandenburg

Grundriß in: Kunstdkm. d. Prov. Brandenburg, Bd. 1.1, S. 245.

Die Backstein-Wasserburg ist im Kern wohl aus dem 13. Jh. Die Burg wurde im 16. Jh. umgebaut und im 19. Jh. historisierend erneuert.

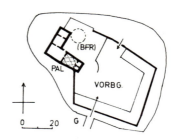

Plau

Kr. Lübz, Mecklenburg-Vorpommern

Grundriß in: Kunstdkm. v. Meckl.-Schwerin, Bd. 4, S. 597.

Der Backstein-Bergfried ist der Rest einer Burg aus der Zeit um 1280, die 1632 durch Kaiserliche zerstört wurde. Sein Eingang liegt 5 m hoch.

Plesse

Gde. Bovenden, Kr. Göttingen, Niedersachsen

Grundriß in: Kunstdkm. im Hannoverschen, Bd. 2, Taf. XII.

Die Burg ist zwar schon vor 1000 vorhanden gewesen. Die Steinburg ist allerdings um 1200 zugleich mit dem Erscheinen des gleichnamigen Adels entstanden. Sie wurde im 15. und 16. Jh. stark erweitert. Seit dem 17. Jh. ist sie verfallen. Der große Bergfried hat 15 m Durchmesser mit 4 m Wandstärke, sein Eingang auf einem Drittel der Gesamthöhe von 30 m. Der kleine Bergfried hat 10 m Durchmesser, 2 m Wandstärke und 22 m Höhe.

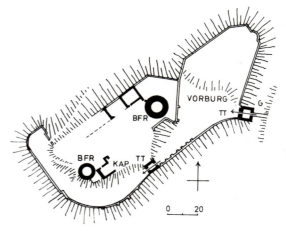

Plixburg = Pflixburg

Plötzkau

Kr. Bernburg, Sachsen-Anhalt

Angaben bei: Wäscher, S. 63.

Im Wasserschloß Plötzkau steht der Bergfried als Rest der Wasserburg.

Pöchlarn

Bz. Melk, Niederösterr., Österreich

Grundriß in: Burgen u. Schlösser in Niederösterr., Bd. II/2, S. 156.

Begonnen wurde das Wasserschloß vermutlich als festes Haus um 1130 mit 1,3 m Wandstärke.

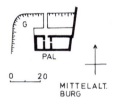

Pöggstall, Roggendorf

Bz. Melk, Niederösterr., Österreich

Grundriß in: Burgen u. Schlösser in Niederösterr., Bd. III/2, S. 97; Burgen u. Schlösser, 1961-I.

Der Burgadel wird 1218 urkundlich genannt. Die Kernburg ist in der 2. Hälfte des 13. Jh. entstanden. Sie wurde im 14. und 15. Jh. erweitert und schließlich im 16. und 17. Jh. zum Schloß umgebaut. Der Wohnturm von 8,5 × 10 m Grundfläche mit 2,4 m starker Mauer, die auf 2,10 und 1,20 m zurückgeht, 3 Stockwerke waren der Ursprung des später aufgestockten Turmes.

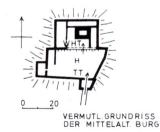

Pöllau

Bz. Hartberg, Steiermark, Österreich

Grundriß in: Österr. Kunsttop.

Im Schloß steckt der Rest einer mittelalterlichen Kastellburg vielleicht aus dem 13. Jh.

Poikam

Gde. Bad Abbach, Kr. Kelheim, Bayern

Grundriß in: »Das unterirdische Bayern«.

Die ausgegrabene Burg war wohl im 13. Jh. entstanden. Zerstört wurde sie im 15. Jh., der Wohnturm von 10 × 16,8 m Grundfläche hat rd. 2 m starke Mauern.

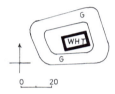

Polle

Kr. Holzminden, Niedersachsen

Grundriß in: Kunstdkm. v. Nieders., Hameln-Pyrmont, S. 434.

Die Burg wurde 1285 urkundlich genannt. 1641 wurde sie durch Schweden zerstört. Die Ringmauer ist ca. 2 m stark, der einseitig abgeplattete Bergfried hat 7,5 m Durchmesser mit 2,5 m starker Mauer.

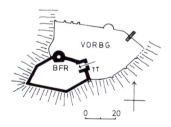

Pommern

Kr. Cochem-Zell, Rheinland-Pfalz

Grundriß in: Kunstdkm. v. Rheinland-Pfalz., Bd. 3, S. 677

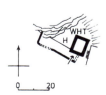

Der Wohnturm wurde 1414 erbaut. Er hat auf 12 m Höhe 4 Stockwerke incl. Keller, er hat 8,5×11 m Grundfläche und etwas über 1 m starke Wände.

✗ Pommersfelden
Kr. Bamberg, Bayern

Grundriß in: Denkmale in Bayern, Oberfranken

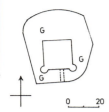

Von der kleinen mittelalterlichen Wasserburg sind nur noch die Futtermauern erhalten.

Pontaningen, Pultingen
Gde. Tavetsch, Bz. Vorderrhein, Kt. Graubünden, Schweiz

Grundriß in: Poeschel, S. 245; Clavadetscher, S. 351.

Die Pontaningen waren Ministeriale des Klosters Disentis. Sie wurden 1252 erstmals urkundlich genannt, die Burg 1300. Sie wird durch einen 2,5 m breiten Graben geteilt. Der Bergfried, mit 6,5 m Breite und 7,5 m Länge, hat 1,5 m Wandstärke.

Poppberg
Gde. Birgeland-P..., Kr. Amberg-Sulzbach, Bayern

Grundriß in: Kunstdkm. v. Bayern, Oberpfalz, Bd. 19, S. 65.

Erbaut wurde die Burg im 13. Jh., urkundlich wurde sie erst 1373, sie wurde um 1430 durch Hussitten zerstört. Der Bergfried hat ca. 6,7 m Seitenlänge.

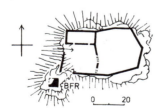

Poppenburg
Gde. Nordstemmen-P..., Kr. Hildesheim, Niedersachsen

Grundriß in: Kunstdkm. d. Prov. Hannover, Alfeld, S. 198.

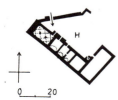

Der Adel de Poppenburg wird 1146 urkundlich genannt. Die Reste der Wasserburg stecken im Renaissanceschloß.

(Potsdam)
Brandenburg

Grundriß in: Führer zu archäol. Denkm. in Deutschland, Bd. 23.

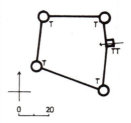

Der Grundriß stammt aus dem 16. Jh. vor dem Abbruch der Wasserburg, von der es keine Reste mehr gibt.

Pottenbrunn
Bz. St. Pölten, Niederösterr., Österreich

Grundriß in: Burgen u. Schlösser, 1977-II.

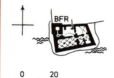

Die erste Wasserburg wurde vor 1300 erbaut. Nach einem Brand 1529 wurde sie erneuert. Ihr Bergfried hat 7 m Seitenlänge und auf 3 Seiten 2,4 m dicke Mauern.

Pottenburg, Hasenburg, Maidenburg
Gde. Wolfsthal, Bz. Bruck-Leitha, Niederösterr., Österreich

Grundriß in: Burgen u. Schlösser in Niederösterr., Bd. I/1, S. 117.

Wann die Burg begonnen wurde, ist unbekannt; in der 2. Hälfte des 13. Jh. wurde sie mehrfach genannt. 1529 wurde sie durch Türken zerstört. Der Bergfried hat 11 m Seitenlänge mit 3,5 m Mauerstärke, in der die Treppe läuft.

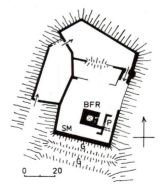

Pottendorf
Bz. Baden, Niederösterr., Österreich

Grundriß in: Burgen u. Schlösser in Niederösterr., Bd. I/2, S. 69; Burgen u. Schlösser, 1973-I.

Das starke Wasserschloß aus dem 17. Jh. hat als Kern die Wasserburg mit 2 m starken Mauern, deren Osttürme zu Beginn des 12. Jh. erbaut wurden. Der Bergfried hat 9 m Seitenlänge und 3 m Wandstärke.

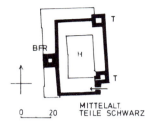

Pottenstein

Kr. Bayreuth, Bayern

Grundriß in: Kunstdkm. v. Bayern, Oberfranken, Bd. 1, S. 468.

Ab 1121 ist Ministerialadel mit dem Namen der Burg bekannt. Sie entstand vermutlich um 1200. 1227 wohnte hier vielleicht die heilige Elisabeth. 1553 wurde die Burg zerstört und aufgebaut.

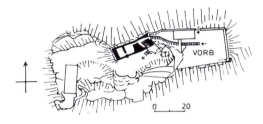

Pottenstein – Potštejne

Gde. Zinkowitz – Žinkovy, Bz. Klattau – Klatovy, Westböhmen, Tschechische Republik

Grundriß in: Menclová, S. 143.

Die Burg ist im 13. Jh. entstanden. Der Bergfried hat 10 m Durchmesser mit 3,5 m Mauerstärke.

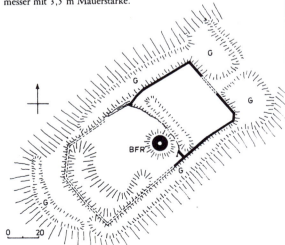

Pottenstein – Potštejn

Bz. Reichenau – Rychnov, Ostböhmen, Tschechische Republik

Grundriß in: Heber, Bd. 1.

1364 wurde die Burg zerstört und wieder aufgebaut, aus dieser Zeit stammt die Ruine. Der Bergfried hat ca. 8 m Seitenlänge.

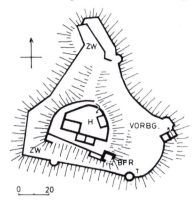

Prägrad

Gde. Glanhofen, Bz. Klagenfurt, Kärnten, Österreich

Grundriß in: Burgen u. Schlösser in Kärnten, Bd. 2, S. 82; Kohla, S. 252.

Erhalten ist der Stumpf eines Wohnturmes, vielleicht aus der Zeit um 1200; er hat maximale Maße von 13 und 14 m und 1 m dicke Außenmauern.

Prandegg

Gde. Schönau, Bz. Urfahr, Oberösterr., Österreich

Grundriß in: Burgen u. Schlösser in Oberösterr., Bd. 1, S. 132; Ulm »Das Mühlviertel«, S. 165.

Die Hochburg ist der Kern der Burg aus dem 13. Jh., der Burgadel »de Pranter« wird 1287 urkundlich genannt. Die meisten Teile der Anlage stammen aus dem 15. Jh. Am Beginn des 18. Jh. ist sie verfallen. Der Bergfried hat 11,7 m Durchmesser und 4,4 m starke Wände. Der Eingang liegt 7 m hoch.

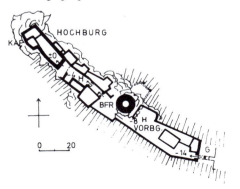

Praßberg

Gde. Wangen, Kr. Ravensburg, Baden-Württemberg

Grundriß in: Kunstdkm. v. Württbg., Wangen, S. 257; Nessler, Bd. 2, S. 106.

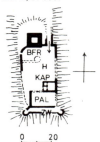

»De Brasberk« wird 1167 urkundlich erwähnt. Begonnen wurde die Burg 1123 durch Konrad v. Zähringen. Die Kapelle wird 1414 genannt. Im 18. Jh. wurde ein Wohngebäude auf alten Mauern erneuert. Seit 1937 fanden Erhaltungsarbeiten statt. Der Bergfried von 9,75 m Seitenlänge und 3 m dicken Mauern hat einen Eingang in 8 m Höhe.

Pratteln

Bz. Liesthal, Kt. Basel-Ld., Schweiz

Grundriß in: Kunstdkm. d. Schweiz, Basel-Ld., Bd. 2, S. 135; Meyer-Regio, S. 117.

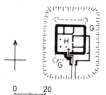

Ende des 13. Jh. wurde die kleine Wasserburg durch die Herren v. Eptingen erbaut; sie hat nur 20 m Seitenlänge, die 1,2 m starken Wände sind an den Ecken abgerundet. 1356 zerstörte ein Erdbeben die Burg, die danach wieder aufgebaut wurde. Ihr heutiges, schloßartiges Aussehen entstand im 17. Jh. Ab 1965 ist das Schloß, erneut restauriert, Gemeindehaus. Die Graben wurden verfüllt.

Pribenitz – Přiběnice

Bz. Tabor – Tábor, Südböhmen, Tschechische Republik

Grundriß in: Hotz-Pfalzen Z 121; Menclová, S. 180.

Erbaut wurde die Burg um 1240, der achteckige Bergfried ist eine Seltenheit, er ist ca. 12,5 m breit und hat seine Treppe in 3,5 m Mauerstärke.

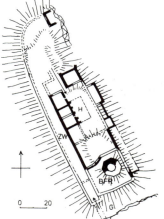

Priebus, Hungerturm – Przewóz

Kr. Sagan – Żagań, Schlesien, Polen

Angabe in: Grundmann, S. 60.

Der Backstein-Bergfried ist der Rest der Wasserburg. Er wurde im 14. Jh. errichtet. Sein Eingang liegt auf der Hälfte der Höhe von 22 m.

Prielau

Bz. Zell am See, Salzburg, Österreich

Grundriß in: Burgen u. Schlösser in Salzbg., Bd. 1, S. 103.

Das Burghaus wird 1425 erstmals urkundlich genannt. 1560 wurde es umgebaut und 1932 restauriert.

Prießenegg

Gde. Hermagor (Bz.), Kärnten, Österreich

Grundriß in Kohla, S. 255

Die kleine Burg ist um 1300 erbaut worden. 1336 wird die »vest zem Brieznik« urkundlich erwähnt. 1782 wurde sie durch Blitzschlag zerstört.

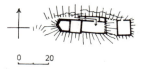

Primaresberg

Gde. Lankowitz, Bz. Voitsberg, Steiermark, Österreich

Grundriß in: Burgen u. Schlösser d. Steiermark., Bd. 3, S. 139.

Primaresberg war vermutlich eine Kastellburg, 1066 wird die »Primarespurch« urkundlich erstmals erwähnt. Ein »Starchant de Primarespurch« taucht 1189 als Dienstmann der Grafen v. Görz urkundlich auf. 1403 wird sie bereits Burgstall genannt.

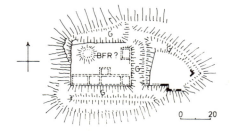

Prinzelndorf

Bz. Melk, Niederösterreich, Österreich

Angabe in: Burgen u. Schlösser in Niederösterr., B. III/2.

Der Wohnturm aus der 2. Hälfte des 13. Jh. hat 3 Stockwerke.

(Pritzgut)

Oberweißberg, Bz. Tamsweg, Salzburg, Österreich

Angabe in: Burgen u. Schlösser in Salzburg, Bd. 1, S. 66.

Der Wohnturm stammt vielleicht aus dem 13. Jh. Er wurde 1973 total abgebrochen.

Pröbsting, Haus Pröbsting

Gde. Borken (Kr.)-Hoxfeld, Nordrhein-Westfalen

Grundriß in: Kunstdkm. v. Westfalen, Borken, S. 322.

Die Wasserburg »Provestine« wird 1221 urkundlich genannt. Der spätmittelalterliche Backstein-Wohnturm mit 3 Stockwerken ist der Rest der Burg.

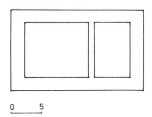

Prösels

Eisacktal, Südtirol, Italien

Grundriß in: Weing.-Tirol 61; Weing.-Hörm., S. 290; Trapp, Bd. 4, S. 367.

Die erste urkundliche Erwähnung des »castrum Presil« ist 1279; die heutige Burg wurde auf alter Basis im 15. Jh. errichtet und am Beginn des 16. Jh. durch Leonhard v. Völs umfassend umgebaut. Im 19. Jh. ist die Anlage allmählich verfallen. Ab 1952 wurde sie wiederhergestellt. Der Bergfried und Teile des Palas sowie der Turm im N der Kernburg sind vielleicht aus dem 13. Jh. Der kleine Bergfried hat die Fläche von 5,6 × 6,3 m mit Mauerstärken von 1,5 m und 2,5 m.

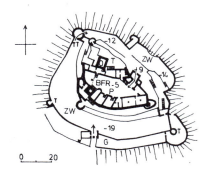

Prösels, Pulverturm

Eisacktal, Südtirol, Italien

Grundriß in: Trapp, Bd. 4, S. 408.

190 m südöstlich der Burg liegt auf einem Berg der einzelne Turm, quasi als Vorwerk. Er ist noch 13 m hoch, hat 3 Stockwerke und seinen Eingang in 5 m Höhe.

Prozelten = Henneberg

Prüm zur Lay

Kr. Bitburg-Prüm, Rheinland-Pfalz

Grundriß in: Kunstdkm. d. Rheinprov., B. 12.1, S. 237; Kubach, S. 938.

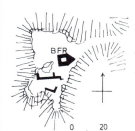

Die Burg wurde um 1200 begonnen. 1685 wurde sie vermutlich zerstört. Der Bergfried hat 8,5 m Breite und 10,5 m Länge, er ist 16 m hoch, sein Eingang liegt 6 m über dem Gelände.

Prugg, Bruck

Gde. Bruck a. d. Leitha (Bz.), Niederösterr., Österreich

Grundriß in: Burgen u. Schlösser, 1973-I.

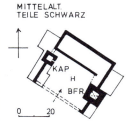

Im Kern des Wasserschlosses steckt eine Burg, die im 13. Jh. begonnen wurde. Sie wurde 1484 und 1529 erobert. Im 16. Jh. baufällig, wurde sie im 18. Jh. zum Barockschloß umgebaut. Im 19. Jh. wurde das Schloß neugotisch verändert. Der Bergfried hat 12 m Seitenlänge mit 2,5 m, im SO 3,0 m Mauerstärke.

Prunn

Gde. Riedburg, Kr. Kelheim, Bayern

Grundriß in: Kunstdkm. in Bayern, Oberpfalz, Bd. 13, S. 102; Dehio, Niederbayern, S. 531.

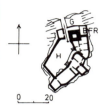

»De Prunne« werden bereits um 1039 urkundlich vermerkt. Entstanden ist die Burg um 1200. Ihr heutiges Aussehen erhielt sie jedoch erst im 16. und 17. Jh. Die malerische Burg wirkt dennoch mittelalterlich. Der Buckelquader-Bergfried hat 8,25 m Seitenlänge mit 2,5 m Wandstärke, er ist 24 m hoch, hat 4 Stockwerke und seinen Eingang im 2. Stockwerk.

Pruntrut — Porrentruy

(Bz.), Kt. Jura, Schweiz

Grundriß in: Burgen u. Schlösser d. Schweiz, Bd. VIII, S. 30; Meyer, Bd. 7, S. 92.

Gegründet wurde die Kernburg um 1250 durch die Grafen v. Mömpelgard. Von dieser Burg ist nur der mächtige Bergfried von 13,5 m Durchmesser und der Treppe im 4 m dicken Mauerwerk erhalten. Im Verlauf des Mittelalters entstand die Unterburg, die ab 1528 zum Schloß umgebaut wurde, das bis 1792 Sitz der Fürstbischöfe war. Heute ist es Gerichtsgebäude.

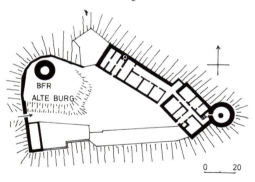

Puchberg, Buchberg

Gde. Puchberg am Schneeberg, Bz. Neunkirchen, Niederösterr., Österreich

Grundriß in: Burgen u. Schlösser in Niederösterr., Bd. I/3, S. 80; Piper, Österr., Bd. 1, S. 32.

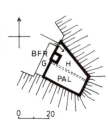

Die Burg ist wohl Mitte des 13. Jh. begonnen worden. Der Burgadel wird 1230 urkundlich genannt. Ab Mitte des 16. Jh. ist sie verfallen. Der Bergfried mit 7×7,5 m Seitenlänge mit 2 m starken Wänden hat in 8 m Höhe einen spitzbogigen Eingang.

Puchenstein, Buchenstein

Gde. Unterdrauburg, Slowenien

Grundriß in: Piper, Österr., Bd. 8, S. 13.

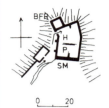

Der Burgadel wird 1393 urkundlich genannt. Der Bergfried mit 7,5 m Kantenlänge hat 1,3 m Wandstärke. Die Schildmauer ist 1,9 m dick.

Puchstein

Gde. Puch, Bz. Hallein, Salzburg, Österreich

Grundriß in: Burgen u. Schlösser in Salzbg., Bd. 2, S. 180; Österr. Kunsttop., Bd. 20, S. 222.

 Der Adelssitz stammt aus dem 15. Jh.

Pürglitz — Krivoklat

Bz. Beraun – Beroun, Mittelböhmen, Tschechische Republik

Grundriß in: Ebhardt II/2, S. 404; Menclová, S. 251.

Die Kernburg ist um 1230 begonnen worden. In der 2. Hälfte des 14. Jh. wurde sie durch Kaiser Karl IV. umgebaut. 1592 und 1638 wurde sie nach Bränden wiederhergestellt. Der Bergfried hat 12 m Durchmesser und 3 m Wandstärke. Die Anlage ist hervorragend erhalten.

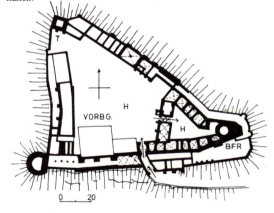

Pürnstein

Gde. Neufelden, Bz. Rohrbach, Oberösterr., Österreich

Grundriß in: Burgen u. Schlösser, 1965-I; Piper, Österr., Bd. 1; Rosner; Burgen u. Schlösser in Oberösterr., Bd. 1, S. 35.

Eine Burg an dieser Stelle wurde vielleicht schon 1170 gegründet. Die heute bestehende Anlage ist im 15. Jh. erbaut worden. Diese Anlage erinnert an ein Fort, dem es mit bis fast 6 m starken Wänden sehr ähnelt. Pürnstein ist wie Moersberg → der Versuch, mit der Bedrohung durch Kanonen fertig zu werden.

Pürstein – Perštejn

Bz. Komotau-Chomoutov, Nordböhmen, Tschechische Republik

Grundriß in: Piper, Österr., Bd. 7, S. 167.

Die Burg hat eine gewisse Ähnlichkeit mit Zebrak →. Sie ist 1451 zerstört worden. Ihr Bergfried hat 9,5 m Durchmesser mit 3 m Wandstärke.

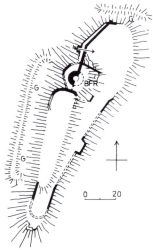

Pützhausen, Pleujouse

Bz. Delsberg, Kt. Jura, Schweiz

Grundriß in: Burgen u. Schlösser d. Schweiz, Bd. 8, S. 26.

Gegründet wurde die Burg vielleicht um 1100. Der Burgadel wird 1105 urkundlich bekannt. Die Burg brannte zuletzt 1980 aus. Der Bergfried hat 7 m Durchmesser und 2 m starke Wände.

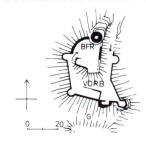

Pultingen = Pontaningen

Pungelscheidt

Gde. Werdohl, Märkischer Kreis, Nordrhein-Westfalen

Grundriß nach Kataster und Rekonstruktion mitgeteilt durch die Gemeinde 1986.

Erbaut wurde die Burg wohl im 14. Jh., urkundlich genannt wurde sie 1388. 1797 wurde sie durch einen Brand zerstört. Die Ringmauer war nur 0,9 m stark.

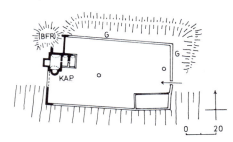

Purgstall

Bz. Scheibbs, Niederösterr., Österreich

Grundriß in: Sammlung Kreutzbruck.

1120 wird »Hartwich de Purchstal« urkundlich genannt. Die Familie wird 1141 letztmalig erwähnt. Die »Vest Purchstal« wird erst 1375 genannt. Um 1500 wurde Purgstall umgebaut und erweitert. Im 16. Jh. wurde sie zum Schloß. Der Bergfried hat 7,5 × 8,7 m Grundfläche und 2 m Wandstärke.

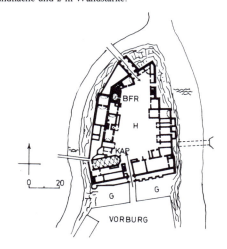

Purkersdorf

Bz. Wien-Umland, Niederösterr., Österreich

Grundriß in: Burgen u. Schlösser in Niederösterr., Bd. 2, S. 123.

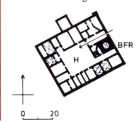

»Castrum Purchartsdorf« wird 1255 urkundlich genannt. Die Wasserburg wurde 1525 durch Türken zerstört und später zum Schloß wieder aufgebaut, das heute als Amtsgebäude dient. Der Bergfried mit 8,5 × 9,0 m Seitenlänge hat 2,5 m starke Mauern.

Puschkau – Pastuchow

Kr. Breslau-Wrocław, Schlesien, Polen

Grundriß in: Zamke Śląskie.

Um 1320 wurde die Familie v. »Puczow« urkundlich genannt. Der Wohnturm, der älteste Teil des Schlosses, wurde mit 3 Stockwerken und 1 Dachgeschoß im 15. Jh. erbaut.

Putlitz, Gänseburg

Kr. Pritzwalk, Brandenburg

Grundriß in: Kunstdkm. d. Prov. Brandenbg., Bd. 1.1, S. 262.

Die Wasserburg der Gans v. Putlitz wurde wohl noch im 13. in Backsteinen erbaut. Sie wurde bis ins 16. Jh. ausgebaut und ist im 18. Jh. verfallen. Die Ringmauer ist 2 m stark, der Bergfried mit 9 m Durchmesser hat 2,5 m starke Wände.

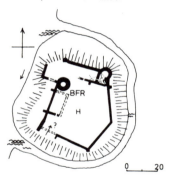

Pux

Gde. Frojach-Katsch, Bz. Murau, Steiermark, Österreich

Grundriß in: Piper, Österr., Bd. 4, S. 109.

Der Adel zur Burg ist vom 13.–15. Jh. bekannt. Der Ursprung der Burg liegt wohl im 13. Jh. 1798 wurde sie durch Brand zerstört.

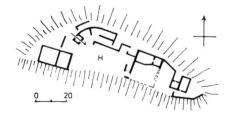

Puxer Loch, Schallaun

Gde. Frojach-Katsch, Bz. Murau, Steiermark, Österreich

Grundriß in: Piper, Österr., Bd. 1, S. 187.

De Schalvun wird 1181 urkundlich erwähnt. Die relativ große Höhlenburg war Lehen von Cilli. Der Eingang liegt 5 m hoch.

Pyrbaum

Kr. Neumarkt, Bayern

Grundriß in: Kunstdkm. v. Bayern, Oberpfalz, Bd. 17.

Von der Wasserburg, die 1493 erneuert und 1835 zerstört wurde, sind nur noch die Futtermauern erkennbar. Der Burgadel wurde schon im 12. Jh. urkundlich genannt.

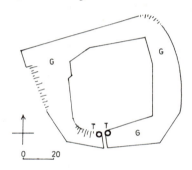

Pyrmont

Gde. Roes, Kr. Cochem-Zell, Rheinland-Pfalz

Grundriß in: Kunstdkm. v. Rheinld.-Pfalz, Cochem, S. 688.

1225 wird »Pirremont« urkundlich genannt. Entstanden ist die Burg um 1250 und bis ins 18. Jh. umgebaut. Anfang des 19. Jh. wurde sie teilweise abgebrochen. Der 23 m hohe Bergfried hat 9 m Durchmesser mit 3 m Wandstärke. Der Eingang liegt in 12 m Höhe. Die Ringmauer ist 1,5 m dick.

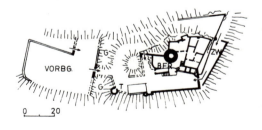

Querfurt

(Kr.), Sachsen-Anhalt

Grundriß in: Kunstdkm. d. Prov. Sachsen, Bd. 27; Stolberg, S. 302; Hotz Z 18; Mrusek, S. 29; Wäscher, Bild 589 f.

Die riesige Burg in Randlage wurde bereits 971 als »Quermvordiburch« urkundlich erwähnt. Unter dem Bergfried 1 steckt ein Burghaus von 13,7×17,3 m Grundfläche, das wohl um 1070 erbaut wurde. Noch älter sind Teile des Palas an der Nordseite, der um 1000 begonnen wurde. Die große Kapelle, das Gebäude auf ihrer Westseite und der Wohnturm, auch Marterturm genannt, stammen aus dem 12. Jh. Der Außenring und der Felsgraben sind um 1380 entstanden. Die Bastionen sind 1461–1479 entstanden. Die Burg wird als Hotel mit Gaststätte und als Museum verwendet. Der Bergfried 1 hat 14,3 m Durchmesser und 4,3 m Wandstärke; er ist 25 m hoch und hat den Eingang 11 m über dem Gelände. Der Wohnturm mit 11,5 m Seitenlänge hat seine Treppe in der 2 m starken Außenwand, er war im 12. Jh. nur 15 m hoch mit 4 Stockwerken und dem Eingang in 5 m Höhe. Er wurde später auf 25 m aufgestockt.

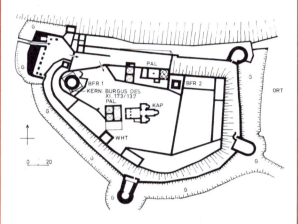

Questenberg
Kr. Sangerhausen, Sachsen-Anhalt

Grundriß in: Stolberg, S. 305.

Erbaut wurde die Burg zwischen 1200 und 1250. 1275 taucht sie erstmals urkundlich auf, in der 2. Hälfte des 17. Jh. ist sie verfallen. Der Bergfried hat 8,8 m Durchmesser mit ca. 2 m starken Mauern.

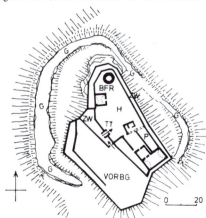

Quingenburg – Žarovy
Gde. Würbenthal-Vrbno, Bz. Freudenthal-Bruntál, Nordmähren, Tschechische Republik

Grundriß in: Deutsch Mährisch-Schlesische Heimat, 24. Jhg.

Gegründet wurde die Burg im 13. Jh., mehr ist nicht bekannt.

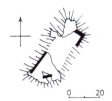

Raabs
Bz. Waidhofen Thaya, Niederösterr., Österreich

Grundriß in: Österr. Kunsttop., Bd. 6, S. 94, Piper, Österr., Bd. 8.

Die Babenberger haben im 11. Jh. die Burg gegründet. Ab 1112 sind Grafen v. Raabs bekannt, die später Burggrafen von Nürnberg und Vorfahren der Hohenzollern wurden. Die heutige Gestalt hat Schloß Raabs im 16. Jh. erhalten. Der Bergfried ist 7 m breit und 11,6 m lang.

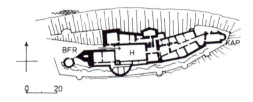

Raaden – Radim
Kr. Freudenthal-Bruntál, Nordmähren, Tschechische Republik

Grundriß in: Burgwart 1938, S. 37.

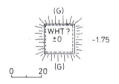

Die Burg war vermutlich eine Turmhügelburg. Zerstört wurde sie 1474.

Rabeneck
Gde. Waischenfeld, Kr. Bayreuth, Bayern

Grundriß in: Kunstdkm. v. Bayern, Oberfrk., Bd. 1, S. 468.

Begonnen wurde die Burg wohl am Anfang des 13. Jh., eine Ministerial-Adelsfamilie wird 1257 urkundlich genannt. Der Torturm ist Ende des 15. Jh. hinzugefügt worden. 1525 wurde Rabeneck zerstört und wieder aufgebaut. 1829 wurde die Burg restauriert. Ihre Kapelle wird 1415 geweiht. Die Schildmauer ist 3 m stark.

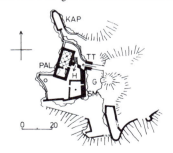

Rabeneck = Weißenstein

Rabenfels = Rabenstein

Rabensburg

Bz. Mistelbach, Niederösterr., Österreich

Grundriß in: Burgen u. Schlösser in Niederösterr., Bd. 13, S. 149.

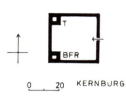

Ein »Hertwicus de Rabensburch« wird 1255 urkundlich genannt. Die Burg ist wohl im 13. Jh. erbaut worden. Um 1540 wird sie zum Schloß erweitert. Im 17. Jh. wurde ein Barockschloß hinzugebaut. Die Wasserburg hat 2 m Mauerstärke, der Bergfried hat 7,8 m Seitenlänge und 2,5 m dicke Wände.

Rabenstein

Gde. Waischenfeld, Kr. Bayreuth, Bayern

Grundriß in: Kunstdkm. v. Bayern, Oberfrk., Bd. 1, S. 486; Burgen u. Schlösser, 1965-II.

Entstanden ist die Burg auf einem Felsen in der 2. Hälfte des 13. Jh., 1480 wurde sie zerstört und aufgebaut. 1570 wurde die Burg umfassend umgebaut. Nach einer Zerstörung 1637 wurde sie erneut wieder aufgebaut. Auf dem Fels steht der kleine Bergfried von nur etwas über 5 m Durchmesser.

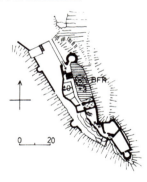

Rabenstein, Rabenfels

Gde. Riedenburg, Kr. Kelheim, Bayern

Grundriß in: Kunstdkm. v. Bayern, Oberpfalz, Bd. 13, S. 214.

Rabenstein bildet eine Gruppe mit Rosenberg → und Dachenstein →. Entstanden ist die Burg am Beginn des 12. Jh., verfallen ist sie im 16. Jh. Der Wohnturm hat maximale Maße von 9 × 8 m mit 1,2 m Wandstärke.

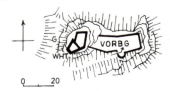

Rabenstein – Rabštejn

Gde. Würbenthal-Vrbno, Kr. Freudenthal-Bruntl, Nordmähren, Tschechische Republik

Grundriß in: Burgwart, 1938, S. 25.

Für die kleine Anlage auf den Felsen gibt es keine Daten.

Rabenstein

Gde. St. Paul im Lavant, Bz. Wolfsberg, Kärnten, Österreich

Grundriß nach Aufnahme F.-W. Krahe, 1985.

1096–1105 wird ein »miles Benicho de Ramenstein« als Ministeriale der Grafen v. Spanheim genannt, die Burg urkundlich 1240. Sie wurde mehrfach erweitert und 1636 durch einen Brand vernichtet. Erhalten ist ein Wohnturm von 11,5 × 14,2 m Grundfläche und 2 m starken Mauern. Er hatte mindestens 3 Stockwerke.

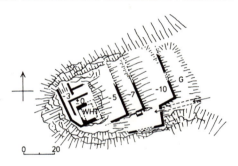

Rabenstein-Altburg

Gde. Frohnleiten, Bz. Graz-Umland, Steiermark, Österreich.

Grundriß in: Burgen u. Schlösser d. Steiermk., Bd. 3, S. 141.

Das sogen. obere Haus oder die Altburg wurde um 1200 begonnen. Zum Ende des 15. Jh. wurde sie zugunsten eines neuen Schlosses aufgegeben. Der sechseckige Wohnturm, eine seltene Form, hat 12,5 × 15 m Hauptmaße.

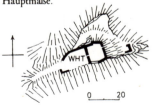

Rabenstein

Bz. St. Pölten, Niederösterr., Österreich

Grundriß in: Burgen u. Schlösser in Niederösterr., Bd. II/3, S. 51; Piper, Österr., Bd. 6.

Der Burgadel kommt um 1140 erstmals urkundlich vor, die Burg wird 1301 genannt. Ende des 18. Jh. ist die Burg verfallen. Entstanden ist sie vielleicht noch im 12. Jh. Der Bergfried hat rd. 9 m Durchmesser und 2,5 m Mauerstärke.

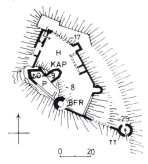

Rabenstein

Gde. Chemnitz, Sachsen

Grundriß in: Burgen u. Schlösser, 1965-II.

Die hier dargestellte geräumige Anlage wurde 1957 ausgegraben. Nur der Bergfried und Palas der Oberburg haben die Zeit überstanden. Sie stehen auf einem 12 m hohen Fels; der ca. 16 m hohe Bergfried hat 6 m Durchmesser. Die Kernburg stammt aus der 1. Hälfte des 12. Jh.

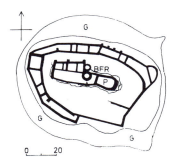

Rabenstein

Gde. Raben, Kr. Belzig, Brandenburg

Grundriß nach Aufnahme v. F.-W. Krahe, 1991.

Erbaut wurde die Burg um 1200 und um 1300 verstärkt. 1395 wurde sie zerstört und 1401 wieder aufgebaut. Im Dreißigjähr. Krieg erneut zerstört, wurde sie wieder aufgebaut und schloßartig umgestaltet. Der mächtige Bergfried hat 12 m Durchmesser und 4 m starke Mauern, die bis in die Höhe von 25 m zurückgehen. Die Ringmauer ist rd. 1,6 m dick.

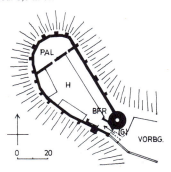

Raby-Rabí

Gde. Zichowitz-Zichovice, Bz. Klattau-Klatovy, Westböhmen, Tschechische Republik

Grundriß in: Piper, Österr., Bd. 4, S. 117; Menclová, S. 323.

Die interessante Kernburg stammt aus dem Ende des 14. Jh. 1388 wird Raby urkundlich genannt. Die gotische Kernburg ist einmalig: sie liegt auf einem etwas höheren Fels. Man betritt sie über einen Torturm mit Zugbrücke, dann geht man zwischen Mauern bis zu einem weiteren Torturm, in dem man über Treppen ins 2. Obergeschoß steigen muß, um von dort über eine Brücke ins 3. Stockwerk des Wohnturms zu gelangen. Dieser Eingang liegt rd. 11 m höher als die Ebenen der Tortürme. Der Wohnturm ist 12,7 × 18,8 m groß mit 2 m Wandstärke, er hat 4 Stockwerke, von denen nur die beiden oberen dem Wohnen dienten. Die Burg ist im 15. und 16. Jh. mächtig verstärkt worden und verfiel im 18. Jh.

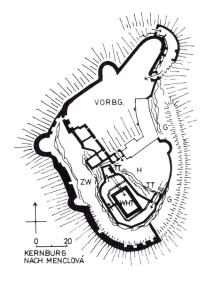

Radeberg

Kr. Dresden, Sachsen

Grundriß in: Kunstdkm. v. Sachsen, Bd. 26, S. 188

Die Burg Radeberg, auf der 1335 Vögte dieses Namens bekannt sind, wurde 1543 als Schloß erneuert. Erkennbar sind noch Teile der Kernburg und der schiefwinkelige Bergfried mit ca. 7 × 8 m Grundfläche und 1,5 – 1,75 m starken Mauern.

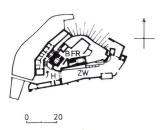

Radegg

Gde. Wilchingen, Kt. Schaffhausen, Schweiz

Grundriß in: Schaffhausener Beiträge zur vaterländischen Geschichte, Heft 15.

Die ausgegrabene Burg ist im 12. Jh. entstanden. Der Adel »de Radegge« wird 1225 urkundlich genannt.

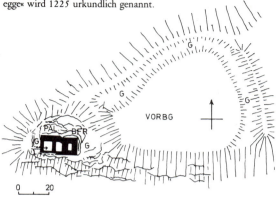

Radenspacher Burg

Gde. Niedernsill, Bz. Zell am See, Salzburg, Österreich

Angabe in: Burgen u. Schlösser in Salzbg., Bd. 1, S. 118.

Die kleine mittelalterliche Anlage war vielleicht nur ein Wohnturm.

Radpoldswil, Alt Radpoldwil

Gde. Pfäffikon, Bz. Einsiedeln, Schwyz, Schweiz

Grundriß in: Hartmann, S. 81.

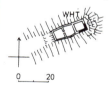

Daten sind für die kleine Anlage nicht bekannt.

Radstadt

Bz. St. Johann, Salzburg, Österreich

Grundriß in: Burgen u. Schlösser in Salzburg, Bd. 1.

Palas und Bergfried der Stadtburg stammen aus dem 13. Jh., urkundlich wurde die Burg erst 1401 genannt.

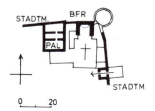

Ränngen = Ruch Epfingen

Raesfeld

Kr. Borken, Nordrhein-Westfalen

Grundriß in: Kunstdkm. v. Westfalen, Borken, S. 368.

Gegründet wurde die Wasserburg in der Mitte des 13. Jh. mit einem Wohnturm an der Westecke. Das heutige Backstein-Barockschloß basiert auf der mittelalterlichen Wasserburg.

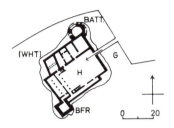

Räuberschlößchen

Gde. Freudenberg, Main-Tauber-Kr., Baden-Württemberg

Grundriß in: Kunstdkm. v. Baden, Bd. 4.1, S. 119.

Die Burg hat eine rd. 2 m starke Schildmauer. Die Anlage ist vielleicht noch karolingisch.

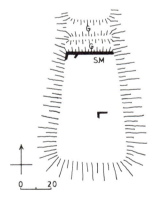

Rafenstein, Ravenstein

Gde. Bozen, Südtirol, Italien

Grundriß in: Weing.-Bozen 18; Weing.-Hörm., S. 357; Trapp, Bd. 5, S. 231; Piper, Österr., Bd. 7, S. 170.

Der Kern der Burg ist um 1210 entstanden, Wohnturm, Palas und Ringmauer stammen aus dieser Zeit. Der Südflügel entstand um 1500, die Bollwerke und das untere Tor sind aus dem 16. Jh., seit dem 17. Jh. ist die Burg langsam verfallen. Die Ringmauer ist im Westen u. Norden 1,5 m stark, im Osten 1,0 und im Süden 0,8 m. Der Wohnturm mit dem verschobenen Quadrat hat 8 m Seitenlänge und 1,75 m Wandstärke, in 10 m Gesamthöhe stecken 3 Stockwerke.

Raffenburg

Gde. Hagen (Kr.)-Holthausen, Nordrhein-Westfalen

Grundriß in: Heimatbuch d. Stadt Iserlohn; Hagener Heimatblätter 2-1926, monatliche Beilage der Hagener Zeitung.

Entstanden ist die Burg wohl in der 2. Hälfte des 12. Jh., sie ist in eine Fliehburg hineingebaut worden. 1288 wurde sie zerstört und wieder aufgebaut, die letzte Nennung der Burg war 1371. Der Grundriß erinnert an den von Todeman →.

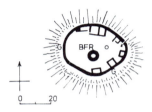

Raipoltenbach, Rappoltenstein

Bz. St. Pölten, Niederösterr., Österreich

Grundriß in: Burgen u. Schlösser in Niederösterr., Bd. 5, S. 136.

»Rawpaltenbach« wird 1372 urkundlich genannt. Im 19. Jh. wird sie abgebrochen.

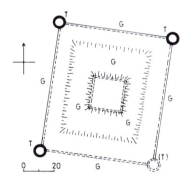

Ramburg

Gde. Ramberg, Kr. Landau-Bergzabern, Rheinland-Pfalz

Grundriß in: Kunstdkm. v. Bayern, Pfalz, Bd. 4; Baudkm. d. Pfalz, Bd. 5, S. 52; Hotz-Pfalzen Z 80.

1163 wird »Ramesberc« urkundlich erwähnt. Die Felsenburg ist nur über ein Eingangsloch 5 m über dem Boden zugänglich, von dem

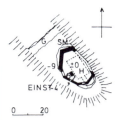

eine Treppe nach oben führte. 1525 wurde die Ramburg zerstört und wieder aufgebaut. Im Dreißigjährigen Krieg wurde sie endgültig zerstört. Die Schildmauer ist 16 m hoch und 2,75 m stark.

Ramenstein

Gde. Uetikon, Bz. Meilen, Kt. Zürich, Schweiz

Grundriß in: Hartmann, S. 79.

Der Turm ist der Rest eines mittelalterlichen Wohnturmes.

Ramingstein = Finstergrün

Rammelsburg

Gde. Schönberg-Fronreuth, Kr. Freyung-Grafenau, Bayern

Grundriß in: Kunstdkm. v. Niederbayern, Bd. 24, S. 66.

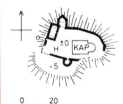

Die Burg wurde erst im 15. Jh. urkundlich genannt. 1830 wurde sie durch einen Brand zerstört. Die Ringmauer ist 0,7 – 1,2 m stark.

Rammingen

Alb-Donau-Kr., Baden-Württemberg

Angabe in: Kunstdkm. v. Baden-Württbg., Ulm, S. 576.

Das »castrum Ramungen« wurde 1127 urkundlich erwähnt. Als Rest der Burg ist ein Bergfried und ein Stück Mauer erhalten.

Ramsberg

Gde. Donzdorf, Kr. Aalen, Baden-Württemberg

Grundriß in: Kunstdkm. v. Württembg., Donaukr.; Schmitt, Bd. 1, S. 137.

Gegründet wurde die Burg im 13. Jh., 1328 wird sie urkundlich erwähnt. Die Wohngebäude im Osten stammen aus dem 16. Jh. 1820 wurde der Bergfried abgebrochen. Die Buckelquader-Ringmauer ist 7 m hoch und 2,5 m stark.

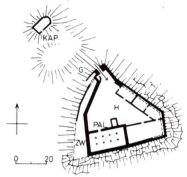

Ramschwag, Welsch-Ramschwag

Gde. Nenzing, Bz. Bludenz, Vorarlberg, Österreich

Grundriß in: Ulmer, S. 510; Dehio, Vorarlbg., S. 326.

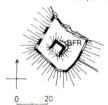

Die gleichnamigen Ministerialen haben die Burg zwischen 1270 und 1290 gebaut. Im Jahr 1405 wurde sie zerstört.

Ramsdorf

Gde. Velen, Kr. Borken, Nordrhein-Westfalen

Grundriß in: Kunstdkm. v. Westfalen, Borken, S. 392.

Erbaut wurde die Wasserburg 1425. Erhalten sind von ihr nur der Bergfried mit 5,6 m Durchmesser und 1,7 m Wandstärke und der Palas.

Ramspau

Gde. Regenstauf-R..., Kr. Regensburg, Bayern

Grundriß in: Kunstdkm. v. Bayern, Oberpfalz, Bd. 20, S. 241.

1301 wurde die Burg urkundlich bekannt. Der recht kleine Bergfried ist 6 m breit und 6 m lang mit 1,5 m Mauerstärke.

Ramstein

Gde. Tennenbronn, Kr. Rottweil, Baden-Württemberg

Grundriß in: E. Haas »Tennenbronner Heimatbuch«, S. 43.

Die Burg ist 1420 und endgültig 1452 zerstört worden.

Ramstein

Gde. Scherweiler, Ct. Sélestadt, Bas-Rhin Frankreich

Grundriß in: Ebhardt I, S. 66; Wolff, S. 276; Salch, S. 253.

1293 wurde Ramstein erbaut als Rückhalt zur Belagerung der Ortenburg → und bildet mit ihr eine Gruppe. 1303 und 1420 wurde die Burg zerstört und wieder aufgebaut. 1633 wurde sie durch Schweden zerstört. Der Wohnturm hat 2 m dicke Mauern.

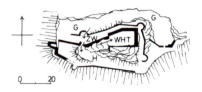

Ramstein

Gde. Kordel, Kr. Trier-Saarburg, Rheinland-Pfalz

Grundriß in: Kunstdkm. d. Rheinprov., Bd. 15.2, S. 340.

Der Wohnturm mit den Maximalmaßen von 11 × 14 m wurde 1310 auf einem ummauerten Fels erbaut. 1689 wurde er durch Franzosen zerstört. Er hat 4 Stockwerke und 20 m Höhe.

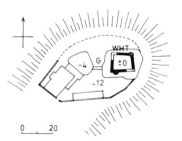

Ramstein

Gde. Bretzwil, Bz. Waldenburg, Kt. Basel-Ld., Schweiz

Grundriß in: Merz-Sisgau, Bd. 3, S. 196.

Erbaut wurde sie im 12. Jh., 1166 wird die Burg erstmals erwähnt, 1303 wurde sie zerstört und aufgebaut, 1644 endgültig zerstört, wird sie 1771 teilweise abgebrochen. Der Bergfried hatte 8,2 m Durchmesser und 2 m dicke Mauern.

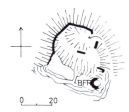

Randeck
Gde. Weilheim/Teck, Kr. Esslingen, Baden-Württemberg

Grundriß in: Schmitt, Bd. 4, S. 84.

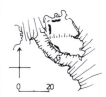

Gegründet wurde die Burg 1280 durch Heinrich oder Busso v. Randeck. Verlassen wurde die kleine Burg wahrscheinlich schon am Beginn des 14. Jh.

Randeck
Gde. Essing, Kr. Kelheim, Bayern

Grundriß in: Kunstdkm. v. Niederbayern, Bd. 7, S. 294.

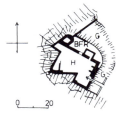

Begonnen wurde die Burg um 1300, 1634 wurde sie durch Schweden zerstört. Der Bergfried hat eine ungewöhnliche Form: ein verzogenes Quadrat mit Kreissegment-Abschluß von 8,5×9 m Grundfläche und ca. 1,5 m Wandstärke.

Randegg
Bz. Scheibbs, Niederösterr., Österreich

Grundriß nach Mitteilung der Gemeinde v. 1986.

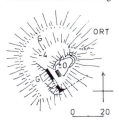

Zerstört wurde die kleine Burg mit 1,6 m starker Ringmauer am Anfang des 15. Jh. Auf dem Felskopf stand vermutlich der Bergfried oder ein Wohnturm.

Randegg
Gde. Mannweiler, Donnersbergkr., Rheinland-Pfalz

Grundriß in: Baudkm. d. Pfalz, Bd. 2, S. 107.

Die einstmals recht große Burg wurde 1202 urkundlich erstmals genannt, 1689 wurde sie zerstört.

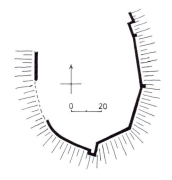

Ranis
Kr. Pössneck, Thüringen

Grundriß in: Kunstdkm. d. Prov. Sachsen, Bd. 22, S. 63.

Erstmalig wurde die Burg 1085 erwähnt. Die größten Teile sind im 13. und 15. Jh. entstanden, der Bergfried vielleicht schon im 12. Jh. Die ehem. Reichsburg hat nach 1220 mehrfach den Besitzer gewechselt. 1664–68 wurden Wohngebäude nach ihrer Zerstörung wiederhergestellt. 1868 fanden Umbauten statt. Heute ist Ranis Museum und Hotel.

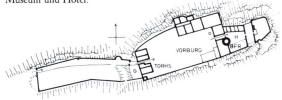

Rannahof
Gde. Schwalenbach, Bz. Krems, Niederösterr., Österreich

Grundriß in: Burgen u. Schlösser in Niederösterr., Bd. 16, S. 30.

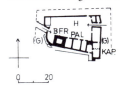

Die Ortsburg mit schwachen Mauern von 0,9–1,1 m Stärke ist im 15. Jh. erbaut worden. Der Bergfried hat 6,95 m Kantenlänge bei 1,75 m starken Wänden.

Rappenscheuchen, -schaichen
Gde. Kempten (Kr.)-Hirschdorf, Bayern

Grundriß in: Baumann, Bd. 1, S. 520.

Die recht kleine Burg könnte eine Kastellburg oder nur ein Wohnturm gewesen sein. Daten sind keine bekannt.

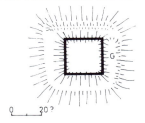

Rappenstein

Gde. Untervaz, Bz. Unterlandquart, Kt. Graubünden, Schweiz

Grundriß in: Poeschel, S. 173; Clavadetscher, S. 316.

Die Grottenburg ist nach 1200 erbaut worden, sie wurde spätestens Anfang des 15. Jh. aufgegeben. Ihr rundbogiger Eingang liegt 9 m hoch.

Rappenstein

Gde. St. Gallen (Kt.), Schweiz

Grundriß aus der Sammlung Felder, Mitteilung von Frau Knoll-Heitz, 1987.

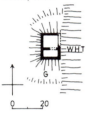

Die Burg war nur ein Wohnturm, der 1401 durch Appenzell zerstört wurde. Er hat 13,7 × 17,4 m Grundfläche mit 2,2 m Wandstärke.

Rapperswil

Bz. See, Kt. St. Gallen, Schweiz

Grundriß in: Ebhardt I, Abb. 727; Kunstdkm. d. Schweiz, St. Gallen, Bd. 4, S. 378; Meyer, Bd. 6, S. 40.

Gegründet wurde die Stadtburg kurz nach 1200 durch die gleichnamigen Adligen; zerstört wurde sie 1350 und danach wieder aufgebaut. Im 19. Jh. war sie Gefängnis und später Mietskaserne, ehe sie ab 1886 erneuert und als Polen-Museum eingerichtet wurde. Ihre Ringmauer ist 2,2 m, die Schildmauer 3,5 m stark. Der Bergfried hat Kantenlängen von 9,5 m (W), 9 m (S) und 2,5 m starken Mauern.

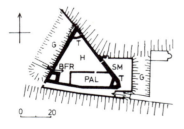

Rappoltenreith

Gde. Turmhof, Bz. Melk, Niederösterr., Österreich

Grundriß in: Burgen u. Schlösser in Niederösterr., B. III/2, S. 103.

Die Dorfburg mit den geringen Wandstärken ist in der 1. Hälfte des 13. Jh. erbaut worden. Der »Bergfried« hatte ursprünglich 3 Stockwerke. Die Anlage war eher standesgemäßem Wohnen als der Verteidigung gewidmet.

Rappoltstein = Hohrappoltstein

Rappottenstein

Bz. Zwettl, Niederösterr., Österreich

Grundriß in: Hotz Z 119; Tuulse 175; Burgen u. Schlösser in Niederösterr., Bd. II/1, S. 107; Österr. Kunsttop., Bd. 8, S. 281; Piper, Österr., Bd. 4.

Gegründet wurde die an einen Felsblock gelehnte Burg zwischen 1157 und 1176 durch Rapoto v. Künring. Die Wohnbauten im Osten der Kernburg sind 1378 entstanden, die Vorburg im 15. Jh. Im 16. Jh. wurde die Burg umgebaut. Der Bergfried auf dem Fels hat 7 m Kantenlänge und 2 m Mauerstärke.

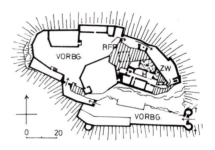

Raron

(Bz.) Kt. Wallis, Schweiz

Grundriß in: Meyer, Bd. 4, S. 89.

Im 11. Jh. wurde die Fluchtburg zur Adelburg verwandelt, von den damaligen Bauten sind Reste nicht gefunden worden, erst aus dem späten 12. Jh.; seit dem frühen 13. Jh. sind die Herren v. Raron urkundlich bekannt, die vermutlich Vögte der Bischöfe v. Sitten waren. 1414 wurde die Burg zerstört. 1515 wurde aus der Ruine des Wohnturmes eine spätgot. Hallenkirche. Der Wohnturm-Palas hat 10,4 m Seitenlänge und 2,0, 2,8 und 3,2 m Wandstärke. Er besaß 4 Stockwerke. Der Bergfried mit 9,2 m Seitenlänge hat 1,8 m Wandstärke. Sein rundbogiger Eingang liegt 12 m hoch.

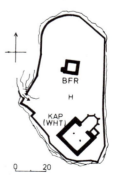

Ras

Gde. St. Jacob im Rosental, Bz. Villach, Kärnten, Österreich

Grundriß in: Kohla, S. 263.

1171 wird das »castrum Rase« urkundlich erwähnt und vermutlich schon vor 1238 verlassen.

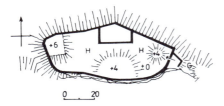

Rasen = Alt Rasen

Rasen = Neu Rasen

Rastenberg
Bz. Krems, Niederösterr., Österreich

Grundriß in: Österr. Kunsttop. Bd. 1, S. 349.

Begonnen wurde die Burg noch im 12. Jh., urkundlich genannt wurde sie 1205. Der nordöstliche Teil wurde im 16. Jh. hinzugefügt. Die Kapelle ist romanisch. Der 27 m hohe Bergfried ist maximal 9 m breit und 13,5 m lang. Seine Wände sind bis 2,5 m stark.

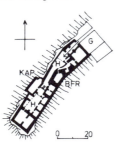

Rath, Haus Rath
Gde. Krefeld (Kr.), Nordrhein-Westfalen

Grundriß in: Denkm. d. Rheinlds., Krefeld, Bd. 2, S. 97.

Der Wohnturm aus der Zeit um 1200 stand ursprünglich auf einer Motte. Er ist der Rest der Wasserburg.

Rathmannsdorf
Gde. Windorf-R..., Kr. Passau, Bayern

Grundriß in: Kunstdkm. v. Niederbayern, Bd. 14, S. 275.

»Razimanisdorf« wird 1140 urkundlich erwähnt. Doch wird die Burg erst um 1400 urkundlich bekannt. In der 2. Hälfte des 16. Jh. wurde sie in ein Jagdschloß umgebaut.

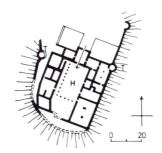

Rathsamhausen, Ottrott, Hinter-Lützelburg
Gde. Ottrott, Ct. Rosheim, Bas-Rhin, Frankreich

Grundriß in: Piper, Fig. 583; Hotz-Pfalzen Z 57; Kaltenbach, Nr. XXIII; Burgen u. Schlösser, 1975-I; Wolff, S. 268; Wirth, S. 70.

Die Burg bildet mit der Lützelburg → eine Gruppe. Der Wohnturm mit der ihn umgebenden inneren Ringmauer wurde am Ende des 12. Jh. erbaut, der Bergfried entstand in der 1. Hälfte des 13. Jh., die äußere Ringmauer ist nach der Mitte des 13. Jh. erbaut worden. Der Zwinger und die Barbikane sind aus dem 14. Jh. 1521 erneuert, wurde die Burg im Dreißigjähr. Krieg zerstört. Der Wohnturm mit 18 m Höhe und 4 Stockwerken hat die Dimension 12×16 m mit ca. 1,8 m dicken Außenwänden. Der Bergfried mit rd. 11 m Durchmesser hat über 4 m starke Wände.

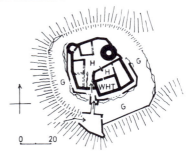

Ratingen, Zum Haus
Kr. Mettmann, Nordrhein-Westfalen

Grundriß in: Burgen u. Schlösser, 1984-II.

Entstanden ist die Wasserburg wohl im 13. Jh., ein Wohnflügel stammt aus dem 15. Jh., die jetzige schloßartige Gestalt stammt aus der 1. Hälfte des 17. Jh.

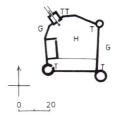

Rattenberg

Bz. Kufstein, Tirol, Österreich

Grundriß in: Bracharz, S. 70; Piper, Österr., Bd. 2.

1254 wurde die Burg erstmals urkundlich genannt. Der Name soll von »Burg des Rato« abgeleitet sein. Im 14. Jh. wurde sie mit der Stadtmauer verbunden. Anfang des 16. Jh. wurde sie zur Festung verstärkt. Erst 1777 wurde die Festung aufgegeben und verfiel. 1782 wurden Teile abgebrochen. Der starke Bergfried mit 11,5 × 12,0 m Grundfläche hat 3,5 m dicke Wände.

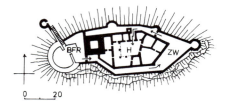

Ratzenried

Gde. Argenbühl-R..., Kr. Ravensburg, Baden-Württemberg

Grundriß in: Nessler, Bd. 2, S. 86.

1145 taucht der erste des Namens Ratzenried urkundlich als St. Gallener Dienstmann auf. Die heutige Burg könnte teilweise 1270 erbaut worden sein. Zu- und Umbauten erfolgten bis ins 16. Jh. Im 17. Jh. ist sie verfallen. Ihre Ringmauer ist ca. 1,2 m stark.

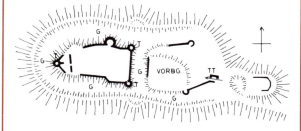

Rauber = Diepoldsburg

Raubschloß = Alte Burg, Ohrdruf

(Rauchenkatsch)

Gde. Kremsbrücken, Bz. Spittal a. d. Drau, Kärnten, Österreich

Grundriß nach Aufnahme F.-W. Krahe, 1951.

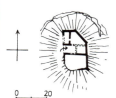

1241 wird Rauhenkaze urkundlich erwähnt. 1965 wurde die kleine Burg mitsamt dem Burgberg beim Bau der Autobahn vernichtet.

Rauenstein

Kr. Sonneberg, Thüringen

Grundriß in: Burgwart, 1900, S. 2.

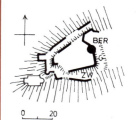

Die recht kleine Burg wurde 1342 erbaut, 1640 wurde sie durch Kaiserliche zerstört. Der Bergfried hat nur 5 m Durchmesser, er gehört zu den kleinsten seiner Art.

Rauheneck

Gde. Baden (Bz.)-Dörfl, Niederösterr., Österreich

Grundriß in: Burgen u. Schlösser in Niederösterr., Bd. I/2, S. 73; Österr.-Kunsttop., Bd. 18, S. 150; Piper, Österr., Bd. 3, S. 157.

1137 wird »Ruhenekke« erstmals urkundlich genannt. Erbaut wurde die Burg im 12. Jh., die Kapelle ist im 13. Jh. errichtet worden. 1477 wurde Rauheneck durch Türken zerstört. Die nördliche Kernburg liegt 10 Stufen tiefer, sie ist nach Form und Größe Aggstein → ähnlich. Der extrem seltene dreieckige Bergfried mit ca. 19 × 13 m maximalen Dimensionen hat 3,7 m starke Wände.

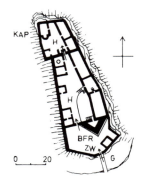

Rauheneck

Gde. Stadt Ebern, Kr. Haßberge, Bayern

Grundriß in: Kunstdkm. v. Bayern, Unterfrk., Bd. 15, S. 178.

1231 wird der Adel »de Ruhenecke« urkundlich genannt. Auf den Resten des 13. und 14. Jh. wird die Burg im 15. Jh. erneuert. Die Burg war zeitweilig Ganerbenburg. Seit 1720 ist sie verfallen.

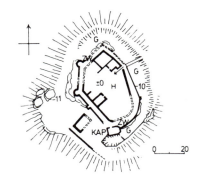

Rauhenfest, Ödenfest

Gde. Malta, Bz. Spittal a. d. Drau, Kärnten, Österreich

Grundriß in: Kohla, S. 268.

Die polygonale Burg mit ca. 1,5 m starker Ringmauer ist vielleicht im 11. Jh. erbaut worden.

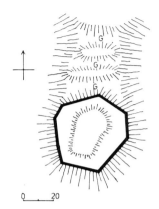

Rauhenkasten = Alt Geroldseck

Rauhen Laubenberg

Gde. Immenstadt-Rauhenzell, Kr. Sonthofen, Bayern

Grundriß in: Kunstdkm. v. Bayern, Schwaben, Bd. 8, S. 708; Nessler, Bd. 1, S. 244.

Die Wohnturmburg ist wohl im 13. Jh. entstanden. Sie wurde 1579 durch Brand zerstört. Der Wohnturm hat 13 m Seitenlänge und 3 m dicke Wände.

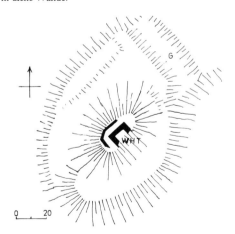

Rauhenstein

Gde. Baden (Bz.), Niederösterr., Österreich

Grundriß in: Burgen u. Schlösser in Niederösterr., Bd. I/2, S. 73; österr. Kunsttop., Bd. 18, S. 114; Piper, Österr., Bd. 3, S. 166.

»De Ruhinstein« wird 1186 urkundlich genannt. Der Bergfried ist romanisch, die Kapelle stammt aus dem 13. Jh., die Burg wurde mehrfach umgebaut, zuletzt im 17. Jh., später ist sie verfallen. Der Bergfried mit 12 × 13 m Grundfläche und 3,5 und 4,5 m starken Wänden, der Eingang liegt im 1. Obergeschoß.

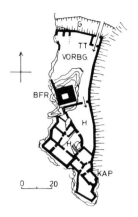

Rauns

Gde. Walthofen, Kr. Sonthofen, Bayern

Grundriß in: Baumann, Bd. 1, S. 53.

Der Grundriß gibt einen Plan von 1831 wieder. »De Raus« wird 1218 erstmals erwähnt.

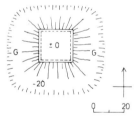

Rauschenberg

Kr. Marburg-Biedenkopf, Hessen

Grundriß in: Ebhardt I, Abb. 490.

Entstanden ist die Burg im 13. Jh., zerstört wurde sie 1646. Der Bergfried war nach Mitteilung v. G. Knappe 1988 nicht mehr vorhanden.

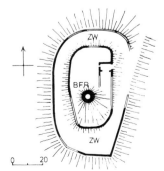

Rauschenberg

Gde. Boppard-Oppenhausen, Rhein-Hunsrück-Kr., Rheinland-Pfalz

Grundriß in: Cohausen, Nr. 192; Schellack, S. 34.

Erbaut wurde die Burg durch Erzbischof Balduin v. Trier, sie erlitt 1410 große Schäden und wurde Anfang des 16. Jh. durch Brand zerstört. Der Bergfried hat rd. 9 m Durchmesser und über 3 m Mauerstärke.

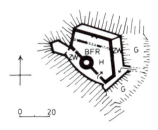

Rauterburg, Alt Haimburg

Gde. Haimburg, Bz. Völkermarkt, Kärnten, Österreich

Grundriß in: Österr. Kunsttop. Kärnten, S. 292; Burgen u. Schlösser in Kärnten, Bd. 2, S. 140.

Erbaut wurde die Burg 1072 von Graf Gero I. von Heunburg. Ihre 1,5 m starke Ringmauer in Fischgrätenmuster weist auf das 12. Jh., die Schildmauer ist rd. 12 m hoch und 2,5 m stark. Teile der Burg werden im 20. Jh. abgerissen.

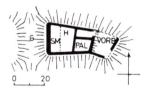

Ravensburg

Gde. Sulzfeld, Kr. Karlsruhe, Baden-Württemberg

Grundriß in: Kunstdkm. v. Baden, Bd. 8.1, S. 204.

Der Buckelquader-Bergfried ist wohl 1220 erbaut worden. Urkundlich wird die Burg 1231 genannt. Wohngebäude und Torturm sind aus dem 16. Jh. Der Bergfried mit 7,2 m Kantenlänge und 2,8 m Mauerstärke ist 30 m hoch, sein rundbogiger Eingang liegt 11 m hoch.

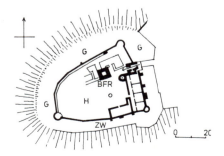

Ravensburg

Gde. Borgholzhausen, Kr. Gütersloh, Nordrhein-Westfalen

Grundriß in: Kunstdkm. v. Westfalen-Halle.

Die romanische Burg wurde im 16. Jh. neu befestigt, 1753 wurde sie teilweise abgebrochen. Der tropfenförmige Bergfried hat 12 m Durchmesser und 3,5 m starke Wände. Die Tropfenform ist sehr selten.

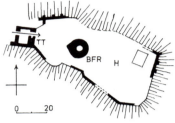

Ravensburg = Alzey

Ravenstein = Rabenstein

Ravenstein

Gde. Veitshöchheim, Kr. Würzburg, Bayern

Grundriß nach Aufnahme von F.-W. Krahe, 1988.

Die Burg wurde 1220 geschleift. Der Bergfried hat 9,5 m Durchmesser und einen quadratischen Innenraum mit 3 m Seitenlänge.

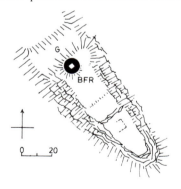

(Ravenstein)

Gde. Böheimkirch, Kr. Göppingen, Baden-Württemberg

Grundriß in: Kunstdkm. v. Württbg., Donaukr., Geislingen, S. 152; Schmitt, Bd. 1, S. 205.

1191 wurde die Burg erwähnt, 1765 wird sie wegen Baufälligkeit teilweise abgebrochen. Der in den Kunstdkm. dargestellte Grundriß ist von Schmitt nicht mehr gefunden worden.

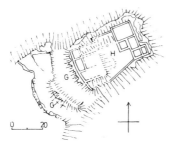

Razüns, Räzüns

Bz. Imboden, Kt. Graubünden, Schweiz

Grundriß in: Ebhardt I, Abb. 362; Poeschel, S. 184; Clavadetscher, S. 182.

Die erhaltenen Teile der mittelalterlichen Burg sind nicht älter als 13. Jh., ab dem 15. Jh. wird die Burg in ein Schloß verwandelt. Ihre Ringmauer ist 1,5 – 2,0 m stark.

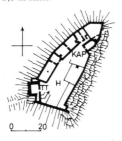

Reams, Riom

Gde. Riom, Bz. Albula, Kt. Graubünden, Schweiz

Grundriß in: Poeschel, S. 258; Clavadetscher, S. 68.

Erbaut wurde die Burg um 1240 von den Herren v. Wangen-Burgeis. 1258 wird sie an das Hochstift Chur verkauft. Verfallen ist Riom erst im 19. Jh. Der Bergfried mit 7,5 m Seitenlänge und 2 m Mauerstärke hat in 32 m Gesamthöhe 7 Stockwerke. Der Eingang liegt 13 m hoch.

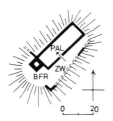

Rech = Monreal

Rechberg = Rehberg

Rechberg, Hohenrechberg

Gde. Schwäb. Gmünd, Kr. Aalen, Baden-Württemberg

Grundriß in: Schmidt, Fig. 29; Burgen u. Schlösser 1971-I; Schmitt, Bd. 1, S. 58.

Die Burg wurde in der 1. Hälfte des 13. Jh. als staufische Dienstmannenburg erbaut. Ihre Ringmauer ist mit Buckelquadern verkleidet. 1355 wird sie urkundlich erwähnt. Der Zwinger wurde im 15. Jh. hinzugefügt. 1865 wurde Rechberg durch Brand zerstört, den ein Blitz verursachte. Die Herren v. Rechberg waren bis ins 16. Jh. Eigentümer der Burg. Die Ringmauer ist 1,6 m stark.

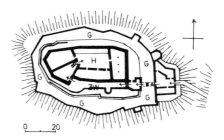

Rechberg

Gde. Eisenkappel, Bz. Völkermarkt, Kärnten, Österreich

Grundriß in: Burgen u. Schlösser in Kärnten, Bd. 2, S. 141; Kohla, S. 270.

Friedrich v. Rechberg wird 1287 urkundlich genannt. Die Burg ist am Beginn des 13. Jh. vielleicht als Rodungsburg erbaut worden. Verfallen ist sie im 18. Jh. Der Wohnturm hat maximale Dimensionen von 8,8 und 12,5 m mit 2 – 2,5 m starken Wänden. Die Ringmauer ist 1,3 m stark.

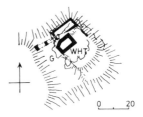

Rechenberg

Gde. Stimpfach-R..., Kr. Schwäb. Hall, Baden-Württemberg

Grundriß in: Ebhardt I, Abb. 586; Pfefferkorn, Bd. 2, S. 57.

Der Ursprung der Burg liegt vor 1227; Umbauten fanden im 14. Jh. und 1571 statt.

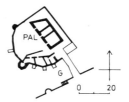

Rechtenstein, Stein

Gde. Obermarchtal, Alb-Donau-Kr., Baden-Württemberg

Grundriß in: Kunstdkm. v. Württbg., Donaukr., Ehingen, S. 72; Schmitt, Bd. 2, S. 251.

Der Adel »de Stain« ist seit 1156 urkundlich bekannt, die Burg wird aber erst 1410 in Urkunden erwähnt. Vermutlich ist sie Ende des 14. Jh. erbaut worden. Die Vorburg mit Gebäuden aus dem 14.–16. Jh. ist noch bewohnt. Die Kombination Palas und Bergfried in der kleinen Dimension ist merkwürdig. Der Bergfried mit 6,9 × 7 m Grundfläche hat rd. 2,5 m Wandstärke, in der auch die Treppe liegt.

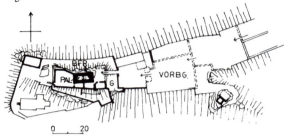

Regenpeilstein

Gde. Röding, Kr. Cham, Bayern

Grundriß in: Kunstdkm. v. Bayern, Oberpfalz, Bd. 1, S. 86.

Das castrum in Peilstein wird 1270 erwähnt. Der Bergfried wird im 14. Jh. erbaut. Der ihn umgebende Wohnbau ist 1790 entstanden. Der Bergfried ist 27 m hoch, er hat 6,2 m Seitenlänge in seiner 1,7 m starken Mauer verläuft die Treppe.

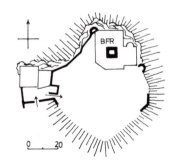

Regensberg

Gde. Kunreuth-R…, Kr. Forchheim, Bayern

Grundriß nach Aufnahme von F.-W. Krahe, 1991.

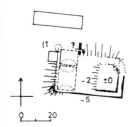

1251 wird die Burg als Bamberger Lehen genannt. 1527 wurde sie zerstört und 1744 endgültig durch Brand zerstört. Im 18. Jh. wurde sie abgebrochen.

Regensburg, Römerturm

Bayern

Grundriß in: Kunstdkm. v. Bayern, Oberpfalz, Bd. 3.

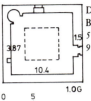

Der Wohnturm des 13. Jh. ist als Rest der Bischofsburg erhalten geblieben. Er ist mit 5 Stockwerken 28 m hoch, der Einstieg liegt in 9 m Höhe.

Regenstein

Gde. Blankenburg, Kr. Wernigerode, Sachsen-Anhalt

Grundriß in: Wäscher, Bild 403; Stolberg, S. 309.

Die mittelalterliche Burg benutzte den stark ausgehöhlten Felskopf als Standort, war also, wie viele Felsenburgen, zugleich auch eine Höhlenburg. Von den Bauten auf der Felsplatte ist nichts mehr erhalten. »Cunradus comes de Regenstein« wird 1175 urkundlich genannt. Die erhaltenen Teile der Burg deuten auf das 13. Jh. Die Burg spielte eine Rolle 1180–1186 in der Auseinandersetzung zwischen Kaiser Barbarossa und Heinrich d. Löwen. Sie wurde 1670 zu einer Festung ausgebaut und 1758 auf Befehl Friedrichs d. Großen geschleift. Der Bergfried hat 8,3 m Durchmesser und 3 m dicke Mauern.

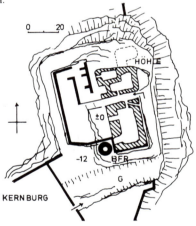

Regierungsturm = Trier

Rehberg, Rechberg

Gde. Krems (Bz.), Niederösterr., Österreich

Grundriß in: Österr. Kunsttop., Bd. 1, S. 355; Piper, Österreich, Bd. 4, S. 137; Burgen u. Schlösser in Niederösterr., Bd. 16, S. 83.

Der Burgadel »de Rehperch« wird 1141 urkundlich genannt. Die Burg ist wohl um 1200 erbaut worden. Die Kapelle und die Vorburg sind 1316 erwähnt. Die Burg wurde im 17. Jh. gründlich umgebaut, im 19. Jh. ist sie verfallen. Der Bergfried ist mit 5,6 m Seitenlänge recht klein. Der hier gezeigte Grundriß aus Niederösterr., Bd. 16, nach Kreutzbruck weicht erheblich von Pipers Grundriß ab.

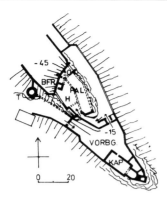

Reichelsburg

Gde. Aub, Kr. Würzburg, Bayern

Grundriß in: Kunstdkm. v. Bayern, Unterfrk., Bd. 1, S. 198.

Die Burg in der Form einer Kastellburg wird 1230 erstmals urkundlich erwähnt. Der Bergfried entstand am Beginn des 14. Jh. Wohngebäude und Zwinger sind aus dem 15. Jh. Zerstört wurde die Anlage 1525. Der Bergfried hat rd. 7 m Durchmesser und ca. 2,2 m dicke Wände. Sein spitzbogiger Eingang liegt 11 m hoch, die Gesamthöhe ist 23,5 m.

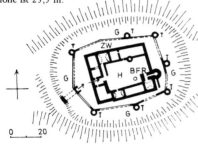

Reichenbach

Gde. Hess. Lichtenau, Kr. Eschwege, Hessen

Grundriß in: Heimatscholle, Heft 1, 1936/37, S. 8.

Um 1100 ist die Burg in einer Wallburg der Chatten errichtet worden. Nach 1550 ist sie verfallen. Der Bergfried hat 9,9 m Durchmesser mit 2,1 m Wandstärke. Die Ringmauer ist 1,5 – 1,7 m stark. Der Turm im Süden könnte ein weiterer Bergfried gewesen sein.

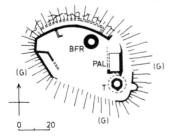

Reichenberg

Gde. Rotund, Vinschgau, Südtirol, Italien

Grundriß in: Trapp, Bd. 1, S. 61; Piper, Österr., Bd. 7, S. 174.

Der hier gezeigte Grundriß nach Trapp weicht von dem Grundriß Pipers erheblich ab. »Swiherus de Richenberc« erscheint 1170 urkundlich. Die Burg, Ende des 12. Jh. erbaut, liegt 200 m unterhalb von Rotund →. Sie war bis ins 17. Jh. noch bewohnt. Der Bergfried hat 8 m Durchmesser und 2,5 m dicke Mauern, sein Eingang liegt 5,5 m hoch.

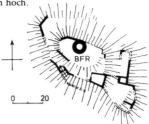

Reichenberg

Gde. Reichelsheim, Kr. Erbach, Hessen

Grundriß in: Ebhardt I, Abb. 406; Kunstdkm. v. Hessen, Erbach, S. 221.

Gegründet wurde die Burg 1223. Ihre Kapelle in der jüngeren Vorburg ist 1370 urkundlich erwähnt. Umbauten finden im 15. und 16. Jh. statt. Im Dreißigjähr. Krieg wurde die Burg zerstört. Der einst vorhandene Bergfried ist verschwunden.

Reichenberg

Rhein-Lahn-Kr., Rheinland-Pfalz

Grundriß in: Dehio, Rheinld.-Pfalz, S. 279; Ebhardt I, Abb. 418; Hotz Z 28; Piper, Fig., 185; Cohausen, Nr. 212.

Begonnen wurde die Burg 1320 durch die Grafen v. Katzenelnbogen als Trierer Lehen. Nach einer Belagerung 1649 wurde die Anlage renoviert. Ab Anfang des 19. Jh. ist die ehem. hessische Festung verfallen. Die mächtige Burg fällt vor allem durch die über 20 m hohe und 4,5 m starke Schildmauer im Westen auf, deren Nordturm in voller Höhe von 43 m erhalten ist. Auch die Ringmauern sind mit 2,5 m recht stark.

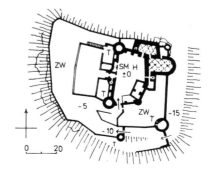

Reichenberg

Gde. Oppenweiler, Rems-Murr-Kr., Baden-Württemberg

Grundriß in: Kunstdkm. v. Bad.-Württ., Rems-Murr-Kr., S. 483; Waldburg, S. 115.

Die Burg der Markgrafen v. Baden ist unter Verwendung von Bukkelquadern nach 1130 entstanden. Sie ist gut erhalten und zeigt trotz mancher Umbauten den Charakter einer anspruchsvollen mittelalterlichen Burg. Ihre Ringmauer ist 2,5 m stark und ca. 15 m hoch. Der 24 m hohe Bergfried hat 4 gewölbte Stockwerke auf einem Grundriß von 12 m Durchmesser und 4 m Wandstärke, in der ab dem 9 m hohen Eingang die Wendeltreppe liegt.

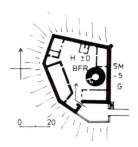

Reicheneck

Gde. Happburg-Kainsbach, Kr. Lauf, Bayern

Grundriß in: Kunstdkm. v. Bayern, Mittelfrk., Bd. 10, S. 24.

Begonnen wurde die Burg in der 1. Hälfte des 13. Jh., urkundlich erwähnt wurde sie 1238. Am Beginn des 15. Jh. wurde sie erneuert und 1525 zerstört.

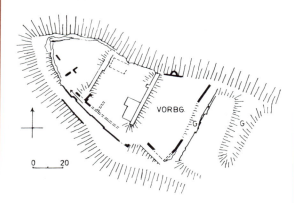

Reichenegg

Gde. St. Georgen, Bz. Cilli, Südsteiermark, Slowenien

Grundriß in: Piper, Österr., Bd. 7, S. 178.

Der Grundriß erinnert an Finstergrün →. Entstanden ist die Zweiturmanlage in der 1. Hälfte des 14. Jh. In der Mitte des 18. Jh. war sie verfallen. Die Kombination eines rechteckigen Wohnturmes mit einem fünfeckigen Bergfried ist eine Seltenheit. Der Wohnturm mit 9 × 12 m Grundfläche und 1,5 m Mauerstärke hat 4 Stockwerke. Der Bergfried mit 12 m Breite u. Länge könnte vom Inhalt her ebenfalls ein Wohnturm gewesen sein.

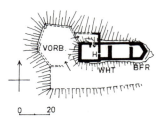

Reichenfels

Gde. Bad St. Leonhard, Bz. Wolfsberg, Kärnten, Österreich

Grundriß in: Kohla, S. 270.

1227 wird das »castrum Richenvelsse« urkundlich genannt, 1288 ein Burggraf des Namens. Die Anlage, mehrfach umgebaut und erneuert, ist im 18. Jh. verfallen. Ihre Ringmauer ist 1,4, die Schildmauer bis zu 3,2 m stark.

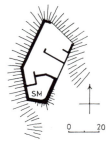

Reichenfels

Gde. Hohenleuben, Kr. Gera, Thüringen

Grundriß in: Kunstdkm. v. Thüringen, Bd. 23, S. 162.

Die Burg wurde im 13. Jh. begonnen. 1806 wurde auf der inzwischen ruinierten Anlage ein neues Gebäude begonnen, jedoch nie fertiggestellt.

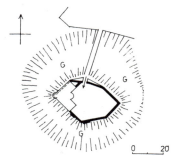

Reichenstein

Gde. Arlesheim (Bz.), Kt. Basel-Ld., Schweiz

Grundriß in: Ebhardt I, Abb. 725; Meyer-Regio, S. 123.

Ursprünglich hieß die Anlage obere Birseckburg. Sie ist um 1200 durch die Grafen v. Frohburg gegründet worden. 1356 wurde sie durch das Erdbeben zerstört, jedoch wieder aufgebaut. Im 16. Jh. ist die Burg noch bewohnbar, später verfallen wurde sie 1923 zu

Wohnzwecken wiederhergestellt. Der Wohnturm hat einen einmaligen Grundriß; er ist 15 m lang und rd. 13,5 m breit, seine Wände variieren von 1,0 – fast 2,0 m Stärke. Er hat 4 Stockwerke. Der angebaute Rundturm hat 7 m Durchmesser.

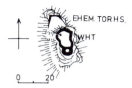

Reichenstein

Gde. Tragwein, Bz. Freistadt, Oberösterr., Österreich

Grundriß in: Piper, Österr., Bd. 5, S. 126.

»Ulricus de Richenstein« taucht 1230 als Zeuge auf, 1295 wird auch die Burg genannt. Die Kapelle ist gotisch. Nach 1750 wurde Reichenstein verlassen. Turm und Palas sind bei einer Erneuerung 1576 abgetragen worden.

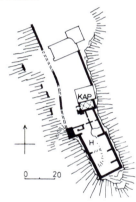

Reichenstein

Gde. Stadlern, Kr. Schwandorf, Bayern

Grundriß in: Kunstdkm. v. Bayern, Oberpfalz, Bd. 7, S. 54.

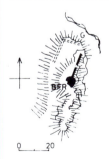

Von der kleinen Burg, die 1333 erwähnt wird, jedoch älter ist, blieb nach ihrer Aufgabe im 16. Jh. wenig erhalten.

Reichenstein

Gde. Jauering-Javornik, Bz. Mähr. Schönberg-Šumperk, Nordmähren, Tschechische Republik

Grundriß in: Weinelt, Abb. 3.

Entstanden ist die Burg im 13. Jh., zerstört wurde sie im 15. Jh. und im 20. Jh. ausgegraben. Der Bergfried von 10 m Durchmesser hat 3,7 m starke Mauern; auch die Ringmauer ist ungewöhnlich stark.

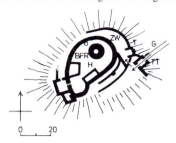

Reichenstein

Gde. Neckargmünd, Rhein-Neckar-Kr., Baden-Württemberg

Grundriß nach Plan der Gemeinde, 1986 übersandt.

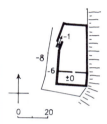

Die Burg wurde um 1400 zerstört. Sonst ist nichts bekannt.

Reichenstein

Gde. Trechtingshausen, Kr. Mainz-Bingen, Rheinland-Pfalz

Grundriß in: Kunstdkm. d. Rheinprov., Bd. 16.2, S. 340.

1256 erscheint die Burg erstmals in Urkunden. Nach einer Zerstörung 1282 wurde sie wieder aufgebaut. Im 16. Jh. ist sie verfallen. Fünfeckige Wohntürme sind selten, auffallend ist, daß man im Kr. Neuwied einen solchen auf der Neuerburg → vorfindet, einen fünfeckigen Palas nicht weit davon auf Burg Ehrenstein →. Der 20 m hohe Wohnturm ist 13 m breit und fast 16 m lang, er hat 4 Stockwerke, seine Wandstärke ist 1,7 – 3,0 m. Die Ringmauer ist 1,5 m dick.

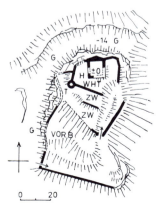

Reichenstein

Gde. Reichenweier, Ct. Kaysersberg, Haut-Rhin, Frankreich

Grundriß in: Roland Recht: »Dictionnaire des Chateaux de France«, S. 173.

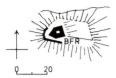

Der Burgadel wird 1255 erwähnt. 1269 ist die Burg als Raubnest zerstört worden. Der Bergfried ist 7,7 m breit und 9,8 m lang mit 2,5 m starken Mauern.

Reichenstein

Gde. Lauterbach-R..., Alb-Donau-Kr., Baden-Württemberg

Grundriß in: Kunstdkm. v. Württ., Donaukr., Ehingen, S. 103; Schmitt, Bd. 2, S. 244.

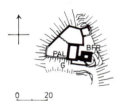

Die Burg ist seit 1276 urkundlich bekannt. Sie stammt vielleicht aus der 1. Hälfte des 13. Jh. 1525 wurde sie zerstört. Der 20 m hohe Bergfried hat Seitenlängen von 7,4 und 7,8 m, sein rundbogiger Eingang liegt ca. 6 m hoch.

Reichsburg

Gde. Breitenbach, Kr. Zeitz, Sachsen-Anhalt

Grundriß in: Grimm, Abb. 40 L.

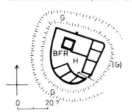

1154 wird die Familie »de Breidenbach« genannt. Sonst ist nichts bekannt.

X Reifenberg, Oberreifenberg

Gde. Schmitten-Oberreifenberg, Main-Taunus-Kr., Hessen

Grundriß in: Kunstdkm. im Reg.-Bz. Wiesbaden.

Die fast regelmäßige Kernburg ist zum Ende des 12. Jh. entstanden. Urkundlich genannt wurde sie 1234. 1591 wurde sie zerstört und wieder aufgebaut. 1654 war die Burg baufällig und wurde 1689 teilweise abgebrochen. Der Wohnturm mit dem ungewöhnlichen Grundriß von 4,5 × 11,0 mit 0,8 m starken Wänden, er hat 5 Stockwerke in 19 m Höhe, die Wohnfläche je Geschoß ist nur ca. 17 m². Der Bergfried hat 8,5 m Durchmesser mit 2,5 m Wandstärke. Er ist 25 m hoch und hat seinen Eingang in 8 m Höhe. Die Schildmauer ist 4 m stark.

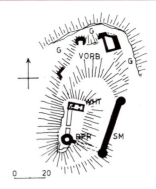

Reifeneck, Reifenegg

Gde. Ratschings, Eisacktal, Südtirol, Italien

Grundriß in: Trapp, Bd. 3, S. 182.

Erbaut wurde die Burg 1210 durch die Bischöfe v. Brixen. 1242 nennt sich Berthold v. Trautson de Riffenecke und war wohl der 1. Lehnsmann auf der Burg, die vermutlich schon im 15. Jh. verlassen wurde. Der ursprünglich 21 m hohe Bergfried hat 4 Stockwerke bei 10,5 m Kantenlänge und 2,1 m Mauerstärke, der Eingang liegt 8,5 m hoch.

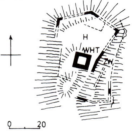

Reifenstein, Rifenstein

Gde. Reigoldswil, Bz. Waldenburg, Kt. Basel-Ld., Schweiz

Grundriß in: Merz-Sisgau, Bd. 3; Meyer-Regio, S. 124.

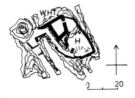

Benutzt wurde die Burg nach den Funden ab 1200 bis zu ihrer Zerstörung im Erdbeben von 1356. Sie wurde 1876 freigelegt. Der Wohnturm hat ca. 13,5 und 16 m maximale Dimensionen mit 2 m Wandstärke.

Reifenstein

Gde. Sterzing, Eisacktal (Wipptal), Südtirol, Italien

Grundriß in: Schmidt, Fig. 24; Weing.-Hörm., S. 230; Trapp, Bd. 4, S. 147.

Die schöne Burg Reifenstein bildet zusammen mit der rd. 1 km entfernten Burg Sprechenstein → eine Talsperre vor dem Eingang zum Brenner. Die Burg Riffinstein wird zwischen 1100 und 1110 urkundlich erwähnt. Der Bergfried ist aus dem 12. Jh., der westlich anschließende Wohnturm aus dem Ende des 13. Jh., die Kernburg aus dem 14. Jh. Die Vorburg ist vom Ende des 15. Jh. 1899 wurde die Burg zu Wohnzwecken schön wiederhergestellt. Der 22 m hohe Bergfried hat Seitenlängen von 8,5 und 9 m mit 2,2 m Mauerstärke, der rundbogige Eingang lag 6,5 m hoch. Der ca. 20 m hohe Wohnturm ist 10,5 m breit und ca. 15 m lang mit Mauerstärke wenig über 1 m. Er hat 4 Stockwerke.

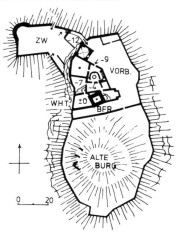

Reifenstein

Gde. Pöls, Bz. Judenburg, Steiermark, Österreich

Grundriß in: Piper, Österr., Bd. 4, S. 143.

1145 wird Berchtold de Rifenstein als Zeuge genannt. Angeblich stammt der Name von Rifos Stein. Im 16. Jh. wurde die Burg zum Schloß umgebaut und ist nach 1706 verfallen. Der Bergfried hatte 6,6 × 8,4 m Grundfläche mit 1,5 m Wandstärke. Ungewöhnlich ist die nur 8,4 m breite aber 37 m lange Kernburg.

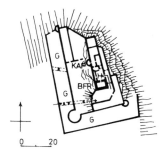

Reifferscheidt

Gde. Hellenthal-R..., Kr. Euskirchen, Nordrhein-Westfalen

Grundriß in: Kunstdkm. d. Rheinprov., Bd. 11.2, S. 453.

Bergfried und Ringmauer entstanden im 14. Jh. Die Burg wurde im späten Mittelalter und nach ihrer Zerstörung 1669 beim Wiederaufbau verstärkt. Verfallen ist die Burg im 18. Jh. Der Bergfried mit 10 m Durchmesser und 2,5 m Mauerstärke ist rd. 20 m hoch. Die Schildmauer ist bis 4,5 m dick.

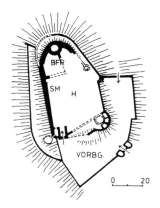

Reifnitz

Gde. Keutschach, Bz. Klagenfurt, Kärnten, Österreich

Grundriß in: Burgen u. Schlösser in Kärnten, Bd. 2, S. 97; Kohla, S. 204.

Ein »curtis Ribniza« wird 977 urkundlich erwähnt. Die drei Burgen sind aber im 12.–14. Jh. entstanden. Im 18. Jh. sind sie verfallen. Die Hauptburg ist vermutlich im 13. Jh. als Wohnburg errichtet und mehrfach verändert worden. Die Vorburg ist durch Zubauten zum Wohnturm eine kleine Wohnburg geworden. Der Wohnturm mit 11 × 13,5 m Maximalmaßen hat ca. 2,5 m starke Wände. Die Burg Neuneck läßt andere Bauten als den sechseckigen Bergfried mit Hauptmaßen von 7,5 und 9 m nicht erkennen. Eine Wohnburg ist Neuneck daher wohl nicht gewesen.

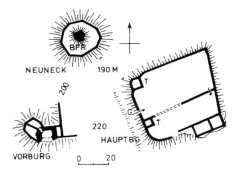

Reinegg

Gde. Waisenberg, Bz. Völkermarkt, Kärnten, Österreich

Grundriß in: Kohla, S. 272.

Die Höhlenburg wird 1176 als »castrum Rinecke« urkundlich erwähnt, »Albertus de Rineck« taucht ab 1220 auf. Im 15. Jh. wurde sie aufgegeben. Der Fels hängt bis zur Außenmauer über.

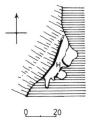

Reinegg, Reineck

Gde. Sarntheim, Sarntal, Südtirol, Italien

Grundriß in: Weing.-Bozen 19; Trapp, Bd. 5, S. 19.

Entstanden ist die Anlage einheitlich um 1235. Veränderungen an der Burg waren relativ gering, bis sie am Ende des 18. Jh. verlassen wurde. Ab 1938 wurde Reinegg umfassend wiederhergestellt. Der Bergfried mit 8,5 m Kantenlänge und 2,5 m Mauerstärke ist mit 5 Stockwerken 28 m hoch, sein Einstieg liegt 9 m über dem Hof. Die Schildmauer ist bis 3,0 m, die Ringmauer 1,3 m stark.

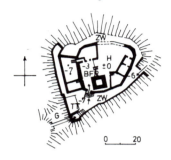

Reinhardstein

Ct. Malmedy, Belgien

Grundriß in: Kunstdkm. v. Eupen-Malmedy, S. 400.

Begonnen wurde die Burg 1140, aber ihre Bauteile stammen hauptsächlich aus dem 14. Jh., zerstört wurde sie 1677, ab 1902 ist die Ruine gesichert. Der Bergfried mit 7,5 × 8 m Grundfläche hat 1,5 – 3 m starkes Mauerwerk.

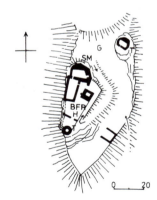

Reinsberg

Bz. Scheibbs, Niederösterr., Österreich

Grundriß in: Burgen u. Schlösser in Niederösterr., Bd. II/3, S. 127; Burgen im Bz. Scheibbs, S. 212.

Das »castrum in Rainsperch« wird 1215 urkundlich erwähnt. Der Burgadel erscheint 1256 erstmals in Urkunden. Die Burg wurde 1525 zerstört, jedoch erst 1596 wieder aufgebaut. Nach 1834 ist sie verfallen. Kernstück der Burg ist ein mächtiges zweistöckiges Bauwerk mit bis zu 4,5 m starken Mauern, das untere Geschoß liegt ca. 5 m unter dem Hofniveau.

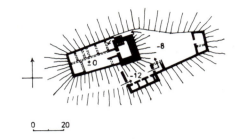

Reinsberg

Kr. Freiberg, Sachsen

Grundriß in: Kunstdkm. v. Sachsen, Bd. 41, S. 415.

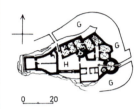

Die Burg erscheint 1377 erstmals urkundlich. Sie ist vermutlich in der Mitte des 14. Jh. erbaut worden. Um 1500 und 1632–1648 wurde die Anlage zum Schloß umgebaut.

Reinstädt

Kr. Rudolstadt, Thüringen

Grundriß in: Mrusek-II, Plan 78.

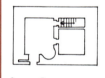

Der fünfstöckige Wohnturm aus dem 15. Jh. ist der Rest einer Burg.

Reipoldskirchen

Kr. Kusel, Rheinland-Pfalz

Grundriß in: Baudkm. d. Pfalz, Bd. 1; Burgen u. Schlösser d. Pfalz, Nr. 18.

Die Burg wurde 1267 erstmals urkundlich bekannt. Der untere Teil des Bergfriedes ist aus dem 13. Jh. Die Burg wurde im 15. Jh. erneuert und Ende des 18. Jh. zerstört. Der Bergfried ist rd. 18 m hoch, sein Eingang liegt 7 m hoch, die Seitenlänge mißt 8 m, die Mauerstärke 2,5 m. Die Ringmauer ist 1,5 m stark.

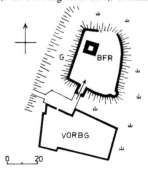

Reisenberg

Gde. Günzburg (Kr.)-R..., Bayern

Grundriß in: Kunstdkm. v. Bayern, Schwaben, Günsbg.

Entstanden ist die Burg Ende des 12. Jh. Das neue Schloß entstand in den Grenzen der Burg im 16. und 17. Jh. Der Bergfried mit 8,5 m Kantenlänge hat ca. 2,7 m Wandstärke.

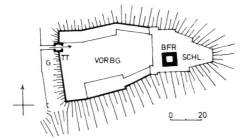

Reissberg

Gde. St. Andrae, Bz. Wolfsburg, Kärnten, Österreich

Grundriß in: Burgen u. Schlösser in Kärnten, Bd. 1, S. 177.

Der Burgadel »de Risperch« taucht in der 2. Hälfte des 12. Jh. auf. Die romanische Burg wurde im 13. Jh. nach einer Zerstörung wiederhergestellt. Am Ende des 16. Jh. wird sie verlassen. Der Bergfried hat ca. 9,2 m Seitenlänge und bis 3 m starke Mauern.

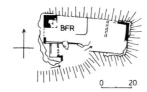

Reißenstein = Reußenstein

Reitersdorf

Gde. Bad Honnef, Rhein-Sieg-Kr., Nordrhein-Westfalen

Grundriß in: Manfred Rech »Die Burg Reitersdorf« in: Beiträge zur Archäologie des Mittelalters, Bd. 3, S. 259.

Die Wasserburg wurde 1981 ausgegraben. Nach den Funden ist sie zwischen 1200 und 1250 erbaut worden. Zerstört wurde sie 1317. Der Wohnturm hat 9 m Seitenlänge mit 1,8 m starken Mauern.

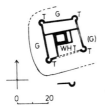

Reitnau, Schlößli

Bz. Zofingen, Kt. Aargau, Schweiz

Angabe in: Burgen u. Schlösser der Schweiz, Aargau.

Der Wohnturm stammt wohl aus dem 13. Jh., er hatte 2 Stockwerke.

Remlingen

Kr. Würzburg, Bayern

Grundriß in: Kunstdkm. v. Bayern, Unterfrk., Bd. 7, S. 105.

Das heutige Schloß ist in einer Wasserburg vom Ende des 14. Jh. eingebaut.

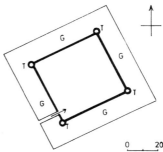

VORHAND. MITTELALT. TEILE

Remüs, Tschanüff, Ramosch

Gde. Tschanüff, Bz. Inn, Kt. Graubünden, Schweiz

Grundriß in: Ebhardt I, Abb. 367; Poeschel, S. 277; Clavadetscher, S. 210; Meyer, Bd. 3, S. 72.

Die nicht sehr große Burg der Churer Dienstmannen v. Ramosch wurde wohl noch vor 1200 begonnen. Sie ist vom 13.–15. Jh. ständig erweitert und verändert worden. 1556 wurde sie zerstört und wieder aufgebaut. Im 18. Jh. ist sie verfallen. Der Bergfried hat 8,2 m Seitenlänge und knapp 2 m dicke Mauern.

Rendelstein

Gde. Bozen-R..., Südtirol, Italien

Grundriß in: Trapp, Bd. 5, S. 231.

Die Burg ist 1237 vermutlich gleichzeitig mit Runkelstein → erbaut worden. Aber erst 1306 wird sie in Urkunden genannt. Die kleine Anlage wurde 1859 stark verändert. Der Wohnturm mit Hauptmaßen von ca. 9 × 11,5 und maximal 1,3 m dicken Mauern hatte ursprünglich 5 Stockwerke, von denen zwei 1859 abgetragen wurden.

Rennenberg

Gde. Linz, Kr. Neuwied, Rheinland-Pfalz

Angabe in: Kunstdkm. d. Rheinprov., Bd. 16.2.

Der kleine Bergfried ist der Rest der Burg, deren Adel 1220 urkundlich genannt wird.

Resti

Gde. Meiringen (Bz.), Kt. Bern, Schweiz

Angabe in: Burgen u. Schlösser d. Schweiz, Bd. 8.

Der auf einem Fels stehende dreistöckige Wohnturm von vielleicht 15 m Höhe hat seinen Eingang 3 m über dem Grund. Der zugehörige Adel wird um 1300 erwähnt.

Retschrieden

Gde. Beggenried, Kt. Unterwalden, Schweiz

Grundriß in: Kunstdkm. d. Schweiz, Unterwald, S. 42.

Der Wohnturm aus dem 13. Jh. ist der Rest der Burg.

Rettenberg, Vorderburg

Kr. Sonthofen, Bayern

Grundriß in: Kunstdkm. v. Bayern, Schwaben, Bd. 8, S. 953; Nessler, Bd. 1, S. 180.

Der Adel »de Rotinberch« taucht 1130 in einer Urkunde auf. Die kleine Burg wurde um 1100 mit z. T. Fischgrätenmauerwerk erbaut. 1562 ist sie durch einen Brand zerstört worden. Die Ringmauer ist ca. 2,0 m dick.

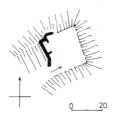

Rettenberg, Alt-Rettenberg

Gde. Kolsaß, Bz. Schwaz, Tirol, Österr.

Grundriß in: Trapp, Bd. 6, S. 312.

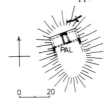

Die Reste der nicht großen Burg wurden 1971 ausgegraben. Sie ist 1298 urkundlich belegt. Umgebaut wurde sie um 1500 und aufgegeben im 18. Jh. Ihre Ringmauer ist rd. 1,4 m stark.

Reuland

Ct. St. Vieth, Belgien

Grundriß in: Kunstdkm. v. Eupen-Malmedy.

Die vorhandene Anlage stammt weitgehend aus dem 15. Jh. Im 18. Jh. wurde sie teilweise abgebrochen. Die Ringmauer ist 1,8 – 2,2 m stark. Der Bergfried hat 8,5 m Durchmesser mit ca. 2,7 m dicken Mauern.

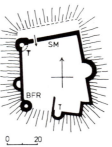

Reurieth

Kr. Hildburghausen, Thüringen

Grundriß nach Aufnahme von F.-W. Krahe, 1991.

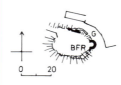

Der Burgadel ist von 1170–1460 bekannt. Die kleine Burg, vom Kirchberg des Ortes durch einen tiefen Graben getrennt, zeigt nur noch wenig Reste.

Reuschenberg

Gde. Elsdorf, Kr. Neuss, Nordrhein-Westfalen

Grundriß in: Kunstdkm. d. Rheinprov. Bd. 4.3, S. 57.

Im Wasserschloß steht von der alten Wasserburg des 14. Jh. nur der dreistöckige Wohnturm aus Backstein mit 12 m Höhe.

Reußegg, Rüssegg

Bz. Muri, Kt. Aargau, Schweiz

Grundriß in: Hartmann, S. 66.

Der Burgadel ist schon 1085 bekannt. So alt ist die Burg sicher nicht. Ende des 15. Jh. ist sie verfallen. Der Bergfried hat 8 m Kantenlänge und 2 m dicke Mauern.

Reußenberg

Gde. Karlsbach-Höllrich, Main-Spessart-Kr., Bayern

Grundriß in: Kunstdkm. v. Bayern, Unterfrk., Bd. 20, S. 98.

Entstanden ist die Ganerbenburg 1332, zerstört wurde sie 1525. Der Wohnturm mit 11,5 m Breite und 15 m max. Länge hat 4 Stockwerke mit 14 m Gesamthöhe und 1,5 m Mauerstärke, die der Ringmauer ist 1,3 m.

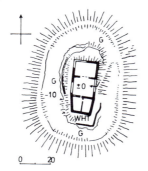

Reußenstein, Reißenstein

Gde. Neidlingen, Kr. Esslingen, Baden-Württemberg

Grundriß in: Schmidt, Fig. 34; Piper, Abb. 544; Kunstdkm. v. Württbg., Geislingen, S. 205; Burgwart 1915, S. 78; Schmitt, Bd. 4, S. 42.

Erbaut wurde die Burg auf dem Felsmassiv um 1270 durch Ministeriale der Herzöge v. Teck. Der Burgadel ist seit 1248 bekannt. Um 1550 wurde Reußenstein verlassen. Der Bergfried mit 5,66×5,95 m Grundfläche hat bis 2 m starke Wände, so dick ist auch die um 14 m hohe Schildmauer, die der Turm um ca. 5 m überragt.

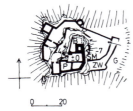

Rhäzüns = Razüns

Rheda

Kr. Rheda-Wiedenbrück, Nordrhein-Westfalen

Grundriß in: Kunstdkm. v. Westfalen, Rheda, S. 57; Hotz-Pfalzen, S. 256.

Das große Wasserschloß soll 1170 Widukind v. Rheda gehört haben. Der mächtige ehemalige Torturm beherbergt im 1. Obergeschoß die Kapelle. Er entstand am Anfang des 13. Jh. Er und der im Schloß verbaute Wohnturm der Zeit um 1400 mit 10 m Seitenlänge sind die Reste der mittelalterlichen Wasserburg.

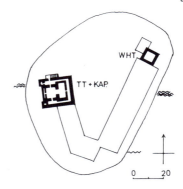

Rheinbach

Rhein-Sieg-Kr., Nordrhein-Westfalen

Grundriß in: Kubach, S. 975.

Erbaut wurde die Anlage als Stadtburg im 12. Jh. Die Ruine ist nicht sehr groß. Der Bergfried hat 8,5 m Durchmesser, die Treppe verläuft in der 2,2 m dicken Mauer, der Turm hat in 19 m Gesamthöhe 6 Stockwerke mit Aborterker im 2. und 4. Stockwerk.

Rheinberg

Gde. Lorch, Rheingaukr., Hessen

Grundriß in: Cohausen, Nr. 182; Kunstdkm. im Reg.-Bz. Wiesbaden, Bd. 1, S. 132.

Genannt wird die Burg erstmals 1170, nach ihrer Zerstörung 1279 wurde sie wieder aufgebaut, sie war lange Zeit Ganerbenburg. Der Bergfried hat rd. 7 m maximale Breite und 1,75 m Wandstärke und 3 Stockwerke in 12,5 m Gesamthöhe.

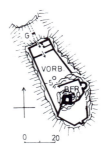

Rheinbreitbach

Kr. Neuwied, Rheinland-Pfalz

Grundriß in: Kunstdkm. d. Rheinprov., Bd. 16.2, S. 353.

Der Adel zu dieser Wasserburg wird urkundlich 1245 erwähnt. Der Wohnturm im Kern ist gotischer Herkunft. Er hat 7 m Seitenlänge und ca. 1,2 m starke Wände.

Rheineck

Bad Breisig, Kr. Bad Neuenahr-Ahrweiler, Rheinland-Pfalz

Grundriß in: Liessem/Löber »Burgen an Rhein, Mosel und Lahn«, S. 52.

Die Vorgängerburg wurde 1151 durch Kaiser Konrad III. zerstört. Neu erbaut wurde sie 1164 durch Reinhard v. Dassel. Aus dieser Zeit stammen Bergfried und Ringmauer. 1689 wurde die Burg durch Franzosen zerstört. 1932 wurde die Burg durch den Architekten v. Lassaul historisierend wiederhergestellt. Der Bergfried, im unteren Teil mit Buckelquadern verkleidet, hat 12,6 und 12,3 m Seitenlänge.

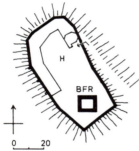

✗ Rheinfels

Gde. St. Goar, Rhein-Hunsrück-Kr., Rheinland-Pfalz

Grundriß in: Ebhardt I, Abb. 418; Dehio, Rheinl.-Pf., S. 775.

Die Burg wurde 1245 anstelle eines Klosters erbaut. Die Kernburg stammt aus dieser Zeit. Die Burg wurde durch die Grafen v. Katzenelnbogen ständig ausgebaut und ist ab 1568 unter den Landgrafen von Hessen zur Festung geworden. Sie wurde mehrfach zerstört; 1642 und 1756 wieder aufgebaut und 1779 endgültig durch Franzosen zerstört. Der Bergfried hat 10,5 m Durchmesser mit 3,5 m Wandstärke.

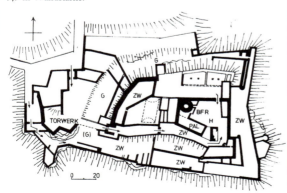

✗ Rheingrafenstein

Gde. Bad Münster, Kr. Bad Kreuznach, Rheinland-Pfalz

Grundriß in: Kunstdkm. d. Rheinprov., Bd. 18.1, S. 72.

Der Adel »de Lapide« (v. Stein) wird in der 2. Hälfte des 11. Jh. bekannt. Die Burg wird erst 1281 genannt. Die Felsenburg wurde 1688 durch Franzosen zerstört. Von der Felsenburg ist nur noch wenig erhalten.

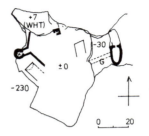

Rheinsberg, Rinsberg

Gde. Merkethof, Bz. Bülach, Kt. Zürich, Schweiz

Grundriß in: Hartmann, S. 48.

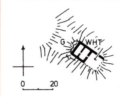

Für die Burg mit dem Wohnturm von 11 m Seitenlänge und 1,2 m starken Wänden sind Daten nicht bekannt.

Rheinstein

Gde. Trechtingshausen, Kr. Mainz-Bingen, Rheinland-Pfalz

Grundriß in: Cohausen, Nr. 172; Wagner, Rieger und Krause »Historizismus im Schloßbau«.

Die 1. Erwähnung der Burg findet 1279 statt. 1460 wird die Burg erneuert. Nach 1786 ist sie verfallen. Mitte des 19. Jh. hat sie Prinz Friedrich v. Preußen neugotisch aufbauen lassen.

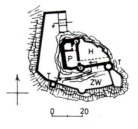

Richenburg-Rychenburk

Gde. Skutsch-Skuteč, Bz. Chrudim, Ostböhmen, Tschechische Republik

Grundriß in: Hotz-Pfalzen Z 123; Menclová, S. 359.

Der Grundriß ist dem von Staufeneck verwandt. Die Burg wurde am Anfang des 13. Jh. erbaut. Urkundlich wurde sie erst 1325. 1425 wurde sie zerstört und wieder aufgebaut. Die Ringmauer ist 2 m dick. Der Bergfried hat 9 m Durchmesser mit 3 m starker Wand.

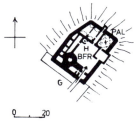

Richensee
Bz. Hochdorf, Kt. Luzern, Schweiz

Grundriß in: Meyer, Bd. 8, S. 28; Kunstdkm. d. Schweiz, Luzern, Bd. 6, S. 130.

Der Wohnturm entstand vermutlich 1237, zerstört wurde er 1386. Sein rundbogiger Eingang liegt 10 m hoch. Der 16 m hohe Turm hatte früher einen hölzernen Aufsatz für die Wohnräume.

Rickelskopf
Gde. Weimar-Steckelbach, Kr. Marburg-Biedenkopf, Hessen

Grundriß in: Burgen d. Salierzeit, Bd. 2, S. 60.

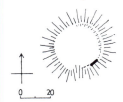

Der Ursprung dieser kreisrunden Burg liegt in der Salierzeit, die 1,5 m starke Ringmauer wurde ergraben.

Rickenbach
Bz. Olten, Kt. Solothurn, Schweiz

Grundriß in: Meyer-Regio, S. 219.

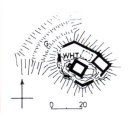

Die Burg aus dem 11. Jh. wurde bereits in der 1. Hälfte des 12. Jh. verlassen. 1969 hat man sie freigelegt. Der Wohnturm mit angebautem Abortschacht hat Kantenlängen von 8,7 × 9,6 m und 1,6 m Wandstärke.

Ried
Gde. Ried am Riedersberg, Bz. Tulln, Niederösterr., Österreich

Grundriß in: Burgen u. Schlösser in Niederösterr., Bd. II/1, S. 53.

Entstanden ist die Burg im 12. Jh., schon 1457 war sie Burgstall. Der Bergfried hat 6 m Durchmesser mit 1,2 m Mauerstärke.

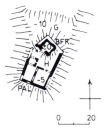

Ried
Gde. Bozen, Südtirol, Italien

Grundriß in: Ebhardt I, Abb. 701; Weing.-Bozen, S. 20; Trapp, Bd. 5, S. 96.

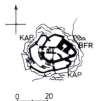

»De Riade« wird als Ministerialadel 1225 erstmals urkundlich genannt. Die kleine Burg ist am Beginn des 13. Jh. erbaut worden, sie steht auf einem mäßig hohen Felsen. In der 2. Hälfte des 13. Jh. wurde östlich an die Kernburg eine Kapelle angebaut, die andere Kapelle entstand im 16. Jh. Seit 1892 gehört die Burg der Stadt Bozen. Der Bergfried hat 8,3 m Seitenlänge und 2,8 m dickes Mauerwerk. Er ist 20 m hoch, sein rundbogiger Eingang liegt 8 m hoch.

Riedburg
Gde. Köniz, Bz. und Kt. Bern, Schweiz

Grundriß nach Aufnahme v. Moser 1959.

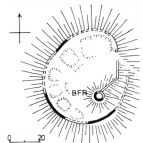

Entstanden ist die Burg in der 1. Hälfte des 14. Jh., sie wurde 1959 ausgegraben. Die Ringmauer ist 1,6 m stark.

Riedegg
Gde. Alberndorf, Bz. Urfahr, Oberösterr., Österreich

Grundriß in: Burgen u. Schlösser in Oberösterr., Bd. 1, S. 55.

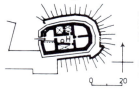

»De Ridecca« wird um 1150 urkundlich genannt. 1211 geht die Burg an das Hochstift Passau. Im 16. Jh. wurde sie festungsartig ausgebaut, dabei wurde die Ringmauer von 2 auf 4 m verstärkt.

Riedheim

Kr. Konstanz, Baden-Württemberg

Grundriß in: Kunstdkm. v. Baden, Bd. 1, S. 45; Kiewat, S. 102.

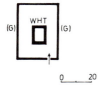

Erbaut wurde die Wasserburg um 1300, der Wohnturm mit 8,7 × 12,5 m Grundfläche hat 1,5 m starke Wände. Er ist 20 m hoch, hat 5 Stockwerke und den Eingang in 4,5 m Höhe. Die Ringmauer ist 1,2 m dick.

Riegelstein

Gde. Betzenstein-R..., Kr. Bayreuth, Bayern

Grundriß in: Kunstdkm. v. Bayern, Oberfrk., Bd. 2, S. 459.

Entstanden ist die Burg am Anfang des 13. Jh., zerstört wurde sie 1552.

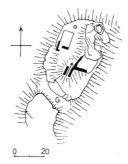

Rieneck

Main-Spessart-Kr., Bayern

Grundriß in: Kunstdkm. v. Bayern, Unterfrk., Bd. 20.

1168 wurde die Burg erbaut. Im 2. Stockwerk des romanischen Bergfriedes liegt eine Kapelle. Die Burg ist im 18. Jh. verfallen und wurde 1860 neugotisch wieder aufgebaut. Der siebeneckige Bergfried – eine ungewöhnliche Form – ist 18 m hoch und hat seinen Einstieg 8 m über dem Hof. Ein weiterer achteckiger, 14 m hoher Bergfried, von 9 m Breite, macht Burg Rieneck zur Seltenheit.

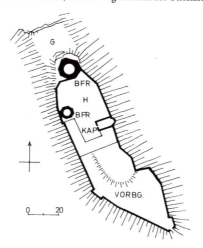

Riesenberg-Ryzemberk

Gde. Neugedein-Kdyně, Bz. Taus-Domažlice, Westböhmen, Tschechische Republik

Grundriß in: Heber, Bd. 4; Menclová, S. 162.

Begonnen wurde die Burg wohl im 13. Jh., der Burgadel wird 1421 erstmals erwähnt. Im Dreißigjähr. Krieg wurde sie zerstört. Der Bergfried hat 9 m Durchmesser, die Mauerstärke ist 1,7 m.

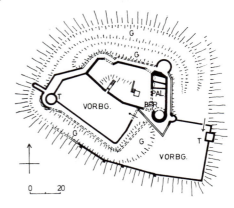

Riesenburg-Ryzmburk

Gde. Ossegg-Oseck, Bz. Teplitz-Teplice, Nordböhmen, Tschechische Republik

Grundriß in: Piper, Österr., Bd. 3, S. 175; Menclová, S. 197.

Die Burg wurde im 13. Jh. begonnen, der Burgadel wird 1248 urkundlich bekannt. 1430 haben Hussitten sie zerstört. Der Wohnturm hatte 4 Stockwerke auf einer Gesamtfläche von 8,5 × 11 m mit 1,8 m Wandstärke. Der Bergfried hat 9 m Seitenlänge mit 1,7 m dicker Wand.

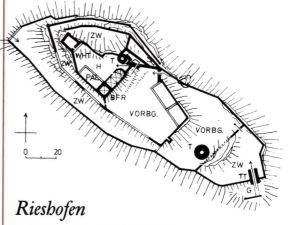

Rieshofen

Gde. Walting-R..., Kr. Eichstätt, Bayern

Grundriß in: Kunstdkm. v. Bayern, Mittelfrk., Bd. 2, S. 304.

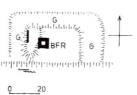

Entstanden ist Rieshofen Ende des 13. Jh., 1310 wird sie an Eichstätt verkauft. Im 17. Jh. ist sie verfallen. Der Bergfried mit ca. 6 m Seitenlänge hat 1,5 m starke Mauern, er ist 18 m hoch und besitzt einen Eingang in 8 m Höhe.

Rietberg

Gde. Rodels, Bz. Heinzenberg, Kt. Graubünden, Schweiz

Grundriß in: Ebhardt I, Abb. 360; Poeschel, S. 196; Clavadetscher, S. 124.

Der im Zentrum stehende Wohnturm, ca. 14×12,5 m groß, mit 2,5 m starken Mauern, ist wohl in der 1. Hälfte des 13. Jh. entstanden. Die Wohngebäude sind bei Umbauten im 16. und 18. Jh. stark verändert worden. Der Wohnturm hat 4 Stockwerke in 20 m Gesamthöhe.

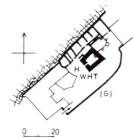

Rietburg, Rippurg

Gde. Rhodt, Kr. Landau-Bergzabern, Rheinland-Pfalz

Grundriß in: Dehio, Rheinld.-Pfalz, S. 744; Baudkm. der Pfalz, Bd. 3, S. 210.

1152 wurde die Burg durch »Conrad de Riete« erbaut. Die Schildmauer ist aus dem 13. Jh., 1255 wurde die Rietburg Reichsburg. Im Dreißigjähr. Krieg wurde sie zerstört. Die 12 m hohe Schildmauer ist 3,0 m stark.

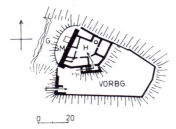

Rimburg

Gde. Übach-Pahlenberg, Kr. Aachen, Nordrhein-Westfalen

Grundriß in: Kunstdkm. d. Rheinprov., Bd. 9.2.

Die Wasserburg aus dem Ende des 13. Jh. wurde im 16. Jh. in ein Renaissance-Schloß umgewandelt. Ihre Ringmauer ist 1,8 m stark. Der Bergfried hat 8 m Kantenlänge und 2 m Wandstärke, er hat 3 Stockwerke.

Rimpar

Kr. Würzburg, Bayern

Grundriß in: Kreisel, S. 27; Kunstdkm. v. Bayern, Unterfrk., Bd. 3, S. 131.

Die Burg wurde 1325 erstmals genannt, 1525 wurde sie zerstört und wieder aufgebaut. Im 17. Jh. wurde sie zum Barockschloß verändert.

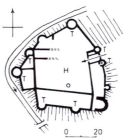

Ringelsburg = Ringelstein

Ringelstein, Ringelsburg

Gde. Oberhaslach, Ct. Molsheim, Bas-Rhin, Frankreich

Grundriß in: Salch, S. 269; Wolff, S. 297.

Der hier wiedergegebene neuere Grundriß von Salch weicht erheblich von dem bei Wolff abgebildeten ab. Die Burg wurde im 12. Jh. endgültig zerstört. Ihre Ringmauer ist 1,6 m stark. Der kleine Bergfried ist 6 m breit und 6,5 m lang. Der Wohnturm ist 12×15 m groß mit ca. 1,4 m starken Wänden. Die Burg auf 2 Felsen hat eine ungewöhnliche Form.

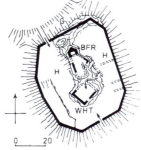

Ringenberg

Gde. Gestratz, Kr. Lindau, Bayern

Grundriß in: Kunstdkm. v. Bayern, Schwaben, Bd. 4, S. 320; Nessler, Bd. 1, S. 30.

Der Burgadel taucht 1218 urkundlich auf. Sonst ist wenig bekannt. 1892 wurde die Burg erst verlassen und ist danach einer Kiesgrube zum Opfer gefallen.

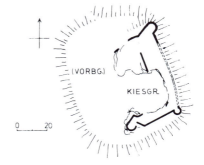

Ringgenberg

Bz. Interlaken, Kt. Bern, Schweiz

Grundriß in: Christian Frutiger »ie Burgruine Riggenberg«.

Der Minnesänger Johann v. Riggenberg aus der 1. Hälfte des 14. Jh. stammt von dieser Burg. Sie wurde um 1230 begonnen mit Bergfried, Palas und Ringmauer. Verstärkt wurde sie um 1300, um 1350 kamen Torzwinger und Wohnturm hinzu. 1671 wurde in die verfallene Anlage der Burg eine Kirche hineingebaut. Der 6 × 12 m große Bergfried mit polygonalen Enden steht über der Schildmauer und ist 15 m hoch erhalten. Der Wohnturm mit 10,5 und 12,5 m maximalen Abmessungen ist bei 4 Stockwerken 14 m hoch und hat einen Hocheingang.

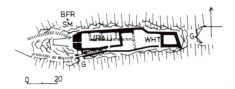

Ringgenberg

Gde. Zignau, Bz. Vorderrhein, Kt. Graubünden, Schweiz

Grundriß in: Kunstdkm. d. Schweiz, Graubd., Bd. 4, S. 450; Poeschel, S. 242; Clavadetscher, S. 345.

In der 2. Hälfte des 13. Jh. wurde die Burg erbaut, deren gleichnamiger Besitzer 1283 erstmals in Erscheinung trat. Über die Zerstörung ist nichts bekannt. Der Bergfried, rd. 18 m hoch, mit 4 erkennbaren Stockwerken erhalten, hat 8,3 m Seitenlänge mit 2,5 m Mauerstärke im Sockel, die über die Stockwerke bis auf 1,25 m abnimmt. Der Eingang liegt 5 m hoch, das oberste Geschoß war bewohnbar.

Ringingen, Ringelstein

Gde. Burladingen-R..., Kr. Balingen, Baden-Württemberg

Grundriß in: Blätter d. Schwäb. Albvereins, 42. Jhg., S. 239.

Die kleine Burg ist vielleicht um 1200 erbaut worden; der Bergfried ist 7,8 m breit und 8,5 m (max.) lang mit 2,5 m Mauerstärke und einem Eingang in 6 m Höhe. Die Schildmauer ist 2 m stark.

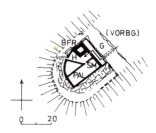

Riom = Reams

Rippburg = Rietburg

Rittersdorf

Kr. Bitburg-Prüm, Rheinland-Pfalz

Grundriß in: Kunstdkm. d. Rheinprov., Bd. 12.1, S. 242.

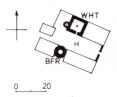

Die alte Wasserburg, die 1263 urkundlich erwähnt wird, wurde im 16. Jh. in ein Schloß umgebaut. Von der Burg erhalten hat sich der konische Bergfried mit 8 m Durchmesser und 2,5 m starken Mauern an der Basis. Er ist 26 m hoch mit 6 Stockwerken und dem Eingang 6,5 m über dem Hofniveau. Der Wohnturm von 1290 hat 10,5 m Seitenlänge mit 2 m Wandstärke und 3 Stockwerken.

Ritzebüttel

Gde. Cuxhafen (Kr.), Niedersachsen

Grundriß in: Kunstdkm. v. Niedersachsen, Hadern-Cuxhfn.

Der Backstein-Wohnturm ist um 1300 erbaut worden. Sein Eingang liegt 3,25 m hoch, er hat 5 Stockwerke in 18 m Gesamthöhe.

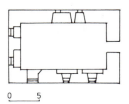

Roch d'Or = Goldenfels

Rochlitz

Sachsen

Grundriß in: Ebhardt I, Abb. 502; Hotz Z 117.

Eine alte Burg auf slawischer Basis, die 1134 an die Wettiner kam. Heinrich IV. urkundete hier 1068. Die Anlage wurde nicht in einem Zug erbaut. Die Bergfriede auf der Westseite, eine einmalige Situation im deutschen Burgenbau, sind frühgotisch v. 1390, der nördliche Turm im unteren Teil noch aus der Gründungszeit. Die Burgkapelle ist gotisch. 1490 wurde Rochlitz modernisiert, 1520–1525 wurde weitergebaut. Das Gefängnis in den beiden Bergfrieden wurde 1850 eingerichtet, ab 1892 beherbergte die gut erhaltene Burg Verwaltungen und ein Museum. Die Ringmauer ist im Norden und Westen über 2 m stark. Die Westtürme sind mit 35 m gleich hoch, ihre Seitenlänge ist 11 m, doch hat der nördliche Turm stärkere Mauern, über 3 m, der Südturm um 2,5 m.

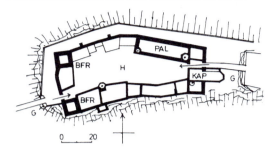

Rochsburg

Kr. Rochlitz, Sachsen

Grundriß in: Mrusek, S. 59; Kunstdkm. v. Sachsen, Bd. 14, S. 84.

Um 1190 wird ein »Guntheros de Roßberg« urkundlich genannt. Am Ende des 13. Jh. taucht auch die Burg in einer Urkunde auf. Vermutlich ist sie in der 1. Hälfte des 13. Jh. erbaut worden. Die Anlage wurde immer wieder ausgebaut, insbesondere 1469. Nach Bränden 1503, 1547 und 1582 wurde die Burg wiederhergestellt. Die Wohnburg ist Museum u. Jugendherberge. Der Bergfried hat 10 m Durchmesser und 2,5 m starke Mauern.

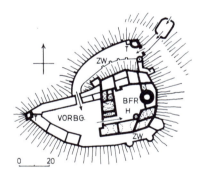

Rockenberg

Wetteraukr., Hessen

Grundriß in: Kunstdkm. v. Hessen, Friedberg; Bronner-Wohntürme, Abb. 7.

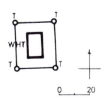

Der Wohnturm mit 10×18,5 m Grundfläche und 1,2 m Mauerstärke ist um 1300 erbaut, die Ringmauer ist im 15. Jh. hinzugefügt worden. Der Turm ist 14 m hoch und hat 4 Stockwerke.

Roden

Gde. Hess. Oldendorf-Segelhorst, Kr. Grafsch. Schaumburg, Niedersachsen

Grundriß in: »Burgen im deutschen Sprachraum«, Bd. 1, S. 413.

Entstanden ist die vermutlich kreisrunde Burg vielleicht in salischer Zeit um 1000.

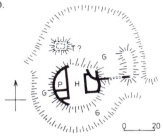

Rodenberg

Kr. Grafsch. Schaumburg, Niedersachsen

Grundriß in: Kunstdkm. im Reg.-Bz. Kassel, Bd. 3, Taf. 127.

Erbaut wurde die Wasserburg zwischen 1228 und 1240 durch die Grafen v. Schaumburg, denen die mehrfach umgebaute Anlage bis 1640 gehörte. Ihr heutiges Äußeres stammt hauptsächlich aus dem 16. Jh. Der Bergfried hat 8 m Kantenlänge und 1,5 m dicke Mauern. Die Rodenberg erinnert an Beverungen →.

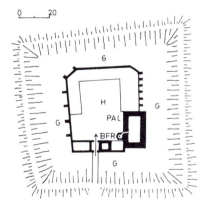

Rodenegg, Rottenegg

Bz. Urfahr, Oberösterr., Österreich

Grundriß in: Rosner.

»Chunrat und Sighart die Biber v. Roteneck« werden 1285 als Zeugen genannt. Nach 1674 wurde die Burg verlassen.

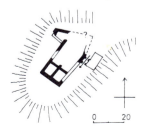

Rodenegg, Rodeneck

Gde. Mühlbach, Pustertal, Südtirol, Italien

Grundriß in: Ebhardt I, Abb. 691, Weing.-Tirol 51; Weing.-Hörm. S. 161; Piper, Österr., Bd. 3, S. 180.

Die Herren v. Rodank werden noch vor 1100 als Dienstmannen der Bischöfe v. Brixen genannt. Zwischen 1140 und 1147 heißt es, daß Friedrich v. Rodank eine Burg erbaut habe, vermutlich den fünfeckigen Bau im Zentrum und den Palas. 1309 wurde die Burg erweitert und im 16. Jh. zur Festung ausgebaut. 1897 wurde die Burg sehr schön wiederhergestellt.

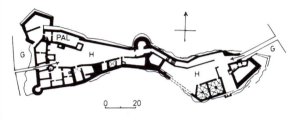

Rodenstein

Gde. Fränk. Krumbach, Kr. Darmstadt, Hessen

Grundriß in: Kunstdkm. v. Hessen, Dieburg, S. 264; Burgwart 1927, S. 90; Burgen u. Schlösser 1968-II.

Palas und innere Ringmauer sind in der Mitte des 13. Jh. erbaut worden. Die äußere Ringmauer ist mit den Türmen im 14. Jh. entstanden. Der Palas erhielt im 15. Jh. seine heutige Gestalt. Im 17. Jh. ist die Burg verfallen. Die Schildmauer ist 2,2 m stark, die Ringmauer ist 1,2 m.

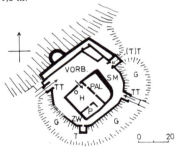

Rodersen

Gde. Volkmarsen-Ehringen, Kr. Kassel, Hessen

Grundriß in: Zeitschr. für Hess. Geschichte, Bd. 84, S. 123.

Die wiederausgegrabene Burg ist zwischen 1180 und 1200 erbaut und bereits 1262 zerstört worden. Der Bergfried hat 8 m Seitenlänge und ca. 2 m dicke Wände.

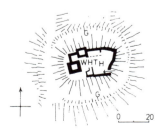

Röchlitz-Rokitnica

Kr. Goldberg-Złotorya, Schlesien, Polen

Grundriß in: Zamke w Polsce, S. 276.

Die Burg wurde um 1200 erbaut, 1451 durch Breslau zerstört.

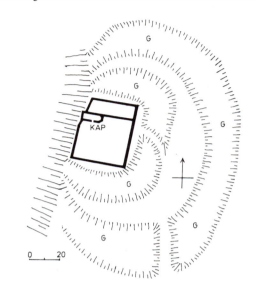

(Rödelheim)

Gde. Frankfurt/Main-R..., Hessen

Grundriß in: Kunstdkm. im Reg.-Bz. Wiesbaden, Bd. 2.

Der hier dargestellte Grundriß ist eine Rekonstruktion eines Grundrisses von 1447. Im 16. Jh. ist die einst mächtige Burg verfallen. Ihre letzten Reste wurden 1945 abgebrochen.

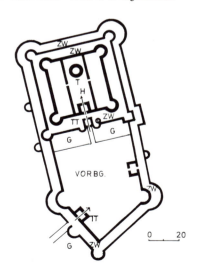

Römerbau = Eisenbach

Römerturm

Gde. Fronhofen, Kr. Ravensburg, Baden-Württemberg

Grundriß nach Aufmaß des staatl. Hochbauamtes I.

Der Wohnturm auf einem Hügel ist wahrscheinlich um 1100 erbaut worden, erkennbar sind 3 Stockwerke, der Eingang lag in 6 m Höhe.

Römerturm = Regensburg

Röteln = Rothwasserstelz

Rötenburg = Röterturm

Röterturm, Rötenburg

Gde. Fichtenberg, Kr. Schwäb. Hall, Baden-Württemberg

Grundriß in: Burgen u. Schlösser 1975-II.

Entstanden ist der Bergfried, ein Burgrest, im 13. Jh., zerstört wurde die Burg im 14. Jh. Der Turm hat 3 Stockwerke in 21 m Gesamthöhe, der rundbogige Eingang liegt 10,8 m hoch.

Rötteln

Gde. Lörrach (Kr.)-R..., Baden-Württemberg

Grundriß in: Kunstdkm. v. Baden, Bd. 3, S. 35; Naeher, S. 90; Cohausen, Nr. 199; Meyer-Regio, S. 27; Burgen im südl. Baden, S. 143.

Die Herren v. Rötteln werden 1135 urkundlich genannt und sind 1310 ausgestorben. Die Kernburg hat ihre heutige Gestalt im 14. und 15. Jh. erhalten, ist jedoch vor 1200 erbaut worden. Die große Vorburg wurde 1315 gebaut. Die gesamte Anlage wurde im 15. Jh. zur Residenz ausgebaut und im 17. Jh. zur Festung verstärkt. 1687 wurde sie von Franzosen zerstört. Der Bergfried mit 8,5 m Seitenlänge hat Mauerstärken von 1,5 und 2,5 m.

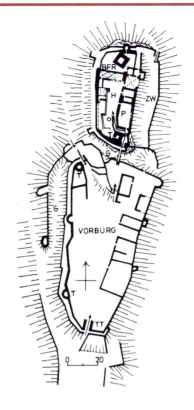

Röttigen

Gde. Eschweiler, Kr. Aachen, Nordrhein-Westfalen

Grundriß in: Rheinlands Schlösser u. Burgen, Bd. 2.

Reste einer mittelalterlichen Wasserburg, hier dargestellt, sind im Schloß erhalten.

Röttingen

Kr. Kitzingen, Bayern

Grundriß in: Kunstdkm. v. Bayern, Unterfrk., Bd. 1, S. 225.

Das spätromanische Burghaus aus dem 13. Jh. hat seinen Eingang in 3,3 m Höhe. Es besitzt 3 Stockwerke in Stein und eines aus Fachwerk.

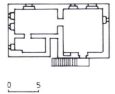

Rofenstein = Imst

Rogätz

Kr. Wolmirstadt, Sachsen-Anhalt

Grundriß in: Kunstdkm. d. Prov. Sachsen, Bd. 30, S. 92.

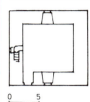

Der Wohnturm ist der Rest einer Burg aus dem 12. Jh., die im Dreißigjähr. Krieg zerstört wurde. Der Turm war ursprünglich nur 15 m hoch mit 2 Stockwerken und ist später auf 5 Stockwerke und 30 m aufgestockt worden. Die Treppe läuft in der 2,25 m dicken Wand, der Eingang liegt 2 m über Niveau.

Roggenbach

Gde. Bonndorf-Wittlekofen, Kr. Waldshut-Tiengen, Baden-Württemberg

Grundriß in: Burgen im südl. Baden, S. 152.

Die Burg Roggenbach ist nur 400 m von Steinegg → entfernt. Auffallend sind für die relativ kleine Anlage die beiden Bergfriede, ähnlich wie bei Lichtenwerth →. Entstanden ist die Burg um 1200. Ihr Verkauf ist 1288 bezeugt. Zerstört wurde sie endgültig 1525. Ob die Burg Roggenbach und Steinegg von einer Familie erbaut wurden, bleibt unklar. Die Bergfriede in Buckelquadertechnik haben 9 m Seitenlänge und 2,5 m dicke Mauern. Die rundbogigen Eingänge liegen 10 m über dem Burghof. Die Ringmauer der Kernburg ist im Westen 1,5 m, im Osten nur 1 m stark.

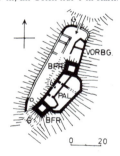

Roggendorf = Pöggstall

Rohden = Roden

Rohnau

Gde. Ostritz, Kr. Zittau, Sachsen

Grundriß in: Kunstdkm. v. Sachsen, Bd. 19, S. 225.

Der Burgadel »de Ronow« wird 1262 urkundlich genannt. 1398 wurde die Burg geschleift. Ihre Ringmauer ist ca. 2 m stark, der Bergfried hat ca. 9,8 m Seitenlänge mit 2 m starken Mauern.

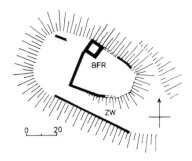

Rohr

Gde. Blankenheim, Kr. Euskirchen, Nordrhein-Westfalen

Grundriß in: Kunstdkm. d. Rheinprov. Bd. 2.2, S. 318.

Der entspr. Adel wird 1328 urkundlich bekannt. Die Anlage war vermutlich ein Weiherhaus.

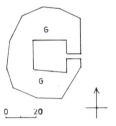

Roimund – Raimund

Gde. Ringelsheim – Jítrava, Bz. Reichenberg – Liberec, Nordböhmen, Tschechische Republik

Grundriß in: Kunstdkm. v. Böhmen, Reichenberg.

Erbaut wurde Roimund durch die Grafen zu Dohna 1347. Geschleift wurde die Burg 1512. Ihre Ringmauer ist 2 m stark. Der Wohnturm mit dem für das 14. Jh. ungewöhnlichen runden Grundriß hat 15 m Durchmesser mit 2,5 m starken Mauern. Er ist mit 78 m² Innenraum recht geräumig.

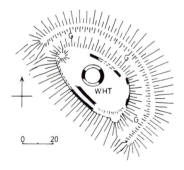

Roll – Ralsko

Gde. Niemes – Mimoň, Bz. Böhm. Leipa – Česka Lipa, Nordböhmen, Tschechische Republik

Grundriß in: Piper, Österr., Bd. 7, S. 187.

Entstanden ist Burg Roll im 12. Jh., 1434 wurde sie von Hussiten erobert und ist bald danach verfallen. Bergfried und Wohnturm stehen auf kleinstem Raum und machen die Burg besonders stark. Der Bergfried mißt 9 m im Quadrat mit 2 m Mauerstärke, der Wohnturm 8 m im Quadrat mit fast 2 m dicken Mauern. Beide haben hochliegende Eingänge.

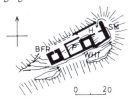

Romburg, Ronburg – Romov

Gde. Bleiswedel – Blíčevedly, Bz. Tetschen- Děčín, Nordböhmen, Tschechische Republik

Grundriß in: Heber, Bd. 1.

Die Burg, vielleicht im 14. Jh. erbaut, wurde im Dreißigjähr. Krieg zerstört. Der Bergfried hat etwa 8 m Kantenlänge und ca. 1,8 m Mauerstärke.

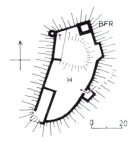

Ronneburg

Wetteraukr., Hessen

Grundriß in: Dehio, Hessen, S. 705; Ebhardt I, Abb. 491; Burgwart 1904, S. 38.

Erbaut wurde die Burg im 13. Jh. Sie wurde mehrfach verändert, insbes. 1330 und 1575. 1634 ließ Graf Isolani sie zerstören, danach wurde sie ab 1647 wieder aufgebaut und blieb bis heute bewohnt. Ihr Brunnen ist fast 100 m tief. In der Burg befindet sich u. a. ein Museum. Der Bergfried hat ca. 6,5 m Durchmesser.

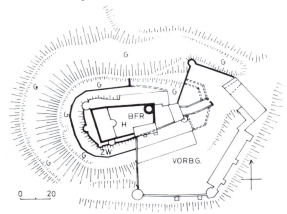

Roore = Aarau

Ror

Gde. Bissingen, Kr. Balingen, Baden-Württemberg

Grundriß in: Schmitt, Bd. 5, S. 331.

Entstanden ist die Burg Ror wohl im 12. Jh., 1342 wird sie bereits Burgstall genannt. Die Schildmauer ist 2,25 m stark.

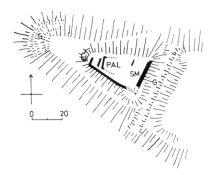

Rorbach, Altburg

Gde. Huttwil, Bz. Trachselwald, Kt. Bern, Schweiz

Grundriß in: Burgen u. Schlösser d. Schweiz, Bd. Xb, S. 12.

Rohrbach wurde vielleicht im 13. Jh. erbaut. 1323 wurde die Burg durch Bern zerstört. 1901 wurde sie ausgegraben. Auffallend ist der große Palas-Wohnturm im Zentrum mit 10,5 × 20 m (max.) Grundfläche und ca. 2,3 m Wandstärke.

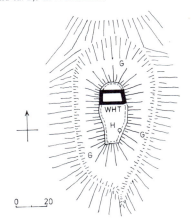

Rorschach (Bz.), St.-Annen-Schloß

Kt. St. Gallen, Schweiz

Grundriß in: Felder, Teil 3, S. 18.

Die kleine Burg wurde im 13. Jh. erbaut. Sie wurde im 16. Jh. erneuert und noch einmal 1879. Der Bergfried hat 8 m Seitenlänge und fast 2,5 m Mauerstärke. Die Burg ist für ihre geringen Dimensionen besonders stark.

Rosegg

Bz. Villach, Kärnten, Österreich

Grundriß nach Aufnahme von F.-W. Krahe, 1985.

Urkundlich wird die Burg 1239 als Sitz der Herren v. Ras genannt. Sie ist im 17. Jh. verfallen. Die wenigen Reste der Kernburg lassen den Schluß zu, daß an der höchsten Stelle ein Palas (festes Haus) gestanden haben könnte. Der Bergfried hat 9 m Seitenlänge.

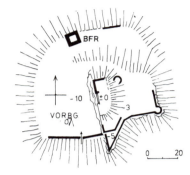

✗Rosenau

Gde. Königswinter, Rhein-Sieg-Kr., Nordrhein-Westfalen

Grundriß in: Kunstdkm. d. Rheinprov., Bd. 5.4, S. 155; Kubach, S. 978.

Die 1903 ausgegrabene Burg entstand wohl Mitte des 13. Jh. Der Burgadel de Rosowe ist im 13. Jh. bekannt.

Rosenberg

Gde. Rügland, Kr. Ansbach, Bayern

Grundriß nach Aufnahme von F.-W. Krahe, 1991.

Die Burg war Ende des 16. Jh. nicht mehr bewohnt. Entstanden ist sie wohl im 14. Jh., der kleine Bergfried von 6,5 m Durchmesser und 1,5 m Mauerstärke hat einen spitzbogigen Eingang in 7 m Höhe. Das oberste Stockwerk mit dem Eingang kragt aus.

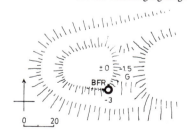

Rosenberg

Gde. Herisau, Kt. Appenzell, Schweiz

Grundriß in: Kunstdkm. d. Schweiz, Appenzell, Bd. 1, S. 226; Felder, Teil 3, S. 56; Meyer, Bd. 6, S. 94.

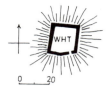

Der mächtige, palasartige Wohnturm wurde vermutlich um 1200 erbaut, vielleicht durch den St. Gallener Dienstmann Eglof v. Rorschach, der 1176 urkundlich erwähnt wird und sich später Rosenberg nennt. Zerstört wurde die Burg 1403 durch Appenzell.

✗Rosenberg

Gde. Kronach (Kr.), Bayern

Grundriß in: Dehio, Franken, S. 444; Bayrische Kunstdkm. Kronach, S. 91.

Aus dem 13. Jh. ist nur noch der Buckelquaderbergfried erhalten, um den 1484 eine neue Ringmauer erbaut wurde, vielleicht teilweise anstelle der alten. 1572–1595 wurden Renaissance-Wohnbauten entlang der Ringmauer errichtet. Im 17. Jh. wurde die Rosenburg zur Festung ausgebaut und 1867 aufgelassen. Heute ist die Burg Museum. Der Bergfried mit 9,5 m Seitenlänge und 3 m dicken Wänden ist 30 m hoch, sein Einstieg liegt 11,5 m über dem Hof.

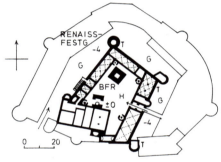

Rosenberg – Rožumburk

Bz. Böhm. Krumau – Český Krumlov, Südböhmen, Tschechische Republik.

Grundriß in: Kunstdkm. v. Böhmen, Krumau; Menclová, S. 409.

Die Burg wurde 1250 erstmals erwähnt. Sie ist häufig verändert worden. Nach einer Zerstörung 1522 wurde die Oberburg nicht wiederhergestellt. Die Unterburg dagegen wurde in der 2. Hälfte des 16. Jh., 1710–1716 und 1840–1857 immer wieder umgebaut und renoviert.

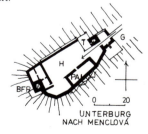

Rosenburg = Argenschwang

55 Querfurt, Sachsen-Anhalt

56 Burg Schönfels, südwestlich von Zwickau

57 Rabenstein, Chemnitz, Sachsen

58 Ramstein, Elsaß

59 Rothenfels, Mein-Spessart-Kreis, Franken

60 Rathsamhausen, Elsaß

61 Rochlitz, Sachsen

62 Rochsburg, Kreis Rochlitz, Sachsen

63 *Rudelsburg, Kreis Naumburg, Sachsen-Anhalt*

64 *Rudelsburg, Kreis Naumburg, Sachsen-Anhalt*

65 *Saaleck, Kreis Naumburg, Sachsen-Anhalt*

66 Salzburg, Kreis Rhön-Grabfeld, Franken

67 Seeburg, Kreis Eisleben, Sachsen-Anhalt

68 Scharfenstein, Kreis Zschopau, Sachsen

69 Schwarzenberg, Kreis Aue, Sachsen

70 Spesburg, Elsaß

Rosenburg = Graupen

Rosenburg = Kleinteil

Rosenburg, Riedenburg

Gde. Riedenburg, Kr. Kelheim, Bayern

Grundriß in: Kunstdkm. v. Bayern, Oberpfalz, Bd. 11, S. 126.

Ringmauer und Bergfried stammen aus dem 13. Jh., der Torzwinger aus dem 14. Jh. Die Wohnbauten sind im 16. Jh. errichtet worden. Umbauten fanden im 17. Jh. statt. Die Ringmauer ist bis zu 1,4 m stark, der Bergfried hat 8 m Kantenlänge und 2 m starke Wände.

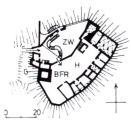

Rosenburg

Gde. Herisau, Kt. Appenzell, Schweiz

Grundriß in: Kunstdkm. d. Schweiz, Appenzell, Bd. 1, S. 227; Felder, Teil 3, S. 57; Meyer, Bd. 6, S. 95.

Diese Burg wurde wohl wie die 2 km entfernte Burg Rosenberg → von den Herren v. Rorschach am Beginn des 13. Jh. erbaut. »Egilolve v. Rosenburg« wird 1270 urkundlich genannt. 1403 wurde sie durch Appenzell zerstört. Die Ringmauer ist 1,2 m, im Westen 1,6 m stark. Der Bergfried mit 9,2 × 9,7 m Grundfläche hat 2,2 – 2,9 m Mauerstärke.

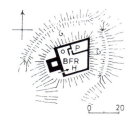

Rosenburg

Bz. Horn, Niederösterr., Österreich

Grundriß in: Österr. Kunsttop., Bd. 5, S. 506.

1175 wird ein »Boczwin de Rosenberc« urkundlich genannt. Die Burg wurde 1478 erweitert. Weiter vergrößert wird sie 1593 und 1659. Von der mittelalterlichen Burg stammt die Kernburg mit den Außenwänden und dem Bergfried mit 8 m Seitenlänge und 1,5 m starken Wänden.

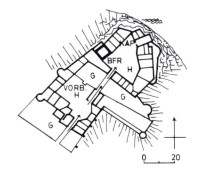

Rosenburg, Rosenberg, Hohenburg auf Rosenberg

Gde. Oberdrauburg, Bz. Spittal a. d. Drau, Kärnten, Österreich

Grundriß in: Piper, Österr., Bd. 4, S. 160.

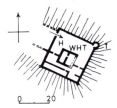

Die Burg ist vermutlich im 15. Jh. auf einem Vorgängerbau entstanden. Im 19. Jh. ist die Burg verfallen. Der Wohnturm hat 10,5 m Seitenlänge, besaß 5 Stockwerke und ist bis 14 m Höhe erhalten.

Rosenburg

Gde. Stans, Nidwalden, Kt. Unterwalden, Schweiz

Grundriß in: Kunstdkm. d. Schweiz, Unterwalden, S. 918.

Erhalten ist der Rest eines Rittersitzes aus dem 13. Jh. Der Wohnturm hat 11 m Seitenlänge und 2 m Wandstärke, er besitzt 4 Stockwerke in 13 m Gesamthöhe.

Rosenegg

Gde. Rielasingen-Worblingen, Kr. Konstanz, Baden-Württemberg.

Grundriß in: Hartmann, S. 96.

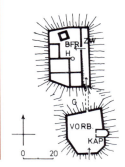

Erbaut wurde die Burg wohl um 1300, zerstört wurde sie 1499 mit anschließendem Wiederaufbau. Endgültig zerstört wurde sie im Dreißigjähr. Krieg. Der Bergfried hat 6,5 m Breite und 1,5 m Mauerstärke.

Rosenegg, Balme Holenegg

Gde. Bürs, Bz. Bludenz, Vorarlberg, Österreich

Grundriß in: Ulmer, S. 530.

Die Burg wurde 1360 urkundl. erwähnt. 1730 war sie nur noch Burgstall. 1938 wurde der Wohnturm ausgebaut. Er hat 10 m Breite mit 1,6 m Wandstärke, er hat 4 Stockwerke.

Rosenstein

Gde. Heubach, Kr. Aalen, Baden-Württemberg

Grundriß in: Kunstdkm. v. Württemberg, Jagstkr. Gmünd, S. 440; Schmitt, Bd. 1, S. 24.

Die Burg ist um 1200 erbaut worden. 1338 wird sie verkauft und 1525 zerstört. Die kleine Burg gehört zum Typ Palas und Hof.

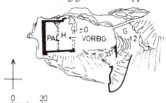

Rosenstein, Waisenburg – Sirotky Hrad

Gde. Kl. Klentnitz – Klentnice, Bz. Lundenberg – Břeclav, Südmähren, Tschechische Republik

Grundriß in: Piper, Österr., Bd. 1, S. 191.

Die Burg ist im 13. Jh. auf zwei Felsen erbaut worden unter Ausnutzung des Raumes dazwischen.

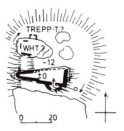

Rosheim

(Ct.) Bas-Rhin, Frankreich

Grundriß in: Anita Wiedenau »Romanischer Wohnbau im Rheinland«.

Ein Wohnturm des 13. Jh. Er hat 3 Stockwerke in 13 m Gesamthöhe, der Eingang liegt 4 m hoch.

Rosian

Kr. Zerbst, Sachsen-Anhalt

Grundriß in: Kunstdkm. d. Prov. Sachsen, Bd. 21, S. 228.

Bei Grabungen wurden Scherben aus dem 13. Jh. gefunden. Sonst ist nichts bekannt.

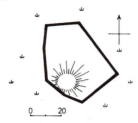

Rossberg, Schatz

Bz. Winterthur, Kt. Zürich, Schweiz

Grundriß in: Hartmann, S. 27.

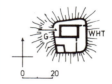

Die Anlage auf einem Hügel ist ausgegraben worden. Sie wurde 1266 zerstört. Der Wohnturm hat die Abmessungen 10 × 13 m mit 1 m Mauerstärke.

Rossberg, Schenkenschloß

Gde. Würzburg (Kr.)- Unterdürrbach, Bayern

Grundriß in: Kunstdkm. v. Bayern, Unterfrk., Bd.9, S. 151.

Entstanden ist Rossberg wohl im 14 Jh. Zerstört wurde die Wasserburg 1525. Der Bergfried hat 5,35 m Seitenlänge mit 1,5 m Mauerstärke.

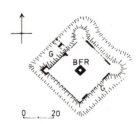

Roßlau

(Kr.) Sachsen-Anhalt

Grundriß in: Kunstdkm. v. Anhalt, S. 529.

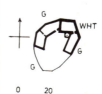

Begonnen wurde die Burg vielleicht im 12. Jh., 1382 wird die Burg erwähnt. Sie ist im 18. Jh. verfallen und wurde 1836 rekonstruiert. Der Wohnturm mit 7,5 × 9,5 m Maximalmaßen und rd. 1 m Wandstärke hat 3 Stockwerke in 11 m Gesamthöhe.

Roßrieth

Kr. Rhön-Grabfeld, Bayern

Grundriß in: Kunstdkm. v. Bayern, Unterfrk., Bd. 21, S. 132.

»Conrad de Rosseriet« wird 1345 urkundlich genannt. Die Wasserburg wird auf den Fundamenten des 14. Jh. am Ende des 16. Jh. erneuert.

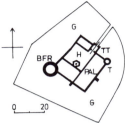

Rostein, Rosenstein – Roštejn

Gde. Teltsch – Telé, Bz. Iglau – Jihlava, Südmähren, Tschechische Republik

Grundriß in: Prokop, S. 242.

Der Burgadel ist vom 13.–15. Jh. bekannt. Die Burg ist um 1300 erbaut worden. Sie wurde nach dem Mittelalter zum Schloß umgebaut. Die Ringmauer und der siebeneckige Bergfried sind von der Burg erhalten, er hat 7,5 und 9 m maximale Maße.

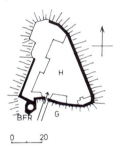

Rostein

Gde. Rieden, Kr. Amberg-Sulzbach, Bayern

Grundriß in: Kunstdkm. v. Bayern, Oberpfalz, Bd. 2, S. 110

Die Burg ist erst im 14. Jh. urkundlich zu finden. Zerstört wurde sie Mitte des 16. Jh.

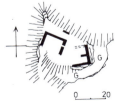

Rotberg

Gde. Metzerlen, Bz. Dornach, Kt. Solothurn, Schweiz

Grundriß in: Kunstdkm. d. Schweiz, Solothurn, Bd. 3, S. 343; Meyer-Regio, S. 220.

Vermutlich wurde die kleine Burg um 1235 erbaut, »de Raperch« als Burgadel werden 1274 urkundlich bekannt. Im 16. Jh. wurde Rotberg verlassen. 1935 wurde die Ruine als Jugendherberge wieder aufgebaut. Der Wohnturm mit 12,5 × 11,5 m Grundfläche hat 1,5–2,0 m Wandstärke, er ist 15 m hoch und hat 4 Stockwerke.

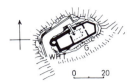

Rotburg

Gde. Mettlach-Faha, Kr. Merzig-Wadern, Saarland

Grundriß in: Kunstdkm. d. Rheinprov., Bd. 15.3, S. 75.

Der Burgadel »de Faha« wird 1126 urkundlich erwähnt. Die Burg entstand wohl im 12. Jh.

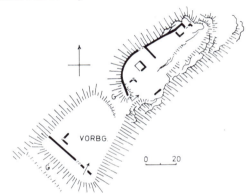

Rotenburg

Gde. Wieslet, Kr. Lörrach, Baden-Württemberg

Grundriß in: Meyer-Regio, S. 30.

Erbaut wurde die Burg nicht vor 1200. Nach ihr nennt sich ein Zweig der Familie v. Röttéln seit etwa der Mitte des 13. Jh. Im 16. Jh. wurde die Anlage bereits als Ruine bezeichnet. Der Bergfried hat 9 m Durchmesser und 3 m Wandstärke.

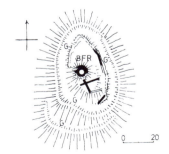

Rotenfels = Rothenfels

Rotenhahn

Gde. Ebern, Kr. Haßberge, Bayern

Grundriß in: Kunstdkm. v. Bayern, Unterfrk., Bd. 15, S. 198.

Der Burgadel wird um 1190 erstmals genannt. Seit 1232 ist die Burg urkundlich genannt. Sie wurde 1322 durch Würzburg zerstört. Von der Felsburg sind ein Brunnen und die Felstreppe im 3. Felsen von links neben dem ursprünglichen Eingang erhalten.

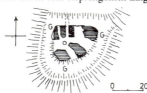

Roten-Klempenow

Kr. Pasewalk, Mecklenburg-Vorpommern

Angabe in: Kunstdkm. d. Prov. Pommern, Bd. 2.5.

1295 wird das »castrum Klempenowe« urkundlich genannt. Der Bergfried mit einem 7 m hohen quadratischen Sockel hat 22 m Höhe. Er ist der Rest der Wasserburg.

Rotenstein = Rothenstein

Rotenturm = Friesach

Rotenzimmern

Gde. Dietingen, Kr. Rottweil, Baden-Württemberg

Grundriß in: Blätter d. Schwäb. Albvereins, 24. Jhg., Heft 6; Antonow, SWD, S. 240.

Die erste urkundliche Erwähnung der Burg ist 1341. Sie muß demnach in der 1. Hälfte des 14. Jh. erbaut worden sein. Die Ruine besteht aus der Hinterburg = Kernburg und der Vorderburg = Vorburg. Der Bergfried hat 8 m Durchmesser, die Wand ist 3 m dick. Die Ringmauer hat 1,6, die Schildmauer 3,0 m Stärke.

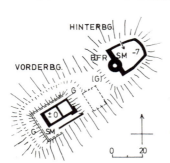

(Roter Turm)

Gde. Ahrweiler, Kr. Bad Neuenahr-Ahrweiler, Baden-Württemberg

Grundriß in: Kunstdkm. d. Rheinprov., Bd. 17.1, S. 118.

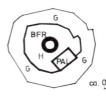

Die Burg wurde 1364 als solche urkundlich genannt. Abgebrochen wurde sie restlos 1811. Der Grundriß stammt aus dem Ende des 18. Jh.

Rothenburg

Gde. Frankenhausen, Kr. Artern, Thüringen

Grundriß in: Ebhardt I, Abb. 460; Stolberg, S. 320; Hotz, Pfalzen, Z 140.

Entstanden ist die Burg um 1100 mit dem Bergfried. 1136 wird »comes Christianus de Rotenburg« urkundlich erwähnt. 1212 wird die Burg durch Kaiser Otto IV. erobert. Verfallen ist sie im 16. Jh. Der Bergfried hat 12 m Durchmesser mit 2,7 m Wandstärke.

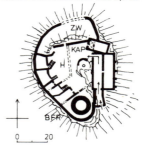

(Rothenburg)

Gde. Luzern, Schweiz

Grundriß in: Kunstdkm. d. Schweiz, Luzern, Bd. 6, S. 247.

Die Burg wurde 1385 durch Luzern zerstört. Sie wurde 1730 total abgebrochen.

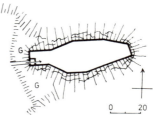

Rothenfels

Gde. Immenstadt, Kr. Sonthofen, Bayern

Grundriß in: Kunstdkm. v. Bayern, Schwaben, Bd. 8, S. 476; Nessler, Bd. 1, S. 256.

Angeblich wird die Burg 1088 urkundlich erwähnt. 1091–1187 geht sie an die Grafen v. Kirchberg. 1462 wurde sie zerstört und aufgebaut. Um 1500 ist sie nach einem Brand verlassen worden. In der Nähe liegt Hugofels →. Der Bergfried mit 8 m Seitenlänge hat 2 m dicke Wände.

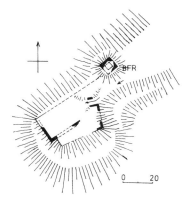

Rothenfels

Main-Spessart-Kr., Bayern

Grundriß in: Kunstdkm. v. Bayern, Unterfrk., Bd. 9, S. 112; Burgen u. Schlösser 1973-I.

1148 wurde Rothenfels als Jagdhaus begonnen. Ringmauer und Bergfried sind nach 1150 entstanden. Die Burgkapelle wurde 1251 erwähnt. 1525 wurde die Burg teilweise zerstört. Die Vorburg stammt aus dem 16. Jh. Die Burg ist Jugendherberge und Volkshochschule. Der Buckelquader-Bergfried hat 9,2 m Seitenlänge und 2,2 m dicke Mauern, der rundbogige Einstieg liegt 8,5 m hoch. Die Ringmauer ist 1,5 m, die Schildmauer 3 m stark.

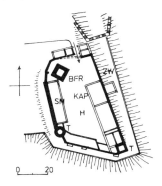

Rothenfels

Gde. Oberwölz, Bz. Murau, Steiermark, Österreich

Grundriß in: Österr. Kunsttop., Bd. 39, S. 159.

Begonnen wurde die Burg am Ende de 12. Jh., 1305 wurde sie urkundlich genannt, sie ist oft verändert worden und noch bewohnt. Die Schildmauer ist 1,7 m stark.

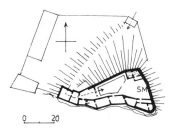

Rothenfluh, Balm

Gde. Wildenswil, Bz. Interlaken, Kt. Bern, Schweiz

Grundriß in: Burgen u. Schlösser d. Schweiz, Bd. IX b, S. 8.

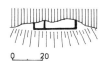

Die Höhlenburg war 1298 noch bewohnt, sie ist wohl am Anfang des 14. Jh. verfallen.

Rothensee

Gde. Magdeburg-Rothensee, Sachsen-Anhalt

Grundriß in: Kunstdkm. d. Prov. Sachsen, Bd. 30, S. 99.

Der mittelalterliche kleine Wohnturm ist der Rest einer Burg.

Rothenstein, Rotenstein

Gde. Grönenbach, Kr. Mindelheim, Bayern

Grundriß in: Bayrische Kunstdkm., Memmingen, S. 219; Nessler, Bd. 2, S. 134.

1180 ist der Burgadel urkundlich erfaßt. Die von Nessler verzeichnete Gründung der Burg ist 1037. Ob die heutige Burg Reste von ihr enthält, ist unbekannt. Sie ist eher in der 2. Hälfte des 12. Jh. entstanden. 1525 haben Bauern die Burg gestürmt, im 19. Jh. war sie noch erhalten und ist angeblich erst 1873 eingestürzt. Der Bergfried hat 5,5 m Durchmesser und 1,5 m Mauerstärke.

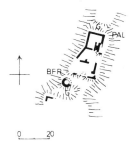

Rothenstein, Rottenstein

Gde. Hainburg, Bz. Bruck/Leitha, Niederösterr., Österreich

Grundriß in: Burgen u. Schlösser in Niederösterr., Bd. I/1, S. 129.

Zwischen 1170 und 1209 wird Ulrich v. Rötelstein urkundlich genannt. Die Burg wurde wohl Anfang des 15. Jh. zerstört.

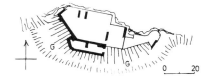

Rothenthurn = Thurn

Rothwasserstelz, Röteln

Gde. Hohentengen, Kr. Waldshut-Tiengen, Baden-Württemberg

Grundriß in: Kunstdkm. v. Baden, Bd. 3, S. 151; Burgen im südl. Baden, S. 138; Piper, Fig. 153.

1163 wird die Familie v. Wasserstelz urkundlich erwähnt. Der Wohnturm wurde 1294 aufgestockt. Er liegt auf einem einzelnen, nicht sehr hohen Fels. Er hat 18 m Höhe und 4 Stockwerke. Die starke Mauer setzt im 3. Stockwerk zurück.

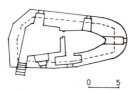

Rott, Haus Rott

Gde. Troisdorf-Sieglar, Rhein-Sieg-Kr., Nordrhein-Westfalen.

Grundriß in: Kunstdkm. d. Rheinprov., Bd. 5.4.

Um 1200 ist der Wohnturm wahrscheinlich auf einer Motte entstanden. Zerstört wurde er 1416. Er mißt 12 × 14 m und hat 3 m dicke Mauern.

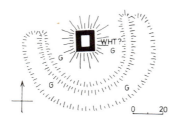

Rottenburg

Gde. Jenbach, Bz. Schwaz, Tirol, Österreich

Grundriß in: Piper, Österr., Bd. 4, S. 163.

Seit 1149 sind die Herren v. Rottenburg bekannt. Im 15. Jh. wurde die Burg nach einer Zerstörung instandgesetzt, um 1600 war sie noch bewohnt und ist bald danach verfallen.

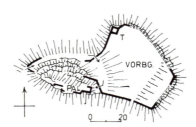

Rottenegg = Rodenegg

Rottenfels = Rothenstein

Rottenstein = Rothenstein

Rottenstein

Gde. Steinfeld, Bz. Spittal a. d. Drau, Kärnten, Österreich

Grundriß in: Burgen u. Schlösser in Kärnten, Bd. 3, S. 102; Piper, Österr., Bd. 7, S. 187.

Im Volksmund wurde sie auch Radlacher Turm genannt. 1269 wird »Pertoldus de Rotenstein« urkundlich genannt. Zerstört wurde die Burg im 16. Jh. Der Bergfried hat 8,78 m Seitenlänge, er ist mit 4 Stockwerken 15 m hoch, der Eingang liegt 5 m hoch, die Wandstärke ist 2,1 m.

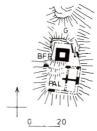

Rotund, Oberreichenberg

Gde. Tauffers im Münstertal, Vinschgau, Südtirol, Italien

Grundriß in: Weing.-Hörm., S. 475; Trapp, Bd. 1, S. 66; Piper, Österr., Bd. 7, S. 187.

1164 wird Albertus de Rodunde, ein Churer Ministeriale, erstmals urkundlich genannt. Die Burg wird Ende des 12. Jh. begonnen worden sein, die Rodunde sterben 1228 aus. 1310 wird die Burg bei einem Verkauf aktenkundig. Der rondellartige Zwinger entstand im 16. Jh. Im 17. Jh. setzte der Verfall ein. Der Bergfried hat 8,5 m Durchmesser und 2,5 m Wandstärke. Rotund liegt 200 m oberhalb von Reichenberg →. Beide Burgen waren Churer Lehen.

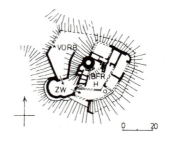

Rotzberg

Gde. Ennetmos, Nidwalden, Kt. Unterwalden, Schweiz

Grundriß in: Kunstdkm. d. Schweiz, Unterwalden, S. 459.

Die Ruine wurde 1899 ausgegraben. Erbaut wurde die Burg um 1230 mit 1,5 m starker Ringmauer. Vielleicht ist Rotzberg gar nicht vollendet, sondern schon bald wieder aufgegeben worden.

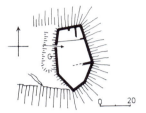

Roymund = Roimund

Rubein

Gde. Meran-Obermais, Burggrafenamt, Südtirol, Italien.

Grundriß in: Trapp, Bd. 2, Abb. 204.

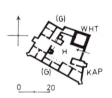

1220 erscheint »Bertholdus de Rovina« urkundlich. Die Burg wurde im 13. Jh. mit dem Wohnturm begonnen; die an ihn anschließenden Mauern gehören zur ehem. Ringmauer. Durch spätgotische Umbauten hat die Burg ihren Charakter verändert. Sie ist am Ende des 19. Jh. noch einmal stark verändert worden. Der Wohnturm erhebt sich mit 5 Stockwerken rd. 21 m über dem Hof, er hat Seitenlängen von 10,45 × 10,75 m und 1,45 m Wandstärke. Der rundbogige Eingang lag 4 m über dem Hof.

Ruchaspermont, Alt Aspermont

Gde. Trimmis, Bz. Unterlandquart, Kt. Graubünden, Schweiz

Grundriß in: Poeschel, S. 170; Clavadetscher, S. 307.

Die Burg wurde im 12. Jh. wahrscheinlich durch die Herren v. Aspermont erbaut. 1251 wir die »vesti Aspermont« erwähnt. Nach 1526 wurde sie aufgegeben. Die Wohnturmruine mit erkennbaren 3 Stockwerken stürzte 1887 ein. Er besaß wohl die seltene sechseckige Form.

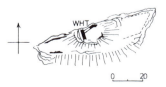

Rucheptingen, Ränggen II

Gde. Dietgen, Bz. Waldenburg, Kt. Basel-Ld., Schweiz

Grundriß in: Meyer-Regio; S. 119.

Die kleine Burg, wohl aus dem 13. Jh., ist möglicherweise 1356 durch Erdbeben zerstört worden. Die Burg gehört zu der Eptinger Gruppe mit den beiden Wild Eptingen →.

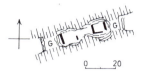

Ruck

Gde. Blaubeuren, Alb-Donau-Kr., Baden-Württemberg

Grundriß in: Kunstdkm v. Württbg., Donaukr., S. 383; Schmitt, Bd. 2, S. 64.

Die Herren »de Rugge«, von denen »Sigboto« 1085 urkundlich genannt wird, waren vermutlich im 12. Jh. die Erbauer der Burg. Heinrich v. Rugge, der als Minnesänger um 1175 bekannt ist, stammt vielleicht von hier. 1563 wurde die Burg durch die Grafen v. Helfenstein zum Wohnschloß umgebaut. Nach vorangegangenem Verfall wurde sie 1751 auf Abbruch verkauft.

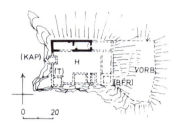

Rudelsburg

Gde. Bad Kösen, Kr. Naumburg, Sachsen-Anhalt

Grundriß in: Ebhardt I, Abb. 471; Piper, Fig. 159; Cohausen Nr. 196; Schuchhardt, S. 316; Kunstdkm. d. Prov. Sachsen, Bd. 26, S. 191; Hotz-Pfalzen Z 136.

1171 taucht die um 1150 erbaute Burg erstmals als Ruthelesburg urkundlich auf. Die Erbauer sind wahrscheinlich die Markgrafen v. Meißen. Die Burg wurde mehrfach zerstört und wiederaufgebaut, u. a. 1348 und 1450. 1641 wurde sie endgültig durch Brand zerstört. Die Burg Saaleck → liegt nur 230 m v. der Rudelsburg entfernt. Der Bergfried hat rd. 7,5 m Seitenlänge und rd. 1,8 m Wandstärke. Die Ringmauer ist rd. 1,5 m stark. Auf der Burg existiert eine Ende des 19. Jh. erbaute Gaststätte.

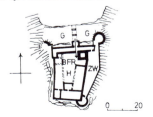

Ruden = Weißeneck

Rudenz

Gde. Giswil, Obwalden, Kt. Unterwalden, Schweiz

Angabe in: Meyer, Bd. 1, S. 69.

Der Wohnturm der gleichnamigen Dienstmannen ist wohl im 13. Jh. auf einem Hügel errichtet worden. Er war im 16. Jh. noch bewohnt.

Rudolfstein

Gde. Weißenstadt, Kr. Wunsiedel, Bayern

Grundriß in: Kunstdkm. v. Bayern, Oberfrk., Bd. 1, S. 249.

Der hier dargestellte Grundriß stammt von Helfricht aus dem Jahr 1795. Die Burg entstand um 1100 unter Ausnutzung von Felstürmen. Sie war bis zur Zerstörung Sitz der Hirschberger. 1412 wurde sie durch Brand vernichtet.

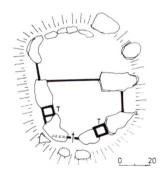

Rübenach

Gde. Koblenz (Kr.)-R..., Rheinland-Pfalz

Grundriß in: Hausmann/Knopp »Rheinlands Schlösser und Burgen«, Bd. II, S. 202.

Der spätstaufische Wohnturm hat 4 Stockwerke in 12 m Gesamthöhe.

Rückingen

Gde. Erlensee-R..., Kr. Hanau, Hessen

Grundriß in: E. J. Zimmermann »Hanau, Stadt und Land«.

Die Wasserburg wurde 1405 und 1522 zerstört und wiederaufgebaut, zuletzt 1569.

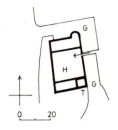

Rued, Alte Burg

Gde. Schloßrued, Bz. Unterkulm, Kt. Aargau, Schweiz

Grundriß in: Burgen u. Schlösser d. Schweiz, Aargau.

Der 1949 ausgegrabene Wohnturm auf einem Hügel wurde möglicherweise schon im 13. Jh. verlassen. Er mißt ca. 11,5 × 12 m und hat ca. 2 m Wandstärke.

Rued

Gde. Schloßrued, Bz. Unterkulm, Kt. Aargau, Schweiz

Grundriß in: Burgen u. Schlösser d. Schweiz, Aargau, S. 107.

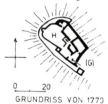

Begonnen wurde die Burg, vielleicht unter gleichzeitiger Aufgabe der alten Burg, im 13. Jh. 1775 wurde sie durch Brand zerstört.

Rüdberg

Gde. Dietfurt, Bz. Neu Toggenburg, Kt. St. Gallen, Schweiz

Grundriß in: Johann Hollenstein-Bütschwil »Burg Rüdberg«.

Die Ruine wurde 1957 ausgegraben. Gegründet wurde sie um 1225, urkundlich erwähnt 1270, am Anfang des 16. Jh. war sie noch bewohnt. Der Bergfried hat 8,5 m Seitenlänge mit 2,5 m dikken Mauern. Die Ringmauer ist um 2 m stark.

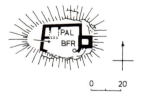

Ruedberg = Wald am Arlberg

Rüdenberg

Gde. Waldachtal-Cresbach, Kr. Freudenstadt, Baden-Württemberg

Grundriß in: Fick, Bd. 4, S. 31.

Der Bergfried ist als Burgstelle 1499 erwähnt.

Rüdenberg, Alte Burg

Gde. Arnsberg (Kr.), Nordrhein-Westfalen

Grundriß in: Die Baudkm. v. Arnsberg, 1980–1990, S. 31.

Erbaut wurde die große Anlage zwischen 1050 und 1065 auf einer Vorgängeranlage durch Graf Eberhard v. Werl. Ob sie eine Doppelburg oder die Kombination von Wirtschafts- und Wohnburg war, geht aus den 1929 ausgegrabenen Resten nicht hervor. Der Bergfried hatte ca. 9 m Seitenlänge.

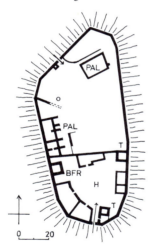

Rüdenhausen

Kr. Kitzingen, Bayern

Grundriß in: Kunstdkm. v. Bayern, Unterfrk., Bd. 8, S. 200.

Die 1615 stark umgebaute Wasserburg stammt im Kern wohl aus dem 13. Jh.

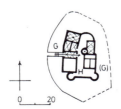

Rüdesheim, Vorderburg

Rheingaukr., Hessen

Angabe in: Kunstdkm. im Reg.-Bz. Wiesbaden, Bd. 1, S. 319.

Der Bergfried ist der Rest einer Burg aus der Zeit um 1200.

Rüdesheim = Brömserburg

Rüdesheim = Oberburg

Rügenwalde – Darłowo

(Kr.) Pommern, Polen

Grundriß in: Kunstdkm. d. Prov. Pommern, Bd. 1.3, S. 81; Radakki, S. 279.

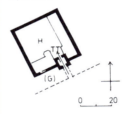

Die Wasserburg ist Ende des 14. Jh. erbaut worden. Sie wurde häufig umgebaut, zuletzt im 17. Jh. zum Schloß. Die Ringmauer ist 2,3 m stark. Der Torturm-Bergfried ist 22 m hoch, hat 8 m Seitenlänge und ca. 2,2 m Wandstärke.

Rüsegg = Reußegg

Rüsselsheim

Kr. Groß-Gerau, Hessen

Grundriß in: Kunze, Abb. 72.

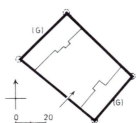

Begonnen wurde die Wasserburg um 1400 durch die Grafen v. Katzenelnbogen. Sie wurde 1689 durch Franzosen zerstört. Das in ihr danach erbaute Schloß wurde 1945 stark beschädigt.

Ruggberg, Ruggburg

Gde. Lochau, Bz. Bregenz, Vorarlberg, Österreich

Grundriß in: Nessler, Bd. 2, S. 84.

Der Burgadel »de Rugeburc« erscheint 1245 urkundlich. Entstanden ist die Burg nach der Zerstörung der Vorgängeranlage vielleicht um 1100. 1452 wurde sie als Raubnest zerstört. Der Bergfried hat 12,2 m Seitenlänge und rd. 3 m Mauerstärke. An der Vorburg erkennt man einen dreieckigen Turm, der extrem selten ist.

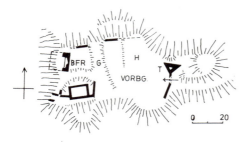

Ruhetal

Gde. Mügeln, Kr. Oschatz, Sachsen

Grundriß in: Kunstdkm. v. Sachsen, Bd. 28, S. 192.

Eine Burg wurde 1218 erwähnt. Der Wohnturm ist vermutlich 1347 erbaut worden und stellt den einzigen Rest des Mittelalters im Wasserschloß dar.

Rumburg

Gde. Kinding-Enkering, Kr. Eichstätt, Bayern

Grundriß in: Kunstdkm. v. Bayern, Mittelfrk., Bd. 2, S. 99.

Die Burg wurde um 1400 erbaut und am Beginn des 16. Jh. durch Brand zerstört. Die 11 m hohe Ringmauer ist 1,35 m stark.

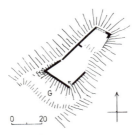

Rundeck

Gde. Kinding-Erlingshofen, Kr. Eichstätt, Bayern

Grundriß in: Kunstdkm. v. Bayern, Mittelfrk., Bd. 2, S. 106.

Der Mauertechnik nach wird die Burg als im 14. Jh. entstanden angenommen, der oval-polygonale Grundriß erinnert eher an das 12. – 13. Jh. Die Ringmauer der Ruine ist 1,5 m stark.

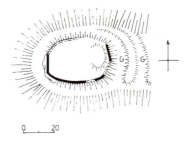

Rundersburg, Ronsberg

Gde. St. Leonhard am Hornerwald, Bz. Krems, Niederösterr., Österreich

Grundriß in: Burgen u. Schlösser in Niederösterr., Bd. 17, S. 61.

»Albero de Ronnenberc« taucht ab 1182 in Urkunden auf. Die Burg wurde um 1200 erbaut und vielleicht schon um 1300 d. Kaiser Albrecht I. zerstört.

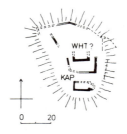

Runding

Gde. Cham (Kr.), Bayern

Grundriß in: Kunstdkm. v. Bayern, Oberpfalz, Bd. 6, S. 124.

Der Burgadel wird 1118 als Dienstmannen der Markgrafen v. Cham bekannt. 1431 wurde die Burg gegen die Hussiten verstärkt. Der Bergfried in Hofmitte war schon vor 1608 verschwunden. Die Burg mit 1,0 m dicker Ringmauer ist ab 1829 größtenteils abgebrochen worden.

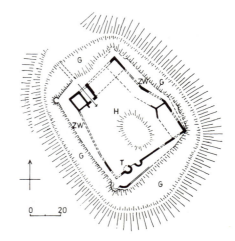

Runkel

Kr. Limburg, Hessen

Grundriß in: Dehio, Hessen, S. 721; Ebhardt I, Abb. 439; Kubach, S. 979; Kunstdkm. im Reg.-Bz. Wiesbaden, Bd. 3, S. 30.

Erbaut wurde Runkel Mitte des 12. Jh. Die Kernburg stellt mit 3 Bergfrieden eine Rarität dar. Sie wurde wahrscheinlich als Sicherung der Lahnfurt im kaiserlichen Auftrag erbaut. Die Bergfriede entstanden: in der Mitte in der 1. Hälfte des 13. Jh.; im Norden in der Mitte des 14. Jh.; im Süden im 15. Jh. Die Burg wurde also ständig verstärkt und erweitert. 1634 wurde sie zerstört. Die Unterburg wurde 1641 und 1701 schloßartig erneuert. Sie ist Wohnsitz der Fürsten zu Wied und teilweise Museum. Die Maße der Türme sind: Nord 7,5 × 8,5 m, Mitte 8,8 × 9,5 m und Süd 7,5 m² mit Steintreppe im Mauerwerk.

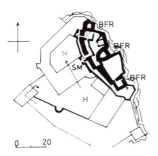

Runkelstein

Gde. Bozen, Südtirol, Italien

Grundriß in: Ebhardt I, Abb. 701; Schmidt, Fig. 25; Hotz Z 33; Weing.-Bozen 21; Weing.-Hörm., S. 363; Piper, Österr., Bd. 8, S. 127, Trapp, Bd. 5, S. 125.

Die Burg Runkelstein ist berühmt durch die zahlreichen Fresken vom Ende des 14. Jh. Die Bauerlaubnis erhielten Friedrich und Beral v. Wanga 1237. Der Name beinhaltet das lat. runcare = roden. Die Burg wurde wohl in der heutigen Dimension erbaut. Sie wurde mehrfach umgebaut und erneuert. Nach einem Brand verfiel Runkelstein. Die Burg wurde Ende des 19. Jh. durch Friedrich v. Schmidt wiederhergestellt.

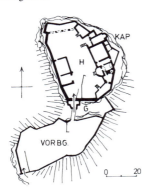

Runneburg = Weißensee

Ruppendorf

Kr. Freiberg, Sachsen

Grundriß in: Rüdiger, Abb. 41.

Von der wahrscheinlich ovalen Wasserburg, die größtenteils 1869 abgebrochen wurde, ist ein Teil der 1,3 m starken Ringmauer und der Stumpf des Bergfriedes mit 7,1 m Durchmesser und 1,8 m dicker Mauer übriggeblieben.

Ruppertsecken

Donnersbergkr., Rheinland-Pfalz

Grundriß in: Baudkm. d. Pfalz, Bd. 2, S. 166.

Entstanden ist die Felsenburg im 13. Jh., zerstört wurde sie 1471.

Ruppertstein

Gde. Ruppertsweiler, Kr. Pirmasens, Rheinland-Pfalz

Grundriß in: Baudkm. d. Pfalz, Bd. 5, S. 145.

Die Felsenburg ist wohl um 1200 entstanden. Leider sind nur noch Mauerreste vorhanden.

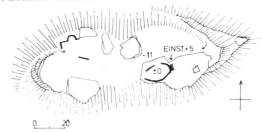

Rupprechtstein

Gde. Siebeneichen, Kr. Amberg-Sulzbach, Bayern

Grundriß in: Kunstdkm. v. Bayern, Oberpfalz, Bd. 19, S. 74.

Der Burgadel taucht ab 1243 in Urkunden auf. Die Burg ist seit etwa 1800 so stark verfallen, daß nur noch der Bergfried mit 8 m Durchmesser und nur 1 m starker Mauer erhalten blieb.

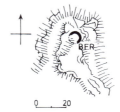

Rusenschloß = Hohengerhausen

Rustenberg

Gde. Rustenfelde, Kr. Heiligenstadt, Thüringen

Grundriß in: Kunstdkm. d. Prov. Sachsen, Bd. 28, S. 305.

Die Burg ist Anfang des 12. Jh. begonnen worden. 1125 wird sie erstmals erwähnt, 1164 wird sie durch Kaiser Friedrich I. zerstört und aufgebaut. Die heutige Anlage stammt aus der 2. Hälfte des 12. Jh. Die kleine Kapelle ist gotisch. Im 18. Jh. wurde die Burg als Steinbruch mißbraucht. Der Bergfried hat 7,7 m Seitenlänge und 1,7 m Wandstärke.

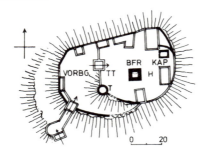

Ruttenstein

Gde. Pierbach, Bz. Freistadt, Oberösterr., Österreich

Grundriß in: Burgen u. Schlösser in Oberösterr., Bd. 1, S. 129; Ulm »Das Mühlviertel«, S. 181.

»Rotensteine« wird urkundlich 1209 genannt. Die romanische Kernburg auf einem Felsblock wurde um 1300 ergänzt (Palas und Kapelle) und im 15. Jh. durch die Vorburgen mit den Rondellen verstärkt. Verfallen ist sie nach 1600. Die Ringmauer der Kernburg ist 1,6 m, am Tor 2,6 m dick. Der sehr große Bergfried von 10 × 15 m Dimension und 2,3 m Wandstärke hätte vom Innenraum her ein Wohnturm gewesen sein können. Der Wohnturm von rd. 7 × 12 m Grundfläche mit 1,5 m Mauerstärke besaß 3 Stockwerke.

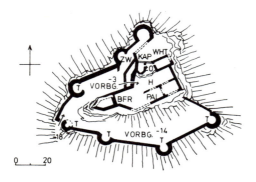

Saaleck

Gde. Hammelburg, Kr. Bad Kissingen, Bayern

Grundriß in: Kunstdkm. v. Bayern, Unterfrk., Bd. 14.

Der romanische Bergfried ist der Rest der Burg des 13. Jh., sein rundbogiger Eingang liegt 9 m hoch.

Saaleck

Gde. Bad Kösen, Kr. Naumburg, Sachsen-Anhalt

Grundriß in: Hotz Z 25; Piper, Fig. 68; Cohausen Nr. 185; Hotz-Pfalzen Z 137.

Wie auch die nur 230 m entfernte Rudelsburg → wurde Saaleck durch die Markgrafen v. Meißen begonnen. Hermann »Advocatus de Saleke« wird um 1140 urkundlich genannt. Der Grundriß mit seinen zwei runden Bergfrieden erinnert an Andlau →. Seit dem 16. Jh. ist die Burg verfallen. Die Bergfriede mit 10 m Durchmesser haben 2 m dicke Mauern. Die spitzbogigen Eingänge liegen rd. 10 m hoch.

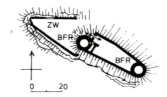

Saalhof

Gde. Frankfurt, Hessen

Angabe in: Hotz »Pfalzen u. Burgen der Stauferzeit«, Darmstadt, 1992.

Der Turm mit 21 m Durchmesser und 6 m Mauerstärke wurde ergraben. Es scheint ein Wohnturm der Zeit um 1100 zu sein.

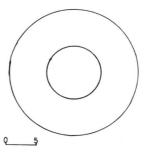

Saarburg

Kr. Trier-Saarburg, Rheinland-Pfalz

Grundriß in: Kunstdkm. d. Rheinprov., Bd. 15.3; Cohausen, Nr. 178; Kubach, S. 983; Dehio, Rheinland-Pfalz, S. 756.

Der Adel »de Sarburch« wird 1030 urkundlich erstmals genannt. Der Kern der Burg ist ein dreistöckiger Wohnturm, in den später ein Bergfried hineingebaut wurde. Die Burg ist im Mittelalter mehrfach vergrößert worden. Nach einem Brand 1552 wurde sie repariert. 1705 wurde sie durch Franzosen endgültig zerstört. Der Wohnturm mit 13 × 15 m Grundfläche und ca. 1,5 m dicken Mauern ist ca. 14 m hoch. Daß in einen existenten Wohnturm ein Bergfried eingebaut wird, ist nur hier bekannt. Der Bergfried hat 7 m Durchmesser mit 1,75 m starken Mauern. Der Eingang zum Wohnturm liegt 4 m hoch.

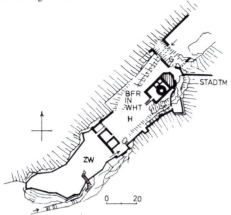

Saarstein

Gde. Mettlach-Weiten, Kr. Merzig-Wadern, Saarland

Grundriß in: Conrad/Flesch, S. 121.

Die Burg wird erst um 1355 urkundlich genannt. Mehr ist nicht bekannt. Der Bergfried hat 7 m Kantenlänge.

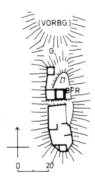

Sababurg

Gde. Hofgeismar, Kr. Kassel, Hessen

Grundriß in: Ebhardt I, Abb. 480.

Die ursprünglich Zapfenburg benannte Sababurg wurde ab 1334 durch den Erzbischof v. Mainz erbaut. Nach ihrer Zerstörung in der Mitte des 15. Jh. wurde sie 1490 wieder aufgebaut. 1628 wurde die Burg zerstört. 1824 wurde sie teilweise abgebrochen. Seit 1961 ist die wiederhergestellte Burg ein Hotel.

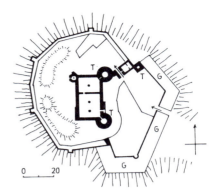

Sachsenburg, Sachsenstein

Gde. Walkenried, Kr. Osterode, Niedersachsen

Grundriß in: Kunstdkm. v. Braunschweig, Bd. 6, S. 259; Burgen d. Salierzeit, S. 56.

Die »Sassinburc« wird 1132 erwähnt, ursprünglich war sie wohl eine Fluchtburg. Die Reste wurden 1891 ausgegraben. Die steinerne Anlage ist im 11. Jh. entstanden und wohl auch zerstört worden. Die Kombination von zwei sechseckigen Türmen mit einem Torhaus ist einmalig. Der runde Wohnturm hat 13 m Durchmesser mit 2 m Wandstärke; er war vielleicht 15 m hoch.

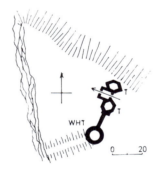

Sachsenburg

Kr. Heinichen, Sachsen

Grundriß in: Rüdiger, Abb. 74.

Die »Sassenburg« wurde 1197 erstmals genannt. 1488 wurde auf der alten Basis durch H. Reynhart das Schloß erbaut. Nach seiner Zerstörung 1632 wurde es repariert. Im 19. Jh. war es Strafanstalt. Der 1879 abgetragene Bergfried hatte 5 × 6 m Grundfläche mit 1,5 m Wandstärke.

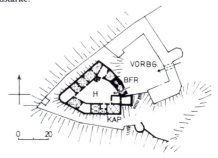

Sachsenburg

Kr. Artern, Thüringen

Grundriß in: Ebhardt I, Abb. 457; Stolberg, S. 323; Kunstdkm. d. Prov. Sachsen, Bd. 9.

Die zwei Burgen stehen innerhalb einer großen Wallgrabenanlage. Die Unterburg ist die ältere, vielleicht noch im 12. Jh. begonnene Burg, die obere Burg ist wohl erst in der Mitte des 13. Jh. entstanden. Die Oberburg war im 17. Jh., die Unterburg im 19. Jh. Ruine. Im Palas der Oberburg befindet sich seit 1890 eine Gaststätte. Beide Bergfriede sind um 20 m hoch, der untere Bergfried hat 8 m Seitenlänge und mehr als 1,5 m Wandstärke, der obere 7×7,5 m Grundfläche.

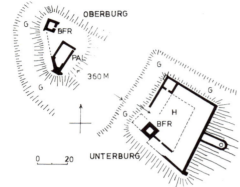

Sachsendorf

Bz. Horn, Niederösterr., Österreich

Grundriß in: Burgen d. Salierzeit, Bd. II, S. 367.

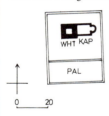

Die Wasserburg wurde mit Wohnturm und Kapelle um 1100 begonnen und mit Palas und Ringmauer im 13. Jh. vollendet. Zerstört wurde sie 1480. Sie wurde teilweise ausgegraben. Der Wohnturm wurde im 13. Jh. umgebaut. Von dieser Burg stammt vielleicht Ulrich v. Sachsendorf, der um 1248 genannt wird. Der Wohnturm mit 9 m Seitenlänge und 3 m Wandstärke konnte nur mit stark reduzierten Wänden oder einem Holzaufbau seine Funktion erfüllen.

Sachsengang

Gde. Oberhausen, Bz. Gänserndorf, Niederösterr., Österreich

Grundriß in: Burgen u. Schlösser in Niederösterr., Bd. 13, S. 18.

Die ursprünglich auf einer Donauinsel gelegene Wasserburg wird bereits 1120 urkundlich erwähnt. Sie entstand auf einem künstlichen Erdhügel. Die Burg wurde ab 1654 zum Schloß umgebaut, enthält aber noch mittelalterliche Teile. Der Bergfried hat eine Grundfläche von 5,5×6,5 m mit 1,15 m Mauerstärke.

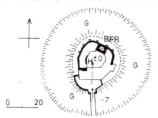

Sachsenhagen

Kr. Grafsch. Schaumburg, Niedersachsen

Grundriß in: Kunstdkm. im Reg.-Bz. Kassel, 3, Tafel 124.

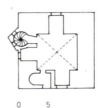

Der Wohnturm ist der einzige Rest einer Wasserburg, die 1253 urkundlich genannt wurde und 1663 verbrannt ist. Der 14 m hohe Turm hat 3 Stockwerke.

Sachsenstein = Sachsenburg

Saffenburg

Gde. Mayschloß, Kr. Bad Neuenahr-Ahrweiler, Rheinland-Pfalz

Grundriß in: Kunstdkm. d. Rheinprov., Bd. 17.1, S. 418.

Grafen dieses Namens werden 1081 urkundlich vermerkt. Die Gründung der Burg geht vielleicht ins 11. Jh. zurück. Der Größe nach muß sie recht bedeutend gewesen und mehrfach vergrößert worden sein. 1705 wurde sie geschleift.

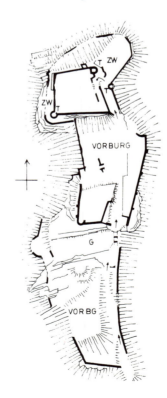

Saldenburg

Kr. Freyung-Grafenau, Bayern

Grundriß in: Kunstdkm. v. Niederbayern, Bd. 24, S. 76, Dehio, Niederbayern, S. 629.

Die Burg ist relativ spät, nämlich 1368, begonnen worden. Ihr mächtiger Palas mit 5 Stockwerken ist im 17. Jh. zu einem Schloß umgestaltet worden. Vermutlich war der 7×13 m große, vorgeschobene Wohnturm auf einem Felsen der Ursprung der Burg. Ein so blockhafter, großer Palas ist ausgesprochen selten, ähnliches gibt es auf der Mindelburg →.

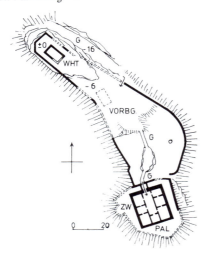

Saleck

Gde. Kastelruth, Eisacktal, Südtirol, Italien

Grundriß in: Trapp, Bd. 4, S. 348.

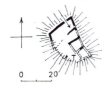

Der Burgadel »de Salec« wird 1184 urkundlich erstmals erwähnt als Dienstmannen des Bischofs v. Brixen. Erbaut um 1200, verfiel Saleck schon Ende des 16. Jh. Ihre Ringmauer ist 1,0 m stark.

Salenstein

Gde. Mannenbach, Bz. Steckborn, Kt. Thurgau, Schweiz

Grundriß in: Burgen u. Schlösser d. Schweiz, Bd. VI, S. 52.

Die erste urkundliche Nachricht über den Burgadel »de Salenstein« stammt von 1096. Die 1842 wiederhergestellte Burg enthält noch viele mittelalterliche Reste.

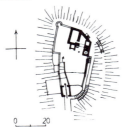

Salern

Gde. Vahrn, Eisacktal, Südtirol, Italien

Grundriß nach Aufnahme F.-W. Krahe, 1986.

Erbaut wurde die Burg 1277 durch die Bischöfe v. Brixen. Verfallen ist sie im 16. Jh. Der Bergfried mit 9,05×9,65 m Grundfläche hat 2,25 m starke Mauern.

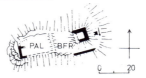

Salla = Klingenstein

Salm

Gde. Vorbruck, Ct. Schirmeck, Bas-Rhin, Frankreich

Grundriß in: Wirth, S. 62.

Von der gegen 1190 gegründeten Burg sind nur wenige Reste erhalten. Das Halbrund im Westen ist vermutlich einer Verstärkung des 15. Jh. entsprungen. Ende des 17. Jh. ist die Burg durch Franzosen zerstört worden.

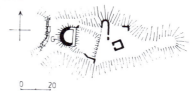

Salmendingen

Gde. Burladingen-S..., Kr. Balingen, Baden-Württemberg

Grundriß in: Zingeler/Buck, S. 126; Schmitt, Bd. 5, S. 22.

Die Burg aus dem 13. Jh. war schon 1385 eine Ruine. Der Bergfried hat 10 m Seitenlänge und 3 m Wandstärke. Der Burgadel taucht 1245 urkundlich auf.

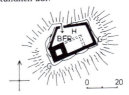

Salons

Gde. Schlans, Bz. Vorderrhein, Kt. Graubünden, Schweiz

Grundriß in: Clavadetscher, S. 346.

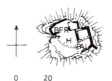

Begonnen wurde Salons im frühen 13. Jh., verlassen im 14. Jh. Ihr Bergfried hat um 6,5 m Kantenlänge, die Ringmauer ist 1,3 m stark.

Salurn = Haderburg

Salvest = Kirneck

Salzbüchsel = Plain

Salzburg
Gde. Bad Neustadt, Kr. Rhön-Grabfeld, Bayern

Grundriß in: Ebhardt I, Abb. 638; Schmidt, S. 29; Piper, Fig. 582; Kreisel, S. 26; Kunstdkm. v. Bayern, Unterfrk., Bd. 22.

Die große Ganerbenburg ist am Ende des 12. Jh. begonnen worden. Sie besteht aus 4 erkennbaren, vielleicht auch mehr einzelnen Burgen innerhalb einer gemeinsamen Ringmauer. Die eindrucksvolle NO-Mauer mit dem schönen Torturm und den 3 Mauertürmen ist, wie die gesamte Anlage, einmalig im deutschen Burgenbau. Auch der sog. »Jungfernkuß«, eine Art Ausfallpforte, ist sonst nirgendwo zu finden. Die Ringmauer ist zwischen 1,5 und 2,7 m stark. Der Bergfried ist 9 m breit mit 2 m Wandstärke. Es gibt zwei Wohntürme, einen kleinen mit 7,5 × 10 m Größe und 2 m starken Mauern, der mit 4 Stockwerken 17 m hoch ist, und einen größeren von 10 × 13 m Grundfläche mit 1,5 m Wandstärke, ebenfalls mit 4 Stockwerken. Von den vielen Burgen ist nur noch die südwestliche erhalten.

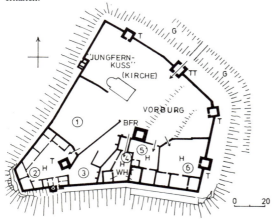

Salzderhelden, Heldenburg
Gde. Einbeck-S..., Kr. Northeim, Niedersachsen

Grundriß nach Aufmaßplan der Gemeinde.

Die um 1320 urkundlich genannte Burg wurde um 1300 begonnen. Nach längerem Ausbau im späten Mittelalter ist sie im 18. Jh. verfallen. Die Ringmauer ist 1,3, die Schildmauer 2,1 m stark. Der Bergfried hat Maße von 8,2 × 8,4 m mit 1,7 – 2,5 m starken Mauern.

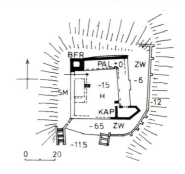

Salzwedel
(Kr.) Sachsen-Anhalt

Angabe in: Wäscher, S. 66.

Der Backsteinbergfried ist der Rest einer Wasserburg aus der Mitte des 12. Jh., die 1899 gesprengt wurde. Der Einstieg liegt 12 m hoch.

Samedam
Bz. Maloya, Kt. Graubünden, Schweiz

Angabe in: Clavadetscher, S. 237.

Der Wohnturm mit 4 Stockwerken stammt vielleicht vom Ende des 13. Jh., Thomasius de Samedam wird 1288 bezeugt. Der rundbogige Eingang liegt im 3. Stockwerk.

Sandsee
Gde. Markt Pleinfeld, Kr. Weißenburg-Gunzenhausen, Bayern

Grundriß in: Kunstdkm. v. Bayern, Mittelfrk., Bd. 5, S. 418.

Bergfried und Ringmauer wurden Ende des 12. Jh. begonnen. Die Burg wurde im 15. Jh. erneuert. Nach ihrer Zerstörung wurde sie 1636 als Schloß wieder aufgebaut, im 19. Jh. diente Sandsee als Jagdschloß. Der Bergfried mit rd. 9,5 m Durchmesser hat 3 m Wandstärke, er ist 27 m hoch, sein spitzbogiger Eingang liegt 8 m über dem Hof. Die Ringmauer ist 1,8 m stark.

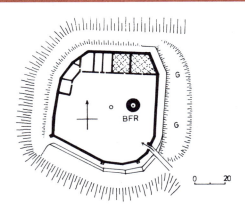

St. Andreas

Gde. Cham, Kt. Zug, Schweiz

Grundriß in: Kunstdkm. d. Schweiz, Zug, Bd. 1, S. 326.

Der »hof ze sant andrese« wird 1282 urkundlich genannt. Im 13. Jh. wurde aus einem Herrensitz eine Wasserburg. Sie wurde innerhalb ihrer 1,2–1,6 m dicken Mauern mehrfach umgebaut, zuletzt 1908. Sie wird privat bewohnt.

St. Annenschloß = Rorschach

St. Georgenburg = Jörgensberg

St. Georgenburg, Berschis

Gde. Walenstadt, Bz. Sargans, Kt. St. Gallen, Schweiz

Grundriß in: Felder, Teil 2, S. 47.

Aus einer Fluchtburg ist im Mittelalter eine Burg geworden. Daten sind keine bekannt.

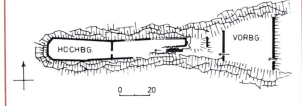

St. Michelsberg, -burg

Gde. St. Lorenzen, Pustertal, Südtirol, Italien

Grundriß in: Weing.-Tirol 62; Weing.-Hörm., S. 170; Piper, Österr., Bd. 3.

Die Burg wird 1205 erstmals urkundlich erwähnt, ist jedoch vermutlich älter. Sie war Lehen des Hochstiftes Brixen. Umbau und Erweiterung fanden vor allem im 16. Jh. statt. Die Ruine ist gut erhalten. Der Bergfried mißt rd. 7 × 8 m und hat 1,6 m Mauerstärke.

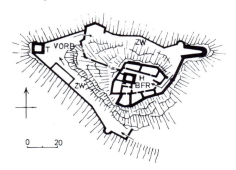

St. Michelsburg, Michelsburg

Gde. Theisbergstegen, Kr. Kusel, Rheinland-Pfalz

Grundriß in: Baudkm. d. Pfalz, Bd. 3, S. 233.

Erbaut wurde die kleine Burg im 14. Jh. Sie ist auf der Ostseite durch eine 3,75 m starke Schildmauer, auf der Westseite durch einen Felsabsturz geschützt. Erhalten ist nur der Rest des Palas oder Wohnturmes. Die Ringmauer ist 1 m stark.

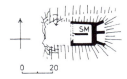

St. Pancraz = Eschenloh

St. Peter i. d. Au

Bz. Amstetten, Niederösterr., Österreich

Grundriß in: Burgen u. Schlösser in Niederösterr., Bd. 8, S. 77.

Der Ursprung der Wasserburg liegt im 12. Jh., erneuert wurde sie 1277, Anfang d. 15. Jh. wurde sie zerstört und wiederhergestellt und im 16. Jh. in ein Renaissanceschloß umgebaut. Die 1,7 m starke Ringmauer und der Bergfried mit 8,2 m Seitenlänge und 2,7 m Wandstärke sind aus dem 13. Jh.

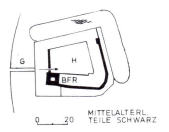

St. Ruprecht

Gde. Ehingen-Erbstetten, Alb-Donau-Kr., Baden-Württemberg

Grundriß in: Schmitt, Bd. 2, S. 240.

Von der 1422 urkundlich erwähnten Burg sind nur wenige Reste erhalten.

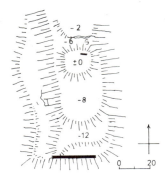

Sannegg

Gde. Heilenstein, Bz. Cilly, Slowenien

Grundriß in: Piper, Österr., Bd. 8, S. 146.

Ursprünglich hieß die Burg wohl Sonnegg, der »Adel de Sonne« wird 1129 urkundlich genannt. Am Beginn des 15. Jh. wurde die Burg nach einem Brand wieder aufgebaut. Im 19. Jh. ist sie verfallen. Der Bergfried mit 10,5 m Durchmesser besitzt in der 3 m starken Mauer eine Treppe.

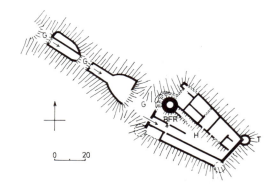

Sargans

Kt. St. Gallen, Schweiz

Grundriß in: Kunstdkm. d. Schweiz, St. Gallen, Bd. 1, S. 343; Meyer, Bd. 6, S. 43; Felder, Teil 2, S. 36.

Die obere Burg ist unter dem Grafen Hugo v. Montfort aus dem Haus der Grafen v. Bregenz im 1. Viertel des 13. Jh. entstanden, der Wohnturm stammt aus dieser Zeit. 1465 wurde die südliche Burg unterhalb des Felsens erbaut. 1899 wurde die Burg Sargans wiederhergestellt und ist nun Museum und Gaststätte. Der 27 m hohe Wohnturm hat auf der Basis von 9 × 13 m und Wandstärken von 1,4 und 2,4 m 6 Stockwerke. Sein rundbogiger Eingang liegt 5 m hoch. Die Ringmauer ist 1,2 – 2,0 m stark.

Sarnen

Obwalden, Kt. Unterwalden, Schweiz

Grundriß in: Kunstdkm. d. Schweiz, Unterwalden, S. 617.

Der mittelalterliche Wohnturm mit 3 Stockwerken ist in einem Wohnhaus verbaut.

Sarns = Pallaus

Sattelpeilnstein, Peilstein

Gde. Traitsching, Kr. Cham, Bayern

Grundriß in: Kunstdkm. v. Bayern, Oberpfalz, Bd. 6, S. 133.

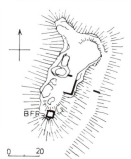

Die Peilsteiner sind um die Mitte des 12. Jh. nachweisbar. Die Burg ließ man Ende des 15. Jh. verfallen.

Satzig – Szadko

Pommern, Polen

Grundriß in: Radacki, S. 204.

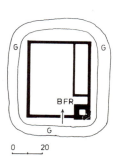

Nach einer Zerstörung wurde die Wasserburg 1480 wieder aufgebaut. Verfallen ist sie im 18. Jh. Der Grundriß ist eine Rekonstruktion der mittelalterlichen Anlage. Der Bergfried hat 10 m Seitenlänge mit 3 m Mauerstärke.

Satzvey

Gde. Mechernich-S..., Kr. Euskirchen, Nordrhein-Westfalen

Grundriß in: Herzog, S. 437.

Das Wasserschloß hat als Kern ein mittelalterliches Burghaus, das im 15. Jh. in 1,5 m Abstand mit einer Ringmauer umgeben wurde.

Sauerburg

Gde. Sauerthal, Rhein-Lahn-Kr., Rheinland-Pfalz

Grundriß in: Kunstdkm. im Reg.-Bz. Wiesbaden, Bd. 5, S. 131.

Die 1337 erbaute Burg wurde erst zwanzig Jahre danach genehmigt. 1689 wurde sie durch Franzosen zerstört, 1909 wurde sie gesichert. Die Ringmauer ist 2,2 m stark, der 22 m hohe Bergfried mit 10 × 10,5 m Grundfläche und 2,4 m starken Mauern hat 6 Stockwerke.

Saugern, Soyhières

Gde. Corroux, Bz. Delsberg, Kt. Jura, Schweiz

Grundriß in: Burgwart 1899, S. 4; Meyer-Regio, S. 184.

Erbaut wurde die Burg in der ersten Hälfte des 13. Jh., 1356 wurde sie nach Erdbebenschäden wiederhergestellt. 1499 wurde sie durch einen Brand zerstört. Der bei Meyer angegebene Maßstab kann nicht stimmen. Der Wohnturm von ca. 12 × 12,5 m Grundfläche hat auf drei Seiten knapp 2 m starke Mauern.

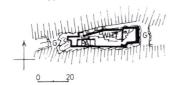

Saulburg

Gde. Wiesenfelden-S..., Kr. Straubing-Bogen, Bayern

Grundriß in: Kunstdkm. v. Niederbayern, Bd. 20, S. 354.

Der Burgadel wird erstmals 1191 urkundlich genannt. Um diese Zeit wurde die Burg erbaut, auf deren Basis im 16. Jh. ein Schloß entstand, nachdem man den Bergfried abgebrochen hatte.

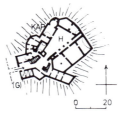

Saunstein

Gde. Markt Schönberg, Kr. Freyung-Grafenau, Bayern

Grundriß in: B. Engelhard, R. Pleyer »Die archäol. Untersuchung der Burgstelle Saunstein« in: Ostbayr. Grenzmarken 28, 1968, S. 58.

Die Burgreste wurden 1983 ausgegraben. Der zugehörige Adel ist seit 1223 bekannt. Die Burg wurde wohl schon im 13. Jh. zerstört. Der Bergfried von ca. 9,5 × 11,5 m Grundfläche hat bis 2,7 m starke Wände.

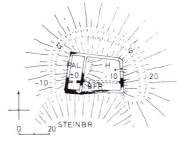

Sausenburg

Gde. Kandern-Sitzenkirch, Kr. Lörrach, Baden-Württemberg

Grundriß in: Kunstdkm. v. Baden, Bd. 5; Cohausen, Nr. 191; Meyer-Regio, S. 31; Burgen im südl. Baden, S. 157.

Erbaut wurde die Kernburg zwischen 1232 und 1246, dem Jahr, in dem sie als »Susenburc« urkundlich auftaucht. Die Vorburg ist aus dem 14. Jh. 1687 wurde die Burg durch Franzosen zerstört. Der konische Bergfried ist 18 m hoch und hat am Fuß 7,8 m Durchmesser und 2,2 m Wandstärke. Die Ringmauer ist 2 m stark.

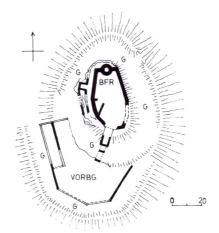

Saxenegg

Gde. Münzbach, Bz. Perg, Oberösterr., Österreich

Grundriß in: Burgen u. Schlösser in Oberösterr., Bd. 1, S. 168.

Der Burgadel »de Sechseneck« wird 1297 urkundlich genannt. 1410 wird die Burg als Lehen bestätigt. 1473 wird sie zerstört und 1636 teilweise abgebrochen. Die kleine Kernburg ist der älteste Teil der Anlage, ihre Ringmauer 1,5 m stark, die Schildmauer 3,8 m. Die äußere Schildmauer ist 2,3 m stark.

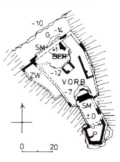

Saxenstein

Gde. Obersaxen, Bz. Glenner, Kt. Graubünden, Schweiz

Grundriß in: Poeschel, S. 241; Clavadetscher, S. 102.

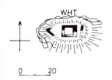

Die Burg entstand im frühen 13. Jh., 1437 war sie bereits Ruine. Die Ringmauer, ca. 1,1 m dick, ließ außer dem 8×9 m messenden Wohnturm mit 1,65 und 2,4 m Wandstärke keinen Platz für weitere Gebäude. Der rundbogige Eingang lag im 2. von 3 Stockwerken. Für eine dauerhafte Bewohnbarkeit müßte der Turm einen geräumigeren Aufsatz aus Holz gehabt haben.

Sayn

Gde. Bendorf-S..., Kr. Neuwied, Rheinland-Pfalz

Grundriß in: Kunstdkm. d. Rheinprov. Bd. 16.3, S. 332; Cohausen, Nr. 198.

Eine erste Anlage wurde 1152 zerstört. In der 2. Hälfte des 12. Jh. entstand die heutige Anlage. Die Burg wurde im 14. und 15. Jh. umfangreich erweitert, der Wohnturm als Burgmannensitz ist wohl aus dem 15. Jh. Zerstört wurde Sayn 1633 durch Schweden. Der Bergfried mit 10 m Seitenlänge hat 2,5 m Wandstärke, die Ringmauer der Kernburg 1,2 – 1,5 m stark. Der Wohnturm mit der Dimension von 9,5×10,5 m hat 3 Stockwerke in 14 m Gesamthöhe.

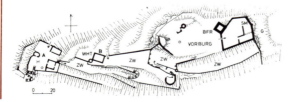

Schadburg, Schadenburg

Gde. Niederried, Bz. Interlaken, Kt. Bern, Schweiz

Angabe in: Burgen u. Schlösser d. Schweiz, 9.b.

Die Burg bestand nur aus einem Wohnturm mit ca. 8×14 m Innenfläche. Sie wurde vielleicht schon vor ihrer Vollendung zerstört.

Schadeck, Schwalbennest

Gde. Neckarsteinach, Kr. Bergstraße, Hessen

Grundriß in: Piper, Fig. 180; Antonow, SWD, S. 243; Kunstdkm. v. Hessen, Bergstraße.

Wie ihre Nachbarn, die Hinter-, Mittel- und Vorderburg Neckarsteinach →, wurde auch Schadeck durch die Herren v. Steinach im 2. Viertel des 13. Jh. erbaut. Sie ist im 18. Jh. verfallen. Ihr trapezförmiger Palas wird von einer ca. 16 m hohen winkelförmigen 3 m starken Schildmauer gegen den Hang geschützt. Der Wehrgang auf der Mauerkrone ist überdeckt und an beiden Ecken durch Türmchen gekrönt.

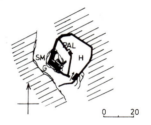

Schadenburg = Schadburg

Schadenstein = Alt Scharnstein

Schadewald, Hohe Allzunah, Gr. Alzen

Gde. Herrmannsacker, Kr. Nordhausen, Thüringen

Grundriß in: Stolberg, S. 10.

Diese Burg wurde wohl als Gegenburg zur Ebersburg durch die Grafen v. Anhalt 1247 erbaut. Aufgegeben wurde sie 1326.

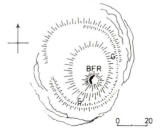

Schännis

Gde. Waltenstein, Bz. Winterthur, Kt. Zürich, Schweiz

Grundriß in: Hartmann, S. 23.

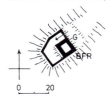

Der Burgadel wurde um die Mitte des 13. Jh. urkundlich erwähnt. Sonst ist nichts bekannt. Der Bergfried mit rd. 9 × 10 m Grundfläche hat 2,5 m Mauerstärke.

Schärding

(Bz.) Oberösterr., Österreich

Grundriß in: Österr., Kunsttop., Bd. 21, S. 170.

Die recht große Stadtburg wurde 1235 durch die Grafen v. Vormbach erbaut. Erhalten sind nur Reste der Ringmauer. Der Bergfried ist verschwunden.

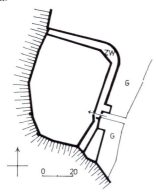

Schafisheim

Bz. Lenzburg, Kt. Aargau, Schweiz

Angabe in: Kunstdkm. d. Schweiz, Aargau, Bd. 2, S. 179.

Der dreistöckige Wohnturm stamt wohl aus dem 15. Jh., er ist 12 m hoch.

Schalberg, Klus, Altklus

Gde. Pfeffingen, Bz. Arlesheim, Kt. Basel-Ld., Schweiz

Grundriß in: Merz-Sisgau, S. 228; Meyer-Regio, S. 126.

Gegründet wurde die Burg in der Mitte des 13. Jh. durch die Schaler, Baseler Stadtadel, der zwischen 1250 – 1300 zu den bedeutensten Familien gehörte. Die Burg, im Erdbeben von 1356 stark beschädigt, wurde bald nach 1400 verlassen. Ihre Ringmauer ist um 2,2 m stark, der Bergfried hat 6,6 m Durchmesser mit 2 m dicken Mauern.

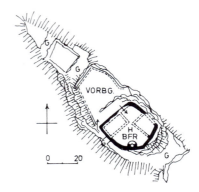

Schalksburg

Gde. Laufen, Kr. Balingen, Baden-Württemberg

Grundriß in: Zingeler/Buck, S. 46.

Die umfangreiche Anlage ist vielleicht um 1040 gegründet worden. Zerstört wurde sie 1464 und danach wieder aufgebaut. Verfallen ist sie nach 1628. Der Burgadel ist seit 1211 bekannt. Der Größe der Anlage nach können das nur Burgmannen gewesen sein. Eine Burg mit 3 ha Inhalt, sie war möglicherweise vorher eine Fliehburg. Der Bergfried hat 7,5 m Breite und 2 m Wandstärke.

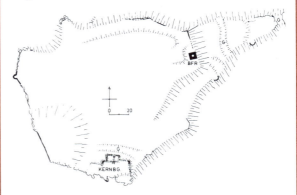

Schalksburg

Gde. Straßberg, Kr. Balingen, Baden-Württemberg

Grundriß in: Schmitt, Bd. 5, S. 262.

Begonnen wurde die Burg um 1100, aufgegeben wurde sie in der 2. Hälfte des 13. Jh. Der Bergfried mißt 7 × 7,4 m und hat 2,35 m starke Mauern.

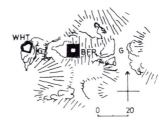

Schallaburg

Gde. Schollach, Bz. Melk, Niederösterr., Österreich

Grundriß in: Burgen u. Schlösser in Niederösterr., Bd. II/2, S. 169.

Um 1100 werden »Grafen de Scahala« in Urkunden genannt. Ringmauer und Palas stammen aus dem 12. Jh. Auch die Kapelle ist im 12. Jh. begonnen worden. Der Nordteil mit dem Turnierhof ist aus der Renaissance. Die Ringmauer der Kernburg ist 1,85 m stark. Der zerstörte Palas zeigt 5 Stockwerke.

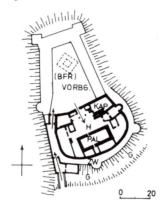

Schallaun = Puxer Loch

Schallegg

Gde. Wöllan, Südsteiermark, Slovenien

Grundriß in: Piper, Österr., Bd. 4, S. 170.

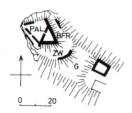

Der Burgadel ist am Ende des 12. Jh. urkundlich bekannt. Die Burg ist im 18. Jh. verfallen. Der Bergfried ist dreieckig, eine sehr seltene Form, die z. B. bei Grenzau →und Raueheneck → zu finden ist, er ist auf der Innenseite 14,5 m breit und in SO-Richtung 11 m lang.

Schallodenbach

Kr. Kaiserslautern, Rheinland-Pfalz

Grundriß in: Kunstdkm. v. Bayern, Pfalz, Bd. 9, S. 442.

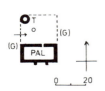

Die Wasserburg wurde am Ende des 12. Jh. als Kastellburg erbaut. 1530 wurde sie zum Schloß umgebaut. Vorhanden ist nur noch der Palas mit rd. 2,2 m Wandstärke als Teil des Schlosses.

Schanbach

Gde. Aichwald-Sch..., Kr. Esslingen, Baden-Württemberg

Grundriß in: K. J. Fischer »Unsere Heimat«, Stadt u. Kreis Esslingen, S. 259.

Der Burgadel wird erstmals 1262 genannt. Zerstört wurde die Burg vermutlich 1525.

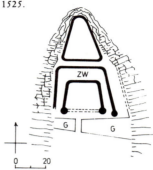

Scharenberg

Gde. Lengede, Kr. Goslar, Niedersachsen

Grundriß in: Stolberg, S. 357.

Um 1390 wurde die Burg durch Hans v. Schwichelt erbaut. Sie wurde in der 2. Hälfte des 15. Jh. verlassen. Ob die Kernburg, die abgerutscht ist, tatsächlich kreisrund gewesen ist, läßt sich nicht mehr nachweisen.

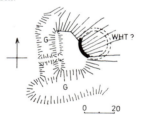

Scharfenberg

Gde. Ursensollen, Kr. Amberg-Sulzbach, Bayern

Grundriß in: Kunstdkm. v. Bayern, Oberpfalz, Bd. 15, S. 116.

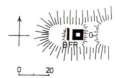

Die kleine Burg wurde um 1200 gegründet. Seit der Mitte des 16. Jh. war die Burg öde. Der Bergfried hatte 7,5 m Seitenlänge mit 2 m dicken Mauern.

Scharfenberg, Münz

Gde. Annweiler, Kr. Landau-Bergzabern, Rheinland-Pfalz

Grundriß in: Baudkm. d. Pfalz, Bd. 1, S. 88.

Die Burg bildet eine Gruppe mit Anebos und Trifels in je 400 m Entfernung. Der Bergfried ist im 12. Jh. erbaut worden, sie wurde

1525 zerstört. Der Bergfried hat 6,5 m Seitenlänge und 1,75 m Wandstärke mit Buckelquadern; der Turm ist 20 m, der rundbogige Eingang liegt 9,5 m hoch.

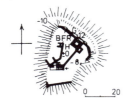

Scharfenberg
Gde. Thal, Kr. Eisenach, Thüringen

Grundriß in: Kunstdkm. v. Thüringen, Bd. 4.3, S. 90.

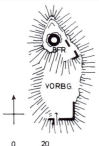

Entstanden ist die kleine Kernburg vielleicht noch im 12. Jh., die Vorburg ist vermutlich jünger. Im 17. Jh. wurde die Burg aufgegeben. Der 30 m hohe Bergfried hat 8 m Durchmesser und 2 m Wandstärke.

Scharfenberg
Gde. Donzdorf, Kr. Göppingen, Baden-Württemberg

Grundriß in: Kunstdkm. v. Württbg., Donaukr., Geislingen, S. 138; Schmitt, Bd. 1, S. 162.

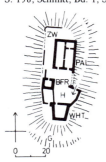

Otto de Scharphenberc wird 1156 urkundlich genannt. Die staufischen Teile der Burg sind mit Buckelquadern verkleidet. Die Burg wurde 1309 erobert. Der Palas stammt weitgehend aus dem 15. Jh., die Burg ist nach 1826 verfallen. Der Wohnturm ist mit 3 Stockwerken ohne Giebel 11 m hoch, er ist max. 12,5 m lang und 11,5 m breit mit 1,5 m Wandstärke. Der Bergfried, 14 m hoch, hat bei 7 m Seitenlänge 1,5 m starke Mauern und einen Eingang in 5,5 m Höhe.

Scharfeneck
Gde. Oberscheinfeld, Kr. Neustadt/Aisch, Bayern

Grundriß in: Bayrische Kunstdkm. Scheinfeld, S. 323.

Die Burg entstand wohl am Ende des 13. Jh. Erhalten ist von der großen Anlage nur der Buckelqauder-Bergfried. Zerstört wurde sie mehrfach, zuletzt 1632. Der Bergfried ist 7,15 m breit mit 2,5 m starken Wänden, der rundbogige Eingang liegt 10 m hoch.

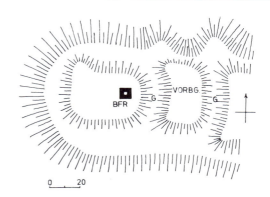

Scharfeneck
Gde. Baden (Bz.)-Dörfl, Niederösterr., Österreich

Grundriß in: Piper, Österr., Bd. 3, S. 204; Burgen u. Schlösser in Niederösterr., Bd. I/2, S. 77.

Entstanden ist die Burg um 1200, der Adel erscheint erst 1405. Im 17. Jh. war sie Ruine.

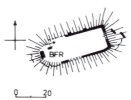

Scharfeneck
Gde. Mannersdorf, Bz. Bruck a. d. Leitha, Niederösterr., Österreich

Grundriß in: Burgen u. Schlösser in Niederösterr., Bd. I/1, S. 89; Piper, Österr., Bd. 3, S. 204.

Der älteste Teil der Burg ist der gotische Bergfried. 1509 wurde die Burg zerstört und wiederaufgebaut. 1683 wurde sie endgültig zerstört. Ihre 10 m hohe Ringmauer ist 4 m stark. Der Bergfried ist 10,5 × 11,5 m groß mit abgerundeten Ecken.

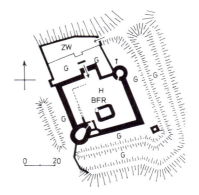

Scharfenstein

Kr. Zschopau, Sachsen

Grundriß in: Ebhardt I, Abb. 505; Döring, »Bodo Ebhardt«, S. 97.

Seit dem Ende des 15. Jh. gehörte die Burg dem späteren Grafen v. Einsiedel. Urkundlich wird sie erst 1349 erwähnt, doch stammt sie wohl aus dem 13. Jh. Zu- und Umbauten im 14., 15. und 16. Jh. Nach einem Brand 1921 wurde sie durch Bodo Ebhardt wieder aufgebaut. Seit 1945 war die Burg Kinderheim. Der 17 m hohe Bergfried hat 7,8 m Durchmesser.

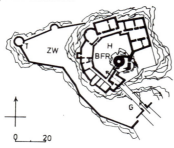

Scharfenstein

Gde. Kiedrich, Rheingaukr., Hessen

Grundriß in: Kunstdkm. im Reg.-Bz. Wiesbaden, Bd. 1, S. 207.

Von der im 12. Jh. begonnenen Burg ist nur der 28 m hohe Bergfried erhalten, sein Eingang liegt 10 m hoch.

Scharfenstein

Gde. Leinefelde-St. Andreas, Kr. Worbis, Thüringen

Grundriß nach Plan im Burgrestaurant.

Die recht kleine Burg ist vermutlich im 14. Jh. erbaut worden. Die Kernburg war 1991 in einem miserablen Zustand.

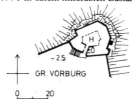

Scharfenstein-Ostry

Gde. Bensen-Ostry, Bz. Tetschen – Děčín, Nordböhmen, Tschechische Republik

Grundriß in: Menclová. S. 158.

Die Burg ist um 1230 gegründet worden. Zerstört wurde sie 1445. Der Bergfried hat 9 m Durchmesser mit 3,5 m Mauerstärke.

Schartenberg

Gde. Zierenberg, Kr. Kassel, Hessen

Grundriß in: Happel, S. 77.

Erhalten ist nur der Bergfried mit 8,5 m Durchmesser mit 3 m starken Wänden wohl aus dem 12. Jh.

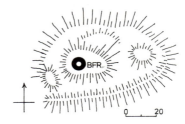

Scharzfels

Gde. Bad Lauterberg-Barbis, Kr. Osterode, Niedersachsen

Grundriß in: Stolberg, S. 359.

Die Stelle, auf der die Felsenburg steht, war schon frühgeschichtlich besiedelt. Gegründet wurde die Reichsburg vermutlich im 10. Jh. 1132 sind die späteren Grafen »de Scartvelt« als königliche Dienstmannen urkundlich genannt. Die Burg wurde vom 12.–17. Jh. ständig ausgebaut. Die Treppe zum Tortunnel wurde 1857 gebaut. Das »castum scartuelt« wurde 1203 erstmals erwähnt. 1761 wurde die seit 1627 als Festung ausgebaute Anlage durch Franzosen zerstört. Der Bergfried hat 9 m Durchmesser und 2 m Wandstärke.

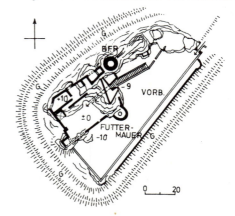

Schattenberg

Bz. Feldkirch, Vorarlberg. Österreich

Grundriß in: Ebhardt I, Abb. 682; Piper, Fig. 243; Österr. Kunsttop., Bd. 32, S. 202; Piper, Österr., Bd. 2.

Begonnen wurde die Burg vor 1200, der Wohnturm und der Palas entstanden im 13. Jh. Um 1420 wurde sie verstärkt, Vorwerk und Rondell wurden im 16. Jh. gebaut. Der Wohnturm ist 21 m hoch, er hat 10,8 × 15,4 m Seitenlänge, 3,2 m Wandstärke, 5 Stockwerke und einen Eingang in 6 m Höhe.

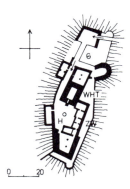

Schatz = Roßberg

Schatzberg

Gde. Langenenslingen-Egelfingen, Kr. Biberach, Baden-Württemberg

Grundriß in: Uhl, S. 16.

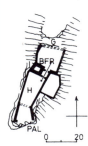

Erbaut wurde die Burg nach 1250. Zerstört wurde sie 1442. Ihre Ringmauer ist 0,9 m stark. Der Bergfried hat Breiten von maximal 9,5 m und 7,5 m bei 2 m Wandstärke.

Schauenburg

Gde. Dossenheim, Rhein-Neckar-Kr., Baden-Württemberg

Grundriß in: Kunstdkm. v. Baden, Bd. 8.2; Bronner, S. 27.

Die erste Erwähnung war 1130. Zerstört wurde die Burg 1460. Der Bergfried hat 7,5 m Breite und 2,5 m Wandstärke. Die Schildmauer ist 4 m stark.

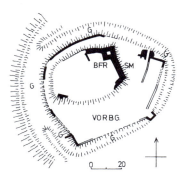

Schauenburg

Gde. Oberkirch, Kr. Offenburg, Baden-Württemberg

Grundriß in: Ebhardt I, Abb. 394; Batzer/Städele, S. 261; Kunstdkm. v. Baden, Bd. 7, S. 164; Antonow-SWD, S. 248; Burgen im südl. Baden, S. 161; Burgen u. Schlösser in Mittelbaden, S. 204.

Die schöne Burg ist bis ins 18. Jh. kaum verändert worden. Sie wurde von Herzog Berthold v. Zähringen († 1110) begonnen. 1120–1150 wird ein »miles de Scowenburch« urkundlich genannt. Die heutigen Bauten sind im 13. Jh. entstanden. 1460 wurde die Burg zerstört und wieder aufgebaut. Am Beginn des 18. Jh. wurde sie endgültig zerstört. Die Ringmauer ist 1,5–2,0 m stark, die Schildmauer 3,7 m. Der Wohnturm im NW hat Innenmaße von 7 × 8,5 m und 5 Stockwerke in ca. 22 m Gesamthöhe, der spitzbogige Eingang liegt ca. 8 m hoch. Der Wohnturm im SO ist jünger als der andere. Er hat maximale Innenmaße von 7,5 × 8,5 m und 4 Stockwerke, der Hocheingang liegt im 3. Stockwerk.

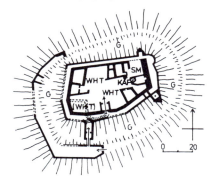

Schauenburg

Kr. Kassel, Hessen

Grundriß in: Kunstdkm. im Reg.-Bez. Kassel, Bd. 7, Taf. 57.

Der Burgadel wird 1143 erstmals genannt. Verfallen ist die Burg im 16. Jh. Vom relativ kleinen Kern sind nur Reste einer Mauerecke und der Rest des Bergfrieds mit ca. 7,5 m Kantenlänge übrig.

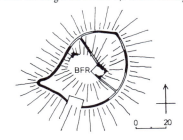

Schauenburg

Gde. Hofstetten, Bz. Winterthur, Kt. Zürich, Schweiz

Grundriß in: Kunstdkm. d. Schweiz, Zürich, Bd. 7, S. 272.

Die Turmburg stammt aus dem 13. Jh. Zerstört wurde sie 1344. Der Wohnturm mißt im Mittel 13,5 × 16,5 m und hat 2 m und 4 m starke Mauern.

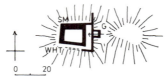

Schauenburg, Neu Schauenburg

Gde. Frenkendorf, Bz. Liesthal, Kt. Basel-Ld., Schweiz

Grundriß in: Merz-Sisgau, S. 244; Meyer-Regio, S. 112.

1942 wurde die Ruine freigelegt. Die Burg ist im frühen 13. Jh. entstanden. 1255 wird der Burgadel sicher bezeugt. Nach dem Erdbeben von 1356 wurde die Anlage wiederhergestellt und ist um 1500 aufgegeben worden. Ihre Ringmauer ist ca. 1,6 m stark. Auf dem Felsklotz stand im Mittelalter ein Bergfried.

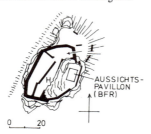

Schauenburg

Gde. Stetten am kalten Markt, Kr. Sigmaringen, Baden-Württemberg

Grundriß in: Schmitt, Bd. 3, S. 140.

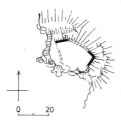

»De Schowenberc« wird 1270 urkundlich genannt. 1430 wurde die Burg zerstört.

Schauenforst

Gde. Rödelwitz, Kr. Rudolfstadt, Thüringen

Grundriß in: Kunstdkm. v. Thüringen, Bd. 4, Burgwart, 3. Jhg., S. 6.

1223 wird die Burg »Schowinforst« begonnen. 1345 wird sie nach einer Zerstörung wieder aufgebaut. Aufgegeben wurde sie nach 1550. Der 23 m hohe Bergfried hat ca. 6 m Durchmesser, sein rundbogiger Eingang liegt 11 m hoch.

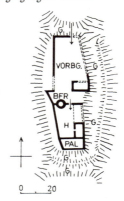

Schauensee

Gde. Kriens, Bz. u. Kt. Luzern, Schweiz

Grundriß in: Kunstdkm. d. Schweiz, Luzern, Bd. 1, S. 343.

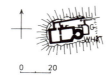

Der Burgadel wird 1257 urkundlich erwähnt. Die kleine Burg wurde nach ihrem Verfall 1595 wieder aufgebaut und 1780 umgebaut. Der Kern ist ein Wohnturm mit rundem Turm, vergleichbar Reichenstein →, und 3 Stockwerken.

Schauenstein

Kr. Hof, Bayern

Die Burg wurde um 1220 erbaut und nach einem Brand 1433 wiederhergestellt. 1480 und später wurde sie stark verändert. Sie ist Amtsgebäude.

Schauenstein

Gde. Altpölla, Bz. Zwettl, Niederösterr., Österreich

Grundriß in: Burgen u. Schlösser in Niederösterr., Bd. III/1, S. 120; Piper, Österr., Bd. 8.

Erbaut wurde die Burg vielleicht noch im 12. Jh. Der Burgadel erscheint 1175 erstmals in Urkunden. 1476 wurde sie zerstört und wieder aufgebaut und ist nach 1670 verfallen. Der 22 m hohe Bergfried ist 7,5 m breit und knapp 11 m lang und hat 2 m Wandstärke; sein Eingang liegt 6 m über dem Hof.

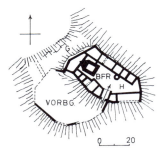

Schauerbach = Alt Schauerburg

Schaumburg

Gde. Schalkau, Kr. Sonneberg, Thüringen

Grundriß nach Aufnahme Krahe 1991.

Der Burgadel wird 1147 urkundlich genannt. 1501 wurde die Burg wiederhergestellt und im Dreißigjährigen Krieg zerstört. Von der Kernburg stehen nur wenig Reste.

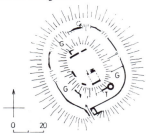

Schaumburg

Gde. Schaumböden, Bz. St. Veit, Kärnten, Österreich

Grundriß in: Kohla, S. 278.

Genannt wird die Burg als Trixener Lehen um 1200. Der Bergfried hat 8 m Durchmesser mit quadrat. Innenraum und 3 m Wandstärke.

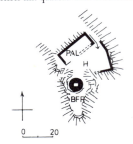

Schaumburg

Gde. Rinteln, Kr. Grafsch. Schaumburg, Niedersachsen

Grundriß in: Kunstdkm. im Reg.-Bz. Kassel, Bd. 3, Taf. 134.

Die Stammburg der Grafen v. Schaumburg wurde im 12. Jh. gegründet und in der Folge mehrfach verändert. Die Wohngebäude entstanden im 16. Jh. Verfallen ist die Burg nach 1640. Teile am äußeren Tor wurden im 20. Jh. als Museum wiederhergestellt. Der Bergfried hat ca. 7,5 × 9 m Grundfläche mit 1,5 m Wandstärke, im W bis 3,5 m.

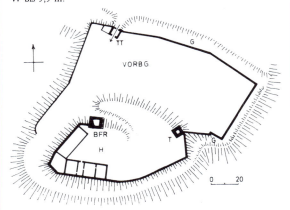

Schaunberg

Gde. Hartkirchen, Bz. Eferding, Oberösterr., Österreich

Grundriß in: Piper, Österr., Bd. 3, Burgen u. Schlösser in Oberösterr., Bd. 2, S. 111.

Begonnen wurde die Burg um die Mitte des 12. Jh. 1161 erscheint Heinrich v. Schaunberg urkundlich. Die Schaunberger erlangten als Grafen Mitte des 14. Jh. eine Spitzenstellung. Zwischen 1380 und 1383 wurde die Burg vergeblich belagert. Im 17. Jh. ist sie verfallen. Die Kernburg stammt überwiegend aus dem 13. Jh., die Vorburg aus dem 14. Jh. Auffallend starke Schildmauern an Kern- und Vorburg. Der Bergfried ist 10,5 m breit und 13,5 m lang mit 3,9 m Wandstärke.

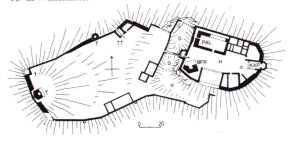

Schaustein

Gde. St. Oswald, Bz. Melk, Niederösterr., Österreich

Grundriß in: Burgen u. Schlösser in Niederösterr., Bd. III/2, S. 110.

Die Burg erstand in der 1. Hälfte des 12. Jh. als festes Haus auf einem Hügel.

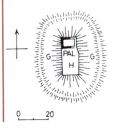

Scheer

Kr. Sigmaringen, Baden-Württemberg

Grundriß in: Pfefferkorn, Schwäb. Alb., S. 41.

Die 1267 erstmals urkundlich genannte Burg erhielt ihre heutige Gestalt ab 1485. Sie wurde danach noch verstärkt und schloßartig ausgebaut.

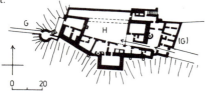

Scheidegg, Scheideck

Gde. Gelterkinden, Bz. Sissach, Kr. Basel-Ld., Schweiz

Grundriß in: Meyer-Regio, S. 127.

Die Burg wurde 1970 ausgegraben. Ihr Wohnturm mit 11,5 × 16 m Grundfläche und 1,5 m starken Mauern wurde um 1220 erbaut, die nördliche Erweiterung kam 1250 hinzu. Im 16. Jh. ist die Burg verfallen.

Schelenburg

Gde. Bissendorf-Schledenhausen, Kr. Osnabrück, Niedersachsen

Grundriß in: Burgwart, 11. Jhg., S. 106.

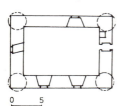

Der Wohnturm im Wasserschloß ist der Rest der alten Wasserburg. Er stammt aus der Mitte des 14. Jh. Er hat 15 m Höhe und 3 Stockwerke.

Schelitz – Chrzelice

Kr. Oppeln – Opole, Schlesien, Polen

Grundriß in: Kunstdkm. v. Polen, Oppeln

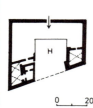

Der Kern der Wasserburg stammt aus dem 14. Jh. Der Bergfried ist abgebrochen worden.

Schellenberg

Gde. Georgenberg-Waldkirch, Kr. Neustadt/Waldnaab, Bayern

Grundriß in: Kunstdkm. v. Bayern, Oberpfalz, Bd. 8, S. 94.

Die Kernburg auf 2 Felsen wurde wohl in der 1. Hälfte des 14. Jh. erbaut. Nach der Mitte des 17. Jh. ist die Anlage verfallen. Der Wohnturm hat maximale Maße von 11,5 × 18 m und 1,3 m dicke Mauern.

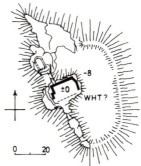

Schellenberg

Gde. Essen, Nordrhein-Westfalen

Grundriß in: Kunstdkm. d. Rheinprov., Bd. 2.3, S. 69.

Ein Teil des Wasserschlosses stammt aus dem 14. Jh. Der Wohnturm mit 9,5 × 10 m Grundfläche hat 4 Stockwerke, seine Mauer ist ca. 1,2 m dick.

Schelmberg – Šelmberk

Gde. Jung Woschnitz – Mlado Vožice, Br. Tabor – Tábor, Südböhmen, Tschechische Republik

Grundriß in: Menclová, S. 341.

Die Burg stammt aus dem 14. Jh., zerstört wurde sie im 16. Jh. Der Bergfried hat 10 m Durchmesser mit 3,5 m starken Mauern.

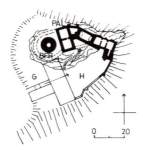

Schellenburg, Lobenstein – Cvilin

Gde. Jägerndorf – Krnow, Bz. Freudenthal-Bruntál, Nordmähren, Tschechische Republik

Grundriß in: Piper, Österr., Bd. 7, S. 190.

Die Kastellburg ist wohl im 13. Jh. begonnen worden. Der Burgadel wird 1238 urkundlich genannt. 1447 haben Ungarn sie zerstört, sie wurde aber wieder aufgebaut. 1630 wurde sie endgültig zerstört. Der Bergfried hat über 11 m Durchmesser und 3,5 m starke Mauern.

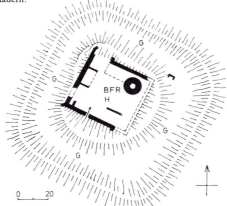

Schenkenberg
Gde. Epfendorf, Kr. Rottweil, Baden-Württemberg

Grundriß in: Blätter d. Schwäb. Albvereins, 1911, S. 340.

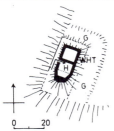

Urkundlich wird die Burg erst 1312 erwähnt, ihre Ringmauer ist 2 m stark. Der Wohnturm hat 12,2 × 11,1 m mit 8,2 × 7,1 m Innenraum.

Schenkenberg
Gde. Talheim, Bz. Brugg, Kt. Aargau, Schweiz

Grundriß in: Merz-Sisgau

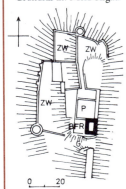

Die Reste der 1234 erstmals erwähnten Burg wurden 1932 ausgegraben. 1460 wurde sie nach einem Brand erneuert und 1550 umgebaut, ehe sie im 17. Jh. verfiel. Der Bergfried mit 8 × 9 m Grundfläche hat 2,5 m starke Mauern.

Schenkenberg, Winterstetten
Gde. Ingoldingen-Winterstettenstadt, Kr. Biberach, Baden-Württemberg

Grundriß in: Uhl, S. 15.

»De Winterstetten« werden 1185 urkundlich bekannt. Die Burg entstand nach 1200. Die Ringmauer ist 1,6 m stark, der Bergfried hat 7,5 × 8,3 m Grundfläche mit 1,2 m Mauerstärke.

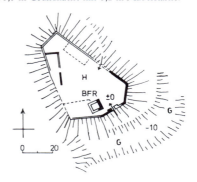

Schenkenburg = Schenkenzell

Schenkenschloß = Roßberg

Schenkenstein
Gde. Bopfingen, Kr. Aalen, Baden-Württemberg

Grundriß nach Aufnahmen F.-W. Krahe, 1991.

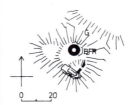

Entstanden ist die allem Anschein nach kleine Burg wohl noch im 12. Jh., sie wurde 1525 zerstört. Der Bergfried hat ca. 8 m Durchmesser, sein rundbogiger Eingang liegt 6 m hoch.

Schenkenzell I, Schenkenburg
Kr. Rottweil, Baden-Württemberg

Grundriß in: Kunstdkm. v. Baden, Bd. 7, S. 653; Batzer/Städele, S. 433.

Vermutlich in der 1. Hälfte des 13. Jh. wurde die Burg begonnen. Zella ist 1255 erstmals urkundlich benannt. 1534 wurde die Burg zerstört. 1913 wurde die Ruine gesichert. Der Bergfried ist 7,5 m breit und hat 2,1 m dicke Mauern.

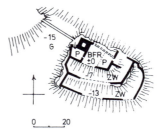

Schenkenzell II

Kr. Rottweil, Baden-Württemberg

Grundriß in: Fick, Bd. 3, S. 103.

Die Burg mit dem seltenen kreisförmigen Grundriß und 1,6–2 m dicken Ringmauern wird 1495 als Burgstall erwähnt.

Schenkon

Gde. Sursee (Bz.), Kt. Luzern, Schweiz

Grundriß in: Kunstdkm. d. Schweiz, Luzern, Bd. 4, S. 362.

Die Burg wurde 1302 urkundlich erwähnt. Sie wurde 1388 zerstört und 1899 ausgegraben. Ihr Bergfried hat rd. 8 m Seitenlänge und 2 m Wandstärke.

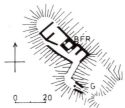

Schenna

Burggrafenamt Südtirol, Italien

Grundriß in: Trapp, Bd. 2, S. 161.

Erbaut wurde die von vornherein schloßähnlich, nur wenig geschützte Burg von Petermann v. Schenna um 1350. Sie wurde bis ins 16. Jh. umgebaut. Ihr Bergfried ist 1469 eingestürzt und spurlos verschwunden. Seit 1845 gehört die Burg den Grafen v. Meran, morganat, Abkömmlingen Erzherzog Johannes, als Wohnsitz.

Scherenberg, Florberg

Gde. Gemünden, Main-Spessart-Kr., Bayern

Grundriß in: Kunstdkm. v. Bayern, Unterfranken, Bd. 20, S. 41.

Die Burg wurde in der 2. Hälfte des 13. Jh. erbaut. Der Palas stammt aus dem 14. Jh. Die Ringmauer ist 8 m hoch. Sie ist mit der Stadtmauer verbunden. Der 24 m hohe Bergfried hat 7 m Durchmesser mit 2 m starken Wänden, in denen die Treppe verlief. Der rundbogige Eingang liegt 9,5 m über dem Hof.

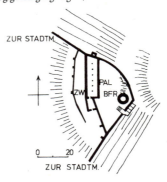

Scheuchenstein

Gde. Miesenbach, Bz. Wiener Neustadt, Niederösterr., Österreich

Grundriß in: Burgen u. Schlösser in Niederösterr., Bd. I/2, S. 117; Piper, Österreich, Bd. 2.

Erbaut wurde die Burg auf dem 5 m hohen Felsen am Ende des 12. Jh. durch Herzog Ottokar IV v. Steiermark. Verfallen ist die Burg im 17. Jh.

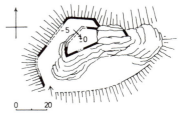

Scheuernburg

Gde. Scheibbs (Bz.), Niederösterr., Österreich

Grundriß in: Burgen im Bez. Scheibbs, S. 238.

Bei Grabungen hat man Funde aus dem 13.–15. Jh. gemacht. »De Scheurberch« erscheinen 1265 erstmals urkundlich. Mitte des 14. Jh. wurde die Burg zerstört. Das trapezförmige Gebäude im W war vermutlich der Bergfried.

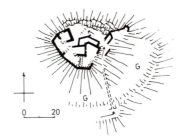

Schiedberg

Gde. Sagogn, Bz. Glenner, Kt. Graubünden, Schweiz

Grundriß in: Clavadetscher, S. 90.

Begonnen wurde die Burg vielleicht um 1100, bei ihrer Ausgrabung haben Funde eine weitaus frühere Besiedlung gezeigt. Mehrere

Bauzustände lagern übereinander. Im 14. Jh. ist die Burg aufgegeben worden. Der Bergfried hat ca. 9,5 m Seitenlänge und 2,5 m Wandstärke.

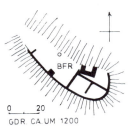

Schießerberg, Schoißenschloß

Gde. St. Georgen, Bz. Scheibbs, Niederösterr., Österreich

Grundriß in: Burgen im Bez. Scheibbs, S. 242.

Bei Ausgrabungen wurden Funde aus dem 11. und 12. Jh. geborgen.

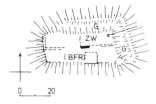

Schildberg

Gde. Seesen, Kr. Northeim, Niedersachsen

Grundriß in: Stolberg, S. 364.

Vielleicht ist die Reichsburg durch Heinrich IV. im 11. Jh. erbaut worden. »Schiltberc« wird 1148 erwähnt. Die Zeit der Aufgabe der Burg ist unbekannt. Der Bergfried hat 11 m Durchmesser und 2,3 m starke Mauern.

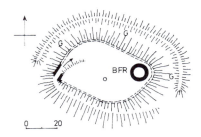

Schildeck

Gde. Bad Brückenau, Kr. Bad Kissingen, Bayern

Grundriß nach Aufnahme F.-W. Krahe, 1988.

Entstanden ist die Burg wohl im 12. Jh., vermutlich wurde sie im Dreißigj. Krieg zerstört.

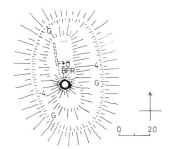

Schillingsfürst

Kr. Ansbach, Bayern

Grundriß in: G. W. Fleck »Schloß Weikersheim«.

Grundriß nach Schickhardt. Zerstört wurde die Burg 1316 und 1525. Die heutige Anlage ist aus dem 17. Jh. und basiert auf der mittelalterlichen Burg. Der dargestellte Grundriß ist eine Rekonstruktion der alten Burg.

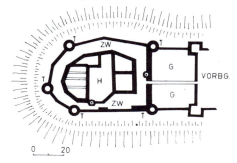

Schiltach

Kr. Rottweil, Baden-Württemberg

Grundriß in: Kunstdkm. v. Baden, Bd. 7, S. 659; Batzer/Städele, S. 421; Burgen u. Schlösser in Mittelbaden, S. 462.

Die Burg ist wohl im 13. Jh. erbaut worden. Urkundlich wird sie 1324 erstmals genannt. 1643 hat sie der Herzog v. Weimar zerstört. Grundriß nach Burgen u. Schlösser in Mittelbaden.

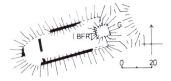

Schiltau

Gde. Sigmaringen (Kr.)-Jungnau, Baden-Württemberg

Grundriß in: Schmitt, Bd. 3, S. 36.

Der Burgadel »de Schiltowe« wird um 1200 erstmals urkundlich erwähnt. 1443 wird die Burg letztmalig genannt.

Schilteck

Gde. Schramberg, Kr. Rottweil, Baden-Württemberg

Grundriß in: Fick, Bd. 3, S. 95.

Erbaut wurde die Burg um 1250. Der Buckelquader-Bergfried hat 20 m Höhe, seine Seitenlänge ist 8,7 m, die Wandstärke 2,5 m. Der spitzbogige Eingang liegt 11 m hoch.

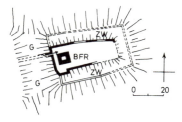

Schilteck

Gde. Simmersfeld, Kr. Calw, Baden-Württemberg

Grundriß in: Fick, Bd. 3, S. 36.

Erwähnt wird die Burg nur 1335. Erhalten ist der Rest des Bergfrieds mit 10 m Seitenlänge und 3 m Wandstärke.

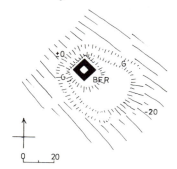

Schimmelsprung

Gde. Gars-Thunau, Bz. Horn, Niederösterr., Österreich

Grundriß in: Piper, Österr., Bd. 6, S. 196.

Urkundlich wird die Burg um 1200 genannt. Verfallen ist sie um 1390. Der Bergfried hat 6,3 m Seitenlänge.

Schirmeck

(Ct.) Bas-Rhin, Frankreich

Grundriß in: Salch, S. 284.

Die Burg ist in der Mitte des 14. Jh. vorhanden. 1547 wird sie erneuert, 1633 durch Schweden zerstört. Der Bergfried hat 9 m Seitenlänge und 1,6 m Mauerstärke.

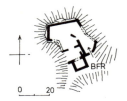

Schivelbein – Swidwin

Kr. Belgard-Bialogard, Pommern, Polen

Grundriß in: Kunstdkm. d. Prov. Pommern, Bd. 3, S. 20.

Gegründet wurde die Wasserburg in der 1. Hälfte des 14. Jh. Sie wurde Ende des 15. Jh. umgebaut. Im 18. Jh. wurde sie stark verändert. Der Bergfried hat 8,5 m Seitenlänge und ab 11 m Höhe 8,5 m Durchmesser. Er ist 27 m hoch, die Mauer ist 2,5 m stark.

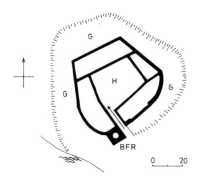

Schkopau

Kr. Merseburg, Sachsen-Anhalt

Grundriß in: Wäscher, Bild 460; Ebhardt I, Abb. 476; Beiträge zur Burgenforschung, H. Wäscher zum 100. Geburtstag, S. 169.

Ursprung der Stadtburg ist eine Motte des 10. Jh. Die Steinburg wurde wohl im 11. Jh. erbaut. »De Schapowe" wird 1179 urkundlich genannt. Die Burg erscheint 1205 urkundlich. Im 16. Jh. wurde sie zum Wohnschloß umgebaut. Die Reste der mittelalterlichen Burg wurden teilweise ausgegraben. Der Bergfried mit ursprünglich 22 m Höhe hat 10 m Durchmesser und 3,3 m Wandstärke. Der Eingang liegt 9,5 m hoch.

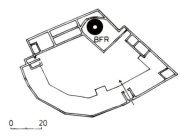

Schladen

Kr. Wolfenbüttel, Niedersachsen

Grundriß in: Schulz, Abb. 204.

Das »castrum Scladheim« wird gegen 1110 urkundlich genannt. 1552 wird die Wasserburg durch einen Brand teilweise zerstört. Der Turm wurde 1848 abgebrochen. Die Reste der Burg sind im Gutshof versteckt.

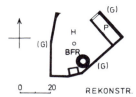
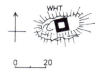

Der Burgadel ist seit 1220 bekannt. Der um 1200 entstandene Wohnturm mit 8,5 m Seitenlänge, hat einen Eingang in 7,5 m Höhe. Der Turm besaß mit hoher Wahrscheinlichkeit über 10 m einen auskragenden hölzernen Aufbau. Die Mauerstärke ist 2 m stark.

Schlaining

Gde. Stadtschlaining, Bz. Oberwart, Oberösterr., Österreich

Grundriß in: Ebhardt I, Abb. 684; Dehio, Burgenld., S. 289; Burgen u. Schlösser im Burgenld., S. 139.

Diese Burg ist schon im 11. Jh. als »Zlaynuk« genannt. Nur ihr Bergfried ist aus romanischer Zeit, er ist halbrund mit 11,5 m Breite und 14 m Länge. Die starken Mauern sind aus der Mitte des 15. Jh. Sie ist bis zu 7 m stark. Der Ort Stadtschlaining, im 15 Jh. gegründet, ist mit der Burg mit Mauern verbunden. Die Burg ist bis ins 18. Jh. umgebaut worden.

Schlandstedt

Kr. Halberstadt, Sachsen-Anhalt

Grundriß in: Stolberg, S. 367; Kunstdkm. d. Prov. Sachsen, Bd. 14.

Die ehemalige Wasserburg ist heute Teil eines Gutshofes. Die Kastellburg ist um 1200 erbaut worden. Der Adel »de Schlanstede« ist 1267 urkundlich bekannt. Bis 1891 bestand ein breiter Wassergraben. Der 25 m hohe Bergfried hat 8 m Durchmesser und 2,5 m dicke Mauern.

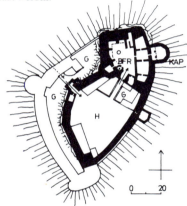

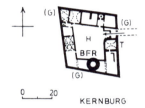

Schlatt

Bz. Winterthur, Kt. Zürich, Schweiz

Grundriß in: Zeller-Werdm., Teil 2, S. 40; Züricher Denkmalpflege, 1958/59.

Im Pfarrhaus ist ein mittelalterlicher Wohnturm verbaut. Der Burgadel wird 1230 genannt. Der Turm hat einen Hocheingang und 2 erkennbare Stockwerke. Wie viele kleine Wohntürme ist auch dieser nur mit einem auskragenden Geschoß für dauerndes Wohnen geeignet gewesen.

Schlandersberg

Schlanders Vinschgau, Südtirol, Italien

Grundriß in: Trapp, Bd. 1, S. 146.

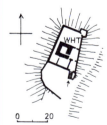

Die heutige Anlage ist mit dem Wohnturm im 13. Jh. begonnen worden. Ihre heutige Form stammt aus dem 16. Jh. Die Burg ist noch bewohnt. Der Wohnturm hat 5 Stockwerke, seine Grundfläche ist 8,4×9,0 m, seine Wandstärke geht von 2,1 m im Sockel auf 1,2 m zurück.

Schleiden

Kr. Euskirchen, Nordrhein-Westfalen

Grundriß in: Kunstdkm. d. Rheinprov., Bd. 11.2, S. 352; Herzog, S. 453.

Auf dem Grundriß der Zeit um 1300 wurde die Anlage im 16. und 17. Jh. erneuert. Der Bergfried ist abgebrochen worden. Die Ringmauer ist 1,4 m stark.

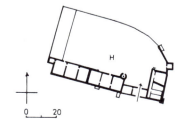

Schlans

Bz. Vorderrhein, Kt. Graubünden, Schweiz

Grundriß in: Poeschel, S. 237; Clavadetscher, S. 347.

Schleiden

Gde. Losheim, Kr. Merzig-Wadern, Saarland

Grundriß in: Conrad/Flesch, S. 111.

Entstanden ist die kleine Oberburg mit 1,4 m Mauerstärke wohl am Beginn des 13. Jh., die Unterburg ist vermutlich jünger.

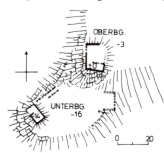

Schleifenrain

Gde. Hugelshofen, Bz. Weinfelden, Kt. Thurgau, Schweiz

Grundriß nach Plan des Amtes für Denkmalpflege u Archäologie d. Kt. Thurgau.

Das Gebäude im Zentrum der Burg, über die es keine Daten gibt, muß ein Wohnturm gewesen sein. Er mißt 10 × 13,5 m und hat 2 m starke Mauern.

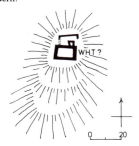

Schleinitz

Kr. Meißen, Sachsen

Grundriß in: Kunstdkm. v. Sachsen, Bd. 41, S. 463.

Das Wasserschloß ist im 15. Jh. begonnen worden. Es erfuhr Umbauarbeiten bis ins 19. Jh. Der Grundriß läßt die mittelalterliche Herkunft erkennen.

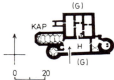

Schleusingen, Bertholdsburg

Kr. Suhl, Thüringen

Grundriß in: Kunstdkm. d. Prov. Sachsen, Bd. 22, S. 76.

Gegründet wurde die Burg 1275. Sie wurde 1442 und 1500 umgebaut. Ihr heutiges Äußeres wird durch Renaissance und Barock geprägt.

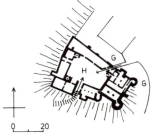

Schlicht = Maldie

Schlößle

Gde. Calw (Kr.)-Stammheim, Baden-Württemberg

Grundriß in: Denkmalpflege in Baden-Württemberg.

Reste der Mitte des 14. Jh. erbauten Kastellburg mit 1,5 m starken Mauern sind in einer bäuerlichen Anlage erkennbar.

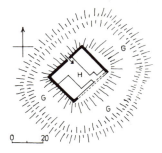

Schlößle

Gde. Schenkenzell, Kr. Rottweil, Baden-Württemberg

Grundriß in: Batzer-Städele, S. 445.
Daten sind nicht bekannt. Die Burg bestand wohl nur aus einem Wohnturm.

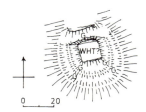

Schlößli, Waldburg

Gde. Klingenmünster, Kr. Landau-Bergzabern, Rheinland-Pfalz

Grundriß in: Ebhardt I, Abb. 399; Burgwart 1938, S. 9; Burgen und Schlösser i. d. Pfalz, Nr. 3; Burgen d. Salierzeit, Bd. 2, S. 28.

Die Burg wurde um die Mitte des 11. Jh. am westlichen Ende einer spätkarolingischen Fliehburg erbaut. Sie ist bereits 1168 von Kaiser Barbarossa zerstört worden. Der mächtige Wohnturm mit 13,3 m Kantenlänge und 2,5 m Wandstärke hatte 4 Stockwerke. Der Abortschacht an seiner Nordseite ist eine selten vorkommende Einrichtung und deutet auf eine größere Zahl von Bewohnern, denen der Turm mit 64 m² Innenfläche tatsächlich Platz geboten hätte. Die Ringmauer ist nur 1,1 m stark.

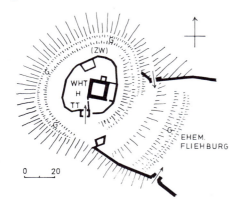

Schlößli

Gde. Büren, Nidwalden, Kt. Unterwalden, Schweiz

Grundriß in: Kunstdkm. d. Schweiz, Unterwalden, S. 73.

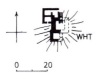

Der Burgrest aus dem 12. Jh. läßt zwei Türme und ein Wohngebäude vermuten, die vielleicht keine Ringmauer besaßen. Der Wohnturm hatte 11 m Seitenlänge und über 2,5 m dicke Mauern.

Schlößli = Aarau

Schlößli = Baden

Schlößli = Reitnau

Schloßberg = Baach

Schloßberg = Bornstedt

Schloßberg

Gde. Seethal, Bz. Tamsweg, Salzburg, Österreich

Grundriß in: Österr. Kunsttop., Bd. 20, S. 175; Piper, Österr., Bd. 4.

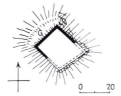

Die »Slosperg« werden 1287 erstmals urkundlich genannt; sie waren vermutlich Ministeriale. Die kastellähnliche Burg mit 1,5 m Mauerstärke könnte 1480 bei einem Ungarneinfall zerstört worden sein.

Schloßberg – Daubrawska Hora

Gde. Teplitz (Bz.)-Teplice, Nordböhmen, Tschechische Republik

Grundriß in: Piper, Fig. 618.

Die auf einem isolierten Berg liegende Burg wurde auf der Basis einer älteren Anlage 1487 größtenteils erneuert. Später wurde sie zur Festung ausgebaut und 1655 zerstört. Der Bergfried hat rd. 10 m Durchmesser.

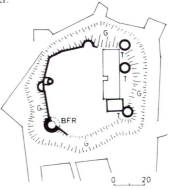

Schloßberg

Gde. Neuenstein (Bz.), Kt. Bern, Schweiz

Grundriß in: Burgen u. Schlösser d. Schweiz, Bd. 8, S. 50.

Erbaut wurde die Burg um 1283, im 18. Jh. ist sie verfallen.

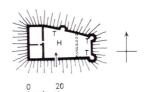

Schloßberg

Gde. Seefeld, Bz. Innsbruck, Tirol, Österreich

Grundriß in: Trapp, Bd. 6, S. 22.

Die 1912 abgebrochene Burg wurde 1974 ausgegraben. Der Ursprung der kleinen Kastellburg liegt wohl im 12. Jh. die Gebäude stammen allerdings aus dem 15. Jh. Die 19,3 × 21,6 m große Kernburg (Palas) hatte 3 Stockwerke.

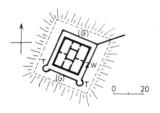

Schloßböckelheim = Böckelheim

Schloßeck

Gde. Bad Dürkheim (Kr.), Rheinland-Pfalz

Grundriß in: Baudkm. i. d. Pfalz, Bd. 2, S. 242; Burgwart 1938, S. 2.

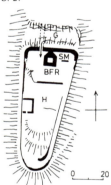

Gegründet wurde die Burg Ende des 12. Jh. Über ihre Zerstörung gibt es keine Angaben. Die Schildmauer ist 3 m stark, der Bergfried ist 8,5 m breit und 11,5 m lang. Er hat 2,5 m starke Wände.

Schloßkogel

Gde. Safen, Bz. Scheibbs, Niederösterr., Österreich

Grundriß in: Burgen im Bz. Scheibbs, S. 224.

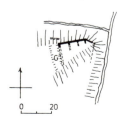

Diese kleine Anlage ist vermutlich der Rest eines romanischen Rittersitzes.

Schloßwil

Bz. Konolfingen, Kt. Bern, Schweiz

Grundriß in: Burgen u. Schlösser d. Schweiz, Bd. Xb, S. 21.

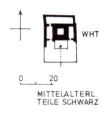

Der Wohnturm im Zentrum des Schlosses wurde im 12. Jh. erbaut. Genannt wird die Burg erst 1358. 1536 wurde sie nach einem Brand wieder hergestellt, im 18. Jh. und 1936 wurde die Anlage umgestaltet und dient heute als Amtssitz. Der 24 m hohe Wohnturm hat 11,3 × 11,7 m Grundfläche und 6 Stockwerke, die Wandstärke geht von 3,4 m auf 2,35 m zurück. Der Eingang liegt 5 m hoch.

Schlüsselburg

Bz. Grieskirchen, Oberösterr., Österreich

Grundriß in: Burgen u. Schlösser in Oberösterr. Bd. 2, S. 91.

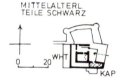

Begonnen wurde die Wasserburg vermutlich in der 1. Hälfte des 14. Jh., sie wurde bis ins 17. Jh. um- und ausgebaut. Der Wohnturm im Zentrum mißt 7,8 × 9,7 m Grundfläche mit 1,25 m Wandstärke.

Schmachtenberg

Gde. Zeil, Kr. Haßberge, Bayern

Grundriß in: Kunstdkm. v. Bayern, Unterfrk., Bd. 4, S. 150.

Auf Resten aus dem 13. Jh. wurde die Burg um 1400 erbaut. Zerstört wurde sie 1525 erstmals und 1553 durch Albrecht Alcibiades endgültig zerstört. Die Ringmauer ist 1,3 m stark.

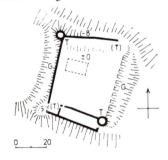

XSchmalkalden, Henneberger Hof

Thüringen

Grundriß in: Kunstdkm. im Reg.-Bez. Kassel, Bd. 5.

Der gotische Wohnturm, von dem 2 Stockwerke erhalten sind, stammt aus der Zeit um 1300. Der spitzbogige Eingang liegt 2,5 m hoch.

Schmeien

Gde. Sigmaringen (Kr.)-Unterschmeien, Baden-Württemberg

Grundriß in: Schmitt, Bd. 3, S. 84.

Entstanden ist die Höhlenburg zwischen 1110 und 1150. 1139 wird der Burgadel urkundlich genannt, 1461 war sie schon Burgstall.

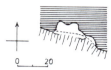

Schmerbach, Schwarzenberg

Bz. Zwettl, Niederösterr., Österreich

Grundriß in: Burgen u. Schlösser in Niederösterr., Bd III/1, S. 125.

Entstanden ist die Burg in der 2. Hälfte des 12. Jh., der Burgadel wird 1180 urkundlich bekannt. Im 13. Jh. soll die Burg bereits aufgegeben worden sein. Die Schildmauer ist 4 m stark.

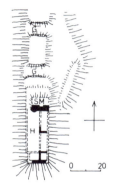

Schmidtburg

Gde. Schneppenbach, Kr. Bad Kreuznach, Rheinland-Pfalz

Grundriß in: Ebhardt I, Abb. 425; Schellack, S. 135; Kunstdkm. v. Rheinld.-Pfalz, Bd. 6, S. 896.

Gegründet wurde die große, dreiteilige Burg um 1100; Grafen v. Schmidtburg sind seit 1106 urkundlich bekannt. Der Palas auf der Oberburg ist um 1330 durch Erzbischof Balduin v. Trier erbaut worden. Die Burg wurde bis ins 17. Jh. erweitert, viele ihrer Teile sind demnach nachmittelalterlich. Zerstört wurde sie 1689 durch Franzosen. Der Bergfried hat 9 m Durchmesser mit ca. 2,3 m Mauerstärke. Der Wohnturmrest hat eine Grundfläche von 6 × 10 m.

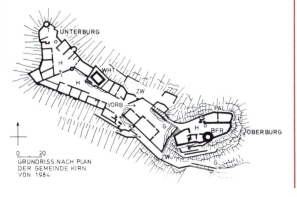

Schmidtheim

Gde. Dahlem-S..., Kr. Euskirchen, Nordrhein-Westfalen

Grundriß in: Kunstdkm. d. Rheinprov., Bd. 11.2, S. 504.

Der Kern des Wasserschlosses ist ein Wohnturm des 15. Jh. mit 15 m Höhe und 4 Stockwerken.

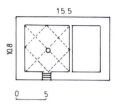

Schmierenberg, Schmirnberg

Gde. Schmirnberg, Bz. Leibnitz, Steiermark, Österreich

Grundriß in: Dehio, Steiermark, S. 503; Baravalle.

1250 wird das »Castrum Smilnburch« urkundlich genannt. 1577 wurde die Burg erneuert und ist im 19. Jh. verfallen. Der vierstöckige Wohnturm hat die Grundfläche 11 × 18,5 m mit 2 m Wandstärke. Die Schildmauer am Tor ist 2,5 m dick.

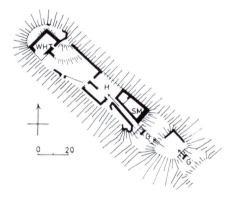

Schmölln

Kr. Prenzlau, Brandenburg

Angaben in: Schwarz, S. 53.

Die Reste der ausgegrabenen Anlage lassen einen Wohnturm vermuten, vielleicht aus dem 12. Jh.

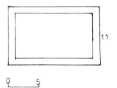

Schnabelburg

Gde. Horgenberg, Bz. Horgen, Kt. Zürich, Schweiz

Grundriß in: Meyer, Bd. 5, S. 75.

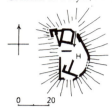

Der Grundriß ist ergraben worden, das Fundmaterial stammt aus dem 13. Jh., zerstört wurde die Burg um 1308.

Schneeburg

Gde. Ebringen, Kr. Freiburg, Baden-Württemberg

Grundriß in: Kunstdkm. v. Baden, Bd. 6.1, S. 295; Burgen im südl. Baden, S. 166.

1349 wird die Burg Schneeberg urkundlich genannt. 1525 ist sie zerstört worden. 1905 wurde sie freigelegt. Ihre Ringmauer ist ca. 1,5 m stark.

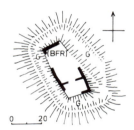

Schneeberg

Gde. Trins, Eisacktal, Südtirol, Italien

Grundriß in: Trapp, Bd. 3, S. 71.

Das Schloß zeigt Burgreste aus dem 15. Jh., die hier schwarz dargestellt sind.

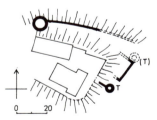

Schneidlingen

Kr. Staßfurt, Sachsen-Anhalt

Grundriß in: Wäscher, Abb. 151.

Die Kastellburg ist wohl am Anfang des 14. Jh. errichtet worden. Urkundlich genannt wurde sie erstmals 1325. Die 12 m hohe Ringmauer ist 1,6 m stark. Der Bergfried hatte 21 m Höhe, der Eingang liegt 11,5 m hoch, der Turm hat 4 Stockwerke.

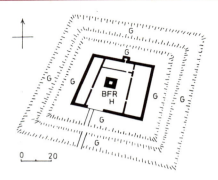

Schnellerts

Gde. Fränkisch Crumbach, Kr. Darmstadt, Hessen

Grundriß in: Burgwart, 1917, S. 28.

Die kleine, siebeneckige Burg, ist im 14. Jh. verfallen. Wann sie entstand, ist nicht bekannt.

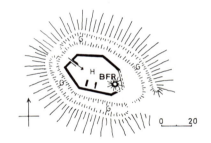

Schnitzturm

Gde. Stanstadt, Kt. Unterwalden, Schweiz

Grundriß in: Kunstdkm. d. Schweiz, Unterwalden, S. 993.

Der Wohnturm ist im 14. Jh. als Uferbefestigung erbaut worden, er hat mit 16 m Höhe 5 Stockwerke, sein rundbogiger Eingang lag ca. 3 m hoch.

Schönau

Gde. Bad Schönau, Bz. Neukirchen, Niederösterr., Österreich

Grundriß in: Burgen und Schlösser in Niederösterr. Bd. I/3, S. 11.

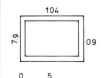

Der Wohnturm ist der Rest der Wasserburg des 13. Jh., er hat 3 Stockwerke.

Schönau = Hutberg

Schönberg
Gde. Regensburg-Stadtamhof, Bayern

Grundriß in: Kunstdkm. v. Bayern, Oberpfalz, Bd. 20, S. 279.

Der fast runde Kern der Burg stammt aus dem Mittelalter, das Schloß ist barock.

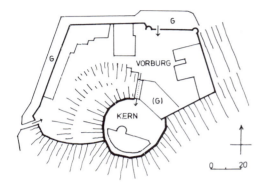

Schönberg
Gde. Bernsheim, Kr. Bergstraße, Hessen

Grundriß nach Maßaufnahmen der Ruhrknappschaft, 1956.

Gegründet wurde die Burg um 1230. Sie wurde 1504 zerstört und wieder aufgebaut von 1540–1616. Reste der alten Anlage sind im Schloß erkennbar (Palas und Teile der Ringmauer).

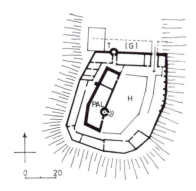

Schönberg
Gde. Bad Schandau, Kr. Sebnitz, Sachsen

Grundriß in: Meiche, S. 28.

Entstanden ist die Schönburg vielleicht um 1200, erwähnt wird sie erst 1410 anläßlich einer Erbteilung.

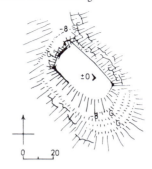

Schönberg
Bz. Krems, Niederösterr., Österreich

Grundriß in: Piper, Österr., Bd. 4, S. 199.

Die Burg stammt aus dem 12. Jh., sie wurde 1378 zerstört und wieder aufgebaut. Vielleicht wurde sie im Dreißigjäh. Krieg zerstört.

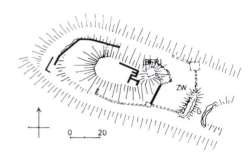

Schönburg
Gde. Klösterle-Klasterec, Bz. Komotau-Chomoutov, Nordböhmen, Tschechische Republik

Grundriß in: Piper, Österreich, Bd. 1, S. 194.

Erbaut wurde die Burg vor 1378, sie ist im 17. Jh. verfallen. Der Wohnturm hat 13 m Seitenlänge und 1,5 m Wandstärke.

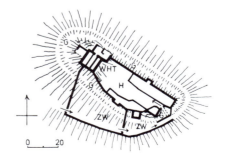

Schönburg

Gde. Oberwesel, Rhein-Hunsrück-Kr., Rheinland-Pfalz

Grundriß in: Dehio, Rheinland-Pfalz, S. 675; Burgwart, 1093, S. 83; Cohausen, Nr. 190.

Die Burg ist eine Halbruine. Sie wird erstmals 1149 erwähnt. Ihr siebeneckiger Bergfried und der Palas sind der nördliche Teil der Burg, die südöstliche Burg ist gekennzeichnet durch den Doppelbergfried. Beide Burgteile waren Eigentum verschiedener Teile der Familie v. Schonenberg, die seit Mitte des 12. Jh. bekannt sind. Die Kapelle ist gotisch. Die Schildmauer ist um 1350 hinzugefügt worden, sie ist ca. 18 m hoch und 2,5 m stark. 1689 haben Franzosen die Burg zerstört. Der nördliche Bergfried hat rd. 7,5 m Breite mit 2,2 m Mauerstärke. Die beiden Bergfriede im SO haben 7,2 m Durchmesser und 2,5 m Wandstärke.

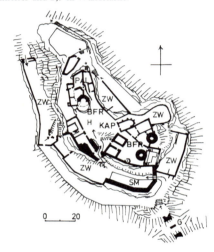

Schönburg

Kr. Naumburg, Sachsen-Anhalt

Grundriß in: Ebhardt I, Abb. 472; Cohausen Nr. 235; Kunstdkm. d. Prov. Sachsen, Bd. 26, S. 208.

»De Sconenberg« wird 1158 urkundlich genannt, die Burg entstand vor der Mitte des 12. Jh., sie wurde 1446 durch Brand zerstört und 1540 wieder aufgebaut. Im 17. Jh. ist sie verfallen. Der 27 m hohe Bergfried mit 4 Stockwerken hat 10 m Durchmesser und 2,5 m Mauerstärke; der Eingang liegt 8 m hoch. Im 1. Obergeschoß sind ein Kamin und Aborterker erkennbar. Die Ringmauer ist ca. 1,0 m stark.

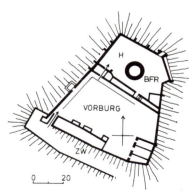

Schöneburg

Gde. Betzigau-Betzenried, Kr. Sonthofen, Bayern

Grundriß in: Nessler, Bd. 1, S. 107.

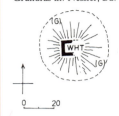

Der Rest des Wohnturmes, vielleicht aus dem 11. Jh., steht auf einer Motte. Verfallen ist die Burg im 15. Jh. Die Reste des Grabens wurden 1970 eingeebnet. Der Turm hatte 11 m Kantenlänge mit 2 m Wandstärke.

Schöneck

Gde. Boppard, Rhein-Hunsrück-Kr., Rheinland-Pfalz

Grundriß in: Kunstdkm. v. Rheinld.-Pf., Rhein-Hunsr., Bd. 2.

1122 wird die Burg »Sconeck« genannt erwähnt. Der Adel taucht zwischen 1224–1508 urkundlich auf. Die Kapelle wird 1415 genannt. Im 18. Jh. ist sie verfallen, 1846 wurde sie neu erbaut.

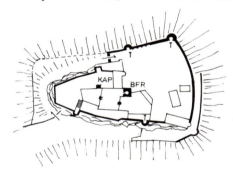

Schöneck

Gde. Kiens, Pustertal, Südtirol, Italien

Grundriß in: Weing.-Hörm., S. 165.

Entstanden ist die Burg wohl in der 2. Hälfte des 13. Jh. Sie ist mehrmals umgebaut worden und schließlich zu Wohnzwecken 1964 instandgesetzt worden. Der 5stöckige Wohnturm mit rd. 10 m Breite hatte 2,5 m Wandstärke. Er besaß 3 Obergeschosse zum Wohnen.

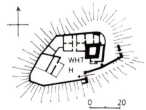

Schöneck

Gde. Dambach, Ct. Niederbronn, Bas-Rhin, Frankreich

Grundriß in: Wolff, S. 313; Kaltenbach, Nr. XXVII; Salch, S. 228.

Erstmals urkundlich genannt ist die Burg im 13. Jh. Angeblich wurde die Anlage durch Kaiser Rudolph I. zerstört und 1301 wieder aufgebaut. Ursprünglich gab es zwei Felsenburgen, die durch die Unterburg verbunden waren. 1545 wurden sie zerstört und aufgebaut und 1677 endgültig zerstört. Die Unterburg ist bis ins 16. Jh. verstärkt worden.

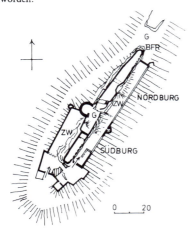

Schönecken, Bellacosta

Kr. Bitburg-Prüm, Rheinland-Pfalz

Grundriß in: Kunstdkm. v. Rheinprov., Bd. 12, S. 182.

Erbaut wurde die Burg 1218–1245, sie war bis ins 18. Jh. bewohnt, 1804 wurde sie teilweise abgebrochen. Die Ringmauer ist 1,5–2,0 m stark.

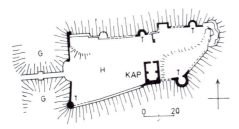

Schönenberg, Alt Biederthal

Gde. Burg, Bz. Laufen, Kt. Bern, Schweiz

Grundriß in: Meyer-Regio, S. 162.

Die Burg ist um 1230 entstanden, 1356 wurde sie durch Erdbeben zerstört. Die Burg Alt Biederthal wurde vermutlich um 1230 niedergelegt.

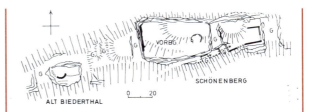

Schönenwert

Gde. Dietikon, Bz. und Kt. Zürich, Schweiz

Grundriß in: Züricher Denkmalpflege, 1970–74.

1240 wird die Burg urkundlich erwähnt. 1343 wird sie durch Zürich zerstört und wieder aufgebaut. Im 17. Jh. ist sie verlassen worden. 1970 wurde sie ausgegraben. Der Bergfried hatte 6,7 m Seitenlänge und knapp 2 m Wandstärke.

Schöningen

Kr. Helmstedt, Niedersachsen

Grundriß in: Schulz, Abb. 64.

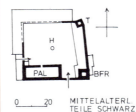

Gegründet wurde die Wasserburg 1348 durch Herzog Magnus V. von Braunschweig. 1542 ist sie teilweise zerstört und in ihrer heutigen Gestalt aufgebaut worden. Der Bergfried hatte ca. 7 m Seitenlänge und 2 m starke Mauern.

Schönjohnsdorf-Wiostovice

Kr. Strehlen-Strzelin, Schlesien, Polen

Grundriß in: Kurt Bimler »Die schlesischen massiven Wehrbauten«, Bd. 2, S. 117.

Die Wasserburg ist 1351 belegt. Der hier dargestellte Grundriß zeigt die mittelalterliche Wasserburg, von der nur noch wenige Reste erhalten sind, seit sie in ein Renaissance-Schloß umgebaut wurde.

Schönstein

Gde. Jesberg-Densberg, Schwalm-Eder-Kr., Hessen

Grundriß in: Brandes, S. 21.

Entstanden Mitte 14. Jh. war die Burg schon Mitte des 16. Jh. Ruine.

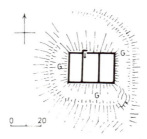

Schönstein

Gde. Wissen, Kr. Altenkirchen, Rheinland-Pfalz

Grundriß in: Kunstdkm. d. Rheinprov., Bd. 16.1, S. 168.

»Sconnensteyne« wird 1281 urkundlich genannt. Im 16. Jh. wurde die Burg auf alten Resten aufgebaut. Die Ringmauer ist 1,3 m stark. Die gut erhaltene Burg ist bewohnt.

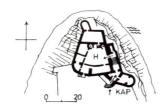

Schoißenschloß = Schießerberg

Schopflen

Gde. Reichenau, Kr. Konstanz, Baden-Württemberg

Grundriß in: Belser Ausflugsführer

Erbaut wurde das feste Haus 1312 und 1382 durch Konstanz zerstört. Das feste Haus ist rund 30 m lang und hat eine Mauerstärke von 2,0 – 2,6 m.

Schorels

Gde. Folschette, Luxenburg

Grundriß in: Bour, Bd. 2, S. 123.

Der Wohnturm mit rd. 7,5 m Seitenlänge entstand vermutlich um 1300.

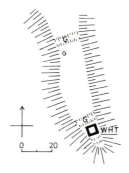

Schorren

Gde. Bad Urach, Kr. Reutlingen, Baden-Württemberg

Grundriß in: Schmitt, Bd. 4, S. 228.

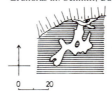

Entstanden ist die Höhlenburg zwischen 1100 und 1150, aufgegeben wurde sie im 14. Jh. Balkenlöcher weisen auf 2 Stockwerke hin. Funde sprechen für einen wehrhaften Wohnsitz.

Schramberg, Nippenburg

Kr. Rottweil, Baden-Württemberg

Grundriß in: Piper, Fig. 604; Burgwart, 3. Jhg, S. 87.

Die Burg wurde 1457 auf älteren Resten neu erbaut und bis in die Mitte des 16. Jh. ausgebaut. Die Schildmauer des Palas ist mit über 6 m Dicke besonders stark im Vergleich zu anderen Beispielen. 1689 wurde die festungsähnliche Burg durch Franzosen zerstört.

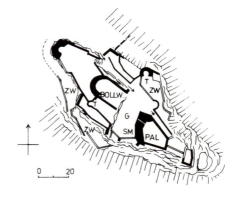

Schrankenfels

Gde. Bad Sulzach, Ct. Munster, Haut Rhin, Frankreich

Grundriß in: Salch, S. 290.

»Johann de Scranckenfels«, ein bischöflich Straßburger Lehnsmann, erscheint in Urkunden erstmals 1261. Schon im 16. Jh. war die Burg Ruine. Der Bergfried ist 7 m breit und 7,5 m lang.

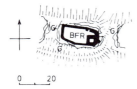

Schraplau

Kr. Querfurt, Sachsen-Anhalt

Grundriß in: Wäscher, Abb. 688.

Erbaut wurde die Burg oberhalb der Stadt um 1200, von der einst großen Burg sind kaum Reste übriggeblieben.

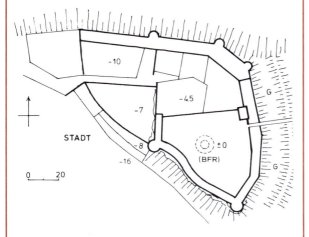

Schrattenstein

Gde. Schrattenbach, Bz. Neunkirchen, Niederösterr., Österreich

Grundriß in: Burgen u. Schlösser in Niederösterr., Bd. I/3, S. 93; Piper, Österr., Bd. 2, S. 198.

Die Burg wurde 1182 urkundlich zuerst genannt, vermutlich entstand zunächst nur eine kleine Burg auf dem steilen Berg, die später ausgebaut und im 15. Jh. verstärkt wurde. Seit Mitte des 16. Jh. ist sie verfallen.

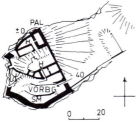

Schreckenmanklitz, Manklitz

Gde. Untrasried-Simmerberg, Kr. Lindau, Bayern

Grundriß in: Kunstdkm. v. Bayern, Schwaben, Bd. 4, S. 470; Baumann.

Die geringen Reste der Wasserburg, die erst 1366 urkundlich erscheint, lassen den Typ Wohnturm und Ringmauer erkennen, wie z. B. auch Eschelbronn →. Der Wohnturm hat 10 m Seitenlänge und 2 m Wandstärke.

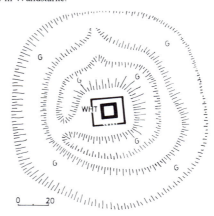

Schreckenstein – Střekov

Gde. Aussig (Bz.)-Usti, Nordböhmen, Tschechische Republik

Grundriß in: Piper, Österr., Bd. 2, S. 202; Menclová, S. 346.

Erbaut wurde Schreckenstein 1310 durch König Johann v. Böhmen. Seit dem Dreißigj. Krieg ist die Hochburg verfallen.

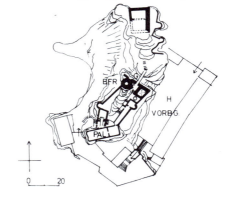

Schrofenstein

Gde. Stanz, Bz. Landeck, Tirol, Österreich

Grundriß in: Trapp, Bd. 7, S. 174.

Begonnen wurde die Burg im letzten Viertel des 12. Jh., sie wurde im 2. Viertel des 13. Jh. und Anfang des 14. Jh., in dem auch die Unterburg entstand, erweitert. Der Wohnturm mit heute rd. 25 m Höhe besaß ursprünglich 17 m Höhe mit 4 Stockwerken, die Grundfläche maß im Mittel 8 × 12 m mit bis zu 1,5 m Wandstärke.

Schrotzburg

Gde. Rielasingen-Worblingen, Kr. Konstanz, Baden-Württemberg

Grundriß in: Hartmann, S. 97.

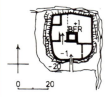

Entstanden ist die Burg in der NO-Ecke einer alten Fliehburg. 1393 wird sie als Eigentum der Frhrn. v. Klingenberg genannt. 1441 wurde sie als Raubnest zerstört. Der Bergfried mit 7,5 m Seitenlänge hat 1,5 m starke Mauern.

Schülzburg

Gde. Hayingen-Anhausen, Kr. Reutlingen, Baden-Württemberg

Grundriß in: Kunstdkm. v. Württembg. Donaukr.-Münsingen, S. 36; Schmitt, Bd. 2, S. 213.

Die zunächst Schiltenburg genannte Burg wurde nach 1329 erbaut. Einige Wohnbauten wurden im 16. Jh. erbaut. 1884 wurde die Burg durch Brand zerstört.

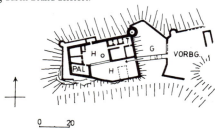

Schulenburg

Gde. Bodenwerder, Kr. Holzminden, Niedersachsen

Angaben in: Kunstdkm. v. Niedersachsen 36, S. 25.

Der vermutliche Wohnturm ist der Rest des Burgsitzes der Edelherren v. Homburg aus der Zeit um 1350.

Schwabsburg

Gde. Nierstein, Kr. Alzey-Worms, Rheinland-Pfalz

Grundriß in: Cohausen, Nr. 195.

Begonnen wurde die Schwabsburg Ende des 12. Jh., 1257 wird sie urkundlich genannt. Zerstört wurde sie im Dreißigj. Krieg und 1799 teilweise abgebrochen. Die Schildmauer ist 2,8 m stark, der Bergfried mit 9,5 m Breite hat 3,5 m starke Mauern, die mit Buckelquadern verkleidet sind, er ist ca. 22 m hoch, der rundbogige Eingang liegt ca. 10 m über Niveau.

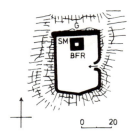

Schwäbisch Gmünd

Kr. Aalen, Baden-Württemberg

Grundriß in: Archäol. Ausgrabungen in Baden-Württbg., 1987, S. 277.

Der ausgegrabene Rest eines Wohnturmes stammt aus dem 13. Jh.

Schwärzenberg

Gde. Rötz, Kr. Cham, Bayern

Grundriß in: Kunstdkm. v. Bayern, Oberpfalz, Bd. 1, S. 140.

Die Burg wurde im 12. Jh. als Lehen v. Bamberg erstmals urkundlich genannt. 1606 war sie als baufällig bezeichnet worden. Die maximalen Maße des Wohnturmes sind 11,5 und 16 m, die Wandstärke liegt bei 1,2 m.

Schwalbennest = Schadeck

Schwalmersberg = Laurenzburg

Schwabsberg – Švamberk

Gde. Weseritz-Krasikov, Bz. Tachau-Tachov, Westböhmen, Tschechische Republik

Grundriß in: Heber, Bd. 4.

Die wohl noch aus dem 13. Jh. stammende Burg wurde 1320 urkundlich erstmals genannt. Der Bergfried der Ruine hat ca. 7,5 m Durchmesser und 2,2 m Wandstärke.

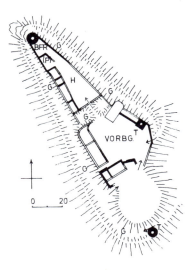

Schwanau

Gde. Büelen, Kt. Schwyz, Schweiz

Grundriß in: Meyer/Widmer, S. 90; Meyer, Bd. I, S. 55; Kunstdkm. d. Schweiz, Schwyz, Bd. 2, S. 343; Die bösen Türnli, S. 130.

Die Burg auf einer Insel im Lauerzer See ist in der 1. Hälfte des 13. Jh. erbaut worden. Verlassen wurde sie vielleicht schon bald nach 1300. Ihre Ringmauer variiert von 1,2–2,8 m Stärke. Der Bergfried hat 10 m Seitenlänge mit 2,6–3,2 m Wandstärke.

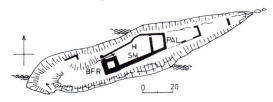

Schwanberg

Gde. Rödelsee, Kr. Kitzingen, Bayern

Grundriß in: Kunstdkm. v. Bayern, Unterfranken, Bd. 7. S. 24.

Die Burg wurde nach ihrer Zerstörung 1525 später als Renaissanceschloß wieder aufgebaut. Die Ringmauer der Burg, deren Adel erstmals 1258 erwähnt wird, ist im Schloß noch erhalten. Die Schildmauer ist 2,3 m dick.

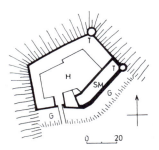

Schwandegg

Bz. Andelfingen, Kt. Zürich, Schweiz

Grundriß in: Hartmann, S. 34.

Die Burg wurde im 13. Jh. mit dem Wohnturm begonnen. Schloßartig erneuert wurde sie 1640. Der Wohnturm mißt innen 7,2 × 8,4 m mit 1,2 m starken Mauern.

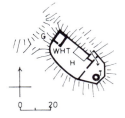

Schwandiburg

Gde. Stettlen, Bz. und Kt. Bern, Schweiz

Angaben in: Burgen u. Schlösser d. Schweiz, Bd. Xb, S. 23.

Der 1938 ausgegrabene Turm liegt im Ringwall einer Fliehburg und ist der Rest einer Burg vermutlich des 12. Jh. »De Steleton« wird als Adel 1146 in Urkunden genannt.

Schwanenburg

Gde. Kleve (Kr.), Nordrhein-Westfalen

Grundriß in: Ebhardt I, S. 96; Kubach, S. 465.

Begonnen wurde die Burg in der 2. Hälfte des 12. Jh., ausgebaut wurde sie in der 1. Hälfte des 13. Jh. Der Wohnturm = Schwanenturm entstand 1493. Die Burg wurde bis ins 18. Jh. umgebaut und verstärkt. Der Wohnturm hat 11 × 13 m Grundfläche und 3 m Wandstärke. Er hat 6 Stockwerke, der Einstieg liegt rd. 9 m hoch.

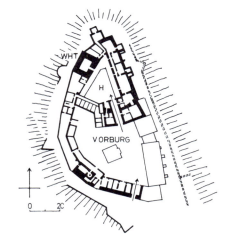

Schwann

Gde. Straubenhardt-Sch..., Kr. Calw, Baden-Württemberg

Grundriß in: Fick, Teil 4, S. 101.

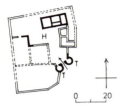

Die Wasserburg ist um 1400 begonnen worden. Reste dieser Burg sind in anderen Gebäuden verbaut.

Schwartzenburg

Gde. Stolberg-Dorff, Kr. Aachen

Grundriß in: Kunstdkm. d. Rheinprov., Bd. 9.2, S. 91.

Von dem als Weiherhaus um 1400 errichteten Wohnturm ist nur das Fundament mit 12 m Breite erhalten. Er wurde 1688 zerstört.

Schwarzau

Bz. Melk, Niederösterr., Österreich

Grundriß in: Burgen u. Schlösser in Niederösterr., Bd. III/2, S. 113.

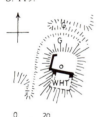

1190 erscheint ein »Egeloff de Suarzahe« als Zeuge, vermutlich ein Vasall der Peilnsteiner. Im 15. Jh. wurde die Burg verlassen. Der 12 m hoch erhaltene Rest des Wohnturmes mit ca. 12 m Seitenlänge und 1,8 m Wandstärke hatte 3 Stockwerke, sein Eingang lag 4 m hoch.

Schwarzberg

Gde. Großdorf, Kr. Sebnitz, Sachsen

Grundriß in: Meiche, S. 275.

Erwähnt wird die Burg überhaupt erst 1372, verfallen ist sie wohl schon im 15. Jh. Der vermutlich runde Bergfried stand vermutlich auf dem höchsten Punkt der ehemaligen Kernburg.

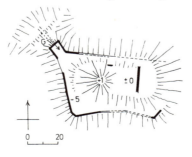

Schwarzenberg

Gde. Waldkirch, Kr. Freiburg, Baden-Württemberg

Grundriß in: Kunstdkm. v. Baden, Bd. 6.1, S. 76.

Gegründet wurde die Burg in der 1. Hälfte des 12. Jh. durch Konrad v. Waldkirch, zerstört wurde sie 1525.

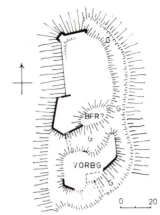

Schwarzenberg

Gde. Wadern-Lochwald, Kt. Merzig-Wadern, Saarland

Grundriß in: Conrad/Flesch, S. 45.

Der Burgadel existiert im 13. Jh., die Burg wird 1261 verkauft. Zerstört wurde sie 1290 und wieder aufgebaut, verlassen wurde sie im 16. Jh. Die Ruine ist ausgegraben worden.

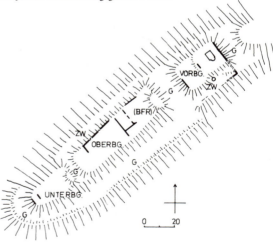

Schwarzenberg

Gde. Plettenberg, Märkischer Kr., Nordrhein-Westfalen

Angaben und Modell in: Kunstdkm. im Märkischen Kreis, S. 639.

Die Burg ist um 1300 begonnen worden. In der Mitte des 14. Jh. wurde sie verstärkt. Sie ist teilweise im 19. Jh. wieder bewohnbar gemacht worden.

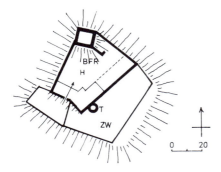

Schwarzenberg

Gde. Scheinfeld, Kr. Neustadt/Aisch, Bayern

Grundriß in: Bayerische Kunstdkm., Scheinfeld, S. 282.

Urkundlich ist die Burg seit der Mitte des 12. Jh. bekannt, 1215 taucht »Swarcenburc« in Urkunden auf. Die das von Elias Holl erbaute Barockschloß umgebenden Mauern, ca. 1,6 m stark, und der Sockel des Torturmes sind um 1250 erbaut worden.

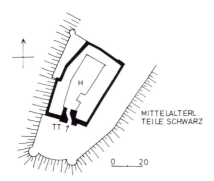

Schwarzenberg

Kr. Aue, Sachsen

Grundriß in: Rüdiger, Abb. 37.

Die Burg wurde 1433 durch Hussitten zerstört, dann wieder aufgebaut. 1556 wurde sie in ein Renaissance-Schloß verwandelt; sie war zuletzt Amtsgebäude. Der starke Bergfried hat 11 m Durchmesser und 4 m Mauerstärke.

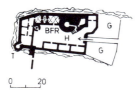

Schwarzenburg

Gde. Roding-Strahlfeld, Kr. Cham, Bayern

Grundriß in: Kunstdkm. v. Bayern, Oberpfalz, Bd. 1, S. 47.

Im 11. Jh. wird in einer Urkunde »Heinricus de Swarcenburc« genannt. Begonnen wurde die Burg um 1125 und bis ins 16. Jh. erweitert und ausgebaut. 1634 haben Schweden sie zerstört. Der 20 m hohe Bergfried hat seinen Eingang 9 m über dem Hof, die Seitenlänge ist 6,75 m mit 2 m starken Wänden.

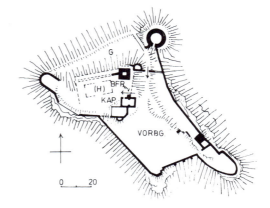

Schwarzenburg

Gde. Griesbach, Ct. Munster, Haut Rhin, Frankreich

Grundriß in: Burgen u. Schlösser 1972-I; Salch.

1261 wurde die Burg erbaut und 1456 ausgebaut. Im Zweiten Weltkrieg hat man die Ruine zum Einbau eines Bunkers mißbraucht.

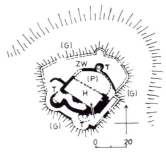

Schwarzenegg = Schwarzenöda

Schwarzenfels

Gde. Sinntal, Kr. Hanau, Hessen

Grundriß nach Plänen der Gemeinde.

Die Burg ist eine Jugendherberge. Ihre erste Erwähnung findet 1280 statt. Im 16. Jh. wurde sie umfassend erneuert. Der Turm am Tor stammt aus dem Jahr 1575. Der Bergfried hat 7,5 m Durchmesser mit ca. 1,7 m dicker Mauer.

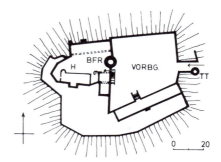

Schwarzenhorn

Gde. Satteins, Bz. Feldkirch, Vorarlberg, Österreich

Grundriß in: Huber, S. 136; Ulmer, S. 492.

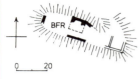

Die Grafen v. Montfort-Feldkirch haben die Burg um 1200 gegründet. 1265 taucht ein »Cuno de Swarzinhorn« als Dienstmann auf. 1319 wird die Burg selbst urkundlich erwähnt. 1405 wurde sie im Appenzellerkrieg zerstört. Der Bergfried besaß 9 m Kantenlänge bei 2,2 m Wandstärke.

Schwarzenöda, Schwarzenegg

Gde. Pölla, Bz. Zwettl, Niederösterr., Österreich

Grundriß in: Burgen u. Schlösser in Niederösterr., Bd. III/1, S. 129.

Die ungewöhnlich lange rechteckige Anlage wurde um 1200 erbaut. Am Westende der Burg hat vielleicht ein runder Bergfried gestanden.

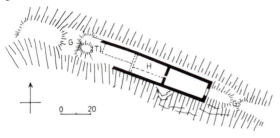

Schwarzenstein

Gde. Obersaxen, Bz. Glenner, Kt. Graubünden, Schweiz

Grundriß in: Poeschel, S. 240; Clavadetscher, S. 103.

Die Burg war eine Gründung der Frhrn. v. Rhazüns um die Mitte des 13. Jh., urkundlich wurde sie 1289. Im 14. Jh. ist sie verlassen worden.

Schwarzer Turm = Brugg

Schweinberg

Gde. Hardheim-Sch..., Odenwaldkr., Baden-Württemberg

Angaben in: Kunstdkm. v. Baden, Bd. 4.3, S. 84.

Der Bergfried mit Buckelquader-Mauer ist der Rest einer Burg, die als »Swinburc« 1144 erstmals genannt und 1673 durch Franzosen zerstört wurde.

Schweinhausberg – Świni

Kr. Jauer – Jawor, Schlesien, Polen

Grundriß in: Grundmann, S. 96.

1155 wird »Suini« als Kastellansitz genannt. Gleichzeitig taucht der Adel »de Swin« im 14. Jh. v. Schweinichen auf. Der Wohnturm mit 12,5 × 18 m Grundfläche und 2,5 m Wandstärke ist im 14. Jh. erbaut worden. Im 17. Jh. wird die Burg in ein Schloß umgebaut. Der Turm ist für 5 Stockwerke 20 m hoch.

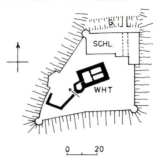

Schweinsberg

Gde. Altdorf, Kt. Uri, Schweiz

Angaben in: Meyer, Bd. 1, S. 27.

Der Wohnturm, wahrscheinlich aus dem 13. Jh., den die gleichnamigen Dienstmannen der Frhrn. v. Attinghausen besaßen, ist noch bewohnt. Reste einer Ringmauer sind erkennbar. Der Turm hat 11 m Höhe für 3 Stockwerke.

Schweinsberg

Gde. Stadtallendorf-Sch..., Kr. Marburg-Biedenkopf, Hessen

Grundriß in: Burgen u. Schlösser 1976-I.

Erbaut wurde die Kernburg mit polygonal fast kreisrundem Grundriß vor 1232. Die 2. Ringmauer entstand in der 1. Hälfte des 14. Jh., der Zwinger 1483. Die Burg ist teilweise erhalten und im Besitz der Frhrn. Schenck zu Schweinsberg, dies seit ihrer Gründung. Ihr Bergfried hat 10 m Durchmesser mit 3 m Wandstärke.

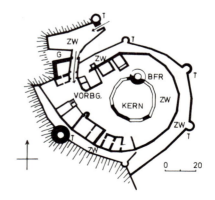

Schweinsberg = Bornstedt

Schweppermannsburg = Pfaffenhofen

Schwerta, Niklasburg – Świecie

Gde. Marklissa – Leśna, Kr. Lauban-Lubán, Schlesien, Polen

Grundriß in: Grundmann, S. 70.

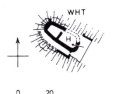

Die sehr kleine Burg mit 2,5 m starker Ringmauer muß im 1. Viertel des 14. Jh. erbaut worden sein. Die Angabe 16. Jh. bei Tillmann ist nicht glaubwürdig. 1329 wird Schwerta erstmals urkundlich genannt. 1525 wird sie nach einem Brand wieder hergestellt. 1820 war sie Ruine. Der Wohnturm hat 3 Stockwerke.

Schwertberg

Bz. Perg, Oberösterr., Österreich

Grundriß in: Piper, Österreich, Bd. 5, S. 131.

Die Burg auf einem 4 m hohen Fels ist vor 1287 erbaut worden. Die kleine Kernburg aus dieser Zeit ist gut erkennbar. Um 1608 wurde Schwertberg zum Schloß umgebaut und ist noch heute bewohnt. Der Bergfried hat 9 m Durchmesser und 3,25 m Wandstärke.

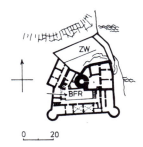

Schwetzingen

Rhein-Neckar-Kr., Baden-Württemberg

Grundriß in: Oswald Zenker »Schwetzinger Schloßgarten«, 26. Aufl.; Kunstdkm. v. Baden, Bd. 10.2.

Der Rest einer Wasserburg aus der Mitte des 13. Jh. ist im Schloß noch gut erkennbar.

VERMUTL. MITTELALT. TEILE SCHWARZ

Schwihau — Svíhov

Bz. Klattau – Klatovy, Südböhmen, Tschechische Republik

Grundriß in: Kunstdkm. v. Böhmen, Klattau, S. 196.

Gegründet wurde die Wasserburg vermutlich im 13. Jh. Ihre heutige Form erhielt sie in der 2. Hälfte des 15. Jh.

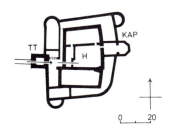

Schwyz, Archivturm

Kt. Schwyz, Schweiz

Angaben bei: Hauswirth, S. 238; Meyer, Bd. 1, S. 56.

Der Wohnturm wurde im frühen 13. Jh. erbaut. Er ist heute Museum. Er hat 3 Stockwerke mit rd. 4 m Traufhöhe, der Eingang liegt im 2. Stock. Die Wandstärke geht in den Obergeschossen zurück auf 0,9 m.

Seebenstein

Bz. Neunkirchen, Niederösterr., Österreich

Grundriß in: Burgen u. Schlösser in Niederösterr., Bd. I/3, S. 100; Piper, Österr., Bd. 2.

Seebenstein besteht aus zwei Burgen, die vielleicht schon um 1100 begonnen wurden. Die Südburg ist die ältere Anlage. Die Hochburg ist in ihrer heutigen Form ein Schloßbau des 17. Jh., nur der Bergfried ist mittelalterlich. Matthias Corvinus hat 1488 die Burg vergeblich belagert. Der Bergfried der Ruine hat die seltsame Form eines kopierten Ovals von 15 m Länge und 10 m Breite, die Mauern sind 2 m dick, so auch die des 7 × 7 m messenden Bergfriedes im Hochschloß.

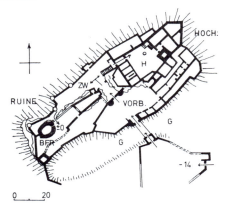

Seeburg
Gde. Seekirchen, Salzburg, Österreich

Grundriß in: Österr. Kunsttop., Bd. 10, S. 118.

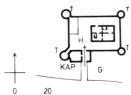

Der Burgadel »de Sebûrge« wird 1234 urkundlich erwähnt. Das Wasserschloß basiert auf der mittelalterlichen Anlage.

Seeburg
Gde. Bad Urach, Kr. Reutlingen, Baden-Württemberg

Grundriß in: Schmitt, Bd. 4, S. 251.

Gegründet wurde die Burg vor 1150. Der Adel ist 1208 urkundlich bekannt. Im 16. Jh. ist die Burg verfallen.

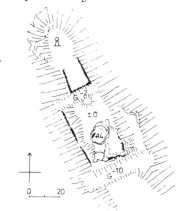

Seeburg
Kr. Eisleben, Sachsen-Anhalt

Grundriß in: Mrusek, S. 28; Stolberg, S. 337.

»Comes de Seburch« sind 1036 urkundlich vermerkt. Die frühromanischen Teile sind um 1100 entstanden: Bergfried, Ringmauer im Osten und der Palas. Die Kirche wurde 1180 geweiht. 1287 ging die Burg an die Grafen v. Mansfeld. Sie wurde mehrfach erweitert und im 16. Jh. zum Schloß umgebaut. Der ursprünglich ca. 33 m hohe Bergfried hat 15 m Durchmesser und 4,5 m dicke Mauern. Im 15. Jh. wurde er auf 14 m reduziert.

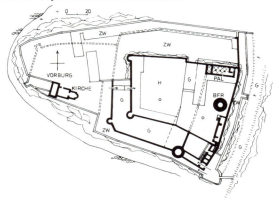

Seeburg
Gde. Pörtschach, Bz. Klagenfurt, Kärnten, Österreich

Grundriß in: Kohla, S. 183.

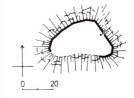

Ein »Reimboto de See« wird 1142 urkundlich erwähnt, 1330 ist die »Veste ze Seeburch« in einer Urkunde verzeichnet. Verfallen ist die Burg im 16. Jh.

Seeburg
Gde. Luzern, Schweiz

Angabe in: Kunstdkm. d. Schweiz, Luzern, Bd. 2, S. 252.

Der Burgturm entstand im 13. Jh. Er wurde im 18. Jh. teilweise abgebrochen.

Seedorf
Kt. Uri, Schweiz

Grundriß in: Meyer, Obrecht, Schneider: »Die bösen Türnli«, S. 43.

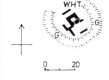

Die kleine Wasserburg ist wohl um 1200 entstanden. 1980 wurde sie freigelegt. Der Wohnturm mit 5,5 m Sockelhöhe besaß einen hölzernen Aufbau zum Wohnen. Seine Seitenlänge ist 6,7 m mit 1,9 m Wandstärke.

Seefeld
Kr. Starnberg, Bayern

Grundriß in: Dehio, Bayern 4, S. 1105.

Die Burg wurde im 12. Jh. begonnen. Die mittelalterliche Anlage wurde um 1500 zum Schloß umgebaut. Weitere Umbauten sind im 18. Jh. vorgenommen worden. Der Bergfried hat 6,5 × 8,5 m Grundfläche mit 1,7 – 2,3 m Wandstärke.

Seerhausen
Kr. Oschatz, Sachsen

Grundriß in: Kunstdkm. v. Sachsen, Bd. 28, S. 285.

Das Wasserschloß beruht auf der mittelalterlichen Wasserburg. Der Bergfried mit 10 m Seitenlänge hat 2,5 m Wandstärke.

Seeschloß = Orth

Seesen

Kr. Northeim, Niedersachsen

Grundriß in: Stolberg, S. 341.

Der um 1225 entstandene Wohnturm ist der Rest der Wasserburg. Er hat 4 Stockwerke. Der Treppenturm wurde 1592 angebaut.

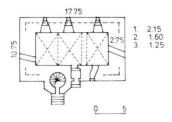

Segelforth

Gde. Bramsche, Kr. Osnabrück, Niedersachsen

Grundriß in: Kunstdkm. d. Prov. Hannover, Bd. 13, S. 21.

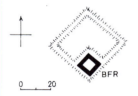

Für die Ruine dieser Wasserburg gibt es keine Daten. Der erhaltene Bergfried mit 11 m Breite hat 2 m Wandstärke.

Seggau

Gde. Leibnitz (Bz.)-S..., Steiermark, Österreich

Grundriß in: Baravalle, S. 47.

Ursprünglich »castrum Libniz«, das 1144 urkundlich genannt wird. In der Ende des 15. Jh. zerstörten und Anfang des 16. Jh. schloßartig wiederhergestellten Burg sind außer der Form wenig mittelalterliche Teile erhalten. Der ca. 10 m breite Bergfried wurde 1816 abgebrochen.

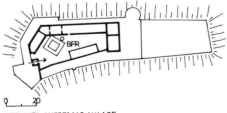

Seinsfeld

Kr. Bitburg-Prüm, Rheinland-Pfalz

Grundriß in: Hotz Z 3, Kunstdkm. d. Rheinprov., Bd. 12.4.

Entstanden ist die Wasserburg wohl in der 1. Hälfte des 15. Jh., »Seysfeld« wird 1461 urkundlich erwähnt. Die Burg wurde 1680 in

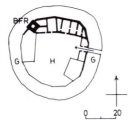

ein Schloß verwandelt. Der Bergfried hat 6 m Seitenlänge mit knapp 2 m Wandstärke.

Seiterndorf

Gde. Weiten-S..., Bz. Melk, Niederösterr., Österreich

Grundriß in: Burgen u. Schlösser in Niederösterr., Bd. III/2, S. 115.

Vom Adelssitz in Seiterndorf ist ein Wohnturm mit ca. 7,3 m Seitenlänge übrig geblieben, datiert auf die 2. Hälfte des 13. Jh. Er hat 3 Stockwerke, der Eingang liegt im 2. Stockwerk.

Senftenberg

Bz. Krems, Niederösterr., Österreich

Grundriß in: Piper, Österr., Bd. 4, S. 196; Österr. Kunsttop., Bd. 1, S. 381; Burgen und Schlösser in Niederösterr., Bd. 16, S. 118.

»Ruedeger de Senftenberc« erscheint ab 1197 urkundlich. Die Burg mit der ungewöhnlichen, spitzwinkligen Schildmauer entstand wohl um 1200. Sie wurde 1409 zerstört und wieder aufgebaut. 1645 zerstörten Schweden sie endgültig. Die Grundrisse von Piper und Kreutzbruck (in Burgen u. Schlösser) unterscheiden sich nicht unerheblich. Dargestellt ist hier die Version von Kreutzbruck.

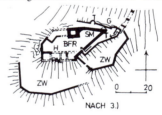

Sengersberg

Gde. Falkenstein-Au, Kr. Cham, Bayern

Grundriß nach Aufnahme F.-W. Krahe, 1991.

Die vermutlich im 13. Jh. entstandene Burg wurde Mitte des 16. Jh. zerstört. Erhalten sind nur die Mauern der Unterburg, auf dem Fels sind keine Spuren erkennbar.

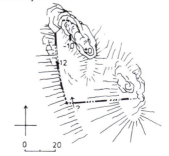

Senheim

Kr. Cochem-Zell, Rheinland-Pfalz

Grundriß in: Kunstdkm. d. Rheinprov., Bd. 19.3, S. 283.

Das sog. Burghaus ist ein Wohnturm wohl des 13. Jh. von 13 m Höhe und 4 Stockwerken. Der Eingang liegt 4 m hoch.

Sent, Tuor San Peder

Bz. Inn, Kt. Graubünden, Schweiz

Grundriß in: Clavadetscher, S. 221.

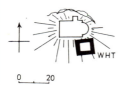

Neben der Kirche aus dem 12. Jh. wurden 1937 die Reste eines Wohnturmes freigelegt. Er ist wohl schon im 14. Jh. verlassen worden. Die Außenmaße sind 12 × 13 m, die Mauer ist bis 2,5 m stark.

Serviezel I

Remüs (Ramosch), Bz. Inn, Kt. Graubünden, Schweiz

Grundriß in: Poeschel, S. 276; Clavadetscher, S. 219.

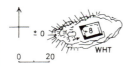

Über die Burg auf einem Felsblock liegen keine Daten vor. Die Burg besaß außer dem Wohnturm von rd. 10 × 13 m Grundfläche mit 1,8 – 2,4 m Mauerstärke noch eine Ringmauer.

Serviezel II

Gde. Tschlin, Bz. Inn, Kt. Graubünden, Schweiz

Grundriß in: Clavadetscher, S. 219.

Daten sind nicht bekannt. Die Anlage mit den 1,2 – 1,4 m starken Mauern macht nach Clavadetscher »einen recht altertümlichen Eindruck.«

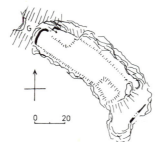

Seubersdorf

Gde. Weismain-S…, Kr. Lichtenfels, Bayern

Grundriß in: Bayerische Kunstdkm. Lichtenfels.

Die nur aus Palas und Bergfried mit knapp 6 m Durchmesser mit 1,5 m Wandstärke bestehende Burg wurde im 14. Jh. zerstört. Angeblich stammt sie aus dem 11. Jh.

Severgal

Gde. Vilters, Bz. Sargans, Kt. St. Gallen, Schweiz

Grundriß in: Felder, Teil 2, Nr. 132.

Die Burg wurde 1933 ausgegraben. Ursprünglich Fluchtburg, wird sie im Mittelalter zur Burg ausgebaut, die 1334 urkundlich genannt wird.

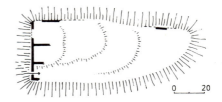

Sichelstein

Gde. Staufenberg, Kr. Göttingen, Niedersachsen

Grundriß nach Katasterplan.

Die Burg wurde 1370 – 1372 erbaut. Im Dreißigjähr. Krieg wurde sie zerstört.

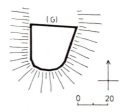

Sichtenberg

Gde. Loosdorf, Bz. Melk, Niederösterr., Österreich

Grundriß in: Piper, Österr., Bd. 4, Fig. 217.

Der Burgadel wird 1204 urkundlich genannt, sonst ist nichts bekannt. Der Bergfried hat 2,5 m Seitenlänge mit 2 m Mauerstärke.

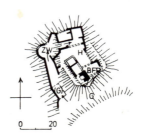

Siegburg

Rhein-Sieg-Kr., Nordrhein-Westfalen

Grundriß in: Kubach, S. 1021.

Gegründet wurde die Wasserburg als Stadtburg um 1220. Sie wurde 1403 zerstört.

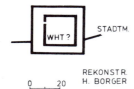

Siegen

Nordrhein-Westfalen

Grundriß in: Kunstdkm. v. Westfalen, Siegen, S. 83.

Die Burg ist mittelalterlich. Sie wurde um 1500 umgebaut und ist heute Museum. Der Wohnturm von 8 × 11 m Grundfläche hat auf drei Seiten 2 m starke Wände und 4 Stockwerke.

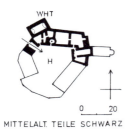

Siegenstein

Gde. Wald-S..., Kr. Cham, Bayern

Grundriß in: Kunstdkm. v. Bayern, Oberpfalz, Bd. 1, S. 143.

Entstanden um 1200, wird die Burg 1264 urkundlich genannt. Anfang des 17. Jh. ist sie verfallen. Die Buckelquader-Ringmauer ist 1,6 m dick und um 10 m hoch.

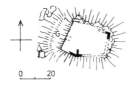

Siegmunds... = Sigmunds...

Sierndorf

Bz. Korneuburg, Niederösterr., Österreich

Grundriß in: Burgen u. Schlösser in Niederösterr., Bd. 14, S. 37.

Der Ursprung des Wasserschlosses liegt im 13. oder 14. Jh., 1516 wurde es zum Schloß umgebaut. Ihre Ringmauer hat 1,4 m Wandstärke.

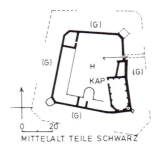

Siersberg

Gde. Recklingen-S..., Kr. Saarlouis, Saarland

Grundriß in: Kunstdkm. d. Kreise Ottweiler-Saarlouis.

Die Burg wurde 1136 erstmals erwähnt. Sie wurde bis ins 17. Jh. hinein laufend verändert und vergrößert. 1793 wurde sie durch Franzosen zerstört. Der Bergfried mit 6,5 m Seitenlänge und ca. 1,7 m starken Wänden ist rd. 14 m hoch, hat 4 Stockwerke und einen Eingang in 7 m Höhe.

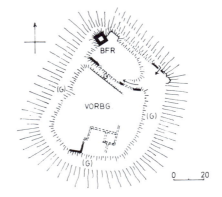

Sigberg, Mühlebach, Bürgle

Gde. Göfis, Bz. Feldkirch, Vorarlberg, Österreich

Grundriß in: Ulmer, S. 487; Dehio, Vorarlbg., S. 227; Huber, S. 139.

Der Burgadel ist 1255 erstmals urkundlich genannt. 1355 wird sie nach ihrer Zerstörung wieder aufgebaut. 1437 hat Graf Friedrich v. Toggenburg sie zerstört. Der Bergfried hatte ca. 9 m Seitenlänge, die Ringmauer ist 1,0 m stark.

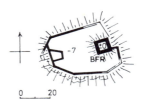

Sigmaringen

Baden-Württemberg

Grundriß in: Kunstdkm. v. Hohenzoll., Bd. 2, S. 307; Wörner, S. 46; Schmitt, Bd. 3, S. 54.

Diese Burg auf einem steilen Felsen über der Donau hat einen Vorgängerbau, der 1077 vergeblich belagert wurde. Um 1200 wird die Burg mit Buckelquadern fast vollständig durch die Grafen v. Helfenstein neu erbaut. 1272 gehört die Burg den Grafen v. Montfort, 1290 den Habsburgern, 1460 sind die Grafen v. Werdenberg die Herren der Burg, ab 1540 endlich die Hohenzollern. Die Burg ist mit der Zeit erweitert worden. 1576 – 1630 wurde sie in ein Schloß umgebaut und bis in unsere Tage immer wieder verändert. Heute ist die Burg Museum. Der Bergfried hat rd. 8,3 m Seitenlänge und 2,65 m Wandstärke.

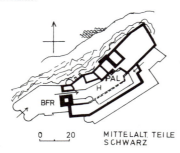

Sigmundsburg

Gde. Nassereith, Bz. Imst, Tirol, Österreich

Grundriß in: Trapp, Bd. 7, S. 264.

Das Burgschloß wurde 1451 durch Erzherzog Sigmund auf einer Insel im Fernsteinsee erbaut. Sie ist Anfang des 17. Jh. verfallen. Die Anlage hat 4 Stockwerke, sie ist ein Übergang von der Burg zum Schloß.

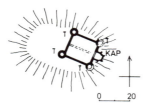

Sigmundskron

Gde. Frangart, Bozen, Südtirol, Italien

Grundriß in: Ebhardt I, Abb. 702; Weing.-Hörm., S. 349; Weing.-Bozen, S. 209; Piper, Österr., Bd. 3.

Der bei Ebhardt angegebene Maßstab ist falsch, die Anlage ist doppelt so groß wie dargestellt.
Die Burg heißt erst seit 1473 Sigmundskron nach Erzherzog Sigmund. Bekannt wurde sie 956 als Formigar. Die steinerne Burg auf dem Hügel ist wohl im 12. Jh. errichtet worden, auch der Bergfried im NW ist aus dieser Zeit. Sonst zeigt die Burg besonders gut, im letzten Viertel des 15. Jh. mit der Herausforderung durch Geschütze fertig zu werden. Die Burg ist im 19. Jh. verfallen.

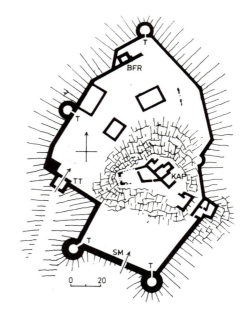

Sigmundsried

Gde. Ried, Bz. Landeck, Tirol, Österreich

Grundriß in: Comploy; Trapp, Bd. 7, S. 31.

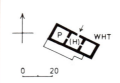

Die Dorfburg Ried wurde am Beginn des 14. Jh. erbaut. 1471 gelangt sie in den Besitz Erzherzogs Sigmunds, der sie zum Jagdschloß umbauen und Sigmundsried nennen ließ. Umbauten fanden bis ins 19. Jh. statt. Der Wohnturm hat 4 Stockwerke, seine Seitenlänge ist 11,4 m, die Mauerstärke 1,4 m.

Sigmundsried = Freundsberg

Sigmundsruhe = Sulzburg

Signau, Alt Signau, Altschloß

Bz. Langnau, Kt. Bern, Schweiz

Grundriß in: Burgen u. Schlösser d. Schweiz, Bd. Xb, S. 30.

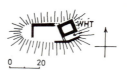

Der Burgadel wird 1130 urkundlich erwähnt. Seit 1386 ist sie verfallen. Ihre Ringmauer ist ca. 1,7 m stark. Der Wohnturm hat Seitenlängen von 8 und 10,5 m mit 2 m Wandstärke.

Silberberg

Gde. St. Martin, Bz. St. Veit, Kärnten, Österreich

Grundriß in: Kohla, S. 292.

»Leonhardus de Silverberg« wird 1214 urkundlich erwähnt. Die Burg ist vielleicht um 1200 erbaut worden. Die Bastion im SO dürfte im 15. oder 16. Jh. entstanden sein. Verfallen ist die Burg im 17. Jh.

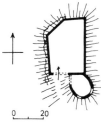

Silenen

Kt. Uri, Schweiz

Angabe bei: Meyer, Bd. 1, S. 28.

Der Wohnturm ist der Rest einer Burg aus der Mitte des 13. Jh. Der Turm hat 21 m Höhe mit 5 Stockwerken, ein Eingang liegt 13 m hoch.

Sindringen

Gde. Forchtenberg-S..., Kr. Künzelsau, Baden-Württemberg

Angabe in: Kunstdkm. v. Württbg.

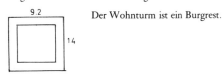

Der Wohnturm ist ein Burgrest.

Sirgenstein

Gde. Blaubeuren-S..., Alb-Donau-Kr., Baden-Württemberg

Grundriß in: Schmitt, Bd. 2, S. 77.

Von der winzigen Burg, die vielleicht Anfang des 13. Jh. erbaut wurde, sind nur noch einige Buckelquader erhalten.

Sirgenstein

Gde. Schelklingen, Alb-Donau-Kr., Baden-Württemberg

Grundriß in: »Schelklingen«, Geschichte einer Stadt.

Vermutlich entstand die Burg in der 2. Hälfte des 13. Jh. Der Bergfried mit Buckelquadern hat 10 m Seitenlänge und ca. 2,5 m Wandstärke.

Sitten, Tourbillon

Kt. Wallis, Schweiz

Grundriß in: Meyer, Bd. 4, S. 94.

Angeblich wurde die Bischofsburg 1294 begonnen. Die Kapelle ist aus dem 13. Jh. Sie steht teilweise auf den Resten eines Wohnturmes von 16 m Durchmesser und ca. 2 m Wandstärke, der vielleicht zu einer früheren Anlage gehört hat, etwa 1100 (?). Er hatte ca. 13 m Durchmesser.

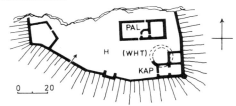

Skala

Gde. Radkowitz – Radcovice, Bz. Pilsen – Plzén, Westböhmen, Tschechische Republik

Grundriß in: Heber, Bd. 4.

Die Burganlage besteht aus zwei unabhängigen Burgen, die vermutlich im 13. Jh. erbaut wurden.

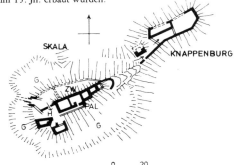

Sodenburg, Kilianstein

Gde. Hammelburg, Kr. Bad Kissingen, Bayern

Grundriß in: Kunstdkm. v. Bayern, Unterfrk., Bd. 14, S. 110.

Die Burg wurde nach dem Abbruch einer Vorgängeranlage um 1430 erbaut. Sie war Ganerbenburg, 1562 wurde sie restauriert und ist nach 1660 verfallen. Die Ringmauer ist 1,0 m dick.

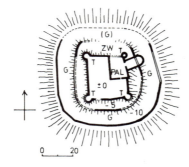

Soest

Nordrhein-Westfalen

Grundriß in: Hinz, S. 24.

Der Wohnturm oder das Burghaus ist ausgegraben worden, vielleicht stammt die Anlage aus dem 11. Jh.

Soest

Nordrhein-Westfalen

Grundriß in: Mrusek 2, Plan 28.

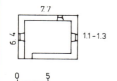

Der Wohnturm aus der 1. Hälfte des 13. Jh. hat 12 m Höhe mit 4 Stockwerken.

Sötenich, Stolzenburg

Gde. Sall-S..., Kr. Euskirchen, Nordrhein-Westfalen

Grundriß in: Kunstdkm. d. Rheinprov., Bd. 11.2, S. 513.

Entstanden ist die Burg vielleicht im 13. Jh. Sonst ist nichts bekannt.

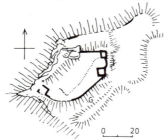

Sogn Parcazi = Hohentrins

Sola

Gde. Sool, Kt. Glarus, Schweiz

Grundriß in: Burgen u. Schlösser d. Schweiz, Bd. XVIII, S. 45; Meyer, Bd. 1, S. 76.

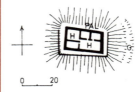

Entstanden ist die rechteckige Burg am Ende des 12. Jh. und wurde weniger als hundert Jahre später aufgegeben. Die Ruine wurde 1927 ausgegraben. Ihre Ringmauer ist 2 m dick.

Solavers

Gde. Seewies, Bz. Unterlandquart, Kt. Graubünden, Schweiz

Grundriß in: Poeschel, S. 269; Clavadetscher, S. 339; Meyer, Bd. 3, S. 89.

Ursprünglich war die Anlage eine Kirchenburg aus dem frühen Mittelalter, die im 13. Jh. zur Ritterburg wurde. 1353 wurde sie urkundlich erwähnt, im 16. Jh. ist sie verfallen. Der Wohnturm mit ca. 11×12 m Grundfläche hat ca. 1,7 m Wandstärke, so auch die Schildmauer.

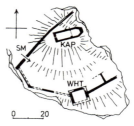

Sommerau

Kr. Trier-Saarburg, Rheinland-Pfalz

Grundriß in: Kunstdkm. d. Rheinprov., Bd. 15.2, S. 366.

»Sernauwe« wurde 1271 urkundlich genannt. Seit 1303 ist die Burg Trierer Lehen. Der Wohnturm ist aus dem 14. Jh., Ende des 18. Jh. ist die Burg verfallen. Der Wohnturm mit 6,6×8,8 m Seitenlängen und 1,1 m dicken Mauern hat 18 m Höhe mit 5 Stockwerken, der Eingang liegt 4,5 m hoch.

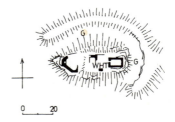

Sommerschenburg

Kr. Oschersleben, Sachsen-Anhalt

Grundriß in: Wäscher, Bild 156.

Gleichnamige Grafen werden 1056 urkundlich erwähnt. Die steinernen Bauten wurden 1192 begonnen. Nach dem Mittelalter wurde die Burg zum Gutshof umgenutzt. Der Bergfried hat 11 m Seitenlänge.

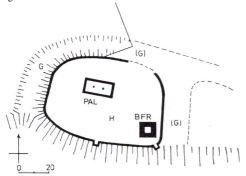

Sommersdorf

Gde. Burgoberbach-S..., Kr. Ansbach, Bayern

Grundriß in: Bayerische Kunstdkm., Feuchtwangen, S. 115.

Der Kern der Burg entstand um 1400, die äußere Ringmauer wurde 1460 erbaut.

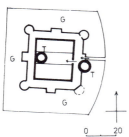

Sonderburg

Gde. Getzis, Bz. Feldkirch, Vorarlberg, Österreich

Grundriß in: Huber, S. 177.

Der Wohnturm ist mittelalterlicher Herkunft.

Sonnenberg

Gde. Wiesbaden, Hessen

Grundriß in: Kunstdkm. im Reg.-Bz. Wiesbaden, Bd. 5, S. 237; Cohausen, Nr. 183.

Genannt wird die Burg 1221 urkundlich. Sie wurde Anfang des 14. Jh. erweitert. Ende des 16. Jh. ist sie verfallen. Der Bergfried ist 25 m hoch, er hat 10,5 m Seitenlänge und 3 m Wandstärke, der rundbogige Einstieg liegt 7 m hoch, er hat 5 Stockwerke. Die Ringmauer der Kernburg ist 2 m dick.

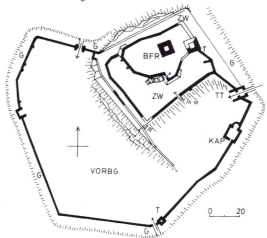

Sonnenberg

Gde. Stettfurt, Bz. Frauenfeld, Kt. Thurgau, Schweiz

Grundriß in: Kunstdkm. d. Schweiz, Thurgau, Bd. 1, S. 338.

»Sunnenberg« wurde 1242 urkundlich erwähnt. 1444 wurde die Burg durch die Schwyz zerstört und aufgebaut, nach einem Brand 1596 zum Schloß umgebaut.

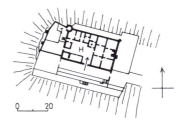

Sonnenberg

Gde. Nüziders, Bz. Bludenz, Vorarlberg, Österreich

Grundriß in: Ulmer, S. 204; Dehio, Vorarlbg., S. 331; Piper, Österr., Bd. 4, S. 218; Huber, S. 85.

Die Burg wird 1260 urkundlich erwähnt. 1473 wird sie zerstört. Der Bergfried ist ca. 8 × 10 m groß und hat 1,5 m Wandstärke.

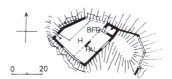

Sonnenburg = Feistritz

Sontheim

Kr. Heidenheim, Baden-Württemberg

Grundriß in: Kunstdkm. v. Württbg., Jagstkr., S. 231.

Der Burgadel wird 1209 urkundlich genannt.

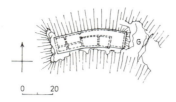

Sooneck

Gde. Niederheimbach, Kr. Mainz-Bingen, Rheinland-Pfalz

Grundriß in: Dehio, Rheinld.-Pfalz, S. 641; Ebhardt I, Abb. 421.

1282 wurde die Vorgängerburg durch Kaiser Rudolf zerstört. Danach entstand die heutige Anlage. Sie wurde noch einmal 1349 und schließlich 1689 durch Franzosen zerstört. Im 19. Jh. ließ König Friedrich Wilhelm IV. die Burg neugotisch wieder aufbauen. Der Wohnturm mit angebautem Bergfried hat 3 Stockwerke.

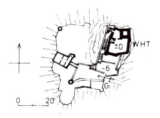

Soyhiers = Saugern

Spandau

Berlin-Sp...

Grundriß in: Bleyl.

Der Backstein-Bergfried, »Juliusturm« genannt, ist der Rest der Wasserburg aus dem 13. Jh. Er hat 23 m Höhe.

Spanegg – Sponeck

✗ Spangenberg

Schwalm-Eder-Kr., Hessen

Grundriß in: Ebhardt I., Abb. 484.

Die Burg wurde ca. 1350 erbaut. Sie wurde vom 15.–17. Jh. ausgebaut, im 17. Jh. wurde die Burg zur Festung ausgebaut. Im Zweiten Weltkrieg wurde sie zerstört und später wiederhergestellt. Seit 1907 ist die Burg Sitz einer Schule.

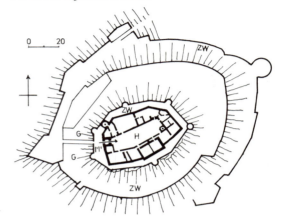

Spangenberg

Gde. Elmstein-Appenthal, Kr. Bad Dürkheim, Rheinland-Pfalz

Grundriß in: Kunstdkm. v. Bayern, Pfalz, Bd. 1, S. 302; Baudkm. d. Pfalz, Bd. 2, S. 65; Burgen u. Schlösser 1971-I; Burgen u. Schlösser in der Pfalz, Abb. 15.

Die Felsenburg wurde wohl um 1100 durch die Bischöfe v. Speyer gegründet. Die Formen weisen in die 2. Hälfte des 13. Jh. Nach einer Zerstörung 1470 wurde Spangenberg wiederhergestellt und im Dreißigjährigen Krieg endgültig zerstört. Der Eingang zum Wohnturm auf dem Felsturm lag ursprünglich an der Nordseite und erfolgte über eine Holzbrücke, der Treppenturm im Osten kam erst im 15. Jh. hinzu. Der Wohnturm ist 8,5 m breit und ca. 18,5 m lang und besitzt 3 Stockwerke.

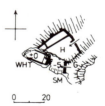

Spaniola

Gde. Pontresina, Bz. Maloja, Kt. Graubünden, Schweiz

Grundriß in: Poeschel, S. 293; Clavadetscher, S. 237.

Der Wohnturm dürfte um 1200 entstanden sein, wohl als Sitz der Herrn v. Pontresina, die seit 1244 in Urkunden vorkommen. Im 15. Jh. wurde der Turm verlassen. Seine Dimensionen, 7 m breit und 9 m lang mit 1,5 m dicken Mauern, lassen im Inneren nur 20 m² Fläche. Der rundbogige Eingang liegt 5 m hoch, die Höhe des Turmes ist 14 m mit 4 Stockwerken. Im 4. Stockwerk gab es einen Aborterker.

Sparnberg

Kr. Greiz, Thüringen

Grundriß in: Kunstdkm. d. Prov. Sachsen, Bd. 2.2, S. 76.

Die Burg wurde wahrscheinlich durch Herren v. Reitzenstein im 13. Jh. gegründet. Sie war im 14. Jh. böhmisches Lehen, im 15. Jh. kam sie an die Wettiner. Der Ende des 19. Jh. eingestürzte Bergfried hat bei 8,5 m Durchmesser nur 1 m Wandstärke.

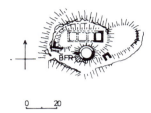

Sparrenberg

Gde. Bielefeld (Kr.), Nordrhein-Westfalen

Grundriß in: Burgen u. Schlösser 1966-II.

Die 1256 urkundlich erstmals genannte Burg wurde in der 1. Hälfte des 13. Jh. begonnen. Sie war von Beginn an zweiteilig. Im 16. Jh. wurde sie mit mächtigen Bastionen zur Festung ausgebaut und ist im 18. Jh. verfallen. Der Bergfried, jetzt Aussichtsturm, hat 11 m Durchmesser und 3 m Wandstärke.

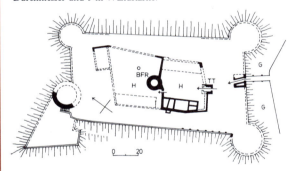

Speckfeld

Gde. Markt Einersheim, Kr. Kitzingen, Bayern

Grundriß nach Aufnahme F.-W. Krahe 1989.

Die einst große Burg, von der nur wenige Reste erkennbar sind, stammt wohl aus der Zeit um 1200. Sie wurde 1525 zerstört und ist nach ihrem Wiederaufbau 1558 einem Brand zum Opfer gefallen.

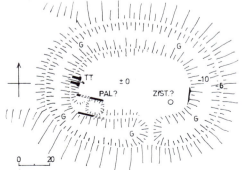

Speckerturm

Gde. Endorf-Hirnsberg, Kr. Rosenheim, Bayern

Grundriß in: Burgen in Oberbayern, S. 228.

Die Burg stammt wohl aus dem 12. Jh. Der Bergfried hat 5,5 m Seitenlänge mit 1,5 m Wandstärke.

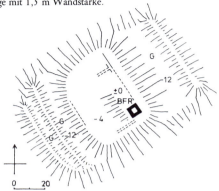

Sperberseck

Gde. Lenningen, Kr. Esslingen, Baden-Württemberg

Grundriß in: Antonow-SWD, S. 249; Kunstdkm. v. Württbg., Donaukr., Kirchheim.

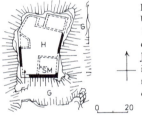

Die heutige Burg ist staufischen Ursprunges. Der Burgadel ist seit 1140 bekannt. Antonow schätzt die Entstehung vom Ende des 12. Jh. bis 1230/1240. Die Burg ist im 15. Jh. verfallen. Die Schildmauer war 2,5 m, die Ringmauer ca. 1,7 m stark.

Spesburg

Gde. Andlau, Ct. Barr, Bas-Rhin, Frankreich

Grundriß in: Kaltenbach, Nr. XXVII; Wolff, S. 323; Salch, S. 303; Hotz-Pfalzen, Z 93; Burgen u. Schlösser 1991-I.

Spesburg liegt 1,2 km westlich von Andlau →. Die Burg wurde durch Alexander v. Stahleck 1246–1250 auf älteren Mauern erbaut. Die Vorwerke sind 1431 zerstört worden, die Kernburg im 16. Jh. durch Bürger der Stadt Barr. Das ca. 4 m hochliegende spitzbogige Tor der Burg war nur über eine Holztreppe erreichbar. Die Ringmauer ist rd. 2 m stark. Der Bergfried mit maximaler Seitenlänge von 8,3 m hat 2 m bis knapp 3 m Wandstärke. Er ist 25 m hoch mit einem Eingang in 16 m Höhe. Die Außenmauern der Burg sind in Buckelquadern ausgeführt.

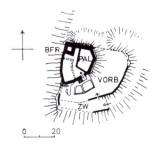

Spielberg

Gde. Enns, Bz. Linz, Oberösterr., Österreich

Grundriß in: Ulm »Das Mühlviertel«, S. 212; Piper, Österr., Bd. 4, S. 220; Burgen u. Schlösser in Oberösterr., Bd. 2, S. 165.

»Dietrich de spileberch« wird 1159 als Zeuge genannt. Ursprünglich lag die Burg auf einer Donauinsel. Die Kernburg ist spätromanisch. Der Zwinger und die Vorburg sind in Teilen nachmittelalterlich. Verfallen ist die Burg Spielberg im 18. Jh. Der Bergfried mit 10 m Seitenlänge hat eine Treppe im 2,5 m starken Mauerwerk beginnend am Hocheingang. Er ist 28 m hoch mit 7 Stockwerken.

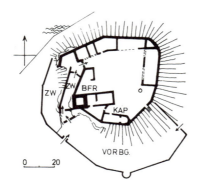

Spielberg

Gde. Markt Gnotzheim, Kr. Weißenburg-Gunzenhausen, Bayern

Grundriß in: Kunstdkm. v. Bayern, Mittelfrk., Bd. 6, S. 269.

Der Burgadel ist im 12. Jh. bekannt. Die 1,8 m starke Ringmauer dürfte am Ende des 12. Jh. erbaut worden sein. Die Kapelle ist 1427 genannt. Im Barock wurde die Burg zum Schloß umgestaltet, das 1830 umfassend renoviert wurde.

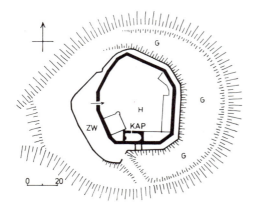

Spiez

Bz. Wimmis, Kt. Bern, Schweiz

Grundriß in: Ebhardt I, Abb. 736; Meyer, Bd. 9, S. 40.

Die Burg wurde in den letzten Jahren des 12. Jh. mit dem Bergfried auf einer Landzunge begonnen. Der Palas stammt wohl aus dem 13. Jh. Um- und Zubauten fanden bis ins 17. Jh. statt. Die Burg ist

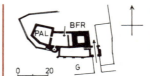

heute Museum. Der Bergfried mit etwas über 11 m Seitenlänge hat 3 m Mauerstärke, ist ca. 32 m hoch mit einem Eingang in 9 m Höhe.

Spitz

Gde. Ammerthal, Kr. Amberg-Sulzbach, Bayern

Angabe in: Kunstdkm. v. Bayern, Oberpfalz, Bd. 15, S. 22.

Von der Burg, die 1644 zerstört wurde, ist nur der Rest eines Bergfriedes erhalten, der vermutlich mit Buckelquadern verkleidet war, also in die staufische Zeit datiert werden muß.

Spitzenberg

Gde. Kuchen, Kr. Göppingen, Baden-Württemberg

Grundriß in: Kunstdkm. v. Württbg., Donaukr., Geislingen, S. 138; Schmitt, Bd. 1, S. 259.

Bei Schmitt ist nur noch der Bergfried erhalten, während K. A. Koch 1913 noch einen erkennbaren Grundriß entdecken konnte. Die Burg wurde 1080 begonnen. Die Spitzenberg werden von 1083–1296 urkundlich genannt. Vermutlich wurde die Burg noch vor 1400 aufgegeben. Der Bergfried hat 8,5 m Kantenlänge und 2,5 m starke Mauern. Die Ringmauer war 1,5 m, die Schildm. 2,3 m dick. Der Grundriß folgt der Darstellung von K. A. Koch.

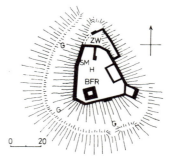

Splüdatsch, Spliatsch

Gde. Sur, Bz. Albula, Kt. Graubünden, Schweiz

Grundriß in: Poeschel, S. 260; Clavadetscher, S. 73.

Erbaut wurde die Burg am Beginn des 13. Jh., verfallen ist sie nach 1400. Der Wohnturm von ca. 7,5 × 8 m Seitenlänge hat 3 erkennbare Stockwerke in 11 m Höhe erhalten. Der Eingang liegt 3,5 m hoch.

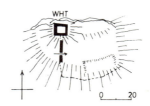

Splügen

Bz. Hinterrhein, Kt. Graubünden, Schweiz

Grundriß in: Poeschel, S. 213; Clavadetscher, S. 162.

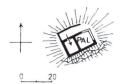

Der wehrhafte dreistöckige Palas mit einem spitzbogigen Eingang in 6 m Höhe ist wohl in der 2. Hälfte des 13. Jh. erbaut worden. Die Burg war kaum hundert Jahre danach bereits verlassen.

Sponeck, Spanegg

Gde. Sasbach-Jechtingen, Kr. Emmendingen, Baden-Württemberg

Grundriß in: Kunstdkm. v. Baden, Bd. 6.1, S. 87; Burgen im südl. Baden, S. 171.

Die kleine Kernburg ist nach 1281 entstanden, der Erbauer dürfte »Hildebrand de Sponecke«, der 1302 urkundlich auftaucht, gewesen sein. Das Unterschloß aus nachmittelalterlicher Zeit ist bewohnt, auch der Wohnturm wurde 1930 wieder aufgebaut. Er ist ca. 12 m breit und 12,5 m lang mit Wandstärken um 1,7 m.

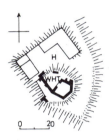

Sporkenburg

Gde. Eitelborn, Westerwaldkr., Rheinland-Pfalz

Grundriß in: Dehio, Rheinld.-Pf., S. 211; Kunstdkm. im Reg.-Bz. Wiesbaden, Bd. 5, S. 29; Piper, Fig. 421; Burgen u. Schlösser 1965-II.

Die Burg wurde um 1300 erbaut. Nach Verfall wurde sie 1601 wiederhergestellt. 1635 wurde sie durch Franzosen zerstört. Der Bergfried hat 5 m Durchmesser und 1,2 m Wandstärke. Die 16 m hohe Schildmauer ist 2,5 m stark.

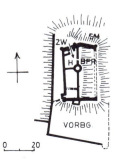

Sprechenstein

Gde. Sterzing, Eisacktal (Wipptal), Südtirol, Italien

Grundriß in: Weing.-Hörm., S. 231; Trapp, Bd. 3, S. 111.

Sprechenstein bildet zusammen mit Reifenstein → eine Talsperre vor dem Eingang zum Brenner. 1241 heißt es in einer Urkunde: »castrum in Wiptal quod dicitur Sprechen den staine«. Ein Trautson nennt sich seit 1256 »de Sprechintin stain«. Die Burg muß in der 1. Hälfte des 13. Jh. erbaut worden sein. Das älteste Gebäude war der mit der Kapelle verbaute Wohnturm von ca. 11,3 m Kantenlänge und 1,5 m starken Mauern aus dem 2. Viertel des 13. Jh. Die meisten Teile der Burg sind nach Trapps Altersplan aus dem 1. Viertel des 14. Jh. mit späteren Zubauten etwa um 1500. Die Burg ist noch bewohnt. Der Bergfried hat 8,2 m Durchmesser und von 2,5 auf 1,75 m zurückgehende Mauerstärke. Er ist mit einem Eingang in 7 m Höhe und 5 Stockwerken 24 m hoch.

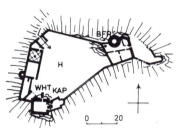

Sprengelberg

Gde. Essweiler, Kr. Kusel, Rheinland-Pfalz

Grundriß in: Hinz, S. 73.

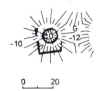

Die Turmburg, von der nur wenig erhalten blieb, ist vielleicht schon im 11. Jh. entstanden. Der runde Turm hatte 10 m Durchmesser und war vermutlich ein Wohnturm, was allerdings nicht beweisbar ist.

Staatz

Bz. Mistelbach, Niederösterr., Österreich

Grundriß in: Neugebauer »Wehranlagen im polit. Bz. Mistelbach«; Burgen u. Schlösser in Niederösterr., Bd. 14, S. 187.

Die Burg ist romanischer Herkunft. Sie wurde 1234 erstmals genannt. Die unteren Teile sind nacheinander entstanden. 1645 zerstörten Schweden die Burg. Der Bergfried hat ca. 10 m Kantenlänge und 2,5 m starke Mauern.

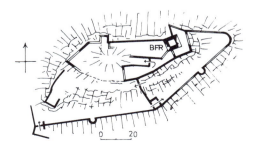

Stachelburg

Gde. Partschins, Burggrafenamt Südtirol, Italien

Grundriß in: Trapp, Bd. 2, Abb. 28.

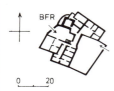

Die Dorfburg wurde im 14. Jh. mit dem ursprünglich freistehenden Bergfried erbaut. Die heutige Gestalt stammt überwiegend aus dem 16. Jh. Der Bergfried hat 7,5 m Seitenlänge, 18 m Höhe und 6 Stockwerke.

Stadecken

Kr. Mainz-Bingen, Rheinland-Pfalz

Grundriß in: Kunze.

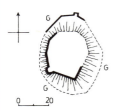

Die relativ kleine Wasserburg wurde 1276 durch die Grafen v. Katzenelnbogen erbaut. Zerstört wurde sie 1632. Die Ringmauer ist 1,0 m stark.

Stadthagen

Kr. Grafsch. Schaumburg, Niedersachsen

Grundriß in: Kreft/Sönke, »Die Weserrenaissance«, S. 325.

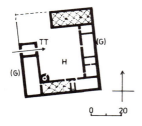

Das Renaissance-Schloß steht auf den Mauern einer mittelalterlichen Wasserburg.

Stadtlengsfeld

Kr. Bad Salzungen, Thüringen

Grundriß in: Kunstdkm. v. Thüringen, Bd. 37.

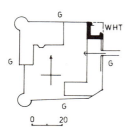

Von der mittelalterlichen Wasserburg ist nur die Ruine eines Wohnturmes erhalten, der 10,5 m Kantenlänge und ca. 2,2 m starke Mauern hat.

Staffort

Gde. Stutensee, Kr. Karlsruhe, Baden-Württemberg

Grundriß in: Kunstdkm. v. Baden, Bd. 9.5, S. 199.

Die ausgegrabene Wasserburg ist wohl am Ende des 14. Jh. erbaut worden.

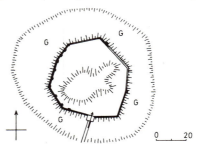

Stahlberg

Gde. Bacherach-Steeg, Kr. Mainz-Bingen, Rheinland-Pfalz

Grundriß in: Schellack, S. 42.

Erbaut wurde Burg Stahlberg um 1200. Mehr ist nicht bekannt. Der Bergfried hat 9 m Durchmeser mit 2,6 m Wandstärke.

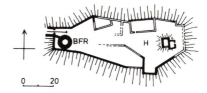

Stahleck

Gde. Bacherach, Kr. Mainz-Bingen, Rheinland-Pfalz

Grundriß in: Binding, S. 40.

Die Burg wird 1135 als Lehen des Kölner Erzbischofs genannt. Sie ist 1666 und 1689 zerstört worden. Im 20. Jh. wurde sie teilweise wiederhergestellt und dient als Jugendherberge. Der Bergfried hat 7,5 m Durchmesser und 2 m Mauerstärke.

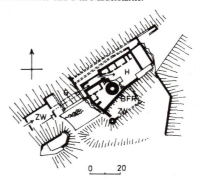

Stahleck, Stalleck

Gde. Lichtenstein-Holzelfingen, Kr. Reutlingen, Baden-Württemberg

Grundriß in: Schmitt, Bd. 4, S. 313.

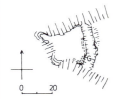

Der Burgadel wird 1254 urkundlich genannt. Von der kleinen Burg sind wenig Reste erhalten.

Stallegg
Bz. Horn, Niederösterr., Österreich

Grundriß in: Piper, Österr., Bd. 6, S. 203.

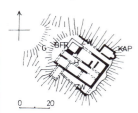

Der Burgadel ist von 1212–1354 urkundlich vermerkt. Der Bergfried hat 9 × 9,8 m Seitenlänge, 4 Stockwerke und einen Eingang in 6,5 m Höhe.

Stammheim
Bz. Andelfingen, Kt. Zürich, Schweiz

Grundriß in: Hartmann, S. 35.

Die Burg dürfte aus dem 13. Jh. stammen. Ihr Bergfried mit 8,5 m Seitenlänge hat 2,5 m Wandstärke.

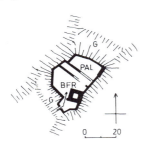

Stargard
Kr. Neubrandenburg, Mecklenburg-Vorpommern

Grundriß in: Kunstdkm. v. Mecklenbg.-Strelitz, Bd. 1.3, S. 91.

Die Backstein-Burg entstand um 1250. Nach Zerstörungen im 15. Jh. wurde sie wiederhergestellt, im 16. Jh. wurde sie ausgebaut und im 18. Jh. teilweise abgebrochen. Der Bergfried hat 10,5 m Durchmesser und 4 m Mauerstärke. Er ist 24 m hoch und hat einen spitzbogigen Eingang in 7 m Höhe.

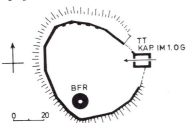

Starhemberg
Gde. Dreistetten, Bz. Wiener Neustadt, Niederösterr., Österreich

Grundriß in: Ebhardt I, Abb. 656; Piper, Österr., Bd. 1, Burgen u. Schlösser in Niederösterr., Bd I/2.

Erbaut wurde die mächtige Burg durch Ottokar III. v. Steiermark wohl Mitte des 12. Jh. 1482 wurde sie durch König Matthias Corvinus v. Ungarn erobert. Die Wohngebäude sind aus dem 14. Jh., die Bastionen aus dem 17. Jh., in dem der Verfall der Anlage begann. Nach ihr nennen sich die Grafen v. Starhemberg.

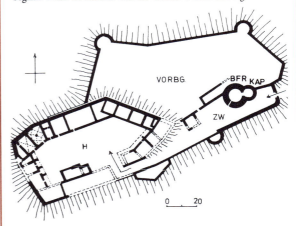

Starigrad
Zwischenwässern, Krain, Slowenien

Grundriß in: Piper, Österr., Bd. 3, S. 207.

Stari grad = alte Burg. Der entspr. Adel ist 1165 urkundlich genannt. Im 18. Jh. wurde die Burg verlassen. Der mächtige Wohnturm mit 12 m Seitenlänge und 4 m Mauerstärke muß, um nutzbar zu sein, in den Obergeschossen weitaus geringere Mauerstärken besessen haben.

Starkenburg
Gde. Enkirch, Kr. Bernkastel-Wittlich, Rheinland-Pfalz

Grundriß in: Schellack, S. 226.

Grafen v. Starkenberg werden Anfang des 13. Jh. urkundlich genannt. Die Burg ist Mitte des 14. Jh. verödet. Der Bergfried ist 6,5 m breit und 9 m lang.

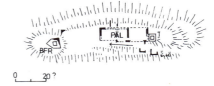

Starkenburg

Gde. Heppenheim, Kr. Bergstraße, Hessen

Grundriß in: Bronner, Bd. 2, S. 68; Buchmann, S. 155.

Die Burg soll noch vor 1100 mit dem Bergfried entstanden sein. »Hugo de Starkimberg« wird 1206 urkundlich genannt. Die Zwingeranlagen entstanden um 1400. Im 17. Jh. wurde die Starkenburg Festung, was sie bis zum Ende des 18. Jh. war. Im 19. Jh. begann der Verfall, der erst im 20. Jh. durch Ausbau einer Jugendherberge aufgehalten worden ist. Der 1924 abgebrochene Bergfried hatte mit 8,5 m Seitenlänge den seltenen Grundriß Quadrat mit rundem Innenraum.

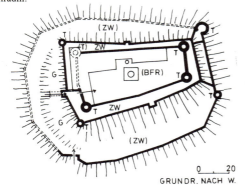

Starkenstein

Gde. Stein, Bz. Obertoggenburg, Kt. St. Gallen, Schweiz

Grundriß in: Felder, Teil 3, S. 35.

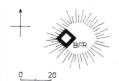

Die wohl um 1200 erbaute Burg wurde erst 1390 als solche genannt. Sie wurde durch Steinbruch größtenteils vernichtet. Der Bergfried hat 7,8 m Kantenlänge und 2,3 m starke Wände.

Stattenberg

Bz. Klagenfurt, Kärnten, Österreich

Grundriß in: Kohla, S. 301.

Für die romanische Anlage gibt es keine Daten.

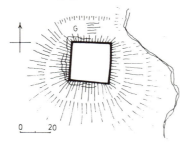

Stauf

Gde. Eisenberg, Donnersbergkr., Rheinland-Pfalz

Grundriß in: Kunstdkm. v. Bayern, Pfalz, Bd. 7, S. 302.

Die Burg ist vielleicht schon um 1000 gegründet worden. Die steinernen Reste sind aus der Zeit um 1200; 1525 wurde sie zerstört.

Die Burg besteht aus zwei Teilen, von denen der nördliche die Hauptburg, der südliche die Vorburg gewesen sein könnte.

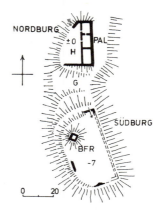

Stauf, Stauff

Gde. Haibach, Bz. Eferding, Oberösterr., Österreich

Grundriß in: Burgen u. Schlösser a. d. Donau, S. 17; Burgen u. Schlösser in Oberösterr., Bd. 2, S. 106; Piper, Österr., Bd. 3.

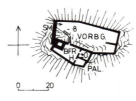

Ein »Wernhard de Stove« wird 1125 urkundlich erwähnt; er war Passauer Lehnsmann. Nach einem Brand um 1570 wurde Stauf nicht wieder aufgebaut. Der Bergfried (sechseckig) ist 10 m lang und 7 m breit, er hat in 21,7 m Gesamthöhe 4 Stockwerke, der Eingang war von der 10 m hohen Ringmauer zu erreichen, die 1,35 m stark war. Der Turm hatte 4 Stockwerke. Die Schildmauer am Tor ist 2,4 m stark.

Stauf

Gde. Markt Thalmässing, Kr. Roth, Bayern

Grundriß in: Kunstdkm. v. Bayern, Mittelfrk., Bd. 3, S. 259.

Die Staufer sind im 12. Jh. als Adel bekannt. Die Burg »dazz Staufe« erscheint 1249 in einer Urkunde. 1328 wurde sie nach einer Zerstörung wieder aufgebaut. 1460 wurde sie zerstört. Der Bergfried ist gotisch, der Wohnturm gehört ins 13. Jh.; er mißt 12 × 16 m, hat ca. 1,6 m Wandstärke und bei 18 m Höhe 4 Stockwerke, der Eingang liegt 5 m hoch. Der Bergfried von 7 × 6 m Dimension hat auf der Angriffsseite 3 m Mauerstärke.

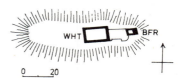

Staufen

Kr. Freiburg, Baden-Württemberg

Grundriß in: Kunstdkm. v. Baden, Bd. 11; Burgen im südl. Baden, S. 176.

Begonnen wurde Staufen im 12. Jh. durch die Zähringer, deren Dienstmannen seit Anfang des 12. Jh. bekannt sind und, seit dem 15. Jh. Freiherren, bis 1602 existiert haben. Die Burg selbst wird erst 1248 genannt. Nach 1606 ist sie verfallen. Ihre Schildmauer ist 3,5 m, die Ringmauer 1,6 m stark.

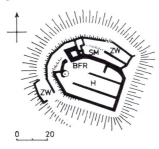

Staufen
Gde. Syrgenstein-S..., Kr. Dillingen, Bayern

Grundriß in: Kunstdkm. v. Bayern, Schwaben, Bd. 8, S. 58.

Von der Burg des 13. Jh. ist außer einigen Mauerresten nur der quadratische Bergfried mit dem seltenen runden Innenraum erhalten.

Staufen
Gde. Hilzingen, Kr. Konstanz, Baden-Württemberg

Grundriß in: Kiewat, S. 98.

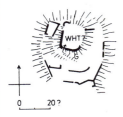

Erste Erwähnung der Burg 1272, zerstört wurde sie 1441. Der Kern der Anlage war vermutlich ein Wohnturm.

Staufenberg
Kr. Gießen, Hessen

Grundriß in: Kunstdkm. v. Hessen, Gießen, Bd. 1, S. 331.

Die Oberburg ist im Anfang des 13. Jh. nachweisbar. Die Unterburg ist von 1517; 1647 wurde die Anlage zerstört.

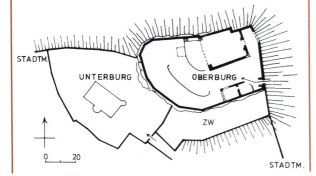

Staufenburg
Gde. Durbach-S..., Kr. Offenburg

Grundriß in: Kunstdkm. v. Baden, Bd. 7, S. 321; Burgen im südl. Baden, S. 182; Batzer/Städele, S. 283; Burgen u. Schlösser in Mittelbaden, S. 231.

»Comes de Stauffenberg« werden 1070–1092 in Urkunden erwähnt. Sie waren wohl Vasallen der Zähringer. Wann die Burg erbaut wurde, ist unklar. Sie ist vielfach bis ins 19. Jh. verändert worden. Im 14. Jh. war sie zeitweilig Ganerbenburg für alle Staufenberger. Heute ist sie markgräfl. Badensche Weinkellerei.

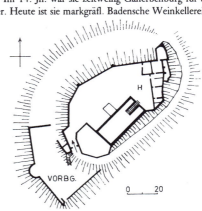

Staufenburg, Stauffenburg
Gde. Seesen, Kr. Northeim, Niedersachsen

Grundriß in: Kunstdkm. v. Braunschweig, Bd. 5, S. 351; Stolberg, S. 380.

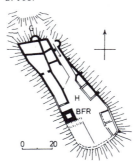

Begonnen wurde die Staufenburg nach 1050 durch die Grafen v. Katlenburg. »Gerberdus de Stouphenburch«, ein Ministeriale, ist 1130 bezeugt. 1495–1522 war die Burg Witwensitz der Herzogin Elisabeth v. Braunschweig. Ab 1750 ist sie langsam verfallen. Der Bergfried von ca. 7 m Kantenlänge hat 2 m starke Mauern.

Staufenburg
Gde. Zorge, Kr. Osterode, Niedersachsen

Grundriß in: Kunstdkm. v. Braunschweig, Bd. 6, S. 262.

Die Burg wurde 1243 erstmals urkundlich genannt, 1253 wurde sie zerstört. Ihre Ringmauer ist ca. 1,5 m dick.

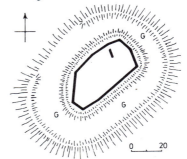

Staufeneck

Gde. Pinding-Mauthausen, Kr. Bad Reichenhall, Bayern

Grundriß in: Kunstdkm. v. Oberbayern, S. 3021.

Die Burg ist seit dem 13. Jh. Salzburger Lehen. 1301 erscheint sie urkundlich. Der große Umbau 1513 führt weitgehend zum heutigen Bestand. Der 11 m hohe Bergfried mit 2 Stockwerken hat 8,5 m Kantenlänge und 1,6 m Mauerstärke, er ist so hoch und so stark wie die Ringmauer am Tor. Selbstverständlich war der Turm in der Vergangenheit mindestens 20 m hoch.

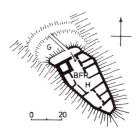

Staufeneck

Gde. Salach, Kr. Göppingen, Baden-Württemberg

Grundriß in: Schmidt, Fig. 68; Hotz Z 18; Burgwart 1915, S. 59; Kunstdkm. v. Württbg., Donaukr., Göppingen, S. 143; Schmitt, Bd. 1, S. 119.

1240 wird die Burg von Friedrich v. Staufen, Burgmann auf Hohenstaufen, erbaut. Friedrich »miles de Stowfinegge« taucht 1257 urkundlich auf. Der Bergfried ist mit Buckelquadern verkleidet. Das neue Schloß im NW der Burg entsteht um 1500. Um 1825 begann die Burg zu verfallen. Der 26 m hohe Bergfried mit 5 Stockwerken, von denen das zweite, vierte und fünfte achteckige Innenräume besitzen, hat unten 10,25 m, oben 9,35 m Durchmesser, ist also konisch. Die Mauerstärke geht von 3,2 m auf 2,1 m zurück. Der rundbogige Eingang liegt ca. 16 m hoch. Die Ringmauer ist 1,7 m stark.

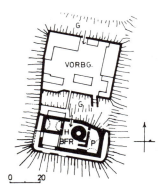

Steckborn

Kt. Thurgau, Schweiz

Angabe in: Meyer, Bd. 6, S. 88.

Der Bergfried ist als Rest eines Turmhofes, vielleicht von 1200, ausgegraben worden.

Steckelburg

Gde. Schlüchtern-Rambolz, Kr. Hanau, Hessen

Grundriß in: C. Krollmann »Burg Steckelburg«, Berlin 1901.

Der Burgadel wurde 1131 urkundlich erwähnt. Die erste Burg wurde 1276 als Raubnest zerstört. Die heutige Burg wurde Ende des 13. Jh. erbaut. Das Torrondell entstand 1508. Die Burg, der Geburtstort Ullrich v. Huttens, ist im 18. Jh. verfallen. Der Wohnturm mit 9,2 × 11,2 m Seitenlänge und ca. 1,3–1,7 m Wandstärke hat 3 Stockwerke in 15 m Gesamthöhe.

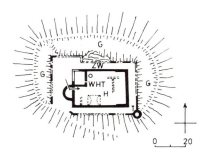

Stecklenburg

Kr. Quedlinburg, Sachsen-Anhalt

Grundriß in: Stolberg, S. 383; Burgwart, 1905, S. 7.

1283 wird »castrum Steckenbergh« urkundlich genannt. Die romanische Kernburg ist noch im 11. Jh. erbaut worden. Die südliche Burg wurde im 12. Jh. hinzugebaut. Der Zwinger stammt aus dem 14. Jh. 1364 wurde sie zerstört und wieder aufgebaut. Nach 1825 wurde die verfallende Burg teilweise abgebrochen. Der runde Bergfried hat 6 m Durchmeser, der quadrat. Bergfried hat 9 m Kantenlänge mit 2 m Wandstärke.

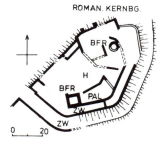

Steffisburg

Bz. Interlaken, Kt. Berg, Schweiz

Grundriß in: Burgen u. Schlösser d. Schweiz, Bd. Xb, S. 36.

Das Burghaus ist 1480 als Adelssitz erbaut worden.

Stefaning = Stefling

Stefling

Gde. Nittenau-S..., Kr. Schwandorf, Bayern

Grundriß in: Kunstdkm. v. Bayern, Oberpfalz, Bd. 1, S. 150.

1196 wird der Burgadel genannt, der im Dienstmannenverhältnis zu den Herzögen v. Bayern stand. 1205 erscheint die Burg urkundlich. Im Dreißigjährigen Krieg wurde Stefling zerstört und wieder aufgebaut, die heutigen Wohnbauten sind aus dem 18. Jh. Der Bergfried hat 8,5 m Seitenlänge und 2,5 m Mauerstärke. Die Ringmauer ist um 2 m stark.

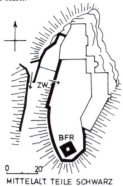

Stehle

Gde. Andrian, Burggrafenamt, Südtirol, Italien

Grundriß nach Mitteilung der Gemeinde.

Vielleicht war die Burg 1313 schon Ruine.

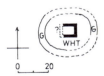

Stein

Gde. Stuttgart, Baden-Württemberg

Grundriß in: Wein, Bd. 2, Abb. 27.

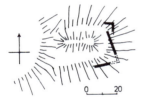

Die Reste der ehemaligen Turmhügelburg aus dem 12. Jh. wurden ergraben. Vermutlich war sie schon 1287 zerstört. Der Wohnturm, vielleicht 9,3 × 10,3 m groß, hatte 1,5 m Wandstärke.

Stein

Kr. Zwickau, Sachsen

Grundriß in: Rüdiger, Abb. 28.

Die Burg auf einem Felsen hat einen Bergfried mit 7,85 m Durchmesser mit 3,3 m Mauerstärke. Der wohnturmartige Palas ist aus dem 14. Jh.

Stein

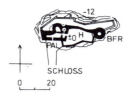

Gde. Baden (Bz.), Kt. Aargau, Schweiz

Grundriß in: Kunstdkm. der Schweiz, Aargau, Bd. 4, S. 57.

Vermutlich ist die Burg schon 1077 gegründet worden. Sie ist seit dem 14. Jh. mit der 60 m tiefer liegenden Stadt durch Mauern verbunden. 1415 wurde sie zerstört und endgültig 1712.

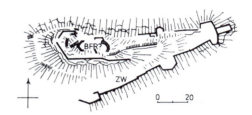

Stein

Gde. Königsbach-S..., Kr. Karlsruhe, Baden-Württemberg

Grundriß in: Kunstdkm. v. Baden, Bd. 9.1, S. 154.

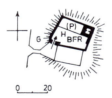

Der Adel zur Wasserburg »de Steyn« wird 1377 urkundlich genannt. Ringmauer und Bergfried sind alt, vermutlich aus dem 14. Jh. Alle anderen Teile sind aus dem Umbau zum Schloß im 16. Jh. Der Bergfried hat 7 m Seitenlänge, Mauerstärken von 1,7–2,5 m, 18 m Höhe und 4 Stockwerke.

Stein

Bz. Spittal a. d. Donau, Kärnten, Österreich

Grundriß in: Dehio, Kärnten, S. 669; Burgen u. Schlösser in Kärnten, Bd. 3, S. 121.

Die Burg liegt auf 2 Felsen oberhalb der Drau. Sie ist im 12. Jh. entstanden. Die Kapelle wird 1334 genannt. Der westliche Teil ist um 1500 in ein Schloß umgebaut worden. Der Ostteil ist Ruine. Der Bergfried hat 8 m Kantenlänge und 1,8 m Mauerstärke.

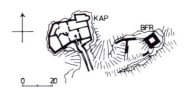

Stein

Gde. Schöntal, Kr. Künzelsau, Baden-Württemberg

Grundriß nach Plan der Gemeinde.

1305 ist urkundlich von einem Burgstall die Rede. Der Wohnturm stammt wohl aus der Stauferzeit.

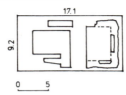

Stein

Krain, Slowenien

Grundriß in: Piper, Österr., Bd. 7, S. 155.

Für die romanische Burg gibt es keine Daten. Der Wohnturm hat 10,5 × 12 m Grundfläche.

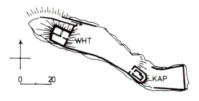

Stein

Gde. St. Georgen, Bz. Wolfsberg, Kärnten, Österreich

Grundriß in: Burgen u. Schlösser in Kärnten, Bd. 1, 2. Aufl., S. 167.

1215 wird in der Burg Stein eine Urkunde ausgefertigt. Die erste Baustufe war ein festes Haus auf dem 12 m hohen Fels (Palas), das am Ende des 13. Jh. durch eine bis 2,5 m starke Ringmauer ergänzt wurde. Im 14. Jh. wurde am Fuß des Felsens eine weitere Ringmauer errichtet, die den im 13. Jh. begonnenen Kapellenbau mit einschloß. 1497 entstand in der Vorburg das neue Schloß anstelle der ruinierten Burg.

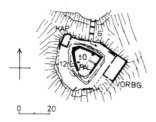

Stein

Gde. Fridingen, Kr. Tuttlingen, Baden-Württemberg

Grundriß in: Schmitt, Bd. 3, S. 256.

Die Burg wurde in der 1. Hälfte des 12. Jh. begonnen. Im 14. Jh. wurde sie aufgegeben, denn 1409 wird sie bereits als Burgstall bezeichnet. Die Ringmauer ist noch 6 m hoch, erhalten und 1,5 m stark, der Bergfried hat einen Innenraum von 2,5 × 3 m.

Stein, Steinschloß

Gde. Mariahof, Bz. Murau, Steiermark, Österreich

Grundriß in: Dehio, Steiermk., S. 542; Piper, Österr., Bd. 2, S. 233.

Begonnen wurde die Kernburg um 1100. 1185 erscheint Otto v. Stein urkundlich. 1525–1532 wurde Stein festungsartig ausgebaut, sie verfiel nach 1786. Ihr großer Bergfried von 10 m Breite und 14 m Länge und 2 m Wandstärke könnte zunächst als Wohnturm errichtet worden sein; der Innenraum ist rd. 50 m² groß.

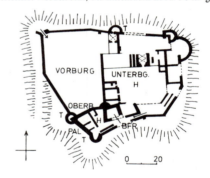

Stein

Gde. Nassau, Rhein-Lahn-Kr., Rheinland-Pfalz

Grundriß in: Kunstdkm. im Reg.-Bz. Wiesbaden, Bd. 3, S. 208.

Der Burgadel »de Lapide« wird 1158 erstmals urkundlich erwähnt. Die Burg des 12. Jh. als Vasallenburg der Grafen v. Nassau erbaut, ist die Stammburg der durch ihren letzten Sproß berühmten Reichsfreiherren v. Stein. Auf dem höchsten Punkt der Burg stand vermutlich ein Wohnturm.

Stein

Gde. Gefrees, Kr. Bayreuth, Bayern

Grundriß nach Aufnahme F.-W. Krahe 1982.

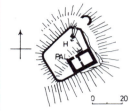

Der wohnturmartige Palas wurde am Beginn des 14. Jh. erbaut, 1362 wurde Stein urkundlich genannt. 1560 wurde sie instandgesetzt.

Stein

Gde. Pfreimd-S..., Kr. Schwandorf, Bayern

Grundriß in: Kunstdkm. v. Bayern, Oberpfalz, Bd. 18.

Der Burgadel wird 1144 urkundlich genannt. Die Ringmauer von ca. 1,0 m Stärke ist wohl alt. Die heutigen Wohnbauten stammen aus dem 16. Jh.

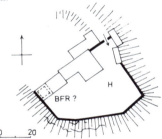

Stein, Stein am Ritten

Gde. Klobenstein, Eisacktal, Südtirol, Italien

Grundriß in: Trapp, Bd. 4, S. 413.

»Engelmarus de Stain« tritt 1225 als Zeuge auf. 1243 wird die Burg urkundlich genannt zusammen mit »Hugo de Lapide«, sie muß also in der 1. Hälfte des 13. Jh. erbaut worden sein. 1528 wurde Stein umgebaut und Ende des 16. Jh. verlassen. Die Ringmauer des Kernes ist 1,2 m stark, so auch die Mauer des Bergfriedes, die im Norden auf 2,3 m verstärkt war.

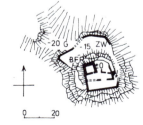

Stein

Gde. Traunreuth-S..., Kr. Traunstein, Bayern

Grundriß in: Arbeitsheft 9 der Bayrischen Denkmalpflege.

Die Höhlenburg, um 1200 begonnen, wurde noch 1556 verstärkt. Sie wurde erst im 17. Jh. aufgegeben, womit sie die vermutlich am längsten bewohnte Höhle im Reich war.

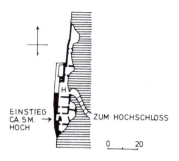

Stein

Gde. Kern-Kallenfels, Kr. Bad Kreuznach, Rheinland-Pfalz

Grundriß in: Kunstdkm. d. Rheinprov., Bd. 18.1, S. 145.

Die Burg Stein besteht aus drei einzelnen Anlagen: Stein, Kallenfels und Stock im Hane, die auf drei Felstürmen mit ihren Türmen jeweils knapp 100 m auseinanderliegen. Alle drei wurden 1686 durch Franzosen zerstört. Die Burg Stein entstand wohl im 12. Jh., die anderen Anlagen sind jünger.

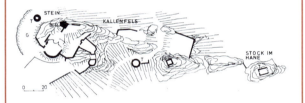

Stein = Alzey

Stein = Baden

Stein = Girsberg

Stein = Herblingen

Stein = Kaumberg

Steinau

Kr. Hanau, Hessen

Grundriß nach: Verwaltg. d. staatl. Schlösser und Gärten in Hessen.

Der fünfeckige Kern stammt aus der Zeit um 1300. Die Wasserburg wurde in der 2. Hälfte des 16. Jh. in ein Schloß umgebaut.

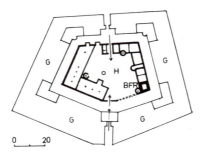

Steinbrück

Gde. Söblde-S..., Kr. Hildesheim, Niedersachsen

Grundriß in: Kunstdkm. d. Prov. Hannover, Bd. 2.3, S. 182.

Die Wasserburg wurde 1346 durch den Bischof von Hildesheim erbaut. 1421 wurde sie erneuert. In der 2. Hälfte des 17. Jh. wurde sie teilweise abgebrochen. Aus dem Batterieturm im Westen wurde nach 1950 eine ev. Kirche. Der Bergfried hat 11 m Seitenlänge und 2,7 m Wandstärke. Die Kernburg ist aus dem 14. Jh., das Torhaus aus dem 15. Jh., der Batterieturm aus dem 16. Jh.

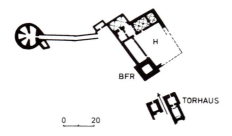

Steinegg

Gde. Tiefenbronn, Kr. Pforzheim, Baden-Württemberg

Grundriß in: Kunstdkm. v. Baden, Bd. 9.7, S. 203.

Die recht schloßähnliche Burg wurde 1440–1460 erbaut. Urkundlich genannt wurde sie erstmals 1520. 1580–1600 wurde sie umgebaut. Der Bergfried hat 6 m Durchmesser mit ca. 1,5 m Wandstärke.

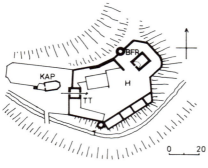

Steinegg

Gde. Karneid, Bozen, Südtirol, Italien

Grundriß in: Trapp, Bd. 8, Abb. 11.

»Ulricus de Steinecke« wird 1231 urkundlich genannt, auch die Burg »Staynecke« wird bald darauf erwähnt. Um 1600 war sie Burgstall. Auf der höchsten Stelle hat wahrscheinlich ein Wohnturm gestanden.

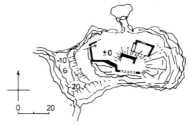

Steinegg

Gde. Bonndorf-Wittlekofen, Kr. Waldshut, Tiengen, Baden-Württemberg

Grundriß in: Burgen im südl. Baden, S. 152; Kunstdkm. v. Baden, Bd. 3.

Die Herren v. Steinegg sind seit 1150 bekannt. Die Burg, nur 400 m von Roggenbach → entfernt, wurde wohl im 12. Jh. erbaut. Sie ist vermutlich 1525 zerstört worden. Vorhanden ist vor allem noch der Bergfried mit 9 m Kantenlänge und 3 m Wandstärke.

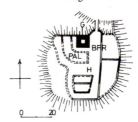

Steinegg

Gde. Wang, Bz. Scheibbs, Niederösterr., Österreich

Grundriß in: Burgen im Bz. Scheibbs, S. 275.

Die vermutlich im 13. Jh. entstandene Burg ist 1327 schon Burgstall. Die Ringmauer ist 1,25 m stark.

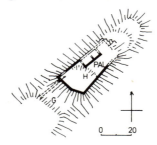

Steinegg

Gde. Hütwilen, Bz. Steckborn, Kt. Thurgau, Schweiz

Grundriß in: Burgen u. Schlösser d. Schweiz, VI, S. 74.

»Die Steinegge« wird 1202 urkundlich genannt. 1520 wird die Burg durch Brand zerstört. 1866 wird sie in Neorenaissance aufgebaut.

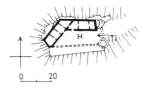

Steinegg = Burgholz

Steinegrimma

Kr. Hohenmölsen, Sachsen-Anhalt

Grundriß in: Burgen d. Salierzeit, Bd. 1, S. 143.

Die Turmburg wurde unter einer romanischen Kirche ausgegraben. Der Bergfried hat 9,6 m Durchmesser und 1,6 m Mauerstärke.

Steinelbogen = Elbogen

Steinelschloß = Stein

Steinenschloß, Biebermühle

Gde. Thaleischweiler, Kr. Pirmasens, Rheinland-Pfalz

Grundriß in: Baudkm. d. Pfalz, Bd. 5, S. 182; Kunstdkm. v. Bayern, Pfalz, Bd. 5, S. 521; Burgen u. Schlösser i. d. Pfalz, Nr. 4.

Die Burg wurde um 1100 durch die Grafen v. Leiningen gegründet. 1168 hat Kaiser Barbarossa sie zerstört. Sie wurde wohl nicht wieder aufgebaut. Der runde Turm von 13,5 m Durchmesser und 2,5 m Mauerstärke war vermutlich ein Wohnturm mit rd. 56 m Innenfläche. Von der in den Inventaren dargestellten mächtigen Schildmauer ist in »Burgen u. Schlösser« nichts zu sehen.

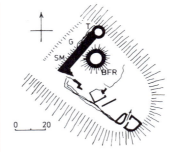 

Steinerburg

Gde. Steinach, Bz. Rorschach, Kt. St. Gallen, Schweiz

Angabe in: Piper, S. 495; Meyer, Bd. 6, S. 44.

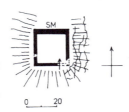

Die Burg von 24,2 × 25,7 m Außenmaßen wurde um 1200 durch die 1209 urkundlich genannten Herren v. Steinach erbaut. Nach einer Zerstörung wurde sie wieder aufgebaut. Sie verfiel nach 1830. Die rd. 2 m starke Ringmauer war im Norden auf 3,0 m verstärkt, der Eingang liegt 5 m hoch. Auf den zwei Stockwerken aus Stein war noch ein Fachwerkgeschoß aufgesetzt.

Steinhart

Gde. Hainsfahrt-S..., Donau-Ries-Kr., Bayern

Grundriß nach Aufnahme F.-W. Krahe 1991.

Die kleine Anlage des 13. Jh. hatte 1,4 m starke Mauern von ca. 9 m Höhe. Die beiden Längsmauern zeigen Dachanschlüsse.

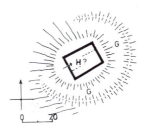

Steinheim

Kr. Offenbach, Hessen

Grundriß in: Hotz Z 39.

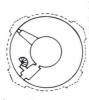

Der Bergfried mit 35 m Höhe ist der Rest einer Burg vom Beginn des 15. Jh. Der Eingang liegt 14 m hoch.

Steinsberg

Gde. Sinsheim-Weiler, Rhein-Neckar-Kr., Baden-Württemberg

Grundriß in: Ebhardt I, Abb. 13; Hotz Z 6, Schmidt, Fig. 15; Nacher, S. 114; Kunstdkm. v. Baden, Bd. 8.1, S. 182.

1109 wird die Burg erstmals erwähnt. Die heutige Buckelquader-Burg ist im frühen 13. Jh. auf älteren Resten erbaut worden. 1525 wurde sie zerstört und wieder aufgebaut. Die Zwinger stammen aus dem 14. und 15. Jh. 1779 wurde die Burg teilweise abgebrochen. Der Bergfried ist 9 m breit und hat 5 Stockwerke, seine Höhe ist rd. 28 m, der Einstieg ist 10 m hoch.

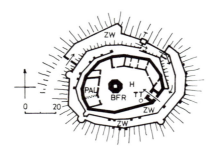

Steinsberg, Ardez

Gde. Ardez, Bz. Inn, Kt. Graubünden, Schweiz

Grundriß in: Poeschel, S. 289; Clavadetscher, S. 193.

1229 wird »de Steinsberc« urkundlich erwähnt. Die Burg ist im späten 12. Jh. entstanden. 1499 wurde sie durch einen Brand zerstört. Ursprünglich war wohl nur der nördliche, schmale Streifen ummauert. Der Bergfried mit ca. 6,5 × 9 m Grundfläche hat 4 Stockwerke in 18 m Gesamthöhe, seine Mauerstärke verringert sich von ca. 1,7 m am Sockel auf ca. 1,2 m im 4. Stockwerk. Der Turm ist an den Querseiten leicht konisch.

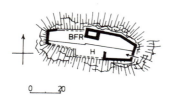

Stenderberg

Gde. Liebenau-Ostheim, Kr. Kassel, Hessen

Grundriß in: Führer zu archäol. Denkm. in Deutschld., Bd. 7, S. 143.

Die ausgegrabenen Reste deuten auf eine kl. Burg vielleicht noch des 10. Jh. hin. Vermutlich ein Wohnturm, von dem 2,4 m und 3,3 m dicke Mauern erkennbar sind.

Stenshofturm

Gde. Essen, Nordrhein-Westfalen

Grundriß in: Jahrbuch d. Rhein. Denkmalpflege 1966.

Der Wohnturm ist romanischen Ursprungs, vermutlich aus dem 13. Jh.

Sternberg

Gde. Wernberg, Bz. Villach, Kärnten, Österreich

Grundriß in: Kohla, S. 309; Burgen u. Schlösser in Kärnten, Bd. 3, S. 159.

1170 wird »Hugo de Sternberc« urkundlich genannt. 1457 wird die Burg zerstört.

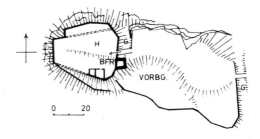

Sternberg

Gde. Extertal-Linderhofe, Kr. Detmold, Nordrhein-Westfalen

Grundriß in: Ebhardt I, S. 118.

Die Wasserburg des 13. Jh. wurde durch spätere Umbauten stark verändert. Die Ringmauer ist maximal 2 m dick.

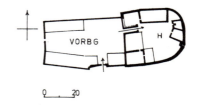

Sternenberg

Gde. Hofstetten, Bz. Dornach, Kt. Solothurn, Schweiz

Grundriß in: Kunstdkm. d. Schweiz, Solothurn, Bd. 3, S. 335; Meyer-Regio, S. 222.

Die Wohnturmburg der Herren v. Hofstetten ist um 1250 erbaut worden. Zerstört wurde sie 1444 durch Brand. Der Wohnturm hat

STETTEN AM KOCHER

Bestand und Rekonstruktion einer kleinen spätstaufer zeitlichen Burg

Abb. 1. Burg Stetten, Ansicht des Burgberges von Südwesten

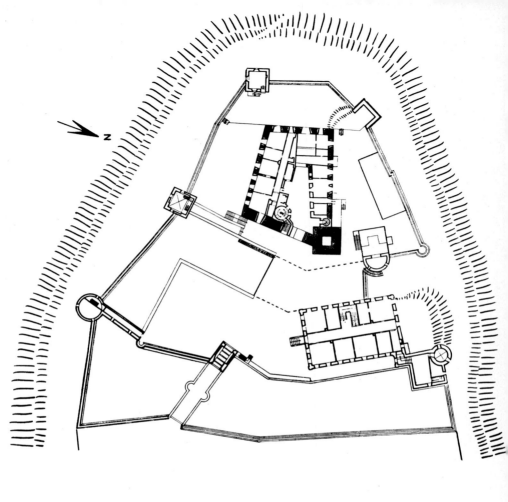

Abb. 2. Burg Stetten, Grundriß der Gesamtanlage nach den „Kunstdenkmälern des ehemaligen Oberamts Künzelsau" mit Ergänzungen des Verfassers. Der romanische Bestand ist schwarz angegeben, der Verlauf des ehemaligen inneren Grabens gestrichelt

maximale Dimensionen von 13,7 × 15,5 m, die Schildmauer ist bis 4 m stark.

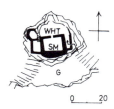

Sterneneck

Gde. Loßburg-S..., Kr. Freudenstadt, Baden-Württemberg

Grundriß in: Fick, Teil 4, S. 8.

Erwähnt wird die Burg erstmals urkundlich 1314, ist aber vielleicht noch aus dem 13. Jh. Wann sie zerstört wurde, ist unbekannt. Der Bergfried hat 7,5 m Breite und 2,2 m dicke Mauern, die Schildmauer ist um 1,7 m stark.

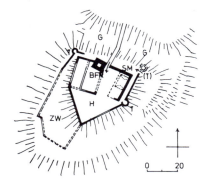

Sternenfels, Büren

Gde. Büren, Bz. Dornach, Kt. Solothurn, Schweiz

Grundriß in: Meyer-Regio, S. 195.

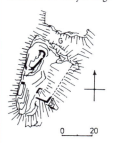

Urkundlich taucht die Burg nur 1325 auf. Die Herren v. Büren haben sie bis ins frühe 15. Jh. besessen. Danach ist sie verfallen.

Sterrenberg

Gde. Kamp-Bornhofen, Rhein-Lahn-Kr., Rheinland-Pfalz

Grundriß in: Ebhardt I, S. 66; Cohausen, Nr. 215; Kunstdkm. im Reg.-Bz. Wiesbaden, Bd. 5, S. 139; Kubach, S. 1056.

Sterrenberg liegt auf rd. 500 m Abstand gegenüber von Liebenfels →, beide werden auch die feindlichen Brüder genannt. Die ehemalige Reichsburg wurde im 12. Jh. begonnen. Der Bergfried hat 8,3 m Seitenlänge und 2 m Wandstärke. Die Schildmauer ist um 2 m stark.

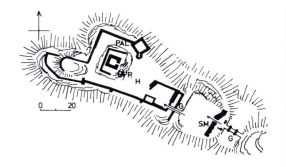

Stetten = Herblingen

Stetten

Gde. Künzelsau (Kr.)-Kocherstetten, Baden-Württemberg

Grundriß in: Burgen u. Schlösser, 1972-I; Burgwart 1899, S. 66; Antonow, SWD, S. 253; Hotz-Pfalzen, Z 86.

Die Kernburg ist staufischer Herkunft, aus der Zeit zwischen 1230 und 1240. In der 2. Hälfte des 15. Jh. wurde die Burg ausgebaut. Die Burg, mehrfach nachmittelalterlich verändert, ist noch im Besitz der Frhrn. v. Stetten. Die schöne Schildmauer und der Bergfried sind mit Buckelquadern verkleidet. Die 15 m hohe Schildmauer ist 2,5 m stark. Der 19 m hohe Bergfried hat 6,8 m Seitenlänge mit ca. 2,2 m Wandstärke.

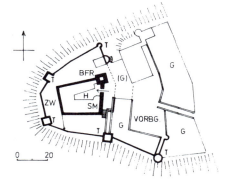

Stettenburg

Gde. Orschweier, Ct. Guebwiller, Haut-Rhin, Frankreich

Grundriß in: Inventaire de la France, Ct. Guebwiller.

Der Bergfried mit 8 m Seitenlänge und 2 m Wandstärke mit Buckelquadern ist der Rest einer Burg des 13. Jh.

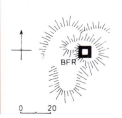

Stettenburg

Gde. Volkach, Kr. Kitzingen, Bayern

Grundriß in: Kunstdkm. v. Bayern, Unterfrk., Bd. 8, S. 215.

Die vermutlich rechteckige, große Burg stammt aus der 1. Hälfte des 13. Jh. Sie wurde 1255 genannt. Übrig ist nur der Buckelquader-Bergfried mit 8 m Seitenlänge und 2 m Wandstärke.

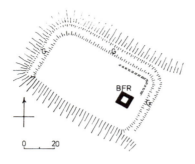

Stettener Schloß = Neuheven

Steuerburg siehe Itterburg

Steuerburg

Gde. Wabl, Bz. Klagenfurt, Kärnten, Österreich

Grundriß in: Kohla, S. 310; Burgen u. Schlösser in Kärnten, Bd. 2, S. 96.

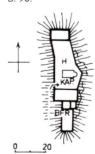

Die Burg der Herren v. Tovernich hieß nach ihnen im 12. Jh. Dovernic. 1169 taucht Reinherus de Styrberch in Urkunden auf. Die ursprünglich romanische Burg wurde im 15. u. 16. Jh. schloßartig ausgebaut. Die Kapelle ist gotisch, vielleicht auf romanischer Basis. Die Burg ist erst nach 1900 aufgegeben worden.

Steuerwald

Gde. Hildesheim (Kr.)-S..., Niedersachsen

Grundriß in: Kunstdkm. d. Prov. Hannover, Bd. 2.9, S. 205.

Gegründet wurde die Wasserburg zwischen 1310 und 1318 durch den Bischof v. Hildesheim. Die Kapelle ist von 1486. 1632 wurde die Burg teilweise abgebrochen und in eine Domäne verwandelt; sie ist jetzt Museum.

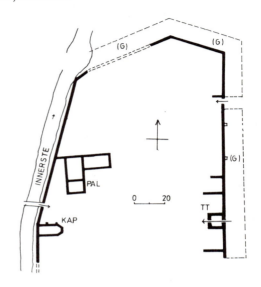

Steyersberg

Bz. Neunkirchen, Niederösterr., Österreich

Grundriß in: Sammlung Kreutzbruck.

Begonnen wurde die Burg vielleicht schon um 1100. Die Burg ist vielfach umgebaut und erweitert worden, zuletzt 1622. Der Bergfried hat 7,8 m und 10,5 m Seitenlänge sowie 2,5 m Wandstärke. Er hat 5 Stockwerke, 19 m Höhe und einen Eingang in 2,5 m Höhe.

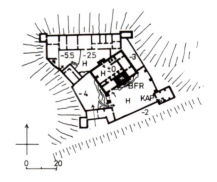

Steyregg

Bz. Urfahr, Oberösterr., Österreich

Grundriß in: Burgen u. Schlösser a. d. Donau, S. 66.

Nördlich der kleinen Altstadt Steyregg liegt auf einem Berg die Ruine der Burg, von der nur noch die Ringmauer erkennbar ist. Sie wurde urkundlich 1150 erstmals genannt.

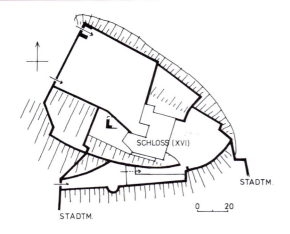

Stickelberg

Gde. Hollenthon, Bz. Wiener Neustadt, Niederösterr., Österreich

Grundriß in: Burgen u. Schlösser in Niederösterr., Bd. I/3, S. 35.

Entstanden ist die kleine Burg zwischen 1225 und 1250. 1810 war sie Ruine und ist wohl im 17. Jh. verlassen worden.

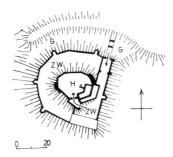

Stickhausen

Gde. Detern, Kr. Leer, Niedersachsen

Grundriß in: Heftchen des Museums Burg Stockhausen, 1984.

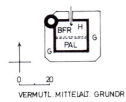

Die Wasserburg wurde 1453 erbaut. Ihr Bergfried mit 9 m Durchmesser hat 1,5 m Mauerstärke. Durch den Ausbau zur Festung wurde der Ursprung stark verdeckt. Die Burg ist heute Museum.

Stiefeler Schloß

Gde. St. Ingbert (Kr.), Saarland

Angabe in: Führer zu archäol. Denkm., Bd. 5, S. 120.

Der vielleicht aus dem 12. Jh. stammende Wohnturm wurde 1897 ausgegraben.

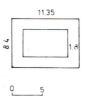

Stiege

Kr. Wenigerode, Sachsen-Anhalt

Grundriß in: Stolberg, S. 351.

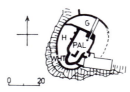

Genannt wird 1329 »to deme Styghe«. Die Burg stammt mit dem halbrunden Wohnturm vielleicht aus dem 13. Jh. Die Kernburg war recht klein. Die umgebenden Anlagen sind wesentlich jünger.

Stiegelesfels

Gde. Fridingen, Kr. Tuttlingen, Baden-Württemberg

Grundriß in: Schmitt, Bd. 3, S. 251.

Bei Ausgrabungen wurden Keramikfunde aus der 1. Hälfte des 13. Jh. gefunden.

Stierberg

Gde. Betzenstein, Kr. Bayreuth, Bayern

Grundriß in: Kunstdkm. v. Bayern, Oberfrk., Bd. 2, S. 515.

Begonnen wurde die Burg vielleicht um 1200. Zerstört wurde sie 1553.

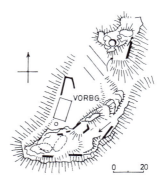

Stilfes-Turm

Gde. Stilfes, Eisacktal (Wipptal), Südtirol, Italien

Grundriß in: Trapp, Bd. 3, S. 235.

Die Herren v. Stilfes waren Ministeriale der Bischöfe von Brixen. »Odalscalch de Stiluis« ist um 1140 urkundlich genannt. Der Wohnturm ist vielleicht die Hälfte eines festen Hauses aus dem 12. Jh.

Stixenstein

Gde. Sieding, Bz. Neunkirchen, Niederösterr., Österreich

Grundriß in: Burgen u. Schlösser in Niederösterr., Bd. I/3, S. 103; Piper, Österr., Bd. 6.

Die Burg wurde im 3. Viertel des 12. Jh. begonnen. 1347 wurde sie erneuert, restauriert wurde sie 1548 und nach einem Brand von 1803 im Jahre 1843. Der Bergfried auf der Felsplatte hat 13 m Kantenlänge mit 3,7 m Mauerstärke. Die Ringmauer ist sehr stark, fast 3 m.

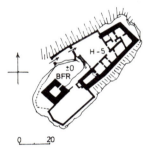

Stockberg

Gde. Malsburg-Marzell, Kr. Lörrach, Baden-Württemberg

Grundriß in: Markgräflerland, S. 29.

Funde wurden aus dem 10.–12. Jh. gemacht. Vermutlich war die kl. Burg eine frühe Adelsburg. Der Bergfried hat nur 5 m Durchmesser.

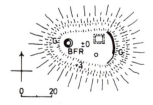

Stocken = Jagdburg

Stockenfels

Gde. Nittenau-Fischbach, Kr. Schwandorf, Bayern

Grundriß in: Kunstdkm. v. Bayern, Oberpfalz, Bd. 1, S. 155; Pfistermeister, S. 154.

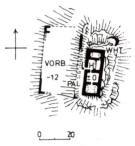

Spätestens im 3. Viertel ist die Kernburg erbaut worden. Zwinger und Vorburg sind jünger. Im Dreißigjährigen Krieg wurde sie zerstört. Die Burg ist dem Kern von Liebenstein → ähnlich. Der Wohnturm am Westende der Burg ist mit 5 Stockwerken 16 m hoch, der spitzbogige Eingang lag 4 m hoch, die Außenmauer ist 1,7 m stark.

Stock im Hane siehe Stein (Gde. Kern)

Stocksberg

Gde. Brackenheim-Stockheim, Kr. Heilbronn, Baden-Württemberg

Grundriß in: Kunstdkm. v. Württbg., Neckarkr., Tafelbd.

Der Adel zur Burg wurde 1220 urkundlich genannt. 1525 wurde die Burg zerstört und danach als Renaissance-Schloß wieder aufgebaut. Der Bergfried hat 7 m Kantenlänge und 2,0 m starke Mauern.

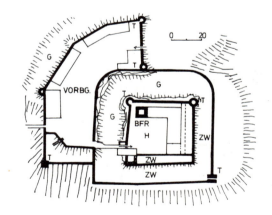

Stöffelburg

Gde. Reutlingen (Kr.)-Gönningen, Baden-Württemberg

Grundriß in: Blätter d. Schwäb. Albvereins 1931; Schmitt, Bd. 4, S. 355.

Die Stöffelburg bestand aus zwei Burgen mit einer gemeinsamen Vorburg. Die Vorderburg wurde im 12. Jh., die Hinterburg im 13. Jh. erbaut. 1377 wurde die Anlage durch Reutlingen zerstört. 1930 hat Karl Albrecht Koch die Reste ausgegraben. Der Bergfried d.

Vorderburg ist 7,5 × 6,8 m groß mit 2 m starken Wänden, die Ringmauer ist 1,7 m dick. Der Bergfried der Hinterburg hat 6 m Seitenlänge mit 1,9 m Wandstärke. Die Schildmauer ist 2,7 m dick.

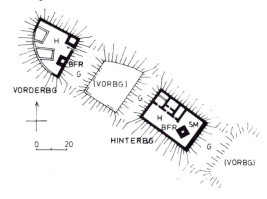

Stofenhof

Gde. Sarntheim, Sarntal, Südtirol, Italien

Grundriß in: Trapp, Bd. 5, S. 66.

Der ehemalige Wohnturm aus dem Ende des 13. Jh. hat 3 Stockwerke in ca. 11 m Höhe.

Stolberg

Kt. Sangerhausen, Sachsen-Anhalt

Grundriß in: Wäscher, Bild 425.

Grafen v. Stolberg sind seit 1210 urkundlich. Die Burg war bis 1945 im Besitz dieser Familie. Die steinerne Burg wurde um 1200 anstelle einer älteren Burg, vielleicht aus der Zeit um 1000, erbaut. Sie wurde mehrfach umgebaut und vergrößert, insbes. 1538–1547.

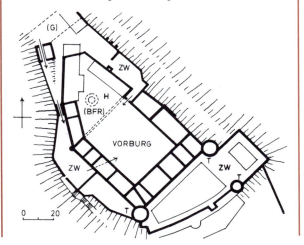

Stolberg

Kr. Aachen, Nordrhein-Westfalen

Grundriß in: Kunstdkm. d. Rheinprov., Bd. 9.2, S. 180.

Der Burgadel erscheint ab 1188 urkundlich. Um 1500 wurde die Burg auf der alten Basis zur Festung ausgebaut. 1887 wurde sie romantisierend erneuert.

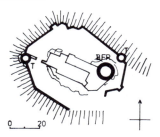

Stollburg

Gde. Oberschwarzach-Handtal, Kr. Schweinfurt, Bayern

Grundriß in: Kunstdkm. v. Bayern, Unterfrk., Bd. 8.

1151 wird das castrum Stolberg urkundlich erwähnt. Der Wohnturm stammt aus dem 13. Jh., 1525 wurde die Burg zerstört. Der Wohnturm mit dem seltenen achteckigen Grundriß hat 11,5 m Breite mit knapp 2,5 m Wandstärke. Ein ähnlicher Wohnturm steht in der Geyersburg →.

Stolpe

Kr. Angermünde, Brandenburg

Grundriß in: Kunstdkm. v. Brandenburg, Bd. 3.3, S. 387.

Auf einer 10 m hohen Motte steht ein 19 m hoher Wohnturm aus der Mitte des 13. Jh. Er hat 17,8 m Durchmesser mit 6 m im unteren, 3,5 m im mittleren und 2,4 m im obersten von 3 Stockwerken. Sein Eingang liegt 10 m hoch.

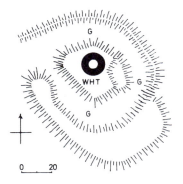

Stolpen

Kr. Sebenitz, Sachsen

Grundriß in: Kunstdkm. v. Sachsen, Bd. 1, S. 84.

Die Burg wird 1121 urkundlich erwähnt. Ihre jetzige Gestalt stammt aus dem 15. Jh. In der 2. Hälfte des 16. Jh. wurde sie zur Festung ausgebaut, 1813 wurde sie teilweise zerstört.

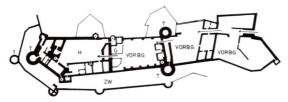

Stolzenburg – Stolec

Gde. Mohrin – Moryń, Kr. Köngigsberg – Chojna, Neumark, Polen

Grundriß in: Kunstdkm. d. Prov. Brandenbg., Bd. 7.1.

Erbaut wurde die kreisrunde Burg vermutlich 1368. Um 1400 wurde sie vielleicht aufgegeben.

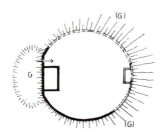

Stolzenburg

Gde. Bad Soden, Kr. Hanau, Hessen

Grundriß nach Angabe in Antonow.

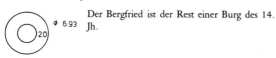

Der Bergfried ist der Rest einer Burg des 14. Jh.

Stolzenburg = Sötenich

Stolzeneck

Gde. Eberbach, Rhein-Neckar-Kr., Baden-Württemberg

Grundriß in: Kunstdkm. v. Baden, Bd. 4.4, S. 180; Antonow-SWD, S. 257.

Die Burg hat Ähnlichkeit mit der Burg Homburg → bei Radolfszell. »De Stoltzinecke« erscheint 1268 urkundlich. Die heutige Burg im unteren Teil mit Buckelquadern verkleidet ist in der 2. Hälfte des 13. Jh. wohl auf einer Anlage aus dem Ende des 12. Jh. erbaut worden. Der Palas entstand im 15. Jh. Im Dreißigjährigen Krieg wurde Stolzeneck zerstört. Die Schildmauer ist 2,5 m dick, die Treppe zum Wehrgang in der Mauer ist nur über einen 4 m über dem Hof liegenden Eingang zu erreichen. Die innere Ringmauer ist 1,5 m dick.

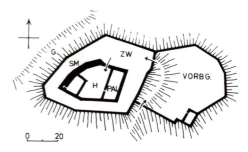

Stolzenfels

Gde. Koblenz (Kr.)-Kapellen, Rheinland-Pfalz

Grundriß in: Dehio, Rheinland Pfalz, S. 422; Cohausen, Nr. 202; Binding, S. 60.

1249–1259 wurde die Burg erbaut. Zerstört wurde sie am Ende des 17. Jh. Sie wurde danach zum Steinbruch. Im Auftrag des späteren Königs Friedrich-Wilhelm IV. hat Schinkel 1837 die Burg neugotisch wiederhergestellt. Der Bergfried ist 8 m breit und 9 m lang.

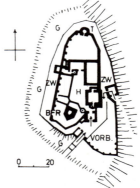

Storzinger Schlößle

Gde. Stetten am kalten Markt, Kr. Sigmaringen, Baden-Württemberg

Grundriß in: Schmitt, Bd. 3, S. 92.

Die Burg ist vielleicht um 1200 erbaut worden. Im 16. Jh. war sie öde. Die Schildmauer ist ca. 2 m stark.

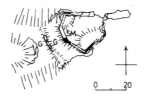

Strättlingen

Gde. Thun (Bz.), Kt. Bern, Schweiz

Grundriß nach Plänen der Stadt Thun von 1977.

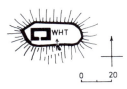

Der Minnesänger Heinrich v. Strättlingen aus der 2. Hälfte des 13. Jh. stammt wohl von dieser Burg. Der Adel wird erstmals 1175 genannt. Sie wurde im 14. Jh. einmal zerstört und aufgebaut. 1699 diente der Turm als Pulverturm. Der 16 m hohe Wohnturm mit 5 Stockwerken mißt 8,4 × 13,3 m, die Mauerstärke geht von 2,0 m kontinuierlich auf 1,3 m zurück. Die Ringmauer ist 1,5 m dick.

Strahlegg, Stralegg

Gde. Fiderts, Bz. Oberlandquart, Kt. Graubünden, Schweiz

Grundriß in: Poeschel, S. 270; Clavadetscher, S. 275.

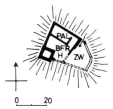

Die Burg ist wahrscheinlich in der 1. Hälfte des 13. Jh. erbaut worden. Urkundlich erwähnt wird sie 1403. Im 15. Jh. wurde sie verlassen. Der Bergfried hat 7,5 m Kantenlänge und 1,5 m starke Mauern. Er ist 9 m hoch erhalten und besaß vermutlich darüber einen hölzernen Aufbau.

Strahlenburg

Gde. Schriesheim, Rhein-Neckar-Kr., Baden-Württemberg

Grundriß in: Kunstdkm. v. Baden, Bd. 10; Burgen u. Schlösser 1990-I; Cohausen, Nr. 193; Buchmann, S. 193.

Die dargestellten Grundrisse weichen voneinander ab. Der hier gezeigte stammt aus Burgen u. Schlösser 1990-I. Begonnen wurde die Burg 1235 durch Konrad v. Strahlenburg. Der Palas erhielt 1340 ein weiteres 3. Stockwerk. Der Zwinger entstand im 15. Jh. 1733 wurde die Burg teilweise abgebrochen. Die Schildmauer ist 3 m stark und 13 m hoch. Der Bergfried hat 7 m Durchmesser mit 2,5 m dicken Wänden. Er ist 30 m hoch, hat 8 Stockwerke und einen Eingang 12,5 m über dem Hof.

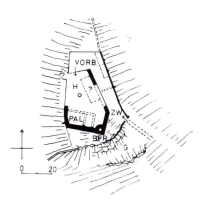

Straßberg

Gde. Gossensaß, Eisacktal (Wipptal), Südtirol, Italien

Grundriß in: Trapp, Bd. 3, S. 86; Piper, Österr., Bd. 3, S. 220.

Erbaut wurde die Burg in der 2. Hälfte des 13. Jh., urkundlich genannt wurde sie erstmals 1280; die Burg sperrte den Brennerpaß. Sie ist noch heute teilweise bewohnt. Der Bergfried ist 24 m hoch, er mißt 7,5 × 10 m mit 1,7 m Wandstärke. Sein Eingang liegt 3 m hoch.

Straßberg

Kr. Balingen, Baden-Württemberg

Grundriß in: Kunstdkm. v. Hohenzollern, Bd. 2, S. 341; Schmitt, Bd. 5, S. 255

Entstanden ist die kleine Burg mit Buckelquadern um 1200, umgebaut wurde sie 1597 und 1783. Der fünfeckige Wohnturm, eine für diesen Zweck seltene Form, ist 10,5 m breit und 13 m lang. Seine Mauern sind 2,3 – 3,0 m stark. Der Wohnturm hat 2 Stockwerke und ein Wehrgeschoß.

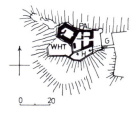

Straßburg

Gde. Malix, Bz. Plessur, Kt. Graubünden, Schweiz

Grundriß in: Poeschel, S. 262; Clavadetscher, S. 290.

Gegründet wurde die Burg in der 2. Hälfte des 12. Jh. Otto v. Straßburg wurde 1253 in einer Urkunde genannt. 1499 wurde sie zerstört. Der Bergfried mit 1,5 m Wandstärke mißt 8 × 8,5 m.

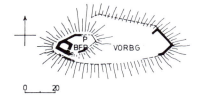

Straßburg

Bz. St. Veit, Kärnten, Österreich

Grundriß in: Dehio, Kärnten, S. 686; Ebhardt I, Abb. 670; Kohla, S. 312.

1140 wurde die Burg durch Bischof Roman I. v. Straßburg begonnen. 1180 wurde sie geschleift und später neu aufgebaut. Die heutige Burg stammt hauptsächlich aus der Zeit um 1330. 1552 wurde sie ausgebaut. Die Zwinger sind zum Teil erst 1682 angebaut worden. Der Bergfried hat 7,5 m Seitenlänge und 2 m Wandstärke. Die Wohntürme, im 14. Jh. an die Ringmauer angebaut, messen 8,5×8,5 m und 9×10 m.

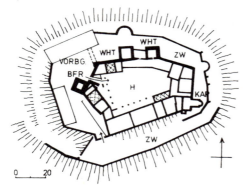

Straßfried

Gde. Arnoldstein, Bz. Villach, Kärnten, Österreich

Grundriß in: Kohla, S. 314; Burgen u. Schlösser in Kärnten, Bd. 3, S. 160; Piper, Österr., Bd. 3, S. 224.

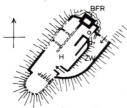

1279 heißt es in einer Urkunde in »castro Srazvrid«. Im 18. Jh. ist die Burg verfallen. Der Bergfried hat Seitenlängen von 7,5 und 9 m. Die Mauern sind 1,2 und 2 m dick.

Straubenhardt

Gde. Pforzheim (Kr.), Baden-Württemberg

Grundriß in: Antonow, SWD, S. 259.

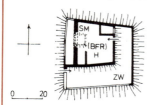

Der Burgadel ist vom 13.–15. Jh. bekannt. Zeitweilig war die Burg Ganerbenburg. Ihre Schildmauer ist 2,2 m, die Ringmauer 1,5 m stark.

Straupen

Gde. Rain-Wächtering, Donau-Ries-Kr., Bayern

Grundriß in: Kunstdkm. v. Bayern, Schwaben, Bd. 5, S. 726.

Um 1200 ist die Burg entstanden. Erhalten ist nur der Rest eines Bergfriedes.

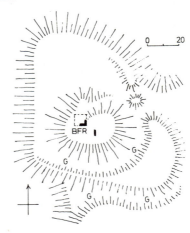

Straußberg

Kr. Sonderhausen, Thüringen

Grundriß in: Ebhardt I., Abb. 460.

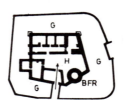

1289 wurde die Burg begonnen. Sie ist teilweise noch erhalten. Der Bergfried hat 10 m Durchmesser mit 2,5 m dicken Wänden.

Strehla

Kr. Riesa, Sachsen

Grundriß in: Kunstdkm. v. Sachsen, Bd. 28, S. 321.

Das Schloß wurde im 15. Jh. auf einer älteren Basis errichtet. Im 19. Jh. wurde es umgebaut. Die Ringmauer ist 1,2 m stark.

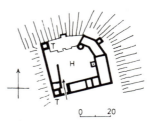

Streitberg

Gde. Wiesentthal-S..., Kr. Forchheim, Bayern

Grundriß in: Kunstmann.

Stritberg wird 1121 genannt. 1553 wurde sie zerstört und 1563 wieder aufgebaut. 1632 wurde sie endgültig zerstört.

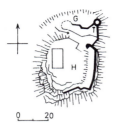

Streitwiesen

Gde. Weiten, Bz. Melk, Niederösterr., Österreich

Grundriß in: Burgen u. Schlösser in Niederösterr., Bd. III/2, S. 119.

Gegründet wurde die Burg in der 1. Hälfte des 12. Jh. Die Kapelle lag ursprünglich außerhalb der Burg. Sie wurde 1291 zerstört und aufgebaut. Der äußere Hof ist gotisch. 1556 wurde die Burg erneuert. Im 18. Jh. ist sie verfallen. Der Bergfried mit 8 m Seitenlänge hat 24 m Höhe und 6 Stockwerke.

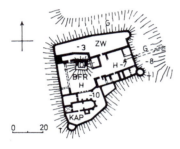

Strelitz

Gde. Neustrelitz (Kr.), Mecklenburg-Vorpommern

Grundriß in: Radecki, S. 270.

Die mittelalterliche Burg wurde 1712 durch einen Brand zerstört und 1797 größtenteils abgebrochen. Der Bergfried hatte 10 m Durchmesser und 3,1 m Wandstärke.

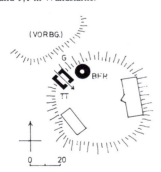

Strenger Felsen

Gde. Rheinfelden-Degerfelden, Kr. Lörrach, Baden-Württemberg

Angabe in: Meyer-Regio, S. 14.

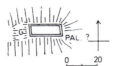

Entstanden ist die kleine Anlage um 1200. Um 1400 wurde sie verlassen. Ob es sich um einen Palas oder Wohnturm handelte, ist unklar.

Strößendorf

Gde. Altenkunstadt-S..., Kr. Lichtenfels, Bayern

Grundriß in: Bayrische Kunstdkm. Lichtenfels, S. 177.

1301 wird die nicht große Wasserburg urkundlich erwähnt. 1525 wurde sie nach ihrer Zerstörung wieder aufgebaut. Der Bergfried hat 6 m Durchmesser.

Stromberg

Gde. Oelde-S..., Kr. Warendorf, Nordrhein-Westfalen

Grundriß in: Kunstdkm. v. Westfalen, Berkum, S. 76.

Erwähnt wurde die Burg 1177; 1425 wurde sie wieder aufgebaut, im 18. Jh. teilweise abgebrochen. Der Bergfried hat 9,5 m Durchmesser und 2,5 m Mauerstärke.

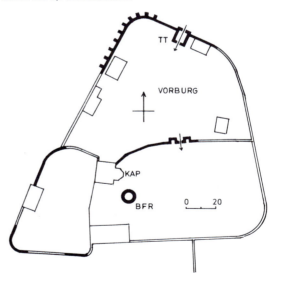

Stromberg = Fustenburg

Stubegg = Stubenberg

Stubenberg, Stubegg

Gde. Kirchau, Bz. Neunkirchen, Niederösterr., Österreich

Grundriß in: Burgen u. Schlösser in Niederösterr. I/3 S. 109

Im 2. Viertel des 14. Jh. wurde die Burg begonnen. Wann sie ruiniert wurde, ist nicht bekannt. Der Bergfried mißt 6,2 × 8,2 m und hat 1,4 m dicke Wände.

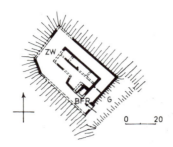

Studach

Kr. Reutlingen, Baden-Württemberg

Grundriß in: Archiv der Deutschen Burgenvereinigung.

Der Grundriß ist eine Rekonstruktion von Uhl. Erbaut wurde die Burg 1210 durch Dienstmannen der Herren v. Justingen. Sie wurde im 14. Jh. verlassen.

Stuer – Vorburg

Kr. Röbel, Mecklenburg-Vorpommern

Grundriß in: Kunstdkm. v. Mecklbg.-Schwerin, Bd. 5, S. 453.

Die Backstein-Wasserburg wurde im 13. Jh. erbaut. 1240 wird »Conrad de Sture« urkundlich genannt. Seit dem 17. Jh. ist sie nach einigen Bränden verfallen. Der Wohnturm hat 11,5 m Seitenlänge mit 2 m Wandstärke. Er ist mit 3 Stockwerken 17,5 m hoch.

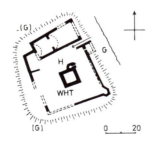

Stuer – Turmberg

Kr. Rötel, Mecklenburg-Vorpommern

Angabe in: Schwarz, S. 56.

Der Hügel mit den Resten eines Wohnturmes von ca. 14 m Seitenlänge war eine Turmhügelburg.

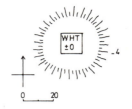

Stuppach

Bz. Neunkirchen, Niederösterr., Österreich

Grundriß in: Burgen u. Schlösser in Niederösterr., Bd. I/3, S. 113.

Die Reste der 1130 erstmals erwähnten mittelalterlichen Wasserburg sind im barocken Schloß erkennbar.

Sturmberg

Gde. Naas, Bz. Weiz, Steiermark, Österreich

Grundriß in: Dehio, Steiermark, S. 553.

Die alte Burg wurde Mitte des 12. Jh. erbaut. Ihr Bergfried ist im 14. Jh. entstanden, die neue Burg am Beginn des 15. Jh. In der 1. Hälfte des 16. Jh. wurden beide zu einer Festung vereinigt. Seit dem 17. Jh. ist die Anlage verfallen. Der Bergfried hat 9 m Seitenlänge und 3 m dicke Mauern.

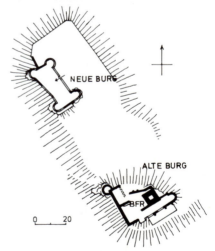

Sünikon

Gde. Steinmauer, Bz. Dielsdorf, Kt. Zürich, Schweiz

Grundriß in: Züricher Denkmalpflege 1962/1963.

Der Wohnturm entstand spätestens um 1300.

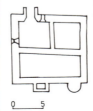

(Süpplingenburg)

Kr. Helmstedt, Niedersachsen

Grundriß in: Kunstdkm. v. Braunschweig, Bd. 1, S. 275.

Der hier dargestellte Grundriß ist von 1749. Die Burg entstand wohl Ende des 12. Jh., sie wurde 1874 abgebrochen.

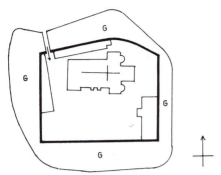

Sugenheim

Kr. Neustadt/Aisch, Bayern

Grundriß in: Bayrische Kunstdkm. Scheinfeld, S. 321.

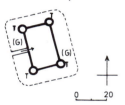

Der mittelalterliche Kern des Renaissance-Schlosses entstand um 1400.

Suhlburg

Gde. Schwäb. Hall, Baden-Württemberg

Grundriß in: Kunstdkm. v. Württbg., Jagstkr.

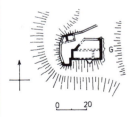

Die Burg wurde 1534 durch Brand zerstört.

Sultz

Gde. Kirchberg, Kr. Schwäb. Hall, Baden-Württemberg

Grundriß in: Kunstdkm. v. Württbg., Jagstkr., Gerabronn, S. 258.

Der Burgadel ist von 1145–1348 bekannt. Zerstört wurde die Burg 1525.

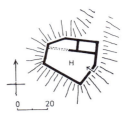

Sulzbach

Gde. Sulzbach-Rosenberg, Kr. Amberg-Sulzbach, Bayern

Grundriß in: Kunstdkm. v. Bayern, Oberpfalz, Bd. 19, S. 108; Pfistermeister, S. 155.

Graf Eberhardt I. v. Sulzbach hat in der Mitte des 11. Jh. die Burg gegründet. Seit 1305 ist sie im Besitz der Wittelsbacher. Der Palas ist aus dem Mittelalter. Im 16., 17. und 18. Jh. wurde die Burg zur Residenz ausgebaut. Die mittelalterlichen Teile sind schwarz dargestellt.

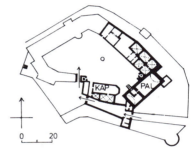

Sulzberg, Sigmundsruhe, Neusulzburg

Kr. Sonthofen, Bayern

Grundriß in: Bayrische Kunstdkm. Kempten, S. 143; Nessler, Bd. 1, S. 130.

1170 wird die Burg erstmals genannt. »De Sulciberc« tritt 1180 auf. Die Kernburg ist wahrscheinlich von damals, Vorburg und Zwinger entstanden weitaus später. Im 17. Jh. ist sie verlassen worden. Der Bergfried hat 7 m Seitenlänge mit ca. 1,5 m starken Wänden. Der Einstieg liegt ca. 5 m hoch.

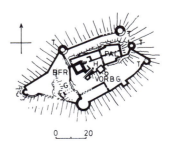

Sulzbürg

Gde. Mühlhausen-S..., Kr. Neumarkt, Bayern

Grundriß in: Kunstdkm. v. Bayern, Oberpfalz, Bd. 18, S. 278.

Urkundlich ist der Burgadel 1217 bekannt. 1804 wurde die Burg demoliert.

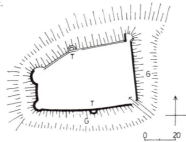

Sulzburg

Gde. Goldach, Bz. Rorschach, Kt. St. Gallen, Schweiz

Angabe in: Meyer, Bd. 6, S. 53.

Der 21 m hohe Bergfried mit 5 Stockwerken ist der Rest der Burg vom Beginn des 13. Jh., die durch die »Sulciberc« aus dem Allgäu gegründet wurde.

Sulzburg

Gde. Lenningen, Kr. Esslingen, Baden-Württemberg

Grundriß in: Kunstdkm. v. Württbg., Donaukr., Kirchheim, S. 180; Schmitt, Bd. 4, S. 125.

Der Grundriß entspricht dem bei Schmitt. Die Burg ist wohl am Beginn des 14. Jh. entstanden. Die »Vesti Sulzpurch« wird 1335 urkundlich genannt. Ende des 18. Jh. wird sie verlassen und ist 1807 Ruine.

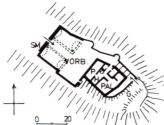

Summersberg, Sommersberg

Gde. Gufidaun, Eisacktal, Südtirol, Italien

Grundriß in: Weing.-Hörm., S. 272; Trapp, Bd. 4, S. 72.

Vielleicht hat die Burg zwei Ursprünge. 1202 wird »Rubertus de Somersperch« als Zeuge und 1211 die Burg »castrum de Sumersberge« urkundlich genannt. 1233 kommt ein »Heinrich de Gufdun« in Urkunden vor, der als Ministeriale der Grafen v. Tirol gilt. Welche von beiden Familien im 2. Viertel des 13. Jh. den Wohnturm und die Ringmauer der Unterburg erbaut haben, bleibt unklar. 1326 erhielt Georg v. Villanders die Erlaubnis zum Bau einer Burg auf dem Summersberg; aus dieser Zeit stammen die Oberburg sowie große Teile zwischen ihr und dem Wohnturm. Im 16. Jh. wurden Teile im NW des gr. Palas hinzugefügt. Nach 1880 wurde die Burg zu Wohnzwecken erweitert. Der Wohnturm mit ca. 9,5 × 10 m Grundfläche und 1,7 m Wandstärke hatte einst mehr als 2 Stockwerke. Der Bergfried hat 7,5 m Durchmesser und 1,8 m Wandstärke, er ist nur noch als Stumpf erhalten.

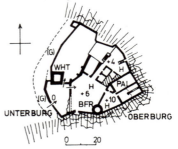

Suntheim, Sontheim

Gde. Rottweil (Kr.)-Zepfenhan, Baden-Württemberg

Grundriß in: Blätter des Schwäb. Albvereins 1915, S. 63.

Die Burg wurde 1913 ausgegraben. Sie besaß nur 0,8 m starke Ringmauern. Der Bergfried hat 6,8 m Seitenlänge und 2,3 m Wandstärke.

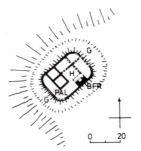

Surcasti, Übercastel

Gde. Oberkastel, Bz. Glenner, Kt. Graubünden, Schweiz

Grundriß in: Clavadetscher, S. 98.

Auf dem Kirchberg steht der Rest einer Burg aus der 1. Hälfte des 12. Jh. Eine Kirche an dieser Stelle wird 1345 erstmals urkundlich genannt. Der Bergfried und im NO vielleicht der Palas sowie Ringmauerreste zeugen von einer Burg, die vermutlich schon in der Mitte des 14. Jh. aufgegeben worden war. Der Bergfried mit 8,5 × 8,8 m Grundfläche und Mauerstärke von 1,8 – 2,4 m ist mit 3 Stockwerken 13 m hoch.

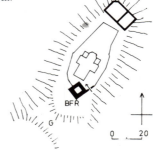

Susch

Bz. Inn, Kt. Graubünden, Schweiz

Grundriß in: Clavadetscher, S. 198.

Der Wohnturm mit 12 m Höhe und 3 Stockwerken ist um 1200 erbaut worden. Sein rundbogiger Eingang liegt 4 m hoch. Im 3. Stockwerk ist ein Aborterker vorhanden gewesen; für dauerndes Bewohnen sind 25 m² Innenfläche zu klein.

Syrgenstein

Kr. Lindau, Bayern

Grundriß in: Kunstdkm. v. Bayern, Schwaben, Bd. 4, S. 473.

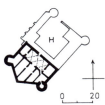

Der hier dargestellte spätmittelalterliche Teil des Schlosses wurde 1429 erbaut und 1490 erneuert. Er ist ein Übergangsbau zwischen Burg und Schloß und daher nicht untypisch für das 15. Jh.

Tabor

Gde. Neusiedel (Bz.), Burgenland, Österreich

Grundriß in: Burgen u. Schlösser im Burgenld. S. 111.

Der Wohnturm stammt nicht aus der Römerzeit sondern ist um 1200 entstanden. Er ist der Rest einer Burg. Er hat 13 m Kantenlänge mit 3 m Wandstärke.

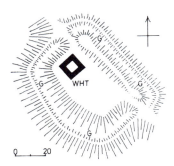

Tabor = Säusenstein

Tachenstein = Dachenstein

Taggenbrunn

Gde. St. Georgen am Längssee, Bz. St. Veit, Kärnten, Österreich

Grundriß in: Dehio, Kärnten, S. 694; Ebhardt I, Abb. 672; Kohla, S. 316; Piper, Österr., Bd. 2, S. 241; Burgen u. Schlösser in Kärnten, Bd. 1, 2. Auflage.

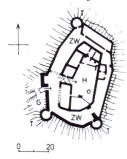

Das »castrum Takenprunne« wird urkundlich erstmals 1157 erwähnt. 1268 wurde die Burg zerstört und wieder aufgebaut. Den Türken widerstand sie dreimal ab 1473. Die Zwinger entstanden um 1500. Seit Anfang des 19. Jh. war Taggenbrunn Ruine. Die Ringmauer der Kernburg ist 1,4 m dick.

Tailfingen

Gde. Albstadt-T..., Kr. Balingen, Baden-Württemberg

Grundriß in: Schmitt, Bd. 5, S. 281.

Erbaut wurde die Burg um 1100, verlassen wurde sie vor 1250.

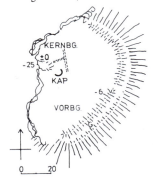

Talheim

Kr. Heilbronn, Baden-Württemberg

Grundriß in: Antonow, SWD, S. 260; Kunstdkm. v. Württembg., Neckarkreis, Tafelbd.

1240 wurde Talheim urkundlich bekannt. Nach ihrer Zerstörung 1367 wurde sie wieder hergestellt. Im 15. Jh. wurde sie weitgehend umgebaut. Die 1,7 m dicke Schildmauer ist 14 m hoch.

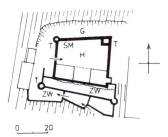

Tangermünde

Kr. Tangerhütte, Sachsen-Anhalt

Grundriß in: Kunstdkm. d. Prov. Sachsen, N.F. Bd. 3.

Die Burg ist vermutlich schon um 925 gegründet worden, doch ist die Steinburg wohl erst Mitte des 12. Jh. begonnen worden. Der größte Teil ist unter Kaiser Karl IV. zwischen 1350 und 1375 entstanden. Die Toranlage ist aus dem 15. Jh. Der Wohnturm mit 9×12 m Grundfläche und 1,6 m starken Wänden hat bei 28 m Höhe 6 Stockwerke. Der 26 m hohe Bergfried hat 10,5 m Durchmesser und 4 Stockwerke, die Mauer ist 2,6 m dick.

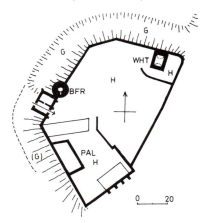

Tannegg, Alt Tannegg

Gde. Bonndorf-Boll, Kr. Waldshut-Tiengen, Baden-Württemberg

Grundriß in: Völlner, S. 30.

Der Burgadel taucht urkundlich nur bis 1160 auf. 1517 wird die Anlage als Burgstall genannt. Der Zugang zum Palas erfolgte wohl über eine Brücke.

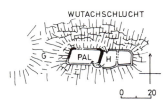

Tannegg

Bz. Münchwilen, Kt. Thurgau, Schweiz

Angabe in: Kunstdkm. d. Schweiz, Thurgau, Bd. 2, S. 320.

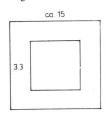

Der Mitte des 13. Jh. entstandene mächtige Wohnturm besaß vor seinem Abbruch 1837 ca. 20 m Höhe.

Tannenberg

Gde. Nentershausen, Kr. Bad Hersfeld, Hessen

Grundriß in: Burgwart 1917, S. 9.

Erbaut wurde die Burg vor 1349, Um- und Zubauten fanden 1546 und 1673 statt. Tannenberg ist Jugendherberge.

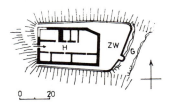

Tannenberg

Gde. Seeheim-Jugenheim, Kr. Darmstadt, Hessen

Grundriß in: Bronner, Bd. 2, S. 47; Buchmann, S. 69.

Der »Danberc« wurde 1264 urkundlich erwähnt. Zerstört wurde sie als Raubnest 1399 und 1849 freigelegt. Ihre Entstehung dürfte um 1230 liegen. Der Bergfried hat rd. 9,5 m Durchmesser mit 3 m Wandstärke.

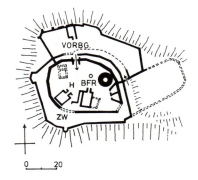

Tannenberg

Gde. Marktoberndorf, Kr. Sonthofen, Bayern

Grundriß in: Baumann, Bd. 1, S. 504.

Urkundlich erwähnt wurde die Burg nur 1202. Sonst ist nichts bekannt.

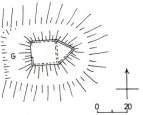

Tannenburg

Gde. Bühlertann, Kr. Schwäb. Hall, Baden-Württemberg

Grundriß in: Kunstdkm. v. Württbg., Jagstkr., S. 155; Antonow, SWD, S. 266.

1230–1240 wurden Ringmauer und Palas erbaut und 1250–1300 erneuert. Die Burg wurde in der Renaissance umgebaut und im 19. Jh. noch einmal erneuert. Antonow vermutet eine 1. Schildmauer nebst Bergfried etwa in Burgmitte, die heutige ist erst Ende des 12. Jh. entstanden; sie ist mit Buckelquadern verkleidet und 3,7 m dick, die Ringmauer hat 1,7 m Stärcke.

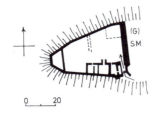

Tannenfels
Gde. Hilders, Kr. Fulda, Hessen

Grundriß nach Aufnahmen F.-W. Krahe, 1988

Entstanden ist die Burg vermutlich im 13. Jh. Ihre Ringmauer ist bei 1,4 m Stärke dreischalig. Der Bergfried hat 6,4 m Seitenlänge und 1,4 m Mauerstärke. Der Grundriß ist ausgegraben worden.

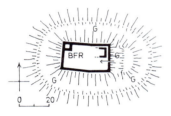

Tannenfels
Gde. Baiersbronn, Kr. Freudenstadt, Baden-Württemberg

Grundriß in: Fick, Teil 4, S. 44.

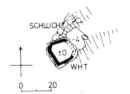

Der Wohnturm auf einem Fels war schon 1394 Burgstall. Erbaut wurde er auf einem eigentümlichen Sechseck von ca. 17 bis 18 m Breite mit 2 m Wandstärke im 13. Jh.

Tannstein = Thannstein

Tanstein siehe Altdahn

Tarantsberg = Dornberg

Tarasp
Bz. Inn, Kt. Graubünden, Schweiz

Grundriß in: Ebhardt I, Abb. 366; Poeschel, S. 281; Clavadetscher S. 199.

Begonnen wurde die Burg mit dem Palas im 11. Jh. Die roman. Kapelle stand zunächst außerhalb der Ringmauer und wurde erst mit der Vorburg in die Befestigung einbezogen. 1910 wurde Tarasp vollständig erneuert.

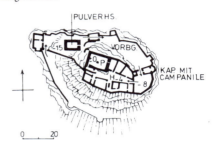

Tattenbach = Gonobitz

Tauberbischofsheim
Main-Tauber-Kr., Baden-Württemberg

Grundriß in: Kunstdkm. v. Baden, Bd. 4.2.

Von der Burg vom Ende des 13. Jh. steht nur noch der Bergfried; er ist 28 m hoch und leicht konisch. Der Eingang liegt 8 m hoch.

Tauchstein = Dauchstein

Tauernpaß
Gde. Tweng, Bz. Tamsweg, Salzburg, Österreich

Angaben in: Burgen u. Schlösser in Salzburg, Bd. 1.

Auf dem Tauernpaß stehen 3 Türme etwa gleicher Größe, die wohl Wohntürme aus dem 13. Jh. sind, die eine Paßbefestigung darstellen.

Taufers

Gde. Sand im Taufers, Pustertal, Südtirol, Italien

Grundriß in: Weing.-Hörm., S. 203; Piper, Österr., Bd. 8, S. 167.

Der Burgadel wird 1136 urkundlich bekannt. Die im 13. Jh. entstandene Burg wurde im 15. und 16 Jh. wesentlich verändert und 1907 komplett renoviert. Der Bergfried mit ca. 7,6 m Seitenlänge hat 1,5 und 2 m Wandstärke.

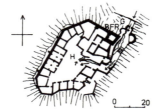

Tautenburg

Kr. Jena, Thüringen

Grundriß nach Aufnahme von F.-W. Krahe, 1991.

Erbaut wurde die Burg um 1250, wegen ihres teilweisen Abbruches 1780 sind nur wenige Reste der sehr kleinen Kernburg erhalten geblieben. Der Bergfried ist 5,8 m breit und 8 m lang mit 1,7 m Mauerstärke; er hat 4 Stockwerke in 18 m Höhe.

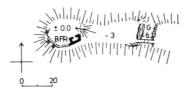

Teck

Gde. Owen, Kr. Esslingen, Baden-Württemberg

Grundriß in: Kunstdkm. v. Württembg., Donaukr., Kirchheim, S. 155; Schmitt, Bd. 4, S. 103.

Gründer der Burg ist Herzog Konrad I. v. Zähringen zu Beginn des 12. Jh., 1152 wird sie erstmals urkundlich genannt, seit 1186 nennt sich Adalbert, Sohn Konrads, Herzog v. Teck, eine bis 1439 lebende Linie, danach geht der Titel an die Herzöge v. Württemberg. Die Außenmauern im N, teilweise in Buckelquadern, stammen aus dem 12. Jh. Mehr ist von der Burg nicht erhalten. Die Nordseite nehmen Gebäude des Schwäbischen Albvereins ein (Wandererheim und Gaststätte), die ab 1889 entstanden sind.

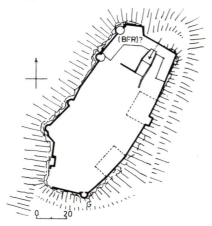

Tecklenburg

Kr. Steinfurt, Nordrhein-Westfalen

Grundriß in: Ebhardt I, Abb. 125/126; Engel, S. 181.

Der Sitz der Grafen v. Tecklenburg wurde erstmals 1184 urkundlich genannt. Im 17. Jh. wurde die Tecklenburg Festung, und nach 1729 aufgegeben. Sie wurde danach größtenteils abgebrochen. Heute befindet sich auf der Burg eine Freilichtbühne.

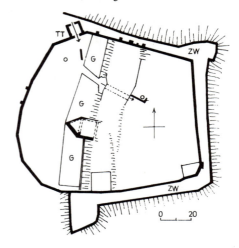

Tegerfelden

Bz. Zurzach, Kt. Aargau, Schweiz

Grundriß nach Aufnahme von K. Heid, 1958.

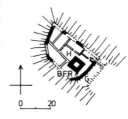

Der Burgadel wird im 12. Jh. urkundlich genannt. Zerstört wurde Tegerfelden schon 1269. Der Bergfried hat 8,4 m Seitenlänge und 2,6 m starke Mauern. Die Ringmauer ist 2 m dick.

Teising

Kr. Altötting, Bayern

Grundriß in: Landgraf »Die Wasserschlösser v. Ober- und Niederbayern« Diss., München 1948.

Die kleine Wasserburg ist gotischen Ursprungs. Sie wurde im 17. Jh. zum Schloß umgebaut.

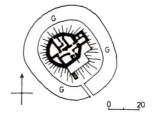

Tellenburg

Gde. Frutigen, (Bz.), Kt. Bern, Schweiz

Grundriß in: Meyer, Bd. 9, S. 42.

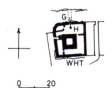

Erbaut wurde die Burg um 1200 wohl durch die Herrn v. Kien. Sie blieb bis 1798 Amtssitz, war danach Armenhaus und ist erst 1885 durch einen Brand zerstört worden. Ihre Ringmauer ist im Osten 1,4, im Westen 2,0 m stark; der 21 m hohe Wohnturm mit 5 Stockwerken hat 10,5 m Seitenlänge und im Sockel 2,9 m starke Mauern. Sein rundbogiger Eingang liegt ca. 13 m hoch.

Ten Bergen = Laurenzburg

Tengen

Kr. Konstanz, Baden-Württemberg

Grundriß in: Burgen im südl. Baden, S. 187.

Der Buckelquader-Bergfried ist der Rest einer Burg vom Ende des 12. Jh., die 1519 durch Brand zerstört wurde. Der 21 m hohe Turm hat seinen rundbogigen Eingang in 6 m Höhe.

Tepliwoda = Chiepkowody

Kr. Frankenstein – Zabkowiece, Schlesien, Polen

Grundriß in: Grundmann, S. 139.

Der Kern der Wasserburg ist ein Wohnturm von etwa 1300, im Osten des Biedermeier-Schlosses hat sich ein Teil der Ringmauer erhalten, sie ist 1,2 m stark. Der 18 m hohe Wohnturm mit der Grundfläche von 8×9,7 m und 1,2 m dicker Mauer hat 4 Stockwerke.

Teufelsburg

Gde. Überherrn-Felsberg, Kr. Saarbrücken, Saarland

Grundriß nach Burgenführer aus Felsberg.

Die Burg wurde unter Ausnutzung von zwei Felsen Mitte des 14. Jh. erbaut und 1666 durch Franzosen zerstört. Der Bergfried hat 8 m Durchmesser und 2 m Wandstärke.

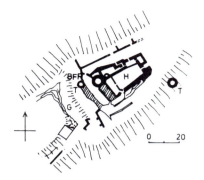

Teufelsschloß = Arnsberg, Gr.

Teupitz

Kr. Königswusterhausen, Brandenburg

Grundriß in: Kunstdkm. d. Prov. Brandenburg, Bd. 4.1, S. 191.

Auf einer Seeinsel wurde die Wasserburg am Beginn des 14. Jh. erbaut. Die Burg wurde mehrmals verändert und ist heute Hotel-Gaststätte.

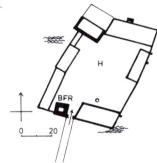

Thal, Unterthal

Gde. Kirchberg, Bz. Graz-Uml., Steiermark, Österreich

Grundriß in: Baravalle, S. 334.

Im Kern der Burg steht ein turmähnliches Gebäude von 8,75 × 14 m aus dem 14. Jh., erweitert wurde die Burg im 15. und 16. Jh. und ist im 17. Jh. verfallen.

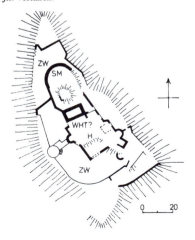

Thann, Engelsburg

(Ct.) Haut Rhin, Frankreich

Grundriß in: Salch, S. 312; Inventaire Général, Haut Rhin Thann.

Erbaut wurde die Burg 1224–1230 anstelle einer älteren Anlage. Umbauten und Erweiterung fanden Ende des 16. Jh. statt. 1674 wurde sie zerstört. Der Bergfried hat 8 m Durchmesser mit 2,5 m Wandstärke.

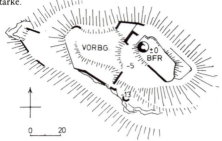

Thannstein, Tannstein

Kr. Schwandorf, Bayern

Grundriß in: Kunstdkm. v. Bayern, Oberpfalz, Bd. 2, S. 77

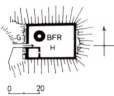

Erbaut wurde die Kastellburg vermutlich durch die Zenger v. Thannstein 1338. 1633 wurde sie durch Schweden und nach Wiederaufbau endgültig 1811 durch Brand zerstört. Ihre Ringmauer ist 1,7 m stark, der 16,5 m hohe Bergfried ist eine Röhre ohne Unterteilung, sein Eingang liegt 5 m hoch; er hat 7,3 m Durchmesser und 2,5 m Mauerstärke.

Tharandt

Kr. Freital, Sachsen

Grundriß in: Burgen und Schlösser 1991-II; Rüdiger, Abb. 18

Die Burg ist wohl um 1200 entstanden, vielleicht durch die Herren v. Tarantsberg aus Südtirol (!). Urkundlich genannt wird sie am Beginn des 13. Jh. 1579 wurde sie durch Blitzschlag eingeäschert. Der Bergfried hat 7 × 8,5 m Grundfläche und ca. 1,75 m dicke Mauern.

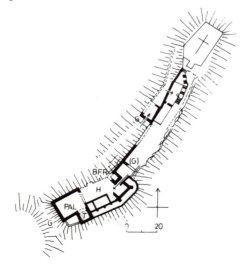

Thaur

Bz. Innsbruck, Tirol, Österreich

Grundriß in: Bracharz, S. 10; Trapp, Bd. 6, S. 199

Auf dem Burgplatz bestand eine prähistorische Besiedlung. Die Burg wird 1232 urkundlich bekannt, erbaut wurde sie wohl von den Andechser Grafen. Sie wurde um 1400 gotisch umgebaut. Um 1500 entstand die Tor-Anlage (Barbikane). Seit dem 17. Jh. ist die Burg verfallen. Der Grundriß stammt aus Trapp, Bd. 6.

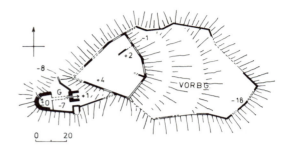

Thayaburg = Thurnau

Therasberg

Gde. Sigmundsherberg, Bz. Horn, Niederösterreich, Österreich

Grundriß nach Aufnahme d. Forstverwaltung

Die Burg wurde 1327 erstmals urkundlich genannt. 1523 wurde sie zerstört. 1824 wurde sie wiederhergestellt und dient als Forstverwaltung. Ihre Ringmauer ist 1,7 bis 2,2 m dick. Der Bergfried hat eine Grundfläche von ca. 10 × 11 m mit 2,5 m Wandstärke.

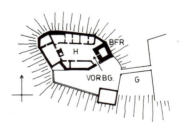

Thernberg

Bz. Neunkirchen, Niederösterreich, Österreich

Grundriß in: Piper, Österr., Bd. 7, S. 193; Burgen und Schlösser in Niederösterreich, Bd. I/3, S. 115

Der dargestellte Grundriß stammt aus Burgen und Schlösser. Der Burgadel taucht 1147 in Urkunden auf. Die romanische Anlage steht auf einem steilen Fels. Der Bergfried hat maximal 7,5 m Breite und 14 m Länge bei 1,8 m Wandstärke. Wann Thernberg verfiel ist unbekannt. Der Grundriß mit den keilartig gegeneinander gesetzten Bergfried und Palas ist einmalig.

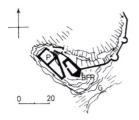

Thierberg, Tierberg

Bz. Kufstein, Tirol, Österreich

Grundriß in: Weing.-Hörm., S. 44; Piper, Österreich, Bd. 4

Die Burg wird 1285 als Besitz der Freundsberger genannt, 1379 gelangt sie an die Herzöge v. Bayern. Nach 1500 ist sie verfallen. Der Bergfried hat 10 m Breite mit ca. 2,5 m dicken Mauern.

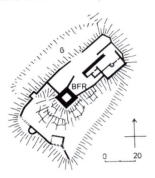

Thierburg, Tierburg

Gde. Breitungen, Kr. Sangershausen, Sachsen-Anhalt

Grundriß in: Stolberg, S. 391

1329 wird „Conrad v. Tyrberch" urkundlich genannt, vermutlich ein Vasall der Grafen v. Stolberg. Der Bergfried hat ca. 5 m Breite.

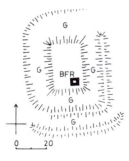

Thierlisberg

Gde. Au-Kollbrunn, Bz. Winterthur, Kt. Zürich, Schweiz

Grundriß in: Hartmann, S. 23

Für die längliche Burganlage gibt es keine Daten. Der Bergfried hat 8,5 m Kantenlänge mit etwas über 1,5 m Wandstärke.

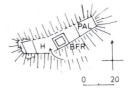

Thierlstein

Kr. Cham, Bayern

Grundriß in: Kunstdkm. v. Bayern, Oberpfalz, Bd. 6, S. 138; Pfistermeister, S. 157

Erbaut wurde die sehr kleine Burg um 1125 durch die Turdelinger, Ministeriale der Grafen v. Cham, die sich dann nach der Burg nennen und dort bis 1622 wohnten. Die Burg wurde im 16. Jh. schloßartig umgebaut. Im 19. Jh. wurde sie umfassend erneuert. Der Bergfried hat rd. 6 m Durchmesser mit über 2 m Wandstärke.

Thierstein

Kr. Wunsiedel, Bayern

Grundriß in: Kunstdkm. v. Bayern, Oberfrk., Bd. 1, S. 333

Begonnen wurde die Burg um 1300. Sie wurde 1420 und 1554 zerstört und wieder aufgebaut. 1725 zerstörte sie ein Brand. Der Bergfried ist 20 m hoch. Sein Eingang liegt 7,5 m über dem Hof. Er hat 5 Stockwerke, 7,3 m Durchmesser und 2 m Mauerstärke. Die 8 m hohe Ringmauer ist im Westen 2 m und sonst 1,5 m stark.

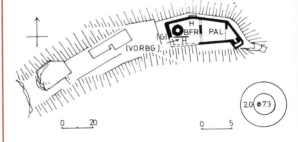

Thierstein, Neu-Thierstein

Gde. Büsserach, Bz. Breitenbach, Kt. Solothurn, Schweiz

Grundriß in: Kunstdkm. d. Schweiz, Solothurn, Bd. 3, S. 201; Meyer-Regio, S. 214.

Der Wohnturm aus der Mitte des 13. Jh. ist vielleicht auf einer älteren Basis vom Ende des 12. Jh. erbaut worden. Er hat bei ca. 16 m Höhe 3 Stockwerke, er ist 11 m breit und 15 m lang, die Wandstärke beträgt ca. 1,6 m.

Thomasberg

Bz. Neunkirchen, Niederösterreich, Österreich

Grundriß in: Ebhardt I., Abb. 654; Burgen und Schlösser in Niederösterreich, Bd. I/3, S. 118; Piper, Österreich, Bd. 3

Begonnen wurde die Burg vermutlich Ende des 12. Jh. Um 1500 wurde sie weitgehend neu gebaut.

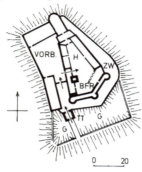

Thürnau, Tyrnau, Thayaburg

Gde. Drosendorf, Bz. Horn, Niederösterreich, Österreich

Grundriß nach Mitteilung d. Gemeinde 1987.

Der Burgadel wird 1160 urkundlich erwähnt. Von der 1452 zerstörten Anlage gibt es nur wenige Reste, die eine Kernburg im Osten und eine Vorburg im Westen vermuten lassen.

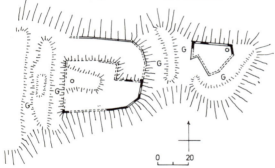

Thuisbrunn

Gde. Gräfenberg-T..., Kr. Forchheim, Bayern

Grundriß nach Plan vom Ende des 18. Jh.

Die südliche Burg ist noch bewohnt. Die Anlage wurde 1388 und 1449 zerstört. Die alte Burg, auf einem isolierten Fels gelegen, wurde nicht wieder aufgebaut. Der Bergfried hat 8 m Breite und ca. 2 m Wandstärke.

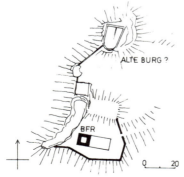

Thürndl

Gde. Hallein (Bz.), Salzburg, Österreich

Angabe in: Burgen und Schlösser in Salzburg, Bd. 2, S. 156

Der Wohnturm ist 15 m hoch, er stammt aus der 2. Hälfte des 13. Jh.

Thun

(Bz). Kt. Bern, Schweiz

Grundriß in: Meyer, Bd. 9, S. 43

Der mächtige Wohnturm von 19 × 26,5 m Grundfläche wurde um 1200 durch die Herzöge v. Zähringen erbaut. Die Burg wurde bis ins 15. Jh. ausgebaut. Sie ist heute ein Museum. Der Turm hat bis 4,2 m starke Wände, eine Höhe von 24 m und seinen Eingang ursprünglich im 1. OG.

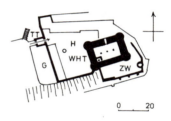

Thurandt

Gde. Alken, Kr. Mayen-Koblenz, Rheinland-Pfalz

Grundriß in: Ebhardt I, Abb. 426; Cohausen, Nr. 189; Schellack, S. 234

Die Doppelburg wurde 1209 durch Pfalzgraf Heinrich erbaut, Sohn Heinrichs d. Löwen. Im 13. Jh. wurde sie von dem Trierer und Kölner Erzbischof erobert, und von diesen durch eine Quermauer in zwei Hälften geteilt, von denen jede einen eigenen Bergfried erhielt. Die seit dem 16. Jh. verfallene Burg wurde 1689 durch Franzosen zerstört und erst 1915 bzw. 1945 teilweise wieder aufgebaut.

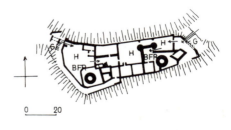

Thurm = Unterthurm

Thurn

Gde. Oberstaufen, Kr. Sonthofen, Bayern

Grundriß in: Kunstdkm. v. Bayern, Schwaben, Bd. 8, S. 959

Von der Burg, die nur einmal, nämlich 1285 aktenkundig wurde, ist nur der Rest eines Turmes (vermutlich Wohnturm) an höchster Stelle erhalten.

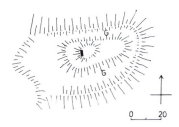

Thurn

Gde. St. Jacob, Bz. Hallein, Salzburg, Österreich

Grundriß in: Österreich. Kunsttop., Bd. 20, S. 225

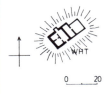

Wohnturm der im 12. Jh. erstmals genannten Herren v. Thurn. 1238 ist der Turm bereits vorhanden. Er ist durch niedrigere Anbauten ergänzt worden und noch heute bewohnt. Er hat 6 Stockwerke, im Sockel ist die Wandstärke 1,9 m stark.

Thurn, Rothenthurn

Gde. Schenna, Burggrafenamt, Südtirol, Italien

Grundriß in: Trapp, Bd. 2, S. 170

Der mittelalterliche Wohnturm ist die einfachste Form eines adligen Ansitzes und heute noch bewohnt. Er hat auf 12,5 m Höhe bis zur Traufe 3 Stockwerke oberirdisch.

Thurn, Turn

Gde. Welsberg, Pustertal, Südtirol, Italien

Grundriß in: Piper, Österreich, Bd. 5, Fig. 162.

Die nur 300 m von Welsberg → entfernte Burg ging erst 1359 in den Besitz der Welsberger über. Sie gehörte zuvor den Füllein, Ministeriale der Görzer Grafen. Sie wurde 1755 durch einen Brand zerstört. Der schwache Wohnturm mißt ca. 7 × 8,5 m mit nur 1 m Mauerstärke.

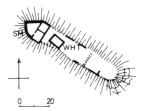

Thurnberg, Maus, Deuernburg

Gde. St. Goarshausen-Wellmich, Rhein-Lahn-Kr., Rheinland-Pfalz

Grundriß in: Ebhardt I, Abb. 415; Cohausen, Nr. 238; Kunstdkm. im Reg.-Bez. Wiesbaden-Nassau, S. 103; Burgwart 1902, S. 55.

Die Burg wurde 1353–57 durch den Erzbischof v. Trier erbaut. Sie ist im 18. Jh. verfallen. 1900–1906 wurde sie wiederhergestellt. Die Darstellungen der ersten beiden Quellen weichen etwas von den anderen ab. Die Schildmauer ist im Mittel 13 m hoch und 2,4 m dick, die Ringmauer ist 1,4 m stark. Der Bergfried hat 7 m Durchmesser mit über 2 m Wandstärke.

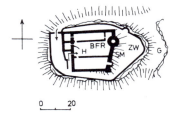

Thurnegg = Federaun

Thurnschall

Gde. Lessach, Bz. Tamsweg, Salzburg, Österreich

Grundriß in: Österr. Kunsttop., Bd. 20, S. 100.

Das „castrum Lessach" wird 1239 urkundlich genannt, ist also wohl im 1. Viertel des 13. Jh. erbaut worden. Der Bergfried war vermutlich polygonal.

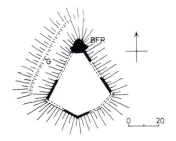

Tierberg

Gde. Braunsbach, Kr. Schwäbisch Hall, Baden-Württemberg

Grundriß in: Antonow, SWD, S. 269.

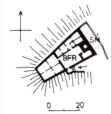

Begonnen wurde Burg Tierberg am Beginn des 13. Jh., der Burgadel wird 1226 urkundlich genannt. 1479 und 1540 wurde sie umgebaut. Die Burg ist noch bewohnt. Die 2,0 m starke Schildmauer ist rd. 18 m hoch und mit Buckelquadern verkleidet. Der Bergfried mit rd. 6,5 m Seitenlänge ist 26 m hoch und hat 2 m Wandstärke.

Tierberg = Thierberg

Tierburg = Thierburg

Tilleda

Kr. Sangerhausen, Sachsen-Anhalt

Grundriß in: Stolberg, S. 392.

Die Königspfalz wird 972 als Morgengabe des Kaisers Otto II. an seine Gemahlin Theophanu erwähnt. Alle Kaiser bis ca. 1200 hielten in der burgartig ausgebauten Pfalz Hof. Mit dem 13. Jh. verlor Tilleda seine Bedeutung und verfiel.

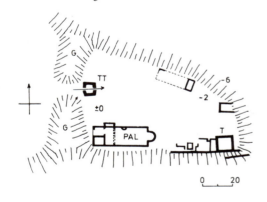

Tinizong, Haus 135

Bz. Albula, Kt. Graubünden, Schweiz

Grundriß in: Clavadetscher, S. 74.

Der Wohnturm, Teil eines Gebäudekomplexes, stammt wohl aus dem 13. Jh.

Tinizong, Pfarrhaus

Bz. Albula, Kt. Graubünden, Schweiz

Angabe in: Clavadetscher, S. 73.

Im Pfarrhaus ist ein Wohnturm aus der Zeit um 1200 enthalten, der mit ursprünglich 3 Stockwerken erbaut wurde.

Tinzelleiten

Gde. Leifers, Unteretsch, Südtirol, Italien

Grundriß in: Weing.-Bozen, S. 227.

Der einzelne Turm mit 7 m Kantenlänge, über den nichts bekannt ist, könnte aus dem 12. Jh. stammen.

Tirol

Gde. Meran-T..., Burggrafenamt, Südtirol, Italien

Grundriß in: Weing.-Tirol 34; Trapp, Bd. 2, Abb. 33; Weing.-Hörm., S. 429; Piper, Österr., Bd. 1; Hotz-Pfalzen Z 151.

Die Residenz der Grafen v. Tirol wurde um 1240 gegründet. 1302 wurde die Burg nach einem Brand wieder aufgebaut. Am Anfang des 16. Jh. begann ihr Verfall. Seit 1882 wurde sie durch David v. Schönherr wiederhergestellt. Ein Teil der Burg ist im 17. Jh. abgestürzt. Der Bergfried mit 12 m Seitenlänge und 2,5 m Wandstärke ist in der oberen Hälfte 1882 neu erbaut worden. Der rundbogige Eingang liegt 9 m hoch. Die Ringmauer ist 1,4 m stark.

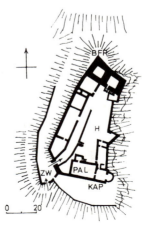

Tittmoning

Kr. Traunstein, Bayern

Grundriß in: Kunstdkm. v. Oberbayern, S. 2820.

Unter Erzbischof Eberhard II. v. Salzburg wurde die Burg 1234 begonnen. Im 15. und 16. Jh. wurde sie umgebaut und 1611 zerstört. 1616 wurde sie zum Jagdschloß wiederhergestellt. Der Bergfried wurde 1803 abgebrochen. Die Burg dient als Museum.

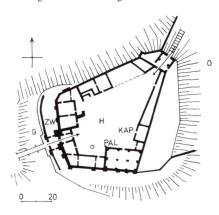

Tobel

Bz. Münchwilen, Kt. Thurgau, Schweiz

Grundriß in: Kunstdkm. d. Schweiz, Thurgau, Bd. 2, S. 343.

Der Bergfried der Komturei stammt aus der 2. Hälfte des 13. Jh. Er hatte ursprünglich 15 m Höhe und 4 Stockwerke. Der Eingang liegt 6 m hoch.

Todemann, Frankenburg

Gde. Rinteln, Kr. Grafsch. Schaumburg, Niedersachsen

Grundriß in: Tuulse, Abb. 47; Schuchhardt, S. 219; Kunstdkm. im Reg.-Bez. Kassel, Bd. 3; Burgen d. Salierzeit, Bd. 1, S. 68.

Die kleine ovale Burg wurde 1897 ausgegraben. Entstanden ist sie nach den Funden in der 2. Hälfte des 11. Jh. und wurde vermutlich im 12. Jh. bereits verlassen. Die Ringmauer ist 2 m stark, der Bergfried hat 5,5 m Seitenlänge.

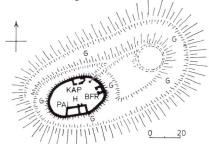

Tössegg

Gde. Turbenthal, Bz. Winterthur, Kt. Zürich, Schweiz

Grundriß in: Hartmann, S. 19.

Der Burgadel erscheint erst im 14. Jh. urkundlich. Die Turmburg ist nur noch Ruine. Der Wohnturm von 11,5×13,5 m Grundfläche mit ca. 2 m Wandstärke besaß vermutlich ab 13 m Höhe und 2 Fachwerk-Stockwerke, die auskragten. Die umgebende Ringmauer hat 1,2 m Stärke.

Tössriedern

Bz. Bülach, Kt. Zürich, Schweiz

Grundriß in: Hartmann, S. 112.

Der Rest eines schwachen Wohnturmes ist in einem Gehöft verbaut.

Tollenstein – Tolštejn

Gde. Tannenstein – Jiřetin, Bz. Böhm. Leipa – Česká Lipa, Nordböhmen, Tschechische Republik

Grundriß in: Piper, Österr., Bd. 7, S. 199.

Die Burg entstand zunächst auf den zwei Felsen im Westen. 1337 wurde sie zerstört und wieder aufgebaut. Im Dreißigj. Krieg wurde sie endgültig zerstört. Die heutige Anlage entstand im 14. Jh.

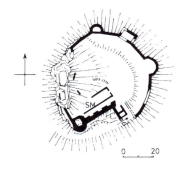

Tollinghof

Gde. St. Peter, Bz. Leoben, Steiermark, Österreich

Angabe in: Burgen und Schlösser i. d. Steiermark, Bd. 2, S. 132

Die schwache Anlage ist ein Adelssitz aus dem 15. Jh. mit 3 Stockwerken.

Tomburg

Gde. Rheinbach-Wormersdorf, Rhein-Sieg, Kr. Nordrhein-Westfalen

Grundriß nach Aufnahme F.-W. Krahe 1985

Urkundlich wird die Burg Anfang des 13. Jh. genannt. Der mächtige Wohnturm entstand um 1300. 1473 wurde die Burg zerstört. Der Bergfried hat 14 m Durchmesser und 3,2 m Wandstärke, in der die Treppe läuft; er besaß mindestens 4 Stockwerke.

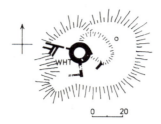

Tonenburg

Gde. Höxter (Kr.) Albaxen, Nordrhein-Westfalen

Grundriß in: Burgen un. Schlösser, 1981-I.

Im Barock-Schloß steckt ein Wohnturm von 1315.

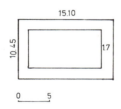

Toplerschlößchen

Gde. Rothenburg ob der Tauber, Kr. Ansbach, Bayern

Grundriß in: Das Bürgerhaus zwischen Ostalb und oberer Tauber. Der Wohnturm wurde als Weiherhaus 1388 von Bürgermeister Heinrich Toppler gebaut. Der steinerne Turm ist 7 m hoch, darauf sitzen zwei auskragende Fachwerkgeschosse.

Torgau, Hartenfels

(Kr.) Sachsen

Grundriß in: „Die Denkmale der Stadt Torgau", Leipzig, 1976.

Gegründet wurde die Burg 973 durch Kaiser Otto II. Sie ist bis ins 18. Jh. mehrfach umgebaut und verändert worden. Berühmt geworden ist die große Spindel aus der Renaissance auf der Nordseite.

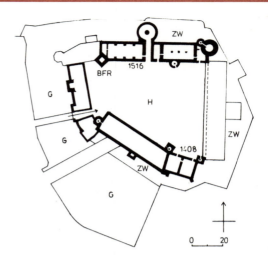

Tost – Toszek

Kr. Gleiwitz – Gliwice, Schlesien, Polen

Grundriß in: Grundmann, S. 109; Zamki w Polsce, S. 312.

Gegründet wurde die Burg Anfang des 11. Jh. Erwähnt wurde die Burg erst 1222; die Steinburg ist vermutlich aus dem 13. Jh. Sie wurde später zum Schloß umgebaut.

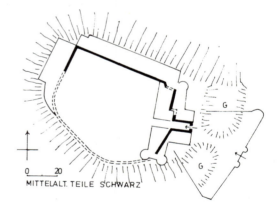

Tosters

Bz. Feldkirch, Vorarlberg, Österreich

Grundriß in: Österr. Kunsttop. Bd. 32, S. 338; Ulmer, S. 139; Dehio, Vorarlberg, S. 176; Piper, Österr., Bd. 4; Huber, S. 73.

Die Burg ist eine Gründung der Grafen v. Montfort, die um 1271 erstmals urkundlich erwähnt wurde. Im Appenzeller-Krieg wurde sie 1405 zerstört und 1408 wieder aufgebaut. Um die Mitte des 16. Jh. ist sie verfallen. Der Bergfried mit 12 × 12,7 m Grundfläche hat 2,0 und 4,0 m Mauerstärke, der spitzbogige Eingang liegt ca. 8 m hoch. Das Burgtor liegt 2 m hoch.

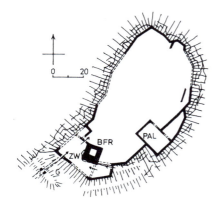

Tourbillon = Sitten

Tour San Peder = Sent

Trachenberg – Żmigrod
Kr. Militsch – Milicz, Schlesien, Polen

Grundriß in: Grundmann, Abb. 289.

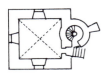

Der Wohnturm ist mittelalterlicher Herkunft. Die Burg wurde 1287 urkundlich erwähnt. Der Turm hat 16 m Höhe mit 4 Stockwerken.

Trachselwald
(Bz.) Kt. Bern, Schweiz

Grundriß in: Meyer Bd. 9, S. 53.

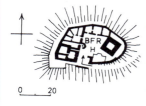

Die Gründung könnte vor 1161 geschehen sein. Die Ringmauer und der Buckelquader-Bergfried sind aber nicht vor 1200 entstanden. 1408 kam die Burg an Bern. 1535–73 wurde sie in ihre heutige Form umgebaut und bis ins 18. Jh. verändert. Der ca. 22 m hohe Bergfried hat 10 m Seitenlänge und 2,6 m Wandstärke.

Traismauer
Bz. St. Pölten, Niederösterr., Österreich

Grundriß in: Burgen und Schlösser in Niederösterreich, Bd. II/1, S. 151

Die Wasserburg wurde nach ihrer Zerstörung 1248 wieder aufgebaut. 1483 wurde sie durch König Matthias Corvinus erobert. Im 16. Jh. wurde sie in ein Schloß umgebaut. Ihr Bergfried hat nur 5,5 m Breite und 1,2 m starke Mauer. Die Schildmauer ist 2 m stark.

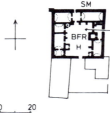

Tratzberg
Gde. Jenbach, Bz. Schwaz, Tirol, Österreich

Grundriß in: Weing.-Hörm, S. 74.

Urkundlich wurde die Burg 1288 erstmals genannt. 1491 wurde sie nach einem Brand neu erbaut. Das Schloß ist bewohnt.

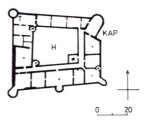

Trauchburg, Alt Trauchburg
Gde. Weitnau-Wengen, Kr. Sonthofen, Bayern

Grundriß in: Bayerische Kunstdkm. Kempten, S. 73; Nessler, Bd. 1. S. 32.

Begonnen wurde die Burg wohl um 1200; 1784 wurde sie teilweise abgebrochen. Die Schildmauer ist 3 m stark.

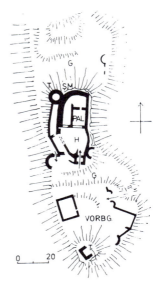

Traunleiten, Steinhaus

Gde. Karlstetten, Bz. St. Pölten, Niederösterr., Österreich

Angabe in: Burgen u. Schlösser in Niederösterr., Bd. II/2, S. 73.

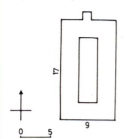

Um 1270 erscheint »Stainenhusen« urkundlich. Der Gebäuderest ist ein festes Haus oder Wohnturm, im 17. Jh. schon verfallen.

Trausnitz

Gde. Landshut (Kr.), Bayern

Grundriß in: Kunstdkm. v. Niederbayern, Bd. 16; Dehio, Niederbayern, S. 335.

Gegründet um 1204 durch Herzog Ludwig dem Kelheimer. Wohnturm, Kapelle und Palas stammen aus dem 13. Jh. Bis 1503 war Trausnitz Residenz. Ihre heutige Gestalt wurde im 16. Jh. geprägt. Der 20 m hohe Wohnturm hat 5 Stockwerke und maximale Längen von 11 m und 1,3–1,5 m Wandstärke.

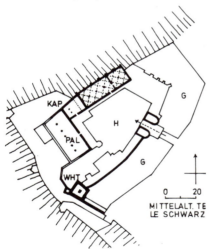

Trausnitz

Kr. Schwandorf, Bayern

Grundriß in: Ebhardt I, S. 464; Hotz Z 127; Kunstdkm. v. Bayern, Oberpfalz, Bd. 18, S. 122; Pfistermeister, S. 158.

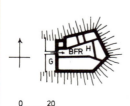

Die Burg des 13. Jh. wird 1261 erstmals urkundlich genannt. 1830 wurde sie umfassend instandgesetzt. Sie dient heute als Jugendherberge. Der 28 m hohe Bergfried mit 4 Stockwerken hat seinen Eingang in 8 m Höhe. Seine Breite ist 7,8 m, die Wandstärke 2,3 m.

Trautenberg

Gde. Reuth, Kr. Tirschenreuth, Bayern

Grundriß in: Kunstdkm. v. Bayern, Oberpfalz, Bd. 10, S. 79.

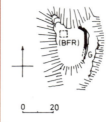

Stammsitz der gleichnamigen Adelsfamilie, im 13. Jh. erbaut und im 17. Jh. verfallen. Die Ringmauer ist 1,5 m stark.

Trautson

Gde. Matrei, Bz. Innsbruck, Tirol, Österreich

Grundriß in: Trapp, Bd. 3, S. 43.

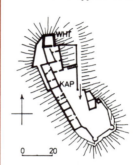

Der Burgadel ist seit dem 13. Jh. bekannt. Die Burg, im 13. Jh. begonnen, wurde bis ins 18. Jh. ausgebaut. 1945 wurde sie zerstört. Der Wohnturm hat bei 4 Stockwerken 18 m Traufhöhe. Die Mauerstärke im Sockel ist 2,0 m stark und geht bis auf 1 m zurück.

Trebsen

Kr. Grimma, Sachsen

Grundriß in: Kunstdkm. v. Sachsen, Bd. 20, S. 268.

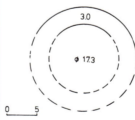

Die in Schloß Trebsen erhaltenen Reste eines Rundturmes deuten mit 17,3 m Durchmesser und 3 m Wandstärke auf einen Wohnturm hin, denn rd. 100 m² Innenfläche besitzt kein reiner Bergfried.

Treffelstein

Kr. Cham, Bayern

Grundriß in: Kunstdkm. v. Bayern, Oberpfalz, Bd. 3, S. 58.

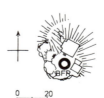

Ein »Ruger de Drevenstein« wird 1316 erstmals in einer Urkunde genannt, die Burg selbst 1331. Der rd. 15 m hohe Bergfried hat 6,5 m Durchmesser; er ist der Rest einer vermutlich sehr kleinen Burg.

Treffen

Bz. Villach, Kärnten, Österreich

Grundriß in: Kohle, S. 328; Burgen u. Schlösser in Kärnten, Bd. 3, S. 162.

Das »castrum de Treven« wird 1177 urkundlich genannt. Die heutige Anlage, die 1690 durch ein Erdbeben zerstört wurde, stammt überwiegend aus dem 15. Jh. Der Bergfried hat 10 m Seitenlänge und ca. 2 m Wandstärke.

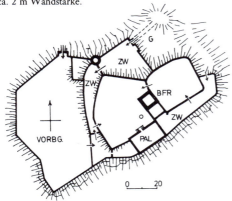

Treis = Wildburg

Treis

Kr. Cochem-Zell, Rheinland-Pfalz

Grundriß in: Kunstdkm. v. Rheinld.-Pfalz, Bd. 3, S. 749; Schellack, S. 236.

Die Burg wurde vor 1160 durch die gleichnamigen Trierer Lehnsmannen erbaut. Der 20 m hohe Bergfried hat 5 Stockwerke und einen rundbogigen Eingang in 7 m Höhe; die Seitenlänge ist 7,5 m, die Wandstärke rd. 2 m. Die Ringmauer der Ruine ist ebenfalls 2 m stark. Die Burg Treis bildet mit der rd. 150 m entfernten Wildburg → eine Gruppe.

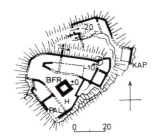

Trendelburg

Kr. Kassel, Hessen

Grundriß in: Ebhardt I, Abb. 479; Burgwart, 5. Jhg., S. 71; Burgen u. Schlösser 1976-I.

Die Burg wurde um 1300 erbaut, nach Bränden 1443 und 1456 wurde sie neu erbaut. Sie ist heute Burghotel. Der rd. 38 m hohe Bergfried hat 7 Stockwerke und einen Eingang in 12 m Höhe, sein Durchmesser ist 12 m, die runde Treppe liegt in 4 m Mauerstärke. Die Schildmauer ist 3 m, die Ringmauer 1,2 m stark.

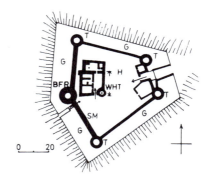

Treseburg

Kr. Wernigerode, Sachsen-Anhalt

Grundriß in: Stolberg, S. 399.

Die Burg hat eine gewisse Ähnlichkeit mit Hammerstein → in Böhmen. Daten sind nicht bekannt. Der Bergfried hat rd. 10 m Durchmesser und 2 m Wandstärke. Der runde Turm im Norden könnte ein Wohnturm gewesen sein.

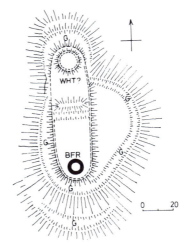

Treuchtlingen I

Kr. Weißenburg-Gunzenhausen, Bayern

Grundriß in: Burgen d. Salierzeit, Bd. 2, S. 202.

Der Wohnturm stammt vielleicht aus dem 11. Jh., die innere Ringmauer ist aus dem 13. Jh., die äußere aus dem 15. Jh., sie ist 2 m stark. Die Ruine der Wasserburg ist eine typische Kastellburg.

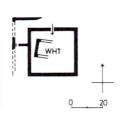

Treuchtlingen II

Kr. Weißenburg-Gunzenhausen, Bayern

Grundriß in: Führer zu archäol. Denkm. in Deutschland, 15, S. 190.

Entstanden ist die Höhenburg wohl Ende des 13. Jh., seit dem 17. Jh. ist sie verfallen. Der Bergfried hat 10,5 m Kantenlänge mit rd. 2,5 m Wandstärke.

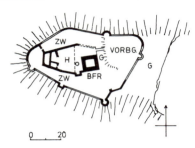

✗Treuenfels

Gde. Altenbamberg, Kr. Bad Kreuznach, Rheinland-Pfalz

Grundriß nach Katasterplan der Gemeinde.

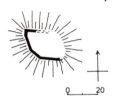

Die Burg war vielleicht ein Vorwerk von Altenbaumberg. Sie wurde 1268 erbaut.

Treuenstein = Gries

Triebenbach

Gde. Laufen-T..., Kr. Bad Reichenhall, Bayern

Grundriß in: Burgen u. Schlösser 1965-II.

Die Wasserburg wird 1355 urkundlich genannt, der Burgadel ist schon im 12. Jh. bekannt. Am Beginn des 16. Jh. wird sie umgebaut. Im 19. Jh. werden ein runder Turm und die Ringmauer abgebrochen.

Trier, Regierungsturm

Rheinland-Pfalz

Grundriß in: Kubach, Bd. 2.

Der fünfstöckige Wohnturm im Domhof ist um 1100 erbaut worden.

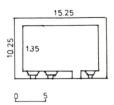

Triesen

Liechtenstein

Grundriß in: Kunstdkm. v. Liechtenstein, S. 121.

Der Adel »de Trisum« wird 1273 urkundlich erstmals genannt. Zerstört wurde die Burg vermutlich 1446. Ihre Ringmauer ist 1,25 m stark.

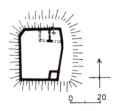

✗Trifels

Gde. Annweiler, Kr. Landau-Bergzabern, Rheinland-Pfalz

Grundriß in: Dehio, Rheinland-Pfalz, S. 30; Hotz Z 52; Piper, Fig. 143; Schuchhardt, S. 247; Naeher, S. 162; Burgen u. Schlösser i. d. Pfalz, Nr. 10; Burgen d. Salierzeit, Bd. 1, S. 68; Ebhardt I, Abb. 619.

Die Reichsburg bildet mit den je ca. 400 m entfernten Burgen Anebos → und Scharfenberg → eine Gruppe. Sie ist noch im 11. Jh. begonnen worden. Ihre heutige Form in schönen Buckelquadern erhielt sie durch Kaiser Heinrich VI. um 1200. Sie war Hort der Reichskleinodien. Nach einem Brand 1602 wurde sie verlassen. Hier wurde Richard Löwenherz gefangen gehalten. Die Burg wurde ab 1882 und nach 1938 wieder hergestellt. Eine Besonderheit ist der ca. 18 m hohe Brunnenturm an der N-Seite. Der Wohnturm mit 12,7 × 9,2 m Grundfläche hat 14,5 m Höhe, 3 Stockwerke und 2,5 m starke Mauern, in denen die Treppe läuft.

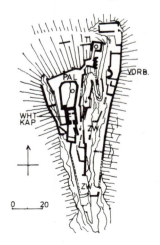

Trimberg – Alte Burg, Linsenburg

Gde. Markt Elfersheim, Kr. Bad Kissingen, Bayern

Grundriß in: Kunstdkm. v. Bayern, Unterfrk., Bd. 14, S. 134.

Die spätromanische »Alte Burg« war bereits 1381 Ruine. Ihre Ringmauer ist 1,7 m stark, der Bergfried hat 8,5 m Durchmesser mit 2 m Wandstärke.

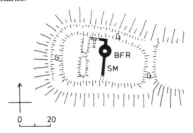

Trimberg

Gde. Markt Elfershausen, Kr. Bad Kissingen, Bayern

Grundriß in: Kunstdkm. v. Bayern, Unterfrk., Bd. 14, S. 134; Hotz Z 30.

Der Adel zur Burg ist schon seit dem 11. Jh. bekannt. Die Burg ist jedoch erst um 1200 begonnen worden. 1226 wird sie urkundlich erwähnt. 1290 wird sie umgebaut, nach Beschädigungen 1525 wurde sie erneuert. 1803 wurde sie auf Abbruch verkauft. Der recht kleine Bergfried hat 5 m Seitenlänge und ist 19,5 m hoch, sein Eingang liegt 8,5 m über dem Turmfuß. Die Schildmauer ist 2,1 m (N) und 2,9 m (S) stark.

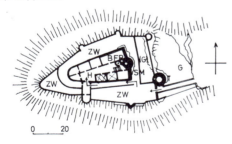

Tringen

Bz. Sursee, Kt. Luzern, Schweiz

Angabe in: Kunstdkm. d. Schweiz, Luzern, Bd. 2, S. 482.

Urkundlich wird die starke Kastellburg von 55/57 m 1317–1420 mehrfach genannt. Sie wurde 1888 abgebrochen. Die Ringmauer ist 3,6–4 m stark.

Tringenstein

Gde. Sigbach-T…, Lahn-Dill-Kr., Hessen

Grundriß in: Karl Nebe »Burgenfahrt an der alten Grenze von Hessen u. Nassau«.

Die Burg entstand 1325. Sie wurde 1625 erneuert und ist im 18. Jh. verfallen. Heute ist von dem hier gezeigten Grundriß nur noch wenig zu erkennen.

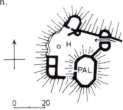

Trips

Gde. Gelsenkirchen (Kr.), Nordrhein-Westfalen

Grundriß in: Kunstdkm. d. Rheinprov., Bd. 8.2.

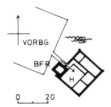

Entstanden ist die kleine Wasserburg der Berghe v. Trips am Beginn des 15. Jh. Sie wurde mehrfach umgebaut und dient als Schloßhotel. Der Bergfried mit 7,25 × 8,5 m Grundfläche hat 1,5 m Wandstärke.

Trochtelfingen

Kr. Reutlingen, Baden-Württemberg

Grundriß in: Schmitt, Bd. 5, S. 68.

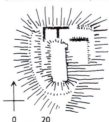

Die Burg ist in der 1. Hälfte des 12. Jh. in einer früheren Anlage erbaut worden. Im 15. Jh. wird sie nur noch als Burgstelle erwähnt.

Trommelburg = Buben

Trosky

Gde. Borek – Klova, Bz. Gitschin – Jičin, Ostböhmen, Tschechische Republik

Grundriß in: Piper, Österr., Bd. 5. 162; Heber, Bd. 4.

Erbaut wurde die Burg um 1280, urkundlich erst um 1400 genannt. Zerstört wurde sie 1444. Zwei Wohntürme standen auf 70 m von einander entfernten Felstürmen und waren durch eine Unterburg miteinander verbunden.

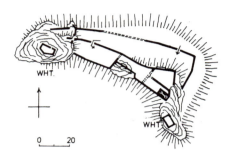

Trostburg

Gde. Waidbruck, Eisacktal, Südtirol, Italien

Grundriß in: Ebhardt I, Abb. 693; Weing.-Hörm., S. 292; Trapp, Bd. 4, S. 263; Piper, Österr., Bd. 4.

Ein »Cunrat de Trosperch« ist 1170 urkundlich erwähnt. Die Burg ist am Ausgang des 12. Jh. erbaut worden. Sie wurde im 14. Jh. ausgebaut und im 16. und 17. Jh. erweitert und verstärkt. Ihre Wohnbauten sind um 1500, die Schildmauer im 16. Jh. durch Verstärkung der alten Ringmauer entstanden. Der 23 m hohe Bergfried hat 4 Stockwerke, sein Eingang liegt 7 m über dem Hof, er hat Seitenlängen von 9,5 und 11,5 m und 2,5 m starke Mauern, in denen die Treppe verläuft.

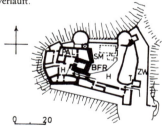

Trostburg

Gde. Teufenthal, Bz. Aarau, Kt. Aargau, Schweiz

Grundriß in: Meyer, Bd. 8, S. 91.

Die unteren Teile der Burg sind bewohnt. Sie stammen vom Ende des 15. Jh. Die Kernburg, wohl des 13. Jh., ist Ruine. Der Bergfried hat 6,6 m Seitenlänge und 2 m Mauerstärke.

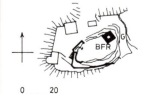

Trutz-Eltz, Balduineltz

Gde. Wirschem, Kr. Mayen-Koblenz, Rheinland-Pfalz

Grundriß in: Kunstdkm. v. Rheinld.-Pfalz, Kr. Mayen-Koblenz.

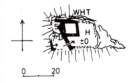

Erbaut wurde Trutz-Eltz 1336 zur Belagerung der gegenüberliegenden Burg Eltz → durch Erzbischof Balduin von Trier. Ihr zweistöckiger Wohnturm hat ca. 11 m Breite und rd. 10 m Höhe.

Truxen = Waisenburg

Tschanüff = Remüs

Tschengelsberg

Gde. Tschengels, Vinschgau, Südtirol, Italien

Grundriß in: Weing.-Hörm., S. 468; Trapp, Bd. 1, S. 139.

1192 findet man in einer Urkunde »Hezilo de Schengels«. Die Burg ist vermutlich kurz vor 1200 erbaut worden. Verfallen ist sie erst in jüngster Zeit. Ihre 1,8 m dicke Ringmauer ist 10 m hoch, der 19 m hohe Bergfried mit 8,5 m Durchmesser und 2,0 m starken Wänden hat 4 Stockwerke und den rundbogigen Eingang 7 m über dem Hof.

Tschepperli, Frohberg

Gde. Äsch, Bz. Arlesheim, Kt. Basel-Ld., Schweiz

Grundriß in: Merz-Sisgau, Bd. 3, S. 282; Meyer-Regio, S. 97.

Gegründet wurde die Burg durch die Frohberger in der 2. Hälfte des 13. Jh. Sie wurde 1356 durch das Baseler Erdbeben zerstört. Ihr Wohnturm ist maximal 13,5 m breit und 20 m lang, die Wandstärke ist 1,5 und 2,5 m.

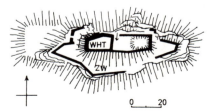

Tudoburg

Gde. Eigeltingen-Honstetten, Kr. Konstanz, Baden-Württemberg

Grundriß nach Aufnahme F.-W. Krahe 1991.

1050 erscheint »Tuto de Honstetin« in einer Urkunde. Die Burg ist vielleicht um 1100 gegründet worden. Wann sie zerstört wurde, ist nicht bekannt. Die Mauern der vermutlich langrechteckigen Burg sind 1,3 – 1,9 (N) m stark.

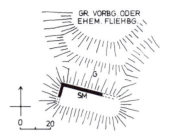

Tüchersfeld

Kr. Bayreuth, Bayern

Grundriß in: Führer durch das Fränkische-Schweiz, Museum Tüchersfeld.

Die hübsche Burg wurde nach ihrer Zerstörung 1525 wieder aufgebaut und ist nun Museum. Auf dem steilen Felsklotz im Westen sind Mauerreste zu erkennen, vermutlich von einer Felsenburg.

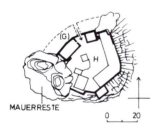

Tüffer

Gde. Markt Tüffer, Südsteiermark, Slowenien

Grundriß in: Piper, Österr., Bd. 5, S. 161.

Die Burg stammt vermutlich aus dem 13. Jh. Sie wurde 1523 erneuert. Im 18. Jh. war sie schon Ruine. Der Wohnturm hat 7,5 × 10 m Grundfläche und 1 m starke Mauern.

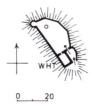

Tullau

Gde. Rosengarten-Uttenhofen, Kr. Schwäbisch Hall

Grundriß in: Kunstdkm. v. Württembg., Jagstkr., S. 663; Burgen u. Schlösser 1975-I.

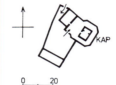

Der Adel »de Tullom« wird im 13. Jh. bekannt. Die romanische Kapelle stammt aus dem 13. Jh., 1690 wurde die Wasserburg umgebaut.

Tuor

Gde. Somvix, Bz. Vorderrhein, Kt. Graubünden, Schweiz

Grundriß in: Clavadetscher, S. 350.

Der mittelalterliche Turm auf einem Felsklotz von 5,6 × 7,5 m mit 1,7 m Wandstärke müßte als Wohnturm einen auskragenden Holzaufbau besessen haben.

Tuotensee

Gde. Menznau, Bz. Willisau, Kt. Luzern, Schweiz

Grundriß in: Thüer, S. 178.

Für die kleine Anlage, vielleicht nur Palas und Hof, wird der Burgadel 1302 als Ministeriale genannt.

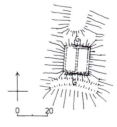

Turm bei Calfreisen = Bernegg

Turmberg

Gde. Kasendorf, Kr. Kulmbach, Bayern

Grundriß nach Magister-Arbeit Axel Gebauer an der FU Berlin.

Der Magnusturm wurde 1498 auf alten Fundamenten wieder aufgebaut. Der Ursprung der Burg ist salisch. Der Turm hat 10 m Durchmesser mit 3 m starken Wänden.

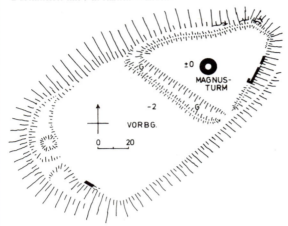

Turmberg, Aichelberg

Gde. Aichelberg, Kr. Esslingen, Baden-Württemberg

Grundriß in: Schmitt, Bd. 4, S. 12.

Entstanden ist die Doppelburg vielleicht um 1200. Der Adel v. Aichelberg ist 1193 aktenkundig.

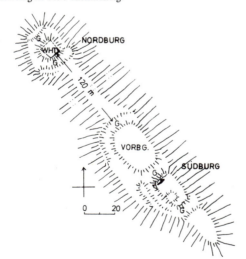

Turmberg

Gde. Karlsruhe (Kr.)-Durlach, Baden-Württemberg

Grundriß in: Biller, S. 263.

Der dargestellte Grundriß ist eine Rekonstruktion der Burg aus der Mitte des 12. Jh. Der Turm mit 11,5 m Seitenlänge könnte der Dimension nach ein Wohnturm gewesen sein, seine Mauern waren am Sockel 3 m stark.

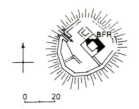

Turmbölzle

Gde. Schopfheim-Raitbach, Kr. Lörrach, Baden-Württemberg

Grundriß in: Markgräflerland, S. 21.

Die Burg wurde 1981 ausgegraben. Sie entstand vielleicht im 12. Jh., der Bergfried war mit 13,5 m Durchmesser recht groß, die Wandstärke ist 3 m.

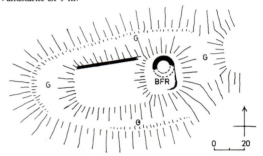

Turn = Baierdorf

Turnhof, Pregrat

Gde. Zweinitz, Bz. St. Veit, Kärnten, Österreich

Angabe in: Burgen u. Schlösser in Kärnten, Bd. 1, S. 131.

Der Wohnturm des 14. Jh. ist im Schloß verbaut, das seinen Namen vermutlich der Existenz eines Wohnturmes verdankt.

Turnstein

Gde. Algund, Burggrafenamt, Südtirol, Italien

Grundriß in: Trapp, Bd. 2, Abb. 31.

1276 wird der Turm Platzleid urkundlich genannt. Er stand ursprünglich frei und erhielt erst 1450 ein Wohngebäude als Anbau. Weitere Zubauten erfolgten im 16. Jh. beim Umbau in ein Schloß. Turnstein ist bewohnt. Der Wohnturm hat 10 m Seitenlänge und 1,7 m Wandstärke, er hat 4 Stockwerke und 20 m Höhe.

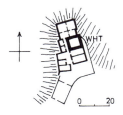

Tursenstein

Gde. Stein am Kamp, Bz. Horn, Niederösterr., Österreich

Grundriß in: Sammlung Kreutzbruck.

Die Burg stammt vermutlich aus dem 14. Jh. Das Gebäude im Süden könnte ein Wohnturm gewesen sein. Als achteckiger Palas wäre es extrem ungewöhnlich. Der Bergfried hat ca. 8,5 m Seitenlänge und 4 m Innenradius.

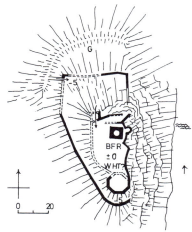

Twann

Bz. Biel, Kt. Bern, Schweiz

Grundriß in: Burgen u. Schlösser d. Schweiz, Bd. VIII, S. 73.

Die langrechteckige Burg wurde möglicherweise im 16. Jh. aufgegeben. Der Burgadel erscheint 1138 in Urkunden. 1913 wurden die Reste ausgegraben.

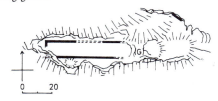

Twimberg

Gde. Schiefling, Bz. Wolfsberg, Kärnten, Österreich

Grundriß in: Burgen u. Schlösser in Kärnten, Bd. 1, 2. Aufl., S. 193; Kohla, S. 335.

1245 wird ein Wolfke de Twingenberch als Zeuge urkundlich genannt. 1328 Erwähnung der Burg bei ihrem Verkauf. 1482 wurde sie bei einer Belagerung stark beschädigt, 1569 wurde die verfallene Anlage restauriert. Seit Mitte des 17. Jh. ist sie verfallen. Die Darstellungen in den genannten Quellen weichen extrem voneinander ab. Links: Kohla, rechts: Burgen u. Schlösser.

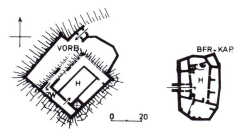

Tyrnau = Thürnau

Tylsen

Kr. Salzwedel, Sachsen-Anhalt

Grundriß in: Wäscher, Bild 165.

Die Burg wurde am Beginn des 18. Jh. aufgegeben, sonst sind keine Daten bekannt.

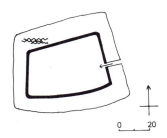

Tzschocha – Czocha

Rengersdorf – Krosnovice, Kr. Lauban – Lubań, Schlesien, Polen

Grundriß in: Ebhardt I, Abb. 583.

Auf einer älteren Anlage ist die Burg im 15. Jh. neu erbaut worden. Im 18. Jh. wurde sie zerstört und bald nach 1900 durch Bodo Ebhardt wiederhergestellt. Der Bergfried hat 9 m Durchmesser und 3 m Wandstärke.

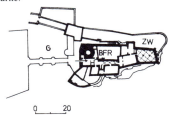

Uchtenhagen – Krzymnika

Kr. Stagard – Stargard, Szczeciński, Pommern, Polen

Grundriß in: Radacki, S. 127.

Reste einer Wallgraben-Anlage mit einer Kastellburg des 14. Jh.

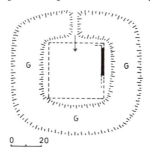

Uda, Oedt

Gde. Gefrath-O..., Kr. Viersen, Nordrhein-Westfalen

Grundriß in: Burgen u. Schlösser, 1963-I.

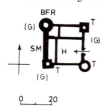

Die Wasserburg wurde 1334 vermutlich auf einer älteren Anlage erbaut. Sie wurde im Dreißigjährigen Krieg zerstört. Die Reste der Burg wurden ausgegraben. Der Bergfried hat 9,5 m Durchmesser und hat, wie die Schildmauer, 3 m Wandstärke.

Übercastel = Surcasti

##Ückermünde

Mecklenburg-Vorpommern

Grundriß in: Radacki, S. 204.

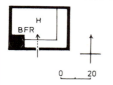

Von der mittelalterlichen Anlage, die 1546 schloßartig ausgebaut wurde, sind Ringmauern und Bergfried der einstigen Kastellburg erhalten. Ihre Ringmauer ist 1,6 m stark. Der runde Bergfried mit 9 m Durchmesser und 2,5 m Wandstärke steigt aus einem quadratischen Sockel von 9 m Kantenlänge auf.

Ulmen

Kr. Cochem-Zell, Rheinland-Pfalz

Grundriß in: Kunstdkm. v. Rheinld.-Pfalz, Bd. 3, S. 767.

Der Bergfried am Zugang zu beiden Burgen ist verschwunden. Die Burg »Ulmina« wird 1130 urkundlich genannt. Auf der Oberburg ist die Ringmauer und der Rest eines Palas vorhanden.

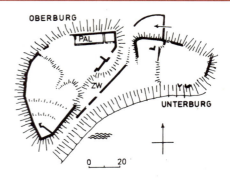

Ulmerfeld

Bz. Amstetten, Niederösterr., Österreich

Grundriß in: Burgen u. Schlösser in Niederösterr., Bd. 8, S. 41.

Der Ursprung ist vielleicht im 12. Jh., doch die Burg in der heutigen Dimension ist wohl erst um 1300 erbaut worden. Nach Zubauten 1321 wurde sie um 1400 umgebaut. Heute ist die Anlage mit Mietwohnungen belegt. Der Bergfried mit 8,35 m Seitenlänge ist 22 m hoch. Die Ringmauer ist 1,75 m stark.

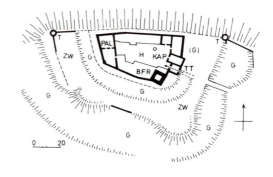

Ulrichsburg, St. Ulrichsburg, Groß Rappoltstein

Rappoltsweiler, Ct. Ribeauvillé, Haut-Rhin, Frankreich

Grundriß in: Ebhardt I, Abb. 68; Hotz Z 66; Kaltenbach, XXV., Piper, Fig. 597; Wolff, S. 288; Burgen u. Schlösser 1980-I; Salch, S. 260.

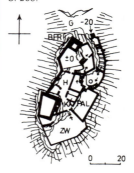

Die Ulrichsburg bildet eine Gruppe mit Hochrappoltstein → und Girsberg →. Die heutige Burg wurde Anfang des 13. Jh. durch die Herren v. Rapp erbaut. 1435 wurde sie erweitert und im Dreißigjährigen Krieg zerstört. Teile der Burg sind mit Buckelquadern verkleidet. Die Ringmauer ist 1,4 m stark, der Bergfried hat 8,8 m Seitenlänge und 1,6 m und 2,5 m Wandstärke.

Ulrichstein

Kr. Lauterbach, Hessen

Grundriß in: August Roeschen »Ulrichstein und sein Bergschloß«, 4. Aufl., S. 19.

Entstanden ist die Burg wohl Anfang des 13. Jh., urkundlich erwähnt wird sie 1279. Eine Kapelle wird 1330 geweiht, der Palas ist aus dem 13. Jh. Im Dreißigjährigen Krieg und 1759 wurde sie zerstört und 1826 teilweise abgebrochen.

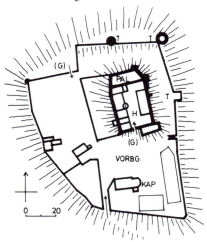

Ummendorf

Kr. Haldensleben, Sachsen-Anhalt

Grundriß in: Wäscher, S. 74.

Ursprünglich war die Wasserburg rund. Die Kastellburg wurde erst um 1178 begonnen. In der 2. Hälfte des 16. Jh. wurde sie erneuert. Im 18. Jh. ist sie Gutshof geworden. Der ursprünglich 22 m hohe Bergfried hat 7 m Seitenlänge mit 2 m dicken Mauern.

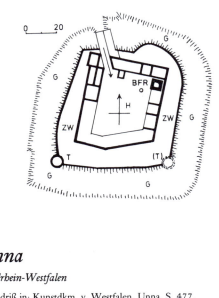

Unna

Nordrhein-Westfalen

Grundriß in: Kunstdkm. v. Westfalen, Unna, S. 477.

Die Wasserburg ist 1386 begonnen worden. Von ihr sind Bergfried und Palas erhalten. Heute ist die Burg Museum. Der Bergfried hat 7 m Durchmesser und 2,5 m Mauerstärke.

Unspunnen

Gde. Wildenswil, Bz. Interlaken, Kt. Bern, Schweiz

Grundriß in: Burgen u. Schlösser d. Schweiz, Bd. IXb, S. 56.

Entstanden ist die Burg um 1225. Im Jahr 1232 urkundet ein Burkhard v. Thun als v. Unspunnen. Im 16. Jh. ist die Burg verfallen. Der Bergfried hat 10 m Durchmesser und 3,1 m Mauerstärke.

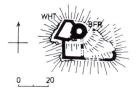

Unterbäch I

Bz. Radon, Kt. Wallis, Schweiz

Grundriß in: A. Donnet, L. Blondel »Chateaux du Valais«, S. 218.

Der Adelssitz stammt aus dem 15. Jh. Der Wohnturm von 10 m Seitenlänge hat 1,2 m starke Wände.

Unterbäch II

Bz. Raron, Kt. Wallis, Schweiz

Grundriß in: A. Donnet, L. Blondel »Chateaux du Valais«, S. 217.

Die Burg ist im 13. Jh. entstanden. Der Bergfried mit der ungewöhnlichen Form eines verschobenen Rechteckes ist 10 m lang und 6 m breit mit 1,5 m Wandstärke.

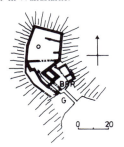

Untereggingen

Gde. Eggingen, Kr. Waldshut, Tiengen, Baden-Württemberg

Grundriß in: Koellner, S. 20.

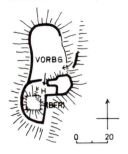

Erbaut wurde die Burg vor 1177.

Unterfalkenstein = Falkenstein

Unterheiligenhofen

Gde. Lindlar, Rhein. Bergischer Kr., Nordrhein-Westfalen

Grundriß in: Denkm. d. Rheinlandes, Rhein.-Berg. Kreis, Bd. 2, S. 67.

Die kleine Wasserburg wurde im 15. Jh. erbaut. Ihre Ringmauer ist 1,15 m stark. Im 17. Jh. ist sie verfallen.

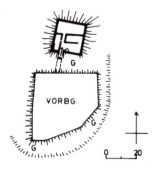

Unterkofeler Schlößl = Afing

Untermaßfeld

Kr. Meiningen, Thüringen

Grundriß in: Kunstdkm. v. Thüringen, Bd. 34.

»Mäsefelde« wird 1250 urkundlich genannt. Wolfram v. Eschenbach soll hier zum Ritter geschlagen worden sein. Die große Ringmauer ist im 15. Jh. erbaut worden. 1538 wurde die Burg auf dem alten Grundriß erneuert.

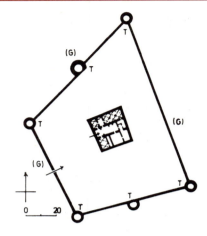

Untermatsch

Gde. Matsch, Vinschgau, Südtirol, Italien

Grundriß in: Trapp, Bd. 1, S. 81.

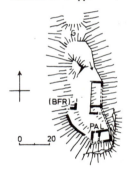

Die Burg liegt nur 170 m von Obermatsch → entfernt. 1297 wird sie urkundlich als »nider Burg zu Mätsch« genannt. Die Burgen sind vermutlich von der gleichen Familie errichtet worden, die sich im 11. Jh. von den Taraspern abgespalten hat. Im 15. Jh. sind die Burgen verfallen.

Untermaubach

Gde. Kreuznau-U..., Kr. Düren, Nordrhein-Westfalen

Grundriß in: Kunstdkm. d. Rheinprov., Bd. 9.1, S. 318.

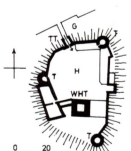

Grafen v. Maubach sind seit 1209 bekannt. Neu erbaut wurde die Burg im 14. Jh., im 15. Jh. wurde sie ausgebaut und im 18. Jh. verändert. Der Wohnturm hat 12 m Seitenlänge und 2,4 m Mauerstärke.

Untermontani

Gde. Morter, Vinschgau, Südtirol, Italien

Grundriß in: Trapp, Bd. 1, S. 164; Piper, Österreich, Bd. 4, S. 150.

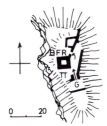

Die Burg bildet eine Gruppe mit Obermontani →. Beide Burgen sind von den Herren v. Montani erbaut worden. Beide hatten das gleiche Schicksal und sind erst im 19. Jh. verfallen. Der Bergfried hat auf 16 m Höhe 3 Stockwerke, die Grundfläche ist 8,5 m im Quadrat mit 2 m starken Mauern.

Untermoos

Gde. Sulzberg-Moosbach, Kr. Sonthofen, Bayern

Grundriß in: Baumann, Bd. 3, S. 198.

Daten sind über die Burg nicht bekannt. Der erkennbare ca. 13×15 m große Bau könnte ein Wohnturm gewesen sein.

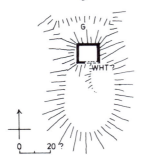

Unterrixingen

Gde. Oberrixingen, Kr. Ludwigsburg, Baden-Württemberg

Grundriß in: Burgen u. Schlösser 1979-I.

Der Burgadel wird 1190 urkundlich erwähnt. Die Wasserburg ist im Kern staufisch. Sie ist 1809 klassizistisch umgebaut worden. Der 32 m hohe Bergfried hat 7,5 m Seitenlänge, die Mauerstärke ist 2,5 m, der Einstieg ist 6,5 m hoch.

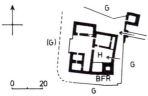

Untertagstein

Gde. Masein, Bz. Heinzenberg, Kt. Graubünden, Schweiz

Angabe bei: Clavadetscher, S. 153.

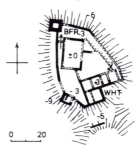

Der Wohnturm ist der Rest einer Burg aus der 1. Hälfte des 13. Jh. in einem Schloß. Er hatte 4 Stockwerke. Viel Raum zum Wohnen hat er nicht geboten.

Unterthal = Thal

Unterthurn, Thurn, Vestenturn

Gde. Lengbach, Bz. St. Pölten, Niederösterr., Österreich

Grundriß in: Burgen u. Schlösser in Niederösterr., Bd. 5, S. 103.

Die Burg wird 1264 erstmals genannt, der Adel zur Burg erst 1386. Die Burg ist 1683 verödet. Der Bergfried hat 8 m Kantenlänge und 2 m Mauerstärke. Der Wohnturm mit 3 Stockwerken und 10 m Höhe ist 10,5 × 11,5 m groß und hat 1,5 m Wandstärke.

Unterwegen

Gde. Pagig, Bz. Plessur, Kt. Graubünden, Schweiz

Angabe in: Clavadetscher, S. 293.

Der Ministerialadel dieses Namens wird 1285 urkundlich genannt. Der Turmrest von ca. 8×12 m war wohl ein Wohnturm.

Unterwildenstein

Gde. Leibertingen, Kr. Sigmaringen, Baden-Württemberg

Grundriß in: Schmitt, Bd. 3, S. 205.

Die Felsenburg wird auf das 12. Jh. datiert. Sie liegt nördlich von Alt-Wildenstein →. Vermutlich stand auf dem Felsturm ein polygonaler Wohnturm, von dem der größte Teil abgestürzt ist.

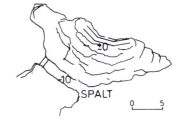

Unter-Windegg, Nieder-Windegg

Gde. Windegg, Bz. Gaster, Kt. St. Gallen, Schweiz

Grundriß in: Nachrichten d. Schweizer Burgenvereins, 57-1.

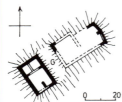

Die Burg wird 1230 genannt und ist 1415 eingestürzt.

Uprode, Oppenroth

Gde. Weißdorf, Kr. Hof, Bayern

Grundriß nach Aufnahme F.-W. Krahe, 1981.

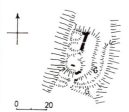

1523 wurde die Burg als Raubnest zerstört.

Urgiz

Gde. Denzbüren, Bz. Aarau, Kt. Aargau, Schweiz

Grundriß in: Hauswirth, Aargau, S. 132.

Die im 13. Jh. erbaute Burg ist 1356 durch Erdbeben zerstört worden. Der Bergfried hat 8 m Durchmesser und 2 m Wandstärke.

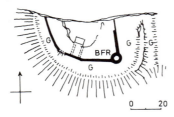

Urnburg

Gde. Eutingen im Gäu, Kr. Freudenstadt, Baden-Württemberg

Grundriß in: Pfefferkorn, Bd. 2, S. 26.

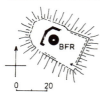

Die Burg ist vielleicht im 12. Jh. gebaut worden. Sonst ist nichts bekannt. Der Bergfried hat 6 m Durchmesser und knapp 2 m Wandstärke.

Urslingen = Irslingen

Urstein

Gde. Herisau, Kt. Appenzell, Schweiz

Grundriß in: Kunstdkm. d. Schweiz, Appenz., Bd. 1, S. 225.

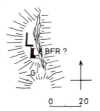

Entstanden ist die Burg wohl im 13. Jh., zerstört wurde sie 1275.

Uster

(Bz.) Kt. Zürich, Schweiz

Grundriß in: Kunstdkm. d. Schweiz, Zürich, Bd. 3, S. 409.

Erbaut wurde der Wohnturm um 1200 mit einer Ringmauer als Turmburg. Später wurde um den Turm das Schloß herumgebaut. Der Wohnturm hat 11 m Seitenlänge. Er ist 1492 ausgebrannt und 1529 wieder aufgebaut worden. Ursprünglich hatte er 5 Stockwerke in 18 m Höhe, die Wandstärke geht bis auf 1 m zurück.

Utkoven

Gde. Inzighofen, Kr. Sigmaringen, Baden-Württemberg

Grundriß in: Schmitt, Bd. 3, S. 71.

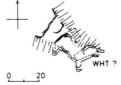

Für die kleine Felsenburg gibt es keine Daten.

Uttenheim

Gde. St. Pankraz, Pustertal, Südtirol, Italien

Grundriß in: Weing.-Hörm., S. 198.

Der Brixener Ministerialadel wird 1140 urkundlich genannt. 1225 wurde die Burg bei einem Lehnsfall aktenkundig. Verfallen ist sie im 17. Jh. Der Bergfried hat ca. 6,5 × 7 m Grundfläche.

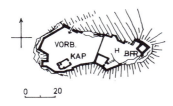

Uznaburg

Gde. Uznach, Bz. Gaster, Kt. St. Gallen, Schweiz

Grundriß in: Hartmann, S. 61.

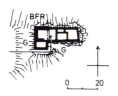

Die 1939 ausgegrabene Burg wurde 1270 durch Zürich zerstört. Sie ist vermutlich um 1200 entstanden. Der Bergfried hat 10 m Seitenlänge und auf die drei Seiten 2,5 m Wandstärke.

Vacha

Kr. Bad Salzungen, Thüringen

Grundriß in: Kunstdkm. v. Thüringen, Bd. 37, S. 35.

Ursprünglich hieß die 1260 gegründete Stadtburg Wendelstein, sie war Burg der Abtei Fulda; sie ist nur noch teilweise erhalten. Der 20 m hohe Bergfried hat 8 m Durchmesser mit 2 m Wandstärke, der spitzbogige Eingang liegt 10 m hoch.

Vaduz, Liechtenstein, Hohenliechtenstein

Liechtenstein

Grundriß in: Kunstdkm. v. Liechtenst., S. 183.

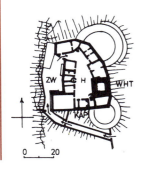

Der Wohnturm und die Kapelle stammen aus dem 12. Jh. 1499 wurde die Burg zerstört. Anfang des 16. Jh. wurde sie in der heutigen Gestalt wiederhergestellt und durch die Bastionen verstärkt. Seit 1699 ist sie Besitz der Fürsten v. Liechtenstein. 1905–1912 wurde die Residenz gründlich wiederhergestellt. Der Wohnturm hatte ursprünglich 5 Stockwerke mit 21,5 m Höhe, der Eingang liegt 11,5 m über dem Hof.

Valendas

Bz. Glenner, Kt. Graubünden, Schweiz

Grundriß in: Poeschel, S. 225; Clavadetscher, S. 94.

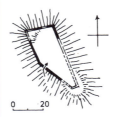

Der Burgadel taucht erstmals 1258 urkundlich auf. Die Burg ist vermutlich in der 1. Hälfte des 13. Jh. erbaut worden. Verfallen ist sie ab Mitte des 16. Jh. Die Ringmauer ist ca. 11 m hoch und 1,75 m dick, das Burgtor liegt 2 m über dem äußeren Gelände.

Varenholz

Gde. Kalletal-V..., Kr. Detmold, Nordrhein-Westfalen

Grundriß in: Kreft/Sönke, »Die Weserrenaissance«, S. 321.

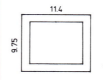

In der Schloßanlage des 16. Jh. steckt ein Wohnturm als Rest der mittelalterlichen Wasserburg.

(Vechta)

Niedersachsen

Grundriß in: Kunstdkm. v. Oldenbg., Bd. 2, S. 165.

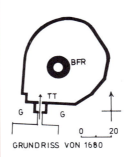

Die Wasserburg ist im 17. Jh. total abgebrochen worden, nachdem sie 1684 durch Brand zerstört worden war. Der Bergfried hatte 14,5 m Durchmesser und 4,8 m Wandstärke.

Veitsberg

Gde. Bad Neustadt/Saale, Kr. Rhön-Grabfeld, Bayern

Angabe in: Burgen d. Salierzeit, Bd. 2, S. 219.

Der ausgegrabene Wohnturm ist um 1100 erbaut worden.

Veitsberg

Gde. Ravensburg (Kr.), Baden-Württemberg

Grundriß in: Schriften d. Vereins für Geschichte des Bodensees, 1971.

Der Turmrest im »Schlößchen« ist ein Wohnturm als Rest einer 1646 zerstörten Burg.

Velburg

Kr. Neumarkt, Bayern

Grundriß in: Kunstdkm. v. Bayern, Oberpfalz, Bd. 4, S. 236.

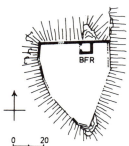

Ab 1188 nennen sich österreichische Grafen v. Clamm nach der Burg, die demnach um 1175 begonnen worden sein muß. Schon im 16. Jh. war sie unbewohnt. Der Bergfried hat 8 m Kantenlänge mit 1,6 m Wandstärke, sein Eingang liegt 8 m hoch.

Veldenstein

Gde. Neuhaus a. d. Pegnitz, Kr. Lauf, Bayern

Grundriß in: Kunstdkm. v. Bayern, Oberpfalz, Bd. 9, S. 82.

»De Steyn« als Burgadel wird im 12. Jh. urkundlich erwähnt, die Burg erst 1296. 1381 wird sie nach einer Zerstörung 1388 wieder aufgebaut. Wohngebäude, die noch bewohnt sind, stammen aus neuester Zeit. Der Bergfried hat 5 × 9 m Grundfläche mit 1,25 m Wandstärke, er hat bei 16 m Höhe 5 Stockwerke.

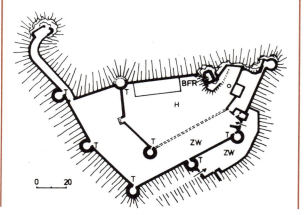

Veldenz

Kr. Bernkastel-Wittlich, Rheinland-Pfalz

Grundriß in: Schellack, S. 216; Kunstdkm. d. Rheinprov., Bd. 15.1, S. 355.

Begonnen wurde die Burg wohl im 11. Jh., 1107 ist sie als Lehen von Verdun genannt. Die Anlage ist hauptsächlich in der 2. Hälfte des 13. Jh. entstanden. Um- und Zubauten sind aus dem 14. und 15. Jh. bekannt. 1680 wurde Veldenz durch Franzosen zerstört und im 19. Jh. gesichert.

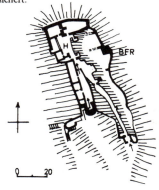

Vella

Bz. Glenner, Kt. Graubünden, Schweiz

Grundriß in: Clavadetscher, S. 100.

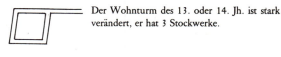

Der Wohnturm des 13. oder 14. Jh. ist stark verändert, er hat 3 Stockwerke.

Vellberg

Kr. Schwäbisch Hall, Baden-Württemberg

Grundriß in: Kunstdkm. v. Württbg., Jagstkr.

Der Ursprung liegt wohl im 12. Jh. Die jetzige Burg wurde hauptsächlich im 15. Jh. gebaut. 1523 wurde sie zerstört, und im 20. Jh. als Rathaus ausgebaut.

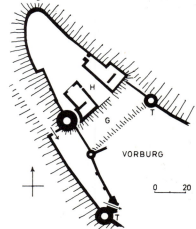

Vellenberg

Gde. Götzens, Bz. Innsbruck, Tirol, Österreich

Grundriß in: Trapp, Bd. 6, S. 84.

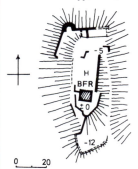

Ein »Konradus de Vellingberch« wird 1166 urkundlich erwähnt, vermutlich ein Lehnsmann des Grafen v. Andechs, die 1232 als Besitzer genannt wurde. Ursprünglich besaß die Burg 2 Burgtürme. Verfallen ist sie im 17. Jh.

Veltheim

Gde. Winterthur (Bz.), Kt. Zürich, Schweiz

Grundriß in: Emil Stauber »Die Burgen des Bez. Winterthur«.

Der entspr. Adel wird 1244 genannt. Der Turm war mit 6×6 m Grundfläche zu klein. Er müßte einen Fachwerkaufbau besessen haben.

Veringen

Gde. Veringenstadt, Kr. Sigmaringen, Baden-Württemberg

Grundriß in: Kunstdkm. v. Hohenz., Bd. 2, S. 390; Zingeler/Buck, S. 52; Schmitt, Bd. 5, S. 121.

Grafen v. Veringen werden 1134 urkundlich bekannt. Am Ende 3×15 m und 1×14 m Seitenlänge hat 3 m dicke Wände. Die Ringmauer ist über 2 m stark. Der Wohnturm war zunächst kleiner und stammt aus der 1. Hälfte des 12. Jh. In seiner heutigen Form ist er mit der Ringmauer um 1200 entstanden unter teilweiser Verwendung von Buckelquadern. Der Wohnturm hat 15,6×16 m maximale Außenmaße und bis 3,5 m Mauerstärke.

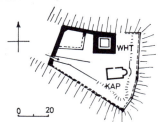

Vetzberg, Bodenberg

Gde. Bieberthal-V..., Kr. Gießen, Hessen

Grundriß in: Burgwart, 1904, S. 49.

Die Burg wird um 1150 erstmals erwähnt. Seit dem 13. Jh. wird sie von Ganerben bewohnt. In der Mitte des 18. Jh. verfällt sie. Der 22 m hohe Bergfried mit 3 Stockwerken hat seinen rundbogigen Eingang in 9 m Höhe, sein Durchmesser ist 8,5 m, die Wandstärke mehr als 2,5 m. Die Ringmauer ist 1,25 m dick. In nur 1,4 km Entfernung liegt die Burg Gleiberg →.

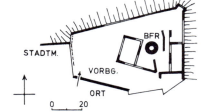

Veyenau

Gde. Mechernich-Obergartzen, Kr. Euskirchen, Nordrhein-Westfalen

Grundriß in: Ebhardt I, Abb. S. 122; Kunstdkm. d. Rheinprov., Bd. 4.1; Herzog, S. 484.

Begonnen wurde die Wasserburg Veyenau um 1340. Umbauten fanden im 15. Jh. und später statt. 1708 wurde sie von Franzosen zerstört und ist im 19. Jh. nur in Teilen rekonstruiert worden.

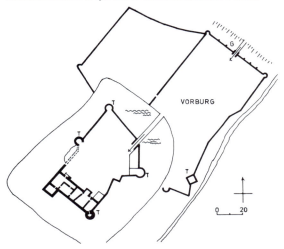

Vianden

Luxemburg

Grundriß in: Ebhardt I, Abb. 646; Hotz Z 45; Kubach, S. 1181; Bour, Bd. 2, Anhang.

Graf Berthold v. Vianden wird 1090 urkundlich genannt. Begonnen wurde die Burg im 12. Jh. Die Kapelle und der Palas entstanden im 13. Jh. Der Ausbau der Burg fand kontinuierlich bis ins 17. Jh. statt. 1820 wurde die Burg teilweise abgebrochen.

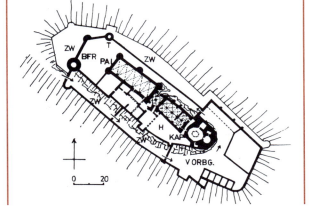

Viechtenstein, Vichtenstein

Bz. Schärding, Oberösterr., Österreich

Grundriß in: Österr. Kunsttop., Bd. 21, S. 53.

1116 ist die Burg der Grafen v. Vormbach zugefallen. Die Wohnbauten sind im 16. u. 17. Jh. entstanden. Der Bergfried hat 8,8 m Seitenlänge mit Mauerwerk von 2,4 auf 2,5 m über 5 Stockwerke in 16 m Höhe zurückgehend.

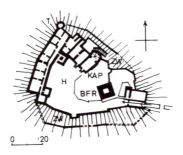

Vienenburg

Kr. Goslar, Niedersachsen

Grundriß in: Kunstdkm. d. Prov. Hannover, Bd. 2.7, S. 25; Stolberg, S. 405.

Die Vienenburg in ihrer heutigen Form wurde um 1300 durch Graf Burchard v. Wernigerode erbaut, vermutlich nach der Zerstörung der Harliburg 1291. Die Burg ist später zu einem Gutshof umgewandelt worden. Ihr Bergfried hat 8 m Durchmesser, ist 24 m hoch, seine Mauer ist 2,6 m dick. Ein Eingang liegt in 8 m Höhe.

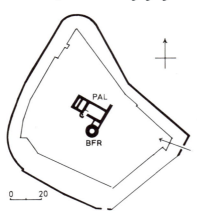

Vierraden

Kr. Angermünde, Brandenburg

Grundriß in: Kunstdkm. d. Prov. Brandenburg, Bd. 3.3, S. 250.

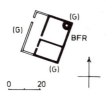

Genannt wird die Wasserburg 1325, zerstört wurde sie im Dreißigjährigen Krieg. Die Backstein-Anlage ist eine Kastellburg. Der 24 m hohe Bergfried hat 6 m Durchmesser, der Einstieg liegt in 12 m Höhe.

Vilbel

Gde. Bad Vilbel, Wetteraukr., Hessen

Grundriß in: Kunstdkm. v. Hessen, Friedberg, S. 279.

Die erste Wasserburg wurde 1399 zerstört und ist 1414 in der heutigen Form aufgebaut worden. 1796 wurde sie durch Franzosen zerstört. Die Schildmauer ist 2,5 m, die Ringmauer 2,0 m stark. Der Bergfried hat 7 m Kantenlänge mit 1,3 m dicken Wänden.

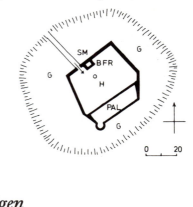

Villigen

Bz. Brugg, Kt. Aargau, Schweiz

Grundriß in: Burgen u. Schlösser d. Schweiz, Aargau, S. 128.

Die sehr kleine Kastellburg von nur 20 m Breite wurde im 13. Jh. urkundlich erwähnt. 1944 hat man die Ruine der Wasserburg ausgegraben. Sie wurde relativ früh verlassen.

Vilseck

Kr. Amberg-Sulzbach, Bayern

Grundriß in: Kunstdkm. v. Bayern, Oberpfalz, Bd. 15.

Die Wasserburg war im Mittelalter Lehen des Bistums Bamberg. Im 15. Jh. und vor allem 1729–1732 wurde sie in ein Wasserschloß umgebaut. Bergfried und Torturm stammen vom Ende des 12. Jh. Der Bergfried mit 8,7 × 9,2 m Seitenlängen und 2,2 m Wandstärke, ist mit 5 Stockwerken 24 m hoch, sein Eingang liegt ca. 6 m über Niveau.

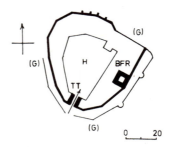

Vilsegg

Gde. Vils, Bz. Reutte, Tirol, Österreich

Grundriß in: Trapp, Bd. 7, S. 309; Nessler, Bd. 2, S. 254.

Der Burgadel erscheint 1263 urkundlich. Die Burg ist im 13. Jh. entstanden und war im 18. Jh. Ruine. Der Bergfried hat 10 × 10,5 m Grundfläche und 2,4 m starke Mauern. Die Darstellungen weichen erheblich voneinander ab.

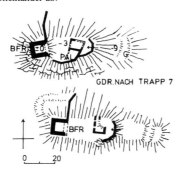

Virneburg
Kr. Mayen-Koblenz, Rheinland-Pfalz

Grundriß in: Kunstdkm. d. Rheinprov., Bd. 17.2, S. 430.

»De Virneburch« wird bereits 1042 urkundlich erwähnt. Die Burg wird erst anläßlich einer Erbteilung 1229 genannt. 1689 wurde sie durch Franzosen zerstört. Die bis zu 18 m hohe Schildmauer ist 3 m stark, die Ringmauer ist 1,5 m dick. Der Bergfried hat 7 m Durchmesser mit quadrat. Innenraum von 2 m Seitenlänge.

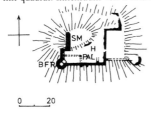

Virnsberg, Wernsberg
Gde. Markt Flachslanden, Kr. Ansbach, Bayern

Grundriß in: Bayrische Kunstdkm. Ansbach, S. 147; Burgen u. Schlösser 1967-I.

1188 war die Virnsberg staufisches Hausgut, 1299 kam die Burg an den Deutschen Ritterorden. Sie wurde bis in neuere Zeit aus- und umgebaut. Ihre Ringmauer ist ca. 1,6 m stark. Der Bergfried hat 7 m Breite und nur 1 m starkes Mauerwerk.

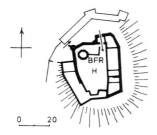

Virseck = Hülchrath

Vischering
Gde. Lüdinghausen, Kr. Coesfeld, Nordrhein-Westfalen

Grundriß in: Kunstdkm. v. Westfalen, Lüdinghausen; Ebhardt I. Abb. 139.

Entstanden ist die Wasserburg wohl im 13. Jh., ab 1519 wurde sie zum Wasserschloß umgebaut, das heute als Museum dient.

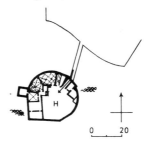

Vlatten
Gde. Heimbach-V..., Kr. Euskirchen, Nordrhein-Westfalen

Grundriß in: Kunstdkm. d. Rheinprov., Bd. 11.2, S. 444.

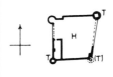

Große Teile der Ruine einer Wasserburg stammen aus dem 14. Jh. Die Ringmauer ist 1,0 m dick.

Vlotho
Kr. Herford, Nordrhein-Westfalen

Grundriß in: Engel, S. 95.

»De Vlotowe« wird im 12. Jh. genannt. Die Burg wurde im Dreißigjährigen Krieg zerstört und 1709 abgebrochen. Man hat sie 1936 ausgegraben. Ein Maßstab ist bei Engel nicht angegeben.

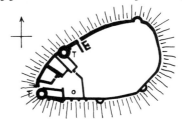

Völs
Eisacktal, Südtirol, Italien

Grundriß in: Trapp, Bd. 4, S. 353.

Der Adel ist schon in der ersten Hälfte des 12. Jh. urkundlich bekannt. 1302 wird das »castrum de vels« genannt. Der Wohnturm hat 4 Stockwerke und einen rundbogigen Eingang im 2. Stockwerk.

Vöstenhof

Bz. Neunkirchen, Niederösterr., Österreich

Grundriß in: Burgen u. Schlösser in Niederösterr., Bd. I/3, S. 125.

Entstanden ist die Burg Mitte des 13. Jh. Zum Schloß umgebaut wurde sie 1594, erneuert wurde sie 1912. Der Bergfried mißt 7,65×7,85 m und hat 2,2 m Mauerstärke.

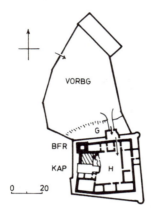

Vogelberg

Gde. Waltensburg, Bz. Glenner, Kt. Graubünden, Schweiz

Grundriß in: Clavadetscher, S. 113.

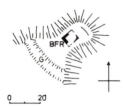

Die Burg ist wohl im 13. Jh. entstanden. Erhalten ist nur der Rest des Bergfriedes mit 1,5 m Mauerstärke.

Vogelfels

Gde. Albstadt, Kr. Balingen, Baden-Württemberg

Grundriß in: Schmitt, Bd. 5, S. 300.

Entstanden ist die kleine Burg im 11. Jh. Sie wurde bereits im 12. Jh. aufgegeben, in ihrer Mitte stand vermutlich ein Wohnturm.

Vogtsberg, Fautsberg

Gde. Wildbad, Kr. Calw, Baden-Württemberg

Grundriß in: Antonow-SWD, S. 271.

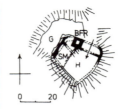

Der Burgadel wird um 1300 urkundlich genannt. Die Schildmauer ist 3 m stark. Der Bergfried hat 7,15×6,7 m Grundfläche und 2,0 m dicke Wände.

Vohburg

Kr. Pfaffenhofen, Bayern

Grundriß in: Kunstdkm. v. Oberbayern, Bd. 1.

Die Markgrafen v. Vohburg und Cham sind 1204 ausgestorben. Nach ihrer Zerstörung 1316 wird die Burg 1414 wieder aufgebaut. Die Ringmauer entstammt dem 13., das Torhaus dem 15. Jh. 1641 wurde die Burg durch Schweden zerstört. Der Bergfried hat 10 m Breite und 2,5 m Mauerstärke.

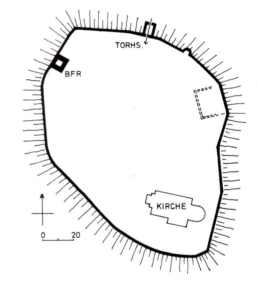

Voigtsberg

Gde. Oelsnitz (Kr.), Sachsen

Grundriß in: Kunstdkm. v. Sachsen, Bd. 10, S. 31.

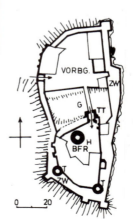

Urkundlich wird die Burg aus dem 13. Jh. erstmals 1270 genannt. 1405 wurde sie erweitert. 1633 wurde sie zerstört und wieder aufgebaut. Der konische Bergfried hat unten 8,8 m oben 7,7 m Durchmesser mit 2,6 m Wandstärke. Die Burg ist bewohnt.

Voitsberg

(Bz.) Steiermark, Österreich

Grundriß in: Baravalle, S. 291.

Die Burg ist durch Mauern mit der Stadtmauer verbunden. Begonnen wurde sie 1170 durch die Grafen v. Dürnsfeld. Die heutige Anlage ist im 14. und 15. Jh. entstanden. Im 16. Jh. wurde sie zum Schloß umgebaut. Seit 1760 ist sie öde. Der Bergfried hat 11 m Seitenlänge, er könnte der Dimension nach Wohnturm gewesen sein.

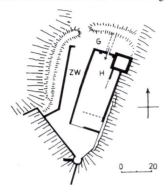

Vollrads

Gde. Rheinbach-Winkel, Rheingaukr., Hessen

Angabe in: Kunstdkm. v. Hessen, Rheingaukr., S. 365.

Der große Wohnturm des Schlosses entstand als Weiherhaus um 1330. Er hat 5 Stockwerke und 21 m Höhe. Er wurde mehrfach umgebaut.

Volmarstein

Gde. Wetter-V..., Kr. Hagen, Nordrhein-Westfalen

Grundriß in: Kunstdkm. v. Westfalen, Hagen-Ld., S. 55.

Die Burg wurde im 12. Jh. gegründet, 1324 wurde sie zerstört und 1360 wieder aufgebaut und ist später verfallen.

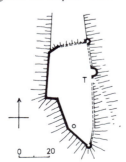

Volpertshausen

Gde. Hüttenberg-V..., Oberberg.-Kr. Nordrhein-Westfalen

Grundriß in: Denkm. d. Rheinld., Oberberg.-Kr., Bd. 2, S. 41.

Das Burghaus (Wohnturm) ist um 1500 erbaut worden; es hat in 14 m Höhe 3 Stockwerke.

Vonzun = Ardez

Vorburg

Gde. Oberurnen, Kt. Glarus, Schweiz

Grundriß in: Burgen u. Schlösser d. Schweiz, Glarus, S. 52.

Die Burg ist in der Mitte des 14. Jh. nachgewiesen und vielleicht schon im 15. Jh. verlassen worden. Die 16 m hohe Schildmauer ist rd. 2,8 m stark.

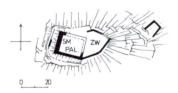

Vorburg, Delsberg

Gde. Beredier, Bz. Delsberg, Kt. Jura, Schweiz

Grundriß in: Meyer-Regio, S. 187.

Erbaut wurde die Burg Mitte des 13. Jh. durch die Erben v. Saugern. 1356 wurde sie durch Erdbeben zerstört.

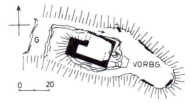

Vorderburg = Rettenberg

Vorderburg = *Rüdesheim*

Vorder Frankenberg = *Frankenberg*

Vorder Lichtenstein = *Bubenhofen*

Vorst, Forst
Gde. Leichlingen, Rhein-Wupper-Kr., Nordrhein-Westfalen

Grundriß in: Kunstdkm. d. Rheinprov., Bd. 3.2, S. 296.

Die Burg wird 1240 erstmals erwähnt. Ihre heutigen Formen sind aus dem 14. und 15. Jh. Die hier schwarz dargestellten Teile stammen aus dieser Zeit. Die Wohnbauten entstammen dem 19. Jh. Der Bergfried hat 9,5 m Durchmesser mit 3,5 m Wandstärke, der Wohnturm hat 11 m Seitenlänge mit 2 m dicken Mauern. Die Burg ist bewohnt.

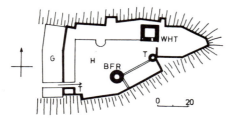

Vreden
Kz. Borken, Nordrhein-Westfalen

Grundriß in: Denkmalpfl. u. Forschung in Westfalen, 2.

Die Wasserburg von 1398 wurde 1970 ausgegraben.

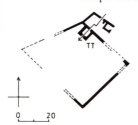

Wachenheim
Kr. Alzey-Worms, Rheinland-Pfalz

Grundriß in: Kunstdkm. v. Hessen, Worms, S. 135.

Der Wohnturm mit der Grundfläche von 8 × 11 m und 1,1 m Mauerstärke ist mittelalterlich. Die Ringmauer stammt aus dem 16. Jh.

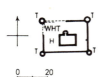

Wachsenburg
Gde. Holzhausen, Kr. Arnstadt, Thüringen

Grundriß in: Burgwart, 1900, S. 12.

Die Wachsenburg ist neben Gleichen (3,6 km Abstand) → und Mühlberg (3 km Abstand) → die 3. der Thüringer Gleichen. Ihre Hauptbauzeit sind das 12. und 13. Jh. Nach ihrem Verfall im 18. Jh. wurde sie 1905 auf dem alten Grundriß neu erbaut.

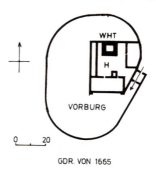

GDR. VON 1665

Wachsenegg
Gde. Anger, Bz. Weiz, Steiermark

Grundriß in: Baravalle, 2/II, S. 566.

Die ältere Anlage ist die um 1200 begonnene Oberburg. Die Unterburg entstand um 1300. Die Oberburg wurde 1291 zerstört und wieder aufgebaut. Verfallen sind beide um 1400. Der Bergfried hat 10,5 m Breite und 3,3 m starke Mauern.

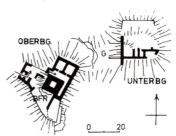

Wachtenberg
Gde. Wachenheim, Kr. Bad Dürkheim, Rheinland-Pfalz

Grundriß in: Baudkm. in der Pfalz, Bd. 2, S. 39.

Die Burg entstand wohl in der 2. Hälfte des 13. Jh. Sie wurde 1689 zerstört. Die Schildmauer ist 3 m stark, der Bergfried hat 8 × 8,5 m Grundfläche.

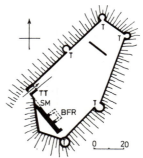

Wachtendonk

Kr. Kleve, Nordrhein-Westfalen

Grundriß in: A. Kaul, »Geldrische Burgen«.

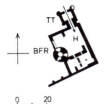

Die Reste der Wasserburg, die 1588 zerstört und im 17. Jh. geschleift wurden, sind ausgegraben worden. Der Burgadel war seit dem 12. Jh. bekannt. Der Bergfried hat 10,5 m Durchmesser und 3 m Wandstärke.

Wackenau

Gde. Bonaduz, Bz. Imboden, Kt. Graubünden, Schweiz

Grundriß in: Poeschel, S. 224; Clavadetscher, S. 177.

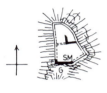

Es gibt keine Daten. Die Schildmauer ist 1,6 m stark.

Wäschenschloß, Wäscherburg

Gde. Wäschenbeuren, Kr. Göppingen, Baden-Württemberg

Grundriß in: Antonow, SWD, S. 276; Burgen u. Schlösser 1965-II, Hotz-Pfalzen, Z 82; Schmitt, Bd. 1, S. 78.

Entstanden ist die staufische Burg in der 1. Hälfte des 13. Jh. mit Buckelquader-Mauerwerk. 1377 wurde sie zerstört und wieder aufgebaut. Die 10 m hohe Schildmauer ist 2,6 m dick. Die Ringmauer ist 1,7 m stark. Nach ihrem Verfall wurde die Burg 1976 als Museum wiederhergestellt.

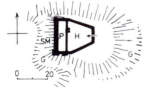

Waffensand

Gde. Stadtallendorf, Kr. Marburg-Biedenkopf, Hessen

Grundriß nach Mitteilung des Museums in Amöneburg.

Erbaut wurde die Burg im 12. Jh., urkundlich erwähnt wurde sie erstmals 1248; zerstört wurde sie vermutlich in der 2. Hälfte des 14. Jh. Die Ringmauer ist ca. 1,5 m stark. Der Bergfried hat 9,2 m Durchmesser und 2 m Wandstärke.

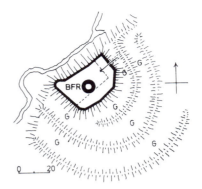

Wagegg

Gde. Wildpoldsried, Kr. Sonthofen, Bayern

Grundriß in: Nessler, Bd. 1, S. 85.

Der Burgadel wurde 1180 erstmals genannt. 1796 wurde die Burg durch Franzosen zerstört.

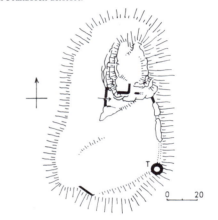

Wagenburg

Gde. Mühlberg, Bz. und Kt. Bern, Schweiz

Grundriß in: Hartmann, S. 28.

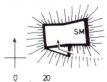

Erwähnt wurde die Burg Anfang des 14. Jh., 1565 wurde sie durch Brand zerstört. Die Schildmauer ist 2,3 m stark.

Wagenburg = Lägelein

Wahlenburg siehe Hoch Egisheim

Wahn

Gde. Köln, Nordrhein-Westfalen

Grundriß in: Rheinlands Schlösser u. Burgen, Bd. 2, S. 38.

Im rechten Seitenflügel des barokken Schlosses steckt der Rest eines Wohnturmes des 15. Jh.

Waidegg

Gde. Rattendorf, Bz. Hermagor, Kärnten, Österreich

Grundriß in: Kohla, S. 351.

Die kleine romanische Anlage wird 1288 bezeugt, im 15. Jh. ist sie verfallen.

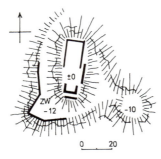

Waidhofen/Ybbs

(Bz.) Niederösterreich, Österreich

Grundriß in: Burgen u. Schlösser in Niederösterr., Bd. 8, S. 125.

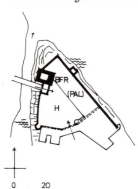

Begonnen wurde die Stadtburg im 12. Jh., der Bergfried stammt aus dieser Zeit. Ihr heutiges Aussehen ist vom späten Mittelalter bis in die Neuzeit entstanden. Der Bergfried hat 8,5 × 11 m Grundfläche mit 2,2 und 3,7 m Mauerstärke.

Waischenfeld

Kr. Forchheim, Bayern

Grundriß in: Denkmäler in Bayern, Oberfranken.

Die Hochburg auf dem Felsen wurde 1874 größtenteils abgebrochen. Der Burgadel wird 1216 urkundlich erwähnt. Die Vorburg entstand im 16. Jh. Im Norden sind Reste von Burgmannensitzen zu erkennen.

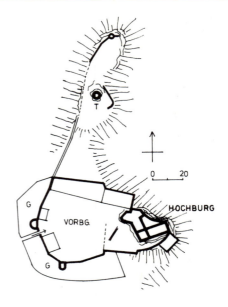

Waisenberg, Truxen

Bz. Völkermarkt, Kärnten, Österreich

Grundriß in: Burgen u. Schlösser in Kärnten, Bd. 2, S. 161; Piper, Österr., Bd. 4; Kohla, S. 353.

»Castrum Waysenberch« wird 1167 urkundlich erwähnt. Die heutige Anlage ist auf dem alten Grundriß hauptsächlich aus dem 16. Jh. entstanden. Der Bergfried ist aus der 1. Hälfte des 13. Jh., er hat 12 m Durchmesser und 2 m Wandstärke.

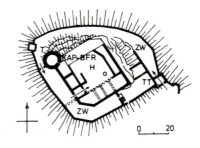

Walbenstein = Fingeller Schloß

Walchen

Gde. Piesendorf, Bz. Zell am See, Salzburg, Österreich

Grundriß in: Salzburger Museumsblätter, 1985, S. 4.

Entstanden ist die Burg Mitte des 13. Jh., urkundlich erwähnt wurde sie 1272. Zerstört wurde sie 1525, 1975 ausgegraben. Der Bergfried hat 8,3 × 8,8 m Grundfläche und wie die Ringmauer 1,8 m Wandstärke.

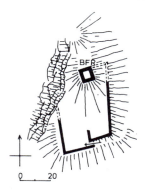

Wald

Bz. St. Pölten, Niederösterr., Österreich

Angaben in: Burgen u. Schlösser in Niederösterr., Bd. 5, S. 201.

Erhalten ist im Schloß Wald von der mittelalterlichen Wasserburg nur der Bergfried, in dessen 8 m starker Mauer eine Wendeltreppe verläuft. Der Hocheingang liegt ca. 7 m über dem Hof.

Wald am Arlberg, Wald-Dalaas, Riedberg

Gde. Bludenz (Bz.), Vorarlberg, Österreich

Grundriß in: Huber, S. 143.

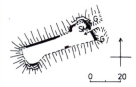

Bekannt ist lediglich, daß die Burg 1406 durch Appenzeller zerstört wurde. Ihre Ringmauer war 0,9 m, die Schildmauer 1,6 m stark.

Waldangelloch

Gde. Sinsheim-W..., Rhein-Neckar-Kr., Baden-Württemberg

Grundriß in: Kunstdkm. v. Baden, Bd. 8.1, S. 121.

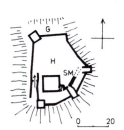

Von der Ruine ist fast alles verschwunden, was Ende des 19. Jh. noch vorhanden war. Die Burg wurde im 13. Jh. urkundlich erwähnt. Ihre Ringmauer ist 0,8 m, der Schildmauerrest ist 1,6 m stark.

Waldau

Gde. Königsfeld, Schwarzwald-Baar-Kr., Baden-Württemberg

Grundriß in: Burgen im südl. Baden, S. 190; Kunstdkm. v. Baden, Bd. 2.

Der Ursprung liegt wohl im 12. Jh., obwohl die Burg erst 1409 urkundlich erwähnt wird. Zerstört wurde sie 1525. Der 22 m hohe Bergfried hat seinen rundbogigen Eingang 9 m über dem Hof. Die 1,7 m dicke Ringmauer ist 11 m hoch.

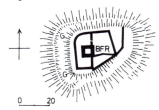

Waldau

Gde. Großellenbach-Wahlen, Kr. Bergstraße, Hessen

Grundriß in: »Das Bürgerhaus zwischen Rhein, Main und Neckar«.

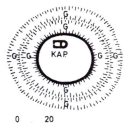

Die kreisrunde Wasserburg – ein seltener Grundriß – stammt wohl aus dem 12. Jh.: wie lange sie bewohnt war, ist unbekannt.

Waldau

Gde. Vohenstrauß, Kr. Neustadt/Waldnaab, Bayern

Grundriß in: Kunstdkm. v. Bayern, Oberpfalz, Bd. 8, S. 16.

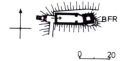

Der Bergfried stammt aus dem 13. Jh., das anschließende Wohngebäude aus dem 14. Jh. Genannt wird die Burg erst um 1350. Vom Anfang des 18. Jh. bis 1912 war sie Kirche. Ab 1983 wurde die Anlage rekonstruiert. Der Bergfried hat 6,6 m Breite und 2 m Mauerstärke.

Waldau

Gde. Kassel-W..., Hessen

Grundriß in: Kunstdkm. im Reg.-Bez. Kassel, Bd. 4, Taf. 112.

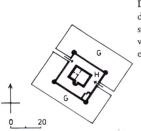

Die Ruine der Wasserburg aus dem Beginn des 15. Jh. hat 1,0 m starke Ringmauern. Vermutlich war das Gebäude in ihrer Mitte ein Wohnturm.

Waldburg
Kr. Ravensburg, Baden-Württemberg

Grundriß in: Waldburg, Kunstdkm. v. Württbg., Ravensburg.

Der Stammsitz der Grafen Truchseß v. Waldburg entstand um 1200. Um 1220 wurde der Reichsschatz hier aufbewahrt. 1525 wurde die Burg zerstört und danach wieder aufgebaut. Sie wird noch immer von den Waldburgs bewohnt.

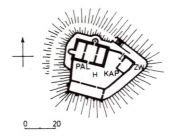

Waldburg = Schlößli

Waldeck = Hardegg

Waldeck
Gde. Dommeshausen-Dorweiler, Rhein-Hunsrück-Kr., Rheinland-Pfalz

Grundriß in: Kunstdkm. v. Rheinld.-Pfalz, Bd. 6, S. 267.

Der Burgadel wird 1124 urkundlich genannt. Die heutige Anlage der Unterburg stammt hauptsächlich aus dem 16. Jh.; in der 2. Hälfte des 17. Jh. wurde sie zerstört. Von der Kernburg ist faktisch nichts mehr vorhanden.

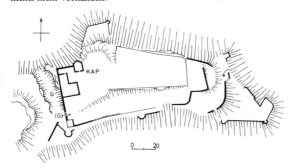

Waldeck
Kr. Korbach, Hessen

Grundriß in: Kunstdkm. im Reg.-Bz. Kassel, NF, Kreis der Eder, S. 286.

Gegründet wurde die Burg vor 1189, ihrer ersten urkundlichen Erwähnung. Sie ist die Stammburg der Grafen v. Waldeck. Sie wurde mehrfach umgebaut, zunächst als Residenz (im 16. Jh.) und noch einmal im 19. Jh. Sie wird heute als Hotel und Museum benutzt. Der Bergfried hat 8,5 m Durchmesser und 1,7 m Wandstärke.

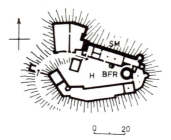

Waldeck
Gde. Leymen, Ct. Huningen, Haut-Rhin, Frankreich

Grundriß in: Meyer-Regio, S. 66.

Die Reste der heutigen Burg werden ins 13. Jh. datiert. Sie wurde 1356 durch Erdbeben zerstört. Ihre Ringmauer ist 1,7 m stark. Der Wohnturm hat rd. 8 × 10 m Grundfläche.

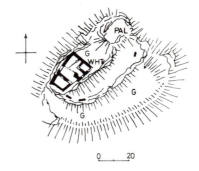

Waldeck – Valdek
Gde. Chaloupky, Bz. Pribrams – Příbram, Mittelböhmen, Tschechische Republik

Grundriß in: Heber, Bd. 1; Menclová, S. 145.

Die Burg stammt aus der 2. Hälfte des 13. Jh., zerstört wurde sie im 17. Jh. Der Bergfried hat 10 m Durchmesser mit 3,5 m Mauerstärke, der spitzbogige Eingang liegt ca. 8 m hoch.

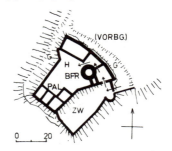

Waldeck
Gde. Kemnath-W..., Kr. Tirschenreuth, Bayern

Grundriß in: Kunstdkm. v. Bayern, Oberpfalz, Bd. 10, S. 87.

1152 wird »Gebhard de Waldegge« urkundlich erstmals genannt, er stammt aus dem Hause Leuchtenberg. Die Burg wurde 1707 demoliert und 1794 durch einen Brand vernichtet.

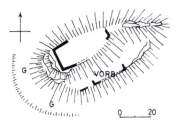

Waldeck

Gde. Egelshard, Ct. Bitche, Moselle, Frankreich

Grundriß in: Dictionnaire des Chateaux du Moyen Âge en France.

Die Felsenburg auf vier Felstürmen, die teilweise ausgehöhlt sind, ist um 1300 erbaut worden. Zerstört wurde sie 1635 durch Franzosen. Von den Hochburgen sind bis auf einen Bergfried von 5 m Seitenlänge und 1,5 m Wandstärke wenig übrig geblieben. Die Felstürme beherbergten wohl verschiedene Zweige einer Familie.

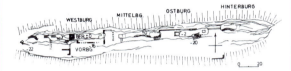

Waldeck

Gde. Lorch, Rheingaukr., Hessen

Grundriß in: Binding, S. 88.

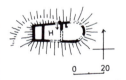

Der Burgadel wird 1120 erstmals genannt. Mehr ist über die kleine Burg nicht bekannt.

Waldeck

Gde. Calw (Kr), Baden-Württemberg

Grundriß in: Kunstdkm. v. Württbg., Schwarzwaldkr., Calw, S. 508; Pfefferkorn, Bd. 6.

Entstanden ist die Burg am Beginn des 13. Jh., 1248 wurde sie zerstört und wiederaufgebaut. 1310 und 1553 wiederholte sich dieser Vorgang. 1692 wurde Waldeck durch Franzosen zerstört. Der Bergfried hat 5,2 m Seitenlänge und 1,7 m Wandstärke. Die Burg bildet eine Gruppe mit ihrer Vorburg.

Waldeck – Vorburg

Gde. Calw (Kr.), Baden-Württemberg

Grundriß in: Blätter des Schwäb. Albvereins.

Die Vorburg von Waldeck verteilt sich über 180 m Länge eines felsigen Kammes. Es waren vermutlich wenigstens 3 kleine Einzelburgen. Sie wurden 1284 und 1310 zerstört, endgültig 1692 durch Franzosen.

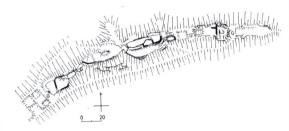

Waldenburg

Kr. Künzelsau, Baden-Württemberg

Grundriß in: Kunstdkm. v. Württbg., Jagstkr., Tafelbd.

Das barocke Schloß entstand auf der Basis der Burg aus dem Beginn des 13. Jh. Die Ringmauer ist 1,0 – 1,2 m stark.

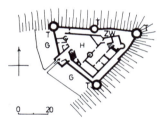

Waldenburg

(Bz). Kt. Basel-Ld., Schweiz

Grundriß in: Merz-Sisgau, Bd. 4, S. 44; Meyer, Bd. 7, S. 40; Meyer-Regio, S. 131.

Die Burg wurde um 1200 durch die Grafen v. Frohburg gegründet. Sie nennen sich seit 1244 auch Waldenburg. 1375 wurde sie zerstört und wieder aufgebaut. 1588 wurde sie umgebaut und 1795 zerstört. Der Bergfried von 6×7 m Grundfläche mit Wandstärken von 1,5 und 2,5 m ist mit 4 Stockwerken 18 m hoch. Die Ringmauer ist ca. 1,9 m stark.

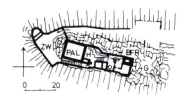

Waldenburg
Gde. Attendorn, Kr. Olpe, Nordrhein-Westfalen

Grundriß nach Plan der Gemeinde.

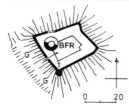

Urkundlich taucht die Burg 1176 erstmals auf. Ende des 17. Jh. wurde sie durch Brand zerstört. Der Bergfried hat 9,8 m Durchmesser und 2,9 m Mauerstärke. Die Ringmauer ist 1,4–1,7 m stark.

Waldenburg = Jörgensberg

Waldenstein
Gde. Rudersberg, Rems-Murr-Kr., Baden-Württemberg

Grundriß in: Antonow-SWD, S. 273.

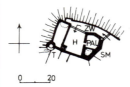

Erbaut wurde die Burg mit Bukkelquadern in der 2. Hälfte des 13. Jh., der Burgadel wird 1251 urkundlich bekannt. Verfallen ist Waldenstein im 16. Jh. Die Schildmauer ist 3 m stark und um 10 m hoch.

Waldhausen
Gde. Fisibach, Bz. Zurzach, Kt. Aargau, Schweiz

Grundriß in: Hartmann, S. 55.

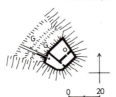

Der Burgadel wird 1285 urkundlich bekannt. Bald nach 1426 ist die kleine Anlage verfallen. Ihre Ringmauer ist 1,5 m stark.

Waldmannshofen
Gde. Creglingen, Kr. Schwäbisch Hall, Baden-Württemberg

Grundriß in: Burgen u. Schlösser 1979-I.

1140 wird der gleichnamige Ministerialadel genannt. 1239 findet ein Besitzwechsel statt. Kern des Schlosses ist der Palas aus dem 13. Jh., dem um 1400 der Bergfried hinzugefügt wurde. Er ist 16 m hoch, hat 6 m Durchmesser mit 1,3 m Wandstärke.

Waldreichs am Kamp
Bz. Zwettl, Niederösterr., Österreich

Grundriß in: Sammlung Kreutzbruck.

Der Burgadel ist 1259 urkundlich erstmals bekannt. Die heutige Anlage des Schlosses ist aus dem 15. und 16. Jh. Die Ringmauer ist 1,2 m stark und 8 m hoch. Der Bergfried hat 8 m Durchmesser mit 1,5 m Wandstärke, er hat 4 Stockwerke auf 16 m Höhe.

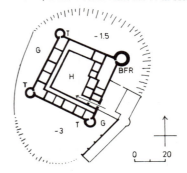

Waldsassen
Kr. Tirschenreuth, Bayern

Grundriß in: Kunstdkm. v. Bayern, Oberpfalz, Bd. 14.

Der hier wiedergegebene Grundriß stammt von 1621. Der große Wohnturm in der Mitte ist im 15. Jh. erbaut worden. Die Wasserburg ist heute ein Amt.

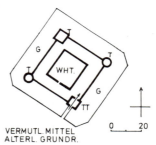

Waldsberg
Gde. Luthern, Bz. Wallisau, Kt. Luzern, Schweiz

Grundriß in: Thüler, S. 209.

Die Burg »Waltsberc« wird 1278 urkundlich genannt. Erbaut wurde sie durch die Herren v. Affoltern, die 1146–1334 bekannt sind. Verfallen ist sie Mitte des 15. Jh. Der Wohnturm hat 13,5 × 15,5 m Grundfläche und 2 m Wandstärke.

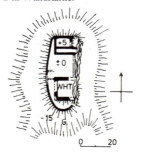

Waldschlößl

Gde. Terrenten, Pustertal, Südtirol, Italien

Grundriß in: Innebner, „Die Wallburgen Südtirols", Italien

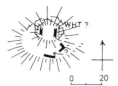

Die kleine Burg aus dem Mittelalter besaß vermutlich einen Wohnturm.

Waldsteig

Gde. Ottersweiler-Hub, Kr. Offenburg, Baden-Württemberg

Angabe in: Burgen u. Schlösser in Mittelbaden.

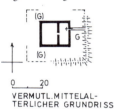

Im barocken Pfarrhaus steckt die Anlage eines Weiherhauses des späten 13. Jh. mit 1,2 m starken Mauern.

Waldstein, Großer Waldstein

Gde. Sparneck, Kr. Hof, Bayern

Grundriß nach Aufmaßskizze von Grau.

Der Burgadel ist seit 1166 urkundlich bekannt. Die Burg wurde in der 2. Hälfte des 13. Jh. begonnen. Anfang des 15. Jh. wurde sie durch Hussitten zerstört. Die wiederaufgebaute Anlage wurde 1523 endgültig zerstört.

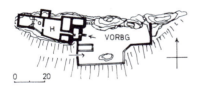

Waldstein

Gde. Haslach-Schnellingen, Kr. Offenburg, Baden-Württemberg

Grundriß: Fick, Teil 3, S. 89.

Erwähnt wurde die Burg um 1300, verlassen um 1500. Ihr Ursprung war vielleicht ein Wohnturm.

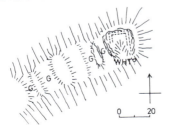

Waldstein

Gde. Deutschfeistritz, Bz. Graz, Steiermark, Österreich

Grundriß in: Piper, Österr., Bd. 5, S. 177.

Urkundlich erscheint die Burg erstmals 1152. Ihre Kapelle ist romanisch, der seltene dreieckige Bergfried gotisch. Wann Waldstein zerstört wurde, ist nicht bekannt. Der 22 m hohe Bergfried hat 10 m Seitenlänge mit 2 m Wandstärke, der spitzbogige Eingang liegt 7 m hoch.

Waleszov – Valecsov

Gde. Gr. Skal – Hruba Skal, Bz. Gitschin, – Jičín, Ostböhmen, Tschechische Republik

Grundriß in: Piper, Österr., Bd. 5, S. 183.

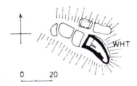

Der palasartige Wohnturm steht auf einem 10 m hohen Felsturm. Er hat bei ca. 14 m Höhe 3 Stockwerke.

Walkenstein

Gde. Oberwolfach, Kr. Offenburg, Baden-Württemberg

Angabe in: Burgen u. Schlösser in Mittelbaden, S. 434.

Stumpf eines Wohnturmes aus dem 14. Jh., der 7,8 × 8,75 m mißt und 1,5 m dicke Mauern besitzt.

Wallburg = Eltmann

Wallburg = Eltmann

Walldürn

Odenwaldkr., Baden-Württemberg

Grundriß in: Kunstdkm. v. Baden, Bd. 4.3, S. 143.

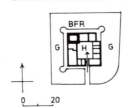

Von der mittelalterlichen Anlage erhalten sind nur die Grundmauern. Sein heutiges Aussehen erhielt das Wasserschloß 1865. Der Bergfried mißt 7 × 8 m mit 1,4 m Wandstärke.

Wallenberg

Gde. Trusetal, Kr. Schmalkalden, Thüringen

Grundriß in: Kunstdkm. im Reg.-Bz. Kassel, Bd. 5, Tafel 19.

Erwähnt wird die Burg Mitte des 13. Jh. als Waldburg. 1525 wird sie zerstört und Anfang des 18. Jh. abgebrochen. Der 23 m hohe Bergfried hat 6 m Durchmesser und 1,5 m Mauerstärke. Der rundbogige Eingang liegt exakt auf halber Höhe.

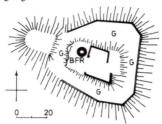

Wallenburg

Gde. Dürbheim, Kr. Tuttlingen, Baden-Württemberg

Grundriß in: Schmitt, Bd. 3, S. 238.

Entstanden ist die Burg wohl um 1200. In den Mauerresten wurden Buckelquadern gefunden. Der Bergfried hatte ca. 8 m Seitenlänge und 1,5 m Mauerstärke.

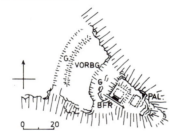

Wallenstein, Alt Wallenstein

Gde. Knüllwald-W..., Schwalm-Eder-Kr., Hessen

Grundriß in: Brauns, S. 39.

Entstanden ist die Kastellburg Anfang des 13. Jh., urkundlich genannt wird sie 1223. Der Bergfried hat 6 m Durchmesser mit 1,5 m Mauerstärke.

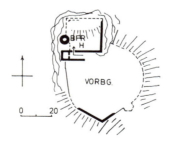

Wallrabenstein

Gde. Hünstetten-W..., Untertaunuskr., Hessen

Grundriß in: Kunstdkm. im Reg.-Bez. Wiesbaden, Bd. 5, S. 198.

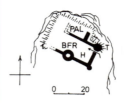

Erbaut wurde die Burg, die an die Sporkenburg → erinnert, 1350. Im 18. Jh. ist sie verfallen. Die Ringmauer ist um 2,5 m stark, der Bergfried hat 6 m Durchmesser und 2 m Mauerstärke. Der Eingang war vom Wehrgang der Ringmauer zugänglich.

Walterstein

Gde. Kolbingen, Kr. Tuttlingen, Baden-Württemberg

Grundriß in: Schmitt, Bd. 3, S. 316.

Der Adel »de Waltinstein« wird erstmals 1239 erwähnt. Um 1300 wird die Burg verkauft, 1485 war nur noch von einem Burgrest die Rede.

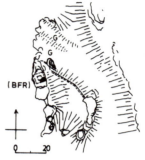

Wangen

Ct. Molsheim, Bas-Rhin, Frankreich

Grundriß in: Hotz-Pfalzen, S. 123; Wirth, S. 111.

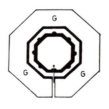

Die Wasserburg in der so seltenen achteckigen Form ist vermutlich in der 1. Hälfte des 13. Jh. erbaut worden. 1420 wurde sie durch Straßburg zerstört.

Wangen-Bellermont

Sarntal, Südtirol, Italien

Grundriß in: Trapp, Bd. 5, S. 87.

Entstanden ist die Burg um 1210 durch die Herren v. Wangen; 1237 wird »Wangebelremont« urkundlich genannt. 1277 wird die Burg ausgebaut, der Torbau stammt aus dem 16. Jh. Im 17. Jh. wurde sie verlassen; die Schildmauer hat 2,75 m Stärke.

Wangenburg

Ct. Wasselonne, Bas-Rhin, Frankreich

Grundriß in: Kaltenbach Nr. XXVIII; Wolff, S. 350; Salch, S. 323.

Urkundlich wird die Burg 1162 genannt. Zerstört wurde sie wahrscheinlich im Dreißigjährigen Krieg. Die Ringmauer ist mit 2,2 m recht stark. Der 24 m hohe Bergfried hat 9 × 9,5 m maximaler Breite und 2 m Wandstärke. Sein spitzbogiger Eingang liegt 15 m hoch.

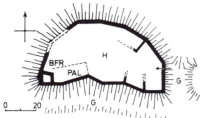

Wangeoog

Kr. Jever, Niedersachsen

Grundriß in: Kunstdkm. v. Oldenburg

Der mittelalterliche Wohnturm war zeitweilig eine Kirche. Er ist 24 m hoch und hat 3 Stockwerke.

Wanzleben

Sachsen-Anhalt

Grundriß in: Kunstdkm. d. Prov. Sachsen, Wanzleben.

Die ehemalige Wasserburg war zuletzt Domäne. Von der angeblich durch König Heinrich I. gegründeten Burg ist nur noch der frühgotische Bergfried übrig, dessen obere Stockwerke aus dem 15. Jh. stammen. Er mißt 9,3 × 11 m und hat 2,7 m Wandstärke.

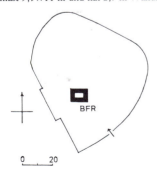

Warbende, Hof Meyenkreuz

Kr. Neustrelitz, Mecklenburg-Vorpommern

Grundriß in: Schwarz, Abb. 49.

Erwähnt wurde die Burg 1408. Erhalten ist von der kleinen Wasserburg der Rest eines Bergfriedes von ca. 6 m Seitenlänge.

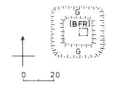

Warburg

Gde. Warburg, Kr. Helmstedt, Niedersachsen

Grundriß in: Schulz, Abb. 53.

Ursprünglich stand der Wohnturm mit 13 m Seitenlänge und 3 m Wandstärke auf einer Motte, er ist etwa 1200 erbaut worden. Später wurde die Burg um ihn herumgebaut, erhalten ist jedoch nur ein Gebäude an der NO-Seite.

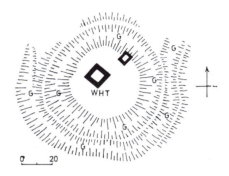

Wardenswal = Guardaval

Warmsdorf

Kr. Staßfurt, Sachsen-Anhalt

Grundriß in: Wäscher, Bild 185.

Der Adel »de Warmesdorp« wird 1257 urkundlich erstmals erwähnt. 1520 wird die Wasserburg zum Gut umgebaut. Reste der Burg sind aber noch erkennbar. Der Bergfried hat 8,9 × 10 m Grundfläche mit 1,6 m starker Mauer; er ist 30 m hoch.

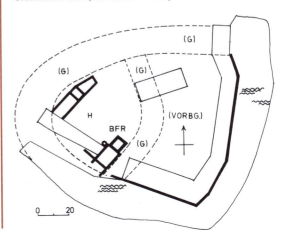

Wart

Gde. St. Paul, Unteretsch, Südtirol, Italien

Grundriß in: Weing.-Bozen, 28; Weing.-Hörm., S. 339.

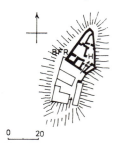

Die kleine Burg Wart wurde um 1250 als Ministerialenburg erbaut. Sie wurde im 16. Jh. umgebaut und ist noch bewohnt. Der Bergfried hat 6,5 m Breite und 1,0 m und 1,5 m Wandstärke. Er ist mit 4 Stockwerken 18,5 m hoch.

Wartau

Bz. Werdenberg, Kt. St. Gallen, Schweiz

Grundriß in: Felder, 3. Teil, S. 39; Meyer, Bd. 6, S. 55.

Der Wohnturm u. Palas ist kurz nach 1200 erbaut worden. Am Ende des 17. Jh. war Wartau Ruine. Der Wohnturm hat 4 Stockwerke in 15 m Höhe, der Palas hat 3 Stockwerke, die Wandstärke ist 1,75 m.

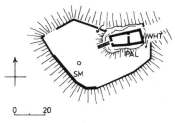

✗Wartburg

Gde. Eisenach (Kr.), Thüringen

Grundriß in: Ebhardt I., Abb. 641; Hotz Z 78; Kunstdkm. v. Thüringen, Eisenach.

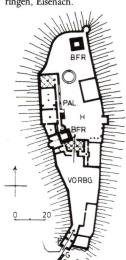

Die Landgrafenburg ist um 1200 erbaut worden. 1319 wurde nach einem Brand mit dem gotischen Umbau begonnen. Martin Luther hat hier 1521–1522 die Bibel ins Deutsche übersetzt. Die Burg wurde im Dreißigjährigen Krieg zerstört. 1838–1867 wurde sie wieder aufgebaut, teilweise stark entstellend. Der Bergfried hat 8 m Seitenlänge und 2,5 m Mauerstärke.

Wartburg

Gde. Säli, Bz. Olten, Kt. Solothurn, Schweiz

Grundriß in: Burgen u. Schlösser d. Schweiz, Bd. III, S. 86.

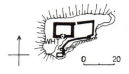

Der Wohnturm ist Ende des 13. Jh. erbaut worden. 1415 wurde die Burg durch einen Brand beschädigt. 1860 wurde die neugotisch wiederhergestellt. Der Wohnturm hat 10,7 × 13,5 m Grundfläche.

Wartenau

Gde. Pochmühl – Pocheń, Bz. Freudenthal – Bruntál, Nordmähren, Tschechische Republik

Grundriß in: Burgwart 1938, S. 25.

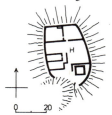

Urkundlich wurde die Burg erstmals 1238 erwähnt. Zerstört wurde sie 1479 durch Matthias Corvinus.

Wartenbach, Wartenberg

Kr. Lauterbach, Hessen

Grundriß in: Burgwart 1939, S. 13.

1232 wurde die Burg erbaut und bereits 1265 zerstört. Sie wurde 1940 ausgegraben. Die Vorburg war extrem groß. Sie steht zur Kernburg im Verhältnis 9:1. Der Bergfried hat 7,7 m Kantenlänge und ca. 2 m Wandstärke.

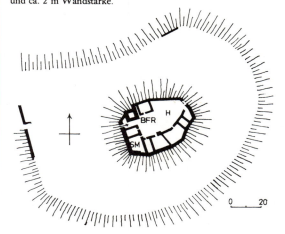

Wartenberg

Gde. Muttenz, Bz. Arlesheim, Kt. Basel-Ld., Schweiz

Die drei Burgen Wartenberg liegen jeweils 200 m auseinander. Bis ins frühe 14. Jh. blieben die Burgen im Besitz der Grafen v. Homberg. 1306 gehen sie in österreichischen Besitz. Auf den Burgen saßen nicht nur die Eigentümer, sondern auch deren Dienstleute. 1515 kommen die Burgen in den Besitz von Basel. Weiteres bei den einzelnen Burgen.

Wartenberg – Hinterburg

Grundriß in: Merz-Sisgau, Bd. 4; Meyer-Regio, S. 134.

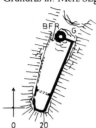

Entstanden ist die Burg kurz nach 1200, verlassen wurde sie im 15. Jh. Der Bergfried hat 6,5 m Durchmesser und 2,2 m dicke Wände. Die Ringmauer im Osten ist 1,4 m im Westen nur 0,9 m stark.

Wartenberg – Mittelburg

Grundriß in: Merz-Sisgau, Bd. 4; Meyer-Regio, S. 135.

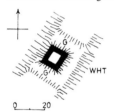

Die Burg besteht nur aus einem Wohnturm vom Ende des 12. Jh., der im 15. Jh. verlassen wurde. Er mißt 13,2 × 14,3 m mit 3 m Wandstärke, der rundbogige Eingang liegt 12 m hoch. Der Turm hatte 4 Stockwerke.

Wartenberg – Vorderburg

Grundriß in: Kunstdkm. d. Schweiz, Basel-Ld., Bd. 1. S. 372; Meyer, Bd. 7, S. 36; Meyer-Regio, S. 136.

Die Burg ist im späten 12. Jh. erbaut worden. Sie ist überwiegend mit Buckelquadern verkleidet. Urkundlich wird die Burg im 13. Jh. genannt. Sie ist im 15. Jh. verlassen worden. Der Bergfried mit 9 × 9,5 m Grundfläche hat 1,4 und 2,3 m Wandstärke. Die Mauer im Süden ist 2 – 3 m stark.

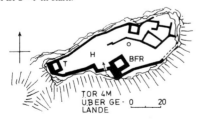

Wartenberg

Gde. Geisingen, Kr. Tuttlingen, Baden-Württemberg

Grundriß nach Aufnahme F.-W. Krahe 1991.

Der mächtige Wohnturm von 13,4 × 21,8 m Grundfläche ist 1140 erbaut worden. Die Burgmauer ist 3,0 m stark und aus großen, groben Steinen erbaut.

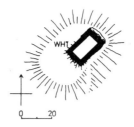

(Wartenfels)

Gde. Presseck-W..., Kr. Kulmbach, Bayern

Grundriß in: Kunstmann: Guttenberg

Von der Burg sind keine Reste mehr erkennbar. Erbaut wurde sie im 14. Jh. und 1525 zerstört.

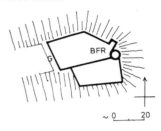

Wartenfels

Bz. Salzburg, Österreich

Grundriß in: Österr. Kunsttop., Bd. 10, S. 247.

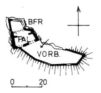

Die Burg ist um 1250 erbaut worden. Der Burgadel wird 1267 urkundlich bekannt. Die Hochburg war nur über eine Holzstiege zugänglich. Im 16. Jh. ist sie verfallen. Der Bergfried mit 10 × 11,5 m maximale Maße könnte ein Wohnturm gewesen sein.

Wartenfels

Gde. Losdorf, Bz. Otten, Kt. Solothurn, Schweiz

Grundriß in: Burgen u. Schlösser d. Schweiz, Bd. III, S. 82; Meyer-Regio, S. 222.

Die edelfreien Herren v. Wartenfels werden um 1250 urkundlich genannt. Begonnen wurde die Burg um 1200 mit dem Wohnturm, sie wurde um 1600 zu einem Schloß umgebaut, das heute noch bewohnt ist. Der Wohnturm hat ca. 11 m Seitenlänge mit 1,4 und 2 m Wandstärke.

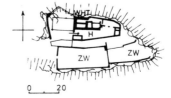

Wartensee

Gde. Rorschacherberg, Br. Rorschach, Kt. St. Gallen, Schweiz

Grundriß nach Aufmaß von N. P. Nüesch 1969.

Die 1267 erstmals erwähnte Burg steht auf einem flachen Hügel. Sie ist später zum Schloß umgebaut worden und ist heute Heimstätte. Der Bergfried mit 9 × 11,5 m Grundfläche hat 2 m Wandstärke.

Wartenstein

Gde. Bad Ragaz, Bz. Sargans, Kt. St. Gallen, Schweiz

Grundriß in: Nachr. d. Schweizer Burgenv. 1957-5.

Entstanden ist die Burg vielleicht im 13. Jh., verfallen ist sie im 18. Jh. Die Kernburg war über eine seitliche Brücke zugänglich.

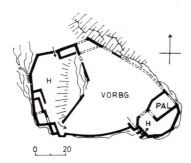

Wartenstein

Gde. Lauperswil, Bz. und Kt. Bern, Schweiz

Grundriß nach Plan von Christian Frutigen.

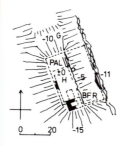

Erbaut wurde die Burg um 1200 durch die Familie v. Signau. Sie wurde 1383 durch Bern zerstört. Der Bergfried ist 7,75 × 8,7 m groß mit ca. 2,5 m Wandstärke. Die Ringmauer ist 1,7 m dick. Die Kernburg ist nur 10 m breit, also extrem schmal.

Wartenstein

Gde. Gloggnitz, Bz. Neunkirchen, Niederösterr., Österreich

Grundriß in: Burgen u. Schlösser in Niederösterr., Bd. I/3, S. 129.

Die Burg auf dem Felsen wurde zwischen 1170 und 1190 erbaut. Die untere Ringmauer und die Türme sind aus der Mitte des 13. Jh., 1525 wurde sie zerstört und 1645 wieder aufgebaut. 1809

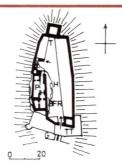

wurde sie durch Franzosen zerstört. Im 19. Jh. wurde die untere Burg wieder aufgebaut. Der Bergfried mißt 7,5 × 9,25 m mit 1,5 und 2,2 m Wandstärke.

Wartenstein

Gde. Oberhausen, Kr. Bad Kreuznach, Rheinland-Pfalz

Grundriß in: Kunstdkm. d. Rheinprov., Bd. 18.1, S. 321; Schellack, S. 141.

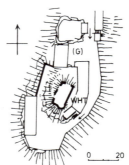

Gegründet wurde die Burg 1357, zerstört wurde sie 1688 durch Franzosen. Die Unterburg wurde 1704 schloßartig neu gebaut. Erhalten ist nur ein Rest eines Wohnturmes von 10 × 16 m mit ca. 1,0 m Wandstärke.

Warthausen

Kr. Biberach, Baden-Württemberg

Grundriß in: Uhl, S. 16.

Im Schloß Warthausen stecken noch Reste der staufischen Burg vom Anfang des 13. Jh. 1543 wurde sie zum Schloß umgebaut.

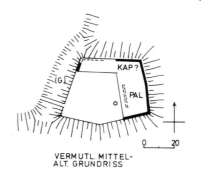

Warthenberg = Dossenheim

Warthof

Gde. Aspach, Rems-Murr-Kr., Baden-Württemberg

Grundriß in: Kunstdkm. v. Baden-Württembg., Rems-Murr-Kr., S. 175.

Vielleicht ist sie in der 1. Hälfte des 13. Jh. entstanden. 1525 wurde sie zerstört. Die Ringmauer ist 1,2 m dick.

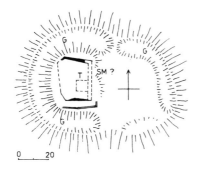

Wartleiten

Gde. Ebermannstadt-W..., Kr. Forchheim, Bayern

Grundriß in: Kunstmann, Bd. 3.

Von der Burg gibt es nur Reste eines Bergfriedes mit 1,5 m Wandstärke. Daten sind keine bekannt.

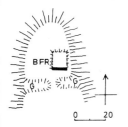

Wartstein – Oberburg

Gde. Ehingen-Erbstätten, Alb-Donau-Kr., Baden-Württemberg

Grundriß in: Ebhardt I, S. 444; Burgwart 1927, S. 100; Kunstdkm. v. Württbg., Donaukr., Münsingen; Schmitt, Bd. 2, S. 229.

Der links gezeigte Grundriß stammt v. K. A. Koch. Der von Schmitt zeigt weniger Reste. 1185 wird ein »comes de Wartstein« urkundlich erwähnt. Die Oberburg liegt 60 m südlich der Unterburg. Der bei Koch dargestellte Bergfried ist nach Schmitt nur eine 6 m starke Schildmauer. Zerstört wurde die Burg 1495. Die Schildmauer ist 12 m hoch.

Wartstein – Unterburg

Gde. Ehingen-Erbstätten, Alb-Donau-Kr., Baden-Württemberg

Grundriß in: Ebhardt I, S. 444.

Diese Unterburg wird nur mit Grundriß von K. A. Koch bei Ebhardt dargestellt. Sie liegt 60 m nördlich von der Oberburg. Auch diese Burg wurde vermutlich 1495 zerstört. Sie ist total verschwunden.

Wasdow

Kr. Teterow, Mecklenburg-Vorpommern

Grundriß in: Schwarz, Abb. 90.

»De Wastkow« wird 1378 erstmals urkundlich erwähnt. Der Bergfried hat 11 m Durchmesser und 3,5 m Wandstärke.

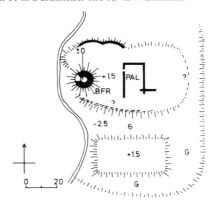

Wasenburg

Gde. Niederbronn (Ct.), Bas-Rhin, Frankreich

Grundriß in: Kaltenbach Nr. XXVIII; Wolff, S. 354; Salch, S. 323.

Erbaut wurde die Burg 1273, urkundlich genannt wurde sie erst 1335; sie wurde 1677 durch Franzosen zerstört. Die 13,5 m hohe Schildmauer ist 4,2 m stark, die Ringmauer 1,5 m.

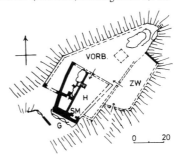

Waseneck, Wasseneck

Gde. Oberndorf, Kr. Rottweil, Baden-Württemberg

Grundriß in: Pfefferkorn, Bd. 2, S. 70.

Die Burg ist bereits in der 2. Hälfte des 15. Jh. verfallen. Der Bergfried hat 8 m Seitenlänge und 2,5–3,0 m Wandstärke.

Wasenstein = Wasigenstein

Wasigenstein, Wasenstein

Gde. Obersteinbach, Ct. Wissenburg, Bas-Rhin, Frankreich

Grundriß in: Kaltenbach XXIX; Wolff, S. 357; Salch, S. 326.

Beide Burgen sind von den Herren v. Wasingenstein als Reichslehen erbaut worden, etwa um die Mitte des 13. Jh. Der Burgadel ist von 1272–1355 in Urkunden genannt. Beide Kernburgen stehen auf Felstürmen, beide sind im Dreißigjährigen Krieg zerstört worden. Sie zeigen Buckelquader-Mauern. Der Wohnturm ist 10×20 m groß, seine Schildmauer ist 5 m stark. Die Schildmauer der Ostburg ist sehr ähnlich.

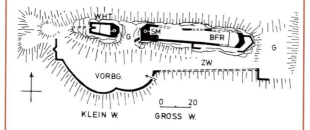

Wassenberg

Kr. Heinsberg, Nordrhein-Westfalen

Angabe und Luftbild in: Bornheim.

Der Wohnturm aus Backsteinen entstand um 1400, er hatte 4 Stockwerke mit ca. 10 m Kantenlänge.

Wasseneck = Waseneck

Wasseralfingen

Aalen (Kr.)-W..., Baden-Württemberg

Grundriß in: Kunstdkm. v. Württbg., Jagstkr., S. 704.

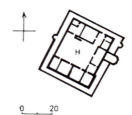

Das Wasserschloß hatte eine Wasserburg als Vorläufer, die vor 1377 erbaut wurde. Sie wurde 1729 als Schloß erneuert. Die Ringmauer ist 1,3 m stark.

Wasserburg

Gde. Eigeltingen-Honstetten, Kr. Konstanz, Baden-Württemberg

Grundriß nach Aufnahme v. F.-W. Krahe 1991.

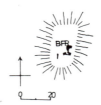

Entstanden ist die Burg wohl Ende des 12. Jh., der Adel ist 1174–1361 bekannt. 1444 wurde die Burg zerstört. Der Bergfried hatte vermutlich 6,5 m Kantenlänge.

Wasserburg

Gde. Tuttlingen (Kr.), Baden-Württemberg

Grundriß in: Streng, S. 20; Schmitt, Bd. 3, S. 339.

Diese Burg ist keine Wasserburg, vielmehr wahrscheinlich vom Gründer des Namens Waso abgeleitet. Der Adel ist 1225 urkundlich bekannt. Verlassen wurde die Burg im 16. Jh. Die Schildmauer ist 2,3 m, die Ringmauer 1,5 m stark.

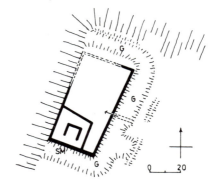

Wasserburg

Kr. Lindau, Bayern

Grundriß in: Kunstdkm. v. Bayern, Schwaben, Bd. 4, S. 515.

Der Kern des Schlosses ist ein Wohnturm aus der Zeit um 1280. Die Anlage ist 1358 erweitert worden. Der Turm hat 8,7×12 m Grundfläche mit 1,2–2,5 m Wandstärke.

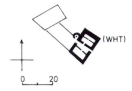

(Wasserstelz), Schwarzwasserstelz

Gde. Fisibach, Bz. Zurzach, Kt. Aargau, Schweiz

Grundriß in: Merz-Aargau, Bd. 2.

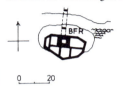

1174 wird Wasserstelz urkundlich erwähnt. Die Burg wurde 1879 für den Bahnbau abgebrochen. Die ehem. Wasserburg stand auf einem Fels im Rhein. Die Ringmauer hatte 1,5 m Stärke, der Bergfried maß 7×7,5 m mit 2,4 m Wandstärke.

Wassertrüdingen

Kr. Ansbach, Bayern

Grundriß in: Bayrische Kunstdkm. Dinkelsbühl.

Die Ringmauer des Schlosses, hier dargestellt, stammt aus dem 13. Jh.

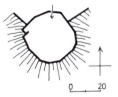

VERMUTL. MITTELALT. GRUNDR.

Waxenberg

Bz. Urfahr, Oberösterr., Österreich

Grundriß in: Burgen u. Schlösser in Oberösterr., Bd. 1, S. 73; Piper, Österr., Bd. 6, S. 208.

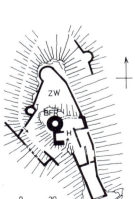

Ein »Cholo de Wassinberch« erscheint 1150 in Urkunden, das »castrum Wassenberch« wird 1215 genannt. Erbaut wurde die hier gezeigte Burg nach dem Verlassen einer älteren Anlage 1292. 1756 wurde sie durch Blitzschlag vernichtet. Der 22 m hohe Bergfried hat 10,5 m Durchmesser mit 3,1 m Wandstärke. Der Eingang liegt 7,5 m hoch; der Turm hat 4 Stockwerke.

Weckenstein

Gde. Stetten-Storzingen, Kr. Sigmaringen, Baden-Württemberg

Grundriß in: Kunstdkm. v. Hohenzollern, S. 32; Zingeler/Buck, S. 137; Schmitt, Bd. 3, S. 88.

Der Adel de Weckenstein wird 1214 erstmals genannt. Die Burg ist schon 1410 Ruine. Ihre Ringmauer ist ca. 1,2 m stark.

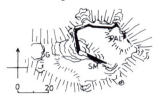

Weckmund siehe Hoch Egisheim

Weferlingen

Kt. Haldensleben, Sachsen-Anhalt

Grundriß in: Dehio, Bz. Magdeburg, S. 97.

Entstanden ist die Wasserburg um 1300. Die heutige Anlage ist ein Schloß des 16. Jh. auf der Basis der ehem. Wasserburg. Der Bergfried in der Vorburg ist 30 m hoch, hat 2,5 m Wandstärke und 12 m Seitenlänge.

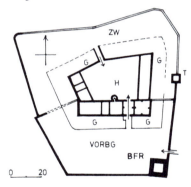

Wegelnburg

Gde. Nothweiler, Kr. Pirmasens, Rheinland-Pfalz

Grundriß in: Kunstdkm. v. Rheinld.-Pfalz, Bd. 2, S. 439; Kunstdkm. v. Bayern, Pfalz, Bd. 2, S. 439.

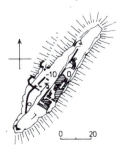

Entstanden ist die Felsenburg um 1200. »De Woeglenburg« taucht 1245 urkundlich auf. 1272 wurde sie zerstört und 1330 wieder aufgebaut. 1679 wurde sie durch Franzosen zerstört.

Wegscheid I

Gde. Wegscheid am Kamp, Bz. Zwettl, Niederösterr., Österreich

Grundriß in: Burgen u. Schlösser in Niederösterr., Bd. III/1.

Die kleine Talburg wurde um 1400 erbaut. Die Mauer im Süden ist 1,5 m stark.

Wegscheid II

Gde. Wegscheid am Kamp, Br. Zwettl, Niederösterr., Österreich

Grundriß in: Burgen u. Schlösser in Niederösterr., Bd. III/1.

Erbaut wurde die Burg wohl um 1175, schon im 13. Jh. wurde sie zerstört.

Wehr, Werrach

Kr. Waldshut, Tiengen, Baden-Württemberg

Grundriß in: Kunstdkm. v. Baden, Bd. 5, S. 187; Meyer-Regio, S. 37.

1113 wird eine edelfreie Familie des Namens genannt. Die Burg ist wohl im 13. Jh. entstanden, im 16. Jh. wurde sie verlassen. Die Schildmauer ist 2,5 m dick, die Ringmauer 1,6 m.

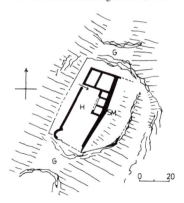

Wehingen

Kr. Tuttlingen, Baden-Württemberg

Grundriß in: Schmitt, Bd. 5, S. 383.

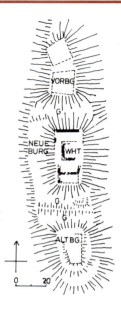

Die Altburg ist aus der 2. Hälfte des 12. Jh., die neue Burg entstand um 1250 unter Aufgabe der Altburg. 1475 war sie bereits Burgstall.

Wehrburg

Gde. Prissian, Burggrafenamt, Südtirol, Italien

Grundriß in: Trapp, Bd. 2, Abb. 203.

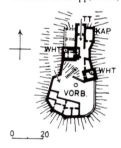

»Henricus de Werberc« wird 1217 als Zeuge genannt. 1287 wird Otto v. Werberg mit der Burg belehnt. Beide Wohntürme sind aus dem 13. Jh. Im 19. Jh. ist die Burg verfallen. Nach 1900 wurde sie wiederhergestellt. Heute ist die malerische Burg ein Hotel. Die Wohntürme haben folgende Maße: O: 9×9 m mit 1,6 m Mauerstärke, 4 Stockwerke und 18 m Höhe. W: 9,3×9,7 m mit 1,3–1,8 m Mauerstärke, 3 Stockwerke und 16 m Höhe.

Wehrstein

Gde. Sulz am Neckar-Fischingen, Kr. Rottweil, Baden-Württemberg

Grundriß in: Wörner.

Die Burg reicht vielleicht ins 11. Jh. zurück. Jedoch ist die in Resten erhaltene Burg wesentlich jünger. Sie wurde 1645 durch Bayern zerstört und 1830 teilweise abgebrochen.

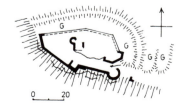

Weibertreu, Weinsberg

Gde. Weinsberg, Kr. Heilbronn, Baden-Württemberg

Grundriß in: Kunstdkm. v. Württbg., Neckarkr., S. 511.

Gegründet wurde die Burg als Reichslehen vielleicht schon im 11. Jh.; ihr Bestand ist allerdings staufisch. 1525 wurde sie stark beschädigt. Der Batterieturm wurde im 16. Jh. erbaut. Vom Palas (gestrichelt) ist kein Rest mehr vorhanden. Der Bergfried hat 7,5 m Seitenlänge und 1,75 m Mauerstärke. Am 21. 12. 1140 mußte sich die Stadt König Konrad III. ergeben. Der König erlaubte den Frauen alles mitzunehmen, was sie tragen konnten. Als die Frauen daraufhin ihre Männer aus der Stadt trugen, ließ der König dies

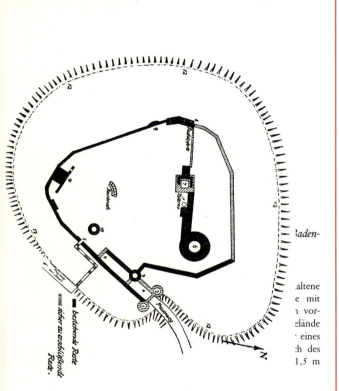

Plan 2 Weinsberg. Herzog Ulrich begann, die 1504 erworbene Burg im Norden des Landes zu befestigen: Der große Geschützturm (6) nach 1505 und vor 1519. Zerstörung im Bauernkrieg. (Zu Text S. 84)

Grundriß in: Burgen u. Schlösser 1976-I; Hotz Z 133; Burgwart 1914, S. 102; Kunstdkm. im Reg.-Bz. Kassel, NF, Bd. 1.

Die Weidelsburg wurde 1273 gegründet. Nach einer Zerstörung um 1300 wurde sie wieder aufgebaut. Ihre heutige Form entstand im 14. Jh., der Zwinger in der 1. Hälfte des 15. Jh. Im 16. Jh. ist die Burg verfallen, der Wohnturm mit 10 m maximaler Breite und eingebauter Wendeltreppe hat 1,5 m Mauerstärke auf drei Seiten.

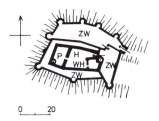

Weidenburg

Gde. Würmlach, Bz. Hermagor, Kärnten, Österreich

Grundriß in: Burgen u. Schlösser in Kärnten, Bd. 3, S. 40; Kohla, S. 359.

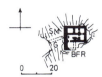

Die sehr kleine Burg erinnert mit ihrem Grundriß an die Burg Himmelburg → (Bz. Klagenfurt). 1255 wird »Johannes de Waidberch« als Bürge genannt. Die Burg stammt wohl aus der 1. Hälfte des 13. Jh. Sie ist nach 1500 verfallen. Ihre Schildmauer ist 2,2 m stark, der Bergfried mißt 7,5 × 7,5 m.

Weifner

Gde. Obergoldegg, Sarntal, Südtirol, Italien

Grundriß in: Weing.-Bozen, 5; Trapp, Bd. 5, S. 206.

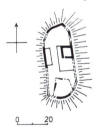

1231 wird urkundlich »turris et curra dicta Wiffe« erwähnt. 1348 ist von »Beiffe« urkundlich die Rede. Die schwache Anlage ist später in einem bäurischen Anwesen verbaut worden. Entstanden ist sie wohl im 13. Jh. Die Ringmauer war nur 0,8 m stark.

Weiher

Gde. Rettenberg, Kr. Sonthofen, Bayern

Grundriß in: Kunstdkm. v. Bayern, Schwaben, Bd. 8, S. 366.

Im 12. Jh. taucht der Burgadel urkundlich auf. Im 14. Jh. ist die Burg nur noch als Burgstall erwähnt. Vielleicht deutet der erhaltene Rest auf einen Wohnturm hin.

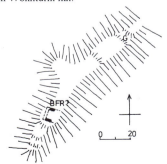

Weiherburg

Gde. Innsbruck, Tirol, Österreich

Grundriß in: Österr. Kunsttop., Bd. 45, S. 526.

Das Schloß Weiherburg wurde um 1460 mit einem Wohnturm begonnen, der mit 3 Stockwerken 12 m Höhe erreicht.

Weikersheim

Main-Tauber-Kr., Baden-Württemberg

Grundriß in: W. G. Fleck »Schloß Weikersheim«.

Von der Wasserburg, die im 12. Jh begonnen wurde, ist nur noch der Bergfried erhalten, der 7 m Durchmesser mit ca. 2 – 3 m Wandstärke besitzt und ins Renaissance-Schloß der Hohenlohes übernommen wurde.

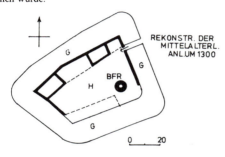

Weilbach

Gde. Flörsheim, Main-Taunus-Kr., Hessen

Grundriß in: Kunstdkm. im Reg.-Bz. Wiesbaden, Bd. 5, S. 242.

Die Anlage des Schlosses ist, wohl burgähnlich, im 15. Jh. begonnen worden.

Weiler

Gde. Keltern-W..., Kr. Pforzheim, Baden-Württemberg

Grundriß in: Kunstdkm. v. Baden, Bd. 9.7.

Das »castrum Wiler« wird 1297 urkundlich genannt. Im 18. Jh. wird die »Kattelburg« als Ruine erwähnt. Ihre Ringmauer ist 1,2 – 1,4 m stark.

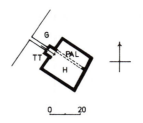

Weiler

Gde. Aglasterhausen, Odenwaldkr., Baden-Württemberg

Grundriß in: Lutz, Abb. 12.

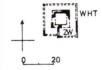

Die ausgegrabene Turmburg stammt vielleicht vom Ende des 12. Jh. Der Wohnturm hat eine Grundfläche von ca. 11,6 × 11,6 m und 2 m Wandstärke. Die Ringmauer ist 1,0 m stark.

Weiler, Heidenloch

Gde. Beuron-Thiergarten, Kr. Sigmaringen, Baden-Württemberg

Grundriß in: Schmitt, Bd. 3, S. 118.

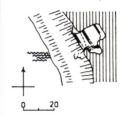

Die Höhlenburg entstand zwischen 1100 – 1150, der Adel »de Wilare« wird 1138 urkundlich bekannt. In der Mitte des 14. Jh. wurde sie aufgegeben. Die Frontmauer war 1,7 m stark, die Höhlenburg hatte 3 Stockwerke.

Weilersburg

Gde. Albstadt-Tailfingen, Kr. Balingen, Baden-Württemberg

Grundriß in: Schmitt, Bd. 5, S. 194.

Entstanden ist die Burg vielleicht um 1100; der entspr. Adel wird erst 1350 urkundlich erwähnt. Um 1400 wurde sie aufgegeben.

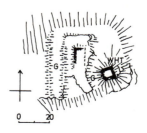

Weinberg

Gde. Kefermarkt, Bz. Freistadt, Oberösterr., Österreich

Grundriß in: Archiv der Deutschen Burgenvereinigung.

1305 wird die Burg urkundlich erwähnt. Die Kastellburg wurde im 16. Jh. zum Schloß umgebaut. Heute ist Weinberg, vor dem Verfall bewahrt, ein Bildungszentrum.

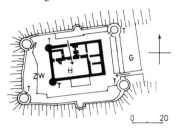

Weineck = Weinegg

Weineck = Wineck

Weineck = Wyneck

Weinegg, Weineck

Gde. Bozen, Südtirol, Italien

Grundriß in: Weing.-Bozen, S. 247.

In Urkunden des 12. und 13. Jh. taucht Weinegg mit 12 verschiedenen Namen auf. Die Herren v. Weinegg waren bis ins 16. Jh. eine bedeutende Familie in Südtirol. 1288 wurde die Burg zerstört. Von dem bei Weingarten gezeigten Grundriß ist mittlerweile kaum etwas erhalten. Trapp zeigt keinen Grundriß mehr.

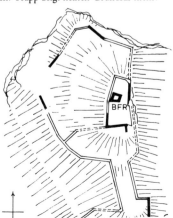

Weinegg

Gde. Bz. und Kt. Zürich, Schweiz

Grundriß in: Hartmann, S. 75.

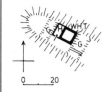

Für den Wohnturm mit 9 m Seitenlänge und 0,9 m Wandstärke sind keine Daten bekannt.

Weinfelden

(Bz.) Kt. Thurgau, Schweiz

Grundriß in: Burgen u. Schlösser d. Schweiz, Bd. VI, S. 86.

1180 erscheint Winfelden erstmals in Urkunden. Die Burg erhielt ihre Form hauptsächlich im 15. Jh. 1840 wurde sie teilweise abgebrochen jedoch später rekonstruiert. Der Bergfried mit 9,6 × 10,7 m Grundfläche hat ca. 2,8 m Mauerstärke.

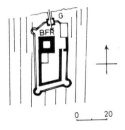

Weinsberg = Weibertreu

Weinsberg

Gde. Bärenkopf, Bz. Zwettl, Niederösterr., Österreich

Grundriß in: Burgen u. Schlösser in Niederösterr., Bd. III/1, S. 139.

Begonnen wurde die Burg im 12. Jh., zerstört wurde sie in der 1. Hälfte des 14. Jh. Der Bergfried hat 7,2 m Seitenlänge und 2,4 m Wandstärke.

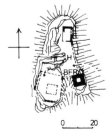

Weisdin

Gde. Blumenholz, Kr. Neustrelitz, Mecklenburg-Vorpommern

Grundriß in: Schwarz, S. 49.

Der mächtige Wohnturm aus dem frühen 14. Jh. war Teil einer großen Anlage. Er hat 3 m starke Mauern und ein Innenmaß von 9 × 10 m.

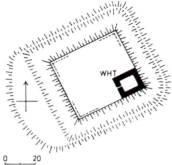

Weißdorf

Kr. Hof, Bayern

Grundriß in: Bayrische Kunstdkm. Münchberg

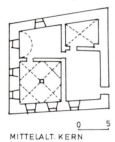

Der Kern des Wasserschlosses ist ein Wohnturm aus der 2. Hälfte des 14. Jh. Er hat in 15 m Gesamthöhe 4 Stockwerke.

Weißenau

Gde. Interlaken (Bz.), Kt. Bern, Schweiz

Grundriß in: Burgen u. Schlösser d. Schweiz, Bd. IXb, S. 70.

Die Wasserburg lag ursprünglich auf einer Aare-Insel. Sie ist Ende des 13. Jh. durch die Herren v. Weißenau erbaut worden. Sie wird 1298 urkundlich erstmals genannt. Im 17. Jh. war sie vermutlich bereits ruiniert. Der Bergfried hat 9 m Seitenlänge und 2 m Wandstärke. Die Ringmauer war bei 1,5 m Stärke wohl 7 m hoch.

Weißenburg

Gde. Wimmis (Bz.), Kt. Bern, Schweiz

Grundriß in: Burgen u. Schlösser d. Schweiz, Bd. IXb, S. 76.

1175 werden die Herren v. Weißenburg erstmals urkundlich genannt. 1334 kam die Burg an Bern. Im 15. Jh. ist sie verfallen. Ihr Bergfried hat 11 m Durchmesser mit 2,2 m Mauerstärke.

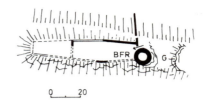

Weißenburg

Gde. Kollnitz, Bz. Melk, Niederösterr., Österreich

Grundriß in: Burgen u. Schlösser in Niederösterr., Bd. II/3, S. 123.

Der Adel »de Weizenberghk« wird 1268 urkundlich genannt. Die winzige Burg ist um 1220 erbaut worden und schon in der 2. Hälfte des 14. Jh. verfallen. Der Bergfried hat nur 4,6 m Seitenlänge und ist damit einer der kleinsten. Die Mauerstärke von 0,8 m deutet die geringe Bedeutung der Anlage an.

Weißenburg

Gde. Klettgau-Weiswil, Kr. Waldshut-Tiengen, Baden-Württemberg

Grundriß in: Voellner, S. 53; Hartmann, S. 52.

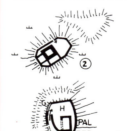

Die 1288 zerstörte Burg wird in beiden Publikationen sehr unterschiedlich dargestellt. Beide werden hier gezeigt. Der Burgadel wurde vor 1173 erwähnt.

Weißenburg

Gde. Altenkling, Bz. St. Pölten, Niederösterr., Österreich

Grundriß in: Burgen u. Schlösser in Niederösterr. III/3; Piper, Österr., Bd. 5.

Der Abt v. Melk ist 1177–1203 Konrad v. Wizzenberch. Der Kern der Burg ist um 1200 entstanden. Sie wurde mehrfach erweitert, was man am Grundriß recht gut ablesen kann. Nach 1656 verfiel sie. Der Bergfried hat ca. 7 m Kantenlänge; die Ostmauer der Kernburg ist fast 2 m stark.

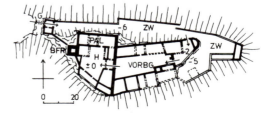

Weißenegg, Ruden

Gde. Ruden, Bz. Völkermarkt, Kärnten, Österreich

Grundriß in: Dehio, Kärnten, S. 507; Piper, Österr., Bd. 4, S. 214; Burgen u. Schlösser in Kärnten, Bd. 2, S. 163.

Ein »dominus de Wizenetke« taucht 1243 urkundlich erstmals auf, er war Dienstmann der Bamberger Bischöfe. Entstanden ist die Burg in der 1. Hälfte des 13. Jh. Der Zwinger ist aus dem 15. Jh., der Torbau aus dem 16. Jh. Verfallen ist sie vermutlich im 17. Jh.

Weißen-Klempenow

Kr. Demmin, Mecklenburg-Vorpommern

Grundriß in: Kunstdkm. d. Prov. Pommern, Bd. 2.1, S. 313.

Der Kern der Wasserburg ist mittelalterlich, ihr heutiges Aussehen entstand im 16. Jh.

Weißensee, Weißenburg, Runneburg

Kr. Sömmerda, Thüringen

Grundriß in: Hotz-Pfalzen, Z 26.

Gegründet wurde die Burg um 1170. Der Adel »de Wizense« wird im 13. Jh. genannt. Der Minnesänger Heinrich v. Weißensee, 1310–1345 als solcher bekannt, stammt wohl von hier. 1580 wurde die Burg stark verändert. Im 17. Jh. hat man den Bergfried auf rd. 15 m Höhe verkürzt. Der Torturm wurde 1908 abgebrochen. Heute beherbergt die Burg eine Schule und Wohnungen. Der Bergfried mit 9,5 × 10,5 m Grundfläche hat 2 m dicke Mauern, in denen die Treppe läuft. Der Grundriß erinnert an die Wachsenburg →.

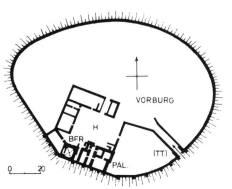

Weißenstein, Rabeneck

Gde. Pforzheim (Kr.), Baden-Württemberg

Grundriß in: Kunstdkm. v. Baden, Bd. 9.6, S. 416.

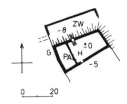

Die Burg ist vermutlich in der 1. Hälfte des 13. Jh. errichtet worden; verfallen ist sie im 17. Jh. Der Burgadel »de Wizenstein« wird im 13. und 14. Jh. häufig in Urkunden genannt. Die 15 m hohe Ringmauer ist 1,5 – 2,2 m stark.

Weißenstein

Gde. Lauterstein-W..., Kr. Göppingen, Baden-Württemberg

Grundriß in: Kunstdkm. v. Württbg., Geislingen, S. 172.

1241 wird »de Wizinstain« erstmals urkundlich genannt. Ab 1384 ist die Burg im Besitz der Rechberg. Sie gestalten die Burg im 15. Jh. zur heutigen Anlage um und bleiben bis 1971 deren Besitzer. Das Schloß wird 1633 und 1796 geplündert, 1864 wird es erneuert. Es ist in Privatbesitz und bewohnt.

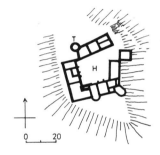

Weißenstein

Gde. Paternion, Bz. Villach, Kärnten, Österreich

Grundriß in: Kohla, S. 362.

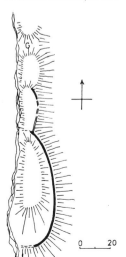

1179 wird der gleichnamige Ministeriale des Bischof v. Brixen mit dem »castrum Wizzenstain« belehnt. Die Burg ist vielleicht durch das Erdbeben 1348 zerstört worden.

Weißenstein

Gde. Regen (Kr.), Bayern

Grundriß in: Kunstdkm. v. Niederbayern, Bd. 19, S. 113.

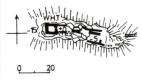

Erbaut wurde die Felsenburg wohl Anfang des 13. Jh., 1486 wurde sie nach einer Zerstörung wiederhergestellt. 1740 wurde sie durch Panduren des Frhr. v. Trenck in Brand gesteckt. Der Wohnturm mißt maximal 7,8 × 9 m und hat rd. 1,7 m Wandstärke, in 7 m Höhe stecken 2 Stockwerke.

Weißenstein

Gde. Friedenfels-Frauenreuth, Kr. Tirschenreuth, Bayern

Grundriß in: Kunstdkm. v. Bayern, Oberpfalz, Bd. 10, S. 88.

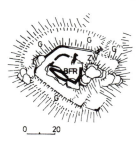

Als erste Besitzer gelten die Wolfe v. Weißenstein, wahrscheinlich Ministeriale der Leuchtenberger, die im 13. Jh. bekannt sind. Der Bergfried hat einen einmaligen Grundriß, er stammt aus der 1. Hälfte des 14. Jh. Mitte des 16. Jh. wurde die Burg verlassen. Der seltsame Bergfried ist 10,5 m lang aber maximal 4,5 m breit und hat Wandstärken um 0,6 m.

Weißenstein

Gde. Wehrda, Kr. Marburg-Biedenkopf, Hessen

Grundriß in: Hessenland, 41. Jhg., Folge 23, Beilage; Burgen d. Stauferzeit, Bd. 1, Beilage 1.

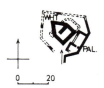

Ausgrabungen fanden 1884 und 1957 statt. Der Ursprung der Burg ist ein rechteckiger Wohnturm von 8,5 × 12,2 m mit 1,8 m Wandstärke von ca. 1020. Die Burg wurde noch in salischer Zeit in die hier gezeigte Form gebracht und ausweislich der Funde noch vor 1200 verlassen.

Weißenstein = Wesenstein

Weißenthurm

Kr. Mayen-Koblenz, Rheinland-Pfalz

Grundriß in: Kunstdkm. d. Rheinprov., Bd. 16.3.

Der Wohnturm wurde 1375 als Zollturm errichtet. Er hat 3 Stockwerke in 16 m Gesamthöhe, sein Eingang liegt 6 m hoch.

Weißer Turm

Gde. Ahrweiler, Kr. Bad Neuenahr-Ahrweiler, Rheinland-Pfalz

Angabe in: Kunstdkm. d. Rheinprov., Bd. 18.1.

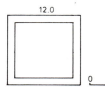

Der Wohnturm stammt aus der 2. Hälfte des 14. Jh. und beherbergt heute ein Heimatmuseum. Er hat 3 Stockwerke und 12 m Höhe.

Weißlingen

Bz. Pfäffikon, Kt. Zürich, Schweiz

Angabe in: Kunstdkm. d. Schweiz, Zürich, Bd. 3, S. 217.

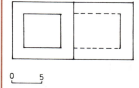

Im Keller eines Hauses ist der Rest einer mittelalterlichen Anlage erkennbar. Der Ortsadel tritt erstmals 1216 auf. Zerstört wurde die wohl aus Palas und Wohnturm bestehende Anlage um 1500. 1811 wurde sie abgebrochen.

Weißwasserstelz

Gde. Hohentengen, Kr. Waldshut-Tiengen, Baden-Württemberg.

Grundriß in: Kunstdkm. b. Baden, Bd. 3, S. 168.

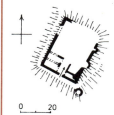

»Wernherus de Wasserstelze« wird 1170 erstmals urkundlich erwähnt. Die Burg zeigt Spuren vom 12.–15. Jh. Im 16. Jh. wurde sie vielleicht verlassen. Ihre Ringmauer ist bis 1,8 m stark.

Weitenegg

Bz. Melk, Niederösterr., Österreich

Grundriß in: Piper, Österr., Bd. 6, S. 214; Ebhardt I, Abb. 652; Burgen u. Schlösser in Niederösterr., Bd. III/2, S. 133.

1180 wird »Witenekke« urkundlich erwähnt. Die Burg muß um die Mitte des 12. Jh. erbaut worden sein. Beide Bergfriede und fast die gesamte Ringmauer stammen aus der Zeit vor und um 1200. Wohngebäude sind im 14. und 15. Jh. hinzugebaut worden. Verfallen ist die Burg nach 1672. Bergfriede W: 8,5 × 13,5 (max.), Wandstärke 2,0 m, 4 Stockwerke und 17 m Höhe, Hocheingang, O: 10 (max.) × 11 m, Wandstärke 2,5 m, erhalten 6 Stockwerke, Hocheingang.

Weitenstein

Bz. Cilly, Slowenien

Grundriß in: Piper, Österr., Bd. 7, S. 222.

Beide Burgen wurden 1437 zerstört. Die Oberburg ist wohl im späten 12. Jh. entstanden und nach Erdbebenschäden von 1201 wiederhergestellt worden. Die Unterburg wurde wohl erst im 14. Jh. erbaut.

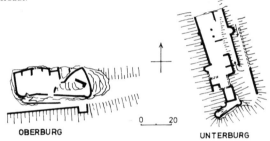

Weitersheim = Gutenberg

Weitra

Bz. Gmünd, Niederösterr., Österreich

Grundriß in: Burgen u. Schlösser in Niederösterr., Bd. III/1, S. 53.

Erbaut wurde die Burg 1201–1208. Die heutige Gestalt entstand beim Umbau zum Schloß 1590–1609. Weitere Umbauten fanden im 18. Jh. statt. Die Ringmauer ist 2,0 m, die Schildmauer 3,0 m stark. Der Bergfried hat 10,7 m Grundfläche und 3,5 m dicke Mauern.

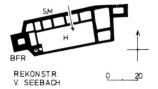

Welfenstein

Gde. Sterzing, Eisacktal (Wipptal), Südtirol, Italien

Grundriß in: Trapp, Bd. 3, S. 241.

Der Rest der mittelalterlichen Burg ist im Schloß von 1890 verbaut. Erbaut wurde die Burg wohl im 13. Jh., verfallen ist sie im 18. Jh. Ihre Ringmauer ist 1,2 m stark. Der Bergfried mit 10,2 m Kantenlänge hat 2,4 m dicke Mauern.

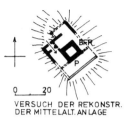

Welhartitz – Velhartice

Bz. Klattau – Klatovy, Westböhmen, Tschechische Republik

Grundriß in: Ebhardt II/2, S. 441; Piper, Österr., Bd. 1, S. 232; Menclová, S. 369.

Begonnen wurde die Burg um 1300, der Wohnturm und der Palas waren durch eine 35 m lange Wehrgang-Brücke miteinander verbunden; einige Wohngebäude stammen aus dem 17. Jh., 1830 wurde die Burg teilweise renoviert. Der Wohnturm hat rd. 9 × 18 m Grundfläche und 2,5 m Wandstärke.

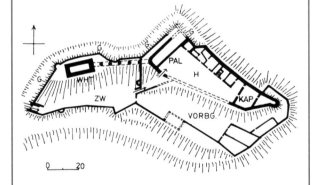

Wellenberg

Gde. Wellhausen, Bz. Frauenfeld, Kt. Thurgau, Schweiz

Grundriß in: Kunstdkm. d. Schweiz, Thurgau, Bd. 1, S. 444; Meyer, Bd. 6, S. 91.

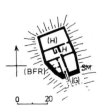

Die Burg wurde wohl in der 1. Hälfte des 13. Jh. begonnen. 1204 wird der Burgadel urkundlich genannt. 1259 wurde die Burg zerstört und wiederhergestellt. Sein heutiges Aussehen erhielt das Schloß im 18. Jh.

Wellheim

Kr. Eichstätt, Bayern

Grundriß in: Ebhardt I, Abb. 559; Kunstdkm. v. Bayern, Mittelfrk., Bd. 2, S. 355.

Der Burgadel wird 1121 erstmals urkundlich genannt. Die Burg ist wohl noch im 12. Jh. erbaut worden. Die Zwinger wurden im 15. Jh. hinzugefügt. Im 16. Jh. ist sie verfallen und 1733 teilweise abgebrochen worden. Der Bergfried mit 10 m Kantenlänge und 2,5 m Wandstärke ist 19 m hoch, der Eingang liegt 6 m über Niveau.

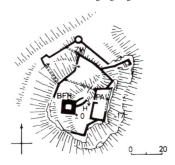

Wellwart

Gde. Harburg, Donau-Ries-Kr., Bayern

Grundriß in: Führer zu vor- und frühgeschichtl. Denkmalen, Nr. 41, S. 295.

Erbaut zwischen 1138 und 1147 wohl durch die späteren Frhrn. v. Wellwart. Die sehr kleine Anlage könnte nur ein Wohnturm gewesen sein, aber auch ein Palas-Hof-Grundriß ist denkbar. Im 17. Jh. ist Wellwart verfallen.

Welsberg

Pustertal, Südtirol, Italien

Grundriß in: Weing.-Hörm., S. 205; Piper, Österr., Bd. 5, S. 193.

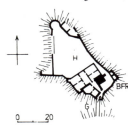

Die noch bewohnte Burg hat ihren Ursprung im 12. Jh. Der Adel »de Welfesberg« wird im 13. Jh. erwähnt. Umbauten zum Schloß fanden im 16. u. 18. Jh. statt. Der Bergfried hat 5,5 m Seitenlänge.

Welschbillig

Kr. Trier-Saarburg, Rheinland-Pfalz

Grundriß in: Kunstdkm. d. Rheinprov., Bd. 15.2,

Die Wasserburg entstand 1140 in einer ehem. römischen Sportanlage. Die Ringmauer ist nur 0,9 m stark. Die Anlage ist irgendwann verfallen.

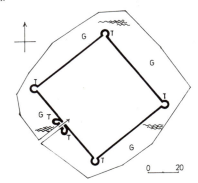

Wendelstein

Gde. Bozen, Südtirol, Italien

Grundriß in: Trapp, Bd. 8, Abb. 85.

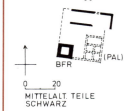

1242 wird »domus cum turn murate« urkundlich erwähnt. Die Stadtburg wurde um 1225 erbaut. 1670 wurde sie in ein Kloster umgebaut, in dem noch Reste der Burg erkennbar sind. Der Bergfried hat 9 m Seitenlänge und 2 m dicke Mauern.

Wendelstein

Kr. Nebra, Sachsen-Anhalt

Grundriß in: Ebhardt I, Abb. 449; Dehio, Bz. Halle.

Die ersten Besitzer waren die Grafen v. Rabenswalde. Seit 1310 waren die Orlamünde Besitzer. Die Kernburg, von der nichts erhalten ist, stand auf einem hohen Fels. Um 1520 wurde die Burg zum Schloß umgebaut. Sie wurde im Dreißigjährigen Krieg zerstört und z. T. wiederhergestellt, seitdem wird sie als Gutshof benutzt.

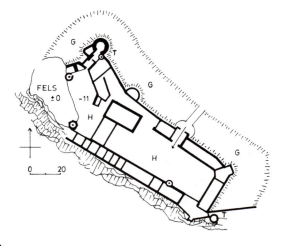

Wendhausen

Gde. Thale, Kr. Quedlinburg, Sachsen-Anhalt

Angabe in: Stolberg, S. 46.

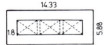

Der frühmittelalterliche Wohnturm erinnert an den von Seesen →. Er hat in 22 m Höhe 5 Stockwerke.

Wenigenburg

Gde. Amöneburg, Kr. Marburg-Biedenkopf, Hessen

Grundriß in: Hessische Heimat, 21. Jhg., Heft 4; Prospekt aus Amöneburg.

1273 wird die »Wenigenborg« erstmals bekannt. Entstanden ist die große Burg vor 1200. Sie wurde 1387 zerstört. Die Reste wurden ausgegraben. Die Gebäude im Burginnern sind nicht gesichert.

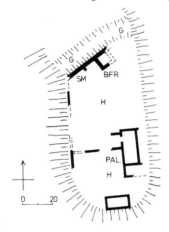

Wenigenburg

Gde. Gudensberg, Schwalm-Eder-Kr., Hessen

Grundriß in: Bericht der Obernburgfreunde Gudensberg e. V.

Die Wenigenburg war Teil der Stadtbefestigung und wurde 1387 zerstört. Der Bergfried hat 7 m Durchmesser und 1,2 m starke Mauern.

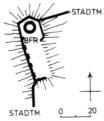

Wensburg

Gde. Lind-Oberlies, Kr. Bad Neuenahr-Ahrweiler, Rheinland-Pfalz

Grundriß in: Kunstdkm. d. Rheinpriv., Bd. 17,1, S. 499.

Urkundlich genannt wird die Burg 1401, ist jedoch älter. Das spitzbogige Burgtor könnte auf die 2. Hälfte des 13. Jh. hinweisen. Über die Restburg ist nichts bekannt. Der Wohnturm ist ca. 16 m hoch, er mißt 9,5 × 10,7 m und hat auf 3 Seiten 2,5 m Mauerstärke.

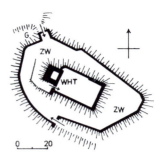

Wenzelstein

Gde. Balingen (Kr.)-Frommern, Baden-Württemberg

Grundriß in: Blätter d. Schwäb. Albvereins 1933, Heft 4; Schmitt, Bd. 5, S. 357.

Der Burgadel wird 1050–1200 in Urkunden genannt. Die Burg, von der kaum Reste erhalten sind, ist im Dreißigjährigen Krieg zerstört worden.

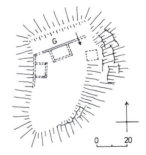

Werdeck

Gde. Rot am See-Heroldhausen, Kr. Schwäb. Hall, Baden-Württemberg

Grundriß in: Blätter f. Württembg., Franken, 1868, S. 110.

Der Burgadel wird ab 1220 erwähnt.

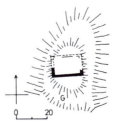

Werdenberg

(Bz.) Kt. St. Gallen, Schweiz

Grundriß in: Meyer, Bd. 6, S. 58; Felder, 2. Teil, S. 29.

1263 werden »comes de Werdenberg« urkundlich erstmals genannt. Der Wohnturm wurde um 1230 begonnen. 1695 wurde die Burg durch Brand zerstört und wieder aufgebaut. Seit 1956 ist die gut erhaltene Burg im Besitz des Kantons. Der Wohnturm hat 11,25 × 12 m (max.) Seitenlängen, die Wandstärken sind 2,0 – 2,5 m. Die Ringmauer ist 2,0 – 3,0 m stark.

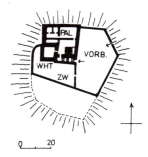

Werdenfels

Gde. Garmisch-Partenkirchen (Kr.), Bayern

Grundriß in: Burgen u. Schlösser 1970-I.

Die Kastellburg als Kern wurde um 1200 erbaut, jedoch erst Mitte des 14. Jh. urkundlich erwähnt. Mitte des 14. und 15. Jh. entstehen Zwinger und Vorburg. Verfallen ist sie seit 1691. Die Ringmauer ist 1,4 m stark. Der Bergfried hatte 5,5 m Kantenlänge.

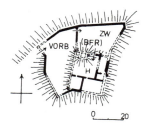

Werdenstein, Neu Werdenstein

Gde. Immenstadt-Eckarts, Kr. Sonthofen, Bayern

Grundriß in: Kunstdkm. v. Bayern, Schwaben, Bd. 8, S. 972; Nessler, Bd. 1, S. 158.

Der Burgadel taucht 1239 erstmals urkundlich auf. Das Burgtor ist spitzbogig. Ende des 18. Jh. ist die Burg verfallen. Der Bergfried stand vermutlich an der höchsten Stelle.

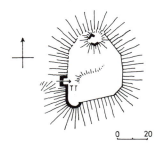

Werenwag

Gde. Beuron-Hausen im Tal, Kr. Sigmaringen, Baden-Württemberg

Grundriß in: Ebhardt I, S. 443; Kunstdkm. v. Baden, Bd. 1; Schmitt, Bd. 3, S. 174.

1216 wird »Albert de Werbinwac« als Zeuge genannt, vermutlich ein Dienstmann der Grafen v. Hohenberg. Ende des 16. Jh. wurde die Burg in ein Schloß umgebaut. Weitere Umbauten fanden bis in unsere Tage statt. Die Burg ist privat bewohnt. Der Buckelquader-Bergfried hat 6,5 m Seitenlänge und 2,2 m starke Wände. Der Minnesänger Hugo v. Werbenwag, der zwischen 1258 und 1279 genannt wurde, könnte von hier stammen.

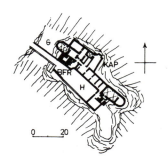

Werfenstein

Gde. Struden, Bz. Perg, Oberösterr., Österreich

Grundriß in: Piper, Österr., Bd. 3, S. 239; Burgen u. Schlösser in Oberösterr., Bd. 1, S. 164.

1264 wird »de Wervenstein« urkundlich erwähnt. Die Vorburg wurde beim Bahnbau zerstört. Ab Anfang des 15. Jh. war sie Mautstelle. Sie ist 1963 gründlich renoviert worden und privat bewohnt. Der Bergfried hat 8,5 × 9 m Seitenlänge mit 2 m Wandstärke. Er war einer der wenigen Torturm-Bergfriede.

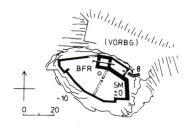

Werla

Gde. Werlaburgdorf, Kr. Wolfenbüttel, Niedersachsen

Grundriß in: Burgen u. Schlösser 1964-I; Stolberg, S. 418.

Die ehemalige Kaiserpfalz wurde 1934 ausgegraben. In ihr urkundeten nahezu alle deutschen Könige bis Friedrich Barbarossa. Die Burg ist in 2 Bauphasen entstanden im 10. und im 12. Jh. Ende des 12. Jh. erlosch die Bedeutung der Pfalz. Sie verfiel im 13. Jh.

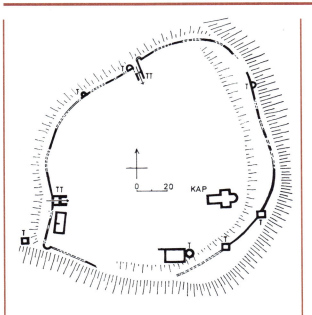

Wernstein

Gde. Mainleus, Kr. Kulmbach, Bayern

Grundriß nach Plänen v. 1674 übersandt vom Freiherrn v. Künssberg 1985.

Die Burg ist seit 1376 im Besitz der Künssberg. Der Kern stammt aus der Mitte des 14. Jh. Der Zwinger ist aus dem 15. Jh. 1563 wurde die Burg in ein Renaissanceschloß umgebaut. Der Bergfried hat 7 m Seitenlänge mit 1,5 m starker Mauer.

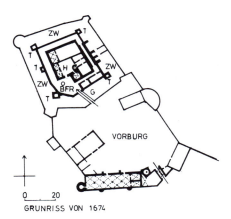

GRUNRISS VON 1674

Wernberg

Kr. Schwandorf, Bayern

Grundriß in: Ebhardt I, S. 466; Kunstdkm. v. Bayern, Oberpfalz, Bd. 18.

Der Bergfried stammt vom Beginn des 13. Jh., 1280 wird die Burg bei ihrem Verkauf urkundlich bezeugt. Im 15. Jh. wird sie umgebaut und erhält im 16. Jh. den Torbau. Die Burg liegt auf einer Bergzunge. Ihre Ringmauer ist 1,0 m dick, der Bergfried hat ca. 7 m Seitenlänge.

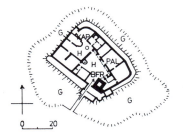

Wernerseck

Gde. Ochtendung, Kr. Mayen-Koblenz, Rheinland-Pfalz

Grundriß in: Cohausen, Nr. 242; Binding, S. 72; Kunstdkm. d. Rheinprov., Bd. 17.2, S. 338.

Erbaut wurde die gotische Burg durch Werner v. Falkenstein, Erzbischof v. Trier um 1400. Die Ruine ist recht gut erhalten und typisch für die spätgotische Zeit. Der Wohnturm mit 9 × 11 m Grundfläche ist mit 4 Stockwerken 22 m hoch, er hat 2,4 m starke Mauern, der Eingang liegt in 6 m Höhe, die Kapelle befindet sich im 3. Stockwerk. Die ca. 10 m hohe Ringmauer ist 1,5 m stark.

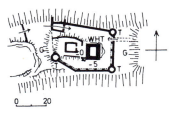

Wernfels

Gde. Stadt Spalt, Kr. Roth, Bayern

Grundriß in: Kunstdkm. v. Bayern, Mittelfrk., Bd. 7, S. 414.

Der Wohnbau der Burg, außen auf der N-Seite mit Buckelquadern verkleidet, stammt aus der Mitte des 13. Jh. Umgebaut wurde die Anlage um 1600, heute ist die Burg ein Jugendheim.

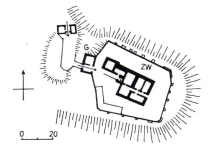

Wernigerode

Sachsen-Anhalt

Grundriß in: Wäscher, Abb. 452-55.

1121 werden die gleichnamigen Grafen v. Stolberg-Wernigerode erstmals genannt. Sie haben die Burg erbaut und erst 1945 durch kommunistische Enteignung verloren. Der Kern der Burg ist romanisch. Die Zwinger des 14. und 15. Jh. umgeben ihn schalenförmig bergabwärts. 1861–1882 wurde die Burg neugotisch umgebaut und war seit 1945 Museum. Der Bergfried mit 8 m Seitenlänge hat nur 1,5 m starke Mauern.

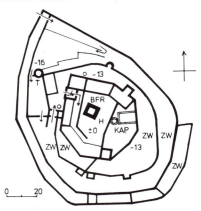

Wernstein

Bz. Schärding, Oberösterr., Österreich

Grundriß in: Österr. Kunsttop., Bd. 21, S. 257; Piper, Österr., Bd. 2, S. 256; Burgen u. Schlösser in Oberösterr., Bd. 2, S. 73.

Die Burg ist schon im 12. Jh. bekannt. Sie wird bis ins 17. Jh. immer wieder um- und ausgebaut. Die Kernburg ist im 19. Jh. verfallen, die untere Burg ist als Kindergarten genutzt. Die Ringmauer ist 1,5 m, im Osten bis zu 2,4 m stark. Der Bergfried mißt 7,25 × 11 m (max.) mit bis zu 2,5 m Wandstärke.

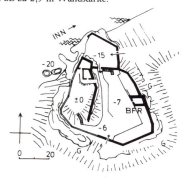

Werrach = Wehr

Werrenberg, Völlan

Gde. Völlan, Burggrafenamt, Südtirol, Italien

Angabe in: Trapp, Bd. 2, S. 277.

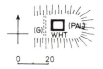

Das »castrum de Voalan« wird 1241 urkundlich genannt. Erhalten ist nur noch der Wohnturm mit 8 × 8,5 m Grundfläche mit 0,9 – 1,25 m Wandstärke.

Werth

Gde. Isselburg, Kr. Borken, Nordrhein-Westfalen

Grundriß in: Kunstdkm. v. Westfalen, Borken, S. 522.

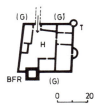

Der Adel »de Werthe« wird 1260 urkundlich genannt. Von der 1886 abgebrochenen Wasserburg sind nur Grundmauern erhalten. Der Bergfried hatte 9 m Seitenlänge mit ca. 1,7 m Wandstärke.

Wertheim

Main-Tauber-Kr., Baden-Württemberg

Grundriß in: Kunstdkm. v. Baden, Bd. 4.1, S. 201.

Gegründet wurde die Burg durch die Grafen v. Wertheim, die sie bis 1556 besaßen, danach die Grafen v. Löwenstein. Der Bergfried stammt aus der Gründungszeit. Nach 1250 wurde sie erweitert, im 14. Jh. kommen die umfangreichen Außenwerke hinzu. Im Dreißigjährigen Krieg wurde die Anlage zerstört. Der Buckelquader-Bergfried ist auf der Basis von 6,7 m Seitenlänge und 2,2 m Wandstärke 26 m hoch; er hat 5 Stockwerke und einen Hocheingang 10 m über Niveau.

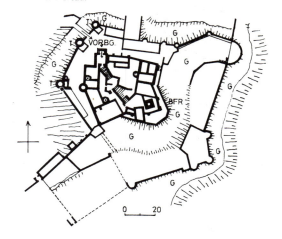

Wertingen

Kr. Dillingen, Bayern

Grundriß in: Bayrische Kunstdkm. Wertingen, S. 252.

Die alte Wasserburg wurde 1354 erbaut, 1388 wurde sie zerstört und um 1500 erneuert.

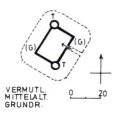

Wesen, Wesenstein

Gde. Waldkirchen, Bz. Schärding, Oberösterr., Österreich

Grundriß in: Österr. Kunsttop., Bd. 21, S. 63.

Entstanden ist Wesen im 13. Jh., in dem auch der Burgadel urkundlich auftaucht. Im 14. Jh. ist die Burg verödet. Die Ringmauer ist 1,5 m, die Schildmauer 2,1 m stark. Der Bergfried hat 8,5 × 10 m Grundfläche mit 2 m Wandstärke.

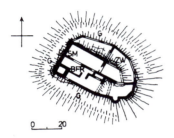

Wesenberg

Kr. Neustrelitz, Mecklenburg-Vorpommern

Grundriß in: Kunstdkm. von Mecklbg.-Strelitz, Bd. 1.1, S. 841; Schwarz, S. 49.

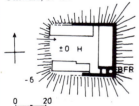

1290 wird die Burg urkundlich genannt. In der Mitte des 17. Jh. war sie bereits zerstört und wurde 1801 teilweise abgebrochen. Der Bergfried mit rd. 6 m Seitenlänge wird ab 8 m Höhe rund.

Wesenstein, Weißenstein

Gde. Stainz, Bz. Deutschlandsberg, Steiermark, Österreich

Grundriß in: Baravalle, S. 215; Burgen u. Schlösser d. Steiermk., Bd. 3, S. 188.

1245 nennt sich ein Vasall v. Wildon Wefssenstein. Entstanden ist die Burg in der 1. Hälfte des 13. Jh. Im 14. Jh. verfiel sie bereits.

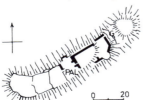

Wesenstein = Wesen

Westdorf

Kr. Aschersleben, Sachsen-Anhalt

Grundriß in: Wäscher, Bild 462.

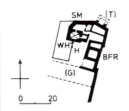

Die kleine Burg wird 1120 erstmals erwähnt. Sie ist nach dem Mittelalter zum Gut umgebaut worden. Der Wohnturm mißt rd. 7 × 10 m, der Bergfried 10,6 × 11,2 m mit bis zu 2 m Wandstärke.

Westerburg

Kr. Halberstadt, Sachsen-Anhalt

Grundriß in: Stolberg, S. 425; Burgen u. Schlösser 1961-II, 1972-II; Wäscher, Bild 203.

Die Ursprungsburg, die 1052 urkundlich erwähnt wurde, war oval. An sie wurde um 1200 eine Kastellburg angebaut. Die heutige Gestalt dieser Burg ist in der Renaissance entstanden. Nach dem Mittelalter wurde die Westerburg Domänenhof. Der 33 m hohe Bergfried hat 10 m Durchmesser mit 3 m Mauerstärke. Er hat 5 Stockwerke und seinen Eingang in 12 m Höhe.

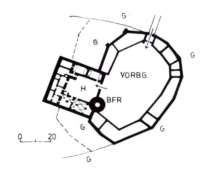

Westerburg

Westerwaldkr., Rheinland-Pfalz

Grundriß in: Kunstdkm. im Reg.-Bz. Wiesbaden, Bd. 4, S. 142; Kubach, S. 1241.

Der Ursprung ist romanisch. 1209 wird die Burg erwähnt. Ihr heutiges Aussehen erhielt sie vom 15.–17. Jh. Ihre Ringmauer ist 1,5–2 m stark.

Westerholt

Gde. Haselünne, Kr. Emsland, Niedersachsen

Grundriß in: Burgen u. Schlösser 1975-II.

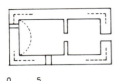

Das Burghaus im Wasserschloß stammt von 1347.

Westhofen

Ct. Wasselonne, Bas-Rhin, Frankreich

Grundriß in: Salch, S. 334.

Der Wohnturm mit der Grundfläche 8,5 × 9,5 m mit 1,2 m Wandstärke. Die schwache Ringmauer ist aus dem 15. Jh.

Wetterfeld

Gde. Roding-W..., Kr. Cham, Bayern

Grundriß in: Kunstdkm. v. Bayern, Oberpfalz, Bd. 1.

Erbaut wurde die Wasserburg um 1200 durch Ministeriale der Markgrafen v. Cham. Sie wurde im Dreißigjährigen Krieg zerstört.

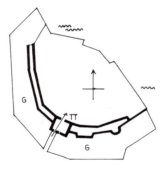

Wettin

Saalekr., Sachsen-Anhalt

Grundriß in: Burgen d. Salierzeit, Bd. 1, S. 109.

961 wird der Ort »Vitin« urkundlich erwähnt. Von der Unterburg aus der Zeit um 1000 und der Oberburg des 11. Jh. ist wenig erhalten. Reste zweier Wohntürme wurden 1936 ergraben.

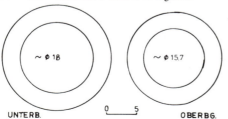

Wettolsheim

Ct. Wintzenheim, Haut Rhin, Frankreich

Grundriß in: Salch, S. 335.

Entstanden ist die Anlage in der 1. Hälfte des 11. Jh. Das eingezogene Tor deutet auf eine frühe Herkunft.

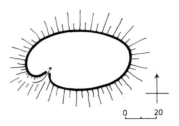

Wetzikon, Rappoldskirch

Bz. Hinwil, Kt. Zürich, Schweiz

Grundriß in: Kunstdkm. d. Schweiz, Zürich, Bd. 3, S. 252; Hartmann, S. 45.

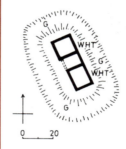

Der Burgadel ist bis 1298 bekannt. Vielleicht ist die Burg im 13. Jh. entstanden, der südliche Wohnturm stammt aus dem 15. Jh. Ab 1617 wurde die Burg zum Schloß umgebaut. Der N-Turm hat 12,7 × 18,3 m Grundfläche und 1,0 – 1,25 m Mauerstärke.

Wewelsburg

Gde. Büren-Wewelsburg, Kr. Paderborn, Nordrhein-Westfalen

Grundriß in: A. Seufert: »In Form eines Triangels...«, Marburg 1992.

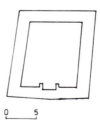

Im Renaissance-Schloß steckt ein Wohnturm des 14. Jh. mit Keller und 3 Stockwerken.

Weyer

Bz. Zell am See, Salzburg, Österreich

Grundriß in: Österr. Kunsttop., Bd. 25, S. 79; Piper, Österr., Bd. 6, S. 219.

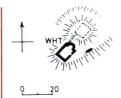

Der Wohnturm des 13. Jh. wurde 1271 urkundlich erwähnt. Die Turmruine mißt ca. 9,5 × 12 m und hat 2 m starke Mauern. Der rundbogige Eingang liegt 7 m hoch, der Turm hatte einst 7 Stockwerke.

Weyher, Weiherhaus

Bz. Willisau, Kt. Luzern, Schweiz

Grundriß in: Thüer, S. 173.

Der Wohnturm ist vielleicht im 14. Jh. entstanden. Erwähnt wird die Burg um 1300, ihr Ursprung ist unbekannt. Der Wohnturm hat 12 × 13,5 m Grundfläche mit 1 m Mauerstärke.

Weyhers

Gde. Ebersburg-W..., Kr. Fulda, Hessen

Grundriß in: Fuldaer Geschichtsbl. 1957, Nr 1/4.

Der Burgadel wurde am Ende des 12. Jh. erwähnt. Der Wohnturm hat ca. 9 × 15 m Grundfläche.

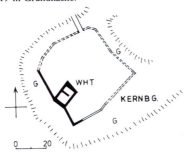

Wichsenstein

Gde. Oberriet, Bz. Oberrhein, Kt. St. Gallen, Schweiz

Grundriß nach Felder, Teil 3, S. 21.

1270 wird »Dietricus miles de Wichsenstein« urkundlich genannt. Die Höhlenburg wurde im Appenzeller Krieg zerstört. Sie hatte 3 Stockwerke und einen 4 m hoch liegenden Eingang.

Wiechs

Gde. Steißlingen-W..., Kr. Konstanz, Baden-Württemberg

Angabe in: Heine, S. 101.

Der Bergfried ist vielleicht der Rest einer Burg des 13. Jh.

Wiedelah

Gde. Vienenburg, Kr. Goslar, Niedersachsen

Grundriß in: Stolberg, S. 429.

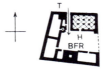

Gegründet wurde die Wasserburg 1292, urkundlich wurde sie 1312 erstmals genannt. Die Kastellburg erhielt ihr heutiges Aussehen in der Renaissance. Im 19. Jh. wurde die Burganlage Domäne. Ihre Ringmauer ist 1,8 m dick. Der Bergfried hat 8 × 8,5 m Grundfläche mit 3,3 m Wandstärke.

Wieden, Widen

Gde. Ossingen, Bz. Andelfingen, Kt. Zürich, Schweiz

Grundriß in: Kunstdkm. d. Schweiz, Zürich, Bd. 1, S. 222; Schuchhardt, S. 257.

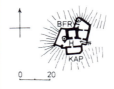

Der älteste Teil der Burg ist der Bergfried mit 8 m Seitenlänge mit 2 m Wandstärke. Die ihn umgebenden Wohngebäude entstanden im 15. Jh., durch Neubauten wurde das Schloß im 19. Jh. stark verändert.

Wiedersberg

Kr. Oelsnitz, Sachsen

Grundriß nach Aufnahme F.-W. Krahe 1991.

Der Torturm könnte aus dem 14. Jh. stammen. Wann die Burg zerstört wurde, ist unbekannt. Die Ringmauer ist 1,0 – 1,1 m stark, die Schildmauer 1,7 m. Der Bergfried ist 6,5 m breit und hat 1,4 m Wandstärke.

Wieladingen = Harpolinger Schloß

Wielandstein = Wilandstein

Wien – Hofburg
Österreich

Grundriß in: Burgen u. Schlösser 1973-I, Hotz-Pfalzen, Z. 115.

Im Kern der Wiener Hofburg steckt eine quadratische Wasserburg des 13. Jh.

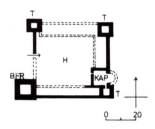

Wiener Neustadt
Niederösterr., Österreich

Grundriß in: Burgen u. Schlösser 1973-I.

Ähnlich wie in der Hofburg steckt auch im Barockschloß der Wiener Neustadt eine mittelalterliche Wasserburg aus dem 13. und 14. Jh.

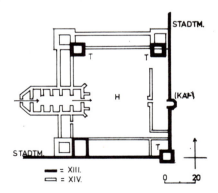

Wiesbach
Kr. Pirmasens, Rheinland-Pfalz

Grundriß in: Kunstdkm. v. Rheinld.-Pfalz, Zweibrücken, S. 845.

Von der Burg ist nur noch der Rest eines Gebäudes, vielleicht ein Wohnturm, erhalten.

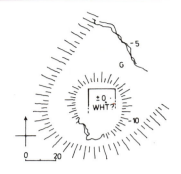

Wiesberg
Gde. Tobadill, Bz. Landeck, Tirol, Österreich

Grundriß in: Trapp, Bd. 7, S. 151.

Ringmauer, Bergfried und Palas stammen aus der 2. Hälfte des 13. Jh.; Wohngebäude westlich des Palas und der Zwinger sind aus dem 15. Jh. Die Burg wurde bis ins 20. Jh. umgebaut. Die Burg ist bewohnt. Ihre Ringmauer ist 1,7 – 2,2 m stark, die Schildmauer 2,7 m mit 11 m Höhe. Der Bergfried hat 8,2 m Breite und 1,6 m dicke Mauern.

Wieselburg, Zwisila
Bz. Scheibbs, Niederösterr., Österreich

Angabe in: Burgen im Bez. Scheibbs

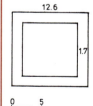

Angeblich ist der Turm römischen Ursprungs, aber doch wohl eher frühmittelalterlich. 976 wird Zwisila genannt.

Wiesenburg – Vizmburk
Gde. Eipel – Úpice, Bz. Trautenau – Trutnov, Nordböhmen, Tschechische Republik

Grundriß in: Menclová, S. 440.

Die im 13. Jh. entstandene Burg wurde 1975 ausgegraben. Ihre Ringmauer ist 2,5 m stark. Der Bergfried hat 11 m Durchmesser und 4 m dicke Mauern.

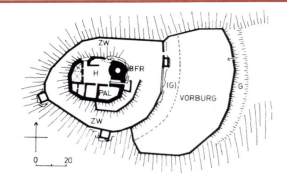

Wiesendangen
Bz. Winterthur, Kt. Zürich, Schweiz

Grundriß in: Züricher Denkmalpflege 1966/1967.

Der Wohnturm mit 4 Stockwerken in ca. 12 m Gesamthöhe ist der Rest eines Adelssitzes.

Wiesenreith
Bz. Zwettl, Niederösterr., Österreich

Grundriß in: Sammlung Kreutzbruck.

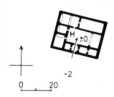

Die Kastellburg liegt auf einem flachen Hügel. Sie ist im 18. Jh. verfallen. Die 12 m hohe Ringmauer ist 1,5 m stark.

Wiesneck
Gde. Buchenbach, Kr. Freiburg, Baden-Württemberg

Grundriß in: Kunstdkm. v. Baden, Bd. 6.1, S. 287.

Entstanden ist die Burg um 1100. 1525 wurde sie zerstört und wieder aufgebaut, 1644 endgültig durch Schweden zerstört.

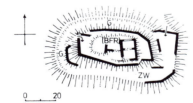

Wigstein – Vikštejn
Gde. Kunwald – Kunvald, Bz. Troppau – Oppava, Nordmähren, Tschechische Republik

Grundriß in: Piper, Österr., Bd. 2.

Erbaut wurde die Burg im 14. Jh. anstelle einer älteren, von den Mongolen zerstörten Anlage. Im 15. Jh. wurde auch sie zerstört.

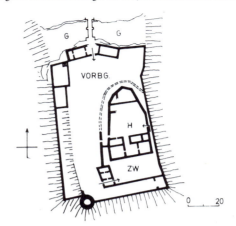

Wikon
Bz. Willisau, Kt. Luzern, Schweiz

Grundriß in: Thüer, S. 199.

Vermutlich ist die Burg um 1260 begonnen worden. 1375 wurde sie zerstört und wiederhergestellt. Nach Aufgabe als Verwaltungssitz ist sie im 19. Jh. verfallen. Ab 1890 wurde sie durch die Kirche als Töchterinstitut wieder aufgebaut. Viel ist von der alten Burg dabei nicht erhalten geblieben. Der Bergfried von 7×10 m Grundfläche hat 2,5 m dicke Mauern mit eingebauter Wendeltreppe und solche von 1,5 m Stärke.

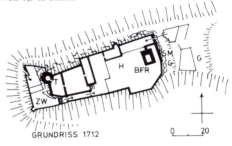

Wilandstein, Wielandstein
Gde. Lenningen, Kr. Esslingen, Baden-Württemberg

Grundriß in: Burgen u. Schlösser 1980-II; Schmitt, Bd. 4, S. 143.

Auf einer Länge von 270 m findet man die Reste von 4 Burgen. Um 1150 bestehen Alt-Wilandstein und die Hinterburg, die alte Burg wurde am Beginn des 13. Jh. aufgegeben. Die Vorder- und Mittelburg kamen bis 1250 hinzu; beide wurden jedoch schon im 14. Jh. wieder verlassen. Die Hinterburg, die im wesentlichen um 1250 ihre heutige Form erhielt, wurde 1525 zerstört. Die Schildmauer der Vorderburg hat 3,8 m, die Hinterburg 2,2 m Stärke.

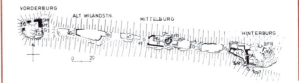

Wilberg, Wildberg, Neu Wildberg

Gde. Wildberg, Bz. Pfäffikon, Kt. Zürich, Schweiz

Grundriß in: Hartmann, S. 11.

Die Burg wurde 1884 teilweise ausgegraben. Zerstört wurde sie 1443; der Burgadel ist seit 1257 bekannt. Der Bergfried mit rd. 8 m Seitenlänge hat 1,5 m starke Mauern; die Ringmauer ist 2 m dick.

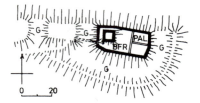

Wildberg

Kr. Calw, Baden-Württemberg

Grundriß nach einem Aufmaß von 1926.

Das Schloß basiert auf einer romanischen Burg, teilweise mit Buckelquadern verkleidet. Verstärkt wurde die Burg um 1500. 1618 und 1686 wurde sie erneuert. Heute dient das Schloß als Sanatorium. Die Ringmauer ist 1,6 m stark.

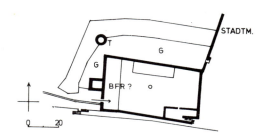

Wildberg

Gde. Messern, Bz. Horn, Niederösterr., Österreich

Grundriß in: Dehio, Niederösterr., nördl. d. Donau, S. 733.

Der Burgadel erscheint von 1135 bis in die 2. Hälfte des 14. Jh. Die Burg entstand im 13. Jh. auf einem mächtigen Fels. Umgebaut zum Schloß wurde sie in der 2. Hälfte des 16. Jh. Die Anlage ist bewohnt.

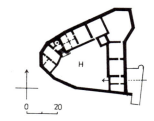

Wildberg

Bz. Urfahr, Oberösterr., Österreich

Grundriß in: Ulm »Das Mühlenviertel«, S. 234; Burgen und Schlösser in Oberösterr., Bd. 1, S. 68.

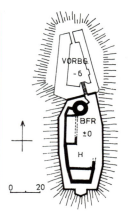

Gegründet wurde die Burg im letzten Viertel des 12. Jh. durch die Haunsperg. 1394 saß König Wenzel (Sohn Kaiser Karls IV.) hier gefangen. Die Vorburg ist als Schloß 1664 durch die Grafen Starhemberg neu erbaut worden. Die Kernburg ist 1654 abgebrannt und verfallen. Der Bergfried hat 10 m Durchmesser und ist 27 m hoch.

Wildburg

Gde. Sargenroth, Rhein-Hunsrück-Kr., Rheinland-Pfalz

Grundriß in: Kunstdkm. v. Rheinld.-Pfalz, Rhein-Hunsrück-Kr., S. 886.

Entstanden ist die Burg wohl um 1300, verfallen ist sie im 17. Jh. Von der kleinen Kernburg gibt es kaum Reste.

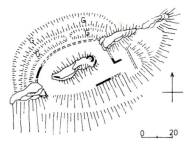

Wildburg

Gde. Beverungen-Wehrden, Kr. Höxter, Nordrhein-Westfalen

Grundriß in: Denkmalpflege u. Forschg. in Westf., S. 125.

1162 wird ein »castrum Wiltberch« urkundlich erwähnt. Funde aus dem 12. Jh. wurden ergraben. Die Mauer ist in Fischgrätentechnik erbaut. Der Größe nach muß die Wildburg ursprünglich eine Fliehburg gewesen sein.

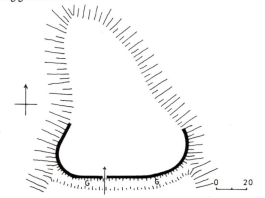

Wildburg, Treis

Gde. Treis-Karden, Kr. Cochem-Zell, Rheinland-Pfalz

Grundriß in: Schellack, S. 239; Kubach, S. 1249; Kunstdkm. v. Rheinld.-Pfalz, Bd. 3, S. 746.

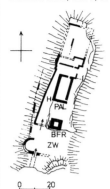

Begonnen wurde die Burg um 1120. Der Palas ist nach dem Zweiten Weltkrieg wiederhergestellt worden. Der Bergfried mit einer Grundfläche von 6,8 × 7,2 m hat 1,7 m Wandstärke, der Eingang liegt 6 m hoch. Die Ringmauer ist nur 0,9 m dick. Die Wildburg bildet mit der nur ca. 150 m entfernten Burg Treis → eine Gruppe.

Wildeck

Gde. Abstatt, Kr. Heilbronn, Baden-Württemberg

Grundriß in: Kunstdkm. v. Württbg.-Neckarkr., Tafelbd.

Der 11,5 × 14 m große Wohnturm stammt wohl aus dem 13. Jh. Seine Wandstärke ist 1,5, 2,0 und 3,0 m stark. Der Burgadel ist 1330 erwähnt.

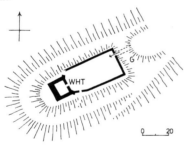

Wildegg

Bz. Lenzburg, Kt. Aargau, Schweiz

Grundriß in: Ebhardt I, Abb. 735; Meyer, Bd. 8, S. 93.

Die Burg wurde um 1200 mit dem Bergfried begonnen. Der steinerne Palas ersetzte im 13. Jh. einen hölzernen Vorgängerbau. 1242 wird Wildegg erstmals urkundlich genannt. 1552 zerstörte ein Blitzschlag die Anlage, die danach wieder aufgebaut wurde. Ab 1658 wird die Burg in ein Schloß umgebaut, das heute Museum ist. Der Bergfried mißt 9,5 × 12 m mit 3,0 m Wandstärke in den unteren 3 von 5 Stockwerken. Auch der Palas ist im S und W mit 3 m starken Mauern geschützt. Auf dem anderen Aare-Ufer gegenüber von Wildegg liegt Wildenstein →.

Wildegg

Gde. Stall-Sonnberg, Bz. Spittal a. d. Donau, Kärnten, Österreich

Grundriß in: Burgen u. Schlösser in Kärnten, Bd. 3, S. 118; Kohla, S. 368.

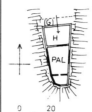

Der von Kohla gezeigte Grundriß weicht sehr von dem nach G. Schweiger, hier dargestellt, ab. Die gotische Burg ist nach 1300 erbaut worden und wurde im 16. Jh. umgebaut. 1732 ist sie eingestürzt. Ihre Ringmauer war 1,2 m stark.

Wildegg

Gde. Sittendorf, Bz. Mödling, Niederösterr., Österreich

Grundriß in: Burgen u. Schlösser in Niederösterr., Bd. 2, S. 117; Piper, Österr., Bd. 1, S. 211.

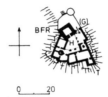

Die erste urkundliche Erwähnung der Burg ist 1188 zu verzeichnen. Der Burgadel erscheint schon 1136. Im 16. Jh. wurde Wildegg umgebaut und 1686 auf den alten Mauern erneuert. Heute ist die Anlage Jugendheim. Der Bergfried hat 8,7 m Kantenlänge und 2,3 m Wandstärke. Der Eingang lag im 1. Obergeschoß. Die Ringmauer ist ca. 1,5 m dick.

Wildenau

Gde. Plößberg-W..., Kr. Tirschenreuth, Bayern

Angabe in: Kunstdkm. v. Bayern, Oberpfalz, Bd. 14, S. 142.

Der Bergfried ist der Rest einer Burg des 12. Jh., der nun als Kirchturm dient. Er ist mit Buckelquadern verkleidet, sein rundbogiger Eingang liegt 10 m über dem Gelände.

Wildenberg, Wildenburg

Gde. Kirchzell-Preunschen, Kr. Miltenberg, Bayern

Grundriß in: Ebhardt I, Abb. 644; Schmidt, Fig. 7; Dehio, Franken, S. 691; Hotz Z 17; Tuulse, Abb. 63; Kunstdkm. v. Bayern, Unterfrk., Bd. 18, S. 332; Bruhns, S. 10.

Erbaut wurde die Burg um 1200 durch die Herren Dürn, staufische Ministeriale. Urkundlich erscheint die besonders schöne Burg erstmals 1215. Die trennende Zwischenmauer sollte vielleicht den Herrenhof vor dem Palas vom Gesindehof trennen, sie entstand 1445. Durch das Erdbeben von 1356 wurde auch die Wildenburg in Mitleidenschaft gezogen. 1525 wurde sie zerstört. Große Teile der Burg zeigen Buckelquadern. Der 24,5 m hohe Bergfried hat 9,85 m Seitenlänge und 3 m Mauerstärke, der rundbogige Eingang liegt 9 m hoch. Die Ringmauer ist 1,5 m, die Schildmauer 2,5 m stark.

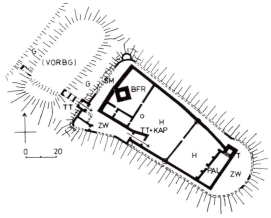

Wildenberg

Gde. Zernez, Bz. Inn, Kt. Graubünden, Schweiz

Angabe in: Clavadetscher, S. 209.

Im Schloß eingebaut ist ein 5stökkiger Wohnturm mit 19 m Höhe; er ist der Rest einer 1377 erstmals genannten Anlage.

Wildenbruch – Swobinca

Kr. Greifenhagen – Gryfino, Pommern, Polen

Grundriß in: Kunstdkm. d. Prov. Pommern, Bd. 2.6, S. 30.

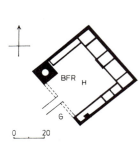

Die Burg – ursprünglich in Insellage – wird 1234 erstmals urkundlich genannt. Die heutige Kastellburg entstand in der 2. Hälfte des 14. Jh. Sie wurde im 18. und 19. Jh. verändert. Der Bergfried hat einen 11 m hohen Sockel mit 12,5 m Kantenlänge, darüber 14 m Höhe mit Durchmesser 12,5 m, die Mauerstärke ist 3 m. Der Eingang liegt 11 m hoch. Die 8 m hohe Ringmauer ist 2,5 m dick.

Wildenburg

Gd. Allwinden, Kt. Zug, Schweiz

Grundriß in: Kunstdkm. d. Schweiz, Zug, Bd. 1, S. 416.

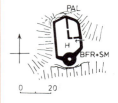

Entstanden ist die Burg in der Mitte des 13. Jh. Sie wurde 1388 zerstört und wiederhergestellt. Verfallen ist sie wohl im 15. Jh. 1938 wurde sie freigelegt. Der Bergfried hat 7,7 m Durchmesser mit ca. 2,7 m Wandstärke. Die Ringmauer ist 2 m, die Schildmauer bis 3 m stark.

Wildenburg

Gde. Friesenhagen, Kr. Altenkirchen, Rheinland-Pfalz

Grundriß in: Kunstdkm. d. Rheinprov., Bd. 11.2, S. 162.

Der Burgadel wird 1239 urkundlich erwähnt. Der Palas hat Wohnturmcharakter, er ist gotischen Ursprunges. Der 20 m hohe Bergfried hat 10 m Durchmesser mit 2,4 m dicken Mauern. Sein Eingang liegt 8 m hoch.

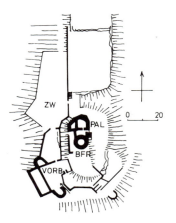

Wildenfels

Gde. Simmelsdorf-W...., Kr. Lauf, Bayern

Grundriß nach Aufnahme F.-W. Krahe 1984.

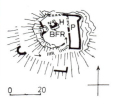

Die Burg wurde um 1350 erstmals erwähnt. Sie wurde 1525 zerstört. Der Bergfried mit nur 4,5 m Seitenlänge steht auf einem ca. 3 m hohen Fels.

Wildenstein

Gde. Leibertingen, Kr. Sigmaringen, Baden-Württemberg

Grundriß in: Kunstdkm. v. Baden, Bd. 1, S. 413; Piper, Fig. 607; Ebhardt I, Abb. 542; Burgen im südl. Baden, S. 201; Schmitt, Bd. 3, S. 193.

Die Feste Wildenstein liegt in der Mitte einer Burgenkette von Unterwildenstein →, Altwildenstein →, Wildenstein, Hexenturm → und Hahnenkamm →. Im 13. Jh. ist Wildenstein begonnen und 1520–1550 zu einer eindrucksvollen Festung ausgebaut worden. Sie ist heute Jugendherberge. Der Ausbau in eine Festung fand im 15. und 16. Jh. statt. Er prägte die heutige Gestalt der Burg.

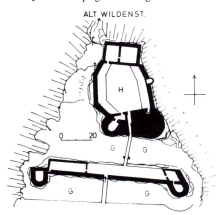

Wildenstein
Gde. Bubendorf, Bz. Liestal, Kt. Basel-Ld., Schweiz

Grundriß in: Kunstdkm. d. Schweiz, Basel-Ld., Bd. 2, S. 84; Meyer, Bd. 8, S. 94; Meyer-Regio, S. 138.

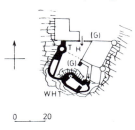

Der Wohnturm wurde in der 2. Hälfte des 13. Jh. durch die Herren v. Eptingen erbaut, von denen sich ein Heinrich nach der Burg Wildenstein nennt. 1334 wird die Burg nach ihrer Zerstörung und 1356 nach dem Erdbeben wieder aufgebaut. Neue Wohnbauten entstehen 1693. Die Burg ist privat bewohnt. Der Wohnturm mit 9,7 × 14 m maximalen Maßen und bis zu 3,5 m Wandstärke hat 15 m Höhe mit 4 Stockwerken.

Wildenstein
Gde. Zimmern, Kr. Rottweil, Baden-Württemberg

Grundriß in: Pfefferkorn, Bd. 2, S. 14.

Die Burg auf einem Kamm besteht aus drei Teilen, die in der Mitte des 13. Jh. begonnen wurden. Im 15. Jh. war die Burg bereits ruiniert. Der Bergfried hat 11,5 m Seitenlänge und 3,7 m dicke Mauern.

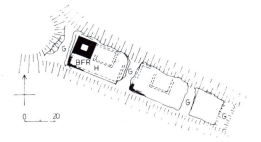

Wildenstein
Gde. Bad Ischl, Bz. Gmünden, Oberösterr., Österreich

Grundriß in: Burgen u. Schlösser in Oberösterr., Bd. 3, S. 43; Piper, Österr., Bd. 5, S. 198.

1263 wird die Burg erstmals urkundlich genannt, auf ihr saß »Dietrich der Schenk v. Dobra« als Pfleger. 1593 brannte die Burg aus, wurde aber wiederhergestellt. 1715 wurde sie endgültig durch Brand zerstört. Der 19 m hohe Bergfried hat 6,5 m Seitenlänge mit 1,7 m Wandstärke. Die Schildmauer ist 2,5 m dick.

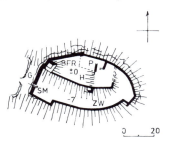

Wildenstein
Gde. Gallizien, Bz. Völkermarkt, Kärnten, Österreich

Grundriß in: Kohla, S. 369.

Um 1150 wurde das »castello Wildenstain« erstmals in einer Urkunde erwähnt. 1348 wurde die Burg durch ein Erdbeben zerstört. Der Wohnturm auf der höchsten Stelle mißt 8 × 9,5 m mit ca. 1,25 m Wandstärke.

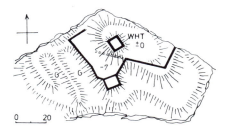

Wildenstein
Kr. Schwandorf, Bayern

Grundriß in: Kunstdkm. v. Bayern, Oberpfalz, Bd. 7, S. 70.

Von der Felsenburg, die vielleicht im 13. Jh. entstanden ist, blieb kaum etwas erhalten, obwohl sie 1598 noch völlig intakt gewesen sein soll.

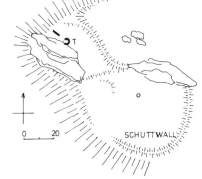

Wildenstein

Gde. Steinbach, Donnersbergkr., Rheinland-Pfalz

Grundriß in: Kunstdkm. v. Bayern, Pfalz, Bd. 7, S. 325.

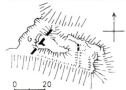

Entstanden ist die Burg wohl am Beginn des 13. Jh., zerstört wurde sie im Dreißigjährigen Krieg. Auf dem höchsten Punkt stand wohl der Bergfried.

Wildenstein

Gde. Eschau, Kr. Miltenberg, Bayern

Grundriß in: Kunstdkm. v. Bayern, Unterfrk., Bd. 23, S. 143.

Die Burg wurde um die Mitte des 13. Jh. erbaut. Das Rechteck mit zwei Kreissegmenten als Abschlüssen ist ein einmaliger Grundriß. Der winzige Bergfried (4 m Breite) ist gotisch. Auch der Zwinger und der Torturm sind aus dem späten Mittelalter. Ende des 16. Jh. ist die Burg verfallen.

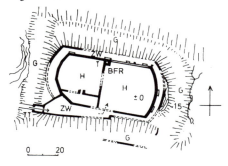

Wildenstein

Gde. Veltheim, Br. Brugg, Kt. Aargau, Schweiz

Grundriß in: Meyer, Bd. 8, S. 96.

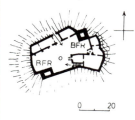

Die Burg ist wohl im 13. Jh. entstanden, um 1300 wird sie als Eigengut der Herren v. Rinach erwähnt. 1465 wurde sie bei einem Wechsel des Eigentümers umgebaut. 1661 wird aus der Burg durch Zubauten ein Schloß, das heute als Altersheim dient. Die nicht sehr große Burg besitzt 2 Bergfriede im Westen 6,1 × 8 m groß mit 1,5 – 2,1 m Wandstärke, im Osten 7 × 8 m groß mit 2,1 m Wandstärke. Gegenüber am anderen Aareufer liegt Wildegg →.

Wildenthierbach

Gde. Niederstetten, Main-Tauber-Kr., Baden-Württemberg

Grundriß in: Blätter d. Schwäb. Albvereins 1932, S. 18; Schmitt, Bd. 5, S. 304.

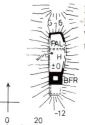

Der Burgadel wird 1303 urkundlich genannt. Der Bergfried hat 8,5 m Seitenlänge und 3 m Wandstärke. Er ist im 13. Jh. erbaut worden. Um 1400 wird die Burg verlassen.

Wildenthierberg, Alten Thierberg

Gde. Albstadt-Magrethausen, Kr. Balingen, Baden-Württemberg

Grundriß in: Blätter d. Schwäb. Albvereins 1928, S. 179; Schmitt, Bd. 5, S. 295.

Die Burg wird nach 1150 gegründet, urkundlich wird sie erst 1313, im 15. Jh. wird sie verlassen.

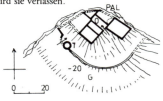

Wild-Eptingen, Witwald Ältere Burg

Gde. Eptingen, Bz. Waldenburg, Kt. Basel-Ld., Schweiz

Grundriß in: Meyer-Regio, S. 139.

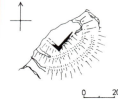

Die Burg bestand vermutlich nur aus einem Wohnturm aus der Zeit um 1100, der Adel wurde 1145 urkundlich genannt. Zerstört wurde die Burg durch das Erdbeben 1356. Die beiden Wild-Eptingen bilden mit Rucheptingen → in jeweils 1,2 km Abstand eine Kette.

Wild Eptingen, Witwald Jüngere Burg

Gde. Eptingen, Bz. Waldenburg, Kt. Basel-Ld., Schweiz

Grundriß in: Merz, Sisgau, S. 316; Meyer-Regio, S. 140.

Entstanden ist die Burg nicht vor dem 13. Jh., vielleicht aber auch erst nach der Zerstörung der älteren Burg. Ende des 15. Jh. ist sie verfallen.

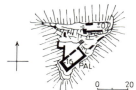

Wildon, Oberburg

Bz. Leibnitz, Steiermark, Österreich

Grundriß in: Baravalle, S. 236; Piper, Österr., Bd. 5, S. 201.

1260 wurde das »novum castrum« urkundlich erwähnt. Im 16. Jh. wurde die Burg erneuert, später ist sie verfallen. Der Minnesänger Herrand II. v. Wildone (1248–1278 bezeugt) stammt wohl von hier. Westlich in 150 m Abstand von der Oberburg der sogen. Römerturm.

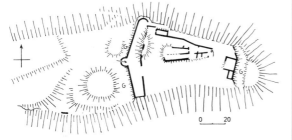

Wildon – Römerturm

Bz. Leibnitz, Steiermark, Österreich

Grundriß in: Baravalle, S. 236; Piper, Österreich, Bd. 5, S. 201.

Auf dem gleichen Berg wie die Oberburg liegt der sogen. Römerturm. Der Turm wird als altes Haus 1173 urkundlich genannt. Er ist der Rest einer Burg, von der nur wenige Mauern erhalten sind. Der Turm hat 9,5 m Seitenlänge und 1,8 m Mauerstärke.

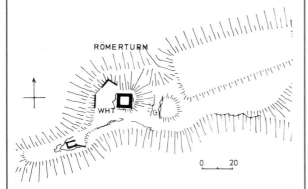

Wildshut, St. Pantaleon

Bz. Braunau, Oberösterr., Österreich

Grundriß in: Österr. Kunstop., Bd. 30, S. 332; Burgen u. Schlösser in Oberösterr., Bd. 2, S. 32.

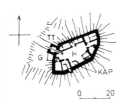

1115 taucht das »castrum Hutte« in einer Urkunde auf. Ringmauer und Torturm sind romanisch, seit dem 14. Jh. ist Wildshut Jagdschloß. Die Wohnbauten sind aus dem 16. Jh. Die Ringmauer ist 1,6–2,2 m stark. Die Burg fungiert heute als Amt.

Wildstein – Vilštijn

Gde. Skalna, Bz. Eger-Cheb, Westböhmen, Tschechische Republik

Grundriß: Menclová, S. 97.

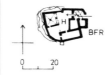

Die kleine Burg wurde im 13. Jh. erbaut. Sie ist noch bewohnbar.

Wildthurn

Gde. Landau/Isar-W…, Kr. Landshut, Bayern

Grundriß in: Kunstdkm. v. Niederbayern, Bd. 13, S. 187

Der Bergfried ist der Rest einer Burg des 13. Jh. Er ist mit 5 Stockwerken 21 m hoch.

Wilen

Bz. Andelfingen, Kt. Zürich, Schweiz

Grundriß in: Hartmann, S. 122.

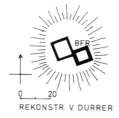

Für die Burg sind keine Daten bekannt. Der Bergfried hat 10,3 m Seitenlänge und 2,5 m Wandstärke.

Wilenstein, Willenstein

Gde. Trippstadt, Kr. Kaiserslautern, Rheinland-Pfalz

Grundriß in: Kunstdkm. v. Bayern, Pfalz, Bd. 9, S. 488; Baudkm. d. Pfalz, Bd. 3, S. 24.

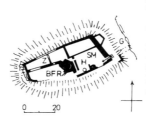

Erbaut wurde die Burg 1159, 1334 wurde sie teilweise zerstört und wiederhergestellt. In der Mitte des 17. Jh. ist sie verfallen. Die Ringmauer ist 1,0–1,5 m stark, die Schildmauer 2,5 m. Der Bergfried hat 7 m Durchmesser.

Wiligartsburg, Falkenburg

Gde. Wilgartshausen, Kr. Pirmasens, Rheinland-Pfalz

Grundriß in: Wenz, S. 176.

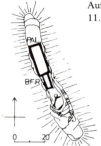

Auf der Felsenburg wurden Funde aus dem 11.–13. Jh. ergraben.

Wilhelmstein

Gde. Würselen-Bardenberg, Kr. Aachen, Nordrhein-Westfalen

Entstanden ist die Burg um 1270. Nach ihrer Zerstörung 1539 wurde sie wiederhergestellt. Nach 1642 ist sie verfallen. Der 24 m hohe Wohnturm hat 10×11 m Grundfläche mit 2 m Mauerstärke und 5 Stockwerke. Die Ringmauer ist 1,4 m stark.

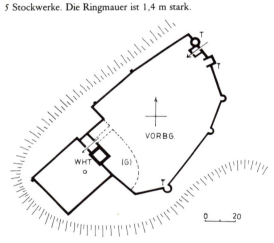

Willenburg

Gde. Schiltach, Kr. Rottweil, Baden-Württemberg

Angabe in: Burgen u. Schlösser in Mittelbaden, S. 468.

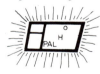

Entstanden ist die Burg um 1200. Aufgegeben wurde sie vielleicht schon im 13. Jh., sie wurde 1970 ausgegraben.

Wimberg, Pisching

Bz. Melk, Niederösterr., Österreich

Grundriß in: Burgen u. Schlösser in Niederösterr., Bd. III/2, S. 135.

Begonnen wurde Wimberg vermutlich in der 1. Hälfte des 13. Jh., die Wohngebäude stammen aus dem 14. Jh., 1572 war die Burg öde und ist 1830 teilweise abgebrochen worden. Der weit entfernte Bergfried hat 10,5 m Durchmeser und 3,5 m Wandstärke. Der rundbogige Eingang liegt im 2. von 3 Stockwerken.

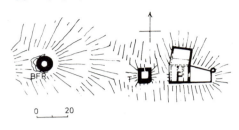

Wimpfen am Berg

Gde. Bad Wimpfen, Kr. Heilbronn, Baden-Württemberg

Grundriß in: Ebhardt I., Abb. 634; Schmidt, Fig. 4; Hotz, Z. 60; Kunstdkm. v. Hessen, Wimpfen; Bruhns, S. 9.

Die Kaiserpfalz der Staufer ist um 1200 in einem Zug erbaut worden. Ab dem 15. Jh. war sie Teil der Stadt. Der Blaue Turm hat 10 m Seitenlänge und 2,5 m Wandstärke, er ist ein Wohnturm mit 28 m Höhe und 5 Stockwerken, sein Eingang liegt 7,5 m hoch. Der Turm hat einen Aborterker.

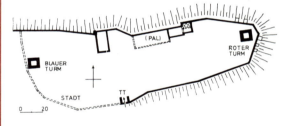

Windeck

Rhein-Sieg-Kr., Nordrhein-Westfalen

Grundriß in: Kunstdkm. d. Rheinprov., Bd. 5,1, S. 84.

Das »novum castrum de Windecke« wird 1147 urkundlich erwähnt. 1672 haben Franzosen die Burg zerstört. Die Schildmauer ist 3 m stark. Der Bergfried hat 12 m Durchmesser mit 3 m starken Mauern.

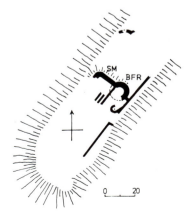

Windeck

Gde. Weinheim, Rhein-Neckar-Kr., Baden-Württemberg

Grundriß in: Cohausen, Nr. 234; Naeher, S. 122; Kunstdkm. v. Baden, Mannheim-Ld., S. 441; Hotz-Pfalzen, Z. 93.

Die Burg wird 1125 urkundlich genannt, zerstört wurde sie 1674 durch Franzosen. Der konische Bergfried ist 28 m hoch, sein Einstieg liegt in 12 m Höhe, er hat 4 Stockwerke, der Durchmesser an der Basis ist 8 m, die Wandstärke 2,7 m. Die Ringmauer ist 1,4 m stark.

Windeck

Gde. Dambach, Ct. Niederbronn, Bas-Rhin, Frankreich

Grundriß in: Salch, S. 344.

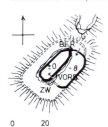

Entstanden ist die Burg auf dem 8 m hohen Felsen um 1200, 1502 war sie bereits Ruine. Die Ringmauer ist knapp 1,0 m stark.

Windeck = Wittschlößl

Windeck = Wintereck

Windeck = Wyneck (Graubd.)

Windecken

Gde. Nidderau-W..., Kr. Hanau, Hessen

Grundriß in: E. J. Zimmermann »Hanau, Stadt u. Land«.

Die Wasserburg wurde 1262 gegründet, im Dreißigjährigen Krieg wurde sie zerstört. Im 18. Jh. wurde die Anlage auf dem alten Grundriß wiederhergestellt. Der Bergfried hat ca. 7,9 m Breite und 1,8 m starke Mauern.

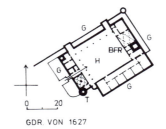

GDR. VON 1627

Windegg

Gde. Schwertberg, Bz. Perg, Oberösterr., Österreich

Grundriß in: Ulm »Das Mühlviertel«, S. 235; Burgen u. Schlösser in Oberösterr., Bd. 1, S. 177.

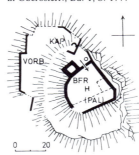

1208 wird »Dietricus de Windeke« urkundlich bekannt. Erbaut wurde die Burg um 1200. Im 18. Jh. ist sie verfallen. Die Ringmauer ist ca. 9 m hoch. Der Bergfried ist 23 m hoch, er hat 9,5 m Seitenlänge und 2,0–2,5 m Wandstärke. Sein rundbogiger Eingang liegt 8 m hoch. Die Ringmauer ist 1,7 m stark.

Windhausen

Kr. Osterode, Niedersachsen

Grundriß nach Plan der Gemeinde.

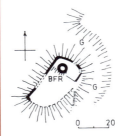

Entstanden ist die Burg um 1200, der Burgadel wird 1175 urkundlich genannt. Die Ringmauer ist 1,2 m dick.

Windischleuba

Kr. Altenburg, Thüringen

Grundriß in: Ebhardt I, Abb. 460; Kunstdkm. v. Thüringen, Bd. 3.1, S. 268.

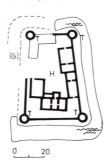

Begonnen wurde die Wasserburg noch im 14. Jh., sie ist jedoch überwiegend aus dem 15. Jh. Die Wasserburg ist im 16. Jh. zum Schloß umgebaut und im 18. Jh. barock ausgebaut worden. 1912–1945 wohnte hier Börris Frhr. von Münchhausen.

Windringen

Kr. Trier-Saarburg, Rheinland-Pfalz

Grundriß in: Kunstdkm. d. Rheinprov., Saarburg, S. 289.

Der Bergfried ist der Rest der Wasserburg des 14. Jh., der jetzt als Kirchturm dient. Er hat bei 17 m Höhe 5 Stockwerke, sein Eingang liegt 9,7 m hoch.

Wineck, Weineck

Gde. Katzenthal, Ct. Kaysersberg, Haut Rhin, Frankreich

Grundriß in: Kaltenbach, S. 139; Wolff, S. 367; Salch, S. 345; Hotz-Pfalzen, S. 153.

Erbaut wurde die Burg im 12. Jh., 1677 wurde sie zerstört. Die 8 m hohe Ringmauer ist 1,5 m stark, die Schildmauer 2,0 m. Der Bergfried hat 8,5 m Seitenlänge mit 2,2 m Wandstärke.

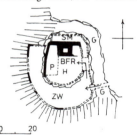

Wineck = Wittschlößl

Winneburg

Gde. Cochem (Kr.), Rheinland-Pfalz

Grundriß in: Kunstdkm. v. Rheinld.-Pfalz, Bd. 3, S. 797; Binding, S. 66.

Erbaut wurde die Burg Mitte des 13. Jh. und im 14. Jh. weitergebaut. Im 15. Jh. wurde sie erweitert. 1689 wurde sie durch Franzosen zerstört. Der Bergfried mit 7,8 m Durchmesser und 2,4 m Wandstärke ist bei 3 Stockwerken 22 m hoch. Der rundbogige Eingang liegt in 15 m Höhe.

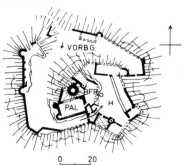

Winterberg

Kr. Bad Kreuznach, Rheinland-Pfalz

Grundriß in: Kunstdkm. d. Rheinprov., Bd. 18.1, S. 435.

Die Burg wurde 1325 urkundlich genannt.

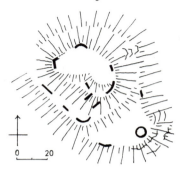

Winterberg – Vimperk

Bz. Prachatitz – Prachatice, Südböhmen, Tschechische Republik

Grundriß in: Menclová, S. 225.

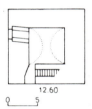

Im Schloß ist ein Wohnturm des 15. Jh. verbaut.

Wintereck, Windeck

Gde. Heidesheim, Kr. Mainz-Bingen, Rheinland-Pfalz

Grundriß in: Kunstdkm. v. Hessen, Bingen; Cohausen, Nr. 164.

Erbaut wurde die Burg am Anfang des 12. Jh., die Wohngebäude sind gotisch. Die Ringmauer ist 1,4 m stark. Der Bergfried ist 18 m hoch, er hat 7,3 m Kantenlänge mit 1,7 m Wandstärke, der Einstieg liegt 10 m über Niveau.

Wintersheim

Kr. Mainz-Bingen, Rheinland-Pfalz

Grundriß in: Bronner, Wohntürme, Abb. 12.

Der mittelalterliche Wohnturm ist in einem Hofgut verbaut. Er hat 3 Stockwerke, der Eingang liegt im 1. Obergeschoß.

71 Tangermünde, Kreis Tangerhütte, Sachsen-Anhalt

72 Taufers, Pustertal, Südtirol

73 Thurandt, Kreis Mayen-Koblenz, Mosel

74 Trimberg, Kreis Bad Kissingen, Franken

75 Trendelburg, Kreis Kassel, Hessen

76 Ulrichsburg, Elsaß

77 Veynau, Kreis Euskirchen, Rheinland

78 Vischering, Kreis Coesfeld, Westfalen

79 Wartburg, Eisenach, Thüringen

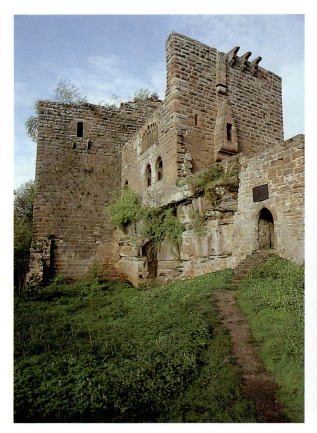

80 Wasenburg, Elsaß

81 Wertheim, Main-Tauber-Kreis, Franken

82 Wildburg und Treis, Kreis Cochem-Zell, Mosel

83 Zilly, Kreis Halberstadt, Sachsen-Anhalt

84 Alt-Windstein, Elsaß

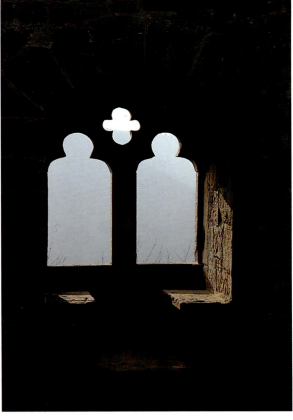

85 Neu-Windstein, Elsaß

86 Marienburg, Westpreußen

87 Heilsberg, Ostpreußen

Winterstein
Kr. Eisenach, Thüringen

Grundriß in: Kunstdkm. v. Thüringen, Bd. 4.3, S. 93.

Gegründet wurde die Burg um 1307, seit 1638 ist sie verfallen. Der Bergfried hat 9 × 12 m Grundfläche.

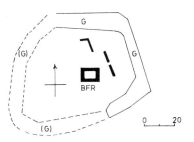

Winzenburg
Kr. Hildesheim, Niedersachsen

Grundriß in: Die Burgen im deutschen Sprachraum, Bd. 1, S. 417; Burgen d. Salierzt., S. 66.

1109 erscheint erstmals in einer Urkunde Graf Hermann v. Winzenberg, der als Erbauer der Burg gilt. 1130 wurde sie durch König Lothar III. zerstört und wieder aufgebaut. Der mächtige Bergfried an der Spitze der unteren Burg entstand im 13. Jh. 1522 wurde die Burg endgültig zerstört. Der Bergfried ist rd. 17 m lang und 12 m breit; diese Dimension ist ungewöhnlich und tritt eigentlich nur bei Wohntürmen auf.

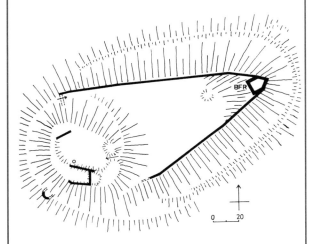

Winzer
Kr. Deggendorf, Bayern

Grundriß in: Kunstdkm. v. Niederbayern, Bd. 17, S. 310.

Entstanden ist die Burg angeblich noch im 11. Jh., als Reichslehen wird sie 1190 urkundlich genannt. 1247 wird sie zerstört und wieder aufgebaut. 1744 wurde sie letztmalig zerstört.

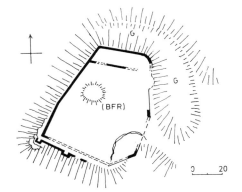

Winzingen, Haardt
Gde. Neustadt a. d. Weinstr. (Kr.), Rheinland-Pfalz

Grundriß in: Dehio, Rheinld.-Pf., S. 620; Kunstdkm. v. Bayern, Pfalz, Bd. 1, S. 170; Baudkm. d. Pfalz, Bd. 2, S. 30; Burgen. u. Schlösser in der Pfalz, Nr. 5; Burgen u. Schlösser, Bd. 2, S. 57 und 165.

Die Burg ist bereits im 11. Jh. begonnen worden, sie erscheint urkundlich jedoch erst 1248. Die Kapelle entstand im frühen 12. Jh., 1696 wurde sie durch eine Beschießung zerstört. Nach Th. Biller ist der Kern des Palas ein Wohnturm gewesen, der 12,8 m Seitenlänge und 1,5 m Wandstärke besaß. Er ist bei der Gründung erbaut worden.

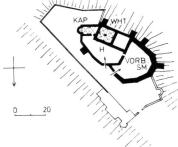

Wippra
Kr. Hettstedt, Sachsen-Anhalt

Grundriß in: Stolberg, S. 434.

In der Mitte des 11. Jh. sind die Grafen v. Wippra bezeugt, die um 1175 erloschen. Die Backsteinburg scheint noch in salischer Zeit gegründet worden zu sein. Im 16. Jh. wurde sie aufgegeben. Auffallend ist der Turm mit 15 m Kantenlänge, der nach seiner Dimension und der Größe des Innenraumes ein Wohnturm gewesen sein muß.

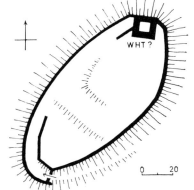

Wipprechtsburg
Gde. Groitsch, Kr. Borna, Sachsen

Grundriß in: Berichte des Landesmuseums Dresden, Bd. 13, S. 15.

Die Burg Wipprechts v. Groitschs aus dem 11. Jh. wurde ausgegraben. Sie bestand aus einer regelmäßigen Anlage aus Holz und Steinen, in die ein steinerner Wohnturm und eine steinerne Kapelle gesetzt waren. Der Wohnturm mit 12,5 m Durchmesser und 2 m starker Mauer besaß immerhin 55 m² Innenfläche.

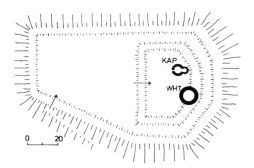

(Wirttemberg)
Gde. Stuttgart-Rotenberg, Baden-Württemberg

Grundriß in: Kunstdkm. v. Württbg., Neckarkr., S. 157.

Der hier gezeigte Grundriß ist von 1807. Die Burg ist am Ende des 11. Jh. begonnen worden. Ihre erste urkundliche Nennung ist 1092. Sie wurde oft zerstört und wieder aufgebaut, nach 1311 hat sie an Bedeutung gewonnen. 1820 hat man die letzten Reste der Burg, die dem Land den Namen gegeben hat, beseitigt. Besonders schön erkennbar sind die Zwinger, die sich schalenartig um die Kernburg legten.

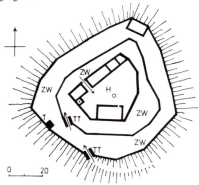

Wittgendorf – Witkóv
Kr. Sprottau – Szprotawa, Schlesien, Polen

Grundriß in: Grundmann, Abb. 295.

Der Wohnturm ist um 1400 erbaut worden. Er hat ohne Keller 12 m Höhe mit 3 Stockwerken.

Wittgendorf
Kr. Zeitz, Sachsen

Grundriß in: Mrusek-II, Plan 116.

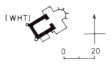

Der ehemalige Wohnturm aus dem Mittelalter mit 12×14 m Grundfläche und 2 m Mauerstärke hatte 3 Stockwerke. Er wurde in spätgotischer Zeit in eine Kirche verwandelt.

Wittichenstein
Gde. Schenkenzell, Kr. Rottweil, Baden-Württemberg

Grundriß in: Batzer/Städele, S. 446.

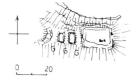

Die Burg wird urkundlich 1292 erstmals genannt, bereits 1344 wurde sie verlassen. Vermutlich bestand sie nur aus einem Wohnturm von ca. 12×14 m.

Wittinghausen – Vitkův
Gde. St. Thomä – Sv. Thomas, Bz. Böhm. Krumau – Čes. Krumlov, Südböhmen, Tschechische Republik

Grundriß in: Piper, Österr., Bd. 3, S. 234; Menclová, S. 326.

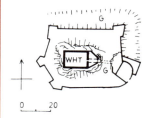

Gegründet wurde die Burg 1194 auf einem Felsen. Der äußere Bering in vaubanscher Manier stammt aus dem 17. Jh., nur die SO-Ecke ist älter. Der Wohnturm der Witigonen mißt 13,7×17,5 m mit 1,4 m starken Wänden, war mit 3 Stockwerken ca. 18 m hoch.

Wittlage
Gde. Bad Essen-W..., Kr. Osnabrück, Niedersachsen

Grundriß in: Kunstdkm. d. Prov. Hannover, Bd. 4.3, S. 47.

Die Stiftsburg wurde 1309 begonnen. Im 18. Jh. wurden die Wohnbauten erneuert. Der Bergfried hat 11 m Seitenlänge und 3,5 m Mauerstärke.

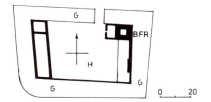

Wittlingen, Hohenwittlingen

Gde. Bad Urach, Kr. Reutlingen, Baden-Württemberg

Grundriß in: Antonow, SWD, S. 280; Schmitt, Bd. 4, S. 235.

»Burkhard de Witilingin« wird 1090 urkundlich genannt. Begonnen wurde die Burg nach 1100. Sie überstand 1311 eine Belagerung. 1576 wurde sie durch einen Brand beschädigt aber wiederhergestellt. Nach 1648 wurde sie verlassen. Die Anlage ist teilweise mit Buckelquadern verkleidet. Ihre Schildmauer ist am Fuß 5,3 m, oben 4,5 m dick.

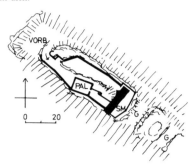

Wittmar

Kr. Wolfenbüttel, Niedersachsen

Angabe in: Mrusek, 2, S. 141.

Der Turm ist ein mittelalterlicher Wohnturm mit 3 Stockwerken auf 10 m Gesamthöhe. Der Eingang liegt 3 m hoch.

Wittschlößel, Windeck, Wineck

Gde. Dambach, Ct. Niederbronn, Bas-Rhin, Frankreich

Grundriß in: Salch, S. 348.

Über den Ursprung der Felsenburg gibt es keine Daten; zerstört wurde sie 1677.

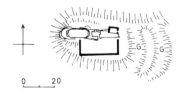

Wittstock

Brandenburg

Grundriß in: Kunstdkm. d. Prov. Brandenbg., Bd. 1.2, S. 275.

Begonnen wurde die Stadtburg 1244, der mächtige Torturm wurde im 14. Jh. erbaut. Seit dem 16. Jh. ist die Burg verfallen.

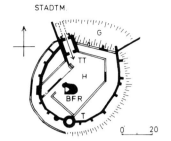

Witwald = Wild-Eptingen

Wodarg, Cunnerow, Burgberg

Gde. Weider, Kr. Altentreptow, Mecklenburg-Vorpommern

Grundriß in: Schwarz, Abb. 8.

Der Ort wird 1253 urkundlich erwähnt, die Burg „Cummerowe" 1331. Erhalten ist nur der Bergfried mit 8,5 m Kantenlänge und 1,5 m Wandstärke.

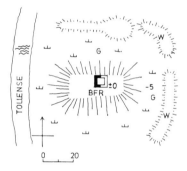

Wölberg

Gde. Nieheim, Kr. Höxter, Nordrhein-Westfalen

Grundriß in: Oppermann/Schuchhardt, Heft 8.

Die Burg ist vermutlich um 1000 erbaut worden, mehr ist nicht bekannt.

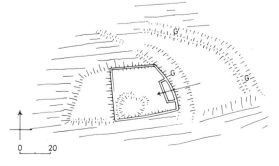

Wörth

Kr. Regensburg, Bayern

Grundriß in: Kunstdkm. v. Bayern, Oberpfalz, Bd. 21; Pfistermeister, S. 166.

Im heutigen Schloß aus dem 16. und 17. Jh. ist nur der Wohnturm von der mittelalterlichen Anlage erhalten. Er hat 2 m Höhe mit 6 Stockwerken. Der Eingang liegt im 1. Obergeschoß. Wie der Name sagt, lag die Burg einst auf einer Insel.

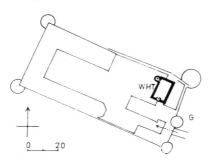

Wörth

Gde. Neuhausen, Kt. Schaffhausen, Schweiz

Grundriß in: Kunstdkm. d. Schweiz, Schaffhsn., Bd. 2, S. 151.

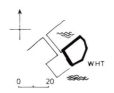

Die Burg auf der Rheininsel ist ein polygonaler Wohnturm, in dem heute eine Gaststätte betrieben wird. Er liegt auf einer felsigen Insel. Seine maximalen Dimensionen sind 13,5 × 15,5 m.

Wogendrüsel

Gde. Neustadt in Oberschles.-Prudnik, Oberschlesien, Polen.

Angabe in: Grundmann, S. 16.

Der Bergfried ist ein Burgrest aus der Zeit um 1300, ab 20 m Höhe ist er im 15. Jh. oktogonal aufgestockt worden.

Wohlau-Wołów

Schlesien, Polen

Grundriß in: Grundmann, S. 57.

Die Kastellburg aus Backstein auf einem verschobenen rechteckigem Grundriß mit 2 m starken Mauern ist um 1300 erbaut worden; sie wurde 1323 urkundlich erstmals erwähnt. Um 1568 wurde sie von der Wasserburg zum Schloß umgestaltet.

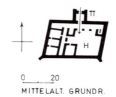

Wohldenburg

Gde. Holle-W..., Kr. Hildesheim, Niedersachsen

Grundriß in: Stolberg, S. 437

1174 verwandeln die Grafen v. »Wöltingerode« ihre Stammburg in ein Kloster und gründen die Wohldenburg. Im Streit zwischen Kaiser Barbarossa und Heinrich d. Löwen wird sie zerstört und wieder aufgebaut. 1641 wurde sie durch Kaiserliche zerstört. Im 18. Jh. wurden die Kapelle und die Bauten neben dem Tor erneuert und sind noch benutzt. Der Bergfried hat max. Kantenlängen von 8 und 8,5 m und 1,7 m Mauerstärke.

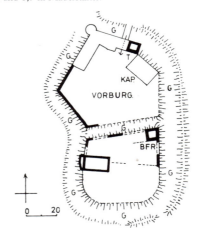

Wohlenstein

Gde. Seesen, Kr. Northeim, Niedersachsen

Grundriß in: Stolberg, S. 439.

1295 wurde mit dem Bau der Burg begonnen. Zerstört wurde sie 1519; erhalten sind nur der Bergfried mit 8,5 m Seitenlänge und ca. 2,5 m dicken Mauern sowie das Burgtor.

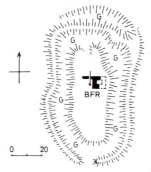

Wolfach

Gde. Oberwolfach, Kr. Offenburg, Baden-Württemberg

Grundriß in: Batzer/Städele, S. 403; Burgen und Schlösser in Mittelbaden, S. 439.

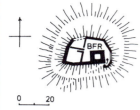

Die Burg wurde möglicherweise schon am Ende des 11. Jh. durch die Frhrn. »de Wolva« gegründet. 1272 wird das »castrum Wolfach« urkundlich erwähnt. Im Dreißigjähr. Krieg wurde die Burg zerstört. Ihre Ringmauer ist 2 m stark. Der Bergfried hat 9 m Seitenlänge und 2,5 m Wandstärke.

Wolfach – Schloß

Gde. Oberwolfach, Kr. Offenburg, Baden-Württemberg

Grundriß in: Fick, Teil 3, S. 79.

Die Talburg wurde um die Mitte des 15. Jh. begonnen; urkundlich erwähnt wurde sie 1447, 1671 wurde sie erneuert und erweitert.

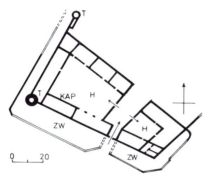

✗Wolfenbüttel

Niedersachsen

Grundriß in: Schulz, S. 62.

Die Wasserburg in Wolfenbüttel wurde wohl im 13. Jh. begonnen. 1546 wurden große Teile zerstört und die Burg danach in ein Renaissance-Schloß umgebaut. Um 1691 wurde sie zum Barock-Schloß umgebaut. Teile der Burg sind im Grundriß noch erkennbar.

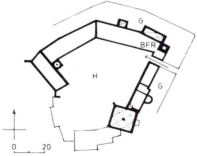

Wolfenschießen = Dörfli

Wolfhagen = Burghagen

Wolfring

Bz. Waidhofen/Ybbs, Niederösterr., Österreich

Grundriß in: Burgen u. Schlösser in Niederösterr., Bd. 8, S. 10.

Der Turm ist vermutlich ein mittelalterlicher Wohnturm. Sein Eingang liegt 3 m hoch bei insgesamt 2 Stockwerken.

Wolfsberg

(Bz.) Kärnten, Österreich

Grundriß in: Kunstdkm. v. Österr., Bd. 8, S. 968.

Gegründet wurde Wolfsberg in der Mitte des 11. Jh. Ihre erste urkundliche Erwähnung ist jedoch erst 1246 zu vermerken. Ihre heutigen Hauptbestandteile sind gotisch. Am Ende des 16. Jh. wurde die Burg in eine Festung verwandelt. Nach ihrem Verfall hat sie D. Romano 1846–54 neugotisch wiedererrichtet.

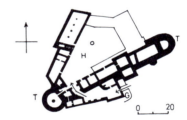

Wolfsberg

Gde. Obertrubach-W..., Kr. Forchheim, Bayern

Grundriß in: Kunstdkm. v. Bayern, Oberfrk., Bd. 1, S. 580.

Entstanden ist die Burg wohl Mitte des 12. Jh., 1169 wird sie erstmals erwähnt. 1388 wird sie zerstört und wiederhergestellt, desgleichen 1525. 1633 wurde sie endgültig zerstört.

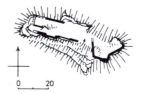

Wolfsberg

Gde. Zusmarshausen-Steinekirch, Kr. Augsburg, Bayern.

Grundriß nach Aufmaß v. O. Schneider, H. Raab, H. J. Reif und J. Müller.

Die Burg, vermutlich aus dem 13. Jh., wurde 1642 durch Augsburg zerstört. Der Bergfried hat 11,5 m Kantenlänge und 3,5 m starke Mauern.

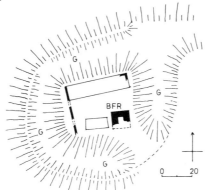

Wolfsburg

Gde. Neustadt/Weinstr., Rheinland-Pfalz

Grundriß in: Kunstdkm. v. Bayern, Pfalz, Bd. 1, S. 309; Burgen u. Schlösser i. d. Pfalz, Nr. 13.

Die Burg war Lehen des Bistums Speyer an die Pfalzgrafen bei Rhein. Das »castrum Volfperg« erscheint 1255 erstmals in einer Urkunde. Entstanden ist die sehr langgestreckte Anlage in der 1. Hälfte des 13. Jh. (nicht im 12. Jh., wie bislang angenommen wurde). 1632 wurde sie durch Spanier zerstört. Die 3 m dicke Schildmauer ist 10 m hoch. Die Ringmauer ist 1,2 m stark.

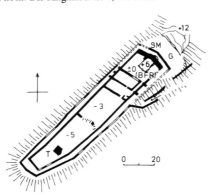

Wolfsegg

Kr. Regensburg, Bayern

Grundriß in: Ebhardt I, Abb. 466; Kunstdkm. v. Bayern, Oberpfalz, Bd. 20, S. 293; Pfistermeister, S. 165.

Die Burg wurde um 1300 durch Wolf v. Schönleiten auf einem Felskegel erbaut. Im 17. Jh. ist die Burg verfallen. 1932 wurde sie durch G. Rauchenberger zu Wohnzwecken wiederhergestellt. Die Ringmauer ist im W u. S 2,0 m stark, sonst 1,0–1,2 m.

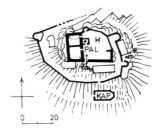

Wolfshagen

Kr. Strasburg, Mecklenburg-Vorpommern

Grundriß in: Adamiak »Schlösser u. Gärten in Mecklenbg.«; Schwarz, S. 59.

Entstanden ist die Wasserburg im 13. Jh., 1326 wird das »slote zu Wulueshagen« urkundlich bekannt. Die Ruine hat ca. 1,7 m starke Ringmauern. Der Bergfried mit 8,5 m Kantenlänge und 2,5 m starker Mauer ist ca. 24 m hoch. Auf ca. 16 m Höhe wird der Turm mit dem Durchmesser 8,6 m rund.

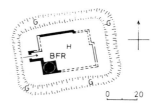

Wolfstein

Gde. Freyung (Kr.), Bayern

Grundriß in: Kunstdkm. v. Niederbayern, Bd. 23, S. 116.

Gegründet wurde die Burg im 13. Jh. Sie lehnt sich an einen vorhandenen Fels an, den sie im Osten als Ringmauer benutzt. Die heutige Burg entstand durch einen Umbau um 1570.

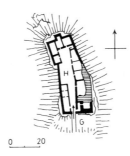

Wolfstein

Bz. Melk, Niederösterr., Österreich

Grundriß in: Burgen u. Schlösser in Niederösterr., Bd. II/2, S. 173.

Begonnen wurde Wolfstein 1286. Ab 1605 ist die Burg verfallen. Die seltene Kombination von Bergfried und Torturm erinnert an Belfort → in Graubünden. Die Ringmauer ist 1,3 m stark. Der Bergfried mißt maximal 8 × 12,5 m bei 1,7 m starken Mauern.

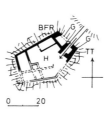

Wolfstein – Volfstejn

Gde. Blowitz-Cerrošin, Bz. Tachau-Tachow, Westböhmen, Tschechische Republik.

Grundriß in: Heber, Bd. 5, Menclová, S. 148.

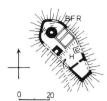

Erbaut wurde die Burg wohl am Ende des 13. Jh. Verlassen wurde sie 1461. Der Bergfried hat ca. 6,5 m Durchmesser mit 2 m Wandstärke.

Wolfstein

Gde. Neumarkt (Kr.), Bayern

Grundriß in: Kunstdkm. v. Bayern, Oberpfalz, Bd. 17, S. 294.

Ende des 13. Jh. ist die Burg im Besitz der Reichsministerialen v. Sulzbürg, die sich nun v. Wolfstein nennen. Ende des 16. Jh. ist sie verfallen. Die Ringmauer ist 1,2 m dick. Der Bergfried hat 9 m Durchmesser und 3,1 m starke Mauern. Der Eingang liegt 11 m hoch.

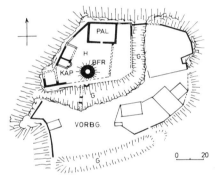

Wolfsthurn

Eisacktal (Wipptal), Südtirol, Italien

Grundriß in: Trapp, Bd. 3, S. 199.

Der Wohnturm aus der 1. Hälfte des 13. Jh. ist im Barockschloß verbaut.

Wolfsturn

Gde. Andrian Burggrafenamt, Südtirol, Italien

Grundriß in: Weing.-Tirol 50; Weing.-Bozen 30; Hotz-Pfalzen Z 163.

Entstanden ist die kleine Burg mit dem Wohnturm in der 1. Hälfte des 13. Jh. Zubauten erfolgten im 15. und 16. Jh. Im 19. Jh. wurde sie stark verändert. Seit 1971 ist sie Jugendherberge. Der Wohnturm ist rd. 8,6 m breit und hat 1,85 m dicke Wände; er besitzt 3 Stockwerke.

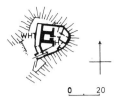

Wolfurt, Bregenz

Gde. Bregenz, (Bz.) Vorarlberg, Österreich

Grundriß in: Ulmer, S. 393.

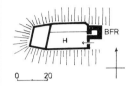

Die Ritter v. Wolfurt dürften um 1220 die Burg erbaut haben und lebten hier ca. 200 Jahre. Die Burg wurde mehrfach verändert. 1939 brannte sie aus und wurde wiederhergestellt. Sie ist noch bewohnt. Der Bergfried hat 9 m Seitenlänge und 2,5 m starke Mauern.

(Wolgast)

Mecklenburg-Vorpommern

Grundriß in: Radacki, S. 51.

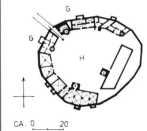

Die Wasserburg wurde 1330 erbaut. 1557 wurde sie durch einen Brand zerstört und wiederhergestellt. 1675 wurde sie zerstört und 1848 total abgebrochen. Der dargestellte Grundriß stammt aus dem Jahr 1676.

Wolhusen

Bz. Sursee, Kt. Luzern, Schweiz

Grundriß in: Kunstdkm. d. Schweiz, Luzern, Bd. 4, S. 500.

Der Burgadel erscheint urkundlich schon im 11. Jh. Vielleicht ist die Burg noch im 11. Jh. begonnen worden. 1386 wurde sie durch Luzern zerstört. Der Bergfried mit 9 m Seitenlänge hat 2,1 und 3,0 m starkes Mauerwerk.

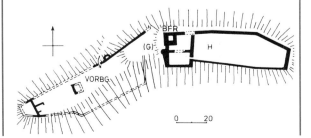

Wolkenberg

Gde. Wildpoltsried, Kr. Sonthofen, Bayern

Grundriß nach Aufnahme von H. Matzky 1986; Nessler, Bd. 1, S. 92.

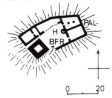

Erbaut wurde die Burg vermutlich Ende des 12. Jh. Der Burgadel wird 1262 urkundlich bekannt. 1525 wurde sie erobert, war danach bis 1642 Sitz eines Landvogtes des Stiftes in Kempten. Der Bergfried, wie ihn Matzky ermittelt hat, besaß ca. 10 m Seitenlänge und 2,2–3,0 m Mauerstärke. Bei Nessler ist kein Bergfried dargestellt.

Wolkenstein

Kr. Zschopau, Sachsen

Grundriß in: Ebhardt I, Abb. 504.

Gegründet wurde die Burg um 1200. Um 1500 wurde sie umgebaut. Um- und Zubauten erfolgten bis ins 19. Jh., teilweise entstellend. Die Burg ist Sitz eines Amtes. Der mächtige, 21 m hohe Wohnturm mit 4 Stockwerken hat maximale Maße von 14 × 19 m und rd. 3,5 m dicke Mauern.

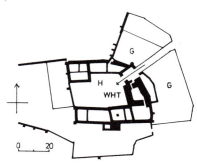

Wolkenstein

Gde. Hemmishofen, Kt. Schaffhausen, Schweiz

Grundriß in: Hartmann, S. 91.

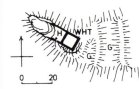

Die Burg wurde 1952 ausgegraben. Ihre Westseite ist ein Felsblock. Der Wohnturm hat 10 m Seitenlänge und etwa über 1 m starke Wände.

Wolkenstein

Gde. Wörschach, Bz. Judenburg, Steiermark, Österreich

Grundriß in: Burgen u. Schlösser d. Steiermark, Bd. 1, S. 143; Piper, Österr., Bd. 4, S. 246; Baravalle, Bd. 2.

Der Burgadel existiert vom 12. bis Ende des 14. Jh. Die Burg ist vielleicht um 1200 begonnen worden, sie wurde bis ins 16. Jh. ausgebaut und erweitert. Im 17. Jh. noch einmal verstärkt, verfiel sie im 18. Jh. Der Bergfried mit dem rautenförmigen Grundriß hat 9,5 m Seitenlänge und knapp 2 m Wandstärke.

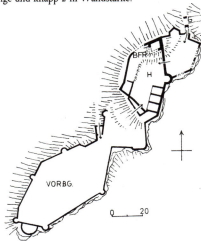

Wolkenstein

Grödnertal, Südtirol, Italien

Grundriß in: Trapp, Bd. 4, S. 231.

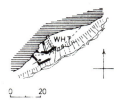

»Arnoldis de Wolkenstain« ist der erste dieses Namens, der 1237 urkundlich verzeichnet ist. Die unter einem überhängenden Felsen hoch über dem Tal erbaute Burg ist die Stammburg der späteren Grafen v. Wolkenstein, zu denen auch der Minnesänger Oswald gehörte. Anfang des 16. Jh. ist die Burg eingestürzt.

Wolkersdorf

Gde. Burgwald-Bottendorf, Kr. Korbach, Hessen

Grundriß in: Ebhardt I, Abb. 494.

Die Wasserburg ist 1480 anstelle einer älteren Anlage des 13. Jh. erbaut worden. 1813 wurde sie abgebrochen.

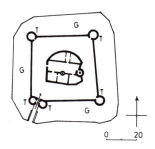

Wolkersdorf

Bz. Gänserndorf, Niederösterr., Österreich

Grundriß in: Burgen u. Schlösser in Niederösterr., Bd. 14, S. 115.

Der Ursprung der Wasserburg liegt in der 1. Hälfte des 13. Jh., die Kapelle ist gotisch. Die Burg wurde vom 16.–18. Jh. in ein Schloß umgewandelt. Einige Teile der Burg sind aber noch gut erkennbar. die Ringmauer war 2,35 m stark. Die beiden Bergfriede haben 9,6 m Seitenlänge und 2,8 m Wandstärke, beide sind viergeschossig.

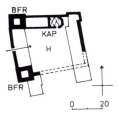

Wolmirstadt

Sachsen-Anhalt

Grundriß in: Wäscher, Abb. 215.

Die Burg ist bereits 1009 bezeugt. 1208 wurde sie neu erbaut, der Bergfried ist aus dieser Zeit. Die Kapelle entstand 1480, die Wohngebäude sind von 1575. Der Bergfried hat 9 m Kantenlänge und 2,7 m dicke Wände.

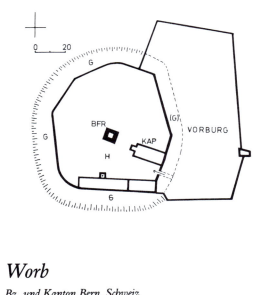

Worb

Bz. und Kanton Bern, Schweiz

Grundriß in: Nachrichten d. Schweizer Burgen v. 4813.

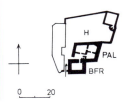

Entstanden ist die Burg vermutlich noch im 12. Jh. und bestand zunächst aus Bergfried und Palas. Sie wurde nach 1533 zum Schloß ausgebaut und ist noch heute privat bewohnt. Der Bergfried von ca. 9 × 10,7 m Grundfläche hat bis 2,5 m starke Mauern.

Wrechen

Gde. Lichtenberg, Kr. Neustrelitz, Mecklenburg-Vorpommern

Grundriß in: Schwarz, S. 49.

Die Inselburg wurde 1446 zerstört. Ihr Bergfried hat 7 m durchmesser und 2 m Wandstärke.

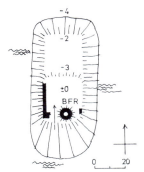

Wredenhagen

Kr. Röbel, Mecklenburg-Vorpommern

Grundriß in: Kunstdkm. in Mecklbg.-Schwerin, Bd. 5, S. 553; Schwarz, S. 57.

Die Wasserburg mit dem fast kreisrunden Grundriß wird 1280 erstmals erwähnt. Sie ist aus Backsteinen errichtet und wurde später zum Gutsbetrieb.

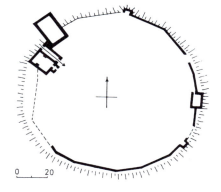

Wuelstein

Gde. Lenningen-Gutenberg, Kr. Esslingen, Baden-Württemberg

Grundriß in: Kunstdkm. v. Württbg., Donaukr., Kirchheim, S. 105; Schmitt, Bd. 4, S. 161.

Die Burg war der Größe nach nur ein Wohnturm, eine Art Vorwerk der 400 m entfernten Hohengutenberg →. Um das 16. Jh. war sie bereits verfallen.

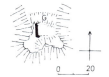

Würting

Gde. Offenhausen, Bz. Wels, Oberösterr., Österreich

Grundriß in: Burgen u. Schlösser in Oberösterr., Bd. 2, S. 131.

Die späte Wasserburg wurde 1462 durch Ulrich v. Pergheimer begonnen. Im 16. Jh. wurde sie in ein Renaissance-Schloß umgebaut.

Wüstenstein

Gde. Wiesenttal-W..., Kr. Forchheim, Bayern

Grundriß in: Kunstmann, Bd. 3.

Die Burg erscheint 1327 erstmals urkundlich. 1430 und 1525 wird sie zerstört und wieder aufgebaut. Im 19. Jh. ist die Oberburg verfallen und 1920 teilweise abgebrochen worden. Der Bergfried hat ca. 6 m Durchmesser.

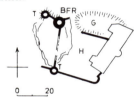

Wüstes Schloß

Gde. Oschatz (Kr.), Sachsen

Grundriß in: Kunstdkm. v. Sachsen, Bd. 27/28, S. 256.

Die Kastellburg stammt wohl aus dem 13. Jh., 1379 wird sie bereits als wüst bezeichnet. Die 10 m hohe Ringmauer ist 1,8 m stark.

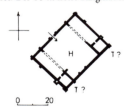

Wüstes Schloß

Gde. Würbenthal – Wrbno pod Pradédem, Bz. Freudenthal – Bruntál, Nordmähren, Tschechische Republik

Grundriß in: Burgwart 1938, S. 35.

Die Ruine eines Wohnturmes steht auf einem Felsklotz. Er ist ca. 9 × 14 m groß und hat ca. 1,25 m Wandstärke.

Wullroß

Gde. Weilensfeld, Bz. St. Veit, Kärnten, Österreich

Grundriß in: Kohla, S. 375; Burgen u. Schlösser in Kärnten, Bd. 1, 2. Aufl., S. 139.

Erbaut wurde der südliche Teil wohl vor 1200. Die Burg wurde 1820 durch Blitzschlag ruiniert. Die Kapelle am Wohnturm ist gotisch. Der Wohnturm hat 7,6 m Seitenlänge und 1,20 m Wandstärke, er besaß 4 Stockwerke.

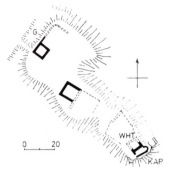

Wulp

Gde. Küsnacht, Bz. Meilen, Kt. Zürich, Schweiz

Grundriß in: Züricher Denkmalpflege 1966/1967.

Die Ringmauer ist aus dem 11. Jh., der Bergfried aus dem 12. Jh. und die Wohngebäude aus dem 13. Jh. Die Burg wurde 1920/1921 ausgegraben. Zerstört wurde sie 1276. Der Bergfried hat 8,5 m Breite und ca. 2,5 m Wandstärke.

Wyneck, Weineck, Wineck

Gde. Malans, Bz. Unterlandquart, Kt. Graubünden, Schweiz

Grundriß in: Burgen u. Schlösser d. Schweiz, Bd. XV-I, S. 19; Clavadetscher, S. 328.

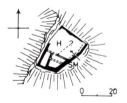

Entstanden ist die Burg nicht vor dem 13. Jh. Sie wurde Mitte des 15. Jh. zerstört und Ende des 16. Jh. aufgebaut. Am Ende des 18. Jh. ist sie verfallen. Die Schildmauer ist 2,5 m dick.

Xanten

Kr. Wesel, Nordrhein-Westfalen

Grundriß in: Burgen u. Schlösser 1993-I.

Die ausgegrabenen Grundmauern stammen von einem Wohnturm oder Burghaus einer Pfalz aus dem frühen 11. Jh.

Ybbs

Bz. Melk, Niederösterr., Österreich

Grundriß in: Burgen u. Schlösser a. d. Donau, S. 54.

Der sogen. „Passauer Kasten" ist der Rest einer Burg des 13. Jh., vermutlich der Palas.

Yburg

Gde. Kernen-Stetten, Rems-Murr-Kr., Baden-Württemberg

Grundriß in: Kunstdkm. v. Bad.-Württbg., Rems-Murr-Kr., S. 483.

Der Wohnturm wurde 1381–1387 in einen Hang hineingebaut. Er ist 13 m hoch und hat 4 Stockwerke; seine Grundfläche ist 18,6 × 22,1 m mit 1,5–2,0 m Wandstärke.

Zabelstein

Gde. Michelau-Altmannsdorf, Kr. Schweinfurt, Bayern

Grundriß in: Kunstdkm. v. Bayern, Unterfrk., Bd. 8, S. 292.

Der Burgadel wurde im 12. Jh. erstmals erwähnt. 1525 wurde die Burg zerstört und 1586 wieder aufgebaut. 1689 wurde sie zerstört.

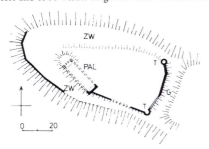

Zabern

(Ct.) Bas-Rhin, Frankreich

Grundriß in: Inventaire Général de France-Saverne.

Der Stumpf des Bergfriedes der ehemaligen Stadtburg war im 19. Jh. noch vorhanden.

Zähringen

Gde. Freiburg (Kr.)-Z..., Baden-Württemberg

Grundriß in: Kunstdkm. v. Baden, Bd. Freiburg, S. 364; Burgen im südl. Baden, S. 211.

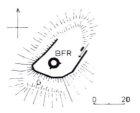

Die Stammburg der Zähringer wurde wohl 1050 begonnen. Nach der Zerstörung 1280 wurde sie wieder aufgebaut. Im Dreißigjährigen Krieg wurde sie zerstört. Der Bergfried hat 8 m Durchmesser und 1,5 m Wandstärke, so auch die Ringmauer.

Zangenfels

Gde. Nittenau-Hof am Regen, Kr. Schwandorf, Bayern

Grundriß in: Kunstdkm. v. Bayern, Oberpfalz, Bd. 1, S. 211.

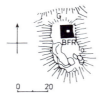

1354 wurde die Burg erbaut und vor 1507 zerstört. Erhalten ist nur noch der Bergfried mit 8,2 m Seitenlänge und 3 m Wandstärke.

Zangenstein

Gde. Schwarzhofen-Z..., Kr. Schwandorf, Bayern

Grundriß in: Kunstdkm. v. Bayern, Oberpfalz, Bd. 11, S. 83.

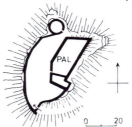

Die Burg wurde 1360 erbaut. Sie wurde 1810 teilweise abgebrochen.

Zant

Gde. Urensollen-Z..., Kr. Amberg-Sulzbach, Bayern

Grundriß in: Kunstdkm. v. Bayern, Oberpfalz, Bd. 15, S. 156.

Der Burgadel ist 1130 urkundlich genannt worden. Die kleine Burg ist am Ende des 12. Jh. entstanden. In der ehem. Vorburg stehen Bauernhäuser. Der Bergfried ist ca. 7 × 8 m groß und hat 1,75 m Wandstärke. Die 7 m hohe Ringmauer ist 1,2 m dick.

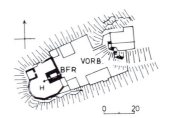

Zarge

Gde. Künzelsau (Kr.) Baden-Württemberg

Grundriß nach Aufnahme F.-W. Krahe 1991.

Die 6 m hoch erhaltene Ringmauer ist 1,7 m stark. Daten sind nicht bekannt.

Zavelstein

Gde. Bad Teinach-Z..., Kr. Calw, Baden-Württemberg

Grundriß in: Fick, Teil 4, S. 63.

Entstanden ist die Burg noch in der Stauferzeit Anfang des 13. Jh. 1692 wurde sie durch Franzosen zerstört. Der Bergfried hat 8 × 9 m Grundfläche mit knapp 2,5 m starken Mauern.

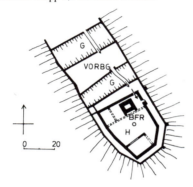

Zebrak – Žebrák

Gde. Bettlern – Žebrák, Bz. Beraun – Beroun, Mittelböhmen, Tschechische Republik

Grundriß in: Piper, Österr., Bd. 5, Fig. 226; Menclová, S. 335.

Die Burg auf dem Felskamm wurde um 1256 erbaut. Die nördliche Unterburg ist vermutlich aus dem 14. Jh., die Ruinen südlich der Kernburg sind nachmittelalterlich. Der Bergfried hat 10 m Durchmesser und 2,5 m Wandstärke.

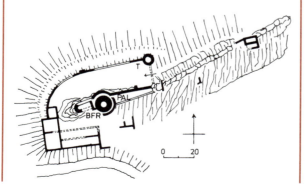

Zehnbach

Gde. Purgstall, Bz. Scheibbs, Niederösterr., Österreich

Angaben in: Burgen u. Schlösser in Niederösterr., Bd. II/3, S. 143.

Der Turm ist der Rest eines mittelalterlichen Wohnturmes.

Zeiselberg

St. Thomas, Bz. Klagenfurt, Kärnten, Österreich

Grundriß in: Kohla, S. 379.

1250 wird »Hainricus Zisel« in einer Urkunde genannt, 1286 »castrum Ceiselberg«. Nach 1493 taucht die Burg nicht mehr in Urkunden auf. Der Wohnturm hat maximale Dimensionen von 12 × 14 m.

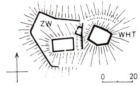

Zeisburg – Ciesów

Gde. Fröhlichsdorf – Ciesów, Kr. Waldenburg – Wakbrzyh, Schlesien, Polen

Grundriß in: Ebhardt I, S. 472; Grundmann, S. 100.

Die Burg wird 1242 urkundlich als »Cziskenberg« genannt. Im 18. Jh. ist die Burg verfallen. Der Bergfried hat ca. 11 m Durchmesser und 4,1 m starke Wände; die Ringmauer der Kernburg ist ca. 2,5 m stark.

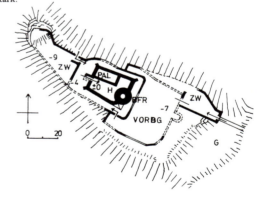

Zelking

Bz. Melk, Niederösterr., Österreich

Grundriß in: Burgen u. Schlösser in Niederösterr., Bd. II/2, S. 193.

Der Burgadel erscheint um 1100 erstmals. Die Burg ist wohl im 13. Jh. begonnen worden. Im 17. Jh. ist sie verfallen.

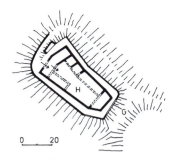

Zenoburg, St. Zenoburg
Gde. Meran, Burggrafenamt, Südtirol, Italien

Grundriß in: Weing-Hörm., S. 426; Trapp, Bd. 2, Abb. 72; Piper, Österr., Bd. 8, S. 190.

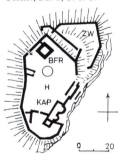

Die Zenoburg war schon lange eine Kultstätte. Die heutige Burg wurde Ende des 12. Jh. begonnen und im 13. Jh. ausgebaut. Zerstört wurde sie 1347. Die Ringmauer ist 1,5 m stark und 8 m hoch. Der Bergfried hat 9,4 m Seitenlänge und seinen Eingang in 4 m Höhe, die Mauern sind 2 m dick.

(Zerbst)
Sachsen-Anhalt

Grundriß in: Wäscher, Bild 227.

Die Steinburg mit kreisrundem Grundriß ist um 1200 begonnen und über Jahrhunderte ausgebaut worden, bis man sie 1681 für ein neues Schloß total abbrach.

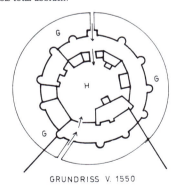

Zerbst, Bartholomäusturm
Sachsen-Anhalt

Grundriß in: Mrusek, 2, Plan 64.

Der Wohnturm in der Stadt entstand um 1200.

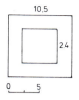

Zernez = Moore

Zewener Turm
Gde. Trier, Rheinland-Pfalz

Grundriß in: Katalog der roman. Wohnbauten.

Der Wohnturm entstand in der Mitte des 13. Jh. Er hat 4 Stockwerke und 11 m Höhe.

Ziegelhöhlenburg
Gde. Fridingen, Kr. Tuttlingen, Baden-Württemberg

Grundriß in: Schmitt, Bd. 3, S. 263.

Entstanden ist die Höhlenburg zwischen 1100 und 1150. Bei Grabungen wurde Ofenkeramik gefunden.

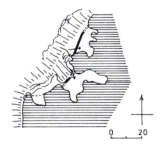

Ziegenburg
Gde. Witzenhausen-Ziegenhagen, Kr. Eschwege, Hessen

Grundriß nach Aufnahme F.-W. Krahe 1991.

Burgadel wird im 12. Jh. genannt. Seit dem Ende des 15. Jh. gehört die kleine Burg den Buttlar.

Ziegenhain

Schwalm-Eder-Kr., Hessen

Grundriß in: Schwälmer Jahrbuch 1974.

Die Grafen v. Cyginhain kommen seit Mitte des 11. Jh. in Urkunden vor. Die kreisrunde Burg, wohl aus dem 12. Jh., wurde mehrfach erweitert und schließlich für den Schloßbau abgebrochen. Ihre Reste wurden ausgegraben.

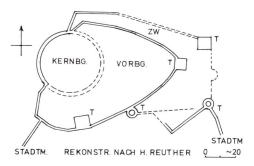

Ziegenrück

Kr. Rößneck, Thüringen

Grundriß in: Mrusek-II, Plan 79.

Im Schloß steckt die hier dargestellte Kemenate aus dem 15. Jh.

Ziegersberg

Gde. Zöbern, Bz. Neunkirchen, Niederösterr., Österreich

Grundriß in: Burgen u. Schlösser in Niederösterr., Bd. I/3, S. 135; Piper, Österr., Bd. 5, S. 210.

Die Kernburg mit dem Bergfried wurde im 12. Jh. begonnen. Im 16. Jh. wurde sie umgebaut, im 18. Jh. ist sie verfallen. Der Bergfried hat ca. 10 m Durchmesser mit 2,2 m Wandstärke.

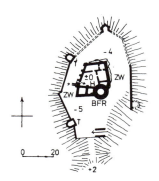

Ziesar

(Kr.) Brandenburg, Brandenburg

Grundriß in: Wäscher, Bild 231.

Die Steinburg wurde in der 2. Hälfte des 12. Jh. begonnen. Ihre heutige, gotische Gestalt erhielt sie um 1400. Die Burg ist heute landwirtschaftlicher Betrieb.

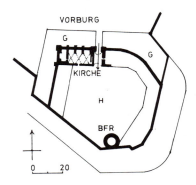

Zievel

Gde. Mechernich-Z..., Kr. Euskirchen, Nordrhein-Westfalen

Grundriß in: Kunstdkm. d. Rheinprov., Bd. 4.4, S. 198; Herzog, S. 515.

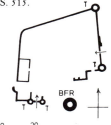

1169 wird der Adel de Civele urkundlich genannt. 1390 wird die Burg in der heutigen Form neu erbaut. Der Bergfried hat 7 m Durchmesser und 2 m Wandstärke.

Zilly

Kr. Halberstadt, Sachsen-Anhalt

Grundriß in: Stolberg, S. 444.

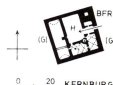

1172 wird »Xillingho« urkundlich genannt. Die Kastellburg wurde im 13. Jh. als Erweiterung der alten Rundburg erbaut. Ihr heutiges Aussehen entstand im 16.–18. Jh. Die Ringmauer ist 2,5 m stark, der 30 m hohe Bergfried hat 9,0 × 9,2 m Grundfläche mit 3,6 m Mauerstärke.

Zindelstein

Gde. Donaueschingen-Wolterdingen, Schwarzwald-Baar-Kr., Baden-Württemberg

Grundriß nach Aufmaß F.-W. Krahe 1991.

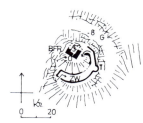

Die Burg wird 1225 erstmals erwähnt. 1525 wurde sie zerstört. Merkwürdig ist der halbkreisförmige Zwinger. Der Bergfried hat 7,5 m Seitenlänge und 2 m Wandstärke.

Zirndorf

Kr. Fürth, Bayern

Grundriß in: Archiv d. Deutschen Burgenv.

Erbaut wurde die Burg am Anfang des 13. Jh. 1378 wurde sie durch Nürnberg zerstört.

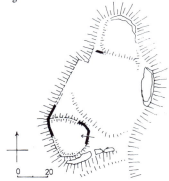

Zistersdorf

Bz. Gänserndorf, Niederösterr., Österreich

Grundriß in: Burgen u. Schlösser in Niederösterr., Bd. 13, S. 112.

Die Stadtburg ist im 13. Jh. begonnen worden. Sie wurde mehrfach verändert, zuletzt im Barock.

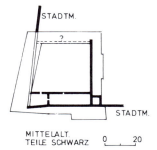

Zöch

Gde. Altenberg bei Linz, Oberösterr., Österreich

Grundriß in: Burgen u. Schlösser in Oberösterr., Bd. 1, S. 58.

Der Burgadel wurde 1248 erstmals erwähnt. Die Burg war wohl nur ein Wohnturm, der vermutlich durch Hussitten zerstört wurde. Das Gebäude von 13,3 × 15,6 m Grundfläche hatte 3 Stockwerke.

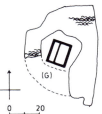

Zorimauer, Schiltere

Gde. Langenlois, Bz. Krems, Niederösterr., Österreich

Grundriß nach Kataster von 1977.

Der Ursprung der Kastellburg liegt wohl um 1100. Die Mauern sind teilweise als Fischgrätenmauern errichtet worden.

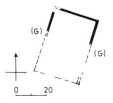

Zornstein – Čornšteijn

Gde. Wisokein – Visočany, Bz. Znaim – Zanoimo, Südmähren, Tschechische Republik

Grundriß in: Sammlung Kreutzbruck

Gegründet wurde die Burg im 12. Jh., 1465 wurde sie zerstört und wieder aufgebaut. Seit 1612 ist sie verfallen. Die Burg bestand eigentlich aus 2 Burgen. Die Ringmauern sind 1,5 m stark. Der Bergfried hat mit der gleichen Wandstärke 6 m Kantenlänge.

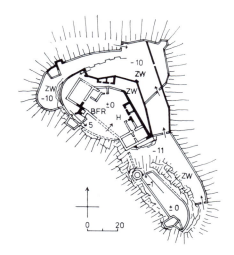

Zschopau

Sachsen

Grundriß in: Ebhardt I, Abb. 501.

Die Burg ist wohl anstelle einer älteren Anlage um 1180 erbaut worden. Seit 1554 war sie Jagdschloß. Der Bergfried hat 10 m Durchmesser und 3,5 m Wandstärke. Das Schloß ist Postamt.

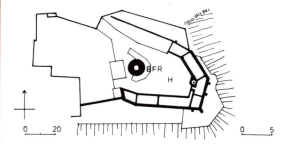

Zülpich

Kr. Euskirchen, Nordrhein-Westfalen

Grundriß in: Herzog, S. 523.

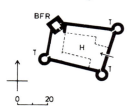

Die Stadtburg entstand im 13. Jh., sie wurde mehrfach umgebaut bis ins 19. Jh. Der Bergfried hat ca. 10 m Seitenlänge.

Zug

(Kt.) Schweiz

Grundriß in: Meyer, Bd. 1, S. 89.

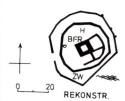

Die Burg lag ursprünglich auf einer Insel. Sie wurde wohl Anfang des 13. Jh. erbaut anstelle einer Fliehburg. Ihre heutige Gestalt stammt aus dem 16. Jh., der Bergfried hat 9 m Seitenlänge und 2 m Wandstärke, die auf 1,5 m zurückgeht.

Zündorf

Gde. Köln-Porz, Nordrhein-Westfalen

Grundriß in: Denkm. d. Rheinlands, Bergheim.

Der Wohnturm von 1380 ist 16 m hoch und besitzt einen Eingang 4 m über dem Gelände.

Zuoz, Haus Nr. 65

Bz. Maloja, Kt. Graubünden, Schweiz

Angabe in: Clavadetscher, S. 241.

Daten sind für den Wohnturm nicht bekannt.

Zuoz, Haus Nr. 115

Bz. Maloja, Kt. Graubünden, Schweiz

Grundriß in: Clavadetscher, S. 241.

Der mittelalterliche Wohnturm hat 4 Stockwerke. Wann er erbaut wurde, ist unbekannt.

Zuoz, Planta Turm

Bz. Maloja, Kt. Graubünden, Schweiz

Angabe in: Clavadetscher, S. 238.

Der Wohnturm von der Mitte des 13. Jh. hatte ursprünglich 3 Stockwerke und 13 m Höhe.

Zusameck

Gde. Dinkelscherben, Kr. Augsburg, Bayern

Grundriß in: Bayerische Kunstdkm. Augsburg-Ld., S. 91.

Der Wohnturm von 8 × 13,5 m ist nur noch in Umrissen erkennbar. Der Burgadel wird 1231 urkundlich genannt. 1801 wurde die Burg abgebrochen.

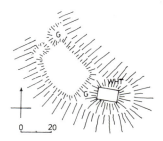

Zusenhausen

Rhein-Neckar-Kr., Baden-Württemberg

Grundriß in: Antonow-SWD, S. 284; Kunstdkm. v. Baden, Bd. 8.2.

Urkundlich erwähnt wird die Burg erst 1330, sie ist jedoch älter. Die Schildmauer vom Ende des 14. Jh. ist 3,6 m stark und 20 m hoch. Die Anlage wurde im Dreißigjährigen Krieg zerstört.

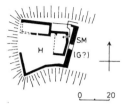

Zwernitz

Gde. Sanspareil, Kr. Kulmbach, Bayern

Grundriß in: Barische Kunstdkm. Kulmbach, S. 81.

Die Burg sitzt malerisch auf einem Sandsteinfelsen. Erbaut wurde sie in der 1. Hälfte des 13. Jh., der Bergfried stammt aus der Gründungszeit, die Wohngebäude sind aus dem 16. und 17. Jh. Die Burg wurde 1634 zerstört und 1746 als Staffage für Sanspareil wieder hergestellt, ein einmaliger Beweggrund für die Herstellung einer Burg. Ihr Bergfried hat 7 m Durchmesser mit 2 m Wandstärke.

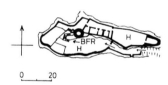

Zwiefaltendorf

Gde. Riedlingen-Z..., Kr. Biberach, Baden-Württemberg

Geundriß in: Schmitt, Bd. 2, S. 266.

Die Wasserburg des 13. Jh. wurde 1660 teilweise abgebrochen. Die Ringmauer ist 1,5 m stark.

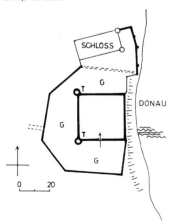

Zwingen

Bz. Laufen, Kt. Bern, Schweiz

Grundriß in: Burgen u. Schlösser d. Schweiz, Bd. VIII, S. 85; Meyer-Regio, S. 164.

Entstanden ist die Wasserburg Ende des 13. Jh. Urkundlich wurde sie erstmals 1312 erwähnt. Um- und Ausbauten fanden 1560 und 1616 statt. Die Ringmauer ist bis 3,2 m stark. Der Bergfried hat 9 m Durchmesser und 3 m Wandstärke.

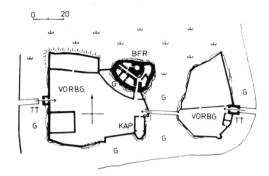

Zwingenberg

Rhein-Neckar-Kr., Baden-Württemberg

Grundriß in: Ebhardt I, Abb. 534; Antonow, SWD, S. 288; Kunstdkm. v. Baden, Mosbach-Eberbach, S. 200.

1253 wird der Burgadel erstmals erwähnt, die Burg erst 1326. Zerstört wurde sie 1364 und am Beginn des 15. Jh. wiederhergestellt. Im 19. Jh. wurde die Burg umfassend restauriert. Die Ringmauer der Kernburg ist 2,2 m stark und 1,3 m hoch. Der 30 m hohe Bergfried hat 5 Stockwerke, die Seitenlänge ist 10 m mit 2,0 und 3,0 m starken Mauern, der Eingang liegt 7,5 m über dem Hof.

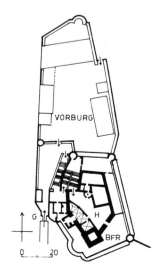

Zwingenberg

Gde. Prissian, Burggrafenamt, Südtirol, Italien

Grundriß in: Trapp, Bd. 2; Piper, Österr., Bd. 1.

1287 wird der Burgadel »de Twingenberch« urkundlich erwähnt, die Burgherren waren Lehnsleute der Grafen v. Ulten. Die Burg wurde 1274 erstmals genannt. Nach der Plünderung im Jahr 1525 ist die Burg geschmacklos wieder aufgebaut. Der 21 m hohe Bergfried hat 6,9 m Seitenlänge, die Treppe verläuft in der 1,7 m starken Mauer, der rundbogige Eingang liegt 7 m über dem Hof.

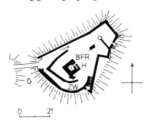

Zwinguri

Gde. Amsteg, Kt. Uri, Schweiz

Grundriß in: Meyer, Bd. 1, S. 39; Die bösen Türnli, S. 64.

Am Beginn des 13. Jh. wurde die Turmburg erbaut, zerstört wurde sie bereits 1291. Der Wohnturm hat 9,8 m Kantenlänge und 2 m Wandstärke.

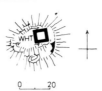

Zwirkenberg

Gde. Gstratz, Kr. Lindau, Bayern

Grundriß in: Baumann, Bd. 2, S. 194.

Die Burg, von der nur ein turmartiger Bau erhalten ist, stammt wahrscheinlich aus dem 13. Jh.

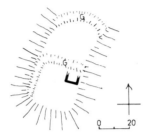

Zwisela = Wieselburg

ANHANG

ORDENSBURGEN

Adsel – Gaujiena

Kr. Walk – Valga, Lettland

Grundriß in: Löwis, Abb. 9.

Die Komturei ist im 13. Jh. erbaut worden. Im 18. Jh. ist sie verfallen.

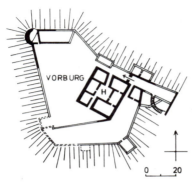

Allenstein – Olzstyn

Ostpreußen, Polen

Grundriß in: Ebhardt I, Abb. 596; Clasen; Kunstdkm. v. Ostpr., Bd. 5, S. 16; Borchert, S. 249.

Gegründet wurde die Burg 1335 und bis ins 16. Jh. ausgebaut. Die Ringmauer ist ca. 2,5 m stark. Der quadrat. Bergfried mit 8,3 m Seitenlänge und 2,8 m Mauerstärke ist rd. 30 m hoch und wechselt in halber Höhe von quadratisch auf rund mit 8,3 m Durchmesser.

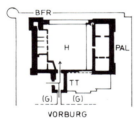

Alschwangen – Alsunga

Kr. Hasenpoth – Aizpute, Lettland

Grundriß in: Schmid, Abb. 4; Tuulse-El., S., 234.

Entstanden ist die Wasserburg in der 1. Hälfte des 14. Jh. Urkundlich erwähnt wird sie 1341. Die Ringmauer ist 1,6 m stark.

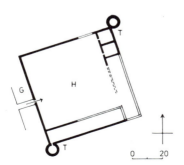

Altona – Alteni

Kr. Friedrichstadt – Jaunjelgava, Lettland

Grundriß in: Tuulse-El., S. 237.

Die Lagerburg gegenüber der Burg Kokenhusen → wird 1416 erstmals bezeugt. Die Ringmauer ist 1,6 m stark.

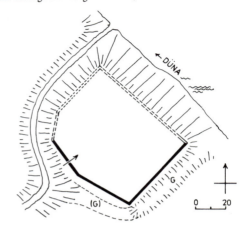

Angern – Angerja

Kr. Reval – Tallinn, Estland

Grundriß in: Tuulse-El., S. 122.

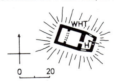

Die Turmburg entstand um 1400 als Vasallenburg. Der Wohnturm hat die Grundfläche von 13 × 18 m.

Arensburg – Kuressaate

Kr. Oesel – Saaremaa, Estland

Grundriß in: Ebhardt I, Abb. 614; Löwis, Abb. 14; Tuulse-El., S. 217.

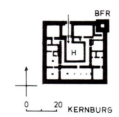

Erbaut wurde die Bischofsburg 1338–1362. Urkundlich wurde sie 1386 erstmals erwähnt. Ihre Ringmauer ist 2,5 m stark. Der Bergfried hat 7,5 m Seitenlänge mit 2,5 m Wandstärke.

Arrasch, Alt-Wenden – Araši

Kr. Wenden – Cēsis, Lettland

Grundriß in: Tuulse-El., S. 240.

Die um 1300 entstandene Lagerburg wurde 1577 zerstört.

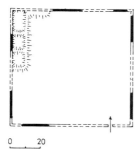

Ascheraden – Aizkraukle

Kr. Riga, Lettland

Grundriß in: Ebhardt I, Abb. 609, Tuulse-El., S. 46.

Entstanden ist die Burg vielleicht 1213, also sehr früh, von 1334–1480 war sie Komturei. Der Batterieturm stammt aus der 2. Hälfte des 16. Jh., verfallen ist die Anlage im 18. Jh.

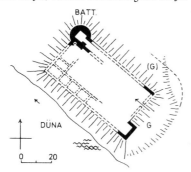

Bäslack – Bezlawki

Kr. Rastenburg – Kętrzyn, Ostpreußen, Polen

Grundriß in: Kunstdkm. v. Ostpr., Bd. 2, S. 16; Borchert, S. 253.

Die Burg ist am Ende des 14. Jh. als Jagdburg erbaut worden. Sie hat im Grundriß Ähnlichkeit mit Lamgarben →.

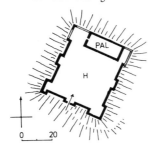

Balga – Veseloje

Kr. Heiligenbeil – Mamonova, Ostpreußen, Rußland

Grundriß in: Tuulse, S. 186; Clasen, Nr. 3; Dehio, Preußen, S. 353; Borchert, S. 61.

Als Steinburg wurde Balga 1239 erbaut, ab 1770 diente sie als Steinbruch. Die Ringmauer ist rd. 3 m dick.

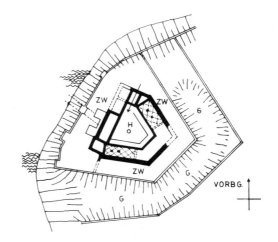

Barten – Barciany

Kr. Rastenburg – Kętrzyn, Ostpreußen, Polen

Grundriß in: Ebhardt I, Abb. 592; Clasen, Nr. 19.

Erbaut wurde die Ordensburg 1325.

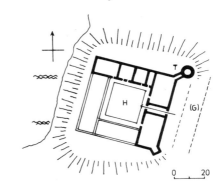

Bauske – Bauska

Lettland

Grundriß in: Ebhardt I, Abb. 610; Löwis, Abb. 16; Schmid, Abb. 8, Tuulse-El., S. 299.

Die Burg wurde 1443 begonnen, die Vorburg ist jünger. Zerstört wurde sie 1706. Die Ringmauer der Kernburg ist 3,5 m stark. Der Wohnturm mißt in beiden Richtungen 14 m.

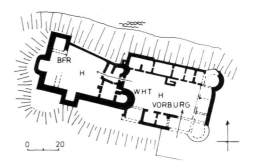

Berson – Berzaune
Kr. Wenden – Cēsis, Lettland

Grundriß in: Tuulse-El., S. 259.

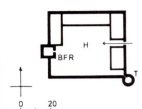

Entstanden ist Berson wohl als Vasallenburg 1382, verfallen ist sie nach 1633. Ihre Ringmauer ist 1,6 m stark. Der Bergfried hat ca. 10 m Kantenlänge und 2 m Wandstärke.

Birgelau – Bierzgłova
Kr. Thorn – Toruń, Westpreußen, Polen

Grundriß in: Ebhardt I, Abb. 593; Clasen, Nr. 4; Kunstdkm. v. Westpr., Bd. 6/7, S. 109; Borchert, S. 68.

Die Komturei wurde 1232 begonnen; erweitert wurde sie bis 1305.

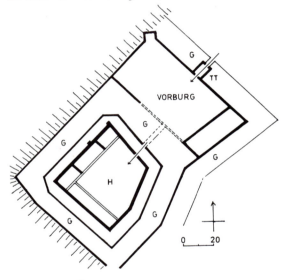

Borkholm – Porkuni
Kr. Wesenberg – Rakvere, Estland

Grundriß in: Tuulse-El., S. 302.

Die Bischofsburg wurde 1479 erbaut und im 17. Jh. zerstört.

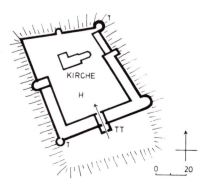

Brandenburg – Ušakova
Kr. Heiligenbeil – Mamonova, Ostpreußen, Rußland

Grundriß in: Dehio, Preußen, S. 414; Borchert, „Baudkm. in Ost- u. Westpr.", S. 127.

Gegründet wurde die Burg 1266 durch Otto v. Brandenburg, als Steinburg ab 1772 erbaut. 1776 wurde sie abgebrochen. Die Ringmauer ist rd. 2 m stark.

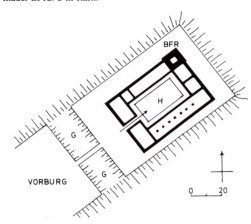

Burtneck – Burtnieki
Kr. Wolmar – Valmiera, Lettland

Grundriß in: Tuulse-El., S. 244.

Entstanden ist die Burg in der 1. Hälfte des 14. Jh. Die Ringmauer ist 2,2 m dick.

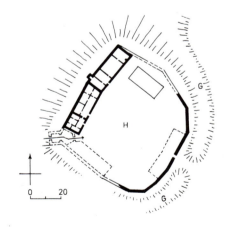

Caymen – Kaimen
Kr. Samland, Ostpreußen, Rußland

Grundriß in: Kunstdkm. v. Ostpr., Bd. 1, S. 31.

Gegründet wurde die Burg 1254 durch König Ottokar v. Böhmen anstelle einer Heidenburg.

Dibau

Kr. Thorn – Torum, Westpreußen, Polen

Grundriß in: Kunstdkm. v. Westpr., Bd. 6/7, S. 174; Zamke w Polsce.

Erbaut wurde die Ordensburg nach 1422.

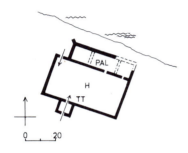

Doblen – Dobele

Lettland

Grundriß in: Schmid, Abb. 13; Tuulse-El., S. 93.

Erbaut wurde die Burg 1257–1260, fertig war die Steinburg erst 1345; zerstört wurde sie im Nordischen Krieg. Die Ringmauer ist 2,0 m dick.

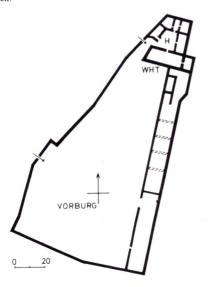

Dondangen – Dundaga

Kr. Windau – Ventspils, Lettland

Grundriß in: Schmid, Abb. 21; Tuulse-El., S. 248.

Entstanden ist die Burg noch im 13. Jh., urkundlich wird sie erst 1318. Ausgebaut wurde sie bis ins 19. Jh; zerstört hat man sie 1905. Die Ringmauer ist 1,8–2,0 m stark.

Dorpat – Tartu

Estland

Grundriß in: Tuulse-El., S. 53.

Die Burg wurde 1245 erstmals urkundlich genannt. In der 2. Hälfte des 13. Jh. wurde sie mit der Stadt verbunden. Sie wurde im Nordischen Krieg zerstört. Der Grundriß stammt aus dem 17. Jh.

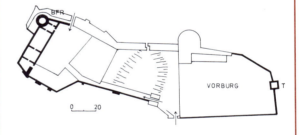

Dünaburg – Daugavpils

Lettland

Grundriß in: Tuulse-El., S. 88.

Die Burg wurde 1312 nach ihrer Zerstörung neu erbaut. Schon 1557 war sie verfallen.

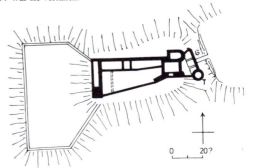

Dünamünde – Daugavriva

Kr. Riga, Lettland

Grundriß in: Tuulse-El., S. 269.

Gegründet wurde Dünamünde am Beginn des 13. Jh. als Kloster, die Steinburg ist wohl 1263 entstanden. Die Anlage wurde 1901 ausgegraben.

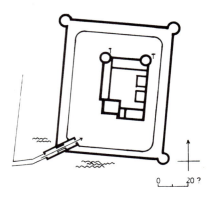

Durben – Durbe

Kr. Grobin – Grobina, Lettland

Grundriß in: Schmid, Abb. 22; Tuulse-El., S. 231.

Erwähnt wird die Burg erst 1397, verfallen ist sie am Beginn des 19. Jh.; die Ringmauer ist ca. 1,6 m stark.

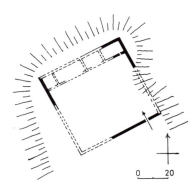

Edwahlen – Edole

Kr. Windau – Ventpils, Lettland

Grundriß in: Schmid, Abb. 25; Tuulse-El., S. 249.

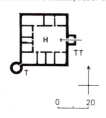

Entstanden ist die Anlage vor 1338; später wurde die Burg zum Schloß umgebaut, das 1905 zerstört wurde. Die Ringmauer ist ca. 2 m stark.

Elbing – Elbląg

Ostpreußen, Polen

Grundriß in: Hauke/Stobbe „Die Baugeschichte und Baukunst i. d. Stadt Elbing", S. 29.

Die Reste der im 18. Jh. größtenteils abgebrochenen Burg wurden 1914 ausgegraben. Gegründet wurde sie 1237, zerstört 1454.

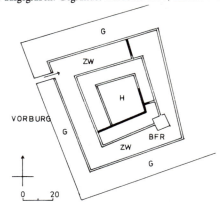

Engelsburg

Kr. Graudenz – Grudziadz, Westpreußen, Polen

Grundriß in: Clasen, Nr. 2; Kunstdkm. v. Westpr., Bd. 8 – 10, S. 476; Borchert, S. 47; Holst, S. 84.

Erbaut wurde die Burg wohl kurz vor 1300, 1613 wurde sie durch Brand zerstört und Ende des 18. Jh. teilweise abgebrochen.

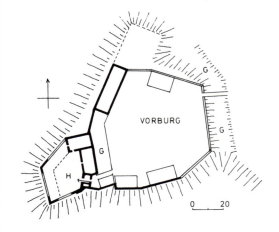

Erlaa – Ergļi

Kr. Wenden – Cēsis, Lettland

Angabe in: Löwis, S. 55.

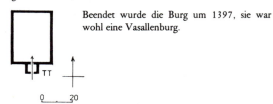

Beendet wurde die Burg um 1397, sie war wohl eine Vasallenburg.

Ermes – Erģeme

Kr. Walk – Valga, Lettland

Grundriß in: Löwis, S. 23; Tuulse-El., S. 269.

Urkundlich wird die Burg erstmals 1422 erwähnt. Zerstört wurde sie vielleicht im 16. Jh. Die Ringmauer ist 2,2 m stark.

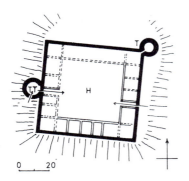

Falkenau – Kärkna

Kr. Dorpat – Tartu, Estland

Grundriß in: Tuulse-El., S. 271.

Die heutige Anlage der 1245 erstmals erwähnten Klosterburg ist aus dem 14. Jh. Ausgegraben wurde sie Ende des 19. Jh.

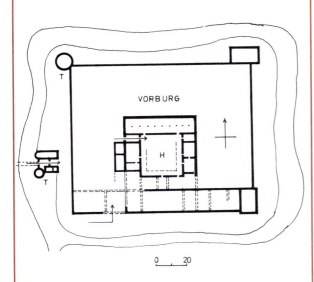

Fellin – Viljandi

Estland

Grundriß in: Löwis, Abb. 26; Ebhardt I, Abb. 615; Holst, S. 134.

Entstanden ist die Burg nach 1224, verfallen ist sie im 18. Jh. Der Bergfried ist ca. 12 × 12 m groß und hat 3,2 m starke Wände.

Fickel – Vigala

Kr. Pernau – Pärnu, Estland

Grundriß in: Tuulse-El., S. 120.

Die Vasallenburg wurde vielleicht im 13. Jh. erbaut, zerstört wurde sie 1581. Der mächtige Wohnturm mißt 19 × 21 m und hat 3,5 m starke Wände.

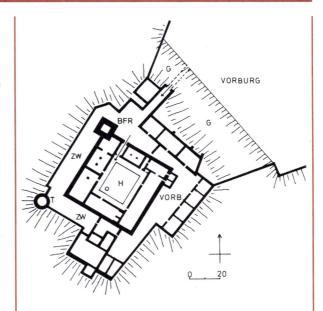

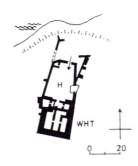

Georgenburg – Jurbakas

Kr. Insterburg – Černachovsk, Ostpreußen, Rußland

Grundriß in: Clasen, S. 194.

Das Burghaus ist um 1350 entstanden.

Goldingen – Kuldiga

Lettland

Grundriß in: Schmid, Abb. 26.

Von der Burg, die 1242–1245 erbaut und 1727 zerstört wurde, gibt es nur geringe Reste.

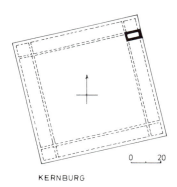
KERNBURG

Gollub – Golub – Dobrzyn

Kr. Thorn – Toruń, Westpreußen, Polen

Grundriß in: Clasen, Nr. 8; Kunstdkm. v. Westpr., Bd. 8–10, S. 347; Borchert, S. 188.

Erbaut wurde Gollub um 1300. Der Bergfried hat 9 m Seitenlänge.

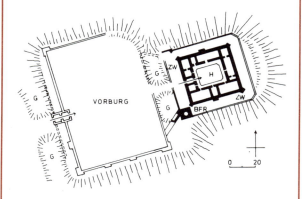

Graudenz – Grudziadz

Westpreußen, Polen

Grundriß in: Dehio, Preußen, S. 93; Ebhardt I, Abb. 959; Borchert, S. 35.

Erbaut wurde die Burg um 1260, zerstört im 17. Jh., im 18. Jh. wurde sie teilweise abgebrochen. Der Bergfried hat rd. 8 m Durchmesser.

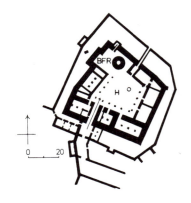

Grobin – Grobina

Lettland

Grundriß in: Schmid, Abb. 28; Tuulse-El., S. 227.

Die ursprüngliche Burg wurde durch den Kuren Grubin erbaut. Nach ihrer Zerstörung 1345 wurde sie in Stein aufgebaut und ist im 19. Jh. verfallen. Ihre Ringmauer ist rd. 1,6 m stark.

KERNBURG

Groß Roop – Lielstraupe

Kr. Riga, Lettland

Grundriß in: Löwis, Abb. 58.

„Die Raupene" wird 1224 urkundlich erwähnt. Erbaut wurde sie angeblich 1263 als Vasallenburg. 1723 wurde die Burg zum Schloß umgebaut. Die Ringmauer ist 1,7 m stark.

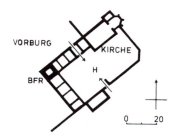

Hapsal – Hapsalu

Kr. Wiek – Vigala, Estland

Grundriß in: Löwis, Nr. 24; Tuulse-El., S. 196.

Die Bischofsburg entstand in der 2. Hälfte des 13. Jh.

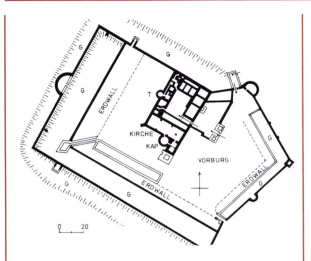

Hasenpoth – Aizpute

Lettland

Grundriß in: Schmid, Abb. 33.

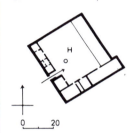

Entstanden ist die Burg vor 1338, sie wurde 1659 durch Schweden zerstört.

Heilsberg – Mamonova

Ostpreußen, Rußland

Grundriß in: Clasen, Nr. 28; Hotz Z 104; Kunstdkm. v. Ostpr., Bd. 4, S. 148; Borchert, S. 80; Holst, S. 110.

Die Ordensburg wurde 1241 begonnen. 1350–1400 wurde die heutige Anlage erbaut. Die Ringmauer ist 1,75 m stark, der Bergfried mißt 6,8 m Seitenlänge, sein Grundriß wechselt auf ca. 8 m Höhe vom Quadrat auf Achteck.

Helmat – Helme

Kr. Fellin – Viljandi, Estland

Grundriß in: Tuulse-El., S. 77

Entstanden ist Helmat in der 1. Hälfte des 14. Jh. und ist im 17. Jh. verfallen. Der Bergfried mißt ca. 11 × 12 m Grundfläche.

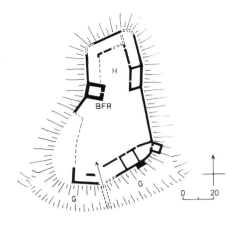

Hochrosen – Aŭgstroze

Kr. Wolmar – Valmiera, Lettland

Grundriß in: Tuulse-El., S. 105.

Entstanden ist die Burg angeblich im 13. Jh., urkundlich erwähnt wird sie 1350; zerstört wurde sie 1601 durch Tartaren. Die Schildmauer ist 2,3 m, die Ringmauer 1,4 m stark.

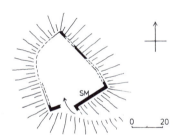

Hofzumberg – Terweten – Tervete

Kr. Doblen – Dobele, Lettland

Grundriß in: Tuulse-El., S. 161.

Die 1. Burg wurde 1271 zerstört. 1339 wurde sie neu erbaut, die Vasallenburg wurde 1345 endgültig zerstört.

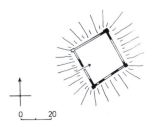

Holme – Alt Kirchholm

Kr. Riga, Lettland

Grundriß in: Tuulse-El., S. 27.

Entstanden ist die Steinburg auf einer Düna-Insel 1186. Zerstört wurde sie 1298. Ausgegraben wurde sie 1897. Die Ringmauer ist 3 m stark.

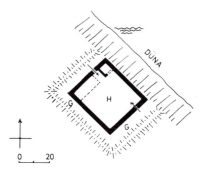

Insterburg – Černachovsk

Ostpreußen, Rußland

Grundriß in: Clasen, Nr. 20; Holst, S. 116.

Entstanden ist die Burg 1336, zerstört wurde sie 1376 und 1457 mit Wiederaufbau.

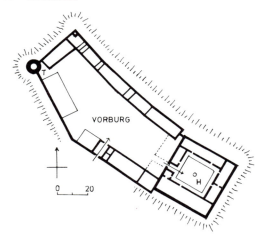

Jaschnitz – Novy Jasiniec

Kr. Thorn – Toruń, Westpreußen, Polen

Grundriß in: Zamke w Polsce.

Erbaut wurde die kleine Burg wohl Ende des 14. Jh.

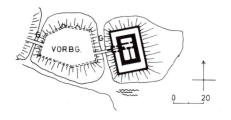

Johannisberg

Ostpreußen, Polen

Grundriß in: F. Borchert „Baudkm. in Ost- und Westpr.", S. 221.

Die Ordensburg wurde 1378 neu nach einer Zerstörung erbaut.

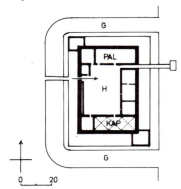

Kalzenau – Kalsenava

Kr. Wenden – Cēsis, Lettland

Grundriß in: Tuulse-El., S. 261.

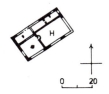

Vasallenburg von Berson; entstanden ist sie am Beginn des 15. Jh. Zerstört wurde sie 1577 durch die Moskauer.

Kandau – Kandava

Kr. Talsen – Talse, Lettland

Grundriß in: Schmid, Abb. 37; Tuulse-El., S. 226.

Erbaut wurde die Burg vor 1312, urkundlich erwähnt wird sie 1318, verlassen im 18. Jh.; die Ringmauer ist ca. 2,0 m stark.

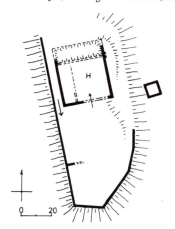

Karkus – Karksi

Kr. Fellin – Viljanda, Estland

Grundriß in: Tuulse-El., S. 245.

Karkus war eine Nebenburg von Fellin. Sie wurde nach der 1. Zerstörung 1297 in Stein neu erbaut. Der Grundriß stammt aus dem 17. Jh.

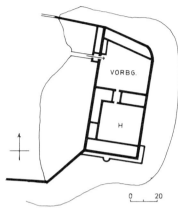

Kirrumpäh – Kirumpää

Kr. Werro – Võru, Lettland

Grundriß in: Tuulse-El., S. 99.

Die Bischofsburg wird 1322 erstmals genannt. Sie liegt auf einem kleinen Berg am Ufer der Voo, zerstört wurde sie im Nordischen Krieg. Der Bergfried hat 8,5 m Durchmesser.

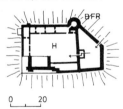

Königsberg

Ostpreußen, Rußland

Grundriß in: Kunstdkm. v. Ostpr., Bd. 7; Schmid: „Die Burgen des Deutschen Ordens in Preußen", S. 31; Borchert, S. 125; Holst, S. 230.

Gegründet wurde die 1. Burg 1255 durch König Ottokar II. v. Böhmen; der Bergfried entstand 1290. Die Burg wurde ständig verändert und erweitert. Seit dem 16. Jh. Umbau zum Schloß. 1945 wurde sie zerstört.

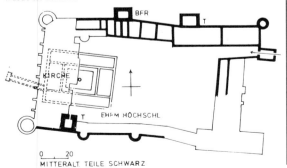

Kokenhusen – Koknese

Lettland

Grundriß in: Tuulse-El., S. 25; Holst, S. 126.

Die Bischofsburg wurde 1209 begonnen und bis ins 15. Jh. verstärkt. Zerstört wurde sie 1706.

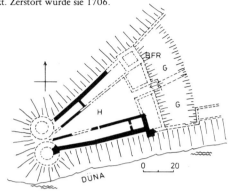

Kremon – Krimulda

Kr. Riga, Lettland

Grundriß in: Löwis, Nr. 36; Tuulse-El., S. 103.

Erbaut wurde die 1312 urkundlich erwähnte Burg wohl vor 1300. Ausgegraben wurden ihre Reste 1861. Die Ringmauer ist 2 m dick.

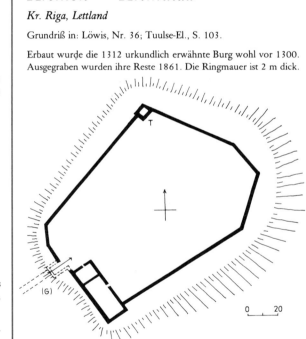

Krüschwitz – Kruszwika

Kr. Strelno, Prov. Posen, Polen

Grundriß in: Kunstdkm. d. Prov. Posen, Bd. 4, S. 45.

Die Burg ist um 1400 entstanden. Der Bergfried ist 31 m hoch, der Eingang liegt 9,5 m über Gelände.

Lais – Laiuse

Kr. Dorpat – Tartu, Estland

Grundriß in: Tuulse-El., S. 293.

Die Burg wird 1406 urkundlich erwähnt. Vermutlich wurde sie im Nordischen Krieg zerstört. Die Ringmauern sind bis 2,3 m stark.

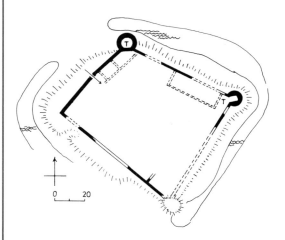

Lamgarben – Garbno

Kr. Rastenburg – Kętrzyn, Ostpreußen, Polen

Grundriß in: Kunstdkm. v. Ostpr. 2, S. 111.

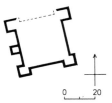

Erbaut wurde die Burg um 1400 und schon um 1460 zerstört.

Leal – Lihula, Steinberg

Kr. Wiek – Vigala, Estland

Grundriß in: Tuulse-El., S. 72.

Gegründet wurde die Burg 1238.

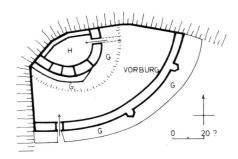

Leipe

Kr. Thorn – Toruń, Westpreußen, Polen

Grundriß in: F. Borchert „Baudkm. in Ost- und Westpreußen", S. 303.

Die Burg des 14. Jh. wurde im 17. Jh. größtenteils abgebrochen.

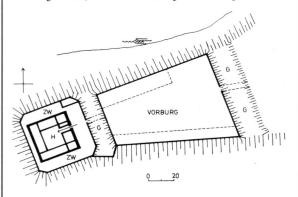

Lemsal – Limbaži

Kr. Wolmar – Valmiera, Lettland

Angabe in: Löwis, S. 77.

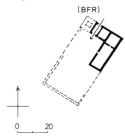

Begonnen wurde die Burg 1223, urkundlich erwähnt jedoch erst 1318.

Lennewarden – Lielvarde

Kr. Riga, Lettland

Grundriß in: Tuulse-El., S. 39.

Die Burg wird 1201 erstmals urkundlich genannt. Die Reste der im 17. Jh. zerstörten Anlage stammen aus dem 14. Jh.

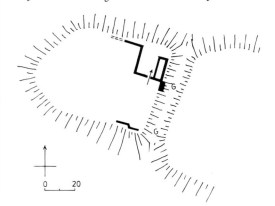

Lochstädt

Kr. Samland, Ostpreußen, Rußland

Grundriß in: Dehio, Preußen, S. 422; Kunstdkm. v. Ostpr., Bd. 1, S. 85; Borchert, S. 131.

Die Burg wurde 1246 erstmals urkundlich genannt. Im 18. Jh. wurde sie teilweise abgebrochen. Die Ringmauer ist 2,4 m stark. Der Bergfried hat 13,5 m Seitenlänge und 4,5 m Mauerstärke.

Loxten – Lokstiņa

Kr. Riga, Lettland

Grundriß in: Tuulse-El., S. 107.

Die Burg wird ab 1354 als Vasallenburg urkundlich erwähnt.

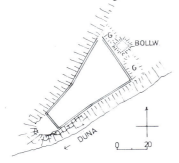

Ludsen – Ludsa

Lettland

Grundriß in: Tuulse-El., S. 90.

Erbaut wurde die Burg 1399, zerstört wohl 1577. Die Ringmauer ist 1,2 m stark. Die eigentliche Wohnburg macht nur rd. 1/15 der Gesamtanlage aus.

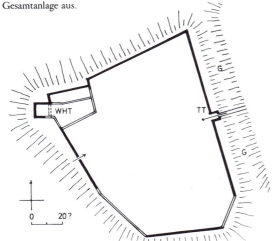

Lyck – Ełk

Ostpreußen, Polen

Grundriß in: F. Borchert „Baudkm. in Ost- und Westpreußen", S. 226.

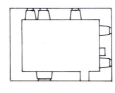

Der Kern der kleinen Inselburg ist ein Wohnturm des 14. Jh., der hier dargestellt ist.

Marienburg – Malbork

Westpreußen, Polen

Grundriß in: Ebhardt I, Abb. 76; Clasen, Nr. 11–14; Hotz Z 102; Borchert, S. 100.

Das hier dargestellte Hochschloß wurde vor 1280 als Sitz des Hochmeisters begonnen. Die Burg wurde 1410 erheblich beschädigt. Nach ihrer Instandsetzung wurde sie bis ins 19. Jh. erweitert und ausgebaut. Die Gesamtanlage ist einschließlich der Vorburg um 700 m lang.

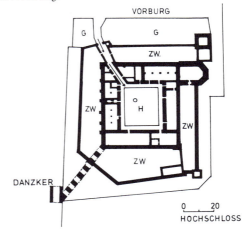

Marienburg – Aluksne

Kr. Walk – Valga, Lettland

Grundriß in: Burgwart, 12. Jh., S. 25,; Tuulse-El., S. 146.

Die Komturei wurde 1342 auf einer Insel begonnen und bis ins 16. Jh. erweitert. Zerstört wurde sie 1702. Die Ringmauer der Kernburg ist 1,6 m stark.

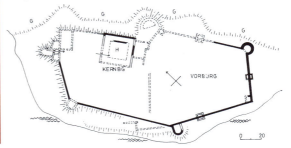

Marienwerder – Kwidzyn
Westpreußen, Polen

Grundriß in: Dehio, Preußen, S. 105; Clasen, Nr. 27; Kunstdkm. v. Westpr., Bd. 3; Borchert, S. 26; Holst, S. 87.

Das wehrhafte Schloß des Domkapitels entstand in der 1. Hälfte des 14. Jh., die Südseite wurde 1789 teilweise abgebrochen.

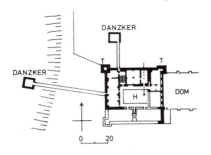

Mehlsack – Pieniężeno
Kr. Braunsberg – Braniewo, Ostpreußen, Polen

Grundriß in: Clasen, S. 190.

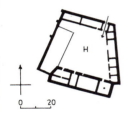

Die Bischofsburg wurde wohl im 14. Jh. erbaut. 1414 wurde sie zerstört und danach wieder aufgebaut. Der nicht regelmäßige Grundriß ist für eine Bischofsburg im Ordensland ungewöhnlich.

Mewe – Gniew
Kr. Marienwerder, Westpreußen, Polen

Grundriß in: Ebhardt I, Abb. S. 91; Borchert, S. 173; Clasen, Nr. 7.

Die Burg wurde 1283 gegründet, sie wurde nach 1772 stark verändert. 1921 wurde sie durch Brand zerstört. Der polygonal angelegte Bergfried ist nicht aufgeführt, er endet in Höhe der Ringmauer, die 2,5 m stark ist.

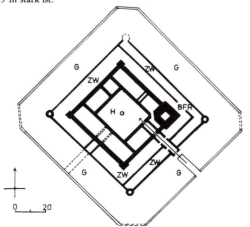

Mojahn – Mujani
Kr. Wolmar – Valmiera, Lettland

Grundriß in: Tuulse-El., S. 312.

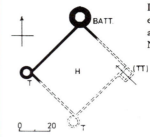

Die Burg ist vielleicht schon 1390 erbaut worden, möglicherweise aber erst im 15. Jh. Sie wurde im Nordischen Krieg zerstört.

Narwa, Hermannsburg – Narva
Estland

Grundriß in: Ebhardt I, Abb. 618; Tuulse-El., S. 177; Holst, S. 199.

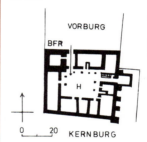

Die östlichste Burg des Ordens ist 1256 begonnen worden. Ihr gegenüber entstand im 15. Jh. die Burg Iwangorod.

Neidenburg – Nidzika
Ostpreußen, Polen

Grundriß in: Ebhardt I, Abb. 599; Clasen, Nr. 25; Hotz Z 100; Borchert, S. 145.

Die Burg ist um 1320 erbaut worden, die Vorburg wurde 1784 abgebrochen. Die beiden Bergfriede mit je 11,0 m Seitenlänge stellen eine Besonderheit bei den Ordensburgen wie bei den Burgen überhaupt dar. Etwas Vergleichbares kann man bei der Burg Rochlitz → finden. Die Türme der Neidenburg sind mit 6 Stockwerken 22 m hoch.

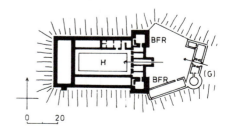

Neuenburg – Jaunpils

Kr. Doblen – Dobele, Lettland

Grundriß in: Schmid, Abb. 43; Tuulse-El., S. 183.

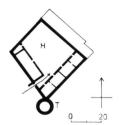

Die Ordensburg ist noch im 14. Jh. erbaut worden. 1646 wurde sie in ein Schloß umgebaut und 1905 zerstört. Der Turm entstammt dem 15. Jh. Die Ringmauer ist ca. 2 m dick.

Neuermühlen – Adaži

Kr. Riga, Lettland

Grundriß in: Tuulse-El., S. 133.

Urkundlich wird die Burg 1297 erstmals erwähnt. Zerstört wurde sie wohl 1656. Die recht kleine, aber starke Burg mit 3,0 m starker Ringmauer besitzt auf jeder Ecke einen Turm, im Baltikum eine Seltenheit.

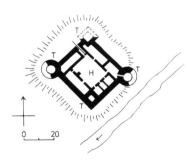

Neuhausen – Gurjevsk

Kr. Samland, Ostpreußen, Rußland

Grundriß in: Kunstdkm. v. Ostpr., Bd. 1, S. 112.

Die Burg des bischöflichen Domkapitels wurde 1292 begonnen und bis ins 18. Jh. aus- und umgebaut.

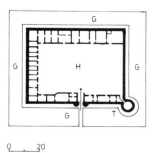

Neuhausen – Valtaiķi

Kr. Hasenpoth – Aizpute, Lettland

Grundriß in: Schmid, Abb. 44; Tuulse-El., S. 233.

Die Lagerburg ist wohl noch im 13. Jh. entstanden, wird jedoch erst 1358 urkundlich genannt. Zerstört wurde sie 1583.

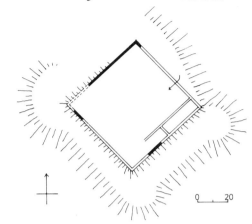

Neuhausen – Vastselijna

Kr. Werro – Võru, Estland

Grundriß in: Tuulse-El., S. 306; Holst, S. 194.

Im 14. Jh. wird die Burg als „castrum fortissimum", also sehr starke Burg, urkundlich erwähnt und im 15. Jh. weiter verstärkt. Der im Baltikum nicht häufige Wohnturm im Zentrum mißt ca. 14 × 18 m.

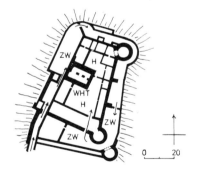

Neu Kirchholm

Kr. Riga, Lettland

Angabe in: Löwis, S. 70.

Die nicht sehr große Burg mit 1,5 m Mauerstärke war vielleicht eine Vasallenburg. Sie wurde 1577 zerstört.

Neuschloß – Vasknarva

Kr. Narwa – Narva, Estland

Grundriß in: Tuulse-El., S. 314.

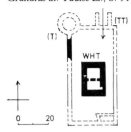

Die in ihrer Form und der Stellung des Wohnturms für das Baltikum ungewöhnliche Burg wurde 1349 begonnen und nach einer Zerstörung 1427 wieder aufgebaut. Im 16. Jh. ist sie verfallen. Der Wohnturm hat eine Grundfläche von 16×23 m mit 4 Stockwerken in 14 m Gesamthöhe.

Oberpahlen – Poltsamaa

Kr. Fellin – Viljandi, Estland

Grundriß in: Tuulse-El., S. 149.

Entstanden ist die Burg um 1400, sie gehörte zu Fellin. Im 16. Jh. war sie Herzogssitz.

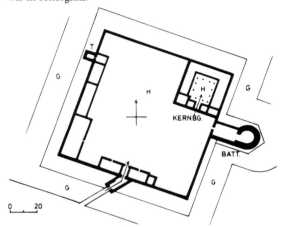

Odenpäh – Otepää

Kr. Dorpat – Tartu, Estland

Grundriß in: Tuulse-El., S. 52.

Die Steinburg soll 1216 begonnen worden sein. 1477 erst wurde sie urkundlich erwähnt. Zerstört wurde sie im 16. Jh. Ihre runden Formen sind im Baltikum ungewöhnlich.

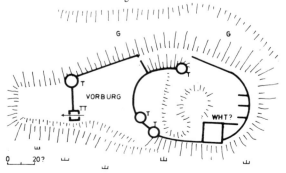

Ortelsburg – Szczytno

Ostpreußen, Polen

Grundriß in: Clasen, S. 102; Borchert, S. 266.

Die Reste der Burg wurden 1924 ausgegraben. Gegründet wurde sie Mitte des 14. Jh. In der 2. Hälfte des 18. Jh. wurde sie abgebrochen. Die Ringmauer ist ca. 1,8 m stark, der Bergfried hat 9,6 m Kantenlänge.

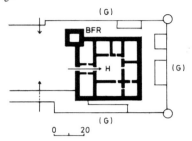

Ossiek – Osiek

Kr. Preuß. Stargard – Starogard Gdański, Westpreußen, Polen

Grundriß in: Kunstdkm. v. Westpr., Bd. 3, S. 191.

Entstanden ist die Burg wohl Ende des 14. Jh. Erwähnt wird sie urkundlich erst 1438. Im 18. Jh. wurde sie abgebrochen. Die Ringmauer ist nur 1,0 m dick.

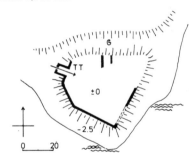

Osterode – Ostróda

Ostpreußen, Polen

Grundriß in: Borchert, S. 199.

Gegründet wurde die Ordensburg wohl 1340. Die Ringmauer ist 2,5 m stark.

Padis – Padise

Kr. Reval – Tallinn, Estland

Grundriß in: Tuulse-El., S. 276.

Die Klosterburg wurde erstmals 1343 zerstört und 1376 wieder aufgebaut, 1448 wurde sie erneuert und im 18. Jh. endgültig durch Blitzschlag zerstört.

Papau – Papowo Biskupie
Kr. Kulm – Chełmo, Westpreußen, Polen

Grundriß in: Kunstdkm. v. Westpr., Bd. 6, S. 68; Clasen, S. 68.

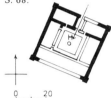

Die Komturei wurde erstmals 1288 urkundlich erwähnt.

Pernau – Pärnu
Estland

Grundriß in: Löwis, Nr. 48; Tuulse-El., S. 135.

Erbaut wurde die nicht sehr große Burg im 13. Jh., 1290 erscheint Pernow urkundlich. Im 17. Jh. ist sie verfallen. Die Ringmauer ist 2,0 m stark.

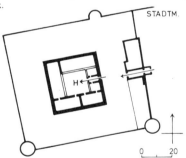

Peude – Pöide
Kr. Ösel – Saaremaa, Estland

Grundriß in: Tuulse-El., S. 86.

Zerstört wurde die 1290 urkundlich genannte Burg 1345.

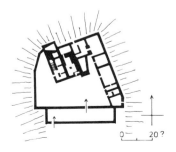

Pilten – Piltene
Kr. Windau – Ventspils, Lettland

Grundriß in: Schmid, Abb. 47; Tuulse-El., S. 212.

Entstanden ist die Kernburg um 1300. Der Batterieturm wurde im 15. Jh. hinzugefügt. Verfallen ist die Anlage im 18. Jh.

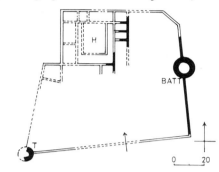

Preuß. Mark – Przemark
Kr. Morungen – Morąg, Ostpreußen, Polen

Grundriß in: Kunstdkm. v. Ostpr., Bd. 3, S. 56; Borchert, S. 151.

Die Burg wurde um 1310 begonnen, im 18. Jh. ist sie verfallen.

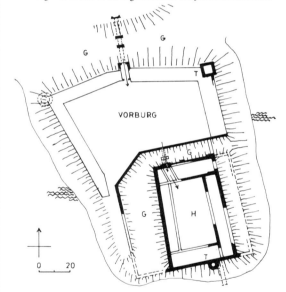

Ragnit – Reman
Kr. Tilsit – Sowjetsk, Ostpreußen, Rußland

Grundriß in: Clasen, Nr. 18; Borchert, S. 158.

Gegründet wurde die Burg 1289, sie wurde 1397–1403 ausgebaut. Ihre Ringmauer ist 3,0+m stark.

Rastenburg – Kętrzyn

Ostpreußen, Polen

Grundriß in: Ebhardt I, Abb. 597; Clasen, Nr. 22; Borchert, S. 235.

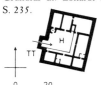

Erbaut wurde die Burg 1329; 1344 wurde sie bereits zerstört und wieder aufgebaut. Die Ringmauer ist 2,0 m stark.

Reval – Tallinn

Estland

Grundriß in: Tuulse-El., S. 166.

Erbaut wurde die Kernburg um 1371, Erweiterungen und Ausbauten wurden bis ins 18. Jh. vorgenommen.

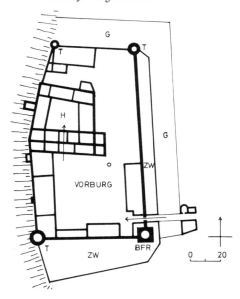

Rheden, Rehden – Radzyń

Kr. Graudenz – Grudziądz, Westpreußen, Polen

Grundriß in: Ebhardt I, Abb. 600; Clasen, Nr. 10; Hotz Z 99; Borchert, S. 41; Holst, S. 80.

Der Steinbau ist wohl erst 1329 begonnen worden, obwohl die Burg 1234 gegründet wurde. Verfallen ist sie im 18. Jh. Ihre Ringmauer ist 2,5 m dick. Der Bergfried hat ca. 12,2 m Breite.

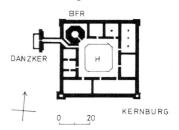

Rhein – Ryn

Kr. Rastenburg – Ketrzyń, Ostpreußen, Polen

Grundriß in: Clasen, S. 108; Borchert, S. 270.

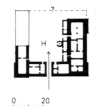

Gegründet wurde die Burg 1377; Teile wurden im 18. Jh. abgerissen. Die Ringmauer ist zwischen 2,0 und 3,0 m stark.

Riesenburg – Prabuty

Ostpreußen, Polen

Grundriß in: Kunstdkm. v. Westpr., Bd. 3.

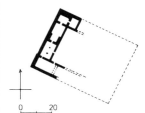

Gegründet wurde die Burg wohl 1276, ein Ausbau zur bischöflichen Residenz fand im 14. Jh. statt. 1688 wurde sie durch Brand zerstört.

Riga

Lettland

Grundriß in: Tuulse-El., S. 153; Holst, S. 189.

Die Ordensburg entstand 1330, erbaut durch Bürger der Stadt Riga als Strafe für die Zerstörung der 1. Burg. 1483 wurde sie erneut zerstört und ab 1495 wieder aufgebaut. Die Rundtürme sind von 1520. Die Ringmauer ist 2,5 – 3,0 m stark.

Rössel – Reszel

Kr. Rastenburg – Ketrzyń, Ostpreußen, Polen

Grundriß in: Clasen, Nr. 31; Kunstdkm. v. Ostpr., Bd. 4, S. 214; Borchert, S. 119.

Die Burg ist 1240 gegründet worden, die Steinburg erst 1350. Der Bergfried mit dem Durchmesser von 11,7 m steht auf einem ca. 7,0 m hohen quadratischen Sockel von gleicher Breite. Die Ringmauer ist 3,0 m stark.

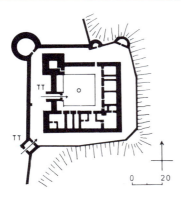

Roggenhausen – Rogóz̓

Kr. Graudenz – Grudziadz, Westpreußen, Polen

Grundriß in: Ebhardt I, Abb. 601; Borchert, S. 74.

Die Burg wurde um 1300 begonnen. 1454 wurde sie durch einen Brand zerstört mit nachfolgendem Aufbau. Im 16. Jh. ist sie verfallen.

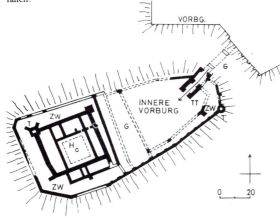

Ronneburg – Rauna

Kr. Wenden – Cēsis, Lettland

Grundriß in: Tuulse-El., S. 207.

Das Hauptschloß wird 1381 urkundlich erwähnt. Ausbau der Burg im 15. und 16. Jh., zerstört wurde sie 1681.

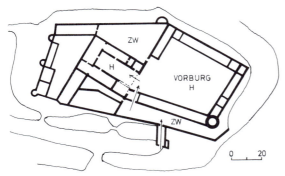

Rosenberck – Rozbeki

Kr. Wolmar – Cēsis, Lettland

Grundriß in: Tuulse-El., S. 310.

Die Burg, vermutlich eine Vasallenburg, wurde erst Ende des 15. Jh. fertiggestellt. 1601 wurde sie durch Brand zerstört.

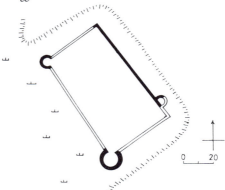

Rositten – Rēzekne

Lettland

Grundriß in: Tuulse-El., S. 83.

Die Ordensvogtei wurde um 1270 begonnen, zerstört wurde sie im 17. Jh. Die Ringmauer ist 2,2 m stark, der Bergfried hat 12 m Durchmesser.

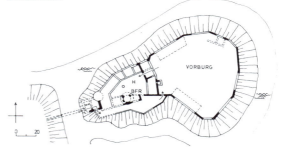

Rujen – Rujiena

Kr. Wolmar – Valmiera, Lettland

Grundriß in: Ebhardt I, Abb. 608; Löwis, Nr. 60; Tuulse-El., S. 76.

Erwähnt wurde die Burg erst im 14. Jh., 1560 wurde sie durch Moskau zerstört. Die Anlage war vermutlich eine Lagerburg.

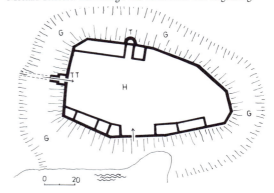

Saalau – Kamensk

Kr. Insterburg – Čsernachovsk, Ostpreußen, Rußland

Grundriß in: Clasen, S. 198.

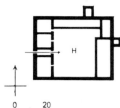

1355 wurde die Burg erstmals urkundlich genannt. Sie gehörte zum samländischen Domkapitel. Die Ringmauer ist 2,5 m stark.

Salis – Salacgriva

Kr. Walk – Valga, Lettland

Grundriß in: Tuulse-El., S. 101.

Erhalten ist von der Burg nur der Keller vermutlich eines Wohnturmes. Erwähnt wurde sie urkundlich erst 1478. Zerstört wurde sie 1575.

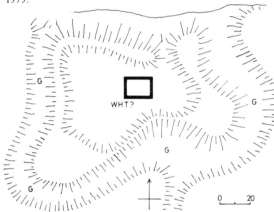

Schaken – Nekrasovo

Kr. Labiau – Polessk, Ostpreußen, Rußland

Grundriß in: Kunstdkm. v. Ostpr., Bd. 1.

Der Grundriß zeigt eine große, für das Gebiet des Ordens nicht typische polygonale Form. Entstanden ist die Burg 1270. Zerstört wurde sie 1606 durch Feuer.

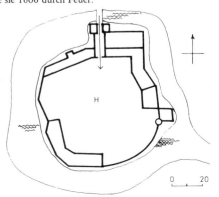

Schlochau – Słuchów

Westpreußen, Polen

Grundriß in: Ebhardt I, Abb. 598; Clasen, Nr. 15; Kunstdkm. v. Westpr., Bd. 1; Borchert, S. 226.

Erbaut wurde die Burg nach 1312, erobert und zerstört wurde sie 1454 und hernach aufgebaut. Seit 1828 dient ein Teil der Burg als Kirche. Die Ringmauer ist 3,0 m stark, der Bergfried hat 12,6 m Breite und 4,5 m starke Mauern.

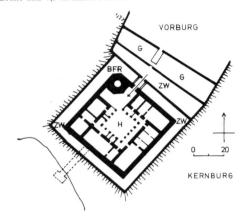

Schönberg – Szymbark

Kr. Rosenberg, Ostpreußen, Polen

Grundriß in: Ebhardt I, Abb. 607; Clasen, Nr. 27; Borchert, S. 275.

Entstanden ist die Burg in Abhängigkeit von Marienwerder 1386, Umbauten fanden bis ins 16. Jh. statt. Sie wurde 1945 zerstört.

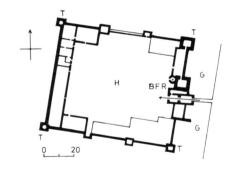

Schwanenburg – Gulbene

Kr. Wolmar – Valmiera, Lettland

Grundriß in: Tuulse-El., S. 253.

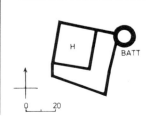

Genannt wurde die Burg urkundlich 1416. Der Batterieturm ist aus dem 16. Jh.

Schwetz – Świecie

Westpreußen, Polen

Grundriß in: Ebhardt I, Abb. 594; Clasen, S. 90 u. Nr. 16; Borchert, S. 210.

Erbaut wurde die Ordensburg 1338.

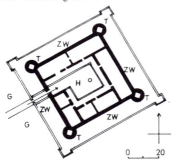

Segewold – Sigulda

Kr. Riga, Lettland

Grundriß in: Löwis, Nr. 62; Tuulse-El., S. 45.

Urkundlich erwähnt wird die Burg 1226. Verfallen ist die Burg im 17. Jh.

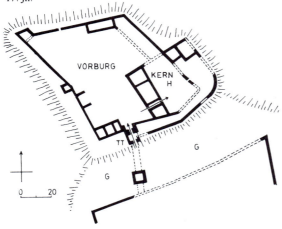

Selburg – Sēlpis

Kr. Walk – Valga, Lettland

Grundriß in: Tuulse-El., S. 81.

Erbaut wurde die Burg 1376 anstelle einer älteren Anlage, zerstört wurde sie 1627.

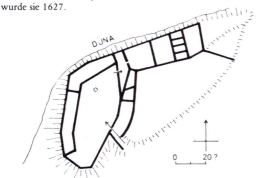

Sesswangen – Cēsvaine

Kr. Wenden – Cēsis, Lettland

Grundriß in: Tuulse-El., S. 205.

Erbaut wurde die Burg Ende des 14. Jh., 1461 wurde sie erstmals genannt. Nach Zerstörung von 1577 wurde sie wieder aufgebaut, nach 1633 ist sie endgültig zerstört worden.

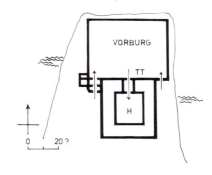

Smilten – Smiltene

Kr. Walk – Valga, Lettland

Grundriß in: Tuulse-El., S. 251.

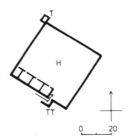

Die Lagerburg taucht 1359 urkundlich erstmals auf. Zerstört wurde sie 1559.

Soldau – Działdowo

Ostpreußen, Polen

Grundriß in: Clasen, Nr. 21; Kunstdkm. v. Ostpr., Bd. 3.

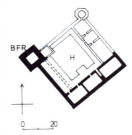

Die Burg ist am Beginn des 14. Jh. erbaut worden. Erhalten ist nur noch eine Hälfte der Burg. Der Bergfried hat knapp 13 m Seitenlänge und 3,0 m Wandstärke; die Ringmauer ist rd. 2,2 m stark.

Sonnenburg – Maasilinn

Kr. Ösel – Saaremaa, Estland

Grundriß in: Tuulse-El., S. 186.

Erbaut wurde die Burg 1343–1345 anstelle einer älteren Anlage. Zerstört wurde sie vermutlich 1576.

Straßburg – Brodnica

Kr. Kulm – Chełmo, Westpreußen, Polen

Grundriß in: Borchert, S. 179.

Gegründet wurde die Burg 1285, der Steinbau entstand zwischen 1330 und 1340. Sie wurde im 18. Jh. abgebrochen. Der erhaltene Bergfried ist 11 m breit und 43 m hoch, der Eingang liegt 21 m über Niveau.

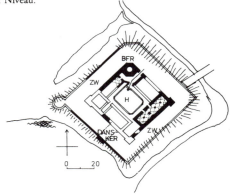

Stuhm – Sztum

Westpreußen, Polen

Grundriß in: Kunstdkm. v. Westpr., Bd. 13, S. 342.

Gegründet wurde Stuhm vor 1295 auf einer Insel.

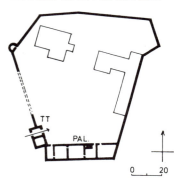

Tapiau – Gwardejsk

Kr. Wehlau – Znamensk, Ostpreußen, Polen

Grundriß in: Kunstdkm. v. Ostpr., Bd. 2, S. 182; Borchert, S. 140.

Entstanden ist die Ordensburg 1280–1290. Sie wurde 1879 stark verändert. Die Ringmauer ist 2,7 m stark.

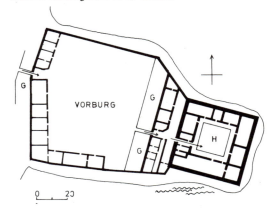

Taplaken – Talpaki

Kr. Wehlau – Znamensk, Ostpreußen, Polen

Grundriß in: Kunstdkm. v. Ostpr., Bd. 2, S. 144.

Entstanden ist die schwache Burg um 1400. Zuletzt war sie Domäne.

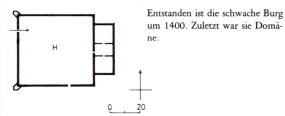

Tarwast – Tarvastu

Kr. Fellin – Viljandi, Estland

Grundriß in: Tuulse-El., S. 247.

Die Burg gehörte zu Fellin; sie ist im 14. Jh. erbaut worden.

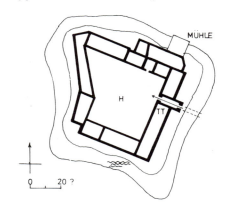

Thorn – Toruń

Westpreußen, Polen

Grundriß in: Zamke w Polsce; Borchert, S. 16.

Die Burg entstand Mitte des 12. Jh. Zerstört wurde sie 1454. Sie war die erste fest ausgebaute Burg des Deutschen Ordens. Der Bergfried ist 8 m breit.

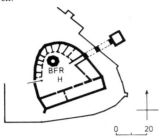

Tolsburg – Toolse

Kr. Narwa – Narva, Estland

Grundriß in: Tuulse-El., S. 316.

Die Burg wurde 1471 auf einer Landzunge zum Schutz gegen Seeräuber erbaut.

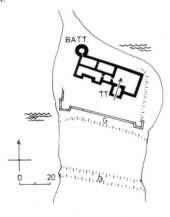

Treyden – Turaida

Kr. Riga, Lettland

Grundriß in: Ebhardt I, Abb. 611; Löwis, Nr. 66; Tuulse-El., S. 41.

Die 1214 begonnene Burg hieß zunächst Fredeland und war bis ins 18. Jh. bewohnt. Die Ringmauer ist 2 m stark; der Bergfried hat 11,6 m Durchmesser, sein Eingang liegt 8 m hoch.

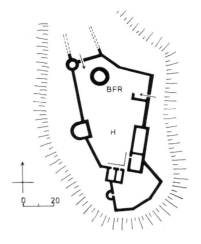

Trikaten – Trikāta

Kr. Walk – Valga, Lettland

Grundriß in: Tuulse-El., S. 75

Entstanden ist die Burg um 1285 am Trikatasee, urkundlich ist sie erst 1429 erwähnt. Verfallen ist sie im 17. Jh., ihre Reste wurden 1889 ausgegraben.

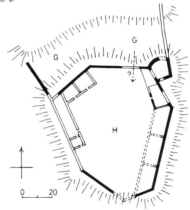

Tuckum – Tukums

Lettland

Grundriß in: Tuulse-El., S. 229.

Die Lagerburg entstand vor 1381, wann sie zerstört wurde, ist unbekannt.

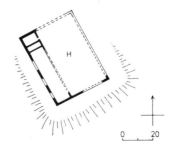

Türpsal – Järve
Kr. Narwa – Narva, Estland

Angabe bei: Löwis, S. 119.

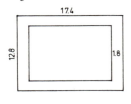

Der Wohnturm ist der Rest einer mittelalterlichen Vasallenburg.

Üxküll – Ikšķile
Kr. Riga, Lettland

Grundriß in: Tuulse-El., S. 25.

Die kleine Anlage ist Livlands älteste Steinburg, die 1185 begonnen wurde. Verfallen ist sie im 17. Jh. und vor dem 1. Weltkrieg ausgegraben. Der Turm im Zentrum hat 8 m Seitenlänge.

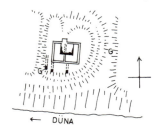

Villack – Vilaka
Kr. Walk – Valga, Lettland

Grundriß in: Löwis; Tuulse-El., S. 333.

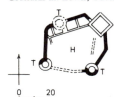

Erbaut wurde die Burg 1342 auf einer Insel im Aluksnesee. Zerstört wurde sie 1702. Die Ringmauer ist 1,6 m stark.

Wack – Vao
Kr. Wesenberg – Rakvere, Estland

Grundriß in: Holst, S. 135; Tuulse-El., S. 117.

Der gutherhaltene Wohnturm im Barockschloß ist der Rest einer Burg des 14. Jh.

Waldau – Nizovje
Kr. Samland, Ostpreußen, Polen

Grundriß in: Kunstdkm. v. Ostpr., Bd. 1, S. 28.

Die 1264 begonnene Burg wurde im 14. und 15. Jh. stark verändert. Sie war zuletzt Lehrerseminar.

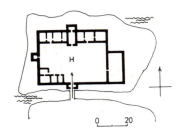

Warbeck – Uue-Kastre
Kr. Dorpat – Tartu, Estland

Grundriß in: Tuulse-El., S. 98.

Entstanden ist die kleine Burg im 14. Jh. im 18. Jh. wurde sie abgebrochen.

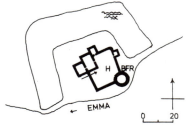

Weißenstein – Paide
Kr. Jerwen – Järva, Estland

Grundriß in: Ebhardt I, Abb. 616; Löwis, Nr. 69; Tuulse-El., S. 290.

Erbaut wurde die Burg um 1265, seit dem 17. Jh. verfiel sie. Der Bergfried ist 13 m breit.

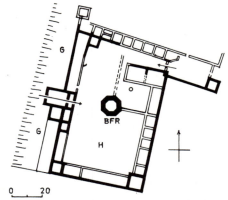

Wenden – Cēsis
Lettland

Grundriß in: Ebhardt I, Abb. 612; Löwis, Nr. 71; Tuulse-El., S. 47; Holst, S. 190.

Begonnen wurde die Burg wohl um 1209, aber die heutige Burg ist aus der Zeit um 1400. Sie wurde 1577 zerstört. Sie war Sitz des Ordensmeisters von Livland.

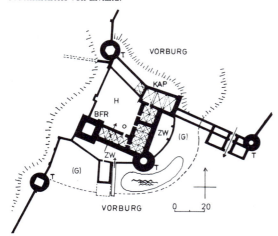

Werder – Virtsu

Kr. Wieck – Visala, Estland

Grundriß in: Löwis, Nr. 72.

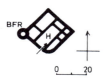

Erwähnt wird die Burg urkundlich 1459, sie ist jedoch älter. Zerstört wurde sie 1533. Die Reste wurden ausgegraben. Die Ringmauer ist 2 m stark, der Bergfried hat 7,5 m Durchmesser.

Wesenberg – Rakvere

Estland

Grundriß in: Tuulse-El., S. 164.

Die Burg ist dänischen Ursprunges. Sie wurde 1346 v. Orden erworben und ist erweitert worden.

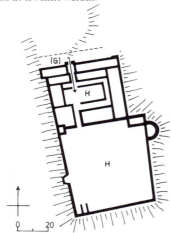

Windau – Ventspils

Lettland

Grundriß in: Löwis, Nr. 73; Tuulse-El., S. 128.

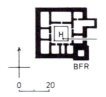

Die für Ordensburgen eher kleine Anlage ist in der 2. Hälfte des 13. Jh. erbaut worden. Die Ringmauer ist 2,7 – 3,0 m stark. Der Bergfried hat ca. 10,5 m Seitenlänge.

Wolkenburg – Valkenberga

Kr. Rositten – Rēzekne, Lettland

Grundriß in: Tuulse-El., S. 239.

Möglicherweise war nur die Schildmauer von 3 m aus Stein erbaut. Sie ist 1260 entstanden.

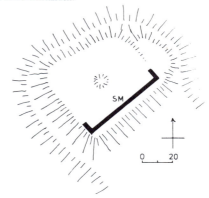

Wolmar – Valmiera

Lettland

Grundriß in: Löwis, Nr. 75; Tuulse-El., S. 48.

Der dargestellte Grundriß stammt von 1688. Die Burg wurde 1212 gegründet. 1702 im Nordischen Krieg wurde sie zerstört.

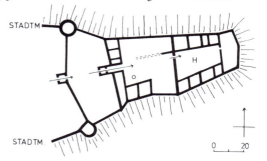

Zlotterie – Złotorja

Kr. Thorn – Toruń, Westpreußen, Polen

Grundriß in: Kunstdkm. v. Westpr., Bd. 6/7.

Erbaut wurde die Burg 1409 als Ergänzung zur Burg Thorn.

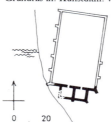

LITERATURVERZEICHNIS

Antonow
ALEXANDER ANTONOW:
Planung und Bau von Burgen im südwestdeutschen Raum,
Frankfurt/Main 1986.

Antonow-SWD
ALEXANDER ANTONOW:
Burgen des südwestdeutschen Raumes, Bühl 1979.

Aufseß
MAX FRH. V. AUFSESS:
Burgen, München 1976.

Baravalle
ROBERT BARAVALLE:
Burgen und Schlösser in der Steiermark, Graz 1962.

Batzer/Städele
ERNST BATZER, ALFONS STÄDELE:
Burgen und Schlösser Mittelbadens, Bühl, o. J.

Baudkm. i. d. Pfalz
Die Baudenkmäler in der Pfalz, 5 Bände,
Ludwigshafen 1884–1897.

Baumann
FRANZ LUDWIG BAUMANN:
Geschichte des Allgäus, Kempten 1983.

Bayr. Kunstdkm.
Bayrische Kunstdenkmale, 33. Bde. (Kreise), München ab 1958.

Biller
THOMAS BILLER:
Die Burgengruppe Windstein, Köln 1985.
30. Veröffentlichung der Abteilung Architektur des kunsthistorischen Institutes der Universität Köln.

Binding
GÜNTER BINDING:
Rheinische Höhenburgen, Köln 1978.

Blätter d. Schw. Albv.
Blätter des schwäbischen Albvereins

Bleyl
WOLFGANG BLEYL:
Der Donjon, Köln 1978.

Borchert
FRIEDRICH BORCHERT
Burgenland Preußen, München 1987.

Bour
ROGER BOUR:
Taschenführer durch die Burgen und Schlösser Luxemburgs,
2 Bde., Luxemburg 1988.

Bracharz
ELISABETH BRACHARZ
Die Burgen im unteren Inntal, Innsbruck 1966.

Brauns
EDUARD BRAUNS:
Burgen unseres Landes — Kurhessen-Waldeck

Bronner
KARL BRONNER:
Odenwaldburgen, 3 Bde.,
Groß-Umstadt 1924, Mainz 1927.

Bronner-Wohntürme
KARL BRONNER:
Wohntürme im Volksstaat Hessen, Mainzer Zeitschrift 1933 u. 1934.

Bruhns
LEO BRUHNS:
Hohenstaufenschlösser in Deutschland und Italien, Königstein 1959.

Buchmann
HANS BUCHMANN:
Burgen und Schlösser an der Bergstraße, Stuttgart 1986.

Burgen d. Salierzt.
H. BÖHME (Hrsg.):
Burgen der Salierzeit, Sigmaringen 1991.

Burgen d. Schweiz
Herausgegeben v. Schweizer Burgenverein.
Burgen der Schweiz I – XVIII, Basel 1929–1946.

Burgen im Bz. Scheibbs
HERBERT PÖCHHACKER:
Burgen und Herrensitze im Bezirk Scheibbs, Scheibbs 1986.

Burgen i. Dt. Sprachr.
HANS PATZE (Hrsg.):
Burgen im deutschen Sprachraum, Sigmaringen 1976.

Burgen im südl. Baden
H. BENDER, K. B. KNAPPE, K. WILKE:
Burgen im südlichen Baden, Freiburg 1979.

Burgen u. Schlösser
Burgen und Schlösser,
Zeitschrift der Deutschen Burgenvereinigung.

Burgen u. Schlösser a. d. Donau
R. BÜTTNER:
Burgen und Schlösser an der Donau, Birken-Verlag Wien/St. Pölten.

Burgen u. Schlösser der Schweiz
R. BÜTTNER:
Die Burgen und Schlösser der Schweiz, Bd. I – XVIII, Verlag Birkhäuser, Basel.

Burgen u. Schlösser d. Steiermark
H. EBNER:
Burgen und Schlösser der Steiermark, Birken-Verlag, Wien:
1. Ennstal und Murboden,
2. Mürztal und Leoben,
3. Graz, Leibnitz, Weststeiermark

Burgen u. Schlösser im Bgnld.
H. PRICKLER:
Burgen und Schlösser, Ruinen und Wehrkirchen im Burgenland, Birken-Verlag, Wien.

Burgen u. Schlösser in Kärnten
H. WIESNER, A. SEEBACH:
Burgen und Schlösser in Kärnten,
1. Friesach, St. Veit a. d. Glan, Wolfsberg
2. Klagenfurt, Feldkirchen, Völkermarkt
3. Hermagor, Spittal a. d. Drau, Villach

Burgen u. Schlösser in Mittelbaden
HUGO SCHNEIDER (Hrsg.):
Burgen und Schlösser in Mittelbaden, Offenburg 1984.

Burgen u. Schlösser in Niederöstr.
Burgen und Schlösser in Niederösterreich,
Birken-Verlag, Wien:
I/1. R. BÜTTNER: *Wienerwald und Leitha*, neu: 1.
2. F. HALMER: *Baden, Wiener Neustadt*, neu: 3.
3. F. HALMER: *Buckelige Welt, Semmering*, neu: 4.
II/1. R. BÜTTNER: *Greifenstein, St. Pölten*, neu, 5.
2. R. BÜTTNER: *Dunkelsteiner Wald*, neu: 6.
3. R. BÜTTNER: *Zwischen Aarburg und Gresten*, neu: 7.
III/1. W. PONGRATZ, A. SEEBACH: *Litschau, Zwettl, Ottenschlag, Weitra*, neu: 10.
2. W. PONGRATZ, A. SEEBACH: *Ysper, Weiten, Pöggstall*, neu: 12.
R. BÜTTNER, B. FASSBINDER: *Zwischen Mödling, Purkersdorf und Klosterneuburg*, neu: 2.
R. BÜTTNER: *Zwischen Ybbs und Enns*, neu: 8.
R. BÜTTNER: *Vom Marchfeld bis Falkenstein*, neu: 13.
R. BÜTTNER, R. MADRITSCH: *Von Bisamberg bis Laa/Thaya*, neu: 14.
B. M. BUCHMANN, F. FASSBINDER: *Zwischen Krems, Hartenstein und Jauerling*, neu: 16.
B. M. BUCHMANN, B. FASSBINDER: *Zwischen Gföhl, Ottenstein und Grafenegg"*, neu: 17.

Burgen u. Schlösser in Oberöstr.
H. E. BAUMERT, G. GRÜLL:
Burgen und Schlösser in Oberösterreich, Birken-Verlag, Wien:
1. *Salzkammergut und Alpenland*,
2. *Innviertel und Alpenvorland*,
3. *Mühlviertel und Linz*.

Burgen u. Schlösser in Salzburg
F. ZAISBERGER, W. SCHLEGEL:
Burgen und Schlösser in Salzburg,
1. *Pongau, Pinzgau, Lungau*,
2. *Flachgau und Tennengau*.

Burgwart
Der Burgwart,
Organ der Vereinigung zur Erhaltung deutscher Burgen, Berlin 1899–1944.

Clavadetscher
OTTO P. CLAVADETSCHER, WERNER MEYER:
Burgenbuch von Graubünden, Zürich 1984.

Cohausen
AUGUST v. COHAUSEN:
Die Befestigungen der Vorzeit und des Mittelalters, Wiesbaden 1898, Reprint Würzburg 1979.

Comploy
WALTRAUD COMPLOY:
Die Burgen Tirols am oberen Inn, Universität Innsbruck, Diss. 1972.

Conrad/Flesch
JOACHIM CONRAD, STEFAN FLESCH:
Burgen und Schlösser an der Saar, Saarbrücken 1988.

Denkm. d. Rheinl.
R. WESENBERG, A. VERBEEK (Hrsg.):
Die Denkmäler des Rheinlandes, 22 Bände, Düsseldorf ab 1964.

Dictionn. des Chat.
CHARLES LAURENT SALCH:
Dictionnaire des Chateaux et des Fortifications du Moyen Age en France, Straßbourg 1979.

Ebhardt
BODO EBHARDT:
Der Wehrbau Europas im Mittelalter, Bd. I und Bde. II 1 u. 2, Oldenburg 1939.

Engel
GUSTAV ENGEL:
Landesburg und Landesherrschaft, Bielefeld 1979.

Felder
G. FELDER:
Die Burgen der Kantone St. Gallen und Appenzell, in: Neujahrsblatt des Kantons St. Gallen 1907, 1911 und 1912.

Fick
IRMGARD FICK:
Die Burgen des nördlichen Schwarzwalds und seiner Randgebiete, Universität Tübingen, Diss. 1956.

Götting/Grüll
WILHELM GÖTTING, GEORG GRÜLL:
Burgen in Oberösterreich, Linz 1967.

Grimm
PAUL GRIMM:
Die vor- und frühgeschichtlichen Burgwälle der Bezirke Halle und Magdeburg, Berlin (DDR) 1958.

Grundmann
GÜNTER GRUNDMANN:
Burgen und Schlösser und Gutshäuser in Schlesien I, Frankfurt/Main 1982.

Gumpert
KARL GUMPERT:
Frühmittelalterliche Turmhügel in Franken, 70. Jahresbericht des historischen Vereins für Mittelfranken, Ansbach 1950.

Happel
G. HAPPEL:
Die Burgen im oberen Hessen, Marburg 1905.

Hartmann
GEORG HARTMANN:
400 Burgen um Zürich, Zürich 1967.

Hauptmann
ARTHUR HAUPTMANN:
Burgen einst und jetzt, 2 Bde., Konstanz 1985.

Hauswirth
FRITZ HAUSWIRTH:
Burgen und Schlösser der Schweiz, 10 Bde., Kreuzlingen 1972.

Heber
F. A. HEBER:
Böhmens Burgen, Festen und Bergschlösser, 7 Bde., Prag 1840–1849.

Heine
HANS-WILHELM HEINE:
Studien zu Wehranlagen zwischen junger Donau und westlichem Bodensee, Stuttgart 1978.

Herrmann
JOACHIM HERRMANN:
Burgen und Befestigungen des 12. und 13. Jahrhunderts in der weiteren Umgebung von Berlin, Zeitschrift für Archäologie (DDR) Nr. 20.

Herzog
HARALD HERZOG:
Burgen und Schlösser im Landkreis Euskirchen, Köln 1989.

Hinz
HERMANN HINZ:
Motte und Donjon, Köln 1981.

Holst
NIELS v. HOLST:
Der Deutsche Ritterorden und seine Bauten, Berlin 1981.

Hotz
WALTER HOTZ:
Kleine Kunstgeschichte der deutschen Burg, Darmstadt 1965.

Hotz-Pfalzen
WALTER HOTZ:
Pfalzen und Burgen der Stauferzeit, Darmstadt 1981.

Huber
FRANZ JOSEF HUBER:
Kleines Vorarlberger Burgenbuch, 2. Aufl., Dornbirn 1985.

Kaltenbach
ROLAND KALTENBACH:
Chateaux d'Alsace, Colmar 1978.

Kaul
A. KAUL
Geldrische Burgen, Schlösser und Herrensitze, Geldern 1976.

Kiewat
RAINER KIEWAT:
Ritter, Bauern und Burgen im Hegau, 2. Aufl., Konstanz 1986.

Köckeritz
WOLFGANG KÖCKERITZ:
Die Wasserburg Steinfurt, TU Berlin Diss. 1975.

Kohla
FRANZ XAVER KOHLA, G. A. v. METTNITZ, G. MORO:
Kärntens Burgen, Schlösser, Ansitze und wehrhafte Stätten, Klagenfurt 1973.

Kreisel
HEINRICH KREISEL:
Burgen und Schlösser in Franken, München 1955.

Kubach
HANS ERICH KUBACH, ALBERT VERBECK:
Romanische Baukunst an Rhein und Mosel, 3 Bde., Berlin 1976.

Kulke
ERICH KULKE:
Die mittelalterlichen Burgenanlagen der mittleren Ostmark, TH Berlin, Diss. 1934.

Kunstdkm. v. Anhalt
Anhalts Bau- und Kunstdenkmäler, Dessau ab 1892.

Kunstdkm. v. Baden
Kunstdenkmäler im Großherzogtum Baden, Freiburg, Tübingen, Karlsruhe ab 1887.

Kunstdkm. v. Bayern
Die Kunstdenkmäler des Königreichs Bayern,
Die Kunstdenkmäler von Bayern, München ab 1895:
Mittelfranken, Niederbayern, Oberbayern, Oberfranken, Pfalz, Schwaben.

Kunstdkm. v. Böhmen
Topographie der historischen und Kunstdenkmale im Königreich Böhmen, Prag ab 1898.

Kunstdkm. d. Prov. Brandbg.
Die Kunstdenkmäler der Provinz Brandenburg (Preußen), Berlin ab 1909.

Kunstdkm. v. Braunschw.
Die Bau- und Kunstdenkmäler des Herzogtums Braunschweig, Wolfenbüttel ab 1896.

Kunstdkm. d. Prov. Hann.
Die Kunstdenkmäler der Provinz Hannover, Hannover ab 1899.

Kunstdkm. u. Alterth. im Hann.
Die Kunstdenkmäler und Alterthümer im Hannoverschen, Hannover ab 1871.

Kunstdkm. v. Hessen
Die Kunstdenkmäler im Großherzogtum Hessen, Darmstadt ab 1885.
Die Kunstdenkmale im Volksstaat Hessen, Darmstadt nach 1918.

Kunstdkm. v. Hohenz.
W. GENZMER (Hrsg.):
Die Kunstdenkmäler v. Hohenzollern, 2 Bde., Sigmaringen 1939.

Kunstdkm. v. Hohenz.,
K. T. ZINGELER, W. F. LAUR:
Bau- und Kunstdenkmäler in Hohenzollernschen Landen, Stuttgart 1896.

Kunstdkm. i. Rg.-Bez. Kassel
Bau- und Kunstdenkmäler im Reg.-Bezirk Cassel, später Kassel, (Neue Folge), Kassel ab 1901.

Kunstdkm. v. Mecklenbg.
Die Kunst- und Geschichtsdenkmäler des Großherzogtums Mecklenburg-Schwerin Schwerin ab 1896.

Kunst- und Geschichtsdenkmäler des Freistaates Mecklenburg-Strelitz, Neubrandenburg ab 1921.

Kunstdkm. v. Nieders.
Die Kunstdenkmale des Landes Niedersachsen, DKV ab 1956.

Kunstdkm. v. Oldenbg.
Die Bau- und Kunstdenkmäler im Herzogtum Oldenburg, Oldenburg ab 1896.

Kunstdkm. d. Prov. Ostpr.
Die Bau- und Kunstdenkmäler der Provinz Ostpreußen, Königsberg ab 1891.

Kunstdkm. d. Prov. Posen
Die Kunstdenkmäler der Provinz Posen, Berlin ab 1896.

Kunstdkm. d. Prov. Sachs.
Die Bau- und Kunstdenkmäler der Provinz Sachsen, Halle ab 1882.

Kunstdkm. v. Rhld.-Pf.
Die Kunstdenkmäler des Landes Rheinland-Pfalz, DKV ab 1957.

Kunstdkm. d. Rheinprov.
Kunstdenkmäler der Rheinprovinz, (P. Clemen), Düsseldorf ab 1891.

Kunstdkm. v. Sachsen
Bau- und Kunstdenkmäler im Königreich Sachsen, Dresden ab 1882.

Kunstdkm. d. Schweiz
Die Kunstdenkmäler der Schweiz, Kantone, Basel ab 1927.

Kunstdkm. v. Thür.
Bau- und Kunstdenkmäler von Thüringen, (P. Lehfeld), Jena ab 1880.

Kunstdkm. v. Westf.
Die Bau- und Geschichtsdenkmäker von Westfalen, Münster ab 1889.

Kunstdkm. v. Westpr.
Die Bau- und Kunstdenkmäler Westpreußens, Danzig ab 1884.

Kunstdkm. i. Rg. Bez. Wiesbaden
Die Bau- und Kunstdenkmäler des Regierungsbezirkes Wiesbaden, Frankfurt ab 1907.

Kunstdkm. v. Württbg.
Die Kunst- und Altertums-Denkmale im Königreich Württemberg, später: Die Kunstdenkmäler in Württemberg, Stuttgart-Eßlingen ab 1889.

Kunstmann
HELMUT KUNSTMANN:
Burgen am Obermain, Kulmbach 1975.
Der Burgenkranz um Werneck, Würzburg 1978.
Die Burgen in der nördlichen und nordwestlichen Fränkischen Schweiz, 2. Bde., Würzburg 1971.
Schloß Guttenberg, Würzburg 1966.

Kunze
RAINER KUNZE:
Burgenpolitik und Burgenbau der Grafen von Katzenelnbogen, Braubach 1969.

Löwis
KARL v. LÖWIS AF MENAR:
Burgenlexikon für Alt-Livland, Riga 1922.

Lutz
DIETRICH LUTZ:
Turmburgen in Südwestdeutschland, in: *La maison fort au moyen âge*, Paris 1986.

C. A. MÜLLER:
Burgen und Schlösser, Markgräflerland Sonderheft 1973.
Abkürzung: Markgräflerland

Meiche
A. MEICHE:
Die Burgen und vorgeschichtlichen Wohnstätten der sächsischen Schweiz, Dresden 1907.

Merkt
OTTO MERKT:
Burgen, Schanzen, Letzen und Galgen im Allgäu, Kempten 1951.

Merz-Aargau
WALTER MERZ:
Die mittelalterlichen Burganlagen und Wehrbauten des Kantons Aargau, 3 Bde., Aargau 1905—1929.

Merz-Sisgau
WALTER MERZ:
Die Burgen des Sisgaues, 4 Bde., Aarau 1909–1914.

Meyer
WERNER MEYER:
Burgen der Schweiz, 9 Bde., Zürich 1981–1983.

Meyer/Lessing
WERNER MEYER, ERICH LESSING:
Deutsche Ritter, Deutsche Burgen, München 1976.

Meyer-Regio
WERNER MEYER:
Burgen von A–Z, Burgenlexikon des Regio, Basel 1981.

Meyer/Widmer
WERNER MEYER, EDUARD WIDMER:
Das große Burgenbuch der Schweiz, München 1977.

Mrusek
HANS JOACHIM MRUSEK:
Burgen in Sachsen und Thüringen, München 1965.

Mrusek-II
HANS JOACHIM MRUSEK:
Gestalt und Entwicklung der feudalen Eigenbefestigungen im Mittelalter, Berlin (DDR) 1973.

Naeher
JULIUS NAEHER:
Die Burgenkunde für das südwestdeutsche Gebiet, München 1901, Reprint Frankfurt/Main 1979.

Nessler
TONI NESSLER:
Burgen im Allgäu, 2 Bde., Kempten 1984–1985.

Öster. Kunsttop.
Österreichische Kunsttopographie, Wien ab 1907.

Oppermann/Schuchhardt
A. v. OPPERMANN, C. SCHUCHHARDT:
Atlas vorgeschichtlicher Befestigungen in Niedersachsen, Hannover 1887–1916.

Pfefferkorn
WILFRIED PFEFFERKORN:
Burgen unseres Landes, 7 Bde., Stuttgart 1972–1976.

Piper
OTTO PIPER:
Burgenkunde, München 1912, Reprint Frankfurt/Main 1965.

Piper-Östr.
OTTO PIPER:
Österreichische Burgen, 8 Bde., Wien 1908—1910.

Poeschel
EMIL POESCHEL:
Das Burgenbuch von Graubünden, Zürich-Leipzig 1930.

Prokop
AUGUST PROKOP:
Die Markgrafschaft Mähren, Wien 1904.

Radacki
ZBIGNIEW RADACKI:
Stredniowiecze Zamki Pomorza Zachodniego, Warschau 1976.

Rosner
KARL ROSNER:
Ruinen der mittelalterlichen Burgen Oberösterreichs, Wien 1903.

Rüdiger
ALFRED RÜDIGER:
Die links der Elbe gelegenen Burgen des Königreichs Sachsen, Beiträge zur Bauwissenschaft, Heft 14 - 1909.

Salch
CHARLES-LAURANT SALCH:
Dictionnaire des Châteaux de l'Alsace Mediévale, Straßburg 1975.

Sammlg. Kreutzbruck
OBERST v. KREUTZBRUCK hat vor 1900 eine große Zahl von Grundrissen niederösterreichischer Burgen und Schlösser vermessen und gezeichnet. Diese Sammlung befindet sich in der niederösterreichischen Landesbibliothek.

Schallack
GUSTAV SCHELLACK:
Burgen und Schlösser in Hunsrück, Nahe- und Moselland, Kastellaun 1976.

Schmidt
RICHARD SCHMIDT:
Burgen des deutschen Mittelalters, München 1954.

Schmidt
RICHARD SCHMIDT:
Die Burgen des Deutschen Ritterordens in Kurland, Zeitschrift für das Bauwesen, Heft 7 – 9/1921.

Schmitt
GÜNTER SCHMITT:
Burgenführer Schwäbische Alb, Bde.:
1. *Nord-Ost Alb*, Biberach 1988;
2. *Alb Mitte-Süd*, Biberach 1989;
3. *Donautal*, Biberach 1990;
4. *Alb Mitte-Nord*, Biberach 1991;
5. *Westalb*, Biberach 1993.

Schuchhardt
CARL SCHUCHHARDT:
Die Burg im Wandel der Weltgeschichte, Wiesbaden 1931 Reprint Frankfurt/Main 1981.

Schulz
ADOLF SCHULZ:
Burgen und Schlösser des Braunschweiger Landes, Braunschweig 1983.

Schwarz
UWE SCHWARZ:
Die niederadligen Befestigungen des 13. bis 16. Jahrhunderts im Bezirk Neubrandenburg, Berlin (DDR) 1987.

Stark
HARALD STARK:
Burgen im Fichtelgebirge, Wunsiedel 1988.

Stolberg
FRIEDRICH STOLBERG:
Befestigungsanlagen in und am Harz von der Frühgeschichte bis zur Gegenwart, Hildesheim 1983.

Streng
HERMANN STRENG:
Burgen, Schlösser und Ruinen im Tuttlinger Raum, Tuttlingen 1976.

Tillmann
CURT TILLMANN:
Lexikon der Deutschen Burgen und Schlösser, 3 Bde., Stuttgart 1960.

Thüer
HANS RUDOLF THÜER:
Die Burgen und Schlösser im Amt Willisau und Umgebung, Sonderdruck aus Heimatkunde des Wiggertales, Heft 40, Willisau 1982.

Trapp
OSWALD GRAF v. TRAPP:
Tiroler Burgenburg, Bozen – Wien ab 1980.
I   Vinschgau,
II Burggrafenamt,
III Wipptal,
IV Eisacktal,
V   Sarntal,
VI Mittleres Inntal,
VII Oberinntal,
VIII Bozen.

Tuulse
ARMIN TUULSE:
Burgen des Abendlandes, Wien – München 1958.

Tuulse-El
ARMIN TUULSE:
Burgen in Estland und Lettland, Dorpat 1942.

Uhl
STEFAN UHL:
Burgen, Schlösser und Adelssitze im Kreis Biberach, Sonderheft der *Heimatkundlichen Blätter für den Kreis Biberach*.

Ullmer
A. ULLMER:
Die Burgen und Edelsitze Vorarlbergs und Liechtensteins, Dornbirn 1923.

Voellner
HEINZ VOELLNER:
Die Burgen und Schlösser zwischen Wutachschlucht und Hochrhein, Waldshut 1973.

Wäscher
HERMANN WÄSCHER:
Feudalburgen in den Bezirken Halle und Magdeburg, Berlin (DDR) 1962.

Waldburg
HUBERT GRAF WALDBURG-WOLFEGG:
Vom Nordreich der Staufer, 2. Aufl., München/Zürich 1964.

Warnecke
EDGAR F. WARNECKE:
Das große Buch der Burgen und Schlösser von Hase und Ems, Osnabrück 1985.

Wein
GERHARD WEIN:
Die mittelalterlichen Burgen im Gebiet der Stadt Stuttgart, 2 Bde., Stuttgart o. J.

Weinelt
HERBERT WEINELT:
Probleme schlesischer Burgenkunde, gezeigt an den Burgen des Freiwaldauer Bezirkes, Breslau 1936.

Wenz
MARTIN WENZ:
Der Drachenfels und die Felsenburgen der Nordvogesen, Universität Heidelberg, Diss. 1989.

Weingartner-Bozen
JOSEF WEINGARTNER:
Bozener Burgen, Innsbruck, Wien, München 1953.

Weingartner-Hörmann
JOSEF WEINGARTNER,
MAGDALENA HÖRMANN-WEINGARTNER:
Die Burgen Tirols, Innsbruck, Wien, München, Bozen 1981.

Weingartner-Tirol
JOSEF WEINGARTNER:
Tiroler Burgenkunde, Innsbruck, Wien 1950.

Wörner
FRIEDRICH J. WÖRNER:
Schlösser und Bauwerke der Hohenzollern, Moers 1981.

Wolff
FELIX WOLFF:
Elsässisches Burgenlexikon, Straßburg 1908, Reprint Frankfurt/Main 1979.

Zamki W Polsce
BOHDAN GUERQUIN:
Zamki W Polsce, Warschau 1984.

Zeller-Werdmüller
H. ZELLER-WERDMÜLLER:
Zürcherische Burgen, Mitteilung der Antiquar Gesellschaft in Zürich, Bd. XXIII, Heft 6 und 7, Zürich-Leipzig 1894–1895.

Zingeler-Buck
K. TH. ZINGELER, G. BUCK:
Zollersche Schlösser, Burgen und Burgruinen in Schwaben, Berlin 1906.

GEOGRAPHISCHES VERZEICHNIS

Österreich (A)

BURGENLAND

Eisenstadt
Eisenstadt —
Hornstein Mkt. Hornstein
Güssing
Eberau —
Güssing —
Mattersburg
Forchtenstein Forchtenau
Neusiedel
Tabor Neusiedel
Oberpullendorf
Kobersdorf Mkt. Kobersdorf
Landsee Mkt. St. Martin
Lockenhaus —
Oberpetersdorf Kobersdorf
Oberwart
Bernstein Mkt. Bernstein
Schlaining Stadtschlaining

KÄRNTEN

Hermagor
Aichelburg St. Stephan-Gail
Goldenstein Goldberg
Grünburg —
Khünburg —
Pittersberg Laas
Prießeneck Hermagor
Waidegg Rattendorf
Weidenburg Würmlach
Klagenfurt
Alt Keutschach Keutschach
Dietrichstein Feldkirchen
Drasing Krumpendorf
Glanegg Rotte i. Glantal
Greifenfels Ebental
Gurnitz Ebental
Hafnerburg St. Urban
Halleg Wölfnitz-Hallegg
Himmelberg —
Lärchenau Grafenstein
Leonstein Pörtschach
Moosburg-Arnulfhgl. —
Moosburg-Thurnerkgl. —
Prägrad Glanhofen
Reifinitz Keutschach
Seeburg Pörtschach
Stattenberg —
Steuerberg Wabl
Zeiselberg St. Wolfgang
St. Veit
Alt Dornhof Obermühlbach
Althaus Silberberg
Althofen —
Alt Liemburg Liebenberg

Eberstein —
Freiberg Obermühlbach
Friesach —
Geiersberg Friesach
Gradenegg Liebenfels
Grünburg-Hpt. Kl. St. Paul
Grünburg-Vor. Kl. St. Paul
Hardegg-Ob. Glödnitz
Hardegg Liebenfels
Hemmaburg Friesach
Hochkraig Grassen
Hochosterwitz —
Hornburg-Gr. Kl. St. Paul
Hornburg-Unt. Kl. St. Paul
Karlsberg Oberbg. Hörzendorf
Karlsberg Unterbg. Hörzendorf
Lavant Friesach
Liebenfels Hohenliebenfels
Mannsberg St. Georgen a. Längssee
Niederkraig Grassen
Nußberg Schaumboden
Petersberg Friesach
Silberberg St. Martin
Straßburg —
Schaumburg Schaumboden
Taggenbrunn St. Georgen a. Längssee
Turnhof Zweinitz
Wullroß Weilensfeld
Spittal
Farbenstein Heiligenblut
Faulturm Obervellach
Freistritz Malta
Feldsberg Pusarnitz
Flaschberg Oberdrauburg
Gmünd —
Greifenberg —
Groppenstein Obervellach
Gschiess Baldramsdorf
Hohenburg Pusarnitz
Leobeneck Eisentratten
Lind Kleebach-Lind
Oberfalkenstein Obervellach
Ortenburg Baldramsdorf
Penk —
Rauchenkatsch Kremsbrücken
Rauhenfest Malta
Rosenburg Oberdrauburg
Rottenstein Steinfeld
Stein —
Wildegg Stall-Sonnberg
Villach
Aichelberg Wernberg
Alt Finkenstein Finkenstein-Latschach
Burgstall Einöde
Federaun Oberfederaun
Frojach Rosegg St. Martin
Grad Rosenbach
Hohenwart Köstenberg
Landskron Villach
Ras St. Jacob-Rosental

Rosegg	Villach	Zistersdorf	—
Sternberg	Wernberg	**Gmünd**	
Straßfried	Arnoldstein	Engelstein	Großschönau
Treffen	—	Heidenreichstein	—
Weißenstein	Paternion	Litschau	—
Völkermarkt		Weitra	—
Bukovnik	Eisenkappel	**Hollabrunn**	
Feuersberg	Globasnitz	Göllersdorf	—
Griffen	—	Hardegg	—
Haimburg	Neunburg	Immendorf	—
Minneburg	Bleibtreu	Kaya	—
Mittertrixen	Waisenberg	Maissau	—
Niedertrixen	Waisenberg	**Horn**	
Obertrixen	Waisenberg	Breiteneich	—
Rauterburg	Haimburg	Buchberg	—
Rechberg	Eisenkappel	Burgschleinitz	—
Reinegg	Waisenberg	Drossendorf	—
Waisenberg	—	Ebersdorf	Lehen
Weißenegg	Ruden	Feinfeld	—
Weißenegg-Turm	Ruden	Gars-Thunau	Thunau
Wildenstein	Gallizien	Grub	Messern
Wolfsberg		Horn	—
Gomarn	Bad St. Leonhard	Kamegg	—
Hartneidstein	—	Klösterl	Thunau
Lavamünd	—	Mahrersdorf	—
Painburg	Lichtengraben	Missinghof	—
Pirkenstein	Bad St. Leonhard	Oberhöflein	—
Rabenstein	St. Paul i. Lavant	Rosenburg	—
Reichenfels	Bad St. Leonhard	Sachsendorf	—
Reissberg	St. Andrae	Stallegg	—
Stein	St. Georgen	Schimmelsprung	Thunau
Twimberg	Schiefling	Therasberg	Sigmundsherberg
Wolfsberg	—	Thürnau	Drossendorf
		Tursenstein	Stein am Kamp
		Wildberg	Messern
		Korneuburg	
NIEDERÖSTERREICH		Bergau	Unterrohrbach
Amstetten		Harmannsdorf	—
Freyenstein	—	Kreuzenstein	—
St. Peter i. d. Au	—	Ober Rußbach	—
Ulmerfeld	—	Sierndorf	—
Baden		**Krems**	
Arnstein	Reisenmark	Bertholdstein	Hollenburg
Ebreichsdorf	—	Brunn	Lichtenau-Brunn
Enzesfeld	—	Donaudorf	—
Hernstein	—	Dürnstein Oberb.	—
Leesdorf	—	Dürnstein Unterb.	—
Merkenstein	Gainfarn	Falkenberg	Hadersdorf
Neuhaus	—	Göttweig	—
Pottendorf	—	Hartenstein	Els
Rauheneck	Baden	Hinterhaus	Spitz
Rauhenstein	Baden	Hohenstein	Felling
Scharfeneck	Baden-Dörfl	Imbach	Senftenberg-Imbach
Bruck/Leitha		Krems	—
Enzersdorf	—	Krems Stadtbg.	—
Hainburg	—	Kronsegg	Schiltern
Pottenburg	Wolfsthal	Krumnau a. Kamp	—
Prugg	Bruck	Lichtenau	—
Rothenstein	Hainburg	Ober Ranna	—
Scharfeneck	Mannersdorf	Rannahof	Schwallenbach
Gänserndorf		Rastenberg	—
Dürrnkrut	—	Rehberg	Krems
Marchegg	—	Rundersburg	St. Leonhard am Hornerwald
Neusiedel a. d. Zaya	—	Senftenberg	—
Orth	—	Schönberg	—
Palterndorf	—	Zorimauer	Langenlois
Sachsengang	—	**Lilienfeld**	
Wolkersdorf	—	Araburg	Kaumberg

724

Hohenberg	—	Stuppach	—
Kaumberg	—	Schönau	Bad Schönau
Melk		Schrattenstein	Schrattenbach
Aggstein	—	Thernberg	—
Albrechtsburg	—	Thomasberg	—
Ebersdorf	Lehen-Ebersdorf	Vöstenhof	—
Eckhardstein	Neudorf	Wartenstein	Gloggnitz
Feistritz	Heiligenblut	Ziegersberg	Zöbern
Graslhof	Persenburg	**St. Pölten**	
Himberg	Weißenkirchen	Alt Lengbach	Lengbach
Kälberhof	Neukirchen	Goldegg	Neidling
Karlsbach	St. Martin	Hohenegg	Hafnerburg
Kienhof	Wimberg-Pisching	Kasten	Böheimkirchen
Mollenburg	Weifen	Kreisbach	—
Plankenstein	Texing	Neulengbach	Lengbach
Pöchlarn	—	Osterburg	Haunoldstein
Pöggstall	—	Pottenbrunn	—
Prinzelndorf	—	Rabenstein	—
Rappoltenreith	Turmhof	Raipoltenbach	—
Seiterndorf	Weiten-Seiterndorf	Traismauer	—
Sichtenberg	Loosdorf	Traunleiten	Karlstetten
Streitwiesen	Weiten	Unterthurn	Lengbach
Schallaburg	Schollach	Wald	—
Schaustein	St. Oswald	Weißenburg	Altenkling
Schwarzau	—	**Scheibbs**	
Weißenburg	Kollnitz	Bosrückl	St. Georgen
Weitenegg	—	Brandlstein	St. Anton
Wimberg	—	Dachsberg	St. Georgen
Wolfstein	—	Frankenstein	St. Anton
Ybbs	—	Giening	Scheibbs
Zelking	—	Hochperwarth	Randegg
Mistelbach		Jeßnitz	St. Anton
Asparn	—	Kerschenberg	Reinsberg
Bockfließ	—	Liebegg	Scheibbs
Ernstbrunn	—	Oberhausegg	Gresten
Falkenstein	—	Purgstall	—
Kleinhadersdorf	—	Randegg	—
Laa	—	Reinsberg	—
Niederkreuzstetten	Kreuzstein	Steinegg	Wang
Pfarrhof	Falkenstein	Scheuernburg	Scheibbs
Rabensburg	—	Schießerberg	St. Georgen
Staatz	—	Schloßkogl	Safen
Moedling		Wieselburg	—
Gaaden	Obergaaden	Zehnbach	Purgstall
Hofmark	Perchtoldshof	**Tulln**	
Johannstein	Sparbach	Greifenstein	—
Kammerstein	Perchtoldsdorf	Krottendorf	Zwentendorf
Laxenburg	—	Ried	—
Liechtenstein	Maria Enzersdorf	**Waidhofen/Thaya**	
Mödling	—	Eibenstein	—
Perchtoldsdorf	—	Karlstein	—
Wildegg	Sittendorf	Kollmitzgraben	—
Neunkirchen		Raabs	—
Aspang	—	**Waidhofen/Ybbs**	
Freistritz	—	Gleiss	Sonntagsberg
Gerasdorf	—	Waidhofen/Ybbs	—
Grabensee	Gloggnitz	Wolfring	—
Grimmenstein	—	**Wien-Umland**	
Hassbach	—	Mauerbach	—
Klamm	Breitenstein	Purkersdorf	—
Kranichberg	—	**Wiener Neustadt**	
Losenheim	Puchberg am Schneeberg	Ebenfurth	—
Pitten	—	Emmerberg	Winzendorf
Puchberg	—	Gutenstein	—
Seebenstein	—	Kirchschlag	—
Steyersberg	—	Krumbach	—
Stixenstein	Sieding	Maierdorf	—
Stubenberg	Kirchau	Starhemberg	Dreistetten

Stickelberg	Hollenthon	**Schärding**	Eggerding
Scheuchenstein	Miesenbach	Hackledt	Pyrwang
Wiener Neustadt	—	Krempelstein	—
Zwettl		Schärding	—
Allensteig	—	Viechtenstein	—
Anschau	Traunstein	Wernstein	Waldkirchen
Arbesbach	Reichhalms	Wesen	—
Dobra	—	**Urfahr**	Grammastetten
Kehrbach	—	Lichtenhag	Oberneukirchen
Lichtenfels	Friedersbach	Lobenstein	Pulgarn
Ottenstein	—	Luftenberg	Feldkirchen
Rapottenstein	—	Oberwallsee	Schönau
Schauenstein	Altpölla	Prandegg	Alberndorf
Schmerbach	—	Riedegg	—
Schwarzenöda	Pölla	Rodenegg	—
Waldreichs	—	Steyregg	—
Wegscheid I	—	Waxenberg	—
Wegscheid II	—	Wildberg	—
Weinsberg	Bärenkopf	**Vöcklabruck**	St. Georgen
Wiesenreith	—	Kogl	
		Wels	Steinkirchen
		Almegg	—
OBERÖSTERREICH		Neydharting	Offenhausen
Braunau		Würting	
Eggelsberg	—		
Hagenau	St. Peter am Hart	**SALZBURG**	
Wildshut	—	**Hallein**	
Eferding		Altengutrat	Hallein
Stauf	Heibach	Fuschl	Hof
Schaunburg	Hartkirchen	Golling	—
Freistadt		Guetrat	Hallein
Dornach	Lasberg	Hüttenstein	St. Gilgen
Hagenberg	—	Kuchl	—
Kronest	—	Puchstein	Puch
Reichenstein	Tragwein	Thürndl	Hallein
Ruttenstein	Pierbach	Thurn	St. Jacob
Weinberg	Kefermarkt	**Salzburg**	
Gmunden		Haunsperg	Nußdorf am Haunsperg
Alt Scharnstein	Scharnstein	Hohensalzburg	Salzburg
Ort	—	Lichtentann	Henndorf
Wildenstein	Bad Ischl	Mattsee	—
Grieskirchen		Neuhaus	Salzburg
Schlüsselburg	—	Plain	—
Kirchdorf		Seeburg	Seekirchen
Alt Pernstein	Michelsdorf	Wartenfels	—
Klaus	—	**St. Johann**	
Linz		Bachsfall	Bischofshofen
Eschelburg	—	Bischofshofen	—
Spielberg	Enns	Götschenberg	Bischofshofen
Zöch	Altenberg b. Linz	Goldegg	—
Perg		Graben	Flachau
Greinburg	Grein	Hohenwerfen	—
Klingenberg	St. Thomas	Klammstein	Dorfgastein
Kreuzen	Mkt. Kreuzen	Plankenau	Mkt. Pongau
Saxenegg	Münzbach	Radstatt	—
Schwertberg	—	**Tamsweg**	
Werfenstein	Struden	Burgstall	Sauerfeld
Windegg	Schwertberg	Finstergrün	Ramingstein
Rohrbach		Klausegg	Seethal
Falkenstein	Hofkirchen	Mauterndorf	—
Haichenbach	Hofkirchen	Moosham	—
Lauerturm	St. Martin	Oberweissberg	St. Michael
Neuhaus	St. Martin	Pichl	—
Piberstein	Ahorn	Pritzgut	Oberweißberg
Pürnstein	Neufelden	Schloßberg	Seethal
Steyer		Tauernpaß	Tweng
Losenstein	—	Thurnschall	Lessach

Zell am See	Felben bei Mittersill	Katzsch	—
Felm	Bruck/Glockner	Pux	Frojach-Katsch
Fischhorn	Sulzau	Puxer Loch	Frojach-Katsch
Friedburg	—	Rothenfels	Oberwölz
Hieburg	—	Stein	Mariahof
Hollersbach	—	**Radkersburg**	
Kaprun	Saalfelden	Kloch	—
Lichtenberg	—	**Voitsberg**	
Prielau	Niedernsill	Alt Kainach	Kainach
Radenspacher Burg	Piesendorf	Hauenstein	Kainach
Walchen	—	Klingenstein	Salla
Weyer		Krems	—
		Ligist	—
STEIERMARK		Primaresberg	Lankowitz
Bruck/Mur		Voitsberg	—
Bruck	—	**Weiz**	
Oberkapfenberg	—	Frondsberg	Kogelhof
Pernegg	—	Ober Radmannsdorf	Weiz
Deutschlandsberg		Sturmberg	Naas
Deutschlandsberg	—	Wachsenegg	Anger
Wesenstein	Stainz		
Fürstenfeld		**TIROL**	
Burgau	—	**Imst**	
Graz-Umland		Fernstein	Nassereith
Ehrenfels	St. Radegund	Gebratstein	Tarrenz
Gösting	—	Imst	—
Peggau	—	Klamm	Obsteig
Pfannberg	Frohnleiten	Neu Starkenburg	Tarrenz
Plankenwarth	St. Oswald	Petersberg	Sils
Rabenstein	Frohnleiten	Sigmundsburg	Nassereith
Thal	Kirchberg	**Innsbruck**	
Waldstein	Deutschfeistritz	Amras	Innsbruck
Hartberg		Anholz	Matrei
Neuberg	—	Fragenstein	Zirl
Neudau	—	Friedberg	—
Neuhaus	Stubenberg	Grabenstein	Innsbruck
Pöllau	—	Hasegg	Hall
Judenburg		Hohenburg	Igls
Eppenstein	Allersdorf	Kolbenturm	Tulfs
Fohnsdorf	—	Lueg	Brenner
Frauenburg	—	Martinsburg	Zirl
Liechtenstein	Judenburg	Schloßberg	Seefeld
Reifenstein	Pöls	Thaur	—
Wolkenstein	Wörschach	Trautson	Matrei
Knittelfeld		Vellenberg	Götzens
Gallerhof	Seckau	Weiherburg	Innsbruck
Leibnitz		**Kufstein**	
Seggau	—	Kropfsburg	Reith i. Alpachtal
Schmierenberg	Schmirnberg	Kufstein	—
Wildon Oberbg.	—	Lichtenwerth	Münster b. Rattenberg
Wildon Römert.	—	Mariastein	—
Leoben		Matzen	Reith i. Alpachtal
Kaiserberg	St. Stefan	Rattenberg	—
Massenburg	Leoben	Thierberg	—
Tollinghof	St. Peter	**Landeck**	
Liezen		Arlberg	St. Anton
Gallenstein	St. Gallen	Berneck	Kauns
Pflintsberg	Altaussee	Bideneck	Fliess
Mürzzuschlag		Finstermünz	Hochfinstermünz
Hohenwang	Langenwang	Kronburg	Zams
Lichteneck	Wartberg	Landeck	—
Murau		Laudeck	Ladiz
Baiersdorf	Schöder	Naudersberg	Nauders
Dürnstein	—	Sigmundsried	Ried
Forchtenstein	Neumarkt	Schrofenstein	Stanz
Grünfels	Murau	Wiesberg	Tobadill
Karlsberg	Neumarkt	**Lienz**	

Bruck	Lienz		
Heimfels	Sillian		
Kienburg	St. Johann im Wald		
Lavant	Lienz		
Lengberg	Nikolsdorf		
Reutte			
Ehrenberg	Reutte		
Loch	Pinswang		
Vilsegg	Vils		
Schwaz			
Freundsberg	—		
Neu Rettenberg	Kolsaß		
Pernecker Turm	Baumkirchen		
Rettenberg	Kolsaß		
Rottenburg	Jenbach		
Tratzberg	Jenbach		
Telfs			
Hörtenberg	Pfaffenhofen		

Vorarlberg

Bludenz			
Blumegg	Thüringen		
Kastell-Stellfelder	Nenzing		
Lorünser Schlößchen	Bludenz		
Ramschwag	Nenzing		
Rosenegg	Bürs		
Sonnenberg	Nüziders		
Wald am Arlberg	Bludenz		
Bregenz			
Alt Hofen	Lochau		
Alt Schönstein	Hohenweiler		
Hohenbregenz	Bregenz		
Mühlebach	Torrenbüren		
Oberfeld	Wolfurt		
Ruggberg	Lochau		
Wolfurt	—		
Dornbirn			
Oberdorfer Turm	Dornbirn		
Feldkirch			
Alteburga	Altenstadt		
Altems	Hohenems		
Alt Montfort	Weiler		
Heidenburg	Göfis		
Horwa	Satteins		
Jagdberg	Frommengersch		
Neuburg	Koblach		
Neu Ems	Hohenems		
Neu Montfort	Götzis		
Sigberg	Göfis		
Sonderberg	Getzis		
Schattenberg	—		
Schwarzenhorn	Satteins		
Tosters	—		

Wien

Hofburg	Wien

Belgien

Celmis	
Emmaburg	Hergenrath
Malmedy	
Reinhardstein	—
St. Vieth	
Reuland	—

Schweiz

Aargau

Aarau	
Aarau	—
Aarau Schlößli	—
Biberstein	—
Horen	Küttigen
Küngstein	Küttigen
Trostburg	Teufenthal
Urgiz	Denzbüren
Baden	
Baden	—
Freudenau	Untersiggenthal
Hasenburg	Gwinden
Kindhausen	Gwinden
Stein	Baden
Bremgarten	
Lunkhofen	Unterlunkhofen
Brugg	
Auenstein	—
Brugg	—
Habsburg	—
Kasteln	Oberflachs
Schenkenberg	Talheim
Villigen	—
Wildenstein	Veltheim
Laufenburg	
Alt-Thierstein	Gipf-Oberfrick
Honnberg	Wittnau
Kaisten	—
Laufenburg	—
Lenzburg	
Auenstein	—
Brunegg	—
Halwil	—
Lennzburg	—
Schafisheim	—
Wildegg	—
Muri	
Hilfikon	—
Reussegg	—
Unterkulm	
Rued	Schloßrued
Rued-Alte Bg.	Schloßrued
Zofingen	
Aarburg	—
Alt Wartberg	Oftringen
Bottenstein	Bottenwil
Reitnau	—
Zurzach	
Baldingen	—
Bernau	Leibstadt
Böbikon	—
Endingen	—
Kaiserstuhl	—
Klingenau	—
Tegerfelden	—
Waldhausen	Fisibach
Wasserstelz	Fisibach

Appenzell

Clanx	Appenzell
Rosenberg	Herisau
Rosenburg	Herisau
Urstein	Herisau

Basel
Kleinbasel — Basel

Basel-Land
Arlesheim
Binningen — —
Birseck — Arlesheim
Birseck – mittl. — Arlesheim
Bottmingen — —
Engenstein — Pfeffingen
Fürstenstein — Ettingen
Münchenstein — —
Münchsberg — Pfeffingen
Pfäffingen — —
Reichenstein — Arlesheim
Schalberg — Pfeffingen
Tschepperli — Äsch
Wartenberg-Hint. — Muttenz
Wartenberg-Mitt. — Muttenz
Wartenberg-Vord. — Muttenz
Liesthal
Altenberg — Füllingsdorf
Alt Schauenburg — Frenkendorf
Gutenfels — Bubendorf
Madeln — Pratteln
Pratteln — —
Schauenburg — Frenkendorf
Wildenstein — Bubendorf
Sissach
Bischofstein — Sissach
Burgrain — Sissach
Farnsberg — Buus
Homburg — Läufelingen
Maisprach — —
Ödenburg — Wenslingen
Scheidegg — Gelterkinden
Waldenburg
Burghalden — Niederdorf
Dietgen — —
Ramstein — Bretzwil
Reifenstein — Reigoldswil
Rucheptingen — Dietgen
Waldenburg — —
Wild-Eptingen-ältere — Eptingen
Wild-Eptingen-jüngere — Eptingen

Bern
Aarwangen
Aarwangen — —
Bern
Aegerten — Gurten
Allmendingen — —
Bubenberg — Schliern
Geristein — Bollingen
Neu Signau — Bowil
Nydegg — Bern
Oberwangen — —
Riedburg — Köniz
Schwandiburg — Stettlen
Wagenburg — Mühlberg
Wartenstein — Lauperswil
Worb — —
Biel
Biel — —
Büderich — —
Büttenberg — Pieterlen
Nidau — —
Twann — —
Burgdorf
Burgdorf — —
Grimmenstein — Wynigen
Grüningen — Melchnau
Courtelary
Erguel — Sonvilier
Fraubrunnen
Jegenstorf — —
Frutigen
Aris — Kien
Felsenburg — Kandersteg
Tellenburg — Frutigen
Interlaken
Resti — Meiringen
Ringgenberg — —
Rothenfluh — Wildenswil
Steffisburg — —
Schadburg — Niedernried
Unspunnen — Wildenswil
Weißenau — Interlaken
Konolfingen
Schloßwil — —
Langnau
Signau — —
Laufen
Angenstein — Duggingen
Bärenfels — Duggingen
Burg — —
Neuenstein — Wahlen
Schönnberg — Burg
Zwingen — —
Laupen
Laupen — —
Meilen
Resti — Meilen
Neuenstein
Schloßberg — Neuenstein
Obersimmental
Blankenburg — Zweisimmen
Mannenberg-obere — Zweisimmen
Mannenberg-untere — Zweisimmen
Schwarzenberg
Grasburg — Walismatt
Thun
Jagdburg — Armsoldingen
Oberhofen — —
Strättlingen — Thun
Thun — —
Trachselwald
Rorbach — Huttwil
Trachselwald — —
Wangen
Bipp — Oberbipp
Wimmis
Spiez — —
Weißenburg — Wimmis

Fribourg
Bulle
● Greyerz — —
Fribourg
Englisburg — Fribourg
Murten
Murten — —
Saanen
Kl. Vivers — Bärfischen
Sense

Maggenburg	Alterswil	Tinizong Pfarrhs.	—
Obermaggenberg	Maggenberg	**Glenner**	
		Castelberg	Luvis
GLARUS		Frauenburg	Ruschein
Oberwindeck	Niederurnen	Friberg	Siat
Sola	Sool	Grüneck	Ilanz
Vorburg	Oberurnen	Grünfels	Waltensburg
		Heidenburg	Obersaxen
GRAUBÜNDEN		Ilanz	—
Albula		Jörgenberg	Waltensburg
Belfort	Brienz	Kropfenstein	Waltensburg
Bergün	—	Lagenberg	Laax
Greifenstein	Filisur	Löwenstein	Ilanz
Lantsch	—	Lumbrein-Casti	—
Marmels	—	Lumbrein-Casualta	—
Nivagel	Vaz	Moregg	Obersaxen
Imboden		Saxenstein	Obersaxen
Belmont	Flims	Surcasti	Obercastels
Canaschal I	Trins	Schiedberg	Sagogn
Canaschal II	Trins	Schwarzenstein	Obersaxen
Hohentrins	Trins	Valandas	—
Razüns	—	Vella	—
Wackenau	Bonaduz	Vogelberg	Waltensburg
Inn		**Heinzenberg**	
Ardez	—	Almens	—
Castlins	Susch	Alt-Sins	Paspels
Moore	Zernez	Baldenstein	Sils
Padnal	Susch	Campbell	Sils
Remüs	Tschanüff	Canova	Paspels
Sent	—	Ehrenfels	Sils
Serviezel I	Remüs	Fürstenau Oberb.	—
Serviezel II	Tschlin	Fürstenau Unterb.	—
Steinsberg	Ardez	Hasensprung	Pratval
Susch	—	Heinzenberg	Präz
Tarasp	—	Hochjuvalt	Rothenbrunn
Wildenberg	Zernez	Hohenrätien	Thusis
Maloja		Innerjuvalta	Rothenbrunn
Chasté	Sils	Niederealta	Cazis
Chastlatsch	Celerina	Obertagstein	Thusis
Guardaval	Madulein	Ortenstein	Tumegel
Samedam	—	Rietberg	Rodels
Spaniola	Pontresina	Untertagstein	Masein
Zuoz-Planta	—	**Hinterrhein**	
Zuoz-Nr. 15	—	Bärenburg	Andeer
Zuoz-Nr. 65	—	Cagliatscha	Clugin
Münstertal		Haselstein	Zillis-Reischen
Hohenbalken	Müstair	Hasenstein	Zillis-Reischen
Plantaturm	Müstair	La Tur	Zillis-Reischen
Oberlandquart		Mathon	—
Castels	Fiederis	Splügen	—
Davos-Seehof	—	Grottenstein	Haldenstein
Ober-Sansch	Küblis	Haldenstein	—
Strahlegg	Fiederis	Klingenhorn	Malans
Plessur		Lichtenstein	Haldenstein
Bernegg	Calfreisen	Maienfeld	—
Bramberg	Maladers	Marschlins	Igis
Chur	—	Neu Asperemont	Jenins
Straßberg	Malix	Neuburg	Untervaz
Unterwegen	Pagig	Ober Ruchenberg	Trimmis
Unterlandquart		Rappenstein	Untervaz
Falkenstein	Igis	Ruchasperemont	Trimmis
Fracstein	Seewies	Solavers	Seewies
Friedau	Zisers	Wyneck	Malans
Grafenberg	Fläsch	**Vorderrhein**	
Reams	Riom	Bubretsch	Somvix
Splüdatsch	Sur	Caestris	—
Tinizong 135	—	Cartatscha	Trun
		Disentis	—

Friberg	Trun	Bibiton	Kaltenbrunn
Grepault	Trun	Unter-Windegg	Windegg
Hohenbalken	Somvix	Uznaburg	Uznach
Marmarole	Breils	**Gossau**	
Pontaningen	Tavetsch	Aetschberg	Geiserwald
Ringgenberg	Zignau	Helfenberg	Oberberg
Salons	Schlans	Oberberg	—
Schlans	—	**Neu Toggenburg**	
Tuor	Somvix	Neu Toggenburg	Wasserfluh
		Rüdberg	Dietfurth

Jura

Delsberg
Beauregard	Delsberg
Löwenburg	Ederswiler
Pützhausen	—
Saugern	Corroux
Vorburg	Beridier

Pruntrut
Goldenfels	Pruntrut
Hasenburg	Asuel
Mieschdorf	—
Milandre	—
Montvoi	St. Ursanne
Pruntrut	—

Lichtenstein

Gutenberg	Balzers
Neu Schellenberg	Schellenberg
Triesen	—
Vaduz	—

Luzern

Beromünster
Ober-Rinach	Herlisberg

Hochdorf
Alt Eschenbach	Eschenbach
Grünenberg	Richensee
Heidegg	Gelfingen
Hohenrain	—
Lieli	—
Richensee	—

Luzern
Neu Habsburg	Meggen
Rothenburg	Luzern
Seeburg	Luzern
Schauensee	Kriens

Sursee
Schenkon	Sursee
Triengen	—
Wolhusen	—

Willisau
Alt Büron	Altishofen
Buchs	—
Dagmersellen	—
Hasenburg	Willisau
Kasteln	Alberswil
Pfaffnau	—
Tuotensee	Menznau
Waldsberg	Luthern
Weyher	Ettiswil
Wikon	—

St. Gallen

Alt Toggenburg
Alt Toggenburg	Gähwil

Gaster

Oberrhein
Alt Altstätten	Altsteten
Blatten	Oberriet
Wichsenstein	Oberriet

Obertoggenburg
Starkenstein	Stein

Rorschach
Rorschach	—
Steinerburg	Steinach
Sulzburg	Goldach
Wartensee	Rorschacherberg

St. Gallen
Alt Ramschwag	Häggenschwil
Bernegg	St. Gallen
Rappenstein	St. Gallen

Sargans
Flums	—
Freudenberg	Bad Ragaz
Gräpplang	Flums
Iberg	Flums
St. Georgenburg	Walenstedt
Sargans	—
Severgal	Vilters
Wartenstein	Bad Ragaz

See
Fründsberg	Goldingen
Honegg	Lütschbach
Rapperswil	—

Unterrhein
Alt Rheineck	—
Grimmenstein	St. Margarethen-Höchst

Werdenberg
Brochne Burg	Wartau-Oberschan
Forstegg	—
Frischenberg	Sax
Hohensax	Sax
Wartau	—
Werdenberg	—

Schaffhausen

Beringen	—
Herblingen	—
Hohenklingen	Stein am Rhein
Neuburg	Neuhausen
Neunkirch	—
Radegg	Wilchingen
Wörth	Neuhausen
Wolkenstein	Hemmishofen

Schwyz

Einsiedeln
Pfäffikon	—
Radpoldswil	Pfäffikon

Küssnacht
Küssnacht Oberb.	—
Küssnacht Unterb.	—

Laachen

Grynau	Tuggen	Liebenfels	Mammern
Muschelberg	—	Neuenburg	Mammern
March		Salenstein	Mannenbach
Altendorf	—	Steckborn	—
Schwyz		Steinegg	Hütwilen
Perfiden	Rickenbach	**Weinfelden**	
Schwanau	Büelen	Altenburg	Märstetten
Schwyz	—	Bürgeln	—
		Schleifenrain	Hugelshofen
		Weinfelden	—

SOLOTHURN

Balsthal	
Alt Falkenstein	Klus
Neu Falkenstein	St. Wolfgang
Breitenbach	
Bännli	Büsserach
Blauenstein	Kleinlützel
Gilgenberg	Zulwil
Thierstein	Büsserach
Dornach	
Dorneck	Dornach
Hülzistein	Dornach
Rotberg	Metzerlen
Sternenberg	Hofstetten
Sternenfels	Büren
Grenchen	
Grenchen	Bettlach
Mühldorf	
Balm	Günsberg
Oensingen	
Alt Bechburg	Bechburg
Olten	
Frohburg	Trimberg
Niedergösgen	—
Rickenbach	—
Wartburg	Säli
Wartenfels	Losdorf

UNTERWALDEN

Obwalden	
Hexenturm	Sarnen
Landenberg	Sarnen
Rudenz	Giswil
Sarnen	—
Nidwalden	
Dörfli	Wolfenschiessen
Isenringen	Beggenried
Kleinteil	Giswil
Loppburg	Stans
Retschrieden	Berggenried
Rosenburg	Stans
Rotzberg	Ennetmoos
Schlößli	Büren
Schnitzturm	Stansstadt

URI

Attinghausen	Altdorf-Attinghsn.
Bürglen-Meyerturm	—
Bürglen-Pfarrturm	—
Bürglen-Tellturm	—
Bürglen-Wattingwiler Turm	—
Hospental	—
Seedorf	—
Silenen	—
Schweinsberg	Altdorf-Attingshsn.
Zwinguri	Amsteg

WALLIS

Leuk	
Leuk	—
Leuk	—
Raron	
Gestelenburg	Niedergestelen
Raron	—
Unterbäch	—
Sitten	
Sitten	—

THURGAU

Aarbon	
Arbon	—
Mammertshofen	Roggwil
Bischofszell	
Anwil	Buhwil
Bischofszell	—
Eppishausen	Erlen
Hagenwil	Räuchlisberg
Heuberg	Schönenberg
Last	Schönenberg
Öttishausen	Hohentann
Diessenhofen	
Diessenhofen	—
Frauenfeld	
Frauenfeld	—
Helfenberg	Uerschhausen
Herdern	—
Kefikon	—
Sonnenberg	Stettfurt
Wellenberg	Wellhausen
Kreuzlingen	
Castell	Tägerwilen
Gottlieben	—
Münchwilen	
Alt Bichelsee	Bichelsee
Heitnau	Braunau
Tannegg	—
Tobl	—
Steckborn	

ZÜRICH

Affoltern	
Aesch	Birmensdorf
Hedingen	—
Andelfingen	
Girsberg	Guntalingen
Goldenberg	Dorf
Stammheim	—
Schwandegg	—
Wieden	Ossingen
Wilen	—
Bülach	
Alt Rohr	Kloten
Alt Teufen	Teufen
Eglisau	

Freienstein	Teufen	Tössegg	Turbenthal
Heidegg	Winkel	Veltheim	Winterthur
Hochfluh	Bachs	Wiesendangen	—
Hohenteufen	Teufen	**Zürich**	
Müsegg	Bülach	Altstetten	Zürich
Rheinsberg	Merkethof	Dübelstein	Dübendorf
Tössriedern	—	Friesenburg	Zürich
Dielsdorf		Glennerturm	Zürich
Alt Regensberg	Regensberg	Hardturm	Zürich
Lägern	Otelfingen	Manegg	Wollishofen
Neu Regensberg	Regensberg	Schönenwert	Dietikon
Sünikon	Steinmauer	Weinegg	Zürich
Hinwil			
Aathal	—	## Zug	
Ballikon	Oberdürnten	Buonas	—
Bernegg	Hinwil	Hünenburg	—
Grüningen	—	St. Andreas	—
Heidenburg	Aathal	Wildenburg	Altenwinden
Wetzikon	—	Zug	—
Horgen			
Alt Wädenswil	Wädenswil	## (CR) Tschechische Republik	
Höchhus	Thalwil		
Schnabelburg	Horgenbach	### BÖHMEN	
Meilen		**Aussig**	
Friedberg	Meilen	Blankenstein	Aussig
Gamstein	Hombrechtikon	Schreckenstein	Aussig
Höchhus	Küsnacht	**Beraun**	
Meilen	—	Karlstein	—
Ramenstein	Uetikon	Pürgelitz	Krivoklat
Wulp	Küsnacht	Zebrak	—
Pfäffikon		**Böhm. Krummau**	
Alt Landenberg	Bauma	Böhm. Krummau Ob.	—
Auli	—	Böhm. Krummau Unt.	—
Gündisau	Saland	Lauseck	Reichenau a. d. Malsch
Hohlandenberg	Saland	Maidstein	Krems
Moosburg	Effretikon	Rosenberg	—
Weißlingen	—	Wittinghausen	St. Thoma
Wilberg	—	**Böhm. Leipa**	
Uster		Bösig	—
Greifensee	—	Bürgstein	Heida
Maur	—	Habichtstein	Habstein
Uster	—	Helfenburg	Auscha
Winterthur		Roll	Niemes
Altikon	Wiesendangen	Tollenstein	Tannenstein
Alt Wülfingen	Wülfingen	**Budweis**	
Attikon	—	Gratzen	—
Breitenlandenberg	Turbenthal	**Chrudins**	
Dinhard	—	Richenburg	Skutsch
Elgg	—	**Deutsch Brod**	
Elsau	—	Leipnitz	—
Glanzenberg	Unterengstingen	Lichtenburg	Humpolezt
Hegi	—	**Eger**	
Herten	Hagenbuch	Altenteich	Wildstein
Hettlingen	—	Borschengrün	Amonsgrün
Kemleton	Kempthal	Eger	—
Kyburg	—	Königswart	—
Langenau	—	Wildstein	—
Liebenberg	Zell an der Töss	**Frideck**	
Mörsburg	—	Hochwald	—
Multberg	Pfungen	**Gablonz**	
Neftenbach	—	Friedstein	—
Oberwinterthur	Winterthur	**Gitschin**	
Pfungen	—	Kost	Podkost
Rossberg	—	Kumberg	Neu Paka
Schännis	Waltenstein	Michelsberg	Münchengrätz
Schauenburg	Hofstetten	Trosky	Borek
Schlatt	—		
Thirlisberg	Au-Kollbrunn		

Waleczow	Gr. Skal
Karlsbad	
Elbogen	Loket
Engelhaus	—
Himmelstein	Gesmesgrün
Petschau	—
Klattau	
Bayreck	Neugedein
Herrnstein	—
Klenau	—
Pottenstein	Zichowitz
Rabenstein	Zichowitz
Schwihau	—
Welhartitz	—
Komotau	
Egerberg	Klösterle
Hassenstein	Kaaden
Kaaden	—
Komotau	—
Pürstein	—
Schönburg	Klösterle
Leitmeriz	
Hasenburg	Klappau
Kostial	Trebnitz
Oparn	Lobositz
Mühlhausen	
Klingenberg	—
Nachod	
Frümberg	—
Neuhaus	
Landstein	Altstadt
Pilsen-Nord	
Buben	Uttlitz
Guttenstein	Radisch
Liebstein	Liblin
Skala	Prichowitz
Prachatitz	
Helfenburg	Barau
Winterberg	—
Pribrams	
Waldeck	Chalupky
Reichenau a. d. Adler	
Littitz	Pottenstein
Pottenstein	—
Reichenberg	
Friedland	—
Grafenstein	—
Hammerstein	Kratzau
Lämberg	Deutsch Gabel
Roimund	Ringelsheim
Strakonitz	
Karlsberg	Bergreichenstein
Kunzwarte	Kuschewarda
Tabor	
Priebenitz	—
Schellenberg	Jung Woschnitz
Tachau	
Pfraumburg	—
Schwamberg	Weseritz
Wolfstein	Blöwitz
Taus	
Bischofteinitz	—
Riesenberg	Neugedein
Teplitz	
Geiersberg	Teplitz
Graupen	—
Kostenblatt	—
Riesenburg	Ossek
Schloßberg	Teplitz
Tetschen	
Kamnitz	Böhm. Kamnitz
Romburg	Bleiswedel
Scharfenstein	Bensen
Trautenschau	
Wiesenburg	—

Mähren

Blanz	
Lomnitz	—
Brünn-Umland	
Eichhorn	—
Guttenstein	Radisch
Neu Cimburg	—
Pernstein	Newritz
Freudenthal	
Freudenthal	—
Füllstein	Hotzenplotz
Leuchtenstein	Hermannstadt
Quingenburg	Würbenthal
Raaden	—
Rabenstein	Würbenthal
Schellenburg	Jägerndorf
Wartenau	Pochmühl
Wüstes Schloß	Würbenthal
Friedeck	
Hochwald	Freiberg
Iglau	
Rostein	Telsch
Lundenberg	
Neuhäusel	—
Rosenstein	Kl. Klentnitz
Mährisch Schönberg	
Adelsdorf	—
Edelstein	Zuckmantel
Friedeberg	—
Goldenstein	—
Gurschdorf	—
Johannisberg	Jauering
Kaltenstein	Friedeberg
Koberstein	Udoli Horni
Reichenstein	Jauering
Neu Titschein	
Alt Titschein	—
Olmütz	
Busau	—
Cimburg	Turnau
Prerau	
Helfenstein	Thein
Troppau	
Wigstein	Kunwald
Ungarisch Hradisch	
Neu Cimburg	Korycany
Wischau	
Buchlau	—
Znain	
Neuburg	Luggau
Zornstein	Wisokein

(D) Bundesrepublik Deutschland

Baden-Württemberg

Aalen	
Adelmannsfelden	—
Baldern	Bopfingen-Baldern

Flochberg	Bopfingen
Granegg	Waldstetten
Gromberg	Lauchheim
Hohenalfingen	Aalen-Oberalfingen
Hohenroden	Essingen
Hohenwalden	Schwäb. Gmünd-Waldau
Kapfenberg	Lauchheim
Katzenstein	Dischingen Frickingen-Katzenstein
Kochenburg	Aalen-Unterkochen
Laubach	Abtsgmünd-Laubach
Lauterburg	Essingen-Lauterburg
Leinroden	Abtsgmünd-Leinroden
Leinzell	—
Lindach	Schwäb. Gmünd-Lindach
Neubronn	Abtsgmünd-Neubronn
Niederalfingen	Hüttlingen-Niederalfingen
Ramsburg	Donzdorf
Rechberg	Schwäb. Gmünd-Rechberg
Rosenstein	Heubach
Schenkenstein	Bopfingen
Schwäb. Gmünd	—
Wasseralfingen	Aalen-Wasseralfingen
Alb-Donau-Kreis	
Albeck	Langenau-Albeck
Alte Burg	Riesburg-Utzmemmingen
Arnegg	Blaustein-Arnegg
Brielburg	Munderkingen
Ehrenstein	Blaustein
Emerkingen	
Gleißenberg	
Günzelburg	Blaubeuren
Hochdorf	Ehingen-Dächingen
Hohengerhausen	Blaubeuren
Hohenjustingen	Hütten
Hohenschelklingen	Schelklingen
Jörgenberg	Obermarchtal
Klingenstein	Blaustein-Klingenstein
Lauterstein	Blaustein-Wippingen
Monsberg	Ehingen-Erbstetten
Muschenwang	Schelklingen
Neu Steußlingen	Allmendingen
Rammingen	—
Rechtenstein	Obermarchtal
Reichenstein	Lauterach-Reichenstein
Ruck	Blaubeuren
St. Ruprecht	Ehingen-Erbstätten
Sirgenstein	Blaubeuren
Sirgenstein	Schelkingen
Wartstein-Oberb.	Ehingen-Erbstätten
Wartstein-Unterb.	Ehingen-Erbstätten
Baden-Baden	
Alt Eberstein	Baden-Baden
Baden-Baden	Baden-Baden
Hohenbaden	Baden-Baden
Iburg	Baden-Baden
Balingen	
Affenschmalz	Jungingen
Aloisschlößle	Burladingen-Ringingen
Azilun	Burladingen
Balingen	—
Diessen	Horb-Diessen
Ehestätten	Albstadt-Ebingen
Falkenburg	Burladingen
Frundsburg	Jungingen
Haigerloch	
Hainburg	Großelfingen
Hasenfratz	Burladingen-Gauselfingen
Hausen	Albstadt
Heersburg	Albstadt
Hölnstein	Stetten
Hohenzollern	Hechingen
Hossingen	Meßstetten-Hossingen
Leckstein	Burladingen-Gauselfingen
Melchingen	Burladingen
Oberhohenberg	Schomberg-Schörzingen
Ringingen	Burladingen-Ringingen
Ror	Bissingen
Salmendingen	Burladingen-Salmendingen
Straßberg	—
Schalksburg	Laufen
Schalksburg	Straßberg
Tailfingen	Albstadt-Tailfingen
Vogelfels	Albstadt
Weilersburg	Albstadt-Tailfingen
Wenzelstein	Balingen-Frommern
Wildenthierberg	Albstadt-Margrethausen
Biberach	
Bussen	Uttenweiler-Öffingen
Hassenburg	Riedlingen-Zwiefaltendorf
Hummersried	Eberhardszell-Hummersried
Neidegg	Eberhardszell
Schatzberg	Langenenslingen-Egelfingen
Schenkenburg	Ingoldingen-Winterstettenstadt
Warthausen	—
Zwiefaltendorf	Riedlingen-Zwiefaltendorf
Böblingen	
Herrenberg	—
Calw	
Altburg	Calw-Altburg
Altensteig	Altensteig
Berneck	Altensteig
Dicke	Calw
Gechingen	—
Hohennagold	Nagold
Hornberg	
Liebenzell	Bad Liebenzell
Neubulach	
Neubulach	—
Schilteck	Simmersfeld
Schlößle	Calw-Stammheim
Schwann	Straubenhardt-Schwann
Vogtsberg	Wildbad
Waldeck	Calw
Waldeck-Vorburg	Calw
Wildberg	—
Zavelstein	Bad Teinach
Emmendingen	
Hochburg	Emmendingen-Hochburg
Kastelburg	Waldkirch
Keppenbach	Freiamt
Kirnberg	Blechheim
Landeck	Emmendingen-Mundingen
Lichteneck	Krenzlingen-Hecklingen
Limburg	Sasbach
Sponeck	Sasbach-Jechtingen
Esslingen	
Diepoldsburg Oberbg.	Lenningen
Diepoldsburg	Lenningen
Esslingen	
Gelber Turm	Esslingen
Grötzingen	Aichtal-Grötzingen
Hahnenkamm	Bissingen
Heimenstein	Neidlingen
Hohengutenberg	Lenningen-Gutenberg
Hohenneuffen	Neuffen

Lichteneck	Weilheim/Teck	Burgstall	Heidenheim-Mergelstetten
Lichtenstein	Neidlingen	Eselsburg	Hermaringen
Limburg	Weilheim/Teck	Falkenstein	Gerstetten-Dettingen
Münsingen	—	Güssenburg	Hermaringen
Neuffen	—	Hellenstein	Heidenheim
Randeck	Weilheim/Teck	Herwartstein	Königsbronn
Reußenstein	Neidlingen	Heuchlingen	Gerstetten-Heuchlingen
Sperberseck	Lenningen	Hürgenstein	Herbrechtingen
Sulzburg	Lenningen	Hurwang	Herbrechtingen-Bolheim
Schanbach	Aichwald	Kaltenberg	Giengen-Hürben
Teck	Owen	Mergelstetten	Heidenheim-Mergelstetten
Turmberg	Aichelberg	Sontheim	—
Wilandstein	Lenningen	**Heilbronn**	
Wuelstein	Lenningen-Gutenberg	Beilstein	—
Freiburg		Blankenhorn	Güglingen
Badenweiler	—	Ehrenberg	Bad Rappenau-Heinsheim
Breisach	—	Götzenburg	Jagsthausen
Burkheim	Vogtsburg-Burkheim	Helfenburg	Ilsfeld-Auenstein
Kastelberg	Sulzburg	Herbolzheim	Neudenau
Neuenfels	Badenweiler	Horkheim	Heilbronn
Staufen	—	Lauffen	—
Schneeburg	Ebringen	Liebenstein	Neckarwestheim
Schwarzenberg	Waldkirch	Löwenstein	—
Wieseneck	Buchenbach	Magenheim	Cleebronn
Zähringen	Freiburg	Maienfels	Wüstenrot-Maienfeld
Freudenstadt		Möckmühl	—
Eutingertal	Eutingen im Gäu	Neipperg	Brackenheim-Neipperg
Frundeck	Horb-Ahldorf	Neudenau	—
Loseberg	Loßburg	Stocksberg	Brackenheim-Stockheim
Mandelburg	Pfalzgrafenweiler	Talheim	—
Neuneck	Glatten-Neuneck	Weibertreu	Weinsberg
Rüdenberg	Waldachtal-Cresbach	Wildeck	Abstatt
Sterneck	Loßburg-Sterneck	Wimpfen a. Berg	Bad Wimpfen
Tannenfels	Baiersbronn	**Karlsruhe**	
Urnburg	Eutingen im Gäu	Bretten (BFR)	—
Friedrichshafen (Überlingen)		Bretten (WHT)	—
Alt Summerau	Tettnang-Langnau	Bruchsal	—
Burghalde	Sipplingen	Durlach	Karlsruhe
Ebersberg	Neukirch	Ettlingen	—
Gießen	Kreßbronn-Langenargen	Kislau	Bad Schönborn-Kislau
Hohenbodman	Owingen-Hohenbodman	Kleinsteinbach	Pfinztal
Hohenfels	Sipplingen	Kürnbach	—
● Meersburg	—	Langensteinbach	Karlsbach-Langensteinbach
Göppingen		Menzingen	Kraichtal-Menzingen
Aichelberg	—	Münzesheim	Kraichtal
Berneck	Deggingen	Obererdingen	—
Bühringen	Bad Überkingen	Obergrombach	Bruchsal-Obergrombach
Burren	Wäschenbeuren	Oberöwisheim	Kraichtal-Oberöwisheim
Drakenstein	—	Ravensburg	Sulzfeld
Gruibingen	—	Staffort	Stutensee
Helfenstein	Geislingen	Stein	Königsbach-Stein
Hiltenberg	Bad Ditzenbach	Turmberg	Karlsruhe-Durlach
Hoheneybach	Geislingen-Eybach	**Konstanz**	
● Hohenstaufen	Göppingen-Hohenstaufen	Aach	—
Leimburg	Bad Ditzenbach	Alt Bodman	Bodman
Oberrommental	Schlatt	Engen	—
Ödenturm	Geislingen	Friedingen	Singen-Friedingen
Ravenstein	Böhmenkirch	Heilsberg	Gottmadingen
Spitzenberg	Kuchen	Hohenfels	—
Staufeneck	Salach	Hohenhewen	Engen-Welschingen
Scharfenberg	Donzdorf	● Hohenkrähen	Mühlhausen
Wäschenschloß	Wäschenbeuren	Hohenstoffeln	Hilzingen-Binningen
Weißenstein	Lauterstein-Weißenstein	Hohenstoffeln-Vord.	Hilzingen-Binningen
Heidenheim		Homboll	Hilzingen
Bergenweiler	Sontheim/Brenz-Bergenweiler	Homburg	Radolfzell-Stahringen
Bindstein	Herbrechtingen	Honstetten	Eigeltingen-Honstetten
Brenz	Sontheim/Brenz-Brenz	Kargegg	Allensbach-Langenrain
Burgberg	Giengen-Burgberg	Langenstein	Orsingen-Nenzingen

Mägdeberg	Mühlhausen	Tauberbischofsheim	—
Nellenburg	Stockach	Weikersheim	—
Neuhewen	Engen	Wertheim	—
Oberstaad	Öhningen	Wildenthierbach	Niederstetten
Riedheim	—	**Odenwaldkreis**	
Rosenegg	Rielasingen-Worblingen	Bödigheim	Buchen-Bödigheim
Staufen	Hilzingen	Dauchstein	Binau
Schopflen	Reichenau	Götzenturm	Buchen-Hettigenbeuren
Schrotzburg	Rielasingen-Worblingen	Guttenberg	Haßmersheim-Neckarmühlbach
Tengen	—	Hornberg	Neckarzimmern
Tudoburg	Eigeltingen-Honstetten	Minneburg	Neckargerach-Guttenbach
Wasserburg	Eigeltingen-Honstetten	Neuburg	Obrigheim
Wiechs	Steißlingen-Wiechs	Schweinberg	Hardheim-Schweinberg
Künzelsau		Walldürn	—
Aschhausen	Schöntal-Aschhausen	Weiler	Aglasterhausen
Buchenbach	Mulfingen-Buchenbach	Zwingenberg	
Dörzbach	—	**Offenburg (Ortenau)**	
Forchtenberg	—	Alt Geroldseck	Seelbach-Schönberg
Hellmat	Bretzfeld-Unterheimbach	Bärenburg	Oppenau-Ramsbach
Krautheim	—	Dautenstein	Seelbach-Dautenstein
Lichteneck	Ingelfingen	Diersburg	Hochberg-Diersburg
Nagelsburg	Künzelsau-Nagelsburg	Fürsteneck	Oberkirch-Gaisbach
Neuenstein	—	Gröbernturm	Zell am Harmersbach
Neufels	Neuenstein-Neufels	Gutach	—
Sindringen	Forchtenberg-Sindringen	Hausach	—
Stein	Schöntal	Hohengeroldseck	Seelbach-Schönberg
Stetten	Künzelsau	Hohenrod	Sasbachwalden
Waldenburg	—	Hornberg	—
Zarge	Künzelsau	Husen	Hausach
Lörrach		Lahr	—
Brombach	Lörrach	Lützelhardt	Seelbach
Burgholz	Schopfheim-Raitbach	Mahlberg	—
Grüneck	Badenweiler-Lipburg	Neuenstein	Lautenbach
Hertenberg	Herten	Neu Windeck	Lauf
Inzlingen	Ober-Inzlingen	Ortenberg	—
Rötteln	Lörrach-Rötteln	Staufenberg	Durbach-Staufenberg
Rotenburg	Wieslet	Schauenburg	Oberkirch
Sausenberg	Kandern-Sitzenkirch	Waldsteg	Ottersweiler-Hub
Stockberg	Malsburg-Marzell	Waldstein	Offenburg-Schnellingen
Strenger Felsen	Rheinfelden-Degerfelden	Walkenstein	Oberwolfach
Turmhölzli	Schopfheim-Raitbach	Wolfach	Oberwolfach
Ludwigsburg		Wolfach-Schloß	Oberwolfach
Alt Sachsenheim	Sachsenheim	**Pforzheim**	
Alt Sachsenheim	Sachsenheim	Heimsheim	—
Beihingen	Freiberg-Beihingen	Königsbach	—
Besigheim	—	Kräheneck	Pforzheim
Bietigheim	—	Liebeneck	Pforzheim
Bönningheim	—	Löffelstelz	Mühlacker
Eselsburg	Vaihingen/Enz	Lomersheim	Mühlacker-Lomersheim
Hochberg	Remseck-Hochberg	Mühlhausen	Mühlacker-Mühlhausen
Hoheneck	Ludwigsburg	Neuenbürg	—
Kaltenstein	Vaihingen/Enz	Pforzheim	—
Lichtenberg	Oberstenfeld	Steinegg	Tiefenbronn
Marbach/Neckar	—	Straubenhard	—
Nippenburg	Schwieberdingen	Weiler	Keltern-Weiler
Unterrixingen	Oberrixingen	Weißenstein	Pforzheim
Main-Tauber-Kreis (Tauberbischofsheim)		**Rastatt**	
Boxberg	—	Alt Windeck	Bühl
Brauneck	Creglingen	Eberstein	Gernsbach-Obertsrot
Creglingen	—	**Ravensburg**	
Freudenberg	—	Achberg	—
Gamburg	Werbach-Gamburg	Amtzell	—
Herrenzimmern	Niederstetten-Herrenzimmern	Aulendorf	—
Külsheim	—	Bettenreute	Fronhofen
Neuhaus	Igersheim	Hatzenturm	Wolpertswende
Oberlauda	Lauda-Königshofen	Marstetten	Aitrach
Oberschüpf	Boxberg-Oberschüpf	Neidegg	Argenbühl-Christazhofen
Räuberschlößchen	Freudenberg	Neuravensburg	Wangen-Neuravensburg

Offlings	Wangen-Deuchelried	Neidenstein	—
Pfaffenweiler	Amtzell-Herfatz	Reichenstein	Neckargemünd
Praßberg	Wangen	Steinsberg	Sinsheim-Weiler
Ratzenried	Argenbühl-Ratzenried	Stolzeneck	Eberbach
Römerturm	Fronhofen	Strahlenburg	Schriesheim
Veitsberg	Ravensburg	Schauenburg	Dossenheim
Waldburg	—	Schwetzingen	—
Rems-Murr-Kreis		Waldangelloch	Sinsheim-Waldangelloch
Auenwald	—	Windeck	Weinheim
Backnang	—	Zusenhausen	—
Beutelbach	Weinstadt	**Rottweil**	
Bürg	Winnenden	Albeck	Sulz
Erbersberg	—	Bogeneck	Rottenburg-Oberndorf
Neustadt	Waiblingen	Dunningen	—
Reichenberg	Oppenweiler	Falkenstein	Schramberg
Waldenstein	Rudersberg	Herrenzimmern	Bösingen-Herrenzimmern
Warthof	Aspach	Irslingen	Dietingen-Irslingen
Yburg	Kernen-Stetten	Lichtenfels	Dornhan
Reutlingen		Mühleberg	—
Achalm	Reutlingen	Neckarburg	Villingendorf
Alte Burg	Reutlingen	Oberrothenstein	Rottweil-Hausen
Alt Ehrenfels	Hayingen	Ramstein	Tennenbronn
Altenburg	Reutlingen	Rotenzimmern	Dietingen
Alt Lichtenstein	Lichtenstein	Suntheim	Rottweil-Zepfenhan
Baach	Zwiefalten	Schenkenberg	Epfendorf
Baldeck	Bad Urach	Schenkenzell	—
Baldelau	Gomadingen-Wasserstetten	Schenkenzell II	—
Bichishausen	Münsingen-Bichishausen	Schiltach	
Blankenhorn	Bad Urach	Schilteck	Schramberg
Blankenstein	Gomadingen-Wasserstetten	Schramberg	
Buttenhausen	Münsingen	Waseneck	Oberndorf
Derneck	Hayingen-Münzdorf	Wehrstein	Sulz/Neckar-Fischingen
Fischburg	Bad Urach	Wildenstein	Zimmern
Genkingen	Sonnenbühl-Genkingen	Willenburg	Schiltach
Greifenstein	Lichtenstein-Holzelfingen	Wittichenstein	Schenkenzell
Haideck	Trochtelfingen	**Sigmaringen**	
Hielock	Trochtelfingen	Affelstetten	Veringenstadt-Veringendorf
Hofen	Grabenstetten	Alt Gutenstein	Sigmaringen-Gutenstein
Hohenerpfingen	Sonnenbühl-Erpfingen	Alt Wildenstein	Leibertingen
Hohengenkingen	Sonnenbühl-Genkingen	Baldenstein	Gammertingen
Hohengundelfingen	Münsingen-Gundelfingen	Bittelschieß	Bingen-Bittelschieß
Hohenstein	—	Bubenhofen	Neufra
Hohenurach	Bad Urach	Dietfurth	Inzigkofen-Dietfurth
Hundersingen	Münsingen-Hundersingen	Falkenstein	Thiergarten
Immenburg	Lichtenstein-Unterhausen	Gebr. Gutenstein	Sigmaringen-Unterschmeien
Lichtenstein	—	Hahnenkamm	Leibertingen
Maisenburg	Hayingen	Hausen	Beuron-Hausen im Tal
Meidelstein	Hohenstein-Meidelstätten	Hertenstein	Sigmaringen
Niedergrundelfingen	Münsingen-Gundelfingen	Hettingen	—
Ödenburg	Hohenstein-Oberstetten	Hexenturm	Leibertingen
Seeburg	Bad Urach	Hornstein	Bingen
Stahleck	Lichtenstein-Holzelfingen	Isikofen	Sigmaringen
Stöffelburg	Reutlingen-Gönningen	Jungnau	Sigmaringen-Jungnau
Studach	—	Kreidestein	Beuron
Schorren	Bad Urach	Krumbach	Sauldorf-Krumbach
Schülzburg	Hayingen-Anhausen	Lägelen	Beuron-Hausen im Tal
Trochtelfingen	—	Lengenfeld	Beuron-Hausen im Tal
Wittlingen	Bad Urach	Lenzenberg	Sigmaringen-Gutenstein
Rhein-Neckar-Kreis		Lichtenstein	Neufra
Dilsberg	Neckargemünd	Neidinger Heidenschl.	Beuron-Neidingen
Dossenheim	—	Petershöhle	Beuron
Eberbach	—	Pfannenstiel	Beuron
Eschelbronn	—	Sigmaringen	—
Handschuhsheim	Heidelberg	Storzinger Schlößle	Stetten a. k. Markt
Hemsbach	—	Schauenburg	Stetten a. k. Markt
Hohenhardter Hof	Wiesloch	Scheer	
Kronenburg	Dossenheim	Schiltau	Sigmaringen-Jungnau
Ladenburg		Schloßbühl	Sauldorf-Reutte

Schmeien	Sigmaringen-Unterschmeien	Kallenberg	Buchheim
Unter-Wildenstein	Leibertingen	Kallenberghöhle	Buchheim
Utkoven	Inzigkofen	Konzenberg	Tuttlingen-Eßlingen
Veringenstadt	—	Konzenberg-Vorw.	Tuttlingen-Eßlingen
Weckenstein	Stetten-Storzingen	Kraftstein	Mühlheim/Donau
Weiler	Beuron-Thiergarten	Lengenfels	Bärental
Werenwag	Beuron-Hausen im Tal	Luginsfeld	Tuttlingen
Wildenstein	Leibertingen	Lupfen	Talheim
Stuttgart		Mühlheim	—
Berg	Stuttgart	Stein	Fridingen
Berg	Stuttgart	Stiegelesfels	Fridingen
Dischingen	Stuttgart	Wallenburg	Dürbheim
Engelburg	Stuttgart	Walterstein	Kolbingen
Frauenburg	Stuttgart	Wartenberg	Geisingen
Hofen	Stuttgart	Wasserburg	Tuttlingen
Kaltental	Stuttgart	Wehingen	—
Stein	Stuttgart	Ziegelhöhlenburg	Fridingen
Wirttemberg	Stuttgart	**Waldshut-Tiengen**	
Schwäbisch Hall		Allmut	Waldshut-Tiengen-Witzenau
Altenberg	Ilshofen-Altenberg	Altenkrenkingen	Waldshut-Tiengen-Krenkingen
Amlishagen	Gerabronn	Bärenfels	Wehr
Bemberg	Rot am See-Bemberg	Blumegg	Stühlingen-Grimmelshofen
Braunsbach	—	Edenburg	Jestetten
Crailsheim	—	Gutenburg	Waldshut-Tiengen-Gurtweil
Geyersburg	Untermünkheim	Gutkrenkingen	Waldshut-Tiengen-Witzenau
Hornberg	Kirchberg	Harpolinger Schl.	Rickenbach-Wieladingen
Keckenburg	Schwäb. Hall	Hauenstein	Albbruck-Hauenstein
Kransberg	Sulzbach-Laufen	Hohenlupfen	Stühlingen
Langenburg	—	Iburg	Görwihl
Leofels	Ilshofen-Leofels	Krenkingen	Waldshut-Tiengen-Krenkingen
Limpurg	Schwäb. Hall	Küssaburg	—
Morstein	Gerabronn	Leinegg	Weilheim-Nöggenschwil
Rechenberg	Stimpfach-Rechenberg	Mandach	Ühlingen-Riedern am Wald
Röterturm	Fichtenberg	Neunkrenkingen	Klettgau
Suhlburg	Schwäb. Hall	Neu Tannegg	Bonndorf-Boll
Sultz	Kirchberg	Roggenbach	Bonndorf-Wittlekofen
Tannenburg	Bühlertann	Rothwasserstelz	Hohentengen
Tierberg	Braunsbach	Steinegg	Bonndorf-Wittlekofen
Tullau	Rosengarten-Uttenhofen	Tannegg	Bonndorf-Boll
Vellberg	—	Untereggingen	Eggingen
Werdeck	Rot am See-Heroldhausen	Wehr	—
Schwarzwald-Baar-Kreis		Weißenburg	Klettgau-Weiswil
Burgberg	Königsfeld-Burgberg	Weißwasserstelz	Hohentengen
Grüningen	Riedlingen-Grüningen		
Kirneck	Villingen		
Kürnburg	Bräunlingen	**BAYERN**	
Neu Fürstenberg	Bregenbach-Hammereisenbach	**Altötting**	
Pfohren	Donaueschingen	Burghausen	—
Waldau	Königsfeld	Teising	—
Weiberzahn	Königsfeld-Burgberg	**Amberg-Sulzbach**	
Zindelstein	Donaueschingen-Wolterdingen	Amberg	—
Tübingen		Breitenstein	Königstein-Breitenstein
Andeck	Mössingen-Thalheim	Ebermannsdorf	—
Hohentübingen	Tübingen	Hauseck	Hirschbach
Kilchberg	Tübingen-Kilchberg	Heimhof	Hausen
Müneck	Ammerbuch	Hohenburg	
Tuttlingen		Neidstein	Neukirchen
Alt Fridingen	Fridingen	Pfaffenhofen	Kastl
Alt Rietheim	Rietheim-Weilheim	Poppberg	Birgland-Poppberg
Bräunisberg	Mühlheim/Donau	Rostein	Rieden
Bronnen	Fridingen	Rupprechtstein	Sulzbach-Rosenberg-Siebeneichen
Burgstallhöhe	Fridingen		
Fridingen	Fridingen	Spitz	Ammerthal
Granegg	Hohenberg-Egelsheim	Sulzbach	Sulzbach-Rosenberg
Hewenegg-Hauptbg.	Immendingen	Scharfenberg	Urensollen
Hewenegg-kl. Burg	Immendingen	Vilseck	—
Hohenkarpfen	Gunningen	Zant	Urensollen-Zant
Honberg	Tuttlingen		

Ansbach		Schwarzenburg	Roding-Strahlfeld
Bäuerlinsturm		Thierlstein	Thierlstein
Colmberg	Dinkelsbühl	Treffelstein	—
Dürrwangen	—	Wetterfeld	Roding-Wetterfeld
Endsee	Steinsfeld-Endsee	**Coburg**	
Nordenberg	Windelsbach-Nordenberg	Coburg	—
Rosenberg	Rügland	Fürth	Neustadt b. Coburg-Fürth
Sommersdorf	Burgoberbach-Sommersdorf	Geiersburg	Sesslach
Schillingsfürst	—	Lauterburg	Rödental
Toplerschlößchen	Rothenburg ob der Tauber	**Deggendorf**	
Virnsberg	Mkt. Flachslanden	Dobl	Iggensbach
Wassertrüdingen	—	Egg	Bernried-Egg
Aschaffenburg		Natternberg	Deggendorf-Natternberg
Alzenau	—	Pitzen	Bernried
Aschaffenburg	—	Winzer	
Hauenstein	Alzenau-Mömbris	**Dillingen**	
Mespelbrunn	—	Altenburg	—
Mömbris	Alzenau-Mömbris	Bissingen	—
Augsburg		Dillingen	
Friedberg	—	Ghagberg	Zöschingen
Gabelbach	Zusmarshausen	Höchstädt	
Hattenburg	Fischach-Wollmetshofen	Hohenburg	Bissingen-Fronhofen
Schlößlesberg	Zusmarshausen-Steinekirch	Lauingen	
Schloßberg	Walkershofen	Staufen	Syrgenstein-Staufen
Schwabegg	Schwabenmünchen	Wertingen	—
Wolfsberg	Zusmarshausen-Steinekirch	**Donau-Ries**	
Zusameck	Dinkelscherben	Graisbach	Marxheim-Graisbach
Bamberg		Harburg	
Altenburg	Bamberg	Hochhaus	Ederheim-Hürnheim
Giech	Scheßlitz-Weingarten	Lierheim	Möttingen-Appetshofen
Greifenstein	Heiligenstadt	Niederhaus	Ederheim-Hürnheim
Heroldstein	Heiligenstadt-Oberleinleiter	Rauhaus	Ederheim-Hürnheim
Pommersfelden	—	Steinhart	Hainsfarth-Steinhart
Bayreuth		Strauppen	Rain-Wächtering
Altenkünsburg	Pegnitz-Neuhof	Wellwart	Harburg
Aufseß	—	**Eichstätt**	
Berneck	Bad Berneck	Altmannstein	—
Betzenstein	—	Arnsberg	Kipfenberg-Arnsberg
Böheimstein	Pegnitz	Ettling	Pförring-Ettling
Frankenberg	Prebitz	Hexenagger	Altmannst.-Hexenagger
Grünstein	Gfrees	Hirschberg	
Hohenberneck	Bad Berneck	Hirschberg Turm	—
Hollenberg	Pegnitz-Körbelsdorf	Hofstetten	Hilzhofen-Hofstetten
Kohlstein	Pottenstein-Tüdersfeld	Kipfenberg	
Leienfels	Pottenstein	Konstein	Wellheim-Konstein
Neu Wallenrode	Bad Berneck	Mörnsheim	
Pottenstein	—	Morsbach	Thalmässing-Morsbach
Rabeneck	Waischenfeld	Nassenfels	
Rabenstein	Waischenfeld	Pfalzpeint	Walting-Pfahlpeint
Riegelstein	Betzenstein-Riegelstein	Rieshofen	Walting-Rieshofen
Stein	Gfrees	Rumburg	Kinding-Enkering
Stierberg	Betzenstein	Rundeck	Kinding-Erlingshofen
Tüchersfeld	—	Wellheim	—
Cham		**Erding**	
Altenschneeburg	Tiefenbach-Altenschneeburg	Burgrain	Isen-Burgrain
Chameregg	Cham	**Erlangen**	
Falkenstein	—	Adlitz	Marloffstein-Adlitz
Kirchenrohrbach	Walderbach	**Forchheim**	
Kürnberg	Stamsried	Bärenfels	Obertrubach
Lichteneck	Rimbach	Burggailenreuth	Ebermannstadt-Burggailenreuth
Lobenstein	Zell	Forchheim	
Neuhaus	Schorndorf-Neuhaus	Gössweinstein	—
Regenpeilstein	Roding-Regenpeilstein	Heidenstein	Gräfenberg-Thuisbrunn
Runding	Cham	Hiltpoltstein	
Sattelpeilstein	Traitsching	Kunreuth	
Sengersberg	Falkenstein-Au	Neideck-Vorbg.	Wiesenttal-Streitberg
Siegenstein	Wald-Siegenstein	Neideck	Wiesenttal-Streitberg
Schwärzenberg	Rötz	Regensberg	Kunreuth-Regensberg

Streitberg	Wiesenttal-Streitberg	**Kempten**	
Thuisbrunn	Gräfenberg-Thuisbrunn	Burghalde	Kempten
Waischenfeld	—	Rappenscheuchen	Kempten-Hirschdorf
Wartleiten	Ebermannstadt-Wartleiten	**Kissingen**	
Wolfsberg	Obertrubach-Wolfsberg	Aschach	Bocklet-Aschach
Wüstenstein	Wiesenttal-Wüstenstein	Bodenlauben	Bad Kissingen
Freyung-Grafenau		Burwallbach	Schönau a. d. Brend-Burgwallbach
Fürsteneck	—	Saaleck	Hammelburg
Kaltenstein	Röhrbach	Sodenburg	Hammelburg
Neubuchberg	Ringlai	Schildeck	Bad Brückenau
Rammelsburg	Schönberg-Fronreuth	Trimberg-alte Burg	Mkt. Elfershausen
Saldenburg	—	Trimberg	Mkt. Elfershausen
Saunstein	Mkt. Schönberg	**Kitzingen**	
Wolfstein	Freyung	Biebelried	—
Fürth		Hallburg	Volkach
Cadolzburg	—	Röttingen	—
Zirndorf	—	Rüdenhausen	
Füssen		Speckfeld	Mkt. Einersheim
Eisenberg	—	Stettenburg	Volkach
Falkenstein	Pfronten	Schwanberg	Rödelsee
Füssen		**Kronach**	
Hohenfreyberg	Eisenberg-Zell	Lauenstein	Ludwigsstadt
Hohenschwangau	Schwangau	Rosenberg	Kronach
Hohenschwangau-Schl.	Schwangau	**Kulmbach**	
Hopfen	Füssen-Hopfen a. See.	Altenguttenberg	Guttenberg
Nesselburg	Nesselwang	Nordeck	Stadtsteinach
Garmisch-Patenkirchen		Partenfeld	Thurnau-Hutschdorf
Eschenlohe	Garmisch-Partenkirchen	Turmberg	Kasendorf
Werdenfels	Garmisch-Partenkirchen	Wartenfels	Presseck-Wartenfels
Günzburg		Wernberg	Mainleus
Reisenberg	Günzburg-Reisenberg	Zwernitz	Sanpareil
Hassberge		**Landsberg**	
Altenstein	Maroldsweisach	Haltenberg	Scheuring-Haltenberg
Bramberg	Ebern	**Landshut**	
Dippach	Maroldsweisach-Dippach	Alt Fraunhofen	—
Ebersberg	Knetzgau-Zeil	Kirchberg	—
Eltmann	—	Kronwinkel	Eching-Kronwinkel
Königsberg	—	Trausnitz	Landshut
Lichtenstein	Pfarrweisach	Wildthurn	Landau/Isar-Wildthurn
Rauheneck	Ebern	**Lauf**	
Rotenhahn	Ebern	Artelshofen	Vorra
Schmachtenberg	Zell	Burgthann	—
Hof		Diepoltsdorf	Simmelsdorf
Brandstein	Berg-Brandstein	Eschenbach	Pommelsbrunn
Gattendorf	—	Hartenstein	—
Hallerstein	Schwarzenbach/Saale	Henfenfeld	—
Hofeck	Hof	Hohenstein	Kirchensittenbach
Lichtenberg	—	Lauf	—
Schauenstein	—	Lichteneck	Pommelsbrunn-Hartmannshof
Uprode	Weißdorf	Lichtenstein	Pommelsbrunn
Waldstein	Sparneck	Neunhof	Lauf-Neunhof
Weißdorf	—	Osternohe	Schnaittach-Osternohe
Ingolstadt		Reicheneck	Happburg-Kainsbach
Ingolstadt	—	Veldenstein	Neuhaus a. d. Pegnitz
Kaufbeuren		Wildenfels	Simmelsdorf-Wildenfels
Großkemnath	Kaufbeuren	**Lichtenfels**	
Kehlheim		Maineck	Altenkunstadt-Maineck
Abbach	Bad Abbach	Niesten	Weismain
Abensberg	—	Seubersdorf	Weismain
Dachenstein	Riedenburg	Strößendorf	Altenkunstadt-Strößendorf
Eggersberg	Riedenburg-Eggersberg	**Lindau**	
Flügelsburg	Riedenburg-Meihern	Aeschach	—
Harlanden	Riedenburg-Eggersberg	Altenberg	Weiler-Simmerberg
Poikam	Bad Abbach	Ellhofen	Weiler Simmerberg
Prunn	Riedenburg	Laubenberg	Grünenbach
Rabenstein	Riedenburg	Ringenberg	Gestratz
Randeck	Essing	Syrgenstein	—
Rosenburg	Riedenburg		

Schreckenmanklitz	Weiler-Simmerberg	Leuchtenberg	—
Wasserburg	—	Neuhaus	Wind. Eschenbach
Zwirkenberg	Gestratz	Parkstein	—
Main-Spessart-Kreis		Schellenberg	Georgenberg-Waldkirch
Büchold	Arnstein	Waldau	Vohenstrauß
Burgsinn	—	**Neu-Ulm**	
Henneberg	Stadtprozelten	Neuhausen	Holzheim-Neuhausen
Homburg	Gössenheim	**Nürnberg**	
Homburg	Mkt. Triefenstein	Burggrafenschlößchen	Nürnberg
Laudenbach	Karlstadt-Laudenbach	Kornburg	Nürnberg
Lohr	—	Nassauer Turm	Nürnberg
Partenstein	—	Nürnberg	—
Reußenberg	Karlsbach-Höllrich	**Passau**	
Rieneck	—	Alt Jochstein	Untergriesbach-Jochstein
Rothenfels	—	Engelburg	Tittling-Engelburg
Scherenburg	Gemünden	Hals	Passau
Miesbach		Hilgartsberg	Hofkirchen-Hilgartsberg
Hohenwaldeck	Schliersee-Neuhaus	Lebenau	Laufen/Salzach
Miltenberg		Neuburg	—
Amorbach	—	Ortenburg	—
Eisenbach	Obernburg-Eisenbach	Passau-Oberhs.	—
Klingenberg	—	Passau-Unterhs.	—
Kollenburg	Collenberg-Fechenbach	Rathmannsdorf	Windorf-Rathmannsdorf
Miltenberg	—	**Pfaffenhofen**	
Miltenberg-Untere	—	Vohburg	—
Wildenburg	Kirchzell	**Regen**	
Wildenstein	Eschau	Altnussberg	Geiersthal
Mindelheim		Kollnburg	—
Grönenbach	—	Linden	Patersdorf
Mindelburg	Mindelheim	Neunußberg	Viechtach-Neunußberg
Rothenstein	Grönenbach	Weißenstein	Regen-Weißenstein
Mühldorf		**Regensburg**	
Haag	—	Alt Eglofsheim	—
München		Brennberg	—
Blutenburg	—	Donaustauf	—
Grünwald	—	Ehrenfels	Beratzhausen
Neuburg		Forstberg	Regenstauf-Karlstein
Alte Burg	Neuburg	Grass	Regensburg
Hütting	Rennertshofen-Hütting	Heilsberg	Frauenzell
Kaiserburg	Oberhausen	Holzheim	—
Neuburg	—	Kallmüntz	—
Neumarkt		Laaber	—
Adelburg	Velburg	Loch	Nittendorf-Eichhofen
Breitenegg	Breitenbrunn	Löwenegg	Nittendorf-Penk
Haimburg	Berg-Sindlbach	Neueglofsheim	Thalmässing-Neueglofsheim
Heinsburg	Neumarkt-Pölling	Niederviehausen	Sinzig-Viehausen
Helfenberg	Velburg-Lengenfels	Ramspau	Regenstauf-Ramspau
Hohenfels	—	Regensburg	—
Lupburg	—	Schönberg	Regensburg-Stadtamhof
Lutzmannstein	—	Wörth	—
Ödenburg	Dietfurt	Wolfsegg	—
Parsberg	—	**Reichenhall (Bad)**	
Pyrbaum	—	Karlstein	Bad Reichenhall
Sulzbürg	Mühlhausen-Sulzbürg	Staufeneck	Pinding Mauthausen
Velburg	—	Triebenbach	Laufen/Inn-Triebenbach
Wolfstein	Neumarkt	**Rhön-Grabfeld**	
Neustadt/Aisch		Brennhausen	Sulzdorf
Alt Schauerburg	Emskirchen	Hildenberg	Hausen-Roth
Breitenlohe	Mkt. Burghaslach	Irmelshausen	Höchheim
Dachsbach	—	Lichtenburg	Ostheim v. d. Rhön
Frankenberg	Ippelheim	Mauerschedel	Willmars-Filke
Hoheneck	Mkt. Ipsheim	Osterburg	Bischofsheim
Leonrod	Dietenhofen-Leonrod	Roßrieth	Mellrichstadt-Roßrieth
Sugenheim	—	Salzburg	Bad Neustadt
Scharfeneck	Oberscheinfeld	Veitsberg	Bad Neustadt
Schwarzenberg	Scheinfeld	**Rosenheim**	
Neustadt/Waldnaab		Amerang	—
Flossenbürg	—	Auerburg	Oberaudorf

Falkenstein	Flintsbach	Zangenstein	Schwarzhofen-Zangenstein
◉ Hohenaschau	Aschau	**Schweinfurt**	
Kirnstein	Oberaudorf	Mainberg	Schonungen
Speckerturm	Endorf-Hirnsberg	Stollburg	Oberschwarzach-Handtal
Roth		Zabelstein	Michelau-Altmannsdorf
◉ Abenberg	—	**Tirschenreuth**	
Alt Heideck	Heideck	Falkenberg	—
Ebenried	Mkt. Allersberg	Trautenberg	Reuth
Hilpoltstein	—	Waldeck	Kemnath-Waldeck
Hofberg	Greding-Obermässing	Waldsassen	—
Kugelhammer	—	Weißenstein	Friedensfels-Weißenstein
Stauf	Mkt. Thalmässing	Wildenau	Plößberg-Wildenau
Wernfels	Stadt Spalt	**Tölz**	
Sonthofen		Hohenburg	Lenggries
Baltenstein	Betzigau	**Traunstein**	
Burgberg	—	Abtsdorf	Saaldorf-Abtsdorf
Ettensberg	Blaichach-Ettensberg	◉ Marquardstein	—
Fluhenstein	Sonthofen	Stein	Traunreuth-Stein
Helmishofen	Kaltenthal-Aufhof	◉ Tittmoning	—
Hinang	Sonthofen-Hinang	**Wasserburg**	
Hugofels	Immenstadt	Kling	Babensham-Edenkling
Kalden	Altusried	**Weißenburg-Gunzenhausen**	
Kierwang	Bolsterlang	Altenmuhr	Muhr am See
Langeneck	Waltenhofen-Martinszell	Bechtal	Fischbach-Reitenbuch
Laubenberg-Stein	Immenstadt	Hohentrüdingen	Mkt. Heidenheim
Liebenthann	Obergünzburg	Nennslingen	—
Neuenburg	Sonthofen	◉ Pappenheim	
Rauhen-Laubenberg	Immenstadt-Rauhenzell	Sandsee	Mkt. Pleinfeld
Rauns	Waltenhofen	Spielberg	Mkt. Gnotzheim
Rettenberg	—	◉ Treuchtlingen I	
Rothenfels	Immenstadt	Treuchtlingen II	—
Sulzberg	—	**Würzburg**	
Schöneburg	Betzigau-Betzenried	◉ Brattenstein	Röttingen
Tannenberg	Marktoberdorf	Burggrumbach	Unterpleichfeld-Burggrumbach
Thurn	Oberstaufen	Erlach	Ochsenfurt-Erlach
Trauchburg	Weitnau-Wengen	Guttenberg	Reichenberg-Guttenberg
Untermoos	Sulzberg-Moosbach	Karlsburg	Karlstadt
Wagegg	Wildpoldsried	◉ Marienburg	Würzburg
Weiher	Rettenberg	Neubrunn	—
Werdenstein	Immenstadt-Eckarts	Ravenstein	Veitshöchheim
Wolkenberg	Wildpoldsried	Reichelsberg	Aub
Starnberg		Remlingen	—
Inning	—	Rimpar	
Seefeld	—	Rossberg	Würzburg-Unterdürrbach
Straubing-Bogen		**Wunsiedel**	
Degenberg	Schwarzach-Degenberg	Burgstein	Thierstein-Schwarzhammer
Falkenfels	—	Epprechtstein	Kirchenlamitz
Haibach	—	Hirschstein	Kirchenlamitz
Heubeckengrub	Konzell-Gossersdorf	Hohenberg	—
Höhenstein	—	Luisenburg	Bad Alexanderbad
Mitterfels	—	Neuhaus	Hohenberg-Neuhaus
Neurandsberg	Rattenberg-Neurandsberg	Rudolfstein	Weißenstadt
Saulburg	Wiesenfelden-Saulburg	Thierstein	—
Schwandorf			
Burglengenfeld	—	# BERLIN	
Frauenstein	Winklarn-Pondorf	Spandau	Berlin-Spandau
Hof am Regen	Nittenau-Hof am Regen		
Neuhaus	Nittenau-Hof am Regen		
Obermurach	Oberviechtach	# BRANDENBURG	
Reichenstein	Stadlern	**Angermünde**	
Stefling	Nittenau-Stefling	Angermünde	—
Stein	Pfreimdt-Stein	Greiffenberg	—
Stockenfels	Nittenau-Fischbach	Grimnitz	Joachimsthal
Thannstein	—	Oderburg	—
Trausnitz	—	Stolpe	—
Wernberg	—	Vierraden	—
Wildenstein	—		
Zangenfels	Nittenau-Hof am Regen		

Belzig
Eisenhardt — Belzig
Rabenstein — Raben
Brandenburg
Ziesar — —
Cottbus
Cottbus — —
Eberswalde
Nimeck — Beerbaum
Fürstenwalde
Fürstenwalde — —
Königswusterhausen
Königswusterhausen — —
Teupitz — —
Kyritz
Meyenburg — —
Luckau
Beesdau — —
Bornsdorf — —
Drehna — —
Neuruppin
Garz — —
Perleberg
Kuhburg — Vahrnow
Lenzen — —
Plettenberg — —
Potsdam
Potsdam — —
Prenzlau
Schmölln — —
Pritzwalk
Neuhausen — —
Puttlitz — —
Seelow
Lebus — —
Templin
Gerswalde — —
Götschendorf — —
Wittstock
Goldbeck — —
Wittstock — —

HAMBURG
Hammaburg — —

HESSEN
Bergstraße
Auerbacher Schloß — Bensheim
Hirschhorn — —
Jossa — Seeheim-Jugenheim
Lindenfels — —
Lindenfels-Köpfchen — —
Neckarsteinach-Hinterbg. — —
Neckarsteinach-Mittelbg. — —
Neckarsteinach-Vorderbg. — —
Starkenburg — Heppenheim
Schadeck — Neckarsteinach
Schönberg — Bensheim
Waldau — Großellenbach-Wahlen
Darmstadt
Altes Schloß — Mühltal-Nieder-Beerbach
Babenhausen — —
Bickenbach — Alsbach
Darmstadt — —
Dieburg — —
Frankenstein — Seeheim-Jugenheim
Gr. Umstadt — —
Mühlhäuser-Schlößchen — Gr. Umstadt-Raibach
Nauses — Otzberg-Nauses
Nieder Modau — Ober Ramstadt
Otzberg — —
Rodenstein — Fränk.-Krumbach
Schnellerts — Fränk.-Krumbach
Tannenberg — Seeheim-Jugenheim
Erbach
Beerfurt — Reichelsheim-Kirchenbeerfurth
Breuberg — Neustadt/Odenw.
Erbach — —
Freienstein — Beerfelden-Gammelsbach
Fürstenau — Michelstadt
Güttersbach — Mossautal-Güttersbach
Michelstadt — —
Reichenberg — Reichelsheim
Eschwege
Aue — Wanfried
Berlepsch — —
Berneburg — Sontra-Wichmannshausen
Bilstein — Eschwege-Albungen
Boyneburg — Sontra-Wichmannshausen
Brandenfels — Herleshausen-Markershausen
Fürstenstein — Eschwege-Albungen
Ludwigstein — Witzenhausen-Wendershausen
Reichenbach — Hess. Lichtenau
Ziegenberg — Witzenhausen-Ziegenhagen
Frankfurt
Höchst — —
Rödelheim — —
Saalhof — —
Fulda
Auersburg — Hilders
Bollheide — Großlüder-Lütterz
Ebersburg — Poppenhausen
Fürsteneck — Eitelfeld
Gersfeld — —
Haselstein — Nüstal
Hauneck — Haunetal-Oberstoppel
Mackenzell — —
Milseburg — Kleinsassen
Morsberg — Rasdorf
Tannenfels — Hilders
Weyhers — Ebersburg-Weyhers
Gießen
Arnsburg — Lich-Arnsburg
Braunfels — —
Geilshausen — Rabenau-Geilshausen
Gießen — —
Gießen-Alte Burg — —
Gleiberg — Wettenberg-Gleiberg
Grüningen — Pohlheim-Grüningen
Nordeck — Allendorf-Nordeck
Odenhausen — Lollar
Staufenberg — —
Vetzberg — Biebertal-Vetzberg
Gr. Gerau
Dornberg — —
Rüsselsheim — —
Hanau
Beilstein — Jossagrund-Lettgenbrunn
Brandenstein — Schlüchtern-Ehm
Burgjossa — Jossagrund
Gelnhausen — —

Gr. Steinheim	Hanau	Herborn	—
Hanau	—	Hermannstein	Wetzlar
Niederdorffelden	—	Hohensolms	Wetzlar
Rückingen	Erlensee-Rückingen	Philippstein	Braunfels-Philippstein
Steckelburg	Schlüchtern-Ramholz	Tringenstein	Siegbach-Tringenstein
Steinau	—	**Lauterbach (Vogelsbergkr.)**	
Stolzenburg	Bad Soden	Eisenbach	Lauterbach-Eisenbach
Schwarzenfels	Sinntal	Hartershausen	Schlitz-Hartershausen
Windecken	Niederau-Windecken	Homberg-Ohm	—
Hersfeld		Nieder-Ohmen	Mücke
Eichhof	Bad Hersfeld	Ulrichstein	—
Friedewald	—	Wartenbach	
Herzberg	Breitenbach am Herzberg	**Limburg**	
Hornsberg	—	Dorndorf	Dornburg
Landeck	Schenklengsfeld	Eigenberg	Mengerskirchen-Eigenberg
Milnrode	—	Ellar	Waldbrunn-Ellar
Neuenstein	—	Freienfels	Weinbach-Freienfels
Tannenberg	Nentershausen	Hadamar	
Hochtaunuskreis		Limburg	—
Alt Weilnau	Weilrod-Alt Weilnau	Löhnberg	—
Bommersheim	Oberursel-Bommersheim	Mengerskirchen	—
Falkenstein	Königstein-Falkenstein	Merenberg	—
Hattstein	Schmitten-Obereifenberg	Runkel	—
Homburg	Homburg v. d. H.	**Main-Taunus-Kreis**	
Idstein	—	Eppstein	
Königstein	—	Eschborn	
Kransberg	Usingen-Kransberg	Hofheim	
Kronberg	—	Reifenberg	Schmitten-Oberreifenberg
Kassel		Weilbach	Flörsheim
Burgufflen	—	**Marburg-Biedenkopf**	
Elberberg	Naumburg	Amöneburg	—
Elmarshausen	Wolfhagen-Elmarshausen	Biedenkopf	—
Falkenstein	Wolfhagen	Blankenstein	Gladenbach
Gieswerder	—	Caldern	Lahntal
Grebenstein	Hofgeismar	Dernbach	Bad Endbach-Dernbach
Krukenburg	Bad Karlshafen	Forst	Allendorf-Neustadt
Malsburg	Zierenberg	Frauenburg	Marburg-Frauenburg
Oberkaufungen	Kaufungen	Holtende	Wetter-Werzenbach
Rodersen	Volkmarsen-Ehringen	Husgeweide	Amöneburg-Rüdigheim
Sababurg	Hofgeismar	Marburg	
Stenderberg	Liebenau-Ostheim	Mellnau	Wetter-Mellnau
Schartenberg	Zierenberg	Nellenburg	Neustadt
Schauenburg	—	Netz	Kirchhain-Langenstein
Trendelburg	—	Rauschenberg	
Waldau	Kassel	Rickelskopf	Weimar-Steckelbach
Weidelsburg	Wolfshagen-Ippinghausen	Schweinsberg	Stadtallendorf-Schweinsberg
Korbach		Waffensand	Stadtallendorf
Eisenberg	Korbach-Goldhausen	Weißenstein	Wehrda
Hatzfeld	—	Wenigenburg	Amöneburg
Hessenstein	Vöhl-Oberorke	**Offenbach**	
Itterburg	Vöhl-Thalitter	Dreieichenhain	Dreieich
Kellerburg	Battenberg	Heusenstamm	—
Keseburg	Vöhl-Oberorke	Obertshausen	Dreieich-Obertshausen
Kugelburg	Volkmarsen	Steinheim	
Landau	Arolsen-Landau	**Rheingaukreis**	
Lengefeld	Korbach	Brömserburg	Rüdesheim
Lichtenfels	—	Ehrenfels	Rüdesheim
Mengeringhausen	Arolsen-Mengeringhausen	Eltville	
Nordenbeck	Korbach-Nordenbeck	Hattenheim	Eltville-Hattenheim
Oberense	Korbach-Oberense	Lauksburg	Lorch-Eppenscheidt
Waldeck	—	Niederwalluf	Walluf-Niederwalluf
Wolkersdorf	Burgwald-Bottendorf	Nolling	Lorch
Lahn-Dill-Kreis		Oberburg	Rüdesheim
Beilstein	Greifenstein-Beilstein	Rheinberg	Lorch
Calsmund	Wetzlar	Rüdesheim	
Cleeberg	Lang Göns-Cleeberg	Scharfenstein	Kiderich
Driedorf	—	Vollrads	Rheinbach-Winkel
Greifenstein	—	Waldeck	Lorch

Schwalm-Eder-Kreis
Altenburg	Felsberg-Altenburg
Falkenberg	Wabern-Falkenberg
Felsberg	—
Großropperhausen	Frielendorf
Heiligenberg	Melsungen
Holzheim	Fritzlar
Homberg	—
Jesberg	—
Landsburg	Schwalmstadt-Michelsberg
Löwenstein	Oberurff
Niederurf	Zwesten-Niederurf
Obernburg	Gudensberg
Spangenberg	—
Schönstein	Jesberg-Densberg
Wallenstein	Knüllwald-Wallenstein
Wenigenburg	Gudensberg
Ziegenhain	—

Untertaunuskreis
Adolfseck	Bad Schwalbach
Gerolstein	Heidenrod-Dickschied
Hohenstein	Bad Schwalbach
Wallrabenstein	Hünstetten-Wallrabenstein

Wetteraukreis
Bingenheim	—
Büdingen	—
Friedberg	—
Lissberg	Ortenberg-Lissberg
Münzenberg	—
Oberrosbach	Rosbach v. d. Höhe
Rockenberg	—
Ronneburg	—
Vilbel	Bad Vilbel

Wiesbaden
Frauenstein	Wiesbaden
Sonnenberg	Wiesbaden

MECKLENBURG-VORPOMMERN

Altentreptow
Wodarg	Weider

Bützow
Bützow	—

Demmin
Weißen-Klempenow	—

Grimmen
Nehringen	Gammendorf

Ludwigslust
Neustadt	—

Lübz
Lübz	—
Plau	—

Neubrandenburg
Stargard	—

Neustrelitz
Gr. Schönfeld	—
Lüttenhagen	—
Maldie	Schlicht
Strelitz	Neustrelitz
Warbende	—
Weisdin	—
Wesenberg	—
Wrechen	Lichtenberg

Pasewalk
Löcknitz	—
Roten-Klempenow	—

Röbel
Stuer	—
Stuer-Turm	—
Wredenhagen	—

Strasburg
Hildebrandshagen	—
Wolfshagen	—

Teterow
Wasdow	—

Ückermünde
Ückermünde	—

Waren
Grubenhagen	Vollratsruhe
Neu Schloen	Schloen

Wolgast
Wolgast	—

NIEDERSACHSEN

Bentheim (Grafschaft)
Bentheim	—
Lage	—

Braunschweig
Dankwarderode	Braunschweig

Celle
Celle	—

Cuxhaven
Ritzebüttel	Cuxhaven

Delmenhorst
Delmenhorst	—

Diepholz
Diepholz	—
Lemförde	—

Emsland
Westerholt	—

Göttingen
Adelebsen	—
Bramburg	Münden-Hemeln
Friedland	—
Gleichen	—
Grone	Göttingen
Hardenberg	Nörten
Plesse	Bovenden
Sichelstein	Staufenberg

Goslar
Burghagen	Langelsheim-Wolfshagen
Grenzlerburg	Liebenburg-Othfresen
Harzburg – gr.	Bad Harzburg
Harzburg – kl.	Bad Harzburg
Hasselburg	Bad Harzburg
Liebenburg	—
Liebenburg Turm	—
Neues Schloß	Braunlage
Okerturm	Goslar-Oker
Scharenburg	Lengede
Vienenburg	—
Wiedelah	Vienenburg

Hameln-Pyrmont
Coppenbrügge	—
Grohnde	Emmerthal-Grohnde
Hünenburg	Bad Pyrmont
Ohsen	Emmerthal-Hagenohsen

Helmstedt
Bornum	Königslutter-Bornum
Elmsburg	Schöningen
Langeleben	Königslutter-Langeleben
Lauingen	Königslutter-Lauingen
Süpplingenburg	—
Schöningen	—
Warburg	Warberg

Hildesheim
Bodenburg — Bad Salzdetfurth-Bodenburg
Freden — —
Läseckenburg — Winzenburg
Marienburg — Hildesheim
Poppenburg — Nordstemmen-Poppenburg
Steinbrück — Söhlde-Steinbrück
Steuerwald — —
Winzenburg — —
Wohldenburg — Holle-Wohldenburg
Holzminden
Fürstenberg — —
Homburg — Stadtoldendorf
Lauenburg — Heyen
Polle — —
Schulenburg — Bodenwerder
Jever
Jever — —
Wangerooge — —
Leer
Bunderhee — —
Leer — —
Stickhausen — Detern
Lüchow-Dannenberg
Dannenberg — —
Gartow — —
Lüchow — —
Lüneburg
Bleckede — —
Meppen
Haselünne — —
Nienburg
Luccaburg — Rehburg-Loccum
Northeim
Gandersheim — —
Greene — Kreiensen-Greene
Hardegsen — —
Lutter am Barenberg — —
Salzderhelden — Einbeck-Salzderhelden
Seesen — —
Staufenberg — Seesen
Schildberg — Seesen
Wohlenstein — Seesen
Oldenburg
Oldenburg — —
Osnabrück
Fürstenau — —
Gesmold — Melle-Gesmold
Holterburg — Bissendorf-Holte
Königsbrück — Neuenkirchen
Selgelfort — Bramsche
Schelenburg — Bissendorf-Schledehausen
Wittlage — Bad Essen-Wittlage
Osterode
Düna — Osterode
Herzberg — —
Hindenburg — Badenhausen
Königshagen — Bad Lauterberg-Barbis
Lichtenstein — Osterode-Dorste
Osterode — —
Sachsenburg — Walkenried
Staufenberg — Zorge
Scharzfels — Bad Lauterberg-Barbis
Windhausen — —
Salzgitter
Gebhardshagen — Salzgitter
Lichtenberg — Salzgitter
Soltau-Fallingbostel
Hodenhagen — —
Schaumburg (Grafschaft)
Bückeburg — —
Hohenrode — Rinteln-Hohenrode
Lauenau — —
Roden — Hess. Oldendorf-Segelhorst
Rodenberg — —
Sachsenhagen — —
Stadthagen — —
Schaumburg — Rinteln
Todemann — Rinteln
Vechta
Vechta — —
Wittmund
Borgholt — —
Wolfenbüttel
Asseburg — Denkte
Gr. Denkte — Denkte
Hornburg — —
Kneitlingen — —
Mönche-Wahlberg — Dettum-Mönche-Wahlberg
Oelber — Baddeckenstedt-Oelber
Schladen — —
Werla — Werlaburgdorf
Wittmar — —
Wolfenbüttel — —

NORDRHEIN-WESTFALEN

Aachen
Elsum — Wassenberg-Birgelen
Frankenberg — Aachen
Herzogenrath — —
Heyden — Herzogenrath
Monschau — —
Nothberg — Eschweiler
Rimburg — —
Röthgen — Eschweiler
Stolgen — —
Schwartzenburg — Stolberg-Dorf
Wilhelmstein — Würselen-Bardenberg
Arnsberg
Arnsberg — —
Rüdenberg — Arnsberg
Bergheim (Erftkreis)
Augustusburg — Brühl
Bedburg — —
Harff — Bergheim-Harff
Haus Lörsfeld — Kerpen-Lörsfeld
Hemmerich — Frechen-Bachem
Hemmerich II — Frechen-Bachem
Holtrop — Bergheim-Pfaffendorf
Bergisch Gladbach
Altenberg — Odental-Altenberg
Bielefeld
Sparrenberg — Bielefeld
Bonn
Friesdorf — Bonn-Friesdorf
Godesburg — Bonn-Bad Godesberg
Borken
Anholt — Isselburg-Anholt
Barlo — Bocholt-Barlo
Gemen — Borken-Gemen
Pröbsting — Borken-Hoxfeld
Raesfeld — —
Ramsdorf — Velen
Vreden — —
Werth — Isselburg

Coesfeld		Metternich	Weilerswist-Metternich
Dülmen	—	Münstereifel	Bad Münstereifel
Langenhorst	Billerbeck-Langenhorst	Münstereifel alt	Bad Münstereifel
Lüdinghausen		Niederkastenholz	—
Vischering	Lüddinghausen	Reifferscheidt	Hellental-Reifferscheidt
Detmold		Rohr	Blankenstein
Blomberg	—	Satzveg	Mechernich-Satzveg
Brake	Lemgo-Brake	Sötenich	Kall-Sötenich
Detmold	—	Schleiden	
Falkenburg	Detmold-Berlebeck	Schmidtheim	Dahlem-Schmidtheim
Horn	Horn-Bad Meinberg	Veyenau	Mechernich-Obergartzen
Kohlstedt	Schlangen	Vlatten	Heimbach-Vlatten
Niederbarkhausen	Leopoldshöhe-Asemissen	Zievel	Mechernich-Zievel
Sternberg	Extertal-Linderhofe	Zülpich	
Varenholz	Kalletal-Varenholz	**Gelsenkirchen**	
Dortmund		Trips	Gelsenkirchen
Hohensyburg	Dortmund	**Gütersloh**	
Duisburg		Ravensburg	Borgholzhausen
Issum	Duisburg-Issum	**Hagen**	
Düren		Hohenlimburg	Hagen
Bernstein	Hürtgenwald-Bergstein	Raffenburg	Hagen-Holthausen
Bubenheim	Vettweiß-Jakobwüllesheim	Volmarstein	Wetter-Volmarstein
Burgau	Düren-Niederau	**Heinsberg**	
Düren	—	Erkelenz	—
Gladbach	Vettweiß-Gladbach	Gangelt	—
Gödersheim	Nideggen-Wollersheim	Geilenkirchen	—
Hambach	Niederzier-Hambach	Heinsberg	—
Heimbach	—	Wassenberg	—
Holzheim	Langerwehe-Wenau	**Herford**	
Kellenberg	Jülich-Barmen	Vlotho	—
Laufenburg	Langerwehe-Wenau	**Hochsauerlandkreis**	
Laurenzburg	—	Altenfels-Ostbg.	Madfeld
Lürken	Laurenzburg	Altenfels-Westbg.	Madfeld
Müllenark	Inden-Schophoven	Bruchhausen	Olsberg-Bruchhausen
Nideggen	—	Canstein	—
Nörvenich		Eversberg	Meschede-Eversberg
Untermaubach	Kreuznau-Untermaubach	Nordenau	Schmallenberg-Nordenau
Düsseldorf		Padberg	Marsberg-Padberg
Angermund	Düsseldorf	**Höxter**	
Düsseldorf	—	Beverungen	—
Ickt	Düsseldorf-Unterrath	Brunsberg	Höxter-Godelheim
Kaiserswerth	Düsseldorf	Desenberg	Warburg-Daseburg
Ennepe-Ruhr-Kreis		Dringenberg	Bad Driburg-Dringenberg
Hardenstein	Witten-Herbede	Gräfte	Bad Driburg
Haus Herbede	Witten-Herbede	Iburg	Bad Driburg
Essen		Kalenberg	Warburg-Kalenberg
Altendorf	Essen	Ottenhausen	Steinheim-Ottenhausen
Isenburg	Essen	Tonenburg	Höxter-Albaxen
Stenshofturm	Essen	Wildburg	Beverungen-Wehrden
Schellenberg	Essen	Wölberg	Nieheim
Euskirchen		**Klewe**	
Arloff	Bad Münstereifel-Arloff	Geldern	—
Berg	Mechernich-Berg	Haus Vlaßrath	Straelen
Blankenheim	—	Haus Zelm	Rees-Mehr
Dollendorf	Blankenheim-Dollendorf	Schwanenburg	Klewe
Dreiborn	Schleiden-Dreiborn	Wachtendonk	
Dürffenthal	—	**Köln**	
Gr. Vernich	Weilerswist-Vernich	Nieder-Zürndorf	Köln
Hardtburg	Euskirchen-Stotzheim	Ober-Sülz	Köln-Mülheim
Heistart	Mechernich-Holzheim	Wahn	Köln-Wahn
Hof Burgfrey	Mechernich	Zündorf	Köln-Porz
Kallmuth	Mechernich-Kallmuth	**Krefeld**	
Kirspenich	Euskirchen-Kreuzweingarten	Hüls	Krefeld-Hüls
Kommern	Mechernich-Kommern	Linn	Krefeld-Linn
Konradsheim	Erfstadt-Konradsheim	Rath	Krefeld
Kronenburg	Dahlem-Kronenburg	**Leverkusen**	
Langendorf	Zülpich-Langendorf	Haus Rheindorf	Leverkusen-Rheindorf
Lechenich	Erfstadt-Lechenich	**Märkischer Kreis**	

Altena	—	**Soest**	
Bomgaden	Plettenberg-Siesel	Lipperode	Lippstadt
Brendenol	Hemer-Becke	Soest	—
Deilinghofen	Hemer	Soest	—
Pungelscheidt	Werdohl	**Solingen**	
Schwarzenberg	Plettenberg	Burg a. d. Wupper	
Mettmann		**Steinfurt**	
Hardenberg-Schloß	Velbert-Langenberg	Ascheberg	Steinfurt
Hardenberg	Velberg-Neviges	Burgsteinfurt	Steinfurt
Landsberg	Ratingen	Heidenturm	Ibbenbüren
Ratingen	—	Tecklenburg	—
Minden		**Unna**	
Limberg	Preuß. Oldendorf-Börninghausen	Altendorf	Fröndenberg-Altendorf
		Haus Mark	—
Mülheim/Ruhr		Hünenknüfer	Iserlohn Sümmern-Scheda
Broich	Mülheim	Unna	—
Neuss		**Viersen**	
Erprath	Neuss-Weckhoven	Bocholt	Kempen
Friedestrom	Dormagen-Zons	Brüggen	—
Grevenbroich	—	Kempen	
Hülchrath	Hülchrath	Uda	Grefrath-Oedt
Liedberg	Korschenbroich-Liedberg	**Warendorf**	
Millendonk	Korschenbroich	Stromberg	Oelde-Stromberg
Reuschenberg	Elsdorf	**Wesel**	
Oberbergischer Kreis		Dinslaken	—
Bieberstein	Reichshof-Brüchermühle	Haus Dreven	Rheinberg-Budberg
Denklingen	Waldbröhl	Moers	
Gimborn	Marienheide-Gimborn	Moyland	Bedburg Hau-Moyland
Homburg	Nümbrecht	Xanten	
Hückeswagen	—		
Volpertshausen	Hüttenberg-Volpertshausen	**RHEINLAND-PFALZ**	
Olpe		**Altenkirchen**	
Waldenburg	Attendorn	Freusburg	Kirchen-Freusburg
Paderborn		Schönstein	Wissen
Lichtenau	—	Wildenburg	Friesenhagen
Lippspringe	Bad Lippspringe	**Alzey-Worms**	
Wewelsburg	Büren-Wewelsburg	Alzey	—
Recklinghausen		Bechtoldsheim	—
Horneberg	Datteln-Horneberg	Eppelsheim	—
Rheda-Wiedenbrück		Schwabsburg	Nierstein
Rheda	—	Wachenheim	
Rheinisch-Bergischer-Kreis		**Bernkastel-Wittlich**	
Bensberg	—	Baldenau	Morbach-Bischofsdrohn
Berge-Altenburg	Odenthal	Biederburg	Laufeld
Bernsau	Overrath	Bruch	—
Eibach	Lindlar-Scheel	Dhronecken	—
Neuenburg	Lindlar-Scheel	Dodenburg	—
Unterheiligenhoven	Lindlar	Entersburg	Hontheim
Rhein-Sieg-Kr.		Grevenburg	Traben-Trabach
Blankenberg	Hennef-Blankenberg	Hunoldstein	Merscheid-Hundoldstein
Drachenfels	Bad Honnef	Kinheim	—
Hexenturm	Bornheim-Walberberg	Landshut	Bernkastel-Kues
Löwenburg	Bad Honnef	Niedermanderscheidt	Manderscheidt
Lülsdorf	Niederkassel-Lülsdorf	Obermanderscheidt	Manderscheidt
Merten	Bornheim-Merten	Starkenburg	Enkirch
Reitersdorf	Bad Honnef	Veldenz	—
Rheinbach	—	**Birkenfeld**	
Rosenau	Königswinter	Allenbach	—
Rott	Troisdorf-Sieglar	Frauenburg	
Siegburg	—	Herrstein	—
Tomburg	Rheinbach-Wormersdorf	Naumburg	Kirn
Windeck	—	Oberstein	Idar-Oberstein
Rhein-Wupper-Kreis		**Bitburg-Prüm**	
Eifgenburg	Burscheid	Altbettingen	Bettingen
Vorst	Leichlingen	Bettingen	—
Siegen		Bollendorf	—
Ginsberg	Hilchenbach	Dasburg	—
Siegen	—		

Falkenstein	Waldhof	Frankenstein	—
Hamm	—	Hohenecken	Kaiserslautern-Hohenecken
Hartelstein	Schwirzheim	Nannstein	Landstuhl
Kylburg	—	Perleburg	Kindsbach
Liessem	—	Schallodenbach	—
Malberg	—	Wilenstein	Trippstadt
Neuerburg	—	**Koblenz**	
Niedergegen	Köperich-Niedergegen	Ehrenbreitstein	Koblenz-Ehrenbreitstein
Oberkail	—	Koblenz	—
Prüm zur Lay	Prüm	Rübenbach	Koblenz
Rittersdorf	—	Stolzenfels	Koblenz-Kapellen
Seinsfeld	—	**Kreuznach**	
Schönecken	—	Altenbaumburg	Altenbamburg
Cochem-Zell		Argenschwang	—
Arras	Alf	Böckelheim	—
Ediger	Ediger-Eller	Burglayen	Rümmelsheim
Haus Warsberg	Ellenz	Burgsponheim	—
Klotten	—	Dalberg	—
Merl	Zell-Merl	Dhaun	Hochstetten
Metternich	Beilstein	Ebernburg	Bad Münster
Pommern	—	Fustenberg	Stromberg
Pyrmont	Roes	Gutenberg	—
Senheim	—	Meisenheim	—
Treis	—	Montfort	Duchroth-Oberhausen
Ulmen	—	Neubamberg	—
Wildburg	Treis-Karden	Pfarrköpfchen	Stromberg
Winneburg	Cochem	Rheingrafenstein	Bad Münster
Daun		Stein	Kern-Kallenfels
Daun	—	Schmidtburg	Schneppenbach
Freudenkoppe	Neroth	Treuenfels	Altenbamberg
Freudenstein	Brockscheidt	Wartenstein	Oberhausen
Gerolstein	—	Winterburg	—
Jünkerrath	—	**Kusel**	
Kasselburg	Pelm	Alt Wolfstein	Wolfstein
Kerpen	—	Heidenburg	Oberstaufenbach
Kerpen	—	Leuterecken	—
Neroth	—	Lichtenberg-Oberbg.	Thallichtenberg
Neu Blankenhain	Üxheim	Lichtenberg-Unterbg.	Thallichtenberg
Donnersbergkreis		Michelsburg	Haschbach
Alt Bolanden	Bolanden	Neu Wolfstein	Wolfstein
Falkenstein	—	Oberstaufenbach	—
Hohenfels	Imsbach	Odenbach	—
Landsberg	Obermoschel	Reipoldskirchen	—
Lewinstein	Obermoschel	St. Michelsburg	Theisbergstegen
Neubolanden	Kirchheimbolanden	Sprengelberg	Eßweiler
Randegg	Mannweiler	**Landau-Bergzabern**	
Ruppertsecken	—	Anebos	Annweiler
Stauf	Eisenberg	Frankenberg	Ramberg
Wildenstein	Steinbach	Guttenberg	Dörrenbach
Dürkheim		Heidenschuh	Klingenmünster
Alt Leiningen	—	Kropsburg	St. Martin
Battenberg	—	Landeck	Klingenmünster
Breitenstein	Elmstein-Appenthal	Lewinstein	Obermoschel
Elmstein	—	Lindelbrunn	Vorderweidenthal
Erfenstein	Elmstein	Madenburg	Eschbach
Hardenberg	Bad Dürkheim	Meistersel	Ramberg
Lichtenstein	Neidenfels	Neukastel	Leinsweiler
Müllenark	Schophoven	Neu Scharfeneck	Ramberg
Neidenfels	—	Ramburg	Ramberg
Neuleiningen	—	Rietburg	Rhodt
Nonnenfels	Bad Dürkheim	Scharfenberg	Annweiler
Spangenberg	Elmstein-Appenthal	Schlößli	Klingenmünster
Schloßeck	Bad Dürkheim	Trifels	Annweiler
Wachtenberg	Wachenheim	**Mayen-Koblenz**	
Kaiserslautern		Andernach	—
Alsenborn	Enkenbach-Alsenborn	Bischofstein	Münstermaifeld-Lassberg
Beilstein	Kaiserslautern	Bürresheim	St. Johann
Diemerstein	Frankenstein	Ehrenburg	Brodenbach

• Eltz	Wierschen	• Blumenstein	Schönau
Geisbusch	Mayen	• Drachenfels	Busenberg
Heesenburg	Dieblich	Falkenburg	Wilgartswiesen
Kobern	—	Gräfenstein	Merzalben
Kobern-Oberbg.	—	Hauenstein	—
Kobern-Unterbg.	—	• Kleinfrankreich	Erlenbach
Krayer Hof	Andernach-Eich	Lemberg	—
Mayen	—	• Neudahn	Dahn
Mayen Burghaus	—	Rupperstein	Ruppertsweiler
Monreal Kl.	—	Steinenschloß	Thaleischweiler
Monreal Gr.	—	Wegelnburg	Nothweiler
Pfalzgrafenburg	Maria Laach	Wiesbach	—
• Thurandt	Alken	Wilgartsburg	Wilgartswiesen
Trutz Eltz	Wierschem	**Rhein-Hunsrück-Kreis**	
Virneburg	—	Balduinseck	Buch
Weißenthurm	—	Boppard	—
Wernerseck	Ochtendung	Boppard-Rittershs.	—
Mainz-Bingen		Dill	—
Fürstenberg	Oberdiebach	• Gemünden	—
Heimburg	Niederheimbach	Heimburg	Niederheimbach
• Klopp	Bingen	Kastellaun	—
Mainz	—	• Koppenstein	Henau
• Oppenheim	—	Rauschenburg	Boppard-Oppenhausen
Reichenstein	Trechtingshausen	• Rheinfels	St. Goar
Rheinstein	Trechtingshausen	Schönburg	Oberwesel
Sooneck	Niederheimbach	Schöneck	Boppard
Stadtecken	—	Waldeck	Dommershausen-Dorweiler
Stahlberg	Bacharach-Steeg	• Wilburg	Sargenroth
Stahleck	Bacharach	**Rhein-Lahn-Kreis**	
Wintereck	Heidesheim	Alte Burg	Lipporn
Wintersheim	—	Ardeck	Holzheim b. Diez
Neuenahr-Ahrweiler		Balduinstein	
Altenahr	—	• Burgschwalbach	—
Kreuzberg	Altenahr	• Diez	—
Kempenich	—	Gutenfels	Kaub
Landskron	Bad Neuenahr-Lohrsdorf	• Hohlenfels	Mudershausen
Neuenahr	Bad Neuenahr	Katz	St. Goarshausen
▸ Nürburg	—	Lahneck	Lahnstein
Olbrück	Niederdürrenbach	Langenau	Obernhof
Rheineck	Bad Breisig	Laurenburg	—
Roter Turm	Ahrweiler	Liebenstein	Kamp-Bornhofen
Saffenburg	Mayschloß	• Marksburg	Braubach
Weißer Turm	Ahrweiler	Martinsburg	Lahnstein
Wensburg	Lind-Oberlies	Nassau	—
Neustadt-Weinstraße		• Pfalzgrafenstein	Kaub
Alte Burg	Neustadt-Gimmeldingen	Reichenberg	—
Hambacher Schloß	Neustadt-Hambach	Sauerburg	Sauerthal
Heidenburg	Neustadt-Gimmeldingen	Stein	Nassau
Königsbach	Neustadt/Weinstr.-Königsbach	Sterrenberg	Kamp-Bornhofen
Winzingen	Neustadt	Thurnberg	St. Goarshausen
Wolfsburg	Neustadt	**Trier-Saarburg**	
Neuwied		Clüssrath	—
Alteburg	Bendorf-Sayn	Eitelsbach	Trier
Altenwied	Neustadt/Wied	Freudenberg	—
Altwied	Neuwied	Grimburg	—
Braunsberg	Anhausen	Irsch	Trier
Dattenberg	Linz	Longuich	—
Ehrenstein	Neustadt/Wied	Mürlenbach	Welschbillig
Hammerstein	—	Pfalzel	Trier
Isenburg	—	Ramstein	Kordel
Neuerburg	Niederbreitbach	Saarburg	—
Rennenberg	Linz	Sommerau	—
Rheinbreitbach	—	Trier	—
Sayn	Bendorf-Sayn	Welschbillig	—
Pirmasens		Windringen	—
○ Altdahn	Dahn	Zewener Turm	Trier
Altschloß	Eppenbrunn	**Westerwald**	
• Berwartstein	Erlenbach	Grenzau	Höhr-Grenzhausen

Hartenfels	—	Reinsberg	—
Montabaur		Ruppendorf	—
Nister	Streithagen	**Freithal**	
Sporkenburg	Eitelbronn	Tharandt	—
Westerburg	—	**Geithein**	
Zweibrücken		Gnandstein	—
Großbundenbach	—	Kohren-Salis	—
Niederauerbach	Zweibrücken-Niederauerbach	**Grimma**	
		Colditz	—
## SAARLAND		Döben	—
Homburg		Grimma	—
Bliesmengen	Mandelbachthal	Trebsen	—
Einöd	Homburg/Saar-Einöd	**Grossenhain**	
Kirkel	—	Frauenhain	—
Merburg	Homburg-Kirrberg	Großenhain	—
Merzig-Wadern		**Hainichen**	
Berg	—	Beerwalde	—
Dagstuhl	Wadern-Dagstuhl	Kriebstein	Kriebethal
Hausbach	Losbach	Sachsenburg	—
Montclair	Mettlach	**Leipzig**	
Neu Montclair	Mettlach	Leipzig	—
Rotburg	Mettlach-Faha	**Löbau**	
Saarstein	Mettlach-Weiten	Hutberg	Schönau
Schleiden	Losheim	Niederruppersdorf	—
Schwarzenberg	Wadern-Lochwald	Nostitz	—
Neunkirchen		**Marienberg**	
Kerpen	Illingen	Niederlauterstein	Lauterstein
Saarbrücken		**Meissen**	
Bucherbach	Püttlingen-Engelfangen	Bieberstein	—
Teufelsburg	Überherrn-Felsberg	Heinitz	—
Saarlouis		Meißen	—
Dillingen	Saarlouis	Schleinitz	—
Humburg	Wallerfangen-Düren	**Oelsnitz**	
Siersburg	Rehlingen-Siersburg	Voigtsberg	—
St. Ingbert		Wiederberg	—
Stiefeler Schloß	St. Ingbert	**Oschatz**	
St. Wendel		Hubertusburg	—
Allerburg	Namborn-Eisweiler	Ruhetal	Mügeln
Liebenburg	Namborn-Hofeld	Seerhausen	—
		Wüstes Schloß	Oschatz
## SACHSEN		**Pirna**	
Aue		Dohna	—
Schwarzenberg	—	Pirna	—
Bautzen		**Plauen**	
Kirschau	—	Burgstein	Ruderitz
Niedercrostau	Crostau	**Reichenbach**	
Ortenburg	Bautzen	Mylau	—
Borna		**Riesa**	
Wiprechtsburg	Groitsch	Hirschstein	—
Brand-Eibendorf		Strehla	—
Frauenstein	—	**Rochlitz**	
Chemnitz		Geringswalde	—
Rabenstein	Chemnitz	Rochlitz	—
Delitzsch		Rochsburg	—
Gruna	—	**Sebnitz**	
Dippoldiswalde		Alt Rathen	Rathen
Lauenstein	—	Lilienstein	Porschdorf
Döbeln		Stolpen	—
Döbeln	—	Schönberg	Bad Schandau
Mahlitzsch	Rosswein	Schwarzberg	Großdorf
Mildenstein	Leisnig	**Torgau**	
Dresden		Torgau	—
Dresden	—	**Zittau**	
Nisan	Dresden	Karlsfried	—
Radeberg	—	Oybin	—
Freiberg		Rohnau	Ostritz
		Zschopau	
		Scharfenstein	—

Wolkenstein	—
Zschopau	—
Zwickau	
Alt Schönfels	Schönfels
Stein	—

SACHSEN-ANHALT

Aschersleben	
Aschersleben	—
Domburg	Heteborn
Gatersleben	—
Heusneindorf	—
Konradsburg	Ermsleben
Meisdorf	—
Westdorf	—
Bernburg	
Bernburg	—
Plötzkau	—
Burg	
Gommern	—
Grabow	—
Eisleben	
Bornstedt	—
Eisleben	—
Seeburg	—
Gardelegen	
Gardelegen	—
Halberstadt	
Emersleben	Gr. Quenstadt
Halberstadt	—
Hessen	—
Schlanstedt	—
Westerburg	—
Zilly	—
Haldensleben	
Altenhausen	—
Alvensleben	—
Bornstedt	—
Calvörde	—
Eilenstedt	—
Erxleben	—
Flechtingen	—
Hundisburg	—
Ummendorf	—
Werferlingen	—
Halle	
Giebichenstein	Halle
Moritzburg	Halle
Hettstedt	
Alter Falkenstein	Pansfelde
Rosslau	
Rosslau	—
Saalekreis	
Wettin-Oberbg.	—
Wettin-Unterbg.	—
Salzwedel	
Salzwedel	—
Tylsen	—
Sangerhausen	
Alt Morungen	Eller-Eberstein
Arnsberg	Seega
Arnswald	Uftringen
Beyernaumburg	
Grillenburg	Grillenberg
Kelbra	—
Morungen	—
Questenberg	—
Stolberg	—
Thierburg	Breitungen
Tilleda	
Stassfurth	
Egeln	—
Schneidlingen	—
Warmsdorf	—
Schönbeck	
Kleine Rosenburg	Gr. Rosenburg
Tangerhütte	
Tangermünde	—
Wanzleben	
Ampfurth	—
Dreileben	—
Wanzleben	—
Weissenfels	
Osterfeld	—
Wernigerode	
Ahlsburg	Ilsenburg
Arnstein	Sylda-Harkerode
Birkenfeld	Rübeland
Blankenburg	
Bodfeld	—
Elbingerode	—
Falkenstein	Pansfelde
Freckleben	—
Harburg	Wernigerode
Heimburg	—
Hettstedt	—
Mansfeld	—
Wippra	—
Hohenmölsen	
Steinegrimma	—
Klötze	
Beetzendorf	—
Klötze	—
Öbisfelde	—
Magdeburg	
Rothensee	Magdeburg-Rothensee
Merseburg	
Schkopau	—
Naumburg	
Beichlingen	—
Eckartsberga	—
Naumburg	—
Neuenburg	—
Rudelsburg	Bad Kösen
Saaleck	Bad Kösen
Schönburg	—
Nebra	
Nebra	—
Wendelstein	—
Oschersleben	
Hötensleben	
Oschersleben	—
Sommerschenburg	—
Quendlinburg	
Anhalt	Harzgerode
Erichsburg	Siptenfelde
Gersdorfer Burg	Badeborn
Güntersberge	—
Harzgerode	
Heinrichsburg	Harzgerode
Lauenburg Gr.	Stecklenburg
Lauenburg Kl.	Stecklenburg
Stecklenburg	—
Wendhausen	Thale
Querfurth	

Querfurth	—	Gleichen	Wandersleben
Schraplau	—	Mühlberg	—
Ilsenstein	Ilsenburg	**Greiz**	
Regenstein	Blankenburg	Berga	—
Stiege	—	Döhlau	—
Treseburg	—	Elsterberg	—
Wernigerode	—	Osterstein	—
Wolmirstadt		Sparnberg	—
Rogätz	—	**Heiligenstadt**	
Wolmirstadt	—	Altenstein	Asbach
Zeitz		Greifenstein	Heiligenstadt-Kella
Breitenbach	—	Hanstein	Bornhagen
Droyssig	—	Rustenberg	Rustenfelde
Haynsburg	—	**Hildburghausen**	
Hehn	Etzoldsheim	Eisfeld	—
Reichsburg	Breitenbach	Heldburg	—
Wittgendorf	—	Osterburg	Henfstädt
Zerbst		Reurieth	—
Lindau	—	**Jena**	
Möckern	—	Jena	—
Rosian	—	Kunitzburg	Jena-Kunitz
Zerbst	—	Leuchtenburg	Seitenroda b. Kahla
Zerbst Turm	—	Lobdaburg	—
		Tautenburg	—
		Lobenstein	
		Blankenburg	—

SCHLESWIG-HOLSTEIN

Ratzeburg		**Meiningen**	
Linau	—	Frankenberg	—
Ostholstein		Habichtsburg	Meiningen
Glambeck	Burgtiefe	Henneberg	—
		Hutsberg	Helmershausen
		Kühndorf	—
		Maienluft	Wasungen
		Untermaßfeld	—

THÜRINGEN

Altenburg		**Nordhausen**	
Altenburg	—	Ebersburg	Herrmannsacker
Windischleuba	—	Heinrichsburg	Neustadt
Apolda		Hohnstein	Neustadt
Kapellendorf	—	Ilburg	Ilfeld
Niederroßla	—	Löhra	Großlohra
Arnstadt		Schadewald	Herrmannsacker
Döllstedt	Stadtilm	**Pössneck**	
Ehrenburg	Plaue	Ranis	—
Ehrenstein	Stadtroda	Ziegenrück	—
Liebenstein	—	**Rudolstadt**	
Wachsenburg	Holzhausen	Orlamünde	—
Artern		Reinstädt	—
Allstedt	—	Schauenforst	Rödelwitz
Falkenburg	Rottleben	**Saalfeld**	
Frankenburg	Frankenhausen	Eichicht	Saalfeld
Heldrungen	—	Friedensburg	Leutenberg
Kyffhausen Ob.	Frankenhausen	Hoher Schwarm	Saalfeld
Kyffhausen Mit.	Frankenhausen	Könitz	—
Kyffhausen Unt.	Frankenhausen	**Salzungen**	
Rothenburg	Frankenhausen	Kraynburg	Kieselbach
Sachsenburg	—	Liebenstein	Bad Liebenstein
Eisenach		Stadtlengsfeld	—
Brandenburg	Lauchröden	Vacha	—
Franroda	—	**Sömmerda**	
Haineck	Nazza	Weißensee	—
Metilstein	Eisenach	**Sondershausen**	
Normannstein	Treffurt	Straußberg	—
Scharfenberg	Thal	**Sonneberg**	
Wartburg	Eisenach	Rauenstein	—
Winterstein	—	Schaumburg	Schalkau
Gera		**Stadtroda**	
Reichenfels	Hohenleuben	Lodenschitz	Schlöben
Gotha		**Suhl**	
Alte Burg	Ohrdruf		

♦ Schleusingen	—
Schleiz	
Burgk	—
Schmalkalden	
Hallenberg	Steinbach
♦ Schmalkalden	—
Wallenberg	Trusetal
Weimar	
Buchfahrt	Bad Berka
Kranichfeld	—
Madela	Magdala
Worbis	
Allerburg	—
Haarburg	Haynrode
Scharfenstein	Leinefelde

(F) Frankreich

BAS RHIN

Barr	
Andlau	—
Bernstein	Dambach
Epfig	—
Heiligenstein	—
Landsberg	Heiligenstein
Spesberg	Andlau
Buchsweiler	
Dossenheim	—
Herrenstein	Neuweiler
Hochfelden	
Mittelhausen	—
Lauterburg	
Lauterburg	—
Lützelstein	
Herrenstein	Neuweiler
Lichtenberg	—
Löwenstein	Wingen
Lützelstein	—
Maurmünster	
Geroldseck-gr-	Hagen
Geroldseck-kl.	Hagen
Ochstenstein	Reinhardsmünster
Molsheim	
Dachstein	—
Hohenstein	Oberhaslach
Nideck	Oberhaslach
Ringelstein	Oberhaslach
Wangen	—
Mundolsheim	
Breuschwickersheim	—
Niederbronn (Bad)	
Alt Windstein	Windstein
Hohenfels	Dambach
Neu Windstein	Windstein
Neu Windstein (Alt)	Windstein
Schöneck	Dambach
Wasenburg	Niederbronn
Windeck	Dambach
Wittschlößl	Dambach
Hohenbarr	Zabern
Zabern	—

BELFORT

Delle	
Dattenried	Delle

HAUT RHIN

Altkirch	
Altkirch	—
Heidweiler	—
Gebweiler	
Gebweiler	—
Hohenrupf	Lautenbachzell
Hugstein	Bühl
Husenberg	Lautenbachzell
Orschweiler	—
Stettenburg	Orschweiler
Hüningen	
Landskron	Leymen
Waldeck	Leymen
Kaisersberg	
Bilstein	Rickweiher
Kaisersberg	—
Reichenstein	Reichenweier
Wineck	Katzenthal
Lapoutroie	
Hohenack	—
Münster	
Schrankenfels	Bad Sulzbach
Schwarzenburg	Griesbach
Pfirt	
Liebenstein	Liebesdorf
Moersberg	Oberlarg
Pfirt	—
Rappoltsweiler	
Girsberg	Rappoltsweiler
Hohrappoltstein	Rappoltsweiler
Ulrichsburg	Rappoltsweiler
St. Marie aux Mines	
Hoheckerich	Kl. Rumbach
Obernai	
Niederehnheim	—
Rosheim	
Birkenfels	Ottrott
Dreistein	St. Ottilien
Girbaden	Mollkirch
Kagenfels	Ottrott
Köpfl	Klingenthal
Lützelburg	Ottrott
Ottrott	—
Rathsamhausen	Ottrott
Rosheim	—
Sarreunion	
Lorentzen	—
Schirmeck	
Salm	Vorbruck
Schirmeck	—
Schlettstedt	
Hohkönigsburg	Orschweiler
Kinzheim	—
Ödenburg	Orschweiler
Ortenburg	Scherweiler
Ramstein	Scherweiler
Trüchtersheim	
Kochersberg	Neugarthein
Wasselnheim	
Freudeneck	Wangenburg
Wangenburg	—
Westhofen	—
Weiler	
Bilstein	Urbeis
Frankenburg	
Weißenburg	

Arnsberg	Obersteinbach	Jaufenburg	St. Leonhard
Fleckenstein	Lembach	Kasatsch	Nals
Froensberg	Lembach	Katzenstein	Meran
Hohenburg	Wingen	Katzenzungen	Prissian
Lützelhardt	Obersteinbach	Lebenberg	Tscherns
Wasigenstein	Obersteinbach	Leonberg	Lana
Soultz		Maienberg	Völlan
Alschweiler	—	Naturns	
Isenheim	—	Ortenstein	—
Thann		Payrsberg	Nals
Thann	—	Planta	Meran-Obermais
Wintzenheim		Rubein	Meran-Obermais
Egisheim	—	Stachelburg	Partschins
Hageneck	Wettolsheim	Stehle	Andrian
Hoch Egisheim	Egisheim	Schenna	—
Hoh Eckerich	Kl. Rumbach	Thurn	Schenna
Hohlandsberg	—	Tirol	Meran
Pflixburg	Wintzenheim	Turnstein	Algund
Wettolzheim	—	Wehrburg	Prissian
Zabern		Werrenberg	Völlan
Ernolsheim	Zabern	Wolfsturn	Andrian
Greifenstein	Zabern	Zenoburg	Meran
		Zwingenberg	Prissian
MOSELLE		**Eisacktal**	
Bitsch		Aichach	Kastelruth
Arnsberg	Bärenthal	Anger	Klausen
Falkenstein	Philippsburg	Branzoll	Klausen
Helfenberg	Philippsburg	Garnstein	Latzfons
Waldeck	Egelshardt	Gravetsch	Villanders
Pfalzburg		Kastelruth	—
Lützelburg	—	Moos	Pfitsch
Sierck		Pfitsch	—
Meinsberg	Mandern	Prösels	—
		Prösels-Turm	—
		Raspenstein	Gosensaß

(I) Italien

SÜDTIROL

		Reifenegg	Ratschings
		Reifenstein	Sterzing
		Saleck	Kastelruth
Bozen		Salern	Vahrn
Greifenstein	Glanig	Sprechenstein	Sterzing
Gries	Bozen	Stein a. Ritten	Klobenstein
Gries-Turm	Bozen	Stilfes	—
Haselburg	Bozen	Straßberg	Goßensaß
Helfenberg	Terlan	Summersberg	Gufidaun
Kampenn	Bozen	Schneeberg	Trins
Karneid	—	Trostburg	Waidbruck
Klebenstein	Bozen	Völs	—
Maretsch	Bozen	Welfenstein	Sterzing
Neuhaus	Terlan	Wolfsthurn	
Rafenstein	Bozen	**Gröndertal**	
Rendelstein	Bozen	Wolkenstein	—
Ried	Bozen	**Pustertal**	
Runkelstein	Bozen	Alt Rasen	Rasen
Sigmundskron	Frangart	Bruneck	—
Steinegg	Karneid	Neuhaus	Gais
Weinegg	Bozen	Neu Rasen	Rasen
Wendelstein	Bozen	Rodenegg	Mühlbach
Bruggrafenamt		St. Michelsburg	St. Lorenzen
Auer	Tirol	Schöneck	Kiens
Brandis	Lana	Taufers	Sand im Taufers
Braunsberg	Lana	Thurn	Welsberg
Brunnenburg	Tirol	Uttenheim	St. Pankraz
Dornsberg	Naturns	Waldschlößl	Terrenten
Forst	Meran	Welsberg	—
Fragsburg	Meran	**Sarntal**	
Goien	Schenna	Afing	Jenesein
		Feigl zu Goldegg	Jenesein
		Fingeller Schlößl	Afing

Kränzelstein	—
Moserhof	Sarntheim
Pallaus	Sarns
Reinegg	Sarntheim
Stofenhof	Sarntheim
Wangen-Bellermont	—
Weifner	Obergoldegg
Seiseralp	
Hauenstein	Sais
Unteretsch	
Boymont	Missian
Freudenstein	Eppan
Haderburg	Salurn
Hocheppan	Eppan
Kaldiff	Neumarkt
Kreidetrum	Eppan
Kronmetz	San Gottardo
Laimburg	Pfatten
Leiterburg	Auer
Leuchtenburg	Kaltern
Lueg am Nons	Termon
Payrsberg	Nals
Tinzelleiten	Leifers
Wart	St. Paul
Vinschgau	
Annenberg	Latsch
Churburg	Schluderns
Drossenturm	Mals
Eschenloch	St. Pankraz
Eyrsburg	Eyrs
Fröhlichsburg	Mals
Fürstenberg	Burgeis
Galsaun	Tschars
Gargitz	Pratz
Glurns	—
Goldrain	—
Juval	Tschars
Kastelbell	—
Kastellatz	Schluders
Latsch	—
Lichtenberg	Schluderns
Obermatsch	Matsch
Obermontani	Morter
Reichenberg	Rotund
Rotund	Tauffers im Münstertal
Schlandersberg	Schlanders
Tschengelsberg	Tschengels
Untermatsch	Matsch
Untermontani	Morter

(LX) Luxemburg

Ansemburg	Mersch
Beffurt	Diekirch
Berwart	Esch sur Alzette
Burscheidt	Diekirch
Düdelingen	Esch sur Alzette
Esch	Wilz
Fels	Mersch
Hespringen	—
Hollenfels	Mersch
Koerich	Capellen
Luxemburg	—
Luxemburg-Turm	—
Mersch	—
Pettingen	Mersch
Schorels	—
Vianden	Diekirch

(PL) Polen

Neumark

Kr. Königsberg	
Stolzenburg	Mohrin
Kr. Meseritz	
Meseritz	—
Kr. Osternburg	
Lagow	—

Pommern

Kr. Arnswalde	
Neuwedel	—
Kr. Belgard	
Belgard	—
Schivelbein	—
Kr. Bütow	
Bütow	—
Kr. Cammin	
Gülzow	—
Kr. Greifenberg	
Plathe	—
Kr. Greifenhagen	
Wildenbruch	—
Kr. Kosel	
Arnhausen	—
Kr. Lauenburg	
Lauenburg	—
Kr. Naugard	
Daber	—
Hindenberg	—
Matzdorf	—
Kr. Neustettin	
Draheim	—
Kr. Rügenwalde	
Rügenwalde	—
Kr. Saatzig	
Saatzig	—
Kr. Stargard	
Falkenburg	—
Kremzow	—
Pansin	—
Uchtenhagen	—
Kr. Schlawe	
Krangen	—

Schlesien

Kr. Beuthen	
Bentschin	Beuthen
Kr. Breslau	
Breslau	—
Eckersdorf	—
Lissa	—
Lohe	—
Neumarkt	
Puschkau	—
Kr. Brieg	
Karlsmarkt	Kerzendorf
Kr. Bunzlau	
Gießmannsdorf	—
Kr. Cosel	

Kr. Gleiwitz	
Tost	—
Kr. Glogau	
Glogau	—
Kr. Goldberg	
Gröditzberg	—
Röchlitz	—
Kr. Grottkau	
Ottmachau	—
Kr. Habelschwerdt	
Alt Lomnitz	—
Karpenstein	—
Kr. Hirschberg	
Boberröhrsdorf	—
Bolzenschloß	Janowitz
Falkenstein	Fischbach
Kynast	Hermsdorf
Läusepelz	Reibnitz
Kr. Jauer	
Schweinhausberg	—
Landeshut	
Liebenau	Schwarzwalde
Kr. Lauban	
Greiffenstein	Gräfl. Neundorf
Schwerta	Marklissa
Tzschocha	Rengersdorf
Kr. Liegnitz	
Bolkoburg	Bolkenhain
Liegnitz	—
Lüben	—
Parchwitz	—
Kr. Löwenburg	
Lehnhaus	Lähn
Kr. Militsch	
Militsch	—
Trachenberg	—
Kr. Namslau	
Namslau	—
Kr. Neustadt	
Wogendrüsel	Neustadt
Kr. Öls	
Öls	—
Kr. Ohlau	
Jeltsch	—
Kr. Oppeln	
Oppeln	—
Schelitz	—
Kr. Reichenbach	
Habendorf	—
Kr. Sagan	
Bibersteinburg	Sorau
Priebus	—
Kr. Sprottau	
Wittgendorf	—
Kr. Strehlen	
Schönjohnsdorf	—
Kr. Schweidnitz	
Puschkau	—
Kr. Tarnowitz	
Neudeck	—
Kr. Waldenburg	
Freudenschloß	Lomnitz
Fürstenstein	—
Hornsberg	—
Kynsburg	Kynau
Neuhaus	Dittersbach
Zeisburg	Fröhlichsdorf
Kr. Wohlau	
Auras	—
Wohlau	—

(SL)
Slowenien

Adelsberg	Mkt. Adelsberg
Auersburg	Weichselburg
Drauburg	Unterdrauburg
Gerlachstein	—
Gonobitz	Mkt. Gonobitz
Katzenstein	Vigaun
Mahrenburg	Mkt. Mahrenburg
Neuburg	—
Obercilli	Cilli
Plankenstein	Pöltasch
Puchenstein	Unterdrauburg
Reichenegg	St. Georgen
Sanegg	Heilenstein
Starigrad	Zwischenwässern
Stein	—
Schalleg	Wöllan
Tüffer	Mkt. Tüffer
Weitenstein	—

Estland

Kr. Dorpat	Hapsal
Dorpat	Leal
Falkenau	Werder
Odenpäh	
Lais	
Warbeck	
Kr. Fellin	
Fellin	**Kr. Bauske**
Helmet	Bauske
Karkus	**Kr. Doblen**
Oberpahlen	Doblen
Tarwast	Hofzumberg
Kr. Jerwen	Neuenburg
Weißenstein	**Kr. Dünaburg**
Kr. Narwa	Dünaburg
Narwa	**Kr. Friedrichstadt**
Neuschloß	Altona
Tolsburg	**Kr. Goldingen**
Türpsal	Goldingen
Kr. Ösel	**Kr. Grobin**
Arensburg	Durben
Peude	Grobin
Sonnenburg	**Kr. Hasenpoth**
Kr. Pernau	Alschwangen
Fickel	Hasenpoth
Pernau	Neuhausen
Kr. Reval	**Kr. Kokenhusen**
Angern	Kokenhusen
Padis	**Kr. Ludsen**
Reval	Ludsen
Kr. Werro	**Kr. Riga**
Kirkumpäh	Ascheraden
Neuhausen	Dünamünde
Kr. Wesenberg	Gr. Roop
Borgholm	Holme
Wack	Kremon
Wesenberg	Lennewarden
Kr. Wiek	Loxten

Lettland appears before **Kr. Bauske**.

Neuermühlen
Neu-Kirchholm
Riga
Segewold
Treyden
Üxküll
Kr. Rositten
Rositten
Wolkenburg
Kr. Talsen
Kandau
Kr. Tuckum
Tuckum
Kr. Walck
Adsel
Ermes
Marienburg
Salis
Selburg
Smilten
Trikaten
Villack
Kr. Wenden
Arrasch
Berson
Edwahlen
Erlaa
Kalzenau
Ronneburg
Sesswangen
Wenden
Kr. Windau
Dondangen
Pilten
Windau
Kr. Wolmar
Burtneck
Hochrosen
Lemsal
Mojahn
Rosenberg
Rujen
Schwanenburg
Wolmar

Ostpreußen

Kr. Allenstein
Allenstein
Kr. Braunsberg
Melhlsack
Kr. Elbing
Elbing
Kr. Heiligenbeil
Balga
Brandenburg
Kr. Heilsberg
Heilsberg
Kr. Insterburg
Georgenburg
Insterburg
Saalau
Kr. Johannisburg
Johannnisburg
Kr. Königsberg
Königsberg
Kr. Labiau
Schaaken

Kr. Lyck
Lyck
Kr. Morungen
Preuß Mark
Kr. Neidenburg
Neidenburg
Kr. Ortelsburg
Ortelsburg
Kr. Osterode
Osterode
Kr. Rastenburg
Bäslack
Barten
Lamgarben
Rastenburg
Rhein
Rößl
Kr. Samland
Caymen
Lochstädt
Neuhausen
Waldau
Kr. Tilsit
Ragnit
Kr. Wehlau
Tapiau
Talpaken

Westpreußen

Kr. Graudenz
Engelsburg
Graudenz
Rheden
Roggenhausen
Kr. Kulm
Papau
Straßburg
Kr. Marienburg
• Marienburg
Kr. Marienwerder
Marienwerder
Mewe
Kr. Preuß. Stargard
Ossiek
Kr. Riesenberg
Riesenberg
Kr. Rosenberg
Schönberg
Kr. Soldau
Soldau
Kr. Stuhm
Stuhm
Kr. Schlochau
Schlochau
Kr. Schwetz
Schwetz
Kr. Thorn
Birglau
Dibau
Gollub
Jaschnitz
Leipe
Thorn
Zlotterie
Posen
Kr. Strelno
Krüschnitz

BILDNACHWEIS:

Stefan Bau: S. 2 oben rechts, S. 4 oben links und rechts, S. 5 unten, S. 10 unten, S. 11 oben links und unten, S. 16 unten links, S. 18 unten, S. 24, S. 27 oben, S. 28 oben, S. 31 oben links und rechts, S. 35 oben links und rechts, S. 44, S. 46 oben links, S. 47 unten links und rechts.

Hans Dietrich Freyer: S. 22.

Ralf Freyer: S. 12, S. 16 unten rechts, S. 40, S. 48

Gerald Große: S. 7, S. 9, S. 33 oben, S. 37 oben und unten links, S. 41 oben, S. 47 oben.

Roger Rössing: S. 1, S. 13, S. 23 oben, S. 32 unten, S. 33 unten, S. 34, S. 36, S. 38 unten, S. 39, S. 41 unten, S. 43, S. 45.

Gregor Maria Schmid: S. 4 unten, S. 10 oben, S. 18 oben, S. 31 unten.

Bernd Steinicke: S. 3, S. 8, S. 20/21, S. 27 unten, S. 28 unten, S. 32 oben, S. 42 oben, S. 46 unten.

Walter Thierfelder: S. 2 oben links und unten, S. 5 oben, S. 6, S. 11 oben rechts, S. 14, S. 15, S. 16 oben, S. 17, S. 19, S. 23 unten, S. 25 oben und unten rechts, S. 26, S. 29, S. 30, S. 35 oben rechts, S. 37 unten links, S. 38 oben, S. 42 unten, S. 46 oben rechts.

GRUNDRISSE MIT ABWEICHENDEN MASS-STÄBEN:

Altdahn, Alte Burg (Gde. Neuburg a. d. Donau), Alt Fridingen, Altmannstein, Altnußberg, Alt Toggenburg, Altwied, Bentheim, Blankenberg (Gde. Hennef-Blankenberg), Brandenburg, Breuberg, Burg a. d. Wupper, Burghagen, Burgrain (Gde. Sissach), Cadolzburg, Coburg, Dankwarderode, Dill, Dornsberg (Gde. Groß-Gerau), Drachenfels, Falkenstein (Gde. Pansfelde), Falkenstein (Gde. Schramberg), Friedberg (Wetteraukreis), Gatersleben, Girbaden, Greifenstein (Kr. Heiligenstadt-Kella), Greifenstein (Lahn-Dill-Kreis), Greifenstein (Gde. Lichtenstein-Holzelfingen), Griffen, Gröditzberg, Hanstein, Hanau, Große Harzburg, Heidenschuh, Heidenstein, Helfenstein, Hochosterwitz, Hohenbarr/Hochbarr, Hohenhewen, Hohensalzburg, Hohenwang, Hohkönigsburg, Honberg, Itterburg, Karlsberg/Kasperk, Konradsburg, Koppenstein, Kronenburg (Gde. Dossenheim), Kyffhausen, Landsberg (Gde. Obermoschel), Landsee, Lichtenberg, Liebenburg, Lupfen, Maidstein, Mansfeld, Münzenberg, Mylau, Neuenburg (Kr. Naumburg), Neuhaus (Gde. St. Martin), Obercilli, Pappenheim, Passau-Oberhaus, Petersberg, Pfannenstiel, Querfurt, Ranis, Ratzenried, Rheinfels, Sayn, Schalksburg (Gde. Laufen), Schaumburg, Schaunberg, Schmidtburg, Schönenberg, Schraplau, Seeburg (Kr. Eisleben), Sparrenberg, Starbenberg, Stein (Gde. Kern-Kallenfels), Stolpen, Veyenau, Waldeck (Gde. Dommeshausen-Dorweiler), Waldeck (Gde. Egelshard), Waldeck (Vorburg, Gde. Calw), Waldstein (Gde. Deutschfreistritz), Welkartitz, Wilandstein, Wildon (Oberburg und Römerturm, Bz. Leibnitz), Wimpfen am Berg, Winzenburg, Wolhusen.

ORDENSBURGEN:

Dorpat-Tartu, Golluh-Golik-Dobrzyn, Hapsal-Hapsalu, Königsberg, Leipe, Marienburg-Aluksne, Oberpahlen-Poltsamaa, Roggenhausen-Rogoz, Ronneburg-Rauna, Rossitten-Rezekne.